高质量发展中的人力资源工作创新

——2020年全国人才与人事研究主题征文获奖作品集

（上卷）

中国人事科学研究院　组织编写

中国劳动社会保障出版社

中国人事出版社

图书在版编目(CIP)数据

高质量发展中的人力资源工作创新：2020年全国人才与人事研究主题征文获奖作品集/中国人事科学研究院组织编写. -- 北京：中国劳动社会保障出版社：中国人事出版社，2021
ISBN 978-7-5167-5154-1

Ⅰ.①高⋯　Ⅱ.①中⋯　Ⅲ.①人力资源管理-中国-文集　Ⅳ.①F249.23-53

中国版本图书馆CIP数据核字(2021)第202123号

中国劳动社会保障出版社
中国人事出版社 出版发行

(北京市惠新东街1号　邮政编码：100029)

*

保定市中画美凯印刷有限公司印刷装订　　新华书店经销
787毫米×1092毫米　16开本　61.75印张　925千字
2021年10月第1版　　2021年10月第1次印刷
定价：210.00元（上、下卷）

读者服务部电话：(010) 64929211/84209101/64921644
营销中心电话：(010) 64962347
出版社网址：http://www.class.com.cn

版权专有　　侵权必究

如有印装差错，请与本社联系调换：(010) 81211666
我社将与版权执法机关配合，大力打击盗印、销售和使用盗版图书活动，敬请广大读者协助举报，经查实将给予举报者奖励。
举报电话：(010) 64954652

编委会

主　　编　余兴安
副 主 编　柳学智
编　　委（按姓氏笔画排序）

王见敏　王芳霞　王明荣　王建强　王　莹
田永坡　任文硕　刘文彬　刘　霞　许金华
孙　锐　李申华　李志更　李建忠　杨东风
杨素慧　吴骏强　何凤秋　何林深　张宇泉
张霁星　苗月霞　范　巍　岳龙泉　庞　诗
郑亨钰　饶　风　饶立昌　徐　维　黄　梅
赫安柱　蔡　维　熊荣军　熊通成　熊　缨
潘伟梁　魏芙蓉

特邀编审

陈　力　刘艳良　梁玉萍　董志超　魏艳春

编辑部成员

黄　梅　柏玉林　郭越君　贺光磊

前言

自 2006 年以来，中国人事科学研究院每年都会围绕人才与人事研究领域的热点、难点问题，开展征文活动。这项工作已经成为我国人才与人事理论和实践工作者展示研究成果的重要平台，成为科学决策服务的有效形式，在全国人才与人事研究领域产生了良好影响。

2020 年共收到参评论文 304 篇，经评审有 78 篇获奖，其中一等奖 16 篇，二等奖 22 篇，三等奖 40 篇，题目涉及人才体制机制改革与政策创新（15 篇）、人才队伍建设（15 篇）、人事制度改革（11 篇）、收入分配与劳动关系（11 篇）、就业与创业（13 篇）、人力资源服务与市场（13 篇）。

总的来说，获奖论文的选题紧贴我国人力资源工作实际，是在做了扎实调查研究工作基础上形成的，提出了一定的观点认识、管理方略与对策建议，对推动人事人才工作具有一定的参考价值。

同往年一样，我院高度重视这项工作。余兴安院长确定了本文集的主题，并全程指导了论文征集和选编工作；柳学智副院长主持了论文评选工作，李建忠、李志更、陈力、梁玉萍、董志超、刘霞、刘艳良、苗月霞、孙锐、任文硕、何凤秋、熊通成、庞诗、范巍、田永坡和魏艳春等专家参与了论文评选；黄梅、柏玉林、郭越君、贺光磊等同志承担了文集的稿件征集、评审组织和编辑审校工作。当然，受时间和精力所限，对论文的评价可能带有一定的阶段性和主观性，论文也仅代表作者个人观点，疏漏之处还请广大读者不吝指教。

中国人事科学研究院
2021 年 3 月

目 录

人才体制机制改革与政策创新

G20 创新型人才发展比较及中国的人才战略 …………… 1
科技特派员政策扩散模式及机制探析 …………………… 19
面向 2035 年我国青年科技人才发展机制研究 …………… 34
面向数字传播新产业开展专业技术职称评价方式的
　　探索与实践 ……………………………………………… 52
青年科技人才引进政策评估体系构建及应用研究 ……… 66
基于积分制的高校教师考评制度职称改革框架探析 …… 83
东部地区科技人才开发效率及影响因素研究 …………… 94
开发区人事管理体制机制改革进展与发展路径 ……… 109
河北省高速公路人才激励机制优化研究 ……………… 120
福建省人口人力人才资源发展趋势和对策研究 ……… 133
浅谈新冠肺炎疫情防控期间广西人社政策效果、问题
　　与对策建议 …………………………………………… 146
雄安新区急需紧缺人才目录编制及引人留人对策
　　研究 …………………………………………………… 155
激发用人主体活力有效途径研究
　　——以泉州台商投资区为例 ………………………… 175
福建省龙岩市机械装备产业人才现状需求研究 ……… 187
郑洛新国家自主创新示范区装备制造业急需紧缺人才
　　引进和发展研究 ……………………………………… 199

· I ·

人才队伍建设

年轻人才队伍建设的影响因素分析	213
"机器换人"时代积极应对人才困境的对策建议	220
科研院所人才梯队健康发展的瓶颈及破解之道	225
媒介融合背景下的出版人才培养路径探析	233
高职院校新生人才培养适应度实证研究	243
高校"双一流"建设中人才队伍建设的辩证思考	253
京津冀协同发展背景下河北高校高质量人才培养模式研究	264
吉林省立法人才队伍建设现实考察与推进对策	275
福建省技能人才队伍建设现状、问题及对策探析	286
河南新时代年轻党外干部队伍建设的时代挑战与思路举措	304
加强四川省高层次人才队伍建设　助推经济高质量发展	316
人口·人力·人才 ——青海应对未来30年社会老龄化的挑战与机遇	345
福州市"一懂两爱"村务工作者队伍建设分析	350
市域产业突破工程背景下技术技能型人才战略研究 ——以聊城市为例	362
枣庄市高技能人才工作调查研究	370

人事制度改革

公务员考试流程解构与再造：基于招、考、用的目标一致性	391
提升企业建立企业年金制度的动因探析	403
国有企业推行职业经理人制度实操路径研究	410
电力央企领导队伍建设与公司治理结构现状研究	426

"放管服"政策背景下省属高校直接评聘工作实践与
　　探索 ………………………………………………… 437
审计职业化建设的制度设计及配套措施 …………… 448
北京市事业单位公开招聘考试改善探索与实践 …… 455
深化广西公益二类事业单位人事制度改革路径思考 … 467
新中国成立以来云南人才制度和政策创新的历史与
　　经验 ………………………………………………… 478
南京市事业单位公开招聘工作实践探索 …………… 494
新旧动能转换背景下的高校人力资源管理体系构建
　　——以滨州医学院为例 …………………………… 501

收入分配与劳动关系

深化薪酬制度改革的探索与实践 …………………… 513
人才奖赏激励作用的公式和推广 …………………… 520
零工经济下灵活就业者的就业意愿研究 …………… 532
企业社会责任对员工工作投入和组织公民行为的影响：
　　组织信任的调节效应 ……………………………… 546
新时代中小民营企业人力资源帮扶问题探索 ……… 559
签约主播与直播平台的法律关系认定研究 ………… 566
疫情防控期间山西省中小微企业经营现状、劳动用工
　　状况及对策研究 …………………………………… 577
山东省年轻一代民营企业家价值观现状、问题及统战
　　对策研究 …………………………………………… 591
共享经济下灵活用工对网约工绩效的影响研究
　　——基于湖北外卖配送员的实证分析 …………… 608
2019年襄阳市企业薪酬调查数据分析 ……………… 621
咸宁市企业用工形势调查
　　——以湖北奕宏等10家企业为例 ………………… 649

就业与创业

新一线城市留学人员回国创业政策文本研究 …………… 659
技术创新与产业结构调整对就业影响研究 …………… 674
基于政策文本的创业培训政策量化研究 ……………… 691
青年创业人才创业意愿影响因素研究
　　——基于 TPB 理论视角 ………………………… 703
破解农民工返乡创业"融资难"的思考 ……………… 716
新型城镇化背景下乡级护理岗位培训创新模式构建 … 723
河北省体育科技人才创新创业激励政策研究 ………… 732
福建省海外人才创新创业现状调查研究 ……………… 749
促进山东高校毕业生留鲁发展对策研究 ……………… 766
湖北省稳就业工作研究 ………………………………… 797
徐州市就业问题研究 …………………………………… 804
杭州市打造大学生创新创业生态最优市的战略思考 … 818
常态化疫情下杭州市萧山区衙前镇就业难点及建议 … 830

人力资源服务与市场

基于经济发展活力模型的财经商贸流通行业人才供需
　　匹配研究 ………………………………………… 841
优化人力资源配置　服务"一芯两带三区"战略研究
　　——以湖北十大重点产业领域重点企业为例 ……… 859
负面清单背景下广西自由贸易试验区人力资源服务业
　　发展活力研究 …………………………………… 867
重庆市人力资源与产业融合发展问题研究决策咨询
　　建议 ……………………………………………… 875
规范重庆市人力资源服务机构现场招聘会服务的
　　建议 ……………………………………………… 879
宁波提升高层次人才精准服务研究 …………………… 884
昆山市县级人力资源和社会保障部门人才工作研究 … 892

扬州人力资源服务业发展研究 …………………… 911
加强流动党员规范管理的实践与思考
　　——以连云港市人才服务中心流动党支部为例 …… 921
宜昌市人力资源服务业发展现状研究 …………………… 929
浅谈"智慧人社"信息系统对南宁人社服务工作的
　　影响 ………………………………………………… 938
工业互联网人才需求分析及对策研究
　　——以青岛市为例 ………………………………… 944
仙桃市重点企业用工情况研究 …………………………… 964

人才体制机制改革与政策创新

G20创新型人才发展比较及中国的人才战略[①]

黄茂兴　陈伟雄[②]

摘　要： 当前，在全球经济结构面临深度调整的背景下，世界各国纷纷实施创新驱动发展战略，而创新型人才是实施创新驱动发展战略最为关键的因素。为了加速推进创新驱动发展战略，积极抢占科技创新高地，世界各国都高度重视创新型人才的培养和引进，人才竞争愈演愈烈。本文首先明确了创新型人才是决定国家综合竞争力的关键因素，对于国家实施创新驱动发展战略具有重要的作用；其次对G20[③]国家创新型人才的发展情况进行较为详细的比较分析，初步探讨了G20国家创新型人才相关指标

---

①　该篇论文获得"2020年全国人才与人事研究主题征文活动"三等奖。
②　黄茂兴，福建师范大学经济学院院长、教授；陈伟雄，福建师范大学经济学院副教授。
③　G20一般指二十国集团，由阿根廷、澳大利亚、巴西、加拿大、中国、法国、德国、印度、印度尼西亚、意大利、日本、韩国、墨西哥、俄罗斯、沙特阿拉伯、南非、土耳其、英国、美国以及欧盟20方组成。

的优劣势，在此基础上总结了主要发达国家创新型人才发展的成功经验；最后提出了提升中国创新型人才国际竞争力的战略思路。该研究对于加快我国创新型人才队伍建设，更好地实施创新驱动发展战略，提高我国自主创新能力，推进创新型国家建设具有重要的战略意义和理论价值。

关键词： G20　创新型人才　发展经验　人才战略

一、创新型人才：国家综合竞争力的关键因素

创新型人才是具有创新精神和创新能力的人才，具备思想观念新、思维能力强、知识结构优、创造价值高等显著性特征，能够对经济社会发展作出创造性的贡献。当今世界，国家之间综合竞争力的竞争，归根到底是人才的竞争，是科技创新的竞争，世界各国都不谋而合地加强对创新型人才的培养和竞争。要想持续提升综合竞争力，不管是发挥科技第一生产力的作用，还是强调创新第一动力的作用，其先决条件都是要充分发挥人才第一资源的主观能动性。因此，创新型人才成为决定国家综合竞争力的关键因素。创新型人才能够为创新型国家建设提供强大智力支撑，是提升国家创新竞争力的重要着力点，是实现产业结构调整和经济发展方式转变的关键要素，最终有利于增强国家综合竞争力。

从人类社会发展的历史来看，人才是国家兴旺之本、民族兴盛之源，人才兴则国家盛，人才衰则国家弱。自工业革命以来，全球科技中心转移经历了从18世纪的英国，到20世纪初的德国，再到第二次世界大战以后的美国的过程，三次转移都是以创新型人才的培养和集聚为基本特征并通过重大科技创新来驱动。当今时代，任何国家或地区想要深度参与全球创新治理，提高创新资源配置能力，快速提升国家创新体系整体效能，必须着力于构建创新型人才队伍，实现创新型人才规模和质量同步提升。

当前，发达国家的创新型人才竞争力依然具备明显的优势，掌握着人才竞争的主动权和制高点。科技顶尖人才、专利等创新资源仍以发达国家为主导，尽管比例有所下降，美欧占全球研发投入总量的比例由61%降至52%，亚洲经济体的比例从33%升至40%，新兴金砖国家占比显著提高。[①] 在日趋激烈的全球人才竞争和创新竞争环境下，中国也大力实施人才强国和科教兴国战略，将培养和引进创新型人才作为建设创新

---

① 万钢. 全球科技创新发展历程和竞争态势［J］. 行政管理改革，2016（2）.

型国家的重要战略举措。《国家中长期人才发展规划纲要（2010—2020年）》提出，要"突出培养造就创新型科技人才"。《国家中长期科学和技术发展规划纲要（2006—2020年）》《国家中长期教育改革和发展规划纲要（2010—2020年）》等文件也把培养造就高层次创新型科技人才摆在突出重要位置。习近平总书记对创新型人才在国家综合竞争力中的关键作用也作了许多重要论述。2012年12月，习近平总书记在广东考察工作时提出："综合国力竞争归根到底是人才竞争。哪个国家拥有人才上的优势，哪个国家最后就会拥有实力上的优势。"2013年10月，习近平总书记在欧美同学会成立100周年庆祝大会上的讲话中再次指出："人才竞争已经成为综合国力竞争的核心。谁能培养和吸引更多优秀人才，谁就能在竞争中占据优势。"2014年6月9日，习近平总书记在中国科学院第十七次院士大会、中国工程院第十二次院士大会上的讲话中指出，我国要在科技创新方面走在世界前列，必须在创新实践中发现人才、在创新活动中培育人才、在创新事业中凝聚人才。要把人才资源开发放在科技创新最优先的位置，改革人才培养、引进、使用等机制，努力造就一批世界水平的科学家、科技领军人才、工程师和高水平创新团队，注重培养一线创新人才和青年科技人才。这些论述都凸显了创新型人才在提升国家综合竞争力中的关键作用和重要地位。当前，世界各国人才竞争愈演愈烈，我国人才资源总量已稳居世界第一位，但人均产出效率远落后于发达国家，尤其是高端的创新型人才仍较为稀缺，人才队伍大而不强。"十三五"规划纲要明确提出要实施人才优先发展战略，把人才作为支撑发展的第一资源，加快建设人才强国。顺应国际人才竞争的潮流和人才发展的规律，2016年3月，中国还出台《关于深化人才发展体制机制改革的意见》，着眼于破除束缚人才发展的思想观念和体制机制障碍，解放和增强人才活力，形成具有国际竞争力的人才制度优势。由此可见，世界各国通过抢占国际人才高地提升国家综合竞争力势在必行，刻不容缓。

二、G20创新型人才发展情况比较分析

（一）G20各国创新型人才总体规模比较分析

人才是第一资源，创新型人才是建设创新型国家的重要基础。一个国家或地区的创新型人才数量越多、规模越大，其对经济社会发展的作用就相应的越大，创新竞争力和综合实力也会越强，越有利于推进和实施创新驱动发展战略。本文利用R&D研究人员指标来反映G20各国创新型人才资源规模的总体情况,见表1,发达国家R&D研究人员的规模普遍高于发展中国家。以2017年数据进行比较,可以看到,每百万人R&D研究人员超过3 000人年的国家依次为韩国、日本、德国、法国、美国、英国、加拿大,都为发达国家。欧盟作为一个整体,2017年这一指标为3 840.2人年。澳大利亚缺少2017年的数据,但其在2010年的每百万人R&D研究人员已达到4 532.4人年。而中国2017年每百万人R&D研究人员仅为1 224.8人年,相对规模较小。巴西、南非、墨西哥、印度、印度尼西亚等发展中国家的每百万人R&D研究人员基本上都低于1 000人年。由此可见,发达国家之所以具有较强的国家创新竞争力,很重要的原因在于其创新型人才资源规模和人才密度相对较大。发展中国家要想提升创新竞争力,加快推动实施国家创新战略,必须重视培育和开发创新型人才,加强创新型人才队伍建设。

表1   2001—2018年G20各国R&D研究人员(每百万人)基本情况   单位:人年

国家	2001年	2005年	2010年	2014年	2015年	2016年	2017年	2018年
阿根廷	688.3	819.4	1 123.8	1 206.9	1 230.5	1 259.6	1 192.2	—
澳大利亚	—	4 248.3	4 532.4	—	—	—	—	—
巴西	337.4	509.0	686.1	887.7	—	—	—	—
加拿大	3 708.2	4 250.1	4 646.3	4 541.8	4 523.1	4 369.6	4 325.6	—
中国	571.7	840.6	884.6	1 089.2	1 150.8	1 196.7	1 224.8	1 307.1
法国	2 986.9	3 313.3	3 873.0	4 233.6	4 307.5	4 414.7	4 561.1	4 715.3
德国	3 245.8	3 335.0	4 058.0	4 320.7	4 743.8	4 861.7	5 076.5	5 211.9
印度	—	134.9	156.2	—	216.0	—	—	252.7
印度尼西亚	199.2	—	—	—	—	178.9	215.2	216.0
意大利	1 172.8	1 415.4	1 743.3	1 956.4	2 077.9	2 204.1	2 313.7	2 306.8
日本	5 113.2	5 303.9	5 103.6	5 328.4	5 173.0	5 209.4	5 304.1	5 331.2
韩国	2 857.8	3 692.2	5 330.8	6 826.3	7 013.5	7 086.4	7 497.6	7 980.4
墨西哥	233.2	414.3	337.4	260.2	281.3	315.3	—	—
俄罗斯	3 468.3	3 233.6	3 081.1	3 075.1	3 098.1	2 952.2	2 821.5	2 784.3
南非	311.2	361.4	365.5	432.2	472.3	492.0	517.7	—
土耳其	353.7	576.4	889.6	1 160.9	1 211.8	1 254.7	1 379.4	—
英国	3 080.7	4 123.5	4 043.3	4 227.6	4 319.5	4 357.9	4 341.2	4 603.3
美国	3 567.4	3 742.5	3 885.3	4 205.3	4 267.8	4 247.7	4 412.4	—
欧盟	2 237.1	2 601.3	3 091.8	3 387.0	3 532.1	3 631.1	3 840.2	3 994.2

数据来源:世界银行数据库,http://data.worldbank.org/indicator;沙特阿拉伯无数据,此表中略去;"—"表示数据缺失。

(二) G20 各国创新型人才投入水平比较分析

人才发展离不开相关资源要素的投入，尤其是资金的投入。创新型人才的创新活动需要大量的研发资金投入，而创新型人才的培育需要有充足的教育经费作为保障与支撑。研发支出强度是衡量国家创新竞争力的核心指标，也是培养和吸引创新型人才的重要条件。表2反映了2001—2018年G20各国研发支出占GDP比例的基本情况。表3反映了2001—2017年G20各国教育公共支出占GDP比例的基本情况。由表2可以看出，G20各国研发支出占GDP比例稳中有升，韩国、日本、德国、美国、法国、中国以及欧盟等国家和地区的这一指标均已超过2%，英国、加拿大的研发支出占GDP比例将近2%，而土耳其、印度、南非、阿根廷、墨西哥、印度尼西亚等国家的研发支出占GDP比例还不到1%，差距比较明显。从教育公共支出来看，教育是培养创新型人才最直接有效的途径，教育公共支出与创新型人才资源发展有着密切联系。由表3可以看出，近年来G20国家普遍重视公共教育投入，很多国家的教育公共支出占GDP比例超过5%，投入水平较低的国家也接近4%，2017年中国的教育公共支出占GDP比例达到4.168%，总体处于稳中有升趋势。持续稳定的教育公共支出为培养创新型人才提供了重要的保障。

表2　　　2001—2018年G20各国研发支出占GDP比例基本情况　　　单位:%

国家	2001年	2005年	2010年	2014年	2015年	2016年	2017年	2018年
阿根廷	0.425	0.421	0.561	0.594	0.623	0.558	0.542	—
澳大利亚	—	2.020	2.376	2.179	1.919	—	1.874	—
巴西	1.062	1.002	1.160	1.271	1.343	1.264	1.263	—
加拿大	2.028	1.978	1.830	1.718	1.697	1.730	1.672	1.566
中国	0.940	1.308	1.714	2.030	2.066	2.118	2.145	2.186
法国	2.138	2.052	2.179	2.276	2.267	2.222	2.206	2.200
德国	2.396	2.429	2.714	2.867	2.912	2.917	3.038	3.094
印度	0.736	0.824	0.788	0.702	0.693	0.671	0.666	0.650
印度尼西亚	0.048	—	0.083	0.085	—	0.245	0.238	0.226
意大利	1.045	1.047	1.223	1.343	1.341	1.371	1.377	1.399
日本	2.972	3.181	3.137	3.400	3.282	3.155	3.213	3.265
韩国	2.341	2.626	3.466	4.289	4.217	4.227	4.553	4.810
墨西哥	0.324	0.398	0.495	0.435	0.430	0.388	0.328	0.312
俄罗斯	1.177	1.068	1.130	1.072	1.101	1.097	1.107	0.990
沙特阿拉伯	—	0.042	0.884	0.815	—	—	—	—
南非	0.716	0.863	0.737	0.771	0.798	0.819	0.832	—

续表

国家	2001年	2005年	2010年	2014年	2015年	2016年	2017年	2018年
土耳其	0.526	0.569	0.799	0.861	0.882	0.945	0.961	—
英国	1.619	1.561	1.661	1.659	1.668	1.682	1.698	1.724
美国	2.648	2.517	2.735	2.719	2.717	2.761	2.817	2.838
欧盟	1.821	1.780	1.967	2.107	2.115	2.106	2.166	2.184

数据来源：世界银行数据库，http://data.worldbank.org/indicator；"—"表示数据缺失。

表3　2001—2017年G20各国教育公共支出占GDP比例基本情况　　单位：%

国家	2001年	2005年	2010年	2014年	2015年	2016年	2017年
阿根廷	4.834	3.860	5.020	5.361	5.776	5.545	5.462
澳大利亚	4.891	4.910	5.550	5.165	5.312	5.272	—
巴西	3.845	4.479	5.649	5.948	6.241	—	—
加拿大	4.970	4.782	5.370	—	—	—	—
中国	2.757	2.755	3.560	4.120	4.260	4.242	4.168
法国	5.417	—	5.683	—	—	—	—
德国	—	—	4.914	4.921	4.805	4.801	—
印度	4.325	3.189	3.378	3.845	—	—	—
印度尼西亚	2.460	2.873	2.812	3.288	3.584	—	—
意大利	4.669	4.249	4.352	4.075	4.082	3.829	—
日本	3.571	—	3.781	3.591	—	3.186	—
韩国	3.897	—	4.670	—	—	4.594	—
墨西哥	4.241	4.846	5.159	5.261	5.235	4.910	—
俄罗斯	3.106	3.772	—	4.012	3.834	3.743	—
沙特阿拉伯	7.719	5.431	—	—	—	—	—
南非	5.159	5.063	5.722	6.047	5.956	5.943	6.113
土耳其	2.654	3.020	—	—	—	—	—
英国	4.143	4.967	5.742	5.665	5.609	5.487	—
美国	5.458	—	5.420	4.962	—	—	—
欧盟	5.080	5.071	5.299	5.123	4.896	4.801	—

数据来源：世界银行数据库，http://data.worldbank.org/indicator；中国的数据来源于《中国统计年鉴（2019）》；"—"表示数据缺失。

（三）G20各国创新型人才产出效益比较分析

充分发挥创新型人才的作用，激发创新型人才发展活力，促进人才产出效益最大化，是实施创新驱动发展战略、建设创新型国家的重要落脚点。创新型人才的培育、引进与投入，最终目的在于实现经济社会效益的提高，创造更大的价值。为反映G20国家创新型人才产出效益，本文选取居民专利申请量、知识产权使用费收入、高科技产品出口比例等指标数据进行比较分析。

居民专利申请量指标在一定程度上体现着一个国家或地区的创新能力，专利申请量越多，说明科技创新活动越活跃，创新型人才的创新产出成果越显著。从表4所示2001—2018年G20各国居民专利申请量的数据来看，美国、日本、韩国、德国等发达国家居民专利申请量总体上保持优势，尤其是美国、日本的居民专利申请量在发达国家中遥遥领先。近年来，中国凭借数量庞大的创新型人才队伍，居民专利申请量已跃居世界第一，体现出创新型国家建设的积极成效。但是，与科技论文数等科研成果指标类似，中国目前的专利申请中存在较多低水平的成果，其中有相当数量仅仅为评职称、评奖或申请科研经费等现实需要而申报，缺乏经济社会效益。因此，应理性看待中国居民专利申请量居世界第一的现实状况。

表4　　　2001—2018年G20各国居民专利申请量基本情况　　　单位：件

国家	2001年	2005年	2010年	2014年	2015年	2016年	2017年	2018年
阿根廷	691	1 054	552	509	546	884	393	425
澳大利亚	2 187	2 555	2 409	1 988	2 291	2 620	2 503	2 757
巴西	3 439	4 054	4 228	4 659	4 641	5 200	5 480	4 980
加拿大	3 963	5 183	4 550	4 198	4 277	4 078	4 053	4 349
中国	30 038	93 485	293 066	801 135	968 252	1 204 981	1 245 709	1 393 815
法国	13 499	14 327	14 748	14 500	14 306	14 206	14 415	14 303
德国	49 989	48 367	47 047	48 154	47 384	48 480	47 785	46 617
印度	2 379	4 721	8 853	12 040	12 579	13 199	14 961	16 289
印度尼西亚	212	235	508	702	1 058	1 101	2 271	1 407
意大利	7 877	—	8 877	8 601	—	8 848	8 643	8 921
日本	382 815	367 960	290 081	265 959	258 839	260 244	260 292	253 630
韩国	73 714	122 188	131 805	164 073	167 275	163 424	159 084	162 561
墨西哥	534	584	951	1 246	1 364	1 310	1 334	1 555
俄罗斯	24 777	23 644	28 722	24 072	29 269	26 795	22 777	24 926
沙特阿拉伯	46	119	288	652	715	1070	909	1 078
南非	966	1 003	821	802	889	704	728	657

续表

国家	2001年	2005年	2010年	2014年	2015年	2016年	2017年	2018年
土耳其	337	928	3 180	4 766	5 352	6 230	8 175	7 156
英国	21 423	17 833	15 490	15 196	14 867	13 876	13 301	12 865
美国	177 513	207 867	241 977	285 096	288 335	295 327	293 904	285 095
欧盟	85 366	82 973	94 332	92 991	84 301	93 621	91 618	89 574

数据来源：世界银行数据库，http://data.worldbank.org/indicator；"—"表示数据缺失。

从表5的知识产权使用费收入情况来看，2001—2018年美国、日本、德国、英国、法国等主要发达国家的知识产权使用费收入稳居G20国家前列，2018年美国的知识产权使用费收入达到1 287.48亿美元，远远超过其他国家和地区，与561.17亿美元的知识产权使用费支出相比，实现顺差726.31亿美元。而中国2018年的知识产权使用费收入为55.61亿美元，仅为美国的4.32%、日本的12.20%、德国的15.31%、英国的21.18%、法国的33.06%，存在较大差距。与357.83亿美元的知识产权使用费支出相比，中国2018年的知识产权使用费逆差达302.22亿美元。土耳其、墨西哥、印度尼西亚等国家的知识产权使用费收入均低于1亿美元。

表5 2001—2018年G20各国知识产权使用费收入情况　　单位：万美元

国家	2001年	2005年	2010年	2014年	2015年	2016年	2017年	2018年
阿根廷	4 677.5	5 108	15 218.8	17 420.5	16 174.6	16 880.7	35 574.9	31 579.5
澳大利亚	33 675.1	57 375.6	97 806	85 155	78 310.1	82 088.5	92 295.8	97 414.2
巴西	11 209.2	10 166	18 960.6	37 509.8	58 108.1	65 083.4	64 215.7	82 547.5
加拿大	253 292.4	287 346.9	281 394	476 359.3	408 728	451 459.5	488 092.5	550 814.3
中国	11 000	15 740.2	83 048.4	67 638.2	108 460	116 119.6	480 303.4	556 128.9
法国	474 125	831 562.4	1 362 513	1 454 310	1 524 296	1 548 208	1 685 305	1 681 930
德国	274 233	574 325.3	827 654.8	2 348 634	2 408 289	2 872 673	3 113 841	3 631 681
印度	3 715.6	20 597.5	12 737.8	65 872.2	46 655.7	52 487.9	65 962.8	78 490.1
印度尼西亚	—	26 333	5 956.1	5 961.4	5 209.2	4 670.3	4 981	6 119.5
意大利	129 957.3	322 319	364 118.8	333 440.4	305 619.8	341 680.5	435 980.9	494 153.8
日本	1 046 160	1 765 529	2 668 032	3 733 636	3 647 697	3 913 637	4 172 126	4 557 121
韩国	94 730	203 560	318 840	554 160	655 350	693 600	728 680	774 910
墨西哥	4 075.8	6 950.8	876.7	819.8	740.4	685.5	647.1	699.7
俄罗斯	6 037	25 634	38 622	66 579	72 617	54 776	73 279	87 610

续表

国家	2001年	2005年	2010年	2014年	2015年	2016年	2017年	2018年
南非	2 149	4 530.2	11 398.5	11 646.9	10 311.8	10 942.3	11 904	12 071.6
土耳其	—	—	—	9 800	8 100	8 900	11 200	9 800
英国	684 173.5	1 428 831	1 420 264	1 987 252	2 070 054	1 917 671	2 284 545	2 625 305
美国	4 948 900	7 444 800	10 752 200	12 971 500	12 476 900	12 438 700	12 652 300	12 874 800
欧盟	1 335 868	4 676 862	7 204 789	11 210 276	11 271 762	10 904 118	12 367 929	13 643 985

数据来源：世界银行数据库，http://data.worldbank.org/indicator；沙特阿拉伯无数据，此表中略去；"—"表示数据缺失。

表6反映了2001—2018年G20各国高科技产品出口比例基本情况。高科技产品是知识密集、技术含量大的高附加值创新产品，高科技产品出口比例高低直接反映了创新产出效益。从高科技产品出口占制成品出口的百分比来看，2018年高科技产品出口比例高于10%的国家依次为韩国、中国、法国、英国、墨西哥、美国、日本、澳大利亚、德国、加拿大、巴西、俄罗斯，欧盟这一比例为15.624%。总体来看，发达国家仍然是高科技产品的主要出口国，但中国等发展中国家的高科技产品出口额在全球主要贸易市场中的份额也较为稳定并逐年上升，尤其是中国的高科技产品出口比例已位居世界前列。

表6　2001—2018年G20各国高科技产品出口比例基本情况　单位：%

国家	2001年	2007年	2010年	2014年	2015年	2016年	2017年	2018年
阿根廷	9.267	7.032	7.748	7.075	9.269	9.020	9.237	5.334
澳大利亚	15.525	12.054	13.907	15.907	16.340	17.480	16.390	16.708
巴西	19.246	—	12.052	11.363	13.139	14.337	13.313	12.951
加拿大	16.647	14.931	15.972	15.082	15.175	14.467	14.722	15.752
中国	20.957	30.170	32.149	29.700	30.427	30.250	30.887	31.438
法国	23.488	20.319	26.590	27.612	28.357	28.076	26.091	25.920
德国	18.316	15.497	17.007	17.291	17.893	18.219	15.856	15.778
印度	6.970	—	7.673	9.097	7.991	7.646	7.352	9.008
印度尼西亚	14.178	—	12.032	9.244	8.870	7.944	8.203	8.018
意大利	9.564	7.189	8.148	7.823	8.288	8.374	7.908	7.505
日本	26.595	20.105	19.164	17.789	18.070	17.340	17.560	17.268
韩国	29.785	32.209	32.037	30.025	31.210	30.525	32.517	36.347
墨西哥	22.056	—	22.171	20.536	19.832	20.836	21.619	21.080

续表

国家	2001年	2007年	2010年	2014年	2015年	2016年	2017年	2018年
俄罗斯	14.038	7.309	9.593	12.196	16.413	16.282	12.195	10.963
沙特阿拉伯	0.470	0.690	0.741	0.577	0.762	1.271	0.734	0.613
南非	6.460	5.886	5.974	6.642	6.965	6.242	5.216	5.320
土耳其	3.871	2.171	2.201	2.330	2.578	2.513	2.902	2.329
英国	34.019	21.117	23.549	22.471	22.672	23.983	23.135	22.643
美国	32.592	30.513	23.116	20.996	21.945	23.013	19.692	18.896
欧盟	20.785	15.583	16.868	16.789	17.428	17.579	16.002	15.624

数据来源：世界银行数据库，http://data.worldbank.org/indicator；该指标是指高科技产品出口占制成品出口的百分比；"—"表示数据缺失。

（四）部分G20国家创新型人才政策环境比较分析

创新型人才的成长与发展需要良好的政策环境。纵观创新竞争力具备优势的国家，无不是营造了创新型人才赖以成长与发展的宽松政策环境。美国等发达国家之所以能够成为全球创新强国，很重要的一个原因也就在于其灵活有效的人才政策环境。表7列出了部分G20国家创新型人才发展的政策法规及主要措施。通过比较可以发现，发展中国家的人才政策相比发达国家还存在一定差距，创新环境比较差，不仅高等教育人才培养水平相对落后，而且在人才引进上缺乏力度。

表7 部分G20国家创新型人才发展政策法规及主要措施

国家	政策法规	主要措施
美国	《移民法》《美国竞争力法案》《加强自然科学技术工程学及数学教育法案》等	通过制定特殊的移民政策吸引急需的高端创新型人才，比如设立投资移民条款、引入外侨登记卡（绿卡）制度、实施H-1B签证计划等；除了大幅增加H-1B类工作签证的数量外，还设立了一些新的签证类别以吸引创新型人才；通过设立各种基金、援助计划奖励高端创新型人才使用，为人才提供优厚待遇，吸引优秀海外留学生
日本	《科学技术基础计划》《240万科技人才开发综合推进计划》《21世纪卓越研究基地计划》《外国科技人员招聘制度》《科学技术人才培养综合计划》等	倡导构建科技创新型人才终身能力开发体系，努力培养既具备科学技术又适应社会需要的优秀创新型人才；重视引进国外创新型人才，借鉴其他西方国家实施了"高级人才积分制度"，招揽海外高级人才，提高日本研究开发机关及企业的国际竞争力
韩国	《国家战略领域人才培养综合计划》《技术开发促进法》《聘用海外科学技术人才制度》等	高度重视人才的创新能力培养，不断加大对创新型人才的教育培训、科研经费支出、创新成果奖励等方面的投入；以各种优惠政策鼓励海外人才到韩国发展；创建科技园区，吸引科技创新型人才

续表

国家	政策法规	主要措施
德国	《外国人法》《欧盟"蓝卡"法案》《德国优才定居计划》等	通过"双元制"高等教育体系为社会培养大量的高水准创新型人才，通过实行"欧盟蓝卡"等新移民政策重点吸引高层次创新型人才移民入境，并且设立丰厚的科研奖项吸引国际顶级科学家
英国	《卓越与机遇——面向21世纪的科学与创新政策》等	强调人才在知识积累和技术创新中的重要作用；对本土人才的外流不刻意限制，而是采取"来去自由"的宽松政策，以宽松的人才环境和优厚的创业条件吸引人才回流；实施"高技能移民计划"（HSMP），吸引高层次海外人才
法国	"优秀人才居留证""人才护照"等	通过制定移民法、提供奖励基金等措施吸引优秀创新型人才
巴西	"万人精英"计划、"科学无疆土"计划等	长期以来受到高层次创新型人才匮乏的制约，从2013年开始通过简化签证手续等手段来吸引海外高层次人才和巴西籍海归人才，保障巴西人才的可持续发展
南非	《南非的国家研究开发战略》等	奉行比较保守的移民政策，2011年之后才逐步放宽，以吸纳更多创新型人才
印度	《科学技术和创新政策》等	大力兴建科技园，鼓励高科技人才归国创业，并给予技术创新型人才丰厚报酬；在创新、建立科研院和参与重大科学项目上投入大量资金，计划将全国研发人员全时当量提升66%，并提出到2020年跻身全球五大科技强国的宏伟目标；着力培养优秀科学家和领导者，设法吸引国外的印度裔科学家，并加强科研基础设施建设；通过激励研究科学创新计划（INSPIRE）等吸引优秀人才
中国	《国家中长期人才发展规划纲要（2010—2020年）》《外国人在中国永久居留享有相关待遇的办法》《关于实施海外高层次人才引进计划的意见》《国家高层次人才特殊支持计划》《关于深化人才发展体制机制改革的意见》等	重视创新型人才的培养、引进和利用，制定了一系列的创新型人才政策；实施创新型人才推进计划、青年英才开发计划、海外高层次人才引进计划等重大人才工程，突出培养造就创新型科技人才；出台《关于深化人才发展体制机制改革的意见》，着眼于破除束缚人才发展的思想观念和体制机制障碍，解放和增强人才活力，形成具有国际竞争力的人才制度优势

三、G20创新型人才发展的经验总结

创新型人才是决定国家综合竞争力的关键因素，大力培育和开发创新型人才成为各国的共同战略选择。G20各国在创新型人才发展过

程中形成了各具特色的做法，总结并吸收 G20 各国尤其是欧美日韩等主要发达国家创新型人才发展的成功经验，对于制定实施符合中国特色的创新型人才发展战略，加快推进人才强国建设，为实现"两个一百年"奋斗目标提供有力人才支撑，具有十分重要的意义。综合来看，各国创新型人才发展无不得益于教育、政策、环境等方面的支撑和保障。

（一）教育支撑：创新型人才发展的"主基石"

教育是人才培养的基础，创新型人才的发展离不开教育尤其是高等教育的基础性支撑。美国政府历来重视高等教育，强调把大学作为培养创新型人才的最重要基地。根据泰晤士高等教育（Times Higher Education）发布的 2016 年世界大学排名，世界排名百强的大学中美国占了 38 所，由此可见其高等教育的强势地位。美国高等教育十分重视培养学生的独立思维和实践能力，要求兼顾学生的学术性目标和应用性目标，由此形成独具特色的创新型人才培养模式。2006 年，美国政府公布的《美国竞争力计划》提出知识经济时代教育目标之一是培养具有科学、技术、工程和数学（STEM）素养的人才，因此在 STEM 教育方面不断加大投入，鼓励学生主修科学、技术、工程和数学，培养学生的科技理工素养和创新能力。2011 年，美国政府在《美国创新战略》中再次指出，美国未来的经济增长和国际竞争力取决于其创新能力，在"创新教育运动"中进一步强调加强 STEM 教育。日本也十分重视高等教育发展，积极推进高等教育改革，将创新型人才培养作为 21 世纪日本高等教育发展的主要目标。为培养高层次、创新型、应用型人才，发达国家高度重视推进校企合作，实现产学研资源共享、优势互补。如德国的创业型大学实现了政产学研的高度融合，根据学生的禀赋和兴趣设定合适的课程，将教学、科研与实践有机结合，强调专业的跨学科、跨领域性，加强国际合作与交流。美国从 20 世纪 70 年代开始就实施"大学与企业合作研究计划"，鼓励产学研合作。英国在 1994 年首次发布的白皮书《实现我们的潜能——科学、工程与技术战略》中也强调通过校企合作培养创新型人才。韩国在其《产业技术开发计划》等人才培养计划中也注重推进产学研联合培养。由此可见，发达国家通过发展教育，既培养了创新型人才的创造性思维，又推动了教育与市场的结合，使科研创新与生产实践紧密契合，从而提高国家的整体创新实力和竞争力。

（二）政策扶持：创新型人才发展的"动力源"

政策扶持是人才发展的动力保障，创新型人才政策成为各国培育和吸引人才的重要手段。发达国家十分强调创新型人才的重要战略地位和作用，制定了各种政策措施开发和培育创新型人才。英国《实现我们的潜能——科学、工程与技术战略》白皮书明确提出将培养创新型人才作为国家发展的首要任务；2000年发布的《卓越与机遇——面向21世纪的科学与创新政策》白皮书，明确提出加大对高层次人才的扶持；此后一直到2011年发布的《创新与研究发展战略》，英国政府白皮书都是以创新为主题，并强调创新型人才培养。此外，英国政府还设立高等教育创新基金，鼓励大学生创新创业活动。美国政府出台的《美国竞争力法案》《加强自然科学技术工程学及数学教育法案》以及不断修订的《移民法》等一系列政策法案，为美国吸引人才提供了重要保障。美国政府还高度重视科学技术和研发投入，研发经费占GDP的比重一直保持在3%左右，美国科学基金会也设立了多种奖励基金用于开发和培养青年人才。日本也实施了一系列人才开发计划，大力培养创新型人才，包括2002年开始实施的《240万科技人才开发综合推进计划》、2003年推出的《科学技术人才培养综合计划》、2008年开始实施的《拔尖人才培养计划》、2009年实施的《最先端研究开发支援计划》、2012年实施的《领袖人才培养行动计划》等。韩国政府也非常重视高层次创新型人才的培养，制定了一系列人才培养计划，包括1999年开始实施的《21世纪脑力韩国计划》、2001年实施的《国家战略领域人才培养综合计划》、2003年开始的《地方创新人力资源培养计划》、2009年制定的《未来人才培养计划》等。

（三）环境保障：创新型人才发展的"催化剂"

宽松良好的环境是创新型人才培养、引进和实现可持续发展的基本保障。英国人才发展战略的一个特色就是采取"来去自由"的宽松政策，吸收全球化人才，为科技人才创造良好的创新环境，一方面提高科技人员的待遇，另一方面营建有特色的科研环境和学术氛围，最终吸引来自全球各地的人才。比如，英国高度重视环境保护，提升城市质量；高度重视提高政府服务水平，为创新型人才办理相关手续提供"一站式"绿色服务；高度重视营造良好生活环境，方便全球各地创新型人才融入本地生活，增强他们的归属感和主人翁意识。美国在科技创新型人才管理方面强调公平竞争，充分发挥人才的创新精神。这主要体现在以下几个方面：一是美国劳动力不受户籍地域的约束，实现自由流动；二是美国建立了发达的劳动力市场，实现了自由选择职业；三是美国职业分工非常细，不同级别不同岗位有着不同的职业要求，工资水平也不一样。2007年美国国会通过了《美国21世纪竞争力法案》《不让一个孩子掉队法案》，目的在于采用更优惠的人才政策吸引更多创新型人才，同时注重培养本国年轻一代，形成人才竞争中的"马太效应"，可见营造人才吸引和人才成长的良好环境至关重要。此外，美国政府在搭建创业平台、提供资金扶持、改善科研条件和生活条件、加强风险投资等诸多方面为创新型人才营造良好的发展环境。日本为促进创新型人才发展，在创新型人才的培养、引进以及保护等方面构建起较为完善的体制机制，如建立政产学合作教育培养机制，增强创新型人才的创新能力，提升科技成果转化率；为国内外优秀人才提供优厚待遇；构建以《知识产权基本法》为基础的知识产权法律体系，保障创新型人才的创新成果等。

（四）引才助力：创新型人才发展的"强心剂"

当今世界人才竞争日趋激烈，在全球范围内招才引智成为各国提升人才竞争力的必然选择。加快创新型人才队伍建设，不仅要强化国内创新型人才的培养，还要充分利用国外创新型人才资源，将自主培养创新型人才和引进海外创新型人才有机结合起来。美国通过制定灵活的移民政策、实施H-1B签证、推出"杰出人才绿卡"等，在全球范围内招揽高层次创新型人才。为了吸引国外创新型人才，美国规定只要符合高层次创新型人才的条件，就可定居美国。美国跨国公司还通过在海外设立研发机构并以高薪、股权激励、技术入股等方式争夺高层次创新型人才。根据经济合作与发展组织（OECD）统计，世界62%的顶尖科学家都居住在美国[1]，70%的诺贝尔奖获得者在美国受到聘用。日本为吸引海外高层次创新型人才，对高层次创新型人才放松签证条件，基于"不求所有，但求所用"的原则，最大限度地为高层次创新型人才入境创造便利条件。日本的"特别研究员"等制度也吸引了大批海外高层次创新型人才。此外，与美国类似，日本的跨国公司也通过实施"走出去"战略，到海外建立研发机构，就地招揽当地创新型人才。韩国通过实施科技计划、制定优惠政策吸引并留住海外创新型人才。比如，1991年开始实施"先进

---

[1] 吴江. 登高望远方能赢得人才[N]. 中国组织人事报，2012-02-27.

国家计划",计划投入 62.5 亿美元,攻破 14 项关键技术,吸引了大量的科研人员,其优惠政策包括为海外创新型人才提供免费住房、提供交通补贴、安排配偶和子女工作或教育等。

四、提升中国创新型人才国际竞争力的战略思路

（一）围绕创新驱动发展战略，确立创新型人才战略地位

当前，国际经济格局深度调整，世界经济复苏动力不足，依靠创新驱动深化结构性改革成为各国走出经济困境的共同选择。而创新驱动实质是人才驱动，加快创新型国家建设，需要实现创新型人才规模和质量的同步提升。因此，要牢固树立"建设创新型国家，人才是关键"的理念，进一步确立人才优先发展战略布局，以全球视野、国际标准和一流水平谋划人才发展事业，切实突出创新型人才在创新型国家建设中的重要战略地位。围绕提高自主创新能力、建设创新型国家的战略任务，着力抓好高层次创新型人才的培养、引进和使用，构建与国际接轨、具有中国特色、符合市场经济发展规律的创新型人才治理体系。不断提高高层次创新型人才的社会地位，真正把创新型人才摆在国家发展的第一位。进一步加大对创新型人才的投入力度，尤其是加大对高等教育、科技研发等资金投入力度。鼓励各级政府建立创新型人才发展专项资金，纳入财政预算体系，保障创新型人才发展重大项目的实施。组织实施创新型人才推进计划，围绕建立以企业为主体、市场为导向、产学研相结合的技术创新体系，依托重要骨干企业和科技创新企业，凝聚、培养创新型人才，努力造就一批世界水平的科技领军人才和创新团队，培养一线创新创业人才，特别要强化对青年科技创新型人才的支持。

（二）加快推进教育体制改革，提升创新型人才培养质量

"百年大计，教育为本"，教育是国家和民族发展的根本，承载着培养创新型人才的重任。世界经济强国，无一不是教育强国。当前，我国拥有世界上规模最为庞大的人才队伍，但我国的教育水平与发达国家相比还有较大差距，学生总体上缺乏创新精神，实践能力不足，制约了创新型人才质量的提升。应加快推进教育改革与发展，创新教育模式，推进教育治理体系和治理能力现代化，着重培养学生的创新性思维和创造性能力。按照"适应国家和社会发展需要，遵循教育规律和人才成长规律，深化教育教学改革，创新教育教学方法，探索多种培养方法"的创

新型人才培养模式，突出以用为本，注重增强学生实践能力，建立政产学研用合作培养机制，鼓励具备条件的普通本科高校向应用型转变，形成完善的实践教育体系，培育工匠精神，增强创新型人才培养的针对性和目的性，为创新、创业型高素质人才培养提供更广阔的空间，真正实现人才学有所用。借鉴国外继续教育的先进理念和经验，形成中国特色的终身教育体系，培养现代化复合型高素质创新型人才。同时，还要加强与国外高水平大学的合作，建立教学科研合作平台，联合推进高水平基础科学研究和高新技术研究。着力培养具有国际视野、通晓国际规则、具备国际竞争力的创新型人才。

（三）建立健全人才引进机制，加大创新型人才引进力度

随着我国改革开放的日益深入与国际人才竞争的日趋激烈，加强海外创新型人才引进必然要成为实施人才强国战略、提升自主创新能力的重要战略选择。要想进一步加快创新型人才队伍建设，在国际人才竞争中拔得头筹，必须开阔视野、开放胸襟，主动融入全球性人才流动和资源整合，建立集聚人才体制机制，择天下英才而用之。长期以来，欧美发达国家推行的"绿卡"制度是其在全球范围内开展人才竞争、吸引和留住高层次人才的主要手段。为适应国家改革开放和创新型国家建设的需要，我国借鉴发达国家经验，从2004年8月开始实施《外国人在中国永久居留审批管理办法》，即中国的"绿卡"制度。但是多年来，我国"绿卡"因办理门槛高而有"世上最难拿"之称。因此，应考虑降低我国的"绿卡"门槛，设置更加灵活务实的申请条件，加大吸引海外创新型人才的力度。在加快引进国外高层次人才的同时，还要高度重视本国外流创新型人才的回流问题，广泛宣传海外人才引进政策，采取多种措施吸引海外人才回国效力，如建立海外高层次人才数据库、实施海外留学人才创新创业计划、开通海外高层次留学人才回国工作的绿色通道等。继续大力实施高层次人才引进项目，敞开大门，不拘一格，柔性汇聚全球人才资源，为创新型国家建设提供强有力的人才智力支持。

（四）积极营造良好政策环境，促进创新型人才效益提升

营造有利于创新型人才发展的良好政策环境是提升人才效益、推动自主创新的必要条件。要充分发挥政府的引导作用，在全社会形成鼓励创新、支持创新的文化氛围，激发创新创造的热情。大力推进简政放权，推动政府人才管理职能转变，减少行政审批和干预。进一步保障和落实

用人主体自主权，健全市场化、社会化的人才管理服务体系。加大对基础研究、前沿高新技术研究和社会公益类科研机构的支持力度，对科技领军人才和创新团队给予长期支持。建立有效的创新型人才激励机制，加强创新成果知识产权保护。落实股权和分红激励政策，建立创新导向的人才分配激励机制。提高创新型人才的物质生活待遇，为其提供良好的科研环境、充足的科研经费、宽松的科研自主权和优厚的科研奖励，着力创造一种开放、公平、竞争、透明的制度环境，充分发挥创新型人才的主观能动性，造就创新型人才潜心研究和勤于创新的优秀品质。完善创新型人才考核评价体系，加快建立科学化、社会化、市场化的人才评价制度，遵循创新的内在周期规律，克服考核短期化、过度量化的倾向，坚持德才兼备原则，突出品德、能力和业绩评价，以创新能力和科研业绩作为人才评价的主要标准。

参考文献

[1] 汪群，邓玉林，曾建华，等. 科技人才开发战略及创新绩效研究[M]. 北京：科学出版社，2013.

[2] 夏文斌. 深刻把握人才第一资源的重要地位和作用[N]. 光明日报，2011-08-02.

[3] 栗力. 防止人才外流：印度政府的对策[J]. 东南亚南亚研究，2014（2）.

[4] 蒋瑛. 科技创新型人才培养的国际比较研究[J]. 学术论坛，2009（12）.

[5] 郑永彪，高洁玉，许睢宁. 世界主要发达国家吸引海外人才的政策及启示[J]. 科学学研究，2013（2）.

[6] 崔益虎. 创新人才开发利用国际经验比较与借鉴[J]. 人民论坛，2015（26）.

[7] 王志刚. 把创新型科技人才队伍建设作为科技工作的重要着力点[J]. 求是，2011（15）.

[8] 吴江. 尽快形成我国创新型科技人才优先发展的战略布局[J]. 中国行政管理，2011（3）.

[9] 王剑，孙锐，陈立新，等. 我国高层次创新型科技人才培养的若

干问题研究［J］. 科学学与科学技术管理，2012（8）.

［10］李其荣. 发达国家对人才资源的开发和利用及对我国的启示［J］. 江西社会科学，2011（8）.

［11］阳立高，韩峰，杨华峰，等. 发达国家高层次创新型人才开发经验及启示［J］. 科技进步与对策，2014（8）.

［12］刘璇，张向前. 适应创新驱动的中国科技人才与经济增长关系研究［J］. 经济问题探索，2015（10）.

［13］张豪，张向前. 日本适应驱动创新科技人才发展机制分析［J］. 现代日本经济，2016（1）.

科技特派员政策扩散模式及机制探析

蔡世杰②

摘　要：科技特派员制度是习近平任福建省省长时发文总结并肯定的一种农村工作新机制，是"创新"发展理念的价值体现，对脱贫攻坚、推动乡村振兴发展具有重要意义。本文基于政策扩散的理论视角，通过分析我国科技特派员制度经历的创新试点扩散、交流论证扩散、政策再创新三个历史时期，发现该政策的创新和扩散在第一时期符合"S"形扩散定律；通过总结不同政策扩散阶段中运用的学习、模仿、强制指令、竞争机制，尝试提出一个在时间、层级等多维扩散中呈现上下来去的"M"形波浪扩散模式，并对该政策扩散的规律和特点进行总结。本文在丰富政策扩散学科理论、进一步完善科技特派员制度的同时，以期为乡村振兴目标的实现提供政策经验。

关键词：乡村振兴　科技特派员　政策扩散

一、引言与问题提出

实施乡村振兴战略，是党的十九大做出的重大决策部署，是解决农业农村农民这一根本问题的关键举措。乡村兴则国家兴，2020年中央一

---

① 该篇论文获得"2020年全国人才与人事研究主题征文活动"二等奖。
② 蔡世杰，福州大学经济与管理学院研究生。

号文件指出：要稳定农村基本政策，完善新时代"三农"工作制度框架和政策体系。把提升制度建设和治理能力摆在"三农"工作的关键位置，是补齐"三农"领域突出短板、决胜脱贫攻坚战的必要前提。

科技特派员制度是通过引导各类科技创新创业人才和单位、整合多元化生产要素，深入基层一线推动农村开展科技创新创业，与农民建立利益共同体的一项制度安排。1999年，福建省南平市率先推出科技特派员制度，该政策源于基层困境的破解探索，伴随着人民群众的现实需要在实践中不断创新。二十多年来，科技特派员制度运用人才下沉、科技下乡、服务"三农"等方式，召集多主体科技人才培训农民，推动传统农民向新型职业农民转变；通过农村科技创新，促进传统农业向现代科技农业转变；通过带头创业活动，挖掘农村经济新增长点，助力乡村振兴。习近平总书记在科技特派员制度推行20周年之际曾作出重要指示："科技特派员制度作为科技创新人才服务乡村振兴的重要工作要进一步抓实抓好。"

一个东南一隅的科技人才扶贫工作机制创新，为何能够扩散至全国并上升为制度形式成功延续？其历史发展经历过怎样的阶段？本文基于政策扩散理论的视角，探究科技特派员制度推进的扩散模式、机制与特点，寻求中国语境下政策创新扩散的一般规律，为完善科技特派员制度、助力脱贫攻坚和解决中国问题提供宝贵经验。

二、文献回顾与理论述评

（一）政策创新和扩散

创新和扩散的传统理论研究始于20世纪20年代的人类学，聚集于社会学、管理学和传播学等学科。对于政策创新和扩散这一概念的研究，其内涵的演化经历单因素理论解释期、碎片化理论解释期和尝试整合理论的解释期（陈芳，2014），且至今仍在持续发展。国内外学术界一般公认为其起源于美国学者沃克（Walker，1969），他对政策创新和扩散的概念做出了定义：指一个政策或一项制度对采纳它的政府而言是新的，不管这个政策或制度出现的时间有多久、其他政府是否已经采纳。随后，卢卡斯（Lucas，1983）在其基础上做出新定义：指一项政策或制度从一个部门、地区转化到另一个部门、地区，并被新政策主体采纳和推行的过程，是对政策或制度如何创新、传播进行的研究。

政策创新是政策过程中的重要环节，涉及政策主体、政策执行等多个层面，与其含义相接近的词语有政策转移、政策学习、政策模仿、政策传播、政策趋同等，这些概念在不同程度描述、解释政策创新和扩散，或本身就是政策创新和扩散理论的重要组成部分。有学者（宁骚，2011）认为，政策创新是政策主体依据环境变化需求，主动改变政策要素和功能，创造新政策的行为和过程，是一种积极的政策变动；有学者（朱亚鹏，2010）对西方学术界进行研究归纳后总结出四种定义，认为创新和扩散的过程是强调不同主体的互动和交流；（王丛虎，2020）把政策扩散和政策创新结合称为政策创新和扩散或政策扩散和创新。西方研究主要集中于创新和扩散过程的动因、制约因素、扩散特点等。由于理论上主要借鉴西方的成果和实践上制度的具体差异，中国学界对结合自身语境的政策创新和扩散内涵阐述有待进一步丰富。

（二）政策创新和扩散的研究方法

国内外对政策创新和扩散的研究方法，主要可以归纳为三种，其一是以定性视角切入的基于小N数的个案研究：如（庞明礼、于珂，2020）研究W市的生活垃圾分类政策扩散，（王丛虎、马文娟，2020）从公共资源交易中心、公共资源交易平台和公共资源交易政策文件三个方面探讨了公共资源交易政策扩散的行动策略；其二是趋向定量技术的文本分析，如（张剑等，2016）运用政策文献计量方法，从方向、速度、广度、强度四个维度对科技成果转化政策扩散进行实证研究，（黄倩、陈朝月，2019）在此基础上运用相同方法进行了细化拓展，增加了内容维度对基础研究政策扩散进行分析；（姜影、王茜，2020）收集23年的政策文件对中国PPPs政策的创新和扩散进行量化研究，（魏萍等，2020）基于湖北294份政策文本研究地方政府融入"一带一路"建设的政策创新和扩散，（刘河庆，2020）通过国家和省级政府10年政策挖掘文件治理中的政策采纳及其影响因素；其三是定量与定性的结合，以使用事件历史分析方法结合具体政策研究为主：贝利（Berry，1990）夫妇基于摩尔的组织创新理论为基础，首次开发用于国家政策创新研究的事件历史分析方法，这一扩散框架最初仅运用于美国不同州之间的政策比较，后逐渐开始用于欧盟、OECD成员国以及其他组别的政治系统（萨巴蒂尔，2004）。中国学者也逐步运用事件分析法对专利资助（朱多刚、郭俊华，2016）、政府信息公开制度（韩啸、吴金鹏，2019）、省级政府棚户区改造（李梦瑶、李永军，2019）、政府购买服务（李健、张文婷，2019）等政策的创新和扩散进行具体研究。

（三）中外政策扩散模式的比较分析

西方的政策扩散模式宏观上可以归纳为四种主要模式：垂直影响模式、领导—跟进模式、全国互动模式和区域扩散模式。虽具备超越地域限制的特点，但西方政策扩散模式与中国单一制结构形式下的扩散模式仍存在异质性。因此，不少中国学者在西方理论的基础上尝试对中国的政策扩散模式进行归纳和研究：有学者（王浦劬、赖先进，2013）在总结外国经验后认为，中国政策扩散有自上而下的层级扩散模式、自下而上的吸纳辐射扩散模式、同一层级的区域或部门间扩散模式、不同发展水平区域间的政策跟进扩散模式四种模式；有学者（杨宏山、李娉，2018）在比较中美两国的政策扩散路径后提出，中国的扩散路径主要有水平扩散、自下而上吸纳推广、自上而下试点推广、自上而下强制推行、官员异地交流扩散五种主要模式；有学者（周望，2012）在分析西方四种模式的经验基础上，提出具有中国特色的"政策试验"模式；有学者（杨正喜，2019）从微观角度分析美丽中国政策，在扩张式扩散模式、传染性扩散模式、官僚层级扩散模式基础上创造性提出一个波浪式层级吸纳扩散模式等。中西方模式具有一定的共性，但在具体的运行细节上存在一些明显的差异，本文针对主要模式进行进一步比较和分析。

垂直影响模式认为，各州不是效法其他州的政策，而是效法中央政府的政策。该扩散模式强调联邦至州的垂直扩散而不考虑州之间的水平扩散，全国性政府可能成为领导者。但在西方国家，州政府受全国性政府命令的影响十分有限；中国上级政府通过提供政策优惠或政治激励，以及自上而下的层级压差，推动政策创新的扩散和落实。然而需要注意的是，若没有高位的集中统一领导，中国政策垂直扩散模式容易出现部门博弈的问题，地方政府象征性执行上级的政策主张，是导致政策扩散的障碍（岳经纶、王春晓，2017）。值得一提的是，中国的垂直影响模式中存在自下而上的层级扩散和吸纳，这不同于自上而下的政策试点，往往是地方政府采取创新性的手段应对政策议题，产生良好效应后被中央肯定，随后局部试点、总结并全国推广。在中国推动治理体系和治理能力现代化的政策进程中，许多优秀的地方政策就是通过该模式传达至中央并上升为全国政策，最具代表性的便是河长制与科技特派员制度。

全国互动模式是假设存在一个全国性沟通的网络，州政府官员之间能够就某项新政策新议题进行自由互动与交流。盖瑞（Gray，1973）指出，一个州采纳新政策的概率与它的官员和已采纳该政策的州的官员之间的互动次数成正比；中国的主官异地交流模式具有相比拟的互动特性，但"政策企业家"身份的行政首长往往能够更为便捷地将已有的政策经验在主政之地开展，这是西方不具有的优势，也是近年来研究中国特色政策扩散模式热度不断增长的原因。

区域扩散模式和领导—跟进模式是水平间横向的政策扩散，前者还可具体分为假定各州主要受相邻州影响的邻州模式和假定分为不同地区开展政策竞争的固定地区模式（周望，2012），后者假设某些州在一项政策采纳方面是领导者，其他州争相效仿这些领导者并加以跟进。二者的重要区别是，各州之间究竟是通过相互的学习进行效仿，或是迫于压力而展开竞争。但不足的是，西方的研究缺乏理论预测和实践检验，无法确定哪个州将成为政策创新的领导者以及哪些州会跟从并促进政策扩散。由于中国幅员辽阔、发展差异等现实境况，中国的水平扩散模式包括同一层级间的区域扩散和不同发展水平地区跟进两种（王浦劬、赖先进，2013）。而成为"领导者"的地区无非是由于上级的政策试点或者地区矛盾深化而尝试优先解决。总体而言，即"政策创新地区"是由问题导向产生的。

三、案例分析：科技特派员制度

近年来，中国政策创新和扩散的理论内涵、研究方法都得到了进一步的发展，中国知网查询结果显示，近五年政策创新和扩散主题的相关论文快速增加，其中有两个细节值得探讨：一是理论构建方面，较少有突破性的、原始性的理论创新，大多是在归纳西方理论的基础上进行总结和比较分析，对富有中国特色的政策创新和扩散理论缺乏相应的解释；二是从实证角度运用定量技术研究方法对具体政策进行检验的论文数量增多，倾向于政策创新和扩散的周期、维度和强度等，但从政策的内容性质角度进行研究的文本较少。

本文采取案例分析的方法，首先，通过搜索引擎，初步查询检索包含"科技特派员"的相关信息（部门会议、官方报道、政策解读等），统计时间截至2020年6月1日；随后，登录中央和地方政府门户网站（包含 31 个省、自治区和直辖市政府），收集查验政策文本及其发布时间。一共获取 47 份相关政策文本，其中包含中央政策文本 3 份，地方政策文本 37 份，以及会议报告 7 份。结合文献阅读，制定初步研究框架。其次，对文本的内容进行分析、归纳。根据中央和地方层级的互动过程将科技特派员制度二十余年的发展历程从时间维度上划分为创新试点扩散期、交流论证扩散期和政策再创新期，并描述三个时期的政策演化和不同特点，根据科技特派员制度的演进过程和扩散机制，同时结合前人的理论成果，提出"M形波浪模式"，探讨中国大地上独树一帜的政策扩散模式为何能够取得成功的根源所在，如图1所示。

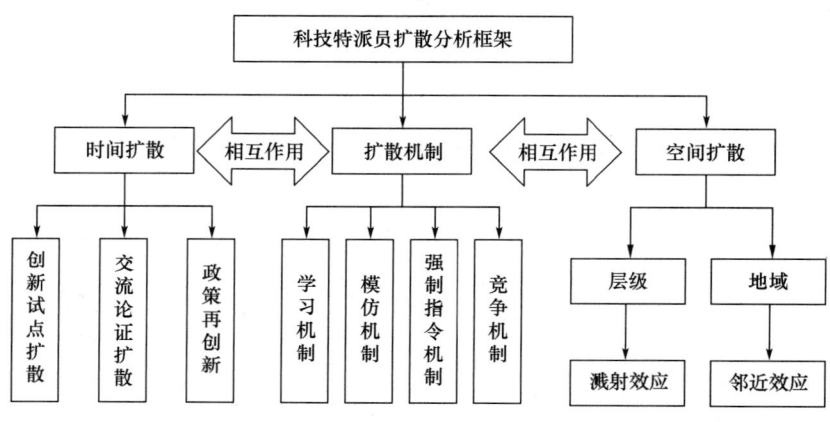

图 1　政策扩散分析框架

（一）科技特派员政策的扩散历程

1. 创新试点扩散（1999—2007 年）

20 世纪 90 年代中后期，福建南平粗放型农业经济发展陷入困境，1998 年 6 月的百年洪灾使农业农村受损严重。南平市 3 000 多名干部下基层问计于民，发现当务之急是解决农民对于农业技术的需求。1999 年 2 月，南平市决定选派首批 225 名科技特派员到乡村开展科技服务，这成为我国科技特派员制度的发端。此时，其政策目标的内涵尚未深入发掘，政策过程也处于摸索阶段。2002 年，时任福建省省长习近平进行专题调研后，在《求是》杂志上刊文《努力创新农村工作机制——福建省南平市向农村选派干部的调查与思考》，指出南平市这种科技人员下乡扶贫助困的做法是对新形势下农村工作机制的创新。同年 10 月，科技部根据南平科技特派员施行 3 年的实践经验成果，相继批复同意宁夏、青海、甘肃、陕西、新疆西北五省区申请开展局部试点工作的请示。从1999年的政策发源，到2002年试点之前，科技特派员制度作为一项工作机制的创新，处于政策论证的初期阶段，有且仅有福建一省开展科技特派员行动，因此将该阶段视为"创新先驱"阶段。

2004年12月31日，科技部和人事部共同发布《关于开展科技特派员基层创业行动试点工作的若干意见》（下文简称《基创意见》），这是中央层面上首次关于特派员制度的发文，其以政策文本的形式标志科技特派员行动上升到国家高度。此时，在辖区内，试点开展科技特派员的省份从2002年的6个猛增至2004年12月31日统计的23个，这是政策扩散过程的"攀升扩散"阶段。

从2004年年底中央首次正式发文至2007年年底的三年时间内，科技特派员制度在余下8个省份相继施行，实现了在全国31个省（市、区）皆有试点的全覆盖，政策扩散速率趋缓直至扩散终结，称为"平缓趋终"阶段，如图2所示。

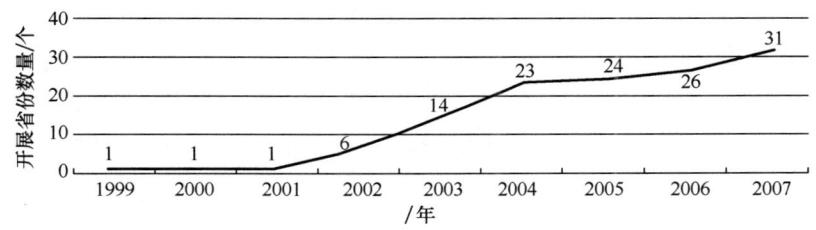

图2　科技特派员政策扩散曲线

资料来源：主要从省政府门户网站、政策文件、官方会议、报道、知网、国家级杂志收集整理。

2. 交流论证扩散（2007—2016年）

全国31个省、自治区、直辖市开展试点行动后，科技部组织召开多次交流座谈会，如2007年11月13日在山东聊城召开的全国科技特派员工作经验交流会、2008年3月20日在京召开的科技特派员工作座谈会和同年4月29日召开的科技特派员制度实践探索研讨会，以及2009年1月19日在广州召开的科技特派员基层创业行动座谈会等，交流总结各省的典型经验，加快政策的论证步伐。

2009年5月31日，八部委联合发布《关于深入开展科技特派员农村科技创业行动的意见》（下文简称《科创意见》），政策文本标题的表述中，用"农村科技创业"取代"基层创业"，体现了政策理念思维的创新转变，强调科技的作用折射出当时政策背景的变化——科技发展带动农村脱贫。与 2004 年的政策文本相比，其明确提出一个五年的发展目标：组织一支 15 万人的科技人才队伍，科技特派员工作覆盖全国 75% 以上的县，直接带动农户人均收入年同比增长 10% 左右等。涉及领域从农业扩散至林业、牧业，行动主体由科研人员向高等院校、科研单位、涉农企业和机构组织，以及乡土人才全面扩散。这个时期通过指标量化的方式定义政策目标的实现程度。与此同时，政策工具的选择、政策执行的方式也在不断创新、交流和论证。

3. 政策再创新（2016 年至今）

再创新是政策扩散被采纳和实施过程中的改变或改良的程度。2016 年，国务院办公厅印发了《关于深入推行科技特派员制度的若干意见》（下文简称《国办意见》），政策进入再创新扩散时期：政策工具、政策方案、政策执行与政策评估都发生了质的变化。以福建省《关于新时代坚持和深化科技特派员制度的意见》为例：政策形式上，从工作机制创新到行动计划再上升为制度形式；政策内容上，不仅对该政策赋予高度政治责任和使命，同时从选拔、支持、激励等全方位多角度完善制度保障；政策目标特征上，从最初利用科技提高农业劳动生产率和资源利用率到精准扶贫、乡村振兴、科技创新等，政策实现由单一目标向多目标深化。

回顾科技特派员政策的扩散过程，其经历创新试点扩散、交流论证扩散和政策再创新三个时期，其中政策试点的全国扩散在第一时期完成，并且分为"创新先驱""攀升扩散"和"平缓趋终"三个阶段，可以看出，科技特派员制度的扩散在数量、时间上呈标准"S 形曲线"扩散分布，契合传播扩散的定律。

（二）科技特派员政策的扩散机制

科技特派员制度发展过程的不同时期，存在学习、模仿、强制指令、竞争四种主要扩散机制。区别于其他政策单一的扩散机制，多元机制的与时俱进和结合是科技特派员制度的优势所在。

学习机制是当公共政策的制定者面临棘手的政策问题时，通过主动寻找解决方案、信息等，有选择地借鉴其他地区政策经验的一种问题导向、自愿采纳的机制。在试点扩散期的前 5 年，政策试点的开展并未受到自上而下的层级压差，大多采取请示、函询的形式，以宁夏为例，先是该省科技厅上报《关于〈宁夏回族自治区科技特派员（创业者）行动方案〉的请示》，随后，科技部办公厅以《关于同意科技特派员制度试点方案的通知》进行肯定回复。从"创新先驱"阶段的南平市到西北5省试点行动开展，5省相关政策文本及科技部门汇报中皆表述出向南平看齐、学习南平经验的政策倾向。

而随后的两年时间里，邻近效应促进政策爆发，进入攀升扩散阶段。模仿机制是短时间内大量省份出台相关政策的原因：各地政府的决策者为获得更多的话语权，移植或复制其他地区新政策的模仿机制关注点在于是否具备其他政府出台的新政策，而不是该政策带来的实质绩效，邻近区域由于政治、经济、文化上的相同性，采取的政策工具和措施也大致相同（杨宏山、李娉，2018）。这是因为政策模仿降低了政策制定和出台的成本，减少了政策过程中的阻力，同时提高了社会公众对于政策的接受度和认同感，最重要的是官员可以避免造成不必要的"试错"行为。

2004年的《基创意见》强调在全国范围内推行科技特派员工作，此时仅有8个省份尚未开展相关工作。中央政府的行政指令略带强制性地推动相关地区的政策出台扩散。值得一提的是，中国纵向权力关系决定了地方政府接受上级政府及其部门，尤其是中央政府及其各部门的统一领导。这种领导与被领导关系、指令与服从的关系通过行政权威有效快速推动科技特派员制度的全面扩散和实行。这与西方联邦政府主要通过联邦法案、监督、政治活动等间接强制导致的扩散影响力较弱形成鲜明对比，暴露出联邦政府缺少对州政府的政策强制力这一核心问题。

2009年的《科创意见》中，指标的量化带有强烈的竞争色彩，这一阶段各省市在已有试点的现状下加速冲击目标任务，某种程度上推动了科技特派员相关制度的完善。作为科技特派员政策扩散主体的省级地方政府在面临邻近省份的竞争性环境和压力下，中国政策扩散中的竞争性机制表现尤为突出。

科技特派员制度的创新和扩散历程中，四种机制在不同扩散时段发挥的作用不尽相同。政策扩散机制影响政府决策的同时不仅受辖区内部因素的各种制约，时间上的滞后效应也具有一定差异（郭磊等，2019）。在"创新先驱"阶段，从南平的"星星之火"到西北地区的"宁夏模式"，学习机制是政策扩散的主要推手；之后两年的政策爆发阶段，模仿机制加之政策学习促使大量地方政策文本的出台；2004年中央《基创意见》印发之后,全国推广的强制指令使尚未开展试点科技特派员行动的省份加紧落实,强制指令机制推动政策扩散至中国大陆的每一个省份;2009年以后,量化指标的确立以及各省份竞争机制的作用,促进科技特派员政策向更高质量、实质性内涵发展。

(三)科技特派员制度的"M"形波浪扩散模式及特点

学者宁骚于20世纪90年代,结合中国本土经验提出"上下来去"政策过程模型。其建构在历史唯物主义的哲学基础上,其"上"含且不限于"核心政策行为者",其"下"含且不限于"外围政策行为者",该模型揭示了中国体制下的政策互动过程并非一次完成。中国语境中的政策变迁主要遵循渐进主义的路径。经济社会的快速发展加之中国的幅员辽阔、地域和文化上的差异以及各地出现不同的复杂局面,中国的政策扩散模式已不再是简单的自上而下的"试验路径"或自下而上的"吸纳路径",更多的是层级间上下不断交互、循环上升的扩散路径。模型的建构需要借助理论和实践两种资源,本文在上下来去模型的基础原理上,结合科技特派员案例政策扩散路径的一般规律(杨志、魏姝,2019)(杨宏山、李娉,2019),提出一个"M"形的波浪扩散模式,尝试解释中国政策创新和扩散的独特之处,如图3所示。

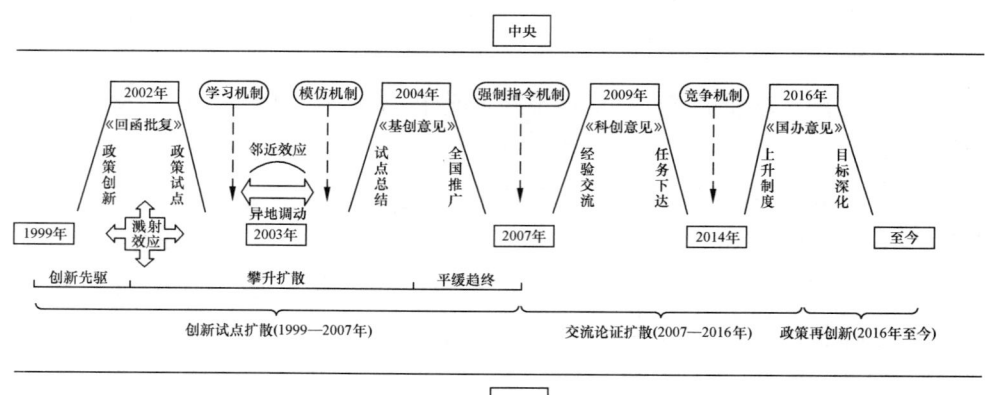

图3 "M"形波浪扩散模式

该模型以中央政府和地方政府为上下端,代表层级上的压差关系。其中的逻辑传导像波浪一样进行上下震荡和持续推进。模型的首浪传导过程是地方政府作出的政策创新尝试,通过多元渠道(汇报、请示)传达至中央政府,得到肯定性批示或答复后在若干地点开展政策试点,需要指出的是，其与"政策试验模式"的最大差异在于，前者是由地方政府率先进行政策创新，而后者是中央政府直接选择少数几个地方就新政策进行"试验—推广"（周望，2012），是一种略带选择性和偏好性的扩散模式，虽然有利于宏观上进行统筹布局，但政策试验地的实际情况是否利于政策的实施和扩散有待考究，且政策执行过程中容易出现偏差导致政策失败。"M"形波浪扩散模式的政策试点过程中，政策采纳地往往与政策创新地具有相类似的困境，为预防或能够及时破解危机而主动接受新政策的扩散。

空间中的"溅射效应"能够解释哪些地区更可能成为潜在的扩散对象，就像在湖中投入一颗石子，溅起水花会落在距离石子较远的地方而不是落水处周围。河长制发端于江苏省，但率先跟进出台相关政策的省份则是天津市（王洛忠、庞锐，2018）；科技特派员政策实行的前两年，周边省市也并未出现政策扩散，正如罗杰斯（2016）所说，创新开始的认知阶段，一般个体都扮演着被动者的角色，并不会主动寻求进一步的信息。直到2002年时任福建省省长习近平在《求是》杂志刊文后，距离福建千里之外的西北5省主动请示并经科技部的批准，新的政策溅射点方才出现。随后的"攀升扩散"阶段，"邻近效应"加速显现，表现在与福建相邻的江西、浙江，西北试点五省周边的内蒙古、四川、重庆等地区相继开展科技特派员试点。不可忽视的是，2003年浙江省开展试点科技特派员行动，与时任福建省省长习近平升任浙江省委书记一职有密切联系，印证了部分学者（张克，2015），（杨宏山、李婷，2018），（朱光喜、陈景森，2019）得出的充当政策企业家角色的地方主官因异地交流、升迁在政策创新与扩散过程中的决定性作用的结论，说明在中国特色政治体制下，主要官员异地交流、升迁导致的政策理念扩散是M形波浪模式中的重要因素之一。第二浪的传导过程是中央政府在总结和吸取试点地方的经验教训后，形成规范性指导政策文本并全国推广的过程。即2004年12月31日，在总结23个省试点科技特派员制度的基础上，科技部联合人事部下发《基创意见》，首次以政策文本形式对科技特派员制度进行工作指导，并指令要求地方落实。

首浪和次浪呈一个类似"M"形状的传导过程，在科技特派员制度的层级扩散路径上表达为：地方政策创新—中央介入—地方试点—中央总结—全国推广的过程。然而科技特派员政策层级上的扩散并非仅限于一个"M"形的过程,而是在实践扩散中不断检验和升华理论。《基创意见》发布后的3年内,未开展科技特派员试点的8个省份迅速行动。随后两年,科技部召开多次会议交流总结各地经验,促进2009年《科创意见》政策的出台,同时,相关指标的量化和下达又使各省份为了政府绩效而加码。最后在政策评估验收的基础上出台《国务院办公厅关于深入推行科技特派员制度的若干意见》,再一次完成"M"形的深化扩散。

目前,经过"M"形波浪模式扩散成功的主要案例有科技特派员制度、河长制等,综合比较,这些成功扩散的案例主要有以下两个特征:

1. 问题导向加之突发外部灾害触发。地方政策创新科技特派员制度的提出背景是在1999年农业发展陷入困境的福建南平遭受洪涝灾害后,产生的贫困加剧问题使地方政府不得不进行政策实践创新,通过科技人才下乡帮扶农民的机制创新解决这一棘手矛盾;河长制的初端始于2007年长期污染导致太湖流域的蓝藻大面积暴发,进而引发大规模饮用水危机。在今后相当长一段时间,由于日新月异的发展和矛盾的不断转化,许多突发的应急事件始料未及,中央政府也很难事无巨细地全面考量每一项应对政策。因此,遇到问题后需要政策制定者身先士卒,发挥创新性,灵活采取应对策略。

2. 中央政府部门的态度影响政策扩散的速率和方向。中央政府部门的态度和反应效率,极大地影响政策扩散的方向、扩散速率甚至决定政策是否能够巩固并上升为制度形式,并且单一制结构下中央层级的干预可优先于政策扩散的"邻近效应"发挥作用。科技特派员制度在科技部对试点省份回函表态之后,才开启了"攀升扩散阶段",政策扩散省份从6个增至23个;河长制的扩散,虽在时间维度同样呈现出"S"形特征,但首次发文开展河长制省份的数量也是在中央部门介入后才进入加速期并直线拉升,从8个增至31个(王洛忠、庞锐,2018)。

四、思考与展望

科技特派员制度对解决"三农"问题、促进乡村振兴以及农村社会现代化治理具有重要意义,不仅有利于充分调动科技人才资源,推动科学技术知识在农村的普及扩散,更有利于推动乡村供给侧结构性改革,促进农业现代化进程和加快农民职业化转型。从福建南平的政策创新到现如今中国大地全面深入扩散,科技特派员制度的成功是因为其政策理念来源于群众的现实需要，并在基层实践中进一步创新：政策内容向多元目标、多种维度扩散，在中央的支持下从工作机制创新逐渐上升并巩固为制度形式，并渐进推动我国农村科技发展和系统性改革，体现出该政策的强大生命力和"M"形波浪扩散模式的广泛前景。只有通过对政策实践的不断认识，升华政策扩散和执行理论，才有利于持续推动科技特派员工作的深入发展；才能把制度创新与科技创新相结合，破解"三农"难题，更大范围地造福人民群众；才能满足丰富学科理论的现实需求，贯彻落实习近平总书记重要指示精神，深化科技特派员工作，长期有效抓实抓好。

政策制定的科学化、民主化、法治化是推动国家治理体系和治理能力现代化的不二法宝，但政策创新和扩散的过程受到政策内容、政策执行、政策主客体和利益集团等诸多因素的综合作用。中国改革发展的进程中，政策创新作为政府应对复杂治理挑战的途径之一，伴随现代通信科技的快速更迭，其扩散速率、传播渠道也在发生深刻的变化。中国的政策扩散将趋向"M"形的波浪扩散模式。其过程将表现为一个地方进行政策创新、中央介入个别地方的政策执行进程、中央政府评估政策试点效果并进行总结，若取得成功且潜在效益巨大，则进行大范围推广，直到上升为国家制度形式。这种政策创新与政策扩散的过程不仅体现在我国现代化治理进程中的一些具体政策中，未来甚至可以运用于基本政策。但遗憾的是，不少政策虽然能够在局部地区取得较好的成绩和效果，却未能成功扩散并在全国应用。

本文从政策创新和扩散理论的微观视角出发，总结科技特派员制度的发展过程，研究分析该政策创新和政策扩散的科学规律和特点，未来中国改革发展的进程中，如何丰富模式的运行逻辑，将更多蕴含基层智慧创新的政策通过"M"形波浪扩散模式传导至全国，有几点值得后续深入研究和讨论：其一，层级间的互动量能保持，即乡镇、县区等基层政府成功的政策创新如何更加有效地进行传递互通而不走样、失真甚至失语；如何实事求是地进行信息扩散而非成为炫耀政绩获取政治资本的噱头。其二，"人走政息"的政策停滞，如何克服政策创新地主官变动导致的"新官不理旧账"，以及更为有效地将政策创新和扩散至新的地区。或许，可以从习近平总书记的举止做法中得到些许启迪和领悟！

参考文献

[1] 保罗. A. 萨巴蒂尔. 政策过程理论 [M]. 北京：三联书店，2004.

[2] 陈芳. 政策扩散理论的演化 [J]. 中国行政管理，2014（6）：99-104.

[3] E·M. 罗杰斯. 创新的扩散：第五版 [M]. 北京：中央编译出版社，2016.

[4] 郭磊，苏涛永，秦酉. 是否创新与如何创新：政策创新扩散机制的动态比较研究 [J]. 中国软科学，2019（5）：160-167.

[5] 黄倩，陈朝月. 基础研究政策扩散的文献量化研究 [J]. 中国科技论坛，2019（12）：12-22.

[6] 韩啸，吴金鹏. 政府信息公开制度扩散的多重逻辑——面向中国省份的事件史分析 [J]. 东北大学学报（社会科学版），2019（5）：489-496.

[7] 李健，张文婷. 政府购买服务政策扩散研究——基于全国 31 省数据的事件史分析 [J]. 中国软科学，2019（5）：60-67.

[8] 姜影，王茜. 政策扩散视角下我国 PPPs 政策创新的扩散 [J]. 科技管理研究，2020（1）：13-19.

[9] 刘河庆. 文件治理中的政策采纳及其影响因素研究——基于国家和省级政府政策文本（2008—2018）数据 [J]. 社会，2020（4）：217-240.

[10] 李梦瑶，李永军. 棚户区改造政策的创新与扩散——一项中国省级地方政府的事件史研究 [J]. 兰州学刊，2019（9）：164-176.

[11] 宁骚. 公共政策学 [M]. 北京：高等教育出版社，2018.

[12] 庞明礼，于珂. "先行先试"的次优绩效及其扩散机制——以 W 市生活垃圾分类政策为例 [J]. 地方治理研究，2020（1）：2-12＋78.

[13] 王丛虎，马文娟. 公共资源交易政策扩散的行动策略研究 [J]. 治理研究，2020（2）：100-109.

[14] 王洛忠，庞锐. 中国公共政策时空演进机理及扩散路径：以河长制的落地与变迁为例 [J]. 中国行政管理，2018（5）：63-69.

[15] 魏萍，张紫馨，李青樵. 地方政府融入"一带一路"建设的政策创新扩散研究——基于湖北 294 份政策文本的量化分析 [J]. 情报杂

志，2020（4）：82-89.

[16] 王浦劬，赖先进. 中国公共政策扩散的模式与机制分析［J］. 北京大学学报（哲学社会科学版），2013（6）：14-23.

[17] 习近平. 努力创新农村工作机制——福建省南平市向农村选派干部的调查与思考［J］. 求是，2002（16）：13-16.

[18] 杨宏山，李娉. 政策创新争先模式的府际学习机制［J］. 公共管理学报，2019（2）：1-14＋168.

[19] 杨宏山，李娉. 中美公共政策扩散路径的比较分析［J］. 学海，2018（5）：82-88.

[20] 岳经纶，王春晓. 三明医改经验何以得到全国性推广——基于政策创新扩散的研究［J］. 广东社会科学，2017（5）：186-197＋256.

[21] 杨志，魏姝. 政策扩散视域下的地方政府政策创新持续性研究——一个整合性理论框架［J］. 学海，2019（3）：27-33.

[22] 杨正喜. 波浪式层级吸纳扩散模式：一个政策扩散模式解释框架——以安吉美丽中国政策扩散为例［J］. 中国行政管理，2019（11）：97-103.

[23] 朱多刚，郭俊华. 专利资助政策的创新与扩散——面向中国省份的事件史分析［J］. 公共行政评论，2016（5）：64-83＋205.

[24] 朱光喜，陈景森. 地方官员异地调任何以推动政策创新扩散——基于议程触发与政策决策的比较案例分析［J］. 公共行政评论，2019（4）：124-142＋192-193.

[25] 张剑，等. 中国公共政策扩散的文献量化研究——以科技成果转化政策为例［J］. 中国软科学，2016（2）：145-155.

[26] 张克. 地方主官异地交流与政策扩散——以"多规合一"改革为例［J］. 公共行政评论，2015（3）：79-102＋203-204.

[27] 周望. 政策扩散理论与中国"政策试验"研究：启示与调适［J］. 四川行政学院学报，2012（4）：43-46.

[28] 朱亚鹏. 政策创新与政策扩散研究述评［J］. 武汉大学学报（哲学社会科学版），2010（4）：565-573.

面向2035年我国青年科技人才发展机制研究

陈姗姗　张向前

摘　要：科技人才发展对社会经济发展和国家综合国力提升具有促进作用，而国家的人才发展机制对科技人才成长与发展意义重大。本文面向2035年国家发展新形势新环境，基于PEST分析框架对我国青年科技人才发展进行SWOT分析，探求新环境中促使青年科技人才自身能力提高并保持可持续发展的机制，研究发现我国青年科技人才发展及人才工作在不同视角下呈现的阶段性特点，提出建立对科技人才成长与发展的全程干预机制、完善青年科技人才成长与发展的全面保障机制和实施青年科技人才动静结合的综合评价机制的对策建议，以此对青年科技人才的可持续发展提供支持。

关键词：面向2035　青年科技人才　发展机制

一、引言

习近平总书记在庆祝改革开放40周年大会提出："坚持创新是第一动力、人才是第一资源的理念，实施创新驱动发展战略，完善国家创新体系，加快关键核心技术自主创新，为经济社会发展打造新引擎。"中国经

---

① 该篇论文获得"2020年全国人才与人事研究主题征文活动"一等奖。
② 陈姗姗，华侨大学工商管理学院博士生，泉州华光职业学院副教授，创新创业指导教师；张向前，华侨大学工商管理学院教授，博士生导师，研究中心主任。

济结构转型升级与世界新一轮科技革命形成交汇，科技创新成为提高国家综合实力和国际竞争力的决定性力量，创新驱动的实质是人才驱动，关注人才发展成为时代必然。

面向2035年国家发展新形势，中国经济发展与综合实力提升达到新高度，为实现社会主义现代化和跻身创新型国家前列目标而努力，体现出对科技创新的更大需求，对科技创新人才的培养成为当务之急。

《"十三五"国家科技人才发展规划》指出，科技人才是具有专业知识或专门技能，具备科学思维和创新能力，从事科学技术创新活动，对科学技术事业及经济社会发展作出贡献的劳动者。其包括从事科学研究、工程设计、技术开发、科技创业、科技服务、科技管理、科学普及等科技活动的人员。2002年，有学者指出，充分发挥最佳年龄区科学家的创造力是提高科学发展速度的重要措施，科技成果最高产年龄段为25~45岁。另有学者则展示了中国工程院院士群体的当选年龄以51~70岁为最多，平均值为64岁。偏高的院士当选年龄和偏高的院士平均年龄不利于国家科技创新与科技进步，客观表明我国对青年科技人才作用发挥的忽视。需从政策层面调整，加大对青年科技人才的培养并促成其发展，以为国家科技创新贡献才智。2007年，学者尚智丛的研究细化了不同年龄段应给予科技人才的不同支持，提出加大对31岁左右青年博士科技人才研究工作支持、为其创新研究提供良好保障；降低争取课题、申报奖励、获得安定生活条件等方面压力，保证36~45岁科技人才工作条件，使其安心于研究工作。门伟莉等（2013）对自然科学领域1901—2011年诺贝尔奖获得者生平等数据统计发现，获得者获奖年龄、最高学位获得年龄都呈上升趋势，诺贝尔奖平均成果年龄在44~47岁。对国际上诺贝尔奖获得者的分析，与对我国科技人才中做出重要成绩与贡献的获奖者的分析，一致体现出年龄偏向青年的重要共同点，揭示青年科技人才的创新思维与创造力对成就取得最有利，因此，培养青年科技人才的重要性不言而喻。及至近期，学者们认为，随着人类在自然科学领域知识的不断积累，从事前沿科技问题研究所需的前期学习和训练也需要更长时间。以生物医学领域为例，在全球顶尖研究机构取得博士学位、完成博士后科研训练的高端人才平均年龄在35~40岁，然后才进入长期的知识产出阶段。由此，选取当前时代发展背景下最有利于科技人才提升及维持发展力的合适年龄，界定我国青年科技人才为35~47岁的科技人才，并提出本文研究问题：在国家当前发展阶段，面向 2035 年，如何建立一套普适于中国青年科技人才发展的机制？何时以及如何通过前期干预，识别潜在科技人才，并使其进一步提升能力？采取何种措施才能对青年科技人才的可持续发展提供支持？

二、文献综述

在"工业 4.0"背景下，工程科技人才的培育问题引起了广泛重视。伴随社会经济不断发展，各领域人才需求问题突显，尤其是创新驱动使对科技人才的研究呈现井喷状态，表现出辐射面大、研究细化、局部聚焦的特点。其一，从现有文献总体研究成果来看，辐射面大表现为对科技人才的研究涉及不同学科、不同类型、不同领域、不同区域、不同研究视角、人才的不同层次等。其中，工程科技人才和农业科技人才研究成为学科典型。针对北美、亚洲等区域性科技人才的研究不在少数，对我国地区科技人才的研究也涉及社会经济各领域科技人才的现状及发展趋势。而对适应我国不同发展阶段的科技人才在人才开发、培养、管理各环节的研究至今依然不断更新和呈现。同时，学者们的研究视角也不断变换，从高校、企业，到国家层面，呈现空间视角上的完整性。其二，按照研究主题分析同一类别的文献，研究细化表现为一些研究领域、主题下的研究内容不断精细化，如对促进科技人才发展方面涉及的人才培养模式、评价指标体系、科技人才合理流动、人才激励等。其三，从单篇文献的角度看，部分主题下的单个研究呈现极度聚焦特点，对科技人才发展的研究针对性强，内容单一、研究角度偏向细碎。例如，在青年科技人才的研究主题下，专门研究青年科技人才的具体适用领域，包括工程、化学、医学方向科技人才等，而非普遍适用于所有领域的人才特点，或是专门针对科技人才所在区域开展研究，以体现地区人才特点。

参考科技创新位于世界前列的美国、日本、欧盟等国家或共同体的科技人才发展机制可知，青年科技人才发展机制由科技人才开发、培养、管理机制共同构成，推动青年科技人才的自我成长和国家科技人才资源的可持续发展。美国二十多年来致力于 STEM 教育改革，从概念框架下整合科学、技术、工程和数学各学科之间的联系，关注点从教学内容、对象延伸到教法和技术特色等方面，例如，通过科学教育课程框架和《下一代科学教育标准》为科学教育发展提供方向和理念，通过研究型大学跨学科培养科技人才，教育部面向博士生提供重要资助等。日本教育界认为，对学生初中阶段好奇心的培养与本科、研究生阶段全方位的学术研究能力的强化是顶级科学家成长的关键。通过分阶段逐步实施适应创新驱动的人才发展、培养、引入、保护机制，英国通过产学研合作培养创新人才，尤其对博士的培养投入相当可观。其他一些在某些领域保持创新前沿的国家做法同样是预见了科技人才的创新潜力，提前进行人才资源开发的干预以促进人才成长。由此可见，这些国家的人才发展机制制定时，尤其在科技人才培养的时机上做了功课，极其重视人才成才前的培养机制，即对人才的培养时间提前到学生时代，甚至从小学开始加以引导、引入科技相关知识，其后在大学阶段注重跨学科科技人才培养，在人才形成的过程中给予足够支持、提供有利于人才贡献才智的学习和工作环境。

至此，借鉴其经验并总结规律性特点形成中国青年科技人才发展机制的建议：通过相关举措促进青年科技人才自身能力提升并形成可持续发展的完整体系，制定青年科技人才的开发、培养与管理机制，从源头抓起，在科技人才从潜在人才到人才的发展过程中即进行干预，科学界定对科技人才干预的时机，促使潜在科技人才能力的提升和可持续发展。要明确科技人才作出贡献的可能时机，就需要分析科技人才发展的阶段特点，寻找其中的共性。

综上所述，现有文献对我国科技人才的研究虽然具有面广、精细、局部聚焦的特点，但文献研究的内容相对零散，对人才的理解也根据研究内容的区域、学科、对象等呈现割裂状态，较为缺乏统领全局且具有普适性的人才发展机制研究，而现有少量关于青年科技人才发展机制的研究依然呈现适用领域相对有限的特点，无法将人才能力提升及其维持发展力串联起来，因而，本研究将聚焦青年科技人才发展机制普适性研究，寻找产生普遍适用于多数领域的共性规律，使其为我国青年科技人才发展实践提供借鉴思路。

因而，本研究聚焦面向2035新形势下我国青年科技人才发展机制问题，采用SWOT方法，搭建我国青年科技人才发展的政策（P）、经济（E）、社会环境（S）和技术（T）影响框架，分析我国科技研发现状、我国青年科技人才整体发展阶段、我国青年科技人才个体成长阶段及当前技术发展趋势，探求其中可能促使青年科技人才自身能力提高并保持可持续发展的机制。

三、对我国青年科技人才发展的 PEST 框架搭建

（一）社会政策视角下的我国科技人才整体发展阶段分析

面向 2035 国家发展新形势，我国为科技人才发展所提供的政策支持环境不断改善。科技人才的发展与其所在国家社会经济的发展任务息息相关。国家随着经济实力的提升，越来越多地参与国际事务，对本国科技与国际前沿技术的差距认知有所加深，对创新驱动的科技人才重视程度也不断提升。在面向 2035 国家发展新形势下，创新驱动成为主要战略发展目标，国家逐步重视青年科技人才的发展问题，为人才发现、流动、激励等方面提供支持政策。

1. 缓慢进展期：改革开放至 1986 年

改革开放以来，国家社会发展任务是经济建设，党和国家的一系列政策体现了对科学技术的重视和对科技人才的尊重。1978 年全国科学大会带来科技人才的春天，实行"尊重知识、尊重人才"的政策，开启了尊重科技人才的大门。1979 年《关于做好科技干部技术职称评定工作的通知》、1981 年《科学技术干部管理工作试行条例》、1985 年《关于科学技术体制改革的决定》等政策，使整个社会从改革开放前对知识分子的阶级敌对立场，转向尊重和重视立场。1986 年的"星火计划"，通过"短、平、快"的科技项目促进地方经济振兴，更是为科技服务经济开辟路径，科技人才发展的漫漫长路开始踏上征程。

2. 稳步推进期：1987 年至 2005 年

这一阶段，我国经济发展倚重科技进步，党和政府不断加强科技人才队伍建设工作。1987 年党的十三次全国代表大会，把发展科学技术放到我国经济发展战略的首要位置，提出适应于经济、政治体制改革发展的科技体制改革，使经济建设转到依靠科技进步和提高劳动者素质的轨道上来。通过引入科技优势服务于传统产业技术改造，促进高新技术的形成，从而推动经济、社会发展。1988 年《国务院关于深化科技体制改革若干问题的决定》提出科研机构的竞争和发展机制，鼓励科研机构和科技人员为社会创造财富、对科技进步贡献力量，并改善自身工作条件和待遇。文件明确了国家对基础研究经费投入、科研机构发展自主性等问题，特别提到对现有科技人才的发现、流动问题，以利于经济发展需求。还允许有条件的城市探索科技人才管理制度综合性改革。期间的系

列政策，使对科技人才的重视不断提升。1995年《人事部关于加强选拔优秀青年科技人员聘任高级专业技术职务工作的若干意见》、1999年《中共中央、国务院关于加强技术创新发展高科技实现产业化的决定》、2001年《中共中央办公厅、国务院办公厅关于加强专业技术人才队伍建设的若干意见》，以及2002年《2002—2005年全国人才队伍建设规划纲要》等，标志着国家的人才强国战略不断向前推进，在工作体制机制各个层面创新突破，并取得一系列成就。

3. 全面发展期：2006年至今

这一阶段，国家创新驱动发展呈现趋势，科技人力资源建设取得重大成就，我国创新型科技人才发展工作全面推进。科技人才系列政策的颁布与人才工作的开展，带来人才资源的明显成效，我国在重视青年科技人才的道路上也逐步明确了方向。2006年，国务院发布《国家中长期科学和技术发展规划纲要（2006—2020年）》，专门提出科技人才队伍建设要点，提出培养造就中青年高级专家的要求，对一系列高层次人才制度作出改进和完善。此外，提出了教育、企业、引进和文化环境对人才成长与发展的作用。此后，《国家中长期人才发展规划纲要（2010—2020年）》《国家中长期科技人才发展规划（2010—2020年）》《国家创新驱动发展战略纲要》《中共中央关于深化人才发展体制机制改革的意见》《"十三五"国家科技创新规划》等与科技人才相关的若干政策相继出台，为我国2020年进入创新型国家行列和全面建成小康社会奋斗目标提供科技人才支撑，为2050年实现建成世界科技强国目标奠定基础。《中国科技人才发展报告（2018）》指出，2017年，我国科技人力资源达到8 705万人，全社会研究与试验发展（R&D）人员全时当量达到403.4万人年，均居世界首位。统筹国际国内人才资源，形成新中国成立以来最大规模留学人才"归国潮"，吸引了超过95万人的外国人才来华工作。2019年9月，科技部战略规划司发布了《2021—2035年国家中长期科技发展规划面向社会征集研究单位开展重大问题研究公告》，提出《2021—2035年国家中长期科技发展规划重大问题研究目录》，其中包含面向2035年我国青年科技人才激励机制研究的任务，设定其研究要点为：分析我国青年科技人才的成长规律，研究制约我国青年科技人才成长的主要因素，提出未来15年完善青年科技人才评价激励机制的措施。

与此同时，科技部等部门联合发布《科研诚信案件调查处理规则

（试行）》，制定了科研诚信案件调查处理规则，对科研诚信作了进一步规范。科技人才对国家发展的重要性进一步展现，国家的科技人才工作进一步向前推进，深入开展细化领域工作，使科技人才发展与国家经济社会进步紧密关联、互相促进。其中的青年科技人才发展及激励机制受到重视。

（二）国际比较视角下我国科技研发现状分析

经济实力的提升带来科技人才发展的经济环境，科技人力资源建设取得重大成就，面向2035年国家发展新形势，我国创新型科技人才发展工作全面推进，与国际上科技发展领先国家相比，我国为科技研发提供的经济环境体现为科技研发经费投入的增加、科技研发的企业主体重要参与、科技人才规模的扩大，以及科技研发产出提升等方面的进步。

1. 我国科技研发经费投入强度比上不足、比下有余

从经费投入上看，我国对科技研究投入呈现上升趋势，总体上我国研发经费投入符合我国经济社会发展的基本要求和阶段状况。放眼国际，则处于与中等发达国家相当的水平；与部分发达国家比，还存在较大差距，比上不足比下有余。2018年，全国共投入研究与试验发展（R&D）经费19 677.9亿元，比上年增加2 071.8亿元，增长11.8%；研究与试验发展（R&D）经费投入强度（与国内生产总值之比）为2.19%，比上年提高0.04个百分点。按研究与试验发展（R&D）人员全时工作量计算的人均经费为44.9万元，比上年增加1.3万元。从国际上看，我国研发投入强度已超过欧盟28国平均1.97%的水平，达到中等发达国家R&D经费投入强度水平，但与部分发达国家2.5%~4%的水平相比还有差距。

2. 我国企业科技研发活跃度成为推动全球创新重要力量

从研发活动上看，在所有的R&D活动类型中，以企业的试验发展活动为主，我国企业研发活跃度不断提升，对法、英、韩等国形成赶超之势，已成为推动全球创新不可忽视的重要力量。企业试验发展活动所占经费比重最高，企业在R&D经费的投入主体和执行主体中居主导地位，中国企业、研究机构和高等学校R&D经费内部支出分别为15 233.7亿元、2 691.7亿元和1 457.9亿元，占R&D经费的比重分别为77.4%、13.7%和7.4%。政府资金集中投向了承担国家科技计划的研究机构和一些研究型大学，而大型企业则以研发为驱动，通过转化成果获得盈利。

3. 我国科技研发人才规模总量大,但研发人员占就业人员比重小

从人才规模上看,研发人员总量增加,但每万名就业人员的R&D人员数量和R&D研究人员数量与世界科技强国仍存在较大差距(见表1)。从人员规模看,研发人员总数多,在R&D人员总量超过10万人年的国家中,我国R&D人员和R&D研究人员排名均居世界首位,但万名就业人员中R&D人员数和R&D研究人员数分别为56.5人年/万人和24.1人年/万人,虽然与本国历年人力投入相比,处于不断上升状态,但与表中多数发达国家比,仍远远落后。在R&D人员总量超过10万人年的国家中,多数发达国家的每万名就业人员的R&D人员数量和R&D研究人员数分别为中国的2倍和4倍以上。

表1　　　R&D人员总量超过10万人年的国家(2018年)

国家	R&D人员 (万人年)	每万名就业人员的 R&D人员数 (人年/万人)	R&D研究人员 (万人年)	每万名就业人员的 R&D研究人员数 (人年/万人)
中国	438.1	56.5	186.6	24.1
日本	89.7	130.2	67.8	98.4
俄罗斯	75.8	104.8	40.6	56.1
德国	70.7	157.6	43.3	96.6
韩国	50.1	188.1	40.8	153.3
英国	47.0	144.8	30.9	95.3
法国	45.1	160.3	30.6	108.8
意大利	31.2	123.1	14.0	55.2
西班牙	22.6	113.4	14.0	70.4
波兰	16.2	99.0	11.8	72.0
荷兰	15.7	168.8	9.6	102.6
土耳其	15.4	55.1	11.2	40.1
美国	—	—	143.4	92.3

注:美国和土耳其为2017年数据。
数据来源:OECD, Main Science and Technology Indicators 2019-02.

4. 我国科技研发产出主要科技创新指标稳步提升,但关键技术与人才紧缺

从科技研发产出看,2018年我国科技创新能力大幅增强,研发投入、研发人员总量、发明专利申请和授权量等主要科技创新指标稳步提升,

但核心技术短板突出，国际一流人才紧缺。从较大的科技研发投入和稳居世界第一的研发人员总量来说，我国在科研创新之路上正加速前进，也显现出了一定的成果：国际科技论文总量和被引次数稳居世界前列；发明专利申请量和授权量居世界首位。高新技术企业达到18.1万家，科技型中小企业突破13万家，全国技术合同成交额为1.78万亿元。科技进步贡献率预计超过58.5%，国家综合创新能力列世界第14位。

（三）环境催化视角下的青年科技人才个体成长阶段分析

事物的发展具有规律性，对不同青年科技人才个体在不同大环境下的成长特点进行分析，可以抽取共性，总结归纳青年科技人才成长与发展的基本特点。其中，大环境主要是社会背景，即当时经济社会发展及其对人才的基本态度。小环境的优越性则是青年科技人才成长的重要条件，涉及不同科技人才个体在其青少年成长过程中所处的家庭养育、学习进修及促使其科技技能产生实际转化的工作环境。发达国家对高等教育作为科技人才培育的主要阶段高度重视，并系统设置教育模式和教学教法，主要做法是跨学科综合学习。从本科到研究生（硕士、博士）、博士后到独立科研人员、新研究人员的资助体系，为处在各阶段的研究人员提供清晰的职业发展路径，从而保障科研领域优秀人才的不断涌现。在我国，博士及其后的青年期的学习进修最为考验人才的科技研发能力，打通硕博课程，改革和完善人才培养模式，将在极大程度上提升科技人才的成长速度。在博士阶段，已打好学科知识基础，按照学习发展规律的不同阶段，对成长干预采取不同措施。

1. 科技创新主题选定阶段

在青年前期阶段及科技创新前期，科技创新主题界定期，是个师父领入门的阶段，主要目的在于帮助青年科技人才释放科技创新热情，激发科技创新思维落地开花，并允许青年科技人才拥有选择的宽度，受经验不足及能力尚弱的影响，允许其多次尝试，容忍失败。

2. 科技创新问题明确阶段

青年科技人才在经历过前期的多视角分析及多方尝试后，对创新主题下的具体研究问题有了明确方向，此时，提供的支持更多的应是建立前辈同行及研究领域大牛的指导圈子，对青年科技人才在具体研究过程中的实际问题指点迷津；避免其在一些常规或节点问题上出错，降低机会成本，缩短混沌时长，同时坚定目标，持续投入科研中。

3. 科技创新能力持续精进阶段

青年科技人才的思维特点是具有批判性、跳跃性，容易产生创新创意，但由于自身阅历所限及对国际同行的领先科技创新缺乏了解途径，在创新引领领域发展或应用实践上，则较为缺乏全局观念。要打开视野，必须与国际同行形成竞争、合作机制，通过同行评价知晓自己在本学科本领域中的科技创新地位，从而进一步向前优化，激励科技创新的不断向前发展，推动科技知识的实践转化。学者的研究显示，青年科技人才经历了海外留学，学习国际前沿技术，再回国后实际转化，有利于形成推动国家经济发展并为具体领域作出贡献的技术。如黄涛等人运用科学社会学的集体传记研究方法对 23 位 "两弹一星" 功勋科学家群体的研究证实了海外留学高学历人才的共性特点。

（四）技术创新视角下的青年科技人才发展影响因素分析

世界范围的大变局中，随着新一轮科技革命和产业变革的加速演进，颠覆性创新持续涌现，为各领域的科技人才带来全方位的创新机遇。世界各国科技创新人才争相在各自领域争奇斗艳，形成合作与竞争并存的局面，为科技创新人才的发展提供技术环境与发展机会。

基础前沿领域孕育的重大突破，学科之间的交叉融合，催生新领域与新技术的不断进步，激发青年科技人才挑战传统技术，适应创新驱动。

四、整合 PEST 框架对我国青年科技人才发展进行 SWOT 分析

我国青年科技人才在当前阶段的发展呈现多重特点，整合 PEST 框架聚焦分析其 SWOT，并针对性给出阶段发展目标，进行机制研究，以提出有效建议。

（一）我国青年科技人才发展优势（S）

青年科技人才尚处于事业发展起步阶段，由于年轻，科技研究还没有达到理想状态，不会轻易放松。大多数青年科技人才具有较强拼劲，较好的身体素质使当代青年人更能为了实现科研目标而吃苦。在优越的教育、学习、进修及促使其科技技能产生实际转化的工作环境下，青年科技人才所处的小环境催生出具备专业技术能力、思维活跃、敢于开拓创新、不惧怕新领域探索的新时代青年科技人才。从个人特质上看，一些优秀的青年科技人才，不仅在性格、韧性、智慧等方面契合科技研究的特点，更是具备年龄上的优势，形成对国家较长时间的贡献年限。

(二）我国青年科技人才发展劣势（W）

从与世界科技强国的比较可知，我国当前在多个领域的关键核心技术还处于劣势地位，掌握核心关键技术的国际一流水平人才紧缺。国内一流的创新团队数量不足，没有形成有利于青年科技人才成长的前瞻性高端研发生态环境。青年科技人才进入科研领域的时间较短，较前辈而言，缺少人脉、资源，欠缺与领域内领先人物或团队的交流机会和平台，完全依靠自我发展的能力较为有限。此外，从环境催生人才的视角看，优越的小环境是促使人才转化的有利条件。但中国传统观念中的谦逊，常使青年科技人才在前辈面前不愿意挑战权威，而论资排辈现象更是剥夺了一些青年科技人才的科研资源，无法使其脱颖而出。

（三）我国青年科技人才发展机遇（O）

世界范围的大变局中，新一轮科技革命和产业变革加速演进，颠覆性创新持续涌现，为各领域的科技人才带来全方位的创新机遇，如人工智能、量子计算、脑科学、基因编辑等领域的新技术加速突破，为青年科技人才带来更多机会。

面向2035年国家发展新形势，在我国跻身创新型国家的目标下，得益于新科技革命的兴起和发展，我国科技创新正在多个维度赶超世界科技强国，自主创新成为当前的重要任务，同时，与国际领先水平的合作与较量，为新时代的青年科技人才提供了用武之地。此外，基础前沿领域孕育重大突破，学科之间的交叉融合，提出融合思维和变革思维，青年科技人才在技术创新带动下，容易从新的视角激发模式创新，形成网络化、生态化转变。当前阶段，国家正不断提升对青年科技人才发展的重视度，在人才开发、引进、管理等多方面给予资金、政策等的保障支持。

（四）我国青年科技人才发展威胁（T）

高新技术迅猛发展，知识更新速度快，青年科技人才之间竞争激烈。尤其在人才引进政策下，我国青年科技人才与国内人才及国际人才之间的竞争进一步加剧，对一些相对处于劣势的青年科技人才形成发展压力与威胁。由于研发投入来自企业，企业的试验发展以自身生产和利益为主，青年科技人才施展抱负自由受限。此外，企业中的青年科技人才所开展科技活动的深度和广度，严重依赖于企业的经营与发展状况，在当前瞬息万变的形势下，许多科技人才的研发活动无法顺利开展。同时，以企业盈利为目的的研发活动，可能忽略了普适于人民群众的科研活动，也挤压了基础研究，使不同类型人才难以在各自领域尽情施展抱负。

五、未来15年的阶段规划

（一）阶段一（2021—2025年）

源头上催生人才：初步形成对科技人才成长全程关注、分段干预的教育教学体系，促进青年科技人才的自我成长。任何科技人才不会突然形成，或是早慧型，或是经历了长时期的磨炼后终于成才。而从学生阶段的干预和培养，不仅有利于选拔人才，而且可以对潜在人才的成长产生促进作用，缩短人才自我成长的时间，催生青年科技人才。参考国际上科技领先国家的做法，可包含在小学阶段的初识科技、中学阶段的兴趣认知、大学阶段的领域学习，至工作期间的专业训练，每一阶段均需要相应的干预举措，才能促进人才的成长，缩短成才时间，延长贡献社会时长。

（二）阶段二（2026—2030年）

制度上保有人才：人才培养力度持续加强，人才激励、流动、权益保障等管理形成常态机制，构建青年科技人才成长与发展的内、外部环境。以政策形式保障青年科技人才成长和发展过程中所需要的企业支持和社会资源，为人才的成长与发展搭建平台，解决青年科技人才的后顾之忧，破除青年科技人才成长过程中的各种阻力，激发其科研活力和前进动力。同时，对人才引进和流动、管理制定专门政策，形成国内国际人才竞相争艳、跨学科多领域合作的良好局面。

（三）阶段三（2031—2035年）

形成人才可持续发展机制：引导科技人才解决关系国家发展、民生等问题，服务国家经济社会发展，缩小我国同国际科技领先国家的差距，使科技真正成为创新和社会发展的内驱力。借力科技创新解决社会经济问题，再以社会经济的发展为科技创新发展提供支持，真正实现互相促进的可持续发展状态。当青年科技人才的成才与成长建立在解决国家经济社会发展实际问题的基础上时，则会更大程度上受到认可与支持，有利于自身成长与发展。同时，青年科技人才的国际化成长与发展将解决我国在一些领域关键技术缺失问题，进一步推进重要领域相关问题的顺利解决，推动社会为了能更顺利解决社会问题而倾向于促成青年科技人才的更快速和持续的成长与发展。由此，形成良性循环，实现青年科技人才与社会经济发展的互相推进和可持续发展。

六、面向 2035 年我国青年科技人才发展机制建议

经过研究分析，得出促使我国青年科技人才成长成才并呈现可持续发展的由全程干预机制、全面保障机制和综合评价机制三大部分构成的总机制（见图 1）。

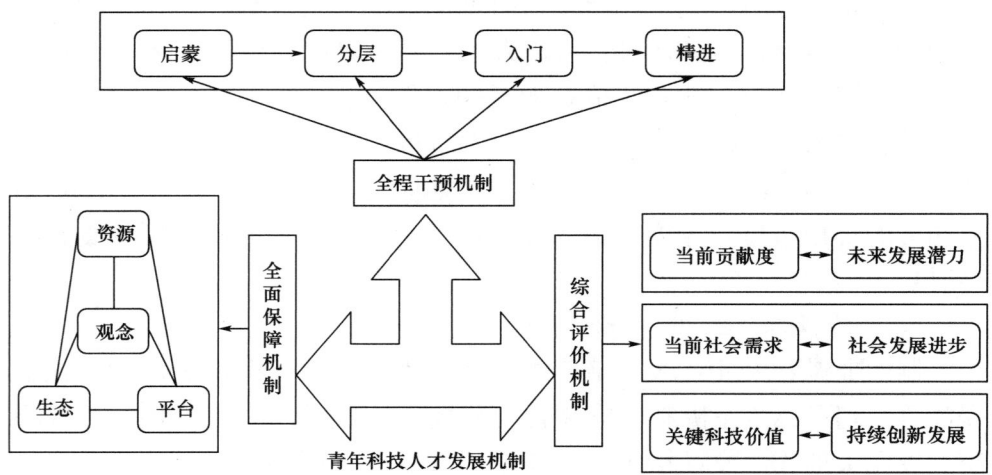

图 1　我国青年科技人才发展机制图

（一）建立对创新型科技人才成长与发展的全程干预机制

依靠教育提升创新型青年科技人才的内在实力，重视对其创新能力的培养，在启蒙、分层、入门和精进四个阶段，实施不同干预措施，进行全程关注、干预机制。

启蒙——小学阶段，设置相应课程，全国范围培养学生的创新思维、批判性思维，引入科技课程，启蒙学生的科学、技术、工程、数学等科技基础兴趣。通过早期启蒙和兴趣引导，使部分学生天赋得以显现，能力得以开发，开启科技的大门。

分层——中学阶段，各类兴趣课程的开设给予学生兴趣之上的专业知识，中学教师的引导和学校对优秀科技青少年的培养，可使人才形成定向发展。适当引导参与专业比赛，进一步激励其向潜在科技人才发展，结合生涯规划教育，使这类科技相关方向专业能力突出的学生在脱颖而

出时，确定自己的人生航向，立志成才。

入门——大学阶段，本阶段是科技人才开发的重要时期。优质的学校资源为科技人才的快速成长提供条件，随着科技能力和专长的不断发展，对此类人才的支持力量应当逐步加强。

精进——硕博阶段（工作阶段），从国内学习到国外留学，或是工作期间参与企业研发实训，学习国际领先技术。可干预内容包括领域内的交流平台搭建、资源分配、人才流动、配套要件等，尤其对博士、博士后等科技创新的实力派应当给予足够重视，使其发挥所学专长服务于各自领域。这一时期，要为青年科技人才量身定制职业发展规划，针对性评价并着力改进关键个人特质因素。科技人才的成才并非易事，要经受各种考验，因此，对人才的干预不能只重视知识的学习和对其能力的开发，而要从小学阶段即重视对学生爱国主义教育和价值观树立，让国人从小以国家发展为己任，在明确目标的指引下，激发人才的斗志，使其刻苦钻研，立志将来学成报国。

（二）完善创新型青年科技人才成长与发展的全面保障机制

通过政策形式从思想观念、所需资源、生态环境、施展抱负平台等多角度入手，关注创新型青年科技人才发展的内外环境，构建并完善国家、社会、学校、行业企业、个人多主体参与的促进人才成长和成果转化的青年科技人才全面保障机制。要从思想观念上破除论资排辈对青年科技人才向上发展的阻力，以政策形式保障青年科技人才成长和发展过程中所需要的企业支持和社会资源。对于高校青年科技人才，则从导师、社团、学校到组织、政府等多渠道为青年科技人才搭建关键学习交流网络与平台，形成导师群团、评议同行、科研学术共同体、科技创新型企业集群等研学教产的资源网络，促进青年科技人才的高效提升。其中的研学教产融合、前沿科研成果直接转化，是从高校、企业角度保障青年科技人才成果转化的有效手段。而完善公派留学生制度，推动多层次学术交流，则从国家层面培养具有国际视野的科技人才，缩小与世界科技强国之间的差距。同时，政府搭建平台组建国内一流科技创新团队，为青年科技人才成长提供前瞻性高端研发生态环境，结合人才竞争和激励政策，简化各类程序和环节，为青年科技人才营造良好科技研发氛围，形成国内国际人才竞相争艳、跨学科多领域合作科研的良好局面。

（三）实施创新型青年科技人才动静结合的综合评价机制

结合青年科技人才当前贡献度与未来发展潜力、解决当前社会需求程度与推进社会发展进步程度、科学技术价值关键程度与持续创新发展程度等，实施创新型青年科技人才动静结合的综合评价机制。一方面，要对青年科技人才的贡献价值动态评价，不仅注重青年科技人才已有成果，更要关注关键领域具有潜在能力的青年科技人才可能对国家发展、民生问题的贡献价值，引导青年科技人才以国家社会需求的问题解决为己任，由具有专业评判能力的专家进行综合评价。对掌握关键技术的青年科技人才，科学认定其对推动相关领域科技发展和国家经济社会发展的贡献力，给予支持和鼓励。另一方面，通过动态评价激发青年科技人才的潜能。在兼顾公平的同时，为青年科技人才规定合理的考核评价年限，形成竞争机制，让有才者脱颖而出，也适当淘汰戴着"人才"帽子却长期没有贡献力的"人才"，以此实现我国青年科技人才的良性可持续发展。

七、结论

本文聚焦面向 2035 年国家发展新形势下我国青年科技人才的发展问题，通过搭建 PEST 框架，从经济、政策、环境以及技术四个角度分析我国青年科技人才发展的阶段及其特点，对我国青年科技人才发展现状进行 SWOT 分析，提出未来 15 年在源头上催生人才、制度上保有人才并形成人才可持续发展机制的阶段规划。在此基础上，提出建立对科技人才成长与发展的全程干预机制、完善青年科技人才成长与发展的全面保障机制和实施青年科技人才动静结合的综合评价机制的建议：一是依靠教育提升创新型青年科技人才的内在实力，重视对其创新能力的培养，在启蒙、分层、入门和精进四个阶段，实施不同干预措施，进行全程关注、干预机制。二是通过政策形式，从思想观念、所需资源、生态环境、施展抱负平台等多角度入手，关注青年科技人才发展的内外环境，构建并完善国家、社会、学校、行业企业、个人多主体参与的促进人才成长和成果转化的创新型青年科技人才全面保障机制。三是结合青年科技人才当前贡献度与未来发展潜力、解决当前社会需求程度与推进社会发展进步程度、科学技术价值关键程度与持续发展程度等实施创新型青年科技人才动静结合的综合评价机制。

参考文献

[1] 王志刚. 加快建设创新型国家和世界科技强国［EB/OL］. http：//152.136.34.60/html/2019-01/28/nw.D110000xxsb_20190128_1-A1.htm，2019-01-28/2020-05-24.

[2] 岳洪江，张琳，梁立明. 基金项目负责人与科技人才年龄结构比较研究［J］. 科研管理，2002（6）：100-106.

[3] 王英. 科学社会学视域下的院士年龄结构：以中国工程院为例［J］. 山东大学学报（社会科学版），2008（12）：16-21.

[4] 尚智丛. 中国科学院中青年杰出科技人才的年龄特征［J］. 科学学研究，2007（2）：228-232.

[5] 门伟莉，张志强. 科研创造峰值年龄变化规律研究——以自然科学领域诺奖得主为例［J］. 科学学研究，2013，31（8）：1152-1159.

[6] 王小凡，张赟. 以完善人才计划为抓手 推进我国人才强国建设［J］. 中国科学院院刊，2018，33（6）：539-543.

[7] 孙群. 学报编辑与跨世纪科技人才的培养［J］. 编辑学报，1998（1）：26-28.

[8] 吴爱华，侯永峰，杨秋波，郝杰. 加快发展和建设新工科 主动适应和引领新经济［J］. 高等工程教育研究，2017（1）：1-9.

[9] 李拓宇，李飞，陆国栋. 面向"中国制造2025"的工程科技人才培养质量提升路径探析［J］. 高等工程教育研究，2015（6）：17-23.

[10] 宋华明，余柳，单正丰. 现代农业发展与农业科技人才分层培养：问题与对策［J］. 南京农业大学学报（社会科学版），2014，14（4）：120-125.

[11] 方圆媛，刘美凤. 美国高校绩效技术人才培养特色及启示——以博伊西州立大学组织绩效与工作场所学习系为例［J］. 现代远程教育研究，2015（6）：62-69.

[12] 梁茂信. 全球化视野下亚洲科技人才移民美国的历史透视［J］. 史学月刊，2015（3）：91-108.

[13] 窦超，李晓轩. 中部科技人才开发效率评价及其影响因素研究［J］. 科研管理，2017，38（S1）：437-443.

[14] 尹志欣，王宏广. 顶尖科学人才现状及发展趋势研究 [J]. 科学学与科学技术管理，2017，38（6）：23-30.

[15] 廖志豪，廖建华. 创新型科技人才职业素质自我认知 [J]. 中国科技论坛，2017（7）：126-133.

[16] 黄小平. 五因子素质结构模型构建及其对我国高校创新型科技人才培养的启示 [J]. 复旦教育论坛，2017，15（2）：54-60.

[17] 王成军，郭明. 创新型科技人才科技成果转化能力可拓评价 [J]. 科技进步与对策，2016，33（4）：106-111.

[18] 余寿文. 大学的本质功能与中国科技人才的培养 [J]. 高等工程教育研究，2017（2）：26-31.

[19] 张丹荣，梁剑峰，陈锐锋. 基于SWOT分析的山西农谷科技发展战略研究 [J]. 经济问题，2020（5）：95-104.

[20] 曾婧婧，王巧. 省级创新政策驱动创新能力的效果测评——以"十一五"至"十二五"期间中国省级面板数据为例 [J]. 软科学，2017，31（8）：25-30.

[21] 耿乐乐，符杰. 世界一流大学人工智能本科人才培养模式及启示——基于麻省理工学院、斯坦福大学和卡内基梅隆大学的比较分析 [J]. 现代教育技术，2020，30（2）：14-20.

[22] 庞弘燊，王超，胡正银. "双一流"大学建设中人才引进评价指标库及指标体系构建 [J]. 情报杂志，2019，38（3）：67-74.

[23] 王立剑，代秀亮，金蕾，刘青. 人才头衔能否提升科技人才职业成就动机——来自我国一流大学建设高校的证据 [J]. 科技进步与对策，2020，37（4）：153-160.

[24] 阮鹏，彭云，黄燕. 我国科技人才影响因子评价方案研究——基于医学科技的实证研究 [J]. 科研管理，2008（5）：138-148.

[25] 宋琦，林琳，盛夏，周建中，李宗省. 构建立足区域资源禀赋的西部特色青年科技人才发展机制——以中国科学院院属西部研究所青年科技人才发展现状为例 [J]. 中国科学院院刊，2019，34（1）：104-113.

[26] 张豪，张向前. 日本适应驱动创新科技人才发展机制分析 [J]. 现代日本经济，2016（1）：76-85.

[27] 孙莹. 中国与主要创新型国家企业研发投资结构比较 [J]. 中国

科技论坛，2018（6）：159-170.

［28］王志刚. 加快建设创新型国家和世界科技强国［EB/OL］. http：//152.136.34.60/html/2019-01/28/nw.D110000xxsb_20190128_1-A1.htm，2019-01-28.

［29］杨善友，乌云其其格. 国外科技人力资源政策及启示［J］. 中国高校科技，2018（12）：34-37.

［30］张建卫，李海红，乔红，王健. 生存分析视角下杰出青年科技人才的成长路径研究［J］. 中国科技论坛，2020（3）：158-165.

［31］黄涛，黄文龙. 杰出科技人才成长的"四优环境"——以23位"两弹一星"功勋科学家群体为例［J］. 自然辩证法研究，2015，31（7）：59-64.

面向数字传播新产业开展专业技术职称评价方式的探索与实践[1]

刘晓梅 曹铮铮 李 超[2]

摘 要：2016年北京市在全国率先开展了数字编辑专业领域职称评价工作。设立数字编辑专业职称的目标和意义在于激励人才队伍建设，适应提高人才素质、强化行业管理需要。搭建数字编辑职称评价体系和考试探索重点从四方面开展，即创建数字编辑专业职称体系；明确考评目标，发挥考试与评审的作用；充分调研，广泛征求意见，编写考试大纲；围绕考试目标，确定考试形式。本文通过对历年考试情况及报考人员群体分析，重点分析报考及合格情况，以及报考人员基本情况及对考试成绩产生的影响分析。数字编辑考试从现状和存在问题看，面临极大挑战，未来有一定的发展空间。

关键词：专业技术职称 数字编辑 评价方式 考试效果

随着数字技术不断创新和发展，给传播事业带来了颠覆性、融合性、创新性的革命，使人类进入了一个史无前例的信息传播新时代。北京作

---

[1] 该篇论文获得"2020年全国人才与人事研究主题征文活动"一等奖。
[2] 刘晓梅，北京市人事考评办公室一级主任科员；曹铮铮，北京市人力资源和社会保障局事业单位人事管理处一级主任科员；李超，北京市广播电视台人事处三级调研员。

为全国的政治、文化、交往和科技创新中心，数字传播产业发展位居全国领先水平，截至 2019 年 6 月，北京地区有互联网出版注册企业 350 家，广播电视节目制作经营机构 9 886 家，网络视听持证机构 125 家，属地网站约 40 万个，中央重点网站和全国重点门户网站、视频网站、网络文学网站、电子商务网站、搜索引擎公司、网络游戏企业，其总部及内容团队大都位于北京，形成了规模庞大、人数众多的数字编辑专业技术人才队伍。

为了顺应国家构建"数字中国"和建设"网络强国"战略需要，顺应国家数字经济和文化产业发展趋势，顺应新时代宣传思想工作和网络舆论阵地建设要求，顺应媒体融合向纵深发展和传统媒体转型升级需求，加强数字传播产业专业技术人才队伍建设，北京市率先打破了"体制内与体制外"机制的束缚，打破了属地区域划分的界限，打破了人才身份认同的差异，于 2015 年 12 月，由北京市人力资源和社会保障局、北京市新闻出版广电局联合出台了《北京市新闻系列（数字编辑）专业技术资格评价试行办法》，并于 2016 年在全国率先开展了数字编辑专业领域职称评价工作。这是疏解北京非首都功能"牛鼻子"、聚力打造北京文化中心和科技创新中心的重要举措，是北京市职称改革的重大成果，是新媒体领域人才评价工作的创新，标志着北京市数字编辑人才队伍建设迈入一个崭新的快速提升和发展阶段。

一、北京市设立数字编辑专业职称的目标

（一）激励人才队伍建设

随着互联网企业的兴起，数字编辑从业人员在逐年增加，从业人员队伍庞大，却没有相应的职称晋升渠道，只能通过技术、传统新闻出版去获得职称，难以反映数字编辑的职业特点，缺少针对性，也使从业人员缺乏职业归属感，行业和社会的认可程度低，不利于人才队伍的建设，不利于从业人员规划职业发展方向。为适应经济社会发展新需求，急需在数字传播领域增设职称系列，为数字编辑专业技术人才建立专门的职称评价通道，才能统一规范人才评价标准，为产业发展提供人才评价服务，推动数字传播产业健康发展。

（二）提高人才素质

习近平总书记指出，"加强网络法制建设和舆论引导，确保网络信息

传播秩序和国家安全、社会稳定，已经成为摆在我们面前的现实突出问题"。目前，数字传播领域从业人员多，但层次结构失衡，综合素质参差不齐。一方面，缺乏正确的思想价值观引领，缺乏社会责任感、社会认同感和社会归属感，思想"缺钙"、精神"缺钙"。近几年来，网络空间环境有所好转，治理成效显著提升，但从业人员整体素质提升依然缓慢，政治思想教育存在空隙，政府管理之手还留有死角。另一方面，在融合发展的大趋势下，数字传播领域还缺乏大量的专业型、复合型、应用型人才，从业人员存在着所学专业繁杂、专业实践水平不高、解决实际问题能力弱等问题，需要通过职称评审和考试有效引导从业人员专业学习和专业能力的提升。

（三）强化管理需要

习近平总书记指出，要提高网络综合治理能力，形成党委领导、政府管理、企业履责、社会监督、网民自律等多主体参与，经济、法律、技术等多种手段相结合的综合治网格局。当前，主管部门对于监管中出现的问题，基本上采取"约谈式"管理办法，约谈的次数逐渐增多，管理的效果逐渐降温。管理手段有限，措施不能落地。要解决网络空间问题，最根本、最直接、最有效的途径就是从管理从业人员入手，把那些长期游离在体制外、长期缺乏教育引导、长期疏于管理的从业人员联起来、统起来、管起来。努力打造一支政治合格、思想过硬、业务精湛的专业技术人才队伍，才能彻底打赢网络舆论阵地战，掌握网络意识形态主动权。

二、搭建数字编辑职称评价体系的探索

《北京市新闻系列（数字编辑）专业技术资格评价试行办法》的出台，为广大数字编辑专业从业人员正其名、定其份、安其心、明其责，从此有了明确的职业发展方向，有了社会承认的群体地位，对于加强行业管理，规范从业人员行为，提升企业核心竞争力，从而带动和促进北京地区乃至全国数字传播产业健康发展奠定了坚实人才基础。

（一）创建数字编辑专业职称体系

数字编辑专业的行业特点主要体现在从业人员众多、领域边界明确、业界形态多样、专业结构合理等方面。数字编辑专业职称体系创建，以行业特点及管理需要为基础，重点从四个方面开展，一是确定人员范围。

数字编辑是指在北京地区经国家有关行业主管部门批准开展数字内容传播相关业务的单位中，利用计算机技术、通信技术、网络技术、存储技术和显示技术等数字技术手段，从事文字、图像、音频、视频等作品选题策划、稿件资料组织、编辑加工整理、校对审核把关、运营维护发布等工作的专业技术人员，将新媒体领域从事内容生产的所有人员全部纳入评价范围。二是界定领域范围。将数字编辑专业划分为数字新闻编辑、数字出版编辑、数字视听编辑三大领域，具体专业划分为数字新闻内容编辑、数字新闻技术编辑、数字新闻运维编辑等专业，数字出版内容编辑、数字出版技术编辑、数字出版运维编辑等专业，数字视听内容编辑、数字视听技术编辑、数字视听运维编辑等专业，形成了"三纵三横"的专业体系。三是设置层级定位。数字编辑职称等级从高到低依次设置为正高级、副高级、中级、初级（助理级）四个等级，各级别专业技术资格名称分别为：高级编辑、主任编辑、编辑、助理编辑。四是确定评价方法。按照"自主申报、社会评价、择优聘任"的方式实行社会化评价，申报数字编辑专业技术资格的人员通过考试或评审取得《北京市专业技术资格证书》，由用人单位根据需要，自主、择优聘任专业技术职务。中级、初级（助理级）采用考试的方式。正高级、副高级则采用专家评审的方式。

（二）明确考评目标，发挥考试与评审的作用

数字编辑职称评价体系由考试和评审两种方式组成。在评价体系中，中级、初级专业技术资格考试是引导从业人员学习的过程，具有发挥导向的作用，解决专业技术人员具备专业职称的门槛问题，吸引更多从业人员进入专业技术人才队伍中，提升专业队伍的能力素质。数字编辑正高级、副高级职称通过评审方式取得，通过组织专家对申报人员进行综合评议，以投票表决的方式，确定数字编辑正高级或副高级职称。相比考试方式，评审方式更加注重解决个性问题，评价标准弱化学历、资历等方面的要求，突出专业技术人员的工作业绩和创新成果，突出对技术与技能融合创新的考核。通过评审取得高级职称的专业技术人才，在行业内有代表性和影响力，对行业具有示范引领的作用，能够带动和促进产业发展。

（三）充分调研，广泛征求意见，编写考试大纲

随着《北京市新闻系列（数字编辑）专业技术资格评价试行办法》

的出台，数字编辑中级、初级专业技术资格考试首先有了政策依据，接下来就要解决"考什么"的问题。2016年北京市人力资源和社会保障局牵头北京市新闻出版广电局，围绕专业情况、考查广度、各级别考查深度制定调研方案，结合行业发展状况，以提升从业人员政治思想为前提，以加强职业道德教育、增强法律意识为基础，围绕"三纵三横"专业体系，对行业内所涉及的多个领域开展调研，通过走访、座谈、研讨等多种形式，听取各方建议和意见，最终确定了考试大纲框架，包括政治理论基础、法律常识、著作权知识、数字传播技术、汉语言文字常识、数字资源采集加工、产品编辑制作、产品审查规划管理等内容。

考试大纲作为报考人员复习备考的唯一依据，也是命题的依据，大纲框架包括基础知识和实务两部分内容，要求知识点清晰，每个知识点必须明确"掌握""熟悉"和"了解"三个层次的不同要求，便于报考人员把握知识点的知晓程度，通过与行业主管部门合作，成立数字编辑考试大纲编写组，在遴选专家时，充分考虑专家队伍的组成，既有广泛性又有典型的代表性，覆盖了数字出版、数字新闻、数字游戏、数字动漫以及传统出版等多个领域，还能分别从各自领域角度提出真知灼见，经过专家多轮讨论、审核及修改，最终形成中级、初级专业技术资格考试大纲定稿。

（四）围绕考试目标，确定考试形式

专业技术资格考试是对专业技术人员担任相应技术职务的水平和能力的考查。在确定了"考什么"之后，就要解决"怎么考"的问题。数字编辑中级、初级专业技术资格考试全部实行以考代评的方式，中级考试科目为《数字编辑基础理论》《数字编辑实务》，初级考试科目为《数字编辑基础理论与实务》。报考人员通过考试即可取得相应级别专业技术资格，后期不设置评审环节，所以要通过考试来完成对专业技术人员的基础知识及专业知识、技能水平的全面考核。从数字编辑职称适用的人员范围，以及"三纵三横"体系的全覆盖角度出发，考试目的是把握报考人员对基础和理论知识的掌握情况，更主要的是根据报考人员是否胜任即将担任的专业职务的目标，考查报考人员运用所掌握的基本知识和理论分析、解决实际问题的能力。在第一年试行基础上，2017年将考试题型由主客观结合调整为全客观，考试形式由纸笔转为机考，并延续至今，调整后考试的合格率在逐年提升，符合正态分布规律，显现出作答形式以及题型调整的效果。

三、历年考试情况及报考人员群体分析

（一）报考及合格情况

2016—2019年，北京市数字编辑中级、初级专业技术资格考试共报考7 727人，初级报名总人数为1 860人，中级总人数为5 867人，每年的实考率在75%左右（见图1）。每年的报考人员70%~80%来自企业，比例非常稳定，说明符合评价适用人员范围的，绝大部分来自企业。

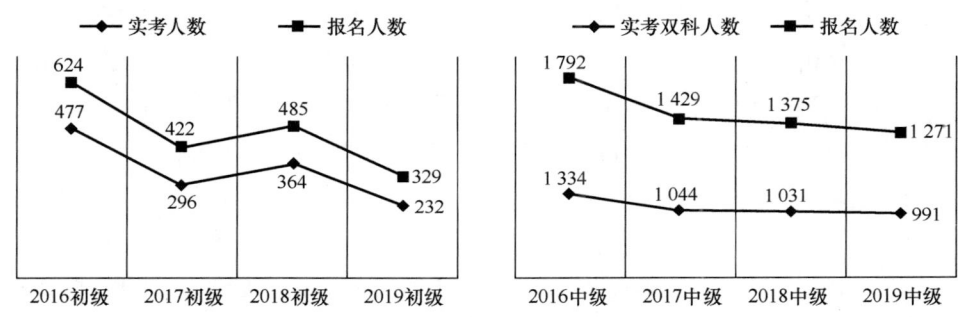

图1　数字编辑初级、中级报考情况

整体来看，初级和中级报考人数均呈下降趋势，说明相比大规模数字传播领域的专业技术人员数量，有意愿参加职称考试，并希望取得相应级别职称的专业技术人员并不多。对于已完成考试报名但没有参加考试的情况，分析主要原因：一是没有充分备考而选择放弃考试或由于工作原因未能参加考试；二是考试报名成功并获得考试大纲后，认为专业较分散、考核内容多、考试难度大，而放弃参加考试。

从四年考试合格情况看，呈现逐年上升趋势，究其原因，一是过去从业人员首次参加考试，对考试比较陌生，而后越来越熟悉和稳定；二是随着数字传播技术的快速发展，基于行业的特点以及数字编辑自身工作特点的考虑，突出"融合"发展的理念，要求数字编辑在融媒体发展时代背景下，既要有专业性，也要有复合性；三是通过对数字编辑职称考试宣传力度的加大，报考人员对考试越来越重视，引导主动学习的作用显现。

（二）报考人员基本情况及对考试成绩产生的影响分析

数字编辑中级、初级专业技术资格考试经过4年的探索和发展，已经逐步走向成熟，为了能够准确地掌握数字编辑专业人才队伍状况，能够为数字编辑专业人才提供良好的政策环境和运行机制，能够为企业提供

更优质的服务，我们对报考人员数据进行统计分析，数据结构分人口统计学变量（学历、所学专业和专业领域分类）和考试成绩（初级1科，中级2科）。报考人员的学历、所学专业和专业领域分类以实考数据进行分析，其中中级考试的实考数据均采用双科实考的报考人员。对成绩的影响以中级为例进行分析。

为了分析报考人员的基本情况，采用SPSS中的描述统计功能，对报考人员的性别、年龄、学历等基本信息的分布做统计分析。为了探索人口统计变量是否对考试成绩有影响，采用SPSS中的独立样本t检验和单因素方差分析方法，对人口统计变量的不同水平在考试成绩上是否存在差异进行检验。独立样本t检验适用于两水平因素对成绩的差异检验，方差分析适用于三水平以上因素对成绩的差异检验。

1. 报考人员学历情况分析

初级、中级考试报考条件中，对不同学历和专业工作年限都有明确的要求，那么，分析报考人员学历情况以及对成绩的影响，可以了解报考群体的基本素质。综合4年的数据进行分析，中级考试的报考人员学历占比最大的为本科生，各年平均占比53.45%；第二为硕士研究生，各年平均占比33.36%；第三为专科生，各年平均占比10.02%（见表1）。从不同学历报考人员在中级双科总成绩的方差分析中发现，2016年、2017年中级考试中，成绩在学历上的差异性非常显著，方差分析和进一步的多重比较后可以发现，学历越高的报考人员成绩越好，如2016年中级，博士的基础理论和实务成绩显著高于大专和中专学历报考人员，硕士的基础理论和实务成绩显著高于本科、大专和中专学历报考人员，本科学历的报考人员基础理论和实务成绩显著高于大专和中专学历报考人员，大专学历报考人员基础理论和实务成绩显著高于中专学历报考人员。

表1　　　　　　　　　　中级报考人员学历分布

年份	博士	硕士	研究生班	大学本科	大学专科	中等专科	职业高中	技工学校	其他	合计
2016	16	422	13	727	145	11	0	—	0	1 334
2017	15	375	14	542	96	2	0	—	0	1 044
2018	10	344	16	543	111	6	0	—	1	1 031
2019	18	327	12	540	89	3	1	—	1	991
合计	59	1 468	55	2 352	441	22	1	0	2	4 400

2. 报考人员所学专业分析

数字编辑职称评价采取"自主申报，社会评价，择优聘任"方式进行社会化评价，报考条件中对所学专业不做要求，但要从事数字编辑专业工作。那么，报考人员所学专业就较为广泛。分析报考人员所学专业情况以及对成绩的影响，可深入了解某些专业更容易通过考试，是否有一定的优势。该专业分类按照教育部学科门类为标准划分。中级报考人员中，所学专业门类的4年平均占比排名前列的依次为文学（27.71%）、工学（18.97%）、管理学（14.37%）、艺术学（11.54%）。文学和艺术学门类中包含较多新闻传播、戏剧编导等和数字编辑领域较为相关的专业；工学本身是一个范围非常宽泛的大的门类，其中包含与信息通信、电子计算机等相关的专业。管理学也是一个大的门类，其毕业生可能到各个工作领域，因此在数字编辑相关工作领域有较多分布也属可能。这4个门类专业总占比达到70%～80%。法学、经济学、理学、教育学门类人员较少，以2019年为例（见图2）。

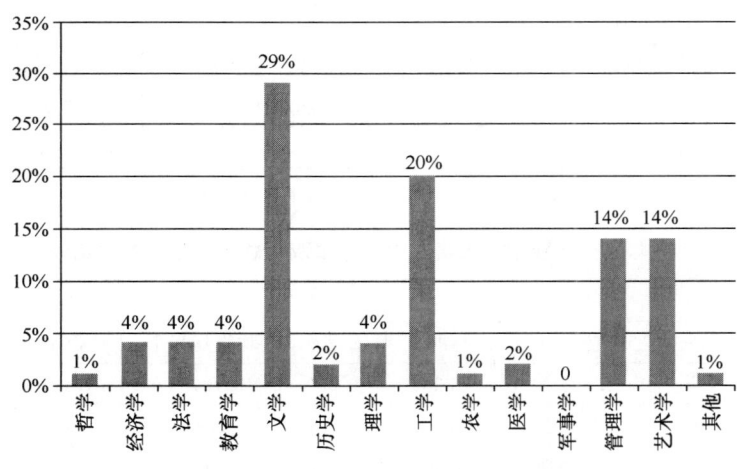

图2 2019年中级报考人员所学专业占比

方差分析结果显示，不同专业的报考人员在2016年、2018年中级基础理论和实务考试成绩中存在显著差异（见表2）。以2018年为例，通过文学类与工学类、管理学类、艺术类进行多重比较，在基础理论和实务科目的差异性显著。选取样本量较多的文学类、工学类、管理学类、艺术学类进行多重比较后得知，文学类报考人员的成绩显著高于工学和艺术学类报考人员的成绩，而与管理学类报考人员的成绩相比不显著（见

表3）。说明不管是知识范围广、涉及内容多的基础理论科目，还是实践性、应用性强的实务科目，文学类和管理学类报考人员更适应考试，能抓住重点，备考效果更好，而工学类涵盖的学科非常广泛，艺术学类专业性更突出，人文基础相对薄弱，造成考试成绩显著低于文学类和管理学类。

表2　2018年不同专业报考人员在中级考试双科总成绩上的方差分析

年份	专业	人数/人	基础理论/分	实务/分
2018 ($N=1\,024$)	哲学	13	61.31±12.318	64.62±11.192
	经济学	53	62.77±15.249	66.30±14.255
	法学	50	63.52±16.503	67.12±15.156
	教育学	44	58.34±13.498	64.98±12.082
	文学	305	60.17±13.678	66.08±11.829
	历史学	12	57.00±7.422	65.75±10.463
	理学	50	58.36±10.623	64.24±9.832
	工学	187	55.74±12.127	62.35±10.796
	农学	10	55.10±8.006	61.80±8.535
	医学	12	52.92±6.694	60.67±9.423
	管理学	155	57.85±13.543	63.86±11.000
	艺术学	133	56.55±14.793	60.86±13.320
	F		2.856***	2.656**

注：*** 表示在0.001水平差异性显著；** 表示在0.01水平差异性显著。

表3　2018年不同专业报考人员在中级考试双科总成绩上的多重比较

		基础理论			实务		
(I)	(J)	均值差(I-J)	标准误	显著性	均值差(I-J)	标准误	显著性
文学	工学	4.436***	1.251	0.000	3.729***	1.106	0.001
	管理学	2.322	1.329	0.081	2.224	1.174	0.059
	艺术学	3.625**	1.400	0.010	5.217***	1.237	0.000

注：*** 表示在0.001水平差异性显著；** 表示在0.01水平差异性显著；* 表示在0.05水平差异性显著。

3. 报考人员所属专业领域分布

数字编辑涵盖"数字出版""数字新闻""数字视听"三个领域，根据报考人员工作单位进行分类统计，做所属专业领域分布的分析，这一项分析意义在于探讨领域分布，以及未来指导考试设置是否合理、是否有针对性，为分类考查提供参考。

通过统计，中级的报考人员在这三大专业领域中的 4 年平均占比依次为：70.50%、17.10%、12.41%，数字出版专业占比最高，达 2/3 以上（见表 4）。这可能是由于传统编辑工作本身更多涉及出版行业，包括出版社、杂志社等，而新闻和视听类行业本身市场占比就小，这需要未来更多的行业调研去验证。

表 4　　　　　　　　　报考人员专业领域分布

年份	中级			
	数字出版	数字新闻	数字视听	合计
2016	1 324	283	185	1 792
2017	1 017	220	192	1 429
2018	933	250	192	1 375
2019	862	250	159	1 271
合计	4 136	1 003	728	5 867

方差分析的结果表明，2016—2019 年不同专业类别的报考人员在中级考试双科总成绩上均存在显著差异。进一步的多重比较结果如下：

不同专业类别的报考人员 2017—2019 年的中级考试中，数字出版专业的报考人员基础理论和实务成绩均显著低于数字视听专业的报考人员，在多年份和多学科上都得到了一致表现（见表 5）。分析原因主要是出版领域从业人员多、覆盖范围广、群体构成相对复杂，这几年传统出版行业正处在向数字出版转型时期，专业技术人员也随之转型，而数字视听领域的报考人员数量最少，但是专业性更突出，导致数字出版领域报考人员成绩比数字视听领域低。

表 5　　2016—2019 年不同专业类别的报考人员在中级考试双科
总成绩上的多重比较

年份	(I)	(J)	基础理论总成绩			实务总成绩		
			均分差 (I-J)	标准误	显著性	均分差 (I-J)	标准误	显著性
2016	数字出版	数字新闻	4.553***	0.892	0.000	6.306***	0.845	0.000
		数字视听	2.529*	1.070	0.018	2.973**	1.014	0.003
	数字新闻	数字视听	−2.024	1.281	0.114	−3.333**	1.213	0.006

续表

年份	(I)	(J)	基础理论总成绩			实务总成绩		
			均分差(I-J)	标准误	显著性	均分差(I-J)	标准误	显著性
2017	数字出版	数字新闻	−2.203	1.166	0.169	−1.755	0.948	0.064
		数字视听	−3.931**	1.228	0.005	−2.270**	0.996	0.023
	数字新闻	数字视听	−1.728	1.572	0.615	−0.515	1.239	0.678
2018	数字出版	数字新闻	−0.329	1.128	0.771	—		
		数字视听	−3.316**	1.225	0.007	—		
	数字新闻	数字视听	−2.987*	1.497	0.046	—		
2019	数字出版	数字新闻	−1.118	0.960	0.245	−1.292	1.051	0.219
		数字视听	−4.173***	1.138	0.000	−5.291***	1.246	0.000
	数字新闻	数字视听	−3.055*	1.342	0.023	−3.999**	1.469	0.007

注：*** 表示在 0.001 水平差异性显著；** 表示在 0.01 水平差异性显著；* 表示在 0.05 水平差异性显著。

四、面临的挑战与未来发展

通过对数字编辑考试近四年的探索与发展，北京市完成了对专业技术人员能力水平的考核评价，实现了数字编辑人才评价机制的建立到发展，取得了阶段性的成绩，但是从现状和存在的问题来看，仍然面临极大的挑战，未来有一定的发展空间。

（一）目前面临的挑战

1. 行业从业人员广泛

数字编辑随着"互联网＋"和新兴产业的发展孕育而生，从业人员队伍相当庞大，但是在学历教育体系中，还没有明确的专业分类，只有数量不多的几个专业与之关联。教育部印发的《普通高等学校本科专业目录（2012年）》分为基础专业和特设专业，其中，基础专业中数字媒体技术（080906）、数字媒体艺术（130508）、动画（130310）等，特设专业中网络与新媒体（050306T）、数字出版（050307T）是与数字编辑人才培养相关的。数据分析结果显示，从业人员所学专业相当繁杂，也没有准确的参考依据来定义数字编辑的相关专业，还没有构建起独立的专业知识体系。还有一部分从事传统出版、新闻专业的技术人员，面对数字传播融合发展的趋势，存在转型的必然性，同样面临新的要求和挑战，都需要不断学习和实践。

2. 题型和科目设置局限性

目前的考试题型为全客观，包含判断题、单项选择题和多项选择题三种，虽然在命题过程中要考虑知识点的全面性，但仍受限于题型，一些内容不能很好地进行考核，如对数字编辑语言文字常识的考核，现有题型形式单一，偏于理论，很难考核出专业技术人员的实际应用水平，而这部分内容又直接体现数字编辑的职业素质。对于数字编辑覆盖的"数字新闻""数字出版""数字视听"三个专业领域，现有考试科目设置，尤其是实务科目，只能涵盖三个领域的内容。

3. 技术发展速度快，不利于专业技术人才的培养

国务院在《"十三五"国家信息化规划》《国务院关于落实〈政府工作报告〉重点工作部门分工的意见》《国家标准化体系建设发展规划（2016—2020年）》《国务院关于进一步扩大和升级信息消费持续释放内需潜力的指导意见》中对媒体融合发展给出指导意见。媒体融合发展在政策的指引下，落实力度逐渐增强，技术发展更迭速度快，考试大纲更新往往滞后于行业发展。为适应发展的需要，考试大纲每年都需要进行修订，随之而来的就是对专业技术人员的要求在不断变化，在学习上缺乏连续性和稳定性，不利于报考人员复习备考，更不利于培养专业技术人才。缺少相对固定的标准和要求，导致专业技术人员缺乏参加考试的积极性，难以明确目标，甚至影响职业发展方向，造成专业技术人才的流失。

（二）未来发展方向

1. 加强引导和宣传，研究鼓励政策

随着数字传播产业的快速发展，数字编辑从业人员队伍规模庞大、人数众多，但4年来报名参加中级、初级考试的专业技术人员数量并不多。在传统公有制经济内工作的从业人员对职称的认识度较强，渴求度较高，参与度较高，而民营企业的从业人员长期以来一直处于国家体制之外，对职称的认识度、渴求度和参与度均较低，没有充分认识到设立职称的重要意义和职称的作用。今后可以"数字新闻""数字出版""数字视听"领域为依托，会同相关行业主管部门共同研究，一方面加大职称考评引导和宣传力度，落实国家相关政策要求，让专业技术人员正确认识职称考试的重要性，认可职称考试的地位，增强从业人员的职业归属感；另一方面可研究出台相关激励性政策，与岗位工作任职条件相结合，鼓励和吸引更多的专业技术人员参加职称考试，带动专业技术人员的成长，壮大专业技术人才队伍。

2. 探索报考人员按专业领域分类考查

数字编辑来源主要分为两类，一是传统新闻出版单位培养、引进的从事数字编辑工作的人员；二是大量新媒体企业中从事内容生产传播的人员。数据分析也显示，数字编辑涉及的3个专业领域中，"数字出版"是主力军。在考试科目设置上，尤其实务科目，目前没有进行详细的划分，只能在试题命制过程中尽可能避免同一题目对某领域报考人员有优势，对其他领域报考人员有劣势。未来可以通过调研，尝试在中级专业技术资格考试的实务科目，根据各专业领域划分，采取分类评价，既要体现融合发展理念，又要突出专业领域工作特点，结合从业人员的岗位工作，设计开发实操类新题型，注重提高专业实践水平和解决实际问题的能力，提高命题科学化水平，使其更符合人才成长规律。

3. 职称评价与人才培养相结合

数字编辑是数字传播领域的新型复合型人才。对数字编辑专业技术人才的评价，应该适应企业的用工需求，坚持以用为本，深入分析职业属性、单位性质和岗位特点，实现评以适用、以用促评。数字编辑职业是国家重点扶持方向，但目前数字编辑专业人才相对稀缺，为培养数字编辑专业人才，一方面，可加强行政部门、高校、企业的合作，在学历教育、职业培训、岗位实践等方面，形成培养、使用、管理相结合的模式，使人才培养具有实践性、系统性、持续性。另一方面，在取得相应级别职称后，与专业技术人才继续教育制度相衔接，创新继续教育形式，加快专业技术人才知识更新，为人才发展提供服务和保障。

参考文献

［1］李超. 2016年度北京市数字编辑专业技术资格考试初中级考生状况分析［J］. 科技与出版，2017（6）.

［2］刘华坤，张志林. 媒体融合下数字编辑人才建设探讨［J］. 北京印刷院学报，2015（3）.

青年科技人才引进政策评估体系构建及应用研究

孙雨洁[②]

摘　要：青年科技人才是推动创新型国家建设的中坚力量，建立符合创新驱动导向的人才引进政策对区域经济高质量发展至关重要。本研究基于2007—2018年中央层面颁布的青年科技人才引进政策文本数据库和语料库，构建了青年科技人才引进政策评价指标体系及其量化标准手册，并将此成果应用在典型地区的综合评价实证分析中。研究发现：（1）基于政策内容分析，有效实现了非结构化政策文本数据的结构化转换，在检验政策文本的一致性、比较政策文本的差异性等方面颇具优势；（2）基于政策内容的评估研究，可以为政策文献与政策实践的有效对话提供切入点，为构建新时代人才发展治理体系提供重要参考。

关键词：科技人才　政策评估　政策内容

一、引言

人才是实现民族振兴、赢得国际竞争主动的战略资源。2014年8月，习近平总书记针对"创新驱动发展战略"提出了新的要求，强调中国要走创新发展之路，首先要重视青年科技人才的引进；2015年

[①] 该篇论文获得"2020年全国人才与人事研究主题征文活动"一等奖。
[②] 孙雨洁，山东管理学院劳动关系学院教师、助教。

11月,"十三五"规划建议提出:"深入实施人才优先发展战略,推进人才发展体制改革和政策创新,形成具有国际竞争力的人才制度优势",人才优先发展战略第一次被提升至国家层面;2016年5月,习近平总书记提出要"加快构建具有全球竞争力的人才制度体系,聚天下英才而用之,让人才创新创造活力充分迸发",同年9月党中央印发《关于深化人才发展体制机制改革的意见》。可以看到,中央和国家有关部门通过配套改革文件的陆续出台,从顶层设计层面进一步推动人才引进制度的完善。

在地方层面,近年来一场不见硝烟的人才竞争在各城市之间大面积爆发,各大城市乃至各企业间出现了激烈的人才竞争现象。从本质上看,人才竞争的愈演愈烈离不开政策的支持与引导,各地纷纷使出浑身解数,释放"政策红利",启动了百余项计划、出台了多项政策措施来加大人才吸引力。然而,人才引进政策在内容制定方面还亟待完善,例如,尽管人才引进政策遍地生花,但政策内容过于"同质化",存在许多雷同和照搬,政策优势落入了"财大气粗"的俗套,其表现就是缺乏对青年科技人才的整体性研究和认知,即大部分政策文件只照搬一线城市的相关条例,缺乏结合当地特征、有针对性的"引子"。

此外,青年科技人才发展社会环境制约明显,人才管理部门监管不完善,偏重人才的"引",忽视有质量的"留",对待青年科技人才不能一以贯之,缺乏精耕细作,难以有效提质增速。因此,构建青年科技人才引进政策评价机制,不仅有利于从总体上考察人才强国战略的阶段性特征,为当前白热化的人才争夺战提供理论价值;也有利于监测各地区在人才引进政策制定中存在的问题和具体差距;同时也有利于各地区对政策要素进行优化改进,以结合当地特征制定行之有效的政策,形成有地方特色的人才引进政策实践体系,提升地区话语权,增强区域人才制度的竞争力,形成独具特色的人才工作导向。基于此,本文在厘清相关理论特征的基础上,构建了青年科技人才引进政策评价指标体系,建立了政策量化标准手册,聚焦于济南、武汉、成都、南京的青年科技人才引进政策,通过量化赋值与比较分析为地区人才引进政策的监测提供数据参考,以期对人才引进政策的制定与完善提供一定的实践性启示。

二、理论框架

（一）概念阐释

在人才优先发展战略背景下，青年科技人才引进政策体系的构建是一项任重道远的系统工程，体现在地区经济发展、产业结构升级与青年科技人才之间的有限对应关系。青年科技人才引进政策的核心要义在于提升人才拉动力，通过改善引才待遇、工作条件、引进程序等来增强对人才的"虹吸效应"。从作用机理分析，青年科技人才引进政策可以刺激地区经济，增强地区吸引力，优化产业转型升级，提升地区竞争力。从政策构建分析，青年科技人才引进政策的制定应当与青年科技人才发展高度契合，有效衔接青年科技人才成长需求，符合青年科技人才发展的内在规律和制度需要；青年科技人才引进政策还应当与地区政策紧密相连，通过政策约束下的机会利用，引导青年科技人才适应地区政治、经济、文化等多维环境。

（二）文献回顾

政策文本作为政策信息的"载体"，透过政策主体、政策客体、政策目标和政策工具等信息能够反映政府行为的变动与偏好，为政策制定者和研究者进行观测和探讨提供了路径与渠道。目前，围绕青年科技人才引进政策研究形成了一个复杂多维的"议题集"。有学者聚焦于政策文本的内容分析，如郭俊华、徐倪妮基于创业政策框架对科技创业人才政策文本进行了文本分析；刘忠艳、赵永乐探讨了1978—2017年国家级科技人才政策的演进逻辑，发现政策着力点与区域经济发展、产业结构调整呈现出高度的耦合性；李燕萍、刘金璐等在提炼科技人才政策发展脉络的基础上，总结了科技人才引进政策内容的演化逻辑和变迁特征。有学者关注于政策工具的选择与组合，如倪海东、杨晓波等通过构建政策设计、政策目标和政策环境的三维体系，对海外青年科技人才引进政策的选择与组合进行了全面分析；陈星平等基于中央政府工作报告在流动与吸引、选拔与培养、评价与激励等方面对科技人才创新创业注意力进行量化测量。有学者将重点放在科技人才的评价体系构建上，如盛楠等探究了创新驱动战略背景下科技人才评价体系的构建，揭示了科技人才对全要素生产率的增长效应；吴江、张相林从奖励型、保障型和发展型政策出发，探讨了人才的工作冲突、人才团队建设现状以及团队建设政策需求，探究了"团队式"对人才引进力度的影响机理；张同全、石环环基于政策的"投入—产出"探讨了科技人才引进政策的实施效果，着重探索了"经费投入"对科技人才满意度的影响机制。

综上所述，关于科技人才引进政策领域的理论研究，既有文献形成了政策内容—政策工具—政策评价的逻辑框架。但整体来看，有关政策内容的相关研究方兴未艾，仍存在一些缺失，大多数文章对科技人才引进政策内容的整体性把控和认知感悟仅局限于单一视角，缺乏整体性思考。同时，政策评价体系的文献相对薄弱，仅有的几篇文献仅聚焦于政策实施效果评价体系的构建，并非以政策内容视角为切入点，对政策制定的现实指导性不强。基于此，本研究立足于政策内容视角，强调通过政策文献来了解政府的行为印迹，从宏观上梳理政策的内容体系，对人才引进政策进行监测评估，以探究评估结论和成效的原因，发现隐藏在政策背后的"红利"，进而分析政策吸引力影响过程。

（三）研究框架与方法

政策文献是政府执政理念与信息的物化载体，客观反映了政府进行公共事务管理的行为印迹，并通过客观的、可追溯的文字记录政策系统与政策过程。随着大数据技术的发展，政务公开更加透明化，依托文本数据挖掘方法与技术，为以政策文献为研究对象的公共政策研究提供了更广阔的平台。值得指出的是，本文聚焦"内容分析法"这一研究范式与分析视角，该方法是一种定量分析与定性分析相结合的语义分析法，可以反映政策文献中非量化的、非结构化的信息，挖掘和探究隐藏在政策文献背后可分解的政策类目。

青年科技人才引进政策体系构建是一种基于政策内容的价值判断，是关于地方政府引才力度和强度的判断，也是对人才吸引力的判断。经综合考量，本研究步骤如图 1 所示：第一，整理 2007—2018 年国家级颁布的青年科技人才引进政策文本，根据政策文本的内容属性和结构特征进行归类、提炼；第二，基于内容分析法的原理与逻辑构建政策评价指标体系，并运用层次分析法计算各指标的权重系数；第三，依据政策文本的力度、强度建立政策量化标准手册；第四，选取典型城市政策文本进行统计和量化分析，计算出政策评价综合指数 $q_i = \sum_{i=1}^{n} h_{ij} B_j$，并比较 q_j，得到各区域的优劣顺序。

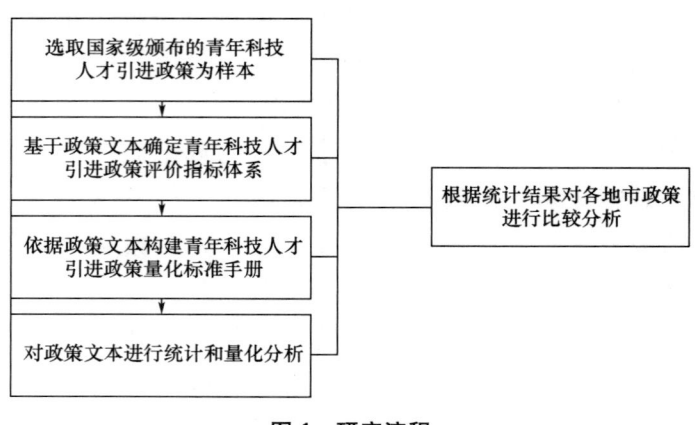

图1 研究流程

三、研究设计

（一）政策文本的选取

自2007年"人才强国战略"被确定为我国的基本战略以来，中央和地方有关部门陆续出台多份改革文件以深化人才发展体制机制改革，完善人才引进政策，加快建设人才强国。因此，本文在选择政策样本时，考虑到全面性、权威性、系统性等因素，将2007年作为研究起点，检索了2007—2018年我国青年科技人才引进政策作为样本来源。其中，所选取的政策文本均采集于中央政府相关部委网站以及国内人才工作协会网站公开的数据资料，政策类型包括法律法规、决定、意见、暂行办法、通知公告等，对所收集政策根据其政策条目及所做的政策筛选规则进行进一步整合筛选，最终得到40份政策文件。

（二）评估指标体系的构建

1. 分析单元界定

在政策研究中，分析单元是进行政策量化的基础，是描述政策内容的有效载体。考虑到青年科技人才引进政策体系的构建，本研究将40项国家级政策进行梳理，进行了分析单元的编码工作。在政策分析单元的界定上，以政策出台时间的顺序按照"政策编号—文本序列号"进行了相应编码，在进行重复性剔除之后，得到编码数为312项。鉴于篇幅所限，本文仅列部分编码，见表1。

表1　　　　　　青年科技人才引进政策文本编码表（部分）

政策名称	政策文本的内容分析单元	编码
《关于深化项目评审、人才评价、机构评估的实施意见》	加强用人单位人才评价主体地位。支持用人单位健全科技人才评价组织管理，以职业属性和岗位要求为基础，建立科学的人才分类评价体系	1-1
	突出岗位履职评价，健全考核制度，加强聘后管理，在岗位聘用中实现人员能上能下，完善内部监督机制	1-2
	落实职称评审权限下放改革措施，支持符合条件的自治区高校、科研院所、医院、大型企业等单位自主开展职称评审，以及岗位聘（任）用工作	1-3
《关于加强国家重点实验室建设发展的若干意见》	以提高科技创新活力为核心，推动国家重点实验室建立开放、流动、竞争、协同的用人机制，吸引顶尖人才、培养青年人才、用好现有人才，促进人员合理的双向流动，助推重大成果产出和国际影响力提升	2-1
	强化对国家重点实验室人才队伍建设的评价，引导出成果、出人才并重，造就一大批具有国际水平的战略科技人才、科技领军人才、青年科技人才，稳定支持优秀创新团队	2-2

2. 分析类目构建

确定分析类目是构建政策评价框架、确立评价指标体系的基础。目前，学术界有关人才引进政策体系的构建包括两类型、三类型、四类型和五类型划分，见表2。在相关研究的基础上，本研究依据拉斯韦尔提出的政策支撑体系，构建了供给型、需求型和环境型的分析维度。其中，供给型政策是指政府通过信息、技术等手段，提供工作、晋升等优惠条件，改善青年科技人才成长发展的相关要素，推动人才资源开发和人才资本的开拓；需求型政策指的是政府通过税收优惠、财政金融等手段提供资金扶持，调动青年科技人才创新创业积极性，间接推动区域创新活力的迸发；环境型政策是指政府通过提供生活津贴、户籍政策、住房政策、子女入学政策等支持，为青年科技人才生活提供有利的政策环境，打造精细化人力资源服务。

表2　　　　　　青年科技人才引进政策代表性分类体系

类型	作者	时间	分类体系
两类型	Ergas	1987	使命导向型、扩散导向性
	Kuusisto	2002	供给面政策、需求面政策
	Johansson	2007	一般型政策、特殊型政策

续表

类型	作者	时间	分类体系
两类型	常静	2011	供给促进型、需求激励型
	顾承卫	2015	发展型政策、保障型政策
	孟华	2017	发展型政策和福利型政策
三类型	Rothwell	1997	供给型政策、需求型政策、支持型政策
	苏竣	2001	供给面政策、环境面政策、需求面政策
	潘晨光	2008	供给、需求和环境政策
	杨河清、陈怡安	2013	引得进、留得住、用得好
	宁甜甜、张再生	2014	供给型、需求型、环境支持型
	周雨露	2015	工作条件、经济待遇、生活保障
	吴江	2015	奖励型、保障型和发展型
四类型	Cantner	2001	基础研究1型、基础研究2型、扩散型和使命型政策
	Freitas	2008	使命型政策、扩散型政策、特定型政策、一般型政策
	郑代良、钟书华	2012	经济状况、集群文化、生活环境、管理制度
	孙锐	2014	人才数量、人才质量、人才投入、人才效能
五类型	Balzat	2006	市场、制度、金融、技术、研究
	牛冲槐	2007	管理制度、配置制度、产权制度、人才使用制度及激励制度

3. 指标体系设计

为探究青年科技人才引进政策的体系构成，本研究在分析类目的基础上进行了指标的筛选。基于政策体系框架，通过文献计量深入分析2007—2018年青年科技人才引进政策文本，运用 Nvivo 11.0[①] 进行政策文本的概念提炼，在语义判断、逐级编码的基础上，形成"参考点—子节点—树节点"编码层级，对政策类目进行了删减、合并，最终合并为15项政策类目。同时，基于政策体系规范考量，本研究采取专家咨询法验证了指标体系的科学性、合理性，得到青年科技人才引进政策递阶层次结构，如图2所示。

（三）评估指标权重的确定

本研究运用层次分析法对政策体系中各级指标进行权重分配。本研究邀请了7位专家进行了指标的打分工作，其中包括2名人才办的工作人员、2名从事人才学研究的科研工作者和3名高校人力资源管理专业教

---

① Nvivo 11.0 是一款功能强大的质性研究分析工具。

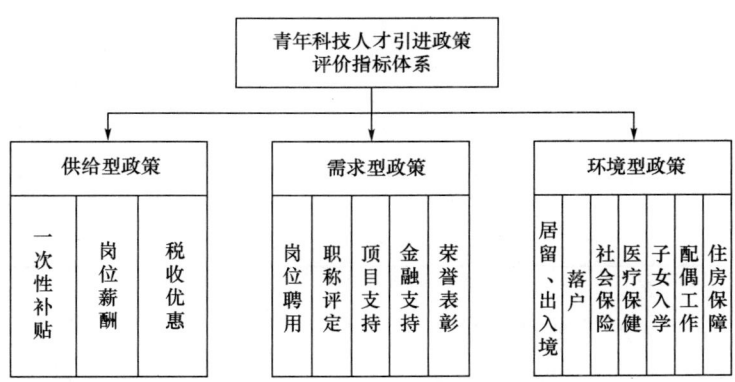

图 2　青年科技人才引进政策评价层次结构

师,通过专家访谈、电话征询来搜集数据。在判断值确定上,采用 1~9 及其倒数作为标度,通过两两之间的比较计算出人才引进政策评估第 i 行相较于第 j 列重要程度的评价结果。本研究借助 Yaahp 0.5.2[①] 和 SPSS 20.0[②],在经过构建判断矩阵、判断矩阵一致性检验、求解判断矩阵的特征向量、层次综合排序及其一致性检验之后,本研究根据特征矩阵计算出特征根与特征向量,并对青年科技人才引进政策评价指标的特征向量进行标准化计算,得到最终的指标权重,见表 3。

表 3　青年科技人才引进政策评估指标权重系数

一级指标	权重系数 WK_1	二级指标	权重系数 WP_n	权重系数 WC_1
供给型	0.328 9	一次性补贴	0.277 1	0.091 1
		岗位薪酬	0.502 8	0.165 4
		税收优惠	0.220 1	0.072 4
需求型	0.498 6	岗位聘用	0.280 7	0.140 0
		职称评定	0.292 4	0.145 8
		项目支持	0.156 9	0.078 2
		金融支持	0.142 8	0.071 2
		荣誉表彰	0.127 3	0.063 5
环境型	0.172 5	居留、出入境	0.155 4	0.026 8
		落户	0.126 3	0.021 8
		社会保险	0.099 4	0.017 1

---

① Yaahp 0.5.2,是层次分析法软件。
② SPSS 的全称是 Statistical Product and Service Solutions,"统计产品与服务解决方案"软件。

续表

一级指标	权重系数 WK_1	二级指标	权重系数 WP_n	权重系数 WC_1
环境型	0.172 5	医疗保健	0.093 1	0.016 1
		子女入学	0.160 4	0.027 7
		配偶工作	0.105 3	0.018 2
		住房保障	0.260 1	0.044 9

(四)量化标准手册的构建

为了进一步度量政策的内容效度、确保政策变量的精确度，本研究在借鉴彭纪生、仲为国对政策量化赋值的基础上，详细研读了政策样本，划分了政策措施的测量标尺，并以5分制作为赋值标准。为保证量化标准手册的客观性与科学性，在初步确定政策量化标准以后，本研究对量化标准手册的信度、效度进行了检验。

在信度检验上，本研究邀请了10名政策研究者分为两组进行了验证。量化标准的检验方面，本研究进行了一致性检测，具体公式为：

$$R = \frac{n \times K}{1 + (n-1) \times K}$$

其中，R 代表信度，K 指同意度（编码者类目分析相同度），K 的计算公式为：

$$K = \frac{2M_{1,2}}{N_1 + N_2}$$

$M_{1,2}$ 表示两组人员完全一致的检验条数，N_1、N_2 分别表示两组人员的检验条数。

一般而言，信度系数介于区间[0.8，0.9]之内即被认为是合理可接受的，大于0.9则具有非常高的信度。本研究随机抽取了42项政策文本进行了检测，其中，观点一致记√，观点不一致记×。经检验（见表4），15项政策条目的信度均大于0.85，甚至90%的条目大于0.9，信度系数均符合一致性系数要求。此外，在效度方面，由于本研究对象均来源于公开发布的政策文件，政策内容效度具有自明性，间接证明了本研究的效度优良。基于此，本研究最终确定了政策量化标准，鉴于篇幅所限，仅列举青年科技人才引进政策量化标准手册中"岗位聘用"的赋值标准，见表5。

表 4　　政策编码信度检验结果

政策类型	政策类目 1	政策类目 2	……	政策类目 14	政策类目 15	样本信度
岗位聘用	√	√		√	√	94.50%
职称评定	√	√		√	√	93.70%
项目支持	√	√		√	√	95.50%
金融支持	√	×		√	√	95.67%
荣誉表彰	√	√		×	√	97%
一次性补贴	√	√		√	×	89%
岗位薪酬	√	×		√	√	92.60%
税收优惠	×	√		√	√	91%
居留、出入境	√	√		×	√	92.60%
落户	√	√		√	√	91%
社会保险	√	√		√	√	91.70%
医疗保健	√	×		√	√	90.80%
子女入学	√	√		√	√	93%
配偶工作	√	√		√	×	92.5%
住房保障	√	√		√	√	95%

表 5　　青年科技人才引进政策量化标准手册（部分）

指标得分	兼值标准
	岗位聘用
5	对全职引进的高层次人才，可不受单位专业技术岗位总数、最高等级和结构比例的限制，可设立特设岗位予以聘任
4	可聘任引进人才担任重点学科首席教授或重点实验室首席科学家，也可根据实际需要，聘任其担任学校、院（系、所）、实验室等领导职务
3	用人单位应根据有关特殊政策规定，结合引进人才的具体情况，安排其担任中层以上领导职务
2	鼓励和支持入选人员通过竞争承担重要项目或担任领导工作
1	没有给出详细的规定或者明确的措施

四、实证分析

（一）数据来源

青年科技人才引进政策是创新驱动发展战略下研究的焦点问题，也是各地市实施人才优先发展战略的重要参考。在进行实证评估中，首先，考虑到青年拔尖人才是地区优质人力资本和缄默知识的载体，本研究以中组部评选的"国家级青年拔尖科技人才"为研究对象；其次，考虑到地方政府在引进青年科技人才工作中发挥了更多的实质性作用，本研究主要从东部、中部和西部选取经济规模相当、发展水平近似的城市作为比较对象；同时，结合《国家中长期人才发展规划纲要（2010—2020年）》的出台时间，本研究检索了2010—2018年的政策文本作为实证分析的数据来源。综合各项因素，本文选取2010—2018年济南、成都、武汉、南京等城市的青年科技拔尖人才引进政策文本作为青年科技人才引进政策评价的决策单元，将各市人才引进政策进行细解，按照15项政策类目进行内容归纳，运用量化标准手册进行赋值，对各市青年科技人才引进政策进行效率评估和对比分析。

（二）量化赋值

本研究基于量化标准手册，聘请了6位经过培训的硕士研究生进行打分，以确定指标数据。整个政策量化确定分为两个步骤：步骤一，初始数据确定环节，邀请6位研究生在梳理所搜集的各地市相关政策颁布时间和政策效度后进行独立打分，打分结果的一致性为92.7%，说明此次评分有效；步骤二，正式量化确定阶段，对评分员的评分结果进行标准化处理形成正式量化数据，以作为各地人才引进政策的量化分值，具体数值见表6。

表6 各地青年科技人才引进政策量化分值

准则层	指标层	政策量化分值			
		济南	武汉	成都	南京
供给型政策	一次性补贴	3	3	5	5
	岗位薪酬	4	4	3	4
	税收优惠	4	5	5	4
需求型政策	岗位聘用	4	5	4	3
	职称评定	3	4	5	4
	项目支持	3	4	5	5
	金融支持	3	5	5	5
	荣誉表彰	4	5	5	3
环境型政策	居留、出入境	4	5	5	4
	落户	4	4	4	4
	社会保险	4	4	5	3
	医疗保健	5	4	5	4
	子女入学	5	4	4	5
	配偶工作	5	4	3	4
	住房保障	4	3	4	4

（三）结果测算

根据济南、武汉、成都、南京青年科技人才引进政策的量化赋值结果，结合表3和表6数据结果，依据公式 $A = \dfrac{\sum_{l=1}^{x} B_l}{5} 100$，求得各市青年科技人才引进政策评估的综合指数得分（见表7）。其中，B_l 表征二级指标中第 l 个指标的综合评估值，即 $B_l = \sum_{i=1}^{n} C_i \cdot WC_i$，$C_i$ 为第 i 个指标的主观赋值，WC_i 为第 i 个指标的权重系数。经计算，济南、武汉、成都、南京的综合指数得分为80.91分、81.92分、85.3分、89.8分，如图3所示。

表7　　　各地青年科技人才引进政策评估指数分布

准则层	指标层	政策量化分值				指数			
		济南	武汉	成都	南京	济南	武汉	成都	南京
供给型	一次性补贴	3	3	5	5	0.273	0.273	0.456	0.456
	岗位薪酬	4	4	3	4	0.652	0.662	0.496	0.662
	税收优惠	4	5	5	4	0.290	0.362	0.362	0.290
需求型	岗位聘用	4	5	4	3	0.550	0.700	0.560	0.420
	职称评定	3	4	5	4	0.437	0.583	0.729	0.583
	项目支持	3	4	5	5	0.235	0.313	0.391	0.391
	金融支持	3	5	1	5	0.314	0.356	0.356	0.356
	荣誉表彰	4	4	4	5	0.251	0.318	0.318	0.191
环境型	居留、出入境	4	5	5	4	0.107	0.134	0.134	0.101
	落户	4	4	4	4	0.087	0.087	0.087	0.087
	社会保险	4	4	5	5	0.068	0.068	0.086	0.051
	医疗保健	5	4	5	4	0.081	0.064	0.081	0.064
	子女入学	5	4	4	5	0.139	0.111	0.111	0.139
	配偶工作	5	4	3	4	0.091	0.073	0.055	0.073
	住房保险	4	3	4	4	0.180	0.135	0.180	0.180

通过比较济南、武汉、成都、南京各类型的选择情况，各地政府在政策工具选择与组合方面有较高的一致性和协同性。细究其得分不难发现，各地在政策工具选择时有偏好需求型政策工具，得分均超过了80分。济南市的需求型政策工具使用低于其他地市，但环境型政策工具的使用强度在各地市中相对较高。从政策工具构成指标的评估得分来看，济南、

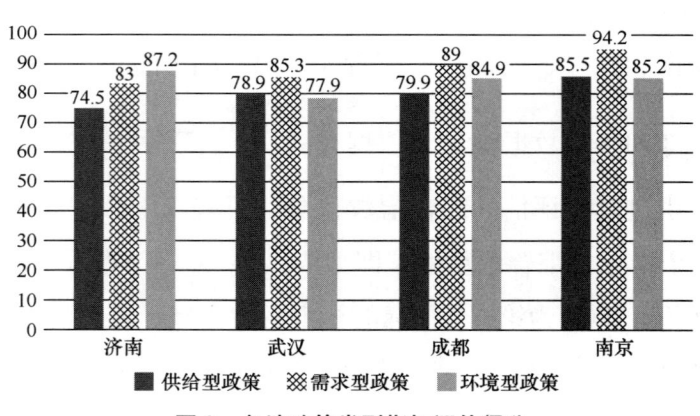

图 3　各地政策类型指标评估得分

武汉、成都、南京等地在政策类型的选择和组合存在显著差异。

供给型政策是人才引进工作中最具吸引力的敲门砖，是落实人才引进的关键。从指标构成来看，受一次性补贴、岗位薪酬、税收优惠等的影响。从实际测评情况来看，在一次性补贴方面，成都市出台的政策力度最强，原因在于成都市的人才资助体系较为完善，实施分类分层资助。例如，依据《成都实施人才优先发展战略行动计划》，成都市针对来本市进行创新创业活动的"国家级青年拔尖科技人才"，给予 300 万元资金资助，而南京、济南、武汉较为接近，资助资金介于 50 万～100 万元之间。从岗位薪酬方面来看，以上四市出台的政策差别不大，体现为协议工资制、项目工资制、年薪制等形式，针对紧缺人才采用一事一议予以协调。税收优惠方面，从政策文本来看，各地市针对"青年科技人才"税收优惠并没有提出明确的意见，仅从宏观层面提出意见，政策内容相对宽泛。因此，要构造具有全球竞争力的政策，就要设立引才专项基金，提供包括创新创业支持资金和平台建设资金等一次性资金资助；再者，可将成果转化收益与税收优惠结合起来，用企业创收抵扣企业所得税，增强对人才的吸引力。

人才潜能的发挥需要需求型政策的支持。近年来，配合国家人才强国战略的有效实施，济南、武汉、成都、南京陆续出台相关支持性政策，在岗位聘用、职称评定、项目支持、金融支持、荣誉表彰等诸多方面给予人才诸多便利。在岗位聘用方面，济南、武汉在内容详细度方面要优于成都和南京，如济南市在《关于实施海内外高层次创业人才企业发展计划的意见》("5150人才企业发展计划")中规定，可特设岗位聘任紧缺型青年科技人才，不再受单位专技岗位、等级及结构限制；武汉提出可针对重点学科、重点实验室聘任优秀的青年科技人才担任楚天学者、特聘教授或相关领导职务。在职称评定方面，四市出台的政策内容较为相似，多是提出依其能力和业绩通过绿色通道直接申报高级专业技术职称，不受限于学历、资历、岗位数量等条件。在项目支持方面，成都市出台的政策文件力度较强，提出针对特别优秀的青年科技人才主持的项目予以特殊立项，不受总额限制。在金融支持方面，南京出台的政策有一定特色和深度，提出了促进知识产权质押融资、信用贷款、贷款贴息扶持等政策，用来鼓励青年科技人才创办企业，在贴息额方面针对不同行业分别给予50万~100万元的扶持。在荣誉表彰方面，济南、武汉、成都、南京均设立了不同的人才工程，用以提供有力的表彰奖励，推动自我成就感、价值感的满足。在制定需求型政策时，应把打造工作平台作为战略核心要务，以职务、职称、项目为引领，提升人才引进政策的创新力，促进青年科技人才潜能的发挥。

从环境型政策的测度指标来看，为加强对青年科技人才的引进和保障力度，济南、武汉、成都在社会保险、住房、子女入学、配偶安置以及享受优等医疗资源等方面，出台了一系列配套政策，以解决人才在生活方面的后顾之忧。在居留和出入境方面，各地所出台的政策内容类似，差别体现在许可居留的有效期。比较而言，济南市出台政策的效度和广度都较好，规定紧缺型青年科技人才可直接申办、签发有效期为5年的外国专家证和工作类居留许可。落户政策方面，针对青年科技人才的落户政策吸引力差别不大。在社会保险方面，武汉市出台的政策力度最强，在享受基本社会保险待遇的基础上，还为部分优秀的青年科技人才建立了大病医疗保险、商业补充养老保险等多元保险体系。医疗保障方面，主要体现在服务的精细度上，成都市为青年科技人才建立了电子健康档案，定期开展专家疗养；济南市专门开辟了绿色通道，提供预约诊疗、外语接待等"一对一"诊疗服务。在子女入学方面，各地均开辟了专属"绿色通道"给予优先安排。在配偶工作方面，各地市安排的力度不同。济南市要求用人单位根据政策规定给予工作安排，暂无法安排的给予生活补贴，而成都、武汉、南京仅提出对于配偶工作由相关单位的人事、劳动部门协助安排或推荐就业，精细度略显不足。从住房保障政策工具的选择来看，各地均以"财政补贴"为主要手段，根据人才的实际需求在购房补贴、租房补贴、安家补贴以及提供住房等方面进行了拓展和创新。从环境型政策工具的设计来看，济南、武汉、成都、南京在人才引进工作上应愈加强调生活保障的重要性，通过定期走访人才、分类开展问卷调查等"店小二"式的主动精准服务，来实现解决青年科技人才生活后顾之忧的目标。

五、结论与讨论

本文聚焦于青年科技人才引进政策进行研究，主要结论与贡献在于：一是构建了青年科技人才引进政策评价指标体系，本研究基于内容分析法、层次分析法的原理与逻辑步骤，进行了政策类目的提炼与指标权重的确定，实现了政策文本数据的非结构化特征向结构化向量表示的转换；二是建立了青年科技人才引进政策量化赋值标准手册，本研究整理建立了2007—2018年中央层面的青年科技人才引进政策文本数据库和语料库，通过系统研读政策文本对政策措施的划分刻度进行了表征；三是通过分析济南、武汉、成都、南京2010—2018年的青年科技人才引进政策发现，各地区的综合指数测算结果呈现较大差异性和不平衡性。对于各城市而言，如何补齐人才引进政策中的短板、完善人才体制机制、用好人才资源是当下亟待解决的重点问题。

本文研究还存在一些问题值得讨论：首先，基于政策文本分析的理论模型构建问题。尽管实证研究表明，本文所构建的青年科技人才引进政策评价指标体系及其量化赋值标准手册具有一定的创新性和可推广性，但实证所使用的"青年拔尖人才计划"样本范围较为单一，本文研究成果尚需进一步予以验证。其次，本文探讨的是青年科技人才引进政策的内容属性，但从政策文件来看，其发文时间、发文机构、政策数量等外部属性已存在有很大的可拓展空间，在检验不同地区政策文本之间的一致性、挖掘政策属性指标的分布态势及其政策关联关系等方面，具有较强的实践价值与创新意义。此外，我国青年科技人才存在多元化问题，如何全面把握青年科技人才引进政策的监测与评估变得愈发系统化和工程化。因此，本文将在后期重点研究青年科技人才引进政策的系统量化评估问题，以"党管人才"为切入点，进一步将政策文献与政策实践进行有效的"对话"，扩大青年科技人才引进政策数据库和语料库，运用现代大数据文本挖掘分析技术与方法研究我国各地区人才引进政策的选择与供给的影响效果及其与各种类型人才的现实需求特征的匹配度等问题。

参考文献

［1］孙锐．构筑新时代人才发展治理体系［J］．人民论坛，2019（26）：58-60．

［2］孙锐，黄梅．人才优先发展战略背景下我国政府人才工作路径分析［J］．中国行政管理，2016（9）：18-22．

［3］郭俊华，徐倪妮．基于内容分析法的创业人才政策比较研究——以京沪深三市为例［J］．情报杂志，2017（5）：54-61．

［4］刘忠艳，赵永乐，王斌．1978—2017年中国科技人才政策变迁研究［J］．中国科技论坛，2018（2）：136-144．

［5］李燕萍，刘金璐，洪江鹏．我国改革开放40年来科技人才政策演变、趋势与展望——基于共词分析法［J］．科技进步与对策，2019（10）：108-117．

［6］倪海东，杨晓波．我国海外高层次人才引进与服务政策协调研究［J］．中国行政管理，2014（6）：149-149．

［7］陈星平，毕利娜，吴道友．中国政府推进科技人才创新创业的注意力测量——中央政府工作报告（1978—2017）文本分析［J］．科技进步与对策，2018，35（23）：161-166．

［8］盛楠，孟凡祥，姜滨．创新驱动战略下科技人才评价体系建设研究［J］．科研管理，2016（S1）：602-606．

［9］吴江，张相林．我国海外人才引进后的团队建设问题调查［J］．中国行政管理，2015（9）：80-83．

［10］张同全，石环环．科技园区创新人才开发政策实施效果评价——基于山东省8个科技园区的比较研究［J］．中国行政管理，2017（6）：85-89．

［11］黄萃，任弢，张剑．政策文献量化研究：公共政策研究的新方向［J］．公共管理学报，2015，12（2）：129-137．

［12］彭纪生，仲为国，孙文祥．政策测量、政策协同演变与经济绩效：基于创新政策的实证研究［J］．管理世界，2008（9）：25-36．

[13] 陈艳艳，孙锐. 创新驱动背景下地方重大科技引才工程中的人才评价问题研究 [J]. 云南社会科学，2018（4）：59-64.

[14] 孙锐，吴江. 人才强国战略规划评估路径研究 [J]. 中国科技论坛，2012（10）：79-84.

[15] 李国锋，孙雨洁. 文献量化视角下人才引进政策评估 [J]. 科技管理研究，2020（4）：61-72.

基于积分制的高校教师考评制度职称改革框架探析①

程 帅 王国强②

摘 要：高校教师职称的考评制度改革，是习近平新时代中国特色社会主义思想对高校人才队伍建设的战略要求和内在源动力。基于积分制的考评制度改革框架，是解决现有高校教师职称评审"五唯"现状与高校人才队伍建设体制机制新要求不匹配的重要探索。坚持统一制度，分类管理，分类施策，坚持向教学一线倾斜的原则下，全员实现积分制考评，打破编制、级别、身份、学历、论文、科研成果等限制，以岗位标准为依据，构建以岗位需求的专业技能和工作业绩为考核指标的动态的能上能下的竞争性用人机制。建立积分制职称改革的考评机制的基本框架，实现多元化可持续的职称分类与转换机制，改革完善积分制职称改革后的绩效激励制度，探索职称改革协同创新的新型综合框架与模式，有利于加快高校人才队伍建设的提质增效，大力促进高校教师的专业性发展和综合素质提升，在积分制职称改革中实现以质量和贡献为核心的教师受利、高校受益、国家受才的共享格局。

关键词：积分制 高校教师 考评制度 职称改革 框架探析

---

① 该篇论文获得"2020年全国人才与人事研究主题征文活动"二等奖。
② 程帅，山东劳动职业技术学院教师，中级经济师；王国强，山东劳动职业技术学院总务处处长，讲师。

高质量发展中的人力资源工作创新

2018年5月2日，习近平总书记在北京大学师生座谈会上提出"高等教育是一个国家发展水平和发展潜力的重要标志，要加快一流大学和一流学科建设，实现高等教育内涵式发展""建设社会主义现代化强国，需要一大批各方面各领域的优秀人才。这对我们教师队伍能力和水平提出了新的更高的要求"，并再次强调"一名好老师要有理想信念、有道德情操、有扎实学识、有仁爱之心。""人才培养体系涉及学科体系、教学体系、教材体系、管理体系等，评价教师队伍素质的第一标准应该是师德师风。""培养造就一大批具有国际水平的战略科技人才、科技领军人才、青年科技人才和高水平创新团队，力争实现前瞻性基础研究、引领性原创成果的重大突破"。

所谓评价高校教师队伍素质，即为借助科学有效的考评制度来透视、考核、评价高校教师队伍是否具有政治素质过硬、业务能力精湛、育人水平高超的高素质，而这一考评制度的核心在于高校教师职称评审。当前，教育部专门制定相关导向政策，破除教师职称评审中的"五唯"评价，但未建立与新导向相匹配的新的评价制度。因此，面对这一新课题，必然迫切地要求在高校教师考评制度上进行大胆探索和改革，以充分调动高校教师的积极性和能动性，最大限度发挥高校人才建设平台的作用，加快高校教师人才梯队建设，优化人才队伍结构，实现职称评审的核心调节和导向作用。

面临社会化全面改革的机遇期，高校教师积分制职称改革，也必须探索走出实质性的步伐。高校教师职称晋升，能使教师获得更多的薪酬和绩效奖励，当然也使他们肩负更大的责任。这种责任感，也给教师们带来精神上的更大的自我成就感、荣誉感和物质上的满足感。职称晋升，对于具有较高道德精神品质、更强专业技能、更多贡献和业绩、更大科研成果的高层次人才意味着岗位得以提升，待遇得以改善，职业发展得以认可。因此，高校教师的职称评审切实触动了教师的利益，改革的阻力和难度都是非常大的。但面临着全社会深化改革的重大机遇期，高校教师积分制职称改革，也必须探索走出实质性的步伐，走向深水区，蹚出一条新路径。

一、高校教师积分制职称改革是人力资源科学管理的本质要求

高校教师积分制职称改革，实质上就是人力资源科学管理的现代化，

必然要求符合人力资源科学管理的一般规律，也是人力资源科学管理的本质要求。

（一）高校教师积分制职称改革是面对高校和教师的双重的彻底的精神革命

人力资源科学管理是对一切组织及员工的彻底的精神革命，包括两个方面：一方面是员工对工作、同事和组织的态度方面的彻底的精神革命，另一方面是组织对岗位职责、员工的贡献和态度方面的彻底的精神革命。高校教师积分制职称改革，本质上就是对高校自身和高校教师这一群体进行的双重的彻底的精神革命。精神革命的本质在于高校和教师均可获得可持续发展的内源性动力。职称晋升是教师在组织中由低级岗位向更高级别岗位的变动过程，是一种承认和开发教师能力的重要方法，体现了高校对教师的道德精神品质、教学态度、教学能力、教学业绩、工作效能和科研贡献等综合素质的认可，同时也使教师的专业技术职务等级及待遇得到一定程度的提升。

高校教师积分制职称改革，破除传统高校职称考核制度的较多弊端，让高校和教师都主动融入新建立的考核评价机制。过去，"五唯"职称评审愈演愈烈，考核内容主要依据论文、专利、课题、荣誉、获奖等显性成果，在与专任教师不同岗位的管理与教辅岗位、辅导员岗位的隐性成果无法科学衡量，同时考核周期多以一年或一个聘期为评聘时限，也与重大科研需要较长时间的客观周期规律相违背，造成高校教师以很大精力投入到申报课题等程序性事务中，影响教学质量和科研效益。高校教师对原有的职称评审与考核制度已经产生了无形的思维定式。积分制职称改革，是对高校管理者和专任教师的这种先入为主的认知在精神上的彻底革命，实际上是要高校管理者和教师们洗刷之前的认知和认同，并完全主动融入新建立的评价及晋升机制。

高校教师积分制职称改革，是高等教育深化改革的重要环节，也是高校自身创建"双一流"学科的必由之路。"要培养造就一大批具有国际水平的战略科技人才、科技领军人才、青年科技人才和高水平创新团队，力争实现前瞻性基础研究、引领性原创成果的重大突破"，才能办出中国特色世界一流大学和一流学科。高校要加快积分制职称改革的力度和进度，切实为"双一流"建设提供重要的人力资源科学管理机制。

(二)高校教师积分制职称改革是提升高校组织效能和教师个人发展的内在源动力

高校教师积分制职称改革,可以提升高校组织效能。高校教师积分制职称改革,可以让高校的人力资源所蕴藏的效用能量从能力、效率、质量、效益等四个方面体现出来,促进高校的人才资源效率得到较大提升,高质量地完成新时代高等教育使命。高校组织效能的提升,突出表现在高校的"双一流"学科建设上,而这有赖于高校教师的专长发展和科研能力的整体提升;反过来,高校教师的专长发展,也会极大提升高校的师资队伍建设水平,提高高校的社会影响力和美誉度,从而使得高校人力资源的潜力得到充分发掘,提升高校的组织效能。

高校教师积分制职称改革,可以激发教师个人发展的内在源动力。高校教师基于积分制的指标体系,可以自由选择自我擅长的领域,实现个性化发展。由于指标体系的单项均不设上限,高校教师可以集中所有精力进行专长发展和隧道式研究,将专业兴趣放在第一位,激发出某一领域长期钻研的可持续性的内在源动力。高校教师积分制职称改革,实质上改变了旧有的论资排辈和"五唯"缺失,提供了新的激励机制,将个人职称的自主权和发展权都交给了高校教师,从而真正激发出教师个性化发展的内在潜能和动力。

二、高校教师积分制职称改革的框架设计

高校教师积分制职称改革,必须以教师为中心,以公开公平为前提,将所有专业技术人员全部纳入体系;在积分制的指标体系中,分别按照专任教师、专职辅导员、管理及教辅部门专业技术人员等三类人员的不同特点,分类施策、分别积分。专任教师的评价要素包括课程建设、专业教学、校企合作、教学团队、技能大赛、兼职辅导员、科研课题与论文等贡献度转换为可量化的积分;专职辅导员的评价要素包括学生管理工作考核、辅导员职业能力竞赛、指导学生竞赛活动、职能部门和系部评议、科研课题与论文等贡献度转换为可量化的积分;管理及教辅部门专业技术人员包括职责履行、管理服务与改革创新、服务态度、服务质量、科研课题与论文等贡献度转化为可量化的积分。框架设计如图 1 所示。

高校教师积分制职称改革,有利于教师自我评价与高校考评有机统

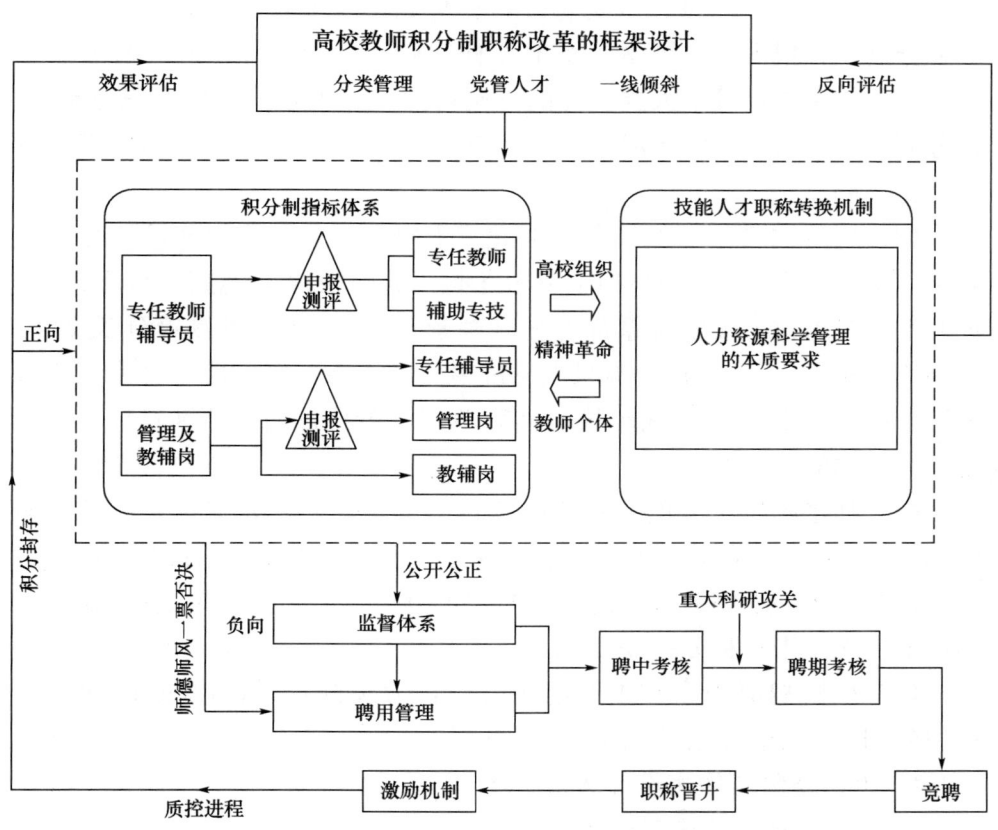

图 1　高校教师积分制职称改革的框架设计图

一，有利于目标激励与日常考评相统一，有利于实现组织目标与鼓励个性发展相统一，既强化了教师绩效评价的人文情怀，调动了教师的积极性和创造性，又较好地发挥了评价的导向作用，引导教师按照有利于实现组织目标的要求进行自我完善，实现个人利益和高校、国家、社会利益的高度统一，集聚高校教师的奋斗力量，做新时代高等教育发展的见证者、开创者、建设者。

（一）基本原则

（1）高校教师积分制职称改革，严格贯彻党管人才的原则；坚持以人为本和人人皆可成才的科学人才观；坚持民主、公开、竞争、择优的原则；坚持任人唯贤、德才兼备的用人标准；坚持注重各岗位匹配的业务能力和工作业绩的用人导向，逐步构建起能上能下的竞争性用人机制，让高校教师的职称积分永远在路上，避免在功劳簿上裹足不前。

（2）坚持统一制度，分类管理，积分制不设上限。在高校统一的职称积分制下，根据各二级学院系部专任教师、专职辅导员和管理及教辅部门专业技术人员等三大类岗位的不同特点，分类施策，分别积分排序。积分制不设上限，有利于激发各岗位教师的自主积极性，有利于教师的个性化发展。

（3）坚持向教学一线倾斜，弱化"五唯"指标，突出实际工作业绩和岗位贡献。管理及教辅部门专业技术人员申报评审副高级以上岗位，任职年限要求比二级学院系部专任教师延长 2~3 年（副高级延长 2 年，正高级延长 3 年）；其积分制职称通过率原则上在二级学院系部专任教师通过率的 80% 以内。专任辅导员系列单列，单独排名，单独排序，以体现学生工作的隐性工作量。

（4）师德师风作为积分制负面清单的一票否决项，以体现"评价教师队伍素质的第一标准应该是师德师风"。只要出现违反《新时代高校教师职业行为十项准则》，教师个人的积分制则进入灰色标签，在一定时限和周期内无法进行积分排序。

（5）积极响应国家和上级组织号召，为高校发展作出重要贡献的，在积分相同的条件下优先晋升。

（二）积分制职称改革的框架设计

1. 职称积分制的范围和对象

高校现有在岗的全体专业技术人员。有以下情形之一的，其积分上限受限，且不高于原聘岗位等级的积分，由系统自动实现积分封存。

（1）年度考核被确定为基本合格档次 2 年内（含考核基本合格年度）。

（2）聘期考核不合格的。

（3）在受到警告、记过或者降低岗位等级处分期间的。

（4）正在接受立案审查和停职审查的。

（5）因工作需要，管理岗位人员确需在专业技术岗位上兼职，并按专业技术岗位进行管理的，需按照干部人事管理权限审核批准后，参加专业技术岗位积分排序。

2. 监督与聘期管理

高校教师职称积分制的监督，在于上下联动、内外公开、全员监督，是高校科学管理民主化的重要表现形式。鉴于教授治校的专业权威，高校可建立由正高级专业技术人员组成的专家库，职称积分的每一个环节随机抽取专家库的若干成员开展独立第三方的监督；同时，也鼓励参与积分制的人员进行匿名箱监督，从而确保积分制职称改革具有重要的公信度和权威性。循序渐进的良性改革框架和独立权威的监督机制，构成整个积分制的两大制度性支柱。

职称积分制，每2年组织一次竞聘上岗，所有岗位统一聘期4年。所有岗位人员进行聘中考核和聘期考核，不再进行年度考核。承担重大科研项目或需长期攻关的专业技术人员，可按项目自动接续一个聘期（即考核期可延长至8年）。

3. 职称积分制的指标体系

职称积分制的指标体系，紧紧契合深化高校体制改革，健全立德树人落实机制，扭转不科学的教育评价导向，推行代表作评价制度，注重标志性成果的质量、贡献、影响。

专任教师的职称积分制的指标体系，分为两个部分：一是个人业绩指标积分，权重占85%；二是组织业绩指标积分，权重占15%。个人业绩指标积分包括工作量积分、工作质量积分、任职年限积分、学历技能等级积分、论文教材积分、教科研成果积分、项目建设积分、技能大赛积分、课程建设积分、专业建设积分、校企合作积分、兼职辅导员积分、综合荣誉积分13项正向赋分。组织业绩指标积分包括民主测评积分和学生测评积分。单设1项负向赋分：师德师风负面清单一票否决项。无论专任教师的职称积分多少，只要触发师德师风负面清单一票否决项，那么该专任教师的职称积分归零。指标体系的每一项正向赋分均不设上限，其权重分布要打破"唯论文、唯帽子、唯职称、唯学历、唯奖项"的束缚，推行代表作评价制度，注重标志性成果的质量、贡献、影响。该指标体系，有利于高校教师充分开展个性化发展，就个人擅长技能进行隧道式钻研，为专才成长提供充足的带宽。

专任辅导员的职称积分制的指标体系，分为两个部分：一是个人业绩指标积分，权重占85%；二是组织业绩指标积分，权重占15%。个人业绩指标积分包括学生管理工作量积分、学生管理工作质量积分、指导学生竞赛活动、辅导员职业能力竞赛、任职年限积分、学历技能等级积分、论文教材积分、教科研成果积分、综合荣誉积分9项正向赋分。组织业绩指标积分包括学生测评积分和民主测评积分。单设1项负向赋分：师德师风负面清单一票否决项。专任辅导员的劳动是一种"良心活"，学生工作目标的完美实现需要依赖辅导员高度的自觉自愿行为,其行为建立在辅导员真实人性、尊严获得、个性张扬以及主体价值实现的基础上。该指标体系有助于在专任辅导员职称积分中体现"人文关怀""立德树人"的高贵精神价值,其权重分布反映一线倾斜的政策导向和破除"五唯"的有力保障。

管理及教辅部门专业技术人员的职称积分制的指标体系,主要包括两个部分:一是职责履行和改革创新积分;二是服务态度和服务质量积分。职责履行和改革创新积分,包括岗位工作履职效果积分、工作理论创新积分、技术创新积分、管理创新积分、服务创新积分等五个正向赋分项。服务态度和服务质量积分,包括服务态度积分、服务质量积分、学生测评积分、民主测评积分等四个正向赋分项。该指标体系区分了管理及教辅岗位与专任教师和专职辅导员岗位之间的岗位属性,侧重了职责履行效果和服务质量的评价,有助于推动高校管理的治理体系建设迈上新的台阶。

4. 职称积分制的标准分计算

以专任教师的职称积分制指标体系为例,总标准分=个人业绩指标13项正向赋分各自标准分之和+组织业绩指标2项正向赋分各自标准分之和一师德师风一票否决项积分。

单项标准分转化方法:同一评价队列中,该单项的原始积分最高分不高于该单项标准分上限的,评价队列的单项标准分=单项原始积分;该单项的原始积分最高分高于该单项标准分上限的,单项标准分=(评价队列单项原始积分÷同一评价队列单项原始分最高分)×单项标准分上限分。

5. 职称与技能的转换机制

国家和高校一直高度重视高技能人才队伍建设,也鼓励高技能人才队伍的技能与职称的衔接。获得世界技能大赛金奖的技能水平已达到行业的世界最高水平,可直接申报专业技术四级岗位或正高级职称,不受年限、学历等限制。基于中华技能大奖、国家技能人才培育突出贡献奖、全国技术能手的技能水平已达到行业的全国最高水平,可直接申报专业技术七级岗位或副高级职称,不受年限、学历等限制。在已有中级职称的前提下,获得省技术能手、省级首席技师等称号的,也可直接申报专业技术七级岗位或副高级职称,不受年限、学历等限制。技能水平的高级技师,可以直接申报专业技术十级岗位或中级职称。

（三）积分制职称改革的路线图

1. 尊重高校教师人才成长的规律，确定职称积分制的目标，有步骤有计划地推动建立职称积分制机制

高校教师人才成长是一个周期性长的更新过程，其效果也具有边际递减的规律。由于其自身的历史阶段性和客观条件，必须尊重人才成长内在的客观规律，切不可主观、盲动地强制性预设人才目标。实际工作中，基于职称积分制提供的大数据进行分析，可以掌握和确定高校教师人才队伍建设和成长各环节上的关键路径，从而实现有步骤、有重点、有计划地持续性改进积分制机制。

2. 认真研究职称积分制的内涵及演进过程，做到趋势性与科学性相统一

根据高校教师人才队伍成长的内在客观规律，职称积分制的效果必然伴随着趋势性与科学性相融合的特点。在总体趋势上，职称积分制非常有利于专长人才脱颖而出，从而可以在学科建设和专业建设上实现比较大的人才突破；在研究一轮完整积分制职称改革的演进路线图（见图2）中，五个关键节点（确定职称积分制目标、对指标体系进行预先控制与分析、积分制的质控进程管理、后测指标评估效果分析、本轮积分制总结与完善）一定要协调有序推进。只有完整地实施五个关键节点后，第一轮的职称积分制改革才完成阶段性任务，在总结完善与优化的基础上，启动第二轮的职称积分制改革。

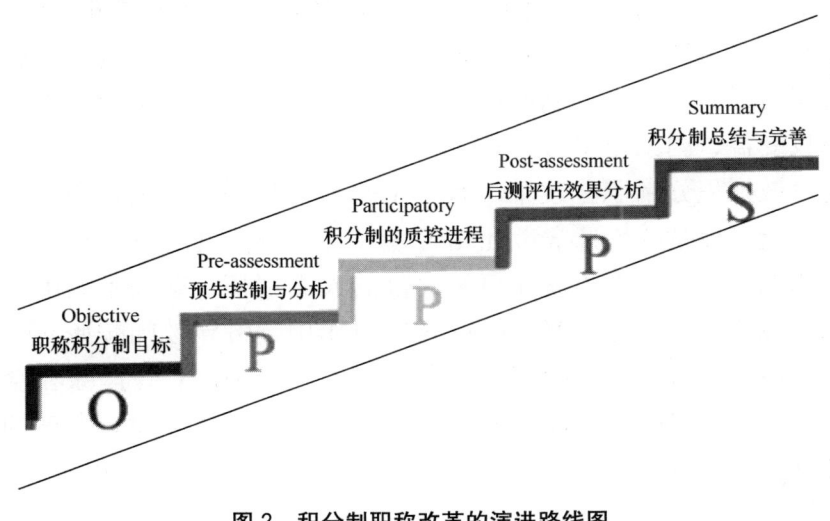

图2 积分制职称改革的演进路线图

3. 以实践效果作为职称积分制改革的评判标准，适时进行灵活调整

高校教师积分制职称改革，一定要将实践效果作为工作的评判标准。因指标体系的数据和量化指标，是基于教师人才发展的 2 年数据的挖掘与加工，其评测也存在着一定的误差。因此，在实际工作中，一定要注重实际教师人才队伍的建设效果，并根据情况适时进行灵活调整，以满足职称积分制系统自适应的调节需要。

三、结论

高校教师积分制职称改革，呼应高校深化改革，可以解决现有高校教师职称评审"五唯"现状与高校人才队伍建设体制机制新要求不匹配的弊端，实现高校人力资源的科学管理，革新教师发展的源动力和激励机制，有利于专长教师脱颖而出，加快"双一流"高校和"双高"高职院校建设的步伐，在世界高校发展高地上争得一席之地。

高校教师积分制职称改革，必须坚持党管人才的原则，统一制度，分类管理，分类施策，坚持向教学一线倾斜，全员实现积分制考评，打破编制、级别、身份、学历、论文、科研成果等限制，以岗位职责标准为依据，构建以岗位需求的专业技能和工作业绩为考核指标的动态的能上能下的竞争性用人机制。积分制职称改革考评机制的基本框架设计，实现多元化可持续的职称积分制与技能转换机制，改革完善积分制职称改革后的绩效激励制度，探索职称改革协同创新的新型综合框架与模式，有利于高校人才队伍建设的提质增效，大力促进高校教师的专业性发展和综合素质提升，在积分制职称改革中实现质量和贡献为核心的教师受利、高校受益、国家受才的共享格局。

高校教师积分制职称改革，有利于教师自我评价与高校考评有机统一，有利于目标激励与日常考评相统一，有利于实现组织目标与鼓励个性发展相统一，既增添了教师绩效评价的人文情怀，调动了教师的积极性和创造性，又较好地发挥了评价的导向作用，引导教师按照有利于实现组织目标的要求进行自我完善，实现个人利益和高校、国家社会利益的高度统一，集聚高校教师的奋斗力量，做新时代高等教育发展的见证者、开创者、建设者。

参考文献

[1] 习近平. 在北京大学师生座谈会上的讲话[N]. 人民日报, 2018-05-03.

[2] 中国就业培训技术指导中心. 企业人力资源管理师（一级）（第三版）[M]. 北京：中国劳动社会保障出版社，2018.

[3] 冯志明. 积分制管理：高职院校教师绩效评价改革的探索与实践[J]. 职业技术教育，2018.

[4] 王媛，贾生华. 中国集体土地制度变迁与新一轮土地制度改革[J]. 江苏社会科学，2013（3）.

东部地区科技人才开发效率及影响因素研究[①]

黄璟怡[②]

摘　要： 创新驱动实质是人才驱动，科技人才输出科技成果，推动地区的经济发展。本文运用DEAP2.1和Stata软件，对东部地区2007—2017年的科技人才开发效率和影响因素进行分析。研究表明，东部地区整体的综合效率较高，但个别省份亟待进一步提高。从综合效率来看，地区的经济发展水平对科技人才开发效率呈显著的负相关关系，而政府的影响力、对外开放度与科技人才开发效率存在显著的正相关关系，而教育水平对地区科技人才开发效率的影响并不显著，但是对纯技术效率呈显著的影响。最后，结合分析对东部地区的科技人才开发提出相关的政策建议。

关键词： 科技人才　开发效率　DEA　Tobit模型

一、研究的背景

党的十八大以来，以习近平同志为核心的党中央高度重视人才队伍建设，站在党和国家事业的全局战略高度，从"尊重、关爱人才"，到"育才、引才、聚才、用才"，再到强调"不拘一格降人才"，这一系列战略指示为我国加快建设世界科技强国指明了方向。《国家中长期科技人才发展规

[①] 该篇论文获得"2020年全国人才与人事研究主题征文活动"三等奖。
[②] 黄璟怡，福州大学经济与管理学院研究生。

划（2010—2020年）》中对科技人才做了界定，科技人才是指具有专业知识、技能，具备科学思维和技术创新能力，从事相关科技创新活动，对科技事业和社会经济发展作出贡献的人员。因此，充分开发科技人才是国家在全球科技创新中取得优势的关键，更是参与全球科技竞争浪潮中的资本。国务院在2005年提出"四大板块八大经济区"方案，实施东部率先发展的创新战略。创新驱动实质是人才驱动，因此通过分析东部率先发展战略实施以来的科技人才开发效率及其影响因素，对东部地区乃至全国都具有重要意义。

二、文献回顾

（一）国外文献

国外对科技人才开发的研究集中于比较研究、动因分析和影响因素三个方面。在比较研究方面，主要是对科技人力资源投入、产出效率进行横向比较研究，得出投入与产出之间存在着显著的线性关系（谢等 Xie et. al, 2015），纵向比较研究则强调发展中国家更应注意选取多元化的科技人力资源指标（奥林托 Olinto，2009）。在动因分析方面，聚焦在科技人才对生产力的贡献，先后有学者从国家间科技人力资源生产率贡献进行比较（格雷纳 Greiner，2000），或构建科技人力资源生产力标准（周等 Zhou et. al，2008），或基于科学研究机构调查所得并建立数据库（扎伊琴科 Zaichenko，2017），来研究科技人才的生产输出。在影响因素方面认为科技人才开发效率不能单靠政府投入，还需加强组织培训、与知识管理的耦合（曼宁和勒温 Manning & Lewin，2008）。结合离岸性是未来科技人才开发的特征（佛罗里达和盖茨 Florida & Gates，2002；曼宁和勒温 Manning & Lewin，2008），应融入全球科技人才争夺战中（勒温等 Lewin et. al，2009）。

（二）国内文献

国内对科技人才开发的研究，主要聚焦在构建科技人才开发效率评价指标、科技评价和影响因素分析三个方面。在评价指标的构建上，主要有以下几类（见表1）。

表1　　　　　科技人才开发效率评价指标体系构建

作者	时间	投入指标	产出指标
丁刚、罗暖	2012	R&D人员全时当量、R&D人员中研究人员数、R&D人员数量	有效发明专利数、发表科技论文数、形成国家或行业标准数、出版科技著作、技术市场成交额、大中型工业企业新产品销售收入

续表

作者	时间	投入指标	产出指标
张春海等	2013	R&D 人员全时当量、R&D 机构数、R&D 项目经费、地方财政拨款	被收录科技论文数、出版科技著作数、专利申请数、有效发明专利数
窦超、李晓轩	2017	研究与开发经费投入、R&D 人员全时当量	国内专利申请授权数、发表科技论文、技术市场技术输出地域合同数、技术市场成交额
刘兵等	2018	R&D 人员全时当量、R&D 经费投入强度、互联网宽带接入端口	每百人专利申请授权数、技术市场合同金额、新产品销售收入
李培园等	2019	R&D 人员全时当量、R&D 经费内部支出总额	地区技术市场成交合同数、地区每年的三种专利申请授权量、地区技术市场成交合同金额

在进行科技人才开发评价方面，主要分为：（1）横向的地区比较。丁刚等人在建立创新型科技人才评价指标体系的基础上，对全国省域的创新型科技人才开发效率进行了横向综合评价（丁刚、罗暖，2012）。戚湧运用 C-D 生产函数的人力资本分类模型并结合 DEA 计算江苏省 13 个地级市科技人才开发效率（戚湧等，2015）。（2）纵向的时间序列分析。王宁从纵向的角度评估不同年份河南省科技人才政策的实施效果（王宁等，2018）。除此之外，王成军等人以个体为分析单位进行评价，并得出规模效率是制约开发效率的关键（王成军等，2016）。在影响因素分析方面，学者们认为影响因素是多方面的，主要包括科技人才队伍结构的优化、政府宏观调控下的市场机制作用的发挥、相关机制的完善（彭皓玥、王树恩，2008）、技术进步（李培园等，2019）、地区环境因素（张春海等，2013）。

综上所述，在进行科技人才评价过程中，较少有学者进行影响因素的研究，即使有涉及关于影响因素的研究，也较少对影响因素进行理论假设，因此本文结合数据包络分析方法（Data Envelopment Analysis，DEA）先对科技人才的开发效率进行评价，进而用定量分析方法对影响因素进行假设检验。

三、模型构建与数据选择

（一）研究方法与模型构建

数据包络分析方法是由美国运筹学家沙纳尔和库博（Charnes&Cooper）

等人于1978年提出的。它本质上是一种线性规划,根据已有的决策单元(DMU,含多个投入变量和多个产出变量)绘制技术集,计算各决策单元相对于技术集边界的相对效率,从而判断各决策单元是否为DEA有效。

科技人才的开发也包含着多个投入变量和多个产出变量。而数据包络分析方法作为多投入、多产出指标问题的有效评价方法,自然也可作为评价科技人才开发效率的有效分析方法。数据包络分析方法应用最广泛的有两种模型。包括最早由沙纳尔(Charnes)提出的CCR模型,它是以固定规模报酬为前提,每一单位投入得到的产出量是固定的;以及由Banker等人提出的BCC模型,它是以规模报酬可变作为假设,即每一单位投入得到的产出量是不固定的。由于CCR模型并未考虑规模效益,故根据对偶规则求出的效率为总效率(或技术效率,TE),而BCC求得的相对效率为纯技术效率(PTE),纯技术效率是指所有的投入都能得到充分的利用。科技人才开发的决策单位未达到相对有效率,可能是由于技术无效率或是规模无效率,或是两种的共同影响,因此本文采取CCR模型(见图1)和BCC模型相结合的方式来评价科技人才的开发效率。

$$\min h_k = \theta - \varepsilon \left(\sum_{i=1}^{m} s_i^- + \sum_{j=1}^{n} s_j^+ \right)$$

s.t.

$$\sum_{r=1}^{R} \lambda_r x_i^r - \theta x_i^k + s_i^- = 0, \quad i = 1, 2, \cdots, m$$

$$\sum_{r=1}^{R} \lambda_r y_j^r - s_j^+ = y_j^k, \quad k = 1, 2, \cdots, n$$

$$\lambda_r > 0, \quad r = 1, 2, \cdots, n$$

$$s_i^- > 0, \quad i = 1, 2, \cdots, m$$

$$s_j^+ > 0, \quad j = 1, 2, \cdots, n$$

图1　CCR模型

而BCC模型是在CCR模型的基础上增加$\sum \lambda_r = 1$约束条件。根据DEA理论,规模效率可由技术效率和纯技术效率的比值进行衡量。反映在给定的纯技术有效的决策单位,在处于规模效率递增或递减条件下,通过扩大或缩小投入数量而形成的技术效率的改善(张良强、刘荧,2018)。

(二)指标体系构建

1. 投入指标

科技人才要想实现创新价值,需要投入相应的人力资源、财力资源和物力资源。科技人员的投入是进行科技人才开发的关键，因而本文选取 R&D 人员全时当量，统计年度从事研发活动累计工作时长占总时长 90% 及以上的人员数，作为衡量科技人才开发中人力资源投入的指标。科技财力资源的投入是科技人才开发的物质保证，它可以调动科技人才工作的积极性，进而提高科技创新的效率和效果，因而选取研发经费内部支出总额，统计年度内用于机构内部的实际支出，作为衡量科技人才开发中财力资源投入的指标。物力资源的投入是开发科技人才的基础，选取 R&D 机构数来作为衡量科技人才开发物力资源的投入。

2. 产出指标

科技人才开发的价值实现主要包括知识产权成果、技术转化价值和市场实现价值。因此，本文选取发表科技论文、地区每年的三种专利申请授权量来衡量科技人才开发的知识产权成果，这也是衡量科技人才是否具有潜在生产力的标准之一。技术市场技术输出地域合同数和技术市场成交额来衡量技术转化价值，反映地区的技术转化能力。最后用新产品销售收入来衡量科技人才开发的市场实现价值程度，这也是衡量现实生产力的重要指标。基本情况见表 2。

表 2　　　　　　　　科技人才开发效率指标体系

一级指标	二级指标
科技人才投入指标	R&D 人员全时当量（人年）
	研发经费内部支出总额（万元）
科技人才产出指标	地区每年的三种专利申请授权量（项）
	技术市场成交额（万元）
	新产品销售收入（万元）

（三）数据选择

国务院发展研究中心曾在 2005 年提出的"四大板块八大经济区"方案中将我国分为四大板块，包括东部、西部、中部和东北板块。其中东部板块具体包括十个省域，即北京、天津、河北、山东、上海、江苏、浙江、福建、广东和海南。而本文所研究的东部地区主要是指东部板块。

本文的面板数据来自北京、天津、河北、山东、上海、江苏、浙江、福建、广东和海南十省，时间跨度为 2007—2017 年，由于科技活动的投入与产出具有时滞性，因而对于产出，本文选取滞后一期的方式来进行测量，即科技人才投入指标采用2007—2017年的数据，而产出指标采用2008—2018年的数据。数据均来自《中国统计年鉴》和《中国科技统计年鉴》。

四、科技人才开发效率实证结果

本文通过采用DEAP2.1软件来分析东部十个省份的科技人才开发效率，分别得出这十个省份2007—2017年的技术效率、纯技术效率和规模效率，包括规模效益情况。详见表3和表4。

表3　　　　　　　　　科技人才开发效率评价结果

项目	时间	北京	天津	河北	山东	上海	江苏	浙江	福建	广东	海南	均值
技术效率	2007年	1.000	1.000	0.442	0.842	1.000	1.000	0.977	0.791	0.766	1.000	0.882
	2008年	1.000	1.000	0.581	0.908	1.000	1.000	1.000	0.943	0.918	0.988	0.934
	2009年	1.000	1.000	0.549	0.969	1.000	1.000	1.000	0.837	1.000	0.951	0.931
	2010年	1.000	1.000	0.630	0.968	1.000	1.000	1.000	0.912	0.923	1.000	0.943
	2011年	1.000	1.000	0.694	0.987	0.913	1.000	1.000	0.824	0.855	0.687	0.896
	2012年	1.000	1.000	0.654	0.905	0.871	1.000	1.000	0.646	0.816	0.635	0.853
	2013年	1.000	1.000	0.687	0.924	0.906	1.000	1.000	0.593	0.773	0.509	0.839
	2014年	1.000	1.000	0.623	0.940	0.881	0.965	1.000	0.709	0.828	0.563	0.851
	2015年	1.000	0.935	0.631	0.955	1.000	0.945	1.000	0.956	1.000	0.576	0.9
	2016年	1.000	0.688	0.681	0.893	0.939	0.819	1.000	0.880	1.000	0.632	0.853
	2017年	1.000	0.865	0.738	0.760	0.978	0.780	1.000	0.893	1.000	0.776	0.879
	均值	1.000	0.953	0.628	0.914	0.953	0.955	0.998	0.817	0.898	0.756	
纯技术效率	2007年	1.000	1.000	0.499	0.930	1.000	1.000	1.000	0.890	1.000	1.000	0.932
	2008年	1.000	1.000	0.595	1.000	1.000	1.000	1.000	0.956	1.000	1.000	0.955
	2009年	1.000	1.000	0.551	1.000	1.000	1.000	1.000	0.839	1.000	1.000	0.939
	2010年	1.000	1.000	0.640	1.000	1.000	1.000	1.000	0.912	1.000	1.000	0.955
	2011年	1.000	1.000	0.713	1.000	1.000	1.000	1.000	0.834	0.879	1.000	0.943
	2012年	1.000	1.000	0.681	1.000	0.974	1.000	1.000	0.660	0.937	1.000	0.925
	2013年	1.000	1.000	0.717	0.989	1.000	1.000	1.000	0.612	0.839	1.000	0.916
	2014年	1.000	1.000	0.663	0.950	0.927	1.000	1.000	0.724	0.957	1.000	0.922
	2015年	1.000	0.959	0.672	0.955	1.000	1.000	1.000	0.979	1.000	1.000	0.956
	2016年	1.000	0.711	0.716	0.902	0.958	0.820	1.000	0.895	1.000	1.000	0.9
	2017年	1.000	0.875	0.770	0.771	0.997	0.780	1.000	0.901	1.000	1.000	0.91
	均值	1.000	0.959	0.656	0.954	0.987	0.964	1.000	0.837	0.965	1.000	

续表

项目	时间	北京	天津	河北	山东	上海	江苏	浙江	福建	广东	海南	均值
规模效率	2007年	1.000	1.000	0.886	0.905	1.000	1.000	0.977	0.889	0.766	1.000	0.942
	2008年	1.000	1.000	0.976	0.908	1.000	1.000	1.000	0.986	0.918	0.988	0.978
	2009年	1.000	1.000	0.996	0.969	1.000	1.000	1.000	0.998	1.000	0.951	0.991
	2010年	1.000	1.000	0.985	0.968	1.000	1.000	1.000	1.000	0.923	1.000	0.988
	2011年	1.000	1.000	0.973	0.987	0.913	1.000	1.000	0.988	0.973	0.687	0.952
	2012年	1.000	1.000	0.961	0.905	0.894	1.000	1.000	0.978	0.872	0.635	0.925
	2013年	1.000	1.000	0.959	0.935	0.906	1.000	1.000	0.970	0.921	0.509	0.92
	2014年	1.000	1.000	0.940	0.989	0.951	0.965	1.000	0.979	0.866	0.563	0.925
	2015年	1.000	0.975	0.938	0.999	1.000	0.945	1.000	0.976	1.000	0.576	0.941
	2016年	1.000	0.969	0.951	0.990	0.980	1.000	1.000	0.984	1.000	0.632	0.95
	2017年	1.000	0.989	0.958	0.986	0.981	0.999	1.000	0.991	1.000	0.776	0.968
	均值	1.000	0.994	0.957	0.958	0.966	0.992	0.998	0.976	0.931	0.756	

表4　　科技人才开发效率规模报酬情况

时间	北京	天津	河北	山东	上海	江苏	浙江	福建	广东	海南
2007年	—	—	drs	drs	—	drs	drs	drs	drs	—
2008年	—	—	irs	drs	—	—	—	irs	drs	irs
2009年	—	—	irs	drs	—	—	—	irs	—	irs
2010年	—	—	irs	drs	—	—	—	—	drs	—
2011年	—	—	irs	drs	drs	—	—	irs	drs	irs
2012年	—	—	irs	drs	drs	—	—	irs	drs	irs
2013年	—	—	irs	drs	drs	—	—	irs	drs	irs
2014年	—	—	irs	drs	drs	drs	—	irs	drs	irs
2015年	—	irs	irs	drs	—	drs	—	irs	—	irs
2016年	—	irs	irs	irs	irs	—	—	irs	—	irs
2017年	—	irs	irs	irs	irs	irs	—	irs	—	irs

注：drs 表示规模报酬递减，irs 表示规模报酬递增，-表示规模报酬不变。

（一）综合效率分析

各省的综合效率均值整体都处于较高的水平，特别是北京和浙江在2007—2017年间以及天津和江苏在2007—2013年间同时为技术有效和规模有效，科技人才开发的综合效率达到最优状态。说明在这段时间该省域的科技人才开发效果显著。山东、福建和广东的综合效率整体看比较没有规律，起伏较大，具体分析可知山东、广东更多是由于规模效率非最优的结果，而福建更多是由于纯技术效率低的结果。值得注意的是2013年之后，山东和江苏科技人才开发的综合效率呈下降趋势，两省在2017年效率值达到该时期的最低值，人才开发效率偏低。河北科技人才开发的综合效率整体呈上升趋势，科技人才的开发效率不断提高，但与其他东部发达省份相比，综合开发效率还不是很高。海南科技人才开发的综合效率也是整体偏低。

（二）纯技术效率分析

北京、浙江和海南2007—2017年的纯技术效率数值均为1，说明这三个省份在管理和技术方面具有优势，使得科技人才的投入资源得到充分的利用。山东和江苏主要是由于纯技术效率过低，即投入的人员和经费没有得到充分的有效的利用，这也说明这两个省份需要提高该地区人员与管理机制、技术水平的匹配度。河北虽然综合效率和纯技术效率整体呈上升趋势，但主要是由于纯技术效率的数值过低，表明研发人员和经费投入没能得到充分的利用，即科技人才投入资源利用率较差。此外科研院所和企业的管理水平、技术升级和扩散壁垒较多，都导致了较低的纯技术效率。

（三）规模效率分析

北京的规模效率均为1，结合北京2007—2017年间的规模经济效率不变的因素，说明该省份不需要再调整科技人才资源的投入规模和结构。广东2007—2008年、2010—2014年规模效率没有达到最优，且这段时期对应的规模效益呈下降趋势，由于本文的效率测算中采用的是固定产出的投入型DEA模型，表明该省的规模效益不经济主要是由产出不足造成的，因此该时期广东想要提高科技人员开发，不是纯粹增加投入规模，而是要改善投入结构，来提高产出效率。之后广东通过调整投入科技人才、资金、设备的规模结构，使其与投入、产出相匹配。在2015—2017年进入规模收益不变状态，说明该时期科技人才相关要素的投入规模效益是经济的。海南科技人才开发的综合效率整体偏低，但是是技术有效的决策单元，原因是海南省的规模效率非最优。结合表4，海南2007年和2010年进入规模收益不变的状态，显示这两年科技人才投入的规模效益是经济的，其他时间段规模效益处于递增状态，说明海南省还需在给定的纯技术有效的生产活动处于规模报酬递增时通过扩大科技人才相关要素的投入规模,例如人才、资金和设备的投入规模而形成综合效率的改善。

(四)均值分析

从各年份整体的均值来看,东部地区的纯技术效率和规模效率都达到 0.9 及以上,说明东部地区整体的科技人才开发是比较理想的。从各省的均值来看,北京、浙江、天津和江苏的综合效率均值分别是 1、0.998、0.953 和 0.955,表明这几个省份的科技人才开发效率都很好。而河北、海南的综合开发效率的均值分别是 0.628 和 0.756,综合开发效率还不是特别理想。再进一步观察各个省份的纯技术效率和规模效率可以发现,相对于规模效率而言,各个省份的纯技术效率均值波动比较大,说明东部地区各省之间科技人才开发效率存在着不平衡的现象。不平衡的原因主要是来自纯技术效率的损失,即部分省份由于对科技人才、资金和设备的管理机制和技术水平的不足,从而没能对给定投入要素进行充分的利用,使得开发效率过低。

五、科技人才开发效率影响因素分析

(一)理论假设

科技人才开发效率的影响因素从市场、社会和政府这三个主体来衡量。其中市场角度包括经济发展水平和对外开放度,社会角度主要衡量社会教育事业发展,政府角度主要指的是政府影响力。

假设一:经济发展水平与科技人才开发效率正相关。

一个地区的经济发展水平越高,说明该地区的经济体系、产业结构相对完备,更要求将创新作为发展的驱动力,因而对科技人才的需求也就越高。而地区的经济水平越高,其基础配套设施、生活条件也相对优越,也能吸引高科技人才,从而提高当地的科技人才开发效率。因而,经济发展水平越高,科技人才开发效率也就越高。

假设二:政府影响力与科技人才开发效率正相关。

政府对科技人才开发的影响力越高,越说明政府认识到科技人才对经济发展、社会繁荣的重要性,政府就越能通过经费资助的方式来为科技人才的孵化提供优越的制度环境,激发科技人才进行科技创新活动的积极性。因此,本文认为政府影响力越高,即政府资助强度越高,科技人才的开发效率就越高。

假设三：对外开放度与科技人才开发效率正相关。

对外开放度越高，竞争就越激烈，就越要求加大科技创新的投入，来提高科技人才的开发效率；另外，对外开放过程中，也注重"引进来"。主要包括引进高素质人才，这也会提高其开发效率。因此，对外开放度越高，科技人才开发效率也就越高。

假设四：教育水平与科技人才开发效率正相关。

教育发展状况是科技创新活动的基底，也是形成科技人才的主要途径。教育发展水平越高，说明该地区教育体系越完备，教育质量较高，越能聚集科技人才，进一步开发科技人才。因此，教育水平越高，科技人才开发效率也就越高。

（二）实证检验

1. 变量选取

在测量科技人才开发效率影响因素的过程中，将本文根据DEAP2.1计算的综合效率作为因变量，而将经济发展水平、对外开放度、教育水平和政府影响力作为自变量。其中以地区人均GDP衡量地区的经济发展水平（X1）；以各地区研发经费投入强度（研发经费投入强度是研究与试验发展经费与国内生产总值的比值）衡量政府影响力（X2）；以地区人均进出口总额（实际进出我国国境的货物总金额）衡量对外开放度（X3）；以各地区每十万人口中高等学校在校生数量衡量地区教育水平（X4）。

为了尽可能避免异方差对估计结果的影响，实证模型中所有变量均进行了对数化处理，具体做法是：针对地区人均GDP等绝对值数据直接对数化，针对效率等相对量数据采取加1后再对数化。

2. 检验结果

本文将表3计算出来的科技人才开发的综合效率、纯技术效率和规模效率作为被解释变量，而将上述四种影响因素作为解释变量，运用Tobit模型对科技人才的开发效率进行回归分析，得到回归结果见表5。

表5　　　　科技人才开发效率影响因素的Tobit模型回归结果

	Y	Coef.	Std. Err.	t	$P>\|t\|$
综合效率	X1	−0.049 524 8	0.022 569	−2.19	0.030**
	X2	2.072 185 0	0.942 966	2.20	0.030**
	X3	0.046 163 0	0.009 340	4.94	0.000***
	X4	0.026 527 1	0.034 105	0.78	0.438
	_cons（常数）	0.528 556 8	0.297 279	1.78	0.078

续表

	Y	Coef.	Std. Err.	t	P>|t|
纯技术效率	X1	−0.042 418 1	0.020 650 3	−2.05	0.042**
	X2	0.144 571 5	0.862 791 2	0.17	0.867
	X3	0.037 813 1	0.008 545 4	4.42	0.000***
	X4	0.054 368 1	0.031 204 8	1.74	0.084*
	_cons	0.367 738 1	0.272 003 5	1.35	0.179
	Y	Coef.	Std. Err.	t	P>|t|
规模效率	X1	−0.007 193 3	0.017 414	−0.41	0.680
	X2	1.895 040 0	0.727 568	2.60	0.011**
	X3	0.009 341 0	0.007 206	1.30	0.198
	X4	−0.026 044 8	0.026 314	−0.99	0.325
	_cons	0.832 31	0.229 373	3.63	0.000

注：***，**，* 分别表示在1%、5%、10%置信水平下显著。

（1）经济发展水平与科技人才开发效率的关系。由表5可知，经济发展水平与科技人才的开发效率呈现显著性的负相关关系，推翻了假设一。而且在5%的置信水平下，纯技术效率通过了显著性检验（PTE=0.042），而规模效率没有通过显著性检验（SE=0.680）。说明经济发展水平对科技人才开发效率的影响是显著的，即经济水平每提高一个百分点，可使科技人才开发的技术效率和纯技术效率分别下降0.049%和0.042%。表明就东部地区来看，经济水平的发展不能作为衡量科技人才开发效率的良好指标。例如天津、上海、江苏、山东等近几年地区经济增长迅速，但其科技人才的技术开发效率却并不完善。主要是由于区域科技人才纯技术开发效率不完善的原因，甚至出现下降的趋势。说明这些省份随着经济水平的增长，如果不注重技术的引进和管理机制的完善，就不能很好地吸引科技人才的发展，扩大科技人才队伍建设，这也印证了仅仅靠经济增长带动科技人才的开发是不现实的。

（2）政府影响力与科技人才开发效率的关系。在5%的置信水平下，政府影响力与科技人才的开发效率呈显著的正相关关系。政府影响力每增加一个百分点，科技人才的开发效率就会上升2.072%。这个数值相对于其他影响因素是非常大的，说明政府的经费投入是能够直接激励科技人才的开发效率的，但主要是影响科技人才开发的规模效率，并非科技人才开发的纯技术效率，即政府影响力每增加一个百分点，科技人才的开发效率就会上升1.895%。说明对于东部地区来说，政府经费投入的增加，不是通过支持更新技术和科研设备或加强科技人才的培训，而是通过直接扩大科技人才相关因素的投入规模和改善科技人才投入规模的结构，从而来提高科技人才的开发效率。

（3）对外开放度与科技人才开发效率的关系。从综合效率来看，对外开放度与科技人才开发效率通过显著性检验，接受假设。当对外开放度每增加一个百分点，科技人才开发的综合效率就会提高0.046%。这意味着，对外开放度的提高，更有利于引进高层次水平人才，对于本地的科技人才开发就越有利。进一步分析发现，对外开放度与科技人才开发的规模效率没有通过显著性水平的检验，而与纯技术效率呈现显著性的正相关关系。说明对于东部地区而言，对外开放度不是通过改变科技人才的投入规模或投入结构来影响科技人才的开发效率，而是通过影响科技人才投入资源的有效利用率，即引进管理机制和技术知识来提高科技人才开发效率的。这也符合我国的现实情况，因为对外开放度的提升，政府会加大出台各项鼓励引进外资投资的政策，尤其是引进高水平的科技团队，从而引入先进的科技人才管理机制和技术知识以及先进设备，使得科技人才的整体素质得到提高，进而提高科技人才的开发效率。

（4）教育水平与科技人才开发效率的关系。从综合效率来看，教育水平对科技人才开发效率的影响并不显著，但是从纯技术效率来看，在10%的置信水平下，教育水平却对科技人才开发效率呈显著的正向关系。且教育水平每增长一个百分点，科技人才开发的纯技术效率会增加0.054%。而教育水平对科技人才的规模效率的影响并不显著（SE=0.325）。这说明教育资源的投入，对科技人才的技术水平和管理能力都会有促进的作用，从而提高科技人才开发的纯技术效率。但是，随着经济社会的发展，科技人才的流动性增强，当下各个省份面临人才外流的困境，因此，教育水平对科技人才开发技术效率和规模效率的影响没有呈显著性水平。另一方面，可能是本文所选取的指标不够具有代表性，使得教育水平与科技人才开发的综合效率并不具有显著的正相关关系。

六、研究结论与政策建议

（一）总结

本文运用DEAP 2.1软件，对东部地区2007—2017年的科技人才开发效率进行评价,并结合 Stata 软件计算出四种影响因素与东部地区三种效率的关系。研究表明,东部地区整体的综合效率较高,但由于管理、技术水平的缺失或是资源投入规模等需要改善,使得河北、福建和海南等省份的科技人才开发综合效率有待提高。从综合效率来看,地区的经济发展水平对科技人才开发效率的影响存在显著的负相关关系,而政府的影响力和对外开放度对科技人才的开发效率存在显著的正相关关系,特别是政府影响力的影响,而教育水平对地区科技人才开发效率的影响并不显著,但是对纯技术效率呈显著的影响。综上所述,为了提高东部地区科技人才的开发效率,促进东部地区实现创新驱动发展,提出以下政策建议。

(二)建议

1. 改善人才结构,实施人才强省的战略

东部地区的经济水平较高,按理说相对于其他地区更能吸引科技人才。但是通过检验分析,没有与科技人才呈现应有的正相关关系,说明东部地区有些省份并不注重科技人才管理的科学性。例如,科技人才结构与该省的产业发展的匹配度不够,需要进一步完善科技人才的结构。经济发展的持续拉动力是创新,而创新的重要因素是人才,特别是科技人才。因此,各省应确定人才强省的发展战略,以各省资源禀赋的差异为基础,结合各自省份的优势资源和特色产业来匹配与之对应的科技人才,从而建立起一整套科技人才的匹配制度和机制。

2. 加大科技投入,提高政府的影响力

政府是实现创新驱动发展必不可少的重要推动力,对科技人才开发效率的提高具有不可或缺的作用。因此,政府应加大对科技人才的资金投入,激励科技人才进行科技创新活动的积极性,实现更高的科技产出。政府应通过建立高水平实验室和工程研究中心以及建立省际创新研究机构来改善科技人才的管理环境,促进技术和科研设备的更新换代。加强政府对科技人才的培训,鼓励科技人才出国深造,提升其对科技创新活动的管理和技术知识能力的提升,使得各省的科技人才相关要素的投入能够得到充分利用。

3. 提高对外开放度,重视科技人才引进

各省要提高对外开放度,打造开放式的科技人才体系,积极实施引智战略,推进"项目引才"和"以才引才"相结合的体制机制,集聚一批在行业前沿领域或垂直细分领域具有全球领先水平的科技人才。当然不局限于引进科技人才和团队，还应鼓励我国科技人才到国际科学组织任职，例如，鼓励科技人才积极参与国际大科学计划和大科学工程，积极参与国际组织及其活动，更好地学习国外的先进技术。

4. 加强教育事业发展，促进省域科技人才交流

由上述分析可知，教育水平对于科技人才开发的纯技术效率具有显著的正相关关系，说明教育水平可以明显地提高科技人才自身的管理和技术水平。因此，各省份始终要以发展教育事业为主，突出教育的重要作用，以知识传递为主，加强高等学校对科技人才创新能力的培养。此外，鼓励各省之间协同发展，推进教育资源共享，开展技术合作、人才交流、产业共建，打造山海协作创新平台，提高各省的科技人才开发效率。

参考文献

［1］丁刚，罗暖. 省域创新型科技人才队伍建设的投入产出效率评价及其空间关联格局分析——基于DEA模型和LISA方法［J］. 西北人口，2012，33（4）：13-17＋22.

［2］张春海，孙健，刘铮. 区域科技人才开发效率及其影响因素研究——来自我国省际面板数据的实证分析［J］. 科技与经济，2013，26（3）：81-85.

［3］窦超，李晓轩. 中部科技人才开发效率评价及其影响因素研究［J］. 科研管理，2017，38（S1）：437-443.

［4］李培园，成长春，严翔. 基于超效率DEA模型的长江经济带科技人才开发效率时空分异研究［J］. 南通大学学报（社会科学版），2019，35（1）：34-40.

［5］刘兵，曾建丽，梁林，李嫄，李青. 基于DEA的地区科技人才资源配置效率评价［J］. 科技管理研究，2018，38（14）：49-56.

［6］戚湧，魏继鑫，王静. 江苏科技人才开发绩效评价研究［J］. 科技管理研究，2015（5）：68-73.

［7］王宁，徐友真，杨文才. 基于因子分析和DEA模型的河南省科技人才政策实施成效评估［J］. 科学管理研究，2018，36（4）：69-72.

［8］王成军，宋银玲，冯涛，刘勇. 基于 GRA-DEA 模型的创新型科技人才开发效率评价研究——以陕西省青年科技新星计划为例［J］. 科技管理研究，2016，36（4）：75-80.

［9］彭皓玥，王树恩. 我国科技人才配置的效率［J］. 工业工程，2008（2）：17-20＋28.

［10］张良强，刘荧. 福建省科技资源配置的效率分析与优化［J］. 福建农林大学学报（哲学社会科学版），2018（5）：32-39.

开发区人事管理体制机制改革进展与发展路径[①]

崔君男　王洪义[②]

摘　要：经过30余年发展，传统开发区人事管理体制机制已经不能很好适应新时代发展需求，开发区面临人员身份模糊、适用法律混乱，机构编制有限、多种编制并存，人员分化严重、队伍动力不足等困境。对此，部分先行区域做出一系列尝试，通过实施法定机构改革、推行全员聘任、加强绩效管理、改革薪酬分配等举措，有效激发了内生活力和发展动力。但改革也面临顶层设计不足、改革不彻底等问题，未来需要进一步开拓创新，在既往改革经验基础上，从加强上级改革统筹、集成化推进全员聘任改革、提高绩效管理水平、重建分配机制等方面入手，进一步深化开发区人事管理体制机制改革。

关键词：开发区　人事管理　体制机制　改革

开发区是政府为吸引外部生产要素、加快经济发展而划定的享受特殊经济政策、实施特殊经济管理、开展特定经济活动的专门区域。我国自1984年设立首批国家级经济技术开发区以来，各类经开区、高新区、保税区迅速发展。到2020年8月，全国各类开发区总量已经达到2 698

[①] 该篇论文获得"2020年全国人才与人事研究主题征文活动"二等奖。

[②] 崔君男，长春净月高新技术产业开发区组织部编制管理科科员；王洪义，长春净月高新技术产业开发区组织部副部长。

家,其中国家级开发区达639家。开发区已经成为推动我国经济快速增长的重要引擎,为国家经济建设、科技进步和社会发展作出突出贡献。据统计,2018年全国219家国家级经济技术开发区和169家国家级高新区共实现地区生产总值21.3万亿元,占同期我国GDP比重达23.6%。在取得辉煌成就的同时,开发区30余年发展所沉淀下来的人事管理体制机制已经不能很好地适应新时代发展要求,为此天津、济南等地纷纷启动改革进程,谋求激发新的内生动力和发展活力。但从全国层面看,各先行区域改革方向、进度、措施均有不同,虽取得了极大成就,但也面临改革阻力大、进度慢、不彻底等问题;未改区域在积极谋划之余,亟须对开发区人事管理体制机制改革相关理论、实践进行梳理,有针对性地提升改革的系统性、规范性、科学性。

一、开发区人事管理困境

(一)人员身份模糊,适用法律混乱

人事管理体制是开发区管理体制的核心成分,受管理体制影响和制约,开发区采用何种人事管理模式与采用何种管理体制密不可分。按照张志胜的划分,我国开发区管理体制主要包括政府派出机构型、政区合一型、公司管理型三种模式。

政府派出管理机构是我国开发区的主流管理模式,有调查数据显示,全国约有85%的国家高新区属于该类型。其主要特征就是"管委会"作为政府的派出机构,代表政府对开发区的各项建设工作进行全面管理,该模式在开发区成立初期有效促进了当地经济社会发展,但缺点是管委会法律主体地位定性不明确,《中华人民共和国宪法》及《中华人民共和国地方各级人民代表大会和地方各级人民政府组织法》均未将开发区管委会纳入行政机构序列,目前对管委会法律地位的规定仅散见于政府有关部门规章及各省制定的相关条例中。但当各种条例与上位法发生冲突时,开发区就面临无法可依的尴尬境遇。有学者认为,在我国现有的法律体系内,大部分开发区管委会既不是一级政府,也不是政府的派出机关或派出机构,不具有行政主体地位。

管委会法律地位的不明确性,必然带来人事管理过程中法律适用的混乱。当前,各开发区规格不一,编制核定也各不相同,一些采用行政编制,一些采用事业编制,部分区域还存在两种编制混用的情况。无论

采用何种编制形式，开发区都面临人员身份定位不清的问题。一方面管委会不在行政机构序列，不能适用公务员法进行管理；另一方面"准机关"性质的机构设置，使得管委会又不能完全按照《事业单位人事管理条例》开展职称晋升，最终形成什么身份都不是、怎么管都不对的尴尬局面。如果之前尚可参照传统行政体制进行管理，但在《公务员职务与职级并行规定》颁行后，管委会与上级政府人事管理体制已完全割裂，加之未改区域普遍缺乏改革自主权限，不少区域面临不得不改、想改而又不能改的困境。

（二）机构编制有限，多种编制并存

开发区在成立之初，管委会职能设置多以经济建设为主，部门配置较少，人员较为精简，逐渐形成了高效精干的"小政府、大社会"管理模式。如苏州工业园区在成立之初，管委会仅下设经济发展局等7个部门；昆山开发区下设9个机构，与昆山市委、市政府的54个部门对口衔接。

随着各项事业取得长足发展，开发区城镇化进程不断加快，文化教育、医疗卫生、环境治理等社会管理事务日趋增多，加之上级政府及其部门对开发区工作的干预，许多区域不得不对应上级部门成立相应机构并配备工作人员，使得管委会体制不断向传统体制回归，国内不少开发区已成为事实上的行政区。但开发区编制核定依然延续设立之初"小政府"的精干模式，编制数量仅为"老城区"的几分之一乃至更少。在全国严控机构编制的大背景下，各地不断收紧编制数量，开发区编制更趋紧张。以吉林省为例，2011年开展开发区机构编制调整后，长春净月高新技术产业开发区编制数量由2005年核定的150余名调整为60余名，下调比例超过50%。

在编制数量无法得到有效补充情况下，为满足发展需求，开发区自行聘用合同制、劳务派遣人员不断增多。调查数据显示，事业编制、公务员、合同制、劳务派遣成为国家高新区主要用人方式。2014年，人力资源和社会保障部颁布《劳务派遣暂行规定》，规定劳务派遣用工数量不得超过用工总量的10%，多种编制并存的局面给开发区人事管理带来极大挑战，如何统筹好各类人员的晋升任用、工资待遇、绩效奖惩，已然成为摆在各开发区面前一道共同的难题。

（三）人员分化严重，队伍动力不足

受管理体制所限，开发区传统人事管理体制机制表现出诸多不适应新时代发展需求之处。一是编外人员队伍不稳,编内编外人员管理二元化分割情况严重,编外人员工资收入少、政治地位低、发展空间小,致使他们频繁流动。二是编内人员危机意识不强,受绩效考核水平不高、末位淘汰很难执行等因素影响,编内人员缺乏危机意识、紧迫意识,个别干部干事拖拉,人浮于事,有的地方甚至出现了人员闲置与短缺同时存在的局面。三是人员晋升以任命为主,论资排辈现象犹存,身份界限、资历界限、年龄界限牢牢禁锢人员发展通道。四是薪酬待遇缺乏吸引力,不少地区薪酬回归传统体制,自主灵活性缺失,对高层次人才缺乏吸引力,且随着市场薪酬不断走高,不少自行培养的业务骨干精英也陆续被企业高薪聘走,人才资源不断流失。

二、开发区人事管理体制机制改革现状与问题

纵观全国开发区 30 余年发展历程,其管理体制的发展呈现出典型的阶段性特征:在经历了制度草创和较长时间的稳定发展之后,开发区进入第三次创业阶段,政策红利、资源红利等传统生产要素投入边际效应不断降低,各地园区同质化现象逐渐显现,开发区间的竞争从政策、资源的竞争,渐渐演变为体制、机制的竞争,部分先行区域纷纷启动改革进程,力图突破体制困境。

(一)法定机构改革——突破法律地位不明的尝试

法定机构概念源于西方,早在 1916 年就有相关论述,进入 20 世纪 80 年代后,新加坡等地的法定机构开始引起国内关注。2011 年,广东省出台《关于在部分省属事业单位和广州、深圳、珠海市开展法定机构试点工作的指导意见》,将法定机构界定为"根据特定的法律、法规或者规章设立,依法承担公共事务管理职能或者公共服务职能,不列入行政机构序列,具有独立法人地位的公共机构"。

实践中,法定机构在我国已经运作多年,一些学者将法定机构视为我国公共部门改革的重要方向之一。2015 年 8 月,青岛通过《关于青岛蓝色硅谷核心区开展法定机构试点的决定》,对该核心区管理机构"青岛蓝谷管理局"的职能范围、法人治理结构、法定图则编制等事项进行明确。青岛蓝谷管理局依法承担公共事务管理和公共服务职能,实行企业化管理,但不以营利为目的,具有独立法人地位,并全面推行"法定机构+职员制"人事管理模式。与青岛蓝谷管理局的"事业单位法人"不

同，2016年6月，上海浦东新区在全国率先实施"业界共治＋法定机构"公共治理架构。业界共治理事会由新区政府联合业界设立，成员中业界代表占比90%以上、外资机构占比30%，法定机构陆家嘴金融城发展局（上海陆家嘴金融城发展局有限公司）法人类型为企业法人。除上述地区外，天津滨海新区2019年启动法定机构改革，成都市也在2020年3月发布《关于开展法定机构改革试点工作的决定》，决定在中国（四川）自由贸易试验区成都片区、成都市产业功能区以及成都市行政区域内其他适合设立法定机构的区域推行法定机构改革。

相较于传统管委会体制，法定机构在可以承担相应职能的同时，法律地位更为明确，权责界限更加清晰，组织形式更为灵活，运作模式更加独立，正在成为多地推进体制机制改革的重要方向。但在实践中，法定机构改革依然面临众多阻力，一是顶层设计匮乏，目前国家层面尚未就法定机构改革进行相关明确部署，各地也处于试点探索阶段；二是立法难度大，立法成本高，绝大多数地区缺乏法定机构立法经验；三是市级立法权限有限，自2015年《中华人民共和国立法法》修订后，设区市立法权限大大压缩，在不同相关法律法规相抵触的前提下，仅可对城乡建设与管理、环境保护、历史文化保护等方面的事项制定地方性法规；四是相关配套法律法规仍需完善，如青岛蓝谷管理局并非传统意义上的、以提供公共服务为职能的事业单位，登记为事业单位法人只是适应中国法人制度现状的权宜之计。

（二）推行全员聘任——打破编制身份羁绊的尝试

为突破机构编制制约，克服传统人事管理体制局限，国家和各地先后出台文件，鼓励开发区进行人事制度改革。如吉林省2018年公布《关于促进开发区改革和创新发展的实施意见》，明确开发区可施行岗位聘任制，根据实际制定人事和薪酬改革方案。全国各地也纷纷进行探索，逐步摸索出一条以全员聘任为核心，岗位管理替代"身份管理"的人事管理改革道路。

要施行全员聘任，需要在打破身份编制界限的前提下，建立健全岗位体系，因事定岗、以岗选人、全员竞聘。以南昌为例，2014年南昌市通过《南昌高新技术产业开发区干部人事制度改革总体方案》，"决定打破身份界限，推行干部聘用制"。在岗位设置上，南昌高新区根据三定方案，重新核定管委会机关岗位总数为350个。在人员管理上，实行"老人老办法,新人新方式"的分类管理,对在编人员实行编内任职与岗位聘职相分离、档案工资与实际薪酬相分离;对外聘人员实行公开选聘、双向选择,签订劳动合同,今后除组织调任和政策性安置人员外,管委会补充工作人员,一律实行编外聘用。在岗位聘用上,对内设部门副职及一级至三级主办岗位,视情形采取直接聘任、竞岗聘任和公开选聘的方式进行;对四至五级主办岗位,采取双向选择的方式进行。同时设置"特设岗位",以解决聘用高层次人才等特殊需要,岗位数不受管委会机关岗位总量和岗位层级限制,聘用期满后予以核销。

除南昌外,合肥高新区、贵阳高新区、成都高新区、天津经开区纷纷推行全员聘任改革,有效打破编制身份界限,打通职级通道,建构出一套人员能上能下、能进能出的人事管理体系,极大激发一线干部的工作热情。但在推行过程中也出现了一些问题:一是改革不彻底,如一些地区全员聘用改革只进行到正科级及以下层级;二是政策衔接不到位,改革阻力较大,如档案封存管理对年轻干部成长较为不利;三是人员退出机制不完善,人员能上不能下、能进不能出,一些规章条例形同虚设,执行乏力。

(三)加强绩效管理——提升管理科学化程度的尝试

绩效管理是人力资源管理工作中一项重要的手段和工具,在现代管理体系中占据重要地位。完善绩效考核办法是开发区人事体制改革的重要组成部分,越来越受到开发区重视,并逐渐形成了以 KPI 管理为主要方法的绩效改革趋势。

湖北武汉硚口经济开发区自 2006 年开始推行绩效管理改革,是我国较早实施绩效管理的开发区,其绩效管理主要特色是对现代管理理论的综合运用和对信息化技术的集成使用。在指标体系建构中,综合运用质量管理理论、平衡计分卡理论、KPI 绩效指标设计理论、弹性绩效框架理论,从而建立科学全面、导向清晰、权重合理、控制严密的指标体系。在信息技术应用层面:利用现代信息技术构建囊括了 337 项指标模板的电子台账系统,系统所有数据均来自第三方,由计算机进行自动汇总。贵阳高新区 2011 年开始实施绩效考核,由管委会组建绩效考评委员会,负责统筹全区绩效考核工作,并设立督察室,作为绩效考核的专职机构。在考核频次上,实行月度、半年度及年度考核,每次结果相分离。部门考核内容包括任务绩效和管理绩效两方面,主要根据上级下达的年度目标、工作计划、阶段性目标制定指标体系。个人考核内容包括业绩、态度、能力、效果四个方面，考核办法由各部门自行制定。

总体来看，我国开发区绩效管理改革取得了一定成效，但受政策、体制、机制、观念、人才等因素影响，一些开发区对绩效管理理解尚不够深入，将绩效管理等同为绩效考核，对绩效计划制订、绩效沟通、绩效反馈等环节重视不够；管理方法较为局限，平衡计分卡、360度评价等方法较为少见；指标体系设计较为随意，信息化程度不高，一些地区考评流于形式，无法有效发挥绩效管理的激励约束作用。

（四）改革薪酬分配——打破大锅饭的尝试

对一个组织而言，薪酬是最直接、有效的激励方式，薪酬体系更是对战略绩效的达成有着深刻影响。开发区成立后的薪酬体系大多源于对体制内部体系的借鉴完善，但较之开发区的飞速发展，薪酬体系的改革较为缓慢，二者之间的不匹配日益凸显。为此，部分先行区域也在依据自身情况不断调整薪酬体系，逐步形成"以岗定薪、按绩定酬"的改革方向。

在以岗定薪方面，贵阳高新区根据自身需求，根据"按需设岗、动态管理"的原则，重新核定人员编制，按需设置岗位，制定岗位职责说明书，建立起注重工作业绩，向优秀人才和关键岗位倾斜的薪酬体系。成都高新区逐级核定岗位薪酬，把"作为决定地位、贡献决定报酬"体现在收入分配上，依据岗位职能职责、难易程度和贡献大小核定薪酬水平。在工资组成上，大部分开发区都形成了"基本工资＋绩效工资"的工资模式。如合肥高新区将工资分为基本工资、岗位津贴、绩效工资，三者比例约为4：3：3；成都高新区2007年以后薪酬按照成都市政府机关工资标准上浮30%，所有参加绩效考核的人员每月扣除1 000元进行绩效考核；济南高新区机关事业单位薪酬体系包含月工资、月考核奖和年终奖三部分，月工资、月考核奖占全年收入的84.4%，年终奖占全年收入的15.6%。在岗位薪级方面，青岛蓝谷管理局打破身份界限，将职员划分为四等十三级。原青岛蓝谷管理局在编人员可在档案里保留其原本职务职级，但青岛蓝谷管理局工作期间按照职员制确定职务与职级。南昌高新区设置委领导正职、委领导副职、内设部门正职、内设部门副职、一至五级主办九个级别。按照米尔科维奇薪酬体系设计四性原理，一个好的薪酬体系应具备内部一致性、外部竞争性、激励有效性、管理可行性四个方面。按照"以岗定薪、按绩定酬"的改革方向，当前开发区薪酬体系改革基本实现了同工同酬，保证了薪酬的内部一致性和管理可行性，但外部竞争性、激励有效性仍有待进一步提升。

三、开发区人事管理体制机制改革发展路径

（一）加强上级统筹，推进管理体制再设计

目前，我国尚无全国性的开发区法律，一些地方虽然出台了"条例"性质的文件，但缺乏上位法的规范，易造成地方利益保护，不仅违反行政法基本要求，也易对国家行政管理体系和国家治理体系造成冲击。各地纷纷进行的"管委会＋公司制"改革，也只是在现有法律框架下进行的微调，未能突破行政主体地位不明确所带来的一系列限制。法定机构模式虽然明确了管理机构的法人地位，但由于相关配套法律法规的不健全，在施行过程中仍面临层层阻碍。因此有必要在国家层面加强开发区相关立法建设，明确开发区管理机构法律地位，明确其法人类型、组织体系、授权范围。地方政府要统筹开发区相关改革事宜，做好上层设计，允许开发区根据自身实际建立具有竞争力的管理体制。各开发区要充分利用现有政策制度红利，在现有法律框架内，依法推进开发区人事管理体制再创新、再设计，不断破除开发区发展过程中的体制机制障碍，建立更科学规范、廉洁高效的人事管理体系。

（二）坚持集成化推进，重构全员聘用制度

打破干部终身制，建立全员聘任、能上能下、能进能出的体制机制是开发区人事改革的重大突破。虽然在施行过程中也出现了改革不彻底、政策执行打折扣等问题，但不可否认，全员聘任制有效打破了机构编制制约，盘活了用人体制机制。总结既有改革经验，要建立全面、彻底、科学的全员聘用制度，必须坚持集成化推进策略：一是做好岗位设计，建立科学合理的岗位体系，编制岗位说明书，明确职责分工，确保有事有岗有责；二是做好员额管理，按照因事设岗、以岗定人原则，依据部门职能核定岗位数量，推动编制管理向员额管理转变；三是施行全员竞聘上岗，破除身份、资历、学历、年龄限制，鼓励业绩突出、具有培养潜力的干部参加竞聘；四是打通职业发展通道，建立能上能下、能进能出、多通道并行的职业发展通道，避免千军万马同走一道独木桥；五是做好改革衔接，按照老人老办法、新人新办法的原则，妥善制定改革方

案，注重解决在编人员档案封存期间个人发展的问题、新聘人员同工同酬的发展问题，着力营造待遇留人、事业留人的有益生态。

（三）聚焦全流程改革，重塑绩效管理体系

完善绩效管理是开发区人事管理改革的重要环节，大部分开发区也初步建立了以关键业绩指标为核心的考核体系，但在施行过程中出现了考核流于形式、指标体系不合理等问题。未来应加强绩效管理全流程研究，不断提升绩效管理水平。一是树立绩效管理全流程意识，围绕组织目标，将绩效计划制订、绩效目标辅导、绩效指标考核、结果反馈运用纳入组织管理全流程。二是建立由开发区主要领导牵头的绩效管理队伍，在组织上、制度上切实保障绩效管理改革政策落到实处，并通过加强培训、人才引进等手段，不断提升绩效管理队伍专业化水平。三是充分运用多种绩效考核理论，建立体系健全、关键突出、指标客观、便于考核的指标体系。四是提升绩效管理信息化水平，建立包含计划制定、指标采集、结果反馈等重要功能在内的智能化绩效管理系统。五是重视沟通辅导和结果反馈，避免将绩效考核等同于绩效管理的"短视"行为，要将绩效管理作为提升组织绩效表现、改进运作流程、促进人员能力提升的重要手段。

（四）聚焦业绩贡献，重建薪酬分配机制

为进一步发挥薪酬体制的激励引导作用，积极稳妥推进薪酬体制改革，未来可从以下几方面入手：一是各级政府可依法依规探索薪酬管理权限下放，由开发区自主确定人员薪酬水平、分配办法，保证薪酬设计"灵活性"。二是完善薪酬体系设计，按照薪额总控原则，将薪酬总额与开发区经济发展、税收增长挂钩，确保薪酬管理体系的"可行性"。三是按照以岗定薪原则，合理确定岗位薪酬，保证薪酬内部"一致性"。四是在市场人力成本基础上，按照适度提高原则，提高薪资水平，吸引和留住优秀人才，确保薪酬具有外部"竞争性"。五是建立以绩效薪酬为核心的薪酬体制，合理确定绩效薪酬比例和岗位薪酬级差，确保激励的"有效性"。

四、结语

开发区作为改革开放的产物，自成立之初就天然具有改革创新的属性。30余年来，开发区在经济建设取得辉煌成就之余，也成为我国体制机制改革的试验田和前沿阵地。开发区人事管理体制机制改革不仅关乎开发区自身发展，其先行先试的管理实践也对国家行政体制改革有重要借鉴意义。进入新时代，我国开发区人事管理体制机制改革势在必行，要从管理体制、机构编制、绩效薪酬等方面入手，探索出一条具有中国特色的开发区人力资源开发与管理之路。尽管这条路目前还不够完善，存在种种限制与不足，但制度的完善是一个渐进的动态过程，缺陷的背后往往存在机遇。未来我们可从加强上级改革统筹，集成化推进全员聘任，提高绩效管理水平，重建分配机制等方面入手，进一步完善开发区人事管理体制机制，不断提升改革的系统性、规范型、科学性。

参考文献

［1］胡丽燕. 开发区托管行政区：因果透视与改革思路——基于法律地位与性质分析的视角［J］. 经济地理，2016（11）.

［2］科学技术部火炬高技术产业开发中心. 国家高新区创新能力评价报告（2019）［M］. 北京：科学技术文献出版社，2019.

［3］张志胜. 国内开发区管理体制：困顿及创新［J］. 经济问题探索，2009（4）.

［4］王凯伟，喻修远，刘孝贤. 国家级经开区管理体制的演变历程、发展瓶颈与完善路径［J］. 湘潭大学学报（哲学社会科学版），2020（4）.

［5］董继峰. 开发区管理体制改革趋势研究［J］. 中国机构改革与管理，2016（3）.

［6］钱振明. 城镇化发展过程中的开发区管理体制改革：问题与对策［J］. 中国行政管理，2016（6）.

［7］周新军，刘向阳. 国家高新区管理制度创新研究［J］. 华北电力大学学报（社会科学版），2019（6）.

［8］赵立波，宁靓，崔群. 中国法定机构改革研究——基于青岛案例［J］. 行政论坛，2019（6）.

［9］张娜. 法定机构管理模式运行的问题及对策研究［D］. 武汉：武汉大学，2019.

［10］丁鹏. "全员聘用制"改革研究［D］. 南昌：南昌大学，2017.

［11］欧阳海峰. 怀化经济开发区绩效管理研究［D］. 湘潭：湘潭大学，2015.

［12］邓国彬. 聚焦产业发展主责　重塑新区组织架构——成都市深化国家级新区体制机制改革实践与探索［J］. 中国机构改革与管理，2017（10）.

［13］济南市编办. 济南市加快推进高新区体制机制改革［J］. 机构与行政，2016（9）.

河北省高速公路人才激励机制优化研究[1]

刘 冬[2]

摘 要：本文从河北省高速公路人力资源现状分析入手，以解决人才激励机制存在的突出矛盾和主要问题为基本研究方向，结合自身的工作实践，提出了"以体现多劳多得为根本，完善物质激励机制；以实现人生价值为核心，丰富精神激励机制；以强化素质立身为重点，调整晋升激励机制；以拓展专业技能为目标，健全培训激励机制；以构建量化标准为依托，规范考评激励机制"的五项人才激励机制优化内容，并在更新人才激励观念、净化人才激励环境、细化人才激励制度以及夯实人才激励保障等方面提出了相应配套措施，为丰富新时代人力资源理论、指导人力资源实践提供了有益借鉴和参考。

关键词：高速公路 人才 激励机制

人才是实现民族振兴、赢得国际竞争主动的战略资源。在国家层面上，人才的重要性不言而喻，对一个行业来说，人才也是兴旺发达最活跃的因素，人才短缺会导致行业和专业后继乏力，持续性差。河北省高速公路人才激励机制经过多年的探索和实践日臻成熟，基本运行良好，

---

[1] 该篇论文获得"2020年全国人才与人事研究主题征文活动"三等奖。
[2] 刘冬，河北省高速公路青银管理处经济师。

但仍有诸多矛盾和问题亟待完善，如激励机制与新时代新需求脱节现象较为突出，综合性差，可操作性不强等。因此，必须着眼未来、立足现实、瞄准目标、找准问题、落实对策，加快人才激励机制的优化调整，使之紧跟时代潮流，紧贴人才需求，适应行业发展，最终促进人才使用效率的大幅提升。

一、人力资源现状

（一）人员规模庞大

河北省高速公路事业与国家的高速公路建设同步发展。目前，河北省高速公路主要包括由省高速公路集团有限公司建设管理的路段、河北交通投资集团建设管理的路段和各地市建设管理的路段，行业现状基本一致。省高速公路集团有限公司所辖高速公路共28条（段），其中运营高速公路21条（段）、部分开通运营高速公路3条（段）、在建项目4条（段）。除局内设8个机构外，有直属指挥调度中心、高速公路路政总队、服务管理中心3个事业单位，所属运营单位24个管理处、4个在建处，213个收费站，95个服务区，61个养护工区，18个路政支队，59个路政大队。此外，还与石家庄市合作管理西柏坡高速公路管理处，与廊坊市合作管理廊沧管理处、京台管理处。省高速公路集团有限公司人员总量达25 000余人，规模较大。

（二）学历层次结构：高学历人员少

尽管河北省高速公路行业人员的总体规模比较大，但学历却普遍较低，尤其是研究生以上高学历人才更是寥寥无几。以河北省高速公路青银管理处为例，青银管理处共有在编人员975人，硕士及以上学历人员共4人，所占比例仅为0.4%；全日制本科学历人员346人，占比为35.5%；大专及以下学历人员625人，所占比例为64.1%。从学历层次看，大专及以下学历人员占主体。从总体上看，高学历人员匮乏现象突出。

（三）年龄大小配置：中青年占主体

在年龄布局上，由于是新兴行业，年轻人所占比例较大。省高速公路青银管理处有30岁及以下人员325名，占比33.3%；30岁至40岁（含）人员498名，占比51%；40岁至50岁（含）人员116名，占比11.9%；50岁至60岁（含）人员36名，占比3.7%。从中看出，40岁及以下人员占绝对多数。其他各单位情况大致如此，人才队伍充满活力和朝气。

（四）素质类型区分：高级技术人员较少

高速公路行业以运营管理为主业，尽管高层次的技术人才需求不是很大，但从目前运营的现状看，缺乏关键业务、工种的专业技术人员和技术操作工人，技术人员岗位缺口较大。比如许多养护管理人员是非技术职称人员，但从事的是技术工作；道路、桥梁和隧道方面的专业人才不能满足实际需求。青银管理处正高职称岗位数 10 人，聘用 6 人，空缺岗位数 4 人；副高职称岗位数 45 人，聘用 18 人，空缺岗位数 27 人。京沪管理处正高职称岗位数 10 人，聘用 4 人，空缺岗位数 6 人；副高职称岗位数 45 人，聘用 10 人，空缺岗位数 35 人。

二、河北省高速公路人才激励机制中存在的突出矛盾和主要问题

（一）人才激励理念严重滞后

在人才激励理念方面，河北省高速公路行业普遍比较保守，开放程度不够。主要表现为：一是物质激励观念占据主导地位。物质激励基本上占据大部分，其他激励方式，比如精神激励、晋升激励、培训激励，占的比例很小，已不能满足人才对激励的需求。二是概略激励观念比较普遍。无论是发放绩效工资还是进行年终考评，不精确、不细致、操作性差的问题突出。三是静态封闭激励观念较为浓厚。制定的人才标准更新周期长，即使更新也不是最前沿的标准，动态观念不强。

（二）物质激励结构不够合理

河北省高速公路行业从实施工资调整以来，取得了长远的进展，明确了基本工资的项目和绩效工资的比例，提高了职工工作的积极性。目前主要存在的问题是：虽然基本工资项目分类比较科学，能够反映人员的素质能力差异，但绩效工资部分由于可参考借鉴的经验不足，只是笼统地列出了几项考核标准，标准分类不细、针对性不强，吃"大锅饭"现象比较严重，没有充分反映业务特点，达不到多劳多得、越辛苦收入越高的效果。

（三）晋升激励作用发挥较小

高速公路行业人才激励机制没有充分发挥激励效应，不同程度存在"双肩挑"现象。所谓"双肩挑"是指行政管理岗位由技术人员来担任，该

岗位的人员既有行政职务又有技术职称，俗称"甘蔗两头甜"。河北省高速公路行业有400多名"双肩挑"人员。在岗位紧张的情况下，"双肩挑"人员同时占用管理和专业技术岗位，对于其他人员就是一种不公平。在职务或职称晋升上，论资排辈现象严重，提前晋升职务或职称的很少甚至没有，不拘一格选拔或晋升人才的局面没有完全形成，即使发现好的人才苗子也由于机制不完善而逐渐被扼杀，"逆淘汰"现象时有发生。

（四）培训激励主动程度不足

目前高速公路行业对培训的重视程度普遍不够，没有意识到时代快速发展和知识更新周期大幅缩短对能力素质提出了新的要求，仅仅停留在按照上级安排完成培训任务，没有把人才资源的培训和开发当作一项长期系统的工程，一些紧缺内容的培训跟不上需求，预见性不够，到了需要的时候才组织培训，显得十分被动。

（五）考评激励指标尚待细化

考评是绩效评估的重要途径，其目的是更好地激励干部职工。目前河北省高速公路行业的考评主要是对"德、能、勤、绩、廉"五个方面进行定性考核，考核等次主要分为"优秀、合格、基本合格、不合格、未定等次"五种，由于尚未建立科学的考核体系，没有制定定量考核的指标，造成考核结果与人员工作表现脱钩的问题，年度考核存在"走过场"的现象。

三、河北省高速公路人才激励机制优化的指导思想和原则

人才激励机制优化的指导思想是以习近平人才建设相关论述为指导，着眼实际工作对人才需求的特点，以充分发挥人的主观能动性为目标，采取多种方法调整人才激励机制的不合理之处，最终形成人尽其才、人人成才的良好氛围。

（一）要素齐全原则

坚持要素齐全原则是完善人才激励的要素。健全激励体系，形成结构完整、要素齐全的人才激励机制。单靠一个要素或几个要素很难达到目的，必须所有的要素都要发挥作用，不能缺某个要素，需要调整的要素要调整，新产生的要素要及时补充。

（二）功能互补原则

不同激励方法和措施发挥功效有所不同。要使激励发挥出最大的效

果，必须使激励方法和措施在功效上互补和耦合，相互促进、彼此推动，不能相互对立、相互抵消，使各种激励方法相互协调、相互弥补、相互促进、相互支撑，最终形成合力，共同激励人才进步和发展，避免出现顾此失彼、"单打一"的"脱钩"现象。

（三）反馈调整原则

人才激励机制优化不可能一蹴而就，而是一个动态的不断反馈、不断调整的过程。在优化过程中，要及时发现问题和不足，进行定期调整，使优化目标和方法能够与实际工作需要紧密结合在一起。在优化过程中，基层单位要及时报告调整过程中出现的与本单位工作不相符的情况，相关业务部门在认真分析这些反馈之后，要适时与问题反馈单位进行沟通协调。

四、河北省高速公路人才激励机制优化的主要内容

（一）以体现多劳多得为根本，完善物质激励机制

针对当前河北省高速公路行业物质激励存在的绩效工资分类不科学、项目不细的问题，要对人员进行科学分类，细化绩效工资项目，同时利用好"倾斜政策"，使物质收入能够与工作量、工作难度、艰苦程度相匹配，最大限度地激励人才投入工作，创造性地完成上级赋予的任务。

1. 对绩效工资人员进行科学分类

基本工资的人员分类依目前标准不变。对享受绩效工资的人员，依据工作性质和特点，按照工作岗位和工作内容，根据"便于划分、大类合并"原则，进行区分。基本设想是把人员分为六大类：一是收费人员，主要包括各收费站的收费人员及正副站长，这是人员的主体部分；二是路政执法人员，主要包括路政巡逻人员、中队长、正副大队长，以及机关中负责法律服务的人员；三是养护人员，主要包括高速公路养护员及管理人员；四是监控人员，主要包括监控员及管理人员，与收费人员工作性质相近，也可以划入收费人员；五是保障人员，主要包括机关各业务部门人员、各收费站办公室人员、专职司机；六是筹建人员，主要包括高速公路筹建机构的固定人员和临时人员。

2. 对绩效工资项目进行优化细化

根据工作性质，可以把绩效工资项目分为三大主项：全勤奖、业务奖、安全奖；一个副项：岗位（地区）补助。全勤奖以考勤为主，分为

月度全勤奖、季度全勤奖和年度全勤奖，请一次假或缺勤一次扣一定数目的工资。业务奖是主要业务完成情况的奖励，根据不同人员分类，有所不同。安全奖是保证人员不出事故的奖项，无论何种事故，除了处罚主要责任人外，负领导责任的人员也要减少一定数额的收入。岗位（地区）补助，主要是指在某些岗位或地区工作时取得的额外收入，比如，收费人员、监控人员和路政巡逻人员等的中、夜班费，边远地区收费站的补助费，专职司机的出车补助费等。

3. 对绩效工资数额进行政策倾斜

（1）向基层主体业务人员倾斜。在三大主奖项和一个副奖项中，业务奖比例最高，要占到五分之二，全勤奖、安全奖和岗位（地区）补助各占五分之一。同等级别人员，收费人员大于养护人员，养护人员大于路政人员，路政人员大于监控人员，监控人员大于服务保障人员。

（2）向关键岗位倾斜。在具有独立分配奖励性绩效工资的单位内，应从奖励性绩效工资总额中提取部分向苦、脏、累、险岗位人员、单位骨干和有突出实绩的人员进行倾斜，坚持多劳多得、优绩优酬原则，体现出不同岗位和人员之间的差异性。比如，大幅增加夜班费，相应增加集体加班费等。

（3）向边远地区倾斜。在省高速公路集团有限公司 200 多个收费站中，有一部分处于非常偏僻的地区，各方面条件都非常艰苦。条件较好的单位应从奖励性绩效工资总额中提取一定比例向艰苦地区的单位进行倾斜，增加艰苦地区人员的收入，以期达到实现单位内部人员收入均衡和调动不同地区、不同岗位人才积极性的目的。

（二）以实现人生价值为核心，丰富精神激励机制

精神激励具有很好的鼓动作用，可以使人才具有高昂的斗志、坚强的意志、不达目的誓不罢休的决心，可以很好地增强人才完成强大任务的精神动力。

1. 坚定理想信念，激励自我价值实现

理念信念是驱动一个人不断进步、不断成长、不断实现自我价值的强大精神动力。高速公路行业对于高素质人才的精神激励最重要方式就是要有坚定的理想信念，由于每个人的成长背景、学历层次、能力强弱不同，其个人自我价值的衡量标准也不尽相同，实现的方法和途径也多种多样。应结合自身情况，在单位各项规定范围之内，满足差异化需求，

实现多样化自我价值。

2. 完善荣誉项目，树立争先创优的自豪感

每个人对荣誉都是向往的，都想得到别人的尊重和关爱，对荣誉的追求是激发职工积极向上、勤奋工作的强大动力。

（1）高等级荣誉项目不能长期缺位。针对高速公路行业长期没有出现高等级荣誉奖励的现状，可以遵照一定标准，定期进行高等级荣誉奖励。比如，高速公路职工规模大，二等功甚至是一等功的项目也应该每隔几年进行一次颁授，不能长期处于缺位状态。符合全国性荣誉项目的，单位也应该积极进行争取和推荐。

（2）各专业各岗位分别创设荣誉项目。可以根据不同专业、不同岗位的特点设立一些荣誉项目，比如，收费能手、执法先进者、养护优秀员工、流动红旗等，同时加大这些荣誉项目的比例，使单位不用多少财务支出就能够更大程度地调动职工的积极性和主动性。

（3）大型活动组织和奖励形成常态机制。大型活动能够锻炼人才，也能发现人才。大型活动每年或者几年内才会有一次。在这些全省、全行业甚至是全国性的活动中，要对取得名次或者表现优秀的人才进行重奖。要制定一些标准，出台一些措施，形成常态机制，通过大型活动的参与和组织，使优秀人才乘势脱颖而出。

3. 拓展宣传方式，增强身边典型的亲切感

榜样的力量是无穷的。对优秀人才的有效宣传不但会激励宣传对象本人，更会促进本单位本行业其他人才的效仿和追随，产生"领头羊"效应，从而带动人才整体素质的大幅跃升。

（1）传统方式要有新亮点。传统方式在新形势下并没有过时，而是有了新的发展。比如过去的宣传板报，现在改成了灯箱。要结合典型人才的特点，把传统宣传方式发扬光大。

（2）网络方式体现综合性。随着网络的普及和广泛运用，影响力越来越大，年轻人的关注度越来越高。要通过专业网站和综合网站把单位典型人才的各个方面立体展现出来，既要突出实干型业绩，又要从细微处着手，全方位进行宣传报道，使典型人才更接地气、更有时代气息、更具亲和力。

（三）以强化素质立身为重点，调整晋升激励机制

素质立身就是人才在了解晋升政策之后，能够很好地知道自己通过

努力工作，增强自身素质，即拥有宽畅的晋升之路，而不是平庸之人碌碌无为也能够定期晋升。针对高速公路行业人才晋升存在的"双肩挑"数量较多、职务晋升慢、高素质人才不能脱颖而出、人才晋升"天花板"问题突出等现象，可以对晋升激励机制做适度调整。

1. 缩小行政和技术职务"双肩挑"的晋升范围

高速公路行业是一个业务性很强的行业，"双肩挑"现象的存在既有历史原因，也有现实存在的基础。只不过这种现象如果过多的话会影响到公平和效率，大大降低职务职级晋升的激励作用。

（1）对行政岗位和技术岗位进行科学系统的分类。按照岗位与任务相符的原则，确定行政岗位和技术岗位。明确哪些岗位可以由技术人员兼职，哪些不可以由技术人员兼职。比如技术业务部、处（科）室主要负责人可以既有行政职务也可保留技术职务，其他部门（党务、宣传等）原则上有行政职务的不再保留技术职务。

（2）大幅减少行政岗位与技术岗位相兼的数量。对可以保留技术职务的行政岗位数量进行充分论证，根据"必需、最少"原则确定，减少不必要的兼职岗位，从而为技术人员的晋升创造条件。

（3）确立技术岗位转入行政岗位的单向通道。对于不保留技术职务的行政岗位，如果由专业技术人员担任，则技术职务取消。在不担任行政职务时，技术职务时间重新开始计算，以此杜绝"旋转门"现象，防止利用行政资源来谋取技术职务的利益。

（4）在竞聘行政岗位和行政职务时，确定技术优先原则。为了防止"外行领导内行"的现象发生，在竞聘行政岗位或调整行政职务时，同等条件下，有技术职务或技术背景的人员优先选择。

2. 创建职务与职级并重的"双梯制"晋升方法

所谓"双梯制"是指在行政职务晋升机会有限的情况下，职级晋升可以按照一定年限进行，从而调动职工的积极性。这主要指的是行政岗位的晋升，技术岗位相对来说矛盾不大。省高速公路集团有限公司所属单位现基本仍沿用公务员晋升的程序，行政岗位少而竞争人员多的矛盾比较突出。实施"双梯制"就可以拓宽高速公路职工晋升的新渠道，使得那些无法在职务上提升的人才，能够通过职级的晋升来获取更高的待遇。这一方法可以有效提高那些职务无法晋升人才的工作积极性。

3. 完善提前和越级晋升"双跨越"的晋升程序

所谓"双跨越"指对特别优秀的人才可以进行提前晋升或越级晋升行政职务和技术职务。这种措施是对特种人才最有效的激励方法。针对不同职位不同工作性质的高速公路人才，其提前晋升和越级晋升的资格条件要加以区分，不能一概而论。合理运用提前晋升和越级晋升机制，可使优秀的人才能够脱颖而出。

（四）以拓展专业技能为目标，健全培训激励机制

专业技能是人才顺利完成本职工作的基本技能。时代发展突飞猛进，科技进步日新月异，学成一项技能而包打天下的时代一去不复返，终身学习逐渐已成主流。因此，必须加强人才的培训力度，使人才能力和素质能够跟上不断变化的岗位需求。

1. 充分认清人才培训的重要性紧迫性

人才培训不仅仅是用人单位本身的业务工作，更是激励人才有更大工作动力、有更好职业发展的重要手段。岗位轮换和更新也需要对人才进行新技能培训。高速公路管理行业的发展速度很快，收费的手段和方法越来越先进，因此就产生了很多新岗位，需要对人才进行上岗前培训。加之，岗位轮换制度实施，也使人才培训成为常态。

2. 系统制定各类人才培训发展规划

要针对高速公路人才培训中存在的不系统、不规范、随意性强的特点，全面规划未来人才培训的目标、方向、阶段和措施，使人才培训走向正规化、系统化和法治化。一方面，根据高速公路人力资源发展战略制定大单位人才培训5年规划。内容包括人才培训的目标、规模、每一年要达到的标准、培训内容、培训方法以及保障手段和措施。另一方面，年度人才培训计划要更为具体，增强操作性和可执行性。各个单位要在前一年的12月份，提出下一年度的培训计划，具体包括培训人数、培训类型、培训课程、培训手段以及考核方式。年度培训计划要与单位人才的实际工作岗位相匹配，不能因为培训而影响正常工作。

（五）以构建量化标准为依托，规范考评激励机制

考评标准比较模糊、概略，考评指标不准不细、操作性差，已严重影响到人才积极性的充分发挥。因此，必须全面设计考评标准和指标，并使其便于落地、便于操作、便于执行，客观反映人才本身的能力素质，促进人才使用效能最大化。

1. 业绩考核必须公正透明

业绩考核是对人才所具有能力的最终评价，是一段时间内对人才所做业绩的准确衡量，其程序是否公开透明，结果是否符合实际，直接影响人才个体的经济利益和工作积极性。因此，必须坚持公开公正、全程透明原则，使考核不流于形式，使人信服，令人振奋。

（1）考核条件和要求应公开。不同的考核对象，考核条件和要求不尽相同。应提前把考核条件和相关要求告知考核对象，一般不采取临时突然考核的方式进行。年度考核应提前一个月通知考核对象。每年考核无论条件和要求是否变化，都要提前通知，使考核对象有所准备。条件和要求如有变化，一定要有详细说明和对比，使考核对象知晓变化内容。

（2）考核程序和环节要透明。要对考核程序和环节进行专门的研究和说明，使考核对象对考评的关键环节充分了解。尽量避免出现由于对考核程序不明白而缺考漏考的情况。

（3）考核成绩和结果要公示。考核的结果要进行公示，并接受监督和复议，使考核对象了解自己在什么方面是优势，在什么方面是劣势。考核对象对结果存有质疑的，可通过正常渠道进行申诉。单位纪检部门和人员进行全程监督，并接收考核方面的举报。

2. 考核标准尽可能量化细化

业绩考核不细、量化程度不高是各个单位普遍存在的问题，不能全面反映人才的综合能力。针对这种现象，可以采取积分制的方法，建立可量化指标体系，通过不断积累的分数反映一个人的综合能力和素质。大体设想如下：

（1）根据不同专业和岗位性质，划分出不同类型的考核标准。比如，收费员考核标准、养护人员考核标准、机关人员考核标准、站长考核标准、执法人员考核标准、财务人员考核标准等。

（2）确定各类标准的基础分值。由于有扣分项，为了避免出现负分的现象，就得给所有考核人员赋予一个基础分。这个分值可以是100分，也可以是50分，主要目的是使所有考核人员起点相同，在此基础上进行增减。

（3）明确不得进入考核标准体系的事项。这是一票否决的机制，即出现这种情况不能进入考核指标进行衡量。比如，所属收费站出现重大恶性事故，站长要负主要责任，就不能进入考核标准；执法人员严重违法，等等。这是有效数字，没有这个作保证，业绩都是零。

（4）对不同专业和岗位的考核标准进行分项赋值。这些数值主要采取加分项的方法，即完成某项工作加多少分。这些数值确定要征求各个专业的基层人员，要符合一线人员的工作特性和岗位需求。

（5）根据情况变化对指标进行定期调整。由于岗位和专业不断发展变化，有些是新产生的，有些已经过时，这就需要对考核指标体系根据时代发展和岗位专业变化需求进行及时调整，以此衡量和评估新型人才的能力素质。

五、河北省高速公路人才激励机制优化的配套措施

人才激励机制的调整和优化不仅仅涉及物质（工资）激励、精神激励、晋升激励、培训激励等主要内容，而且需要其他方面进行配套保障，才能使调整顺利进行，全面达成优化目标。

（一）着眼时代特色，更新人才激励观念

1. 树立综合激励观念

随着个人生活水平的不断提高，人才在物质满足的基础上，向其他方面快速拓展。比如，讲求精神上的享受，人生价值的实现，晋升的快慢，以及职业有没有发展前景，素质能不能逐步提高等诉求，越来越受到各类人才的青睐。因此，必须将单一的物质激励转变为多方面的综合激励，以此适应时代进步，满足人才需求。

2. 树立精准激励观念

随着互联网和大数据的迅猛发展，对人才需求的精确掌握成为可能。因此，应逐步从概略激励向精准激励转变，精确掌握各类人才的差异化需求，采取不同类型人才激励措施有所侧重的方法，来调动各方人才的积极性。

3. 树立动态开放激励观念

由于社会流动性越来越大，各单位各行业人才交流机会越来越多，开放程度越来越大，这就使人才激励观念更新越来越快。因此，必须从过去封闭静态的人才激励观念向动态开放的人才激励观念转变，从而跟上时代的发展、社会的进步。

（二）坚持公正有序，净化人才激励环境

人才激励环境是指实现人才激励的空间以及可以直接或间接影响人

才激励的各种因素。是否有良好的人才激励环境，对于高速公路行业人才激励机制优化调整至关重要。

1. 强化纪检的全面监督

在人才激励机制调整的全过程各方面，纪检人员全面参与、细致监督，使优化的程序、方法、内容、标准处于全透明状态，杜绝暗箱操作，建立风清气正的激励环境。

2. 注重文化的正面引导

文化舆论对于激励机制优化影响很大，没有正确的舆论环境，人才激励机制调整就会陷入停滞不前的状态。因此，必须对激励机制优化进行正面引导，把意义说透，把方法摆明，把好处做实，以取得群众的支持和赞同，从而减少调整带来的阻力和阵痛。

3. 展示设施的有序整洁

基础设施是人才工作生活的基本环境，这是人才激励机制优化的重要配套工程。要设立专门通信设施，使上传下达的各类公文能够保密并且畅通无阻。

（三）突出可操作性，细化人才激励制度

人才激励机制的调整和运行需要有可操作性强的激励制度作保障，否则，激励机制优化设计得再好，也发挥不出应有的作用。

1. 制定并实施高级人才晋升制度

该制度主要的重点就是调整过去按部就班、"吃大锅饭"的现象，让有专业、有能力、有激情、有抱负的高级人才脱颖而出。具体应包括高级人才的含义、分类以及衡量指标，高级人才晋升渠道和方法，高级人才晋升时间及资格，高级人才的考评考核等。

2. 出台专门的岗位（地区）补贴规定

其具体包括单位岗位（地区）补贴总额所占单位绩效工资总额的比例、每个中班夜班的补助数额及依据、边远站（区）的界定及依据、边远站（区）职工的补助数额等。

3. 制定并实施人才"积分制"考核标准

具体包括人才"积分制"考核对象、考核周期、考核程序、考核内容、评判标准，以及相关问题。应建立多维评判模型，从多个角度测评人才，并通过分值排出先后顺序。

参考文献

[1] 段文娟. 大理公路局人才激励机制研究［D］. 昆明：云南财经大学，2015.

[2] 张宏，孙华，姜兴，王建强. 河北省高速公路人力资源管理机制创新问题探析［J］. 经济论坛，2014（10）：7-11.

[3] 曹宇. 我军文职人员激励机制研究［D］. 长沙：国防科技大学，2010.

[4] 王华，刘凤祥，刘树君. 京津冀协同发展背景下河北省高层次人才激励机制研究［J］. 职业时空，2015（10）：63-66.

福建省人口人力人才资源发展趋势和对策研究[①]

黄荔梅　官毓钊　王飞燕　姚国荐　魏澄荣[②]

摘　要：人口问题是经济社会发展的基础性、全局性和战略性问题，人力人才资源是经济社会持续发展的第一资源。福建省人力资源相对丰富，且与产业结构的耦合程度整体较好，但人力资源职业能力不足，高素质人才短缺。当前和今后一个时期，福建人口发展将进入深度转型阶段，人口红利因素逐渐减弱。要加强人口发展战略研究，促进人口均衡发展，优化人力资源结构，吸引和集聚人才，为福建高质量发展落实赶超提供支撑保障。

关键词：人力资源　发展趋势　对策　福建

人口资源是指一定空间范围内具有一定数量、质量与结构的人口总体。人力资源是具有劳动能力的人口总和。一般国家把劳动年龄的下限规定为15岁，上限规定为64岁。人才资源是人力资源的一部分，即优质的人力资源。人口人力资源是经济社会发展的基本动力，促进人口人力资源发展，对推动福建高质量发展落实赶超极为重要。

[①] 该篇论文获得"2020年全国人才与人事研究主题征文活动"一等奖。
[②] 黄荔梅，福建社会科学院副研究员；官毓钊，福州理工学院党委副书记、副研究员；王飞燕，福州理工学院讲师；姚国荐，福州理工学院助教；魏澄荣，福建社会科学院研究员。

一、福建省人口人力人才资源发展现状

(一) 福建省人口发展现状

2018年年末全省常住人口3 941万人,比上年末增加30万人。其中,城镇常住人口2 594万人,占总人口比重为65.8%。全年出生人口52万人,出生率为13.2‰;死亡人口24.4万人,死亡率为6.2‰;自然增长率为7.0‰。2018年末,全省0~14岁少年儿童人口占比为16.7%,15~64岁劳动年龄人口占比为74.3%,65岁及以上老年人口占比为9%。常住人口城镇化率从2015年的62.6%提升至2018年的65.8%。统计数据显示,福建省城镇化率高于全国6.2个百分点,15~64岁劳动年龄人口高于全国3.1个百分点,65岁及以上人口低于全国2.9个百分点(见表1)。

表1 2018年福建省主要人口指标及比重全国比较

指标	年末数(万人)	比重(%)	全国比重(%)
常住人口	3 941	100.0	100.0
其中:城镇	2 594	65.8	59.6
乡村	1 347	34.2	40.4
其中:男性	2 016	51.2	51.1
女性	1 925	48.8	48.9
其中:0~14岁	658	16.7	16.9
15~64岁	2 928	74.3	71.2
65岁及以上	355	9.0	11.9

数据来源:国家统计局、福建省统计局。

(二) 福建省人力人才资源现状

一是人力资源与产业结构基本耦合,但高素质人力资源短缺。2018年福建人口3 941万人,全国排名15位。近年来,全省人力资源市场保持供需两旺,综合求人倍率处于1.0~1.2之间,市场供需总体平衡。人力资源与产业结构的耦合,实质上是两者随着市场需求结构及要素禀赋的变化而进行优化配置的过程。耦合程度越高,资源配置效率就越高,也就越能够为劳动力市场带来更多积极的影响(见表2)。

表2 2012—2016年全国各省市人力资源—产业结构平均耦合协调度

耦合协调发展水平	区域
良好协调	北京(0.875)
中级协调	上海(0.783)、天津(0.728)、广东(0.715)

续表

耦合协调发展水平	区域
初级协调	浙江（0.684）、江苏（0.675）、辽宁（0.660）、山西（0.653）、山东（0.648）、内蒙古（0.638）、河北（0.635）、吉林（0.623）、福建（0.620）、陕西（0.609）、黑龙江（0.606）、甘肃（0.606）
勉强协调	湖北（0.594）、河南（0.592）、湖南（0.575）、安徽（0.574）、重庆（0.571）、四川（0.566）、宁夏（0.566）、江西（0.560）、青海（0.558）、云南（0.520）、新疆（0.516）、海南（0.501）
濒临失调	广西（0.494）、贵州（0.482）、西藏（0.471）

数据来源：唐代盛，冯慧超。人力资本与产业结构耦合关系及其收入效应研究［J］。当代经济管理，2019（6）。

福建省人力资源与产业结构的耦合程度虽整体较好，但离高水平耦合还有较大差距，主要是高素质人力资源短缺。近年来，福建向海内外招聘高层次紧缺急需人才与年俱增，呈现需求数量大、需求层次高等特点，反映了高层次人才紧缺的突出问题。R&D（研究与发展）人员是科技活动的核心要素，福建省在"R&D人员折合全时当量""R&D项目参加人员折合全时当量"和"规模以上工业企业R&D人员全时当量"等指标上均与其他东部地区有较大差距，科技创新型人才储备不足（见表3）。

表3　2017年各省（区、市）研究与试验发展（R&D）经费

地区	R&D经费（亿元）	R&D经费投入强度（%）	地区	R&D经费（亿元）	R&D经费投入强度（%）
全国	17 606.1	2.13	河北	452.0	1.33
北京	1 579.7	5.64	河南	582.1	1.31
上海	1 205.2	3.93	江西	255.8	1.28
江苏	2 260.1	2.63	甘肃	88.4	1.19
广东	2 343.6	2.61	宁夏	38.9	1.13
天津	458.7	2.47	云南	157.8	0.96
浙江	1 266.3	2.45	山西	148.2	0.95
山东	1 753.0	2.41	黑龙江	146.6	0.92
陕西	460.9	2.10	吉林	128.0	0.86
安徽	564.9	2.09	内蒙古	132.3	0.82
湖北	700.6	1.97	广西	142.2	0.77
重庆	364.6	1.88	贵州	95.9	0.71
辽宁	429.9	1.84	青海	17.9	0.68

续表

地区	R&D经费（亿元）	R&D经费投入强度（%）	地区	R&D经费（亿元）	R&D经费投入强度（%）
四川	637.8	1.72	海南	23.1	0.52
福建	543.1	1.69	新疆	57.0	0.52
湖南	568.5	1.68	西藏	2.9	0.22

资料来源：国家统计局、科学技术部、财政部《2017年全国科技经费投入统计公报》。

二是劳动力文化水平提高，但职业能力不足。随着教育和职业技能培训的加强，劳动者整体素质明显提升，高校毕业生维持高就业水平，但技能人才的职业能力不足。2017年统计数据显示，全省技能人才总量为594万人，其中高技能人才101.5万人，仅占全国4 791万高技能人才总量的2.12%。实践中，职业技能人才总量不足和结构不合理依然突出，特别是鞋帽制作、电子器件、纺织针织、裁剪缝纫以及高新技术领域高技能人才短缺，不能完全适应产业发展需求。在技能人才培养上，技校与中职学校生源困难、人才培养乏力，高职高专院校虽然致力于校企合作，但所采用的教材教学方法及传授的技术技能相对陈旧，与企业生产和产业发展的实际需求还存在差距。随着产业结构调整升级，技能与岗位需求之间的矛盾更加突出。

三是人才引聚成效显著，但人才总量不足。近年来，为优化人口结构，促进经济发展，福建创新人才发展机制和人才政策，有效改善人才住房、就医和子女就学等问题，引进了一大批创新创业人才和高技能人才。截至2018年底，全省专业技术人才总量达到269万人。相关数据显示，福建人才竞争力排名全国第十位，但人才资源指数排名第19名，即人才总量不足（见表4）。

表4　　　　中国区域人才竞争力研究报告（2017年）

地区	人才竞争力		人才资源		人才效能		人才环境	
	得分	排名	得分	排名	得分	排名	得分	排名
北京	88.52	1	98.21	1	79.05	4	90.22	1
上海	82.69	5	87.57	2	71.46	5	87.82	2
广东	83.90	3	85.60	3	85.55	1	82.02	5
江苏	84.72	2	82.99	4	82.76	3	86.82	3
浙江	83.48	4	80.70	8	84.12	2	84.36	4
山东	75.03	6	80.09	9	70.95	6	75.35	10

续表

地区	人才竞争力		人才资源		人才效能		人才环境	
	得分	排名	得分	排名	得分	排名	得分	排名
辽宁	74.01	7	82.16	6	62.76	16	77.62	6
黑龙江	72.42	9	81.14	7	61.39	20	75.61	9
福建	72.22	10	74.09	19	63.40	14	77.16	7
湖北	72.52	8	79.02	12	65.28	7	74.26	12

资料来源：人民论坛测评中心. 中国区域人才竞争力研究报告（2017）。

二、福建省人口人力人才资源发展趋势

（一）人口总量预测

以福建 1980—2018 年常住人口数据为基础，以全省人口总量增长预测数据为参照，运用自回归的方法，对 2020—2035 年全省人口总数发展趋势进行预测（见表5）。

表5　　　2020—2035 年福建省人口总数发展趋势预测

年份	总人口（万人）	人口增长率（‰）
2018	3 941	7.0
2019	3 965	6.09
2020	3 989	6.05
2021	4 013	6.02
2022	4 036	5.73
2023	4 058	5.45
2024	4 080	5.42
2025	4 102	5.39
2030	4 204	4.78
2035	4 296	3.97

结果显示，至 2020 年年底，全省常住人口总数为 3 989 万人，比"十二五"末期增加 150 万人，增长 3.91%。到 2025 年，全省常住人口进一步增加到 4 102 万人，比"十三五"末期增加 113 万人，增长 2.83%。在整个"十四五"期间，全省常住人口增长率保持在 5.3‰～6‰的水平，主要原因：一是全省流动人口仍然保持净流入的态势；二是随着医疗卫生条件逐步改善，生活水平不断提高，人口的平均寿命延长，

死亡率下降;三是国家全面实施二孩政策,政策效果显著。结果显示,福建省人口总量增长速度在减慢,原因主要有:全国人口自然增长率的下降,其他城市不断发展,福建对流动人口的吸引力下降,福建省总人口数量增长对经济增长的贡献率将下降,结构问题逐渐成为新时代关注的焦点。

（二）人口结构预测

从人口的年龄结构上看,在"十四五"期间新进入就业市场的主要是 2020 年 15~19 岁组,其占比仅为 4.28%。在"十四五"期间福建省劳动力供给减少,导致人工成本上升、产业转移和技术替代劳动成为未来的趋势。

（三）人力资源需求预测

人力资源对产业发展至关重要,人力资源是产业结构转型升级过程中的关键要素之一。产业转型升级尤其是现代产业体系的建设对人力资源结构与质量提出了更高要求,对高素质人才需求日趋增加。在某种程度上,是否有与产业发展相适应的人力资源支撑,对产业转型升级的成败有直接影响。福建三次产业的产值结构与就业结构基本符合产业结构演进的一般规律。以 2000—2018 年福建省三次产业劳动力就业结构为基础,预测福建三次产业劳动力就业结构情况（见表 6）。

表 6　　　　　　福建省三次产业劳动力就业结构情况及其预测

项目	2000 年	2005 年	2010 年	2015 年	2020 年	2025 年
就业人员合计（万人）	1 660.19	1 868.5	2 241.59	2 768.41	2 966.22	2 983.79
第一产业	776.43	702.49	636.54	617.87	575.56	533.25
第二产业	407.05	582.31	820.89	1 025.70	953.25	881.15
第三产业	476.71	583.69	784.16	1 124.84	1 437.41	1 569.39
就业人员构成（%）						
第一产业	46.8	37.6	28.4	22.3	19.4	17.9
第二产业	24.5	31.2	36.6	37.1	32.1	29.5
第三产业	28.7	31.2	35.0	40.6	48.5	52.6

资料来源:根据相关年份福建省统计年鉴整理。

表 6 说明,随着产业转型升级,福建第一二产业就业人员将继续减少,第三产业对人力资源的需求增加,三次产业对人力资源的需求变化不仅表现在从物质生产部门到非物质生产部门的劳动力流动上,而且反

映出对高素质人力资源的强烈需求上。即随着第三产业人员需求总量的持续增长，专精型的高新技术人才需求也将大幅增长，尤其需要大量的高级管理人才与复合型人才来促进产业创新发展。

三、福建人力资源发展特点和面临挑战

（一）人口增长势能减弱，实现适度生育水平压力较大

目前，福建人口结构仍呈典型的"中间大、两头小"橄榄状，中青年人较多、老年人和少儿较少，劳动力供给充足、人口的社会负担较轻。基于第六次人口普查资料数据的预测，全省常住人口规模将在2020年达到4 000万人左右，2025年达到4 100万人左右，2030年达到4 200万人左右。实施全面两孩政策后，福建出生人口规模呈小幅上升趋势。但从长期看，生育水平存在持续走低的风险，人口规模将出现增长势头减弱并持续下降的趋势。国际上通常认为，0~14岁人口占常住人口的比例在18%~20%的为少子化，15%~18%的为严重少子化，15%以下的为超少子化。2018年全省0~14岁人口占比为16.7%，处于严重少子化区间。由于全国人口自然增长率的下降，未来流入福建的流动人口数量也将下降。

（二）人口老龄化程度加深，劳动年龄人口呈减少趋势

未来15年，0~14岁少儿人口比例呈先升后降趋势，劳动力资源特别是青年劳动力的减少，会造成劳动力资源老化，对全省经济长期发展将产生重大影响。2018年，65岁以上老年人口占总人口比重为9%，按照国际通行划分标准，当一个国家或地区65岁及以上人口占比超过7%时，意味着进入老龄化社会；达到14%，为深度老龄化；超过21%，则进入超老龄化社会。2030年与2018年相比，15~64岁劳动年龄人口占总人口的比例将由74.3%降至68%左右。虽然福建省已进入人口老龄化社会，但与全国比较，目前福建省人口老龄化水平相对较低。65岁及以上人口比重低于全国2.9个百分点，其主要原因是福建省作为省外人口净流入省份，因流入人口年龄结构较轻，一定程度上延缓了福建省人口的老龄化。随着人口老龄化程度加深，劳动年龄人口减少，福建省社会抚养负担加重。根据人口变动抽样调查数据，并据此推测，福建省总抚养比从2010年的30.5%上升到2020年的35.2%，再到2025年的38.4%，抚养比的提高说明社会抚养负担在不断加重（见表7）。

表7　　　　　　　　福建省劳动抚养比的变化情况

指标	2010年	2015年	2020年	2025年	2030年	2035年
劳动年龄人口	76.63	74.55	74.36	72.74	71.38	70.24
少儿抚养比	20.19	21.61	22.8	24.2	25.3	27.1
老年抚养比	10.31	12.52	12.4	14.2	15.7	17.2
总抚养比	30.5	34.13	35.2	38.4	41	44.3

（三）人口素质进一步提高，劳动力变化与产业发展不适应

福建人口素质虽然不断提高，但总体文化水平仍处于较低的层次上，初中及以下受教育程度人口比重过高，而大专以上人口比例明显偏低。以2019年第一季度全省人力资源市场需求为例，从招工的文化程度要求上看，以初、高中文化程度为主，占需求总量的83.19%，初、高中文化程度的劳动者仍然是用人单位用工的主力军。一方面，用人单位对求职人员的文化基础要求应逐渐提升，且对求职者的技术要求需进一步提高。另一方面，随着经济转型升级，对高技术高素质人才的需求更加迫切，而被淘汰的落后产能势必造成大量年龄大、素质不高人口失业，社会就业压力将不断增大。2018年全国常住人口排行榜前10名中，除安徽外，广东、江苏、山东、浙江、河南、四川、湖北、湖南、河北这9省份，同时也是GDP排名前10的省份。GDP排名前10中，唯一的"特例"是福建省，其常住人口排第15名，GDP排行榜第10名。人口排行榜前10名中，有9名进入GDP排行榜前10名，常住人口大省同时是经济大省，这说明人口人力因素依然是经济发展的强大基础性因素。福建作为GDP排行榜前10名中的人口"特例"，保持人口持续增长、提高人口素质和引进人才的压力更大。

（四）人口城镇化水平持续提高，人口流动保持活跃势头

目前，福州、厦门、泉州、漳州、莆田五个市人口占70%以上，其中，福州、厦门、泉州三市占全省总人口比超过一半。三明、南平、龙岩、宁德四市人口占比不足30%；从省内地区人口分布趋势看，福州、厦门、泉州市人口占全省人口总量的比重将有不同程度的提高，莆田、漳州市人口总量占比基本持平，三明、南平、龙岩和宁德市人口总量占比将有所下降。福建省流动人口的空间分布表现出省际流动人口高度集聚、省内流动人口均衡分布的特征；人口往沿海发达地区迁移、流动，这种趋势与经济发展的格局是协调一致的。"十四五"期间，福州大都市

区和厦漳泉大都市区经济持续发展形成的引力,将会增加省内外人口流入数量。但随着农村外出农民工增速回落和农村转移人口在城镇落户政策的实施,流动人口增速减缓,外省户籍流入人口仍将出现负增长。2015年福建省流动人口总量首次下降,2017年比2016年略微上升,但仍比最高峰时少了80多万。流动人口的这种变化与乡村振兴战略和新型城镇化建设相一致。

四、福建省人口人力人才资源发展对策

(一)促进人口均衡发展

"十四五"期间,少子化、老龄化的结构失调和妇女低生育已经成为全省人口发展的主要矛盾,并成为制约经济可持续发展的重要因素。促进人口长期均衡发展是我国和福建省人口发展战略规划导向的基本点,要努力实现适度的生育水平,优化人口和劳动年龄人口结构,提高人口和劳动年龄人口素质,促进人口结构与产业发展。

一要推动实现适度生育水平。目前,我国政策生育率大于2,育龄妇女平均理想子女数为1.96个,生育潜能释放仍有空间。"十四五"期间,福建省的生育水平面临较大下行压力,必须引起足够重视。影响生育行为的主要是公共服务发展水平和经济社会政策,而非生育政策。应采取积极、稳妥的措施,解决不愿生、不敢生问题,实现适度生育水平。一方面,政府要补短板,通过加大医疗、卫生、教育等公共服务资源投入,支持社会力量兴办托儿机构,解除育龄二孩父母和家庭的养育和教育担忧,真正落实全面二孩生育政策;另一方面,要抓重点,刺激生育愿望。通过延长产假、带薪休产假和哺乳假等政策缓解生育二孩的家庭抚养孩子的费用和压力。要完善家庭发展支持体系,做好优生优育全程服务,控制养育子女的机会成本,建立家庭友好型社会,改变生育子女的负面预期,促进家庭和工作之间的关系平衡,为人口均衡发展营造良好社会环境。

二要加快人口红利向人才红利转变。按照人口学概念,抚养比低于50%是人口红利的窗口期。2018年,全省常住人口抚养比为35.52%,仍处于人口红利期。应对人口红利减少问题,关键要提升人力资源的质量,促进"人才红利"形成。分析表明,制造业企业职工受教育年限每提高1年,劳动生产率就会上升17%;如果企业职工全部是高中学历,劳动生

产率将提高 24%；要把教育纳入人力资源开发机制，推进义务教育均等化，普及高中教育，继续提升劳动年龄人口受教育年限。

三要重视并积极应对人口老龄化问题。人口年龄结构老化是人口发展的必然趋势，且在整个 21 世纪都不会逆转。要借鉴发达国家和地区应对老龄化的成功经验，构建应对老龄化制度框架，完善养老服务体系，形成多层次养老服务格局。积极开发老年人力资源。建立老年人力资源信息系统和数据库，大力发展老年教育培训，提升老年人再社会化能力，倡导"以老服老"模式。"十四五"期间，低龄老年人在全部老年人中所占比例较大，应抓住这个机会，建立"以老服老"服务体系。

（二）优化人力资源结构

"十四五"期间，福建省不缺劳动力数量，缺的是高素质、高技能的劳动力。当前，福建省"就业难"与"用工荒"并存，反映出人口素质与产业结构调整的需求不匹配。

一要优化教育结构。要把职业教育摆在更加突出的位置，在条件保障、建设规划、资源配置、税收优惠等方面，制定和完善支持政策。要将技能教育纳入中小学常规教学内容，推动职业院校教学改革。紧密结合福建区域产业结构发展升级的需求，增强高等职业教育的办学实力和社会吸引力。鼓励社会力量举办职业教育，大力推广现代学徒制，探索建立校企联合招生、合作培养、一体化育人的长效机制。适应产业升级和技术进步，推进产教融合试点，加快培育大批具有专业技能和工匠精神的高素质劳动者和技术技能人才。要将产教融合发展纳入经济社会发展规划，统筹职业教育与区域发展布局，推动各设区市在工业园区建设职业教育园区，推进产教协同育人。要加快福建省工科教育发展。福建省高校工科专业规模较小、发展水平不高、优势不足，尤其新工科教育更是短板。应围绕人工智能、智能制造、机器人、云计算等新工科专业，大力引进优质教育资源，扩大新工科教育。每个设区市的高校都应争取与省内外名校联办工科产业学院，兴办新工科专业，培养更多工科人才，以满足高质量发展对高层次人才的需求。

二要强化职业技能培训。要发挥企业在职工培训中的主体作用，广泛开展岗位技能提升培训，提升职工适应新技术的学习能力。提高农民工就业创业能力。建立健全新常态下农民工稳定岗位、转岗培训的政策措施，加强农村劳动力转移就业监测和形势分析，推动已在城镇就业的农民工享受均等化公共服务，提高农民工就业的稳定性。为符合条件的农民工返乡创业提供能力培训和信贷支持。依托高校和职业技术学院，整合现有的农民培训的政策资源和教育资源，建设一批农民学院，重点培养一批新农村建设急需的高素质实用人才。要建成一批"学历＋技能＋创业"农民大学生、新型职业农民培育的教育实践基地和创业基地，深入推进现代农业产业技术体系创新团队建设，加快构建覆盖城乡全体劳动者的职业培训体系，推进农民职业化进程，全面提升农村整体科技素质和致富能力。

三要大力推动创业带动就业。在大中专院校（含技工院校）全面推行创业教育，实施弹性学制，放宽学生修业年限，允许在校生保留学籍，休学自主创业。加快形成政府激励创业、社会支持创业、劳动者勇于创业、放心创业的新机制。构建明确的创业空间和创业服务网络，更好地提供创业咨询、创业培训、行政审批、贷款办理、税务办理等一条龙服务，实现创业资源的整合与有效对接。

（三）吸引和集聚人才

要突出以用为本、人才优先，着力构建"体制活、政策优、环境好"的人才生态，制订实施更加开放、积极、有效的人才引进政策，有序引导人口人才集聚。

第一，强化人才集聚战略。一是引进人才与本土人才培养并重。以人才引进为主，逐渐转化为培养与引进并重的政策导向，为福建省人才长期供给提供源动力。福建人才总量不足，在当前趋于白热化的人才争夺战中，应营造良好环境，尽量吸引人才。同时，也要加强本土人才培养。人才待遇的"内外有别"易挫伤现有人才积极性，坚持引进、培育多管齐下，才能形成人才良性循环。二是政府引才和市场选才并重。人才市场的主体是用人单位，政府吸引人才应该充分发挥企业的主导作用。政府的政策应该帮助用人单位，解决在引进人才、提升内部人力资源竞争力时出现的问题，如引进人才时，在户籍、住房、子女教育、医疗等方面的支持；政府的职责重点应放在为用人单位选人引人提供更优质的服务，帮助用人单位减少选人引人的直接成本和间接成本。三是重视高端人才和多元化的人才观念并重。在重视名校和高端人才引进的同时，也要重视多元化人才的引进。2012年以来，福建省探索从清华、北大、人大等名校引进优秀博士、硕士毕业生，直接挂职副县（区）长、副镇长等重要岗位干部，并配套多项措施重点培养，旨在战略性培养储备年轻干部。建议在总结经验的基础上，增加国企、科研类、医疗卫生类、规划建设类引进生。

第二，优化人才引进策略。采取强有力的资金扶持政策和完善的配套保障服务，吸引海内外优秀人才聚集。热点市场抢人大战持续升级，不少地方在户籍、住房、创业补贴上频放大招。其实，单纯通过户籍、住房、创业补贴，对吸引高层次人才作用有限，而根据产业结构特点和经济发展需要有针对性地引入所需人才的措施更为有效。因此，福建引进人才，一要坚持差异化的策略。充分利用资源优势，基于福建省实际发展需求，科学制订人才引进计划，优先选择引进急需的紧缺人才。同时，设立重点人才引进基金，通过特聘教授、访问学者、合作研究等多渠道来进行吸引和集聚高水平创新人才。二要坚持公平对待增量与存量的策略。无论是新引进的人才、还是已有的人才，都应获得与其贡献相一致的回报，同类人才可以获得同样的待遇和发展机会。现有人才，也可以申请人才引进岗位，上岗后可享受相关待遇。三要提高R&D投入，营造人才发展的良好环境。近年来，尽管福建科技投入已比往年进步，但相对于其他省市仍不足。应当建立政府、企业、社会多元投入机制，优化财政支出结构，引导和支持人才创新创业活动，尤其要保证R&D支出增幅高于同期财政经常性收入增幅。除财政支出外，还应当利用财政、金融等手段来改善研究与开发的投入，更好地吸引人才流入。

第三，改进人才培养模式。探索多元人才培养机制，加强人才培养培训工作。一是从重学历培养转向学历与能力素质培养并重。大力发展与福建主导产业、战略性新兴产业紧密结合的应用性学科专业。二是建立产学研用紧密合作的人才培养模式。鼓励高校、科研机构与企业合作培养人才。创新"产业基金＋孵化器＋专业团队"引才模式，通过专业团队引进、孵化一批科技人才项目。三是优化国际化人才培养机制。择优选择福建省高层次人才和青年优秀人才到国（境）内外知名高校、科研机构、知名企业、重点实验室及院士国家级专家身边等开展访学研修、科研合作、技术攻关等，重点培养福建省各行各业的学术技术骨干、学科团队带头人。

第四，推进体制机制创新。要用事业凝聚人才，用实践造就人才，用机制激励人才，加快建立科学化、社会化、市场化的人才评价制度，改进科研人员薪酬和岗位管理制度,破除人力资源流动、使用、发挥作用障碍。改进人才评价机制。结合不同专业领域,制定具有本领域特色的人才评价标准体系。深化推广企业人才高中级职称评审改革,分行业建立专业技术人才职称评价办法,逐步下放重点行业协会和企业评审权限,不将论文等作为评价应用型人才的限制性条件,将专利创造、标准制定及成果转化作为评审内容。完善人才激励机制,实行以增加知识价值为导向的激励机制,增加不同层次海外人才的需求分析,在生活条件、工作氛围等软环境上给予更多激励。实施成果转化风险免责制度,对承担重大科技攻关任务的科研人员采取灵活的薪酬制度和奖励措施。引导企业加大人才激励力度,支持建立人才贡献奖励年金制度。建立完善的人才流动体制机制,形成人尽其才、才尽其用的人才资源格局和充满活力的、科学的人才流动氛围。

参考文献

[1] 翟振武. 科学研判人口形势积极应对人口挑战［J］. 人口与社会,2019（1）.

[2] 何维. 加强人口发展战略研究促进人口长期均衡发展［N］. 中国社会科学报,2018-12-11.

[3] 黄挺颖. 福建省人才引进培育对策及建议［J］. 发展研究,2019（4）.

[4] 唐代盛,冯慧超. 人力资本与产业结构耦合关系及其收入效应研究［J］. 当代经济管理,2019（6）.

[5] 人民论坛测评中心. 中国区域人才竞争力研究报告［J］. 人民论坛,2017（15）.

浅谈新冠肺炎疫情防控期间广西人社政策效果、问题与对策建议[①]

韦立干[②]

摘　要：新冠肺炎疫情防控期间，广西人力资源和社会保障厅出台了一系列惠民政策，探索这些政策的落实情况，努力克服疫情带来的不利影响，对确保完成决战决胜脱贫攻坚目标任务、全面建成小康社会具有重大意义。本文在对广西人力资源和社会保障厅就业处、职建处、专技处、事业处、农民工处、劳动关系处、养老保险处、失业保险处、工伤保险处、仲裁管理处、劳动监察局等相关处室开展调研及提供材料的基础上，参考人力资源和社会保障部、自治区内外相关部门资料，进行综合分析，对政策落实中存在的问题提出对策建议。

关键词：新冠肺炎疫情　人社政策效果　形势与挑战　对策建议

新冠肺炎疫情发生以来，广西各级人社部门全面贯彻落实党中央、国务院关于做好新冠肺炎疫情防控的重要决策部署，创新出台政策，在助力打赢疫情防控阻击战和攻坚战、稳定就业局势、促进企业复工复产、减轻企业负担、保障职工权益等方面发挥了重要作用，有力促进了广西

[①] 该篇论文获得"2020年全国人才与人事研究主题征文活动"二等奖。
[②] 韦立干，广西壮族自治区人力资源和社会保障厅农村社会保险处处长、高级经济师。

经济社会的平稳发展。

一、广西人社部门应对疫情出台的政策措施

面对疫情冲击，广西人社部门紧紧抓住"稳就业"的"牛鼻子"，充分发挥社会保险"稳压器"的作用，出台了以《广西壮族自治区人力资源和社会保障厅等5部门关于应对新型冠状病毒感染的肺炎疫情做好就业和社会保障有关工作的通知》为代表的"一揽子"解决实际问题的政策文件（具体政策目录见附件），打出政策"组合拳"，从支持企业稳定就业岗位、开发新岗位、关注重点群体就业、提升劳动者技能水平、促进和谐劳动关系，落实社会保险"减免缓"，关心关爱一线防疫人员等方面，全力以赴兜住民生底线，千方百计稳住就业基本面，各项政策在疫情防控期间迅速落地，执行到位。

二、应对疫情出台的政策措施特点及效果

（一）制定政策有速度

2020年1月22日，自治区新冠肺炎疫情联防联控工作领导小组第一次会议后，全区人社部门迅速行动，人社厅详细部署，于1月23日下发了《关于精准核实新型冠状病毒感染的肺炎疫情期间我区由武汉市返乡农民工信息的紧急通知》，及时编写发布了《致全区农民工朋友的一封信》，同年2月印发了疫情防控期间关于劳动关系、医护人员及相关工作、工伤保险保障、就业和社会保障、促进农民工就业创业等一系列政策文件，在全国率先出台了疫情防控期间事业单位线下公开招聘活动疫情防控工作指南。

（二）精准施策有广度

一是把"保就业"放在首位，把稳就业作为"六稳"工作之首，着力做好重点群体就业工作，减负稳岗扩就业。二是社保兜底保民生，阶段性减免企业社保费48小时落地，按时足额发放社保待遇，保基本民生。三是加强劳动争议处理效能，加快推进"互联网＋调解"系统推广应用，实现"不见面""零接触"化解劳动关系领域的矛盾纠纷。四是创新培训方式和机制，运用人力资源社会保障部和自治区认定公布的线上培训平台，或者购买网络职业技能培训课程，通过门户网站、移动App、微信小程序等形式开展线上职业技能培训，并运用AI等技术开展线上考核。五是关爱一线防控医护人员，开通疫情防控相关医疗卫生机构等事业单

位公开招聘绿色通道、工伤保险认定绿色通道,职称评聘优先,对支援湖北表现优秀的一线防控医务人员,单位可以通过考核的方式直接聘用等。

(三)人社服务有温度

一是各项就业服务到位,建立重点企业 24 小时用工调度保障机制,保障重点企业用工;在全国率先主动收集和发布区内外开复工及岗位需求信息,"点对点"帮助务工人员安全返岗;通过门户网站、微信公众号、手机 App 等线上形式,为高校毕业生、农民工、就业困难人员提供线上面试、就业指导等远程服务,截至 2020 年 9 月初,累计为 6.31 万家企业发布就业岗位 317.96 万个,举办网络招聘会 1 564 场,线上服务累计达成就业意向 20.88 万人。二是社保服务到位,采取免申报、免填表、免跑腿"三免"快办模式,政策红利 48 小时落地,各级社会保险经办机构通过广西"数字人社"经办管理信息系统统一操作,快速办理减免社保费业务,其中南宁市人力资源和社会保障局率先在全国开启"免办"模式,通过南宁智慧人社"免办"发放平台,企业一键确认"同意"就可以领取"一般企业稳岗返还"资金。2020 年 2 月 13 日,人力资源和社会保障部失业保险司发文推广介绍了南宁经验。

(四)执行政策有力度

一是全区城镇新增就业、失业人员再就业、困难人员就业 3 项主要就业指标 1—8 月分别累计完成年度目标任务的 95.03%、95.99%、159.14%。二是各级人力资源社会保障部门通过人社服务专员累计联系服务区内重点企业 6 000 家,为企业解决用工缺口 22.45 万人,截至 2020 年 9 月初,累计发放农民工创业补贴等各项奖补 9 982.86 万元,惠及农民工 33.15 万人。三是落实社会保险费降费减负政策,全区预计为 12.5 万家企业减轻负担 160 亿元;对少裁员、不裁员的 7.1 万家企业发放稳岗返还资金 21.19 亿元,稳定职工 255.53 万人;向符合条件的企业发放一次性吸纳就业补贴 10.17 亿元。四是有 11 家单位开通绿色通道拟招聘医务人员 58 人;通过直接考核方式拟聘用支援湖北一线优秀编外医务人员 394 人,占援鄂医务人员的 41%。

三、当前广西人社相关业务面临的形势与挑战

(一)疫情带来的就业压力逐渐显现

随着国内外疫情防控和经济形势发生新的重大变化,境外疫情呈加

速扩散蔓延态势,全球经济下行压力显著加大,世界经济贸易增长受到严重冲击,考虑到疫情对就业的影响存在滞后效应,就业压力在二季度初已初步显现。

一是高校毕业生就业压力仍然较大。广西教育厅数据显示,2020届广西高校毕业生27.4万,截至9月1日,就业人数22.28万,就业率81.31%,总体签约率同期有所下降。加上春季黄金招聘期受疫情影响较大,企业招聘下滑,求职面试受限,高校毕业生就业难度有所增加。

二是农民工就业增长动力不足,岗位减少。疫情对广西制造业和服务业等行业用工造成较大影响,尤其是对农民工就业容量最大的服务行业用工需求造成较大冲击,住宿、餐饮、旅游、娱乐、交通运输等行业受影响较大,对区内6 161家重点企业监测分析显示,企业用工需求量减少1.7万人,岗位同比缩减率为2%。

三是重视调查失业率带来的风险。国家统计局反馈数据显示,2020年一季度广西城镇调查失业率为6.3%,以广西2019年城镇就业人数1 314.8万人推算,调查失业率每上升一个点,则新增失业人员13万人左右。一季度城镇就业人口中休业人口占比17.8%,这部分人群虽然处于停工状态,不属于失业人员,但这部分群体的就业质量已经下降,是最有可能下沉为失业人员的一部分,导致调查失业率进一步上升①。

(二)劳动关系领域面临新挑战

一是疫情防控期间用工不稳定因素增加,假期工资、调岗调休、解除劳动合同、劳动保护等成为争议焦点,涉及疫情劳动争议案件呈上升趋势且处理难度增大。二是新型用工方式带来劳动关系新挑战,新经济、新业态、新模式造就新就业形态,灵活就业群体复杂、模糊的劳动关系易造成雇佣双方的权利和义务不清晰,进而影响劳动者获得相应的社会保障和劳动安全保障。而目前劳动关系调整机制还不适应新就业形态发展需要,容易引发新的劳动争议纠纷。三是没有统一且专门用于劳动人事争议仲裁的网络庭审系统,导致"网上开庭"在网络信息安全、网络

---

① 失业:国际通行的定义必须满足三个标准,一是没有工作;二是如果提供工作,愿意且有能力工作;三是在调查周的前四周内积极寻找过工作。城镇调查失业率是通过入户抽样调查的方法获得的失业率数据,城镇登记失业率反映的是有较强就业意愿、主动到公共就业服务部门登记并要求帮助就业的失业群体情况,两者在调查对象、调查方法、指标含义、计算方法、数据使用方向等方面都是不同的,不具可比性。

庭审程序、电子签章的认定等方面尚存在法律空白区域。四是新的弱势群体和就业歧视涌现。部分疫情感染者及其家属群体和来自疫区的群体，在求职过程中受到不公平对待，如不招收已治愈的确诊患者、疑似病例、湖北籍等疫情较重地区的劳动者，或者出现对上述员工采取直接解聘、单方面毁约等不良事件。

（三）社保领域面临的风险

当前一些生产经营困难的企业缴费压力增加，基金收缴面临较大困难。实施阶段性"免减缓"社会保险费政策后，在确保待遇不受影响、及时足额发放和加大社保费对企业稳岗等支持援助的政策下，将会增加部分险种基金当期收不抵支的风险，加大动用相关险种的累计结余的速度，影响基金预算的执行进度及准确性，给社保基金运行带来很大压力，基金收不抵支的局面更趋严重。

（四）政策执行中的难点

（1）针对职业技能培训的有关政策。一是职业技能线上培训后线上实操考核鉴定难操作。线上培训目前只能完成理论授课部分，实操考核鉴定部分无法线上开展，需要结合实际研究出台线上考核鉴定的管理办法，才能确保线上职业培训完整落地。二是线上培训补贴发放难落实。现有培训补贴政策主要是以取得职业资格证书、职业技能等级证书、专项职业能力证书等为依据发放培训补贴，如果学员在线上培训没能取得相应证书，则补贴难以发放。

（2）针对医疗卫生机构绿色通道招聘操作难度较大，没有发挥出绿色通道应有的作用。医疗卫生机构可采取非现场接触面试和考核的方式招聘，但是视频面试对于试题的保密性、网络的稳定性提出了较高的要求，而且事业单位普遍缺乏视频面试的经验，实施难度较大。一些计划通过绿色通道补充人员的事业单位，已打算等待疫情过去或趋缓以后再组织线下公开招聘，不再使用绿色通道。绿色通道没有发挥出其应有的作用。

四、对策建议

（1）强化政策落实力度，加强政策执行效果评价。疫情防控期间广西出台的人社相关政策已基本覆盖人社所有领域，要坚决落实好企业社保费"五免三减半"政策，用足用好失业保险稳岗补贴和一次性吸纳就业补贴、农民工就业创业补贴、职业技能培训等政策，帮助企业全面复工复产，巩固现有就业岗位，促进企业提供更多就业岗位，进一步对政策执行效果分析研究完善。

（2）就业领域高度关注高校毕业生、农民工等重点群体就业情况。一是扎实推动2020届普通高校毕业生就业创业"百日冲刺"行动，落实好《广西壮族自治区人民政府办公厅关于印发广西促进2020年高校毕业生就业创业十条措施的通知》（桂政办电〔2020〕90号）中涉及的"扩大高校毕业生就业见习规模""促进小微企业吸纳高校毕业生就业""加大高校毕业生就业帮扶和兜底保障"等内容。二是健全完善省际劳动力协调机制，持续做好"点对点"服务，支持和鼓励外出务工劳动力返乡创业就业。进一步降低农民工创业政策门槛，扩大受益面，加强托底安置就业。三是及时出台线上职业技能培训补贴管理办法，推动开展线上职业培训。

（3）加大失业预警监测力度。一是建立健全失业报告制度，密切关注形势变化，加强对重点地区、重点群体、重点行业的就业形势分析和失业风险监测，密切关注就业、失业关键性指标的变动，持续跟进企业招聘用工状况和劳动力市场供求变化，强化监测精度，主要指标"就业人数"细化到行业大类，并按年龄和户籍类型进行交叉分析，精确反映同比、环比变化数据，注重数据分析和趋势预判，加强政策储备，认真梳理和全面排查风险隐患，确保不发生系统性、规模性失业风险。二是建立农民工返乡回流动态监测机制，采取购买专业调查机构服务成果和行政部门联合开展的方式，明确返乡回流人员监测内容范围，统一工作步骤、统一数据归类与报送时间节点，加强相关技术能力支撑，及时将监测情况反馈各地，以便更好开展返乡回流人员的就业帮扶和指导服务。

（4）加强社保基金监管，防范基金支付风险压力进一步加大。一是进一步挖掘社会保险扩面潜力，加快实施法定人员全覆盖，引导灵活就业人员、新就业形态从业人员、农民工等积极参保，提高社保基金抗风险能力。二是建立健全社保基金的多渠道筹资机制。科学预测基金缺口，将地方分担资金足额列入财政预算，发挥财政托底保障作用。加大划拨国有资本充实社会保险基金的力度，并形成长效机制。提升基金保值增值能力，加强投资风险控制，提高社保基金投资收益率。三是加强社保基金运行的风险预警预测。建立统一的风险预警体系，以短期预测和中长期精算为基础，客观研判基金运行情况，科学预测风险，做好社保基金突发事件应急预案，建立多部门协同的应急处置机制，确保基金平稳运转。

（5）增加制度供给，加强法律保障，维护劳动关系和谐稳定。一是防控重大集体争议和疫情引发的劳动人事争议。引导和规范重点行业及时疏导内部已经呈现的劳资关系纠纷，建立与地方工会、企业联合组织的三方机制，建立与劳动监察、劳动关系的联防联控机制。二是加强劳动人事争议多元处理机制，充分发挥基层劳动人事争议调解组织作用，坚持预防和调解为主。三是加快构建"准、预、法"协同联动体系，有效连接重要节点，实现全链条防控。四是探索建立适应新就业形态的制度体系，适当扩大非标准劳动关系的范围，将一些具有部分劳动关系特征的就业形态纳入非标准劳动法律保护框架，不断增强与新就业形态之间的匹配性等。五是以督查考核为指挥棒，进一步压实地方政府属地管理责任、部门监管责任和用工单位主体责任，形成统一指挥、统筹协调的工作机制。坚持"刀刃向内"，加强追责、问责工作力度。六是建议人力资源社会保障部加快推进"互联网＋调解仲裁"信息化建设，开发全国统一的网上庭审系统，对网上庭审的相关法律法规予以细化、明确。

（6）以"人社服务快办行动"为契机，持续优化各项人社服务，打造温暖人社，助力经济社会和谐发展。一是成立一支"人社服务专员"队伍，更好地开展就业调查，对接生产经营和用工状况，有利于人力资源和社会保障部门及时了解企业的用工需求，合理制订招聘计划、确定工资薪酬，做好人才储备，也可以引导求职者根据市场需求改变就业观念、调整求职意向和薪酬期望值，更好地为企业高质量发展提供人才支撑。二是进一步推进"互联网＋人社"平台打造，在全区统一开展人力资源线上服务，打造线上不见面的人力资源市场，提供全天不打烊的人力资源服务，加快人才与岗位精准有效对接，支持企业提高招聘工作效率和节省招聘费用成本。

参考文献

[1] 崔艳，金维刚. 劳动和社会保障政策研究，2020（26）.
[2] 殷宝明，丁赛尔. 劳动和社会保障政策研究，2020（41）.

附件：疫情防控期间广西人社部门出台部分文件一览表

文件名称	文号	出台时间	主要内容
《广西壮族自治区人力资源和社会保障厅关于妥善处理新型冠状病毒感染的肺炎疫情防控期间劳动关系问题的通知》	桂人社发〔2020〕4号	2020年2月1日	通知主要明确了"企业不得随意解除职工劳动合同、切实保障职工工资待遇权益、合理安排职工工作时间和休息休假"等内容，要求各地市妥善处理疫情防控期间劳动关系问题，维护职工合法权益，促进劳动关系和谐稳定
《广西壮族自治区人力资源和社会保障厅关于贯彻落实做好新型冠状病毒感染的肺炎疫情防控期间事业单位人事管理工作有关问题的通知》	未编号	2020年2月4日	开通疫情防控相关医疗卫生机构等事业单位公开招聘绿色通道
《关于做好新型冠状病毒感染的肺炎疫情防控期间工伤保险工作的通知》	桂人社函〔2020〕30号	2020年2月4日	规定疫情防控期间工伤保险相关工作，按照特事特办、随报随办、容缺后补的原则，简化程序，开辟绿色通道等
《广西壮族自治区人力资源和社会保障厅等5部门关于应对新型冠状病毒感染的肺炎疫情做好就业和社会保障有关工作的通知》	桂人社发〔2020〕5号	2020年2月11日	就做好疫情防控期间"稳就业"工作、千方百计做好疫情防控期间各项社会保险经办业务、妥善处理疫情防控期间劳动关系问题等方面进行了细化要求，把做好疫情防控工作作为当前工作的重中之重，全力抓好疫情防控保障工作的落实
《广西壮族自治区人力资源和社会保障厅 广西壮族自治区财政厅关于支持打赢疫情防控阻击战促进农民工就业创业的通知》	桂人社发〔2020〕6号	2020年2月13日	促进农民工就业创业，发放就业困难补贴、防疫补贴、创业补贴、创业园房租补贴，购买农民工网络培训课程
《广西壮族自治区人力资源和社会保障厅 广西壮族自治区财政厅关于做好新冠肺炎疫情期间职业技能提升行动有关工作的通知》	桂人社函〔2020〕65号	2020年2月26日	推动开展线上培训、提高线上培训质量，给予相应补贴，做好企业需求调查，鼓励企业开展以工代训等内容
《广西壮族自治区人力资源和社会保障厅办公室关于做好当前和新冠肺炎疫情结束后劳动人事争议形势研判和案件处置工作的通知》	未编号	2020年2月27日	重点关注集体劳动人事争议案件和因疫情引起的劳动争议案件，严格落实信息报告制度，提前介入、及时予以处置。加快推进"互联网＋调解"系统推广应用，做好劳动争议预防和化解工作

续表

文件名称	文号	出台时间	主要内容
《广西壮族自治区人力资源和社会保障厅 广西壮族自治区财政厅 国家税务总局广西壮族自治区税务局关于阶段性减免企业社会保险费的通知》	桂人社发〔2020〕12号	2020年3月9日	阶段性减免我区企业职工基本养老保险、失业保险、工伤保险单位缴费部分,2020年2月1日至6月30日,免征中小微企业和以用人单位身份参保缴费的个体工商户三项社会保险单位缴费部分。2020年2月1日至4月30日,减半征收各类大型企业、民办非企业单位、社会团体等各类社会组织及其他类型单位的三项社会保险单位缴费部分
《广西壮族自治区党委组织部 广西壮族自治区人力资源和社会保障厅关于应对新冠肺炎疫情影响做好全区事业单位公开招聘工作的通知》	桂人社函〔2020〕106号	2020年4月2日	要求各地各部门加大事业单位公开招聘高校毕业生力度,参考《新冠肺炎疫情防控期间广西事业单位线下公开招聘活动疫情防控工作指南》开展公开招聘工作
《广西壮族自治区人力资源和社会保障厅等10部门关于失业保险支持企业复工复产和疫情防控工作促进我区经济社会发展的通知》	桂人社发〔2020〕18号	2020年4月20日	通知主要明确了加大失业保险稳岗返还力度,进一步保障失业人员基本生活,优化经办程序,加强基金调剂,确保基金平稳运行,充分发挥失业保险基金"保生活、防失业、促就业"的功能
《广西壮族自治区人力资源和社会保障厅 广西壮族自治区财政厅关于进一步提高我区失业保险金标准的通知》	桂人社规〔2020〕3号	2020年4月30日	提高全区失业保险金标准,将失业保险金调整机制与最低工资标准挂钩
《广西壮族自治区人力资源和社会保障厅办公室关于进一步加强技能培训工作有关问题的通知》	桂人社办函〔2020〕8号	2020年4月30日	为破解技能培训中"针对性不强、就业成功率低"的难题,要求开展摸底,精准掌握培训对象、创新培训内容、增强吸引力,大力推进订单式、项目制培训,落实好双千结对,落实企业内训补贴、做好就业跟踪服务等内容

注：仅列举疫情防控期间由广西壮族自治区人力资源和社会保障厅牵头制定的相关政策，不包含转发部委相关文件、配合其他厅局出台的文件等。

雄安新区急需紧缺人才目录编制及引人留人对策研究[①]

赵培红 谷孝兴[②]

摘 要： 雄安新区承载着"集中疏解北京非首都功能，探索人口经济密集地区优化开发新模式，调整优化京津冀城市布局和空间结构，培育创新驱动发展新引擎"的历史使命。从雄安新区经济及产业发展现状、人才队伍现状出发，结合《2019年雄安新区急需人才目录》，客观分析急需人才类型及特征，在此基础上紧紧围绕城市发展需要，提出未来编制《雄安新区急需紧缺人才目录》的具体要求。综合考虑国家战略要求以及国内外人才政策的成功经验，从引才渠道、人才政策、项目带动三方面提出人才引进建议，从事业、体制机制、待遇三方面提出留住人才对策，力求为新区人才政策提供思路参考。

关键词： 雄安新区 急需紧缺人才 目录编制 引人留人对策

一、问题提出

雄安新区是由以习近平同志为核心的党中央继深圳经济特区和上海浦东新区之后又一具有全国意义的新区，是京津冀协同发展重大国家战略的重要内容，是中国经济和社会转型的破题之作，因此被称为"千年大计、国家大事"。如何使这个被誉为"国家大事"的新区得到长足的发展，打造

---

① 该篇论文获得"2020年全国人才与人事研究主题征文活动"二等奖。
② 赵培红，河北经贸大学城市与区域发展研究所副所长、副教授；谷孝兴，河北经贸大学硕士研究生。

出一座传承千年的城市,是雄安新区从规划转入建设阶段后一个亟待破解的问题。人才是创新的根基,是支撑新时代经济发展的重要动力。雄安新区建设发展过程中,需要大量各行各业具有高水平专业知识和能力的优秀人才为其保驾护航。然而,高端人才储备不足、人才质量低下、人才专业素质薄弱、人才结构不合理正是雄安新区目前面临的人才现实困境。

2018年4月10日,雄安新区管委会和河北省人社厅提出引人"四靠"总要求,即"创新引智引才机制,坚持'靠事业聚人、靠公平选人、靠机制用人、靠服务留人'"。同年4月20日,中共中央、国务院在对《河北雄安新区规划纲要》的批复中强调:制定特殊人才政策,集聚高端创新人才,培育创新文化和氛围。不言而喻,对雄安新区人才的重要性已有充分认识。因此,雄安新区当前面临的关键性问题就是通过大力培养和引进从而集聚能够为新区的经济社会发展注入持续动力的急需紧缺人才,科学认识、制定和发布急需紧缺专门人才目录则显得尤为重要,其基本前提是要厘清一些基本概念(详见表1)。

表 1　　　　　　　　　　急需紧缺人才目录相关概念

基本概念	释义	备注
人才需求	指在用人单位能够给目标人才提供合适工作条件和有市场竞争力工资水平的前提下有人才需要	既有人才需要的事实,也有满足人才需求的能力
急需人才	指地区经济社会发展非常需要而要求立即到位或越早到位越好的目标人才	强调的是人才需求的时效性,急需人才并不意味着人才缺乏,造成人才急需可能有两种原因:人才配置方式缺失和配置制度缺失或不完善
紧缺人才	指因非常缺乏导致供应紧张从而对经济社会发展产生重大影响的人才	反映紧缺至少有三个指标:一是数量指标,人才是否供不应求;二是比例指标,人才有缺口;三是严重性指标,对经济社会发展造成严重的影响
专门人才	指系统接受过某一领域至少一个专业的专门教育或专门训练,具有一定专业素养并能从事该专业工作的人才	有助于促进专业技术的创新,有利于提高竞争力
人才目录	指在深度统计分析之后将与本地区战略性产业紧密结合的人才进行信息汇总,编制成录	一般来说应该包含以下内容:哪些区域、行业、产业、专业需要急需紧缺专门人才;对急需紧缺专门人才的能力素质要求;急需紧缺专门人才数量;急需紧缺程度;各类专门人才的释义
目录发布	视具体情况选择合适的主体,根据受众范围,将目录选择不同的方式发布	有时需要根据人才目录内容安全性,选择密级和受众对象

目前，雄安新区的规划建设已进入开局起步阶段，为深入掌握其重点产业紧缺人才需求情况，使人才引进、培养具有针对性和指导性，加快集聚产业紧缺急需人才，促进重点产业快速发展，使人才新政落到实处，形成产业与人才的良性互动发展局面，制定《雄安新区急需紧缺人才目录》势在必行。这一目录不仅为各级政府部门人才引进、培养等相关政策的制定提供了重要参考依据，同时，对于各用人单位的人力资源规划、各高等院校及专业培训机构的专业课程设置及各类专业人才求职也具有一定的指导意义。因此，以"世界眼光、国际标准、中国特色、高点定位"为标准，聚焦雄安新区功能定位和发展需要，培养、引进并留住一批具备较强适应性、专业性和创新能力的急需紧缺人才，建立具有雄安特色的、可持续的人才机制，是将雄安新区发展成创新高地的必由之路。

二、雄安新区定位及未来发展方向

作为北京非首都功能疏解集中承载地的雄安新区与通州形成了北京发展新的两翼，共同解决北京"大城市病"问题，这就要求将其建设成为高水平社会主义现代化城市、京津冀世界级城市群的重要一极、现代化经济体系的新引擎、推动高质量发展的全国样板。要成功地实现以上规划目标，首先要充分了解雄安新区当前的产业发展及人才现状，其次紧紧围绕城市建设发展需要，聚焦未来重点产业、行业和领域发展的方向，明确人才需求，同时采取针对性措施将这些高素质优秀专业人才吸引到新区来，并让其留得下、待得住、干得好，与新区同呼吸、共命运。

（一）所辖三县产业与人才现状

改革开放以来，尤其是南方谈话之后，在市场经济的强大推动力之下，雄县、容城、安新三县渐渐形成了一些富有当地特色的传统产业，主要分布在轻工业部门，并呈现出较为明显的产业集聚现象，如雄县的塑料制品业、容城县的服装产业和安新县的制鞋业等。

1. 经济及产业发展现状

目前，雄县、容城、安新三县经济基础薄弱、产业结构单一，经济发展后劲不足。2017年，雄安新区经济规模为189.16亿元，工业增加值为9 062元，人均GDP约为2万元，雄县、容城、安新三次产业结构分别为11.5∶60.0∶28.5、17.2∶48.2∶34.6、15.1∶42.2∶42.7（详见图1）。长期以来，三县产业结构以产品附加值低、产业关联度低、企业创新能力差的第二产业为主，雄县的主导产业是橡胶制品、塑料包装、电气电缆；容城形成了以纺织服装、食品加工、毛绒玩具、纸塑包装、印刷等为主的小型、轻型廉价劳动力指向型工业；安新主要发展制鞋业。第一产业方面，农业人口所占比重较高、农业生产产值和技术水平都比较低。第三产业相对落后，主要是旅游、餐饮、物流等劳动密集型的低端服务业，而高端的高新产业以及众多新兴产业较为稀缺且发展缓慢，尽管容城县拥有白洋淀这样优质的旅游资源和丰富的地热资源，但是受开发程度低和产业链不完整等问题的限制，其旅游业的发展水平仍需大幅提高。由此可见，雄安新区当前经济发展水平偏低，产业发展层次不高，发展高端高新产业几乎要从头开始。

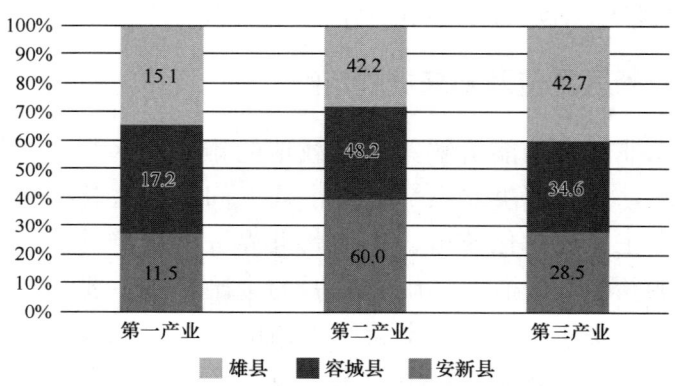

图 1　2017 年雄县、容城、安新三次产业结构

雄县、容城、安新三县的传统产业以轻工业为主，且呈现出较为明显的产业集聚现象。2016 年雄县规模以上工业企业实现工业总产值 235.1 亿元，其工业部门主要生产工业设备器材、橡胶制品、塑料包装、电气电缆等，主导产业都是劳动密集型产业，且大多是民营企业，实现主营业务收入 432.5 亿元，增加值达 81.9 亿元。纸塑包装业是雄县产值最大的产业，2016 年相关企业达 6 000 个，其中规模以上企业 41 个，涵盖食品、医药、电子等领域，为伊利、海尔等下游企业提供专业的产品包装，经过多年发展，目前已成为北方规模最大的塑料包装印刷基地。电气电缆也是雄县的一个支柱产业，起初多集中在家庭作坊，因临近京津，在交通和成本方面具有一定的优势，加之京津城市建设进程中对电气电缆的巨大需求，电气电缆业得到了快速发展。另外，雄县作为压延制鞋业的发源地，如今其压延膜生产线在全国处于领先地位，2016 年企业数已

达670家，与之生产相配套的小微企业数量已超过650家，主要布局在县城至白沟镇的革塑工业园区。雄县灯箱布产品占到国内市场份额的30%，现已成为北方最大的灯箱布生产基地。在国内外市场需求的刺激下，这些起步于家庭作坊的产业逐渐发展壮大，通过引进先进的生产线来不断提高技术水平，在镇域内形成主导产业的同时又形成了具有一定规模优势的专业村。这说明雄县目前已经具备了经济发展所必需的微观基础、要素禀赋和内生动力。

容城县产业以轻工业为主，经济规模相对较小，2016年规模以上工业企业实现增加值16.8亿元。在纺织服装这一主导产业的带动下，印染、拉链、制线、纽扣、包装等与服装产业密切相关的配套产业也迅速发展，进一步增加了产业集聚程度，延伸了产业链条。

安新县拥有比较丰富的旅游资源，同时也具备了一定的工业发展基础。制鞋业是安新县极具代表性的产业，截至2016年，制鞋企业已经超过了1500家，其中规模以上企业达到了11家，大多数是家族企业和家庭作坊模式。这一产业呈现出了较为明显的集群特征，形成了各类生产加工企业分工合作的完整产业链，制鞋需要的各种材料均可以在当地直接采购，然后进行生产。另外，安新县是华北地区规模最大的废旧有色金属集散中心，其有色金属业已形成了集回收、冶炼、电解为一体的产业化发展格局。与雄县、容城两县相比，安新县的水利资源更加丰富，拥有重要的水产品基地——白洋淀（见图2）。

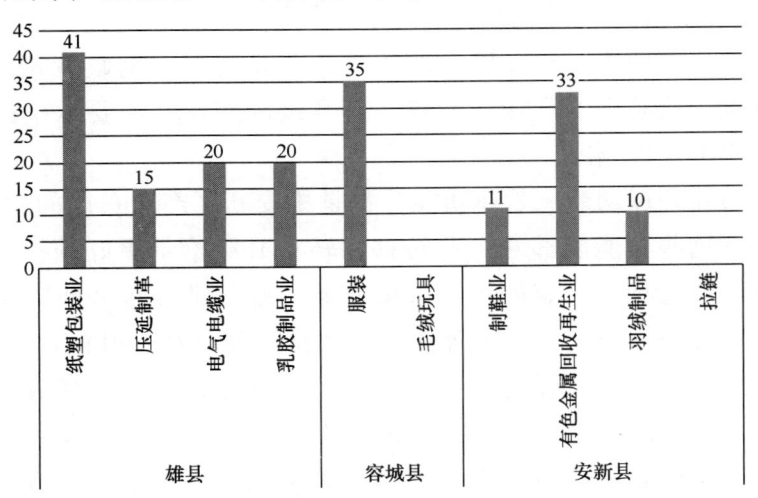

图2 2016年雄县、容城、安新三县规模以上企业数（个）

2. 人才队伍现状

三县在高端人才储备、人才质量、人才专业素质以及人才结构等方面都存在着诸多薄弱环节。人才质量和专业素质方面，受教育人口数比例偏低，当地中学生升入大学的比率较低，这反映出雄安新区当地的受教育程度低。三县没有一所高等院校，高等教育和科研资源严重匮乏，各个阶段的教师尤其是优秀教师极度稀缺，对教育的投入力度也远远不够。因此，现阶段经济发展所需的人才是当前的教育水平无法满足的，这反映出人才的现实供给与实际需求的严重不对称，迫切需要大量高素质人才。人才储备方面，受雄安新区的教育水平、产业结构、基础设施的制约，当地高素质人才严重不足，对全国高端人才的吸引力也不强。人才结构和专业素质方面，雄安新区产业结构的失衡对人才数量和质量产生了直接的影响，农民、低端的产业工人和服务人员是传统劳动力的主要构成部分，呈现出专业素质差、文化水平低、人才结构不合理、转化应用创新能力不强、薪酬和社会保障水平比较落后的特点。就容城县的服装业而言，其制作工艺已处于国内领先水平，但是人力资本质量却比较低下，7万从业人员中仅有2 000多名中高级专业人员。因此，稀缺的高端人才、匮乏的人才储备、不合理的人才结构不能为雄安新区提供建设科技新城所需的人才，引进高水平专业人才具有强烈的紧迫性。

（二）雄安新区产业经济发展方向

雄安新区的产业经济发展方向应以现有产业发展实际为基础，同时结合产业发展规律以及雄安新区在京津冀协同发展的定位，以总体战略定位为框架，考虑雄安新区原有的传统产业是否与目前政策相适应，对必须迁移到周边县市的产业、亟待转型升级的产业、需要承接过来的产业等产业类型加以判断。

绿色节能环保功能、就业功能等都是雄安新区产业布局的主要功能，客观地识别这些功能能够对产业转移和转型升级给予更好的指导。雄安新区所辖三县已具备一定的产业发展基础，雄县纸塑包装业以及压延制革业、容城县纺织服装业、安新县有色金属回收业发展得相对比较成熟，在国内外市场上都有较强的影响力，通过继续培育有望使其成为新的增长点。随着京津冀对生态环境保护重视程度的与日俱增，绿色环保应成为雄安新区承接非首都功能产业转移优先考虑的因素之一。事实上，雄县的纸塑包装业、容城的纺织服装业和毛绒玩具加工业等主导产业已通过技术改造、装备升级，这些必要的改善措施实现了单位能耗的降低以及污染排放物的减少，从而最大限度地降低了对环境的影响。

在产业发展过程中，同绿色环保一样，与社会稳定和经济大局密切相关的就业问题也是需要纳入政策考虑范围的一个重要因素，特别是如何解决产业转出后当地居民的就业安置问题。从吸纳就业能力来看，雄县的纸塑包装产业、安新的制鞋产业、容城的服装产业创造了较多的就业岗位。《河北雄安新区规划纲要》明确提出雄安新区的产业发展重点是新一代信息技术产业、高端现代服务业、绿色生态农业等前沿新兴产业。这些产业将会吸纳众多统筹规划人才、高科技创新与经营管理人才、文化产业人才、园林环保专业人才、为各类人才及其家属服务的高端服务业、医疗和教育以及养老人才等聚集于雄安新区，进而推动新兴产业发展，并形成二者之间的良性互动。

身处新时代经济社会发展的重大机遇期，雄安新区的产业发展要以雄安新区总体战略规划为主要参考依据，同时遵循产业发展规律，坚持创新引领高质量发展、信息技术助推组织模式转型、绿色生态实现可持续发展的理念并将其落到实处。目前雄安新区所辖三县的一些传统产业在产业基础、降低能耗以及促进就业等方面都取得了比较显著的成绩，比如雄县的纸塑包装业和压延制革业、容城县的纺织服装业和毛绒玩具业、安新县的制鞋业和有色金属回收业等产业吸纳了很多劳动力，因此可将其保留并进行转型升级。其他污染比较严重、能耗比较大的产业要逐步向外转移。作为非首都功能疏解的主要承载地，要重点承接高校、科研院所、医疗机构、金融机构、事业单位、企业总部等，将信息技术产业、现代生物医药产业、新材料产业、交通运输业、高端现代服务业、绿色生态农业等产业和金融商贸、教育教学、文化旅游、城建规划、社会工作等领域作为未来发展的重心，为紧缺人才分析奠定基础。

三、雄安新区急需紧缺人才分析

通过对雄县、安新和容城三县的自然禀赋和县情分析可知，雄安三县各有其突出优势与不足之处，为将人才引进工作扎实推进、有效落实，需要在分析三县各自优势的基础上，秉承开放、合理、动态、明确的用人理念和科学性、实用性、指导性、前瞻性的原则，结合整个雄安新区的详细建设规划对人才政策进行统筹协调，着眼于长期可持续发展，以国际性眼光、开放性视野大力引进急需紧缺人才。

(一)《2019年雄安新区急需人才目录》分析

2019年10月20日,由河北省人力资源和社会保障厅会同雄安新区管理委员会合作编制完成的《2019年雄安新区急需人才目录》正式发布,这也是雄安新区首个急需人才目录。从发布的岗位需求来看,分为六类单位,共计需求人数1 387人,教育、医疗、规划建筑、环保、服务业等领域的人才急需程度比较高,要求人才具有教育、医学、工程等相关专业的比例较大。其中安新县事业单位急需人才558人,占比最高,为40%,其次是容城县事业单位急需人才325人,占比为23%,其余单位急需人才由多到少分别是雄安新区民营企业、雄安新区事业单位、雄县事业单位以及雄安新区入驻央企,所占比重分别为14%、10%、9.6%以及3%(见图3)。

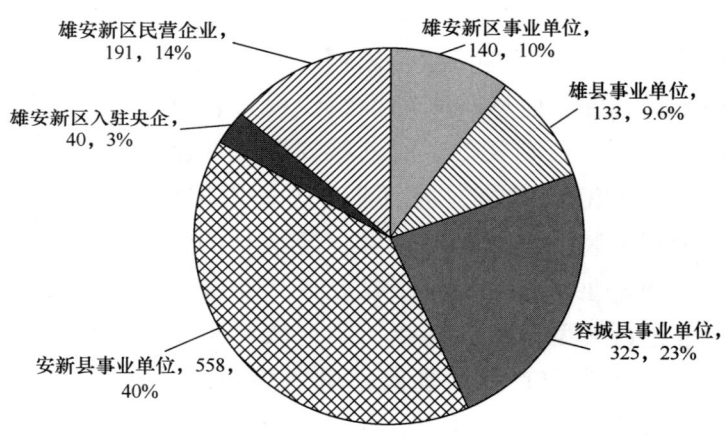

图3　2019年雄安新区按单位类别划分急需人才数量

1. 雄安新区事业单位急需人才数量及类型

从2019年雄安新区事业单位急需人才数量及类型来看,医疗卫生人员需求量最大为100人,所占比重高达71%;社保经办人员需求量为20人,所占比重为14%;不动产登记岗位、规划建设审批、导游员、土地供应管理人员需求量均为5人,所占比重为4%(见图4)。要求学历在本科及以上的有100人,占比达到了71.43%。

2. 雄县事业单位急需人才数量及类型

从2019年雄县事业单位急需人才数量及类型来看,急需人才全部与医疗相关,其中卫生技术人员需求最大为48人,占比最高达36%,学历

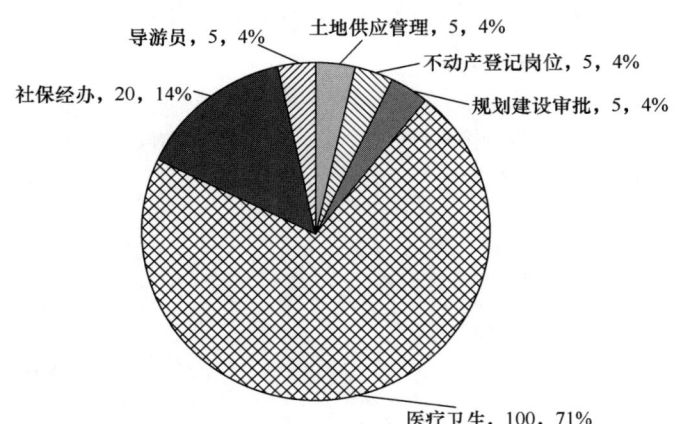

图 4　2019 年雄安新区事业单位急需人才数量及类型

要求也比较高；各科室医生需求总数为 47 人，占比 35%，对检验科和摄像科医生学历要求相对较低，需要专科及以上，其他科室医生则要求本科及以上；护士需求数为 21 人，占比 16%，医疗卫生人员需求数 12 人，占比 9%，疾病预防控制需求最少，仅为 5 人，约占 4%（见图 5）。

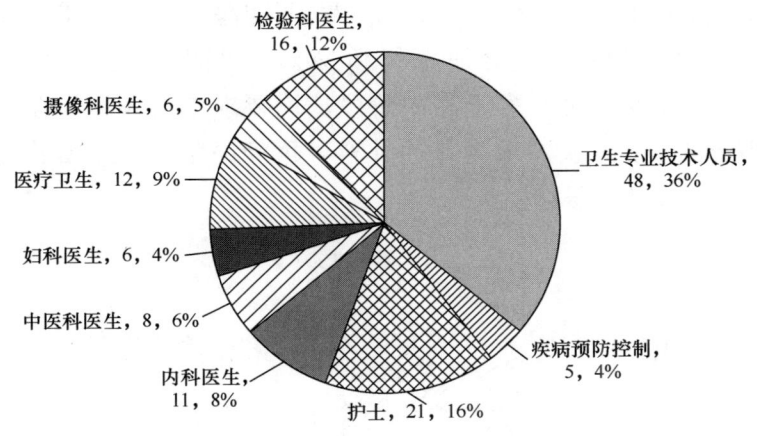

图 5　2019 年雄县事业单位急需人才数量及类型

3. 容城县事业单位急需人才数量及类型

从 2019 年容城县事业单位急需人才数量及类型来看，急需人才集中在基础教育和医疗卫生两个领域，教师需求数量为 200 人，所占比重为 61%，其中初中、小学、幼儿教师需求数量分别为 50 人、120 人、30 人；医疗人员需求数量为 125 人，占比约为 39%，且大多为医疗卫生人员

（见图6）。幼儿及小学教师学历要求为专科及以上，与其他岗位相比要求较低。

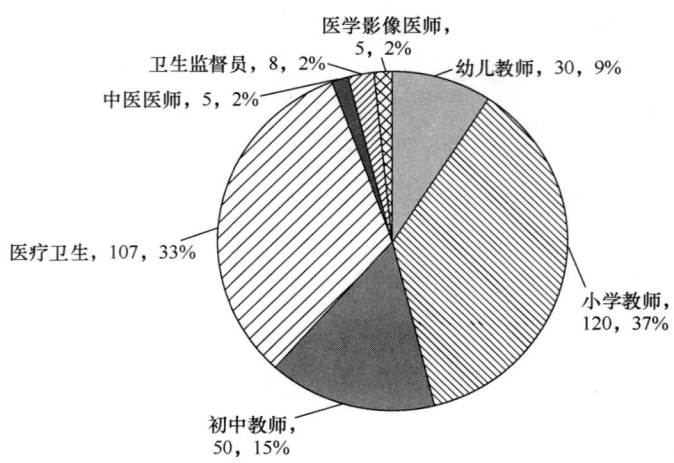

图6 2019年容城县事业单位急需人才数量及类型

4. 安新县事业单位急需人才数量及类型

从2019年安新县事业单位急需人才数量及类型来看，急需人才同样集中在基础教育和医疗卫生两个领域，教师和医疗人员需求数量分别为380人和178人，所占比重分别68％和32％（见图7）。对于教师需求数量来说，义务教育阶段要多于高中阶段，均要求本科及以上学历。医疗卫生领域的学科带头人要求为普通外科、重症医学、医学摄像专业，并有副主任医师及以上职称。

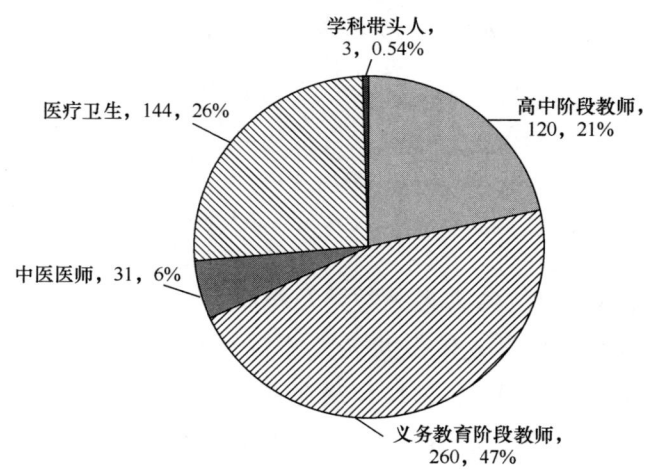

图7 2019年安新县事业单位急需人才数量及类型

5. 雄安新区入驻央企急需人才数量及类型

从2019年雄安新区入驻央企急需人才数量及类型来看，急需人才多集中在项目经理、工程师、金融科技人员和设计师几类，急需数量分别为21人、12人、5人、2人，占比分别为52%、30%、13%、5%（见图8）。对其专业、学历和能力的要求都比较高，大多要求市政工程、房建工程、计算机、分子材料等专业本科及以上学历，有些岗位要求具有相关工作经历。

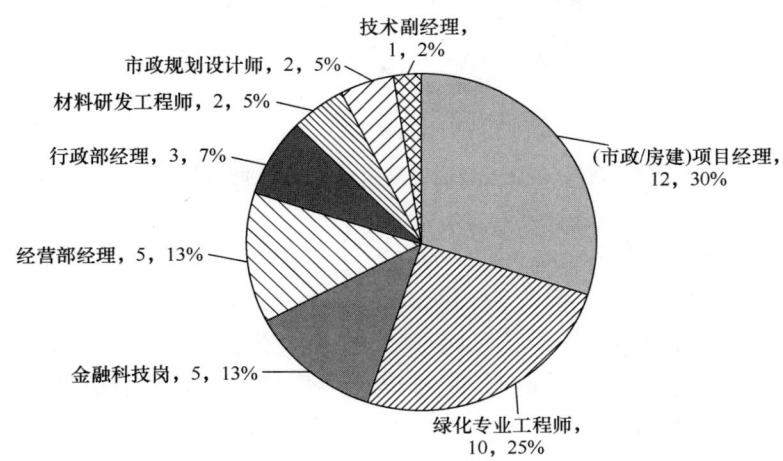

图8　2019年雄安新区入驻央企急需人才数量及类型

6. 雄安新区民营企业急需人才数量及类型

从2019年雄安新区民营企业急需人才数量及类型来看，急需人才数量约占雄安新区总数的13.7%，但是所需岗位类别高达18类，且多为服务人员、设计师和技术人员。育婴员、社区服务站经理为需求人数最多的两类，分别为65人和30人，二者合计占比约为50%（见图9）。

通过对《2019年雄安新区急需人才目录》的分析，对当前雄安新区急需人才有了初步了解，大致具有以下几个特征：一是科研人才总量偏小。急需人才多为教师、医护人员、技术人员、环保及服务人员等，高层次创新人才数量偏低。二是学历水平普遍偏高。具有本科及以上学历的占比达到64.24%，其中7.35%要求具有硕士及以上学历，而大专及以下学历所占比例较低（见表2）。三是职称级别偏低。有明确职称要求的比例占全部急需人才40%左右，其中初级、中级、高级职称占比分别为28.77%、9.08%、1.23%（见表3）。四是专业要求不明确。大部分急需

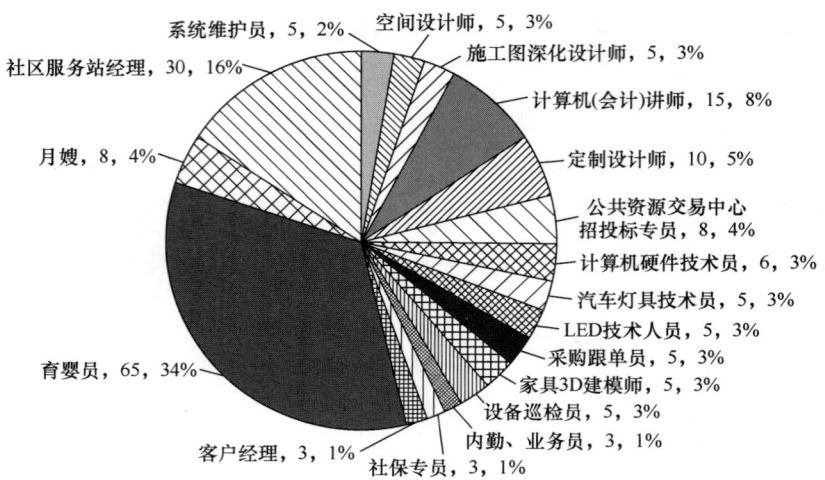

图9　2019年雄安新区民营企业急需人才数量及类型

岗位只要求与某一类专业相关或者一个岗位对应多个专业，不具有针对性，其中医学类、师范教育类占比最高，分别为68.85％、10.07％（见表4）。众多专业类别中，只有医学类做了较为详细的专业划分，临床、医学摄像、麻醉、医学检验四个专业需求最大，分别为22.75％、12.72％、12.05％、12.05％，合计占比约为60％（见表5）。

表2　　　　　　　　2019年雄安新区急需人才最低学历要求

最低学历要求	博士（人）	硕士（人）	本科（人）	专科（人）	不限（人）
雄安新区事业单位	—	100	35	—	5
雄县事业单位	—	—	90	43	—
容城县事业单位	—	—	175	150	—
安新县事业单位	—	—	414	144	—
雄安新区入驻央企	2	—	37	—	1
雄安新区民营企业	—	—	38	50	103
总计（人）	2	100	789	387	109
占比	0.14％	7.21％	56.89％	27.90％	7.86％

数据来源：《2019年雄安新区急需人才目录》

表3　　　　　　　　2019年雄安新区急需人才职称要求

	高级（人）	中级（人）	初级（人）	其他（人）
雄安新区事业单位	—	105	—	35
雄县事业单位	—	—	107	26

续表

	高级（人）	中级（人）	初级（人）	其他（人）
容城县事业单位	—	8	117	200
安新县事业单位	3	—	175	380
雄安新区入驻央企	14	13	—	13
雄安新区民营企业	—	—	—	191
总计	17	126	399	845
占比	1.23%	9.08%	28.77%	60.92%

数据来源：《2019年雄安新区急需人才目录》

表4　　2019年雄安新区急需人才专业要求

专业	需求人数	占比
计算机类	151	3.71%
设计类	30	0.74%
机械工程类	45	1.11%
法学类	128	3.14%
管理类	126	3.10%
金融会计类	138	3.39%
师范教育类	410	10.07%
社会学类	120	2.95%
中国语言文学类	120	2.95%
医学类	2 803	68.85%

数据来源：《2019年雄安新区急需人才目录》

表5　　2019年雄安新区急需人才医学类专业要求

专业	需求人数	占比
临床	476	22.85%
医学摄像	265	12.72%
护理	229	10.99%
麻醉	251	12.05%
中医	84	4.03%
中西医结合	44	2.11%
急诊	48	2.30%
妇科	6	0.29%
外科	110	5.28%
内科	107	5.14%

续表

专业	需求人数	占比
医学检验	251	12.05%
眼科	107	5.14%
公共卫生	105	5.04%

数据来源：《2019年雄安新区急需人才目录》

(二)《雄安新区急需紧缺人才目录》编制工作建议

鉴于2019年雄安新区急需人才现状，未来还应进一步从理论上构建适合雄安新区经济社会发展的"急需紧缺"人才模型，为今后编制发布《雄安新区急需紧缺人才目录》提供理论依据；通过对雄安新区人力资源服务机构（含公共与经营性机构）、行业龙头企业和各地人社、教育、科技部门调研，制定符合具体需求的《雄安新区急需紧缺人才目录》，为合理引人引才、打造雄安新区人才高地提供科学依据与现实路径；运用大数据，构建雄安新区急需紧缺人才目录数据库，动态调整《雄安新区急需紧缺人才目录》，使其能适应经济社会发展对人才的需求。具体建议如下：

1. 建立雄安新区急需紧缺人才判定模型

急需紧缺人才是指在一定时间范围内，发展中迫切需要但又严重稀缺的人才。对雄安新区现有产业规模以及与之配套的人才需求、人才数量、专业、结构进行统计归纳；同时对未来5年雄安新区产业规划以及与之配套的人才需求、拟引进人才数量、专业、结构以及高校毕业生数量进行分析。在此基础上，采用文献研究、实地调研、问卷调查和标杆调查等相结合的方法，构建急需紧缺人才指数，区分出急需人才和紧缺人才，建立急需紧缺人才的判定模型，根据模型确定调研对象；在实地调研的基础上开发针对性较强的调查问卷；同时对国内有比较完善人才目录的省市进行标杆调查，从而明确雄安新区未来5年急需紧缺人才目录。

2. 构建雄安新区急需紧缺人才目录

以落实人才政策、完善人才供需对接为目的，河北省人力资源和社会保障厅、河北雄安新区管理委员会等应根据各用人单位需求和各类专业人才求职意向联合制定目录，目录包含但不限于急需紧缺人才总目录，各县分目录以及行业、专业、层次等子目录。模型对雄安新区急需紧缺人才目录的数据来源、采集频率、抽样样本都应予以明确。

3. 编制雄安新区急需紧缺人才目录

河北省人力资源和社会保障厅、雄安新区管委会根据急需紧缺人才判定模型和人才目录建立一个急需紧缺人才填报系统,构建急需紧缺人才供需对接平台,各级人社、教育、科技等部门以及特定用人单位、人力资源服务机构等以发展实际为重点,将相关数据输入到系统中,由地区、行业等从下往上逐步形成雄安新区急需紧缺人才目录。

4. 验证雄安新区急需紧缺人才目录

为了进一步提高高层次人才供需对接的效率和成功率,河北省人力资源和社会保障厅、河北雄安新区管理委员会、各事业单位和入驻企业对引进的急需紧缺人才定期采取抽样调查,通过采集到的数据来论证模型的科学性、全面性与系统性。对不适当的部分进行调整。同时,围绕急需紧缺的岗位需求组织专场引才活动,适时引导相关院校调整专业和课程设置、加强就业辅导,使雄安新区急需紧缺人才目录与客观实际高度吻合。

5. 发布雄安新区急需紧缺人才目录

用历史数据验证自动生成的《雄安新区急需紧缺人才目录》,当验证结果与实际情况高度匹配后,由河北省人力资源和社会保障厅、雄安新区管委会共同召开新闻发布会,对外发布雄安新区急需紧缺人才目录。

四、雄安新区引人留人对策建议

雄安新区建设在全国区域发展布局中占有举足轻重地位,《河北雄安新区规划纲要》的批复标志着雄安新区已经完成了初步的顶层框架规划,进入全面建设发展阶段,摆在我们面前的是如何解决大规模的人才需求问题,如何解决急需紧缺人才的引进和留住问题。

(一)雄安新区引进人才的建议

人才抢夺战,无论是从国家政策还是各城市自身的政策上来看,都将成为常态。因此,各个城市以及用人单位,都应运用更加科学的人才引进战略。一方面,在更广泛的范围内招收人才的同时,更应该重视本地的人才,培养与安置本地人才;另一方面,千方百计地引进人才,不断创新人才引进模式。

因此,雄安新区可从以下几方面考虑引进人才:

1. 充分发挥市场作用,拓宽引才渠道

一是充分发挥政府和市场的双重作用。在美、日等发达国家,奖励制度中的民间科研奖励活动所占比重较高，因此，激励主体多元化的实现就是要发掘政府和企业以外的其他主体，从而将政府职能与市场机制结合起来。国际化人才的引进要逐渐改变以政府为主导的现状，激发市场的基础作用，重点突出学术界、产业界等相应组织的主体地位，构建以高等院校、科研机构、商业金融机构为主体的激励机制。充分引导市场提供急需紧缺人才的引进和配置平台，利用好各种人才服务性机构和专业平台，鼓励人才尝试创新，激发其自身的潜能。二是积极搭建平台拓宽引才渠道。通过建立人才智创高地和人才储备站，为急需紧缺人才提供一个施展才华、展示才能的舞台，为人才在政府、企业、智库之间的自由流动创造良好的条件，使得每种类型的人才都能找到适合自己的平台和空间来发挥自身长处。雄安新区还应当充分利用各种人才引进渠道，加快步伐建设创新驱动型人才基地，打造创新创业园区。各级部门和用人主体可以通过发布招聘目录的形式吸引人才，对于紧缺型人才应主动出击，以减少因信息不对称而造成的人才流失。三是开拓引进急需紧缺人才的新渠道、新方式、新手段。利用国内外大型猎头公司优势，借助第三方力量为引进急需紧缺人才提供专业指导。同时，与专业人才机构开展广泛而深入的合作，将人才机构推向国际化、专业化、高效化的方向，为各级各类单位的人才引进工作提供咨询和帮助。

2. 针对不同人才特事特办，简化引进手续

雄安新区应以制定科学的政策和方案为前提和基础，继续采用粗放式政策引进人才已经不能适应经济社会发展的要求了。在建设雄安新区的过程中，政府应当借鉴其他区域的成功经验，并根据自身发展现状来出台具体的人才引进政策，比如美国和日本等国家依靠本国著名高校，面向全球吸引人才，并通过优惠补贴政策留下人才，这为这些国家的发展提供了充足的人才。同时，以《雄安新区急需紧缺人才目录》为基础，采取中长期规划与短期规划相互衔接、硬性规定与柔性措施相互结合的方式，出台一套针对发展实际、切实可行的人才引进规划方案。比如针对部分专家院士等特殊人才，可以采取一人一政策的方式推进，进一步提高人才待遇的执行力度，比如解决其配偶工作、子女入学等问题，并监控政策的落实情况以确保吸引更多的人才力量参与雄安新区的建设发展。

3. 推行"项目＋人才"模式，通过引进项目带动人才引进

"项目＋人才"引进模式是一种通过引进项目来引进人才的比较复

杂、具有前瞻性的曲线引进方式。雄安新区毗邻京津,两地拥有众多知名高校和科研院所,而其通常拥有多博士后科研工作站单位,但是如果单纯招聘应届驻站博士后,可能会因为博士后人才在校期间的研发课题与招聘单位所要开发的项目不同,博士后最终放弃招聘单位。当面临此种情况时,对具有人才聚集能力强、科技含量高、示范带动作用大的博士后之前的项目,雄安新区内的用人单位可以采用"一事一议,按需支持"的政策措施,通过配套打包模式来引进领军人才及其团队,并给予充分的人力、物力、财力支持。如果将"项目+人才"一并引进的话,可能会使人才引进政策更为顺利地推进。虽然这种人才引进方式可能会导致增加成本、重新划分和明晰知识产权等一系列问题,但是不可否认,这也为新区创造了"人财"两得的机会。

(二)雄安新区留住人才的对策

人才的引进和使用对于雄安新区的建设有着至关重要的作用,而人才的引进与使用的关键则是为他们提供优良的生活条件以及公共服务资源以便于将其留在新区。为了留住人才,顺利开展雄安新区的人才引进工作,从而进一步促进经济建设与产业转型升级,应从以下几方面着手进行:

1. 事业留人方面

首先,事业留人的基础是载体,需要建立健全引入人才发展事业所必需的载体,加大高层次人才创业及产业园区的建设力度,提高园区各种设施的配置水平,进一步完善园区的功能,打造兼具办公场所、生活空间、成果转化平台等多种职能于一身的新型高新科技创业园区,使其成为人才生活工作的有力保障和可靠载体。其次,事业留人的重点在于为引进的人才提供其进步所需的事业规划与发展空间,要针对引入人才不同的性格特点、长项和短处来为其制定专业、科学的个人事业规划,真正从人才自身的角度为其设计职业路线图,令其时刻能够看到努力的方向和前进的目标。对于高科技研发类人才,应该尽可能为其提供充裕的研发时间、弹性的出勤制度、丰富的科研资料以及宽容失败的奖惩条例,总之,尽一切可能为引入人才提供发展事业的各项有利条件。最后,事业留人的重要保障在于构建和谐的工作环境,新区应大力提升园区内各创新企业的企业文化,严格管理办公环境,监督和杜绝办公室政治,促进人才工作环境的和谐化以及团队向心力的增强,让人才的注意力能够集中在事业上，专心谋事不必分心谋人。

2. 体制机制留人方面

第一，体制机制留人关键在建立公正、高效的人才工作绩效评价机制，让每一位人才的工作绩效准确反映到自身的升职、加薪或是降薪等方面，对奖励和荣誉做到根据工作业绩"能者上、平者让、庸者下"，将奖惩措施公布给大众。第二，建立可以全程追溯的量化式人才绩效考核制度，同时也应考虑到行业差异，对那些存在创新风险、成功难度较高的高科技行业能够允许失败、允许科研人员拿出更长时间进行科研周期更长、研究价值更大、难度更高的创新研究工作而不去参与一般成果考评，需帮助人才尽量减少工作中可以克服的非必要困难和问题。第三，对于雄安新区未来发展所急需紧缺的专业人才，要采用针对性的政策加以引进，充分发挥本省驻外引进人才工作站的作用，注重引进新区急需紧缺的各类专业人才。对于国际化人才积极实施软性引才引智政策，用顾问指导、短期兼职、对口支持、候鸟服务等各种方法柔性引进高层次人才，参照学习外国先进人才引进和管理机制来吸引国际化人才。对于基层人才需要加强人才评价和选拔机制建设，破除基层专业人才发展体制机制改革障碍，向基层放权以便最大限度地从基层发现人才、培养人才。

3. 待遇留人方面

待遇留人主要包括现金、非现金两种，其中现金待遇大多表现为薪金、奖金或者股权等形式，非现金待遇包括免费医疗、休假、免费学习之类的福利措施。雄安新区各企事业单位需逐步对接京津，实施市场化薪酬待遇和福利待遇，应鼓励雄安新区各个企事业单位建立多元化的激励措施，比如逐步推行项目薪酬、成果薪酬、评价薪酬等多种薪酬制度，稳步推进企业年金、补充养老保险、医疗保险等多种激励方式，探索实施股权、期权等中长期激励措施。同时，给予强大的资金支持，设立重大科技成果转化基金，综合运用无偿资助、贷款贴息、股权投资、发放奖金等多种扶持方式，吸引京津的科研院所、知名高校以及高层次科技人才来雄安新区转化科技成果，努力形成科技、人才、金融三者紧密结合的发展模式。除此之外，建立人才公费休假、外出学习、调研制度。在白洋淀这些位于雄安新区内的风景优美的旅游景区或温泉区，可以给予来此工作的人才及其家属相应的旅游休闲优惠，比如门票打折或者免票，使其在忙碌的工作之余拥有放松的机会。鼓励和资助引进的人才外出考察学习和调研，定期组织人才赴国内外知名高校和科研机构考察以开阔眼界、拓展思路。公费召开各类人才所在专业的高端研讨会和交流会，让雄安人才既可以在雄安新区经常接触到本行业前沿信息和趋势，又可以游学外地、获得最新知识和提高业务水平。

参考文献

[1] 龙江. 京津冀协同发展条件下区域经济发展对高等教育的需求研究 [D]. 北京：北京邮电大学，2018.

[2] 陈建辉. 发布紧缺人才目录为何效果不佳 [J]. 中国人才，2013 (5)：36-37.

[3] 裴璇，王雪. 基于大数据方法海淀区战略性新兴产业人才紧缺岗位的研究 [J]. 商场现代化，2018 (23)：83-84.

[4] 刘亚丽. 四措并举破解人才紧缺难题 [J]. 新理财（政府理财），2018 (11)：55-56.

[5] 王晨霞，王颖. 从需求层次理论探讨雄安新区人才引进机制 [J]. 经贸实践，2018 (11)：11-12.

[6] 赵培红，张榕健. 雄安新区集聚高端人才机制研究 [J]. 河北经贸大学学报（综合版），2018，18 (2)：69-75.

[7] 田学斌，窦丽琛. 大数据时代雄安新区人才发展的特性及政策优化 [J]. 燕山大学学报（哲学社会科学版），2019，20 (2)：74-80.

[8] 陈征，王颖. "大数据"视域下的雄安新区人才机制长廊建设 [J]. 经贸实践，2018 (11)：15-16.

[9] 曾红颖. 雄安新区人才发展战略思考 [J]. 前线，2018 (5)：79-81.

[10] 李一凡. 雄安新区现有三县人才需求分析及引进人才对策建议 [J]. 产业与科技论坛，2018，17 (13)：128-129.

[11] 刘兵，曾建丽，梁林，曹文蕊，李青. 雄安新区引进高端人才的博弈分析 [J]. 经济与管理，2018，32 (2)：24-31.

[12] 马珍珍，刘巍. 借鉴深圳特区经验 创新雄安新区人才体制 [J]. 河北青年管理干部学院学报，2019，31 (1)：77-79.

[13] 张伟，金纪玲. 河北雄安新区青年人才创业环境优化策略研究[J]. 中外企业家，2018（9）：192-193.

[14] 张楠楠，夏青. 新形势下雄安新区海外青年人才创业环境的研究[J]. 行政事业资产与财务，2018（22）：27-28.

[15] 张锐，夏鑫. 雄安新区建设背景下河北省高校人才精准对接策略[J]. 中国成人教育，2018（18）：115-118.

[16] 覃毅. 雄安新区传统产业的功能定位与转型升级[J]. 改革，2019（1）：77-86.

激发用人主体活力有效途径研究[①]
——以泉州台商投资区为例

洪亚清 邱尚长 林宇 李丽芬[②]

摘 要：用人主体是人才工作市场化的关键，激发用人主体活力，有利于从根本上打通人才发展环境的"神经末梢"，提高区域引才聚才竞争力。为了更好地发挥用人主体在人才工作中的积极作用，泉州台商投资区围绕深化人才发展体制机制改革，聚焦"人才价值实现"，在破除影响用人主体活力的思想障碍和制度藩篱方面，进行了颇多创新突破和有益尝试，切实向用人单位放权、为人才松绑，推动用人单位与人才同频发展。本文采取专题研究、产业调研等方式，对泉州台商投资区激发用人主体活力经验做法进行了系统总结，并根据实际提出对策与建议。

关键词：泉州台商投资区 人才工作 用人主体

随着改革开放的不断推进，1992年邓小平"南方谈话"后，我国开始建设社会主义市场经济；随着市场经济的持续推进，我国经济得到了快速的发展。2020年3月和5月，中共中央、国务院先后印发《关于构

[①] 该篇论文获得"2020年全国人才与人事研究主题征文活动"三等奖。
[②] 洪亚清，泉州台商投资区党工委党群工作部部长；邱尚长，泉州台商投资区党工委党群工作部副部长；林宇，泉州台商投资区党工委人才办主任；李丽芬，泉州台商投资区党工委人才办副主任。

建更加完善的要素市场化配置体制机制的意见》《关于新时代加快完善社会主义市场经济体制的意见》两份重要文件，提出要针对我国市场体系还不健全、市场发育还不充分，政府和市场的关系没有完全理顺，还存在市场激励不足、要素流动不畅、资源配置效率不高、微观经济活力不强等问题，进一步深化要素市场化配置改革，促进要素自主有序流动，提高要素配置效率，进一步激发全社会创造力和市场活力，推动经济发展质量变革、效率变革、动力变革，在更高起点、更高层次、更高目标上推进经济体制改革及其他各方面体制改革，构建更加系统完备、更加成熟定型的高水平社会主义市场经济体制。

上述背景下，在人才工作层面如何正确处理政府与市场的关系，构建现代人才发展治理体系和推动治理能力现代化成为中央、地方普遍关注的重大课题。随着经济社会形势的变化和发展，我国人才管理体制和运行机制中暴露出一些问题，例如当前人才管理还存在"管得太多""管得过死"等问题，人才工作行政化色彩浓厚，用人单位缺乏用人自主权、活力没有得到充分激发。同时，人才工作还存在"政府热、市场冷"的问题。许多地方主要依靠"政府推动＋行政主导"模式，政府部门习惯于"亲力亲为"和行政干预，市场力量调动不足，政府唱"独角戏"的问题突出。这导致人才工作、管理、服务定位、内容和具体工作界限不够清晰，不能很好地适应经济社会发展的需求，适应国家重大战略实施的需求，适应人才群体发展的要求。因此，在坚持党管人才的原则基础上，发挥市场配置人才资源的决定性作用，厘清政府、市场、社会的责任和界线，充分保障用人主体在引才、育才、留才、用才方面的主体地位，进一步激发用人主体活力、解放人才创新创造力，对于推动经济社会高质量发展具有重要意义。

一、做法与成效

近年来，泉州台商投资区围绕深化人才发展体制机制改革，从制度改革、政策引导、平台嫁接、典型示范四个方向，着力营造"产城人融合"的宜商宜业宜居宜游环境，最大限度激发各类人才的创新创造创业活力和用人主体活力。

（一）围绕着"放权松绑"，深化制度改革

1. 实施人才自主评价

在人才评价上，将人才评价的话语权交给用人主体，让用人主体

"自己说了算",政府负责把握方向、监督把关,做到既有所为又有所不为,实现人才评价与培养、使用、激励有机衔接。针对实体经济发达、规模民营企业多的特点,确定玖龙纸业、立亚新材、中车等6家企业(包括1家国有企业),作为高层次人才自主评价试点企业,授权企业制定人才自主认定方案和评价标准,把人才评价"指挥棒"交到企业手中,帮助企业吸引留住人才。同时,各试点企业能突出人才的职业属性和岗位特点,重点倾斜专业技术人员和一线技能人才,已自主认定的42名高层次人才中,一线技能人才占71.4%。

2. 推进职称制度改革

着眼释放人才活力,实行职称自主评审,对急需紧缺、专业造诣较深的高技能人才、优秀拔尖人才,直接申报确认相应职称、聘任到相应岗位。一方面,鼓励用人单位积极加入行业协会,行业协会可申请组建行业内认可且符合该区产业发展需要的相应专业初级评审委员会,开展本行业初级、中级职称评审工作。另一方面,积极推动台湾医师专业技术职务自主聘任,台湾医师可根据取得的行医资格、行医年限等条件在区内医院聘任初级、中级和高级职称,并给予在二级甲等及以上医院服务满3个月的台湾医师15万~20万元的额外资助,为用人单位引进台湾医师打下坚实的基础。

3. 深化国企制度改革

全面梳理各区属国有企业所承担的行政职能和社会职能,推进国有企业建立健全产权清晰、权责明确、政企分开、管理科学的现代企业制度。改革国有企业工资决定机制,实行工资总额预算管理,区属国有企业可依法依规自主决定内部工资分配和权属子公司的工资总额。同时,积极推行企业"老总"竞聘制和年薪制,7家区属国有企业先后面向市场招聘总经理5位、副总经理2位、部门经理2位,有效激发国有企业活力。

(二)围绕着"目标导向",强化政策引导

1. 健全政策体系

坚持人才政策市区叠加、普特惠结合,发挥乘数效应。一方面,制定《促进人才创新创业21条措施》《引进台湾人才暂行办法》等优惠政策,建立全区一体化的公共资源保障体系,为人才可免费进入公共景区、乘坐公交,并在住房保障、子女入学、医疗保健、金融服务等方面提供优待。另一方面，针对各领域人才实际情况，出台了《扶持台湾青年来区创业创新的意见》《引进教育高层次人才的意见》《关于引进中国科学院海西研究院泉州装备制造研究所优秀人才暂行规定》等文件，为特殊领域引进急需紧缺人才量身定制，提供"一企一策""一事一议"的特殊政策。

2. 推动政策融合

把人才工作与涉企惠企工作有机融合，要求各相关部门牵头制定的产业、科技、技改等政策，组织开展的惠企项目申报，监管服务的产学研用平台以及面向用人单位的社会荣誉推荐，把人才引聚作为重要指标前置植入、"无缝融入"，用政策融通倒逼强化企业人才工作意识。例如，针对用人单位复工复产遇到的困难，出台《疫情防控期间支持中小微企业生产经营二十条措施》，推行"产业＋人才＋项目"引智模式，引导用人单位更好地引聚人才、稳产满产。

3. 促进服务提效

统筹布局德润产业园、立亚新材等8家"人才之家"，洛阳古街、百崎回族史馆等5个"台胞驿站联谊点"，并且做到"周周有活动，月月有沙龙"，为人才搭建活动平台，充分发挥"团结引领、贴心服务"阵地作用。组建"党建＋人才"服务专员队伍，送政策到企业、人才，打通人才服务"最后一公里"。结合省、市行政审批改革试点工作，创新项目"折叠审批"机制、开发"政省心"微官网服务平台、开通"人脸识别服务""人才乐巢"等个性化智慧服务载体。

（三）围绕着"协同创新"，推动平台嫁接

1. 抓好引智平台推介

分类盘整各类引才引智平台、高端创新平台，整合制作《经营性人力资源服务机构名录》并挂网推介，帮助用人单位了解熟悉、主动对接。举办泉台人才项目交流对接会、"创客中国"海峡两岸中小企业创新创业大赛，通过"党委、政府搭台，机构、企业唱戏"的大幕，促进企业与企业、人才与人才、人才与企业三个方向的交流，吸引专业人力机构参与泉州台商投资区人力资源服务业发展，为企业提供更专业、更精准的人力资源服务供应链。

2. 支持用人主体市场化引才

建设泉台人力资源服务产业园，制定扶持泉台人力资源服务产业园

发展的若干措施，推进产业发展和人才引聚，线上依托人才大数据综合服务平台，为企业、人才和人力机构提供"云服务"，线下依托人力资源公共服务平台，为各类企业、人才等提供专场招聘、职业成长、职业技能认证、人才商学院、新兴产业培训等一站式服务。引导用人主体"以才引才"，对于用人主体、人才协会、行业协会以及建立引才合作关系的海内外引才机构引进人才的，给予推荐引进单位最高10万元的引才奖励，减轻用人单位引才负担。

3. 常态组织企智对接

立足该区高端院所紧缺而产业发展又急需人才支撑的实际，采用"依托项目、契约管理"形式，柔性引进西安交大、厦门大学、福建工程学院、福州大学、福建农林大学等科研院校与立亚新材、玖龙纸业等13家企业开展合作，共建研究检测中心6个、产学研实训基地3个，共同开发科技项目37项，华德机电"高速永磁同步电动机"等7项高层次人才科研项目获得省、市级科技项目立项。以"吸引国内外高水平高校毕业生专项行动"为抓手，采取云端视频、专场对接等有效方式，分领域策划若干场"用人主体＋人才创业项目、人才创新成果、产教融合"等对接活动，重点发挥在泉"大院大所"、高校（职业院校）、人才创新共享联盟、科技大市场等平台资源作用。

（四）围绕着"正向发力"，培育典型示范

1. 深化企业家素质提升专项

成立企业与企业家联合会，加强政企才互联互动，抓住企业加速代际传承契机，依托各类开放式培训平台，加强与用人主体"对话""引导"，引导企业家不断吸纳新知识、提高自身素质，为经济超常规跨越式发展打下坚实的基础。采取"走出去"和"请进来"相结合、技能培训和实践锻炼相结合的方式，将人才合伙制、股权期权激励等引才聚才留才务实做法纳入培训内容，支持用人单位负责人到"海丝"沿线国家或地区引进外国专家教授、海外留学人员，支持传统雕艺产业企业家群体与东南亚国家、台湾地区开展雕艺人才交流活动。

2. 打造企业人才高地

加大五大新兴产业链缺失和关键环节项目对接，建立"高新技术企业—瞪羚企业—科技小巨人—科技型中小企业"梯度培育库，重点扶持华南重工等高成长型的中小科创企业，开展科技知识产权宣传周活动、泉州机械装备企业家精英沙龙，组织企业参加高新技术企业申报、科技管理与科技成果转化等培训班，助推企业转型升级。常态联系46家规模以上企业，分类指导加大引聚、成果对接、动能转换，鼓励建立健全现代企业管理制度，增强各类人才对用人主体健康发展的信心。

3. 发挥好"头雁"效应

以新业态、新典型为重点，遴选部分"人才工作意识强烈、理念先进、成效良好"的用人主体，通过典型经验宣传、现场推介交流、实地项目拉练等方式，培育企业经营管理人才61人，形成典型示范带动效应。积极推荐企业家担任"两代表一委员"、参评各级表彰，其中各级人大代表、政协委员中企业经营管理人才占比分别为40.5％和67.6％，获评省级优秀企业家6名，市级"年度经济人物"3名，着力提升企业家获得感。

二、问题与原因

（一）管理方式传统难"得人"

全区7 080家非公有制企业中，属单一股东的占48.5％，其余绝大部分为"父子厂""兄弟公司"，投行、科技等领域资本注入少，公司治理体系以家族式管理为主，"近亲繁殖"比较普遍。该区的非公有制企业大多是在非常艰苦的条件下创立起来的，作为创业者的企业主一般能力很强但往往个性膨胀，认为只要自己人就可以把企业办好，仍保留着家庭式管理模式，如父辈当董事长，儿子当副董事长，妻子、女儿当财务主管，购销和各车间都是亲属把持，这种任人唯亲的人才制度使人才无法参与企业的管理与决策而难以发挥作用。部分非公有制企业在壮大之后，开始实行现代化科学管理，如嘉泰鞋业、钜闽机械等企业都高薪聘请职业经理人，但在实际工作中，企业主仍事必躬亲、疲于奔命，眉毛胡子一把抓，不能使人才充分施展才能，难以让人才产生在事业上的成就感。这种"专制式"的工作方式束缚了人才的主动性和创造性，更使人才缺乏对企业的向心力和归属感。

（二）高端平台匮乏难"聚人"

从2020年1—11月全区规模以上工业增加值来看，纺织鞋服、机械装备、石化后加工、纸制品和工艺制品等传统产业仍占据主要位置，以上产业皆属于劳动密集型企业，对高层次人才需求不大，对普工的需求反而更显著。全区获评高新技术企业 31 家、科技小巨人企业 13 家、产业龙头企业 11 家、企业技术中心 6 家、新型研发机构 3 家、院士（专家）工作站 8 家，但基本上是一家公司同时获评多个"平台称号"，加上高端装备制造、绿色智能交通、新材料、健康医疗养生、文化旅游服务等五大主导产业规模不大、基础薄弱，人才创新创业平台比较有限，难以使得各类人才"人尽其才"，以产聚才的作用发挥不明显。

（三）人才市场滞后难"引人"

全区人才市场发育不够成熟，根据 2020 年 7 月市人社局发布的《泉州市经营性人力资源服务机构名录》，该区仅有 2 家经营性人力资源服务机构，而 12 月正式开园运营的泉台人力资源服务产业园新引进了 11 家人力资源服务机构，市场配置人才的基础性作用尚未充分发挥。同时，通过问卷调查发现，该区用人单位招聘主要渠道为熟人推荐、网上招聘和现场招聘，在 115 家用人单位招聘渠道中熟人推荐占比高达 70.43%，人才中介、报刊广告使用频率较低，招聘模式处于较原始阶段，如图 1 所示。在这种市场环境下，用人单位人才配置过程中极易出现人才供需信息不对称的现象，降低了人才使用效益。

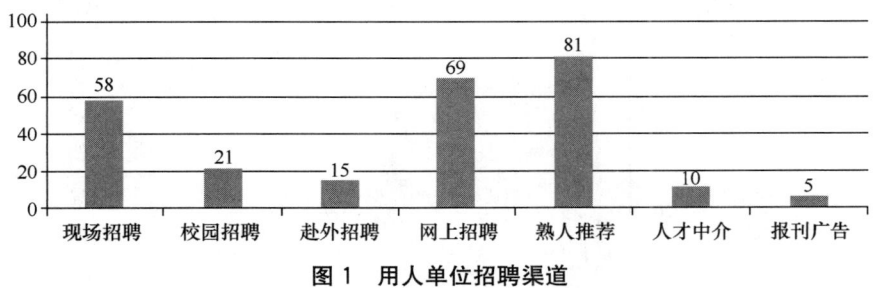

图 1　用人单位招聘渠道

（四）用才观念陈旧难"留人"

按人才生命周期和人才成长规律，从上岗开始就必须给予各种学习和培训机会，促使他们在知识和能力方面不断得到提高。大多数用人单位引进人才只是为了使用人才，习惯于"拿来就能用"，指望聘用一上手就能为企业带来效益的人才，在 115 家用人单位中有意向招聘应届毕业生的仅占 12%，且人才进入企业后往往吃老本，企业不重视培训，在 115 家用人单位中采购培训服务的仅占 10.43%，如图 2、图 3 所示。另外，该区于 2017 年 12 月出台《促进人才创新创业 21 条措施》，其中第四条"鼓励企业与高校院所合作开展在职教育，由企业出资选送人才参加继续教育的，人才取得上一层次学历（学位）后，最高给予企业每人 8 000 元的一次性补贴"，但目前没有任何企业申请该政策补贴。在科技日新月异的今天，用人单位对人才重使用、轻培训，人才就会面临丧失在社会上竞争的资本，失去对聘用企业的热情，最终选择更好的发展机会，另谋高就。

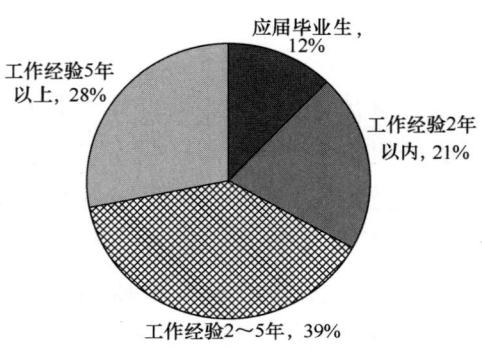

图 2　人才招聘意向占比

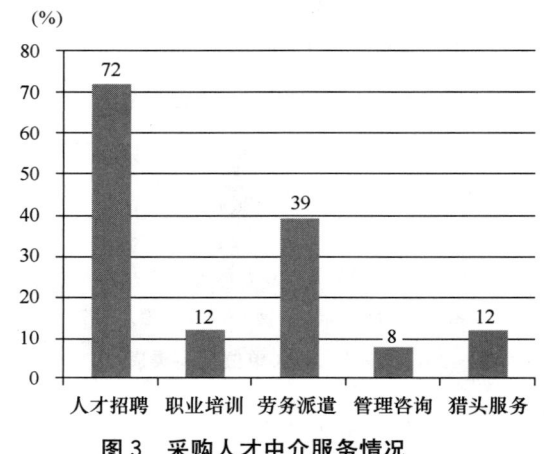

图 3　采购人才中介服务情况

（五）经济待遇较低难"安人"

人才福利待遇的高低影响人才流动。根据《2020 年泉州统计年鉴》，2019 年泉州市社会平均工资 71 142 元，而 2019 年泉州台商投资区社会平均工资仅 51 392 元，在全市排名末位，除了玖龙纸业、立亚新材和舒华体育等企业工资待遇较高外，大部分企业工资待遇较其他地区偏低，而人才在择业时优先选择效益好的国有企业和上市公司，认为国有企业和上市公司是"船大不怕风浪急"，收入高且上升空间大。另外，除少数外资企业、规模私营企业及企业高层管理人员外,据不完全统计70％以上的用人单位没有按规定为员工足额缴纳养老、医疗、工伤、失业、生育等五项保险,甚至有的企业从来没有缴交,人才合法权益难以保障,使人才没有安全感、归属感。大部分高校毕业生择业时把进机关事业单位看成保险系数较大的就业渠道,认为其是"铁饭碗",有稳定的收入,且生老病死有保障。

三、建议与对策

在市场经济条件下,各类用人主体是人才资源配置中的需求方,是各类人才赖以发挥作用的载体,其活力能否得到有效激发,是诸生产要素能否在微观组织中优化配置和产生实效的保证。要激活用人主体活力,一方面,政府首先应该转换政府职能,放权松绑,消除对用人主体的过度干预,突出市场导向,充分发挥用人主体在人才开发各个环节中的主体地位。另一方面,政府要强化人才宏观管理、政策法规制定、公共服务和监督保障功能,积极稳妥地培育和健全人才市场体系,不断优化人才发展环境。

(一)发挥用人主体在人才引进中的主体地位

1. 规范公司治理体系

一是聚焦规范企业管理,加快导入现代企业制度,用先进的管理理念、科学的决策机制、规范的人资体系、良性的股权结构,给人才充分的事业平台、充足的信心预期。二是转变企业家传统管理理念,实行所有权与经营权分离,强化股东、董事会以及经营层之间的相互依赖、相互制衡的关系,形成有效的委托—代理关系。三是推广党建融入公司治理"1533"工作机制,明确党组织融入企业制度建设、和谐企业建设、人才队伍建设、企业文化建设和企业廉洁建设,推动公司治理良性健康发展。

2. 鼓励用人主体引才用才

一是建立企业引才奖补制度,降低企业引才成本。根据引才单位引进人才的层次,分别给予引才单位相应的引才奖励;或按照引才单位实际支出引才成本(含协议薪酬、安家补贴等)的一定比例,给予相应的补贴;或鼓励用人单位通过猎头公司等人力资源服务机构引进人才,按其支付费用的一定比例给予引才单位补贴。对用人单位成功引进顶尖人才以及对人才密度较大、引才贡献突出的用人单位,可分别给予"一人一策""一企一策"的个性化政策扶持。二是引导企业拓宽引才渠道。探索"人才飞地"引才,鼓励企业在发达地区建立研发中心,对用人单位在区外全资设立的研发机构,其全职聘用的各类人才可视为本地人才享受相应人才政策。

3. 开展企业人才工作绩效评价

建立企业人才工作评价体系,构建企业人才工作评价指标,重点从企业人才存量、人才增量、人才质量、科研平台建设、人才政策落实、人才工作创新等维度对企业人才工作成效进行评价考核,评选出"人才工作示范企业",给予一定奖励,并将考核结果与企业用地、排污、信贷等各项优惠扶持政策挂钩,提高企业引才育才积极性。

(二)发挥用人主体在人才培养中的主导作用

1. 鼓励开展校企合作

支持高校和职业技术(技工)院校根据地方产业发展需要调整学科(专业)设置,并给予一定补贴。对职业院校、技工学校每年累计输送一定规模的中级及以上技工,且与企业签订一定期限的劳动合同的,可按相应标准给予院校奖励。鼓励企业与高校、职业技术(技工)院校合作开展人才培养,给予一定补贴。鼓励校企合作建设学生实训(实习)基地的,给予一定补贴。

2. 大力推行新型学徒制

在全区范围内大力开展企业新型学徒制培训,对企业新招用及新转岗员工参加新型学徒制培训,政府按有关规定给予企业一次性培训补贴之外,对参加培训的企业在职职工培训后取得相应证书的,可按照高级技师、技师、高级工每人给予一次性补贴奖励。

3. 鼓励企业设立人才培养专项资金

鼓励企业设立人才培养专项资金用以开展各类产业人才培训项目,经认定,可按照不高于企业实际发生项目培训费用的一定比例,给予企业每年不超过一定数额的培训补贴。

(三)发挥用人主体在人才评价中的主导作用

1. 扩大职称评审自主权

深化职称制度改革,提高职称评审科学化水平。一是强化用人单位人才评价主体地位,支持有条件的高校、科研院所、医院、大型骨干企业、新型研究机构等单位自主开展职称评审。二是对专业性强、社会通用范围广、标准化程度高的职称系列，积极引导和指导具备较强服务能力和水平的行业协会学会承接职称评定职能的转移。三是建立职称评审绿色通道，对于高端领军人才、做出突出贡献及成就的人才以及用人单位急需紧缺人才可直接参评或认定为相应职称等级。

2. 推进企业开展技能等级认定

大力推进职业技能等级认定，将评价权限交给用人单位。探索在技能人才评价基础较好、技能岗位从业人员数量较多的大中型企业，开展职业技能等级认定试点。企业需按照"谁评价、谁发证、谁负责"原则履行主体责任，依据国家职业技能标准或企业职业技能评价规范，自主确定考核内容，自主选择评价的方式。人社部门抓好认定活动的事中事后监管，并适时在全区范围内全面推行企业职业技能等级认定。

（四）发挥用人主体在人才激励中的主导作用

1. 鼓励用人单位采用多种收入分配方式

鼓励用人单位采取股权奖励、股票期权、项目收益分红等方式激励科技人员实施成果转化；引入科技成果市场化定价机制，提高科研人员成果转化收益比例。鼓励用人单位对急需紧缺人才实行协议工资制、项目工资制和年薪制，不纳入单位绩效工资总量基数。

2. 下放国有企事业单位收入分配自主权

允许国有企事业单位对引进的高层次人才事业单位单独制定收入分配倾斜政策。在核定高层次人才工资薪酬时，可将工资薪酬计入单位工资总量，但不纳入单位工资总量调控基数或不纳入单位绩效工资总量。

3. 引导加强技术转移转化激励力度

充分下放科研院所科技成果技术的使用、处置和收益管理自主权。科研院所将科技成果以技术转让或许可方式实施转化所得净收入，其研发团队可按不低于一定的比例取得。用于人员激励部分，可一次性计入高校、科研院所当年工资总额，但不纳入绩效工资总额基数。

（五）加大对用人主体的服务保障

1. 加强用人主体创新创业扶持力度

探索推广"创新券"，对用人单位购买科技咨询、检验检测、经营诊断、人员培训、技术转移等专业化服务等进行定向补贴。鼓励银行、保险、政府性融资担保公司等金融机构创新产品和服务，为高层次人才创办企业提供创业融资支持。对科技创新企业在主板、中小板和新三板上市融资，给予一定的扶持资金。组建人才创业投资引导基金，采取直投、跟投等方式投资高层次人才创业企业。

2. **大力发展人才中介组织**

成立区属人力资源公司，作为人才引进、培养、服务及项目孵化经营管理的主体。引进一批高端人力机构、人力银行等专业服务机构进驻泉台人力资源服务产业园，错位发展人力资源服务市场。打造引智工作品牌，由政府部门组团带领用人单位、引才需求、人才政策，到高层次人才集聚度高的高校、地区进行专场招聘，精准对接"高精尖缺"人才。

3. **完善公共服务体系建设**

整合构建统一的人才综合服务平台，为人才提供科研项目申请、法律服务、创业辅导、投融资等一站式服务。用好泉台人力银行，建立用人单位人才供求信息、人才薪酬信息定期发布制度，为企业和人才提供高效便捷服务。加强社会保障的监督工作，引导人才的合理有序流动，保护人才的合法权益。

参考文献

[1] 刘选会，张弘. 论有效发挥用人主体在人才引进与激励中的作用 [J]. 科技创新与生产力，2018（10）：4-6.

[2] 刘洪银. 人才资源的行政配置与市场调节 [J]. 当代经济管理，2012，34（1）：78-80.

福建省龙岩市机械装备产业人才现状需求研究

邱小尧　陈国新　汤德旺[②]

摘　要：2019年以来，为全面掌握龙岩市机械装备产业人才队伍现状，更加精准施策、靶向引才，龙岩市人力资源和社会保障局牵头对龙岩机械装备产业进行深入走访调研，系统梳理列出龙岩市机械产业人才现状及需求清单，利用大数据手段，率先在福建全省绘制了"机械装备产业人才供给地图"——机械产业紧缺急需岗位人才全国分布图，同步开发了重点产业人才地图掌上及网上搜索服务平台，有效解决了"哪里有人才""如何对接人才"的问题，为全市招才引智、产业布局提供科学、全面、精准、高效的数据支撑。

关键词：机械装备　人才地图　现状需求

为贯彻落实龙岩市委、市政府工作部署，摸清产业发展对人才的需求，实现更为精准引才、精准施策，助力龙岩市机械装备产业高质量发展超越，龙岩市人力资源和社会保障局牵头组成课题组，深入龙岩市机械装备产业涵盖工程机械、汽车和专用车、环保机械重点领域的99家企业开展人才需求调查，经系统梳理、统计分析、组合预测及专家论证，

---

① 该篇论文获得"2020年全国人才与人事研究主题征文活动"三等奖。
② 邱小尧，福建省龙岩市人力资源和社会保障局机关党委专职副书记；陈国新，福建省龙岩市公共就业和人才服务中心主任；汤德旺，福建省龙岩市公共就业和人才服务中心主任。

同时结合省市机械装备产业发展趋势,绘制了"机械装备产业人才供给地图"。

一、基本情况

(一)调研背景

机械装备产业是龙岩市的主导产业之一。近年来,龙岩市机械装备产业实现平稳健康发展,不断延伸拓展行业产业链,加快项目建设,培育壮大龙头骨干企业,促进企业转型升级,打造具有国内先进水平的专用车与应急产业生产示范基地,并已形成环保机械、工程机械、汽车和专用车三大产业集群的机械装备产业,产业总产值从 2014 年的 285 亿元提高至 2018 年的 430 亿元,2019 年的 530 亿元。2019 年 3 月底,龙岩市委五届八次全会做出了打造"五基地六产业七景区"的重大部署,并把 2019 年确定为"产业发展项目建设年",要求全力推进城市区域发展和产业经济发展。产业发展关键在于人才,龙岩市机械装备产业的高质量发展需要一定数量的企业经营管理人才、产业专业技术人才、高技能人才及产业高端人才。同时,为进一步改善龙岩市人才政策与机械装备产业发展的契合度,从过去引才工作"经验+感觉"型向"事实+数据"型升级,解决产业"需要引进什么人才"以及"所需人才从哪里引进"的问题。龙岩市人力资源和社会保障局以"需求法"倒逼方式,牵头开展机械装备产业人力资源需求调研,通过绘制"机械装备产业人才供给地图",探索建立一套科学合理、切实可行、可复制推广的产业精准引才新模式新方法。

(二)调研方案的设计与说明

1. 调研方法

为更好地掌握龙岩市机械装备企业人力资源的现状与需求,本文通过文献调研、问卷调研、现场访谈、龙岩主要招聘平台机械装备企业招聘信息提取和收集、专家论证等方法,全方位地了解龙岩市机械装备企业的员工招聘与配置情况及对职业院校学生的数量、质量需求情况,为科学分析预测龙岩市机械装备产业发展对人才的规模、规格需求奠定基础。

2. 调研内容

针对本次调研目的,龙岩市机械装备企业的调研内容主要如下:一是企业的基本情况,包括所在地区、行业领域、近两年年均营业额、开业年限等；二是企业员工的人力资源基本情况，包括企业员工近五年的数量、学历结构、质量结构、员工流失率、企业招聘渠道等；三是企业人才需求情况，包括企业急需紧缺岗位类型、紧缺等级、岗位要求等；四是企业校企合作情况，包括是否与职业院校存在校企合作关系、是否建有订单班等。此外，在企业调研的基础上，通过梳理机械装备企业的主要工作岗位，对龙岩当地的好工作人才网、597人才网及51job、智联招聘、猎聘网等主流招聘平台的2019年来机械装备企业岗位招聘数据进行抓取，获取企业招聘各个岗位的员工数量和素质要求。

3. 调研样本

机械装备企业的调研分为四部分：企业调研问卷、企业现场访谈、企业座谈会和招聘网站数据抓取分析。其中，企业调研问卷共发放153份，覆盖环保机械、工程机械、汽车和专用车三大产业集群企业类型，回收100份问卷，其中有效问卷99份，有效问卷回收率达99%；召开机械行业企业座谈会，对企业的人力资源负责人进行了现场访谈；抓取分析龙岩市机械装备重点企业245个招聘岗位数据。

（三）被调查企业基本情况

1. 被调查企业的类型

调研结果显示，被调研的99家企业中，环保机械类企业占比13%，汽车和专用车类企业占比11%，工程机械类企业占比76%，如图1所示。

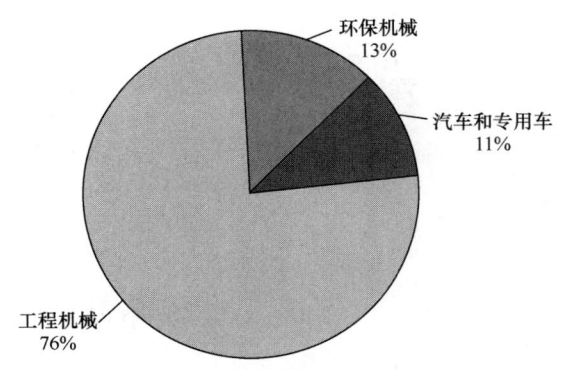

图1　样本企业的所属领域类型

2. 被调查企业的经营情况

调研结果显示，被调研的99家企业中，近两年企业的年均销售额在300万元以下的占比15%，300万～500万元的占比10%，500万～1 000万元的占比9%，1 000万～3 000万元的占比29%，3 000万～6 000万元的占比12%，6 000万～10 000万元的占比17%，1亿元以上的占比7%，如图2所示。

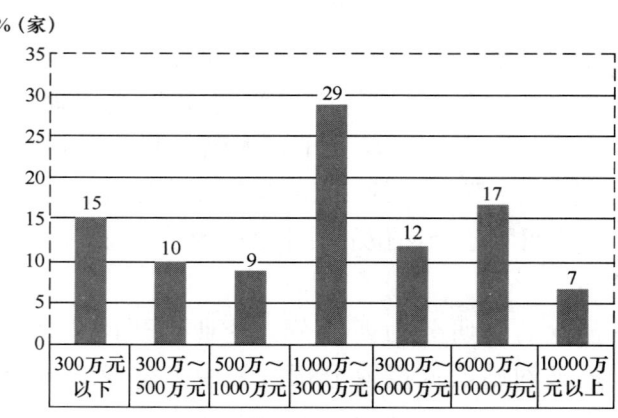

图2 样本企业的经营状况

3. 被调查企业的员工规模

调研结果显示，被调研的99家企业中（2019年8月底的员工统计数据），2019年在职员工总数为13 312人，其中30人规模以下的企业占比26%，30～100人规模的企业占比45%，100～300人规模的企业占比20%，300～500人规模的企业占比3%，500人以上规模的企业占比5%，如图3所示。

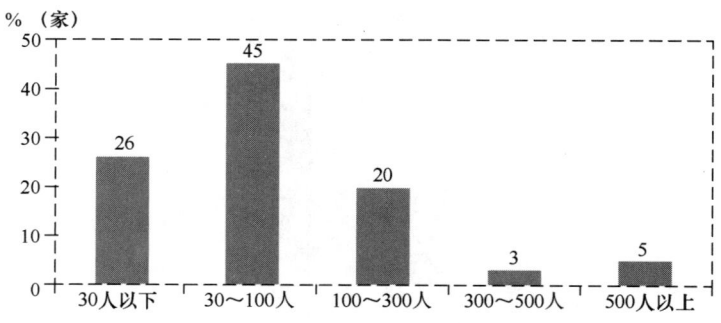

图3 样本企业员工规模

4. 被调查企业所处的发展阶段

调研结果显示，被调研的99家企业中，7%的企业处于初创期，63%的企业处于成长期，21%的企业处于成熟期，9%的企业处于衰退期，如图4所示。

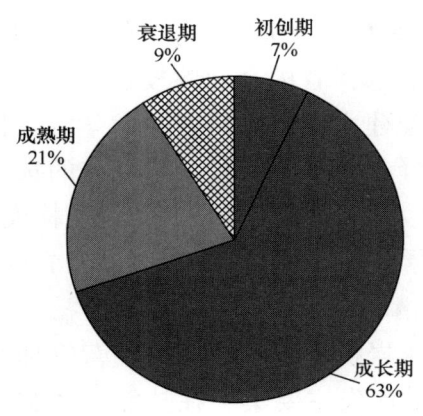

图 4 样本企业所处的发展阶段

二、产业人力资源的基本情况

（一）产业人才队伍情况

调研结果显示，被调研的 99 家企业截至 2019 年 8 月底在职员工总数为 13 312 人。在人才队伍分类上，企业经营管理人才占比 14%，专业技术人才占比 18%，技能人才占比 30%，产线基础人才占比 38%；在学历分布上，研究生及博士学历人数仅 68 人，本科学历占比 13%，大专学历占比 14%，高中（中专、中技）学历占比 38%，初中及以下学历占比 35%；在职称分布上，专业技术人才队伍中，具有高级职称的占比 0.89%，中级职称占比 3.83%，初级职称占比 5.58%；技能人才队伍中，取得高级技师技能鉴定的占比 0.65%，技师占比 1.13%，高级技工占比 3.86%，中级技工占比 6.05%，初级工占比 6.6%；在年龄分布上，18～25 周岁员工总量占比 8%，26～35 周岁的员工占比 34%，36～45 周岁的员工占比 29%，46～55 周岁的员工占比 21%，56 周岁以上的员工占比 8%。

（二）产业人才招聘与配置情况

1. 企业招聘渠道

调研结果显示，企业在引进或招聘员工的渠道选择上，排名前三位的招聘方式分别是内部推荐、网络招聘和现场招聘，占比分别为 26.64%、25.6% 和 16.6%，其次是校园招聘、新媒体招聘、人力资源中介机构。同时，通过对网络招聘平台的选择上分析发现，企业主要还是依赖本地招聘网站，对省内或全国综合性、行业性专业网站选择少，有

32%和30%的企业选择了龙岩597和好工作人才网。在使用校园招聘方式中，63%的样本企业选择省内高职院校，主要集中在福州职业技术学院、龙岩技师学院、福建水利电力职业技术学院、长汀职业中专学校等职校；57%的企业选择省内本科院校，且院校的选择主要集中在厦门大学、福州大学、华侨大学、集美大学、福建农林大学、福建工程学院、厦门理工学院、龙岩学院等本科院校，较少涉及省外本科和职校的招聘。

2. 年度人员流失情况

调研结果显示，龙岩机械装备企业中经营管理类和专业技术类人才结构较为稳定，人员的流失主要集中在技能人才和产线工人，年流失率为13%~15%，多数企业反映应届毕业生在入职第一年流失率达60%以上，成为企业中流失率最高的群体。

3. 流失原因

调研结果显示，21.26%的企业认为个人家庭问题是导致人才流失的主要原因，其他因素主要有企业周边配套服务较差占比15.51%、户籍问题占比12.64%、企业发展乏力占比11.49%、薪酬待遇较低占比11.49%、地理交通环境较差占比10.92%等。

（三）产业人才培训情况

调研结果显示，目前龙岩市机械装备企业员工采取的培训方式以企业内训为主、外训为辅。一般通过岗前技术培训、师带徒、传帮带等形式定期组织企业员工开展岗位技术培训。当地人社、园区等政府职能部门也不定期组织企业开展企业经营管理和技能培训活动。被调研企业反映，政府公益性企业经营管理类培训对企业经营管理人才在业务管理工作上有较大助益，但是企业对专项技能培训则更期望以"政府组织、定期开班、频度增强"的方式开展。

（四）产业人才政策需求情况

调研结果显示，产业人才对政策的需求，主要集中在子女就学政策、人才评价激励政策、住房政策、创新创业人才培育政策、公共人力资源服务、医疗保健政策等，其占比分别为20%、13%、12%、12%、12%、11%。

调研可见，龙岩市的机械装备产业人才队伍结构失衡问题较为突出，企业高层次人才紧缺，中专级专业技术人才、高技能人才严重不足，初级技能人员数量过大，企业人员的老龄化趋势明显。

三、产业人才需求及供给分析

（一）企业人才需求情况

1. 人才需求数量

龙岩市机械装备产业主要包括工程机械、汽车和专用车、环保机械三大产业集群，2018年产业总产值为430亿元，2019年、2020年产业产值实现约500亿元、600亿元，2021—2025年计划年均增长11%，至2025年培育形成千亿级机械装备产业。按上述发展及参照近两年新增项目的情况进行测算，2019—2022年龙岩市机械装备产业预计新增产值240亿元，其中存量预计新增产值165亿元，新建项目预计新增产值约75亿元。在不考虑机器换工的情况下，结合行业发展趋势，采用2017年福建省工信厅机械装备产业人才需求组合测算模型进行测算，2019—2022年机械装备产业预计新增人才需求约0.42万人，其中存量新增人才需求约0.3万人，新建项目新增人才需求约0.12万人。但从实际调研情况来看，一方面，产业人才队伍总量增量主要是在建项目、刚建成项目及扩能项目的新增人才数量；另一方面，被调研企业普遍反映由于市场发展的不确定性增强，企业新增人员需求存在不确定性也随之增大，企业人才需求主要是对低素质产线人才的更替和对部分人才流失的补充。

2. 人才需求类型

调研结果显示，龙岩市机械装备产业各领域对焊接技术工程师、铸造工程师、锻造工程师、模具工程师、自动化工程师等人才都有需求。在企业经营管理人才需求上，汽车和专用车制造业人才主要需求招商经理、区域经理、营销专员、行政专员、法务管理、成本会计等；工程机械制造业人才主要需求管理副总、财务总监、人事经理、外贸业务员、市场销售员、成本会计等；环保机械制造业主要需求国际市场营销总监、品牌总监、法务专员、人力资源总监及专员、财务及审计人员、投融资经理、生产采购员、市场拓展及开发员等。在专业技术人才需求上，汽车和专用车制造业主要需求新能源运输车研发、车载网络设计、智能产品设计与制造、动力系统设计、三电系统等高级工程师和设计师，对突破汽车电子、变速箱、发动机等关键技术的人才较为急需；工程机械制造业主要需求电子电气、表面处理、机械自动化、产品测试、IT等工艺型高级工程师；环保机械制造业主要需求热能工程师、化学工程师、检测工程师、工艺工程师、电控工程师等。在技能人才需求上,汽车和专用车制造业主要需求涂装技术员、装配技术员、设备维护工、电工、机修工、电焊工、铸工、车工、测试质检员等;工程机械制造业主要需求锻造工、焊工、数控/钻床/铣床/折弯技术员、质检员、机修工、电修工、喷漆工、钣金工、制图员、车床操作员等;环保机械制造业主要需求暖通设计员、质检员、实验技术员、调试服务人员等。

3. 人才需求岗位要求

调研结果显示,87.6%的人才需求岗位要求有工作经验,76.5%的人才需求岗位有性别要求,83.2%的人才需求岗位有学历要求,42.2%的人才需求岗位倾向对本地人才的需求。

4. 企业人才需求特征分析

调研结果显示,企业在人才总体需求上的特征主要表现在以下几个方面:

(1) 人才的结构性调整需求明显。一是企业用人需求规模趋于平稳。调研结果显示,一方面,企业表示未来两年内员工总数快速增加、缓慢增加或持平、逐步缩减甚至大量缩减的企业占比分别为 7%、78%、15%;另一方面,被调研企业反映企业产业转型升级使得企业自动化程度大幅提高,产值增加,机器换工促使用人规模略有缩减。二是对高技能人才的需求量大。调研结果显示,被调研企业未来 3 年的人才需求 82% 为高技能人才,企业对焊接工程师、锻造/铸造工程师、测试检测员、设备操作人员等满足企业日常生产活动需要的高技能人才需求量最大。三是专业技术人才的需求层次高。调研结果显示,企业对从事产品设计、工艺开发等专业技术人才的需求量虽少但学历层次要求较高,被调研企业未来 3 年人才需求 13% 为专业技术人才,其中要求具有硕士、博士学历的达到 23%。由于研发类专业技术人才在龙岩当地难招难引,多数重点企业采取异地用人的方式,将研发基地设在厦门、上海等发达地区。

(2) 企业所处领域和类型不同对于人才呈现差异化需求。调研结果显示,在机械装备企业类型上,工艺生产型企业的人才需求主要为技能型人才,研发型企业的人才需求主要为专业技术人才,研发工艺生产型企业对专业技术人才和技能人才均有需求。

(3) 产业人才增量需求较集中于在建期、刚建成期及扩能项目企业。例如,侨龙应急装备与德国的合资公司已成立,新项目在 2020 年 12 月底启动,到 2021 年第一期投产,共需招聘销售和产线工人约 300 人。龙工新的生产线即将投产,人才需求近百人。

(4) 高层次复合型人才的需求加大。调研结果显示,企业对既懂设计又懂生产技术和经营管理,既能操作生产设备又会维修,既懂项目管理又具有外语沟通能力的复合型、创新型人才需求明显增加。

(5) 产业企业对人才职业素质要求增强。一是对职业精神的要求愈发突出;二是对知识结构和技术技能水平的要求有所提高,对掌握高级技术技能和复合型技术技能人才的需求增加;三是对沟通交流、自主学习等非智力因素的重视有所提高。

(6) 产业企业赴外招聘需求意愿较强烈。调研结果显示,近半数的企业有赴外招聘人才的需求。一是赴院校集中地开展校园招聘,引进优秀毕业生作为专业技术人才的培养储备;二是赴劳务输出量大和专业对口的职校招聘产线技能人才。

(二) 产业人才供给情况

1. 院校人才培养能力

据不完全统计,全国开设机械专业的本科院校共 672 所,每年培养的毕业生人数约 40 万人。福建省现有开设机械装备相关专业的各类院校共有 179 所,每年毕业生 4.1 万人,其中本科院校 25 所,毕业生约 1.1 万人;高职院校 29 所,毕业生约 0.8 万人;中职院校 130 所,毕业生约 2.4 万人。龙岩市现有开设机械装备相关专业的各类院校共有 13 所,每年培养的毕业生约 0.22 万人,其中龙岩学院 523 人、闽西职业技术学院 230 人、龙岩农业学校 210 人、龙岩华侨职业中专学校 296 人、永定侨荣职业中专学校 110 人、永定第二职业技术学校 210 人、上杭职业中专学校 175 人、武平职业中专学校 100 人、长汀职业中专学校 160 人、连城职业中专学校 60 人、漳平职业中专学校 95 人、龙岩技师学院 2 950 人、龙岩市龙翔中等职业学校 70 人。

2. 科研机构与产业聚集区分布

据不完全统计,全国共有 416 个机械装备研究院(所),主要分布在北京、广东、浙江、江苏、山东、辽宁、上海等省市;全国共有 344 个机械装备产业园区/基地,主要分布在江苏、山东、河南、广东、浙江、安徽、辽宁等省市。

四、存在问题

调研发现,龙岩市现有机械制造业人才队伍还不能完全适应产业发展对人才的需求，主要存在以下问题。

（一）产业人才发展规划不够配套

近年来，龙岩市陆续出台了机械装备产业扶持政策，有力推动产业向前发展。为助力龙岩机械装备产业高质量发展，一方面，龙岩市出台了龙岩市机械装备产业发展工作方案，方案中虽提及强化产业智力支撑，但缺乏产业发展急需人才引进、培养、选拔、使用的人才发展规划，产业人才引进与开发缺乏前瞻性。另一方面，现有的引才政策与产业规划分属不同部门制定、结合不够紧密，对产业人才需求和培养方向不清晰，人才工作的精准性有待提升。

（二）人才队伍结构质量难以满足产业高质量发展要求

调研结果显示，被调研企业的技能人才占比30%，产线工人占比38%，产线工人的比例明显高于技能人才。从现场访谈来看，被调研企业普遍反映由于转型升级，企业对产业人才整体素质要求明显提高，现有人才不够用、不适用问题比较突出，企业急需的焊接技术及自动化、材料成型与控制技术、金属材料与热处理技术等专业领域的高技能人才严重供给不足，企业对领军人才、高层次创新型专业技术人才的需求也呈逐年上升趋势。

（三）人才培养与行业发展及企业实际需求衔接不够紧密

调研中，一方面，多数企业提及当前教育与培训融合度较低，学历教育越来越强化，培训逐渐弱化，培养模式以学历为导向、以升学为导向，"重学历、轻实践"现象越来越明显，产业发展所需的技术研发型人才培养与产业实际需求脱节，产业人才的工程实践能力、创新创业能力、学科交叉融合能力都急需提高。另一方面，企业反映目前企业与学校开展校企合作仍以"顶岗实习"形式为主，其他如"现代学徒制""共同开发教材"等形式不多，校企合作的广度和深度还需加强。

（四）技术人才待遇较低，社会人才价值观错位

调研结果显示，被调研企业36周岁以上员工占比达58%，而18~25周岁员工占比仅8%，企业员工新生力量不足、老龄化趋势明显。访谈中，一方面，多数企业人力资源部门负责人指出当前就业观念制约了制造业发展，社会观念普遍认为上大学、当干部是成才的唯一途径，高级技师在工厂中也只是工人，学生和家长都轻视职业教育，技术工人的培养出现"断层"，年轻人更愿意到所谓"体面"的岗位上班，而不愿意在工厂内就业。另一方面，制造业技术技能人才的待遇整体还偏低，政府对企业实际需求的学历不高但技术过硬的技能型人才相应的政策支持力度不够，

尤其是对蓝领工人的相应财政补助远不及高层次人才的补助力度。

（五）人才招引渠道较为单一，选人的地域性特征明显

调研结果显示，龙岩机械装备企业主要还是通过员工内部推荐、网络招聘和现场招聘这几种方式招聘人才，且使用的网络招聘平台也以本地招聘网站为主，虽能满足中低端的基础性人才需求，但中高端的技术性和管理类人才基本很难获得，人才的地域性和局限性明显。半数以上被调研企业反映企业有赴外招聘需求意愿，同时期望政府能够统一组织行业企业赴外招聘和参照泉州、漳州、莆田等地给予赴外招聘企业经费补助。

五、对策建议

（一）加紧同步制定机械装备产业人才发展规划

围绕龙岩市机械装备产业发展工作方案发展目标，进一步明确龙岩市机械装备产业人才需求数量、引进目标、培养方向，做好机械装备产业人才引进、人才培育、人才使用、人才安居等配套规划，细化提出了短、中、长期人才发展阶段目标，同时在产业人才招引、培养、政策、科研载体、城市配套等方面也做出具体的规划，形成龙岩市机械装备产业人才发展规划，实现产业规划到哪里，人才规划就同步到哪里。

（二）加快改进适应高质量发展的人才供给侧改革

一方面，做好教育文章，以优化人才队伍结构为目标，通过巩固提高中等职业教育发展水平、扩大高等职业教育发展、实行终身职业技能培训、加强农民工职业技能提升、推行现代学徒制等举措，加快培养面向龙岩市机械装备产业高质量发展所需的创新型、技能型、应用型、复合型人才。另一方面，做好人才服务业文章，鼓励和支持人力资源服务业发展，发挥市场在人才资源配置中的作用，发挥龙岩市人力资源超市的平台作用，集聚人力资源服务机构，为龙岩各类企事业单位和人才提供人才招聘、人才培训、人才测评、猎头、人事外包、人才派遣等全链条人力资源服务，通过服务产业链延伸和产品创新，形成实体经济、科技创新、现代金融、人力资源协同发展的产业体系，为制造业高质量发展提供人才保障和智力支持。

（三）加大精准施策力度促进机械装备产业招才引智

一方面，构建机械装备产业人才供求监测体系，在重点企业和重点项目企业设立人才监测点，加强机械装备产业人才队伍调研，深入开展机械装备产业相关行业研究，摸清产业人才需求，制定机械装备产业紧

缺人才目录和清单。另一方面，围绕龙岩市机械装备产业高质量发展对技术和人才的需求，绘制机械装备产业人才供给地图，为企事业单位提供按图索骥、按录索才，实现靶向引才，为政府实现更为精准施策提供支持。另外，扩大人才招引渠道，加强产业精准式的赴外引才招聘，在龙岩生源较多的院校设立"校园联络员"，发挥产业聚集区"同乡会""校友会"的作用，通过定期组织的乡贤活动、游学活动等串联资源，为龙岩招引一批在外学习工作的产业技术人才。

（四）加快机械装备产业青年人才队伍建设

着力解决当前青年高技能应用型人才短缺的突出短板。一是着力转变人才观念，引导全社会扭转就业和用人中的职业偏差，大力宣传"工匠精神"，形成尊重劳动、崇尚技能的良好氛围；二是促进本地职业院校专业设置与产业紧缺人才需求有机对接，增设专业，增加招生指标，加大补助力度，放宽中高职学校学习就业实训约束条件；三是注重人才的行动力、创新力和贡献度，优化产业人才评价体系，通过开展职称评审、技能鉴定等人才评价与激励工作，引导推动产业人才质量不断提高，满足产业发展需要。

（五）调整人才政策，优化人才环境，提升城市综合竞争力

一是根据企业实际用人需求，政策应向企业的中层技术人才、高技能人才、基层人才倾斜；二是根据地域经济发展特征，放宽人才评定准入门槛，鼓励企业引进普通院校毕业生，政府给予政策支持；三是建立常态化的交流与合作机制，定期组织行业人才开展交流活动，打造兼容并蓄的人才发展环境，提高人才对当地文化的融入度，提升人才对城市的归属感；四是完善产业园区的公共配套设施，满足人才在教育、医疗、交通、娱乐生活等方面的需求，提高城市对人才的吸引力。

参考文献

[1] 薛涛. 福建省机械行业专门人才现状与需求分析 [J]. 机械职业教育，1996（1）：26-28.

[2] 苏小凤，江强，徐文菲，等. 福建省制造业转型升级人才需求预测分析 [J]. 福建农林大学学报（哲学社会科学版），2019，22（1）：44-51.

[3] 邓玉湖. 建立龙岩机械装备产业计量测试平台的可行性分析 [J]. 中国计量，2018，270（5）：28-29.

郑洛新国家自主创新示范区装备制造业急需紧缺人才引进和发展研究[1]

杨东风 王 征[2]

摘　要：郑洛新国家自主创新示范区是河南省推进自主创新和高新技术产业发展的重要探索，在推进郑洛新自创区建设时应大力培养和引进高层次创新创业人才。通过深入调研，研究郑洛新国家自主创新示范区装备制造业急需紧缺人才引进和发展存在的问题，对保障和促进郑洛新国家自主创新示范区建设，激发区域创新创业活力，带动全省创新驱动发展具有重要意义。

关键词：郑洛新　创新　装备制造　急需紧缺人才

习近平总书记指出，发展是第一要务，人才是第一资源，创新是第一动力。郑洛新国家自主创新示范区（简称示范区）是中原地区的高科技产业中心，是国务院批准的第12个国家级自主创新示范区，也是中国制造2025试点示范城市群。装备制造业是国之重器，是制造业的基石，郑洛新国家自主创新示范区需要大量高素质的装备制造业人才，来激发区域创新创业活力，带动全省创新驱动发展，推动《中国制造2025》实施。

---

[1]　该篇论文获得"2020年全国人才与人事研究主题征文活动"三等奖。
[2]　杨东风，河南省行政管理科学研究所所长；王征，郑州职业技术学院教师。

一、郑洛新国家自主创新示范区装备制造业人才现状分析

为了解郑洛新国家自主创新示范区人才现状，笔者对郑洛新59家具有代表性的装备制造业企业的人才现状进行了重点调查，其中包括郑州27家、洛阳18家、新乡14家企业，对郑洛新国家自主创新示范区装备制造业人才现状有了基本的了解。

（一）重点企业2018年度人才增加情况

根据调查，郑洛新国家自主创新示范区重点企业2018年度人才增加占比最高的是应届高等院校毕业生，为46.79%；其次是社会引才，为33.45%；占比最低的是高层次人才和军转干部安置，分别仅有2.6%和0.78%（见表1）。目前企业是吸纳就业的主要力量，尤其在吸纳高校毕业生解决就业难方面发挥巨大作用。《2018年河南省高校毕业生就业质量调查报告》显示：2018年河南省高校毕业生总体就业单位性质分布前五位中，民营企业比例最高，为29.88%；其他企业占比13.27%，国有企业占比11.22%，其他单位占比10.64%，医疗卫生单位占比8.19%。

表1　　　　　　　重点企业2018年度人才增加情况　　　　　　单位：人

人才来源	人数	人才来源	人数
高层次人才	80	社会引才	1 028
应届高等院校毕业生	1 438	军转干部安置	24
应届中等专业学校毕业生	241	其他	262

（二）重点企业2018年末人才概况

2018年末，59家重点企业共有人才28 622人，其中占比最高的是高技能人才，为35.51%；其次是专业技术人才，为27.36%，见表2。

表2　　　　　　　重点企业2018年末人才情况　　　　　　单位：人

人才类别	人数	人才类别	人数
企业经营管理人才	4 500	其他人才	6 363
专业技术人才	8 005	人才总人数	28 622
高技能人才	10 389	职工总人数	38 861

（三）重点企业2018年末人才学历结构

由表3可知各事业单位2018年末的人才学历情况，其中占比最大的是

中专、高中及以下，为45.72%；其次占比比较大的是大学专科，为26.09%；再次是本科，为21.86%；而占比最少的是博士，仅有0.25%。

表3　　　　　　　重点企业2018年末人才学历情况　　　　　　　单位：人

学历	人数	学历	人数
博士	93	大学专科	9 795
硕士	2 293	中专、高中及以下	17 163
大学本科	8 194		

（四）重点企业人才年龄结构

由表4可知各事业单位2018年末人才年龄的情况，其中占比最大的是35岁及以下的人群，为54.46%，有20 565人；其次占比比较多的是36~45岁的人群，为23.8%，有8 989人；占比最少的是55岁及以上的人群，为3.22%。由此可知，重点企业人才还是年轻者居多，年长者偏少，年龄与其占比成反比。

表4　　　　　　　重点企业人才年龄结构　　　　　　　单位：人

年龄	人数
35岁及以下	20 565
36~45岁	8 989
46~54岁	6 992
55岁及以上	1 217

（五）重点企业人才至2018年在当前岗位任职年限情况

由表5可知重点企业人才至2018年在当前岗位任职年限的情况，其中占比最大的是7年以上人员，为42.01%，有15 859人，但是主要集中在历史较长的少数企业，其中仅中国一拖集团有限公司就有9 247人。其次是不满3年人员，为18.79%，有9 909人，3年至不满5年人员占18.79%和5年至不满7年人员占15.11%，分别有7 094人和5 703人。如果剔除中国一拖等个别历史悠久的大企业，占比最高的是工作年限不满3年人员。

表5　　　　　　　重点企业人才至2018年在当前岗位任职年限情况

在当前岗位任职年限	人数
不满3年	9 099
3年至不满5年	7 094
5年至不满7年	5 703
7年以上	15 859

（六）重点企业人才年薪酬水平

由表6可知重点企业人才2018年年薪酬水平的情况，其中占比最大的是5万至不足10万元的人群，为41.83%，有6 060人；其次是3万至不足5万元的人群为33.68%，有4 879人；占比最少的是50万元及以上的人群，占比微乎其微，仅有0.26%。目前河南省企业吸引人才的障碍中，薪酬水平偏低也是一个重要因素。

表6　　　　　　　　重点企业人才年薪酬水平　　　　　　　　单位：人

年薪酬水平	人数	年薪酬水平	人数
不足3万元	1 164	20万元至不足30万元	312
3万元至不足5万元	4 879	30万元至不足40万元	95
5万元至不足10万元	6 060	40万元至不足50万元	55
10万元至不足20万元	1 883	50万元及以上	38

二、郑洛新装备制造业急需紧缺人才需求分析

在此次调研的郑洛新国家自主创新示范区59家具有代表性的装备制造业企业中，56个重点企业存在急需紧缺人才情况的岗位有1 419个。

（一）重点企业需求人才行业分布

从行业分布来看，急需紧缺人才较多的行业是其他产业、数控机床、轨道交通装备、农机装备、电力装备。从调研企业的具体情况来看，河南省在电力装备、盾构装备、农机装备、矿山装备等领域具有明显优势，对人才的需求量也比较大。盾构装备在此次调研中，仅考察了国家盾构及采掘实验室，实验室刚刚引进过人才，暂时不存在人才短缺情况，见表7。

表7　　　　　　　　重点企业需求人才行业分布　　　　　　　　单位：个

行业	岗位数量	行业	岗位数量
电力装备	75	矿山装备	23
盾构装备	0	农机装备	100
轨道交通装备	195	其他产业	603
机器人	15	数控机床	382
节能环保装备	26		

(二)重点企业需求人才的学历结构

从企业对人才学历的需求情况来看,对本科人才的需求最大,岗位数量为 665 个,占比 46.86%,显著高于企业现有本科人员比例,反映出产业结构升级对人才的要求正在提高。其次需求比较多的是中专、高中及以下和大学专科人群,岗位数量分别为 481 个和 200 个。在调研中,企业反映人才招聘的困难,一方面是高端人才引进难,另一方面还存在招工难,缺乏素质过硬的技术型、技能型人才,见表 8。

表 8　　　　重点企业需求人才的学历结构　　　　单位:个

学历	岗位数量
博士	12
硕士	61
大学本科	665
大学专科	200
中专、高中及以下	481

(三)重点企业需求人才的职称结构

从企业对人才学历职称要求来看,大部分岗位对职称不做要求,只有 1.34% 的岗位要求高级职称,5% 的岗位要求中级职称,见表 9。这个和企业的人才需求结构有关,也和企业的人才薪酬制度有关,大部分企业在薪酬体系中对职称的考核不多。在访谈中企业也表示招聘人员重点是看工作经验和工作能力、学习能力和教育背景,其中应届生侧重学习能力和可塑性,对社招人员侧重经验和技能。

表 9　　　　重点企业需求人才的职称结构　　　　单位:个

职称要求	岗位数量
高级	19
中级	71
无	1 329

(四)重点企业需求人才的工作年限要求

从企业对人才工作年限要求来看,65.61% 的岗位对工作年限没有要求,20.3% 的岗位要求 3 年以上工作经验。在招聘人才困难的情况下,反映出企业对待人才的务实性,这些岗位大部分是基层岗位,招聘新人可塑性强,对企业的忠诚度较高,可以很快适应企业的需求,包括技术要求、制度要求和文化要求，薪酬还比较低。对于工作经验要求比较高的，大部分是高级的管理岗或技术岗，对人才要求非常高，见表10。

表 10　重点企业需求人才的工作年限要求　　　　　单位：个

工作年限	岗位数量
无	931
1 年	64
2 年	33
3 年	288
4 年	5
5 年	73
6 年	5
8 年	6
10 年	14

（五）重点企业需求人才引进方式

从企业对人才引进方式来看，88.65％的岗位是长期引进，短期引进和技术攻关的占比分别是 10.22％和 1.13％，短期引进和技术攻关的目的主要是产品立项和技术攻关，符合产品或技术项目的运作特点，见表11。

表 11　重点企业需求人才引进方式　　　　　　单位：个

引进方式	岗位数量
短期引进	145
技术攻关	16
长期引进	1 258

（六）急需紧缺人才需求预测

总之，郑洛新国家自主创新示范区未来发展的关键是结合产业结构调整，将人力资源转化为具有高增值性的人力资本，实现人才与主导产业的有机融合。事实上，产业发展只有依靠人才，才能不断形成技术优势、创新优势和竞争优势。在新科技革命和经济全球化的开放环境下，示范区内的产业结构正在逐步优化升级。产业之间的融合正逐渐成为产业发展的新趋势，融资服务、技术支持服务、信息服务、研发服务和物流服务与生产过程的结合日益紧密，并创造出产业发展的新模式。因此，需要大批专业化、创新型的急需紧缺型人才。

从示范区产业发展对人才的未来需求看，大致可以归纳为以下几大类：一是需要扩大专业人才规模，其范围包括高端制造、先进制造及智能制造等为重点的专业人才，尤其需要集聚一批拥有核心技术和自主研发创新能力的工程技术人才和科研开发人才。二是需要集聚和造就一批具有战略思维和国际视野、熟悉国际商务运行规则、具有跨文化沟通能力的高层次经营管理人才。三是需要一大批具有较高知识层次和创新能力、具有较强适应能力、掌握精湛技艺的高技能人才。为此，郑洛新国家自主创新示范区人才资源开发需要紧扣产业发展布局，优化人才结构，才能支撑产业结构升级，进而使产业高地与人才高地相辅相成、交相辉映。

三、郑洛新装备制造业急需紧缺人才发展面临的问题

习近平总书记指出，要学会招商引资、招人聚才并举，择天下英才而用之，广泛吸引各类创新人才特别是最缺的人才。急需紧缺人才是各地现阶段引进的重点，也是各地人才竞争的焦点。为引导急需紧缺人才向郑洛新装备制造产业集聚，加快促进经济发展方式转变，提升人才资源竞争优势，厘清郑洛新国家自主创新示范区的急需紧缺人才状况显得尤为重要。根据调查分析，郑洛新急需紧缺人才发展主要存在如下几方面的问题：

（一）地域因素是造成人才引进困难和人才流失的重要因素

地域因素是企业反映较为集中的一个问题。河南省经济、文化、创业环境及薪酬水平等较北京、上海等一线城市均有一定差距，再加上政府、用人单位的局限等因素，相对而言，部分人才到河南后不得不面临收入状况不满意、工作条件和生活保障不足的问题，河南的薪酬水平连续多年在全国省市中排31名。据调查企业反映，高学历、高层次人才配偶就业和子女入学问题直接影响人才队伍稳定。在郑洛新三地中，洛阳和新乡的这个问题尤为突出。此外，区域形象影响着人们对一个地区的认可度和美誉度。河南人口多，是一个农业大省，不少人形成了习惯性的认识偏差，致使不少人认为河南落后，比不上沿海发达省市，不愿意来河南发展。

（二）人才招聘平台不足，招聘成本高

行业人才信息不足，缺乏信息渠道也是多数企业反映的问题。具体来说，相关专业人才基数少，选择范围窄，缺乏有效的对接渠道和平台，缺少高层次人才引进的渠道，造成人员招聘难、成本高。

特别是专业要求高、难度大的人才招聘特别困难，企业反映尝试过各类招聘网站、现场招聘会、高校双选会等，效果都不理想。

（三）人才创新能力相对较低

企业占比大多数为普工，高技能人才比例低，无法满足企业创新。郑洛新国家自主创新示范区作为内陆欠发达地区的自主创新示范区，劳动力数量大，但是由于教育质量有待提升，高校、企业以及科研院所的创新人才欠缺，特别是领军人才缺乏，创新能力不足。作为以市场为主体的企业，高级技术工人和实用型创新人才成为企业产业升级的瓶颈。调研结果显示，高精尖人才、研发型人才以及行业领军人才是多数企业急需紧缺的人才，其次是各类型工程师较为紧缺，最后是高技能产业工人的紧缺。孵化企业对高级钳工、电工等也有需求。

（四）人才培训成本高，人才培养难

由于政府对企业办技校不再有财政支持，不少企业办技校缺乏投入甚至停办，而企业和学校的校企合作或产教融合又缺乏引导和对接，以至于本土专业技能人才培养供应不足。中信重工反映人力资源市场上机械加工类专业生源供应紧张，天车、起重、热加工等专业无生源供应等等。

不少企业反映，花费一定的时间和成本对一些管理及技能人才进行培养后，人才则流失到其他地区或企业，增加了企业培训成本，影响了企业人才的稳定性，削弱了企业开展员工培训的积极性。另外，企业对高技能人才的培养经过一段时间后会产生一定的瓶颈，社会及政府缺少高技能人才培养的氛围及途径。目前不少企业培养模式单一，缺乏创新性。

（五）受多重因素影响，人才流失加速

一是人才加速流动直接推动了人才流失加速。人才加速流动是经济社会发展的必然结果。当前社会价值多元，人们不再追求终身服务一个单位的安定性，都在寻找更大的发展空间，尝试更丰富的工作体验，寻求更好的工作待遇和生活条件。而户籍制度的改善、社保等制度日益完

善，为人们在不同的企业、不同的地域流动提供了保障。加上现在交通便利，高速公路、高速铁路、城轨的普及为人们的流动带来了很大的便利，使人才流动越来越方便。只是当一个人才流动时，对他的新单位来讲是人才流入，对他原来服务的单位来讲可能就是人才流失。人才流动加速的趋势是无法避免的，所以企业必须适应主动变化。

二是城市之间竞争加剧了人才流失加速。近几年各大城市展开人才大战，武汉、合肥、西安、太原、郑州等周边城市，陆续出台人才引进和保留政策，动辄给钱给房，其中人才公寓、住房补贴等具备很强的吸引力，对于高端人才甚至配套上亿的资金，一些发达城市就更加凸显占有率优势。目前，郑洛新出台了相关引进政策，但要求层次较高，且补助力度竞争力不强。

三是行业之间存在人才流动。不同的行业可能对某些专业人才都需要，人才就会选择经济效益好、发展前景好的行业。但是制造业企业在人才市场上的综合竞争力逐年下降，专业技术人才多流向IT、互联网等第三产业企业。

四是企业之间的竞争十分激烈。人才自然会去选择有更好发展空间的企业。央企新航集团也存在人才留不住、人才流失严重的问题。该企业相关负责人讲："尽管他们对培养人才投入了大量资源，但仍出现人才流失的现象。这主要是受到国企性质的限制，国企的工资结构有一定的政策规定和要求，不像民营企业那样具有灵活性，导致我们培养的人才经常会被开具优厚条件的民营企业挖走。比如：我们单位经过举办技能大赛评选出来的工匠能手会被其他企业挖走，导致我们公司的技能人才流失。"因此，在企业人才状况调查和数据采集过程中，不少企业表示对统计和上报急需紧缺人才数据有一定顾虑。

（六）社会发展带来人员流动新问题

交通条件的改善改变了人们的工作和生活方式。新航集团反映，已经在本地结婚买房的员工，这些看似已经稳定的人还会从新乡离职到郑州工作，导致人才流失，这可能是目前人们观念的转变，是一种社会现象。此外，洛阳市用人单位反映，高学历、高层次人才配偶就业和子女入学问题也会直接影响人才队伍的稳定。因此，河南省目前仍然存在支撑装备制造业发展的人才相对匮乏的问题。一是装备制造专业人才培养和服务体系发展滞后，装备制造领域的高端人才及复合型人才需求缺口大；二是存在高级技工少、现代型技工少、复合型技工少的现象，特别缺乏既懂装备制造又懂智能化、数字化技术应用的复合型专业人才；三是各大中型装备制造企业存在人才流失现象，导致省内大中型尤其高端装备企业只能从外省高薪招聘所需高级技能人才。

四、郑洛新装备制造业急需紧缺人才引进和发展的政策建议

郑洛新装备制造业急需紧缺人才在发展过程中遇到诸多问题，为引进更多的急需紧缺人才和高素质人才，提升郑洛新国家自主创新示范区乃至河南的核心竞争力，促进全省经济社会的加速发展，需要以政府为依托、企业为主体、地方高校和科研机构为支撑壮大急需紧缺人才队伍。

（一）加强舆论宣传，从省级层面树立地方现代化新形象

河南省不但是人口大省、农业大省，更是文化大省、经济大省、新型工业大省，交通、旅游、生态环境方面的优势也是招才引智中的有利因素。河南省要加大形象宣传力度，把河南省的形象宣传信息通过全国性和国际知名媒体广泛传播，争取重要的会议、展览、赛事活动在河南举办，塑造河南现代化新形象，形成招才引智软实力。

（二）加强人才引进力度

要瞄准海内外顶尖科研领军人才和一流团队，重点引进和培养符合国家人才引进政策，河南省"中原学者"及郑洛新三市人才计划入选条件的"高精尖缺"创新创业人才。郑洛新三市聚集了河南省最知名的高等院校、最具实力的科研院所以及较好的高新技术产业基础，是引领和支撑河南省创新发展的重要战略性力量。依托示范区高校和科研院所建设一批科学家工作室，吸引以两院院士等为代表的科学大师。加大对中小型高科技企业，特别是民营中小型高科技企业设立博士后科研工作站的支持力度。围绕示范区主导产业，建设科技领军人才创新驱动郑洛新中心，集聚一批能够解决产业共性问题、企业实际技术需求的高层次科技领军人才和团队。依托产业研发平台，建设郑洛新创新型人才培养基地，引进培养一批科研基础好、创新能力强的青年创新型科技人才。

要加快落实省委、省政府关于加快引进海外高层次人才的实施意见，完善海外人才引进工作机制，加快河南"招才引智"创新发展步伐。围绕示范区主导产业领域，搭建豫籍海外高层次人才数据库，有效整合豫籍海外科技人才和留学生信息。积极与国际知名猎头、高端人才服务中

介机构合作，探索在欧美等创新创业高地建立一批市场化的海外人才联络处和海外高层次人才交流平台，打通海外人才回流通道。

（三）健全人才培养体系

积极鼓励重点企业、科研院所和高校加大人才培养力度，引导创新能力强、综合素质高的专业人才申报国家和省重大人才项目。引进、培育一批具有重大技术突破和较强产业化能力的领军型、高层次、紧缺型创新创业人才（团队），实现人力资源配置和产业发展需求高度匹配。

大力弘扬培养"大工匠"人才。洛阳市中信重工"大工匠"培养模式做得较为出色。应围绕示范区产业转型升级发展需求，建立产业人才培养体制机制，培养以高技能人才和专业技术人才为代表的"金蓝领"群体。鼓励骨干龙头企业加快建设"大工匠"工作室，培养一批以"大工匠"为引领的高技能人才队伍，打造国家大工匠师承基地。根据示范区各园区产业发展方向，紧密结合园区科技企业专业需求，以高度灵活的方式建立新型职业教育、培训体系。充分整合职业学院、人才培训机构等资源，探索建设高技能人才校企合作制度，优化技能培训和技能鉴定服务，培养一批专业技术人才。

不断创新人才引进培育机制。建立人才引进激励机制，设立"引才先进工作奖""人才突出贡献奖"，对为装备制造业发展做出突出贡献的创新主体和人才给予奖励。探索为目标人才提供个税补贴、国内外专业资格互认等优惠便利措施。

（四）加大政策扶持力度

持续完善人才扶持政策。大力实施各种"人才计划"，全面激发人才创新创业活力。加强人才引进培育，对引进的领军型、高层次、紧缺型创新创业人才（团队）分别给予一定的资金支持。对海外归国创业人员，在技术开发、成果转化以及创办新技术企业方面给予适当的专项补贴或者相应的贷款优惠政策。

不断完善人才引进优惠政策，降低引进人才政策补贴门槛。根据河南省产业及经济发展对各类人才的需求，对引进的急需紧缺人才给予政府补贴，如一定的技术补贴及住房补贴等。同时，对技能人才的引进给予政策补贴。加大青年高潜力人才优惠政策力度，在荣誉、安家、子女就学、就医等方面鼓励更多青年人才集聚郑洛新，同时推出本地人才培养优惠政策，如资格或技能证书补贴、继续教育补贴等。此外，对柔性引进人才,如领域资深兼职人员和因技术攻关引进的专家等,在税收、社保和享受人才政策待遇等方面给予一定倾斜。

(五)创建载体,大力构筑急需紧缺人才发展平台

一是通过做大做强高新开发区、产业园区和装备制造业研发基地,加快推进企业研发中心的建设,通过特聘兼职、课题或项目合作研究、专项技术联合攻关、技术咨询等柔性方式引进高端智力资源,为全省提供智力服务。二是健全急需紧缺人才和高素质人才引进的市场机制,创新符合机关、企事业单位不同特点的用人机制,建立专业技术资格社会化评价机制,打破急需紧缺人才和高素质人才区域、行业、身份等方面的界限,建立起党政人才、企业经营管理人才和专业技术人才之间的交流通道。三是设立示范区人才交流委员会,统筹管理示范区内部人才沟通交流事宜。如建立示范区急需紧缺人才议事会议机制,定期组织沙龙、论坛、专项培训、集中学习和互派挂职等形式的活动。此外,可以借助郑洛新示范区的平台为人才交流提供渠道、设立专栏报道等。四是建立河南籍人才大数据库。网罗在外地工作的河南籍人才信息,争取更多人才返豫发展,给有需求的企业精准推荐人才。同时,要针对不同专业岗位建立相应的人才储备库,如区分高层次人才和技能人才,以实现人才信息共享。

(六)优化人才发展环境

一是为高层次人才提供人性化服务。加强对高层次人才的跟踪服务,帮助解决高层次人才在承担科研项目、住房、保险、子女入学和家属安置等方面的实际问题,解决高层次人才干事创业的后顾之忧。二是为引进人才提供优质创业环境。为成就突出的高层次人才设置专项科研经费,激励他们创新创业。强化人文关怀,拓宽人才服务领域,为各类人才干事创业创造良好的政治环境、社会环境和人文环境。三是搭建高校毕业生就业创业平台。制定高校毕业生就业创业优惠政策,着重从困难救助、政策服务、技术支持、融资等方面,支持高校毕业生创办微企、发展特色产业。四是在人才服务机构设立人才综合服务平台,为各类人才提供户籍办理、档案管理、工商注册、签证居留等"全方位""一站式"服务。

(七)深化改革地方高校人才培养模式,促进校企合作

开放各类实验室研发平台。利用河南高校科研院所现有的重点学科、

重点实验室、研发中心等平台主动吸引世界一流、具有全球视野和国际经验的领军人才以及拥有关键核心技术、能够带动产业转型的产业领军人才和团队到学校工作，加强郑洛新国家自主创新示范区人才高地的建设。创造宽松的制度环境，强化与政府部门和优势企业合作共同培养人才。建立人才流动机制，促进地方高校、企业、郑洛新国家自主创新示范区内人才有序自由流动。强化校企合作，加强校企合作培养各级各类复合型人才，实现学校与企业在人才培养上的无缝对接，实现互利共赢。

（八）及时编制、发布和调整急需紧缺人才目录

急需紧缺人才目录编制涉及的信息是动态的、海量的。从此次调研来看，急需紧缺人才目录编制对于编制人员要求高，对于数据管理的要求高，需要建立统一的信息化、数字化标准和平台，对采集的数据信息进行精准预测和动态监控，实现大数据时代的互联共享。在当前大力推进数字政务的基础上，可充分利用现有的资源环境和数据，开发急需紧缺人才需求目录信息管理系统，将急需紧缺人才需求目录与其他大数据对接，实现急需紧缺人才的实时统计和人才流失预警。

为了保证急需紧缺人才目录的科学编制和常态化、制度化，应建立健全完善的数据采集、研究编制和实时发布制度，明确政府部门、用人单位在急需紧缺人才目录中的作用和任务，明确急需紧缺人才目录编制程序和应用范围，进一步加强研究，更好地发挥急需紧缺人才需求目录编制在"招才引智"创新发展中的作用。

参考文献

[1] 国务院关于印发《中国制造 2025》的通知（国发〔2015〕28 号）[Z].

[2] 国家中长期人才发展规划纲要（2010—2020 年）[Z].

[3] 国务院关于同意郑洛新国家高新区建设国家自主创新示范区的批复[Z].

[4] 中共河南省委、河南省人民政府关于印发《郑洛新国家自主创新示范区建设实施方案》的通知（2016）[Z].

[5] 河南省人民政府关于印发《河南省推进制造业供给侧结构性改革专项行动方案（2016—2018 年）》的通知[Z].

［6］郑洛新"中国制造2025"试点示范城市群获批（2017）［Z］.

［7］河南省人民政府办公厅关于印发《河南省装备制造业转型升级行动计划（2017—2020年）》的通知（豫政办〔2017〕114号）［Z］.

［8］中共河南省委、河南省人民政府关于加快推进郑洛新国家自主创新示范区建设的若干意见［Z］.

人才队伍建设

年轻人才队伍建设的影响因素分析[①]

聂湛超[②]

摘 要： 在社会主义新时期的重大战略发展期，各种改革的推进和各项工作的开展都与人才挂钩。进入21世纪20年代，随着新知识新产业的快速发展，社会对人力资源提出新要求，年轻人才变得更加稀缺和急需。在经济发展、政治发展、社会服务、生态文明、文化昌盛、科技进步等领域，人才结构的转变和新人才分布方向的扩展，使得大量思维活跃、富有创新观、心怀抱负的年轻人进入岗位。但是伴随着改革深入，人才紧缺问题逐渐严重，尤其是年轻人才的引进、培养，亟待完善制度机制和环境。本文着重考量年轻人才面临的外部总体环境，分析当前社会对年轻人才的阻碍和可改进之处，试图提出建设性建议，力求改善人才环境，帮助人才成长。

关键词： 年轻人才 社会环境 选拔制度 思想建设 梯队建设

---

① 该篇论文获得"2020年全国人才与人事研究主题征文活动"三等奖。
② 聂湛超，山西省人力资源和社会保障科学研究所见习生。

一、引言

作为轴承的重要职责来看,年轻人才承上启下,从上一代接手工作,释放青年活力,成为新时代中国特色社会主义事业推进的一个必备要件。这个目标较为艰巨,因为这种活力不仅关系到人才成长道路,而且关系到人才制度改革。总之,对年轻人才的吸引和培养,是时代的潮流,也是未来很多岗位工作的基础。年轻人才的发展和使用不可能一夜之间就开花结果,随着越来越多的年轻人才脱颖而出,迫切需要对他们的全面培养。

二、外部环境

我国正处于从人力资源丰富低质到人力资源丰富高质的过渡时期,年轻人才的数量积累超过素质提升;在许多关键科技领域,领导者仍然是国外公司;在社会公共服务领域,没有合理的管理制度和专业人员。高素质人才的缺乏,使得人们担心的是"中国到现在还培养不出自有人才"。尽管中国的发展作为一个重要的战略机遇,促使年轻人对技能感兴趣,对管理有想法,但在吸引年轻人才方面,仍然存在着许多重要的外部制度和环境问题。

要克服阻碍年轻人才发挥能力的诸多障碍,为其创造一个有利的社会环境。在准许失败的队伍和"多层次"的社会分工中,年轻人才应该坦然面对新事物新环境,放手大胆做事。但由于年轻,年轻人才面临经验积累不足、方法不成熟、思想过于束缚等问题,为此,全社会都应该给予年轻人更多的理解、信任和帮助,而不仅是政府的责任。让年轻人能够更容易在公共部门、基层部门中成长并得到更友善的理解和帮助,经过这样彻底的锻炼,相信他们将以更加成熟的思想、更游刃有余的处事和更加温和的步伐成为社会的支柱。外部环境建设可从以下几方面入手:

(一)平台建设

为年轻人才提供一个能够良好展示才能的平台。政府具有提供公共服务的职能,可通过提供创业、融资等支持增强年轻人的创业创新能力,通过提供住房、注册等方面基础设施服务从而提供良好的物质基础,来吸引年轻人才在那里工作。总之,良好条件的创造和在信息、技术、政策和资金方面的实际支持,能够激发年轻人才的创新活力,发挥其才能。

（二）人事制度改革

改革人事制度，推行绩效考核机制。年轻人才是人力资源的主要力量，也是国家未来发展的希望。目前，年轻人才的吸收不理想，与不合理的人事结构、失调的功能分类、相对单调的服务手段和不灵活的吸纳机制等问题有关，也与国家年轻人才的培育和评优、奖惩制度以及管理模式等均不成熟有关。实践证明，不是年轻人没有应有的才能，而是缺乏合适的制度环境。因此，我们必须消除现有弊端，拒绝鱼目混珠滥竽充数，为真正有为的年轻人才创造有利的制度环境。随着人事管理制度改革的不断深入，年轻人将越来越有动力发挥领导和组织能力。

（三）培训提供

加强培训，提高年轻人的才能。有必要根据不同行业、企业对人才质量的实际要求，对年轻人才进行有针对性的和具体的培训。可以在了解年轻人才的优劣势的前提下，通过配备专家提供专业咨询、培训服务，鼓励年轻人才独立承担一定数量的、与能力相适应的工作，从而使得年轻人才进一步发展自己的能力，激发他们的工作热情。

（四）社会舆论

现实中，不少年轻人的才华都被提出了通常的"潜规则"质疑，与其说是针对年轻人群本身，不如说是愤怒、焦虑、对抗等社会情绪的发泄。这表明，当前的舆论氛围，尤其是网络舆论，是不理性的，甚至是畸形的。

大多时候，由于过度的主体性表达及坚持平民受害的传统习惯，公众舆论无法以理性的方式看待年轻人才的任用和晋升。要创造一种环境，使公众能够客观认识事情、理性地表达自己的观点，并以一种更加包容的方式摆脱一切含糊不清的情况；同时也要为年轻人才提供才能展示的平台，助力他们为自己辩护，从而营造一个双向的宽容和放松的成长环境。

要创造一个公众知情的环境，必须改进人事任选机制，增加公开性和透明度。当前，公众已经习惯了怀疑年轻人才受到"潜规则"和"戈关系"的刺激。要改变这样的认识，在选择年轻人才时应严格遵循民主、开放、竞争、选择自由的原则，向公众提供尽可能完整的信息，以扭转谣言和虚假信息散播的不良风气。

作为社会中的年轻人才，其选择过程与各种社会关系密切相关，直接受到社会环境的影响。在互联网时代，每个人都有"麦克风"，年轻人才的选择不会远离关注。公众舆论的恶劣状况只会阻碍年轻人才的成长。

人才队伍建设的关注点一直集中在年轻人的教育、挑选和人员配置上。年轻人才的初次任用和公示，从社会正义角度来看，是以全面监督为基础的，对它也有个人的义务去监管，所以往往都会受到媒体和公众的"审查"，这值得鼓励和认可。当我们给予每个人生初期的青年目光的关注时，我们应该养成这样的思考习惯："年轻人理应是人才辈出的"，这样我们就不必大惊小怪，将更多的注意力投入到他们的本职工作，而非与工作无关的他们本身。

三、评价方法

新产业新领域的蓬勃发展，以及传统制造业的升级换代，使得社会竞争愈加激烈。尤其是我国正处在经济转型的关键阶段，这就需要从较长期可观测的角度看未来是否会达到更高的发展阶段，年轻人取得的已有成就，及其潜在的发展力和成长力是更重要的观察指标。注重潜力，排除诸如宣传主义等外部因素，这是一个前瞻性的想法和人才领域的先进理念，迫切需要鼓励。年轻人才评价需注重以下两方面：

（一）背景因素

在年轻人才眼里，因为自身学历层次较高，且身处关键岗位居多，所以他们对于获得、考验和奖赏的要求越来越高，不仅要求社会公平，而且要求观念进步。

近年来，许多地方都在积极实践"非强制性人才选择"的概念。一些年轻人才被选中，人们有时会有一种"不确定性"的感觉。但这种"不确定性"恰恰也说明了对年轻人的选择的极度重视。为了克服"潜规则找关系"的刻板印象，并切实获得公众信任，必须用多个标准来"衡量"年轻人的才能。只有这种特殊和强制的外化评级才能测量年轻人才的能力，才能把社会的注意力转向对年轻人的关心上，并为他们的成长铺平道路。

（二）科学评价标准

1. 标准提高

这种"标准"不是资格，更不是年龄，而是"美德和才能"。对于被选中的年轻人才来说，这种"双重标准"更高。要想拥有比普通人更多的东西，就必须有非凡的才能，也才能得到群众的认可和取得一定的成果。应重视具有如此高标准的人才。

2. 程序严格

选定人才，要打破在年龄和经验方面的传统限制，避免不讲道理的破格录取，应坚持严选和监管，因为非常规选择已经是超出规定，所以应当慎用。比如按照有关文件的规定，应遵循民主建议、研究、讨论、任命和公开的程序，规范完整，选任才能令人信服。

3. 分类彻底

对年轻人才的精确和全面研究是决定他们是否能得到提升的先决条件。了解年轻人才必须改进考察方法和转换考察角度，以便在更广泛的领域扩展人才任用和多层次上深化人才配给。只有经过如此彻底完善的过程，年轻人才能在适合自己的位置上发光发热。同时给予年轻人才合理有效的指导，通过知识教育，让年轻人了解自己的长处，从而找到最适合自身成长的社会土壤。

（三）思想建设

年轻人才思维活跃开放，善于接受、吸收新事物，提出新理解。这固然有利于创新驱动、改革深入，但也要看到，年轻人才具有成长的可塑性，这意味着我们不仅要看他们的知识体系，而且要看他们的思想层次。当前，我国正处在大规模使用青年人才的关键时期，要更加重视青年人才的思想建设，尤其要从理想、信念、价值观等方面引导好年轻人才的成长。

1. 要把人才培养和党建结合起来

要通过党建工作选拔人才，即以党建引领人才培养；通过人才任用完善党建，即以人才培养促进党建。一方面，发挥基层组织的直接基础优势，加强基层党建工作的开展，通过组织一系列党建、团建活动，形成良好的人才关爱氛围和健康的人才培养环境，对于思想尚未成熟的年轻人才起到正向引导，帮助树立观念；另一方面，鼓励年轻人才积极参与党建团建工作，有助于其强化政治意识，提高综合素质和学习沟通本领；同时年轻人才的加入，也为基层党建提供了新鲜血液，有助于激发组织活力，强化组织生命力。

2. 学习中国特色社会主义理论体系

年轻人才要在工作的同时合理运用中国特色社会主义理论体系，帮助自己坚持真理，把握大局，增强观察和辨别能力，站稳立场，提高思想觉悟。当前国际形势复杂、周边环境多变、年轻人才任务繁重，必须提高警惕，做好思想重视、先手准备、招数应对、周密计划。

3. 勇于斗争，善于斗争

年轻人才要根据马克思哲学矛盾论，认真探讨解决工作实践中的重大问题。这要求年轻人才在复杂严峻的斗争中摸爬滚打，外练筋骨皮、内练一口气，通过实践锻炼和困难解决来提升能力，磨炼魄力，增长见识。对于矛盾，要抓主要矛盾和矛盾的主要方面，合理选择斗争方式、把握斗争火候，这也就意味着在根本问题上毫不退让、策略问题上变通灵活，调动积极因素，善于解决问题。

四、梯队建设

人才梯队建设就是在现有人才正在发挥作用的同时，未雨绸缪地培养接班人，即做好年轻人才储备，在现有人才变动后及时给予补充与顶替。在平时岗位没有空缺时，对年轻人才可在基层或者专有岗位上进行长期培训和锻炼，这样一来，就形成了水平不同、有高有低的源源不断人才梯队。人才梯队建设需做到以下几点：

（一）全面盘点，明确需求

通过人才盘点，了解本地人力资源现状，并结合本地发展规划，预测未来发展对人才数量及质量的基本要求。通过对比，进一步明确未来人力资源需求和梯队建设需求。人才盘点可以从人员的数量、质量两方面进行评价，数量一般着重统计流失和引进情况，而质量又包含学历、专业、技能等人才特征。通过盘点可以了解到人力资源的充足与紧缺之处以及人员的具体水平，看是否需要补充或者增强，以进一步明确接下来人才梯队的培养方向。

（二）明确标准，考虑潜力

在确定梯队位置后，应选择合适的梯队人员。一般而言，人员是在内部甄选的基础上进一步甄选的，甄选标准的确定必须考虑到发展规划中对人才的具体要求，要侧重于专业知识并查明有潜力的人才。

（三）制定方案，加强调控

方案的制定直接关系到梯队建设的质量。首先应制定一个包括培训与竞争相融洽所需要的知识、技能和思想素质一体化的培训方案，可以采取多种形式，如课堂培训、海外培训、奖励激励、职位轮换等。此外应加强调控，指定一名监督人员在培训期间监督年轻人才按时实施培训计划，并联系讲师、监督人和责任人，施行责任挂钩，定期对培训计划执行情况进行评估。

（四）后续考察，跟踪评估

后续评价是确定年轻人才培养结果的手段。要将阶段性评估和最终评估结合起来，比如季度评估、年度评估相结合。只有在阶段性考核中通过的人才，才可以进入下一阶段的培训；未通过考核的，重新开展定位研究；多次未通过评估的，将退出人才梯队，从而确保梯队成员不断竞争。

通过考核的人员应及时加入人才储备，晋升到培训岗位。人才梯队的建设依赖推广。此外，培训结束并不意味着人才队伍建设结束，还要评估促进培训工作人员表现的标准，一方面是观察人才能力，另一方面是反馈培养计划效果。

（五）其他要点

结合实际情况，尽可能给予优惠待遇，吸引人才加入梯队建设；积极寻求上层支持和同级部门配合；注重培养过程中的正向激励；注重梯队人员的动态管理，优胜劣汰，确保人员质量；保证内部管理人员廉洁高效。

参考文献

[1] 何新莉. A培训机构人才队伍建设战略规划的对策建议[J]. 管理观察，2020（13）：90-91.

[2] 曾阅. 人力资源规划及人才队伍建设的思考[J]. 管理观察，2019（34）：32-33.

[3] 刘洪涛. 质量效益型人才资源开发与管理体系探索与实践[J]. 中国培训，2019（9）：78-79.

[4] 李源潮. 大力宣传和普及科学人才观　努力提高人才工作科学化水平[J]. 求是，2012（3）：3-5.

[5] 桂人研.《国家中长期人才发展规划纲要（2010—2020年）》解读[J]. 人事天地，2010（20）：28-30.

[6] 鲍加耕. 顺应时代发展的应然之举[N]. 中国县域经济报，2018-07-26（8）.

[7] 苏志民. 坚持党建引领　筑牢坚强堡垒　推动一轻高质量发展[N]. 首都建设报，2020-08-17（3）.

"机器换人"时代积极应对人才困境的对策建议[①]

刘苓玲[②]

摘　要：重庆是我国重要的老工业基地，汽车制造、电子、军工等产业都具有良好的人工智能产业发展基础，通过"机器换人"推动这些产业企业技术改造向机器化、自动化、集成化、智能化转变，必然带来人才供求规模与供求结构的重大改变。重庆市应积极应对这些调整，为顺利实现创新驱动发展战略目标以及未来发展做好充分准备。

关键词："机器换人"　人才困境　对策建议

一、"机器换人"引发对人才需求的重大变化

由于"机器换人"技术向纵深推进，重庆市相当多的企业已经开始进入智能制造时代，对人才需求结构将产生以下影响。

（一）对高端专业技术人才产生大量需求

当前，"机器换人"已经迈入智能制造时代。智能制造涉及以下关键技术：

第一，"智造大脑"需要硬件工程师、系统架构设计师、软件工程师、软件设计师、仿真应用工程师、系统集成工程师、系统工程师、算

---

① 该篇论文获得"2020年全国人才与人事研究主题征文活动"三等奖。
② 刘苓玲，西南政法大学劳动经济研究中心主任。

法工程师、人工智能工程师、数据库工程师以及管理员等。

第二，大脑中的知识，即大数据，需要 python 开发工程师、大数据工程师以及数据分析员等。

第三，物联网需要 Web 前端工程师、系统工程师、运维工程师以及大数据工程师、区块链专家等。

第四，工业云平台，需要大量各类软件工程师与硬件工程师。

（二）对高端技能人才产生大量需求

工业机器人技术应用工程师成为不可或缺的岗位，这些岗位除必要的编程技术，还需要掌握从安装、操作到维护、安全等一系列应用设备技术。机器人大规模应用后，智能制造企业会衍生出许多新的岗位，如设备维护保养、机器人二次开发等。

（三）对专业化服务人才产生大量需求

在智能制造下，智能制造服务功能将更加凸显，必然要求大量的专业化服务人才，包括：一是从事产品研发、创意设计的服务；二是智能化系统的操作、调试和维护服务；三是产品的营销、体验、物流和售后服务保障等服务。

（四）对智能制造管理人才产生大量需求

智能制造要求智能制造管理，其管理人员主要从事数据管理工作，通过对数据技术的挖掘和分析，了解企业在各地的生产活动，并对各个生产流程及时提出指导和优化调整建议。

（五）对培训教师产生大量需求

对智能型人才的培养与培训，不但要求培训教师精通服务器、云平台、人工网络神经算法以及大数据分析等理论知识，同时熟练掌握人工智能生产系统应用平台的设计、搭建和持续优化的实践操作，做一名真正的"全能"型教师。

（六）减少了对传统人才的需求

未来大量存在、重复性高的工作将被机器所代替，基础文职和技术分析等岗位将消失。原本在装配加工的流水生产线上的熟练操作工人，也将由于工业机器人的使用而面临被大量裁减。

二、当前重庆市智能型人才供求矛盾相当突出

（一）智能型人才供求失衡严重

在未来三年里，重庆市智能型企业将相达到 3 500 家左右。根据本文

调查，这些企业对上述各专业人才（不包括一线操作工人）平均每年每户的需求量在30人以上，据此可以估算每年全市需要新增智能型人才10万人。企业校园招聘与社会招聘的比例约为1∶1，即企业从校园招聘所需人才约为5万人，社会招聘为5万人。根据本文对智联招聘网2019年1—3月招聘数据的分析预测，智联网全年相关人才的招聘应在3.5万～4万人，考虑企业还会通过其他招聘网站发布招聘信息，社会招聘数5万人基本符合估计数。

从人才供给情况来看，重庆市每年能够提供的智能型专科毕业生为3 000人，本科毕业生8 000～10 000人，研究生1 000人（其中硕士毕业生900人，博士毕业生100人），各层次人才的供给数约为1.4万人，与5万人的校园招聘数相比有3.6万人的缺口。根据调查，企业通过校园招聘渠道招聘智能型人才的难度相当大。如某特大型国有机械制造企业，每年的招聘旺季都会前往全国各大高校进行宣讲，但近年来真正签约的仅有一两个。由于智能型人才储备长期落后，可以说基本没有相关人才的社会供给能力。由此可见，当前重庆市智能型人才供求矛盾相当突出。

（二）造成供求矛盾的原因

本地人才培养长期落后。第一，智能型专业稀缺。重庆市高校虽然有计算机、电子工程等相关专业，但人才培养计划与课程内容更新速度缓慢，所涉及的知识内容完全不能适应飞速发展的复杂的生产制造实践要求。第二，高校管理体制僵化。新专业的申报与设置要求一年一次，本科专业申报加招生培养毕业，周期长达五年之久，严重滞后于人才需求。第三，高校"教学＋实践型"人才奇缺。由于高校的发展目标定位于"研究型大学"，有相当比例的教师没有过企业实践学习，行业经验欠缺；相反，动手能力强、实操性强、工作经验丰富的实践型教学人才难以进入人才培养环节。第四，高职院校人才培养质量不容乐观。

薪酬政策对内部和外部人才都缺乏足够吸引力。通过对智联招聘网上部分城市相同岗位薪酬水平的横向比较，重庆大部分招聘岗位的最高薪酬水平与北上广相差80％～100％。虽然部分职位的薪酬高于成都市，但涉及大数据开发的大数据工程师、python开发工程师的薪酬水平则低于成都。因此，流向重庆的人才较少，本地人才流失严重。

三、优化智能型人才布局的对策建议

（一）完善政府对人才布局的公共服务手段

建议由组织部门、人社部门和教委牵头，编制全市和区域性的人才规划。整合三大部门信息系统并实现共享，深度挖掘人力资源信息和人才信息，运用大数据分析方法，及时发布相关的就业岗位供求信息与薪资待遇信息等，为企业招聘和人才求职提供更为及时的帮助。

从政策层面，政府部门应加大与各类高校及培训机构的工作联系，准确了解高校与机构人才培养活动中的困难并及时帮助解决。加强对人工智能科学理论研究的专项扶持，加大对该领域科研项目与教师培训项目的资金倾斜，推动高校科研人才和师资队伍的能力提升。

（二）优化高校人才培养方案，积极推进校企合作

第一，高起点、高标准进行顶层设计，优化人才培养方案，强化培养重点。第二，把握新兴产业的脉搏，围绕"机器换人"打造特色专业群，拓展新兴专业、改造传统专业。第三，打造产学研结合的师资队伍，在高校引进企业部门的高技能人才进教室、进课堂，切实有效参与人才培养。

各高校应进一步完善校企合作、产教融合运行机制，进一步推动高校与知名企业和科研机构的有关产业学院的共建，并通过理论课程和实训将企业的人才需求与高校的人才培养落到实处。

（三）建立健全新型职业技能培训体系

将职业培训定位为高职院校职业培训与社会性职业培训两大类别。针对高职院校职业培训，要优化职业培训专业结构，积极开拓人工智能领域重点专业。在培训模式上，要打通职业发展与高校教育的衔接通道，从专业与课程设置、人才培养方案、师资互派学习培养、学生实训等方面拓展合作空间。

针对社会性职业培训，要建立完善以市场为导向的培训机制，加强社会性职业培训机构的竞争，采用政府招标的方式购买专业培训机构服务，积极发挥专业化培训机构培训实效性强、培训内容领先等优势。

（四）灵活企业引才育才机制

从企业层面，鼓励有条件的行业组织、大中型企业以市场化的方式自行开展人才培养、认证及战略性人才输出。充分利用知名企业、科研

院所、大专院校的技术力量进行联合开发、技术交流及培训指导。建立有吸引力的专业技术人才薪酬体系和激励保障机制,关心专业技术人才的工作和生活情况,做到待遇留人、事业留人、文化留人。

(五)加快多样化教育产品研发

一是尽快编写相关专业教材。二是引导有条件的企业、教育机构和文化机构积极开发与人工智能紧密相关的编程游戏、科教视频。针对高校人才培养周期长,无法应对当前迫切人才需求的现状,通过大规模开放在线课程(MOOC)等方式对现有人才进行知识更新与技能升级。

(六)加快传统性人才技能的转岗升级

应当通过有针对性的培训,使与人工智能关联性较大的专业性人才转岗进入这些生产性服务产业。对于原生产线上与人工智能关联性较小的劳动者,应通过转岗培训与职业介绍引导他们转入生活性服务业,成为这些行业的"能手"。

参考文献

[1] 于冬梅,朱成喜."机器换人"的困境与出路研究[J].苏州市职业大学学报,2016(2):44-47.

[2] 陈俊超,高祖宇,卢晓智.机器换人与自动化产业发展对策研究[J].中国科技投资,2018(18):189.

[3] 张于喆.人工智能、机器人的就业效应及对策建议[J].科学管理研究,2019,37(1):45-47+111.

科研院所人才梯队健康发展的瓶颈及破解之道[①]

赵晶晶[②]

摘　要：科研人才梯队是科研院所发展的关键，但制约人才梯队健康发展的问题依然存在。面临引才程序较为烦琐，人才培养机制不够健全，科研环境较为封闭；人事管理制度不够完善，考核体系不够科学；薪酬评价、人才评价体系较为单一；科研人员大胆创新、冒险精神不足等瓶颈。破解人才梯队健康发展的难题，要引才出奇招，建立多元化、多融合的人才评价机制；构建"传帮带"制度，培养全球化视野，打破界限壁垒；建立科学薪酬机制，加强激励力度；运用互联网技术，探索多元化梯队模式，网网互通、网网共联；加大经费投入，创造专家品牌效应，组建科研明星团队；开发共享型人才模式，充分赋能，最大限度开发潜能；顺应人才发展规律，运用宏观微观辩证思维和战略人力资源管理思维；培养科研人员的工匠精神、探索精神和专业精神。人才梯队的建设和发展是一场漫长艰巨的探索与尝试，要多方配合、多措并举，增加人才动能、开发人才活力、锻造人才队伍，蒸腾出更多的中国智慧、中国技术、中国思路，点亮国际舞台。

关键词：人才梯队　共享型人才　人才评价　网网共通　赋能

[①]　该篇论文获得"2020年全国人才与人事研究主题征文活动"一等奖。
[②]　赵晶晶，河南省行政管理科学研究所助理研究员、高级企业人力资源管理师。

人才是国之智慧、国之依托、国之重器、国之根本。科研院所作为培育科研人才的摇篮和基地，培养人才是科研院所的重要使命和责任所在。科研人才是一个省乃至国家持续创新发展的动力，是建设创新型国家的主要支撑和中坚力量。人才具有蓬勃向上的生命力，并能产生源源不断的巨大效能，是国家富强的推进器和驱动力，把握住人才就是把握住前进的方向。科研人才梯队的建设是科研院所发展的关键，但制约人才梯队健康发展的问题依然存在。

一、科研院所人才梯队健康发展的瓶颈和存在问题

（一）引才程序较为烦琐，人才培养机制不够健全，科研环境较为封闭

调研中发现，科研院所引才程序较为烦琐，效率较低，某科研院所引才签订协议书后，因为人事审批手续等待时间过长，造成人才流失。一些科研院所只是单纯的"引进来"，并没有"带上去"，使得科研人员缺乏后劲，创新能力不足，无法持续积累，把学问和技术越做越深、专、精。人才的培养不是一朝一夕的事，而是一个持续发展的过程，人才需要在团队里面汲取养分，团队需要做好人才培养的后续工作。调研过程中发现，一些科研院所存在着科研人才青黄不接、人才梯队断层的现象。科研院所在"传帮带"方面做得还比较薄弱，部分科研人员透露出沮丧情绪，进入单位后在科研方面摸不着头绪，无人引导，产生发展方向的迷失感、困惑感和无力感，日渐消沉，这是阻止学术能力攀升的一个隐形的反作用力。而管理人员又只注重向科研人员要成果，专家因为业务繁忙，缺少时间给青年科研人员指导指正。科研人员普遍反映压力大、机会少、"走出去"学术交流少、教育培训少，环境较为封闭，视野狭窄，思路较为单一，深度不够、广度不够。

（二）人事管理制度不够完善，考核体系不够科学

调研中发现，部分科研院所存在着分工不够合理明晰的问题，科研人员初到单位被分配很多与科研无关的事务，存在着混岗现象，大量时间被行政事务、会议所占据，缺少时间进行学术研究、技术探讨、项目调研。部分科研院所行政化氛围较浓，考核体系多由行政管理人员建立，而行政人员一般不从事科研工作。以某院所的重点实验室为例，科研项目主要由行政人员检查验收，行政人员存在着对专业知识不了解或了解不扎实、不到位、不透彻的问题，甚至有些行政管理人员存在着"不懂

装懂"和"和稀泥"的侥幸心理，重视面子工程，造成验收要求不明晰，时常以主观意志为转移，前后不一致，并存在和科研人员沟通不畅、不及时等问题，最终导致项目检查验收受到阻力，使得科研人员反复跑腿，无法按时完成验收任务。此外，部分考核内容存在着烦琐重复的问题，如反复填写表格、报送材料，造成时间和精力上的浪费，而行政人员又简单、片面地向科研人员要项目成果、科研业绩，不能综合对科研人员进行考核评价。

（三）薪资低、薪酬评价体系较为单一，晋升空间小

科研工作虽然社会认同度和荣誉感高，但工资和福利待遇偏低，普遍存在激励方式单一、晋升缓慢、工资的透明度较低等问题。这会影响科研人员的工作积极性、主观能动性，严重的还会造成人才流失，削弱院所内科研团队的力量。此外，还存在科研成果转化不畅通、不及时的问题，部分科研项目、学术成果偏理论性、学术性，缺乏应用性、实践性，无法应用于市场，转化为效益效能，为科研院所增创收益，无法作用于百姓的生活，为社会提供效益和便利，而科研梯队的建立需要有经费的支持，充足的科研经费是科研梯队健康发展的必要条件。

（四）人才评价体系呆板片面，学术科研的生态环境不够良好

调研中发现，部分科研院所的人才评价体系较为单一呆板，不够灵活弹性。片面以论文、课题、项目成果、所获奖项来评价人才，作为人才进一步晋升的主要依据，造成部分科研人员利用大量时间去找资源、拉关系、打人情牌，一心埋头搞科研的却没市场、没平台。长此以往，院所内学术怪圈和科研乱象丛生，极大地挫伤了科研人员的积极性，在院所内造成人心浮躁、不良不端的学术氛围，削减了科研活力和学术创造力。年轻科研人员参与科研项目、科研课题的机会较少。以某实验室为例，年轻科研人员明明做了大量课题工作，却不算作本人的科研成果，这样会减弱年轻科研人员对科研工作的热情和干劲，造成沮丧和失落的情绪，心理压力过大，公平感缺失。

（五）科研人员的大胆创新、开拓冒险精神不足

由于人才评价体系较为单一，缺乏容错机制，对科研方向、科研内容的包容度不够，无形中给科研人员增加了条条框框的限制，致使科研人员有所顾虑，不敢大胆研究学术，缺乏创新精神。职称评审中论文、课题的重压，使得科研人员疲于凑够职称评审条件，在研究方面，走老

路、说老话、复述老观点，专注于"翻新工程""回炉再造工程"，甚至有的科研人员一篇论文，换汤不换药，反复修改使用，造成科研的深度、学术的广度难以向良性的方向发展。

虽然科研工作会给人更高的荣誉感、使命感、社会认同感，但科研院所存在的问题限制了科研院所的蓬勃发展，极大制约了院所里科研人才的生机和活力，影响了科研梯队的健康发展。面对这样的现状，如何破解这些瓶颈就成了迫切和关键的命题。

二、如何破解科研院所人才梯队健康发展的瓶颈

针对科研院所存在的问题，应主要从以下几个方向入手，以此增强科研人员的活力和创造力，促进科研院所人才梯队的健康发展。

（一）引才出奇招，建立多元化、多融合的人才评价机制

扩宽渠道，广发英雄帖，聚天下英才而用之，充分调研，对症下药，缺什么人才引进什么人才，什么方面薄弱就起用什么人才，打通引才渠道，简化用人程序，甚至可以根据情况特事特办，特才特批。打造高效、优良、畅通无阻的"人才链条"，引进高精尖人才、学科领军人物，以重点带局部，以局部带整体。

人才评价应由规范化的准则和个性化的评判标准相结合，不能只是简单的唯论文论、唯项目论、唯奖项论，应该增强评价的弹性化和个性化，多维度、多角度地评价人才。不能只是简单生硬地刚性考察，更要柔性考核，要根据具体情况制订考核计划，根据时间段进行划分，短期、中期、长期的考核目标相结合。在考核目标任务完成的基础上，也应当注重科研人员在政府智库服务、科学进步、技术支持、造福社会、便利百姓等社会效益方面的表现。要建造多元化、多融合的人才评价体系，进一步推进市场化、经济型、可持续化的选人用人机制在科研院所的运行，让科研人员能上也能下、能进也能出，畅通人才晋升和人才发展渠道，继而提高科研人员的干劲和积极性。

（二）建立"传帮带"制度，培养全球化视野，打破界限壁垒

在院所内制定培养、帮扶、传带的责任制度，必要时可以实行"师徒制""导师制"的"一带一"或"一带多"辅导。将人才层次、梯队进行划分，先进带后进，加大人才培养培训力度，打破科研院所之间的界限和壁垒，加大同类型科研院所走访交流，学习彼此先进经验。在如今

风起云涌的国际局势下，培养科研人员的全球化视野和国际视角也成了不可或缺的一环，要学习国际先进科研经验、科研成果，还要结合我国自身实际，形成中国思路、中国科研发展观，形成符合自身院所实际的人才发展观。在科研院所中间也要营造一种"传帮带"的氛围，寻求帮扶合作，最终实现共赢。可以举办类似科研骨干大讲堂、科研经验分享会等活动，定期打卡，加大督促力度，在同类科研院所里选拔出龙头单位，加大资源整合力度，搭建资源共享平台，构建一种既合作又竞争的关系，在大环境中营造一种积极活泼的科研氛围。建立联合培养机制，让人才走到广阔之地，令人才真正地流动起来、鲜活起来、推举出去、接纳进来。

（三）建立科学合理的薪酬机制，加强激励力度

要物质激励和精神激励相结合，畅通晋升渠道，充分调动科研人员的积极性和主观能动性。要适度增加考核奖励的激励，给予应有的晋升空间。要破解薪酬机制单一的问题，采取直接货币、间接货币和非货币的奖励机制相结合的方式。要将市场活力注入科研院所，加大科研成果转化力度，增加创收，以此提高科研人员绩效和福利待遇，对科研人员的科研成果、论文引用次数、论文发表进行奖励。此外，要增加科研人员的精神满足感、自我价值实现感和存在感，可以增加荣誉称号的设置等。

（四）运用互联网技术，探索多元化的梯队模式，整合人才资源库，网网互通、网网共联

加强信息化建设，运用大数据、云计算等"互联网＋"技术让信息流更加通畅，减少信息不对称的问题，做到信息规范化和全覆盖化，进一步整合资源，让科研成果在院所内共享，促进学习，进而提升科研人员的科研水平。探索多元化的梯队模式，建造人才梯队模型，构造人才管理数据库，记录人才成长信息，并不断细化，如人才的擅长领域和学术方向，研究类型及特点，详细掌握人才的成长信息，把握人才的成长进度，持续追踪，从直观和微观中看到人才成长的特点，因材施教，定制人才培育成长计划，更好地促进人才梯队的健康发展。掌握人才梯队的实时发展状况，构造领域、段位分布图，及时调整本院所的人才梯队制度，把科研院所内的人才队伍整合到一张网上，网网互通、网网共联，最大限度地整合资源。探索多元化的梯队模式，如螺旋桨样式、阶梯式、

直梯式等，从点到线再到面，逐个击破，最终形成健康的人才梯队体系。运用互联网思维，把复杂问题简单化并深刻化，把深刻问题数据化，把数据问题程序化，把程序问题实践化，把实践问题体系化。

（五）加大经费投入，创造专家品牌效应，组建科研明星团队

加大对科研经费的投入与支持，健全科研经费的分配模式，向创新型、效益型、青年成长型、高精尖的科研项目倾斜。以院所内专家学者为依托，创立专家品牌，产生品牌效应，组建科研明星团队、精英班底、技术龙头，这样能从人才梯队层次上进行统一拔高，甚至能达到质的飞跃和提升。培育重点实验室，申报协同创新中心，搭建科研发展战略平台。对创新型人才、高精尖专家、取得突出成果的青年科研人员设立科研经费奖励制度。增加对科研仪器等科研配套设备设施的投入，为科研人员创造良好舒适的科研环境，配备优越先进的办公设备。

（六）开发共享型人才模式，组建"编外人才队伍"

人才梯队的建设不仅要从内部、里层去探索、运作、执行，还要从外部借力，借一阵好风、疾风，使得人才队伍能更上一层楼，迸发出更大的活力。可以运用共享型人才思维，创建共享型人才模式，好的专家可以共同使用，好的思想可以共同学习和讨论。思想的力量是无穷无尽的，更多思想的碰撞会迸发出更为耀眼的火花。打破人才壁垒，互通有无，减少人才流动的阻力。可以通过绩效奖励、科研专家费的方式来促进外部专家来本部进行交流，这样可以带动院所内人才队伍的良好发展，破解招不来、招不够急需人才的难题，更好地预防和解决人才梯队断层等现象，"编外人员"也可参与院所内的科研工作，同样是人才梯队的重要组成力量。

（七）充分赋能，多角度、多维度、最大限度地开发人才潜能

人才梯队的健康发展关键在于赋能，要增加人才的动能，让人才自身行动起来，让人才之间流动起来，让学术氛围生动起来，培育人才发展的健康土壤。在调研过程中发现，科研院所由于其特殊的地位，赋能于人才还属于薄弱环节。以某省属设计院为例，科研人才进入单位后，缺少老师指导，没有机会画图纸，不能进行科学研究，以致很少能在实践中提升科研水平。反观民营设计院，紧凑的培训课程、设计机会却让人应接不暇。因此，应学习国内外大型企业的先进经验，产学研结合，加速成果转化，切不可老生常谈、闭门造车。

（八）顺应人才发展规律，运用以微观带宏观、以宏观促微观的战略人力资源管理思维

从宏观和历史的角度掌握人才发展规律，人才梯队的健康发展要运用微观和宏观的辩证思维，建立人才梯队领导机制，统一思想，设立共同愿景，促进科学管理。既要做到"百花齐放、百家争鸣"，又要杜绝思想松懈，做到精神统一。领导者作为院所掌舵人，人事部门作为院所的核心部门，要勇挑重任、责无旁贷，为科研人员扫清障碍、建桥铺路。

建立科研人员问卷制度，关心关注科研人员的精神状态和身体状况，院所工会要定期举办一些文体、旅游、观影等活动，放松科研人员的身心，使科研人员能够以更加热情饱满的状态投身工作。要定期与科研人员谈心，了解其心理状态，征求科研人员对院所发展的意见建议，吸纳不同的思路观点，及时开会讨论、集思广益，进行归纳总结，适时调整院所内不合理的政策。采用科学的沟通策略，促使上情下达，打通沟通渠道、思想渠道、科研渠道甚至灵魂渠道。

（九）培养科研人才的工匠精神、探索精神和专业精神

源远流长的中国历史中，涌现出无数位能工巧匠，他们可能是画师、建筑师、雕刻家等，用智慧和双手创造出了瑰丽多彩的中华文明。"工匠精神"是几千年来中华文明的智慧结晶，是祖先流传的优良品质。科研院所应该培养科研人员的工匠精神，不仅要有优秀的学术思维、精湛的技能，更要政治站位高、道德素养好，还要有踏实、严谨、专业、细致的治学态度，对学术研究要有孜孜不倦、精益求精的高度责任感、使命感和认同感，要注重每一个细节的把握，敬业爱岗，力求做到完美。要有质疑精神、探索精神，要敢于提出问题、发现问题，排除万难解决问题。

三、结语

大国之兴在于人才，人才并不是孤立的个体，科研人才要在梯队中汲取养分，要在梯队中受到洗礼，要在梯队中不断成长。人才梯队的建设与发展不会一蹴而就，而是一场漫长、艰巨的探索与尝试，要多方配合、多法并用、多措并举，增加人才动能、开发人才活力、锻造人才队伍，贡献出更多的中国智慧、中国技术、中国思路，点亮并闪耀于世界的科研舞台。

参考文献

［1］张利华. 华为研发［M］. 北京：机械工业出版社，2009.

［2］孙会峰. 战略性人力资源［M］. 北京：电子工业出版社，2012.

［3］吕立艳. 专家型人才培养和专家型人才队伍建设［J］. 经营与管理，2010（12）：64-65.

［4］张玉志，康力平，钱成文，等. 国有大型企业科研管理体系探讨与实践［J］. 科技管理研究，2013，33（2）：89-92.

［5］罗兴鹏，张向前. 我国"十三五"期间创新驱动战略实施与科技人才发展互动耦合研究［J］. 科技进步与对策，2015，32（17）：145-151.

［6］陈建新，陈杰，刘佐菁. 国内外创新人才最新政策分析及对广东的启示［J］. 科技管理研究，2018，38（15）：59-67.

媒介融合背景下的出版人才培养路径探析[①]

郭玉佳[②]

摘　要：近几年，科技迅猛发展和互联网技术持续迭代对出版行业影响甚大，在媒介融合背景下，传统出版不断加快转型步伐，融合出版专业人才短缺广泛成为制约出版企业转型升级的痛点和难点。因此，本文结合国内外出版业融合发展现状，描摹融合出版人才画像，探索融合出版人才培养的可行性新路径，助力融合出版专业人才的培养与开发。

关键词：融合出版　人才　培养与开发

一、国内外出版业融合发展现状

（一）美国出版融合：依靠先发优势，发展较为成熟

随着20世纪70年代美国大型企业的并购浪潮，美国出版业集团化、专业化、互联网化的发展趋势逐步凸显。近年来，美国出版行业格局已基本稳定，并呈现出对于新技术新媒体的融合发展更为开放包容的态势。

美国出版企业的融合发展主要集中在组织融合、业务融合、技术融合三大层面，这三种融合方式互为助力、循环上升，成为推动美国出版业发展的主要力量。

[①] 该篇论文获得"2020年全国人才与人事研究主题征文活动"三等奖。
[②] 郭玉佳，山东出版传媒股份有限公司人力资源部经济师、国家二级人力资源管理师。

1. 组织层面的融合发展

（1）由多元化经营转为专业化经营。21世纪之前，美国出版企业通过多元化经营，在产业资源和市场份额方面短时间内即占据了较大优势，并充分利用有效的规模效应，迅速成长为大型出版集团。2000年以后，在互联网迅猛发展的大背景下，信息量出现了指数等级的增加，"媒介融合"概念的广泛提出，急速缩短了出版周期，打破了传统的"编辑—读者"关系的平衡。传统出版企业的多元化经营"优势"，在与强调"一针捅破天"的互联网出版单位之间的平行竞争中，反而成了"散、慢、僵"的"劣势"。这样的环境促使美国出版企业由多元化经营转为专业化经营，从而凭借品牌效应巩固市场地位。其典型代表为当前美国五大出版商之一的企鹅兰登书屋。

在媒介融合背景下，为应对以亚马逊、苹果以及谷歌为代表的高科技企业对传统出版机构的冲击与挑战，以往坚持多元化发展的贝塔斯曼出版集团近几年出现了专注于大众出版的趋势，先是2013年促成旗下兰登书屋与培生集团旗下企鹅出版的合并；而后2017年收购企鹅兰登书屋22%的股份，控股75%；又先后收购西班牙的桑迪亚纳出版社、英国的埃伯瑞出版公司、阿根廷的苏达梅里卡纳编辑出版社，成为在大众出版这一专业化方向的全球最大出版机构。其通过并购与大众出版这一核心业务相关的企业，企鹅兰登书屋取得了集成效应，收入稳步上升，并成为贝塔斯曼集团重要的利润来源。

（2）跨媒体经营，实现产业链延伸。美国出版巨头大多隶属国际化传媒集团，这为出版企业实现融合发展提供了资源优势和天然平台，有效推动了出版产业边界的延伸，进而促使影视、动漫、音乐、游戏等其他传媒产业围绕出版内容资源进行有效融合，逐步形成"大出版"的产业链格局。

比如学乐出版集团，将图书内容与电子游戏跨媒体融合，成功推出《39条线索》《无限环》《通感怪兽》三套畅销系列产品，图书印刷量高达2 200万册，游戏平台注册人数300万人，且平均每日以2 500位新增用户的速度增长，每人每天访问时间约26分钟，明显优于其他同类型网站，创下了出版社多平台发展的辉煌纪录。

2. 业务层面的融合发展

（1）传统出版的数字化转型趋于成熟。21世纪初的美国出版业，在总体上已经实现了传统出版的数字化过程。主要体现在：第一，图书工作流程的数字化，实现在线审稿编校、软件排版和网络营销等技术已进入普及应用阶段。第二，美国出版企业经营管理实现信息化，如美国出版企业引进 ERP 管理系统，美国出版行业数据库系统、数据交换和分析系统等的行业级应用。第三，数字印刷的发展使得"低成本、高效率、按需印刷"成为可能，或将引发出版发行领域商业模式层面的变革。

（2）新兴数字化产品蓬勃发展。在互联网持续发展的大背景下，随着智能手机、平板电脑和电子墨水技术的兴起，首先在数字出版领域崭露头角的是亚马逊、苹果公司和谷歌公司，美国出版业紧随其后。技术的发展促进美国出版业出现了数字出版的新形态、新方式，使图书在内容生产、营销和阅读等方面实现全程数字化。

电子书与有声书是美国典型的数字出版新形态。在电子书发展方面，美国五大出版集团原是美国电子书行业主要内容提供商，但 2013 年在电子书代理制与批发制之争败北后，其电子书销售受到一定冲击，并呈逐渐回落趋势。在有声书发展方面，销售额稳定上升，成为增长最快的数字出版物。目前，有声书在美国的销售途径主要分为零售、订阅、图书馆采购三种。有声书的零售以捆绑纸质书、电子书销售为主；订阅销售包括有限订阅和无限订阅；图书馆采购也是有声书销售的重要渠道，如 Overdrive、Hoopla 等都是从事有声书馆配业务的公司。

3. 基于人工智能的技术层面的融合发展

近年来，人工智能的发展给美国出版业带来了重要的技术革新，实现了贯穿于整个作品生产周期，进而也推动了出版人员工作方式的转变。在图书产品制作前期，通过人工智能详细分析热点事件及人物、热门话题等，找到与此相似的出版物的作者、图书销量、内容评价以及阅读用户等信息，深入挖掘读者群体信息，帮助编辑人员在选题策划时更有针对性。在图书产品制作中期，利用大数据技术分析大量作品中的内容和知识关键点，进而得出规律，并完成内容的创作。目前这一技术已经在美国畅销书创作、数字游戏开发等领域得到充分运用。在图书产品制作后期，利用人工智能和数据库，通过深入分析读者群体特征、出版物特征等信息，最终实现满足读者需求与出版商需求的目的。

（二）我国出版融合：大势所趋，挑战与机遇并存

1. 国家政策从战略层面对出版业的融合发展形成有效引导

2014 年 8 月 18 日，中央全面深化改革领导小组第四次会议审议通过

了《关于推动传统媒体和新兴媒体融合发展的指导意见》。自此,"融合"不再是出版企业经营层面的事,而是被正式纳入国家政策层面,成为我国出版产业发展的战略方向。

2018年8月21日,习近平总书记在全国宣传思想工作会议上提出"融合发展关键在融为一体,合而为一"。同年,国家继续落实了《新闻出版业"十三五"时期发展规划》中的出版融合目标任务,实现更快地以科技创新和应用支撑新闻出版业全面繁荣发展。

2019年1月25日,习近平总书记在中共中央政治局第十二次集体学习中指出推动媒体融合发展、建设全媒体是全行业所面临的一项紧迫课题,再次强调推动媒体融合向纵深发展。

国家政策近几年广泛关注融合发展,并得到不断延伸,出版融合已逐渐成为国内出版业备受关注的话题,各大出版集团积极通过出版管理实践,不断探索出版业发展新路径。

2. 信息技术从效率和效果两个方面对出版业进行重塑

互联网迅猛发展带来的技术变革对出版业的效率和效果产生了巨大影响。一方面,出版流程中的新技术、新应用、新工具不断增加,大大提升了编辑、排版、校对的工作效率。另一方面,审校工作变得更为复杂,内容由单纯的图文逐渐向图文、音频、视频等多媒体资源延伸。此外,出版边界、编辑的职业边界变得日渐模糊、门槛降低。人们可以随时随地对自己感兴趣的内容进行编辑、加工,然后通过互联网传播出去,成为媒体的加工者、编辑者、发布者和传播者,传统编辑的神秘感和垄断优势逐渐降低。同时,读者的个性化服务需求凸显。他们不再是出版物的被动接受者,而是具有一定自主性和信息水平,并具有多元需求的"用户",这一转变使读者与编辑之间必须建立起一种双赢、互惠、协作的新型伙伴关系。从出版效率和效果两个方面审视,传统出版行业将在信息技术发展的浪潮中实现重塑,出版融合发展是必经之路。

3. 国内各出版集团融合发展可行路径探索

我国出版集团融合发展的变革主要体现在以下几个方面:第一,跨界经营、多元拓展;第二,强化与互联网企业合作,深度植入互联网基因;第三,通过裂变发展,呈现集团化发展趋势;第四,积极谋求上市,开展资本运作;第五,实施并购重组,推进跨界发展;第六,从版权输出转向资本输出。

目前融合发展实践较多的出版集团包括江苏凤凰传媒、江西出版集团、安徽出版集团、中南传媒、辽宁出版集团等。其中，江苏凤凰传媒从大众出版、专业出版、教育出版三个方面探索转型路径，结合国际化战略，在优质版权引进、加大版权输出、重视海外并购、推进合作出版等方面持续创新，致力于建设一支成熟的、具有国际视野的出版团队，打造以数字技术为基础、融入互联网基因、具有文化品格的创新型出版传媒企业。安徽出版集团建立数字出版、数字教育、数字生活、数字印刷四个产业集群，探索并走出了一条"立足内容优势，加强研发应用，打造产业平台"的传统出版与新兴出版融合发展道路。辽宁出版集团在宏观层面实施了"五融"战略，即"融出版""融资产""融发行""融管理""融团队"，在信息化、数字化、转型运营、标准化管理、组织化建设等方面积极探索融合发展路径。中南传媒通过产融结合、线上线下结合、全媒体布局实现业务转型，通过与技术商、运营商、渠道商、优质内容商等各方面的战略合作，在数字出版、数字教育、媒体业务、动漫、金融和广告运营方面积极布局并取得显著成效。

（三）小结：出版融合势在必行，三轮驱动人才为本

无论是融合发展相对成熟的国外出版业，还是蒸蒸日上的国内出版业，我们可以看出，科技进步已经给出版业带来了巨大的冲击，且与日俱增，行业发展的挑战与机遇并存。具体而言，内容是出版企业的传统优势，上市后的大型出版集团充盈了自身的资本优势，有了内容和资本的核心要素，可以有效地促进技术要素的引入和提升，进而推进出版融合的发展。简言之，优质内容是出版融合的基础，技术是推动内容拓展的手段，资本是融合发展的加速器，进而促进内容和技术的不断深化和迭代，形成出版融合发展闭环，如图1所示。只有内容、技术、资本三大要素紧密结合，才能成为出版业融合发展的不竭动力。因此，实现出版融合发展的"永动闭环"，核心是人才。顺应形势，培养融合出版人才，重视技术提升，强化创新和研发能力，带动转型升级，是推动出版融合发展的重要问题之一。

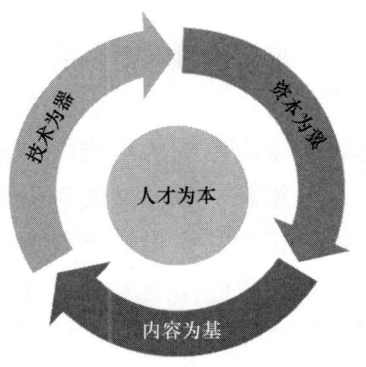

图1 出版融合发展闭环

二、描摹媒介融合背景下出版人才画像

（一）行业人力资源现状

1. 人才结构不平衡，难以有效满足融合发展需要

目前国内的出版社普遍以传统的出版业务为主，在人员数量上，传统图书编辑占据绝大多数，缺少适应媒介融合背景的复合型出版人才，高端领军人才更为稀缺，传统出版人才队伍体系难以有效满足融合出版在选题策划、研发运营、品牌推广等关键环节的需求。

2. 知识结构单一，融合发展意识不强

目前，出版业现有的成熟人才队伍多于传统出版时代，对融合发展的意识不强，对电子阅读、线上营销、社群管理和大数据等新知识掌握不足，也不具备数字产品研发、平台运营与维护、网络新媒体营销和对融合出版的经营管理等方面的新技能，难以适应媒介融合时代对复合型出版人才的需要。

3. 高端人才引进和培养较为薄弱，难以起到引领作用

近年来，各出版单位通过多种形式的人员招聘和多角度的专业培训，在一定程度上助推了出版融合的起步，但由于新员工培养成长周期长、专业人才培养难度大等原因，在短期内无法解决人才不足的问题。相比而言，高端人才的引进和培养相对薄弱，专业数字出版人才、复合型人才在数量上无法满足融合发展的需要。

（二）以核心素养为导向的融合出版人才画像

1. 以内容资源为核心的专业素养

出版的融合发展相对传统出版有很多的变化，环境在变、政策在变、技术在变，但唯一不变的是内容资源优势不能改变。出版业是一个深度内容行业，一方面我们要有拥抱变化的心态和能力，另一方面我们也要有以不变应万变的优质内容定力。

近年来，非导向阅读、功利性阅读等现象，对读者特别是青少年的人格成长、知识训练乃至世界观、人生观、价值观的形成，产生不良影响，因此我们出版人必须在内容建设上有所坚持，提升出版物的内在文化含量。"内容为王"依旧是出版业的核心价值，也是出版人的文化使命。因此，以内容资源为核心的专业素养是融合出版人才应具备的重要素养，在专业领域内深耕细作，保持专业专注力，提升专业能力和水平，

成长为某一专业领域的出版行家,应成为融合出版人才的成长目标。

2. 以数字技术为核心的技术素养

融合发展建立在科技发展基础之上,要实现各种媒介资源、生产要素的有效整合,推动信息内容、技术应用、平台终端、管理手段的相融互通,融合出版人才必须具备以数字技术为核心的技术素养。运用网络技术、大数据技术挖掘社会热点与目标用户精准需求,有效提升选题的质量;利用VR/AR等多媒体技术、语义技术等对内容进行多次开发,实现立体化多维度的呈现效果,实现"一个内容多种创意,一个创意多次开发,一个开发多个形态,一次产出多种增值"的产品理念;在营销推广方面,通过有效利用技术手段,不断提升融合出版产品的平台兼容性。由此可见,技术素养对融合出版人才来说,是重要且亟待提升的。

3. 以复合知识为核心的能力素养

媒介融合的时代要求出版从业者具备以下能力:一是要具备良好的经营管理能力,善于利用技术提升营销推广的精准度。二是要加强产业融合能力建设,促使各类媒介资源和生产要素发挥整合作用,实现融合产品在应用平台、传播渠道和各类终端等方面一体化发展。三是要强化新媒体运营能力,结合媒体特点,开发运作不同形式的衍生产品,实现以内容为核心的产品融合,达到产品内容持续增值的目的。四是要提升服务水平及协同合作意识,融合发展时代是一个需要团队作战的时代,"单枪匹马"的独立作战已然无法满足立体化、全方位的运营效果。因此,复合型人才除了要有内容和技术能力之外,还要具备团队管理能力、内部资源整合能力、资源统筹运用能力及打破出版边界的创新发展能力等。五是要具备与产品版权相关的各类知识,强化版权意识,提升版权运营能力,在有效避免版权纠纷和维护自身版权利益等方面具有较强的敏感性和处理能力。

(三)小结:围绕核心素养推动融合出版人才建设,战训结合培养甄选复合型人才

融合出版人才短缺已成为业内不争的事实,股份公司对融合出版人才的需求更为紧迫。对比中信出版的专业深度、文轩和博库的平台建设、浙江出版多点爆发的营销创新思路,其核心竞争力的本质是人才。近十年来,直播、短视频、App、小程序、文创融合等新技术新媒体日新月异,客观上需要培养年轻一代成为业务骨干,支撑起与股份公司战略发

展相匹配的专业人才队伍。

时代瞬息万变,融合出版人才建设迫在眉睫。以内容方向和技术方向两大类人才为分类基础,系统整合出版人才队伍;以融合出版人才应具备的专业素养和技术素养为双轴,形成双螺旋人才成长架构,如图2所示;通过运用多种培养方式和螺旋成长模型,促进形成以内容方向高级人才和技术方向高级人才为主体的融合出版人才体系核心架构;在内容方向高级人才和技术方向高级人才培养过程中,通过战训结合培养甄选复合型人才,推动人才与出版产业互动发展。

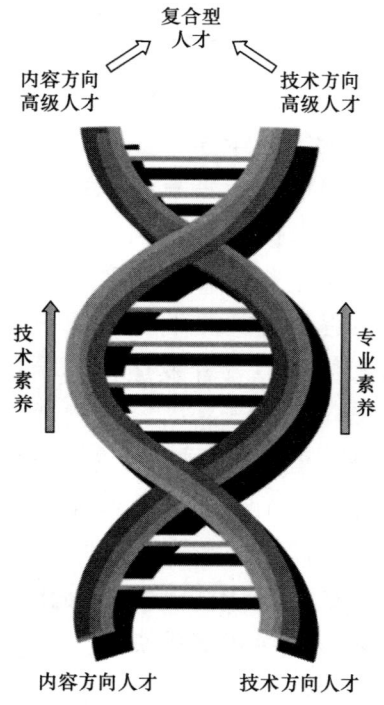

图2 融合出版人才螺旋成长模型

三、融合出版人才创新培养路径

媒介融合背景下的出版业在方方面面都对出版专业人才提出了新需求,强化内部培训、外部人才引进,通过建立人才信息库,进一步提升融合出版人才管理能力;利用校企合作,形成优势互补,建立立体化人才培养体系,实现融合出版人才的储备与开发。

（一）积极拓展培训方式，实现思维、业务、技术全面融合

结合融合出版人才成长模型和现有培训架构，继续拓展培训方式，深化培训课题研究，迭代培训内容。第一，培训前期完善需求调研。结合线上调研问卷和线下访谈讨论，充分进行培训需求调研，根据参训人员学习需求制定相应课程。第二，探索开发 E-learning 在线培训课程。根据当前社会形势发展状况，E-learning 在线培训课程开发具有极强的现实意义。一方面，探索内部师资通过课程直播的方式开展培训工作；另一方面，利用现有在线课程资源丰富 E-learning 在线培训工作。通过 E-learning 在线课程学习，内容设计可增加更多选择和自主性：如何结合"粉丝经济"寻求线上生存和发展的切入点和落脚点；如何利用社区优势，探索智慧书屋等线下流量的新入口；如何利用互联网技术，实现数据分析、模型分析、定位用户等。第三，强化培训效果跟踪。针对已经参加培训的学员，通过多种形式了解跟踪参训学员的培训实效，强化培训成果转化，助力派员单位实绩提升。

业务融合、技术融合的前提是思维融合。通过有效的专业培训，逐步形成从理论知识到实践技能、从转变理念到付诸行动、从掌握知识到运用技能的学习成长轨迹；在学习中思考，将思考成果运用到工作实践中，在工作实践中获得感悟，利用感悟指导再学习，帮助参训学员培养"学、思、践、悟"的持续学习能力；提升宏观视野和思维格局，守正创新，实现思维、业务、技术全方位融合。

（二）推进人才盘点与规划，形成融合出版人才信息库

通过推进人才盘点，形成人才信息库，梳理现有人才，为分专业、分层次人才培养提供信息基础。人才盘点是一项动态工作，也是人才管理的数据信息库，通过有价值的人才信息分析，协助组织制定有针对性的、实操性强的人才培养规划。

（三）推进校企合作，与高校建立立体化人才培养方案

与省内各大高校和国内出版传媒类院校洽谈合作，建立长期社会实践（实习）基地，为在校大学生提供实习岗位和锻炼机会，通过岗位实践遴选人才；探索高端人才创新实践基地，建立外部专家资源库，吸引更多经管人才、高级财务人才、投资与金融人才、数字出版人才、高级策划创意人才、资深营销人才、法务人才和国际化人才等。通过推进校企合作，全方位开拓高端专业人才引进新渠道，切实推动融合出版人才的长足发展。

参考文献

[1] 贺敏，易图强. 美国出版业媒介融合的三大层面[J]. 长沙大学学报，2018（6）.

[2] 邱菊生，姚磊，胡娟. 我国出版集团融合发展研究综述[J]. 出版科学，2019（6）.

[3] 刘玲武，唐哲瑶. 对媒体融合环境中数字出版人才培养的思考[J]. 出版与印刷，2019（8）.

[4] 郭海雷. 浅析融合出版背景下编辑职业转型的路径选择[J]. 编辑学刊，2019（1）.

高职院校新生人才培养适应度实证研究[①]

张　瑜[②]

摘　要：本文采用网络问卷方式，调查了山东某高职院校新生对入学教育内容和形式的适应情况，结果显示：自身生活自理能力显著影响新生自评适应水平，女生明显优于男生；入校前，通过网络宣传及现场咨询等途径对报考专业了解越多，且入校后参加学院开展的新生专业教育越及时，对新生更好地适应大学生活越有利；新生通过对学院全面实行学分制的认知，也能督促其自身主动去适应大学生活；学院历来施行的半军事化宿舍管理也非常有助于提升新生的适应能力，多提供专业实习机会，将爱国爱校的思政因素多融入课堂教学，学生对授课教师的满意度越高，新生就越能更快更好地适应大学生活。本文在实证分析的基础上，提出了若干优化高职新生入学教育效果的实用性建议。

关键词：高职新生　人才培养　入学教育　适应度

一、引言

迈入大学时代，是学生在青少年时期的重要转折事件，既给个体提供了新的发展机会，同时也可能引起个体身心状态的失调。在入学的转

---

① 该篇论文获得"2020年全国人才与人事研究主题征文活动"三等奖。
② 张瑜，山东劳动职业技术学院劳动经济系讲师。

折期,环境的急剧变化、全新的人际关系、自主性要求更高的学习等所带来的压力都在短时间内施加给个体,使大学新生面临着巨大的适应压力。因此,了解并关注大学新生入学的适应问题,高校教师做好学生人才培养工作,引导新生顺利完成中学到大学阶段的过渡有着十分重要的实际意义。

二、研究对象与方法

（一）研究对象

采取整群随机抽样的方法,抽取山东某高职院校一年级学生777人。共发放问卷777份,回收有效问卷763份,回收率98.20%,其中男生296人,占38.79%,女生467人,占61.21%。

（二）研究方法

用Stata/SE 14.0统计软件进行数据分析。采用多元回归和交叉分析方法,以$P<0.05$界定统计学显著差异。

（三）样本变量描述性统计

表1　　　　　变量定义和描述性统计分析

变量	变量定义	平均值（标准差）	最小值	最大值
被解释变量:				
T12	自评适应认知〔○报到后很快(1~2周)就适应了=1;○现在已逐渐(3~4周)适应了=2;○现在仍然不适应=3〕	1.64 (0.61)	1	3
解释变量:				
个人初始信息变量:				
T1	性别(男生=1;女生=2)	1.61 (0.49)	1	2
T2	生源地区域(鲁西=0;鲁中=1;鲁东=2;外省=3)	0.92 (0.83)	0	3
T3	生源类型〔○夏季高考-理科=1;○夏季高考-文科=2;○春季高考=3;○示范单招=4;○技校对口单招=5;○五年一贯(电商)=6;○中高职3+2(物流)=7;○其他=8〕	3.25 (1.65)	1	8
T4	专业(○电子商务=1;○物流管理=2;○会计=3;○国际商务=4;○物流金融管理=5;○房地产经营与管理=6;○劳动与社会保障=7)	2.64 (1.95)	1	7

续表

变量	变量定义	平均值（标准差）	最小值	最大值
学习特征变量：				
T7	专业选择原因（○了解专业，自己选的，喜欢＝1；○不了解专业，自己随意选的＝2；○听从家人或老师的意见选的＝3；○这是自己原来学习的专业＝4；○其他＝5）	2.27(1.29)	1	5
T8	新生专业教育导向（○非常有信心＝1；○比较有信心＝2；○不太有信心＝3；○没有信心＝4）	1.81(0.63)	1	4
T10	新生专业教育赋分（1～10）	2.71(1.90)	1	10
T13	学分制认知程度（○很了解＝1；○一般了解＝2；○不了解＝3）	1.86(0.54)	1	3
T17	对授课教师的满意度（○非常满意＝1；○比较满意＝2；○不太满意＝3；○很不满意＝4）	1.62(0.58)	1	4
T19	授课教师课堂纪律管理（○应该管，这是老师的职责，是对学生负责，服从管理＝1；○不应该管，学生都是成年人，能自我约束，我行我素＝2）	1.20(0.40)	1	2
T14	大学学习目标导向（○已经明确了自己的目标＝1；○正在思考确立学习目标＝2；○还没有考虑这个问题＝3）	1.63(0.55)	1	3
T21	实习认知（○非常愿意参加＝1；○不想参加，但服从学院安排＝2；○坚决不参加＝3）	1.24(0.45)	1	3
生活特征变量				
T20	半军事化管理认知（○能及时按要求自觉遵守＝1；○辅导员提醒时就能遵守＝2；○只有辅导员盯现场才遵守＝3；○约束限制太多不愿遵守＝4）	1.23(0.71)	1	4
T22	印象学院赋分（○很好＝1；○比较好＝2；○一般＝3；○不好＝4）	2.00(0.78)	1	4

  本次调查研究选用"自评适应认知"变量描述大学新生入学自评适应情况，该变量作为重要的被解释变量，从表1可以看出，该变量T_2的均值是1.64，这表明新生一般在1～2周就可以适应大学生活，适应能力较强。

  解释变量主要分为个人初始信息变量、学习特征变量及生活特征变量三方面。例如，描述"生源类型"的变量T3，均值是3.25，2019级新生通过示范单招途径录取较多，通过问卷统计数据发现，夏季高考-文科次之，技校对口单招数量第三，这说明文科生较多，单招占比较大，这对学生在校期间的专业学习和班级管理也有了直接的定位。描述"专业选择原因"的变量T7，均值是2.27，表明大部分学生认为自己比较喜欢本专业，并且对专业有一定了解。描述"新生专业教育导向"的变量T8，均值是1.81，表明接受新生专业教育后，大部分学生对本专业的学习比较有信心。描述"学分制认知程度"的变量T13，均值是1.86，表明大部分学生能够比较了解学分制，并且通过对"授课教师的满意度"测评显示，绝大部分学生对教师授课比较满意或非常满意。描述"大学学习目标导向"的变量T14，均值是1.63，表明大部分学生还是正在思考确立学生目标，但通过对新生"实习认知"的统计分析，发现非常愿意参加实习的学生占比较大，这与高职院校的人才培养目标比较吻合。描述"半军事化管理认知"的变量T20，均值是1.23，表明大部分学生都有自觉遵守的意愿，但从开学宿舍检查成绩看，还是需要继续监督引导。描述"印象学院赋分"的变量T22，均值是2.00，说明大部分学生对学院整体印象还是比较好的。

三、结果综合分析

（一）自评适应认知影响因素回归分析

通过对表1的相关变量进行多元回归分析，结果见表2。

表2　　　　　　　　自评适应认知影响因素回归分析结果

	Coefficients	标准误差	T-stat	P-value	Lower 95%	Upper 95%
Intercept	0.386	0.146	2.642	0.008	0.099	0.672
性别	0.105	0.044	2.396	0.017**	0.019	0.191
生源地区域	−0.001	0.025	−0.046	0.963	−0.050	0.047
生源类型	0.008	0.014	0.555	0.579	−0.020	0.035
专业	0.028	0.012	2.360	0.019**	0.005	0.051
专业选择原因	0.033	0.017	1.992	0.047**	0.000	0.066
新生专业教育导向	0.098	0.040	2.441	0.015**	0.019	0.177
新生专业教育赋分	0.003	0.013	0.238	0.812	−0.023	0.029
学分制认知程度	0.124	0.042	2.957	0.003***	0.042	0.206
大学学习目标导向	0.079	0.043	1.812	0.070*	−0.007	0.164
对授课教师的满意度	0.051	0.046	1.103	0.271**	−0.040	0.142
授课教师课堂纪律管理	−0.050	0.053	−0.929	0.353**	−0.155	0.055

续表

	Coefficients	标准误差	T-stat	P-value	Lower 95%	Upper 95%
半军事化管理认知	0.055	0.031	1.784	0.075*	−0.006	0.116
实习认知	0.046	0.049	0.946	0.345**	−0.050	0.142
印象学院赋分	0.111	0.034	3.247	0.001***	0.044	0.179

注：表中圆括号内为标准误差，其中，***、**、*分别对应1%、5%、10%的显著水平。

对新生个体初始信息变量特征的参数估计分析显示，相对于男生，女生能够较快地适应大学生活，并在5%水平上显著，这与女生占比较大、生活自理能力较强有关。对新生学习特征变量特征的参数估计分析显示，越是通过提前了解专业，并主动选择报考本专业的新生，越能更快更好地适应大学生活并且在5%水平上显著；新生专业教育及对授课教师的满意度也能在5%水平上正向影响学生的自评适应水平，而且对学分制认知程度越高，越能较快适应大学生活，并且在1%水平上显著。

对新生生活特征变量的参数估计显示，自觉遵守半军事化宿舍管理的学生，在10%水平上显著提升了自评适应认知水平，这也印证了古训"一屋不扫，何以扫天下"，优秀是一种习惯，不论生活还是学习。越愿意参加专业实习的学生，越能较快地适应大学生活，并在5%水平上显著，这与生源类型主要是单招有关，学生动手能力较强。最后，对学院印象赋分在1%水平上正向提升了学生自评适应认知水平，以校为家、以校为荣，才能更快更好地适应大学生活。

（二）自评适应认知影响因素交叉分析

对本次参与问卷调查的763名新生，随机抽取50个样本，分别选出变量"专业""生源类型"以及二者的交叉项，对新生自评适应认知水平进行三组交叉分析，具体如下：

1. "生源类型"与新生"自评适应认知水平"的交叉分析

表3　"生源类型"与新生"自评适应认知水平"交叉分析结果

X/Y	报到后很快 （1~2周）就适应了	现在已逐渐 （3~4周）适应了	现在仍然不适应	小计
夏季高考—理科	53（39.85%）	73（54.89%）	7（5.26%）	133
夏季高考—文科	63（36.63%）	100（58.14%）	9（5.23%）	172
春季高考	42（47.19%）	40（44.94%）	7（7.87%）	89
示范单招	83（45.86%）	86（47.51%）	12（6.63%）	181

续表

X/Y	报到后很快 （1~2周）就适应了	现在已逐渐 （3~4周）适应了	现在仍然不适应	小计
技校对口单招	75（45.45%）	73（44.24%）	17（10.30%）	165
中高职3+2（物流）	0（0.00%）	1（100%）	0（0.00%）	1
其他	12（54.55%）	7（31.82%）	3（13.64%）	22

从表3统计结果可以看出：通过参加春季高考入学的新生适应能力最强，其次是示范单招，技校对口单招位于第三位；而且同样是通过夏季高考入学的新生，理科生相对于文科生能更好地适应大学生活。另外，通过3~4周适应大学生活的新生占比最大，截至本调研活动结束时，仍有55名新生认为还是不能适应大学生活，建议各班辅导员经常与学生沟通，对适应能力较差的学生适时有效引导，促进学生身心健康发展。不同生源类型新生适应度占比情况如图1所示。

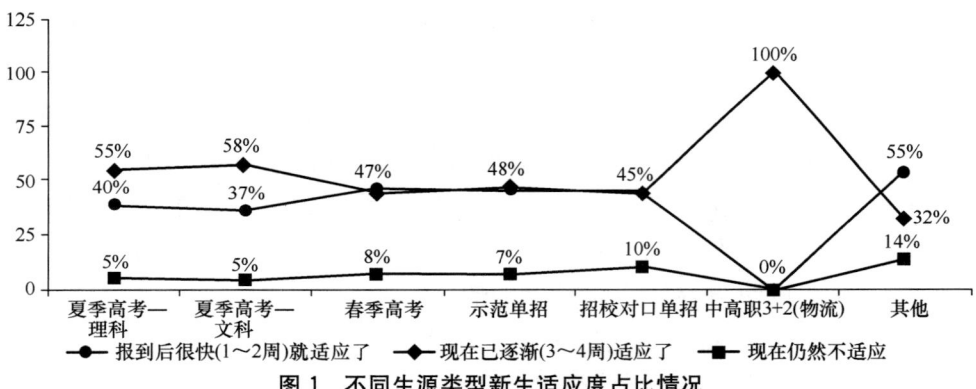

图1　不同生源类型新生适应度占比情况

2. "专业"选择与新生"自评适应认知水平"的交叉分析

表4　　　　"专业"与新生"自评适应认知水平"交叉分析结果

X/Y	报到后很快 （1~2周）就适应了	现在已逐渐 （3~4周）适应了	现在仍然不适应	小计
电子商务	165（46.88%）	165（46.88%）	22（6.25%）	352
物流管理	38（50.00%）	35（46.05%）	3（3.95%）	76
会计	51（39.84%）	71（55.47%）	6（4.69%）	128
国际商务	25（47.17%）	22（41.51%）	6（11.32%）	53
物流金融管理	14（24.14%）	33（56.90%）	11（18.97%）	58
房地产经营与管理	16（36.36%）	24（54.55%）	4（9.09%）	44
劳动与社会保障	19（36.54%）	30（57.69%）	3（5.77%）	52

从表4统计结果可以看出：物流管理专业的新生自评适应认知水平最高，国际商务专业次之，电子商务专业排第三。另外对于报到3～4周能够较好适应大学生活的新生，劳动与社会保障专业排在第一位，物流金融管理专业次之，会计专业位于第三位。最后，截至本次调研结束，电子商务专业及物流金融管理专业的新生仍然不适应大学生活，占比较高，分别是22人、11人。不同专业新生适应度占比情况如图2所示。

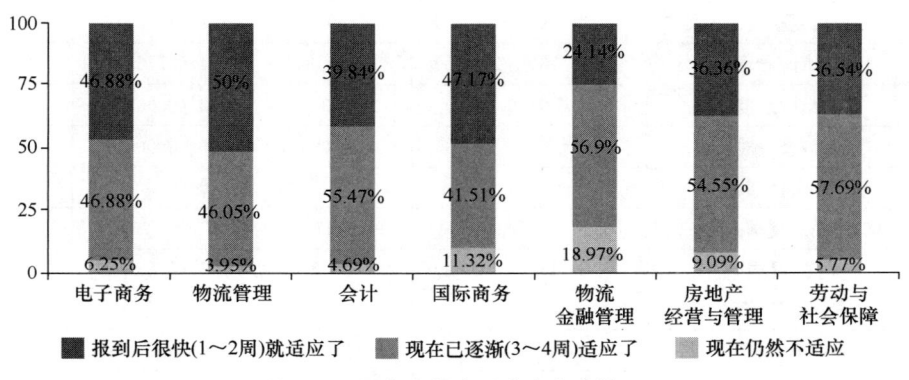

图2　不同专业新生适应度占比情况

3. "专业"及"生源类型"交叉项对新生"自评适应认知水平"的影响

表5　"专业"及"生源类型"交叉项对新生"自评适应认知水平"影响分析结果

X/Y	报到后很快 （1～2周） 就适应了	现在已逐渐 （3～4周） 适应了	现在仍然不适应	小计
电子商务/夏季高考—理科	12（41.38%）	17（58.62%）	0（0.00%）	29
电子商务/夏季高考—文科	11（34.38%）	20（62.5%）	1（3.13%）	32
电子商务/春季高考	20（57.14%）	13（37.14%）	2（5.71%）	35
电子商务/示范单招	61（46.92%）	61（46.92%）	8（6.15%）	130
电子商务/技校对口单招	52（47.27%）	48（43.64%）	10（9.09%）	110
电子商务/中高职3+2（物流）	0（0.00%）	1（100%）	0（0.00%）	1
电子商务/其他	9（60%）	5（33.33%）	1（6.67%）	15
物流管理/夏季高考—理科	2（40%）	3（60%）	0（0.00%）	5
物流管理/夏季高考—文科	4（44.44%）	5（55.56%）	0（0.00%）	9
物流管理/春季高考	2（50%）	1（25%）	1（25%）	4
物流管理/示范单招	13（52%）	11（44%）	1（4%）	25

续表

X/Y	报到后很快（1~2周）就适应了	现在已逐渐（3~4周）适应了	现在仍然不适应	小计
物流管理/技校对口单招	16（50%）	15（46.88%）	1（3.13%）	32
物流管理/其他	1（100%）	0（0.00%）	0（0.00%）	1
会计/夏季高考—理科	16（55.17%）	12（41.38%）	1（3.45%）	29
会计/夏季高考—文科	16（29.09%）	38（69.09%）	1（1.82%）	55
会计/春季高考	18（43.90%）	19（46.34%）	4（9.76%）	41
会计/示范单招	0（0.00%）	1（100%）	0（0.00%）	1
会计/技校对口单招	0（0.00%）	1（100%）	0（0.00%）	1
会计/其他	1（100%）	0（0.00%）	0（0.00%）	1
国际商务/夏季高考—理科	6（35.29%）	9（52.94%）	2（11.76%）	17
国际商务/夏季高考—文科	13（61.90%）	6（28.57%）	2（9.52%）	21
国际商务/春季高考	0（0.00%）	2（100%）	0（0.00%）	2
国际商务/技校对口单招	6（46.15%）	5（38.46%）	2（15.38%）	13
物流金融管理/夏季高考—理科	2（22.22%）	6（66.67%）	1（11.11%）	9
物流金融管理/夏季高考—文科	2（20%）	7（70%）	1（10%）	10
物流金融管理/春季高考	2（28.57%）	5（71.43%）	0（0.00%）	7
物流金融管理/示范单招	6（33.33%）	9（50%）	3（16.67%）	18
物流金融管理/技校对口单招	1（11.11%）	4（44.44%）	4（44.44%）	9
物流金融管理/其他	1（20%）	2（40%）	2（40%）	5
房地产经营与管理/夏季高考—理科	7（33.33%）	13（61.90%）	1（4.76%）	21
房地产经营与管理/夏季高考—文科	7（35%）	10（50%）	3（15%）	20
房地产经营与管理/示范单招	2（66.67%）	1（33.33%）	0（0.00%）	3
劳动与社会保障/夏季高考—理科	8（34.78%）	13（56.52%）	2（8.70%）	23
劳动与社会保障/夏季高考—文科	10（40%）	14（56%）	1（4%）	25
劳动与社会保障/示范单招	1（25%）	3（75%）	0（0.00%）	4

从表5统计结果可以看出：报到后1~2周能很快适应大学生活的新生，电子商务专业最多，其中示范单招61名、技校对口单招52名、春季高考20名。另外，物流管理专业的新生在报到3~4周能适应大学生活的占比较大，房地产经营与管理及劳动与社会保障专业的新生夏季高考占比最大，新生适应能力普遍较高。不同专业及生源的新生适应度占比情况如图3所示。

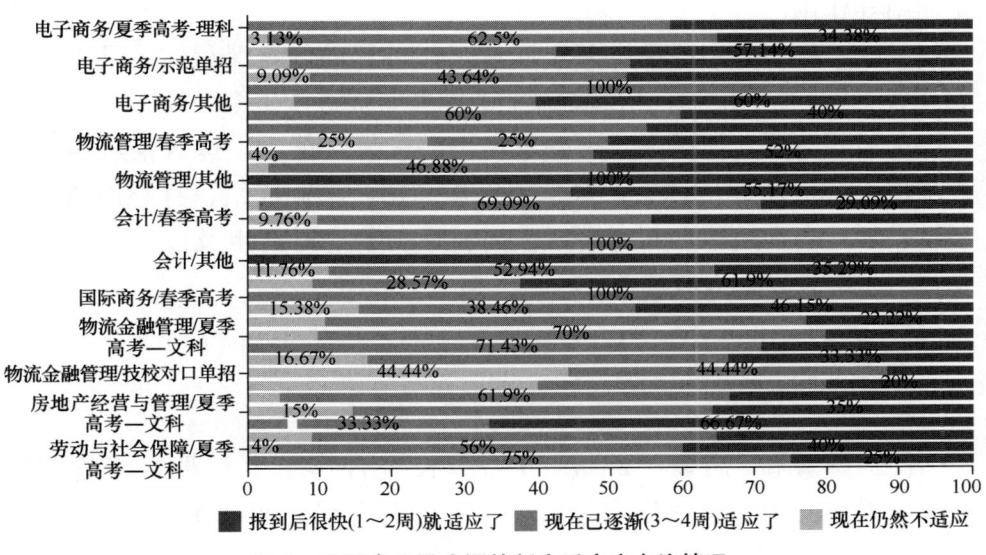

图3 不同专业及生源的新生适应度占比情况

四、结论与建议

通过对山东某高职院校发放网络调查问卷，并利用多元线性回归及交叉分析的计量方法分别对个人初始信息变量、学习特征变量及生活特征变量进行分析，得出本次调研的结论如下：

第一，自身生活自理能力能够显著提升新生自评适应水平，女生明显优于男生。

第二，报考本专业之前，通过网络宣传及现场咨询等途径对专业了解越多，并且入校后积极参加学院开展的新生专业教育越及时，对新生更好地适应大学生活越有利。新生通过对学院全面实行学分制的认知，也督促自身主动去适应大学生活。

第三，学院历来施行半军事化宿舍管理也能积极提升新生的适应能力，多参加专业实习，将爱国爱校的思政因素多融入课堂教学，学生对授课教师的满意度越高，新生就越能更快更好地适应大学生活。

因此，本文针对高职教育改革和学生管理两方面给出以下若干建议：

首先，学生获取招生信息的主要途径之一是亲友推荐，因此通过招生咨询会、平面媒体建设、现代化媒介平台建设以及结业工作建设等多方面，积极提升学院良好的办学声誉，会对每一届新生都能产生积极的正向引导作用。

其次，稳步有序地推进基于职业工作过程的创新课程体系开发，比如开展1＋X证书培训，拓展就业创业本领，促进学生全面发展。

最后，坚持立德树人，增强学生可持续发展能力，深入推进职业院校学生综合素质评价体系，对学生思想品德、学业成绩、身心健康、兴趣特长、社会实践等多方面进行全面科学评价，对新生及以后各学期的学习、生活管理都大有裨益。

参考文献

［1］郑雪春. 高职"2.3＋0.7"校企合作学生党员培养管理探析——以浙江长征职业技术学院为例［J］. 广东职业技术教育与研究，2020（2）：148-152.

［2］赵志清. 大学新生入学教育需求分析［J］. 大学教育，2020（5）：50-52.

［3］马慧子. 工程创新人才培养视阈下大学新生适应性教育探析［J］. 铜陵职业技术学院学报，2019，18（4）：97-100.

［4］华旭奋. 针对新时期高职新生特点制定班主任工作策略［J］. 教育现代化，2019，6（63）：146-148.

［5］宗春燕，苏学军. 高职化工专业新生入学专业教育研究［J］. 轻工科技，2019，35（7）：190-191.

［6］孟国芳，赵文娴，张贝. 大类培养模式下新生职业生涯规划教育研究［J］. 当代教研论丛，2019（7）：24.

［7］黄双双. 大学新生研讨课的教学理念与实践探索［D］. 武汉：华中师范大学，2019.

［8］邵伊雯. 大学新生就学适应研究［D］. 上海：华东师范大学，2019.

高校"双一流"建设中人才队伍建设的辩证思考[1]

胡焕昌[2]

摘　要：在高校"双一流"建设中，人才队伍建设是最关键、最根本的环节之一。目前，我国高校正处于一个人才队伍建设的非均衡发展时期。本文通过辩证唯物主义的"两分法""两点论"，着重分析"双一流"高校人才队伍建设中存在的自由流动与无序竞争、外部引进与内部培养、引才需求与人才需求、普遍提升与重点扶持、学术继承与交叉发展、教学育人与科研创新、评价"帽子"与能力素质、为我所有与为我所用、人才评价与人才价值、长远潜力与当前显绩等十类矛盾，挖掘隐藏在种种表象下的内在规律，有针对性地提出坚持合理流动和有序竞争相结合、坚持战略引进和内涵培养相结合、坚持筑巢引凤和引凤筑巢相结合、坚持效率优先和兼顾公平相结合、坚持学术继承和改革创新相结合、坚持服务高校和服务社会相结合、坚持道德标准和学术标准相结合、坚持刚性引进和柔性引进相结合、坚持人才评价和绩效评价相结合、坚持短期考核和长期评估相结合等十种对策。

关键词：两分法　两点论　双一流

---

[1] 该篇论文获得"2020年全国人才与人事研究主题征文活动"二等奖。
[2] 胡焕昌，福建省人力资源和社会保障厅办公室一级主任科员。

一、辩证唯物主义的哲学真谛及当代价值

辩证唯物主义是马克思主义哲学的重要组成部分，实现了唯物主义与辩证法的有机统一。它的哲学真谛在于以辩证的理论思维方式发展了唯物论，既承认了世界的本源是物质，也承认了意识对客观世界的能动反映。辩证唯物主义认为物质世界是按照它本身所固有的规律运动、变化和发展的，它揭示了事物发展的根本原因在于事物内部的矛盾性。事物矛盾双方既对立又统一，相互作用，促使事物不断地由低级向高级发展。

"两分法"，是毛泽东对辩证法或对立统一规律的通俗说法。"两分法"认为，对事物要采取辩证的分析态度，既要看到积极的方面，又要看到消极的方面，不能以偏概全，攻其一点不及其余。"两点论"，在哲学意义上指主、次矛盾和矛盾主次方面关系原理。"两点论"强调在研究复杂事物矛盾发展过程中，既要研究主要矛盾又要研究次要矛盾，既要研究矛盾的主要方面又要研究矛盾的次要方面，二者不可偏颇。

《求是》杂志 2019 年第 1 期发表了习近平总书记重要文章《辩证唯物主义是中国共产党人的世界观和方法论》，强调了辩证唯物主义在全面建成社会主义现代化强国、实现中华民族伟大复兴的中国梦的当代意义。当前，我国社会各种利益关系纷繁复杂，有许多矛盾需要有效解决，有许多难题需要积极破解。这就要求我们自觉地坚持和运用辩证唯物主义世界观和方法论，在实际工作中用辩证思维处理局部和全局、当前和长远、重点和非重点的关系，科学运用"两分法""两点论"，在权衡利弊中趋利避害，作出最为有利的战略谋划和战略抉择。

在"双一流"高校人才队伍建设中，必须坚持用辩证唯物主义的立场、观点分析问题和解决问题，具体问题具体分析，一切从实际出发，注重抓住人才队伍建设的矛盾尤其是主要矛盾，深入分析矛盾双方的相互作用；注重用全面发展的眼光看问题，透过现象把握人才队伍建设的内在规律，坚持从客观规律出发制定政策、推动工作。

二、"双一流"建设中关于人才队伍建设的主要矛盾

2015 年 11 月 5 日，国务院发布《统筹推进世界一流大学和一流学科建设总体方案》，提出加快建成一批世界一流大学和一流学科，简称"双

一流"。在高校"双一流"建设中，人才队伍建设是最关键、最根本的环节之一。一流大学需要一流学科的构筑，一流学科需要一流人才的支撑。正如清华大学原校长梅贻琦所说的"所谓大学者，非谓有大楼之谓也，有大师之谓也"。目前，我国高校正处于一个人才队伍建设的非均衡发展时期。存在的主要矛盾有以下几方面。

（一）自由流动与乱序竞争（或稳定发展）之间的矛盾

近年来，我国通过一系列人才人事制度改革，逐步打破人才流动的障碍，促进人才自由流动。习近平总书记在党的十九大报告中指出："破除妨碍劳动力、人才社会性流动的体制机制弊端，使人人都有通过辛勤劳动实现自身发展的机会。"人才资源是第一资源，人才流动是人才资源配置的一种基本形式，是调整人才结构、提升人才效能的重要环节。只有人才合理流动，才能实现人才资源的合理配置。然而，人才流动有其客观规律性，基本朝着科技水平高、环境条件好、研究经费足、福利待遇高、发展机会多的地方流动。随着高校"双一流"建设的全面开展和逐步深化，高校之间的"抢人大战"愈演愈烈。一些经济发达地区的高校不仅在待遇、工作环境上十分优越，而且在科研投入和人才教育投入上也有着欠发达地区高校无可比拟的优势。有的经济发达地区高校动辄开出百万年薪，甚至以提供住房为聘用筹码，让很多人才无法拒绝。高校人才的"孔雀东南飞"带来两种结果：一个是经济发达地区高校集结了大批高端人才，竞争力更加强大；一个是欠发达地区高校流失了仅有的高端人才，在学术科研方面损失巨大，竞争力更弱。社会学常用"马太效应"来描述强者愈强、弱者愈弱的现象，当前高校人才争夺战恰恰是这种局面。虽然说高校之间合理的人才流动，可以促进教育水平的提高，但是一些"双一流"建设高校却因为地理位置、福利待遇等原因出现大量高层次人才流失。2017年1月，教育部办公厅发布的《关于坚持正确导向促进高校高层次人才合理有序流动的通知》（教人厅〔2017〕1号）指出，不鼓励东部高校从中西部、东北地区高校引进人才。高校人才工作联盟发布公约：杜绝违规引进人才，杜绝片面依靠高薪酬高待遇竞价抢挖人才；鼓励人才到经济欠发达地区建功立业，不鼓励东部高校从中西部地区、东北部地区高校引进人才。

（二）外部引进与内部培养之间的矛盾

高校引进人才，有利于快速补充师资人才，有利于激发教师队伍活力，有利于新兴学科建设。在处理所谓外部引进人才与内部培养人才的关系上，有许多高校倾向于给引进人才更多的关注、更高的薪金和更好的福利，结果在无形中挫伤了内部培养人才的积极性。有的高校只重视用一系列极其优惠的政策吸引外部人才，却忽视了由于种种原因本校人才又流向其他单位的现象，有的甚至得不偿失。人才引进工作是高校实现"人才强校"战略的重要保障。但如果只顾眼前从外吸引人才，忽视对校内人才的培养，重"外才"轻"内才"，容易挫伤校内人才的积极性，影响高校人才的稳定，也容易导致人才引得进、用不好、留不住的现象发生。此外，一些高校在引进人才时求贤若渴，但人才引进后却冷落一旁，缺乏后续的跟踪管理和培养支持，使这些引进人才看不到事业发展和实现自身价值的前景，从而造成极大的人才浪费。

（三）引才需求与人才需求之间的矛盾

2015年，国务院印发的《统筹推进世界一流大学和一流学科建设总体方案》提出十大重点任务，排在首位的就是"建设一流师资队伍"，其中强调"加快培养和引进一批活跃在国际学术前沿、满足国家重大战略需求的一流科学家、学术领军人物和创新团队，聚集世界优秀人才"。高校希望引进最优秀的人才，然而人才和高校之间有一个双向选择的过程，最优秀的人才往往有更多的选择机会，对高校的要求也更高。同时，最优秀的人才其职业生涯的变化性也可能更大，高校重金引进，但未必留得久、用得好。最优秀的不一定是最合适的，如果最优秀人才的研究领域过于"高精尖"，本校人才团队、仪器设备、研究方向无法匹配，只会造成极大的人才浪费。此外，人才选择到高校工作，多数考虑的是稳定、发展、平台、待遇、情感等因素；高校选择人才，更多考虑的是学历、能力、职称、"帽子"、价值等因素。如何把高校的需求和人才的需求合理匹配，以优惠政策吸引人，以事业留人、以待遇留人、以感情留人，使人才稳定服务高校、创新发展、稳步提升，是亟待解决的问题。

（四）普遍提升与重点扶持之间的矛盾

高校是人力资源最丰富的地方，也是对人才资源需求最集中的地方。随着"双一流"建设的深入推进，高校对人才的需求更加旺盛。在资源有限的情况下，对于课题、经费、器材等资源的分配是一种战略性的选择。有的高校注重满足人才队伍普遍提升的需求，普遍撒网；有的首先满足优秀团队和骨干教师的需求，重点扶持。二者之间的关系需要妥善处理。

（五）学术继承与交叉发展之间的矛盾

在高校中，有一个不容忽视的问题就是传统强势学科与新兴学科的关系。在这些学科发展过程中，人才资源的竞争和配置问题历来是高校建设中的突出问题。究其原因，很多高校的传统学科历史悠久，资源丰厚，很多人才在本行业、本领域都卓有建树，有的甚至在本校成长为领导、专家，有的甚至形成"师门""学派"，因此，这些学科在人才配置、资源分配、项目竞争中具有其他弱势学科不可比拟的优势。而新兴学科的发展，是高校"双一流"建设中的新的增长点，但其更需要投入大量的人才资源和学科基础建设，需要大量的投入。但是新兴学科由于其起步晚、起点低，话语权相对较弱。此外，高校本身也是培养人才的地方。在人才使用上，如果使用自身培养的人才，有利于做好学术继承；如果使用外部引进的人才，有利于吸收新鲜力量，促进创新发展。在这两类人才的取舍上，也会出现矛盾。

（六）教学育人与科研创新之间的矛盾

教学育人和科研创新是高校的重要职能。现行体制下，高校人才一般都承担着教学和科研的双重任务。然而，教学和科研在知识的掌握上存在较大差异，在人才精力的分配上存在冲突。教学育人要求着重体现在知识的系统性和表达性方面，而科研创新要求则着重体现在专业知识的精深性和创新性方面。两者都是高校人才所需，但又具有不完全兼容性。受高校人才自身的学识、禀赋、时间、资源等主客观条件限制，对很多青年人才而言，处理教学与科研的矛盾是一个棘手问题。

（七）评价"帽子"与能力素质之间的矛盾

人才评价过程中仍然存在不重能力业绩而重学历经历的现象，有的过度强调外在标准和条件的问题。高校人才评价应以能力和业绩为核心标准，但是多年以来，唯论文、唯职称、唯学历、唯奖项的倾向，在高校人才评价中依然普遍存在，既违背了人才评价的内在规律，也违背了公平性原则。近年来，随着我国本土培养人才规模的迅速扩大和海外引进人才数量的增多，用人单位引进和评价人才的标准也"水涨船高"。许多单位对人才设置了外在化、形式化的评价指标，甚至硬性条件，如是否有海外经历，是否"985"高校毕业，有的高校在聘任教师时明文规定应聘者本科必须毕业于"211"高校，有的高校规定没有出国经历不能参评副教授等。评价人才很重要的目的在于"为我所用"，发挥人才的作用，增进组织的绩效。而当前由于我国的许多高校在人才招聘、职称评审等方面还不具有充分的自主权，人才评价受行政权力干预强，因此"评人的不用人，用人的不参评"的现象还较为普遍，出现大量"评在此岸、用在彼岸"的脱节现象。

（八）为我所有与为我所用之间的矛盾

对人才的引进，有的高校只注重用刚性引进的方式，认为引进人才就必须把人才的档案、户口、组织关系、人事关系、工资关系等都引进到学校来，这样才真正是既有"为我所有"又有"为我所用"，也算是引进人才的成果。一些高校没有建立健全柔性引才策略，人才政策措施不匹配，服务保障不健全，柔性引进人才的权、责、利不统一，达不到应有的目的。

（九）人才评价与人才价值之间的矛盾

长期以来，高校人才评价及激励机制一直存在唯数字化倾向，论文、著作、专利、课题的数量及科研经费的多少，被当作衡量人才水平的重要尺度、职称评审的硬性条件、年度考核乃至岗位竞聘的重要条件，这导致高校人才过多注重"短平快"、注重研究能够短期出成果的问题，忽略了在某一领域长期、深入的探索和对基础教学工作的重视。很多高校人才为了凑齐成果数量而粗制滥造，致使许多科学研究工作低水平重复，制造出大量学术垃圾。为了获得科研项目，科研人员将大量时间和精力用于申请专利和项目等，忽视了对于高质量科研成果的追求，同时助长了浮躁和急功近利的学术风气。有的专家一辈子就解决一个问题，在国际享有盛誉和地位，在国内考核却不达标。

（十）长远潜力与当前显绩之间的矛盾

显绩是当下可以直接观察或测量的，往往易于评价，而潜质是对人才未来发展可能性的一种预测，其评价往往带有偏差和风险。科学研究具有不确定性，对于高校教学科研人才的考评，不能仅仅局限于当下的业绩和表现，而应注意挖掘人才的潜力，以长远的眼光来审视人才将来的发展，给予当下未出或少出成果、有一定潜质的科技人才足够的耐心。

三、解决"双一流"建设中人才队伍建设有关问题的思路

习近平总书记强调："在任何工作中，我们既要讲两点论，又要讲重点论，没有主次，不加区别，眉毛胡子一把抓，是做不好工作的。"我们

要坚持"两分法",运用"两点论",一分为二地看问题,科学推进"双一流"高校人才队伍建设。

(一)坚持合理流动和有序竞争相结合

随着"双一流"建设的全面开展和逐步深化,高校之间的人才竞争愈演愈烈。治理目前的无序在疏不在堵。高校之间人才合理流动、有序竞争,有利于人力资源配置的优化;而恶性无序的人才争夺,则可能出现零和博弈甚至负和博弈,需要我们尽量避免。要实行更加灵活自由的人才管理体制,使人才能够在不同高校、不同专业之间自由流动,真正让每一位人才都各尽其才,最大限度地释放人才红利。要维护均衡发展的高校人才生态。落实中央关于促进劳动力和人才社会性流动体制机制改革的意见和关于鼓励引导人才向艰苦边远地区和基层一线流动的意见以及教育部关于坚持正确导向促进高校高层次人才合理有序流动的通知,避免经济发达地区高校在"双一流"建设中从中西部、东北地区高校挖人,同时加大对中西部、东北地区高校扶持力度,促进各地区高校有序竞争、同步发展、齐头并进,促进国家高等教育水平整体提升。

(二)坚持战略引进和内涵培养相结合

在积极开展引进人才工作的同时,要正确处理"内才"与"外才"之间的关系。高校如果过于急功近利,放弃人才培养而只重视四处"挖墙脚",不仅不利于自我长远的人才培养事业,还会击溃其他弱势高校和弱势学科,使其走向学术"瘫痪",而这都不是国家"双一流"建设的初衷和想要的结果。我们要科学把握人才竞争的新态势,更加注重引培并举、"双腿走路"。坚持外引内培并举,实施精准引进急需紧缺高层次人才计划,灵活运用好刚性引进和柔性引进;同时立足本校培育,激发队伍活力。一要实施均衡支持的政策。在政策上"拉平"界限,促进外部引进人才与内部培养人才"双翅"齐振、协同并进、良性互动,着力实现量质并增。二要坚持一视同仁的态度。做到内外兼顾、一视同仁,不厚此薄彼。注意处理好内部培养和外部引进两类人才的关系,引导他们克服一切排外思想、嫉妒心理,营造相互学习、团结共事、和谐发展的良好氛围。三要创造公平竞争的环境。为教师提供多层次、多样化的教育培训机会,建立组织培养与教师个人发展相结合的可持续发展培养规划,形成教师终身学习的制度机制和保障体系。

（三）坚持筑巢引凤和引凤筑巢相结合

在处理人才队伍建设与专业学科建设的关系方面，应注意优势、热点学科与弱势、新兴学科的平衡，着力形成人才建设引领学科建设、学科建设带动人才建设的良性互动。对于现有的优势学科、热点学科，要坚持筑巢引凤思路。瞄准做大做强的目标，不断加大投入，厚植学科基础，坚持按需引进，集中遴选本学科领域的高层次人才，使其形成团队效应，进一步发挥学科优势，做大做强特色品牌，形成人才集聚效应。同时，对于一些较为薄弱的学科和新兴学科，要采取引凤筑巢办法。采用逆向思维，着力引进相关学科的领军人才、领军团队，开辟新的领域，带动薄弱学科、新兴学科发展，缩小与优势学科之间的差距，整体提升学校的水平，达到通过一流学科建设实现一流高校建设的最终目标。

（四）坚持效率优先和兼顾公平相结合

扎实推进高校人才培养体系改革，推进高校人事制度体系改革，深化高校学术体系改革，构建决策权、执行权、监督权相互制约和协调的现代大学治理体系，合理配置资源，最大限度调动人才队伍的积极性，推动学校整体建设和发展。既要把有限的资源用在最需要的、效益最高的地方，争取产出高水平的成果，实现利益的最大化。与此同时，也要强调均衡发展、共同进步，给广大人才创造公平竞争、公平发展的机会，鼓励各类人才融入优秀团队或以骨干教师为核心自组团队，着力推进人才队伍整体质量的不断提升。

（五）坚持学术继承和改革创新相结合

建设一流学科，一方面，要求加强单学科向深层次高水平发展，走向世界一流；另一方面，要求促进不同学科之间的交叉融合、创新发展，形成新的学科体系，促进新的科研成果。因此，在"双一流"建设中，要注重学术继承和改革创新的统一，坚持纵向专业化挖掘，横向交叉化融合。以学科交叉融合为重点，深化学术体系改革，加快引进急需紧缺人才，形成协同发展、融合创新的学科建设体系，培育新的一流学科增长点。要积极改革教学科研组织形式，打破人才组织上的体制性障碍，充分发挥多学科交叉融合的优势，通过凝练学科方向、汇聚人才队伍、构筑科研基地，组建一批多学科集成的创新团队和创新群体，努力实现人才队伍、学科发展与平台建设的紧密结合，探索出一条具有中国特色、符合高校实际的人才建设新模式。

（六）坚持服务高校和服务社会相结合

鼓励高校在与科研机构、企业签署人才流动共享协议的基础上，通过协同创新、建立联合实验室、联合开展重大科研攻关等方式，实现人才资源优势互补。教学科研人员在学校同意的前提下，按规范的制度和程序到科研机构、企业兼职。高校可根据实际需要设立一定比例的流动岗位，吸纳企业、科研机构、行业部门和其他组织优秀人才到学校兼职。例如，福州大学与福州市人民政府签署人才战略合作协议后，学校人事部门与福州市人社局及相关企业签订三方协议，将原来在福州市的企业引进的部分高层次人才，引进到福州大学工作，纳入编制内教师管理，在学校从事教学科研工作的同时服务产业发展，在享受学校和福州市的人才政策的同时享受企业的薪酬待遇，实现了服务高校和服务社会的良性结合。

（七）坚持道德标准和学术标准相结合

人才队伍建设要坚持道德标准和学术标准的统一，做到德才兼备、以德为先。道德标准包括政治大德、学术道德、人格品德。政治大德，就是要求高校人才坚定理想信念，牢固树立"四个意识"，坚定"四个自信"，自觉做到"两个维护"，全面贯彻执行党的理论和路线方针政策。2017年，中共教育部党组在《高校思想政治工作质量提升工程实施纲要》中提出，高校人才评价应把政治标准放在首位。学术道德，就是要具有良好的职业道德，爱岗敬业，诚实守信，自觉抵制弄虚作假和学术不端行为。人格品德，就是要具备良好的社会公德和高尚的个人品德，树立正确的世界观、人生观、价值观，自觉践行社会主义核心价值观。而学术标准则应该包含三个方面：一是发现知识的学术，即科研；二是传授知识的学术，即教学；三是应用知识的学术，即教学科研成果转化。在具体的评价方法上，要坚持定量与定性相结合，把定量的学术评分与定性的道德评价结合起来、综合评价，在师德师风等关键指标上实行"一票否决"；要坚持短期与长期相结合，不光关注短期的评价，同时关注长期发展趋势的评价；要坚持静态与动态相结合，动态衡量、评价人才，不能将各类"帽子"一戴终生。

（八）坚持刚性引进和柔性引进相结合

一要聚焦国际和国内两个市场。党的十九大将人才工作上升到赢得国际竞争主动的战略资源高度，要求将国内和国外的优秀人才凝聚起来，实际上也是在提醒我们，除了国内人才的存量市场，我们还有国外巨大的增量市场。目前，受到新冠肺炎疫情、英国脱欧、美国移民政策紧缩、欧洲金融危机等一系列国际政治、经济因素的影响，我国高校对海外高端人才的吸引力不断上升，这为我们破解目前国内人才无序、纾解高校人才缺口提供了契机。高校要在人才引进体制机制方面不断学习探索，学习世界一流大学实施的长短聘制度、终身教职制度、聘任制等，探索柔性引进、人才共享的策略，"不求所有，但求所用"，努力形成适合学校的人才引进体制机制。二要运用平台和待遇两种引力。用好用活引进人才，既要待遇留人，更要平台留人、事业留人、感情留人、环境留人，真正做到按需引进、以用为本、拴心留人。三要发挥高校和属地两种优势。"双一流"高校建设既要紧跟经济社会发展的大势，用好属地经济发展的优势产业，为人才培养提供实践舞台；也要突出社会责任，发挥科研转化优势和人才培养优势，为属地经济发展助力。比如，可以采取产学研合作的方式，坚持以我为主、按需引进、突出重点、讲求实效的原则，与属地企业、科研院所等广泛开展合作，引进科研、生产一线的专家、项目负责人担当兼职教授，也可以让高校人才到科研、生产一线实习、锻炼、指导，着力形成良性互动。

（九）坚持人才评价和绩效评价相结合

健全以岗位职责为基础，以品德、能力和业绩为导向的考核评价机制，克服唯论文、唯职称、唯学历、唯奖项等评价人才的倾向。采取分类施策原则对高校人才进行分类、定位，同时根据不同类型的特点来确定发展目标和评估机制。比如可以把高校人才队伍分成教学型、教学科研型、科研型、推广与成果转化型四大类。教学型的主业是传播知识，目标是成为教学名师；教学科研型的目标是成为著名学者、教授；科研型的目标是成为著名的科技专家；应用推广型的目标是产生良好的社会效益和经济效益。对不同类型的人才分类执行考核制度，年度考核主要考核到岗时间和工作进展情况，聘期考核以师德师风、创新质量、服务贡献和队伍建设为重点，考核合同履行及作用发挥情况，并将考核结果作为是否续聘或薪酬调整的重要依据。对学术不端、违反师德规范行为实行一票否决。统筹规划高校人才薪酬体系，建立符合国情校情、具有综合竞争力的规范合理的收入分配模式和待遇增长机制，调动和激发广大教师的积极性、主动性、创造性。

（十）坚持短期考核和长期评估相结合

完善分类评价体系。根据学科类型和人才发展阶段，逐步完善体现中国特色、符合国际通行标准的人才分类评价体系。充分发挥学校基层学术组织作用，完善具有学科特色的评价标准、评价流程。在坚持教学科研融合和岗位分类管理的基础上，针对教学、科研、社会服务等不同岗位的职责要求和工作特点，完善评价指标体系，各有侧重。对于职业成长期的人才，重点评价其发展潜力和创新能力；对于职业成熟期的人才，重点评价其专业领导力和影响力。改进评价方式。科学设置考核评价周期和考核办法，激励各类人才投身重大原始创新、前沿科技研究。完善同行评议制度，注重发挥"小同行"、国际同行评价作用。注重引入市场评价和社会评价，发挥多元评价主体作用。探索个人成长与团队发展相结合的评价方式，注重评价参与者在团队发展中的实际贡献。发挥专业化的人才评价机构作用，建立第三方评价机制。建立评审专家评价责任和信誉制度。坚持发展性评价与奖惩性评价相结合，充分发挥发展性评价对于人才专业发展的引领作用，合理发挥奖惩性评价的激励约束作用。

参考文献

习近平. 辩证唯物主义是中国共产党人的世界观和方法论［J］. 求是，2019（1）.

京津冀协同发展背景下河北高校高质量人才培养模式研究

尹海勇　刘斌华　闫丙豪[②]

摘　要：河北省作为连接北京和天津的重要省份，有着重要的地理地位以及政治地位，因此进行京津冀协同发展背景下河北省高校高质量人才培养模式研究尤为重要。本文首先在对《河北省中长期人才发展规划纲要（2010—2020年）》及河北省人才引进政策"一人一策""特事特办"等政策进行分析研究的基础上对企业进行实地访谈，得出企业急需高质量人才的种类和数量；然后通过将河北省与其他省份高校高质量人才培养模式进行对比分析，找出河北省高校高质量人才培养模式存在的问题；最后为弥补河北省高校高质量人才培养模式的不足，提出河北省高校高质量人才培养模式相关的政策建议。

关键词：河北省　河北高校　高质量人才培养

一、河北高校高质量人才培养的内涵

古往今来，人才都是富国之本、兴邦之计，高质量人才更是国家必不可少的"财富"。习近平总书记在党的十九大报告中提出了"培养担当民族复兴大任的时代新人"的新要求，他的这一重要思想观点，深刻回

[①] 该篇论文获得"2020年全国人才与人事研究主题征文活动"三等奖。
[②] 尹海勇，北京交通大学海滨学院讲师；刘斌华，北京交通大学海滨学院助教；闫丙豪，北京交通大学海滨学院。

答了"培养什么样的人、如何培养人、为谁培养人"等一系列重大理论与实践问题,为新时代中国特色社会主义的人才培养以及高等教育的人才培养指明了方向、提供了根本遵循,对于培养德智体美劳全面发展的社会主义建设者和接班人具有重大指导意义。当前我国高层次创新型人才严重不足,高质量发展已经到了"瓶颈期"。为了响应政府号召,促进河北省及整个京津冀地区的发展,河北省于2010年即发布《河北省中长期人才发展规划纲要(2010—2020年)》,把河北省高校高质量人才队伍建设放在首要位置。河北高校高质量人才培养是践行社会主义核心价值观,建设教育强国的表现。河北高校高质量人才培养的作用是巨大的:第一,为河北省的区域建设提供高质量人才,以达到地区吸引人才的目的;第二,促进河北省经济和科技实力迅速提升,弥补河北省人才不足的空窗;第三,为京津冀地区乃至整个国家提供创新性极高的新鲜血液,为我国高质量发展打下基础。

二、京津冀地区协同发展是河北高校高质量人才培养的契机

(一)国家政策以及制度的支持保证

在京津冀地区不断协同发展进程下,高校高质量人才的培养问题已经逐渐成为一个让各地学者以及各级政府都密切关注的问题。国家有关部门陆续发布了很多有关促进京津冀地区人才培养的文件,为京津冀地区打开了一道小小的捷径,对于京津冀地区高质量人才的培养给予了很大的政策以及制度支持。京津冀三地占地面积21.6万平方千米,拥有人口超过1亿,并且在古代这三个地区就相互交流,具有良好的协同发展基础。因此,京津冀地区的协同发展相比国家其他任何一个地区都要有优势。但在京津冀地区协同发展的过程中,我们也看到由于京津两地地理位置的优越性,导致京津两地相比河北发展就更加迅速。为了京津冀地区更好更快地协同发展,成为我国第三大经济增长体,河北省就需要培养更多的高质量人才。在现阶段的时代背景下,高质量人才队伍的建设是非常重要的,因为一个地区人才的数量以及质量是关乎该地区发展的重要因素。所以,为了使河北高校可以培养更多的高质量人才,有关部门应就人才培养制定相关政策,创造可以留住人才的优惠条件,以保证人才的自培自用。

京津冀地区的协同发展在一定程度上可以说是在帮助河北省的发展。

由于多方面因素的影响，河北在经济发展方面落后于其他两个地区，很多河北省培养的优秀人才被北京以及天津更加优越的条件所吸引过去，导致河北省高尖端人才的缺失。因此，为了留住高质量人才，河北省引进政策"一人一策""特事特办"，也出台了一系列吸引高质量人才的政策，以期更好地促进河北省的经济发展。

河北省内环京津，地理位置特殊，此种地理环境对于河北省的经济发展而言利弊并存，因此，我们需要减小劣势的影响，扩大优势。由于京津冀地区的协同发展，河北省的地理位置对于吸引人才、建设高质量人才队伍有着很大的帮助，而其他两地的教育资源以及经济发展也有助于为河北省经济发展添砖加瓦，因此，京津冀协同发展对于河北省来说是一个不可错失的良机，有利于加强河北省同京津地区的各方面资源共享，更有利于建设河北高校高质量人才队伍，提高河北省的教育水平，从而促进河北省的经济发展。

（二）协同发展下高质量人才的市场需求

中国特色社会主义进入新时代，我国经济发展进入由高速增长转向高质量发展的阶段，高质量发展就需要高质量人才。京津冀地区在我国经济发展方面排名前列，但是由于北京和天津作为国际都市，更是容易吸纳高质量人才，所需的高质量人才更是高于其他地区，因此京津冀地区的高质量人才都被吸纳到了北京和天津，反而造成河北省高质量人才的流失。但更重要的是，吸纳和聚集高质量人才并非将其他地区的人才引进本地，而应该提升本地高质量人才培养水平。因此，大力培养河北省高校高质量人才才能满足高质量人才市场需求。京津冀地区协同发展，任何一方的落后都会对协同发展造成不良影响，河北省地理位置优越，高等教育尚属良好，经济发展远落后于北京和天津，其主要原因是高质量人才不足，急需高校高质量人才的培养。河北省高校众多，高校高质量人才培养过少，如果能够加强高校高质量人才的培养，那就可以弥补京津冀地区高质量人才的不足，从而促进河北省本地的经济高质量发展。

（三）京津冀专业人才与资源实现互补的协同规划

通过表1可以看出，北京地区相对其他两个地区的优势产业为高新技术产业以及第三产业，而劣势是现代制造产业；天津地区相对其他两个地区的优势产业为制造加工产业，而其劣势为电子信息产业、化学工艺产业以及冶金工业；而河北地区相对其他两个地区的优势产业为农业，劣势为工业。但是河北省有着丰富的自然资源，其可在保证自身优势产生的前提下，通过京津冀协同发展，实现京津的工业技术互补，以带动河北地区的发展。

表1　　　　　　　　　京津冀地区优劣势产业

地区	优势	劣势
北京	交通运输产业、高新技术产业、第三产业	现代制造产业
天津	交通运输产业、制造加工产业	电子信息产业、化学工艺产业、冶金工业
河北	交通运输产业、农业	工业

资料来源：国家统计局

在教育层面来说，京津冀地区的其他两个地区都优于河北地区，但是也正是这种劣势，可以让我们更好地借鉴京津两地优势的地方，做到取长补短，培养本省优秀高质量人才，建设一支高质量人才队伍，提升教育层面，以带动河北地区的发展。在专业人才培养方面，由于存在与其他地区资源的互补性，并且每一个地区的发展都离不开各个行业人才的支持，河北省在教育发展过程中，可利用本省自身优势，即人才潜在市场的丰富，借助京津两地的优势来培养人才，以实现京津冀地区的资源互补以及人才共享，推动京津冀地区的协同发展。

三、在协同发展下河北高校人才培养过程中存在的问题

随着京津冀地区的协同发展，对各方面的交流也越发频繁，对于区域高质量人才培养的交流也逐渐频繁，这种交流有利于京津冀地区高校的人才培养，但是在高校人才一体化方面还是有着很大的问题：在历史长期遗留问题的影响下，河北省的高尖端人才以及教育资源已经跟不上河北省经济发展的速度，这极大地制约着河北省的经济发展，高层次人才的缺失也导致河北省无法适应区域人才一体化的发展进程要求。

（一）人才需求与河北高校教育水平落后的问题

在京津冀地区协同发展的作用下，京津冀地区的发展比以往更加迅速，对各方面的高尖端人才的需求也愈发加大，只有在各个行业的人才需求得到满足，才能够保证地区经济发展的速度。高尖端人才培养就意味着需要优秀的高校教育水平，而河北省缺少培养高校高质量人才的渠道。例如：从全国高等院校的数量上来看，河北省内的211大学仅有一所，没有985院校，"双一流"建设大学仅有12所大学入选。因此，在高

端人才的供给上,河北省要落后于其他两个地区,而要保证河北省高校高质量人才队伍的建设,就需要从根本上解决问题,即提高河北教育水平,利用京津冀协同发展的优势,从京津两地吸取优秀的教育资源来填充河北省的教育空窗。只有真正改善了教育水平,加大教育资源的投入,才能从根本上促进高质量人才的培养。

教师个人素质的高低直接反映在他本人的教学科研活动中,会影响学校的建设与发展,从而间接影响学校高质量人才的培养。从建设高校高质量人才需要出发,不仅要求教师个体要有较高的素质,而且还要建设一支高素质的队伍,以适应高校人才的建设要求。

现阶段,河北省高校师资队伍还在不断完善的过程中,并且已经有部分学校将"双师型"素质纳入教师评价当中。在高校师资队伍建设的过程中有令人可喜地方也有一些问题。河北省自确立转型试点院校后,各院校纷纷结合自身情况进行改革。笔者通过对几所院校的调查与走访,将各校教师队伍的现状整理如图1所示,可见河北省高校教师队伍中青年比例较合理,能保证教师队伍的活力与智力,各校师资学历水平不存在短板,基本能够满足教学要求。除此之外,教师专业应用能力与实践经验不足和教师队伍缺少兼职教师是各校存在的共同问题。

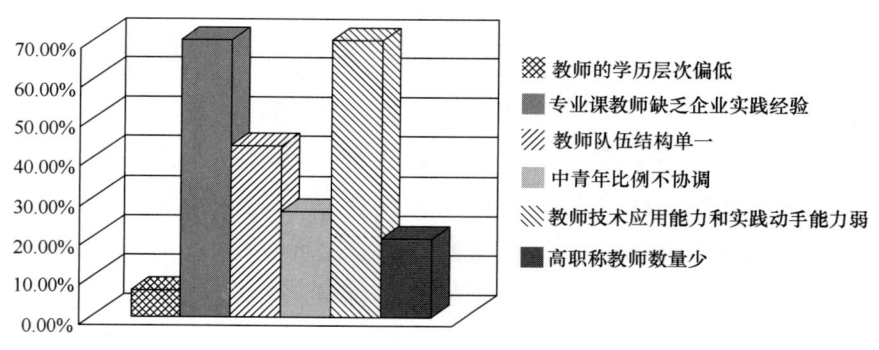

图1 高校教师队伍现状统计情况

在对河北高等院校的任课教职工的调查研究中发现,教师对于高校人才的培养也是不太满意的;在对学生自身的满意度调查研究中发现,学生认为自己所属的高等院校中教师所教授的知识以及教师资源都不足,有50%左右的学生认为自己的高校存在不足;而高职院校在培养专业人才的过程中,又存在着科研经费不足,院校忽略学生个性的养成,专业设置与社会企业要求脱节,教育方法单一,缺少变通,学生缺少实践经验以及科研机会等。这些问题都制约着河北高校高质量人才队伍的培养建设。

(二)京津冀地区人才分布与河北高校人才培养需求的矛盾

在众多因素的影响下,京津冀三地不论是从人才的数量还是质量上都有着很大的差异。一直以来,京津两地相对河北其人才培养和教育体系都更加完善,而河北则是有着更加丰富的人力资源却缺少人才资源;对比教育水平和教学资源,河北省更是落后于北京、天津两个地区。

在地理位置以及经济发展的作用下,北京由于其特殊的政治地位以及经济发展水平,其对于教育的投入也非常巨大,由于天津地区的政治地位以及经济发展水平也要优于河北地区,其在教育投入方面也要优于河北省。京津地区政治地位以及经济发展速度上的优越,导致对于人才的吸引也更加巨大,我们从京津地区相对河北的名校以及名师的占比就能看出河北省教育资源的相对欠缺。因此,为了加强人才的培养以及教育资源的投入,河北政府需要给予必要的政策支持以及经济支持来推动河北高校高质量人才队伍的培养建设。

四、京津冀协同发展下河北高校高质量人才培养模式探索

在京津冀协同发展的过程中,急需解决的问题是如何促进京津冀地区的顺利发展。为了促进京津冀地区发展,还是需要从人才培养这一角度说起,而对于人才培养从根本上还是要从高校教育抓起。为了促进京津冀协同发展,对于三个地区的人才交流以及人才培养是重中之重。因此,需要加强京津冀地区内高校的交流合作,河北高校也要在这些交流合作中打造适合自身的高校教育体系,创建河北高校人才培养新模式。只有强大自身教育发展,才能够更好地促进京津冀协同发展。

(一)吸纳京津优质资源,着力打造河北高质量人才品牌

在京津冀三地中,京津地区的人才培养有着更加先进的教育观念以及教学模式,因此在京津冀协同发展的背景下,河北高校在高尖端人才的培养上可以采用"引进来"的方式,将京津地区的优质学校引进河北建立分校,这些分校的建立可以引进优秀学校的教学理念以及先进的教学模式,在人才培养过程中就可以吸取这些院校的教学理念,并结合自身优势,创新出适合河北高校的人才培养模式。

由河北高校培养出来的人才可以选择"走出去"的方式,河北高校

可以与省外以及国外的一些院校合作,将高校自己培养出来的人才送往外地继续深造,通过建立交换生、留学,以及合作办学的方式,让河北省自身培养出来的人才去外面见识到更加广阔的知识面,共享高校之间丰富的教学资源以及教学模式,再让人才回到河北高校来培养下一代人才,快速地提高河北高校教师的教学能力以及学生的综合能力,促进河北高校高质量人才队伍的培养建设,从而达到促进京津冀协同发展,带动河北地区发展的目的。

在"引进来,走出去"这一模式下,不仅仅是学生适用于这一模式,对于高校教师来说,也是一个提高自身的好机会。河北高校在培养优秀的师资力量方面也应该为教师提供更多的学习机会。师资力量决定一所高校的教育水平,从根本上影响着高校高质量人才的培养。我们可以通过将京津地区名校的优秀教师"引进来"到河北高校开设一些讲学或者讲座,以及引导河北高校的教师"走出去",前往京津地区名校进修或者考取更高的学位,增加知识。通过提高师资力量来培养属于自己本省的高质量人才队伍,为河北省的经济发展作出贡献。

(二)强化师资业务培训,提升师资实践能力

企业岗位对于高校专业的需求比较综合全面,高校的很多专业都需要有着较强的综合能力。因此学生就需要有着更多的实践机会来提高自身的综合技能。高校应重视学生的实践教学,即在高校教师招聘过程中需看重教师对于自身所教授专业的认识度及其自身的实践动手能力。但是绝大多数的高校教师实际情况都是从学校一毕业就直接加入教师行业,教师自身都缺少实践动手能力,怎么可能在课堂教学过程中给学生传递实践动手的技能和注意事项呢?教师不能依据教学内容一味地讲解,不给学生提供实践的机会。调查结果显示,学生认为人才培养的结果是提高社交能力以及实践动手能力。为此,河北高校可以通过引进有着丰富实践经验的教师来教导学生,对学生也要进行实践动手能力的考核,以培养出高质量的人才队伍。

对于"学位+行业教育"这一模式的开展,河北高校可以通过与本地企业合作,加强对高校教师的培训,以及给予学生实践动手的机会,与企业合作建立良好的人才库,这样既方便企业挑选人才,也可为学生提供良好的就业机会。教师可以去企业接受培训,增加教师的行业经验,也可挂职到企业培训,使教师有机会在自己的专业领域参与实践。这样

教师不仅可获得行业经验，也有助于其在教学过程中为学生讲解重难点知识的实践应用。有关政府部门也应提供良好的政治措施来为这些企业以及高校提供便利。这种教学模式既可以推动企业的发展，也可以为高校培养高质量人才队伍解决一些难题。

（三）精准定位，实现差异化高质量人才培养

随着社会的不断进步，将会有越来越多的大学生人才涌现，并且企业对于人才的要求也将越来越高。人才多元化是未来教育发展的趋势。企业岗位要求高校大学生掌握越来越多的专业知识，对于高尖端技术人才格外地看重，这就要求高校要越发着重于培养提高学生的综合素质能力。因此，在京津冀协同发展的背景下，河北高校需要结合自身的优势与京津地区的名校优势，紧跟时代步伐，结合自身实际创制新的人才培养方案，提高高校人才质量。

由表2可知，在京津冀三个地区，每个地区对于人才的需求都不相同，并且各有侧重点；产业结构决定人才需求，北京对于高尖端科技产业人才的需求更大，相对北京，天津对于工商业人才有着更大的需求，而河北则较前两者发展较慢，因此对于工农业以及电子信息业人才需求更大。京津冀三地都需要专业人才。因此，高校在培养高质量人才的过程

表2　　　京津冀三地人才发展规划纲要中的人才需求（节选）

区域	京津冀协同发展规划纲要功能定位	人才发展规划纲要中的人才需求
北京	全国政治中心、文化中心、国际交往中心、科技创新中心	聚集一大批具有高素质教育、高端科学技术、优秀传统文化以及艺术等领域的世界级大师
天津	全国先进制造研发基地、北方国际航运核心区、金融创新运营示范区、改革开放先行区	在航天航空、石油化工、装备制造、电子信息、生物医药、新能源新材料、国防科技、现代农业等经济发展重点领域，在教育卫生、文化艺术、宣传思想、防灾减灾、政法等社会发展重点领域培养和引进一批专业人才
河北	全国现代商贸物流重要基地、产业转型升级试验区、新型城镇化与城乡统筹示范区、京津冀生态环境支撑区	大力加强钢铁、装备制造等工业产业人才队伍建设大力加强电子信息、生物制药、新能源、新材料、环保等高新技术产业领域人才队伍建设，有力推动物流、金融、旅游、信息服务等主要现代服务业人才队伍建设

资料来源：《京津冀人才一体化发展规划纲要（2017—2030年）》《京津冀协同发展规划纲要》。

中，需有侧重地培养，按需培养，提升学生的综合素质，促进京津冀协同发展。

（四）强化需求性人才，制定创新性、适用性人才培养方案

高校在人才培养过程中，要明确目标合理定位培养专业人才，合理制定人才培养规格，也就是对应用型人才所具备的知识能力素质要求，按照基础适中，重视应用和强化需求性人才，制定创新性、适用性人才培养方案，如图2所示。

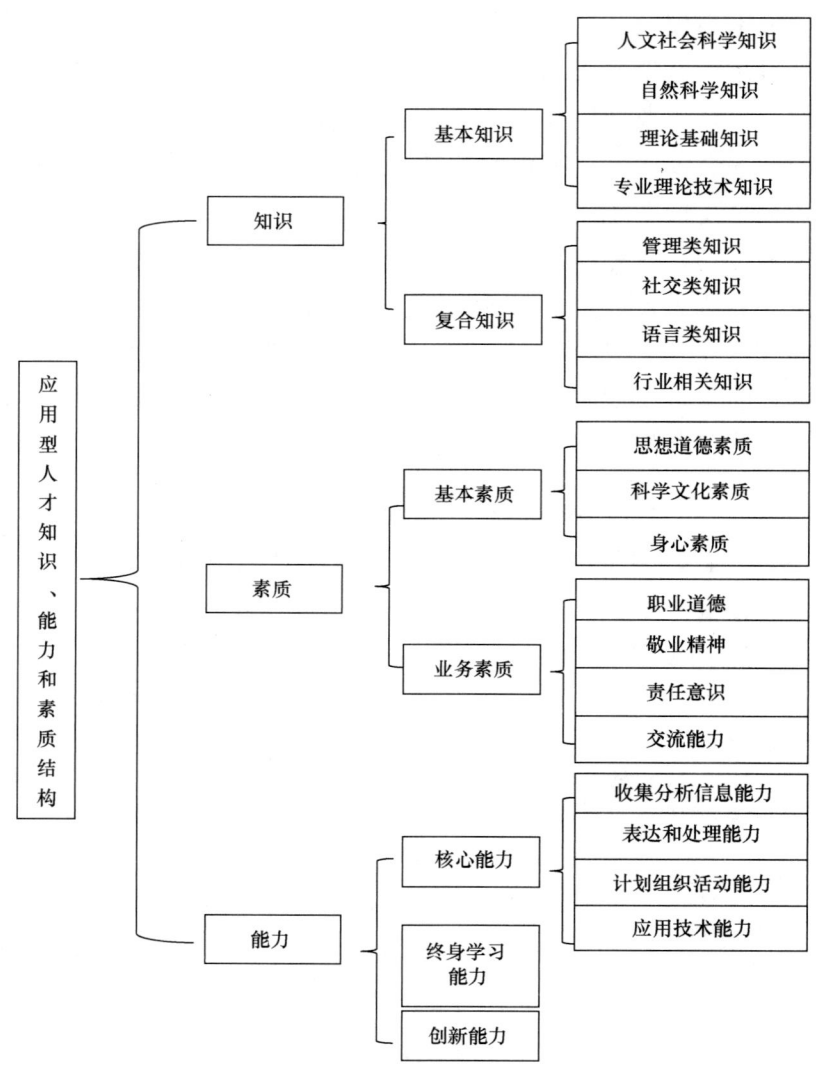

图2　高校人才培养规格和要求

京津冀协同发展背景下，河北高校需要坚持战略性新兴产业的快速发展以及对于本省特色优势产业的继续保持，跟上时代发展步伐，利用科技发展来推动工业化进程，重点培养学习科技设备制造以及新能源、新材料的开发，大力加强电子信息工程、环保科学等领域与京津地区高新产业的合作，围绕河北省发展需求建立高质量人才的队伍。广泛向外界展开招才引智的活动，举办人才交流大会，将外界优秀的人才吸引到河北省的人才队伍建设中来。积极鼓励高校创办技术研究中心以及各种行业类型的研发机构，扩大高校毕业生的实习就业规模，留住河北高校毕业的优秀人才，吸引外界更多的创新科技新人才来河北从事科技创新工作，建设一支可以促进河北发展的高质量人才队伍。

五、结语

研究发现，河北省高校高质量人才培养模式依然存在一些弊端和不足，这直接影响了京津冀协同发展和河北省的高质量人才吸纳。河北省的高质量人才需求，京津冀地区高质量人才分布不均，这些都需要河北省高校源源不断地输出高质量人才，但是高校高质量人才的培养不可能一蹴而就，河北高校需要在这一过程中结合自身优势，取长补短。具体而言，在高校培养人才的过程中，第一，要实现教育资源互补，教学经验共享，加强对河北高校高质量人才队伍的培养建设；第二，要加大对高校高质量人才培养的投入力度，保证各高校拥有最适合自己的高校高质量人才培养模式；第三，要做到理论与实践相结合，拒绝纸上谈兵；第四，政府部门要针对问题专事专办，及时提供相关政策支持，加快河北高校高质量人才队伍培养建设，打破河北省高质量人才短缺的困局，带动河北省的教育改革事业，推动河北省教育发展，促进京津冀协同发展。

参考文献

[1] 南芳. 京津冀区域人才合作策略分析［J］. 人才资源开发，2018（20）：8-9.

[2] 李仁和. 京津冀协同发展中的教育思考［J］. 天津市教科院学报，2015（3）：8-9.

［3］张耀军. 京津冀崛起十大挑战［J］. 人民论坛，2014（13）：22-25.

［4］刘赞英，刘兴国. 加强京津冀区域高等教育合作 促进高等教育内涵式发展［J］. 河北工业大学学报（社会科学版），2013，5（4）：13-17.

［5］蔡吉臣. 环渤海区域人才开发一体化的成效、问题与建议［J］. 求知，2012（4）：29-32.

［6］帅全锋，高菲. 高等教育与京津冀区域协同发展的对策分析［J］. 石家庄职业技术学院学报，2012，24（1）：38-40.

［7］马宁，饶小龙，王选华，等. 合作与共赢：京津冀区域人才一体化问题研究［J］. 中国人力资源开发，2011（10）：72-77.

［8］李国平. 京津冀北地区协调发展的目标定位及其战略构想［J］. 北京规划建设，2009（5）：83-86.

［9］李金辉，王亮，张冰. 京津冀人才开发合作的研究与探索［J］. 中国人才，2009（15）：16-19.

吉林省立法人才队伍建设现实考察与推进对策[①]

魏芙蓉[②]

摘 要：党的十九届四中全会明确要求，不断提高立法质量和效率，以良法保障善治。加强地方立法人才队伍建设是提高立法质量，实现科学立法、体现人民意志、坚持法制统一、确保立法规范的现实需要。本文通过对吉林省立法人才队伍建设状况的考察，针对其存在的新赋权的设区的市立法工作机构编制不足、立法工作队伍素质亟待提高、立法人才教育培训工作仍显薄弱、立法工作人员职业保障水平不高、立法咨询服务队伍作用发挥不够等问题，从统筹制定立法人才队伍建设规划、加强立法工作机构建设、建立立法工作人员职业资格制度、强化立法人才教育培养、完善立法工作人员职业保障机制、充分发挥立法咨询服务队伍作用等方面提出了推进对策。

关键词：吉林省 立法人才 队伍建设

立法是贯彻党的十九大确立的全面推进依法治国基本方略的基础，不断提高立法质量和效率是党的十九届四中全会提出的明确要求。研究立法人才队伍，特别是立法能力相对薄弱的地方立法人才队伍建设问题，

---

① 该篇论文获得"2020 年全国人才与人事研究主题征文活动"三等奖。
② 魏芙蓉，吉林省行政科学研究所所长、教授、硕士生导师。

对于保证和提高立法质量具有重要意义。本文所说的立法人才，是从广义的概念出发，指专门从事立法活动的工作人员及接受立法机关聘请或委托，为立法活动提供咨询服务的人员。具体包括两类人才：一类是立法工作人员，即在人大常委会办事机构、人大各专门委员会、政府行政司法部门及政府所属部门法制机构中专职从事立法规划、计划制订，立法调研，法规规章草案起草、征求意见、组织专家论证，开展立法评估等工作，但不行使立法决策权的国家公职人员。另一类是立法咨询服务人员，是指除国家公职人员以外，接受立法机关聘请或委托参与立法规划、计划论证，法规规章草案起草、论证，法规规章清理、评估等活动的专家学者、执业律师等人员。

一、新形势下加强地方立法人才队伍建设的必要性和紧迫性

党的十八大以来，国家高层决策机关对立法队伍建设高度重视，并做出相关部署。2014年党的十八届四中全会通过的《关于全面推进依法治国若干重大问题的决定》对法治队伍建设做出部署。习近平同志指出：我国专门的法治队伍主要包括在人大和政府从事立法的工作人员、在行政机关从事执法的工作人员、在司法机关从事司法的工作人员。全面推进依法治国，首先要把这支队伍建设好。他还指出：立法是为国家定规矩、为社会定方圆的神圣工作，立法人员必须具有很高的思想政治素质，具备遵循规律、发扬民主、加强协调、凝聚共识的能力。2015年9月，时任全国人大常委会委员长的张德江同志在广东出席全国地方立法研讨会时强调，加强和改进立法工作，要有高素质的立法工作队伍作为保障。要把思想政治建设摆在首位，全面提升专业素质能力，充实力量，培养人才，努力造就一支忠于党、忠于国家、忠于人民、忠于法律的立法工作队伍。特别是《中华人民共和国立法法》（以下简称《立法法》）修改后，全部设区的市（以下简称设区市）被赋予立法权后，随着立法主体和立法任务的大量增加，立法能力不足的矛盾比以往更加突出。与此同时，随着依法治国方略的实施，人民群众对立法工作的期待却不断提高。这些因素都要求把建设一支"量"和"质"与立法工作适应的人才队伍的任务提上更加重要的日程。

（一）加强立法人才队伍建设是实现科学立法的迫切需要

推进科学立法是提高立法质量的根本途径，其核心在于尊重和体现

客观规律。这就要求，首先，立法体制要符合实际。地方立法者应该自知立法权限的边界，不得越权立法。其次，立法资源的运用是必要的，既不能为了政绩而立法，也不能把属于道德调整的事项纳入立法调整范围，还不能把目前管理措施不够成熟的事项盲目纳入立法范围。再次，立法程序的设定和执行应该有利于保证公众的充分参与、专家的合理介入和立法机关的正确决策。最后，立法的实体内容应是公正的，有利于限制公权力的膨胀，保护公民、法人和其他社会组织的合法权益不受侵害。具备较高法学专业知识水平和丰富实际工作经验的立法人才队伍是把科学立法要求落到实处的基础性保障。

（二）加强立法人才队伍建设是立法体现人民意志的迫切需要

吸纳公众参与，体现人民意志，是民主立法的核心。立法工作人员只有具备较高的政治觉悟，才能坚持立法为民的理念，重视并认真处理公众意见，而不是虚以应付走过场；才能有效抵制执法部门或强势利益集团在立法活动中谋取不当利益的倾向。立法工作人员只有具备较高的业务能力，才能在纷繁复杂的各种意见建议中找到全社会意愿和要求的最大公约数，从而维护和实现人民群众的根本利益。

（三）加强立法人才队伍建设是坚持法制统一的迫切需要

地方立法必须维护国家的法制统一。在实施性立法中，地方立法既不能违反上位法的规定，又要符合本地实际，具有操作性；在自主性和先行性立法中，不仅规范的事项不能超越地方立法的权限范围，在设定行政处罚、行政许可、行政强制等方面也不能违背相关法律的规定。地方立法如何做到既不违反上位法的规定，又具有地方特色，是一项高难度的工作。只有立法工作人员具有深厚的法学理论功底，熟练掌握现行法律的相关规定，并充分地了解省情、市情才能够为立法机关提供高质量的立法草案建议，最大限度地避免违法立法或照抄照搬的现象发生。

（四）加强立法人才队伍建设是确保立法规范的迫切需要

高质量的地方立法不仅要求法规规章实体内容合法、合理、有特色，而且要求在形式上符合技术规范。在谋篇布局上应该与内容的需要相适应，既不能把小题做大，也不能把大题做小；内在逻辑结构应前后一致、互不抵触；语言表述应清晰准确，格式符合技术规范。这就要求，立法人才不仅需要具备较高的政治素质、较深厚的法律知识功底，还要具备较高的语言文字能力。没有一支高素质的立法人才队伍，这些要求难以达到。

二、吉林省立法人才队伍建设的现实考察

长期以来，吉林省立法机关从本地实际需要出发，积极履行法律赋予的立法职责，不仅出台了一大批地方性法规规章，同时培养、锻炼了一支立法人才队伍，为正确行使地方立法权、不断提高地方立法质量提供了组织保证和人才支撑。

（一）吉林省立法人才队伍建设取得的主要进展

1. 中共吉林省委加强了对立法能力建设工作的领导

中共吉林省委高度重视地方立法和立法能力建设工作，特别是党的十八大以来，省委对地方立法和立法能力建设高度关注。《立法法》修改后，省委认真贯彻落实《中共中央关于加强党领导立法工作的意见》，于2016年10月召开人大工作会议，就地方立法，特别是立法队伍建设工作进行了研究部署。省人大常委会按照中央和省委的要求，在2016年10月对地方立法工作情况进行了调研，针对设区市被赋予地方立法权后面临的困难等问题，提出了坚持党的领导、发挥人大的主导作用、加强立法能力建设等保障设区市立法质量的新要求。

2. 推动了立法工作机构和立法咨询服务组织建设

近年来，吉林省在建立立法工作机构和立法咨询服务组织、不断充实立法人才队伍方面迈出了坚实的步伐。

首先，设立了立法工作机构，配备了立法工作人员。目前，吉林省、设区市和少数民族自治县的人大常委会普遍设立了法制工作机构，省、设区市政府普遍设立了法制工作机构。同时，立法工作人员配备得到加强。目前，吉林省人大常委会法制工作委员会（以下简称法工委）、省政府法制办（现司法厅）、省直部门法制处中专职从事立法工作的人员中具有法学专业背景或法律职业经历的比例超过85%；九个设区市人大常委会法工委编制平均7人，其中具有法学专业背景或法律职业经历的占比达到60%以上；九个设区市政府法制办（现司法局）立法工作机构中具有法学专业背景或法律职业经历的超过80%，立法工作队伍规模和专业结构得到改善。

其次，立法咨询服务组织不断壮大。吉林省人大常委会、省政府分别建立了立法专家咨询委员会；有的设区市人大常委会、市政府设立了立法专家咨询组织，如白山市人大常委会、吉林市政府等成立了立法咨

询委员会等；吉林大学、东北师范大学、长春理工大学等高等院校纷纷成立了地方立法研究和咨询服务组织。据不完全统计，吉林全省共有各类立法咨询服务组织十余个，接受立法机关聘请、委托参与立法咨询服务活动的人员 200 余人。目前，立法咨询服务队伍的规模还在不断扩大。

3. 开展了立法业务培训活动

近年来，吉林省立法机关越来越重视对立法工作人员和立法咨询服务人员的培训工作。既组织开展较大规模的集中培训活动，如 2016 年由吉林省人大常委会有关机构与省政府法制办（现司法厅）协调配合，在全省开展的有 200 余人参加的《立法法》相关知识培训，再如 2017—2019 年吉林省政府法制办（现司法厅）连续三年与中国政法大学联合组织的立法知识培训，参训人数共达 300 余人。同时，还积极探索一些新的培训方式，如省人大常委会法工委通过举办法规草案点评活动，采取"以案说立法"的方式对特定人员进行案例式培训，再如设区市通过上派立法工作人员到省级立法工作机构进行实践锻炼等方式进行培训等。

4. 促进了立法咨询服务队伍作用的发挥

近年来，吉林省立法主体通过购买服务的方式，委托高等院校、科研院所起草地方性法规规章和对已出台的法规规章开展评估的活动逐渐增多，立法咨询服务人员在地方立法过程中发挥的作用越来越大。如吉林省人大常委会法工委将全省的地方性法规清理工作委托给吉林大学法学院，省政府法制办（现司法厅）将《吉林省重大行政决策程序规定》草案的起草委托给吉林大学法学院，辽源市人大常委会将《辽源市煤矿历史文化保护条例》草案的起草委托给相关专家，省安监局、省住房和城乡建设厅、省发改委等部门将《吉林省禁止塑料薄膜制品生产和使用办法》等立法草案的起草、《吉林省安全生产条例》等地方性法规的立法后评估等事项委托给长春工业大学、长春理工大学等等。购买立法服务模式的运行，不仅优化了立法质量，而且促进了立法咨询服务队伍的成长壮大。

（二）吉林省立法人才队伍建设存在的主要问题

吉林省立法人才队伍建设虽然取得明显的进展，但是，同新形势提出的新要求、面临的新任务相比，立法人才队伍仍显薄弱，特别是设区市被普遍赋予立法权之后，立法队伍难以适应立法工作需要的矛盾更加突出，人才队伍建设还存在一系列有待解决的问题。

1. 新赋权的设区市立法工作机构编制不足

配备与立法工作任务相适应的立法工作人员是推进立法人才队伍建设的基础性内容和举措。吉林省立法工作机构的编制状况，总体而言，人大常委会要好于政府，省级要好于设区市，原有立法权的设区市要好于新赋权的设区市，其中最薄弱的是新赋予立法权的设区市政府，其现有立法工作人员编制与立法工作实际需要极不适应。通过调查了解到，大多数设区市政府法制部门设立的立法工作机构（被称为法规科或备案审查科或指导监督科）只有一两个编制，在立法工作之外，还要承担本级政府规范性文件起草、审核，以及对本级政府部门和下级政府报送的规范性文件备案审查，对上级或其他机关法律性文件征求意见的反馈等多项工作。有的甚至还要承担行政执法的指导和监督等工作职责。例如，某市政府法制办（现司法局）法规科只有1个编制，除立法工作以外，还要承担规范性文件审查和政府所属部门及下级政府报送的规范性文件备案审查任务，几乎无力分身开展立法工作。此外，设区市人大常委会也不同程度地存在人员不足的问题。如有的设区市虽然设立了法工委，但只是在法制委的基础上加挂了一块牌子，专职从事立法工作的只有两三个人，难以满足工作需要。

2. 立法工作队伍素质有待提高

总体而言，在政治素质方面，主要是立法为民的价值理念树立得不牢，使得一些有利于广泛吸纳公众意见的程序得不到有效实施，立法部门利益倾向还一定程度地存在。在业务素质方面，有的立法工作人员没有法学专业背景，有的虽有法学专业背景，但缺乏立法工作经验，对地方立法权限、程序、技术规范等了解不深、把握不熟，不能完全适应立法工作的需要。特别是新赋予立法权的设区市，普遍缺乏熟悉立法理论与实务的立法工作人才。

3. 立法人才教育培训仍显薄弱

首先是高等院校忽视对立法专门人才的培养。以坐落在吉林省、师资力量比较雄厚的吉林大学、东北师范大学为例，在其法学院系的学科或专业研究方向的设置当中没有专门的立法学方向。同时，在现有的法学教育过程中，多重视从司法的角度进行人才培养，很少关注从立法的角度对人才进行培养，这就导致了虽为法学专业毕业生，但对立法知识却掌握不多。其次是对立法工作人员进行在职培训的效果也不够理想。

由于培训方式比较陈旧、内容单一、针对性不强等原因导致总体培训效果往往不尽如人意。

4. 立法工作人员职业保障水平不高

立法在依法治国中处于基础性地位，是一项高端的创造性工作，从某种意义上说，比法官、检察官的司法和行政机关的执法活动更加具有挑战性，需要更高端的法律人才才能胜任。相对于普通公务员，适当提高立法工作人员在物质待遇和职务晋升等方面的职业保障水平是吸引和稳定高端立法工作人才的有效途径。但实际情况是，立法工作人员与其他公务员职业保障水平相同，明显低于法官、检察官，这不仅在一定程度上造成了高端立法人才外流，而且也不同程度地影响了在岗人员的工作积极性。

5. 立法咨询服务队伍作用发挥不够

通过多种途径发挥立法咨询服务队伍在地方立法工作中的作用，既是立法体制创新的趋势，也是保证立法质量的举措。但是，这方面的工作目前还处于起步和探索阶段，还存在一定差距：有的立法机关没有建立立法专家咨询组织，论证法规规章草案时，随机聘请，导致论证质量不高；有的地方建立立法专家咨询组织只局限于本地的人才，由于受资源的限制，只能降格以求；有的委托社会机构起草法规规章草案和立法评估等服务事项，缺少公开、公平的竞争程序；有的存在着一方面人才不足，另一方面从法学教学科研或立法岗位上退休人才闲置的现象，等等。这些差距表明，吉林省在发挥立法咨询服务队伍作用方面还存在着一定的空间。

三、加强吉林省立法人才队伍建设的对策建议

应该说，上述问题不是吉林省所特有的，而是在全国范围内不同程度地普遍存在。之所以出现这些问题，既有相关体制机制不够完善、不够配套等客观方面的原因，也有个人努力程度不够等主观方面的原因，需要综合施策进一步加强和改进吉林省立法人才队伍建设。

（一）制定立法人才队伍建设规划

立法人才队伍建设是一项长期的战略任务，应当纳入本地人才培养规划，通过3~5年的努力，采取综合措施，培养一支以人大常委会法工委和行政司法部门立法工作人员为主体，以高等院校、科研院所、法学

会等相关社会机构专家、学者为辅助的，基本适应立法工作需要的具有较高素质的立法人才队伍。在地方立法人才队伍建设规划中应当对立法人才队伍建设的原则、目标、具体任务和工作措施等做出规定。特别是对立法工作机构编制、专业人才比例、年度参加培训的规模等做出量化的规定。如《吉林省立法人才队伍建设规划（2020—2025）》的目标任务可以设定为：

（1）有立法权的人大常委会全部设立法工委；同级政府行政司法部门全部设立法制科（处）。

（2）全省具有国家法律职业资格或法律工作经验的立法工作人员，占全部立法工作人员的80%以上，其中，具有法学博士学位的不少于10人。

（3）全省每年参加立法专业培训的人员不少于150人次。

（4）立法机关全部设立立法咨询服务组织。

（5）通过购买服务的方式，吸纳社会机构参与法规规章草案起草、论证、评估和开展立法人员培训等活动，普遍做到制度化、规范化等。

（二）加强立法工作机构建设

立法工作机构是立法工作人员存在的载体。如果没有相应的机构或机构的编制过少，立法人才队伍建设将无从谈起。有立法权的设区市人大常委会应当设立法工委，除掉主任、副主任领导职数以外，专职从事立法工作的人员编制应不少于5人。有立法权的设区市政府，应在行政司法部门设法制科（处），人员编制应不少于4人，以保证设区市立法权的正常行使。在暂时不能解决编制的情况下，可通过聘用雇员或咨询顾问等途径，以解决人才不足的燃眉之急。

（三）建立立法工作人员职业资格制度

立法工作人员的专业素质对立法质量具有重要影响，建立立法工作人员职业资格制度，是提升地方立法工作人员专业化水平和加强立法人才队伍建设的重要途径。首先，应明确立法工作人员职业资格标准。在新招录、聘用立法工作人员时，应当按照"老人老办法，新人新办法"的原则，设立区别于普通公务员，不低于法官、检察官的"准入门槛"。对于新招录的立法工作人员，在政治素质方面，应当要求坚决拥护党的领导，忠于宪法法律。在职业操守方面，应当爱岗敬业，有奉献精神和创新能力，道德品行良好。在业务能力方面，应当具备法学本科以上学历，掌握中国特色社会主义法治理论及相关领域的知识，并通过国家的法律职业资格考试。在从律师和法学专家中公开选拔立法工作者时，要有工作经历方面的要求，从事教学或科研工作五年以上，并有与立法相关的研究成果。2017年，吉林省政府法制办在招录立法岗位工作人员时，明确提出了必须具有法学专业背景和硕士研究生学历的刚性条件要求。这一做法值得跟踪研究、总结推广。

（四）强化立法人才的教育培养

立法人才教育培养分为两个层次：一是现有立法工作人员的在职培训；二是立法人才的培养储备。首先，要加强对现有立法工作人员的在职培训。在学习内容方面，不仅要学习《中华人民共和国立法法》《中华人民共和国行政处罚法》《中华人民共和国行政许可法》《中华人民共和国行政强制法》等程序性法律，还要结合设区市立法权限范围的实际，组织学习城乡建设和管理、环境保护和历史文化保护方面的相关法律法规；不仅要学习法律专业方面的知识，还要学习法治基础理论和习近平同志关于法治建设的系列重要讲话，使培训更全面、更有针对性。在培训的实施主体方面，不仅可以由省人大常委会法工委、省政府行政司法部门直接组织培训，也可以委托高等院校、党校等组织培训。在培训形式方面应进行探索创新，不仅可以举办短期培训班，也可以派往党校、高等院校、科研院所等进行较长时间的离岗培训；可以由法学专家或实务工作者进行讲授式培训，也可以由专家与培训对象一起组织开展立法调研、立法评估、组织召开立法座谈会、听证会等活动进行参与式培训；还可以有计划地把设区市立法工作人员派往上级立法机关或住建、生态环境、文旅等政府部门进行实践锻炼等。其次，应将立法人才培养纳入高等院校的教学计划，把立法人才培养与法官、检察官、律师的培养同等重视起来，积极探索高层次立法人才的专业培养模式。有条件的高等院校应设立立法学专业方向，培养硕士乃至博士研究生，为立法实践储备高层次人才。

（五）完善立法工作人员职业保障机制

适当提高立法工作人员的职业保障水平，有助于吸引和留住高端立法人才，调动立法工作人员的积极性。一是可以适当提高立法工作人员的物质待遇。可以探索通过发放特殊津贴、专项补助等方式适当提高立法工作人员的收入水平。二是适当增加立法工作岗位的非领导职数。立法工作专业性、技术性很强，保持队伍稳定有利于专业经验积累、专业技能提升。职务晋升是调动工作积极性的重要机制，在立法工作岗位领导职数相对不足的情况下，如若晋升就得交流到其他岗位，这将造成优秀立法工作人才的流失，而长期不晋升又会影响其工作积极性。因此，可以考虑在立法工作岗位适当倾斜配置非领导职数，以使优秀人才在原有岗位就可以享受到更高的政治、经济待遇，从而留住人才，用好人才。

（六）充分发挥立法咨询服务队伍作用

发挥立法咨询服务队伍作用是提升立法质量的客观要求，是立法体制创新的必然趋势。首先，要采取多种形式积极推进立法咨询服务组织建设。一是可以由立法机关建立专家咨询组织。立法机关应通过公布选聘条件、个人报名、单位推荐和聘用机关审核等程序，聘请区域内外符合条件的专家学者或有实践经验的专业人员组成专家咨询组织。根据各位专家所长，邀请其参与立法立项论证、法规或规章草案论证、立法后评估等工作。针对设区市的立法人才分布不均的实际情况，省人大常委会或省政府建立的立法专家咨询组织可以与设区市共享，以充分发挥立法高端人才的咨询服务作用。二是可以由立法机关建立立法服务基地。借鉴广东省的相关经验，立法机关可以依托具备条件的高等院校、科研院所等建立立法服务基地，立法服务基地可以接受立法机关委托提供法规或规章草案调研、起草、论证、评估和人员培训等方面的服务。三是在高等院校、科研院所等成立地方立法咨询服务组织，通过接受委托等方式为立法机关提供咨询服务。其次，要建立健全立法咨询服务机制。主要是完善立法专家论证制度和建立购买立法咨询服务的公平竞争机制，以规范和激励立法咨询服务人才更好地发挥作用。

总之，在深入实施全面推进依法治国基本方略，努力提升立法质量的新形势下，加强地方立法人才队伍建设既是当务之急，又是一项长期的战略任务。省市各级党委、人大、政府应当高度重视并采取多种务实有效的措施，下大力气培养一支讲政治、肯奉献、懂专业、有经验，能够胜任地方立法工作的人才队伍，以确保地方立法权的正确行使，使地方立法在实施全面依法治国，促进、引领和保障本地经济和社会发展过程中发挥更大的作用。

参考文献

[1] 党中央关于全面推进依法治国若干重大问题的决定[N]. 人民日报，2014-10-29.

[2] 习近平. 坚定不移走中国特色社会主义法治道路[J]. 求是，2015（1）.

[3] 中共中央文献研究室. 习近平关于全面依法治国论述摘编[M]. 北京：中央文献出版社，2015.

[4] 胡弘弘，白永峰. 地方人大立法人才培养机制研究[J]. 中州学刊，2015（8）.

[5] 李晓东，罗卫国. 当代中国社会变迁中的立法转型研究[J]. 南昌大学学报（人文社会科学版），2006（2）.

[6] 张文显. 大力加强法治工作队伍建设[N]. 人民法院报，2014-11-19.

[7] 丁祖年. 健全人大主导立法体制机制研究[J]. 法治研究，2006（2）.

[8] 江金权. 大力建设高素质法治工作队伍[N]. 光明日报，2014-12-04.

[9] 李明奇，冉德彬. 加强立法队伍建设是推进依法治国的当务之急[N]. 人民代表报，2014-12-09.

[10] 李喜. 地方立法转型发展中的人才队伍建设问题研究[J]. 山西大同大学学报，2017（1）.

福建省技能人才队伍建设现状、问题及对策探析[1]

郑亨钰 郑日强 郑婉菁[2]

摘 要：当前，福建省技能人才总量少、结构不优，难以满足产业转型升级需要，在人力资源市场中存在供需矛盾。在此背景下，有必要摸清技能人才底数，了解现状，为建设"技能福建"提供对策建议。本文通过问卷调查，共回收技能人才问卷5 424份、企业问卷793份，从技能人才队伍结构、培养情况、待遇情况、对亲友子女成为技能人才的态度等方面了解技能人才的基本情况。结合问卷分析与调研，发现技能人才队伍建设中存在职业技能开发立法缺失、技能人才评价改革衔接过渡矛盾较为突出、技工院校劣势突出、企业主体作用发挥不足、技能人才及有关政策宣传力度不足等问题。为此，应该从推进职业能力建设法治化、完善技能人才评价激励机制、为技工院校创造更多发展机会、发挥企业技能开发主体作用、加强宣传营造尊重技能的社会氛围等方面促进技能人才队伍建设工作，为新福建建设提供高质量的技能人才队伍支撑。

关键词：技能人才 技能培训 技能人才评价 技工院校

---

[1] 该篇论文获得"2020年全国人才与人事研究主题征文活动"一等奖。
[2] 郑亨钰，福建省人事人才研究所所长、高级经济师；郑日强，福建省人力资源和社会保障厅职业能力建设处副处长；郑婉菁，福建省人事人才研究所经济师。

一、研究背景

（一）技能人才队伍总量少，结构不优

2019年，福建省常住人口总量约为3 973万人，就业人员总量2 781.26万人，技能劳动者636.28万人，仅占就业人口总量的22.88%。其中，高技能人才111.11万人，相较于发达省份及周边省份，福建省高技能人才在技能人才中占比有待提高。未来较长时期内，福建省技能劳动者需求将继续保持不断增长的趋势，加强技能人才队伍建设、建设"技能福建""人才强省"任重道远。

（二）产业发展升级需要技能人才支撑

在全方位推动高质量发展超越的目标引领下，福建省经济正面临新旧动能转换，坚持供给侧结构性改革，推动产业转型升级，这些都需要高素质技能人才和人力资本创新来实现。2019年，福建省第一、二、三产业增加值分别为2 596.23亿、20 581.74亿和19 217.03亿元，占地区生产总值的比重分别为6.1%、48.6%、45.3%[1]。第二产业是福建省国民经济中占比最高的产业，并逐渐从中低端向中高端迈进，这种转型升级需要有更多的高素质技能人才来支撑。当前技能人才比例偏低且结构不合理，高技能人才严重匮乏，已经成为制约福建省产业转型升级和企业竞争力提升的重要瓶颈。

（三）技能人才供求矛盾突出

福建省就业总量问题和结构性问题并存。从福建省2019年各季度人力资源市场职业供求状况来看，技能人才的市场求人倍率均高于人力资源市场的求人倍率（见图1），技能人才的供需矛盾较为突出。2020年一季度，因受疫情影响，全省人才供求总量同比均下降，企业复工复产面临严重的"用工荒"，尤其是各类生产制造企业。在此背景下，技工/普工类职业需求突增，同比增长近300%，居各类职业需求排名榜首；纺织品业用人需求暴涨，居行业需求首位，其中一线操作人员需求超五成[2]。

二、技能人才队伍建设现状调查问卷分析

为摸清技能人才队伍现状，本文通过编制技能人才队伍建设现状调

---

[1] 数据来源：福建省统计局.2019年福建省国民经济和社会发展统计公报[R].2020-02-27.
[2] 数据来源：中国海峡人才市场。

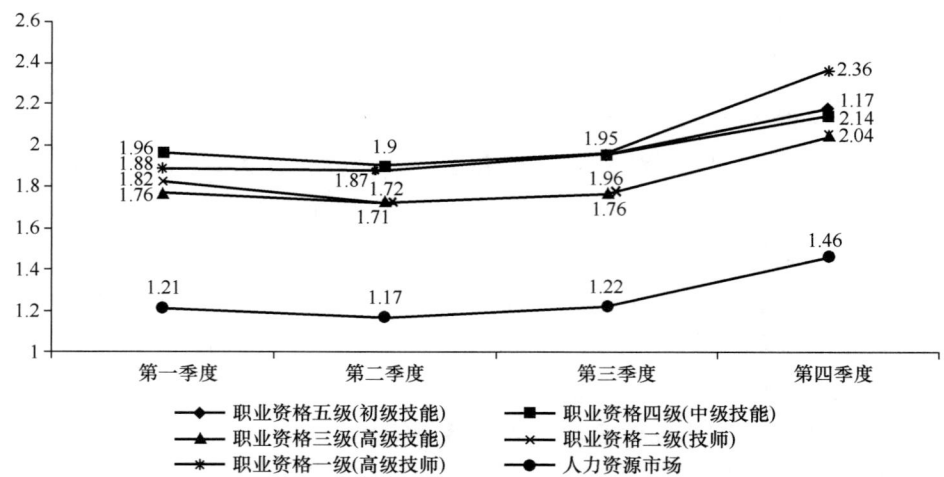

图 1　福建省 2019 年各季度技能人才与人力资源市场求人倍率

查问卷,并征求专家、业务处室意见,最终形成企业问卷(14 题)和技能人才问卷(24 题)。根据各设区市、平潭综合实验区的技能人才基数分配问卷发放数量,由各设区市、平潭综合实验区采取方便抽样的方式完成问卷的发放与回收,共收到技能人才问卷 5 424 份、企业问卷 793 份,此次问卷调查均采用电子问卷形式开展。经 EXCEL 和 SPSS22.0 统计,得到统计分析结果如下。

(一)调查对象结构分布

经对调查对象的性别、学历、年龄等级进行统计,得出其分布情况见表 1。

表 1　　　　　　　　　调查对象结构分布情况

性别	男			女		
	65.58%			34.42%		
学历	初中及以下	高中	中职中专	大专	本科	硕士及以上
	7.6%	10.31%	14.31%	33.41%	31.43%	1.75%
年龄	20 岁及以下	21~30 岁	31~40 岁	41~50 岁	51~60 岁	61 岁及以上
	0.68%	34.44%	36.60%	21.70%	6.42%	0.17%
等级	未评定	初级工	中级工	高级工	技师	高级技师
	1 616	1 098	1 012	762	490	446

(二)企业技能人才紧缺程度

各类技能人才的紧缺程度相当,其中技师及以上的紧缺程度最高,其次为高级、初级、中级技能人才，这与2019年度福建省的技能人才求人倍率相呼应，可以说企业各级技能人才普遍存在短缺情况（见图2）。

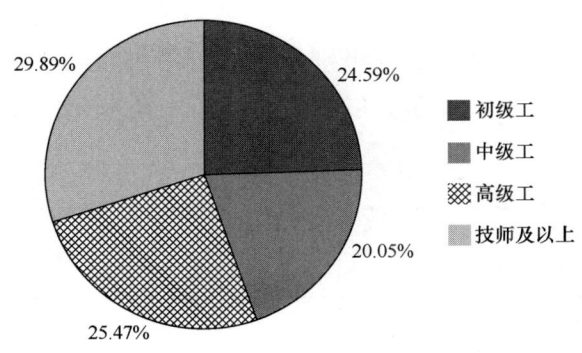

图2　企业最紧缺的技能人才比例

（三）技能人才培养情况

1. 技能获得的主要渠道

调查对象获得技能的最主要渠道为企业岗位培训，选择人次占54.07%，体现了企业在技能人才培养中的主体作用；技工院校、职业院校培养占35.67%；自学占31.27%；师带徒占26.16%；社会职业教育占20%；其他占14.86%；而技能竞赛的技能获得渠道仅占10.42%（该题为多选题，限选三项，多选题选项百分比＝该选项被选择次数÷有效答卷份数×100%，下同）。具体如图3所示。

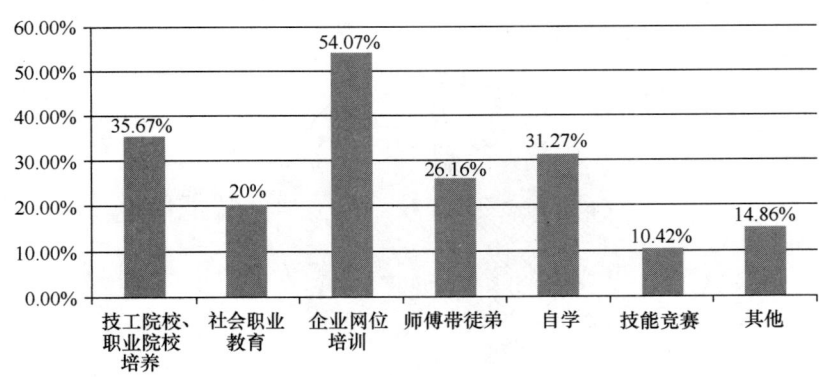

图3　技能获得的主要渠道分布

2. 技能大赛参赛情况

由技能获得渠道可以看出，福建省技能竞赛的作用较为有限；通过进一步了解调查对象参加竞赛的情况可以看出,调查对象参加技能大赛比例不高。超过半数的技能人才未参加过各类技能大赛(占 54.44%),且参加过技能比赛的调查对象中,多数限于单位内部技能比赛(36.73%),对于单位外部更高级别的比赛则参加者寥寥无几(此题为多选题),以赛促训、以赛促学、以赛促用的作用还未充分发挥(见图4)。

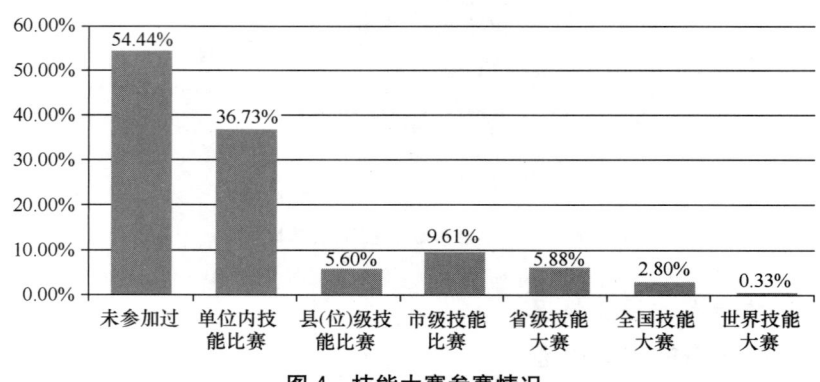

图 4　技能大赛参赛情况

3. 企业对技能人才培养重视度与制度化情况

大部分调查对象认为企业对技能人才培养较为重视,认为企业对技能人才培养非常重视的占 44.99%,比较重视的占 33.79%,重视程度一般的占 18.18%,仅有极少数调查对象认为企业比较不重视或非常不重视技能人才培养(见图5)。

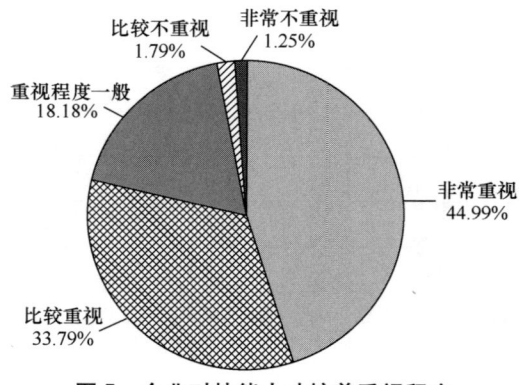

图 5　企业对技能人才培养重视程度

与对技能人才培养的重视程度相对应,超过七成的企业制定了技能人才的进修培训制度,但仍有 23.08% 的企业尚未制定相关技能人才进修培训制度。调查对象对企业进修培训制度了解情况,与企业制定情况基本一致，只有15.76%的调查对象不清楚所在企业的进修培训制度制定情况（见图6）。

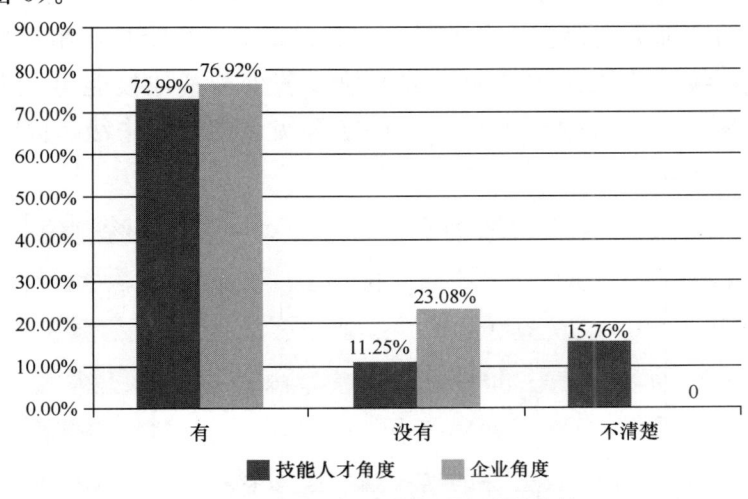

图6　企业技能人才进修培训制度制定情况

4. 调查对象培训天数与次数

从调查对象近两年参加所在单位组织的技能培训次数及天数可以从定量上了解调查对象的技能培训情况。从培训次数来看，近两年，47.11%的调查对象参加了1~2次的技能培训，20.7%的调查对象参加了3~5次的技能培训，14.84%的调查对象参加了6次及以上的技能培训；还有17.35%的调查对象近两年未参加任何技能培训（见图7）。

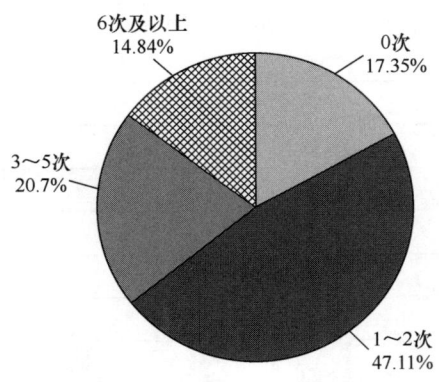

图7　调查对象近两年培训情况

从培训天数来看，调查对象参加职业技能培训的天数1~7天的占38.94%，培训天数达8~14天的占20.04%，培训天数为0天的占

16.85%，培训天数在 15～30 天的占 12.54%，30 天以上的占 11.63%。各类调查对象的培训天数分布如图 8 所示。经过方差齐性检验，认为各类调查对象的培训天数存在显著差异（p<0.001）。经 LSD 法事后检验，认为未评定等级的技能人才参加培训天数显著少于其他技能等级人才；而高级技师参加培训天数显著高于未评定等级、初级、中级、高级技能人才，与技师无显著差异。

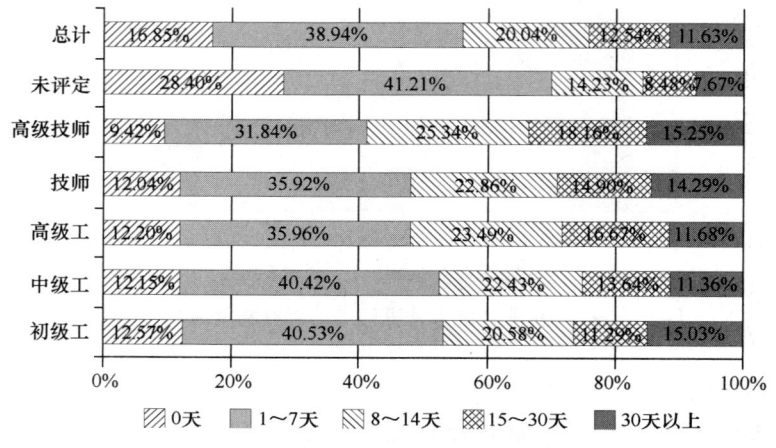

图 8　各类调查对象近两年培训天数比较

5. 技能培训评价

从技能培训满足岗位需要的评价来看，企业和调查对象大部分认为技能培训能满足工作需要（"完全满足"和"基本满足"），且调查对象的评价略高于企业的评价，具体如图 9 所示。

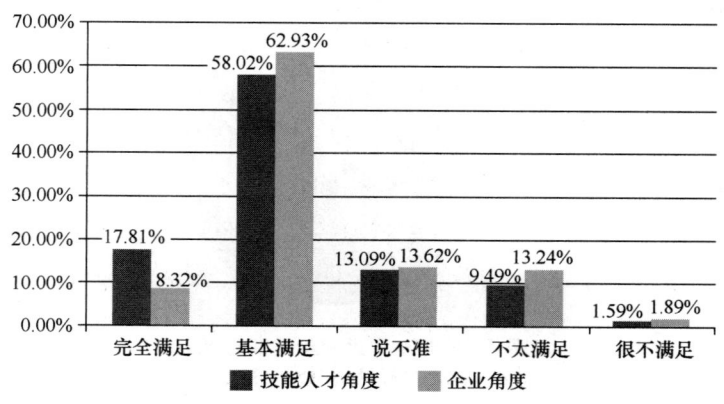

图 9　技能培训满足岗位需要程度

从调查对象对技能培训满意度来看，总体较为满意。具体来看，"非常满意"占 28.5%，"比较满意"占 43.23%，"一般"占 24.56%，仅极少数调查对象对技能培训表示不满意。

（四）技能人才待遇

1. 技能人才工资收入

调查对象总体及各等级技能人才工资收入水平分布如图 10 所示。从调查对象的月收入水平来看，收入水平在 2 000～5 000 元的占比最高，为 54.31%，月收入在 5 000 元以上的占 43.89%。根据省统计局发布的 2019 年全省城镇私营单位就业人员年平均工资为 57 141 元、月平均工资为 4 761.75 元可以看出，至少有近一半调查对象的收入水平高于全省城镇私营单位就业人员平均工资。经过单因素方差分析比较不同等级技能人才的工资收入水平，不同等级技能人才之间的收入存在显著差异（$p<0.001$）。经过 LSD 法事后检验，得出未评定等级人员与初级工的收入水平没有显著差异；中级工、高级工的收入均显著高于初级工、未评定等级人员；技师的收入显著高于高级工、中级工、初级工和未评定等级人员；高级技师的收入显著高于其他等级技能人才。因此，工资收入大体上可随着技能等级的提升而提高（见图 10）。

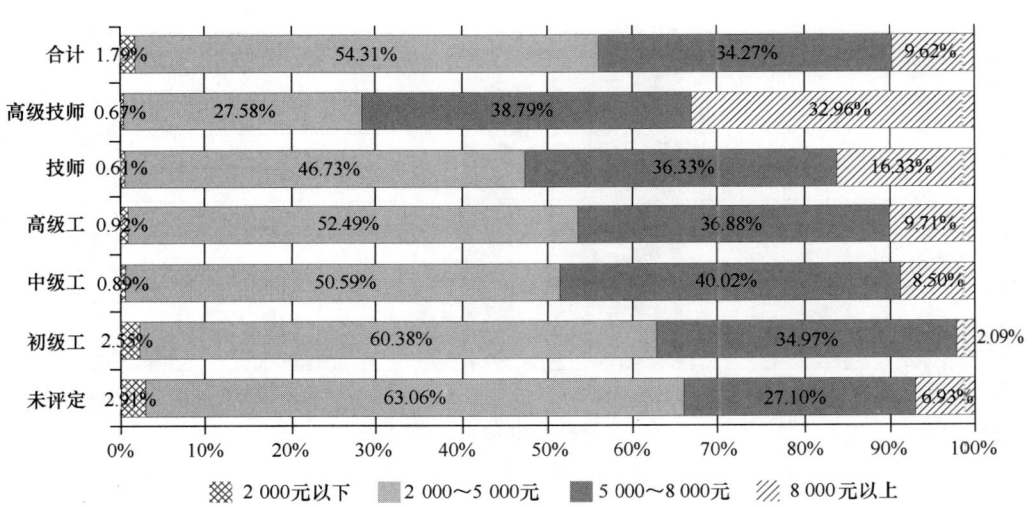

图 10 调查对象工资收入与技能等级的交叉分析

2. 工资收入满意度

总体来看，超过半数的调查对象对技能贡献与收入水平的比较较为满意,其中非常满意的占 11.12%,比较满意的占 41.57%,26.09%的调查对象满意度较为模糊,"不太满意"的占 18.03%,"很不满意"的占 3.19%,具体如图 11 所示。

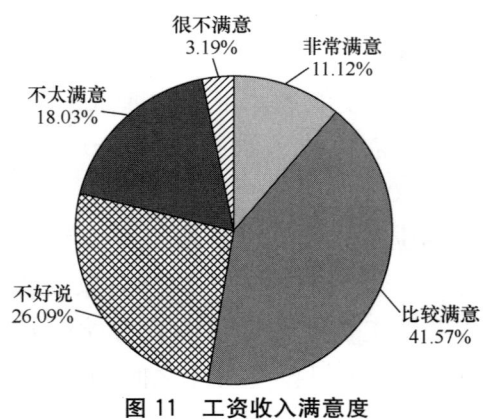

图 11 工资收入满意度

3. 技能人才受尊重情况

经统计,不管在单位内部还是在社会上,调查对象总体较受尊重,如图 12 所示。可以看出,用人单位与社会上均有较良好的尊重技能、崇尚技能的氛围。

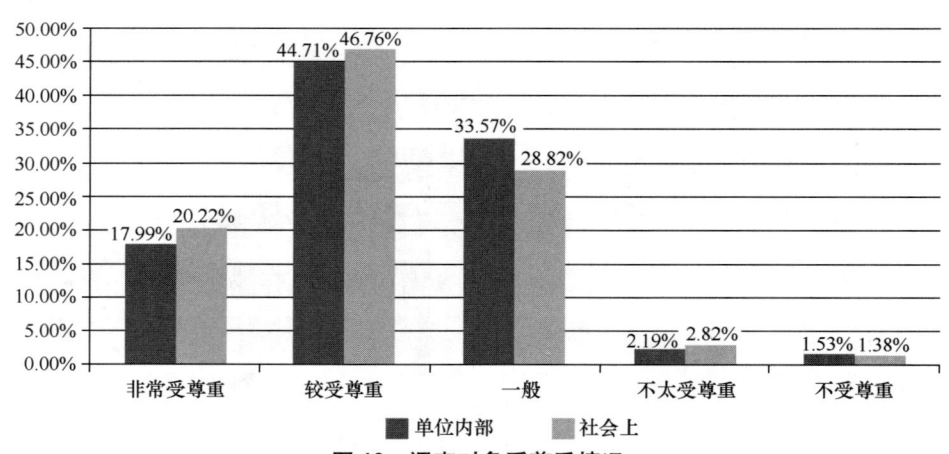

图 12 调查对象受尊重情况

(五)对子女亲友成为技能人才的态度

调查对象对子女亲友从事技能工作的态度能够反映其对自身职业各方面的综合评价。经问卷调查,调查对象中持正面态度的占 77.03%,无所谓的占 12.56%,持负面态度的占 10.42%,如图 13 所示。由此可以看出,调查对象对自身职业的满意度较高,且对技能人才发展有较大的信心。

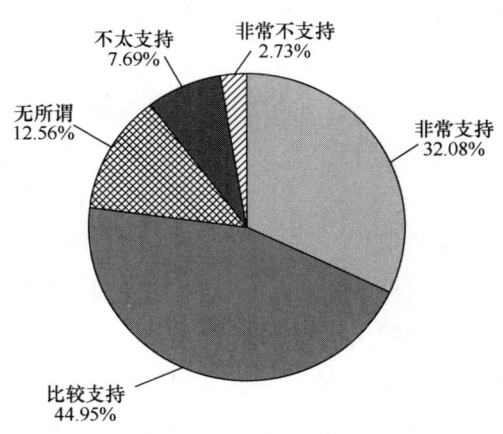

图 13　调查对象对子女亲友成为技能人才的态度

三、技能人才队伍建设中存在的突出问题

(一)职业技能开发立法缺失

我国迄今没有一部单独法律,对职业能力开发的相关主体的权利、义务及行为准则做出更具体、充分和科学的界定。目前,有关职业技能开发工作的法律要求散见于《中华人民共和国劳动法》《中华人民共和国就业促进法》和《中华人民共和国职业教育法》,有关规定过于原则,且缺乏系统性和可操作性,导致推进职业技能开发工作的法律依据不足、人才培养体系运转较为受限。在实际工作中,对政府的组织责任要求过于原则,缺少工会组织的监督,对企业参与的义务没有法律的刚性要求,导致政府组织责任落实不力,劳动者参加的权利保障不强,企业参与积极性不高。

(二)技能人才评价改革衔接过渡矛盾较为突出

1. 公众对技能等级认定评价改革的知晓度不高

根据技能人才评价机制改革部署,2020 年年底前,职业资格分批移出国家职业资格目录清单,逐步转为职业技能等级认定。在改革过渡期内,大批量的职业(工种)无法认定和许可,而技能人才等级认定尚未全面铺开,导致公众对技能人才评价改革的认识误区,甚至担忧其持有证书的有效性。这可能在一定程度上造成职业技能培训机构组织开展培训和城乡劳动者参加职业技能培训的方向不清、热情不高,影响到职业技能培训工作的发展。

2. 技能人才等级认定试点工作可能面临一定的风险

一些试点企业在筹备开展等级认定工作中存在具体操作上的困难,需要省级职业技能鉴定指导部门尽快出台有关标准及指南,指导企业开展等级认定工作,并加强监管。在征集社会第三方评价机构方面,也可能存在一定的风险。如一些第三方评价机构从事培训和技能认定工作,就有可能存在考培不分的风险,而且第三方机构多为营利性机构,又不存在发证后兑现待遇的问题,培训市场的道德风险问题难以避免,会对监管及证书公信力带来比较大的风险。

3. 技能人才评价标准与评价方式较陈旧

在改革过渡期,一些技能人才的评价标准和评价方式还未完全更新。随着技术升级换代,新的工种、新的技术技能要求也层出不穷,一线工种分类不断细化,而现有的鉴定题库更新速度跟不上技术的发展,导致评价脱离实际,无法反映真实水平。评价方式创新不足,差别化技能评价体系和多元评价方式尚未完全建立,尤其是一些年龄较大的技能人才,本身有较强的操作能力,但在理论方面无法通过鉴定评价考试,导致职业等级无法提升。

(三)技工院校劣势突出,发展面临诸多困境

1. 技工院校资金匮乏,发展基础薄弱

一是技工院校资金投入少。2018年福建省中等职业教育总投入74.04亿元,其中技工教育投入仅8亿元,而同期普通高中的总投入为140.33亿元。二是技工院校生均经费标准低。职业院校的办学资金分中职、大专高职、本科高职三类确定生均经费标准,而高级技工学校与技师学院被统一按中职学校确定标准,不少地区技工院校的标准甚至未达到中职学校的经费水平;福建省技工院校生均经费也在一定程度上低于广东、浙江、山东、安徽、江苏等周边省份。三是专项经费投入少。由于资金渠道不同,职业院校的办学资金从财政部门教科文项目中支付,技工院校的办学资金在财政部门社保项目中安排,央地两级财政支持职业教育的一些项目资金,只针对职业院校,技工院校没能享受,多数技工院校由于政府投入的历史欠账,负债办学,导致办学基础较差、设施设备陈旧落后。四是教师收入待遇及成长投入低。收入水平低难以吸引、留住

优秀人才，一些公办技工院校教师参加培训提升的培训费用均需自理，而教师自身教学、培训、指导比赛等工作任务较重，自费参加培训提升的积极性则不高。

2. 技工院校招生难，发展后劲不足

一方面，技工院校招生困难、招生数下滑、生源素质低等问题突出，制约技工院校技能人才培养的空间，具体体现为：社会对技工教育认识偏颇、认可度不高等问题一时难以改变；技工院校进入中职招生平台受限，主要通过教职工宣传招生；民办技工学校招生方式较为灵活，但存在一定程度的恶性无序竞争；技工院校自身建设滞后等。另一方面，虽国家层面推行"普职比"之后，技工院校招生困境有所缓解，但由于当前教育体制形成的利益藩篱和政策壁垒，随着高职院校大规模扩招，技工院校招生受到更大挤压，反而很难享受到国家职业政策的"招生红利"。

3. 技工院校毕业生遭遇学历歧视

在"重学历、轻技能"的社会大环境下，技工教育因不属于国民教育体系，无法获得相应学历而处于职业教育的边缘地位，难以被用人单位、学生及家长认可。尽管各级政府和有关部门在推动提高技工院校毕业生社会地位和经济待遇等方面取得政策突破，提出技工院校取得高级工、预备技师职业资格证书的毕业生比照大专、大学本科毕业生享受同等待遇。但在技工院校毕业生的求职过程中，用人单位往往对此选择性执行，导致技工院校毕业生地位不明确，"身份"受歧视，升学、就业、待遇空间等受限。这种学历歧视带来的个人成长困境又固化了社会对技工院校及其毕业生的认知偏见、制约技工院校招生及发展。

4. 校企融合不足，"双师型"教师队伍薄弱

在调研中发现，技工院校与企业的合作形式还不够丰富、层次还不够深入，校企合作的良性运行机制尚未形成。一是校企对接不顺畅。技校和企业对双方的需求不了解，在合作时缺乏相互沟通的平台，同时校企合作资源较为分散，合作成效不明显。尤其是山区的技工院校，由于产业不够完备，资源较为受限，在校企合作中更加面临合作资源对接难的问题。二是企业积极性不高，常常技校"一头热"。我国还没有法律规定企业必须承担技能人才的培养任务，企业以利益为导向，且人才培养周期长，导致其在人才培养方面存在短期行为，常常把学生当作廉价劳动力来使用，不愿意与技工院校开展校企合作。且校企合作也容易受到

企业经营状况的影响，出现合作不稳定的情况等问题。三是"双师型"教师队伍薄弱。在技工教育师资队伍建设方面，福建省"双师型"教师队伍仍较为薄弱。福建省现有职业教育的师资绝大多数来自应届毕业生，企业经历主要源自毕业实习、到企业顶岗锻炼、做课题到企业调研。师资队伍中相当部分是考取技能证书以获取"双师型教师"资格。教师与企业的交集浅薄，既难以深入掌握企业运营、技术、需求，也难以与企业人交心。

（四）企业主体作用发挥不足

1. 部分企业人才培养观念落后

重硬件投入轻人才投入、重人才使用轻人才培训培养，尤其对一线员工技能培训的投入严重不足，招聘员工时偏向招之即用，使用员工时偏向能用即可，导致人才队伍不稳定、人才结构不合理，职工技能素质的提高跟不上技术进步速度。受人才流动性的影响，企业不愿投入培训，甚至一些中小企业不愿为员工缴纳有关社会保险费用，也无法获得相应的培训补贴。而保障缺失、成长受限，导致员工缺乏归属感、安全感也是人才留不住的重要原因。

2. 工学矛盾突出，员工参加培训积极性不高

企业在员工工作生活和培训时间安排上比较困难，尤其对于一线员工来说，工作强度大，工作时间长，企业职工因培训会影响工作收入和休息时间，对于参加脱产或半脱产技能提升培训的意愿不高，一些短期培训的效果也不理想。

3. 企业培训主体责任落实不到位

根据《国务院关于加快发展现代职业教育的决定》规定，企业要依法履行职工教育培训和足额提取教育培训经费的责任。现实中，大型的龙头企业或国企能较好落实职工职业培训主体责任，但中小型企业由于企业本身培训意识不强、培训能力不足、培训资金缺乏等因素，没有承担企业职工培训主体责任。根据《高技能人才队伍建设中长期规划（2010—2020年）》，到2015年，高技能人才每两年参加技能研修和知识更新不少于15天，到2020年，高技能人才每两年参加技能研修和知识更新不少于30天。经问卷调查统计，合并统计高级工、技师、高级技师近两年的培训天数，其中达到15天以上的占29.96%，达到30天以上的占13.42%，距离高技能人才的研修和知识更新天数要求还有一定差距。

（五）技能人才及政策宣传力度不足

1. 政策宣传覆盖面不足

从技能人才有关政策的了解率调查来看，企业的"不了解率"（"不太了解"和"完全不了解"）在14％～36％之间，而技能人才对有关政策的不了解率更高，在26％～42％之间。在走访座谈中也发现一些企业和技能人才对政策不了解，甚至个别企业连常规的技能鉴定申请也不知道与哪个业务部门对接。因此，技能人才政策宣传覆盖面还有待进一步拓展。

2. 政策解读不到位

由于政策解读宣传不到位，经办队伍、企业及个人对技能人才政策的理解不到位或存在理解偏差，可能导致在技能人才队伍建设工作中不能及时转变思路、适应新政策，不利于统筹推进技能人才队伍建设工作。在调研中发现，一些基层工作人员在审核企业技能培训的培训计划时不能很好地把握审批宽严度，且担心可能存在的审核风险，在一定程度上降低了技能培训计划审批效率；同时，由于企业技能工种分类较细，企业也反映审批人员对技能培训计划并不内行，其审核意见不一定符合企业培训实际。

四、加强技能人才队伍建设的对策建议

（一）推进职业能力建设法治化

推进职业技能开发工作的法治化、构建完善的法律体系是保障人才培养体系高效良性运转的首要因素。从长远来看，应学习国外经验，出台专门的《职业培训法》或《职业技能开发法》，对上述有关问题做出明确规定。从中近期来看，应进一步完善《中华人民共和国劳动法》《中华人民共和国就业促进法》和《中华人民共和国职业教育法》，对相关企业、员工、学校及其他社会组织和机构开展和参与职业能力开发的责任和义务、激励和约束措施做出更具体的规定。

（二）完善技能人才评价激励机制

1. 稳步推进技能人才等级认定工作

一是贯彻落实《人力资源和社会保障部关于改革完善技能人才评价制度的意见》《职业技能等级认定工作规程（试行）》《人力资源和社会保障部办公厅关于做好水平评价类技能人员职业资格退出目录有关工作的通知》，充分利用福建省先行先试的优势，在科学论证、因地制宜的基

础上，稳步推进技能人才水平的社会化认定。二是开展企业、社会评价组织、技工院校的技能等级认定试点工作，将部分有实力的行业协会学会纳入第三方评价机构的范围，遴选发布社会培训评价组织，并指导其按规定开展职业技能等级认定，做好指导、监督工作，促进技能等级认定工作规范有序开展。三是在从试点到全面铺开的过程中，要根据经济社会发展和劳动者就业创业的需要，"先立后破""一进一退"，保持前后各类职业资格评价的衔接不留空当，逐步推动下一步技能人才等级认定的全面铺开。

2. 创新多元评价方式，满足技能人才评价需求

发挥多元评价主体作用，创新过程考核、结果鉴定、业绩评审、技能竞赛等多种评价方式，满足不同行业、不同职业、不同专长的技能人才的认定需求。发挥竞赛选拔"以赛代评"的作用，可适当放宽对技能第一名获得者的成绩要求，让竞赛获奖者能够享受相应待遇，充分发挥职业技能竞赛在技能人才培养中的引领示范作用，促进优秀技能人才脱颖而出。

3. 提高技能人才待遇，激励人才成长

一要提高技能人才的政治待遇。提高高技能领军人才的政治待遇，让高技能领军人才享受与高层次人才同等的政治待遇；在技术工人队伍中吸收发展党员，并给予更多的参政议政、参与公司内部管理的机会。二要提高技能人才的经济待遇。深化工资收入分配制度改革，建立技能人才津贴制度。强化技能价值激励导向，实现技高者多得、多劳者多得；建立企业技术工人工资正常增长机制；推动企业积极开展工资集体协商，科学确定技术工人工资水平并实现合理增长。国有企业工资总额分配要向高技能人才倾斜，高技能人才人均工资增幅应不低于本单位管理人员人均工资增幅，鼓励其他各类企业参照实施。三要提高技能人才的社会待遇。完善高技能领军人才住房、户籍、医疗保障、子女就学、配偶就业等支持政策，放宽技能人才落户限制，不断提高技术工人的社会地位。

（三）为技工院校创造更多发展机会

1. 给予技工院校公平的资金投入政策

参照同层次职业院校标准落实经费，增加专项经费投入，提高生均拨款水平，将各级技工院校从"财务困境"中解脱出来，将更多精力用在内涵建设上。提高教师待遇水平，发展壮大技工教育教师队伍。落实

技工院校教师培训绩效，明确中高职院校（含技工院校）承担面向社会职业技能培训的收入在合理扣除直接成本后，可按不超过70%的比例提取补充单位绩效工资，在核定的绩效工资总量之外单列管理，提高教师工作积极性；设置教师培训提升项目经费，为教师成长提供经费支持。

2. 给予技工院校公平招生的权利

将高级技工学校、技师学院招生纳入福建省招生考试平台，实现与高职院校招生同一平台、同一频道、统一招生宣传、统筹招生管理。普通技工学校纳入各市（地）中等职业学校统一招生平台。将技工院校招生纳入高中阶段毛入学率，技工院校在初高中学校开展招生工作与中高职院校享受同等待遇。

3. 给予技校毕业生公平的成长通道

我国教育系统已具备了较为畅通的教育转换通道，但技工教育体系一直被排除在外。因此，迫切需要促进技校与教育系统的衔接，切实落实技工院校毕业生享受与中专、大专或大学本科毕业生同等的待遇，为技能人才提供多通道、多元化成长路径。同时，高校要切实从学生成长的角度，帮助学生做好职业生涯规划，促使其坚定技能报国信念、坚守工匠精神，为社会输送更多的高质量技能人才。通过给予学生均等的成长机会，以及学生高质量的发展，提高社会对技能人才的认可度，转变社会观念，从而促进解决生源入口问题以及技工教育过程问题。

4. 创新办学模式，提高技工教育水平

一要深化校企合作。深度推进实践"双元制"教育模式，加强校企合作、深化产教融合，明确落实产业实训基地、培训机构、企业的主体责任，促进教育链、人才链与产业链、创新链有机衔接。二要加强中外合作办学，积极探索创新技工教育模式，如举办中德合作班。借鉴国外先进职业教育理念，采用国外先进职业教育模式，用好国外高水平专家和教育资源，开发与国际先进标准对接的专业标准和课程体系，满足经济转型和企业发展对技能人才的需求。三要加强"双师型教师"队伍建设。把好招聘关，招聘具有高学历又有两年以上企业工作经历者，在源头上保证"双师型教师"队伍建设，深化产教融合，进而促进人才培养供给侧和产业需求侧结构要素全方位对接。提高技工院校教师待遇，吸引更多优秀的企业高技能人才投身于职业教育，激励其发挥技能传承与指导作用。

（四）发挥企业技能开发主体作用

1. 发挥技能人才需求引导，服务产业发展

开展产业技能人才需求预测，持续更新全省及各地市急需紧缺职业（工种）目录，并按照产业发展规律和经济社会发展需要动态调整技能人才培养，发挥行业（产业）在技能人才数量、质量需求上的反馈作用，完善技能人才培养使用顶层设计。围绕产业发展需求，密切技能人才链与产业链的协同发展，探索基于产业发展的技能人才培养模式，解决技能人才供需结构性矛盾，形成符合福建省产业转型升级与高质量发展要求的技能人才支撑体系。鼓励企业参与职业院校办学，发挥行业企业在技能人才培养方面的重要作用。

2. 监督、引导企业加大培训投入

严格按照国家有关规定，监督企业依法履行职工教育培训和足额提取教育培训经费的责任，并联合市场监督、税务等部门，开展培训经费落实核查，确保企业培训投入达标、到位，对于不按规定提取和使用教育培训经费并拒不改正的企业，由县级以上人民政府依法收取企业应当承担的职业教育经费，统筹用于本地区的职业教育培训。督促企业突出高技能人才队伍建设，为高技能人才提供参加研修和知识更新的机会，发挥高技能人才在企业创新创造中的关键作用。在福建省龙岩市、南平市电子培训券的基础上，力争2021年在全省推广电子培训券使用。

3. 引导企业优化人才培养观念

以职业技能提升行动为抓手，提高补贴标准，引导企业按照职业技能提升补贴标准，完善一线技能人才社会保险，提高培训投入，并根据企业生产淡旺季，错峰培训，解决工学矛盾。员工的技能提升与归属感将会为企业带来效益提升，从而促进企业转变人才培养观念，注重企业内技能人才队伍建设。而在解决山区企业技能人才培养后易流失方面，允许山区企业明确培养单位与培训受益人的权利义务及相关违约责任，支持山区地市各类企业既培养人才又能更好地留住自己培养的人才。

4. 发挥企业在技能等级认定中的主阵地作用

按照"谁使用，谁评价"的原则，企业应是技能人才等级认定的重要主体。地方政府可在指导企业开展等级认定的基础上，适当配套对技师、高级技师的补贴，逐步引导和鼓励企业健全完善内部收入分配制度，建立职工薪酬与技能等级挂钩分配机制，在关键岗位、关键工序设立

"首席工人""职业技能带头人"职位，实行特岗特薪。对做出突出贡献的优秀高技能人才实行股权和期权激励机制。

（五）加强宣传力度，营造尊重技能的社会氛围

1. 加强政策解读与宣传力度

首先，要对福建省技能人才队伍建设相关政策进行梳理，在此基础上形成逻辑清晰的政策体系，供公众检索与查阅；其次，要注重政策解读视角，加强多角度、可视化的政策解读，便于经办人员、企业、技能人才等主体直接获取相关信息；最后，还要加强人社系统内外的政策宣传力度，借助多平台、多渠道、多媒体，扩大政策宣传辐射范围，提高政策的覆盖面、可及性。

2. 加强技能人才宣传，弘扬工匠精神

创新多元宣传方式，在厅网站、政务微信、《海峡人才通讯》等系统内宣传平台的基础上，联动各行业主管部门及各类媒体宣传技能人才典型案例、技能大赛获奖案例、技能队伍建设典型经验等，强化典型示范，弘扬"艺圃精神""工匠精神"。继续举办高技能人才休假活动，提高技能人才的荣誉感。在全社会弘扬精益求精的工匠精神，激励广大青年走技能成才、技能报国之路，让技能成才、技能报国成为一种风尚。

河南新时代年轻党外干部队伍建设的时代挑战与思路举措[①]

王海鹰 贺姝 刘见 李成 杨耀华[②]

摘 要：本文根据河南年轻党外干部工作实际，结合目前河南年轻党外干部队伍建设需要，按照习近平总书记关于加强和改进统一战线工作的重要思想和新时代党的组织路线要求展开。课题综合运用多学科理论知识和研究方法，通过实地调研、案例分析、问卷调查、座谈交流等多种方式，对河南新时代年轻党外干部队伍的时代特点、群体特征、现实困境和思路举措进行了深入调研和认真研究，创造性地提出靠得住、叫得响、形象好、过得硬四条新时代年轻党外干部队伍建设的时代要求，系统总结出四项河南新时代年轻党外干部队伍的群体特征，从新时代年轻党外干部队伍建设和党外干部自身两个维度，梳理归纳了目前工作存在的突出问题和现实困境。同时，紧紧围绕工作中亟待解决的问题，在认真总结以往研究和工作实践的基础上，努力寻找体现统战特色、针对性强、有较强操作性的新时代年轻党外干部队伍建设思路和办法，为河南统一战线和多党合作事业可持续发展探索途径、夯实基础。

关键词：年轻党外干部 干部队伍建设 时代挑战 思路举措

---

① 该篇论文获得"2020年全国人才与人事研究主题征文活动"三等奖。
② 王海鹰，河南省委统战部常务副部长；贺姝，河南省委统战部二级巡视员、干部处处长；刘见，河南省委统战部干部处二级调研员；李成，河南省委统战部干部处副处长；杨耀华，河南省委统战部干部处四级调研员。

党外干部是党的干部队伍的重要组成部分，是推进新时代中国特色社会主义建设的重要力量。培养使用党外干部，是我们党的一贯政策，是我国政治制度的安排，是党与党外人士合作共事的重要保证。当前，中国特色社会主义进入新时代，我们党团结带领人民进行伟大斗争、建设伟大工程、推进伟大事业、实现伟大梦想，关键在于建设一支高素质专业化干部队伍，归根到底在于培养选拔一批又一批优秀年轻干部接续奋斗。党的十八大以来，河南各级党委及其组织、统战部门深入贯彻落实新时代党的组织路线，优化党外干部成长路径，年轻党外干部工作取得了显著成效，但在一些地方、单位仍存在对年轻党外干部队伍建设重视程度不够，选人用人视野狭窄，年轻党外干部整体数量不足、缺乏政治历练和实践磨炼、关键岗位和正职安排少等突出问题。站在新的历史起点上，坚持问题导向和目标导向相统一，大力培养选拔一批适应新时代要求的年轻党外干部，加快形成有利于年轻党外干部脱颖而出的良好环境和体制机制，对于进一步巩固和发展河南统一战线各项事业、夺取新时代中国特色社会主义伟大胜利具有重要意义。

为做好河南新时代年轻党外干部队伍建设研究工作，本课题结合年轻党外干部工作的实际需要，根据习近平总书记关于加强和改进统一战线工作的重要思想和新时代党的组织路线要求，紧紧围绕工作中亟待解决的问题，在认真总结以往研究和工作实践的基础上，综合运用多学科理论知识和研究方法，通过实地调研、案例分析、问卷调查、座谈交流等多种方式，对河南新时代年轻党外干部队伍的时代特点、群体特征、现实困境和思路举措进行了深入调研和认真研究，努力寻找体现统战特色、针对性强、有较强操作性的新时代年轻党外干部队伍建设思路和办法，为河南统一战线和多党合作事业可持续发展探索途径、夯实基础。

一、新时代年轻党外干部队伍建设的时代要求

中国特色社会主义进入新时代，这是我国发展新的历史方位。历史方位标注时代坐标。2018年2月，习近平同志在同党外人士迎春座谈时强调："中国特色社会主义进入新时代，多党合作要有新气象，思想共识要有新提高，履职尽责要有新作为，参政党要有新面貌。"政治路线确定之后，干部就是决定性因素。新时代统一战线和多党合作事业的伟大实践呼唤、孕育、造就高素质专业化年轻党外干部队伍应运而生、脱颖而

出；高素质专业化年轻党外干部队伍又推进、保证新时代统一战线和多党合作事业伟大实践健康发展、平稳运行。新时代，我们党要充分发挥统一战线的法宝优势、彰显新型政党制度效能，关键在于培养造就一支政治坚定、代表性强、品行良好、作风过硬的高素质年轻党外干部队伍，为多党合作事业可持续发展打牢组织和人才基础。

（一）靠得住

新时代对于年轻党外干部队伍建设要确保政治上坚定，突出"靠得住"。

选什么人用什么人，既是干部工作的标准和导向，又是政治生态和社会风气的晴雨表。习近平同志强调，"我们党对干部的要求，首先是政治上的要求。选拔任用干部，首先要看干部政治上清醒不清醒、坚定不坚定。""我们选用的干部必须是政治上过得硬、靠得住的干部。""要坚持好干部标准，把政治标准放在第一位。"党内干部、党外干部都是党的干部，党外干部相对于党内干部具有一定的特殊性，但是这个特殊性应该首先"特"在作用、功能和贡献上，在选拔标准尤其是政治标准上不应有例外，更不能搞特殊，政治上可靠同样是对年轻党外干部的要求，而且是第一位的要求。要把是否忠诚于党和人民，是否具有坚定理想信念，是否增强"四个意识"、坚定"四个自信"，是否坚决维护中共中央权威和集中统一领导，是否全面贯彻执行中国共产党的理论和路线方针政策，作为衡量年轻党外干部的第一标准。面对新时代新挑战，年轻党外干部要堪当重任，必须具有坚定的政治立场，拥护中国共产党的领导，全面贯彻习近平新时代中国特色社会主义思想，坚决维护习近平总书记的核心地位，坚决维护中共中央权威和集中统一领导，自觉在思想上政治上行动上同以习近平同志为核心的中共中央保持高度一致。认真贯彻落实中国共产党的基本理论、基本路线、基本方略，积极贯彻落实中共中央重大决策部署，严守政治纪律和政治规矩，在重大问题上旗帜鲜明、立场坚定，在关键时刻经得起考验、发挥好作用。

（二）叫得响

党与党外人士的合作共事，是中国共产党与党外具有代表性人士的合作共事关系，而不是一般的党员群众与党外群众的合作共事。党外干部的代表性体现在其对所联系群体和成员的影响力上，体现在其作用的发挥上。可以说，代表性是党外干部的立身之本、作用之基、特色所在。

作为新时代年轻党外干部,要在众多党内、党外干部中脱颖而出,必须更加注意突出"代表性"要求,既要考虑个人素质、专业造诣和行业贡献,又要具有参政议政能力,有较大的社会贡献,在所联系的成员和群众中威信较高。因此,在年轻党外干部中更要强调较强的代表性,突出"叫得响"。

(三)形象好

新时代对于年轻党外干部队伍建设要保持党外干部作风优良的传统,确保党外干部"形象好"。

党外干部之所以能够在关键时刻站出来起作用,前提是自身在所联系成员和群众中有良好形象,能够得到群众的认同支持。自身形象越好,群众认同度越高,作用发挥就越充分。作为新时代年轻党外干部,要坚持正心正己,常以"君子检身,常若有过"的态度,通过自省、自责、克己、律己,不断提高道德修养,解决好世界观、人生观、价值观这个"总开关"问题,既从大处着眼又从小处着手,始终保持同统一战线广大成员的密切联系,不断提升团结引导服务统战成员的意识和本领,注重涵养道德情操,坚持落细落小,坚持把加强道德修养作为必修课,积极从中华民族传统文化中汲取思想精华、提升精神境界、陶冶品格修养、滋养浩然正气,做到襟怀坦荡、克己奉公,始终保持高尚精神追求,树立好年轻党外干部良好形象。

(四)过得硬

年轻党外干部要自觉主动守牢底线,突出党外干部建设"过得硬"的基本要求。

习近平同志强调,要把我们党建设好,必须抓住"关键少数",必须做到信念过硬、政治过硬、责任过硬、能力过硬、作风过硬。这"五个过硬"是新时代加强党的自身建设的本质要求,也是加强新时代年轻党外干部队伍建设的必然要求。选拔任用年轻党外干部,必须把政治纪律和政治规矩作为底线和红线。面对新时代新任务,年轻党外干部要以守土有责、守土负责、守土尽责的责任担当,面对大是大非敢于亮剑,面对矛盾敢于迎难而上,面对危机敢于挺身而出,面对失误敢于承担责任,面对歪风邪气敢于坚决斗争。对那些不遵守政治纪律和政治规矩的党外干部,实行"一票否决",教育引导广大年轻党外干部自觉守纪律、讲规矩,使政治纪律和政治规矩真正成为"带电的高压线",切实打造一支素质高本领强、自身过硬的年轻党外干部队伍。

二、河南新时代年轻党外干部队伍的群体特征

作为改革开放以后成长起来的政治群体，河南新时代年轻党外干部日渐成为党外干部队伍的主体。20世纪七八十年代出生的党外干部正逐步走上各级领导岗位。与老一辈党外干部相比，新时代年轻党外干部出生在新中国、成长在改革开放中，在成长背景、教育经历、思维方式、价值取向、政治态度等方面，带有鲜明的时代印记，各个方面都呈现出不同的时代特点。通过对河南年轻党外干部思想状况、学历职称、来源分布、安排使用等方面情况摸底调查分析，可以发现新时代年轻党外干部从情感表达方式、行为方式、思维特点，到认识问题的角度、思考问题的出发点，再到对历史传统的了解和对多党合作历史传统的了解等诸多方面明显不同，具有鲜明的群体特征。

（一）素质高

新时代年轻党外干部是伴随改革开放成长起来的一个群体，随着高考制度改革，高校数量、录取比例和家庭收入的不断增加，越来越多的年轻人能够得到接受高等教育的机会，甚至到海外留学取得硕士、博士学历学位，年轻一代党外干部受教育程度普遍很高。文化程度高，高学历、高职称已成为新时代年轻党外干部的"标配"。河南现有的县处级党外干部中，研究生及以上学历的占36％，大学学历的占53％，大专及以下学历的仅占总数的11％。具有中级以上职称党外干部占总数的55.5％。其中，具有高级职称的占具有职称人数的75％，具有中级职称的占具有职称人数的25％。

（二）思想新

善观察、勤思考，思维活跃，敢讲真话，思想主流积极向上，成为新时代年轻党外干部的鲜明特征。

新时代党外干部拥护中国共产党的领导，能与中共中央在政治上保持高度一致，尊重多党合作的优良传统，对坚持走新时代中国特色社会主义道路充满信心。他们知识层次高，见识较广，眼界开阔，接受新生事物快，思想活跃，对于新事物的反应较为敏锐，在新旧思想观念发生碰撞时，能与时俱进，极易以新观念作为判断是非的标准，要求以更进步、更超前的政策措施改变现状，推动经济、政治、社会的发展。关注

社会现实问题，有较强的政治敏锐力和鉴别力，对所见所闻的各种社会现象，观察细致，分析透彻，敢于直言，敢讲真话，其思维方式表现在工作方式上，敢于创新，敢想敢干，更善于运用现代管理手段和技术开展工作。

（三）责任感强

新时代党外干部都接受过党和国家的系统教育，社会责任感强，思想基础和基本素质主流积极向上，重实效、厌空谈。有表达自己政治主张的强烈诉求，政治参与意识强，更愿意独立思考、独立判断，追求表达方式的独特性。政治认知方面，理性思考比重大，传统的政治感情因素相对较弱。注重工作实效，反对只求政绩不求实效的官僚作风。在需求层次上，更加追求社会归属感、个人价值的实现，普遍具有很强的专业素质，在专业领域具有很强的代表性，有较强的奉献精神，能够培养自己的高尚人格。

（四）代表性广

随着干部人事制度改革的不断深入，社会保障制度的不断完善，经济社会变革步伐的不断加快，各地区各单位对于人才的竞争更加激烈，使得人力资源得到更优配置，各类人才流动机制日趋完善，人才流动更加广泛、有序、顺畅、快捷。年轻党外干部来源更加多元，主要分布在文化、医疗卫生、国有企业、行政机构等单位。他们与基层群众一起工作、生活，能直接体会和感受社会变化，直接反映和代表着所联系群众的具体利益和要求，具备从不同角度洞察社会的自觉性和敏锐性，反映来自社会各方面的声音，向党和政府建言献策。他们的建议涉及经济、城建、民生、交通、教育、卫生等方方面面，反映了人民群众普遍关心的热点、难点问题。

三、河南新时代年轻党外干部队伍建设存在的突出问题

虽然近年来在河南各级党委的高度重视下，年轻党外干部工作取得了显著成效，但仍存在不少突出问题亟待解决。从年轻党外干部队伍建设角度，存在一些地方、单位对年轻党外干部队伍建设重视程度不够、选人用人视野狭窄、制度机制不完善等问题。从年轻党外干部自身角度，存在政治历练不够、缺乏政治风浪锻炼和考验、总体数量不足、综合素质相对较弱等问题。

（一）新时代年轻党外干部队伍建设方面

1. 思想认知误区

中国共产党领导的多党合作和政治协商制度是我国的基本政治制度，长期共存、互相监督、肝胆相照、荣辱与共是中国共产党与党外人士合作共事的基本方针。但在一些地方和单位，对党外干部队伍尤其是年轻党外干部队伍建设仍存在不少错误观点，如有的认为"优秀人才已加入党的队伍、党外乏人"，有的对党外干部安排使用"讲起来重要、忙起来不要"，有的认为"党内优秀干部有的是，用不着到党外去找"，与形势发展的要求极不相适应；思想上不重视，对新时代年轻党外干部队伍建设的特点规律研究不深、把握不准，工作指导方法陈旧、缺乏创新，错误地认为"党外干部大多属于专业技术人才，选拔担任行政领导职务不宜发挥其特长"，很大程度上影响了年轻党外干部队伍建设工作的进程。

2. 识人方式单一

2012年，中共中央下发《关于加强新形势下党外代表人士队伍建设的意见》，将党外代表人士范围界定为六支队伍；随着形势发展变化，2015年出台的《中国共产党统一战线工作条例（试行）》对统一战线工作范围和对象规定了十二个方面的人士，与以往相比党外代表人士的分布范围更宽、统战工作的覆盖面更大。近年来，随着河南经济社会快速发展，改革开放不断深入，河南各领域党外代表人士数量越来越多，非公有制经济从业人员迅猛增长，新的社会阶层人士迅速增加，出国和归国留学人员、台胞台属及华人、华侨数量不断增多。但与新形势新任务相比，由于目前"体制内""体制外"人才交流渠道不畅，各地各部门仍习惯于从"体制内"的成熟人才中选人，不善于做"体制外"人才的发现培养工作，党外代表人士队伍建设工作的重点还是以体制内的党外干部为主，对律师、会计师、评估师、税务师等"两新"组织中的知识分子和专业人士，归国留学人员，新媒体从业人员等，还没有建立常态化制度化的物色发现工作机制，存在工作视野窄、选拔渠道不畅通等问题。

3. 上升通道狭窄

相对于党内干部，年轻党外干部岗位少、交流空间小、轮岗锻炼机会更少，阻碍了党外干部综合素质的提高。一是内部交流岗位少。以县为例，中共干部在县里同一层级有政府和县委两个机构班子可供进行角色转换和多岗位锻炼，而党外干部往往仅有一个岗位可供选择，在县里不管工作多少年，只能担任副县长，最多是分工会有些调整。同时由于目前政策对党外干部在县级政府班子配备要求较为模糊，造成换届后各县（市、区）政府党外副县长配备比例大幅度下降。据统计，2015年底，河南157个县（市、区）配备党外副县长占比为89.2%；而截至2019年6月仅占52.9%，下降了36.3个百分点。二是外部交流机会少。在机构改革大形势下，政府部门领导职数减少（且长期处于满编、超编状态），以及省辖市、县（市）区间发展不均衡造成的"单向流动"现象，在一定程度上阻断了党外领导干部在省直单位与省辖市之间，各省辖市内部县（市）区间、与市直单位间的交流路径。如河南西部某市近10年间党外干部在县（市）区间交流仅2人次，由县（市）区到市直部门仅5人次。三是缺乏正职岗位锻炼。以往党外干部任职多是从下一级副职到上一级副职，缺乏正职领导岗位锻炼经历，客观上造成党外干部行政领导能力和协调各种关系能力的欠缺，既不符合干部成长的梯次结构，又导致多数党外干部受到部门、资历等限制，极大挤压党外干部上升空间。新修订的《党政领导干部选拔任用工作条例》对干部越级、破格提拔限制严格，为与人大、政府、政协换届相衔接，在选配民主党派领导班子、选拔使用党外干部时，基本实行与党内干部大体相当的程序与条件，更看重人选的行政职级条件，党派的界别、行业、专业特色体现不充分，出现了由民主党派主委人选职级刚性要求引起的党派领导班子结构趋向行政化，一些有代表性的专家学者无法安排、党派特色被弱化等问题。

（二）新时代年轻党外干部自身方面

1. 年轻党外干部总体数量不足

党外干部队伍整体基数多，但结构比例严重失衡。以河南为例，现有的县处级党外领导干部中，35周岁以下的占0.3%，35周岁至40周岁的占4.5%，40周岁至45周岁的占9.6%，45周岁至50周岁的占24.6%，50周岁至55周岁的占37.9%，55周岁以上的占23.1%，平均年龄已达51岁。

2. 缺乏政治风浪锻炼

新一代党外干部大多出生在新中国，成长在改革开放的新时期，作为改革开放的参与者、实践者和受益者，有较高的政治认同，对中国共产党的执政地位普遍认同，拥护党的领导，拥护党的路线方针政策，认同社会主义制度。但大多缺乏与中国共产党长期合作共事的经验，缺乏重大政治斗争考验历练，对于统一战线和合作共事的优良传统理解得不深不透，易受各种错误思想和社会舆论误导，出现错误言论和行为，造成负面社会影响，对大是大非问题的政治把握能力尚需加强。长期的和平环境和国内社会政治的相对稳定，使得他们中的大多数没有战争年代与党风雨同舟、患难与共的亲身经历，也很少经历过严峻政治风浪的考验，对我国建立和实行共产党领导的多党合作和政治协商制度的历史渊源及现实合理性缺乏深刻理解，对置身党外与中共长期亲密合作缺乏足够的思想和心理准备，政治坚定性尚待接受进一步考验。

3. 综合素质尚弱

新时代党外干部大多接受过系统高等教育，知识层面较高，思想活跃，具有很强的社会责任感和道德感，积极参与社会公众事务，参政议政热情高，政治参与意识强，有一定的政治诉求及价值追求。但由于较多集中在技术、专业要求较高的岗位，技术型、专业型人员占比较大，普遍缺乏足够的管理经验、组织协调能力，个别党外干部存在"有职无权、地位低下"心理，有的党外干部存在和党内干部攀比心理，工作不敢放开手脚，畏首畏尾，难以在群众中产生影响力，不能胜任急难险重岗位锻炼；有的党外干部存在或自卑或自傲的心理，党外干部在其专业领域是行家里手，技术出众，提拔后面对不熟悉的环境，缺乏行政领导经验，又会自我否定，产生自卑心理。

四、加强河南新时代年轻党外干部队伍建设的思路举措

加强新时代年轻党外干部队伍建设是一项系统工程，必须高举习近平新时代中国特色社会主义思想伟大旗帜，认真贯彻落实党的十九大和十九届二中、三中、四中、五中全会精神以及全国组织工作会议、中央统战工作会议精神，深入践行新时代党的组织路线、好干部标准和忠诚干净担当要求，立足当前、着眼长远，结合省市县机构改革，进一步明确目标、突出重点、创新举措，加强制度设计，形成有利于年轻党外干部脱颖而出、健康成长的良好环境。

（一）总体目标

1. 总量适当规模

既着眼今后五年省委、省辖市人大政府政协领导班子，又着眼今后10~20年乃至更长时期统一战线和多党合作事业发展需要，发现掌握一

批有培养潜力的各领域优秀年轻党外干部。

2. 结构不断优化

各领域有影响的年轻党外干部比例稳步提高，干部队伍年龄结构、界别结构和专业结构更加优化，形成党外干部队伍梯次合理、分布均衡、衔接有序的人才结构，保证使用上有梯队、选择上有空间。

3. 素质持续提升

年轻党外干部政治意识、大局意识、核心意识、看齐意识进一步增强，政治把握能力、参政议政能力、组织领导能力、合作共事能力和解决自身问题能力进一步提高，更加适应致力新时代中国特色社会主义事业的需要。

4. 作用更加突出

充分发挥年轻党外干部在行政事务和社会事务中的政治参与作用、在优化决策中的议政建言作用、在所联系成员和群众中的示范带动作用，为实现中华民族伟大复兴的中国梦提供充足的党外干部储备和党外人才支撑。

（二）工作原则

1. 坚持党的领导与充分发扬民主相统一

在党委的统一领导下，充分发挥各级党组织领导和把关作用，确保正确政治方向，注意加强与党外干部所属党派团体、所在单位、所联系成员和群众的沟通，增强选人用人公信度。

2. 坚持进步性与代表性相统一

把政治标准放在首位，坚持德才兼备、以德为先、任人唯贤，严把政治关、品行关、能力关、作风关、廉洁关，着力培养具有坚定的政治立场、关键时刻能够发挥关键作用，具有较强的个人素质、专业造诣和行业贡献，在所联系成员和群众中威信较高的党外干部。

3. 坚持加强培养与注重使用相统一

把教育培养作为基础环节贯穿年轻党外干部队伍建设全过程，按照"干什么学什么、缺什么补什么"原则，有针对性地加强政治培训和岗位锻炼，坚持培养与使用相统一，通过多渠道、多层次、多岗位历练，不断提高年轻党外干部的政治把握能力、参政议政能力、组织领导能力、合作共事能力和解决自身问题能力。

4. 坚持统筹推进与突出重点相统一

坚持从更大范围统筹考虑年轻党外干部安排比例和数量，统筹做好党派之间以及党派与无党派代表人士之间的配备，统筹做好各省辖市、省直机关，省管国有企业、高等院校、人民团体、科研院所等领域党外干部配备，重点加强对省、省辖市民主党派、工商联组织负责人的培养，着力抓好党外正职培养。

（三）方法措施

1. 强化组织领导

将中共中央关于加强年轻党外干部队伍建设文件纳入各级党委理论学习中心组学习内容，不断增强党委主要领导同志贯彻落实文件精神的自觉性主动性。严格落实"把一部分优秀人才留在党外"的政策规定，做好政治资源的合理配置。加大对多党合作和政治协商制度的宣传力度，注重宣传年轻党外干部做出的贡献、涌现的先进事迹和人物等，扩大社会影响、提高社会认知度，形成全社会关心重视支持年轻党外干部队伍建设、鼓励年轻党外干部发挥作用的浓厚氛围。各级领导班子要切实担负培养选拔优秀年轻党外干部的政治责任，把各方面优秀的年轻党外干部及时精准发现起来、精细培养起来、精确使用起来。

2. 突出实践锻炼

把实践锻炼作为全面加强年轻党外干部队伍能力建设的根本途径，通过开展上下互派、对口帮扶、基层任职、交流轮岗和挂职锻炼等各种形式的实践锻炼，使年轻党外干部进一步开阔眼界、丰富阅历、健康成长。对年轻优秀、有培养前途的党外干部，通过参与重点建设工程、承担重大任务等方法，选派他们直接承担急、难、险、重任务，不断积累实践经验。组织、统战部门要加大挂职锻炼和干部交流力度，每年选派一定数量的优秀年轻党外干部到基层挂职锻炼。通过实践锻炼，切实增长党外干部的本领和才干。

3. 健全制度机制

各级党委（党组）要按照《关于适应新时代要求大力发现培养选拔优秀年轻干部的意见》要求，建立起源头培养、跟踪培养、全程培养的素质培养体系，日常考核、分类考核、近距离考核的知事识人体系，以德为先、任人唯贤、人事相宜的选拔任用体系，管思想、管工作、管作风、管纪律的从严管理体系，崇尚实干、带动担当、加油鼓劲的正向激励关爱体系，健全完善年轻党外干部选拔、培育、管理、使用环环相扣又统筹推进的全链条机制。加强对年轻党外干部的经常性考核工作，结合年度考核、换届考察和任期考察，把年轻党外干部的政治把握、参政议政、合作共事、组织领导和解决自身问题的能力作为考核评价体系的重要内容，注意了解年轻党外干部的实际表现，形成科学的考察年轻党外干部办法，推动年轻党外干部工作制度化、规范化。

4. 夯实工作责任

把加强年轻党外干部队伍建设作为考核和衡量各级党委和有关部门政绩的一项重要内容，实行目标管理责任制。采取督查、巡回检查和随机抽样检查等方式，定期开展对年轻党外干部队伍建设各项政策落实情况的督促检查，及时了解工作进展，总结经验，分析问题，研究对策，完善政策，确保各项工作任务落到实处。

参考文献

[1] 新华网. 习近平主持中共中央政治局会议 审议《关于适应新时代要求大力发现培养选拔优秀年轻干部的意见》[EB/OL]. http：//www.xinhuanet.com/2018-06/29/c_1123056555.htm.

[2] 新华网. 习近平：多党合作要有新气象 思想共识要有新提高[E3/OL]. http：//www.xinhuanet.com//2018-02/06/c_1122377880.htm.

[3] 毛泽东. 毛泽东选集（第2卷）[M]. 北京：人民出版社，1991.

[4] 习近平. 习近平谈治国理政（第3卷）[M]. 北京：外文出版社，2020.

[5] 中国共产党统一战线工作条例（试行）[N]. 人民日报，2015-09-23（5）.

加强四川省高层次人才队伍建设 助推经济高质量发展

胡 斌 王 勇 饶 风 马 杰[②]

摘 要：四川省正在由经济大省向经济强省迈进，在经济发展动能由要素驱动向创新驱动转变的过程中，产业发展已从资本竞争逐渐过渡到技术和人才的竞争，高层次人才对四川省产业结构升级发展的引领带动作用至关重要。本文通过对高层次人才供需基本现状进行分析，重点从全省高层次人才现状、高层次人才政策、人才市场化程度以及服务保障完善度四个方面归纳总结四川省高层次人才队伍建设过程中存在的突出问题，寻找全省在高层次人才队伍建设过程中与发达地区的差距，学习吸收成功经验和优秀做法，并对四川省如何加强高层次人才队伍建设提出了对策建议。

关键词：高层次 人才队伍 高质量发展

一、相关理论探讨

（一）研究背景

党的十九大报告提出："人才是实现民族振兴、赢得国际竞争主动的

[①] 该篇论文获得"2020年全国人才与人事研究主题征文活动"一等奖。
[②] 胡斌，四川省人力资源和社会保障厅党组书记、厅长；王勇，四川省人力资源和社会保障厅党组成员；饶风，四川省人力资源和社会保障科研所所长；马杰，四川省人力资源和社会保障科研所助理研究员。

战略资源。"四川省委第十一届三次全会提出了"一干多支、五区协同""四向拓展、全域开放"战略推动四川省经济高质量发展。四川省"5＋1"现代产业体系的提出也对重点产业发展作出了明确部署。四川省正在由经济大省向经济强省迈进，在经济发展动能由要素驱动向创新驱动转变的过程中，产业发展已从资本竞争逐渐过渡到技术和人才的竞争，高层次人才对四川省产业结构升级发展的引领带动作用至关重要。一支规模化高素质人才队伍不仅能放大甚至倍增资本要素的投入产出比，更能通过行业领军人才的技术技能突破创新撬动关键环节，带动行业、产业的整体发展，助推区域经济进入良性循环。

当前，四川省高层次人才队伍规模和结构还不足以支撑推动经济高质量发展和"5＋1""10＋3"现代产业发展战略的需求，高层次人才政策综合竞争力和吸引力仍有待进一步加强，政策体系"最后一公里"仍需打通，人才资源市场化机制仍需完善，信息化平台建设和服务保障仍较落后。加强四川省高层次人才队伍建设，摸清高层次人才供需情况，完善政策引导，完善高层次人才"引、育、用"体系，培育多元化市场主体，健全服务体系，围绕四川省产业发展战略大力引进和培养高层次人才，保障高层次人才供给的持续性、稳定性，通过高层次人才的辐射带动作用推动四川省重点产业、重点行业突破提升，促进人才与技术、资本等生产要素有机融合，对促进四川省人才事业发展和经济社会发展深度融合、推动四川省高质量发展，增强四川省区域发展优势具有重要现实意义。

（二）研究思路

一是准确把握四川省经济高质量发展的内涵对四川省高层次人才工作提出了哪些方面的要求，聚焦四川省经济高质量发展的重点产业，确定本文的研究对象。

二是通过对四川省重点产业高层次人才的基本情况分析，一方面准确把握高层次人才现状及特征，另一方面在推动四川省经济高质量发展的大背景下，结合四川省构建现代产业体系对高层次人才的新需求，通过高层次人才的供需分析找出四川省高层次人才队伍现状可能存在的问题。

三是梳理总结现有高层次人才相关政策，并与其他省份或发达地区的人才政策进行综合对比，重点分析四川省高层次人才政策有待补充完善之处。

四是根据现状分析结果和现行政策梳理总结,针对四川省经济高质量发展中重点产业的高质量发展,提出加强高层次人才队伍建设的相关建议,重点提出高层次人才的"引、育、用"政策的完善建议。

具体研究思路如图1所示。

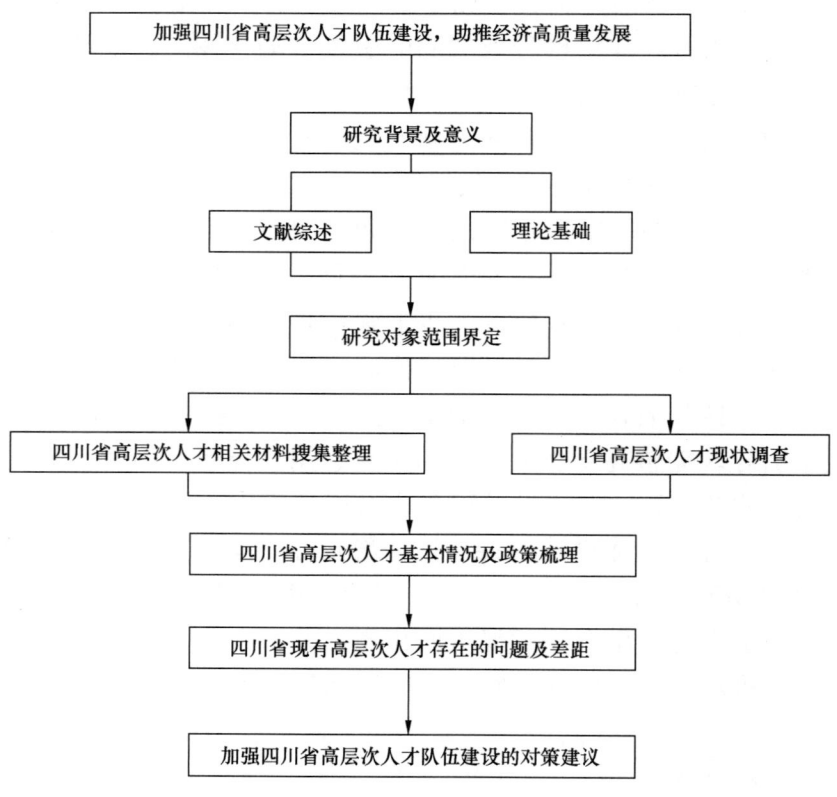

图1 具体研究思路

(三)相关理论及研究综述

1. 相关理论

(1)协同理论。人力资本这一特殊的生产要素在促进经济增长方式的转变方面发挥着双重作用。一方面,人力资本通过不断积累(接受教育、参加培训、工学一体等)能够提高本身的生产效率;另一方面,人力资本对其他的投入要素具有协同效用,通过重新配置使要素更有效率,提高物质资本产出效率,削弱或抵消资本边际收益递减的影响,扩大生产可能性边界,使得在相同的要素投入情况下产出增加,提高经济的集约度水平。刘兵等学者以大连经济开发区为例,通过协同度评价模型研究发现,开发区人才聚集与区域经济发展的协同关系主要体现为正反馈协同效应和多层级协同效应。王崇锋以山东半岛蓝色经济区为例,对人才聚集与区域经济协同发展理论模型构建与机制进行了研究,从产业聚集、社会治理和管理的角度分别阐述了协同效应,认为人才聚集与区域经济发展的作用不是单向的:一方面,区域经济的发展可以对人才产生强拉力,促使人才聚集;另一方面,人才聚集效应会反作用于区域经济使区域经济得到更好的发展,只有两者有机结合才能产生 1+1>2 的效果。

(2) 人才聚集效应。人才聚集效应是指在一定的时间和空间范围内,人才按照一定的相互联系相对集中在一定区域所产生的超过各自独立作用的效应。人力资本的增加不仅会增加人力资本总量,而且会引起包括资本在内的其他要素集聚。如果一个产业部门的人力资本水平高,则其物质资本的有机构成也相应较高,产品的技术含量及附加值较高。辛建认为,人才聚集可能会出现经济和不经济两种现象,人才聚集环境不理想、人才流通不畅、人才内在交流机制不完善等因素,会导致人才聚集不经济;政府应通过扶持创新的税收政策、财政政策,充分激发企业和人才创新的内在动力,最大限度激发人才聚集的经济效应。牛冲槐等学者认为,人才聚集效应总体特征可分为人才聚集的组织效应、人才聚集的环境效应和人才聚集成员的自身效应,具体特征又可分为信息共享效应、知识溢出效应、创新效应、集体学习效应、激励效应、时间效应、区域效应、规模效应八个方面。殷凤春认为,高端人才区域聚集的经济效应有推动区域新兴产业的发展、促使区域产业链更加完整、带动区域经济转型三种特征。

(3) 激励理论。激励理论是研究如何调动人的积极性的理论,包括马斯洛的需求层次理论、赫茨伯格的双因素理论和麦克利兰的成就需要理论等。激励理论认为,工作效率和劳动效率与职工的工作态度有直接关系,而工作态度则取决于需要的满足程度和激励因素。经济高质量发展不仅要求大力提升人才的量与质,优化人才结构,促进人才在地区间合理有序流动,而且要求优化鼓励创新、激励创新的制度和环境,最大限度地发挥人才的创造力。因此,经济发展过程中仅有人才的简单聚集还远远不够,如何正确地吸引、使用和培养创新人才,调动创新人才积极性，提高人力资本存量，使创新人才在区域经济发展中扮演不可替代的角色，才是提升区域经济素质、促进区域经济持续发展的中心议题。王通讯研究区域经济与人才开发的关系后发现，后发区域应该重视人才引进，充分利用"后发优势"，实现"赶超效应"，同时培养创新型人才，造就有利于创新人才成长、成功、成事业的环境与社会氛围，实现经济社会又好又快的发展。吴志林认为，经济发展从工业经济转向知识经济，需要制定相应的人才资源开发战略，因此要重点强调五个方面：发展教育，加快培养知识经济时代、现代化建设需要的合格人才；建立符合社会主义市场经济规律的人才开发和使用机制；完善人才市场，建立"人才银行"；实现教育和生产发展相融合，在人才开发、科技研究和经济发展一体化的前提下，全方位、系统化地开发人才资源；造就以创新意识、创新精神为核心的高素质的创造型人才，更新人才培养模式。江世英等学者认为，各地区应建立健全人才的吸引与聚集机制、人才评价机制、人才牵引机制，调动人才积极性，提高生产效率，培养创新型人才，进而实现区域经济高质量发展。

2. 国内外研究现状

在人才竞争策略方面。主流策略分为两大类型：一类是以知识换公民，主要以美、加、澳等发达移民国家为代表，以移民政策为核心建立高层次人才引进体系；另一类是以资本换人才，以中国、巴西、南非等新兴经济体为代表，通过竞价策略提升对高层次人才的吸引力。美国将职业类移民划分为杰出人才（EB1）、优秀人才（EB2）、高技能人才（EB3）、特殊职业人才（EB4）、投资创业人才（EB5）五个优先类型。在职业移民政策的基础上，为引进急需科技人才，美国政府专门实施了H-1B签证制度，颁发给学士学位以上并从事专业工作的人才。日本政府在2011年底出台"外国人高级人才积分制"新政策，对外国人根据学历、职历及年收入等进行评分，如果达到一定标准，日本则认定其为"高级人才"，对这些人将给予优惠待遇，包括放宽永住资格、配偶就业条件、父母永住申请等。英国于2002年开始实施"高技术移民计划"，并在2011年提出"杰出人才签证"，每年签发1 000个，吸引科学、人文、工程和艺术领域的国际级领军人才或潜在的国际级领军人才。德国政府出台"加强德国在全球知识社会的作用——联邦政府的科学研究国际化战略"，提出了吸引国际优秀人才的一系列措施，如发布"工作移民行动项目";设立"青年教授"制度,吸引青年学者从事科研工作;马普学会对所有在其所属研究机构从事研究的博士生采用签订工作合同的方式,为其提供长期可靠的工作机会,使外籍博士生享有与本国博士生同等的待遇;设立科研奖项("国际研究基金奖""德国总理奖学金""洪堡教席奖"等)吸引海外人才。法国政府为提高全球竞争力,提出"优秀人才居留证",为赴法留学的外籍学生、研究人员、企业家、艺术家及运动员提供更多便利,并在2014年提出将发放"人才护照",为高素质大学毕业生、创业者、投资者、企业代表和高端人才,提供为期4年的居留证。以色列专门设立"科学吸收中心",为科技移民提供就业咨询,并对本国高科技单位提供补助,在开始两年,用人单位只需支付所雇用的科技移民工资的15%~20%,其余都由"科学吸收中心"支付,以提高科技单位的积极性。

在人才培养策略方面。发达国家建立了较为完善的人才培养体系,美国人才培养的重点主要表现在三个部分:一是强化基础及高层次教育,拓展本土人才培养和储备,如设立夏季学院培训与教育项目、硕士项目、高级实习项目、专项奖学金等提升基础教育教师素质和扩大基础教育师资队伍;二是优先资助基础研究,加强杰出人才储备,2006—2013年,以每年10%的速度持续增加联邦政府对基础研究的长期投资,并每年对全国青年科学家提供研究资助;三是重视高风险性、高回报性及跨领域研究团队的建设,如设立"总统奖""总统创新奖",每年选择3~5个不同实验室提供至少100万~200万元资助经费等激励政策,加强人才培养,促进美国本土创新。日本的人才培养重点在三个方面:一是着力培养国际顶尖高端人才,日本政府在《第二期科学技术基本计划》中提出,50年内产生30名左右的诺贝尔奖获得者;二是培养青年优秀人才,为青年人才提供科研经费,优先让青年人承担项目,以国际标准进行人才评价,实行任期制招聘全球人才,完善社会保障体系,解决青年人才的后顾之忧,完善收入分配制度;三是建立良好的社会氛围,具体表现为建立公正透明的人才录用与管理体系、搭建青年学者施展才华的舞台、鼓励国外学者留居日本。英国将自然科学作为基础教育的优先重点,并在各研究理事会的资助模式下进行研究生的竞争性以及"认可式培养",提升高等教育的质量。德国联邦政府启动"科研、教育和职业培训创新"改革计划,2005年实施大学创优计划,并推出"与企业结合的应用技术大学研究计划"，同时通过"研究与创新协定"增加资助经费，增强科学研究的竞争力、促进合作和强化科学精英的培养。法国在人才培养方面重视青年科研人才，2005年提出"空白计划"，鼓励青年研究人员自主确定科研方向、设计研究项目；2009年为极具潜力的科研人员提供为期五年的合同，每年颁发奖金6 000~15 000欧元，并配套相应的科研经费；2017年法国政府启动青年科学家项目，进一步加强青年科研人才的培养。

（四）概念界定

1. 经济高质量发展的内涵

经济高质量发展是指高附加值产业、高端要素配置、高效率生产组织模式充分融合叠加的发展。在投入上能利用科技进步科学配置资源要素，推动效率变革，实现资源要素配置粗放经营转向集约节约经营，使得资源要素的利用效率明显提高；在产出上能通过科技进步和管理创新推动质量变革、动力变革，使产出的品质明显提升，效益大大提高。同时，经济高质量发展不仅仅限于经济范畴之内，还应考虑社会、政治、文化、生态等方面的影响因素。

根据《关于全面推动高质量发展的决定》《关于加快构建"5+1"现代产业体系推动工业高质量发展的意见》，四川省委第十一届三次全会提出："四川要重点培育电子信息、装备制造、食品饮料、先进材料、能源化工等万亿元级支柱产业，大力发展数字经济，构建具有四川特色优势的现代产业体系。"这丰富和明确了经济高质量发展在四川省的实践内涵和实施战略，为构建具有四川特色优势的现代产业体系指明了方向。

2. 高层次人才界定

2010年国务院印发的《国家中长期人才发展规划纲要（2010—2020）》中指出，"高层次人才是指具有一定专业知识或专门技能，进行创造性劳动并对社会做出贡献的人，是人力资源中能力和素质较高的劳动者，是经济社会发展的第一资源。"这是国家从宏观层面对高层次人才进行了抽象定义，并不具体。为明确研究重点和划分研究对象，紧密结合助推四川省重点产业高质量发展的要义。

本文将高层次人才研究范围界定在两类人才队伍：一是专业技术人才队伍中副高级职称及以上；二是技能人才队伍中高级工及以上。其中，涉及顶尖人才及团队的部分以2016年《四川省高层次人才特殊支持办法（试行）》明确划分四类高层次人才为标准。

二、四川省高层次人才队伍建设基本情况

（一）四川省人才队伍现状

1. 四川省高层次人才队伍现状

（1）高层次专业技术人才。截至2018年，四川省专业技术人才总量为344万人，其中高层次专业技术人才40万人，占比为11.63%。与2016年相比，专业技术人才总量增长39.5万人，高层次专业技术人才增长6.5万人，但高层次专业技术人才占专业技术人才的比例增幅较为平缓。2016—2018年四川省高层次专业技术人才占比如图2所示。

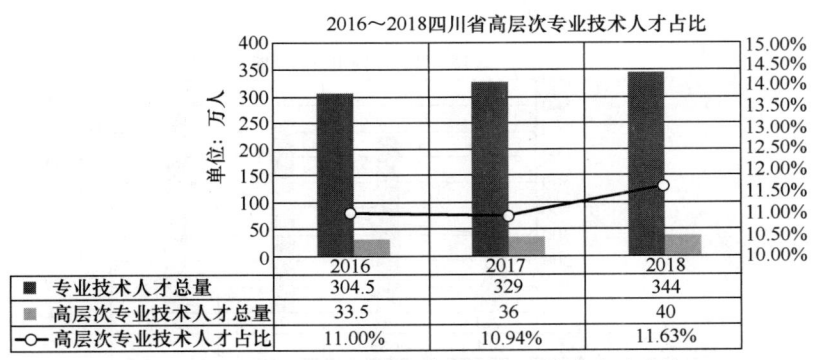

图2　2016—2018年四川省高层次专业技术人才占比

从2018年备案新增的19 500名高级专业技术人才职称系列来看，有10 601人集中在工程技术系列，6 263人集中在卫生技术系列，接下来分别为中医（850人）、经济（553人）、会计（438人）、中小学正高级教师（200人）、自然科学研究（191人）等。可以看出，新增高层次专业技术人才主要集中在工程技术系列（占比超过54%）和卫生技术系列（占比超过32%），其他系列新增量之和不超过15%。2018年四川省备案新增高级职称人员系列（专业）分布情况如图3所示。

（2）高技能人才。截至2018年底，四川省技能人才总量799万人，其中高技能人才149万人，较2015年分别增加184.6万人和56万人。高技能人才近4年年均增速均高于技能人才整体增幅，因此，高技能人才（高级工、技师、高级技师）占技能人才总量的比例持续提升，从2015年的15.13%提高到2018年的18.65%。但与其他省级行政区相比，仍然分别低于广东、浙江12.2、11.5个百分点，分别低于河南、云南、重庆10、10.6、6个百分点。2015—2018年四川省高技能人才占比如图4

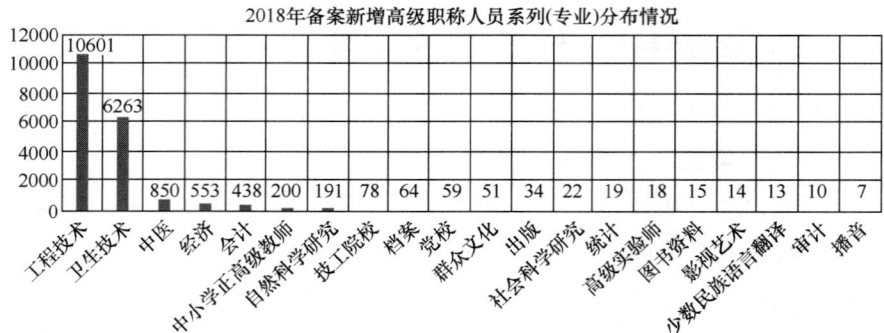

图3　2018年四川省备案新增高级职称人员系列（专业）分布情况

所示。

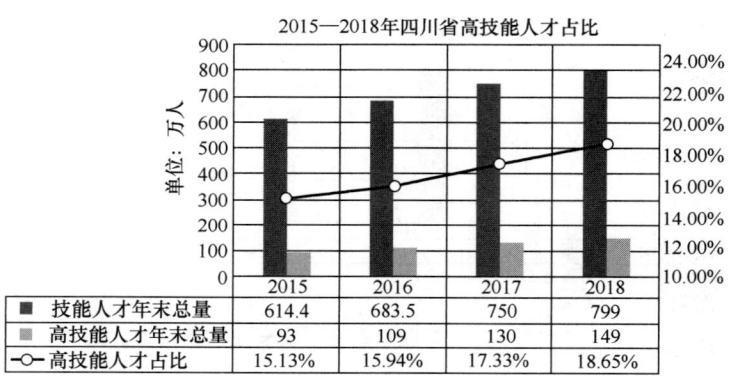

图4　2015—2018年四川省高技能人才占比

2018年，四川省备案新增高技能（高级工、技师、高级技师）职业资格证书162 958人次，其中新增量排序前20位的工种主要集中在机械设备修理、美容美发服务、烹饪、生活照料服务等职业，共160 148人次，占当年新增高技能证书发放量达98.28%，取证工种高度集中。2018年四川省高技能人才备案新增量前20位职业如图5所示。

（3）顶尖人才。2018年，在川两院院士59人次，全国杰出专业技术人才6名，百千万人才工程国家级人选136名，享受政府特殊津贴人员5 000余名（其中四川省推荐3 023人），省学术技术带头人2 902名，省有突出贡献优秀专家2 650名，省学术技术带头人后备人选5 436名；全省累计招收博士后研究人员5 500余人，现有在站博士后2 400余人。以六类高层次人才（两院院士、长江特聘、杰青、青千、优青）2013—2017年总量统计，四川省共计入选人数224人，排名全国第九、西部地

图5 2018年四川省高技能人才备案新增量前20位职业

区第一(见表1)。

表1 2013—2017年六类高层次人才入选前十位省份的数量统计表(人次)

序号	省份	中国科学院院士	中国工程院院士	长江特聘学者	国家杰出青年	青年千人	优秀青年	总计
1	北京	60	56	222	355	546	619	1 858
2	上海	12	9	93	143	395	257	909
3	江苏	6	6	69	79	228	194	582
4	广东	1	6	30	48	221	113	419
5	湖北	6	4	56	56	184	107	413
6	浙江	4	3	26	40	159	109	341
7	安徽	5	4	5	42	112	91	259
8	陕西	3	2	54	30	83	71	243
9	四川	2	1	38	23	109	51	224
10	天津	0	0	25	28	67	61	181

2. "5+1"产业体系人才队伍整体情况

(1) 五大现代产业。参照四川省统计局《战略性新兴产业分类(2017)(试行)》《高技术产业(制造业)分类(2017)》等相关统计分类标准,在现行《国民经济行业分类》的基础上将"五大现代产业"活动进行划分,共包含5个行业大类、40个行业中类和504个行业小类,数字经济则包括176个行业小类。按行业划分后,"5+1"产业体系主要集中在制造业,采矿业,信息传输、软件和信息技术服务业,电力、燃气、水的生产和供应业四个行业。

根据以上划分原则和四川省统计局第四次经济普查先期数据反映,

截至 2018 年,四川省五大现代产业期末从业人员数为 136.3 万人,占 2018 年全省人才资源总量的比重为 18.4%。其中电子信息业 53 万人,装备制造业 35.7 万人,食品饮料业为 22.3 万人,先进材料业为 11.5 万人,能源化工业为 13.8 万人,见表 2。按照现有统计口径和数据的可获得性,对五大产业从业人员中的技能人才和专科及以上学历人才进行了分类统计,技能人才共计 13.8 万人,其中装备制造业占比最大,达到 5 万人,其次为能源化工业 3.4 万人;专科及以上学历人才共计 58.8 万人,其中电子信息业占 31.2 万人,超过其他四类产业之和。

表 2 五大现代产业人才队伍 2018 年末统计

产业	从业人数（万人）	技能人才（万人）	专科及以上学历人才（万人）
电子信息产业	53	2.4	31.2
装备制造产业	35.7	5	12.8
食品饮料产业	22.3	1.9	6.6
先进材料产业	11.5	1.1	2.8
能源化工产业	13.8	3.4	5.4
合计	136.3	13.8	58.8

技能人才在各自产业中占比从高到低依次为电子信息业 58.87%、能源化工业 39.13%、装备制造业 35.85%、食品饮料业 29.60%、先进材料业 24.35%;专科及以上学历人才在各自产业中占比从高到低依次为能源化工业 24.64%、装备制造业 14.01%、先进材料业 9.57%、食品饮料业 8.52%、电子信息业 4.53%。根据四川省人才资源总量推算数据看,四川省五大现代产业高技能人才数约为 3.06 万人,占四川省高技能人才资源总量的比重为 2.5%,如图 6 所示。

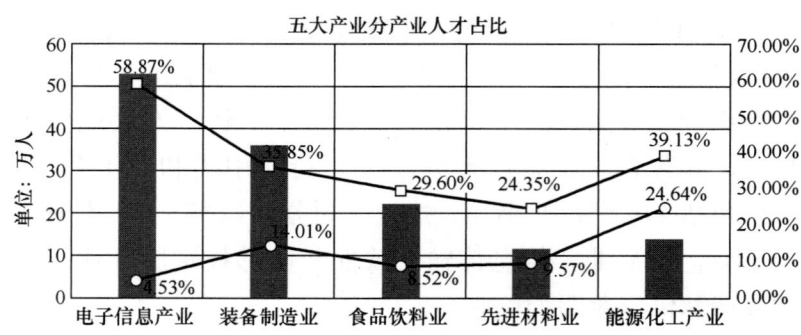

图 6 五大产业分产业人才占比

(2) 数字经济。按照数字经济包含的 176 个行业小类划分来看，四川省数字经济从业人员为 118 万人，主要集中在四个行业，分别是信息传输、软件和信息技术服务业 40.7 万人，制造业 34.6 万人，科学研究和技术服务业 17.3 万人，交通运输、仓储和邮政业 10.8 万人，其余产业均不足 10 万人，见表 3。数字经济相关行业技能人才 8.3 万人，专科及以上学历人才 68.3 万人，37%的技能人才和 48%的专科及以上学历人才集中在信息传输、软件和信息技术服务业，其次为制造业、科学研究和技术服务业。

表 3　　　　　　　数字经济相关行业人才队伍现状

	从业人员（万人）	技能人才（万人）	专科及以上学历人才（万人）
信息传输、软件和信息技术服务业	40.7	3.1	33.1
制造业	34.6	2.1	11.4
科学研究和技术服务业	17.3	2	11
交通运输、仓储和邮政业	10.8	0.7	3.7
文化、体育和娱乐业	6.1	0.2	3.6
租赁和商务服务业	3.6	0.2	2.2
教育业	2.8	0	2.3
批发零售业	1.3	0	0.6
水利环境和公共设施业	0.5	0	0.2
金融业	0.3	0	0.2
数字经济	118	8.3	68.3

（二）四川省重点产业高层次人才需求现状

根据《关于加快构建"5＋1"现代产业体系推动工业高质量发展的意见》中重点发展产业的部署对专业技术系列以及职业技能鉴定职业工种分类表进行比对，本文对聚焦度较高的专业技术岗位和技能职业工种进行了梳理，见表 4。

1. 电子信息产业

电子信息产业重点发展行业包括集成电路与新型显示、新一代网络技术、大数据、软件和信息服务。

专业技术类人才需求主要集中在计算机科学与技术、通信工程、电子信息工程、软件工程、电气工程、微电子学、信息安全、物联网、大数据及云计算、人工智能、智能终端等方向。

技能人才需求主要集中在计算机制造人员，电子器件、元件制造人员，电子设备装备调试人员，信息通信网络运行管理、维护人员，计算机维护人员等。

2. 装备制造产业

装备制造产业重点发展行业包括发电输变电与储能装备、智能制造与基础制造装备、油气化工与海洋工程装备、工程与矿山冶金装备、民生用机械装备、节能环保与资源综合利用装备、航天与卫星应用装备、新能源与智能汽车产业。

专业技术类人才需求主要集中在机械设计制造及其自动化、材料科学与工程、电子信息工程、计算机科学与技术、航空工程、通信工程、自动化、电力电子相关、航空航天等方向。

技能人才需求主要集中在电线电缆、光纤光缆及电工器材制造人员，输配电及控制设备制造人员，机械热、冷加工人员，通用工程机械操作人员，机械设备修理人员，金属加工机械制造人员，工装工具制造加工人员，检验、检测和计量服务人员，汽车整车制造人员，汽车摩托车修理技术服务人员等。

3. 食品饮料产业

食品饮料产业重点发展行业包括粮油加工、肉制品加工、调味品制造、果蔬加工、乳制品制造、饮料制造、优质白酒、精制茶加工、医药健康。

专业技术类人才需求主要集中在食品生物技术、食品营养与检测、食品加工与安全、食品科学与工程、生物化学、生物工程、酿酒技术、制药工程等方向。

技能人才需求主要集中在粮油加工人员，仓储人员，检验、检测和计量服务人员，酒、饮料及精制茶制造人员，药物制剂人员，中药饮片加工人员，医疗器械制品和康复辅具生产人员等。

4. 先进材料产业

先进材料产业重点发展行业包括新型建筑材料、钒钛钢铁稀土材料、先进有色金属材料、先进轻纺材料、先进无机非金属功能材料。

专业技术类人才需求主要集中在电气工程及其自动化、计算机科学与技术、建筑环境与设备工程、环境工程、化学工程与工艺、机械工程及其自动化、能源化学工程等方向。

技能人才需求主要集中在水泥、石灰、石膏及其制品制造人员，硬质合金生产人员，金属轧制人员，轻（重）有色金属冶炼人员，炼钢

（铁）人员，印染人员，织造人员，纺纱人员，纤维预处理人员，检验、检测和计量服务人员，陶瓷制品制造人员，玻璃纤维及玻璃纤维增强塑料制品制造人员等。

5. 能源化工产业

能源化工产业重点发展行业包括清洁能源、节能环保和绿色化工。

专业技术类人才需求主要集中在电气工程及其自动化、建筑环境与设备工程、环境工程、化学工程与工艺、机械工程及其自动化、能源化学工程等。

技能人才需求主要集中在炼焦人员，水生产、给排和水处理人员，气体生产、处理和输送人员，环境治理服务人员，化学肥料生产人员，基础化学原料制造人员，化工产品生产通用工艺人员，涂料、油墨、颜料及类似产品制造人员等。

表4　　重点产业、行业高层次人才需求相关专业、工种

产业	行业	相关专业技术	相关技能职业	
电子信息产业	集成电路与新型显示	计算机科学与技术，通信工程，电子信息工程，软件工程，电气工程，微电子学，信息安全，物联网，大数据及云计算，人工智能，智能终端	计算机制造人员	计算机及外部设备装配调试员
			电子器件制造人员	液晶显示器件制造工
				半导体芯片制造工、半导体分立器件和集成电路装调工
		高级软件测试工程师、软件工程师相关、自动化设备设计工程师、研发工程师、IC设计、结构工程师EDA仿真工具测试工程师、DSP算法工程师、电子元件研发、大数据开发工程师、数字集成电路相关、芯片相关、硬件工程师、人工智能开发、大数据开发等工程师	电子元件制造人员	电子产品版制工、印制电路制作工
	新一代网络技术，大数据，软件和信息服务		电子设备装调试人员	广电和通信设备电子装接工、广电和通信设备调试工
			信息通信网络运行管理人员	信息通信网络运行管理员
			信息通信网络维护人员	信息通信网络机务员
				信息通信网络线务员
			计算机和办公设备维修人员	信息通信网络终端维修员

续表

产业	行业	相关专业技术	相关技能职业	
装备制造产业	发电输变电与储能装备	模具工程师、高级软件工程师、硬件工程师相关、机械设计工程师、动力系统工程师、智能驾驶工程师、复合材料工程师、推进器研发、电子技术研发工程师、装配工艺技术人员、气动设计工程师、叶片结构设计工程师、建模计算工程师	电线电缆、光纤光缆及电工器材制造人员	电线电缆制造工
			输配电及控制设备制造人员	变压器互感器制造工
				高低压电器及成套设备装配工
	智能制造与基础制造装备，油气化工与海洋工程装备，工程与矿山冶金装备，民生用机械装备，节能环保与资源综合利用装备，航天与卫星应用装备	机械设计制造及其自动化、材料科学与工程、电子信息工程、计算机科学与技术、航空工程、通信工程、自动化、电力电子相关、航空航天类		焊工
			机械热加工人员	铸造工、锻造工、金属热处理工
			机械冷加工人员	车工、铣工
				钳工、磨工、冲压工
				电切削工
			通用工程机械操作人员	起重装卸机械操作工
			机械设备修理人员	设备点检员
				电工
				锅炉设备检修工
				变电设备检修工
				工程机械维修工
			金属加工机械制造人员	机床装调维修工
			工装工具制造加工人员	模具工
	新能源与智能汽车产业		检验、检测和计量服务人员	机动车检测工
			汽车整车制造人员	汽车装调工
			汽车摩托车修理技术服务人员	汽车维修工

续表

产业	行业	相关专业技术		相关技能职业	
食品饮料产业	粮油加工，肉制品加工，调味品制造，果蔬加工	计算机科学与技术、生物化学、生物工程	市场总监、营销策划主管、食品工程师	粮油加工人员	制米工、制粉工、制油工
				仓储人员	（粮油）仓储管理员
				检验、检测和计量服务人员	农产品食品检验员
	乳制品制造			乳制品加工人员	乳品评鉴师
	饮料制造			酒、饮料及精制茶制造人员	酿酒师、品酒师
	优质白酒				酒精酿造工、白酒酿造工、啤酒酿造工、黄酒酿造工、果露酒酿造工
	精制茶加工				评茶员
	医药健康			药物制剂人员	药物制剂工
				中药饮片加工人员	中药炮制工
				医疗器械制品和康复辅具生产人员	矫形器装配工、假肢装配工
先进材料产业	新型建筑材料	机械设计制造及其自动化、电气工程及其自动化、工业工程、高分子材料与工程、材料类、光电物理	太阳能玻璃镀膜工艺工程师、镀膜设备工程师、研发工程师	水泥、石灰、石膏及其制品制造人员	水泥生产工、石膏制品生产工
					水泥混凝土制品工
	钒钛钢铁稀土材料			硬质合金生产人员	硬质合金成型工、硬质合金烧结工、硬质合金加工工
	先进有色金属材料			金属轧制人员	轧制原料工、金属轧制工、金属材热处理工、金属材精整工
					金属挤压工、穿轧工

续表

产业	行业	相关专业技术	相关技能职业	
			轻有色金属冶炼人员	氧化铝制取工、铝电解工
			重有色金属冶炼人员	重冶火法冶炼工、电解精炼工
				重冶湿法冶炼工
			炼钢人员	炼钢原料工、炼钢工
			炼铁人员	高炉原料工、高炉炼铁工、高炉运转工
	先进轻纺材料		印染人员	印染前处理工、印花工、印染后整理工、印染染化料配制工
				纺织染色工
			织造人员	整经工、织布工
			纺纱人员	纺纱工
				缫丝工
			纤维预处理人员	纺织纤维梳理工、并条工
			检验、检测和计量服务人员	纤维检验员
	先进无机非金属功能材料		陶瓷制品制造人员	陶瓷原料准备工、陶瓷烧成工
			玻璃纤维及玻璃纤维增强塑料制品制造人员	玻璃纤维及制品工
				玻璃钢制品工
能源化工产业	清洁能源，节能环保	电气工程及其自动化、计算机科学与技术、建筑环境与设备工程、环境工程、化学工程与工艺、机械工程及其自动化	太阳能光伏系统工程师、燃料电池研发工程师、晶体硅太阳能电池制造工程师	炼焦人员	炼焦煤制备工
					炼焦工
				水生产、输排和水处理人员	水生产处理工
					工业废水处理工

续表

产业	行业	相关专业技术		相关技能职业
绿色化工			气体生产、处理和输送人员	工业气体生产工
				工业废气治理工
				压缩机操作工
			环境治理服务人员	工业固体废物处理处置工
			化学肥料生产人员	合成氨生产二、尿素生产工
			基础化学原料制造人员	硫酸生产工、硝酸生产工、纯碱生产工
				烧碱生产工、无机化学反应生产工
				有机合成工
			化工产品生产通用工艺人员	化工总控工
				防腐蚀工
				制冷工
			涂料、油墨、颜料及类似产品制造人员	涂料生产工、染料生产工

(三) 四川省高层次人才相关政策情况

结合四川省"5+1"产业发展战略梳理高层次人才政策，纳入整理的政策文件包括四川省政务公开网直接获取文件，发文机关为省委、省政府及其直属机构，政策类型主要为规划、意见、办法、通知公告等，复函、批复不纳入。考虑到政策的时效性，删除了被后期政策文件覆盖的政策及失效政策，只对现行有效政策进行汇总梳理，共28条，详见表5。

表5　　　　　　　　四川省高层次人才相关政策汇总

类型	文件	名称
综合政策类	川委发〔2016〕10号	《关于深化人才发展体制机制改革促进全面创新改革驱动转型发展的实施意见》
	川委发〔2018〕10号	《关于大力引进海外人才加快建设高端人才汇聚高地的实施意见》

续表

类型	文件	名称
	川委办〔2016〕47号	《四川省激励科技人员创新创业十六条政策》
	川委办〔2014〕25号	《关于改革完善体制机制大力促进大学生和科技人才创新创业的意见》
	川委办〔2017〕29号	《关于加强技能人才队伍建设大力培养高素质产业大军的意见》
发展规划类	川委办〔2016〕13号	《四川省"十三五"人才发展规划》
	川组通〔2017〕34号	《四川省专业技术人才队伍建设"十三五"规划》
	川组通〔2017〕35号	《四川省企业经营管理人才队伍建设"十三五"规划》
	川组通〔2017〕36号	《四川省技能人才队伍建设"十三五"规划》
引进聚集类	川人社办发〔2016〕27号	《"天府高端引智计划"实施办法》
培养开发类	川人社发〔2016〕43号	《四川省学术和技术带头人评定管理办法》
	川组通〔2015〕64号	《关于实施创新型企业家培养计划的意见》
	川办发〔2018〕73号	《"天府工匠"培养工程实施方案》
	川人才办〔2016〕26号	《关于实施网络安全"五个一批"人才培养工程的意见》
评价激励类	川委办〔2018〕13号	《关于深化职称制度改革的实施意见》
	川科人〔2016〕39号	《四川省自然科学研究人员专业技术职务任职资格申报评审基本条件(试行)》
	川人社办发〔2014〕232号	《关于进一步做好留学回国人员专业技术职务任职资格评定工作的通知》
	川改办发〔2014〕4号	《激励科技人员创新创业专项改革试点总体工作方案》
	川卫办发〔2015〕64号	《关于全面推进卫生计生科技创新和成果转化的实施意见》
	川办发〔2016〕71号	《四川省促进科技成果转移转化行动方案(2016—2020年)》
	川农改组办〔2016〕8号	《关于进一步扩大农业科技体制改革试点激励科技人员创新创业的实施方案》
	川科改〔2016〕5号	《四川省职务科技成果权属混合所有制改革试点实施方案》
	川国资委〔2017〕23号	《四川省省属非上市企业实施中长期激励试点的指导意见》
	川人社办发〔2018〕125号	《关于推广事业单位采取灵活多样分配形式引进紧缺或高层次人才改革举措的通知》
	川科协发〔2017〕77号	《四川省青年科技奖评选管理办法》
管理服务类	川人才办〔2017〕9号	《关于建设四川省人才之家服务高层次人才十二条措施》
	川委办〔2017〕30号	《关于加强外国人永久居留服务管理的实施意见》
	川财社〔2016〕56号	《关于对高层次引进人才未就业家属实行医保优待政策的通知》

2014—2018年四川省级层面出台及现行有效与高层次人才相关政策共计31个,其中省委部门出台18个,政府部门出台13个,显示高层次

人才工作中以省委部门主要是组织部领导为主，其他部门配合执行。按文件类型划分，综合政策类文件5个，发展规划类4个，引进聚集类3个，培养开发类5个，评价激励类11个，管理服务类3个，显示四川省高层次人才政策较为重视人才评价和人才激励。按照政策类型分类，战略性、指导性、实施执行性文件分别有4个、10个、17个，显示四川省高层次人才政策重视政策落地及实行。

对政策文件内容关键词进行梳理和提取，"科技人才""专业技术人才"被13个文件提及，"技能人才"出现3次，"管理人才"出现3次。可以看出，高层次人才政策的出台对象重点是专业技术类人员，尤其是高精尖技术的自然科学人才。在调研过程中了解到的企业需求情况有一定出入，实体企业在短期内对高技能人才的需求强于对高精尖技术人才的需求。

从政策导向来看，"人才引进"这一关键词出现10次，且与"海外人才""外籍人才"（共有7个文件涉及）关联度较高，反映四川省在高层次人才的竞争中较为重视海外市场，对海外人才引进重视程度较高。"人才培养"出现7次（多与"专业技术人才"同时出现），"人才激励"出现13次，"评价使用"出现8次，"服务保障"出现5次，"平台建设"出现5次，反映出四川省高层次人才政策手段集中在激励措施，对人才的管理评价较为明确，但在平台建设和服务保障方面相对较少。

三、四川省高层次人才队伍建设存在的问题及差距

本文同时选取广东、浙江、上海三个高层次人才工作先进典型地区进行对标，重点从四川省高层次人才现状、高层次人才政策、人才市场化程度以及服务保障完善度四个方面归纳总结四川省高层次人才队伍建设过程中存在的突出问题，重点寻找四川省在高层次人才队伍建设过程中与发达地区的差距，学习吸收成功经验和优秀做法。

（一）高层次人才对产业发展支撑力度不足

第一，高层次专业技术人才队伍质量不优，对经济增长的贡献率不足。总量和结构方面，四川省高层次专业技术人才在专业技术人才总量中的占比近三年维持在11%左右小幅浮动，整体水平与发达地区仍有不小差距。对经济增长的贡献率方面，四川省与发达地区的差距主要体现在科研经费投入强度、科技创新对经济增长贡献率、科技成果转化率、

输出技术合同登记成交额四个核心指标排名均不高，2018年四川省R&D投入强度为1.81%，居全国第13位，西部第3位（陕西2.18%，重庆2.01%），低于全国2.19%的平均水平；同期，上海、广东、浙江分别为4.16%、2.78%、2.57%。2018年四川省输出技术合同登记成交额1 004亿元，居全国第7位，较2017年提升两位，但科技创新对经济增长贡献率为56%，低于全国58.5%的平均水平。

第二，重点产业高技能人才需求仍有缺口，职业结构有待优化。根据前文数据，总量方面，四川省高技能人才总量和占比近年持续上升但与全国平均水平仍有差距，供应仍然不足；增量方面，2016—2018年高技能人才取证量较大的技能职业为餐饮服务人员、美容美发服务人员、汽车维修工、电工、焊工、车工、钳工等。结合四川省"5+1"发展战略可以看出，高技能人才增量与产业战略需进一步紧密结合。

第三，高端人才及研发团队占比较低，辐射带动效应不足。总量方面，2013—2017年四川省六大类高端人才增量224人次，总量排名全国第9位，但占全国同期增量不足4%，与四川省经济体量排名全国第6位不完全适应。服务四川省经济发展方面，四川省两院院士90%以上集中在央属在川单位，且大多数分布在军工类高精尖科研院所，服务于国家国防战略，在实际工作中对四川省民生经济发展直接的辐射范围较小，这一部分顶尖人才对四川省区域经济带动能力较弱。

第四，重点战略产业高层次人才供不应求，制约产业高质量发展。2018年四川省五大重点产业技能人才总量约占五大重点产业人才总量的10.12%，高技能人才总量约占2.25%，存在人才不足的客观事实。据专家预测，到2020年四川省重点优势产业和战略性新兴产业人才缺口达80万人左右，其中既包括高层次专业技术人才，也包括高技能人才。从产业类别看，调研显示，四川省高层次人才供不应求在先进材料业和能源化工行业最突出；从人才类别看，五大重点产业对高技能人才的需求量大于高层次专业技术人才。

（二）高层次人才政策需进一步完善

第一，流动配置类高层次人才政策空缺，不利于充分发挥高层次人才效用。四川省现有流动配置类政策主要针对精准扶贫及乡村建设，没有针对高层次人才的流动配置类政策。在专项政策方面，2017年3月人社部出台《关于支持和鼓励事业单位专业技术人员创新创业的指导意见》

后，浙江省针对事业单位专项出台《浙江省鼓励支持事业单位科研人员离岗创业创新实施办法（试行）》，上海市2015年已出台《关于完善本市科研人员双向流动的实施意见》，对鼓励体制内科技人员、专业技术人员向市场流动创新创业作了政策突破及规定。四川省2015年出台《关于进一步做好新形势下就业创业工作的意见》以及2016年出台《深化科研院所改革试点推进方案》，提出"鼓励科技人员离岗创办企业""3年内保留人事关系"等原则，但没有提出针对性具体实施方案。

第二，缺乏面向博士及博士后的综合人才政策，不利于吸引和培养潜在高层次人才。博士及博士后是推动重点产业发展的重要力量，同时也是高层次人才密集群体。广东省2017年出台《关于加快新时代博士和博士后人才创新发展的若干意见》，浙江省2018年出台《进一步加强博士后工作培养高层次创新型青年人才的意见》，上海市虽没有针对博士及博士后出台指导意见类的政策，但也于2018年出台《上海市"超级博士后"激励计划实施办法》。其中，浙江、上海有博士后科研项目特别资助申报以及面向博士后设站单位的需求信息征集工作，广东省对博士及博士后的综合政策完整度最高，从培养、引进、流动激励、平台搭建及服务保障等方面都有详细的落实措施及方案。四川省2016年出台《四川省高层次人才特殊支持办法（试行）》中部分内容涉及取得全日制博士学位的紧缺专业人才，但试行办法有效期为2年，至今已过有效期，尚未修订。且四川省目前没有提出类似广东省的综合性办法或方案，缺乏专门面向博士、博士后高层次人才的综合政策。

第三，政策可操作性不强，部门之间政策关联度不高。在政策实施细化程度方面，以高层次人才认定为例，深圳市按照四类不同层次人才分别对国家级、广东省、深圳市等不同级别的各类项目、评选、基金等进行了囊括，其中杰出人才包括4大类，国家级领军人才包括8大类22小类，地方级领军人才包括26大类68小类，后备级人才包括32大类62小类，涵盖了从顶尖人才（团队）到普通全日制博士、高技能人才各个不同层面人才，满足条件之一即可申请相应层次的人才认定并享受相应政策。四川省在高层次人才的认定标准上较为笼统，细化程度不足，仅提出了4大类15小类，标准较模糊，也没有相应的认定实施细则对其进行补充，导致实施标准难以界定，实施效果随意性大。在政策具体实施路径方面，四川省2017年出台《关于建设四川省人才之家服务高层次人才十二条措施》中提出,"建立全省统一的高层次人才库""运用大数据、云计算等手段定期分析研判重点领域和产业人才储备及人才缺口,为加强高层次人才队伍建设提供决策咨询"。但由哪个部门建立高层次人才库、如何组织、具体实施路径等均没有涉及,缺乏可操作性。在部门之间联动落实政策方面,一方面"政出多门"导致政策内容重复度较高;另一方面部分职能部门之间政策缺乏衔接,四川省涉及高层次人才相关工作政策制定的部门包括省委组织部、人才办、人社厅、财政厅、科技厅、国资委等,职能分散,各部门在制定自身职能相关政策时缺乏纵向统筹与横向协调,政策之间关联度不高,碎片化特征较明显,导致人才政策合力不强,落实效果欠佳。

第四,高层次人才政策总体力度不足,缺乏吸引力。在高层次人才引进及激励力度方面,深圳市对顶尖高层次人才(两院院士等)奖励补贴600万元,团队项目资助最高可达1亿元,平均资助强度达到2 000万元;四川省对同等级别顶尖人才则是提供一次性补助200万元及2 000元每月的岗位激励,团队项目资助为500万元。在高层次人才培养力度方面,广东省出台的《广东省培养高层次人才特殊支持计划》将人才分3个层次9类,最高对有潜力培养为两院院士的入选人才给予一次性补助100万元,如成功当选则给予500万元工作经费及100万元一次性住房补贴;最低对"百千万工程青年拔尖人才"给予一次性补助10万元,且将"国家特支计划"入选者直接纳入"广东特支计划",按中央财政资助额度1∶1进行资金配套。

(三)高层次人才市场化服务能力相对不足

第一,围绕高层次人才的多元化市场主体发育程度较低。杭州市在培育多元化市场主体方面主要依靠政府推动,一是成立大量专业人才协会及组织(信息经济人才协会、市金融人才协会、市旅游休闲人才协会、市文化创意人才协会、猎头专业委员会等),有序承接部分政府转移职能对相关专业人才进行组织评定;二是创建国家人力资源产业园和全国首个国际人力资源产业园,2017年集聚各类人力资源服务机构503家,各类市场主体举办的创业活动平均每天达8.8场。深圳市主要是通过当地成熟的市场化机制,利用大量社会化专业机构开展高层次人才供需双方信息整合业务,向高层次人才及用人单位提供专业化的咨询及办理服务,政府经办部门则专注于提供企业资质审核、人才认定等公共服务,效率极高。四川省市场化培育不足主要体现为市场化参与主体形式单一、参与层次较低。中介服务组织和信息服务较缺乏，现有人力资源服务机构主要从事劳务派遣、劳务外包等中低端服务，专业化水平不高。成都市近年人力资源市场发展速度较快，但成都市国家人力资源服务产业园机构入驻数量、活动频率、信息平台活跃度与杭州、深圳也仍有差距。

第二，围绕技术技能成果转化及转让的市场机制不完善，活跃度较低。浙江省对技术成果开发、受让、中介服务、风险投资、私募投资基金投资等市场化运营主体重点培育扶持，促进其共同参与技术技能成果开发及转化，转化率达到70%左右。据统计，2017年杭州有各类风投、创投机构1 006家，备案基金2 844支，规模达3 080.72亿元，杭州市在2016年成立"人才服务银行"，当年为人才企业提供授信支持50亿元。四川省参与成果转化主体尤其是中介服务、风投、创投等机构数量、专业化程度及投资规模均低于浙江等发达地区，市场活跃程度达不到激发高层次人才研发技术技能再创新的效果，直接影响四川省中长期研发转化率的提高。2015年调查数据显示，四川省当年转化率不到30%，而2016年浙江省转化率则达到68.4%。

（四）高层次人才基础工作扎实程度不够

主要体现在各参与主体信息缺失，信息流通严重不足，无法充分利用市场化机制配置高层次人才。第一，高层次人才底数不清，信息不全，部分重点行业高层次人才没有纳入统计范围。在高层次专业技术人才方面，27个系列高级职称评定权分属不同行政主管部门，每年仅通过备案形式向人社部门汇总相关信息，无法对相应高层次专业技术人才详细信息进行登记及跟踪，导致已有的高层次专业技术人才底数不清，存量人才信息更新困难。在高技能人才方面，技能人才资源流动性极强，取得职业资格的高技能人才是否在岗或是否在四川省就业无法确定，即取证量不等于就业量，实际技能人才在岗数量无法在数据统计上得到真实反映。在统计范围方面，部分行业尤其是新兴行业及高精尖行业，如IT行业中大部分计算机硬（软）件、应用技术、信息系统服务类等技术密集型岗位的从业人员对四川省电子信息产业及数字经济的发展举足轻重，但大部分并没有参与职称级别认定，因此这部分高层次人才没有纳入统计范围，在统计数据上也没有得到真实反映。第二，人才服务平台功能不足，便利化程度不够。在高层次人才信息化平台建设方面，深圳市人社局网站设立人才服务工作专栏,对人才相关工作(包括人才引进、人才激励、职业培训、职业能力鉴定、专业技术资格、博士后、高层次专业人才认定等)相关政策归类汇总,相关业务内容均可通过网上服务窗口申报办结;职业培训与技能鉴定开设网上服务系统并链接到广东政务服务网,个人、企业、机构三方均可登录进行相关操作,服务内容涵盖人才引进、人才激励、职业培训及补贴发放、职业能力鉴定、专业技术资格认定等等,且每项办理事项均有完整的办理引导流程,并可对办理进度进行跟踪,清晰直观。四川省现有"四川人才工作网"作为人才工作的信息公开平台,但该网站功能主要集中在现有人才政策的汇总宣传以及部分项目介绍,服务性质较弱;四川省另有"四川建设人才网"开辟了部分人才服务,但多数为告知性事项,缺少类似网上申报办理的服务渠道。

四、加强四川省高层次人才队伍建设的对策与政策建议

全面落实新发展理念,牢固树立"人才引领发展"的思想,围绕"一干多支"发展战略部署,按照"建设西部创新人才高地"的总体要求,坚持党管人才、高端引领、市场主导、政府促进的原则,充分发挥市场在高层次人才资源配置中的决定性作用,注重高层次人才资源开发与产业事业发展需求对接,加快建立完善高层次人才培育、引进、评价、使用、激励机制,优化人才发展环境,构建与经济高质量发展相适应的高层次人才体系,加快集聚培养高精尖缺人才和高水平创新团队,建设知识型、技能型、创新型技能人才队伍,统筹用好国内和国外优秀人才,充分激发高层次人才创新创造活力,聚力建设国家创新驱动发展先行省,推动实现高质量发展。

(一)高度重视高层次人才队伍建设工作,充分发挥高层次人才在促进经济高质量发展中的关键作用

一是建立并完善党政领导干部联系高端人才的制度,重点将四川省重点战略产业发展急需的高层次创新创业人才和优秀企业家、技术技能专家代表以及为经济社会发展做出突出贡献的高端人才纳入各级党委(党组)领导班子成员联系服务范围,定期开展高层次人才工作专题汇报,加强对人才工作的督促,营造尊重人才的良好氛围。

二是建立高层次人才专项工作机制,完善并落实高层次人才工作目

标责任制考核办法，将各市（州）和省人才工作领导小组成员单位列为重点考核对象，对人才工作的组织机构、人才发展体制机制改革、重点人才工程推进、人才发展重大平台建设、人才发展环境等五个方面进行考核，考核结果作为领导班子评优、干部评价、人才项目和资金安排的重要依据。

（二）进一步完善高层次人才政策，构建更加有利于经济高质量发展的人才体系

一是填补政策"空白"。出台高层次人才流动配置类的综合性政策。根据四川省产业发展战略和高层次人才"引、育、用"的逻辑完善高层次人才政策体系，打通高层次人才流动渠道，在政策层面保障既有"引进来"也有"走出去"，更有"活起来"，进一步消除高层次人才流动中的区域、部门、行业、身份、所有制等限制，建立有利于高层次优秀人才充分施展才能的人才流动机制，激发人才活力。出台针对博士及博士后的综合性人才政策。针对博士及博士后等高层次人才密集群体出台完整的高层次人才外部引进、本省培养留用的综合性政策，增强对博士及博士后群体的政策吸引力。及时修订完善《四川省高层次人才特殊支持办法》。

二是完善政策配套。部分没有配套具体实施方案的人才政策，如科研人员离岗创业等，需尽快出台配套实施办法或方案；对已有的实施方案需明确实施路径，明确包括牵头部门、实施方式方法、所需资金来源等细节。结合四川省实际，参考深圳市认定范围细化和明确四川省高层次人才认定标准。

三是加大政策吸引力。结合四川省产业发展战略和比较优势，确立差异化发展目标，加大高层次人才引进、激励、培养力度。除适当加大常规性政策激励（项目经费、奖励补贴、住房优惠政策、教育医疗等），提供与发达地区相比具有竞争力的多元化政策包外，还需加大对高层次人才技术技能等知识产权保护力度，保护高层次人才干事平台和成长空间，提高高层次人才的获得感和成就感。加强顶尖人才及团队引进的针对性，在关键人才引进政策上切实实行一事一议，提供具有竞争力的政策包。采取特殊政策引进，提供个性化服务，进一步增强政策的灵活性和有效性，突出四川省重点产业发展优势、重大项目建设优势，突出项目引进、团队引进、柔性引进，突出服务四川省产业高质量发展的目的。

四是加强人才评价制度科学性。结合四川省实际多元化创新高层次人才评价机制，科学设置评价指标，改进评价工具，丰富评价方法。针对不同类型的高层次人才制定人才分类评价细则，充分发挥政府、市场、用人单位三方评价作用，建立以贡献为导向而非以学历、论文为导向的人才评价机制，重点突出实际受益主体的评价，形成以实际贡献和创造成果评价和激励人才的评价体系，确保高层次人才政策的客观性和科学性，体现一流人才、一流成果、一流报酬的价值取向，增强高层次人才政策整体吸引力度。

（三）大力培育多元化人才市场主体，充分利用市场机制对接产业高质量发展需求

一是加大对高层次人才市场参与主体的多元化培育。鼓励标准化、专业化人才协会发展壮大，承接高层次人才相关技术技能评价认定服务工作。扩大人才服务产业园等载体规模，多渠道多方式扶持社会化人力资源机构和组织发展壮大，丰富高层次人才人力资源服务渠道，提升人力资源服务专业化水平，优化服务结构，充分发挥市场在配置高层次人才资源中的主导作用。

二是加大技术技能转化运营主体的培育和引进。以完善的知识产权保护体系为基础，加强培育技术技能成果转化的开发主体、受让主体、中介服务主体，引进风险投资机构、私募投资基金等社会化运营主体共同参与开发转化，鼓励开展技术授信业务，丰富资金渠道和分担市场风险，提高技术市场转化率和增强市场活力。

（四）夯实高层次人才基础性工作，为推动经济高质量发展提供有力保障

一是加大对高层次人才培养的投入力度。依托四川省科教大省优势，充分利用在电子信息、大数据分析、新型材料、轨道交通、经济金融等重点领域的良好学科基础，结合优势产业链及产业集群的发展需求，面向市场调整教学方向，加强高等院校、科研院所与企业的产学研联合培养高层次专业技术人才，设立重点技术高层次人才培养专项工程，建立多元化人才培养投入机制。依托四川省人口大省优势，大力推动职业院校（含技工院校）的发展，鼓励和引导行业、企业加大对高技能人才培养的投入力度，与职业院校、职业培训机构共建职教集团和实训基地，加强高技能人才培养力度和方向引导。建立高技能人才紧缺职业（工种）

目录定期调查分析的工作机制,对部分重点产业发展急需高技能人才进行订单式培养。

二是尽快建立四川省高层次人才数据库。切实落实技术技能评审归口部门备案制度,摸清四川省高层次人才底数,补全人才信息。以新增高层次人才即时入库为切入点,将高等院校、科研院所等重点高层次人才培养源头纳入人才地图绘制范围,精确把握高层次人才增量,及时补充完善高层次人才存量。对职业技能紧缺(工种)目录进行不定期监控和调整,确保职业技能培训满足人才发展的实际需求。鼓励非公用人单位专业技术人才参与职称评定,尤其是将互联网行业专业人才纳入统计范围,扩大高层次人才信息采集覆盖面。

三是加强高层次人才信息平台建设。整合服务资源,充分利用信息化技术打造人性化的高层次人才"一站式"服务方案。完善网上服务平台和综合性网上服务窗口建设,对服务保障工作进行模块化和清单式管理,整合政策宣传、政策咨询、事项办理、服务反馈等多方面服务资源,建立服务保障项目的规范化、程序化流程,提升服务效率和服务质量;开发人才服务一站式应用平台,提高办事便利性和服务效率,提高人才服务温度和人性化程度。整合信息资源,搭建常态化高层次人才交流平台,破除信息壁垒。加强以项目为载体的高层次人才合作交流,依托全国性、国际性会议及项目开展高水平开放合作交流平台,定期为双方信息沟通创造更多有利条件。建立高层次人才需求目录定期发布机制,借鉴企业用工情况季度调查的模式,采取一揽子指标对市场高层次人才需求进行定期抽样调查,加强对重点行业、关键企业的调研,摸清产业发展的人才需求趋势,参照四川省人事考试网建立人才需求发布渠道,定期向社会发布产业高层次人才需求目录,形成持续稳定的高层次人才发布机制,增强产业发展与高层次人才队伍之间的搜寻匹配力度。

(五)加强多部门人才工作统筹协调,确保高层次人才政策落地

一是明确相关部门高层次人才政策主体责任。高层次人才队伍建设各个环节涉及的职能部门,结合本部门实际制定出台具体实施办法,由部门负责人牵头高层次人才工作,落实责任主体。

二是加强高层次人才政策统筹协调力度。建立人才工作多部门联席会议制度,组织部、经信委、财政厅、人社厅、教育厅等相关部门共同参与制定出台高层次人才政策,强化配合、统筹推动,共同做好高层次

人才相关工作。

三是加强高层次人才相关工作经费保障。建立专项高层次人才工作经费，保障高层次人才开发培养、激励引进、数据库建设、信息平台及服务平台建设、人才交流平台建设、创新创业大赛、职业技能大赛等各项工作顺利开展。

四是加强高层次人才政策宣传引导。大力做好政策宣传，加强政策解读，主动回应人才关切，在四川省树立高层次人才发光发热典型，发挥引领带动作用。

人口·人力·人才
——青海应对未来30年社会老龄化的挑战与机遇[1]

肖玉兰 李军峰[2]

摘　要：随着我国人口增长速度放缓、人口结构变化，劳动年龄人口总量减少成为长期趋势，人口红利因素逐渐减弱，而由人口文化素质和健康水平提升带来的"人才红利"，将成为推动经济高质量发展和社会进步的重要基础。青海应主动融入国家战略、共享全国人才资源，确保人才与经济社会发展相适应。

本文从人口老龄化、虹吸效应与挤出效应、马太效应与推拉定律三个方面分析了青海人才工作面临的"双下降"风险、"双重压力""双重挑战"，提出了未雨绸缪统筹规划好未来10年、20年、30年人口、人力与人才发展；抓住"常住人口300万以下城市可自由落户"契机，加快引进青年人才成为城市发展的新动能；善借全国人才的大河水滋养青海人才的小河水；充分借势国家重大战略，拓宽人才来源渠道和发展空间等四条具体应对建议。

关键词：人口　人力　人才

---

[1]　该篇论文获得"2020年全国人才与人事研究主题征文活动"二等奖。
[2]　肖玉兰，青海民族大学教授；李军峰，中组部第20批来青博士。

随着我国人口增长速度放缓、人口结构变化，劳动年龄人口总量减少成为长期趋势，人口红利因素逐渐减弱，而由人口文化素质和健康水平提升带来的"人才红利"，将成为推动经济高质量发展和社会进步的重要基础。青海应主动融入国家战略、共享全国人才资源，确保人才与经济社会发展相适应。

一、面临的挑战

（一）人口老龄化正逐步加大人力人才资源"双下降"风险

"人口红利"是国家实现经济快速发展的重要原因，而近年来的经济增长减速则与"人口红利"的衰减密切相关。从65岁及以上人口占总人口超过7%的老龄化过渡到超14%的深度老龄化，法国用了126年，英国用了46年，德国用了40年，日本用了24年，我国预计只需22年（2001—2023年）；从深度老龄化到65岁及以上人口占比超20%的超级老龄化，德国用了36年，日本用了21年，我国预计只需10年（2023—2033年）。据测算，我国15～64岁人口规模2013年达到10.1亿峰值，2018年降为9.9亿，预计2050年、2100年将进一步萎缩至7.6亿、3.8亿。民工荒、劳动年龄人口占比见顶等标志着我国的刘易斯拐点在2010年出现，2010—2018年我国储蓄率、投资率从51.8%、47.9%分别降至44.9%、44.4%，经济开始"增速换挡"。

青海比全国晚10年，也于2009年步入老龄化社会。2019年末，青海省常住人口607.82万人，从2010年到2019年，全省老年人口从56.32万迅速增加到73.61万，增长30.69%。据预测，到2025年65岁及以上人口数占比将达到14.52%，进入深度老龄化社会；到2040年将达到23.10%，进入超级老龄化社会；2050年将达到29.66%。伴随人口老龄化加剧，人力人才资源数量减少，经济发展、民生保障、城乡发展等领域将遇到挑战。据预测，2011年至2050年，如果应对不力，人口老龄化可能使经济年均增长率压低约1.7个百分点。

（二）虹吸效应与挤出效应导致留才用才的"双重压力"

应对老龄化趋势，全国许多城市由人才大战转为人口人才大战。比如，武汉2017年启动"百万大学生留汉工程"，当年人口净迁移率一举"扭亏为盈"，达到19.78‰；西安发布"人才新政23条"，计划5年引才100万人，2018年落户26.4万名大学毕业生；杭州实行"本科1万元、硕士3万元、博士5万元"人才落户补贴政策，2019年净增常住人口55.4万。在2019年毕业生求职的前15位城市中，一线城市占比39.06%，新一线城市占比56.36%。

更为严峻的是，青海不但长期面临东部地区"虹吸效应"挑战，而且日益面临周边省份人才竞争挤压：新疆2012年从全区各级财政提取3亿元成立人才发展专项资金并逐年递增；宁夏设立人才引进专项资金，从2015年的1.49亿元增加到2019年2.17亿元；西藏制定特殊岗位补贴办法，对到高海拔地区或基层工作的每年给予2万～6万元的奖励补贴；成都出台"人才新政十条"，打造"西部人才核心聚集区"；兰州市实施"30万大学生留兰创业就业计划"，2018年以来净增人口16万。西宁、海东两市2019年共落户4.92万人，其中六州迁入2.96万，占60%；省外迁入1.96万，占40%。

（三）马太效应与推拉定律使人才工作面临不进则退的"双重挑战"

从人才净流入地看，条件越好，吸引的人才就越多，人才越多，就越能促进当地发展带来更好条件，人才净流出地则相反。在人才流动"马太效应"背后，既有流入单位的吸引因素，也有流出单位的推力因素。青海盐湖股份公司近6年没有涨过工资，2019年人均年工资总额8.96万元，每个月实发工资5 300元，技能人才只有3 900元左右，入不敷出。盐湖镁业公司现有员工5 000多人，近10年来共流失5 000多人；全省卫生系统2017—2019年流失人才数逐年上升，目前全省医疗卫生人才缺口2 400多人。

二、应对建议

人口、人力、人才与资本、技术一起，在供给侧决定经济潜在增长率，是引发经济增长周期拐点、结构转型的重要因素。只有从人口红利转向人力资本和人才红利，才能跨越"中等收入陷阱"、实现可持续的高质量发展。

（一）未雨绸缪统筹规划好未来10年、20年、30年人口、人力与人才发展

及时做好青海人力资源存量分析和供需预测，制定短、中、长期开发计划，使"人口"转化为"人力"，"人力"提升为"人才"。从近期看，要把人口人力人才作为关键要素纳入全省及各领域"十四五"规划

编制重要内容，以人力人才作为支撑发展的根本保障；从中长期看，要着眼实现"两个一百年"奋斗目标，重点关注"90后""00后"人才创造力的峰值特征，提早进行人才"深加工"。注意开发现在50岁左右、即将步入老年群体的人群，他们大多有知识、有经验，养育子女负担轻，继续为社会做贡献的意愿不断提升，是潜在的银发人力资源。虽然青海生活环境和物质条件比不过沿海地区，但可利用特有自然资源打造特有事业平台，以事业吸引人；利用独特红色资源激发人才的家国情怀，用精神感召人、凝聚人。

（二）抓住"常住人口300万以下城市可自由落户"契机，加快引进青年人才成为城市发展的新动能

2019年中办、国办印发的《关于促进劳动力和人才社会性流动体制机制改革的意见》要求，"全面取消城区常住人口300万以下的城市落户限制，全面放宽城区常住人口300万～500万的大城市落户条件"，标志着新的城市发展和人口流动周期到来。对西宁、海东两市而言，是挑战更是机遇。一是针对一些高校毕业生规模扩大、就业难度也加大的实际，抓紧外籍、本籍人才的引进回流工作。这批二三十岁的青年人若能扎根青海，定将成为未来二三十年发展的生力军。二是拓展人才定义范围，将那些尚没有列入"人才"序列但在本地长期奋斗的事实常住人口纳入培养培训范围，不附加学历和技术条件。这些人自身虽然不一定有大专以上学历，但他们提供的服务也是城市发展所必需的，且他们的下一代有望成为城市发展的继承者。注意不要把没有工作的流动人口过多地吸引为落户对象，而应把有稳定工作并有居住场所的农民工作为户籍制度改革放开的主体对象。三是积极倡导树立"五湖四海"新青海人的大人才观，不人为区分"城里人、乡下人、本地人、外地人"，提供统一的配套福利政策、公共服务资源和优质的公共产品，让城市环境具有密实的人才吸引力、宽广的人口承载力。

（三）善借全国人才的大河水滋养青海人才的小河水

既然是国家"三个最大"的战略要地，青海就应积极争取全国的资源包括人才资源反哺青海。要"以精神换物质"，在举办国家公园论坛、青洽会、"两弹一星"论坛、专家国情研修班时，让更多的人才认识青海，了解青海与中国、青海与世界，青海的过去、现在与未来，让更多专家把自身的资源带到青海，实现青海资源为全国共享、全国资源为青

海共用的生动局面。要"以网络空间换地理空间",这次疫情防控中出现的远程办公、云服务等现代科技运用,彻底打破了工作生活在地理空间的限制,为人才的使用提供了极大的想象空间。应积极探索网络化数字化手段弥补地域交通的局限,建立云工作平台,最大限度联络省外人才,实现人才不求所有但求所用,不求所在但求有为。

（四）充分借势国家重大战略,拓宽人才来源渠道和发展空间

近年来,党中央先后实施的西部大开发、长江经济带、黄河流域高质量发展等重大战略,青海都置身其中,青海要借势发挥、借船出海、借梯登高。从周边看,可充分利用与西部兄弟省份地缘相邻、人文相通、产业相近、人才状况相似条件,鼓励各行业各领域构建人才联盟,以人才共享破解人才互挖、被挖困局。从沿线看,可通过与沿黄、沿江省份联合开展技术攻关、共建事业平台等,实现创新链、产业链、人才链、政策链、资金链贯通融合,达到"陆海内外联动、东西双向互济"效果。从纵向看,应积极争取国家有关科研项目、重大工程、基础设施建设布局及重点实验室、博士后科研流动站等落户青海,带动人才、技术、资金汇聚。

参考文献

[1] 胡鞍钢,孙忠法. 以人才为本推进人才发展治理现代化[N]. 中国组织人事报,2016-04-20.

[2] 郭丹丹,连嘉琪. 推进地方治理现代化的路径分析[J]. 中共山西省委党校学报,2018（3）.

[3] 孙锐. 构建具有中国特色的人才治理体系[J]. 行政管理改革,2015（4）.

[4] 徐军海. 构建现代人才发展治理体系的逻辑与路径[J]. 江海学刊,2020（3）.

[5] 孙锐. 构筑新时代人才发展治理体系[J]. 人民论坛,2019（9）.

[6] 任采文. 牢牢把握构建人才发展治理体系的改革目标[J]. 中国人才,2016（6）.

福州市"一懂两爱"村务工作者队伍建设分析[①]

陈 华 吴嘉玮 邱坤南[②]

摘 要：为深入贯彻乡村振兴战略，加快推进农业农村现代化，福州市大力开展选聘千名"一懂两爱"村务工作者工作，极大充实了乡村建设队伍，提高了工作队伍的水平，规范了"三农"工作队伍的管理培养。但是同样面临一些挑战，如村务工作者开展工作存在困难、培训管理机制不够完善、福利保障力度不够均衡等。为此，应坚持"选培管用"四字方针，以建制村存在问题为导向，坚持"因村设岗、公开招聘、强化保障、分类管理、绩效考核"的原则，完善村务工作者队伍管理，进一步优化村级干部队伍结构，提高整体素质，培养造就一支优秀的"三农"工作队伍，通过人才振兴实现乡村振兴的战略目标。

关键词：一懂两爱 村务工作者 选培管用

一、"一懂两爱"村务工作队伍建设现状

为贯彻落实习近平新时代中国特色社会主义思想和党的十九大精神，优先发展农业农村，全面推进乡村振兴，福州市坚持以乡村振兴战略为引领，深入实施抓党建促乡村振兴专项行动和人才工作提质增效专项行动。

---

① 该篇论文获得"2020年全国人才与人事研究主题征文活动"二等奖。
② 陈华，福州市委组织部人才工作处处长、高级工程师；吴嘉玮，闽侯县工业和信息化局党组成员、二级主任科员、副局长；邱坤南，福州市仓山区建设局党组成员、二级主任科员、总工程师。

自 2018 年 5 月开始大力推进实施选聘千名"一懂两爱"村务工作者行动计划，着力培养造就一支懂农业、爱农村、爱农民（简称"一懂两爱"）的人才队伍，进一步优化村级干部队伍结构，提升整体素质。"一懂两爱"村务工作者（以下简称村务工作者），是指由市委组织部牵头指导，县（市）区委组织部根据实际需求组织招考，乡镇党委、政府聘用管理，在村党组织领导下，专门从事农村建设、服务及管理工作的聘用人员。村务工作者是党和政府联系人民群众的纽带，加强培养村务工作者，关系到农村的稳定与发展，也关系到党的各项方针政策的贯彻落实。如何加强"一懂两爱"村务工作者队伍建设，发挥其作用，值得深入思考和实践探索。

福州市下辖 5 县 6 区 1 市，截至 2020 年 7 月，共有 2 191 个行政村。福州市村务工作者队伍现状分析，主要研究选聘工作开展后从事农村建设队伍变化情况。

（一）人员来源分析

福州市积极探索推进分批选聘，形成长效机制。2018 年，根据实际情况共选聘第一批村务工作者 601 人；2019—2020 年，各县（市）区在已有经验的基础上，继续推进工作，共选聘第二批村务工作者 857 人。三年来共离职 122 人，现在岗 1 336 人。选聘范围包括高校毕业大学生，退伍军人，在外乡贤能人，省、市、县离退休老干部，教师，"上山下乡"知识青年，本土实用型农业技术人员和农业技能人才，挂职期满的省、市下派干部，有乡村情怀的人才，原"上山下乡"知识青年等 10 类，其中高校毕业大学生和退伍军人为专职的村务工作者，其他类型的是兼职村务工作者，选聘情况如图 1-1 所示。

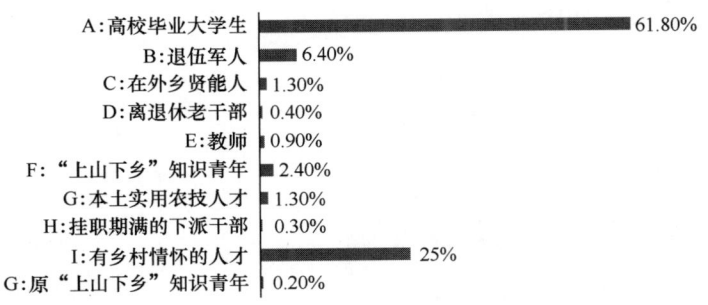

图 1　福州市村务工作者选聘情况

（二）队伍结构分析

一是年龄结构。选聘的村务工作者中，以 20～30 岁年龄段居多，约占 63.4%，其次是 30～40 岁龄的，约为 31.2%，而 50 岁以上年龄的仅有不到 2%。如图 2 所示。

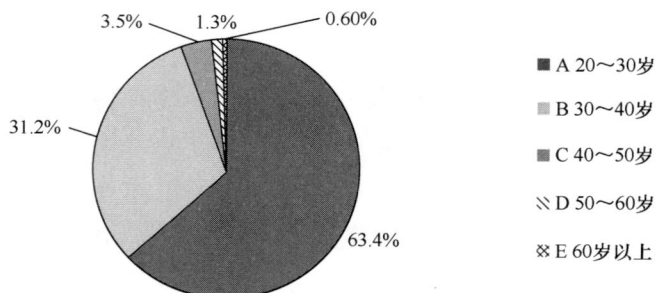

图 2　福州市村务工作者队伍年龄结构

二是性别比例。选聘的村务工作者中，女性约占 49.5%，男性约占 50.5%，男女比例接近 1∶1。如图 3 所示。

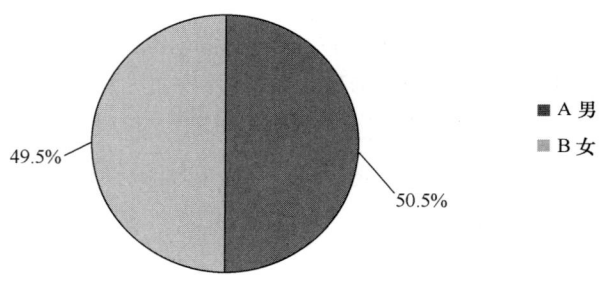

图 3　福州市村务工作者队伍性别比例

三是文化程度。选聘的村务工作者中，有 68.3% 的人具有本科学历，26.5% 的人具有大专学历，高中学历的人仅占 3.7%。此外，还有 1% 的人具有硕士学历。如图 4 所示。

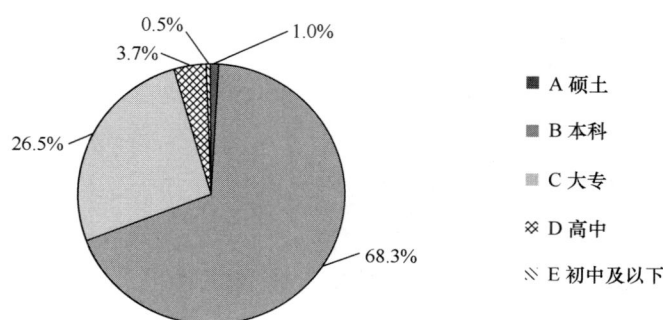

图 4　福州市村务工作者队伍文化程度情况

四是专业类型。选聘的村务工作者中,农业专业毕业或者"三农"院校毕业的人仅有9.2%。如图5所示。

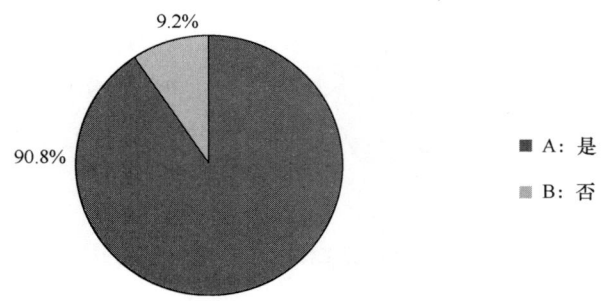

图5 福州市村务工作者专业类型分布

(三)工作情况分析

一是岗位职责分工。岗位职责分工情况调查显示,有49.9%的人表示有分工,但身兼数职;19.1%的人表示有明确分工,但同时会帮助协调群众问题;还有21.5%的人表示岗位职责分工不清晰,什么都干。如图6所示。

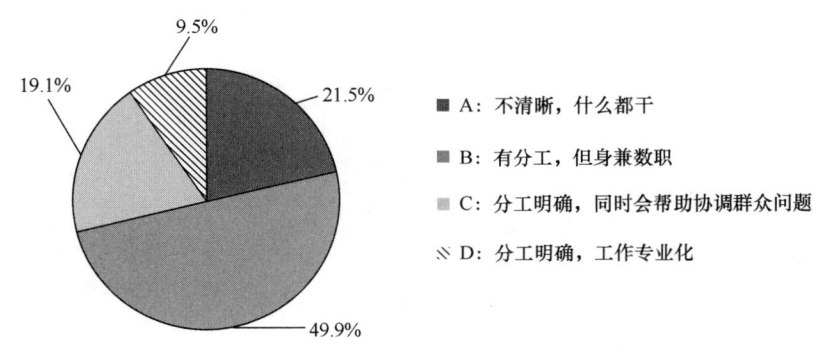

图6 福州市村务工作岗位职责分工情况

二是工作负担程度。工作负担程度调查显示,约有52.3%的人认为工作量比较适中;有40.4%的人认为工作量偏大,负担偏重;有6.4%的人认为工作负担重,难以应付。如图7所示。

三是培训情况。村务工作者入职前参加过岗位培训的有72.1%,但还有27.9%的从未接受任何岗位培训。如图8所示。

(四)个人满意度分析

一是工作环境满意度。村务工作者对现有的工作环境总体持满意态

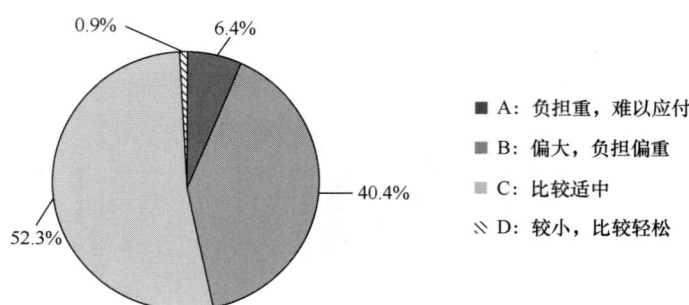

图 7　福州市村务工作者工作负担程度分析

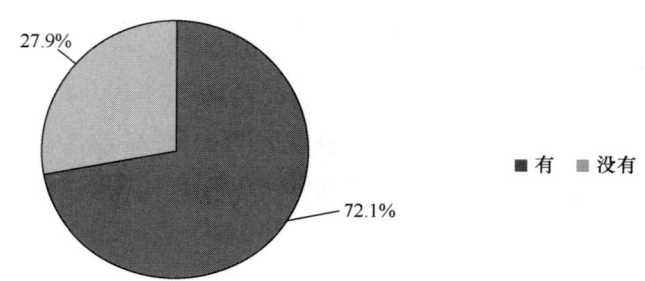

图 8　福州市村务工作者培训情况分析

度。有 74.2% 的人表示对工作环境满意或比较满意,表示不太满意或很不满意的比例很小,仅占样本总体的 4.5%。如图 9 所示。

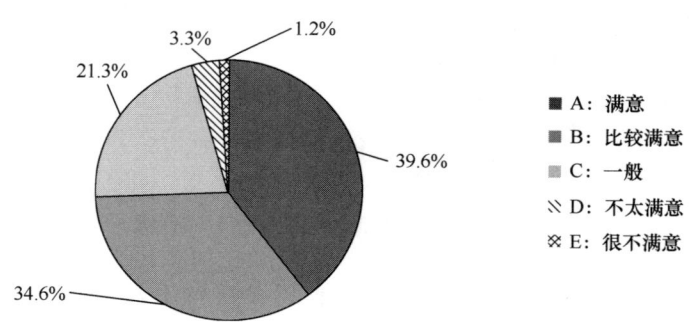

图 9　福州市村务工作者工作环境满意度情况分析

　　二是薪酬待遇满意度。调查显示,当前村务工作者对于薪酬待遇的满意度持中立态度最多,为 37.6%;表示满意和比较满意的人有 26.5%;但还有 35.9% 的村务工作者对目前的薪酬待遇表示不太满意和很不满意。如图 10 所示。

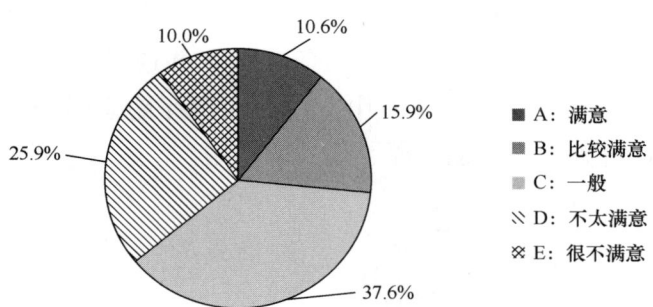

图10 福州市村务工作者薪酬待遇满意度

三是从事乡村工作原因。首先对选择在乡村工作的理由调查分析显示,因方便就近照顾父母家人的最多,达56.6%;其次是因"乡土情怀"而从事乡村工作的人,有52.3%;有33.2%的人因掌握一定的专业技能,希望能够帮助家乡经济发展。如图11所示。

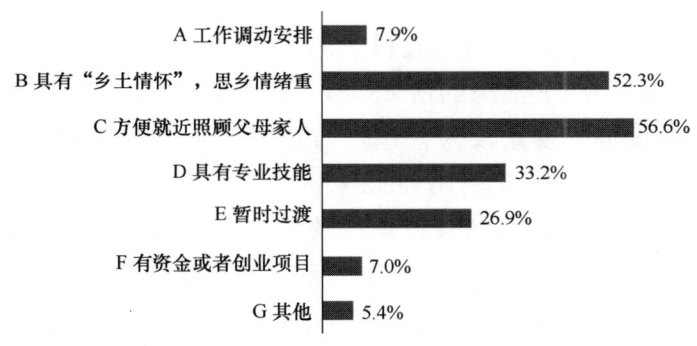

图11 福州市村务工作者从事乡村工作原因分析

二、"一懂两爱"村务工作者队伍建设作用分析

(一)充实乡村建设队伍

在2018年福州市出台选聘政策之前,虽然有大学生村官充实到农村一线,农村工作力量有所加强,但是从事村务工作的人中81%为村"两委"干部。福州市"一懂两爱"村务工作者选聘对象类型多、范围广,极大充实了乡村建设队伍,壮大了农村人才队伍,有利于扩大选人视野,把更多的优秀人才充实到农村基层干部队伍中,为基层干部队伍注入新鲜血液。面对2020年突如其来的新冠肺炎疫情,福州市村务工作者加入了当地的疫情防控队伍,同时,积极引导党员志愿者参与到防疫工作中,

负责实施网格化分区片管理、进行入户摸排、对返乡人员和外地游客进行登记确认、体温监测以及汇总上报等工作,并通过制作H5宣传链接、网络宣传海报等形式开展防疫工作宣传;在房屋隐患排查、安全生产检查等工作中,村务工作者也发挥了很大的作用。

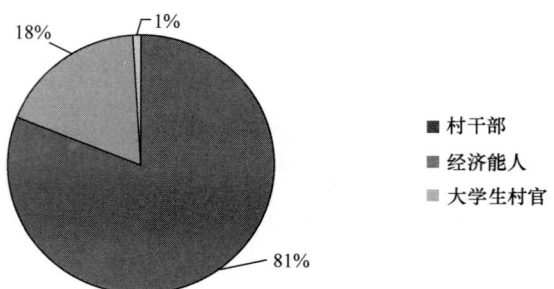

图 12　选聘政策实施前福州市农村工作队伍构成

（二）提高工作队伍水平

2018年选聘之前,福州市农村实用人才约4.7万人,35岁以上的占81%,中专、高中以下学历的占88%,男女比例为7∶3。年龄偏大、文化偏低、能力偏弱的现象较为普遍,与新时代乡村振兴对农村人才的要求不相适应。选聘工作开展两年以来,一批年龄轻、学历高、视野广、理念新的村务工作者加入到农村建设的队伍中,为乡村振兴提供了新型人才保障,给农村工作的开展带来了新理念、新办法等,在乡村振兴工作的开展中,具有高等学历、专业技能的村务工作者在项目规划、开展、宣传中发挥了重要作用。

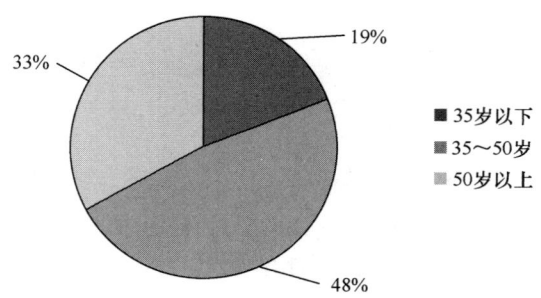

图 13　选聘政策实施前农村工作队伍年龄结构

（三）规范培养管理

选聘工作开展前,当前农村工作队伍的建设中,存在统筹协调不够、

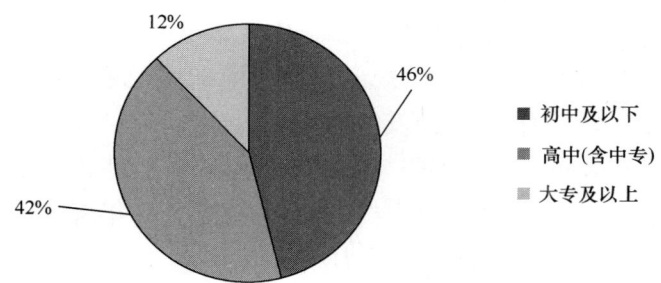

图 14　选聘政策实施前农村工作队伍文化程度

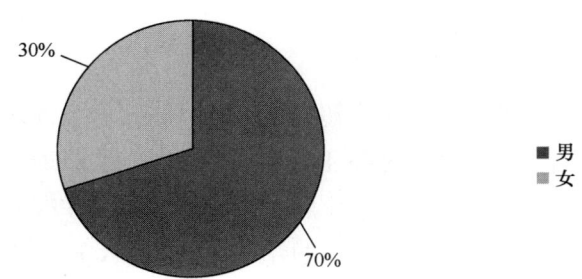

图 15　选聘政策实施前农村工作队伍性别比例

内生动力不强等问题，需要进一步加强和改进，究其原因，村"两委"收入低且没有规范的考勤、考核制度，从而使他们在日常的工作中缺乏一定的敬业性和专业性。选聘"一懂两爱"村务工作者选聘工作实行开展后，专职工作者实行坐班制，收入待遇都对标大学生村官，进行分级管理，年底对村务工作者开展考核，不同等级的工作者给予不同的报酬，这极大提高了村务工作者的积极性，同时也极大地促进了农村工作者队伍的规范化管理。

三、"一懂两爱"村务工作者队伍建设面临挑战

（一）工作开展存在困难

一是驻村工作时间较少。村务工作者没有实际深入村务工作，由于乡镇党建和其他业务工作繁重，一部分村务工作者入职后，直接由乡镇安排在乡镇政府进行内页材料相关工作，较少时间入村直接参与到日常村务工作中，没有实际的驻村工作经验。二是农业农技能力不足。由于在选聘中对村务工作者没有设定专业要求，加之"三农"院校每年培养的专业人才也十分有限，选聘的村务工作者中，有"三农"专业背景的仅

有9.2%。许多新聘村务工作者对"三农"知识缺乏系统学习和实际认知，缺乏对农村社会的了解，缺乏艰苦环境的锻炼和实际的工作经验。进入村务工作后，工作效率过低或被转岗借用，难以起到预期作用，村务工作者难以有效投身"三农"建设。三是工作难度较大。新聘村务工作者大部分是大学毕业生或者农村工作经验较少的年轻人，在投入到农村工作时，需要花费较多时间和精力来适应并融入复杂的农村工作环境。村务工作者与原村"两委"干部配合与沟通时需要技巧，特别是在个别村干部年龄普遍偏高以及村干部人手不足的村中，村务工作者面临更大的工作压力。

（二）培训管理机制亟待完善

一是培训体系不完备。虽然超过七成的村务工作者入职前接受过培训，但培训内容缺乏对具体村务工作的指导。党建知识、农业知识、计算机知识、群众工作方法、日常工作技巧等培训内容没有形成系统，导致知识掌握不够全面。同时，有限的培训经费无法给受训人员报销交通差旅以及误工补助，从而导致培训力度不足、成效差。二是考勤考核机制待完善。部分村务工作者认为上下班考勤是小节，无关紧要，抓考勤是舍本求末；加之部分村干部也没有发挥好表率作用，潜移默化影响了驻村的村务工作者，使得考勤制度难以落实到位。部分村务工作者帮助村民处理日常事务，没办法保证按时到岗，一味实行上下班考勤制不利于工作的开展。因此，合理有效的考勤制度需要进一步完善。考核制度是评定村务工作者开展情况、发放绩效奖励的重要考核标准。但是在实际工作中，考核基本是走形式，形同虚设，在村里干多干少一个样，年底所发绩效奖励也没有区别，长此以往必将影响村务工作者的工作积极性。三是组织管理待抓严。村务工作者管理真空地带较多，部分处于散养状态。能力强、思路多的村务工作者相对成长较快，可以在工作中锻炼自己，提升能力。但也有一部分村务工作者会在岗位上无所事事，缺乏监督管理，使村务工作进展停滞。

（三）福利保障力度不够均衡

一是发展路径尚不明确。政府虽采取劳务派遣合同制和高校毕业生、退伍军人这部分专职村务工作者签订了合约，但是没有明确三年期满后村务工作者的去向。和大学生村官相比，专职村务工作者对发展前景感到迷茫，不知道三年工作期满后的去留，这会影响他们的工作积极性，不利于工作的开展。二是福利待遇有待提升。专职村务工作者现行的工资水平参照该县（市）区经济水平和大学生村官的收入标准来制定，但是部分县（市）区没有提供"五险一金"等福利保障。兼职的村务工作者尤其是省厅下派驻村干部和省、市、区退休干部、教师，他们抱着浓厚的农村情怀和服务农民的意愿，但其福利保障难以落实，一定程度上影响了工作积极性。虽然各个县（市）区出台的政策中，都设列有开展村务工作的相应专项工作经费，但在实际管理中，由于没有明确的认定标准，工作经费的申请和使用较为困难。而部分兼职的村务工作者由于自身工作比较繁忙，不能保证定期入村进行工作指导。

四、"一懂两爱"村务工作者队伍建设建议

进一步加强村务工作者队伍建设，应坚持"因村设岗、公开招聘、强化保障、分类管理、绩效考核"的原则，完善村务工作者队伍培养管理体系，培养造就一支优秀的"三农"工作队伍，实现人才振兴、乡村振兴的战略目标。

（一）完善制度建设，保障选聘工作开展

充分借鉴福州市永泰县试点工作经验，结合福州市工作实际，不断完善选聘制度，提高选拔质量和效率，着力选出高素质、优秀的"三农"工作队伍。要因地制宜，因村设岗，摸清底数，盘活人才存量，围绕选准选好人才，提高人才与岗位要求的匹配程度，促进人岗相适、人尽其才、才尽其用。各县（市）区委组织部牵头，联合工商联、教育、人社、民政等部门，对各类群体进行全面摸底，对乡村人才逐一登记造册，定期跟踪动态。依托调查研究，科学把握各村现状和发展趋势，并进行分类指导，因村制宜，精准施策。乡镇党委对辖区内村落进行详细调研，重点了解乡村的发展情况、党建基础、发展潜力，确定试点村，根据相应的村情匹配相应类型、专业的村务工作者。

（二）健全管培机制，发挥村务人才能力

一是制定合理培训机制，提高村务工作能力。坚持有计划、有目的、有步骤，多形式、多渠道培养，坚持理论学习和实践锻炼相结合，全面提高村务工作者综合素质和干事创业能力。一方面进行岗位培训，提升能力。组织部门在村务工作者入职前集中开展岗前培训，入职后定期组织在岗培训，丰富村务工作者理论知识；定期举办座谈会，以会代训，

通过沟通交流学习，提升村务工作者工作能力。另一方面通过实地走访，在岗学习。"放下架子，深入下去"，通过走访村户了解村民的生产和生活需求，熟悉村情村俗；保证专职村务工作者参与村"两委"会议，由包村干部和村"两委"干部传授教学，在实际工作中学习农村工作方法、农村业务知识。熟悉、了解农村基层情况，学习掌握农村工作、群众工作基本方法，宣传落实党关于农村各项方针政策；发挥知识、专业、能力特长，助力乡村振兴；总结宣传基层干部群众发展生产的好经验、好做法，加强农村科技、法律知识普及与信息交流。二是健全福利保障制度。各县（市）区政府应协助专职村务工作者做好任期满后的职业规划，对表现优秀、成绩突出的村务工作者，作为村干部的后备人选，进行重点培养。结合选优配强村干部队伍适时调整村级领导班子，党员的可担任党支部书记、副书记或党建工作指导员等，非党员的可担任村民委员会主任助理或顾问。同时，将村务工作者考核的结果作为续聘、奖惩、招录公务员或者事业单位工作人员、推优入党依据。此外，应当明确兼职村务工作者工作经费开支项目，保障村务工作者的利益。三是完善考勤考核制度，强化队伍培养效果。一方面严格考勤制度。对专职和兼职村务工作者实行分类考勤。专职村务工作者采用坐班制，实行全日制上班制，聘用期间驻村工作。村"两委"提供固定的工作场所和相应的工作设备，乡镇党委和村负责日常的考勤和请销假，村干部负责监督。兼职村务工作者根据自身情况灵活安排工作时间，保证一月一次定期进村指导工作，重点发挥其在资金来源、人脉资源、专业技术等方面作用，致力于引进项目、发展村集体经济等。另一方面完善考核制度。乡镇党委每季度组织对专职村务工作者进行考察，年终考核和聘期考核采取"双述双评"的办法。村务工作者在任职村述职、测评的基础上，乡镇党委还要组织村务工作者集中述职，并对德、能、勤、绩、廉、学进行测评。

（三）联动各级部门，提高管理工作效率

一是市直部门指导扶持。市委组织部牵头抓总，加强选聘工作宣传力度，打通人才向农村、向基层一线流动的通道；将选聘工作情况纳入一线考核和专项督查范围，不定期检查和定期考核验收，持续跟踪问效，加大推进力度，确保选聘工作取得实效。市直部门各司其职，在政策上给予倾斜、项目上给予帮助、资金上给予支持，建立"四个一"帮扶机制，即"一套优惠政策、一个专门窗口、一位分管领导、一名联络员"，对村务工作提供相应的支持。二是县（市）区直接负责。各县（市）区成立工作领导小组，明确职责任务，加强统筹协调，把选聘工作与村级组织换届选举工作牢牢抓在手上，直接抓、直接管、直接负责。强化选聘工作责任制，把村务工作者选聘工作作为考核县、乡人才工作的重要内容。三是乡镇日常管理。乡镇政府通过和村"两委"对接负责村务工作者的工作安排，根据实际细化村务工作者职责任务的具体要求，并对村务工作者进行管理监督，直接负责村务工作者的日常考勤和季度、年终考核，确保基本工资、福利待遇的落实，同时做好交通、住宿等生活保障。四是村"两委"协助帮带。村"两委"采取"一对一传帮带"的方式，以包村领导和工作队为基础，建立村领导干部结对挂钩村务工作者工作机制，定期跟踪服务，确保每名村务工作者都有人管，全面掌握村务工作者的思想、出勤、工作、学习、生活等动态情况。

参考文献

[1] 习近平：决胜全面建成小康社会 夺取新时代中国特色社会主义伟大胜利———在中国共产党第十九次全国代表大会上的报告［EB/OL］. http：//www.xinhuanet.com/2017-10-27/c_1121867529.htm.

[2] 村务专职工作者管理暂行规定［EB/OL］.-http：//www.docin.com/p-1127420311.htmljsessionid=8C39CABB82655D61783C735BA0116E0B.

[3] 赖晓梅，裴锦泽，刘飞翔.乡村振兴背景下"一懂两爱"村务工作者的培养——以闽清"三农"服务超市为探索试点［J］.台湾农业探索，2018（3）.

市域产业突破工程背景下技术技能型人才战略研究
——以聊城市为例[1]

王 慧 徐洪祥 刘殿红[2]

摘 要：本文界定了技术技能型人才战略的内涵，以聊城市为例，基于存在的短板，探索实施符合市域特色的技术技能型人才战略。建立政、行、企、校多方参与的技术技能型人才培养机制，打造完善的人才培养平台，实施产学研合一的人才培养模式改革；建立职业院校培育、社会培训、企业培养相结合的立体化教育培训体系；推进体制机制改革与创新，助力产业转型发展，为产业突破工程形成强有力的人才支撑。

关键词：产业突破 技术技能型人才 人才战略

当前，我国正处在经济转型和产业结构升级的关键时期，需要大批技术技能型人才作为支撑。在国家实行人才强国战略的过程中，基于区域经济发展，只有政府、行业企业、职业院校三方相互深层次合作，联动耦合，才能促进技术技能型人才质量的提升，为产业升级提供持续的人才支撑和智力支持。本文对聊城市的技术技能型人才问题进行了调

---

[1] 该篇论文获得"2020年全国人才与人事研究主题征文活动"三等奖。
[2] 王慧，聊城职业技术学院科研科副科长、讲师；徐洪祥，聊城职业技术学院合作服务处处长、党委委员、教授；刘殿红，聊城职业技术学院合作服务处副处长、科研科科长、教授。

研，并在对问题进行勾勒的基础上，尝试在地方政府的应对策略上进行探讨。

一、概念内涵与研究意义

（一）相关概念界定

产业突破工程是指以供给侧结构性改革为根本，以新技术、新产业、新业态、新模式"四新"经济为手段，推动传动产业改造升级，聚焦优势产业做优做强，注重科技创新，积极围绕产业链打造创新链，从而提升产业层次、优化产业结构、实现转型升级，打造现代产业新体系，最终实现经济高质量发展。

技术技能型人才战略是指地方政府为助推企业转型升级、实现区域经济发展目标，把技术技能型人才作为一种战略资源，通过对职业院校、行业企业、政府相关职能部门统筹管理、协同发展而做出的重大、宏观、全局性的构想与安排。

（二）意义

新时代，人才作为科技创新和知识集聚的主体，已经成为企业、城市间竞争的战略性资源。[1]技术技能型人才掌握着新兴产业发展所需要的新技术、新理念，是实现新旧动能转换的关键因素。因此大力加强技术技能型人才队伍建设工作，以更加精准精细的人才战略实现技术技能型人才的集聚，不仅是助推产业突破工程的重要抓手，也对于实现产业协同发展具有现实价值，在加快产业优化升级、提高企业竞争力、推动技术创新和科技成果转化等方面具有不可替代的重要作用。

二、技术技能型人才战略存在的短板

关于技术技能型人才队伍中存在的问题，如供小于求、结构失衡、质量不高等，学界有不少分析和探讨。为更客观有效地对现有问题进行勾勒，本文对聊城市调研信息进行归纳，并与先进地市对标，尝试从三个方面以管窥豹，大致呈现当前技术技能型人才战略存在的短板。

（一）重点企业行业技术技能型人才的供需矛盾突出

本文重点调研了中通客车、阳谷电缆、乖宝集团等20家规模以上企业，对企业目前技术技能型人才供需情况、每年需求量、近期是否有招聘计划等进行了分析，如图1、图2所示。

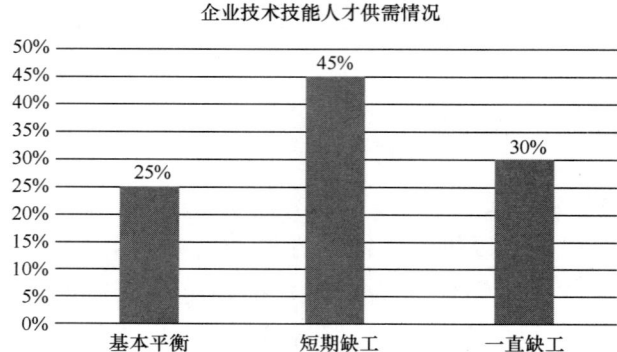

图 1　企业是否紧缺技术技能人才情况

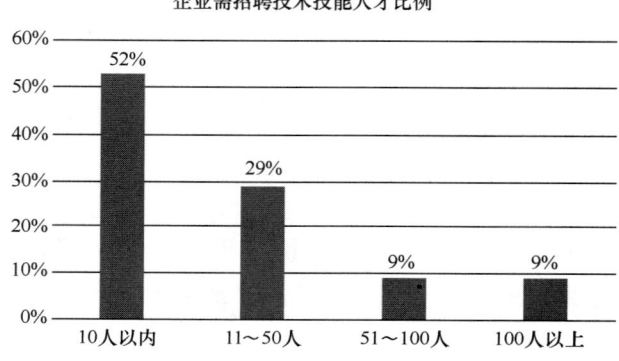

图 2　企业技术技能人才缺口数

在《聊城市 2018 年、2019 年度上半年企业急需紧缺人才需求目录》中，涵盖了 10 大领域 35 个工种，其中多数为聊城市重点发展的新材料、医养健康等新兴产业。可见，聊城市战略性新兴产业人力资源供不应求，特别是技术技能型人才供需矛盾更加突出。

（二）技术技能型人才培养模式缺乏多元性

虽然多年来聊城市培养了一大批技术技能型人才，但目前的培养模式单一，院校传统教育与市场的实际需求之间存在着结构性矛盾。主要表现有：一是没有建立动态、差异化的人才培养目标体系，无法实现培养目标与市场需求的精准对接；二是校企合作、产教深度融合的体制机制尚未健全，双元育人模式有待深入发展；三是社会化、多元化的技能提升平台欠缺，人才培训的针对性和实效性不强。

（三）技术技能型人才各项体制机制有待进一步完善

一是人才评价机制社会化程度不高。评审标准与发展融合不匹配，未能针对不同岗位和层次进行分类识别评价人才，用人主体自主权落实不到位，多元评价发挥不充分。二是表彰激励机制执行力度不够。激励形式和手段单一，绩效考核缺乏规范化和适用性。三是服务保障机制落后。引进政策、教育医疗条件等配套投入不足，对人才的吸引力弱，缺乏竞争优势。

（四）重视技术的社会氛围尚未形成

近年来，聊城市技能人才发展的氛围越来越好，但仍然存在"重白领轻蓝领"的现象。主要原因有：一是人才观念的误区。社会上普遍认为受过高等教育有高学历的人是人才，对技工的总体评价较低。二是企业重视度不高。普遍存在技术技能型人才向上晋升空间狭窄，技能认定与职位晋升、福利待遇不挂钩，影响了职工提升技术的积极性。

三、对策与建议

（一）完善高技能人才培养体系，搭建好技术技能型人才培养平台

1. 充分发挥职业教育对技术技能型人才培养的重要作用

实施高水平职业学校和特色专业建设工程。在整合资源、深化改革、创新机制的基础上，本着向资源优势职业学校集中的原则，重点建设高水平高等职业院校和示范性中等职业学校，以此带动市域职业教育办学水平的提高；[2]鼓励职业院校重点围绕技术技能人才紧缺领域，建立健全适应产业发展的专业设置及动态调整机制，形成特色专业，打造精品专业。

中高职、高职本科衔接，打通人才培养立交桥。支持市域内或职教集团内开展中高职及本科衔接人才培养。在中高职衔接方面，采取"理清目标、紧扣产业、分段成才"的衔接策略，强化中职教育和高职教育在专业内容上的协同性和技术技能层次上的差异性。在高职本科衔接方面，做好"3+2"专本贯通培养的基础上，探索"4+0"高职与普通本科联合培养模式。可以在一定范围内试行"学分银行"制度，学生在中职、高职、本科层次等不同培养阶段的课程都可以按标准计算出学分总值，以此吸引更多学生成为本科层次的技术技能型人才。[3]

2. 动员政、行、企、校等多方力量开展技术技能型人才培养工作

探索成立职教园区。以技术技能型人才培养目标为导向，全面整合、聚集和优化市域职业教育资源，围绕产业集群发展和企业实际需求，依

托重点职业院校，集聚高新技术企业，建立集教学、培训、科研、技能鉴定、技术服务于一体的职教园区。形成政府推动与社会支持结合的技术技能人才培养体系，着力凸显人才培养的技能特色和行业特色，实现政府、职业院校、企业协同培养效应。[4]

打造国家示范性职教集团。以推进区域职业教育与经济社会协同发展为己任，以资源共享、优势互补、共同发展为原则，建立适应市场、立足行业、依托企业、强化技能培训的集团化办学模式，吸引更多行业协会、企事业、科研单位、产业园区加盟。紧抓本土企业转型升级、科技创新发展新动力明显增强等趋势，进一步推进地方职业院校与行业企业、专业群、区域特色产业集群深度合作、对接，凝练集团化办学特色，深化人才培养模式改革，强化集团化办学的示范引领作用。

3. 以重点企业行业为主体，拓宽技术技能型人才培养途径

实施职工技能提升工程。在行业系统指导下，企业依托职业院校，联合共建培训基地，开展员工培训，实现在职技能提升；制定职工培训教育规划，建立技术等级培训制度，利用"三微一端"积极开展职工在线教育培训；不断增加继续教育经费投入，加大职工岗位培训和职业技能鉴定工作力度，鼓励技术工人在职考取资格证，给予补贴支持，激发职工的积极性。

建立企业教师工作站。企业大师将优秀的企业文化、先进的技术技能、前沿的行业状况带进课堂，专业教师参加企业实践培训、开设企业课堂、提供技术服务等工作，双方可进一步深化校企合作，实现校企资源共享、互惠共赢，提高技术技能人才培养质量。[5]

4. 充分利用现有资源，加强技术技能型人才培训基地建设

联合共建公共培训基地。建成以职业院校、技工院校为重点，民办培训机构为补充的技术技能型人才培训基地。所有实训设备向参与培训的企业、职业院校、社会机构全面开放，仅收取实训耗材成本费用，政府给予一定资金补助，用于实训设备升级改造。

鼓励规模企业设立职工培训中心。企业职工培训中心一经人社部门认定，即可按规定享受企业职工技能提升和转岗转业培训补贴。产教融合型企业向所举办职业院校投入的经费，符合规定的可按一定比例冲抵其应缴纳的费用。

(二)推进技术技能型人才体制机制改革与创新,助力聊城产业转型发展

1. 建立多方投入、社会联动的技术技能型人才资源共享机制

柔性引进机制。对于亟须的技术技能型人才,企业可以通过项目式、合作式、兼职式、聘用式等柔性引进方式,建立良好的人才整体环境,最大限度地发挥人才的作用,实现技术技能人才资源的合理配置和高效利用。

多元投入机制。由市政府牵头设立"技术技能型人才培养专项基金",拓展基金来源渠道,建立政府主体投入、金融和社会资本参与投入的多元人才投入机制,实行政府设立、统筹管理、专款专用,专门用于人才的培养、引进、使用与奖励等,促进技术技能型人才培养。

市场化运作机制。树立"人才社会所有制"的观念,企业能进入市场择优用人,人才进入市场自主择业。根据岗位设置实行公开招聘,能为技术技能人才提供最优的就业创业机会。

2. 建立完善技术技能型人才考核评价机制

加大创新评价机制。突出品德能力业绩导向,推动技工系列职称制度改革,建立评价责任和信誉制度;充分发挥企业在技术技能人才培养中的主体作用,选取试点企业深入开展企业技术技能人才评价标准化体系建设,进行多元评价。[6]

完善考核选拔机制。积极开展各级各类职业技能竞赛,以赛促学、以赛促评、以赛促奖,建立健全以世赛为引领、国赛为主体、基层岗位技术比武为基础的综合竞赛体系。把优秀选手与技能晋级、工匠升级挂钩,锻炼选拔一批具有聊城产业特色的技术技能型人才。

3. 完善技术技能型人才表彰激励机制

坚持精神鼓励和物质奖励相结合。充分发挥经营利益和社会价值双重激励的作用,对每年评选出的优秀技术技能人才要大胆给予公开表彰和提拔重用,市财政给予高额奖励。企业按照"待遇与业绩贡献相联系"的原则,在工资待遇、分配奖励及企业年金、医疗保险等方面向技术技能人才倾斜,落实技能津贴。[7]

建立人才荣誉表彰制度。积极推荐政治素质好、参政议政能力强的优秀技术技能型人才作为各级党代会代表、人大代表、政协委员人选,优先推荐为各级优秀共产党员、劳动模范等,全面提升技术技能人才的

社会地位。

4. 完善技术技能型人才合理流动和社会保障机制

完善动态管理机制。依托"校企合作公共服务网络信息平台",开展人力资源统计、预测、供求信息发布。根据经济发展目标动态调整机构及技术技能型人员岗位设置,通过兼职用工、外聘用工方式等方式灵活吸纳人才,按岗位性质和人员资历情况灵活聘任,唯才是用,做到人才合理流动,人尽其才、才尽其用。

建立技术技能人才工作会商机制。为加大人才保障推进力度,及时跟踪人才流动情况,可半年召开一次技术技能人才工作协商会议,听取工作汇报,研究有关重大事项,协调解决人才工作中存在的困难和问题,形成对保障服务的督促、推进和协商工作,统筹协调,形成合力。

(三)加强规划指导,营造崇尚技能、鼓励创造的良好氛围

1. 切实加强对技术技能型人才工作的领导

市委、市政府应高度重视技术技能型人才工作,成立相关工作机构,为全市技术技能型人才培养提供组织保障。市人社局应每年将技术技能型人才培养工作作为重要指标纳入县(市、区)年度目标任务考核,全市形成统一领导、县区联动、层层落实的工作格局。

2. 建立完善政府统筹、分级管理、社会参与的管理体制

人力资源部门承担技能标准制定和技能培养规划;工信部门负责企业人才需求调研和供需平台发布,根据产业结构调整升级带来的岗位变化,及时发布人才需求报告;教育行政部门负责全市职业教育资源的统筹规划、综合协调和宏观管理;行业或社会第三方负责监督考核企业技能人才培养情况,将企业技能人才纳入考核范围,加强监督。

3. 加强舆论宣传,营造浓厚氛围

一是充分利用报纸、电视、网站等主渠道,同时重视和扩大微博、微信等新媒体,采取丰富多样的宣传手段,积极宣传技能培养政策,在全社会形成"学技术成才有路"和"劳动光荣、技师伟大"的良好氛围。二是大力弘扬劳模精神和工匠精神,每年评选一批具有产业特色的技术技能人才,大力宣传他们在聊城社会经济发展中的重要贡献,激励广大青年走技能成才、技能报国之路。

参考文献

[1] 魏建国. 济南市构筑人才战略高地的问题及对策研究 [J]. 山东农业工程学院学报, 2019 (2): 45-46.

[2] 刘志英, 赵忠见. 三螺旋理论下政校行企协同战略性新兴产业技术技能型人才培养研究——以郑州市为例 [J]. 产业与科技论坛, 2018 (18): 189-191.

[3] 高建宁. 因应产业转型升级 培养技术技能型人才 [J]. 中国职业技术教育, 2015 (32): 102-104.

[4] 陈君恒. 基于区域发展需求推动区域职业教育创新研究——以潍坊市为例 [D]. 青岛: 中国海洋大学, 2013: 7-10.

[5] 宋静辉, 储开峰, 孙杰. 无锡市高等职业教育与区域经济协调发展研究 [J]. 教育与职业, 2019 (16): 32-33.

[6] 周小欣. 高技能人才培养与天津创新型城市建设 [J]. 天津商务职业技术学院学报, 2018 (7): 58-59.

[7] 赵艳丽. 浅谈武汉产业结构优化升级与创新型人才培养 [J]. 内蒙古科技与经济, 2016 (11): 41-42.

枣庄市高技能人才工作调查研究[①]

褚志高　杨光成　马文清　杨德松　马　腾[②]

摘　要：高技能人才是人才队伍的重要组成部分，是各行各业产业大军的优秀代表，也是实现枣庄市等资源型城市经济转型发展的重要力量。当前，中央和地方都越来越重视高技能人才队伍建设，党的十九大为我们描绘了"建设知识型、技能型、创新型劳动者大军"的宏伟蓝图，习近平总书记提出了"要大力培育支撑中国制造、中国创造的高技能人才队伍"的明确要求。加强高技能人才队伍建设，造就一批具有精益求精职业态度和工匠精神的高技能人才，是产业转型升级的迫切要求，也是当前践行"中国制造2025"战略和实现制造强国的客观需求。

近年来，枣庄市大力实施人才强市战略，积极完善高技能人才政策，优化高技能人才成长环境，培养了一批技能高超、技艺精湛的高技能人才。摸清枣庄市高技能人才情况，更好地为经济社会发展和城市产业转型升级提供技能人才支撑。

本文通过实证研究的方式，对枣庄市高技能人才现状进行分析，剖

[①] 该篇论文获得"2020年全国人才与人事研究主题征文活动"三等奖。
[②] 褚志高，枣庄市人力资源和社会保障局党组书记、局长；杨光成，枣庄市人力资源和社会保障局四级调研员；马文清，枣庄市人力资源和社会保障局人才开发与人力资源流动管理科科长、一级主任科员；杨德松，枣庄市人力资源和社会保障局人才开发与人力资源流动管理科四级主任科员；马腾，枣庄市人力资源和社会保障局专业技术人员管理与职业能力建设科四级主任科员。

析存在的问题及原因,并从政府、院校、企业等不同维度提出对策建议,为下一步政策制定和领导决策提供参考借鉴。

关键词: 高技能人才　人才培养　人才引进　人才政策

一、基本情况

(一)调研目的

枣庄市是一个因煤而建、因煤而兴的资源型城市,随着资源的枯竭萎缩,枣庄城市转型升级迫在眉睫。在长期发展过程中,枣庄市产业重点放在了机械机床、煤电、建材等传统产业发展上,造成当前高技能人才队伍的整体规模、结构分布、素质能力和培养建设体制机制等方面还存在很多问题,严重制约了枣庄市的经济发展和产业转型升级。

近年来,枣庄市大力培育接替化产业,突出打造高端装备、高端化工、大数据、锂电、光纤、医药健康六大特色优势产业,城市转型取得了一定成效,高技能人才的培育也正在转型升级。为进一步了解把握枣庄市转型升级大背景下高技能人才工作情况,本文通过问卷调查、座谈会等调研方式,从政府、院校、企业三个视角进行研究,分析现状、剖析问题、提出建议,为下一步高技能人才政策制定和路径选择提供参考①。

(二)调研对象基本情况

1. 企业

以企业性质划分,以私营企业和国有企业为主,分别占比50%和30%;以企业所属行业划分,采掘业、制造业和餐饮业占比较大,分别为35%、30%和25%;以经济总量划分,以中小型企业为主,企业人数在50~150人的占比49.2%。

2. 高技能人才

调研数据显示,高级工352人、技师250人、高级技师138人,占比分别为47.6%、33.8%、18.6%;调查对象中以班长或主管为主,也有39%的高技能人才没有职务;这些高技能人才的技能来自多个方面:35%来自师傅带徒弟,29%来自职业教育,22%来自自我钻研,14%来

---

① 本次调查对象为枣庄市辖区内各区(市)政府相关部门、企业、高技能人才、技工院校及技工院校教师,通过发放调查问卷(包括线上和线下)、座谈交流、现场调研等方式进行。共计发放调查问卷1 200份,其中企业200份,高技能人才800份,技工院校10份,技工院校教师190份。回收有效调查问卷980份,其中企业110份,高技能人才740份,技工院校8份,技工院校教师122份,回收有效率为81.7%。

自培训或其他方式。

3. 技工院校

以院校层次区分，有技师学院 2 所、国家级重点技工学校 1 所、普通技工学校 5 所；从办学主体来看，有公办技工院校 3 所、民办技工院校 5 所；从开设专业来看，开设 20 个及以上专业的院校共 3 所、拥有重点特色专业的院校共 4 所；从公共实训基地来看，拥有公共实训基地的院校 2 所，仅占调查院校数量的 25%。

从整体上看，枣庄市高技能人才普遍学历层次较低，年龄层次偏高。调研数据显示，在学历结构上，高职高专占比 41%，中职中专中技占比 26%，高中毕业占比 10%，初中及以下占比 14%，本科及以上的占 9%，如图 1 所示。

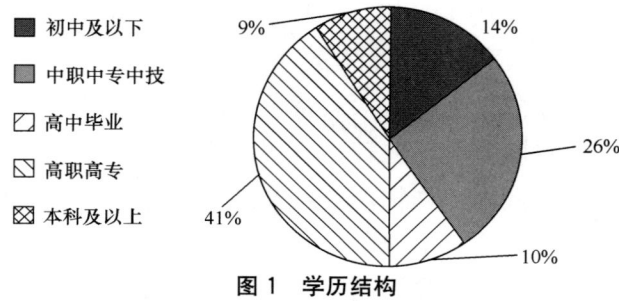

图 1　学历结构

在年龄分布上，35~44 岁和 45~54 岁占比最大，分别为 40% 和 33%；18~24 岁占 2%；25~34 岁占 23%；55 岁及以上占 2%，如图 2 所示。

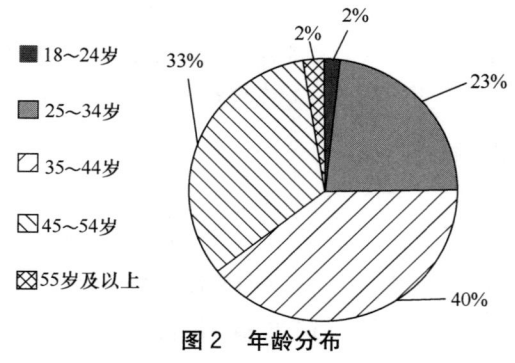

图 2　年龄分布

二、高技能人才培养、使用、激励、引进情况分析

（一）高技能人才的培养

1. 高技能人才以企业内部培养为主，且数量随着等级的增加而递减

调研数据显示，110 家企业共拥有高技能人才 1 975 名，占比例高达

89%，市外引进高技能人才仅占11%，如图3所示。

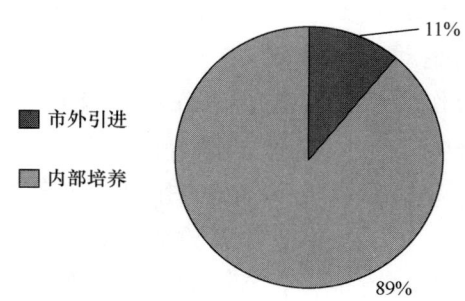

图3 高技能人才来源

在企业培养的高技能人才中，高级工、技师、高级技师的比例分别为53%、31%、16%，如图4所示；师带徒培养、内部培训、委托培养、院校定向培养、脱产研修的比例分别为38%、35%、12%、11%和4%，如图5所示。

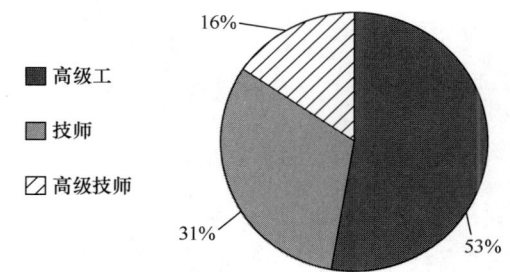

图4 高技能人才等级

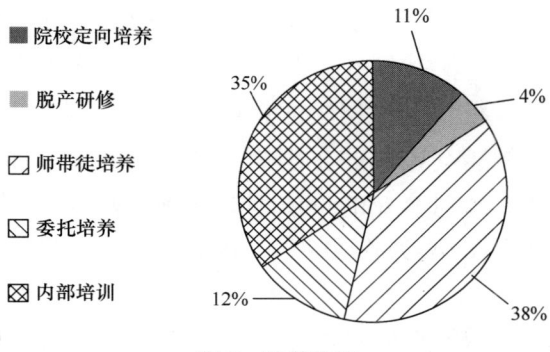

图5 培养途径

2. 校企合作培养技能人才比较普遍，但深度不够

在对 8 所技工院校的调查中，6 所院校在政府引导要求、双方利益需求、学生就业诉求的驱动下与企业进行了校企合作，部分院校和企业已建立了长期友好的合作关系。在校企合作中，院校主要为企业提供人才培养和实习岗位等支持。在对企业的调查中，15％的企业与院校开展了校企合作，32％的企业虽然没有开展合作但是有所需求，另外还有 38％的企业没有相关需求、15％的企业并不清楚相关政策，如图 6 所示。校企合作在摸索中进行，影响校企合作深度的因素和困难还有很多，其中最主要的是缺乏政府相应的政策引导、缺乏专项资金投入，部分院校存在没有实训基地、实训设备陈旧和实训效果差的问题。

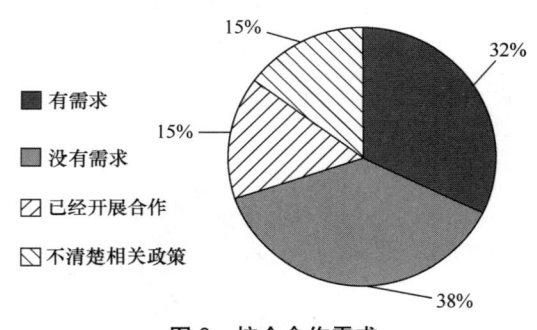

图 6　校企合作需求

（二）企业对高技能人才需求

1. 企业近两年对高技能人才需求较大，高技能人才对企业的价值创造起到了较大作用

近两年，89％的企业对高技能人才有所需求，需求人数为 1～10 人、11～50 人、50 人以上的企业分别占 22％、59％、8％，如图 7 所示；在招聘途径上，110 家企业中有超过 95％的企业采用多种方式进行，通过市场招聘和院校推荐或校企合作招聘的企业最多，分别为 85 家和 63 家，采用人员推荐和校园招聘会方式的分别为 45 家和 38 家，如图 8 所示。66％的企业认为高技能人才对企业的价值创造起到了较大作用，只有 5％的企业认为基本没有作用，认为作用一般和较小的分别为 13％和 12％，如图 9 所示。

2. 企业最看重高技能人才的专业实践技能，对职业资格证书较为重视

在最看重高技能人才能力素质的问题上，110 家企业选择专业实践技

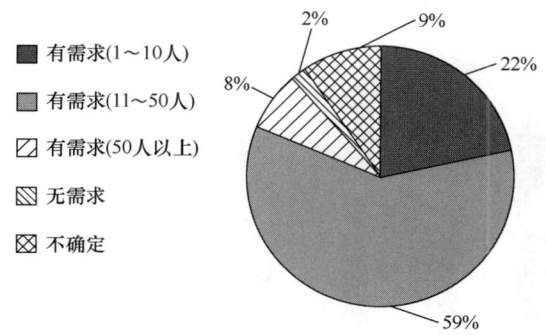

图 7　高技能人才需求

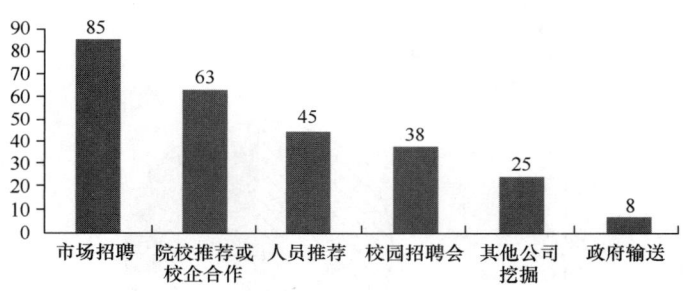

图 8　招聘途径

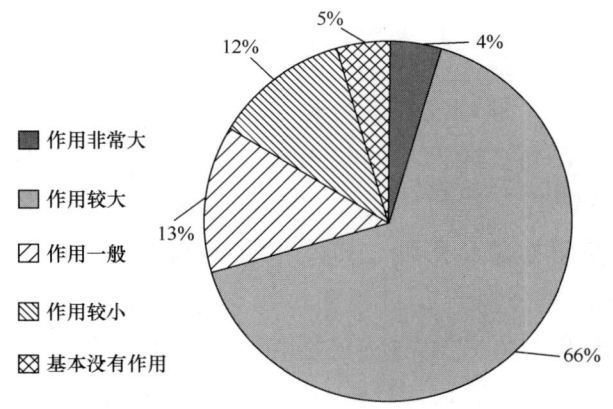

图 9　高技能人才对企业的价值

能，职业道德素养、吃苦耐劳精神、团队合作意识、创新意识和专业理论水平等均为企业较为看重的能力素养，分别有 68、54、48、32、32 家企业选择，如图 10 所示。在招聘高技能人才时，59% 的企业选择需要职业资格证书，仅有14%的企业对职业资格证书没有任何要求，如图11所示。

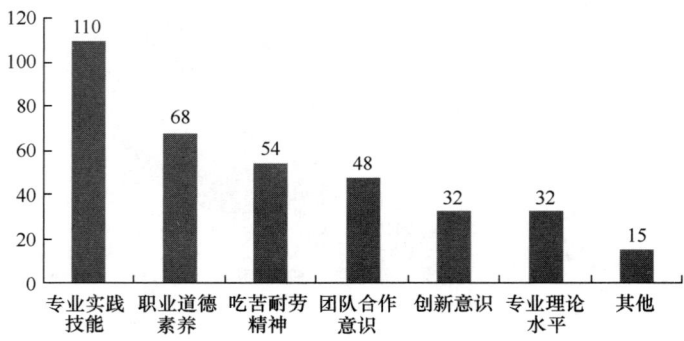

图10 企业最看重的能力素养

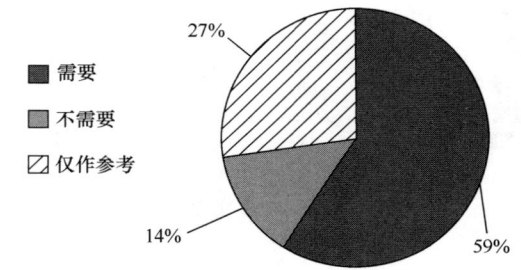

图11 是否需要持有职业资格证书

（三）高技能人才薪酬及激励措施

调研中发现，高技能人才的收入水平仍然较低，在平均月薪酬上高级技师约为5 665元、技师约为4 634元、高级工约为3 644元。高技能人才认为，其所在单位影响工资水平最大的因素为实际工作贡献和职务/岗位，个案占比分别为70.7%和67.3%，见表1；当取得成绩时，最希望企业采用的激励方式为物质奖励和职务晋升，分别占33%和27%，选择荣誉（榜样、标兵等）、参与企业管理、培训机会、股权分红的比例分别为16%、11%、8%、4%，如图12所示。在企业对高技能人才激励措施方面，98%的企业用于高技能人才的培训经费占职工教育经费的比例在15%以内，2%的企业占比在15%~25%，没有企业超过25%，如图13所示；仅有30%的企业建立了高技能人才岗位技能津贴制度，70%的企业尚未建立，其中54%的企业正在计划出台相关制度，如图14所示。在诸多影响高技能人才工作积极性的因素中,27%的高技能人才选择没有激励机制,21%选择工资报酬低,19%选择工作压力太大,18%选择社会认可度低,14%选择晋升无望,如图15所示。

表1　　　　　　　　　　单位影响工资水平最大因素

因素	频数	百分比（%）	个案百分比（%）
实际工作贡献	523	26.7	70.7
职务/岗位	498	25.4	67.3
技术职称	412	21	55.7
所获奖项或专利发明	198	10.2	26.8
工作资历	165	8.4	22.3
学历	92	4.7	12.4
技能等级	56	2.9	7.6
其他	15	0.7	2
总计	1 959	—	—

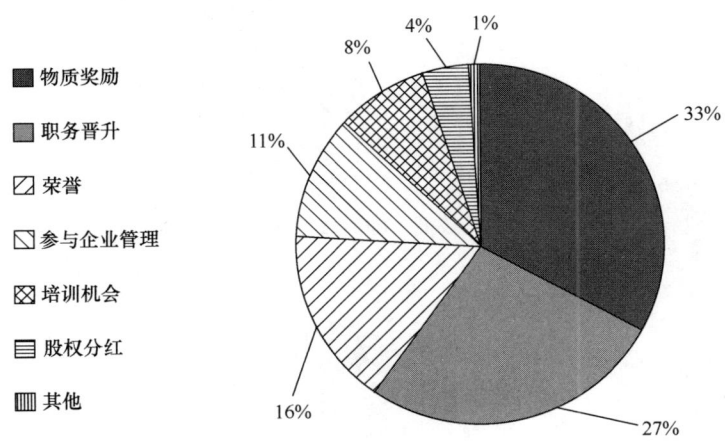

图12　最希望企业采用的激励方式

（四）高技能人才使用及参加职业技能大赛情况

1. 多数高技能人才认为单位领导对高技能人才的重视程度一般,因乡土情怀继续留在企业工作的高技能人才较多

数据显示,54%的高技能人才认为单位领导对高技能人才的重视程度一般,16%认为非常重视,30%认为不重视,如图16所示；在坚持留

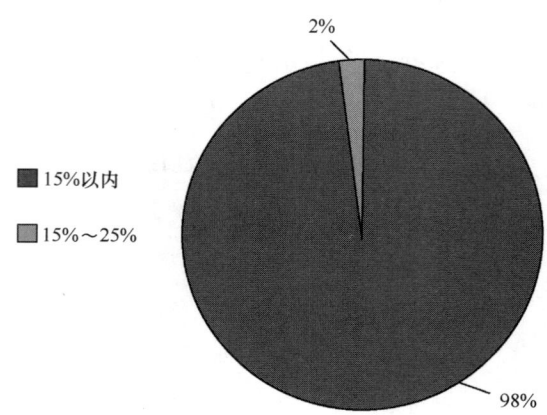

图 13　高技能人才的培训经费占职工教育经费比例

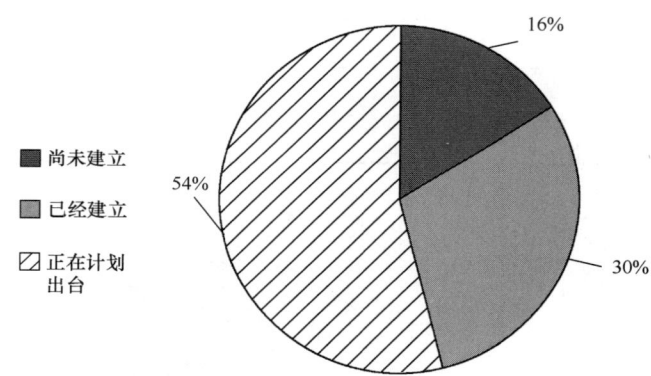

图 14　高技能人才岗位技能津贴制度

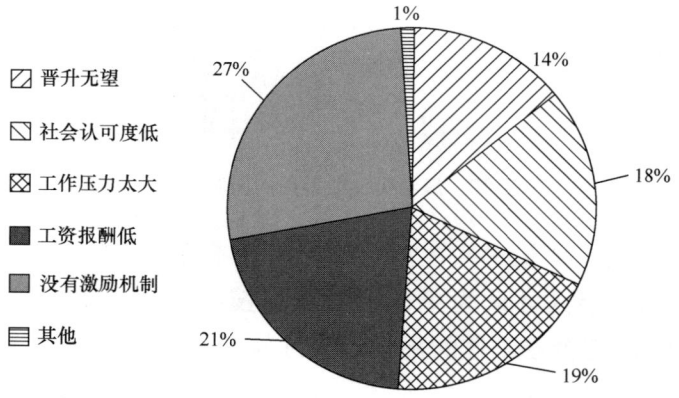

图 15　影响高技能人才积极性的因素

在企业的原因问题上，37%的高技能人才选择了乡土情怀，合理的薪酬福利、学习积累经验、良好的工作环境、个人职业发展机会、个性化的管理机制、客观原因、其他原因所占比例分别为14%、11%、10%、9%、9%、9%、1%，如图17所示。

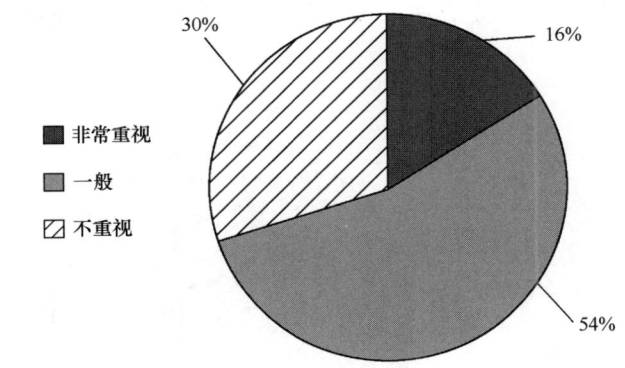

图16 单位领导对高技能人才的重视程度

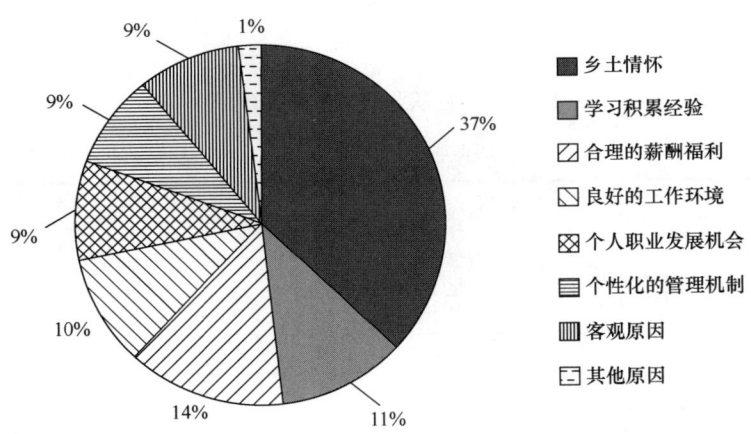

图17 坚持留在企业的原因

2. 企业举办和组织参加各级职业技能竞赛积极性高，大赛层级越高参与人员越少，仅少部分高技能人才没有参加过职业技能竞赛

在举办职业技能竞赛的必要性问题上，96%的企业选择有必要举办，只有4%的企业认为没有举办的必要性，如图18所示。在调查的740名高技能人才中，65人参加过国家级职业技能竞赛，个案百分比为8.8%；123人参加过省级职业技能竞赛，个案百分比为16.6%；292人参加过市级职业技能竞赛，个案百分比为39.5%；356人参加过行业职业技能竞赛,个案百分比为48.1%;498人参加过单位职业技能竞赛,个案百分比为67.3%;28.6%的高技能人才没有参加过任何职业技能竞赛,见表2。在对职业技能竞赛的意见建议中,45%的高技能人才选择提高奖励标准,19%选择扩大竞赛的参赛人员范围,15%选择增加竞赛的工种数量,10%选择加强竞赛的赛前指导,9%选择规范竞赛流程和标准,如图19所示。

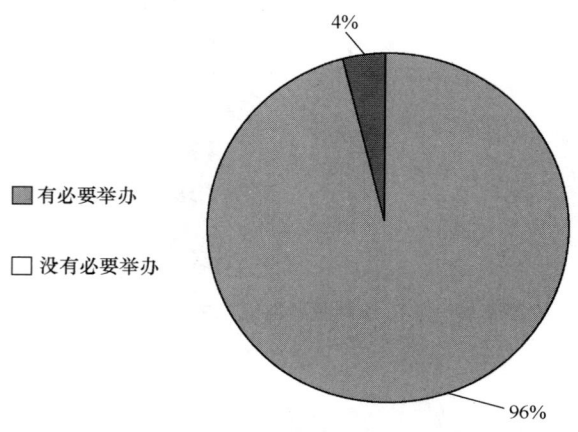

图 18　举办职业技能竞赛的必要性

表 2　职业技能竞赛参赛情况

	频数	百分比（%）	个案百分比（%）
国家级	65	4.2	8.8
省级	123	7.9	16.6
市级	292	18.7	39.5
行业	356	22.8	48.1
单位	498	31.9	67.3
没有参加过	212	13.6	28.6
不清楚	15	0.9	2
总计	1 561	—	—

（五）高技能人才引进及政策执行

1. 企业亟待引进高技能人才,特别是行业领军人才

据调查了解,110家企业共引进高技能人才88人,其中高级工28人、技师36人、高级技师24人。32%的企业愿意高薪引进高技能人才,17%的企业不愿高薪引进高技能人才,51%的企业选择会根据实际需要决定,如图20所示。需要引进的高技能人才层次中,行业领军人才占比

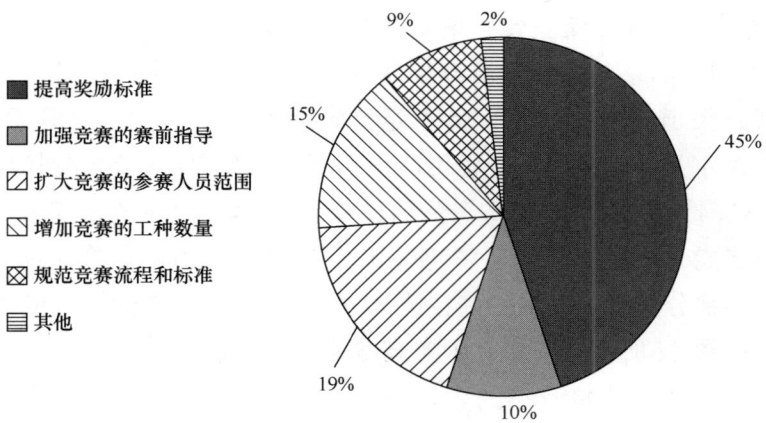

图 19　对职业技能竞赛的意见建议

最大，为 37%；高级技师、技师、高级工分别占比 35%、24%、4%，如图 21 所示。

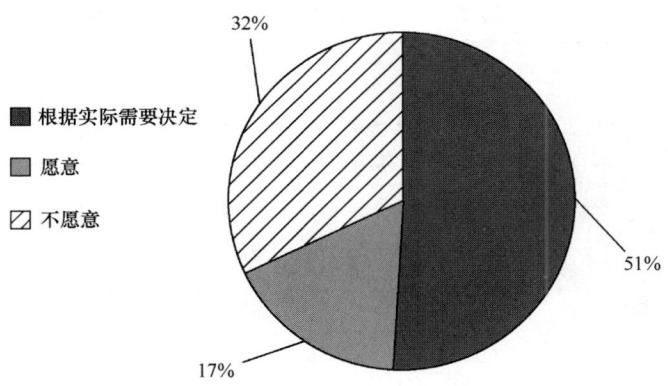

图 20　是否愿意高薪引进高技能人才

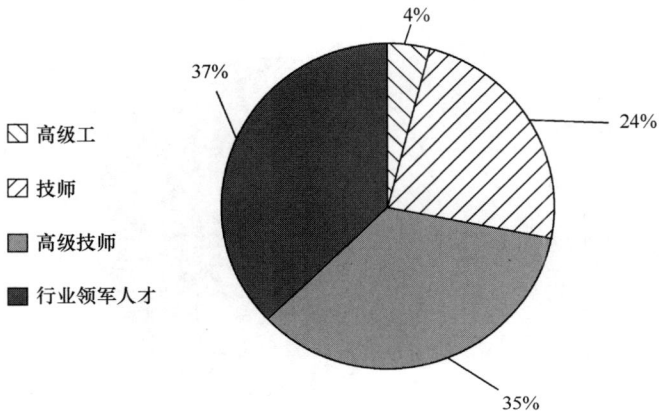

图 21　需要引进的高技能人才层次

2. 高技能人才政策宣传、落实及支持力度不够

在对枣庄市高技能人才培养引进工作的主要薄弱环节调查中，高技能人才成长渠道太少、政策宣传不足、政策力度不够大、政策无法落实、对高技能人才关心关怀不够、思想认识不到位的个案百分比分别为57.4%、43.5%、43.4%、29.2%、25.5%、15.1%，见表3。在政策宣传上，只有15%的高技能人才能够详细了解枣庄市高技能人才相关政策，47%的高技能人才能够部分了解，29%的高技能人才不太了解，9%的高技能人才完全不了解，如图22所示。在党和国家高技能人才优惠政策的落实方面，部分执行、不执行和不清楚政策的企业分别占34%、4%、25%，仅有37%的企业执行了相关政策，如图23所示；在专门针对高技能人才的优惠政策方面，110家企业中超过半数的企业没有制定，35家企业制定了但是不能完全执行，仅有11家的企业执行了相关的政策。

表3　　　　枣庄市高技能人才培养引进工作主要薄弱环节

	频数	百分比（%）	个案百分比（%）
成长渠道太少	425	25.4	57.4
政策宣传不足	322	19.2	43.5
政策力度不够大	321	19.1	43.4
政策无法落实	216	12.9	29.2
对高技能人才关心关怀不够	189	11.3	25.5
思想认识不到位	112	6.7	15.1
其他	89	5.4	12
总计	1 674	—	—

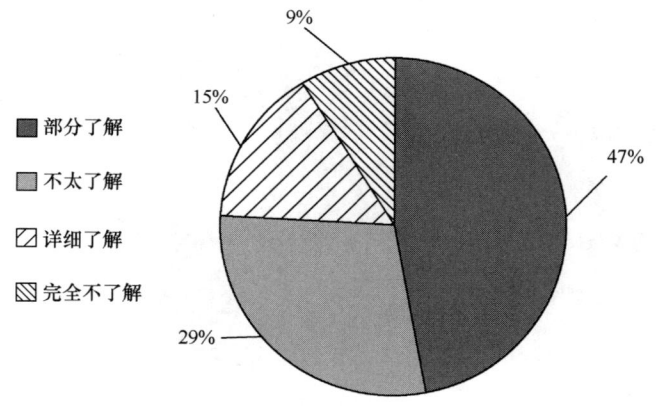

图22　是否了解枣庄市高技能人才相关政策

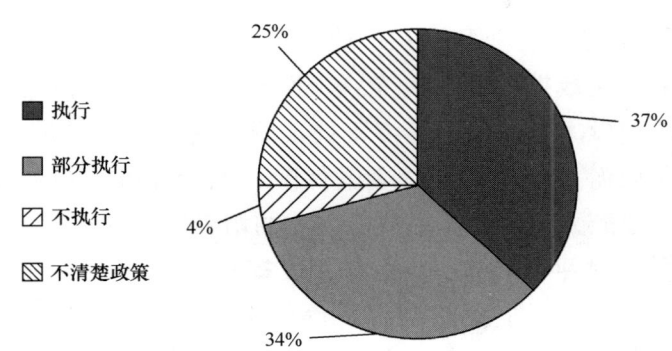

图 23 党和国家高技能人才优惠政策落实情况

三、存在问题

从调查问卷结果，并结合资料查阅、座谈交流、现场调研情况来看，枣庄市高技能人才队伍现状及存在问题如下。

（一）队伍现状方面

1. 高技能人才总量少，高端技能人才占比低

截至2019年底，枣庄市在职职工60万余人，技能人才总量超过37万人，占在职职工的61%；其中高技能人才4.7万人，仅占持证技术工人的12.5%，占在职职工的7.7%。从整体上看，高技能人才普遍学历层次较低、年龄层次偏高。在高端技能人才方面，全国技术能手9人，国务院政府特殊津贴3人，齐鲁（山东省）首席技师46人，山东省技术能手41人，山东省有突出贡献的技师17人，泰山产业领军人才产业技能类1人，枣庄市首席技师154人，枣庄市技术能手959人。相较于泰安、淄博等与枣庄人口相近的市，枣庄市高技能人才及高端技能人才总量少、规模小，远不能满足产业发展及企业需求。调研中发现，企业对高技能人才的重要性认识和需求程度正在逐步加强，技能等级越高的高技能人才紧缺现象越严重，越高端的技能人才引进越难。

2. 高技能人才分布不均，结构性问题突出

从高技能人才的产业分布看，表现为"两少两多"的特点，即新兴产业和第三产业较少、传统煤化工类产业较多，现代生产性服务类较少、加工制造类较多。从企业分布来看，枣庄市高技能人才主要分布在规模大、实力强的龙头骨干企业，中小型企业特别是民营企业高技能人才数量则较少。从职业（工种）来看，高技能人才大多集中在传统行业的通

用职业（工种），新兴行业和第三产业，特别是枣庄市急需紧缺的高端装备、高端化工、大数据、锂电、光纤、医药健康等六大特色优势产业的职业（工种）较少。当前，枣庄市正处于城市转型深入推进的关键时期，亟须大量文化旅游、现代物流、金融保险、电子商务等行业及六大特色优势产业的高技能人才，这些高技能人才的培养和引进迫在眉睫。

3. **高技能人才平台载体少，且作用发挥有限**

一方面，省级及以上技能人才平台载体获评的少（目前，枣庄市共有国家级技能大师工作室 1 家，齐鲁技能大师特色工作站 5 家），均分布在机械制造、化工及水泥行业，在辐射、引领和带动产业转型升级方面发挥的作用有限。另一方面，市级技能人才平台载体匮乏，缺乏市级技师工作站、技能大师特色工作站、首席技师工作室等技能人才平台建设，严重影响了高技能领军人才在带徒传艺、技能攻关、技艺推广等方面作用的发挥，难以满足枣庄市产业转型升级对高技能人才的刚性需求。

（二）人才政策方面

枣庄市委市政府为做好人才支撑新旧动能转换工作，在 2018 年 5 月出台了《中共枣庄市委 枣庄市人民政府关于做好人才支撑新旧动能转换工作的实施意见》（以下简称人才新政），提出了实施技能人才培养"鲁班传人计划"。由于受到各种现实条件的约束，之前出台和实施的技能人才培养和引进相关政策，以及目前人才新政中有关技能人才培养的"鲁班传人计划"，在政策的宣传、落实及吸引力等方面依然存在着一些问题。

1. **在政策宣传上，还存在不深入的问题**

技能人才政策宣传推广不够，一些企业和技能人才对政策知之甚少、用之不多，导致技能人才政策的使用整体效能不高。通过此次调查发现，只有很少一部分高技能人才能够详细了解枣庄市高技能人才政策，多数高技能人才无法及时获取相关信息，政策知晓度很低。

2. **在政策落地上，未打通"最后一公里"**

根据省人社厅等十一部门《关于加强高技能人才工作助推产业转型升级的意见》规定，企业可根据实际情况或参照企业专业技术人才收入分配政策，自行设定高技能人才岗位技能津贴标准和发放方式，高级工、技师、高级技师津贴可分别参照每月 200 元、300 元、400 元的标准设定。人才新政"鲁班传人计划"提出，深化"名师带徒"活动，认定一批

"名师",量化"带徒"任务,按任务完成情况最高给予"名师"10万元奖励。这些人才政策虽然出台,但多为"穿靴戴帽"式的引导,缺乏相关配套文件和资金支持,在各种现实因素影响下,政策并未落实落地和真正发挥作用。

3. 在政策吸引力上,未激起"内生动力"

部分人才政策针对性不强,优惠力度不够,缺乏吸引力。市级综合性职业技能竞赛各项目前两名和行业类技能竞赛第一名的选手可申报枣庄市技术能手并获得通报表扬,由于缺乏物质层面的奖励,很多高技能人才认为此政策对其吸引力不足。调研中发现,高技能人才在晋升、工资、奖金等待遇上与同等级别的专业技术人员相比还有差距。根据《关于2011年调整企业退休人员基本养老金的通知》文件规定,对具有高级职称资格的退休高级经济师、高级会计师、高级政工师、高级技师等作为政策倾斜对象,按等级增加相应待遇。自2014年该政策取消后,高级技师不再享有此退休待遇,职业资格的晋升也就无法带来养老红利,严重制约了高技能人才晋升的内生动力。

(三)培养引进方面

1. 培养机制不健全,发挥作用不够

一是在培养方式上,校企合作深度不够。由于院校、企业之间的信息沟通不充分,院校专业和课程的设置与企业岗位需求还未能无缝对接,拥有公共实训基地的院校较少,技能人才联合培养效果较差。二是在技能培训上,一方面,企业还存在着重高学历文凭、轻高技术技能的观念,不注重对技能人才的培训。按照财政部等十一部门《关于企业职工教育经费提取与使用管理的意见》规定,一般企业按照职工工资总额的1.5%足额提取教育培训经费,从业人员技术要求高、培训任务重、经济效益较好的企业,可按2.5%提取,列入成本开支。调研中发现,由于高技能人才的培养收益往往无法立竿见影,导致部分企业缺乏职工教育培训专项费用支出及长远规划,甚至另作他用;还有一部分中小企业没有培训能力。另一方面,企业职工学习技能技术的积极性不高,生产一线的员工工作强度大、时间长,工学矛盾突出,培训时间难保证。

2. 薪酬水平普遍低,激励措施不够

高技能人才薪酬水平仍然普遍较低,职业资格等级虽然对收入有一

定影响，但影响较小。一是在具体政策执行层面，仅有三分之一的企业执行了省级以上高技能人才优惠政策，多数企业部分执行、不执行或不清楚相关政策。二是在内部政策制定层面，一半以上的企业没有制定企业内部激励政策，制定内部激励政策的企业中，又有近一半的企业不能完全执行，政策形同虚设。三是在职业技能竞赛作用发挥方面，竞赛职业工种范围、参加人员规模、竞赛奖励标准等都需进一步加强。

3. 技能人才引进难，本土人才流失

企业对高技能人才的重要性认识和需求程度正在逐步加强，技能等级越高的高技能人才紧缺现象越严重。调研中发现，企业高技能人才以内部培养为主，培养途径主要是定向培养和师带徒方式，培养的高级技师占比较少，最为紧缺。在高技能人才，特别是高端技能人才的培养引进上，一方面因高技能人才薪酬水平不高、激励机制不健全等原因，企业高技能人才跳槽频繁，留不住；另一方面因受环境条件、工作待遇、发展前景等因素影响，企业高技能人才引进难。调研数据显示，枣庄市外引进的高技能人才仅占企业高技能人才总数的11%。

（四）成长环境方面

1. 保障机制落后，激励不足

相比于区位临近的胶东、苏北等地，枣庄市整体薪酬待遇明显偏低，企业职工月薪相差在千元以上，多数高技能人才留在枣庄企业工作是出于照顾家庭方面的考虑。同时，企业特别是中小企业普遍对职工休息休假、社会保险、住房保障、进修培训等激励措施不重视，多数企业缺乏高技能人才相关激励机制和措施。政府方面也尚未形成一整套、全方位、相衔接的关于高技能人才培养、等级晋升、人才使用和待遇提升等方面便于操作的全面推开的政策举措，这些都严重挫伤了高技能人才向上发展的积极性。

2. 评价机制不健全，自主不够

自2020年起，从山东省规模以上企业开始，全面开展企业技能人才自主评价，实行自主评价的企业范围、职业范围、人员范围全部放开。部分企业对开展技能人才自主评价工作缺乏正确认识，备案的积极性不高。有的企业因生产工序简单，认为没有开展自主评价工作的必要；有的企业认为自己培训与考核没有到人社部门备案的必要；有的企业认为，企业自主评价所发的技能等级证书虽然能在职业技能等级全国联网查询

系统查询，但出了本企业不一定会得到同行业和社会认可；有的企业缺乏专业培训和评价考核力量。

3. 社会认可度较低，地位不高

根据中国社会科学院对当代中国十大社会阶层的划分，高技能人才应位于第四阶层，属于专业技术人员阶层。但由于受到传统人才观念和人才评价体制的影响，现实中高技能人才往往被认为是产业工人阶层，"重文凭、轻技能"的现象还没有得到根本改变，学"技工"、当"技工"被普遍认为是学业不好才会选择的无奈之举。因此，出现了许多学生宁肯放弃学业，也不愿读技校、不想当技术工人的尴尬状况。另外，社会舆论对高学历、高科技人才和经营管理人才过分渲染，对技能人才的宣传报道不够，降低了人们当技术工人的光荣感和成就感，影响了他们的社会价值观，很多刚刚走出校门的大学生很不情愿到生产一线当"蓝领"，导致技能人才后继缺乏。

四、对策建议

（一）政府层面

1. 拓宽技能人才培养引进渠道

一是加强大技能人才平台载体建设，继续推进国家级技能大师工作室、齐鲁技能大师特色工作站动态管理，着力加强市级技能平台建设，制定市级技师工作室、技能大师特色工作站、首席技师工作室等评选办法，为申报省级及以上技能人才平台载体打好基础，进一步发挥技能人才平台载体培养高技能人才的作用。二是深化校企合作，全面开展新型学徒制校企合作模式，以企业岗位需求为导向，优化院校专业和课程设置，加强公共实训基地建设，实现"招工即招生、入企即入校、工学交替、校企共培"，提升校企联合定向培养技能人才效果。三是加大宣传力度，全面推开企业技能人才自主评价工作，通过线上"点对点"服务、"不见面"审核完成备案工作。支持已在人力资源社会保障部门备案且具备规定条件的自主评价企业对其他同行业企业开展委托评价服务。四是统筹办好全市各类职业技能大赛，进一步扩大参赛职业工种范围、参加人员规模，提升竞赛奖励标准，打出枣庄市"鲁班传人"职业技能大赛品牌，"以赛促训、以赛促培"，培养选拔高技能人才。五是聚焦枣庄高端装备、高端化工、大数据、锂电、光纤、医药健康六大特色优势产业及龙头骨干企业的人才需求，定期征集发布企业急需紧缺高技能人才需求目录，建立专门数据库，集中引进高技能人才，开展技术或项目合作，带动枣庄市经济发展。

2. 加大技能人才政策落实力度

一是深入推进技能人才培养"鲁班传人计划"，制定企业"名师高徒"活动实施方案并组织实施，落实人才新政规定的"名师"奖励政策，做好技术传承工作，提升技能人才的职业荣誉感、自豪感。二是落实新型学徒制政策。推动开展企业新型学徒制培训培养模式，加大后备技能人才培养，对实施新型学徒制的企业兑现财政补贴政策。三是督促企业设定和发放高技能人才岗位技能津贴，落实通过自主评价获得的职业技能等级证待遇。四是加强对企业技能人才自主评价的统筹管理，对开展技能人才自主评价企业在评价过程中的真实性、公正性、透明性等方面进行监督指导，把好质量关，搞好服务工作。五是完善技能人才退休工资核算。落实国家、山东省出台的高技能人才与工程技术人员职业资格贯通办法，提高技能人才职业资格晋升的积极性。

3. 大力营造崇技尚能浓厚氛围

一是充分利用传统媒体和网络新媒体等多种媒介和宣传途径，广泛宣传国家、山东省及枣庄市在高技能人才培养引进方面的政策规定，不断扩大政策知晓面。二是加强对高技能模范人物的宣传，进一步提高全社会对技能人才的职业认可度，使"劳动光荣、技能成才"的理念深入人心。三是加大"枣庄人才"微信公众号推广力度，宣传技能人才政策，发布技能人才需求，搭建政府、企业与技能人才的沟通互动平台。

（二）院校方面

1. 完善院校培养模式

政府搭建平台，通过召开座谈会、实地调研等形式，加强院校与企业之间的信息沟通，提高院校专业及课程设置与企业岗位需求的契合度，推进技能人才培养与使用相统一。

2. 推进建设特色名校

推进枣庄市技工院校特色名校建设工程，紧密对接枣庄传统支柱产业、战略性新兴产业，优化整合实训、课程、教师资源，深化工学结合、校企合作，全面实施一体化课程教育改革，积极申办省级技工教育特色名校,申报国家级重点技工院校,不断提升内涵,促进院校整体办学水平提高。

(三) 企业层面

1. 探索完善激励机制

激励是技能人才开发必不可少的重要手段,一方面要加强精神激励,通过各种形式的荣誉认定和宣传,使技能人才获得价值感、成就感;另一方面要加强物质激励,对在工作中或通过技能大赛、岗位练兵、技术比武、项目攻关等方面做出突出贡献的人员,可通过资金、奖品等形式给予奖励。要适应新形势,提倡以按劳分配为主体的多种分配方式,鼓励企业以股权、期权奖励有重大贡献的高技能人才,充分调动技能人才的积极性和创造性。

2. 提升企业培训能力

一要树立全员培训观念。企业要立足解决工学矛盾,支持鼓励职工学习新知识新技术,钻研新技能,积极组织职工参与企业重大技术革新和攻关项目,树立人人学习、个个提升的学习理念。二要列支培训专项费用。加大财政部等十一部门《关于企业职工教育经费提取与使用管理的意见》宣传力度,督促引导企业按照现代企业制度要求建立培训制度,从职工工资总额中提取教育培训经费,并制定企业教育培训长远规划,形成正常的培训机制。三要优化利用培训资源。充分利用大企业的培训资源对没有培训能力的中小企业开展技能培训,全面促进技能人才综合能力提升。

人事制度改革

公务员考试流程解构与再造：基于招、考、用的目标一致性

陈桂生 周 润 张霁星

摘 要：如何通过公务员考试制度选拔并使用好优秀人才是当前公务员建设题中应有之义。为此，可以从公考流程的角度解构公务员招、考、录等机制设计，最大限度地再造公考流程人才"选用"目标一致性趋同。在"招、考、用"环节，已逐步完善的公务员考任制度在报考资格设定的有效性、考试内容的科学性、人才使用长效机制方面，依然存在偏离一致性目标的问题。在流程再造的维度，合理设置报考资格、提高考试的科学性、创新公务员使用机制、完善招考监督机制，是提高"招考用"流程的目标一致性的可选工具集。

关键词：公务员考试 招考用 流程 目标一致性

一、公务员"招考用"管理现状

原国家人事部 1994 年首次举行的中央国家行政机关公务员录用考试

---

① 该篇论文获得"2020年全国人才与人事研究主题征文活动"三等奖。
② 陈桂生，天津师范大学政治与行政学院教授；周润，天津师范大学行政管理系研究生；张霁星，研究员，天津市行政管理学会常务副会长，公务员能力建设中心原主任。

拉开了公务员公开招考的序幕，全国人大 2005 年审议通过的《中华人民共和国公务员法》则以法律的形式规范了公务员考录过程。《中华人民共和国公务员法》规定，我国公务员招考过程包括发布招考公告、资格审核、笔试面试、资格复审、考察、体检、拟录用、试用环节。一般情况下，各级各类公务员考录必须严格遵守以上各环节（但对于特殊职位的公务员录用，在经省级公务员行政管理部门批准后可简化相关程序）。录用后，各级各部门公务员的日常管理使用中还涉及培训、考核、奖励、监督和惩戒等管理环节。

公务员考试是合理分配国家资源、维护社会公平正义、提高治国理政效率的有效抓手。公考日益成为社会各界关注的焦点，报考人数逐年递增，如 2020 年国考计划招录 2.4 万人，实际参考人数 96.5 万人。随着公务员法和考试制度的不断完善，"凡进必考"理念深入人心，公考制度也更为公平、透明和规范。如何在数量巨大的报考者中公平、科学地选拔出岗位匹配性最高的人才，并最大限度发挥其潜能以更好服务人民是摆在理论和实务工作者面前的共同课题。我们认为，这一问题的解决有赖于公务员考试的招聘信息发布-考试-人才培养等各环节在工作目标上的一致性，需要在顶层设计方面围绕人才的选拔、培养、使用等目标共同做好"招考用"流程的制度建设。

二、公务员"招考用"流程一致性偏离问题的解构

公务员"招考用"环节是围绕选拔和使用优秀人才而展开的公务员管理的一种流程。某种意义上，从制度设计层面完善公务员考录的"选好优才、用对人"的工作目标，以及正确解构并分析公考制度中的报考资格环节、考试环节、人才使用环节的影响因素，是提升公务员招考用制度目标"一致性"的关键所在。大致说来，在以"招考用"为主要流程的公务员考录过程中，还不同程度地存在资格设定有效性、内容科学性以及用人长效机制等偏离制度目标的问题。

（一）公务员报考资格设定的有效性

1. 学历报考条件与岗位实际需求的"过度消费"

学历反映了个体的学习经历，也体现着个人的能力水平。理论上，将学历与公务员报考资格挂钩存在其内在合理性，而选择既定学历的人到合适的工作岗位也有利于人岗匹配与行政效能提升。诚然，通过最低

学历的限制可以为相应岗位选拔到综合能力较高的人，也能够确保公务员队伍的整体素质。事实上，通过整理统计报名资格条件，我们可以发现学历要求与岗位实际需求不同程度地存在"过度消费"现象。

在省级公务员报名考试中，报考基本要求大多为本科及以上学历，部分省会城市公务员考试甚至排斥了专科学历报考的机会。据统计，在2020年国家公务员中央党群机关招考中，学历要求均为本科及以上，其中以硕士及以上学历为报考条件的岗位占56.87%。随着国民受教育程度的提高，公务员学历的准入门槛提高是大势所趋。但那些要求高学历的岗位是否真正基于实际需要，可能还是一个需进一步考察的议题。这是因为，对于一些基层组织，特别是工勤类岗位而言，或许并不需要过高的学历。作为一种结果，学历的"过度消费"造成了人才浪费，无论对个人还是社会来说，都加大了人才培养压力或学历使用的锦标赛。这是因为，公务员考试是国家招录人才的一种正式制度，对社会具有导向作用和示范效应。如果公务员准入门槛过高，那么或许致使某些企业也相应地脱离岗位实际需求提升人才条件，这与人才充分就业以及人力资源合理利用是背道而驰的。

另外，部分公务员岗位还对考生所在院校作出了只有"985""211""双一流"高校的考生才能报考的规定。显然，这一规定将除此三类高校之外的众多普通高校考生拒之门外，排除了其报名考试的可选择性，在公平性上讲是需要商榷的。一般认为，公务员招录本质上是一场人才选拔的公平竞争方式，应给予普通高校和重点高校考生均等机会，使其能在同一起跑线上竞赛，这样才能公平地选拔人才。如果受这种学历歧视观念的影响，可能会使公务员招录过程中错失岗责一致的有用之才。

2. 户籍设置的僵化

户籍设置要求考生户籍是当地或者生源地是当地，更为严苛的规定则约束户籍和生源地均为当地。关于"当地"的地理范围限制有的界定到省域、有的定义到市域或县域。如2020年国家公务员招考吉林海关岗位在备注里就有"户籍地或生源所在地为吉林省"的报考要求；国家税务总局山东税务局菏泽市招考中规定考生需为"菏泽市户口或菏泽市生源"。显然，户籍设置会排除大量外地考生，其实质是对本地考生的一种"地方保护"。一方面，这种保护在特定的情况下有其合理性，尤其是对一些经济不发达地区而言，户籍条件的设置可以降低公务员入职后的人才流失率。但是，另一方面，户籍限制会缩小人才选拔的来源范围，降低优秀人才到岗履职概率。对于考生来说，户籍限制是对非本地户籍或非本地生源的一种不公平的约束，不同程度地剥夺了考生公平竞争的机会。换言之，它与公务员考试中"公开、平等、竞争、择优"的原则相悖。

3. 年龄阈值设定"一刀切"

一般地，公务员报考条件规定35周岁以下人员可以报考，这一硬性规定使得超过35周岁的人员失去了进入公务员序列的机会。人口寿命的增长和社会老龄化的现实使得退休年龄推迟已成为必然趋势，由此带来的一个思考是，公务员报考的年龄底限是否也可作相应变动。此外，《中华人民共和国公务员法》将公务员划分为综合管理类、专业技术类和行政执法类。相对而言，在这三类中专业技术类对专业性要求较高，综合管理类和行政执法类专业性较低。那么，岗位要求的不同反映到报考年龄要求的设置上，局限于35岁的有效性也是存疑的。总之，年龄阈值设定"一刀切"，有可能与超过特定年龄的可用之才失之交臂，从而也会降低人才活力及其流动性。

（二）公务员考试内容的科学性

1. 笔试内容专业性欠缺

笔试是选拔人才的程序性环节之一，其形式和内容关系到人才选拔质量。在考试形式上，各地公考人事管理部门逐步开始了分级分类的探索，公务员考试分为国家公务员考试和省级公务员考试两级，针对行政执法类、专业技术类、综合管理类等不同级别岗位的人才招录考试，各地进行了卓有成效的探索。以2020年省级公务员考试为例，山东省笔试申论试卷分为A类和B类。市级机关的职位，使用申论A类试卷，而市属基层单位和县级以下机关职位则使用申论B类试卷。河南省规定了"笔试实行分类分级考试办法，对县级以上机关（单位）职位和乡镇机关职位分别命制试题。"江苏省同样规定实行分级分类考试，考试类别分为A、B、C三类。但客观地说，这种分级分类的区分界限较为模糊，效果不很明显。

在测查内容上，笔试分为行政职业能力测试和申论。行政能力测试包括数量关系、言语理解、逻辑判断、图形推理、资料分析等模块，主要目的是考查考生的行政职业能力。行测考查虽全面，但知识点考查过多且考试内容有脱离实践之嫌，难以考查考生真正的行政职业能力。申论主题聚焦于社会热点话题，通过7～11个材料考查考生的概括、归纳、分析、发现和解决问题的能力。从其测查内容看，申论集中于一般通用能力的考查，而对岗位专业性考查相对不足，且申论主题有被押猜之虞。此外，一些特定机构，比如公安机关，在实行分类招录时除公共科目外还需加试公安专业科目。总之，各地虽然因地制宜地做了分级分类的改革探索，但是在试卷具体内容的区分上仍需进一步细化，能力考查的区分度也有待强化。总体上看，目前公考笔试内容依然聚焦于通用知识的考查，分类鲜明、制度化的分级分类考试体系仍任重道远。

2. 面试测评的"机械化"与"考官弹性"

按照考试制度流程，通过笔试后的考生将进入面试环节。面试主要采用（半）结构化形式，同一时段内的考生所考题目相同，主要测查包括人际关系类、综合分析类、组织管理类、应急应变类的表达、组织、协调以及沟通等能力。随着结构化面试不断发展，面试考察的形式与内容的提升空间愈发逼仄，面试功能因而日趋固化。进入面试的考生大多数都会选择参加面试辅导班，而市场化的面试培训班对模式化的各类题型已经总结出了答题模板，在面试考场中的考生多按照面试辅导班的套路答题而鲜见独特见解，因而对考生进行实际水平的测试目的难以有效达成。

数据显示，面试得分与考官的关联度较高，较易受考官偏好影响。一方面，面试答题多为主观性考题，在缺少明确具体的评分标准时，考官主观认知对结果影响较大。另一方面，由用人单位领导和高校教师等为主体的面试官队伍也应配优选强。具备丰富经验的用人单位领导在理论逻辑层面有待提升，而高校教师在公务员工作经验上却有些捉襟见肘，不同角色在承担面试职责时的评分标准的侧重点或有所不同，因而可能影响面试结果的不同走向。在此意义上，优化面试考官队伍构成，科学选择面试官，减少"考官弹性"是当务之急。

（三）公务员人才使用长效机制

1. 培训机制建设缺失

理论上，公务员培训是提升公务员能力、建设效能政府的题中应有之义。公务员法明确规定由国家建立公务员培训机构，对公务员分别进行初任培训、任职培训、专门业务培训、专业技术培训等。培训机制的不断完善对公务员履职能力提升的作用不可或缺，但现实中的公务员培训机制建设依然道阻且长。

首先，公务员培训与实际需求对接不够。公务员培训内容多集中于理论与制度层面，对实践问题的培训相对较少。特别是基层人员更需要实践性较强的培训，仅提供理论培训将难以满足其职业发展需求，也达不到以培训提升公务员能力的目的。其次，培训形式单一。目前的培训多以传统的课堂讲授式为主，虽然便于系统地完成知识传递，但也容易导致学习不深入、落实不到位的"大水漫灌"式的过场。最后，对培训评估环节的重视不够。一个普遍存在的错误认知是，做好培训环节就可以了，培训效果评估可有可无。进而言之，即使某些部门对培训进行了评估但其评估内容多限于培训满意度的调查，而较少有对课堂学习效果等培训行为层面作评估。因此，对新任公务员的培训是否达到了预期效果，实际上难以作出有效界定。

2. 绩效考核跟踪阙如

公务员绩效考核是指政府人事部门依据法定权限，根据一定的指标，对公务员的工作作出评价，并以此作为公务员晋升、奖惩、培训主要依据的一种人力资源管理过程。现实表明，对新任公务员的管理依然存在着绩效考核跟踪阙如的问题。

大致说来，它主要表现为如下方面的内容：第一，考核指标设计存在偏差。公务员考核指标大多根据部门要求或者岗位需求而设定，很少甚至缺位于服务对象或公众评价，考核结果主要来自考核组或者部门领导意见。显然，这会不同程度地偏离公务员考核职能的评价目标。第二，公务员的德、能、勤、绩、廉考核指标量化困难。如某单位将"能"的定义为"专业技术、技能、管理水平及知识更新情况"，显然很难将个人能力水平通过这些定性描述的绩效考核工具加以"精准"反馈，那么也将会弱化其应有的评价导向价值。第三，一些考核指标的设定倾向于短期工作的考察而忽略了长期可持续性的公务行为。比如作为一种心理倾向的公共服务动机，它决定着个体的利他行为、服务他人、服务社会的意愿，是一种支撑行动者长期履职尽责的持续动力，虽难被量化甚至难于衡量，但不可否认它对新任公务员绩效考核指标的重要性。

3. 职业发展规划孱弱

公务员职业生涯规划是调动公务员积极性，挖掘公务员潜力的重要手段。对于组织来说，需要结合新任公务员个人特征和政府所处的行政环境、所要达到的发展目标，制定新任公务员的培养计划。

相对而言，新任公务员的职业规划工作在现实中容易被忽视。这是因为：第一，组织职业生涯规划管理体系尚不完善。职业规划、职业控制各部分间的连接媒介不足，根据规划适时地调整职业行为难以展开。组织与个人之间的沟通交流渠道较少，个人难以适时的领会组织的目标，组织缺少对个人发展需求的关注。第二，组织职业规划理念滞后。部分组织职业规划理念停留在人事管理阶段，更加注重"以事为中心"，缺少"以人为本"的理念。在职业规划中过多受到岗位职责的禁锢，缺少对人才、人力资源主观能动性的重视。第三，以职务晋升为主的公务员职业晋升途径单一。公务员晋升制度表明，系统内职务晋升周期较长，加之职级晋升条件相对严苛，实际上削弱了公务员职业规划的有效性。与此同时，职业晋升周期长的同时也容易产生职业倦怠而降低工作热情。

三、公务员"招考用"流程一致性的再造

提高公务员考试流程的目标一致性是提升公务员队伍素质，建设效能政府的重要抓手。具体说来，需要从"招考用"环节着手，系统完善公务员制度建设，再造提升公务员"招考用"目标一致性的流程。

（一）合理设置报考资格

1. 放宽公务员报考资格条件

公务员报考资格决定着进入选拔范围的群体，放宽公务员报考资格条件，将会允许更多的人进入选拔范围，有利于选拔出人岗两相宜的人才。首先，依据岗位实际需要设定学历要求，即不"过度消费"也要"人岗匹配"。对于技术性含量较高确需高学历人才方能完成的工作，经公务员考试行政管理部门与用人单位充分沟通后制定相应学历的报考资格条件；对于从事基层服务事务性工作岗位应适当地放宽学历要求，让更多实践经验丰富的人才进入到选拔范围。对此可参考"山东省面向本土优秀人才招录基层公务员计划"的做法，将学历放宽到了高中、中专，它为长期在基层服务且学历不高的人员提供了加入公务员队伍的机会。其次，取消地方保护的户籍限制，给予本地人才和外地人才相同的考试机会。现代社会的基本特征是其具有有效流动性，地方保护已滞后于新时代资源自由流动与配置的内在要求。只有实现人才合理有序地流动，

才能激发经济活力并促进地方发展。再次，应因地制宜地设置公务员招录年龄，借鉴美国经验，只规定最低年龄限制，年龄上限则根据岗位要求设置。

2. 约束性条件的"一岗一策"

公务员报考资格既要遵循条件设定的绝对公平，更要作合理区分，按照"一岗一策"原则，遵循不同岗位条件的相对公平。由公务员行政管理部门、用人单位和外脑智库协同互助，对因行政环境变化而作调整的范围设规定限，从而确定此类岗位所需要的资格条件，包括具体的专业、学历、年龄、工作经历等，确保岗位招录既具有原则性，又具有灵活性。在此基础上，向社会公开"一岗一策"具体内容，既给予考生报考指导，也便于社会监督，以更加润滑公务员的"阳光"招录。

（二）提高考试的科学性

1. 推行分级分类考试

一般而言，不同级别、不同类别的岗位对人员能力素质的要求是不同的，采用同一试卷可能难以选拔出与岗位最匹配的人才。在此意义上说，分级分类考试需大力推行。

第一，合理划分考试等级。英国公务员分为高级公务员和一般公务员，不同等级采用不同的考试方法并选用不同的考试内容。日本将公务员考试分为高、中、低三级，分别针对不同学历的人员，其考试难度也不同。目前我国公务员考试分为国考和省考，可以借鉴国外的分级做法，建议在此基础上将公务员划分为中央、省、市、县、乡五级。第二，完善分类考试。美国《1923职位法》分为科学职务类、行政事务及财政类等5类44等，之后又改革为2类27个职组，569个职系。英国在招考中特别注重对残疾人等弱势群体的关照。参照国外的典型做法，可以将我国目前综合管理类、专业技术类以及行政执法类进一步细化。在分级分类的基础上，结合岗位级别、职责特点设置专业性区分、难易程度不同、考察侧重点不同的考试内容，提高分级分类考试的针对性。

2. 完善面试制度

科学高效的面试制度是选拔优秀人才必不可少的一环，它对人才的选拔起着重要作用。针对目前面试存在的测评"机械化"和"考官弹性"问题，可以从结构化面试本身以及考官队伍建设着手，不断完善面试制度的流程再造。

一是加强结构化面试建设，提高面试质量。结构化面试之所以出现"机械化"问题，部分原因在于岗位分析。因此，需以专业人员对职位进行深入分析为条件重新赋予结构化面试活力，继而依据岗位分析确定评价目标、测评要素、要素权重和命题要求。这样，由此确定的面试既能防止试题固化又不失针对性，与此同时也可进一步丰富面试形式，辅之以无领导小组面试、角色扮演等测查方式。

二是建立面试考官资格制度，提高面试考官队伍水平。由中央公务员人事主管部门或者省级公务员行政管理部门设置公务员面试官考试制度，采取统一考试的方式，对于考试通过的考官发放面试考官资格证，面试考官持证上岗。将具有面试资格的考官集中统一管理与培训，建立面试考官库并随机抽取考官。

（三）创新公务员使用机制

1. 落地公务员培训和职业发展规划

公务员培训与职业发展规划是促进公务员成长、提高公务员能力的管理与使用方式。在创新公务员使用过程中，需协同能力培训与职业规划的两维，完善公务员培养的机制建设。

一是开展有针对性的培训。根据分级分类的政策，对于不同级别、不同类别的岗位开展不同内容和形式的培训。如对于省直的公务员可以通过课程讲授的方式进行理论、方针、政策的培训，提高公务员的战略眼光；对于县级、乡镇级别的专业技术类公务员，可以通过情景模拟、实际操作的形式加强实践能力的培训。培训切忌止于培训，要提高培训评估的意识，不仅记录培训过程的内容，还要考察培训效果，做到"真"培训、培"真"训。

二是落地职业发展规划。职业发展规划落地实施离不开公共人力资源管理部门的重视，一方面，在成立职业发展规划小组宣讲和普及职业发展规划的同时，相关职能部门还应将组织目标细化，并与公务员个人诉求相结合。根据职业发展规划，组织公务员参加职业发展需求的培训，加强组织和成员间的沟通交流，助力公务员与组织的共同发展。

2. 合理设置绩效考核指标

理论上，绩效考核指标设定既不能宽泛也不能过于细致，既要考虑短期目标又要兼顾长期发展。第一，绩效考核指标维度要多元，既要有部门内领导的考核，也要有服务对象的考核。可以借鉴360度考核法，在考核中加入同事和服务对象的评价，加大服务对象评价在考核中的权重，增强考核全面性。第二，细化考核指标。考核指标模糊与可操作性负相关，在精准不足前提下，再好的内容也难免流于形式。为此，可以在每一层级考核指标下尽可能作更丰富的描述性特征，便于考核时精准对照。此外，应根据工作变化适时更新考核指标，避免考核指标滞后于工作要求。第三，考核指标的设定不仅要考虑短期内能够带来看得见的效益指标，也要着眼于长期发展任务。比如，在指标设定过程中，对于日常性事务设定指标时应偏重效率的提高，对可持续绩效项目，如教育投资及其服务工作，则要更关注其公平性考量。

3. 激励机制与容错机制并行

一般认为，公务员管理不仅需要绩效考核、问责制度的限制性约束，也需要通过激励机制及容错机制等支持性工具以打造自由、宽松的发展环境。良好的激励有利于公务员的组织目标认同，强化其工作动机，激发工作热情和进取精神。双因素理论将晋升、发展等与工作及其相关的内容视为组织激励的有效载体，针对目前公务员晋升渠道单一、晋升周期长这一现状，根据工作的性质、难易程度兼顾精神激励与物质激励标准，同时适当拓宽晋升渠道，给予公务员更多发展空间，达到激励公务员的目的。

容错机制是相对于问责制度而言的一种管理制度，其字面意思为"宽容错误"，即对合理范围内的工作错误予以宽容。现实中，问责制下的干部往往担心被问责而难以撸起袖子大胆干，抑制了其干事创业热情。容错机制则着眼于为"真抓实干"的干部保驾护航。具体说来，构建容错机制的核心在于确定容错范围。对因客观原因导致的错误、为公为民的错误、先行先试的错误应置于宽容之列。其次是容错主体的设置，可以是组建容错裁定小组也可以由纪检、监察机关负责或合署办公。将容错的任务确定到既定部门，权责清晰，避免执行低效。再次，确定容错流程，从容错申请、核查认定、容错决定等过程都有章可循，确保容错机制真正得到贯彻落实。

（四）完善招考监督机制

1. 重视内部监督

公务员内部监督既包括人事主管部门的自我监督，也包括公务员系统内其他部门的监督。作为公务员一种自我监督的内部监督方式，人事主管部门不可能避免地既当"运动员",又当"裁判员"。为减少自我监督过程中的悖论因素,需要着力于清晰划分权责,明确监督的内容、程序,把权力装进制度的笼子。同时,强化其他部门监督权能,在自我监督的基础上确保考录工作的公平性。监督应贯穿于包括对招录计划的合法性、报考条件的合理性以及试题保密工作的监督考录等全过程。

2. 拓宽社会监督途径

社会监督包括新闻媒体的监督、社会公众的监督、专家学者的监督。发挥新闻媒体监督影响力大、透明度高、覆盖范围广的特点,将其贯穿于公务员考录的全过程,包括招考信息发布环节、资格审核环节、笔试环节、面试环节、拟录用环节等,实现公务员招考透明化运行。与此同时,面向公众选拔人才的公务员考试自然离不开社会公众的监督,为此,人事考试中心等招考录部门应通过官网、官方微博、官方公众号等"三微一端"平台主动发布招考信息,主动公布监督电话、监督邮箱等联系方式,为公众参与监督提供渠道,不断提升公务员招考录的科学性和公平性。

总之,通过公务员考试选拔出优秀人才、使用好优秀人才这一核心目标的实现,离不开招、考、用各环节合理有效的机制设计。解构公务员招聘信息发布、考试、人才培养各环节,是逐步完善公务员"招考用"制度的必经之路。在此基础上,需要审慎思考并再造公考流程,通过合理设置报考资格、提高考试的科学性、创新公务员使用机制、完善招考监督机制的方式方法,提高"招考用"流程的目标一致性,实现"选优用优"的最终目标。

参考文献

[1] 林晖. 近百万人参加 2020 年度"国考"[EB/OL]. 新华社:2019-11-25. http://www.gov.cn/xinwen/2019-11/25/content_5455093.htm.

[2] 河南省 2020 年统一考试录用公务员公告 [EB/OL]. 河南人事考试网:2020-6-10. http://www.hnrsks.com/linkPage/TpNewnr.aspx?state=1&Id=4725.

[3] 江苏省 2020 年度考试录用公务员公告 [EB/OL]. 中共江苏省委组织部:2019-10-25. http://jszzb.gov.cn/tzgg/info_112.aspx?Itemid=

27997.

[4] 张桥. 我国公务员考试录用制度研究 [J]. 武汉理工大学学报（社会科学版），2014，27（3）：419-422.

[5] 盛明科. 公务员绩效考核的现实困境与出路——对湖南省 TY 县某局的微观考察 [J]. 江西社会科学，2012，32（2）：237-240.

[6] 丰俊功. 公务员绩效考核发展思路与改革评析 [J]. 人民论坛，2014（20）：63-65.

[7] 祁凡骅. 莫让"平均主义"污染了绩效考核一池清水 [J]. 人民论坛，2018（34）：50-51.

[8] 刘筠. 试论我国公务员的职业生涯管理 [J]. 领导科学，2011（2）：29-30.

[9] 曹永胜，王铮. 近年来英国公务员录用制度的改革与发展 [J]. 中国行政管理，2010（2）：95-98.

[10] 刘再春. 日本公务员录用制度的新发展及启示 [J]. 领导科学，2014（32）：56-59.

[11] 石庆环，王铭. 论英美两国文官制度的基本特征及其历史成因 [J]. 辽宁大学学报（哲学社会科学版），2010，38（1）：73-78.

[12] 英国公务员录用制度 [J]. 党建研究，2012（10）：63.

[13] 邢占军，徐运国. 公务员结构化面试存在的问题及其完善策略 [J]. 中国人才，2009（5）：21-23.

[14] 薛立强，李德伟. 中国公务员激励问题研究述评：现状、问题与展望 [J]. 公共管理与政策评论，2019，8（4）：81-96.

[15] 何春梅. 对我国公务员考录管理制度的现状分析 [J]. 云南行政学院学报，2006（3）：152-154.

提升企业建立企业年金制度的动因探析

曹庆东

摘　要： 在我国人口老龄化程度进一步加剧的当下，三支柱养老保障体系中的第一支柱基本公共养老金已暴露出诸多问题，其可持续性在未来将不断降低。在此种背景下，作为第二支柱补充养老金的重要组成部分，企业年金制度在全面建成多层次社会保障体系方面应发挥其积极作用。但我国企业年金制度起步较晚，在现实发展中还存在着参与率低、覆盖面狭窄及投资收益偏低等问题，本文通过梳理企业年金发展历程，从大力推广企业年金集合计划、引入生命周期基金及降低基本养老保险缴费率等方面促进企业年金制度发展，使其充分发挥第二支柱的补充作用，为广大企业职工实现老有所养做出应有的贡献。

关键词： 建立　企业年金　动因　探析

根据国家统计局2020年2月28日公布的《中华人民共和国2019年国民经济和社会发展统计公报》显示，截至2019年年末，我国60周岁及以上人口达到2.5388亿人，占总人口的18.1%，其中65周岁及以上人口达到1.7603亿人，占总人口的12.6%。以上这两项数据在2018年年

---

① 该篇论文获得"2020年全国人才与人事研究主题征文活动"三等奖。
② 曹庆东，中铁十局集团有限公司社会事业部副部长。

末分别为 2.494 9 亿人，占总人口的 17.9% 及 1.665 8 亿人，占总人口的 11.9%。可见我国人口老龄化程度进一步加剧，人口老龄化问题日益严重，但与此相对的是三支柱养老保障体系中第一支柱基本公共养老金已不堪重负，存在着抚养比过高、缴费率过高、过度依赖财政补贴、名义账户缺口较大及可持续性在未来下降明显等问题。2017 年 10 月，中国共产党第十九次全国代表大会在北京召开，习近平总书记在阐述新时代中国特色社会主义思想和基本方略时指出，要在幼有所育、学有所教、劳有所得、病有所医、老有所养、住有所居、弱有所扶上不断取得新进展。党的十九大报告指出，要全面建成覆盖全民、城乡统筹、权责清晰、保障适度、可持续的多层次社会保障体系。企业年金制度作为第二支柱补充养老金的重要组成部分，是第一支柱的有力支撑与补充，对于整个养老保障体系具有重要意义。同时，企业年金可以完善企业的薪酬福利体系，吸引并留住人才，还可以达到合理节税的目的。对于员工来说，除了可以提高养老保障水平外，还可以享受到税延优惠政策及专业的投资理财。但现阶段企业年金制度在发展中还存在着一定的问题，本文通过梳理企业年金制度的演变历程，分析现阶段企业年金制度发展中存在的问题，并提出部分优化路径，以期其更好地扮演作为第二支柱的角色，在深化我国养老保险制度改革、全面建成多层次社会保障体系、实现人民群众老有所养等多方面发挥其应有的积极作用。

一、企业年金制度的演变历程

（一）探索阶段

1991 年，国务院在《关于企业职工养老保险制度改革的决定》中鼓励企业建立多层次养老保险体系，实行补充养老保险制度。这是首次在国家层面明确倡导企业建立补充养老保险制度，可看作是企业年金制度的前身。20 世纪 90 年代中后期，原劳动部及国务院陆续发文规定补充养老保险制度的资金来源、建立程序、运作模式及管理办法等内容，这些规定是企业年金制度形成的雏形。但其中并未涉及缴费方式、资金投资增值及具体由何种机构管理经办等重要事项的规定，只能说是一些宏观的、粗略的框架性规定。

（二）形成阶段

2000 年 12 月，国务院在其颁布的《关于完善城镇社会保障体系的试点方案》中提出：建议有条件的企业为其职工建立企业年金制度，这是首次将企业补充养老保险制度更名为企业年金制度，标志着企业年金这一制度正式迈上历史舞台，其中还规定了企业年金的缴费方式及税优政策等内容。2004年，原劳动和社会保障部连续发布两个文件使企业年金制度在信息披露、监管及基金市场化运作等方面得到进一步完善，即《企业年金试行办法》和《企业年金基金管理试行办法》。自此，企业年金制度在我国由原有的粗略框架性规定转变成较为细化的制度性规定，正式由探索阶段转型为形成并得到初步发展的阶段。

（三）发展阶段

2011年，人社部发布了《企业年金基金管理办法》对此前发布的《企业年金基金管理试行办法》进行修订。2013年，人社部又发布了《关于扩大企业年金基金投资范围的通知》和《关于企业年金养老金产品有关问题的通知》。这些文件对企业年金基金可以投资的范围和比例作出了调整和优化，增加了新型的投资品种，为企业年金基金的保值增值奠定了基础，更加符合市场运作的规律。2017年财政部与人社部联合发布《企业年金办法》（36号令），对2004年发布的《企业年金试行办法》进行了修订，调整了缴费比例、领取资格及方式，细化了一系列管理运行方式，废止了《企业年金试行办法》的适用。《企业年金办法》的出台标志着企业年金制度得到了进一步的完善与丰富，整个制度的发展日趋成熟，保证了企业年金的正常运作。

二、企业年金制度发展中存在的问题

经过20余年的发展与完善，企业年金制度经历了从无到有，从粗略的框架性规定到具体细化的制度性规定，企业年金市场也取得一些可喜的变化与成绩。但该制度在发展的过程中，还存在以下几方面问题：

（一）参与率低，覆盖范围窄

首先从参与人数来看，根据人社部2019年6月公布的《2018年度人力资源和社会保障事业发展统计公报》所示，2018年年末全国参加企业年金的职工数量为0.2388亿人，同年年末全国参加基本养老保险人数为9.4293亿人，全国参加城镇职工基本养老保险人数为4.1902亿人，参加企业年金的职工数量仅仅占全国参加基本养老保险人数及全国参加城镇职工基本养老保险人数的2.5%和5.6%。

从参与企业数上来看，根据国家统计局数据显示，2017年全国企业法人单位数为18 097 682个，根据人社部《2017年全国企业年金数据摘要》所示，当年建立企业年金的企业个数为80 429个，只占全国企业法人单位数的0.44%（因国家统计局官方网站未查询到2018年及2019年全国企业法人单位数，故只能以2017年数据为例）。通过以上几项占比可以看出，近年来我国企业年金的参与率不管是从参与人数还是从参与的企业数来看都是比较低的，与我国庞大的企业职工人数和企业数量极不相称。与之相对的，部分发达国家的企业年金覆盖率如丹麦、法国、瑞士、澳大利亚几乎达到了100%，美国、英国、加拿大、德国等国家企业年金覆盖率都达到了50%左右。

其次从参与的地区和行业类别上看，分布极不均衡，覆盖范围狭窄。从地区上看，根据人社部发布的《2019年度全国企业年金基金业务数据摘要》所示，东南部沿海地区参与率较高，而中西部地区参与率较低，以上海市为例，备案的企业年金账户数为9 789个，而湖南省仅有810个，海南省仅有241个，西藏自治区更是仅仅只有24个企业账户。从行业类别上看，建立企业年金的企业多集中于烟草、铁路、电力、航空等垄断性行业及大型金融机构，国有企业更是占据市场的大半江山，中小型民营企业则鲜少建立企业年金。

通过以上分析可以看出，我国企业年金制度发展过程中参与率低及覆盖面窄的问题是客观存在的，这不利于其发挥养老保障第二支柱的作用，难以对第一支柱形成有力支撑。

（二）投资收益波动较大，某些年份偏低

根据人社部发布的"年度全国企业年金基金业务数据摘要"，2015年至2019年这五年，企业年金基金的投资收益率分别为9.88%、3.03%、5%、3.01%、8.29%。通过这组数据可以看出，其投资收益率波动较大，某些年份收益率偏低，在近10年的数据中甚至出现了负收益的情况。过低的投资收益率无疑会打击企业和职工个人参与企业年金的积极性，波动较大的收益率也会阻碍企业年金覆盖面进一步扩大，降低其作为第二支柱在整个养老保障体系中的作用。

（三）基本养老保险缴费率过高，影响企业年金发展

根据现行基本养老保险的规定，基本养老保险缴费率高达28%，其中单位缴费比例高达20%（自2019年5月1日起阶段性降低单位基本养

老保险缴费比例至16%），这一比例与国外相比仍然偏高，加上住房公积金单位最高缴费比例为12%，这两项缴费过高的费率使得企业的用工成本大大增加，挤压了企业的利润空间，加重了企业的经营压力，使得企业无力继续支付企业年金的缴费。以美国为例，其企业所缴纳的基本养老金费率仅为6.2%，德法等欧洲国家的基本养老金缴费率也仅维持在10%左右。在现阶段，第一支柱基本养老金存在抚养比过高、过度依赖财政补贴、名义个人账户缺口较大及可持续性在未来下降趋势明显等问题，基本养老保险过高的缴费率不利于企业年金制度的良性发展，不符合第一支柱养老金占比逐渐降低，第二支柱补充养老金占比逐渐上升的世界各国养老金发展趋势，也不利于我国构建多层次的养老保障体系。

（四）工资收入水平偏低，影响参与的积极性

有些企业，特别是民营企业、私营企业，没有建立健全兼顾效率和公平的工资确定与正常增长机制，员工工资收入长期得不到增长，工资收入偏低，致使企业参与企业年金的积极性不高，内生动力不足。

三、提升建立企业年金制度动因建议

（一）大力发展企业年金集合计划

通过上述分析我们可以看到，当前企业年金的参与率低及覆盖面窄的主要原因是：建立企业年金制度的企业多集中于烟草、铁路、电力、航空等垄断性行业及大型金融机构，国有企业更是占据市场的大半江山，中小型企业则鲜少建立企业年金制度。大力推广适合中小型企业的企业年金计划，是提高企业年金参与率、扩大企业年金覆盖面的重要途径。

从企业年金的制度设计上看，企业年金单一计划主要是适合大型企业建立的，而中小型企业则比较适合参与集合计划。根据《2019年度全国企业年金基金业务数据摘要》所示，当年全国企业年金单一计划多达3 408个，而集合计划仅有173个，只占全部计划的4.8%，这无疑是不利于中小型企业建立企业年金计划的。

因此，要想推动中小型企业建立企业年金计划，应大力推广集合计划，但我国目前没有专门针对中小型企业年金集合计划的制度和相关优惠政策。而在企业年金发展较为成熟的发达国家，都会颁布一些鼓励中小型企业建立企业年金的政策，如美国的《小型企业退休计划》等都对缩小养老金差距、保护中小型企业职工的利益起到了积极的作用。除了

政策上对集合计划的建立提供支持外，还应向中小型企业大力进行推广，主要应从参加集合计划的企业可以共同分担费用成本和集中资金以获得更高额投资收益两方面进行宣传。

（二）引入生命周期基金，提高投资质量

20世纪90年代，博迪、莫顿及萨缪尔森将人的生命周期理论引入投资领域，创造了跨期消费—投资组合模型，并利用这一模型开发了生命周期基金这一金融工具。以企业年金投资为例，引入生命周期基金产品可以实现的效果是：其资产配置是根据投资者年龄的增加自动改变的。距离退休时间越远，推荐给投资者的产品中高风险、高收益额的资产配置就越高，具体来说就是权益类资产的投资。随着时间的推移，在临近退休前几年，现金和银行理财等低风险低收益高流动性的资产比例会增加，权益类资产份额会逐渐缩小。这样配置投资资产能够帮助投资者平衡整个生命周期的消费，在降低投资风险的同时提升资产整体的效用水平，提高企业年金投资质量，实现长线收益水平的保证。

（三）降低基本养老保险缴费率

根据上文的分析，我们可以发现基本养老保险过高的缴费率会挤压企业年金的生存空间，很多中小型企业在缴纳基本养老保险费用后很难有余力去建立企业年金计划。最近几年，我国政府已经发现基本养老金缴费率过高的挤出效应明显，各个地区开始进行降费改革。我国应抓住降低基本养老金缴费率的契机，配合其他优惠措施，大力发展企业年金计划。具体来说，可通过强制性或激励性的制度安排将企业节省的基本养老保险费用投入到企业年金计划的建立中，以完善企业的薪酬福利体系，吸引并留住人才，推动企业与企业年金制度的良性协调发展。

（四）提升企业建立企业年金制度的内生动力——加强收入考核

从人力资源管理角度分析，在提升员工工作积极性和满意度过程中均有多重措施和方法。收入分配是民生之源，建立健全工资分配基本制度，引导企业在发展生产、提高经济效益的基础上正常、合理、稳定地增加职工工资，是坚持以人为本、维护劳动者合法权益、构建和谐社会的根本要求。各企业应深刻认识到加强企业工资宏观调控、健全工资正常增长机制的重要性和紧迫性，加快建立完善兼顾效率和公平的工资确定与正常增长机制。各类企业均应依据政府发布的年度工资指导线，合理安排工资增长幅度。

企业年金制度作为企业工资分配的重要手段，企业可为单位职工建立企业年金制度，满足企业年度工资增长需求。

参考文献

[1] 国家统计局. 中华人民共和国 2019 年国民经济和社会发展统计公报. [EB/OL]. （2020-02-28）. http：//www. stats. gov. cn/tjsj/zxfb/202002/t20200228_1728913. html.

[2] 国家统计局. 中华人民共和国 2018 年国民经济和社会发展统计公报. [EB/OL]. （2019-02-28）. http：//www. stats. gov. cn/tjsj/zxfb/201902/t20190228_1651265. html.

[3] 人力资源和社会保障部. 2018 年度人力资源和社会保障事业发展统计公报. [EB/OL]. （2019-06-11）. http：//www. mohrss. gov. cn/SYrlzyhshbzb/zwgk/szrs/tjgb/201906/t20190611_320429. html.

[4] 国家统计局. 国家数据-年度数据-指标-综合-法人单位数. [DB/OL]. (2020-04-09). http：//data. stats. gov. cn/easyquery. htm? cn＝C01.

[5] 人力资源和社会保障部. 2017 年全国企业年金数据摘要. [EB/OL]. (2018-04-04). http：//www. mohrss. gov. cn/SYrlzyhshbzb/shehuibaozhang/gzdt/201804/t20180404_291589. html.

[6] 柳发根. 我国企业年金覆盖面扩展问题研究文献综述 [J]. 改革与战略，2014，30（02）：136-140.

[7] 人力资源和社会保障部. 2019 年度全国企业年金基金业务数据摘要. [EB/OL] （2020-03-31）. http：//www. mohrss. gov. cn/shbxjjjds/SHBXJDSgongzuodongtai/202003/t20200331_364056. html.

[8] 张倩云. 企业年金制度改革与创新研究 [D]. 南京：南京大学，2019，36.

[9] 高庆波. 发展二、三支柱，完善多层次养老保障体系 [N]. 中国保险报，2018-10-31（003）.

国有企业推行职业经理人制度实操路径研究[①]

吕祥友　胡增永　韩书臣　张学斌[②]

摘　要： 国有企业改革当前已经进入深水区，如何推动国有企业改革创新、实现更高质量发展是一项重要课题。实践证明，职业经理人制度在推动经理层人事变革、提升行业竞争力等方面具有显著作用。本文以山东省省属国有企业为例，分析了国有企业推行职业经理人制度的实践要点及重要作用，深入挖掘实践过程中存在的关键问题并提出了优化策略，以期为国有企业改革提供有益借鉴。

关键词： 国有企业　职业经理人制度　国企改革　现代企业制度

一、引言

职业经理人是指按照"市场化选聘、契约化管理、差异化薪酬、市场化退出"原则选聘和管理的，在充分授权范围内依靠专业的管理知识、技能和经验，实现企业经营目标的高级管理人员。职业经理人制度起源于美国，是适应市场经济发展内在因素而产生的一种人力资源配置模式，在完善企业的市场化经营机制，增强企业内活力、动力方面具有重要作

[①] 该篇论文获得"2020年全国人才与人事研究主题征文活动"三等奖。
[②] 吕祥友，中泰证券股份有限公司党委副书记，齐鲁股权交易中心有限公司党委书记、董事长；胡增永，中泰证券股份有限公司总经理助理、党委组织部部长、人力资源部总经理；韩书臣，中泰证券股份有限公司人力资源部高级经理；张学斌，中泰证券股份有限公司人力资源部业务经理。

用。改革开放40多年来，随着现代企业制度逐步建立，法人治理结构不断完善，以"三会一层"为核心的内部运行机制更加顺畅，国有企业得到了迅猛发展，为推行职业经理人制度奠定了重要的现实基础。社会主义市场经济体制不断完善，为职业经理人制度建设提供了良好的社会环境。当前，推行职业经理人制度建设不仅是国有企业提升管理效能的重要途径，也是深化"三项制度"改革的重要内容，具有重要的现实意义。近年来，山东省以国企改革为契机不断推动国有企业人才体制机制创新，在全国率先实施了高级管理人员契约化管理和职业经理人制度试点，探索总结出了一套符合现代企业管理制度、适应不同行业监管要求、有助于推动国有企业高质量发展的经理层管理实践经验，且作为国资大省，山东省更具有典型性与借鉴性。因此，本文以山东省省属国有企业为例，深入剖析职业经理人制度实务操作全流程，以期为国有企业改革提供有益借鉴。

二、国有企业推行职业经理人制度的研究与实践概况

（一）基于可视化软件（CiteSpace）的职业经理人制度研究趋势与热点分析

随着国企改革不断深入，职业经理人制度逐渐成为学术界研究的热点之一。以"职业经理人制度"为关键词在中国知网进行检索，共得到886篇文献结果，下面从发文时间和发文主题两个维度对研究现状进行分析。从发文时间维度来看，如图1所示，关于职业经理人制度的研究最早可追溯至1998年，相关研究成果数量大体呈现逐步增长的趋势。其中，2016年、2017年、2018年成果数量最多，平均每年均超过了70篇，这与国务院国资委大力推行职业经理人制度的时间基本契合；从发文主题维度来看，以与主题相关度最高的200篇文献为对象，运用CiteSpace软件绘制了核心关键词共现网络，如图2所示，主要提取出了"国有企业""国企改革""现代企业制度""制度建设""约束机制""内部培养""员工持股""薪酬分配""人力资源""混合所有制"等关键词，这些也正是当前国有企业职业经理人制度建设的重点内容。本文统计了关键词共现次数，发现"国企改革""制度建设""约束机制""现代企业制度"等关键词所在节点最大，与其他关键词之间的关联频次最高，这体现了当前职业经理人制度研究的热点和难点。虽然现有研究成果为本研究提供了

宝贵的参考资源，为本文形成奠定了良好的基础，但也存在一定的局限性：一是以往研究多止于理论层面，实践层面的研究较少；二是少有的实践研究多立足于局部环节，缺乏对整体的把握与分析。

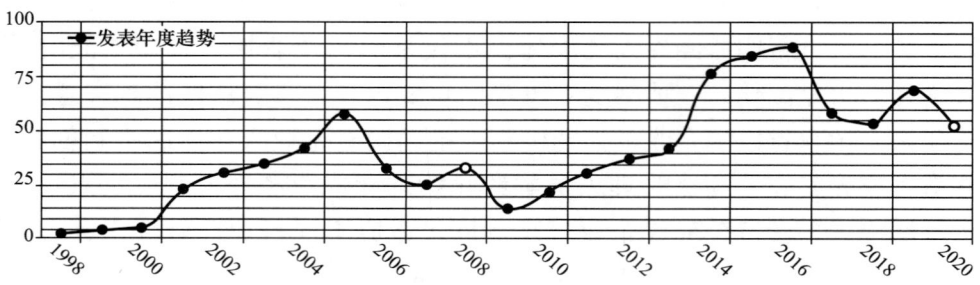

图1　关于职业经理人制度研究文章发表数量统计

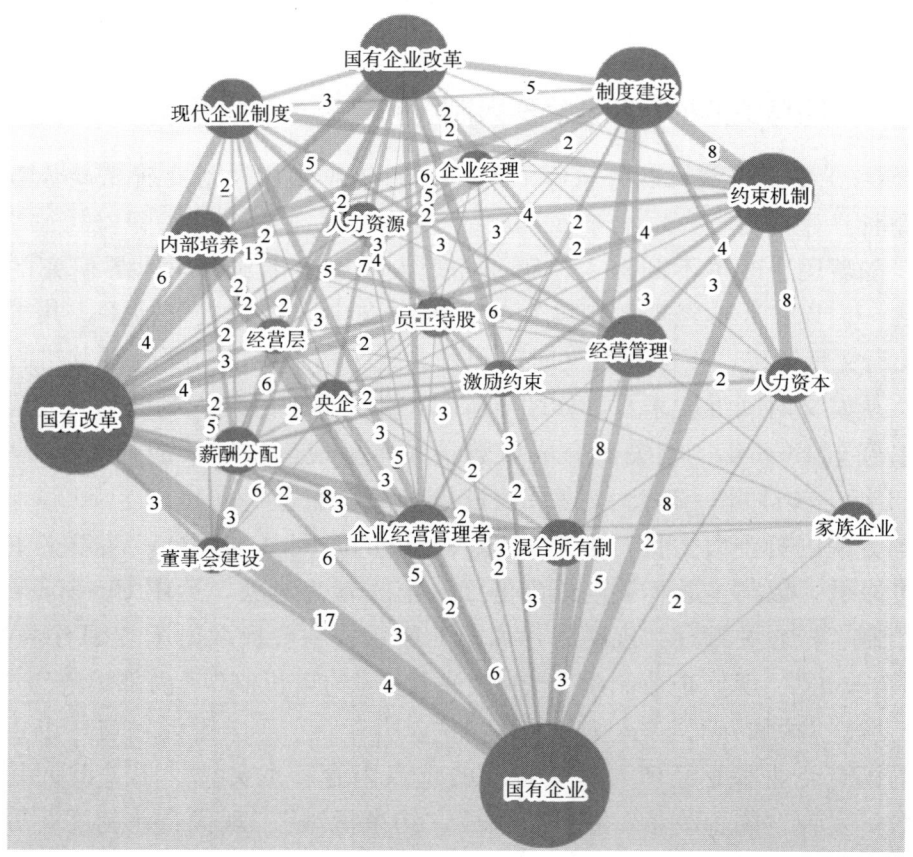

图2　核心关键词共现网络图

(二）职业经理人制度的规范化与实践发展概况

政策是职业经理人制度建设的重要推动力。2014年，国务院国资委启动了中央企业职业经理人试点改革，选取了宝钢集团、新兴际华、中国节能、中国建材、国药集团5家央企开展职业经理人试点工作，随后进一步扩大试点范围，在中粮集团、中化集团、中国电科、国投集团、中国通号等所属二级企业大力推行职业经理人制度，取得了显著成效；2016年，国务院国资委提出十项改革试点工作，又把"推进职业经理人制度"列入其中，进一步加快推进各项改革落地见效；自2018年8月国务院国资委开展了"双百行动"，对"双百企业"推进职业经理人制度建设提出要求；2020年1月，国务院国企改革领导小组制定了《"双百企业"推行经理层成员任期制和契约化管理操作指引》和《"双百企业"推行职业经理人制度操作指引》，这对推行职业经理人制度具有引导性及统一工作标准的意义，为推行职业经理人制度提供了制度保障。

全国各地市的国有资产监督管理机构也积极探索建立职业经理人制度。2014年，山东省实施了高级管理人员契约化管理，在中泰证券、山东国投、鲁信集团等26家省属国有企业进行试点；2018年底，进一步开展规范经理层成员契约化管理、建立职业经理人制度试点工作。2016年，浙江省开始推行职业经理人制度，坚持市场配置资源原则，以多种方式吸纳人才，部分试点企业经理层的薪酬水平已基本与市场化水平接轨。2016年，深圳市开始先后分两批推行职业经理人制度试点，已在11家市属企业的部分下属中小企业开展经营班子整体市场化选聘试点工作。2017年，上海市开始推进职业经理人制度试点，以"薪酬制度改革"为切入点，在8家市属企业开展了职业经理人薪酬制度改革试点。2017年，海南省开始推行职业经理人制度，在省国资委重点监管的一级企业中开展试点。可见，中央和各省市已经将建立健全职业经理人制度作为深化国企改革的重要抓手，并进行积极有益的探索。相关政策规范的发展历程见表1。

表1　　　　　中央和山东省关于职业经理人的政策规定

序号	政策文件	亮点及重点内容
1	《2002—2005年全国人才队伍建设规划纲要》（2002年5月）	建设一支职业经理人队伍。逐步实行职业资格制度，加紧研究制定资质认证标准和市场准入规则

续表

序号	政策文件	亮点及重点内容
2	党的十八届三中全会《中共中央关于全面深化改革若干重大问题的决定》（2013年11月）	建立职业经理人制度，更好发挥企业家作用；国有企业要合理增加市场化选聘比例，合理确定并严格规范国有企业管理人员薪酬水平
3	中共中央、国务院《关于深化国有企业改革的指导意见》（2015年9月）	推行职业经理人制度，实行内部培养和外部引进相结合，畅通现有经营管理者与职业经理人身份转换通道 坚持党管干部原则与董事会依法产生、董事会依法选择经营管理者、经营管理者依法行使用人权相结合，不断创新有效实现形式
4	中央办公厅《关于在深化国有企业改革中坚持党的领导加强党的建设的若干意见》（2015年9月）	坚持党管干部原则，从严选拔国有企业领导人员，建立适应现代企业制度要求和市场竞争需要的选人用人机制
5	国务院《关于国有企业发展混合所有制经济的意见》（2015年9月）	推行混合所有制企业职业经理人制度，通过市场化方式选聘职业经理人依法负责企业经营管理，按照市场化原则决定薪酬，采取多种方式探索中长期激励机制，严格任期管理和绩效考核
6	中共中央《关于深化人才发展体制机制改革的意见》（2016年3月）	合理提高国有企业经营管理人才市场化选聘比例，畅通各类企业人才流动渠道 研究制定在国有企业建立职业经理人制度的指导意见
7	山东省委、省政府《关于深化省属国有企业改革完善国有资产管理体制的意见》（2014年6月30日）	建立职业经理人制度 省属国有企业要合理增加市场化选聘比例，以聘任制、任期制和经营目标责任制为主要内容，逐步对企业经营管理人员实行契约化管理
8	山东省委办公厅、省政府办公厅《关于深化省属国有企业改革几项重点工作的实施意见》（2015年3月6日）	继续开展高级管理人员契约化管理试点工作，努力发挥示范带动作用 加快建立职业经理人制度，逐步在省管企业及其权属企业推进实施
9	山东省委办公厅、省政府办公厅《关于建立国有资本投资运营公司的意见》（2015年5月5日）	推行职业经理人制度，实行契约化、任期制和经营目标责任制考核，健全激励约束机制，依靠高素质、专业化、国际化管理团队，实现国有资产保值增值
10	山东省委办公厅《关于印发〈山东省省管国有资本投资运营公司领导人员管理暂行办法〉的通知》（2015年5月29日）	对经理层实行契约化管理 董事会与经理层（总经理、副总经理）分别签订契约，契约内容包括：聘任期限、任期目标、考核办法、薪酬构成、解聘条件以及双方的权利、义务等。其中，经理层聘任期限一般不超过本届董事会的任期

续表

序号	政策文件	亮点及重点内容
11	山东省委、省政府《关于加快推动国有企业改革的十条意见》（2017年7月28日）	2020年年底前，全面实现外部董事占多数、外派监事会全覆盖，基本建立职业经理人制度
12	山东省委办公厅《关于在国有企业坚持党的领导、加强党的建设的实施意见（试行）》（2017年8月23日）	建立完善职业经理人制度，积极培育职业经理人市场，坚持内部培养和外部引进相结合，畅通现有经营管理者与职业经理人身份转换通道

三、国有企业推行职业经理人制度的实操路径

山东省作为国资大省，近年来出台了一系列改革措施，国有企业治理结构日益完善，市场化程度不断提高，经营效益得到了明显提升。其中，职业经理人制度建设就是改革的一个主要切入点。2014年，山东省就启动了高级管理人员契约化管理试点工作，在省属国有企业中进行了深入实践，积累了丰富的操作经验。2018年，山东省启动了规范经理层成员契约化管理、建立职业经理人制度试点工作，选择在鲁信集团、山东重工、中泰证券3家省属国有企业进行试点。经过几年的实践，山东省在推行职业经理人制度方面积累了丰富的实践操作经验，概括而言主要有以下七个方面。

（一）深刻把握职业经理人制度的内涵实质是高质量推行职业经理人制度的重要前提

职业经理人制度聚焦企业经理层成员管理，为企业高级管理人员选聘、考核、激励与退出提供了有效的解决方案。这一制度的核心是"市场化选聘、契约化管理、差异化薪酬、市场化退出"四大原则。其中，市场化选聘主要解决"入口"问题，通过引入市场化机制，盘活经理层人员的积极性与主动性。契约化管理解决的是"契约"问题，要根据职业经理人的不同岗位、不同职责和不同从业经历，精准约定不同的业绩指标。差异化薪酬主要解决"激励"问题，对承担不同职责、不同风险、不同业务的职业经理人给予与之相对应的报酬，充分体现差异性，有效发挥激励效果。市场化退出解决的是"出口"问题，通过严格执行年度

考核、任期考核以及履行任期制等，实现职业经理人的合法、有序退出。因此，职业经理人制度为企业优化经理层队伍、提升管理效率提供了有效的实施路径，具有独特的理论与实践优势。

（二）各治理主体之间权责清晰、协调运转是推行职业经理人制度的基本保障

企业不同治理主体具有法定职责，自上而下的重大战略决策需要在不同治理主体之间有效传导后才能得以落地执行。因此，委托代理关系是公司治理中的核心问题，对企业能否高效运转具有重要影响。自2014年起，部分省属国有企业就开始优化"四会一层"（即，党委会、股东会、董事会、监事会以及经理层）运行机制，明确了各治理主体的角色定位，厘清了权责边界。以职业经理人制度建设为例，企业党委会负责重要环节的前置把关，对职业经理人选聘方案、拟聘人选、考核办法、薪酬办法进行研究讨论；股东会负责审议确定职业经理人职数并将其载入公司章程；董事会负责执行股东会的决议，决定职业经理人的聘免、薪酬考核等事项；监事会负责监督职业经理人的薪酬分配等事项；经理层根据聘任协议与业绩目标，具体开展所负责业务线的工作。通过不断探索实践党委会领导作用、董事会决策作用、监事会监督作用、经理层经营管理作用相结合的实现途径，股东会对董事会的委托代理关系、董事会对经理层的委托代理关系得以有效闭环，山东省省属国有企业为职业经理人制度建设创造了良好的运行环境。

（三）构建系统完善的制度体系是职业经理人制度建设的重要支撑

职业经理人制度框架主要包括宏观层制度体系和微观层制度体系（见表2），宏观层面主要是指社会环境、国家政策环境等；微观层面主要是指企业推行职业经理人制度的具体规范。当前，在外部环境不够完善的情况下，企业内部相关制度完善与否成为推动职业经理人制度的关键。山东省省属国有企业重点从微观层面完善制度体系，制定了以职业经理人制度实施方案为核心，配套职业经理人选聘制度、职业经理人薪酬激励制度、职业经理人考核评价制度、职业经理人契约化管理制度、职业经理人监督制度、职业经理人退出制度等"1+N"制度体系。进一步明确了试点范围、职数设置、业绩考核、薪酬分配、聘用期限、退出机制等内容，为职业经理人制度建设提供了制度基础。

表2　　　　　　　　　　职业经理人制度框架体系

类别	制度名称	重点内容
社会环境宏观层面	法律制度	职业经理人标准、职业道德、职业素养要求等
	信用制度	信用标准、信用体系运行机制和管理制度、信用环境等
	社会化培养制度	培训内容范围、培训师队伍、培养模式
	社会化评价制度	原则要求、实施主体、评价方式、评价结果运用
	流动制度	职业经理人法律上人力资本归属问题、竞业禁止和竞业禁止补偿相关制度
企业微观层面	选聘制度	选聘原则、选聘计划、选拔、聘用程序等
	薪酬激励制度	责任主体，完善薪酬激励结构、中长期激励机制，激励约束机制等
	考核评价制度	考核评价方法、评价主体、考核评价指标、考核评价流程、考核评价结果等
	契约化管理制度	目标任务和职责要求、任期时间、任期中的考核、激励、约束方式
	监督制度	监督内容、监督主体、监督手段、责任追究
	退出制度	退出形式、退出程序、退出风险规避

（四）推行市场化选聘机制是职业经理人制度建设的关键环节

市场化选聘机制是一项系统化、全面化的工作，包括市场化制度规范、市场化评价标准和市场化评价程序等。山东省省属国有企业结合所处不同行业的特点，建立了与市场化有机融合的职业经理人选聘机制。首先，完善市场化选聘程序。省属国有企业采用了多元化的选聘方式，包括内部提拔、公开招聘、猎头招聘、他人推荐等[①]。其中，对社会影响面大、关注度高的岗位进行公开招聘；对高端人才采取定向邀请、委托推荐等方式；对于急需紧缺的高端人才采取猎头公司推荐等方法引进；暂时不适合面向社会公开招聘的岗位采取了内部竞聘等方式。其次，充分发挥董事会提名委员会的作用。省属国有企业高度重视强化董事会队伍建设，引入了具有大型国有企业管理经验的高级管理人员担任董事，以及具有法学、会计学、金融学等专业背景的大学教授担任独立董事，充分发挥提名委员会的专业评价职能，提升职业经理人工作的专业化水平。最后，构建职业经理人胜任力模型。部分处于充分竞争领域的商业

---

① 山东大学职业经理人研究中心对300多名企业经理人进行的问卷调查显示，内部提拔（占46.2%）、公开招聘（占26.9%）、猎头公司（占14.2%）、他人推荐（占12.7%）。

一类省属国有企业不断优化职业经理人选聘评价体系，结合企业契约理论、委托代理理论、现代管理理论、人力资源理论等，研究构建了涵盖政治素质、创新精神和能力、学习精神和能力等要素的职业经理人胜任力模型，根据战略和发展方向确定职业经理人应具有的素质和能力（见图3），大大提升了选聘的精准度与高效性。

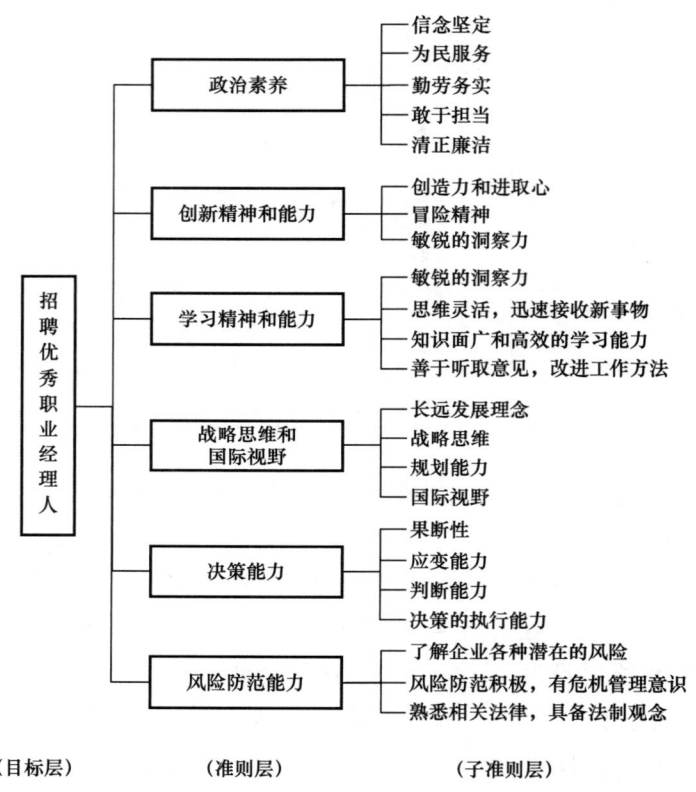

图3　国有企业优秀职业经理人的素质和能力构成

（五）严格执行任期制和业绩目标是职业经理人制度有效落地的根本要求

契约化管理的实质是企业与职业经理人要通过签订契约来明确各自的权利、责任和义务。山东省省属国有企业充分发挥劳动合同、聘用合同和业绩目标三个"核心文本"的作用，建立起一套从战略规划到财务预算、选聘、业绩考核、激励约束的闭环管理模式。具体实践中，由企业董事会授权董事长与职业经理人签订聘任协议，明确双方的权利、责任和义务。协议内容主要包括所聘职务、聘任期限、任期目标、薪酬和业绩考核、岗位职责权限、履职行为规范、协议解除或者终止、违约责任及追究、离职后的义务约定等。选聘产生的职业经理人，实行任期制，聘期自本届董事会聘任之日起至本届董事会期限届满，职业经理人劳动合同期限与聘期一致。

（六）研究建立有效的考核激励机制是激发职业经理人工作积极性的重要途径

大部分山东省省属国有企业处于充分竞争性领域，合理的薪酬制度能够使委托人和代理人的利益目标趋向一致，引导激发职业经理人的内在动力。首先，科学确定薪酬标准。职业经理人薪酬总水平由国有企业董事会参考行业同类可比人员薪酬价位，根据行业特点、企业发展战略目标、薪酬策略、经营业绩等因素合理确定。例如，部分企业以净利润在同类上市企业的排名为基准，前后各取5家作为参照；所选聘的职业经理人的薪酬总水平不超过上述10家企业中总经理、副总经理薪酬水平的一定分位值。其次，科学制定指标体系。省属国有企业的职业经理人业绩考核主要包括党建目标、经营业绩和风控合规三个方面。业绩目标的设置主要采用以下方法：一是利用行业对标、历史对标的办法，主要采用行业排名、市场份额、发展速度等指标，尽量剔除市场因素。二是任期目标与年度目标相结合，任期目标细化为年度目标，年度目标围绕企业整体年度目标予以确定。三是根据业务类、业务运营类、管理类等不同的岗位性质，设置不同类型的目标，体现差异化。对业务类职业经理人，根据董事会下达的净收入、净利润等财务指标，市场份额增长率、行业排名等发展目标确定；对业务运营类职业经理人，主要根据分管部门年度重点任务完成情况、部门履职情况、对公司整体业务提供技术支撑情况确定；对管理类职业经理人，主要根据分管部门年度重点任务完成情况、部门履职情况、对公司整体业务提供服务支持情况确定。最后，建立业绩指标修正机制。由于某些领域行情波动幅度较大、监管新规紧随市场也会出现较大变化，部分国有企业为此建立了业务指标修正机制，当出现市场行情大幅波动、战略调整、分工调整等不可抗力因素，导致业绩目标确实无法继续履行时，对采用绝对值的关键业绩指标及其目标值进行调整，并变更业绩合同，确保业绩合同继续具有客观性和合理性。

（七）建立完善的退出机制是规避职业经理人道德风险的必要制度安排

职业经理人的流动性较强，离职成本较低，因此，设计合理的退出标准、退出程序与退出路径是完善职业经理人制度、避免国有企业遭受重大损失的必然要求。部分省属国有企业在聘任协议中明确约定考核评价不合格、违规违纪行为、造成重大损失等解聘条件及程序（见图4）。对于年度考核得分低于60分或连续两个考核年度不足70分的职业经理人，董事会予以解聘；任期考核得分不足70分的职业经理人，董事会不再续聘；对于触犯监管红线的职业经理人，董事会予以解聘；对于给企业造成重大经济损失或声誉损失的职业经理人，董事会予以解聘。对于任期届满时退出的，根据聘任协议规定的聘任期限自然解除聘任关系，具体处理流程（见图5）可以总结概括为七个步骤：董事会完成换届、任期考核评价及岗位职数设置、企业党委研究讨论、董事会决策、向上级党委备案、签署聘任合同或市场化退出。部分处于充分竞争领域的省属国有企业还实行了聘任关系和劳动关系"双解除"机制，即职业经理人聘任协议解除或终止后，劳动合同一并解除或终止，对于解除或终止聘任关系的职业经理人，一并依法退出公司，明确补偿机制，不再安排其他工作。

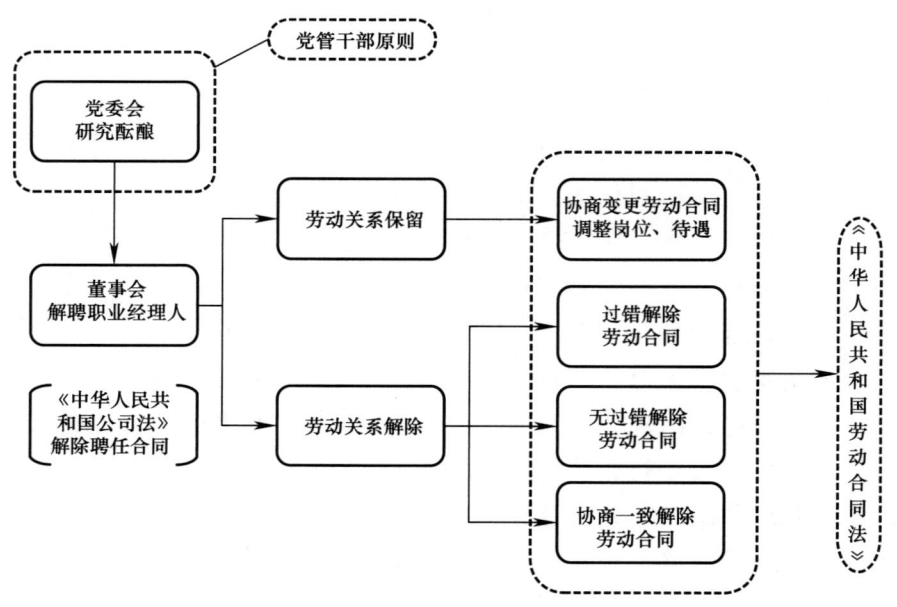

图4　国有企业职业经理人任期内绩效考核退出路径图

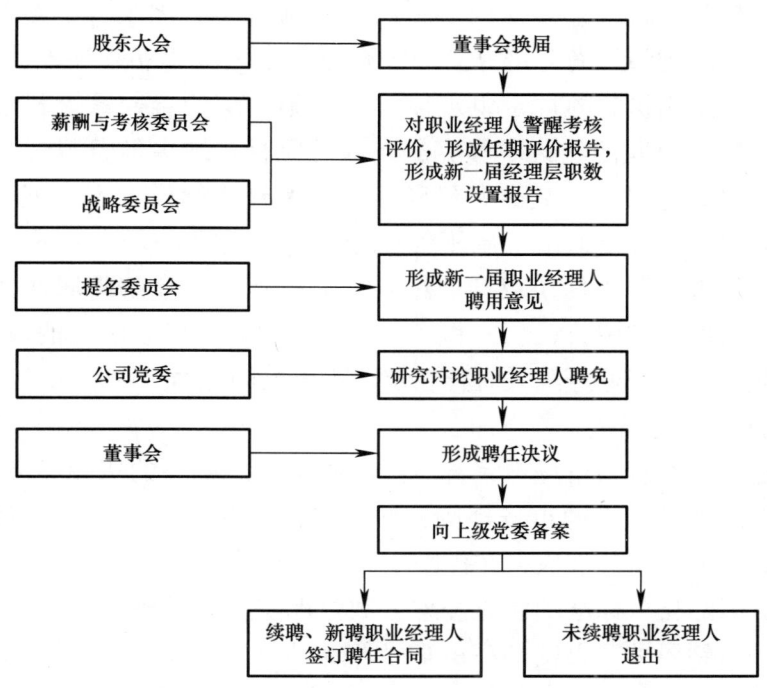

图5 国有企业职业经理人聘期届满处理路径图

四、对国有企业推行职业经理人制度建设的思考

（一）面临的主要问题

1. 国企内部问题

一是部分国有企业内部职责边界不够清晰。资产所有权、法人财产权和经营权的分离不够彻底，存在董事会决策经理层职权范围内事项及董事长代总经理履行经理管理权等问题，总经理无法充分行使对经理层成员的提名建议权且在经理层成员考核评价与薪酬分配中话语权较小。二是市场化选聘比例偏低。部分国有企业的职业经理人管理体制尚未完全转变成职业化、市场化管理，有关市场化配套制度尚未完全建立；对市场化选聘的概念理解有偏差，将竞争上岗、公开竞聘等竞争性选拔等同于市场化选聘。三是激励考核机制不够科学。部分国有企业存在固定薪酬较高、绩效薪酬较低，短期激励多、中长期激励机制少的问题。企业董事会薪酬与考核委员会作为考评主体的考核评价职能未有效发挥，未直接考核到经理层个人，缺乏基于岗位责任分析的考核标准，未将绩

效考评结果与薪酬调整相挂钩。四是任期制与契约化执行不够严格,市场化意识和契约精神尚需培育。部分企业尚未完全建立领导人员任期制,聘任合同对退出机制的规定也难以实际落地。契约合同缺乏科学性、可操作性,契约合同的签订不够完善、缺乏刚性,缺少经营目标、薪酬标准及考核奖惩等必备的要素,经营目标、考核指标设置不合理等,影响契约有效执行。五是退出机制不够健全。部分企业与职业经理人只签署劳动合同而未签署聘任协议和业绩合同问题;由于在解聘职业经理人时受《中华人民共和国公司法》和《中华人民共和国劳动法》的双重约定,部分企业在解聘职业经理人时存在定位不清的问题。

2. 外部环境问题

一是职业经理人市场不完善。国内尚未形成统一的职业经理人市场,也没有形成规范有效的市场规则,职业经理人的流动与合理配置存在障碍。二是国内职业经理人存在供需不平衡。国内符合"职业化、市场化、专业化、国际化"标准的职业经理人数量严重不足,满足所处行业需要、素质能力达到要求、忠诚度高的职业经理人更是少之又少。三是职业经理人资质认证机制不健全。就评价标准而言,现有的职业经理人评价标准体系不统一,未能有效推行职业经理人国家标准,导致社会化评价活动中缺乏统一的评价标准和科学的测评方法。就评价机构而言,国内尚未形成权威的职业经理人评价机构,大多是以营利为目的的第三方评价机构,公信度低。四是职业经理人信用评价体系不健全。目前针对职业经理人从事经营管理活动的职业信息还不完善,尚未在全国范围内建立相应的职业信息管理系统,没有建立起一套完整的职业经理人信用评价体系。由于职业经理人市场的信用评价体系尚未形成良性的循环,职业经理人得不到合理的信用评估,导致其失信成本较低,存在职业道德风险,企业对市场化选聘的职业经理人容易产生"信任危机"。

(二)相关建议

1. 对国有企业的建议

(1)推进国有企业混合所有制改革,为职业经理人制度建设提供更加适宜的"土壤"和"环境"。混合所有制经济是我国基本经济制度的重要表现形式,也是国有企业改革的方向和国有企业市场化的必经之路。一是积极推行国有企业混合所有制改革。国有企业应进一步加大力度推进混合所有制改革,引入战略投资者,优化产权结构,从根源上培育适合职业经理人生存发展的"土壤"。二是积极推行国有企业上市。我国已经建立起完善的证券发行核准制度，对上市公司的法人治理结构、资本结构、信息披露制度等方面都有严格规定，可谓是对国有企业治理的一次全面、深度的考验。国有企业应大力推进上市工作，打造以"国有资本＋社会资本＋员工持股"为主的股权结构，构建以股权激励为核心的职业经理人中长期激励机制。

（2）完善国有企业人才"内生"机制，大力发现培养储备质量过硬、数量充足的高端管理人才。国有企业主营业务多元，所涉及的岗位需求也各有不同，职业经理人选聘应坚持因企制宜、内外结合的思路，尤其当前在外部环境不成熟的情况下，要更加注重内部培养。具体而言，一是建立内部职业经理人市场，推行竞争性选拔与市场供求双向选择，精准甄别出有能力、有激情的职业经理人人选。二是构建科学培训体系，建立沟通诊断机制，根据不同岗位应具备的能力要求构建胜任力模型，对内部经理层成员进行专项诊断，查找不同维度下存在的问题，由专业师资队伍精确提升经理人的综合能力与业务水平。三是畅通职业经理人转换机制，提升内部培养质量。建立完善的转换机制与过渡保护程序，设定职业经理人转换过渡保护期，过渡保护期考核结束后执行"双向选择"，由企业根据考核结果决定经理人是否具备转换的资格，经理人也可选择是否放弃原先身份真正转换为职业经理人。

（3）强化"执行"力度、培养契约精神，推动形成健康良好的职业经理人履职环境。首先，国有企业要进一步发挥劳动合同、聘用合同和业绩目标三个"核心文本"的作用，结合行业特点构建涵盖不同岗位类型、绝对指标与相对指标相结合、业务指标与党建指标相融合的业绩指标动态调整体系，强化企业与职业经理人的双向沟通。其次，国有企业要严格执行任期制度，任期满后必须启动退出机制；建立以任期目标与年度目标为核心的全面绩效考核机制；建立追责制，职业经理人在任期内存在过失的，无论是否在职都要严肃进行追责。持续培养职业经理人的文化素养，倡导契约化、市场化的理念，在经理层的选聘、考核、薪酬、履职，以及安排会议、活动、培训等环节严格考虑其职业经理人的身份属性。

（4）坚持充分对标行业、对标市场，持续优化考核评价体系，建立更加系统、完善的职业经理人激励机制。第一，国有企业要动态对标市场，按照合理的分位值确定职业经理人薪酬。第二，要构建差异化的职业经理人薪酬体系，秉持"业绩升、薪酬升、业绩降、薪酬降"的薪酬理念，形成绩效考核与浮动薪酬的联动机制，合理确定基本年薪、绩效年薪和任期激励收入所占比重，优化国资监管机构对国有企业负责人限制的规定，充分调动国企职业经理人的积极性。不同的职业经理人岗位，因市场价值、业绩贡献不同，薪酬水平应该不同；同一岗位的不同职业经理人，因其资历、经验、过往业绩、资源积累等因素不同，薪酬水平应该不同；同一位职业经理人，约定的业绩目标、管理幅度、经营难度、责任风险不同，薪酬水平应该不同。第三，建立以业绩为导向的绩效评价体系，综合运用绩效评价方法，多角度评价职业经理人，既要关注硬指标，又要重视软指标，处理好长远目标与近期目标、绝对指标与相对指标之间的关系，针对不同岗位类型的职业经理人设定合理的、个性化的考核指标，并将绩效结果与薪酬激励、选拔任用、淘汰退出等形成联动机制。

（5）进一步优化职业经理人退出机制，推动国有企业与职业经理人之间建立良性的合作关系。第一，国有企业要适应行业特点，进一步优化涉及聘任合同中的退出条款，明确约定聘期内绩效考核退出和惩戒退出的条件、明确约定职业经理人任期制和不再续聘的条件、明确约定聘任关系解除或不再续聘后的处理方式、明确约定针对不同类型职业经理人的退出保障政策等。第二，要完善职业经理人退出保障机制，借鉴竞业禁止补偿、培训补偿制度、金色降落伞计划等国内外成功实践，构建符合国有企业实际的退出保障机制。此外，还应适当考虑区分内部身份转化和直接外部市场化选聘等不同类型的职业经理层的退出和保障方式。第三，厘清聘任关系和劳动关系、聘任合同和劳动合同的关系，明确职业经理人退出路径。根据"特别法效力优于一般法"的规则，《中华人民共和国公司法》应优于《中华人民共和国劳动合同法》关于职业经理人退出的具体规定，明确董事会解聘职业经理人的职务无需理由；在司法实践中，明确企业解聘职业经理人职务时适用《中华人民共和国公司法》，企业解聘职业经理人职务后处理劳动关系时适用《中华人民共和国劳动法》和《中华人民共和国劳动合同法》。

2. 对政府部门的建议

职业经理人制度建设是一项长期的、系统的工程，不仅要强化企业内部的体制机制建设，也要从社会宏观层面入手，完善社会层面的核心制度和配套制度设计,构建社会化管理体系,营造良好的职业经理人市场外部发展环境。

(1) 推动国家职业经理人制度体系建设。国家应做好职业经理人制度建设的宏观规划,保障职业经理人市场规范有序运转;中央、地方国资监管机构应强化资源整合,积极推行制度试点,引导职业经理人合理流动与配置;行业协会应发挥好辅助作用,提供信息发布、人事代理、自律管理等相关服务。全面推进覆盖企业年金、补充医疗保险及商业保险等在内的基础性制度建设,建立符合市场化要求的职业经理人履职标准。

(2) 进一步完善职业经理人信用评价体系。建立职业经理人信用管理体系,动态更新职业经理人的业绩水平和职业道德情况,将职业经理人信用评价纳入社会个人评价系统中,建立黑名单及定期公示制度,提升职业经理人的社会公信力。

(3) 建立健全职业经理人社会化资质认证机制。组建权威的国有企业职业经理人的准入和等级认证机构,根据不同行业用人标准建立科学有效的评价标准体系与准入条件;构建职业经理人的科学资格认证体系并纳入国家资格证书管理体系,实施证书年检制度。

(4) 提升精细化管理构建职业经理人"人才库"。借助大数据、云计算等先进的网络技术,全方位汇总收集职业经理人个人职业经历、职业业绩和职业信用等信息,逐步构建集企业选聘评价、使用评价、退出评价于一体的信息系统,对职业经理人资源进行分类、分层管理,实现国有企业之间的信息互联共享。

参考文献

[1] 张华磊,柴莹,陈琦. 中央企业引入职业经理人制度研究 [J]. 中国人力资源开发,2016 (20):16-21.

[2] 李锡元,梁昊,徐镔,等. 国有企业推行职业经理人制度的改革路径 [J]. 学习与实践,2018 (6):49-57.

[3] 李锡元,徐闯. 国企实施职业经理人制度的本质、核心和路径 [J]. 江汉论坛,2015 (2):11-15.

[4] 国务院国资委研究中心课题组. 中央企业职业经理人制度建设研究 [J]. 现代国企研究,2016 (6):16-31.

电力央企领导队伍建设与公司治理结构现状研究

陈自立[②]

摘　要： 电力央企作为中央企业中的骨干和中坚，是国家经济发展重要的能源基础。本文将从电力央企中具有代表性的"两网五大"央企的经理层和董事会的人事信息构成的视角，分析当前在推动国有企业改革以及实施新修订的《党政领导干部选拔任用工作条例》之后电力央企领导班子的年龄结构、学历专业以及交流任职等配置情况，以及董事会中的外部董事的相关特征，联系电力央企党组与董事会之间的联动关系，从而透过现有的实际状况来为国有企业改革进一步走向深入提供相关的借鉴和思考。

关键词： 电力央企领导　领导班子建设　公司治理

一、引言

随着国企改革的深入推进，作为各大央企集团的掌舵者以及决策领导集体，他们的能力、经验对于国企改革的走向和落地具有重要的作用。在央企集团中，电力央企作为重要的能源企业对于我国经济发展有着战略性基础作用。在建立现代企业制度和完善公司治理结构的背景下，以

[①] 该篇论文获得"2020年全国人才与人事研究主题征文活动"二等奖。
[②] 陈自立，华能国际电力开发公司人力资源部人事处政工师。

电力央企为代表的国有企业领导班子结构与国有企业董事会结构之间的人事关联性和特点，将会为国有企业人事尤其是国有企业领导管理机制的改革，落实现代企业制度方略提供相关借鉴，并以此情况为其他类型的国有企业领导班子结构建设带来思考。

二、研究对象和相关制度分析

电力事业作为国家重要的能源事业，是国家经济发展的基础，电力企业的发展水平与经济联动甚为密切。本文所研究的对象是电力央企，具体包含"两大电网和五大发电集团"但是不包含电力建设企业以及涉及核电的央企。自2002年电力体制改革"厂网分开"后，现在我们所说的"两网五大"就是以此为节点产生的（之后国电和国家能源的合并）。本文所运用的领导班子数据截至2020年7月10日，后续领导人事变动不在本次研究范围内。

从国有企业领导干部角度而言，中央企业领导班子成员是党委（党组）成员，是国有企业内部贯彻落实党的政策的领导者。坚持党组织对国有企业选人用人的领导和把关作用不能变，着力培养一支宏大的高素质企业领导队伍。党的十八大后，中共中央、国务院《关于深化国有企业改革的指导意见》和《关于在深化国有企业改革中坚持党的领导加强党的建设的若干意见》等文件均明确提出："坚持和完善双向进入、交叉任职的领导体制，符合条件的党组织领导班子成员可以通过法定程序进入董事会、监事会、经理层，董事会、监事会、经理层成员中符合条件的党员可以依照有关规定和程序进入党组织领导班子。"以"双向进入、交叉任职"机制来实现央企党委（党组）与经理层之间的互动，两者之间的重合度也很高，除了党委（党组）书记和纪检监察组长之外，其他的党委（党组）成员都是经理层成员，因此在本文研究过程中更多运用的是经理层（含党组成员）的表述，实际上也包含了除纪检监察组长之外的党委（党组）成员。

就国有企业董事会建设而言，规范董事会的建立和运行一直是国资委落实国企改革的重点之一。2004年国务院国资委发布《关于中央企业建立和完善国有独资公司董事会试点工作的通知》，开始在国企试点现代化企业的董事会制度。2013年中共中央《关于全面深化改革若干重大问题的决定》明确指出，完善现代企业制度的重要标志就是建立健全公司法定代表人治理结构。2017 年，国务院办公厅颁布《关于进一步完善国有企业法人治理结构的指导意见》中指出"在 2017 年年底前公司制改革基本完成，到 2020 年国有独资、全资公司全面建立外部董事占多数的董事会"。对于以上董事会建设制度要求，电力央企董事会构建都已按照相应的时间节点完成治理机构的设置以及董事会成员的聘任。

三、电力央企领导班子成员情况

"两大电网和五大发电集团"共有党组成员 57 人，除去每家企业 1 位纪检监察组长后，董事和经理层成员配置为：国家电网 6 人，南方电网 7 人，华能集团 8 人，华电集团 6 人，国家能源集团 7 人，国电投集团 8 人，大唐集团 8 人，除了按照一般央企加上纪检监察组长要达到 9 人的配置来看，国家电网和华电集团各缺位 2 名。从现有的电力央企领导班子成员情况来看，上述电力央企领导班子成员呈现出如下特点：

（一）领导班子年龄与干部队伍接替

从已有研究来看，领导者的年龄对其在组织中的感知、行为倾向、决策风格、成就动机等都会有显著影响，年龄越大的领导认知能力和情绪越稳定，但开放性思维能力下降，领导团队时成就动机减弱，取而代之的是对风险的规避。

党的十八大后的两个月中央企业负责人会上，现任国务委员、时任国资委主任王勇针对当时央企领导班子中没有"70 后"干部的身影，提出要积极选拔 1960 年中后期和"70 后"年轻干部。但是自党的十八大后至今的七八年时间里，就 7 家电力央企而言，在 57 人的党委成员中，除去纪检监察组长后的 50 人经理层，"60 后"是绝对的领导主力，只有 3 人是"70 后"，并且这 3 人还是 2020 年六七月份才提拔任职；50 人经理层平均年龄为 55.28 岁，年龄结构偏大的问题依然突出。在 50 位经理层成员中，大部分集中于 52~59 年龄段内，有 13 位集中于 57 岁，超龄在岗的只有 1 人。根据以往的惯例，副部级央企的一把手是 63 岁退休，班子的其他人都是 60 岁退休，目前的领导班子搭配将在未来一到两年内迎来大量的领导班子成员更换，如图 1 所示。

同时从性别角度来看，经理层没有一名女性高管，全部为男性高管，加上纪检监察组长在内，全部 57 名党组成员，也只有两位纪检监察组长为女性，其他党组成员和经理层成员均为男性。这一特点也符合电力央

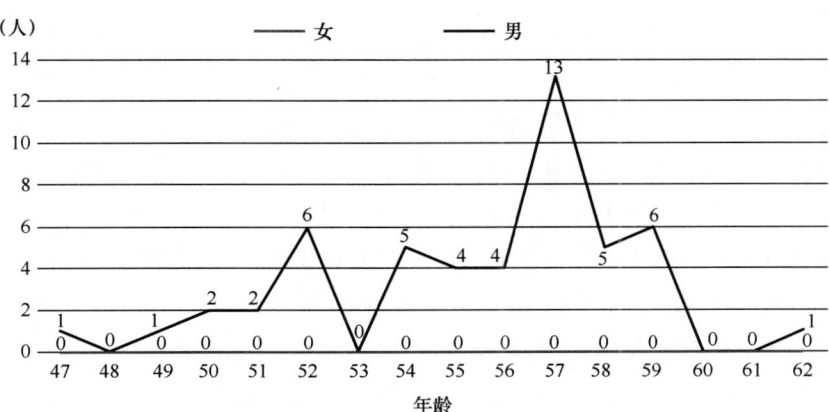

图1 7家电力央企经理层成员年龄分布

企高层女性干部缺少的特点,当然从整个国企层面来看,这一特点同样存在。

(二)领导队伍学历与专业构成

电力企业领导班子中学历层次专科、本科、研究生学历均有涉及,但是主要集中在本科学历,硕士研究生以在职读研和工商管理专业为主,博士比例较低。具体而言,在50人经理层成员中,具有博士学位(含在职)的有10人,占比20%,算上在职研究生的共有30人,只有本科学历的有10人。领导班子成员的学历结构呈现以下两方面特点:

一是所学专业与电力企业的相关性。领导班子成员学习的专业主要与电力行业关联密切,在50人经理层领导人员中,第一学历为电力企业相关专业"电气"以及"电力系统及其自动化专业"的有11人。除了总会计师这一领导位上的领导人员都是会计专业出身,因为总会计师一职需要具有很强的专业性,需要领导人员具备一定的会计学专业基础,其他领导人员基本上是工科占据大部分领导岗位,尤其是电力系统方面的专业更是占据大多数,这反映出在电力领导岗位中作为技术出身的电力企业领导仍占大多数。这样的专业性不仅在电力央企有所体现,在石油、航空航天等领域也有类似的现象,其反映出的是央企技术专家治理的特征,同时也强调了专业的内部性,更了解本领域的央企,互相之间的交流任职也就成了常态。

二是工科与商科搭配占据大多数。领导班子的选任"既要考虑熟悉党政综合管理、善于驾驭全局的复合型领导干部,又要考虑综合素质好、具有较高知识层次和专业素养的专家型人才"。① 对于大多数工科学历出身的电力央企领导,都是从基层电厂以技术起步,等到走上领导岗位之后都会通过就读在职工商管理课程学习提升自己。因为在逐渐走向管理岗位过程中,与管理企业相关的管理知识的缺乏迫切要求领导人员从技术专家向企业管理者转变,通过在职攻读工商管理硕士成了领导人员的众多选择之一。在领导班子成员中,研究生就读工商管理专业的人数为9人,占所有研究生(硕士研究生,含在职)的比例为30%。

(三)领导班子成员的交流任职

国有企业干部与党政干部之间的交流早有制度依据,而在2019年修订的《党政领导干部选拔任用工作条例》中增加了"推动形成国有企事业单位、社会组织干部人才及时进入党政机关的良性工作机制"的规定。关于央企领导的政治身份属性,在管理人员规定中也明确,加大国企与公务员以及事业单位之间的交流,丰富干部工作经历。从7家电力央企领导班子成员来看,其交流任职具有内部性和交流性这两个特点。

1. 内部性

就电力央企而言,领导成员的任用仍然以电力企业内部为主,电力央企领导大多在电力企业参加工作,从电力企业基层技术员做起。自厂网分开以来,内部交流又分为电网内部和电网发电企业之间交流两种方式:一是电网内部和发电企业内部,目前一直在电网内部工作的有8人,主要是国家电网和南方电网;二是电网与发电企业的交流,电网企业调动至发电企业占据领导班子成员的大多数,毕竟电网与发电企业关联性强,上下游之间关系密切,工作领域也更为熟悉。

2. 交流性

电力央企与其他类型央企之间的交流较少,甚至直到2020年初国网才有第一位非电力出身的领导人员。电力央企与其他央企、政府部门之间的交流任职情况在国家能源集团和国电投的占比较多,在另外5家电力企业较少。这与这两家的业务有着广泛的联系,国家能源集团合并之前神华集团是最大的煤炭企业,国电投核电的人才较多。这是对领导班子专业性的认可,同时对自身行业更为了解也有利于管理层管理能力和经历的提升。从新修订的领导干部规定可以看出,对于国有企业与党政部

---

① 陈希. 坚持正确选人用人导向[EB/OL]. (2020-08-28). http://opinion.people.com.cn/n1/2016/1124/c1003-28891467.html.

门、事业单位之间领导的交流将会更多，让更多优秀的干部在不同类型、不同性质的工作岗位上锻炼管理能力，拥有多岗位的工作历练。从交流任现职时间看，同一职位任职至今的，从 2015 年起任职的有 6 人，2016 年有 1 人，2017 年有 8 人，2018 年有 16 人，2019 年有 5 人，2020 年有 14 人。而按照 2017 年党的十九大以来任现职的有 35 人，占据 68.6%；2018 年 10 月中共中央办公厅、国务院办公厅印发《中央企业领导人员管理规定》之后调整为现职务的有 26 人，可见在 50 人经理层成员中有近一半以上是按照习近平新时代选人用人标准进行提任的，进一步落实了新时代央企领导人员的选任。

四、电力央企董事会构建情况

2016 年习近平总书记在全国国有企业党的建设工作会议上强调完善"双向进入、交叉任职"的领导体制。"双向进入、交叉任职"即国有企业党委（党组）书记、董事长一肩挑，党委成员按照法定程序进入董事会、监事会和经理层，董事会、监事会、经理层中的党员依照有关规定进入党委会。这一规定实现了党委与公司董事会、监事会和经理层的联动，党委会把方向、管大局、保落实，强化董事会的战略引领。在推进内部董事与党委会的结合之外，外部董事制度作为建立现代企业制度的重要内容一直是国资委推进央企改革的重点工作。2009 年 10 月国资委印发的《董事会试点中央企业专职外部董事管理办法（试行）》中指出，专职外部董事是指国资委任命、聘用的在董事会试点企业专门担任外部董事的人员。专职外部董事在任期内，不在任职企业担任其他职务，不在任职企业以外的其他单位任职。

（一）外部董事——决策层与执行层实行分离的关键

"中国的公司治理并不是特别倾向以董事、经理为中心，由于经理市场不发达，两权分离比较弱，而常常是由控股股东来直接管理。"[1] 而为了改变这一现状，落实好董事会建设至关重要，它是实现国企政企分开的关键，董事会作用的充分发挥很大程度上决定着公司治理的有效性，决定现代企业制度建设的成效。在国有独资企业建立外部董事制度是完善公司法定代表人治理结构和健全董事会建设的必要步骤。目前，各大

---

[1] 邓峰. 代议制的公司——中国公司治理的权力和责任［M］. 北京：北京大学出版社，2015.

央企已经建立了完善的董事会,构建了完善的公司治理结构,本文所涉及的"两网五大"企业均已经建立了完善的公司法定代表人治理结构(从股权结构来看,只有南方电网是多元股权,另外六家企业都是国有独资),国资委推进外部董事占多数的安排,根本原因在于推动企业决策层和执行层进行分离,以解决国企"内部人控制"问题,尤其是国企一把手的一言堂,真正规范董事会构建,将企业的决策权真正交给央企董事会,减少了政府行政干预,解决了国企突出的"一把手"体制问题,有利于央企决策的科学化,化解企业决策风险,如图2所示。

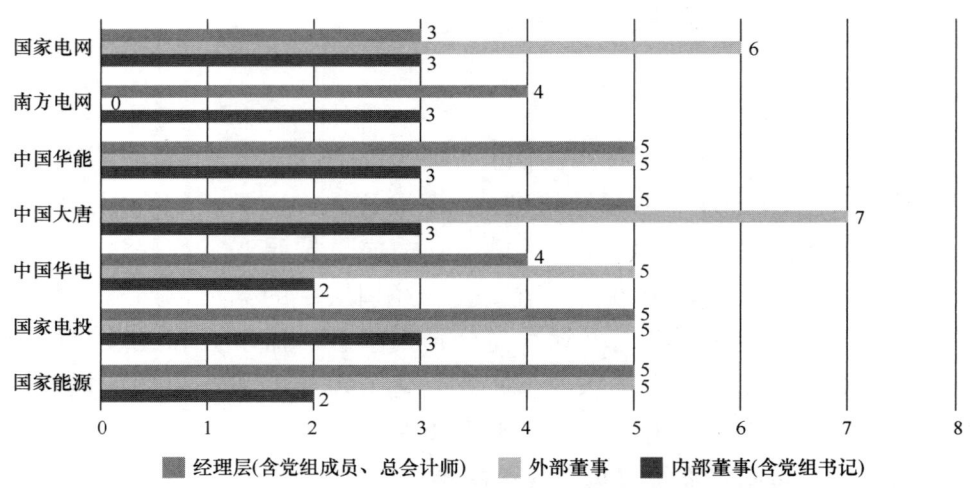

图2 电力央企经理层、外部董事和内部董事人数

（二）外部董事基本情况

各大电力央企除了南方电网未建立董事外,其他6家电力央企均按照国资委"外部董事占多数"的要求建立了规范的集团公司层面的董事会。7家电力央企,除南方电网（南方电网董事会仍为内部董事）外的6家公司均建立了规范的董事会,国家电网10人（外部董事6人,内部董事3人,1名职工董事）,中国华能9人（外部董事5人,内部董事3人,职工董事1人）,中国华电8人（外部董事5人,内部董事2人,职工董事1人）,中国大唐11人（外部董事7人,内部董事3人,职工董事1人）,国电投9人（外部董事5人,内部董事3人,职工董事1人）,国家能源8人（外部董事5人,内部董事2人,职工董事1人）。董事共55人,外部董事33人,内部董事16人,职工董事6人,外部董事占全部董事的比例

达到60%，实现了外部董事占多数的要求。无论是7家电力央企外部董事总数还是其中每一家央企的外部董事数都符合国资委"外部董事占多数"的要求。这一改变并不只是数据的简单增加，从更深层次而言，是为后续国有企业董事会建设以及公司治理完善奠定形式上的组织架构。

内部董事同时又是党组成员和经理层成员，在董事会履职时由于其身份的多重性，并不能做到独立和客观。外部董事不在本企业任职，并不依赖于企业，能够很好代表股东（国家）意志，监督经营管理层，提出自己的意见；同时，国资委为了完善董事会建设，还建立了专职外部董事队伍，专职外部董事职务列入国资委党委管理的企业领导人员职务名称表，按照现职中央企业负责人进行管理；专职外部董事在阅读文件、参加相关会议和活动等方面享有与中央企业负责人相同的政治待遇；专职外部董事的选聘、评价、激励、培训等由国资委负责。

（三）外部董事的经历特点

从董事会的构成来说，外部董事在数量上已经实现了国资委的制度性规定，但是除了重视数量上的要求更要有内涵式的东西，例如董事的履职能力和专业监督能力，作为国有资产大股东派出的董事，应以维护国有资产的保值增值为目标。同时从以上外部董事的工作履历来看，都是在各自领域深耕细作多年，具有丰富的专业知识和专业能力，具有以下两个特点：一是整体年龄结构偏大。年龄结构整体偏大，是外部董事的整体特征，与电力央企领导班子年龄特点类似，其整体年龄比央企领导班子还要大，毕竟有很大一部分是由原各央企领导班子成员退休后被国资委聘任的现职。二是大部分来源于退休的央企领导班子成员。从原国有企业领导岗位退休在新的外部董事岗位上继续发挥经验优势，在33名外部董事中，原任最高职务为国有企业（包括国资委和财政部监管的企业）领导班子成员的有26人，另有7人来自政府部门、政策性银行和高校研究机构。这些人总的特点是具有丰富的管理经验，具备不同的专业背景，有着丰富的国有企业管理理论和实践经验，对于国企的管理运作和战略更为熟悉。

五、电力央企领导班子与央企董事会之间的互动

随着国企改革的推进以及国企改革三年行动方案的出台，完善公司

法定代表人治理机制将从制度构建不断走向落地。当前，从形式上而言，董事会建设，领导班子配置以及外部董事聘任都已就位，更深入的国企改革将会依靠现有的国企领导班子在实践中贯彻党的政策方针，把国资委相关的改革思想以及自身的管理才能落实到企业改革发展实际中，推动国有企业改革发展的更进一步。

（一）领导班子成员与董事会成员之间的交流

制度层面的互动是以人员之间的任职为基础，但是这种任职不具有双向的交流属性，而只有单向流动属性，即现任电力央企领导在退休之后或者距离退休不满三年转任央企专职董事才能获得国资委的聘任。领导班子成员退休之后，由国资委按照聘任央企董事的办法聘任退休的原各大央企领导班子成员，为避免受到关联影响，一般是兼任非原任职单位的董事，这样就实现了领导人员从党委到董事会的跨越。之所以要求央企"外部董事占多数"，也是为了确保在央企党委（党组）和经理层在重大事项上因"内部人控制"出现决策偏差时，董事会有足够票数能够制衡"内部人"，提升决策质量，避免国有资产流失。

此外，在距离退休不满三年的情况下，现任领导班子成员可以转任中央企业专职董事，目前在7家电力央企董事会中只有3名中央企业专职董事。而从内部董事来看，按照"双向进入、交叉任职"的原则，目前7家电力央企均实现主要是党组书记、董事长由一人担任，党组成员通过法定程序分别进入董事会和经理层。同时，专职党组副书记进入董事会的安排以及董事会的职工董事7家电力央企也都全部配置到位，从制度层面顺利实现董事会的构建。

（二）领导班子和外部董事的专业能力与年龄

电力央企在履行政治使命之外最重要的还是企业属性，因此对于央企领导人员和董事会成员来说，企业管理能力的专业性是任职的重要考量，当然有了央企领导班子的任职经历在转任外部董事之后，管理的经历和能力会更为丰富。

1. 管理专业能力突出

现代企业制度的建设，中国特色公司治理结构的完善，对于电力央企乃至所有国企领导的领导能力和管理能力提出了更高的要求，更加注重领导经营企业的管理能力。央企领导班子成员从基层电力企业以及经历其他多岗位历练，管理能力强，而外部董事更是从原央企领导班子退休或转任更懂得央企的经营管理,为依法履行董事会决策和发挥监督作用奠定基础。

2. 年龄更替接续

无论是电力企业领导班子还是外部董事的年龄都整体偏大,这也是央企乃至国企领导普遍存在的问题,因此在做好老中青领导配置上仍然需要加大力度。随着以1962年为主的电力央企领导临近"集体退休期",更多的"70后"央企领导将登上领导舞台,电力央企领导班子成员将会面临更多的领导换届。很多领导集中在"60后",不仅不利于企业的平稳过渡也不利于年轻干部梯队的成长,集中退休潮带来的是电力央企在未来的一个节点将面临大面积的领导人调整,没有年轻的干部补充不仅将导致领导班子断档,而且会给企业带来短期阵痛,也会影响企业进一步的战略发展。

(三)不同领域领导干部的交流任职

随着央企领导选任的不断发展,从电力系统外调入领导将会越来越多。从《党政干部管理条例》来看,政府、企事业单位和高校之间的党政领导交流,不同体制下的领导和不同工作环境成长起来的领导之间互相交流任职将会越来越频繁,这对于丰富领导干部工作经历,培养年轻领导干部,锻炼管理能力将会十分重要,更加年轻的领导将会进入电力央企领导班子队伍。

非电力专业的领导并不是单单的技术方面的专家,而是需要懂得管理艺术和方法并能从管理视角来管理企业。技术型领导的产生有其特定的历史因素,尤其是国企向现代企业转型过程中,在以后企业发展过程中真正管理出身的领导将会占据重要的岗位,人员的交流力度将会更大。当然,随着国企混改的深入推进,在电力央企集团层面也许也会出现混合所有制形式,那么在外部董事来源上将会更加多元。目前从央企集团层面股权结构来看,只有南方电网不是国资委100%控股,而是由广东省人民政府、中国人寿保险、海南省人民政府和国家电网有限公司分别持股。按照股东持股情况派出董事也将是今后电力央企改革发展的方向。

六、结语

电力央企领导班子成员和董事会成员在年龄结构、专业能力以及交流互动上联系紧密,针对电力央企领导班子成员随着今后党中央按照习近平新时代选人用人思想的部署，领导班子成员的构建将更加科学合理，复合型、高学历以及管理实践丰富的年轻领导干部将会进入电力央企领导班子为电力事业贡献力量。而董事会在现有建设基础上，人员构成进一步优化和完善，外部董事和专职外部董事的作用将会进一步凸显，这将为建立中国特色的现代企业制度提供良好的实践方案。

参考文献

[1] 习近平. 坚持党对国有企业的领导不动摇开创国有企业党的建设新局面［EB/OL］.（2020-08-27）. http：//news.12371.cn/2016/10/11/ARTI-1476185678365715.shtml.

[2] 王丹，成栋，梁晗. 央企领导背景特征与董事选聘的关系研究——基于央企上市公司的数据［J］. 北京交通大学学报（社会科学版），2018（1）：65.

[3] 陈希. 坚持正确选人用人导向［EB/OL］.（2020-08-28）. http：//opinion.people.com.cn/n1/2016/1124/c1003-28891467.html.

[4] 邓峰. 代议制的公司——中国公司治理的权力和责任［M］. 北京：北京大学出版社，2015.

[5] 国资委. 董事会试点中央企业专职外部董事管理办法（试行）［EB/OL］.（2020-08-28）. http：//www.sasac.gov.cn/n2588035/n2588320/n2588335/c4260523/content.html.

[6] 强舸，成小红. 国有企业党委（党组）与董事会的决策分工与运作机制——以"讨论前置"为考察核心［J］. 理论视野，2019（11）：88.

"放管服"政策背景下省属高校直接评聘工作实践与探索[1]

任欢欢　刘礼明　董永权[2]

摘　要：在服务创新驱动发展战略和科教与人才强国战略驱动下，着眼于落实"放管服"改革，高校应遵循教师的成长规律，深化职称制度改革，发挥人才评价"指挥棒"的作用。现有的职称评聘制度受到学历和资历的限制，在很大程度上制约了人才的发展。某高校结合学校特色，实施了直接评聘机制，强调品德、业绩和能力的同时突出代表性成果，注重符号性成就的质量和影响力。本文以该校2018年第一次直接评聘通过人员为研究对象，对通过人员的基本情况和科研成果进行了统计分析。在此基础上，对直接评聘机制提出改进建议，使其充分发挥正向导向作用，有效地吸引和稳定人才，让各学科的青年人才脱颖而出，为高水平大学的建设和提升高校的核心竞争力提供人才保障。

关键词："放管服"改革　职称评聘　直接评聘

人才是高校发展的第一资源，直接关系到高校的发展水平和核心竞争力。高校的发展迫切需要拔尖创新人才和战略性后备人才，只有不断深化职称制度改革，提高评审科学化水平，突出高校在职称评审工作中

---

[1] 该篇论文获得"2020年全国人才与人事研究主题征文活动"三等奖。
[2] 任欢欢，江苏师范大学人事处职称科科长；刘礼明，江苏师范大学人事处处长；董永权，江苏师范大学人事处副处长。

的主导作用,才能激发人才队伍活力。人才竞争不仅仅是人才能力的比拼,更是人才体制机制的较量。体制机制顺,则人才聚、事业兴;体制机制不顺,则人才的作用难以发挥,集聚的人才也会流失。

职称作为衡量专业技术人才能力和水平的标尺,是专业技术人才职业发展的阶梯和通道。深化高校教师职称制度改革,是贯彻落实国家相关文件精神的具体行动,也是大势所趋。职称评聘作为高校人事管理工作的重要内容,对充分调动广大教师的工作积极性、促进高校教学科研工作的持续稳定发展具有至关重要的作用。建立高级专业技术职务直接评聘机制,破除论资排辈、求全责备等陈旧观念,发挥职称评聘在人才资源配置中的引导和激励作用,能够最大限度地释放人才活力,让各类人才引得进、留得住、用得好。

一、政策依据

国家和江苏省教省厅高度重视人才工作,相继颁布了一系列有助于高层次人才评聘的政策和办法。中共中央于2016年3月20日颁布《关于深化人才发展体制机制改革的意见》,鼓励高校探索高层次人才、急需紧缺人才职称直聘规定。国务院于2016年5月23日颁布《2016年推进简政放权放管结合优化服务改革工作要点》,要求扩大高校和科研院所自主权,凡是高校和科研院所能够自主管理的事项,相关权限都要下放。江苏省委省政府于2016年8月15日出台《关于加快推进产业科技创新中心和创新型省份建设的若干政策措施》,要求大力推进简政放权,扩大科研院所、高校自主权,鼓励探索高层次人才、急需紧缺人才职称直聘规定。江苏省人力资源和社会保障厅、江苏省教育厅于2017年6月5日出台《关于聚力创新深化高校教师职称制度改革的指导意见》,强调要发挥高校在职称评审中的主导作用,推进高校自主开展职称评审,强化职称评价导向,突出师德、能力和业绩,创新评价方式,建立以同行专家评审为基础的业内评价机制。习近平总书记在2018年两院院士大会上的重要讲话中指出,"人才评价制度不合理,唯论文、唯职称、唯学历的现象仍然严重"。中共中央办公厅、国务院办公厅印发的《关于深化项目评审、人才评价、机构评估改革的若干意见》提出,"突出品德、能力、业绩导向",克服唯论文、唯职称、唯学历、唯奖项倾向,推行代表作评价制度,注重标志性成果的质量、贡献和影响。

二、现实背景

在"双一流"大学建设目标的引领下,人才竞争愈加激烈,各高校纷纷创新人才体制机制改革,部分高校为吸引人才,直接给优秀人才相应的高级职称。新形势下,地方政府也从之前的"招商引资"逐渐转向"招才引智",并且以此作为干部考核的重要指标。人才成了高校和地方政府竞相争夺的资源。在人才引进过程中,用人单位和优秀人才之间双向互选,优秀人才在选择高校时首先考虑的就是职称和待遇问题。而在职的优秀人才因对职称不满意,选择调离的现象也时有发生,这不仅不利于学科发展,也影响了高水平大学的建设进程。因此,职称成为吸引和留住人才的有效途径和办法。当前高校在职称评聘工作方面普遍存在分类评价不足和评价标准单一的问题。打破正常职称评审工作的桎梏,有效吸引和稳定优秀人才,创新职称评聘机制是关键。对部属院校下放自主评审权已久,用人比较灵活,取得了较好的效果。而江苏省省属高校2017年刚刚下放评审权,需要根据实际情况,不断创新职称评聘模式,更好地发挥专业技术职务评聘的导向和激励作用,使一批学术人才脱颖而出。

三、当前职称评聘制度存在的问题

职称制度作为高校师资管理模式的基础制度,承载着优化教师队伍结构、激励教师提升学术水平等多项功能。随着我国高等教育事业的发展,高等学校的教师规模不断扩大。2018年全国教育事业发展统计公报数据显示,截至2018年年底,普通高等学校教职工248.75万人,专任教师167.28万人。高等学校教师已成为社会一个庞大的群体,发展与高等学校的发展息息相关。推进高校人事制度改革,职称评聘制度是最关键的一环。

在"双一流"大学建设的背景下,现有的职称评聘机制已不能满足当前高校发展的需要。当前,高校职称评聘存在重视专业素质,轻视师德修养;重视成果数量,轻视成果质量;重视职务评审,轻视岗位聘任等问题。正常职称评聘需要满足任职年限后方可提出晋升要求,这在很大程度上满足不了优秀拔尖人才的发展需求,也成为当前阻碍青年学者们职业发展的障碍。在现有的职称评聘制度下,人才流失现象比较严重,学科的发展也存在不稳定性。

四、建立直接评聘机制的可行性

建立直接评聘机制是一次制度的创新，在人才引进过程中，职称和待遇成了各高校在人才竞争中的砝码。直接评聘机制的实施有利于引进人才和稳定人才，这对于高校某些学科的长远发展有着举足轻重的作用。同时，制度的激励有利于中青年学者产出更多高水平的学术成果，激励高水平人才脱颖而出。高校的发展为人才的成长提供了优越的环境，而人才的发展有利于高水平大学建设和提升学校的核心竞争力。因此，直接评聘机制的建立和实施势在必行。

五、直接评聘机制的主要内容

（一）直接评聘的对象

正常的职称评聘制度适用于大多数在职在岗，达到一定任职年限就可以晋升高一级专业技术资格的教师。而直接评聘机制面向的对象主要是全职引进和校内在岗的教学科研业绩突出的高水平人才。

（二）直接评聘的原则

直接评聘工作坚持师德为先、突出代表性成果、择优选聘和公平、公正、公开的原则。参加直接评聘者应在本学科领域有深厚的学术造诣和优秀的学术声誉，在师德素养、教育教学、科学研究和社会服务等方面有突出成就和业绩。将师德摆在教师评价的首位，实行师德失范、学术不端"一票否决制"。

（三）直接评聘的条件

直接评聘机制在设置条件时不仅要考虑单方面特别优秀、成果特别突出的人才，而且也要顾全全面发展的综合性人才。条件设置为四大类别，包括人才类、奖项类、科研项目及科技成果转化类和论文成果类，每一类条件又分别设置单一条件和组合条件。单一条件针对单项特别突出的人才，符合条件之一者可直接申报正高级或者副高级专业技术职务。组合条件要求在四大类别中任意选择三类并且同时满足每一类中的一条，虽然组合条件中的每一类比单一条件中略有降低，但是要求满足的类别必须跨大类且不少于三类，从而确保对人才的全面性考量。

（四）直接评聘的程序

通过个人申报由学院进行材料初审，学校相关职能部门对各项数据进行复审。审核通过后进行同行专家鉴定，同时将申报材料在校园网进行公示。最后，学校教师高级专业技术资格评审委员会进行评审。评审结果到省相关部门备案后，学校和评审通过人员签订聘任合同。与正常职称评审相比，直接评聘省去了单位评议和学科评议组评审环节，在基础环节完成后直接由本校高级职称评审委员会进行评审。

六、直接评聘机制的特点

（一）时间灵活

直接评聘工作每年不定期开展，打破了正常职称评审每年一次的限制，时间更加灵活。在人才竞争异常激烈的态势下，将直接评聘作为一项常态化的工作来抓，能够解决人才工作中存在的一些急需处理的问题，更好地吸引和稳定人才，满足高水平大学建设的要求。

（二）打破限制

正常职称评审需要满足任职年限后方可提出晋升要求，正常晋升副教授需要受聘讲师职务5年以上，晋升教授需要受聘副教授5年以上。直接评聘工作不受年龄、学历、资历限制，克服了唯学历、唯职称、唯论文等倾向。

（三）突出质量

直接评聘机制打破了传统以学术成果数量衡量人才的限制，突出代表性成果和实际贡献，更加注重学术成果的质量和水平。这在一定程度上可以激发青年学者产出高水平的学术成果。

（四）优化程序

同行专家评议打破传统职称评审只送论文的弊端，将申报人的代表性成果，包括论文、获奖、人才类项目、科研项目、发明专利或技术转化收益等证明材料全部送给同行专家进行鉴定，确保专家对申报人的整体学术水平有一个客观的评价。直接评聘工作在同行专家评议通过后，直接由学校高级专业技术资格评审委员会评审，减少中间环节，提高了评审效率。

七、直接评聘工作的实践

本研究选取某高校 2018 年第一次直接评聘通过的人员为研究对象。对样本人员的基本情况、所在学科和科研成果进行了统计。样本人员基本情况见表1、表2。

表1　　　　　　　正高级样本人员基本情况一览表

样本编号	性别		年龄					学历			从事专业	
	男	女	30岁及以下	31~35岁	36~40岁	41~50岁	50岁以上	本科及以下	硕士	博士	自然科学	社会科学
教授1	√			√						√	√	
教授2	√				√					√	√	
教授3	√						√			√		√
教授4	√			√						√		√
教授5	√				√					√		√
教授6	√				√					√	√	
教授7	√			√						√	√	
教授8	√				√					√	√	
教授9	√			√						√	√	

表2　　　　　　　副高级样本人员基本情况一览表

样本编号	性别		年龄					学历			从事专业	
	男	女	30岁及以下	31~35岁	36~40岁	41~50岁	50岁以上	本科及以下	硕士	博士	自然科学	社会科学
副教授1	√			√						√	√	
副教授2	√			√						√	√	
副教授3	√		√							√	√	
副教授4	√			√						√	√	
副教授5	√		√							√	√	
副教授6		√			√					√		√
副教授7	√			√						√	√	
副教授8		√	√							√	√	
副教授9	√			√						√	√	
副教授10	√				√					√	√	

注:"年龄""学历"均指参加职称评审当年信息;"从事专业"指职称评审时申报的专业;表格中的"√"表示通过人员在该项的属性。

从表1和表2看出,学历方面,样本人员均为博士学位。性别方面,男性占89%,女性占11%。年龄结构方面,30岁及以下样本人员占

21%，31～35岁样本人员占42%，36～40岁样本人员占32%，50岁以上样本人员仅1人，占通过人数的5%。专业方面，自然科学专业的样本人员占74%，社会科学专业的样本人员占26%。自然科学专业中男性占93%，女性仅占7%。通过数据分析可以看出，博士学位是目前高校高水平教师普遍具备的条件，31～40岁的青年教师已成为高校的学术骨干力量，自然科学专业教师和社会科学专业教师的发展呈现不平衡的现象。该校此次的直接评聘中涌现出了一批年青的学术骨干，以理工科表现最为明显。

为了对学科进行精准统计，自然科学专业样本人员按理科和工科分开统计。表3、表4和表5数据显示，文科申报者主要集中在中国语言文学、外国语言文学、理论经济学、应用经济学、教育学和心理学六个学科。理科申报者主要集中在化学、生物学和物理学3个学科。与文科和理科相比，工科申报者覆盖学科较多。该校共有28个一级学科硕士点，通过评审的人员分布在17个一级学科。化学学科是申报和评审通过人数最多的学科。

表3　　　文科样本人员所在学科及评审通过情况一览表

	申报者所在一级学科	教授		副教授	
		申报人数	评审通过人数	申报人数	评审通过人数
文科	中国语言文学	1	1	0	0
	外国语言文学	1	0	0	0
	理论经济学	1	1	0	0
	应用经济学	0	0	1	1
	教育学	1	1	1	1
	心理学	0	0	2	0

表4　　　理科样本人员所在学科及评审通过情况一览表

	申报者所在一级学科	教授		副教授	
		申报人数	评审通过人数	申报人数	评审通过人数
理科	物理学	2	2	0	0
	生物学	1	0	8	1
	化学	0	0	10	4

表 5　　工科样本人员所在学科及评审通过情况一览表

	申报者所在一级学科	教授		副教授	
		申报人数	评审通过人数	申报人数	评审通过人数
工科	材料科学与工程	1	1	8	3
	光学工程	1	1	1	0
	机械工程	1	1	0	0
	控制科学与工程	1	0	0	0
	计算机科学与技术	0	0	1	1
	化学工程与技术	0	0	4	0
	环境科学与工程	0	0	1	0
	风景园林学	0	0	1	0

从表 6 和表 7 看出，自然科学专业申报教授者均申请单一条件，其中申报人才类单一条件 1 人，申报者为国家优秀青年基金获得者；申报科研项目类单一条件 1 人，申报者完成国家自然科学基金项目 2 项；其余 4 人均申报论文单一条件。与自然科学专业申报教授人数相比，人文社会科学专业申报教授人数偏少。申报单一条件的 2 位申报者分别是获得省级人民政府哲学社会科学优秀成果奖一等奖和发表特 A 类论文 6 篇。所有申报教授人员中，仅有 1 人申报组合条件。组合条件中的每一项要求都比单一条件略低，但考察申报者的综合发展。

表 6　　自然科学专业正高级样本人员科研成果一览表

样本编号	人才类			论文成果类			科研项目及科技成果转化类			备注
				论文						
	国家级	省部级	市厅级	SCI 一区	SCI 二区 TOP	SCI 二区	国家级	省部级	市厅级	
教授 1	1	0	0	0	0	0	0	0	0	单一条件
教授 2	0	0	0	0	0	0	2	0	0	单一条件
教授 6	0	0	0	4	2	3	0	0	0	单一条件
教授 7	0	0	0	0	0	3	0	0	0	单一条件
教授 8	0	0	0	4	4	2	0	0	0	单一条件
教授 9	0	0	0	0	0	5	0	0	0	单一条件

注：SCI 分区以当年中国科学院文献情报中心提供的 JCR 大类分区为准。

表 7　　人文社会科学专业正高级样本人员科研成果一览表

样本编号	人才类			论文成果类					科研项目及科技成果转化类			奖项类			备注
				专著	论文										
	国家级	省部级	市厅级		特A类	A类	B类	CSSCI	国家级	省部级	市厅级	国家级	省部级	市厅级	
教授3	0	0	0	0	0	0	0	0	0	0	0	0	1	0	单一条件
教授4	0	0	0	0	1	1	5	6	2	0	0	0	0	1	组合条件
教授5	0	0	0	0	6	0	0	0	0	0	0	0	0	0	单一条件

注：论文分类中特A类，A类和B类以该校文科科研奖励期刊目录为准。

从表8和表9看出，自然科学和社会科学专业申报副教授人员均为论文成果类单一条件。自然科学专业申报副教授人员中有2位近3年有ESI高被引论文，是自然科学专业申报教授人员中所欠缺的一项。19位通过评审的样本人员，申请单一论文成果类条件的占94.7%。对大部分高水平教师而言，单一条件比组合条件更容易达到，相比人才类、奖项类、科研项目及科技成果转化类条件，论文成果类仍是广大教师们的首选。

表 8　　自然科学专业副高级样本人员科研成果一览表

样本编号	论文成果类				备注
	ESI 高被引	SCI 一区	SCI 二区 TOP	SCI 二区	
副教授1	2	3	1	0	0
副教授2	2	7	0	0	单一条件
副教授3	0	6	3	2	单一条件
副教授4	0	5	0	0	单一条件
副教授5	0	2	2	2	单一条件
副教授7	0	2	3	0	单一条件
副教授8	0	3	0	0	单一条件
副教授10	0	1	0	2	单一条件

表 9　　人文社会科学专业副高级样本人员科研成果一览表

样本编号	论文成果类				备注
	特A类	A类	B类	CSSCI	
副教授6	10	0	0	0	单一条件
副教授9	2	0	0	0	单一条件

注：论文分类中特A类，A类和B类以该校文科科研奖励期刊目录为准。

八、直接评聘工作的反思

本研究发现博士学位已成为高校高层次人才普遍具备的条件，男性在学术研究方面仍占有绝对优势。30~40岁的青年教师是高校学术至关重要的力量。但学科发展不平衡，接近11个学科没有人员申报。此次直接评聘工作的开展为下一步修订直接评聘办法指明了方向。新政策的制定需充分考虑所有学科的发展情况。目前青年教师的科研成果主要还是学术论文，在破"四唯"政策背景下，直接评聘政策将更加重视对教师代表性成果的鉴定，而不是单纯以论文或项目去衡量。

九、结语

直接评聘机制对全体教师而言，是一种鼓励和鞭策，能够营造良好的科研氛围。人才培养，关键在教师。用优秀的师资，才能培养出一流的人才，实现人才培养模式的高质量发展。该机制着眼于破除束缚人才发展的思想观念和体制机制障碍，在把握人才竞争新态势的基础上，打破以往职称评审程序多、周期长的桎梏，打破"四唯"的紧箍咒，奉行代表作评价制度，注意符号性成就的质量和影响力，充分发挥职称评审的正面导向作用，打通教师职称晋升的通道，有效地吸引和稳定人才，激励人才脱颖而出。对于高校教师的考核评价，应始终坚持师德为先、教学为要、科研为基、发展为本的基本原则，坚持德才兼备，注重凭能力、实绩和贡献评价教师，克服唯学历、唯职称、唯论文等倾向，切实提高高校教师的师德水平和业务能力，为建设一支师德高尚、业务精湛、结构合理、充满活力的高素质专业化教师队伍提供人才保障。

参考文献

[1] 方华，陈祖平. 高校教师职称评审制度的发展历程及体系构建[J]. 教育探索，2014（3）.

[2] 牛风蕊. 我国高校教师职称制度的结构与历史变迁——基于历史制度主义的分析[J]. 中国高教研究，2012（10）.

［3］吴江. 让职称制度激励和集聚人才［N］. 光明日报，2016-03-31.

［4］叶芬梅. 当代中国高校职称制度改革研究［M］. 北京：中国社会科学出版社，2009.

［5］汪建华. 高校教师职称评聘现状分析与对策探究［J］. 教师教育研究，2013，25（5）.

审计职业化建设的制度设计及配套措施[1]

黄棕燕[2]

摘　要：审计职业化建设是一项系统工程，也是一项前所未有的探索工程，对审计制度改革发展具有重要意义。目前国家审计职业化建设存在很多制约因素，国家审计职业化建设的核心应该是以分类管理为基础、审计专业技术类公务员职务序列建设为重点进行顶层制度设计，在此基础上，完善审计职业化专业技术人员选任机制以及综合配套措施。

关键词：审计职业化　分类管理　技术类公务员　职务职级　薪酬制度

一、制约审计职业化建设的因素分析

审计事业越向前发展，人才命题越加突出。新时代，审计作为党和国家监督体系的重要组成部分，被赋予了更高的要求和使命。审计职业化建设旨在以干部队伍专业化为引领，完善人才培养机制，推动审计工作和审计队伍建设适应新局面、取得新发展，但从实践来看，还存在一些影响和制约审计职业化建设的因素。

（一）审计部门职能交叉及审计人员混岗现象普遍

当前，在省以下各级审计机关，很多综合部门的岗位职能具有审计

---

[1] 该篇论文获得"2020年全国人才与人事研究主题征文活动"二等奖。
[2] 黄棕燕，江苏省审计厅人教处副处长。

业务属性。例如，法规部门的项目审理岗位和计算机部门的审计数据分析岗位，均直接参与审计项目的实施与审核，对审计专业能力要求较高，岗位职能也具有审计业务属性。不同层级审计机关的相同部门职能差异较大。例如，省级审计机关经济责任审计局主要承担完善经济责任审计制度和指导全省经济责任审计工作的职责，为综合管理部门。而市、县经济责任审计处（科、中心）则直接参与经济责任审计项目，为专业技术部门。

另外，各级审计机关业务部门人员比例普遍偏低，审计力量严重不足，为完成审计任务，综合部门人员常常被抽调参加审计项目，甚至担任审计项目主审。上述部门职能交叉以及审计人员混岗现象，给审计职业化的分类管理增加了复杂性。

（二）基层审计机关审计人员编制复杂多样

为解决审计任务日益繁重和审计力量严重不足的矛盾，地方审计机关想方设法，在人员编制受限的情况下，通过多种途径扩充审计专业技术人才队伍。例如，部分基层审计机关通过设立经济责任审计中心或投资审计中心等，招录全额拨款、差额拨款、自收自支等事业编制，甚至一些具有"地方特色"的编制人员，而这些人员大多都是审计一线的骨干力量。事业人员待遇偏低，"同工不同酬"现象普遍，人员管理模式不一致，势必会影响和阻碍审计职业化的顺利推进。

（三）晋升与交流机制不畅通

审计的工作性质和专业特点决定了审计人员必须具备较高的专业技能，而目前国家审计人员在选拔、任用、晋升等方面仍采用一般综合管理类公务员的相关制度，未建立以专业技术为导向的晋升机制，加之缺乏上下级、同级间的交流机制，很多优秀业务骨干往往因资历或职数的限制无法获得提拔。专业技术人才职业发展空间狭窄，很大程度上模糊了审计人员对自身职业发展的规划和预期，不利于审计专业化人才队伍的建设。

（四）薪酬与考核机制不健全

目前审计人员薪酬体系完全执行国家行政机关的统一模式，未能体现审计职业特点和专业优势，与学历、职称、工作量等关联度不大，与社会同类型专业人员的薪酬也有一定差距。此外，由于缺乏科学可行的考核机制，审计成绩和失误未能量化考核到个人，导致审计人员干多干少一个样，专业技术能力高低一个样，不利于广泛吸收审计专业人才，制约了审计专业技术人才的创新活力。

二、推进审计职业化建设的总体制度设计

审计机关作为国家监督体系的重要组成部分，审计的专业性、审计对象的特殊性决定了审计机关具有政治和业务双重本质属性。审计职业化，必须在坚持党的领导和把准政治方向，并有利于加强和改进党管干部的原则上进行。因此，推进审计职业化建设必须在行政管理的基础上有效融合、嵌入业务管理模式，实行"双轨制＋双通道"管理的中国特色审计职业化道路。

（一）建立审计人员分类管理制度

1. 优化部门职能分工，实施分类管理

围绕审计工作职责，按照综合管理类公务员和专业技术类公务员管理办法，科学界定部门岗位属性，建立部门属性清晰、岗位职责明确的分类管理模式。如将现有计算机部门按业务职能属性进行分设，原计算机部门主要负责信息化建设规划、建设和运行、维护等日常管理工作，设定为综合管理部门；增设电子数据审计部门，主要负责审计业务电子数据的归口管理，数据的采集、整理和分析等，设定为专业技术部门。

2. 科学设置职务职数，实施精准分配

增加审计机关专业技术类岗位的比例，确保专业技术人员比例设置不低于审计署提出的"各级审计机关直接从事审计专业人员达到公务员比例80%以上"的目标。参考司法改革"员额精准调配"方式，在职务职数总量控制的基础上，建立指导性职务职数分配指标体系（见表1）。由省级机关根据区域、层级、专业技术人员配备情况等，结合各审计机关近几年审计项目数、工作量等，在全省范围内综合考虑、统筹设定及调剂，确保专业技术职务职数精准投放，更好地统筹推进审计职业化建设。

3. 采取"双通道"模式，实施科学转任

为促进不同序列之间人员的流通，拓展优秀人才职业发展空间，审计专业技术类人员和综合管理类人员可相互转任和择优晋升。如综合管理类审计人员在取得一定审计专业技术资格或具有一定审计工作年限和审计业绩的，经过规定的流程，可转任专业技术类职务。审计专业技术

类人员需转任综合管理类人员的,按照干部管理权限,综合考虑其任职经历、工作年限等条件,可比照确定职务层次。

(二)建立审计专业技术类公务员职务序列

1. 职务职级设置

按照审计人员能力与权责相匹配原则,建立首席审计员、高级审计员、审计员、助理审计员专业技术职务序列,为审计专业技术人员开辟职业晋升通道,明确各层级享受相应的行政级别待遇和应承担的职责。

各级审计员遵照《国家审计基本准则》的要求行使职责,承担审计项目的业务责任,对审计质量负责。专业技术序列中的领导人员(部门主管、副主管),除对本部门审计业务质量把关外,还承担日常行政管理工作,如图1所示。

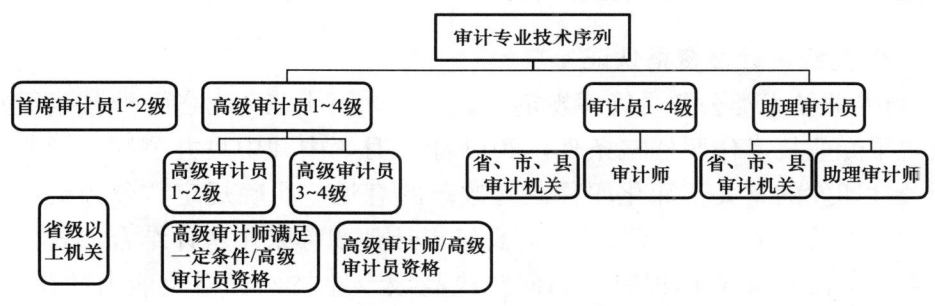

图1 专业技术序列管理模式框架图

2. 职级职数设置

职业等级是确定专业技术审计人员晋升渠道和待遇的重要依据。审计专业技术等级只是一种序列上的层级,不同等级之间没有行政隶属关系。按照定期晋升和择优选升相结合的方式,参照《专业技术类公务员管理规定》和《法官法》,以及高校和军队等专业技术人员级别设置,将审计专业技术人员分为"四等十一级",即:首席审计员一至二级、高级审计员一至四级、审计员一至四级以及助理审计员(见表1)。

表1　　　　审计专业技术类公务员等级和比例指导性设置

专业技术职位	岗位等级	对应行政级别(参考)	省	市	县
首席审计员	一级	正厅	厅领导职数20%;按1:3分配		
	二级	副厅			

续表

专业技术职位	岗位等级	对应行政级别（参考）	省	市	县
高级审计员	一级	正处	专业技术类人数30%；按1:2分配	局领导职数20%；按1:3分配	
	二级				
	三级	副处	专业技术类人数30%；按1:2分配	专业技术类人数20%；按1:2分配	
	四级				
审计员	一级	正处	专业技术类人数40%；2~3年自然晋升一级	专业技术类人数40%；按1:1分配	局领导职数20%；按1:3分配
	二级				
	三级	副处		专业技术类人数40%；2~3年自然晋升一级	专业技术类人数30%
	四级				专业技术类人数30%
助理审计员	科员	科员			专业技术类人员40%

3. 高级审计员资格认证

《专业技术类公务员管理规定（试行）》第十三条对各专业技术级别设置了专业技术任职资格条件，2017年1月，中共中央办公厅、国务院办公厅印发的《关于深化职称制度改革的意见》明确规定"公务员不得参加专业技术人才职称评审"，而高级审计师职称采用考评结合方式，审计人员无法参加职称评审。如何解决高级专业技术资格及能力的认定，成为目前审计职业化改革的突出问题。建议可设置高级审计员资格认定制度，由省级审计机关对符合条件的专业技术人员在组织考试的基础上，综合考虑审计成绩、业务能力、工作经历等进行资格评定。

（三）完善审计职业化专业技术人员选任机制

1. 成立专业技术人员选任委员会

各级审计机关成立选任委员会，成员由单位主要领导、本行业专家及公务员管理部门人员等组成，主要负责前期审计职业化改革推行阶段人员的类别和等级认定，以及职业化推行后，专业技术人员的职位职级晋升的考察和选任。专业技术人员的等级认定采取"老人老办法、新人新办法"的原则有序衔接、平稳推进，现有专业技术人员等级认定可根据行政职务、职称认证、工作经历和业绩等综合考虑。如正处级（含处长、调研员）工作满5年且具备高级审计员资格（或高级审计师），在比例范围内，可认定为一级高级审计员；如工作不满5年、无高级审计员资格（或高级审计师），可认定为二级高级审计员。晋升更高一级专业技术资格的专业技术人员,按照干部管理权限,由委员会在规定的职数、比例范围内公开选任。

2. **实行专业技术部门"主管负责制"**

为达到审计业务部门的高效运转,确保审计项目质量,更好地完成新时代审计任务,在审计业务部门设置业务主管和副主管岗位,其中,编制人数9人以下的设一名主管、一名副主管,9人以上的设一名主管、二名副主管。主管主要承担部门日常行政管理、审计工作的统筹和项目质量的把关,副主管协助主管开展工作。主管及副主管由审计机关人事部门在本单位优秀专业技术人员中选取,综合考虑政治素质、廉洁自律、职业操守、专业能力等,根据业务部门规格选择同级别的专业技术人员担任,不占用综合管理类公务员职数。

三、推进审计职业化建设的配套措施

(一)拓宽专业人才培养和引进渠道

一是实行有序调配。通过深入推进审计管理体制改革,建立全省审计专业技术人才库,统筹调配全省审计业务骨干,加大各级审计机关间审计人员的选任、流通和锻炼,帮助专业人才快速成长,确保"人岗相适、人尽其才"。二是完善准入和退出机制。对综合管理和专业技术岗位,实施分类招录,引入审计资格认证,把学专业、懂专业作为专业技术类人员选拔录用的重要条件;对不满足履职条件、违反相关规定的审计人员依法依规予以清退,严把审计人员的"入口关"和"出口关"。三是推行人才聘任制。根据2017年9月中央两办《聘任制公务员管理规定(试行)》的相关规定,扩展审计机关选人、用人渠道,充分发挥聘任制灵活用人的优势,从高等院校和社会机构等吸收短缺、急需的高层次审计专业人才,为社会优秀人才进入审计机关开辟新通道,带动促进提高审计干部队伍专业化水平。

(二)统筹推进事业单位改革

当前,地方审计机关事业人员大多为学历层次高、具有中高级专业技术职称的中青年业务骨干,是当前审计队伍的主力军,能否将事业人员统一纳入职业化改革中,将直接影响审计职业化建设的进程和效果。可从清理行政职能、优化组织结构、合理置换编制等方面推进审计机关事业单位改革。加强顶层谋划,通过推进审计改革和审计职业化改革,

释放改革红利,逐步取消承担审计业务职能的事业单位,解决现有事业人员身份问题。对不具有行政职能的自收自支等事业单位,按照各地事业单位分类改革统一部署,逐步剥离,以购买劳务等形式提供审计保障服务。

(三)建立科学的考评体系和薪酬激励机制

围绕职业化改革要求,结合公务员平时考核,设立以工作实绩和专业技能为核心的科学考评体系,将考核结果作为职务职级调整、薪酬待遇和奖惩等的重要依据。贯彻落实"鼓励激励、容错纠错、能上能下"三项机制,进一步调动干部干事创业激情,建立能者上、劣者汰、不胜任者让的工作机制和良好的用人导向。建立审计职业工资薪酬制度,在现有工资结构基础上,增设专业技术津贴和部门主管岗位津贴,使审计专业技术人员的工资待遇略高于同级别综合管理类公务员,对年度考核不合格的专业技术人员,不享受专业技术津贴。其他文件未明确的待遇可比照同级别综合管理类公务员标准执行。努力营造严管和厚爱结合、激励和约束并重的专业技术人才成长环境。

此外,还应建立健全审计专业技术职业岗位责任追究机制,完善主审负责制,制订审计项目质量评价体系,规范审计人员的依纪依法行为,有效保证审计质量。完善相应的培训教育制度,建立"职业规范、职业准则、职业道德"等职业标准体系,构建审计职业文化、培育审计职业精神、强化审计职业道德,为审计职业化提供更好的保障。

北京市事业单位公开招聘考试改善探索与实践[①]

江爱世 陈海平 丁 玎 刘斯佳[②]

摘 要：北京市自 2012 年开发并推行了体现事业单位用人特色、分三类岗位考试的事业单位公开招聘考试新模式，重点考查进入事业单位岗位工作所需的公共基本能力，为北京市事业单位甄选人才发挥了积极作用。为进一步提升考试的科学性水平，进行了跨年度、跨考次的数据分析，结合问卷调查结果，深入分析了考试质量、新题型表现、考试社会评价等方面，并进行了跨次考试的等值性分析以及与公务员考试成绩的相关分析，结果表明考试质量较好，不同次考试等值性良好，且与公务员考试具有相容效度。基于研究结果，改进了主观题目以加强对问题解决能力的考查；提升了空间关系题型的表面效度，使该题型更贴近用人单位和测查考生空间能力的实际需要。今后将继续加强对考试科学性和有效性方面的研究，开发新题型，进一步提升考试质量，为各级各类事业单位招聘选才提供更加实用和有效的测评工具。

关键词：事业单位 公开招聘考试 信效度研究 改善探索

一、北京市事业单位公开招聘考试新模式

事业单位的人才队伍是新时代社会主义现代化建设的人才保障，公

[①] 该篇论文获得"2020 年全国人才与人事研究主题征文活动"一等奖。
[②] 江爱世，北京市人事考评办公室一级主任科员；陈海平，北京师范大学心理学部教师、心理学博士；丁玎，北京市人事考评办公室副主任；刘斯佳，北京市人事考评办公室科长。

高质量发展中的人力资源工作创新

平科学有效地为事业单位选拔合适的人才具有重要意义。事业单位新进人员公开招聘制度（原人事部发布的《事业单位公开招聘人员暂行规定》），自 2006 年实施以来，不断扩大推行范围，已成为事业单位新进人员主要的人才通道。与公务员录用考试相比，事业单位招聘考试有其自身特点：涉及行业众多，分岗位进行管理，且对岗位胜任力的要求千差万别，对考试测评技术也有着很高要求。

从 2007 年开始，北京市通过联合考试和同步考试两个阶段，探索解决事业单位公开招聘考试的规范性和科学性两方面问题，逐步解决了"怎么考"和"考什么"的问题。在同步考试阶段，历经方案设计、文献检索、招考单位访谈、问卷调查、数据分析、大纲编改、专家论证等过程，于 2011 年制定了《北京市事业单位公开招聘工作人员公共基本能力笔试大纲（试行）》，明确了"入门筛查"的考试定位，设计开发了多种考试新题型，针对三类岗位所需要的能力素质，在题型上进行不同组合，确立了事业单位公开招聘考试的新模式。

北京市事业单位公开招聘人员笔试"入门筛查"的定位，是考虑到对全市各级各类事业单位的适用性和通用性。所考查能力为"通用能力"，即所有性质的事业单位、所有岗位应该具备的基本素质，包括逻辑思维能力、语言文字能力、问题解决能力和学习能力。这些能力要素具备良好操作性和接受性，基本涵盖事业单位三类岗位招聘所必需考查的基本方面。

为更好地体现事业单位特色和工作特点，使得这项考试更好地为各事业单位所接受，并区别于公务员考试，我们设计开发了具有不同岗位特色的八种新题型。新题型力图模拟事业单位工作情境，如考虑到事业单位管理岗位工作中对工作的计划和安排事项较多，新题型计划编排要求考生根据所设情境，充分运用提供的条件和资源，做出符合预定要求的安排或提出最佳的问题解决方案，意在考查考生问题解决能力和逻辑思维能力。考虑到管理岗位工作经常涉及理解政策和制定政策，我们设计开发了规则解读题型，要求考生运用材料给出的规则，对问题进行判断或提出问题解决方案。鉴于学习能力对事业单位工作而言非常重要，我们设计开发了时新知识题型，要求考生对各个学科领域的新发现、新发展及其相关背景知识及最新国际、国内新闻时事的描述进行判断，以此希望甄选出具有足够视野和吸纳新事物能力、具有良好学习意识和学习习惯的考生。空间关系题型，要求考生根据图形组件及其方位关系进行想象和推理，主要用于专技岗和工勤岗考试。实用写作，要求考生根据题目指定的目的进行写作。

北京市事业单位公开招聘考试新模式确立后，从2012年开始每年进行三次考试，全市统一组织，各用人单位自愿参加。报考岗位分为管理岗、专技岗和工勤岗，每类岗位一套试卷。截至2019年11月，已进行23次正式考试，参与单位累计500余家，考生人数累计21万余人，为事业单位甄选人才发挥了积极作用，促进北京市事业单位人才队伍整体质量的提升。在考试的规范性和科学性得到初步解决的基础上，如何进一步加强考试的科学性已提上日程。

二、事业单位公开招聘考试信效度研究

自事业单位公开招聘考试推出后，每次考试后都会进行质量分析，但单次的质量分析可能会受到各种因素的影响而呈现不同特点。在此基础上，有必要进行跨年度、大规模的系统数据分析，以便对考试进行全面的检验，收集考试稳定性和有效性的证据，进而总结发现潜在的问题，加以进一步地完善。

利用三年九次考试数据，开展了跨年度、跨考次的大规模系统数据分析（涉及27套试卷、8万余名考生数据），并分三类岗位进行了问卷调查，包括用人单位领导问卷（发放问卷90份，回收有效卷87份）和考生问卷（发放1 326份，回收有效问卷892份）。在对考试总分分布、题型质量分析、内部一致性信度和效度分析、考试社会评价等方面研究的基础上，我们还利用跨年度、跨考次的数据进行了跨次考试的等值性分析、与公务员招录考试的相容效度分析。

（一）跨次考试的等值性

为衡量不同次考试的等值性，检验事业单位公共基本能力考试的一致性或者说可靠性，我们采用顺次复考考生的成绩进行了分析。顺次复考考生指的是参加过上一次考试的考生接着参加下一次考试，也就是时间上连续参加两次考试的考生。以管理岗顺次复考考生成绩为例，我们比较了九次考试中后面八次管理岗所有考生的平均分、管理岗平均分差（当次考试管理岗所有考生平均分与上次平均分之差）、管理岗顺次复考考生平均分差（当次考试管理岗复考考生平均分减去上次考试平均分所

得差值）。结果如图1所示，复考平均分差的变化趋势与平均分数、平均分差的变化趋势一致，这意味着复考考生得分的分差大小主要是考试本身的难度变化造成的，也就是说复考不一定能提高分数。

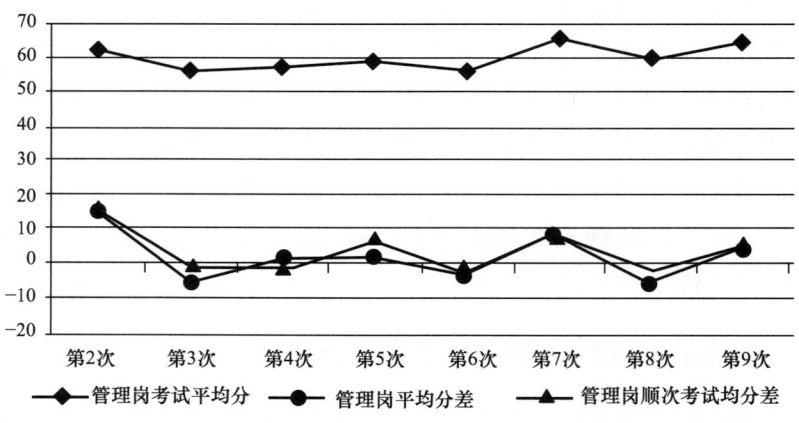

图1 管理岗平均分和复考平均分差变化图

两次考试测量的是同一考生群体，复考考生群体在这两次考试中得分的相关可以认为是复本信度或者等值性信度，其高低反映了这两次考试试卷在内容上的等值性程度。对管理岗顺次复考考生两次考试成绩数据进行相关分析，结果见表1，两次考试成绩相关显著（$ps<0.01$），相关系数在0.6~0.8区间，可以认为公共能力考试试卷等值性良好，任意两次考试的成绩具有一定的可比性。

表1　　　　　管理岗顺次复考考生两次考试成绩相关分析

	第2次	第3次	第4次	第5次	第6次	第7次	第8次	第9次
相关系数	0.765**	0.625**	0.612**	0.698**	0.770**	0.689**	0.711**	0.627**

注："*"表示在0.05水平上显著，"**"表示在0.01水平上显著，下同。

（二）与公务员考试的相容效度

为更好地检验事业单位公共能力考试的效度，我们还对同时报考管理岗（或专技岗）与公务员录用考试考生的成绩数据进行了相关分析。事业单位公共能力考试与公务员录用考试在测验内容及其测量目标上有部分重合，因此两项考试应具有相容效度。我们分析了参加某次事业单位考试后又参加公务员录用考试的考生的两次成绩数据，结果发现两项考试成绩相关显著（$ps<0.01$），相关系数分别为0.652（管理岗分数与

公务员录用考试分数的相关）和 0.594（专技岗分数与公务员录用考试分数的相关）。对各个具体题型分析发现，两项考试中测查类似能力的题型相关性更强。如管理岗试卷中百科知识题型与公务员考试中常识单选题型达到了中等程度相关（$r=0.423$，$p<0.01$），事业单位考试中句段排序题型与公务员考试中言语理解与表达题型中等相关（$r=0.305$，$p<0.01$）。事业单位考试新题型中，规则解读旨在测查逻辑思维能力，其与公务员考试演绎推理中等相关（$r=0.335$，$p<0.01$）；旨在测查阅读能力的文稿校对与公务员考试中的言语理解与表达题型中等相关（$r=0.366$，$p<0.01$）。而事业单位考试中部分新题型所测查的能力不同于公务员考试，如图形比较题型旨在测查考生细心耐心品质，它与公务员考试中多个题型相关不显著或者相关很低。

这些结果证明，无论是整个考试还是其组成的题型，事业单位公共能力考试与公务员录用考试既有差别又相互相容，两者具有相容效度。

（三）其他质量评价指标

在其他考试质量评价指标上，研究表明历次事业单位公共能力考试的表现均较好。考试分数大致呈正态分布，符合招聘考试的特点。大部分题型难度适中，区分度比较高，能够支撑大型考试测量通用能力的需要；其中传统题型如阅读理解、资料分析和逻辑推理的题目质量在九次考试中均较好，新题型如文稿校对、计划编排、规则解读、短文加工在难度、区分度、内部一致性等方面都表现较好。但有几个新题型表现不够理想，其中空间关系难度偏大，图形比较题型相对容易，时新知识和图形比较两个题型中有题目出现区分度不理想的情况。在内部一致性信度指标上，九次考试三类岗位试卷整体信效度均在 0.7 以上，这对于招聘考试而言是可以接受的。学历效度分析表明，随学历层次的提高，考生成绩也相应提高，证明这项考试具有以学历为效标的实证效度。

（四）社会评价结果

就社会评价结果而言，新入职员工的直接领导和人事部门负责人认为，近几年通过事业单位招聘考试入职的新员工整体表现较好，在逻辑思维、学习能力、语言文字能力上得分均较高，但是问题解决能力的评价得分相对最低。用人单位领导认为对事业单位工作而言，最重要的能力有学习能力、语言文字能力、综合分析能力、问题解决能力、计划组织能力和逻辑思维能力，而数量关系、资料分析和常识判断的分数比较低，空间思维能力得分最低。

总体而言，研究结果认为事业单位招聘考试具有较好的可靠性和有效性，用人单位和考生对考试持认可态度，认为考试内容设定基本满足事业单位招聘考试笔试的需要。但具体的分析结果也表明，考试所测查能力要素和题型也有需要改进之处。用人单位期望考试能够加强对问题解决能力、写作能力的考查；对立体空间思维能力并不看重，认为其与实际工作生活关联不大，这些都需要加以具体分析，并进行改善。

三、事业单位公开招聘考试改善实践

（一）加强对问题解决能力的考查

1. 问题剖析

在考查能力要素上，用人单位认为目前考试内容对于问题解决能力的考查相对薄弱，新员工的写作能力还不够理想。具体表现包括：经常把问题上交，独立处理事物能力需加强、综合处理问题的能力不足、处理应急事件上尚有不足、处理复杂问题能力有所欠缺；综合组稿能力有待提高，对各种文体和公文的掌握还存在不足。而用人单位和考生问卷调查显示，问题解决能力和语言文字能力对于胜任事业单位岗位工作较为重要，需在考试中加强对相应能力的考查。

2. 改善实践

考虑到目前事业单位考试的试卷结构，将由写作题型承担问题解决能力考查的需要。按照最初命题构想，实用写作是一项考查复合能力要素的题型，既考查语言文字能力，也能够考查发现问题、解决问题的能力，如概括、分析已知信息的实质特点；能运用文字准确、清晰地表达观点等。但是目前实用写作的一个设问对于语言文字能力的考查较为充分，对问题解决能力的考查相对薄弱。基于此，我们拟对写作题目进行改善。

改善后的写作题主材料由原先的几百字变为 2 000 字左右，聚焦某个主题，并设置一些场景和问题，考生由完成一项任务变为完成两项任务。第一个问题侧重考查考生发现及解决问题的能力，包括测查考生把握核心问题、关键所在、矛盾、共性问题、最大分歧、服务对象的需求等方面的能力；第二个问题是要求考生结合具体场景和限定的身份，在给定的具体场景下进行应用文写作。

3. 实证分析

衡量题型质量的主要指标是难度和区分度，分别以题型得分率（题型平均分/题型满分）为难度，以题型得分与总分的相关系数为区分度，对两次考试管理岗和专技岗试卷中改善后的写作题目进行质量分析，结果具体见表2。

表2　　两次考试管理岗和专技岗试卷写作题目难度和区分度

考次	题目	管理岗			专技岗		
		难度	区分度	两题间相关	难度	区分度	两题间相关
第一次	第一题	0.69	0.451**	0.263**	0.66	0.533**	0.397**
	第二题	0.68	0.436**		0.65	0.556**	
第二次	第一题	0.46	0.394**	0.33**	0.42	0.440**	0.317**
	第二题	0.60	0.485**		0.57	0.541**	

难度方面，按得分率处于[0.3, 0.7]为中等难度的标准，两次考试管理岗和专技岗试卷中两个写作题目的难度均为中等。区分度较好，题目能够鉴别不同能力水平考生。两个题目之间具有中低相关，表明两题考查能力的相对独立性。

为进一步分析两个题目所考查能力，我们分析了参加过某次事业单位公开招聘考试、之后又参加了公务员招录考试的考生，将他们事业单位考试写作分数与申论分数进行相关分析，结果具体见表3。

表3　　事业单位招聘考试考生写作分数与申论部分题型相关分析

事业单位考试		申论	
		第三题	第四题
管理岗	第一题	0.176**	0.115**
	第二题	0.246**	0.258**
专技岗	第一题	0.167*	0.168*
	第二题	0.151*	0.231**

分析表明，事业单位考试管理岗考生写作第一题得分与他们在申论四个题得分相关均显著（$ps<0.05$），相关系数区间为 $0.06 \sim 0.176$，均较低，其中与第三题的相关为0.176，为四题中最高。专技岗考生写作第一题得分与他们在申论第三题的相关为0.167（$p<0.05$），也相对较高。这与题目所考查能力有关，事业单位考试写作第一题侧重考查问题解决能力，而申论第三题也侧重考查考生的提出和解决问题能力（准确理解

把握给定材料所反映的问题,提出解决问题的措施或办法),因此两道题目得分具有关联性是合理的。

考生在事业单位写作第二题上的得分与申论第四题得分相关性也相对较高,相关系数分别为 0.258(管理岗)和 0.231(专技岗),均显著($ps<0.05$)。事业单位写作第二题侧重对文字表达能力进行考查,与申论第四题所考查能力更为接近,因此两者得分具有显著相关也是合理的。

同时,在事业单位写作题目材料和设问的表面效度上,我们在题目中更多融入了事业单位工作情境,设问多站在事业单位工作人员的角度去解决问题和进行写作。从考试后用人单位和考生的反馈来看,收到了较好的效果,既体现了事业单位考查能力的侧重点,又区别于公务员申论科目的考试形式。

(二)空间关系题型的改善

1. 问题剖析

空间关系题型用于事业单位专技岗和工勤岗试卷中,主要考查考生的空间思维能力。空间关系题型初期由于难度过大存在"地板效应",以致区分度较差,后期进行难度调整,该题型难度和区分度较为适宜。就与事业单位考试其他题型、与公务员录用考试题型的相容效度而言,这个题型与事业单位考试的逻辑推理、图表解读两个题型相关系数较好(中等显著相关),与其他题型低相关;与公务员考试的图形推理题相关,说明空间关系考查的能力要素和图形推理所考查的能力较为独立。但是用人单位和考生对立体空间思维能力并不看重,这可能是因为之前这个题型的题目形式为传统的折叠图、三视图、剖面图等,较为抽象,用人单位和考生从表面效度角度去理解,认为其与实际工作生活关联不大。

2. 改善实践及实证分析

理论上,空间知觉能力主要测查立体视觉及空间操作产生某种具体形状的能力,是非常重要的基本认知能力,很多智力测验、能力测验如比内量表等智力测验、明尼苏达空间关系测验和明尼苏达书面形状测验等机械能力测验、一般能力倾向成套测验等都包含空间知觉测验。为加强这一题型的受众程度和与实际工作、生活场景的关联程度,一种解决方法是提高题目的表面效度,使得题目考查的内容与实际生活更为相关。

我们从命题环节对空间关系题型进行了改善,命题素材来源于现实生活中的空间能力使用场景,如不同空间位置拍摄照片排序问题等。

例题如下：摄影爱好者小红抓拍到某轿车从其面前经过的一组照片（见图2），照片洗出来后却发现没有设置时间，不清楚照片的顺序。请你根据汽车被摄入镜头先后顺序的空间关系，帮助小红对下列带有序号的照片进行排序。

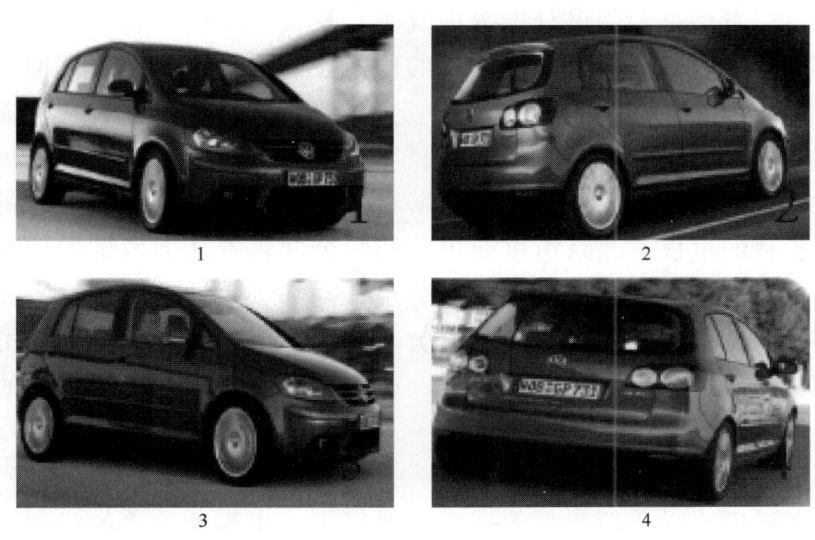

A．2—1—3—4　B．1—3—4—2　C．4—3—2—1　D．1—3—2—4

图2　例题图片

对改善后的空间关系题型进行质量分析，具体见表4。结果显示，改善后的空间关系题型难度适中，具有较好区分度，能够鉴别不同能力水平考生。改善后的空间关系题型质量较好，表面效度更高，也提高了用人单位和考生对测查空间思维能力的认可度和接受度。

表4　两次考试专技岗和工勤岗空间关系题型质量分析

考次	专技岗		工勤岗	
	难度	区分度	难度	区分度
第一次	0.55	0.313**	0.62	0.507**
第二次	0.64	0.471**	0.53	0.585**

四、结论与讨论

（一）研究主要创新点

1. 信效度研究

考试的核心问题是信度和效度，理论上预测效度是招聘考试最重要的指标。但预测效度指标难以收集,核心原因是被录取人员在不同部门和单位工作,并没有一个普遍适用、能客观测量的衡量能力的指标。

跨年度、跨考次的数据分析为我们在考试信度和效度研究方面提供了更多有价值的信息。一方面,复考考生考的是不同的试卷,理论上两套试卷可以看作是专门设计的等值复本,复考考生群体在两次考试中得分的显著相关表明了事业单位考试的稳定性和可靠性。另一方面,与公务员录用考试具有相容效度,在一定程度上支持了事业单位考试的有效性。

效度证据的核心概念是"证据",是一种通过积累证据对考试的有效性进行支持的过程。北京市事业单位招聘公共基本能力考试的信效度研究,不仅在总分分布、题型难度区分度、内部一致性信度、学历效度等方面展开研究,还进一步进行了跨次考试的等值性研究、与公务员考试的相容效度研究,从这个意义上讲,累积了更多证据支持了考试的可靠性和有效性。

2. 考试改善实践

新考试模式以及新题型的探索需要经历一个不断完善的过程,北京市始终关注考试质量,对考试进行改善探索,以提升考试科学性。我们根据研究结果,对考试测查能力和部分题型进行了改善实践。依托写作题目加强了对问题解决能力的考查,改善后的写作题目难度适中,区分度较好,且承担考查问题解决能力的写作第一题与申论承担测查解决问题能力的题目显著相关;承担考查文字表达能力的第二题与申论相应题目也显著相关,表明事业单位考试在写作题目设置上达到了预期目的,考查了考生相应的能力。另外,从命题环节着手,加强了空间关系题目的表面效度,新的空间题目质量较好,表面效度更高。

(二)下一步工作思考

1. 进一步加强效度研究

跨次考试的等值性、与公务员考试的相容效度作为"效标",用来对北京市事业单位招聘考试的质量进行检验,具有一定的支持力度,但也还需要收集更多的效标效度证据来支持考试新题型质量及整个考试在人才选拔上的有效性。

就考试新题型有效性而言,需进一步检验新题型是否考查到了预期考查的能力。其中,部分新题型如文稿校对与公务员考试中言语理解与表达题型得分中等相关，可认为这个新题型在一定程度上确实测量了阅读能力；新题型规则解读与传统题型演绎推理也达到了中等相关，也可以认为这个新题型测查了逻辑思维能力。但部分新题型如空间关系、图形比较等是否测查到了预期测量的能力需要进一步研究探索，如可将空间关系题型与成熟的空间关系测验进行关联研究。

事业单位招聘考试在人才选拔上的有效性一直是研究难点。考试是否选拔出了事业单位岗位工作所需要的人员，如何确定有效的外部效标、如何收集工作绩效数据，都需要进一步的研究，多渠道收集数据、多方面验证考试效度。

2. 开发新题型

从长远来看，应该继续探索开发新的题型考查事业单位岗位工作所需的能力。一方面，根据目前的研究，部分新题型尽管考查的能力对于事业单位岗位工作较为重要，但其区分度不尽如人意。如时新知识由于其考查学科领域广泛且为是否判断，考生答题难度大且容易猜测，今后有必要开发新的题型以更有效地测查出具有良好学习意识和学习习惯的考生。另一方面，北京市事业单位公开招聘考试推行这些年来，一些新题型也逐渐为考生所熟知，新题型的有效性也面临着培训机构的挑战。

更重要的是，随着时代的发展，事业单位工作人员所需要的能力素质也在不断变化，我们还需持续了解事业单位岗位工作所需的能力素质，开发新的考试题型考查相应能力，持续提高考试科学性水平。

3. 针对性成绩报告

目前北京市事业单位公开招聘公共基本能力笔试考试定位是"入门筛查"，考查的是通用能力。在此基础上，如何使事业单位考试为用人单位提供更有针对性的考试服务需进一步探索。

事业单位行业分布广，岗位性质各不相同，不同岗位对人才素质的要求可能各有侧重。在未来可能的情况下，用人单位可在考试前细化岗位分类，根据不同的岗位需求，赋予不同的能力要素相应的权重，构建不同岗位的胜任力模型。我们可向用人单位提供各个分测验分数，并根据用人单位提供的不同能力要素权重，提供更有针对性的成绩报告，以求得招聘考试产生更好效果。

参考文献

［1］中华人民共和国人事部. 事业单位公开招聘人员暂行规定. 人事部令第 6 号，2005.

［2］北京市人事考试中心. 北京市《事业单位公开招聘工作人员公共基本能力测验》的评价研究报告，2017.

［3］刘远我. 人才测评：方法与应用（第 3 版）［M］. 北京：电子工业出版社，2015.

［4］谢小庆. 测验效度概念的新发展［J］. 考试研究，2013（3）：56-64.

深化广西公益二类事业单位人事制度改革路径思考[①]

薛晓辉[②]

摘　要： 公益二类事业单位在诞生之初就极具中国特色，随着时代发展，其特殊性日益凸显。如何在新的历史时期，用新的发展理念推进广西公益二类事业单位人事制度改革，是当下亟待解决的课题，更是一个难题。本文提出创新研究视角：从公益二类事业单位的属性和特点出发，才能摸准人事制度改革中存在的问题，从而制定完善的改革方案，提升公益二类事业单位服务质量与发展水平。本文从理念、制度、文化等方面提出深化广西公益二类事业单位人事制度改革的路径探讨和提供参考，促进了广西社会事业健康发展。

关键词： 事业单位　公益二类　人事制度改革

事业单位是指国家为了社会公益目的，由国家机关举办或者其他组织利用国有资产举办的，从事在教育、科技、文化、卫生等活动的社会服务组织。公益二类事业单位作为事业单位的重要组成部分，既具有事业单位的普遍性，又不乏自身特殊性。建立符合公益二类事业单位特点的人事管理制度具有深远意义。

---

① 该篇论文获得"2020年全国人才与人事研究主题征文活动"三等奖。
② 薛晓辉，广西广播电视台人力资源部招聘培训科科长、高级经济师。

一、公益二类事业单位的含义及主要构成

2011年3月,中共中央、国务院发布的《关于分类推进事业单位改革的指导意见》,将事业单位细分为公益一类和公益二类。公益二类事业单位主要分布在教育、卫生、文化艺术等行业和民政行政机关、科研机构等,面向社会提供满足经济社会发展和人民群众普遍需求的公益服务,经费来源由政府予以支持,也可由市场配置资源获得(见表1)。

表1　　　　　　　　公益二类事业单位基本构成情况

行业	机构构成
教育行业	普通高等学校、特殊教育、学前教育等
卫生行业	医院、卫生院、疗养院、疾病预防中心、妇幼保健院等
文化艺术行业	艺术表演团体:各种剧团、文工团等 艺术表演场所:剧场、影院等 图书文献类:公共图书馆、档案馆等 文物艺术类:文物保护站、文物考古队、公共博物馆、公共纪念馆等 群众文化类:群众文化馆、艺术馆、青少年宫等 广播电视类:广播电台、电视台等 报刊类:报社、杂志社、出版社等
民政行政机关	机关服务中心、社会福利性企业单位、政府服务类事业性机关
科研机构	自然科学研究机构、社会科学研究机构、综合科学研究机构

二、全面深化广西公益二类事业单位人事制度改革的意义

(一)历史意义

事业单位作为极具中国特色的社会组织,它的产生与发展有着特定的历史背景。长期以来,在计划经济体制的影响下,我国事业单位的管理一直是沿用党政机关模式,其人事制度和组织模式已日益成为约束事业发展的巨大障碍,并已成为制约我国经济体制改革、行政管理体制改革和社会转型的重要因素。从1978年起,我国事业单位人事制度改革从初步探索阶段到如今的加快推进阶段,已经走过了30多年逐步深化的历程。可以说,不断推进的事业单位人事制度改革是一次体制性改革,涉及面广且艰难复杂,具有深远的历史意义。

(二)现实意义

2020年5月17日,《中共中央　国务院关于新时代推进西部大开发

形成新格局的指导意见》（以下简称《指导意见》）发布，第三十四条人才政策中明确指出："努力造就忠诚干净担当的西部地区高素质干部队伍，注重选拔符合西部地区需要的专业化人才，建立健全有利于吸引、激励和留住人才的体制机制。落实完善工资待遇倾斜政策，结合事业单位改革，鼓励引导机关事业单位人员特别是基层公务员、教师、医护人员、科技人员等扎根西部。鼓励符合条件的企业实施股权激励、分红等中长期激励。允许国有企事业单位专业技术和管理人才按有关规定在西部地区兼职并取得合法报酬。允许退休公职人员按有关规定在西部地区创业。"

人才是西部地区发展的关键。广西属于西部欠发达地区，不可避免地存在思想观念落后、体制机制僵化和人才资源匮乏等问题。《指导意见》为西部大开发赋予了新的时代特征，彰显了国家对西部地区的人才政策支持和组织保障，也为新时代广西发展提供了充分的外部条件。在此背景下，全面深化公益二类事业单位人事制度改革对广西经济社会发展具有一定的现实意义。

（三）社会意义

从整体上看，事业单位在提供公益服务、推动经济社会发展方面，发挥了重要贡献。但也有部分事业单位，其中不乏公益二类事业单位，占用国家资源却没能履行职责，在人事制度改革方面暴露出观念落后、机构臃肿、关系复杂等问题，甚至腐败现象滋生，一定程度上限制了自身的健康发展，也扰乱了国家政治制度和经济运行。在新的历史时期，进行公益二类事业单位人事制度改革，对于增强单位活力、创造更大的社会效益和经济效益具有非常积极的社会意义。

三、公益二类事业单位属性分析

事业单位分为公益一类和公益二类两种，二者既具有共性，又各有特性。虽然与公益一类事业单位一样兼具公益性、服务性、广泛性等普遍性，但在经费来源和内部控制等方面，公益二类事业单位又极具特殊性。

（一）普遍性

1. 公益性

事业单位首要追求的是社会效益，其运营的主要目的是为社会服务，而不是以经济效益为首要目的。比如说学校、福利院、图书馆等，都是与人们日常生活息息相关且公益性较强的事业单位。

2. 服务性

事业单位的基本特征就是面向社会提供各种专业服务，这不仅是国家政治、经济正常运行的保证，也是人民群众文化生活中不可或缺的一部分。比如说，学校主要提供教育类服务，培养各行各业合格人才；医院的功能是提供医疗服务，为公民的健康提供保障。

3. 知识性

事业单位多属于以脑力劳动为主体的知识型组织，比如各大高校和科研机构等。高素质的专业技术人才利用自身的专业技能为社会提供服务，对社会进步起着重要的推动作用。

4. 专业性

事业单位是我国专业技术人员的主要集中地。工作人员多为具有专业知识、从事专业工作的专业人才，面向社会提供服务，比如教师、医生、文化工作者等，具有较强的专业色彩。

5. 广泛性

事业单位涉及多个行业和领域，主体庞大，且社会关系较为复杂，很多人在社会上具有一定的影响力。比如广播电视台知名主播、记者等，公众认知度和话题度比较高，其言行对社会可产生"牵一发而动全身"的影响。

（二）特殊性

与财政给予经费保障的公益一类事业单位不同，公益二类事业单位由财政根据财务收支状况给予经费补助，并通过政府购买服务等方式予以支持。同时，公益二类事业单位在对外经营、内部管理等方面既享有适应市场竞争的特殊政策，又在一定程度上受制于事业单位相关管理制度。

1. 经费来源相对特殊

公益二类事业单位的经费来源，与全部由财政预算拨付、不由市场配置资源的公益一类事业单位不同，也与自收自支、完全由市场配置资源的企业不同。公益二类事业单位的经费不是全部纳入财政管理，一部分由财政给予不同程度投入，另一部分要靠市场配置资源。比如广播电视台的经费来源，既包括地方财政给予的行政费用，也包括通过市场配置资源获得的广告收入和党委、政府购买宣传服务的费用。

2. 经营管理模式特殊

公益二类事业单位的经营管理，必须符合事业单位政策法规的规定，还需要适应市场竞争的要求，努力在政府购买服务和多元竞争的市场中获得空间。

3. 享受特殊优惠支持

公益二类事业单位定位较为模糊，非政非企又亦政亦企，既占用国家资源又享有财政支持，可以最大限度地运用享受政府、企业两方面的有利条件，却又最大限度地游离于政府的行政约束和企业的市场压力之外。

4. 人力资源内部控制具有独特性

公益二类事业单位人力资源内部控制一方面要严格执行各项管理制度，将人力资源风险控制在较低的水平，符合行政事业单位内部控制和廉政风险防控机制建设的要求，另一方面又要尽可能增强人力资源政策适度的灵活性，为参与市场化竞争提供灵活的人力资源支持。

四、广西公益二类事业单位人事制度运行中存在的主要问题

随着事业单位体制改革的不断深入，为公益二类事业单位的发展创造了机遇，同时也暴露出人事制度方面的很多问题。追根溯源，是因为公益二类事业单位现行人事制度与其属性不相适应。公益二类事业单位的普遍性决定其应该强服务弱管理，尊重劳动者的主体地位，从人才价值基础上建立起吸引人才、配置人才、稳定人才、发展人才、留住人才的人事制度；其特殊性决定必须吸收现代企业的人力资源管理经验，结合单位实际情况建立与市场经济发展相适应的人事制度。而现行公益二类事业单位人事制度显然还没有达到需求，急需建立现代化的人事制度架构，在新理念引领下进行改革，更好地满足现代公共服务需求。

（一）人力资源管理体制机制不灵活，理念落后

虽然事业单位人事制度改革已经进行多年，但很多公益二类事业单位都还没能建立起科学合理的人力资源管理体制机制，表现出改革滞后、人才队伍建设力度不强、人力资源战略规划不足、人才流失严重等问题。根本原因在于理念落后，导致人事制度改革实施与预期目标存在偏差，主要表现在以下几个方面：

1. 管理观念落后，没有真正做到与时俱进

形成于计划经济时代的传统管理观念根深蒂固，很多干部职工对人力资源管理缺少科学正面认识，首先想到的是改革必将侵害他们的权利和利益，比较排斥事业单位人事制度改革，对人事制度改革重视不足。以选人用人工作为例，很多单位对习近平总书记关于大力培养年轻优秀干部的指示精神落实得还不到位，在落实《党政领导干部选拔任用工作条例》《干部选拔任用工作监督检查和责任追究办法》等选人用人制度方面，研究得不够深、不够透，存在制度上的缺失。在加强长远规划，及时发现、培养、起用优秀年轻干部、后备干部方面，存在明显不足。很多单位年轻后备干部储备不足，没有形成合理的干部梯队结构。

2. 管理文化缺失，没有真正做到"以人为本"

与机关单位不同，公益二类事业单位很多属于教育、文化等行业，在日益激烈的市场竞争中需要树立品牌，同时需要营造个性特色和文化吸引力，以独特灵活的文化氛围吸引人才、留住人才，进而评价人才、使用人才。而事实上，全区很多公益二类事业单位都没有结合自身的特殊性看待人才问题，还在将人物化管理，没有营造出人力资源管理文化，缺少人力资源整体战略，缺乏主观能动的人才培养机制，忽视人的主体地位，忽略个人独立性、个人价值和人的主观能动性，对于如何在服务型政府下改善与优化人力资源环境，更好地选人、用人、育人、留人等问题认识程度不够。专家型人才、复合型人才、国际化人才、高层次经营管理人才等高端人才较为紧缺，也缺少在全国具有影响的专业领军人物、拔尖人才。

（二）政策把握不够准确，管理制度不健全

公益二类事业单位非政非企又亦政亦企的特殊性，决定其既受政府的行政约束又享有一定的优惠政策，但因为对政策把握不够准确、灵活且没有建立起规范化的管理制度，导致很多单位的管理不伦不类、极为随意。

1. 运用上级政策不够灵活

2006年，人事部、财政部发布《事业单位工作人员收入分配制度改革实施办法》和《事业单位工作人员收入分配制度改革方案》，2014年国务院发布《事业单位人事管理条例》，2018年以来相继出台《事业单位工作人员奖励规定》《事业单位工作人员培训规定》。在此基础上，广西壮

族自治区相继出台《事业单位工作人员收入分配制度改革实施办法》《关于分类推进人才评价机制改革工作的通知》《关于进一步完善事业单位岗位管理工作的通知》《关于进一步激励科技人员创新创业若干规定的通知》《关于贯彻落实〈事业单位工作人员奖励规定〉有关事项的通知》等，从宏观管理到收入分配、岗位管理、人才评价、创新创业、激励担当作为等微观操作都作出了政策支持和引导。

但在实际操作中，公益二类事业单位还是参照《中华人民共和国劳动法》和《中华人民共和国公务员法》管理，事业单位的合并、设立和撤销主要取决于政府主管部门，人员的任免调配等也主要参照公务员管理制度。对于在具体实施过程中遇到党委政府未作出明确规定的问题，研究得不够深、不够透，在结合本单位实际，制定出台与中央、地方文件政策相配套的具体举措和办法上，还不够及时完善。组织机构、工作准则、权力运行等缺少有效的监督，导致管理混乱，行政化和官僚化现象较为严重，在一定程度上增加了管理的随意性，制约着事业单位人事管理工作的规范。

2. 政策实施存在偏差

有些公益二类事业单位对人才配置重视不足，用人机制不合理，没有依照岗位需求对人才进行配置规划，强调领导意愿，人岗不匹配；在进行岗位设置时，运用政策不及时、不灵活，且有不公开、不公平现象存在，挫伤了专业技术人员的积极性；广西作为西部欠发达地区，薪酬及人才引进待遇方面较发达地区都处于劣势，且因为地处偏远、经济相对落后，吸引人才难度加大。很多公益二类事业单位人事晋升方面论资排辈现象严重，人才成长环境较差，容易埋没人才，人才流失现象严重；虽然针对事业单位人员激励干部担当作为、创新创业方面，自治区出台了系列政策，但很多单位还是墨守成规，没有结合自身实际制定切实可行方案，缺乏激励担当作为有效措施，尚处在摸索探讨阶段，政策没有真正用足用好、落地实施，导致队伍活力不足。

（三）绩效考核体系缺乏合理性，难以发挥激励作用

虽然绝大部分公益二类事业单位实行了绩效工资，但由于受"事业单位"性质的限制，加之对自身特殊性认识不够，对人才重视不足，往往缺乏科学、合理的考核评价机制相配套，存在考核指标不全面、考核标准不清晰、考核方式不科学等问题，甚至是走过场现象，导致绩效考核结果不够公平准确，大部分单位的绩效工资并没能真正发挥应有的激

励导向作用。

1. 激励效果不明显

对于高层次人才和专业技术人员，缺乏针对性激励措施，多数公益二类事业单位的激励机制主要是物质激励，忽视了高级知识分子的精神追求，缺乏精神方面激励机制，导致人才的吸引与留住困难。公益二类事业单位专技人才占比较高，必须建立起科学合理的激励机制，从根本上重视人才，真正发挥人才效用，才能将辛苦培养出来的人才留住。

2. 保障措施不足

由于收入和福利基本保障不足，很多专业技术人员，尤其是青年人才收入偏低，被经费和业务、项目所困，难以安心科研，严重阻碍了青年专业技术人员成长的步伐。在实际管理中，很多公益二类事业单位受体制、机制因素的影响，人员身份存在多样性，造成了人员管理上"双轨制"甚至是"多轨制"。编制外人员与编制内人员虽然从事同样的工作，却在薪酬管理、岗位设置、社会保险等方面存在差异，这种同工不同酬的现象严重降低了编制外人员工作积极性和集体归属感，很大程度上影响了人才队伍建设。

3. 员工思想动态难以掌握

人力资源工作归根结底是做好"人"的工作。要做好人力资源工作就要先了解员工，掌握每个员工的真实思想动态。随着经济体制、生活方式的变化，职工的思想观念和价值取向都发生了很大变化，在实际工作中，对职工的思想动态分析也就存在一定困难。尤其是公益二类事业单位人员身份的多样性，导致员工之间思想状况都不一样。人力资源管理人员对各类人员的思想了解得不够多，制定新的管理政策时就会出现调研不充分、研究不深入等问题，政策执行时会引发部分人员的不适应、不理解，为很多单位的人事管理带来一定困惑。

五、深化广西公益二类事业单位人事制度改革的路径初探

结合公益二类事业单位的属性和特点，以及由此产生的人事制度改革难点，本文尝试从以下四个方面入手，完善广西公益二类事业单位人事制度改革，从而促进全区经济社会良性发展。

（一）强化制度引领，提高管理者效能

在多元化社会中，各种组织机构的高效运转是社会向前发展的重要

保障。要实现这一目标，需要完善的制度体系和富有成效的管理者。

1. 注重顶层设计

在分级别、分行业管理的大背景下，公益二类事业单位人事制度改革作为整个中国改革进程中的一个重要组成部分，必须建立起健全的法律法规和制度机制，保障改革顺利推进。希望政府和人社部门注重从顶层设计上释放公益二类事业单位人事制度改革的诸多利好，在聘用制度、岗位管理、薪酬分配、人才评价、创新创业、激励担当等方面制定更加具体细化的指导性制度和方案，加大对不同单位的政策指导，建立权责清晰、分类科学、机智灵活、监管有力的人事管理制度，从根本上满足政策诉求。

2. 管理管理者

现代管理学大师彼得·德鲁克在《管理的实践》一书中强调管理层的重要性："管理层是专门赋予资源以生命力的社会机构，也是负责有组织地发展经济的结构，体现着现代社会的基本精神，所以它是不可或缺的。"在公益二类事业单位人事制度改革进程中，如果管理者的理念不够先进，就会造成好的政策制度难以落地或者变形，从而对整个单位的发展带来很大的负面影响。公益二类事业单位的管理者在兼顾社会效益的同时，还要兼顾经济效益，这就更需要管理者具有先进理念，进行主动有效的管理，实现期望的成果。建议对管理者的培训进行系统化创新，从顶层设计上赋予公益二类事业单位管理者最大的权力并对结果负全部责任，加大培训交流力度，强化人力资源管理技能，同时建立科学有效的监控机制，动态监控其工作成效，从根本上盘活公益二类事业单位的人力资源。

（二）创新理念，真正做到"以人为本"

习近平总书记历来重视创新，他在《深入理解新发展理念》一文中强调："把创新摆在第一位，是因为创新是引领发展的第一动力。"而实现创新，人力资源是最活跃的经济资源，也恰恰是使用效率最低的资源。

1. 充分尊重劳动者

专业技术人员是公益二类事业单位中成长最快、能堪大任的工作群体。要想让专业技术人员发挥效能和生产力，必须让其在以下几个方面感受到尊重：一是岗位聘用、设置公开合理；二是享有升迁机会；三是多劳多得、奖罚分明；四是得到专业上的肯定。也就是说，要让专业技术人员地位、待遇、心理等方面充分感受到尊重，享有一名劳动者应有的权利和待遇，让知识分子安心做事。

2. 科学评价人才

推进公益二类事业单位设置及聘用制管理改革，改进岗位设置依据，合理设置岗位总量、比例结构和晋岗条件，推进职称评审制度改革，科学评价专业技术人员能力和水平，创新职称日常管理手段，尽量简化程序，建立科学的人才使用和评价机制，最大限度释放人才活力。

（三）改进分配制度，完善激励机制

薪酬是公益二类事业单位员工的主要收入来源，员工绩效是调动员工工作主动性的主要手段。通过实施和执行薪酬激励手段，改变"干多干少一个样、干好干坏一个样"的被动局面，彻底解决平均主义。

1. 完善绩效考核体系

公益二类事业单位内部设有不同岗位，比如专技人员、管理人员还有后勤工作人员，相互间存在工作性质和特点的差异性，工作职能也不尽相同。这就需要完善绩效考核体系，优化绩效分配系数，实行人员报酬与其岗位职责、工作业绩挂钩的分配办法，做到能者多劳、劳者多得和优绩优酬。

2. 强调业绩贡献

对高层次管理和专业技术领军人才，根据级别设置奖励标准，并在职称评审、年度考核中予以政策倾斜。开展全区性的公益二类事业单位和个人创新活动评比，对富有创新精神且成效显著的单位和个人进行奖励，坚持物质激励与精神激励相结合，使人才充分得到社会承认和尊重的成就感、荣誉感。

3. 充分调动员工积极性

经济学中有个著名的"木桶理论"："一只木桶的装水容量不是取决于这只木桶中最长的那块板，而是取决于最短的那块板。"在公益二类事业单位的薪酬分配中，更要注重不同身份的员工之间的均衡性和公平性。加快建立同工同酬制度，有助于调动全体员工的工作积极性，从而提高工作效率，充分发挥激励的效果。

（四）强化服务，善于运用一切新技术

公益二类事业单位最大的特点就是服务性，在人事制度改革进程中，强化服务理念是必须遵循的一条基本准则，而新技术就是为其服务加速的发动机。

1. 强化服务理念

无论怎么改革，公益二类事业单位首先都要找准自身的服务定位。尤其在新的历史时期，更要将自身的改革发展与广西的经济社会发展结合起来，坚持"优质服务"的核心原则，共同发展、共求进步。这就需要公益二类事业单位将为人民群众、为社会发展、为政府工作提供优质服务作为核心原则，充分发挥自身优势，面对不同的服务对象，调整改变服务内容和方式，不断提升服务能力，凸显出专业特色。

2. 运用新技术

新技术的层出不穷对管理与创新不断产生新的要求。随着管理信息化的逐步深入，"新技术、互联网、智能化"正在改变传统人力资源管理的模式，成为公益二类事业单位人力资源管理手段的新宠。秉承"知识共享、资源共享、服务共享"的理念，在单位内部建立完善的管理体系，在单位之间搭建互通有无的共享平台，面向社会分享优质高效的服务项目，利用网络资源提供给广大公民"足不出户"的服务感受。这种多元化的信息服务理念，会加速对信息资源的开发利用，扩大现有的服务范围，更是一次服务创新的全方位转型，逐步打造一条"互联网＋服务平台"的可行之路，对广西公益二类事业单位乃至整个经济社会大有裨益。

参考文献

[1] [美] 彼得·德鲁克. 管理的实践 [M]. 北京：机械工业出版社，2019.

[2] 王瑶. 公益二类事业单位服务方式创新实践研究 [J]. 成才之路，2019（31）：26-27.

[3] 路晓颖. 公益二类事业单位人力资源内部控制研究 [J]. 人力资源管理，2016（10）：33-34.

[4] 兰澜. 事业单位人力资源管理中薪酬管理的问题分析 [J]. 中外企业家，2020（16）：110-111.

[5] 邓欣湉. 服务型政府下我国事业单位人事制度改革的路径思考 [J]. 中外企业家，2017（27）：181-182＋186.

[6] 杨莉莉. 我国事业单位人事制度改革路径思考 [J]. 现代企业，2019（7）：61-62.

新中国成立以来云南人才制度和政策创新的历史与经验[①]

黄海涛　庞伟伟[②]

摘　要：党的十九届四中全会通过的《决定》将人才制度和政策创新纳入国家制度和国家治理层面，充分体现了以习近平同志为核心的党中央对人才发展的高度重视。新中国70年云南人才发展的历史，也是一部人才制度和政策创新史，其中凝结着宝贵的经验和深刻的启示。梳理、回顾云南人才制度、政策创新历程和取得的成就，总结并分析基本经验，对新时代进一步加强人才制度和政策创新具有十分重要的意义。

关键词：云南　人才制度　人才政策　创新

人才工作是国家治理体系的重要组成部分。党的十九届四中全会将人才制度和政策创新纳入国家制度和国家治理层面，充分体现了以习近平同志为核心的党中央对人才工作的高度重视和对人才制度创新的战略谋划。制度和政策的创新既是一个理论问题，也是一个实践问题。纵观新中国成立以来云南的人才工作，正是在解决人才工作实践中存在的突出问题的基础上，不断总结升华，从而为人才制度和政策的创新奠定基础；在创新的人才制度和政策的引领下，人才工作又以更坚定的步伐向

---

①　该篇论文获得"2020年全国人才与人事研究主题征文活动"三等奖。
②　黄海涛，云南省社会科学院、中国（昆明）南亚东南亚研究院人事教育处副研究员；庞伟伟，云南国土资源职业学院马克思主义学院讲师。

前推进。梳理、回顾云南人才制度、政策创新历程和取得的成就，总结并分析基本经验，是新时代进一步加强人才制度和政策创新的前提和基础。

一、云南人才制度和政策的曲折探索（1949—1978 年）

新中国成立伊始，百废待兴，各条战线急需建设人才，中国共产党充分认识到吸收知识分子参加各项建设的重要性，提出了"团结、教育、改造"的知识分子政策。从 1957 年开始，党对知识分子的估计和政策出现了"左"的偏差，"文化大革命"期间，"左"倾错误被推到了极端，对知识分子和知识分子状况作出了错误估计，把知识分子重新定性为资产阶级，并突出强调其具有政治上的危险性，提出"两个估计"。

（一）新中国成立后云南对知识分子政策的贯彻落实

新中国成立后，为了使旧知识分子适应飞速发展的政治经济形势，促进新中国各项建设事业的发展，党提出"团结、教育、改造"的知识分子政策。云南省委坚决贯彻党的知识分子政策及中共中央为云南制定的"团结第一、工作第二"的工作方针。首先是加强对专业技术人才的培养与选拔。新中国成立之初，云南省各级专业技术人才极少，尤其是高级技术人才，其中工程师和医师不到 1 000 人，大学教授仅 100 余人[1]。为解决这个问题，省委组织部提出：一方面采取多种办法，积极培养选拔现有技术人才，充分发挥现有技术人才的潜力，加强对他们的科学管理；另一方面适当增设大专学校培养高级技术人才，增设若干中等技术专科学校培养中初级技术人才。到 1956 年，全省专业技术人才达到 1.3 万人。其次是加强对民族干部的培养与选拔。1950 年完成军事解放之后，省委大力进行疏通民族关系、团结民族上层工作，在各级政权机关中有意识地吸收各民族的代表人士和劳动人民出身的民族干部。同时通过推行区域自治政策，团结民族、宗教上层人士，在民族地区实现了党的领导，培养了大批劳动人民出身的民族干部，逐步代替土司的政治统治。到 1956 年，云南少数民族干部达到 2.7 万人，占干部总数的 15.3%。

1956 年 1 月，全国知识分子问题会议在北京召开，周恩来代表中共中央作《关于知识分子问题的报告》，会后出台了《关于知识分子问题的指示》。会议指出广大知识分子已经是工人阶级的一部分，提出了党对知识分子的正确方针及具体措施。云南省委坚决贯彻《关于知识分子问题的指示》，并作出具体的安排部署。1956 年 6 月，省一次党代会工作报告指出：为适应工农业生产的发展，必须大大加强文化教育事业和科学研究工作，必须迅速克服在这一方面工作的薄弱状态，执行中央关于知识分子问题的指示，既要有计划地加强现有的，又要增设新的高等学校和科研机构，从而有利于提高现有高级分子的水平，并且培养新的专业性人才；也要重视加强中小学教育和一般知识分子包括各民族的旧知识分子的工作，以便多方面发挥各项人才的积极性；既要注意加强从省到专区（自治区）到县的专业性的，比较具备规模的医药卫生和文化艺术的机构；也要根据当地的需要与可能，积极地和逐步地去帮助群众举办简便的，小型的或者业余性的福利文化措施。在《关于民族工作的报告》中，省委对培养民族干部提出了具体的要求：1957 年民族人口占总人口 25％的县，民族干部将至少占干部总数的 20％；民族人口占 60％以上的县，民族干部将达干部总数的 50％。

（二）"文革"时期知识分子政策遭遇曲折

从 1957 年开始，党的知识分子政策出现了"左"的偏差，"文化大革命"期间，"左"倾错误被推到了极端。1966 年 5 月，中共中央政治局扩大会议通过的《中国共产党中央委员会通知》（即"五·一六"通知）提出要彻底揭露"学术权威"的资产阶级反动立场，彻底批判学术界、教育界、新闻界、文艺界、出版界的资产阶级反动思想。通知下达后，云南学术界、教育界、文化界和新闻界首先受到冲击。许多有成就、有贡献的知识分子受到迫害，被打成"反党、反社会主义分子"和"资产阶级反动权威"，并株连了一大批干部职工。根据十一届三中全会后省委组织部的统计，全省知识分子中的冤假错案达到 29 192 件。

知识分子政策的扭曲导致教育、科技、卫生事业受到严重破坏。"文化大革命"一开始，教育事业首当其冲，学校停课，许多学者、教授和骨干教师在反动学术权威、走资本主义道路当权派等罪名下，遭到批斗和折磨。许多高等学校被迫搬来搬去，致使一些学校校舍被侵占，设备、图书、仪器、资料遭到严重损坏。如昆明农林学院，先后搬迁至宾川、寻甸，1979 年才迁回昆明，学校 7 年不能招生，浪费了大笔迁校建校经费。在科技领域，专业科研机构和科技队伍的作用被否定，部分科研机构被撤销，没有撤销的也处于瘫痪、半瘫痪状态，大批科技人员受迫害、被下放。在卫生领域，县以上医院的大批医务人员被下放到农村，1 900多个集体性质的联合诊所被解散，大批从业人员被迫转业，影响了广大群众求医治病。

为应对日趋复杂且敏感的知识分子问题，1968年中央提出了"再教育、给出路"的知识分子政策。"五·七"干校成为新创设的制度化的改造场所，知识分子在干部下放劳动和上山下乡运动中集体走上了劳动改造之路。1968年12月云南省级机关就有一批5 000名干部被下放到弥勒等地的"五·七"干校劳动，搞斗、批、改，接受工农兵的"再教育"。1969年1月昆明市革委会举行大会，欢送首批上山下乡知识青年到农村去安家落户。"再教育、给出路"在某种程度上减轻了运动对知识分子的冲击，但无助于改善知识分子的整体境遇。1971年，全国教育工作会议提出了所谓"两个估计"："文革"前十七年科技教育战线执行的是修正主义路线，大多数知识分子的世界观是资产阶级的。此后，"两个估计"成为压在知识分子头上的两座大山，直至"文革"结束后的拨乱反正。

二、云南人才制度和政策的改革调整（1978—2012年）

云南省委、省政府历来高度重视人才工作，改革开放后特别是全省人才工作会议以来，制定了一系列加强人才工作的政策措施，培养造就了各个领域的大批人才。进入新世纪，云南省委、省政府作出了"实施人才强省战略"的重大决策，人才发展取得了明显成效，科学人才观逐步确立，各类人才队伍不断壮大，市场配置人才资源的基础性作用初步发挥，人才发展的政策环境逐步改善，"党管人才"工作新格局基本形成。

（一）以正确的科教人才观引领人才队伍建设

改革开放之初，云南人才工作的重心在于落实知识分子政策、解决历史遗留问题。各级党委、政府认真贯彻党的知识分子政策，全面落实"政治上一视同仁，工作上放手使用，生活上关心照顾"的方针，经过近10年的努力，取得了明显的成绩。尤其在平反冤假错案、解决夫妻两地分居和家属"农转非"、调整用非所学、评聘专业技术职务、发展优秀知识分子入党、从优秀知识分子中选拔干部、为知识分子解决住房困难和子女就业、加强医疗保健工作、改善工作科研条件、表彰奖励和选拔优秀中青年专家及拔尖人才等方面，做了大量工作，解决了许多现实和历史遗留问题，全省知识分子队伍的状况发生了深刻变化，积极性和创造性得到了较好的发挥。

在大力宣传党的知识分子政策的基础上，"尊重知识、尊重人才"的良好社会风气逐步形成，科学人才观逐步确立。1990年省五次党代会提出"教育为本，科技兴滇"战略。1995年省六次党代会提出"科教兴滇"战略。2004年政府工作报告正式提出实施"人才强省"战略，要求牢固树立"人才资源是第一资源"的观念，把人才工作纳入国民经济和社会发展总体规划；紧紧抓住"培养、吸引、用好人才"三个环节，大力加强以行政管理人才、企业经营管理人才和专业技术人才为主体的人才队伍建设，高度重视少数民族人才、高技能人才和农村实用人才的培养，积极引进紧缺人才，推进全省人才资源整体性开发；改革完善选人、用人机制和激励机制，用好现有人才，促进人才合理流动，营造人才成长的良好环境。

为实施好人才战略，云南不断制定人才发展规划。1997年，省政府印发了《云南省1996—2010年人力资源开发战略规划》，确立了人力资源开发的指导思想和原则、主要目标和任务，提出了十个方面的保障措施。2006年，省人才工作领导小组印发了《云南省人才发展"十一五"规划》，计划到2010年，全省党政人才、经营管理人才、专业技术人才总量达到160万人，技能人才达到200万人，农村实用人才达到50万人。2010年，省委、省政府印发了《云南省中长期人才发展规划纲要（2010—2020年）》，确定了人才发展的指导思想、主要目标、主要任务，提出了10项重大政策和15项重大人才工作，对实施人才强省战略进行了全面部署。与此同时，各州市根据本地区经济社会发展情况，编制了本地区中长期人才发展规划，逐步形成了全省上下贯通、衔接配套的人才规划体系。以科学的人才战略和人才发展规划为指导，云南的人才发展取得了明显的成效，人才总量从1980年的28.37万增加到1995年的95.23万、2005年的278万。到2012年，全省人才资源总量达到357.15万。

（二）优化人才资源配置

合理配置人才资源，充分发挥人才作用，是社会经济发展的必然要求。为加强人才市场建设的规划管理，加快人才市场的培育，促进人才市场的健康发展，1995年，省政府印发了《关于加快培育和发展我省人才市场的意见》。《云南省1996—2010年人力资源开发战略规划》提出加快人才市场体系的建立和完善，发挥人才市场在人才资源配置中的基础性作用。《云南省中长期人才发展规划纲要（2010—2020年）》要求推进人才市场体系建设，完善市场服务功能，畅通人才流动渠道，建立政府部门宏观调控、市场主体公平竞争、中介组织提供服务、人才自主择业的人才流动配置机制。经过多年发展，阻碍人才流动的体制性障碍日渐消除，社会化的人才市场服务体系初步建立，相应的政策法规不断完善，市场在人才资源配置中的基础性作用逐步显现。

健全人才市场机制的同时，云南不断加强对人才流动的政策引导和监督。针对农村基层及生产一线人才匮乏的问题，1987年省政府印发了《云南省关于进一步推进科技人员支援乡镇企业和中小企业的规定》，随后又制定了《云南省人民政府关于放活科技人员的若干政策规定》、《关于进一步推动科技人员和党政机关工作人员到经济建设第一线的意见》等一系列相关文件，积极鼓励人才向基层一线流动。从1989年开始，选派科技副县长参与地方经济发展，在促进科技事业发展中发挥了积极作用。针对各州市人才分布不平衡的情况，2005年省委组织部印发《关于加强和改进我省部分州市人才对口互派工作的意见》，充分发挥各地人才资源比较优势，实行人才互派，推动相关地区人才资源共享、人才结构互补、人才正向流动和人才合作培养。

为进一步推动产业、区域人才协调发展，促进人才资源有效配置，云南在人才培养、引进等方面也作出了有针对性的部署。《云南省1996-2010年人力资源开发战略规划》提出着重加强农业、支柱产业、对外开放、管理等领域中紧缺的、重点学科的人才培养。1999年，省委、省政府出台的《中共云南省委云南省人民政府关于加快高层次人才培养引进的决定》指出，要加快培养跨世纪的学科技术带头人、高层次的企业经营管理人才和科技创新人才，引进人才的重点是学术技术带头人和对国家有突出贡献的专家，生物技术和医药、新材料新技术、电子信息、环保、机光电一体化等高新技术产业，生物、烟草、旅游等支柱产业，重点工程等领域的人才。《云南省人才发展"十一五"规划》提出实施"三大人才"工程，即高层次人才培养工程、紧缺人才引进工程和边疆民族地区人才振兴工程。

（三）改革人才评价激励机制

云南历来高度重视改革人才评价激励机制，不断完善人才评价激励标准、改进人才评价激励方式、拓宽人才评价激励渠道。《云南省1996—2010年人力资源开发战略规划》提出树立以促进生产力发展为评价人才主要标准的价值观念，在选才用才上要破除小农意识和小农生产观念，打破人才的地域、身份和所有制界限，通过考试、考核，建立公开、平等、竞争、择优的用人机制。《云南省人才发展"十一五"规划》提出健全以能力和业绩为导向的人才评价机制和以实现人才价值为导向的分配激励机制。《云南省中长期人才发展规划纲要（2010—2020年）》提出建立以岗位职责要求为基础，以品德、能力和业绩为导向，科学化、社会化的人才评价发现机制；构建物质与精神激励相结合，短期奖励与长效激励相统一，有利于保障人才合法权益的人才激励保障机制。

根据规划要求，云南以深化职称制度改革为核心，不断创新人才评价机制。1992年，《云南省专业技术职务经常性评聘工作若干问题的暂行规定》和《关于开展专业技术职务经常性评聘工作的安排意见》出台，把职改工作推向经常化、制度化的轨道。后续出台的《云南省专业技术人员管理暂行规定》、《云南省专业技术人才队伍建设中长期发展规划（2011—2020年）》等文件均把深化职称制度改革，完善专业技术人才考核评价制度作为重要内容。同时不断创新人才激励机制，先后印发《关于设立云南省外国专家彩云奖的暂行规定》《云南省人民政府办公厅关于印发云南省科技兴乡贡献奖实施办法的通知》《关于对发展云南省高新技术产业做出突出贡献人员实行奖励的意见》《云南省"兴滇人才奖"评选奖励办法（试行）》，通过设置各种人才奖项，激励各类人才在经济社会发展中建功立业。

在设置各种人才奖项的同时，云南注重健全各类人才荣誉称号。从1987年开始，先后设立云南省有突出贡献的优秀专业技术人才、省委联系专家、省政府参事、省中青年学术和技术带头人后备人才、省政府特殊津贴专家、省宣传文化系统"四个一批"等专家称号并开展选拔。到2012年，全省共选拔出省委联系专家565名，省有突出贡献中青年专家1 555人，享受省政府特殊津贴人员1 478人，省中青年学术和技术带头人后备人才713人，省技术创新人才培养对象468人，省科技领军人才培养计划入选者5人,省级创新团队101个,省宣传文化系统"四个一批"人才119人,省级非物质文化遗产项目代表性传承人824人,省"拔尖农村乡土人才"400人。

(四)深化人才管理体制改革

坚持党对人才工作的领导,是人才工作顺利进行的根本保障。构建"党管人才"的工作格局,首先要健全各级人才工作领导机构。改革开放以来,云南先后成立了省知识分子工作联系小组、省人才预测规划办公室、省引进国外智力领导小组、省整体性人力资源开发小组等人才领导机构。2003年,云南省人才工作领导小组成立,负责人才工作和人才队伍建设的战略规划、政策研究、宏观指导和工作协调,领导小组办公室设在省委组织部。2004年,省委组织部成立人才工作处。随后各州市、县党委均成立了人才工作领导小组,各级组织部门均设立专门人才工作机构,初步形成了党委统一领导,组织部门牵头抓总,有关部门各司其职、密切配合,社会力量广泛参与的人才工作格局。

建立健全各级党委人才工作领导机构的同时,云南重视建立科学的决策机制、协调机制和督促落实机制。从1991年起,云南省知工办每年年初在总结上年知识分子工作的基础上,对当年知识分子工作进行安排部署,通过督促、检查、表彰、下发《知工简讯》等方式,指导全省开展工作。2003年,省委建立全省知识分子工作联席会议制度,明确了联席会议的职责、成员单位、人员组成和工作规则,设立联席会议办公室,负责日常工作并督促、检查联席会议决定事项的落实情况。2004年,省政府建立云南省引进国外智力工作联席会议制度。省人才工作领导小组成立后,每年初印发工作要点,对年度工作任务进行分解部署,有关单位按季度汇报进展情况,年底进行总结考核。2008年出台《云南省人才工作领导小组职责和工作规则》,人才工作运行机制更加健全。

人才运行机制的不断健全,推动人才管理方式不断创新,管理手段由单纯的行政手段向法律、经济与行政相结合的开放式管理转变,党管人才工作水平逐渐提高,人才工作法治化建设日益加强。先后出台《云南省人才市场条例》《云南省专业技术人员继续教育条例》《云南省职业技能鉴定管理条例》《云南省人才资源开发促进条例》等一大批关于人才发展的地方法规,使人才的培养、使用、配置和管理,由"主要靠政策规范"转为"主要靠法治规范"。特别是2006年11月30日通过的《云南省人才资源开发促进条例》，在全国31个省市区中首开先河，内容涵盖人才预测与规划、培养与引进、评价与使用、监督与奖惩等各方面，对实施人才强省战略、规范和促进人才资源开发具有十分重要的意义。

三、云南人才制度和政策的统筹发展（2012年至今）

党的十八大以来，云南把深化人才发展体制机制改革作为人才工作的总抓手，制定和实施具有云南特点和区域性竞争力的人才政策，不断探索聚才用才新机制，健全人才优先发展的保障措施，向用人主体放权，为人才松绑，人才"第一资源"地位进一步确立，人才总量迅速增长，人才结构不断优化，人才贡献率稳步提升，加快推进云南跨越式发展进程和决战脱贫、决胜小康的步伐。

（一）全面确立人才"第一资源"地位

2014年1月，省委、省政府以1号文件形式出台了《关于创新体制机制加强人才工作的意见》，在各级各类人才的培养、使用、激励，以及打破体制壁垒、扫除身份障碍、给予各类人才更多施展空间等方面进行大胆创新，提出了23条针对性、可操作性较强的政策措施，以前所未有的力度支持和鼓励各方面人才尽展其长。2016年，《省委、省政府印发〈关于深化人才发展体制机制改革〉的实施意见》，瞄准人才工作瓶颈，深化改革、突破藩篱、打破障碍，构建更加科学高效的人才服务管理机制，建立更加务实管用的人才培养引进机制，健全更加科学合理的分配激励机制、人才评价机制和人才流动机制。同时还在滇中新区、瑞丽国家重点开发开放试验区开展人才特区创建试点，为全省人才工作体制突破、机制创新提供可复制、可推广的经验。

为落实这些政策文件，云南省推出一系列重大人才工程。从2014年开始，云南紧扣培育各领域领军人才的目标，实施云南省科技领军人才和云岭学者、云岭产业技术领军人才、云岭首席技师、云岭教学名师、云岭名医、云岭文化名家等系列人才培养工程。2017年，《省委办公厅、省政府办公厅印发〈关于实施"云岭英才计划"〉的意见》，相关部门随后制定了"云岭高层次人才""云岭高端外国专家""云岭青年人才""云岭高层次创新创业团队""人才培养激励"5个专项实施办法。2018年，云南整合云岭系列人才培养工程和云岭英才计划，打造新的高层次人才引进计划和高层次人才培养支持计划，省人才小组印发了《高层次人才引进计划6个专项实施细则》和《高层次人才培养支持计划8个专项及人才培养激励实施细则》。

实施系列人才工程的同时，云南注重建立健全人才优先发展的保障机制。2014年10月，省委办公厅印发了《关于进一步加强党管人才工作的实施意见》，进一步完善人才工作领导体系，建立人才工作目标责任考核制度，将人才工作列为综合实绩考核和落实党建工作责任制情况的述职内容，强化"一把手"抓"第一资源"。有关部门随后制定了《关于进一步提升服务水平优化人才发展环境的实施意见》《云南省引进高层次人才绿色通道服务办法》，建立高层次人才绿色通道服务协调机制；制定《云南省高层次人才特殊生活补贴发放办法（试行）》《云南省提高人才奖励标准实施办法》，增加高层次人才生活补贴，提高人才奖励标准；制定《关于加快人力资源服务业发展的意见》，大力发展人力资源服务业，建立"云南人才淘宝网"。

（二）探索聚才用才新机制

云南坚定不移地走人才强省之路，大力培养高层次创新人才，先后实施云岭系列人才培养工程和云南省高层次人才培养支持计划。健全高校创新创业教育体系，推动区域性国际知名"双一流"大学建设，2017年云南大学被列入国家"一流大学"建设行列。实施"博士后定向培养"计划，制定《云南省博士后定向培养计划实施办法》，扩大设站规模，增加招收数量。加大青年人才培养力度，制定《云南省优秀贫困学子奖励计划实施办法》，实施"优秀贫困学子奖励"计划。出台《关于云南省青年技能人才培养工程的实施意见》，实施青年技能人才培养工程。

加强人才培养的同时，实施更积极、更开放、更有效的人才引进政策。先后实施"百名海外高层次人才引进计划""高端科技人才引进计划""云岭英才计划"等人才引进计划。探索聘任制公务员引才政策，印发《云南省聘任制公务员管理试点实施办法及实施方案》并进行试点。印发《云南省依托招商引资加强人才引进工作的实施办法》，依托招商引资项目引进的各类高层次人才。出台《云南省柔性引进人才办法（试行）》，打造了"柔性引智"新机制。举办"云南国际人才交流会"，搭建国际招才引智平台。印发《云南省引进高层次人才专业技术职称考核认定办法》，开辟引进高层次人才职称资格评定特殊通道。印发《云南省引进高层次人才享受政府购房补贴和工作经费资助评审认定暂行办法》，给予经评审认定的高层次人才购房补贴和工作经费资助。

创新人才评价使用机制，完善人才评价标准。印发《关于分类推进人才评价机制改革的实施意见》，全面推进人才评价机制改革。深化职称制度改革，修改完善各系列职称评审实施细则，建立以能力和业绩为导向、行业和社会认可的人才评价标准。印发《云南省特殊人才职称资格与职业资格评价办法》，组建特殊人才评审委员会。逐步下放高校教师、中小学教师、卫生技术、农业技术和艺术专业等行业高级职称评审权。从2017年起，不再把职称外语和计算机应用能力作为申报和参评的必备条件。印发《云南省拓宽技能人才成长上升通道实施办法（暂行）》，拓宽技能人才成长上升通道。

畅通人才流动渠道，引导人才向基层一线和边远艰苦地区流动。印发《云南省设立专家基层工作站实施办法》，支持国家级和省级专家到县及县以下，围绕当地优势特色产业发展，设立科研工作站。印发《云南省鼓励专业技术人员到基层服务暂行办法》，鼓励专业技术人员到基层服务，放宽基层专业技术人员职称评聘条件。印发《云南省基层人才对口培养计划实施办法（暂行）》，从2014年到2020年，每年从县及县以下的教育、卫生、农业科技单位中各选派100名业务骨干到省级单位进行1年的对口专业进修。印发《云南省边境民族贫困地区基层人才特别招录工作实施意见（试行）》，降低艰苦贫困地区基层公务员录用门槛。

（三）稳步提升人才贡献率

党的十八大以来，云南人才贡献率稳步提升，人才工作对全省人才培养、产业发展、学科建设方面的贡献也不断显现。2017年，全省人才贡献率17.85%，与2012年相比提高0.96个百分点；万人发明专利拥有量为2.21项，与2012年相比增加1.32项；PCT国际专利申请量共48项，与2012年相比增加29项。2016年全省共登记科技成果1 209项，与2012年相比增加281项，有4项成果获国家科技奖；全省专利申请23 709件，与2012年相比增加14 449件；专利授权12 032件，与2012年相比增加6 179件。2017年，全省共登记科技成果1 224项，获国家科技奖励6项，全省专利申请28 695件，专利授权14 230件。

在人才培养方面，2017年全年共有75 015名专业技术人才晋升高级职称，与2012年相比增加62 015名；比上一年相比新增52名享受国务院政府特殊津贴专家，新增99名享受省政府特殊津贴专家。全年高等教育毕业生22.82万人,与2012年相比增加4.18万人,其中,毕业博士生379人,与2012年相比增加5名,毕业硕士生9 551人,与2012年相比增加1 520人,普通高等教育本专科毕业生15.24万人,与2012年相比增加3.35万人,成人高等教育本专科毕业生6.59万人,与2012年相比增加0.69万人。

在人才载体方面,2017年全省共有国家重点实验室6个,国家工程技术研究中心4个,这两项与2012年相比增加了5个;省重点实验室52个,省工程技术研究中心123个,两项与2012年相比增加了57个;国家大学科技园2个,国家科技企业孵化器12个;国家创新型企业5家,国家创新型(试点)企业8家,省创新型企业232家,省创新型(试点)企业186家;省科技型中小企业5 853家;高新技术企业1 239家;国家高新技术产业化基地10个,省高新技术特色产业基地18个;院士工作站209个,专家工作站139个。

(四)人才总量的增长与结构的优化

党的十八大以来,云南省人才总量增长迅速,结构不断优化。2012年,全省人才资源总量为357.15万人,到2017年,全省人才资源总量达到497.43万人,与2012年相比增加了140.28万人,平均每年增幅在8%左右。人才总量增长的同时,人才的结构也不断优化。与2012年相比,2017年的中央驻滇单位人才占全省人才的比重下降了2.08个百分点,在本省人才中,"三类人才",即企业经营管理人才、高技能人才和社会工作专业人才的比重分别上升了1.49、3.28和0.89个百分点,另外"三类人才",即党政人才、专业技术人才和农村实用人才的比重分别下降了2.53、1.01和0.09个百分点。

人才的素质明显改善。2017年,全省从事R&D人员数7.76万人,是2012年的1.65倍。其中:规模以上工业企业R&D人员数4.09万人,是2012年的2.15倍;每万劳动力中研发(R&D)人员数12.43人,是2012年的1.64倍;高技能人才占技能劳动者比例为27.3%,与2012年相比上升了4.6个百分点。

杰出人才的数量明显增加。到2017年,全省共有"两院"院士10人;全国杰出专业技术人才6人;新世纪"百千万人才工程"国家级人选74人,与2012年相比增加36人;国家级有突出贡献中青年专家69人,与2012年相比增加22人;享受国务院政府特殊津贴人员1 666人,与

2012 年相比增加 111 人;"长江学者"12 人,与 2012 年相比增加 7 人;全国宣传文化系统"四个一批"人才 17 人,与 2012 年相比增加 5 人;国家级非物质文化遗产项目代表性传承人 49 人。

四、云南人才制度和政策创新的基本经验

经过 70 年的实践和努力,云南人才工作取得了显著的成效,人才队伍快速发展,人才环境不断优化,人才体系逐步完善,人才支撑作用日益凸显,形成了一条特色鲜明的人才发展道路。新中国 70 年云南人才发展的历史,也是一部人才制度和政策创新史,其中凝结着宝贵的经验和深刻的启示。

（一）必须坚持以中国特色社会主义理论体系为指导

习近平总书记指出:"在当代中国,坚持中国特色社会主义理论体系,就是真正坚持马克思主义。"新中国成立 70 年来,云南人才制度和政策的创新始终坚持以毛泽东思想和中国特色社会主义理论体系为指导,沿着正确的方向前进。改革开放之初,坚持以邓小平同志关于知识分子问题的论述和党的基本路线为指导,以"尊重知识、尊重人才"为核心,在落实党的知识分子政策的基础上,不断深化人才管理体制改革。进入新世纪,云南人才制度和政策的创新全面贯彻落实"三个代表"重要思想和科学发展观。党的十八大以来,全省上下深入学习贯彻落实习近平总书记关于人才工作系列重要讲话精神,大力实施人才强省战略,不断探索聚才用才新机制,全面确立人才"第一资源"地位。在新时代的历史起点上,人才制度和政策创新必须继续坚持以习近平新时代中国特色社会主义思想为指导,按照党的十九届四中全会《决定》的战略部署,以科学服务国家发展和各类人才队伍建设为出发点,加快构建具有全球竞争力的人才制度体系和现代化的人才治理体系。

（二）必须坚持党管人才原则

《决定》指出:"中国共产党领导是中国特色社会主义最本质的特征,是中国特色社会主义制度的最大优势。必须坚持党政军民学、东西南北中,党是领导一切的。"党管人才,是我们党根据所处的历史方位和时代特征,改革和完善党的领导方式,增强党的执政能力,巩固党的执政基础,不断开创中国特色社会主义事业新局面的历史选择。新中国成立 70 年来云南人才制度和政策的创新,始终贯穿着党的领导这根主线。按照

党管人才的要求，省、州（市）、县党委全部成立了人才工作领导小组，各级组织部门均设立专门人才工作机构，"管宏观、管政策、管协调、管服务"的党管人才工作模式日趋完善，党委统一领导、组织部门牵头抓总、有关部门协同联动、社会力量广泛参与的人才工作格局初步形成。实践证明，党管人才原则是我国人才发展最大的制度优势，正是充分发挥了党在人才工作中的领导核心作用，正是在党的领导下不断推出人才新政，云南人才事业才不断取得新的成就。

（三）必须紧密联系党的中心工作

《决定》要求："把我国制度优势更好转化为国家治理效能，为实现'两个一百年'奋斗目标、实现中华民族伟大复兴的中国梦提供有力保证。"人才制度和政策的创新不是孤立的，其方向和目标就是为了更好地培养和聚集人才，为党和国家的中心工作服务。回顾新中国成立70年来云南人才制度和政策创新的历程，一条基本经验就是"抓住发展"这个第一要务，围绕党的中心工作和国家、省重大发展战略进行谋划部局，为经济社会发展、国家战略、重大工程建设等提供强有力的人才保证和智力支持。在中国特色社会主义新时代，云南人才制度和政策的创新必须紧紧围绕党中央确立的"两个一百年"奋斗目标，围绕"谱写好中国梦的云南篇"章实践要求，围绕国家重大发展战略的实施来进行。在创新人才制度和政策的指引下，尽快把国内外、党内外和省内外各方面优秀人才集聚到党和人民的伟大事业中来，从而有效地把制度优势转化为人才优势和发展优势，把人才工作成果转化为发展成果，更好地服务经济社会发展全局。

（四）必须立足本地实际

《决定》指出："中国特色社会主义制度和国家治理体系是以马克思主义为指导、植根中国大地、具有深厚中华文化根基、深得人民拥护的制度和治理体系。"人才制度和政策的创新必须立足国情省情，体现中国特色，不能简单地拿来主义，照抄照搬国外制度。新中国成立70年来云南人才制度和政策的创新，始终重视立足于省情、立足于实际。所谓的省情、实际，就是"西部""边疆""民族""山区""贫困"的五位一体。中共云南省委先后提出的"云南处于社会主义初级阶段低层次"、云南具有"四低四高（社会发育程度低，地区发展不平衡程度高；生产力发展水平低，自然、半自然经济比重高；劳动者科学文化素质低，文盲、半文盲比重高；人民生活总体水平低，贫困人口比重高）"等观点，就体现了对省情的正确认识和深刻把握。云南特殊的省情决定了人才制度和政策具有不同于其他省份的特色和特性，譬如出台了一系列对少数民族人才培养的特殊措施、积极引导人才向边疆民族地区流动等等。

（五）必须坚持法治化道路

《决定》指出："必须坚定不移走中国特色社会主义法治道路，全面推进依法治国，坚持依法治国、依法执政、依法行政共同推进，坚持法治国家、法治政府、法治社会一体建设。"法治化是推动人才发展治理体系现代化的基础，也是人才制度是否成熟和先进的重要标志。新中国成立70年来，云南人才工作法治化建设日益加强，先后出台《云南省人才市场条例》《云南省专业技术人员继续教育条例》《云南省职业技能鉴定管理条例》《云南省人才资源开发促进条例》等一大批关于人才发展的地方法规，使人才的培养、使用、配置和管理，由主要靠政策规范转为主要靠法治规范。在中国特色社会主义新时代，必须按照《决定》的要求，大力加强人才发展的法治建设，把人才发展法治化作为进一步加强人才制度和政策的创新重点和人才发展治理体系现代化的基础。

参考文献

[1] 陈祖英. 建国初期云南的干部队伍建设［J］. 云南党的生活，2010（10）.

[2] 解放思想开拓前进为实现小康目标而努力奋斗［N］. 云南日报，1995-08-30.

[3] 云南省人才发展研究促进会，云南省社会科学院. 云南人才发展报告：2012［M］. 昆明：云南人民出版社，2014.

[4] 云南省人才发展研究促进会，云南省社会科学院. 云南人才发展报告：2017［M］. 昆明：云南人民出版社，2020.

[5] 云南省科学技术厅，云南省统计局，云南省财政厅. 2016年云南省科技统计公报［EB/OL］. http：//www.ynstc.gov.cn/tjgb/201709200004.htm.

[6] 云南省科学技术厅，云南省统计局，云南省财政厅. 2017年云南省科技统计公报［EB/OL］. http：//www.ynstc.gov.cn/tjgb/201808070001.htm.

[7] 云南省教育厅. 云南省2016/2017学年初全省教育事业发展统计公

报［EB/OL］. http：//www.xnjypg.com/edu/xwzx/xyzx/2987.html.

［8］中共中央文献研究室. 十八大以来重要文献选编（上）［M］. 北京：中央文献出版社，2014.

［9］本书编写组. 党的十九届四中全会《决定》学习辅导百问［M］. 北京：党建读物出版社，学习出版社，2019.

南京市事业单位公开招聘工作实践探索[①]

王 立 张 皓[②]

摘 要： 公开招聘是事业单位人事管理基本制度之一，也是事业单位选拔新聘用人员的主要渠道，维护了社会公平正义，得到了普遍认可。南京市自实行公开招聘制度以来，不断规范完善、努力探索实践、大胆改革创新，为事业单位人才队伍建设发挥了积极作用。近年来，在市委、市政府的领导下，南京市坚持把公开招聘作为事业单位人事管理的重要内容，落实招聘权责、创新招聘方式、拓宽引才途径，努力促进事业单位公开招聘工作提质增效。随着中央对干部人才工作提出的一系列新要求，以及用人单位和应聘人员产生的新需求，公开招聘工作也遇到一些新问题亟待解决。本文总结了南京市近年来在公开招聘工作中的有益探索，梳理了当前实践中的矛盾与问题，对下一步推进公开招聘工作科学发展提出了对策建议。

关键词： 事业单位 公开招聘 人才引进

一、南京市事业单位公开招聘基本情况

2005年11月，国家人事部颁布《事业单位公开招聘人员暂行规定》

[①] 该篇论文获得"2020年全国人才与人事研究主题征文活动"三等奖。
[②] 王立，南京市人力资源和社会保障局一级调研员；张皓，南京市人力资源和社会保障局一级主任科员。

（人事部令 2005 年第 6 号），作为国家出台的行政法规将事业单位公开招聘工作制度化。2008 年 9 月，南京市以《事业单位公开招聘人员暂行规定》令为根本依据，出台了《南京市事业单位公开招聘人员暂行办法》，完善细化公开招聘政策。2012 年，《江苏省事业单位公开招聘人员办法》颁布实施，进一步明确了江苏省事业单位公开招聘的具体要求。

近年来，在南京市委、市政府领导下，南京市始终坚持人才是第一资源的工作理念，紧紧围绕服务全市经济社会发展大局，提高政治站位，认真贯彻落实，不断解放思想，坚持守正创新，扎实推进事业单位公开招聘工作。2017 至 2019 年，全市事业单位公开招聘 18 928 名各类人员，其中本科及以上学历占总人数的 90%，硕士以上学历占总人数的 23%；专业技术岗位招聘 17 685 人，占公开招聘总人数的 93%。教育、卫生两大行业招聘 12 686 人，占专业技术岗位招聘人数的 72%。此外，科技、文旅、体育、住建、水务、市场监管等行业也招聘引进相当数量的专业技术人员。上述各类人才的招聘录用，有效改善了全市事业单位人员结构和专业人才队伍素质，为南京市的各项事业发展集聚了大批人才。

二、公开招聘工作主要探索

南京市认真贯彻市委、市政府部署要求，以服务全市经济社会事业发展为目标追求，在坚持公开招聘制度的基础上，放管结合、按需服务，推进落实事业单位用人自主权，积极探索公开招聘方式方法创新，形成了一系列有效的新举措。

（一）在"放管服"的"放"字上下功夫，支持鼓励事业单位自主招聘

1. 鼓励自主招聘

充分发挥事业单位主体作用，在坚持公开招聘制度前提下，鼓励支持事业单位自主制定招聘方案、自主设置招聘条件、自主确定招聘方式、自主选人用人。事业单位公开招聘综合管理部门重点在招聘方案核准、招聘条件设置、招聘方式确定等环节上，积极指导帮助，把好关做好服务，力求做到规范性和灵活性的有机统一。据统计，目前南京市事业单位自主招聘人数已占到年度公开招聘总人数的 90%。

2. 坚持需求导向

针对专业门类较为简单、岗位专业需求相对一致的事业单位，采取同质岗位合并招聘的办法实施招聘。如支持鼓励区教育部门将区内不同

中小学的语文、数学、英语等学科教师合并招聘，支持鼓励区卫生健康局将区内不同基层医疗卫生机构的全科医生岗位合并招聘，既提高招聘效率，又缓解了地区资源不平衡的矛盾，有效落实"区管校用""区管院聘"的新要求。针对市属高校引进高层次人才的需求，采用年度招聘办法，即全年只发一次公告，通过动态组织专家考评，适时更新岗位需求开展招聘，缩短了人才引进周期，最大限度满足高校招聘用才所需。

3. 有效服务监督

公开招聘政策规定，招聘公告和结果需向事业单位公开招聘综合管理部门核准备案。为了更好地服务事业单位招人用人，南京市优化工作流程、提高工作效率、增强服务效能，做到招聘公告即来即核，人员聘用随到随办。同时，积极构建事业单位、主管部门、纪检监察、社会舆论等多位一体的监督体系，着力营造公平公正的招录环境。

（二）在凡进必考的"考"字上谋创新，积极探索灵活多样的招聘方式

坚持"以用为本""干什么、考什么"的原则，打破把"笔试＋面试"作为公开招聘唯一必选方式的惯性思维和单一模式，在如何考准考实上致力创新突破。

1. 做好"直接考"

根据江苏省公开招聘有关规定，南京结合实际对博士和具有高级职称的专业技术人员，可采取免除笔试、直接面试或考察的方式实施招聘。三年来，通过此方式为高校、科研院所、教育卫生等系统引进各类高层次人才800余名，有效补充了专业技术岗位所需。

2. 用好"一次考"

针对本市教育系统招聘频率高、师范类优质毕业生相对紧缺、市区教育资源不均衡的特点，在教师招聘时采取"一次笔试，全年有效"的方式，即年初由市教育部门统一组织一次笔试，笔试入围人员可在本年度内参加全市各区自行组织的教师招聘。通过此方式，教育系统可一次性锁定一批优质资源，满足市、区不同层级的教师需求。

3. 突出"实践考"

为了满足教育、卫生等行业的岗位实际需求，侧重应聘人员专业技能考试，采取笔试只占30％、面试占70％的办法。在教师招聘面试中，立足教学实践，运用好说课、试讲等方式。在医技人员面试中，运用好临床操作、岗位技能考核方式。"实践考"有效增强了招聘考试录用的适岗性。

4. 搭建"平台考"

对事业单位所需的法律、文秘、计算机、经济、管理等通用类型岗位招聘，积极搭建服务平台，借助江苏省人事考试命题资源，统一组织笔试、面试，既满足了事业单位对通用类人才的需求，又为其节约了考试成本，受到用人单位的欢迎。

5. 探索"网上考"

对高层次人才和急需紧缺专业人才，鼓励支持有条件的事业单位通过网上面试方式选人招才。在2020年的新冠肺炎疫情防控期间，市属高校通过精心安排，探索使用线上面试的办法实施高层次人才招聘，为考核人才开辟更便捷的渠道。同时，还支持市卫生健康委员会采用网上面试、考察等方式，及时补充相关医护和卫生防疫专业技术人员。

（三）在单位招人难的"难"字上求突破，不断拓展招聘引才有效途径

事业单位招人难主要"难"在两头：一头是优质人才争抢激烈，优选难；一头是偏远地区岗位无人问津，招到难。为有效破解，南京市加强研究、灵活施策，不断拓展招聘引才的有效途径。一是进校园招聘。主动搭建就业平台，为用人单位和应聘人员牵线搭桥。连续9年组织事业单位赴北大、清华等北京地区高校，招聘优质毕业生95名；支持市、区教育部门走进南京师范大学招聘教师37名；组织溧水、六合、高淳等区赴外省高校招聘基层紧缺的全科、麻醉、影像等专业人才80余名。二是降招聘比例。对高层次人才招聘，不设开考比例；对职业学校、中小学冷门学科以及区级医院招聘困难专业，降低开考比例至1∶2；对基层社区卫生服务中心和乡镇卫生院紧缺专业，降低开考比例至1∶1，充分保障基层单位用人需求。三是加频次招聘。鼓励有空余编制岗位的事业单位用足用好。2019年全市事业单位共发布招聘公告97次，其中高层次人才招聘公告36次，基层紧缺岗位招聘公告33次，通过增加招聘频次，进一步保障了相关事业单位对高层次人才和基层岗位对紧缺专业人才的需求。

三、当前主要矛盾与问题

通过多年的实践探索，南京市逐步建立了权责明确、规范有序、科学优化、监督全面的事业单位公开招聘工作机制，为经济社会发展集聚了人才基础。但随着事业单位人才需求的多样化、个性化增长，公开招

聘工作面临的新矛盾和新问题也日趋凸显。

（一）人才需求激增与岗位报考冷热不均的矛盾

为了更好地对接服务社会，事业单位职能不断扩展，对各类专业人才需求持续加大。本市各行业、各辖区之间对优质人才的竞争也十分激烈，例如随着流入人口和新建社区的增加，中小学、幼儿园教师以及基层医疗卫生机构医护人员需求逐年递增；随着高新产业的发展、创新技术的应用、文化事业的繁荣，通信、物流、检测、生物医药等专业人才供不应求。但在公开招聘工作中，仍然出现了不同招聘岗位报名人数严重不平衡的情况，有些岗位报名人数居高不下，如法律、中文、文秘、财会、经济、计算机类等，有些岗位却相对冷清，如机械类、艺术类、体育类等。同类型岗位也出现在主城区报名人数较多，在偏远区无人问津的现象。

（二）对人才引进灵活性的要求与现行招聘方式的矛盾

近年来，南京市经济发展迅速，原有人才结构不能较好满足当前发展需求，事业单位急需的特殊、紧缺人才不足问题在各行业领域均不同程度的存在。如教育、卫生、规划、建工等事业单位对紧缺、高层次人才的需求尤为迫切。为了便捷有效地吸纳紧缺人才，不少事业单位希望在选人方式上更加灵活，对高学历、高职称、高技能人才，以及基层长期招聘困难的专业技术岗位可采取免予笔试，直接面试、考察的方式进行公开招聘。目前，南京市招聘政策仅对博士、具有副高以上职称人员以及基层全科医生等，可采取直接面试的方式招聘。这与用人单位的需求还存在一定差距，对高层次和紧缺人才的界定范围亟待扩展。

（三）畅通人才流动渠道与基层单位招人留人难的矛盾

2019年，人力资源和社会保障部印发《关于充分发挥市场作用促进人才顺畅有序流动的意见》，提出要健全企事业单位人才流动机制，畅通人才跨所有制流动渠道，完善人才柔性流动政策。一方面，国家政策为促进人才有序流动，激发人才创新创业提供了重要保障；另一方面，人才流动的积极性和活跃性增加，也给事业单位招人留人提出了新的挑战。因缺少约束机制，南京市一些事业单位出现了新招工作人员试用期未满即报考其他单位的情况，还有部分应聘人员同时报考多家单位，在招聘过程中随意放弃，造成招聘计划流失，耗费用人单位大量人力、物力。此外，部分基层事业单位在岗工作人员报考公务员或其他事业单位、辞职离职情况也有所增加，给单位人员队伍稳定造成了一定影响。

四、下一步工作打算

公开招聘制度实施以来，江苏省和南京市不断规范完善相关政策和操作办法，建立健全工作机制，营造公开、公平、公正的人才引进环境，为事业单位招才引智提供了政策指导和有力保障。为了深入贯彻习近平新时代中国特色社会主义思想和中央对干部人才工作提出的新要求，适应新时期事业单位公开招聘工作发展需求，2020年3月，江苏省新修订出台了《江苏省事业单位公开招聘人员办法》，为全省事业单位公开招聘工作提供基本遵循。下一步，南京市将深化改革实践，积极贯彻招聘新政要求，在公开招聘科学性和规范性方面加强思考和探索，针对当前事业单位公开招聘凸显的矛盾问题，进一步强服务、转方式、优管理，从以下方面完善公开招聘工作，为持续壮大事业单位人才队伍、优化人才结构做出新贡献。

（一）进一步落实"放管服"要求，发挥事业单位自主权

厘清事业单位、主管部门和人事综合管理部门的工作职能和责任边界，充分发挥事业单位用人自主权，让基层事业单位招聘人才更加便捷、自主、科学。提高主管部门和人事综合管理部门的服务、指导和监督水平，及时开展业务培训，帮助事业单位准确把握省市招聘政策的新举措、新要求，指导事业单位及其主管部门探索更多适合自身特点的招聘办法。

（二）进一步优化招聘方式，以利高精尖缺人才引进

结合南京深化创新名城建设的新部署新要求，提升事业单位公开招聘的科学性和便捷性。接轨南京市人才安居办法，把在国内外具有知名度、获得重大奖项、做出突出贡献的高水平、高技能人员纳入高层次人才范畴。探索适合行业特点的紧缺人才招聘办法，联合行业主管部门共同制定本市事业单位公开招聘紧缺人才岗位目录。对高层次和紧缺专业人才，进一步优化招聘程序，可采取直接考察方式实施招聘，给用人单位吸引优质人才提供更多便利。同时，继续加大校园招聘力度，组织事业单位赴知名高校招聘优秀毕业生，鼓励行业部门积极谋划、打开视野，瞄准对口专业院校招揽人才。

（三）进一步规范招聘行为，维护招聘应聘正当权益

加大公开招聘监管力度，对在事业单位公开招聘过程中发生的违纪

违规情况及时予以整改纠正，并依据《事业单位公开招聘违纪违规行为处理规定》及国家相关法律法规，对违纪违规人员予以严肃处理。积极有效地建立聘用人员服务期制度，充分发挥聘用合同作用，合理约定应聘人员最低服务年限，保持人才队伍稳定。明确应聘人员的违规责任，遏制恶意应聘和无效招聘，为事业单位留住用好人才。加快公开招聘诚信建设，有效约束公开招聘失信行为，建立相应救济途径，保障应聘人员正当权益。

新旧动能转换背景下的高校人力资源管理体系构建[①]
——以滨州医学院为例

庞玉成　倪天辉　王　伟　张德海[②]

摘　要：新旧动能转换重大工程的实施会导致人才需求结构的变化，作为承载着人才培养重要职能的高校，其人力资源管理体系也需做出相应的优化和调整。本文分析了新时期高校人力资源管理的特点，介绍了滨州医学院人力资源管理体系的构建，并从人才引进、人才服务、师资培训、职称评聘、科研管理、薪酬管理、学科建设、团队建设、岗位管理和项目化管理十个方面阐述新旧动能转换背景下高校人力资源管理体系的变革情况，为高校培养适应新旧动能转换需求人才的能力提供了系统性解决方案。

关键词：新旧动能转换　高等学校　人力资源管理体系　变革

一、前言

当前，经济社会发展进入新常态，我国正深入推进供给侧结构性改

[①]　该篇论文获得"2020年全国人才与人事研究主题征文活动"一等奖。
[②]　庞玉成，滨州医学院人力资源处处长、党委教师工作部部长、人才工作办公室主任、教授级高工；倪天辉，滨州医学院人力资源处科员、副编审；王伟，滨州医学院人力资源处副处长、党委教师工作部副部长、教师发展中心主任、助教；张德海，滨州医学院人力资源处副处长、助教。

革，发展方式从规模速度型转向质量效率型，高质量发展成为经济发展的根本要求。2017年1月20日，国务院办公厅印发了《关于创新管理优化服务培育壮大经济发展新动能加快新旧动能接续转换的意见》（国办发〔2017〕4号）。2018年年初，国务院批复了《山东新旧动能转换综合试验区建设总体方案》，这是党的十九大后获批的首个区域性国家发展战略，也是我国第一个以新旧动能转换为主题的区域发展战略。山东省政府于2018年2月13日发布了《山东省新旧动能转换重大工程实施规划》，这标志着山东省新旧动能转换重大工程正式开始实施。

新旧动能转换必将推动产业转型升级和产业结构调整，也会促使社会对人才的需求结构发生改变，人才需求的变化又必将推动人才培养体系的改变。党的十九大报告中也明确指出，人才是实现民族振兴、赢得国际竞争主动的战略资源。人才是发展之基、创新之要、竞争之本。新旧动能转换背景下，经济社会发展对人力资源的开发提出了更新的要求：要将人力资源的潜力转化为现实发展的优势，需要采取有效措施，创造有利于人才辈出、人尽其才的环境，特别要注重人力资源开发，加快人力资源能力的培育。

作为承载着人才培养重要职能的高校，既要为社会输出大量基础扎实、实践创新能力强的各种应用型人才，同时也是各类人才的集聚地。以人为本，实施人才强校战略，加速建设适应学校发展的高素质师资队伍，是目前各高校所面临的重要问题之一。这就要求高校认识到人才是最大的动能，要构建适应新旧动能转换的人力资源管理体系，加快推动人才人事管理体制机制改革，真正使人才引得进、留得住、用得好。在新旧动能转换的背景下探究高校人力资源管理体系变革，为山东省新旧动能转换提供人力资源支持具有重要的现实意义。

二、新旧动能转换背景下高校人力资源的趋势和特点

2008年国际金融危机后，欧美发达国家为解决经济增长乏力、摆脱资源和环境约束，掀起了一场以生产的网络化、数字化、智能化为代表的新工业革命，习近平总书记称之为"世界经济在深度调整中曲折反复，正处于新旧动能转换的关键时期"。在新旧动能转换的时代背景下，高校人力资源发展呈现出一些新趋势、新特点。

（一）高层次人才流动更加频繁

从供求看，因需求激增而供给有限，未来高校人力资源尤其是高层次人才短缺趋势明显。许多高校将高层次人才引进视为学科快速发展立竿见影的捷径，加强了学科带头人的引进。而高层次人才面临的跳槽诱惑也不断增多，人才流动频次明显提升。这一方面体现了知识的价值，促进了高校的发展，另一方面也使得部分高校学科队伍不稳定，办学成本攀升。同时，人才"隐性流动""柔性流动"趋势明显，对很多人才来说，由于跨地域、跨校的流动成本较高、难度较大，于是选择兼聘渠道，从过去的物理实体空间流动越来越多地转向虚拟空间流动。

（二）人才的需求和激励更加多样化

近年来，"双一流"的竞争使得各高校都普遍加强了人才强校战略的实施，在加强存量人才培养的基础上，投入大量人力、物力、财力来引进人才。由于人才市场的激烈竞争，高额安家费、科研启动基金、年薪使得高校的引才成本不断攀升。而与此同时，人才待遇的攀比，存量人才与引进人才之间的不平衡，也使得各高校逐渐意识到对于知识型员工的激励手段不仅仅要从物质上着手，而是充分分析研究不同类别、不同层次、不同方面的需求，实现激励手段的多样化。

（三）高校逐步由人事管理向现代人力资源管理转型

传统的高校人事管理侧重于行政事务类型的工作，侧重于对人的使用和管理，诸如招聘录用、人事调整、职称晋升、薪酬定级、档案管理等。而"人事"这一名词，更多地含有计划经济色彩。越来越多的高校意识到现代人力资源管理理论对高校人事管理的重要价值，许多高校将"人事处"更名为"人力资源处"，其目的在于体现对人力资源的主动开发管理，更加注重开发人的潜能，由事务管理型部门向战略和管理兼具型部门转变。

三、高校人力资源管理体系与传统组织架构的融合

滨州医学院作为山东省省属医药类高校，自2018年以来主动对接山东省新旧动能转换重大工程，积极解放思想，推进人事制度改革，以期最大限度激发人才新动能。其首先进行的是部门职能和传统组织架构的现代人力资源管理体系构建。

滨州医学院人力资源处与党委教师工作部合署，同时加挂人才工作

办公室牌子，内设教师发展中心，以及人事科、师资科、人才科、劳资科、师德建设科五个科室。部门职能相对较为复杂，科室设置也是多数高校人事处通行的以纵向职能切块划分的传统设置方式。然而针对现代人力资源管理体系包含的人力资源规划、招聘与配置、培训和开发、绩效管理、薪资福利、劳动关系等模块，传统的科室划分难以具体对应，但短期内要想对组织结构彻底调整，重新划分内设科室职能，其难度也较大。如何在现有组织格局基本不变的前提下，推进现代人力资源管理体系的职能建设成为需要破解的基础性问题。为此，人力资源处对部门内部的职责划分根据现代人力资源管理的要求进行了重新梳理，构建了滨州医学院人力资源管理体系。通过对体系的培训、解读，全处人员对自身职能在六大体系引领下如何发挥作用有了更深刻的认知，在项目化管理、矩阵式组织、扁平化团队的指导思想下，各科室职能有分有合，密切配合，从而为人力资源管理工作的系统性开展和精细化管理奠定了良好基础。如图1所示。

四、高校人力资源管理体系中的新旧动能转换

在系统性构建现代高校人力资源管理体系的基础上，学校系统加强组织体系、人事体系、招聘体系、培训体系、绩效体系、薪酬体系建设，分别在人才引进、人才服务、师资培训、职称评聘、科研管理、薪酬管理、学科建设、团队建设、岗位管理和项目化管理等十个方面实施人力资源管理的新旧动能转换，推进人事制度改革，取得了一定成效。以下逐一进行简述。

（一）招聘体系

1. 紧扣发展需求，实施精准引才

过去学校的引才方式较单一，多为人事部门负责，单打独斗，成了少数人的事。新动能下，高校结合各自发展的重点领域和产业导向，以高精尖人才为重点，面向海内外加快引进培育一批高层次创新创业人才和领军人才团队。引才变为全员引才，全天候引才。

一是聚焦高端，创新引才方式。围绕学科专业的人才需求，发挥各二级学院引才主体作用，人力资源处做好服务沟通协调工作，通过组团走出去引才、线上线下引才、以人才引荐人才、中介机构引才、一事一议引才等方式，拓宽人才引进渠道，瞄准海内外，真正将符合需求的高

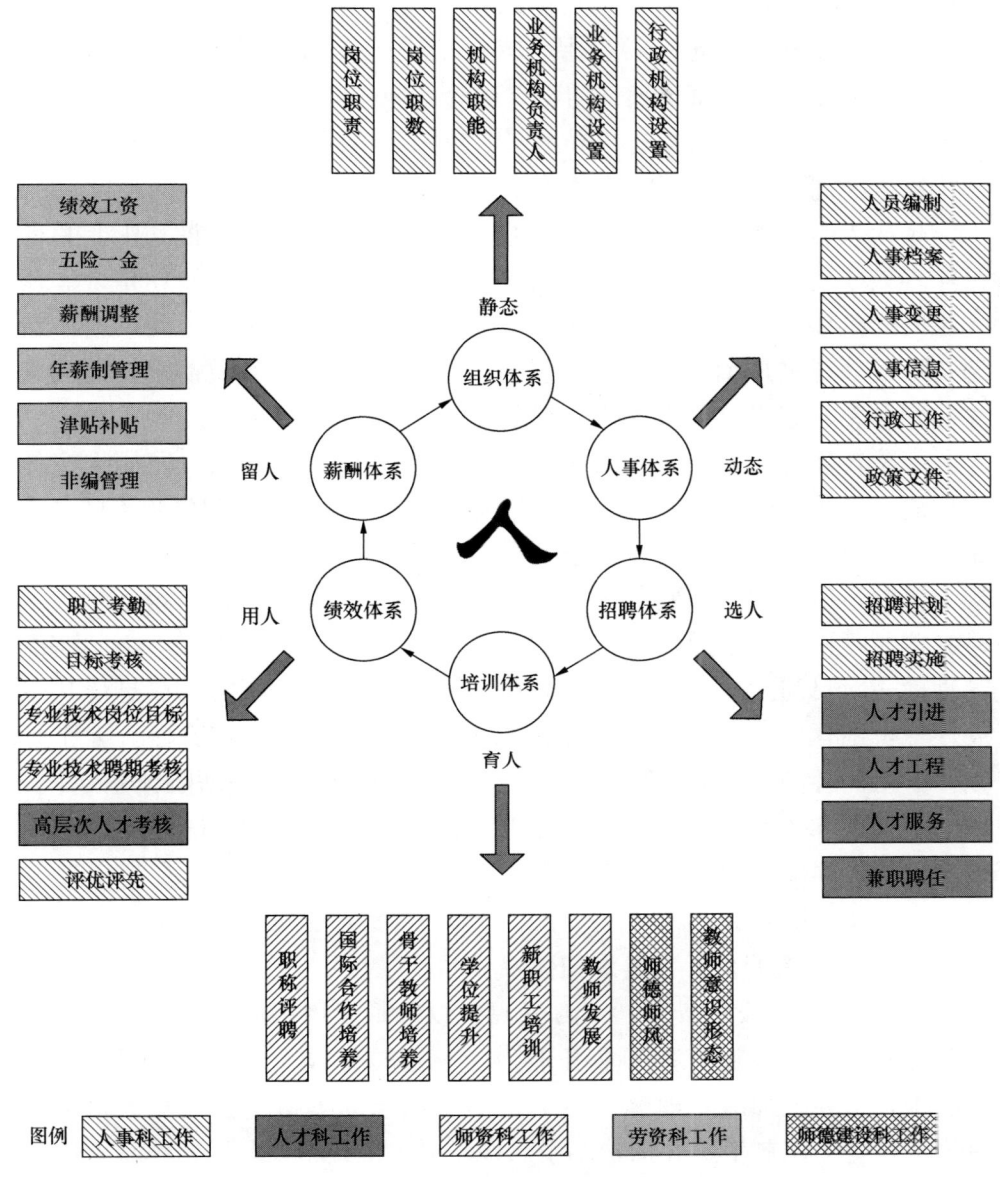

图1 滨州医学院人力资源管理体系职能对应关系

端紧缺人才引进来,实现多元化、精准化引才。二是抢抓机遇,用足用好人才政策。紧扣康复工程、生物医药等重点行业和关键领域,通过申报人才项目,引进一批国内外高端人才,打造人才聚集新高地。三是充分运用高科技手段促进人才引进。疫情防控期间,人力资源处要充分发挥互联网引才优势，多渠道拓宽网络招聘渠道，校院两级线上招聘如火如荼，网络签约随时进行，确保了人才引进工作的顺利开展。学校还在全国率先使用了 VR 系统辅助招聘，用具有 360 度全方位体验感虚拟现实系统，使得应聘人才可以远程异地漫游校园，从而提升了引才效率。

2. 提升服务保障，完善服务体系

现代人力资源管理具有吸收、保留、激励和开发等多种功能，目的是实现人才价值的持续最大化。新旧动能转换，引才是前提，留才、用才也同样重要。留住人才必须破除传统的、旧的体制机制障碍，薪酬待遇与考核并举的同时，注重精神激励，识别人才的非物质需求，提高人才的归属感、获得感、幸福感，激发人才干事创业动力。

一是转变部门职能，抓好简政放权。坚持市场化导向，向用人主体单位放权，为人才松绑，将二级学院能够自己决定的事情交由其自身决定。突出业绩导向，建立设置合理、评价科学、管理规范、运转协调的用人机制，最大限度发挥各类人才潜力，真正为人才成长厚植土壤。二是完善激励机制，发挥导向作用。对不同类型的人才灵活采用不同薪酬管理模式，目前学校已有十余位高层次人才实施了年薪制。三是优化发展环境，细化配套服务。进一步深化人才"放管服"改革，以人才工作领导小组例会和高校领导联系高层次人才制度为抓手，积极提升人才服务的主动性和效率，针对高层次人才普遍关心的实验室用房、家属安置、子女入学等问题，主动对接校内外单位协调解决。

（二）培训体系

1. 创新师资服务，完善培训体系

"双一流"建设背景下，人力资源处以教师发展中心培训工作促进教师队伍建设，积极提升教师业务能力。一是转变教学观念，加强思想理论引领。引导教师深刻理解"以本为本"理念的丰富内涵，积极贯彻教授为本科生上课制度，并构建了新入职教师"1＋1＋1"培训体系，即对没有授课经验的新任教师，入职后实行 1 周的规章制度学习和融入、1 个月的教学基本技能强化培训以及 1 年的系统专业素养培养和上岗能力考核，严格讲台准入制度。二是坚持问题导向，全面推进"四个回归"。基于目标引领、问题与产出导向，构建全员培训提升体系，通过 BOPPPS 培训班、教师午餐会、国内外访学研修项目、青年骨干教师项目等形式，提升教师教学水平，围绕教育思想与教学理念、课程建设与改革、教书

育人能力提升等主题开展深入研讨。三是引导教师树立个人教学品牌，实行"三全育人"。学校深入推进优质在线课程建设并开放共享，破解区域之间、校际优质教学资源不平衡的问题，加强示范课程、在线优质课程等建设，打造一流精品课程，树立品牌课程；积极贯彻实施课程思政、专业思政，实现全员、全过程、全方位"三全育人"大格局。

2. 深化职称改革，创新评价机制

高校职称评审制度是对教师发展影响最大的"指挥棒"，其评审标准是否科学合理，直接关系到教师们工作的积极性以及发展方向。推进教师职称制度改革，是构建高校人力资源管理体系建设的重要方面，只有不断完善，持续改进，才能够激发各类人才的创造活力，为学校健康发展提供新动能。

一是自主开展因事设岗。根据医学院校的师资队伍特点，学校除了设置教学科研型、教学为主型、科研为主型教师岗位外，还针对临床一线教师设置了临床教师岗位；同时设置"杰出青年"教师绿色通道，教学或科研业绩出色的教师可以直接申报相应层次岗位，实现"弯道超车"，从而确保了不同类型教师的晋升途径畅通。二是科学全面评价教师专业技术水平。构建了完整的教学工作量化评价体系，解决了以往教学水平无法全面、客观、准确评价的难题，真正实现了教学和科研等同的评价权重，克服了原来职称评审中简单凭论文、课题、获奖进行评价的倾向，弱化资历年限，强化业绩导向，加大了工作实绩的权重，形成了正确的激励评价导向。三是构建校院两级的职称评聘管理体系，学校层面主要从宏观和战略层面统筹考虑学科专业发展和师资队伍建设需求，设定岗位任职基本条件和相应指标分配，评价自主权和管理权更多地下放给二级学院，从而以学院评价为主落实同行评价。职称评聘改革取得了显著成效，极大地促进了教师干事创业的积极性，在2019年的职称评审后问卷调查中，总体满意率接近90%。

（三）绩效体系

改革科研管理，强化激励导向。学校以往的科研考核机制中强调总量，从而导致教师疲于应对科研工作量考核，用低水平论文数量累计应对的现象屡见不鲜。在科研考核方面的新动能，更应体现在考核体系科学，考核指标精简，使考核结果能够真实反映人才水平。

一是明确思路，进一步明确科研工作的重要地位。正确处理"学科

与科研""教学与科研""科研与人才""数量与质量""单兵作战与协同协作"五个重要关系,紧密依靠学科力量、利用学科平台促进科研,推动学科建设的优势更加突出、特色更加鲜明。二是完善机制,深化管理体制改革。将科研处更名为科学技术处,旨在转变科研管理部门职能,更强调成果转化与应用。在职称评审、岗位目标管理、科研奖励等政策上坚决破除"五唯",规范 SCI 论文指标评价准则,强化二级学院的办学主体地位,以二级学院作为学科管理和科研评价主体,将考核督促变为奖励引领,不断提升人力资源的成果转化能力和服务社会能力。三是加强科学研究的应用和转化。修订社会服务收入管理办法,进一步加大创收单位分成比例,提高奖励性绩效数额。并结合医学院校优势,在 2020 年成立了医养健康产业研究院。申请立项并建设多个智库的项目,以期为地方医疗健康产业发展提供高端智力支持,目前已有研究成果获得省领导批示。

(四)薪酬体系

实行绩效分配,强化薪酬激励。高校传统的人才绩效评价维度较为单一,激励导向作用不明显,不利于人才动能的释放。绩效工资改革的目标旨在体现强化业绩、多元评价、优绩优酬、重点激励的原则。一是建立复合式薪酬体系。新的绩效工资方案采用"基本工资+基础性绩效+奖励性绩效"的三元薪酬模式,实现更大幅度的宽带浮动和更为自主的二级分配。在体现公平、竞争、激励的原则下,优化薪酬结构,建立向高层次人才和重点岗位倾斜的分配制度,突出激励因素的作用。二是实行年薪制或协议工资制。对部分优秀的高层次人才实行了年薪制,放宽考核周期,使其能够潜心从事科学研究,并于 2019 年出台了《年薪制人员管理办法》,对年薪制的发放和考核进行了明确规定。三是完善科研激励措施。用新的科研奖励政策取代旧的科研工作量管理办法,提升省部级、国家级科研成果奖励力度,降低或取消低水平科研成果奖励,用政策指挥棒引领教师放弃数量追求注重科研质量。四是确保重点岗位重点保障。出台辅导员绩效工资发放办法、思政课教师岗位津贴发放办法,统筹思政资源,构建合力育人格局,全面推进辅导员和思政课教师队伍建设。

(五)组织体系

1. 改革组织结构,强化学科建设

国家和山东省"双一流"建设背景下,一流学科建设成为学校发展

的重要抓手，滨州医学院临床医学学科于2018年在山东省医学院校中率先进入山东省一流学科立项建设行列，为学校发展注入了蓬勃动力。针对巩固优势学科，发展特色学科，学校提出了"一优两特"的学科发展布局规划，即以临床医学为优势学科，以康复医学和特殊教育为特色学科进行重点发展。

人才师资队伍对学科建设起到关键支撑作用，人才师资队伍建设是学科建设的关键和核心。围绕学校学科发展规划，在师资人才队伍建设上，一是进行适应学科发展的组织机构调整，在全国医学院校中率先进行了学部制改革，于2019年成立了康复学部，并成立了院士领衔的康复工程研究院，与烟台市康复产业技术研究院一体化发展。康复学部和康复工程研究院的诞生，极大地促进了临床医学、生物医学工程、机械电子工程、人工智能等学科的交叉融合发展，从而在促进医工结合和院校融合，推进产学研一体化向纵深发展方面走出了一条新路，也使得康复学科成为学校学科建设新的增长极。二是以人才团队和科研院所为载体，积极促进学科交叉融合，学校的多个泰山学者团队和科研院所，其研究人员均来自不同学院和附属医院，形成了教学管理和科研管理各自独立的矩阵式组织结构，并在职称评定政策中对科研成果的归属和使用进行了明确界定，从而打破了部门院系的行政壁垒，大大激发了科研人员的工作积极性。

2. 加强团队建设，提升科研合力

随着科学技术的快速发展，科研人员仅凭以往的孤军奋战很难适应新时代的要求，科研创新团队的建设突显出更重要的意义。一是积极探索"领军人才＋创新团队"的人才引进模式，以团队整体引进合同代替个人分别的引才合同，将科研启动基金、目标任务均打包给团队，从而避免以往对单人考核时成果的署名排序等问题。二是积极构建"领军人物—研究骨干—青年博士"三位一体的学科梯队和学科广泛交叉、深度融合的研究团队，形成科研攻关的合力。支持以国家级人才工程入选者、泰山学者、青年泰山学者等为代表的一批学术带头人组建科研团队，在二级学院管理上支持对科研团队人员实行"科研特区"政策倾斜，鼓励不同类型的教师各自发挥专长。三是落实科研人员学院归属的基础上，鼓励跨学院、跨学科组建科研团队，从而促进学科交叉融合，有力地推动科学研究和成果转化。

（六）人事体系

1. 盘活岗位管理，激发人才潜能

岗位管理制度是事业单位人事管理的一项基本制度。新形势下，岗位管理应打破身份壁垒，充分挖掘人才潜力，做到人尽其才，才尽其用。学校人员主要包括专业技术岗位、管理岗位和工勤岗位。传统上专业技术岗位和管理岗位人员实施分类管理，除了教务、科研、研究生管理部门和二级学院外，多数管理岗位不允许专业技术岗位兼职，处于"因岗定人"的状态。但是由于管理岗位行政职务的流动性，导致人才的职业发展路径受到很大制约。同时，有些管理岗位人员在职获得博士学位，且有一定的科研能力，但是由于没有专业技术职务，导致学术工作难以开展，课题申报、学术交流都有很大影响，造成人才资源的浪费。为此，学校于2019年重新制定了《专业技术兼职管理暂行办法》，规定具有相应专业技术水平和意愿的管理岗位人员，经审批后均可以转为专业技术兼职管理岗位，从而扩宽了管理人员的职业发展路径，激发了人才从事专业技术工作的积极性，也为学校的学科建设发展注入了新的动能。

2. 实施项目化管理，提升管理水平

学校的人力资源管理体系构建是一个系统工程，需要众多职能部门协调联动和密切配合，但人力资源处始终处于核心位置。因此，人力资源处内部如何在人员有限、事务繁杂的情况下把众多关键性重要工作处理好，就成为人事制度改革的重要前提。为此，自2018年以来，人力资源处以信息化建设为基础，建设了基于Web和移动客户端的项目化协同平台，全面推行项目化管理模式。

一是将日常工作任务项目化，明确每一个项目的负责人、参与人、完成时限、完成标准，以项目化协同平台进行及时的动态更新和督促考核，将项目管理中的甘特图、责任分配矩阵、WBS工作分解等工具进行内嵌，从而使得日常工作处于井井有条的"自组织"状态，极大地提高了工作效率，降低了沟通成本。二是通过任务优先级的定义和平台的自动提醒功能，将任务按照重要程度和紧急程度的"四象限法"进行合理安排，确保重要且不紧急的工作能够及时有效推进。三是通过项目化协同平台实现了部门的扁平化管理和工作的精细化管理。内部人员的层级被围绕任务的工作协作取代，人员一专多能培养和工作中的协作意识大大增强，网络工作日志制度的实行提升了工作的透明度和自我督促意识，有效提升了工作效率和管理服务水平。如图2所示。

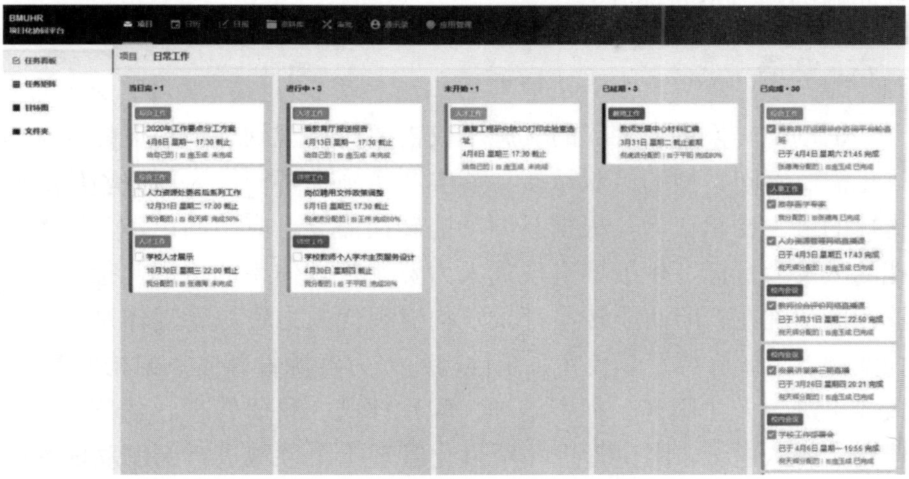

图2 滨州医学院人力资源管理项目化协同平台

五、人力资源管理体系变革后的综合成效

自2018年以来，通过全面构建高效现代人力资源管理体系，在人才引进、人才服务、师资培训、职称评聘、科研管理、薪酬管理、学科建设、团队建设、岗位管理、项目化管理这十大领域推进各项改革举措，学校的人事管理改革如火如荼，人才新动能激发彰显新成效。以2019年为例，学校年度新增国家级、省市级等各类高层次人才22人，增长率314%；招聘博士48人，增长率480%；获得各类人才经费2 125万元，增长率608%。围绕教师队伍建设的系列培训工作被誉为具有滨医特色的新时代教师发展"特色样本"，被人民网、新华网、大众网、山东省教育厅官网等广泛报道转载，并在2020年6月2日全国医学院校教师教学发展联盟成立仪式上被教育部列为特色教发活动。学校的各项办学指标不断增长，临床医学ESI全球排名始终稳步提升，学校在2020年"软科"等多个高校排行榜中均名列省内同类高校前茅。2020年，学校临床医学学科入选山东省优势特色学科。通过外引内育，国家级人才和省级人才数量不断增加，为学校学科发展注入了强劲动力。众多泰山产业领军人才的培育和引进，使得学校的科技服务社会能力显著增强，学校与驻地政府合作关系更加密切，高等教育发展服务地方经济社会发展的校地融

合布局正在形成，学校以人才新动能促进服务山东省新旧动能转换重大工程实施的能力不断提升。

六、结语

新旧动能转换重大工程的实施不仅需要总体规划、顶层设计和动态调整，也需要不同类型的组织承接、落实和实施。高校作为新旧动能转换人才支撑的最主要承接者，根据新旧动能转换需要，应主动出击，以人才新动能的激发为目标，积极推进现代人力资源管理体系的构建与提升。本文以滨州医学院在新旧动能转换背景下构建现代人力资源管理体系的探索实践为案例，系统介绍了学校在系统性构建人力资源管理体系架构的基础上，在人才引进、人才服务、师资培训、职称评聘、科研管理、薪酬管理、学科建设、团队建设、岗位管理和项目化管理十个领域进行新旧动能转换的改革举措与成效。但是也应当看到，相对于不少企业，高校的人力资源管理无论在理念上还是方法上，都距离科学化、规范化的管理水平还有很大差距。高校人力资源管理体系的建设与完善，也还需要实践者与研究者共同推进，从而为我国高等教育事业发展贡献更好的人力资源基础。

参考文献

［1］获国务院批复后山东将这样推进新旧动能转换［EB/OL］.新华网，2018-01-12.

［2］国家教育发展研究中心.人力资源强国的内涵与特征分析［R］.国家教育发展研究中心研究动态，2018（15）.

［3］杨玉娟.高校精品课程资源共享中的问题探析［J］.新课程研究（中旬刊），2010（12）：38-40.

［4］吕梦旦.学科建设视域下的高校人才引进模式探析［J］.科技创新导报，2013（34）：198-199.

［5］周颖.新旧动能转换背景下的人力资源开发与管理［J］.中外企业家，2018（31）：85-86.

高质量发展中的人力资源工作创新

——2020年全国人才与人事研究主题征文获奖作品集

（下卷）

中国人事科学研究院　组织编写

中国劳动社会保障出版社

中国人事出版社

目 录

人才体制机制改革与政策创新

G20创新型人才发展比较及中国的人才战略 …………… 1
科技特派员政策扩散模式及机制探析 ………………… 19
面向2035年我国青年科技人才发展机制研究 ………… 34
面向数字传播新产业开展专业技术职称评价方式的
　探索与实践 ……………………………………………… 52
青年科技人才引进政策评估体系构建及应用研究 …… 66
基于积分制的高校教师考评制度职称改革框架探析 …… 83
东部地区科技人才开发效率及影响因素研究 ………… 94
开发区人事管理体制机制改革进展与发展路径 ……… 109
河北省高速公路人才激励机制优化研究 ……………… 120
福建省人口人力人才资源发展趋势和对策研究 ……… 133
浅谈新冠肺炎疫情防控期间广西人社政策效果、问题
　与对策建议 ……………………………………………… 146
雄安新区急需紧缺人才目录编制及引人留人对策
　研究 ……………………………………………………… 155
激发用人主体活力有效途径研究
　——以泉州台商投资区为例 …………………………… 175
福建省龙岩市机械装备产业人才现状需求研究 ……… 187
郑洛新国家自主创新示范区装备制造业急需紧缺人才
　引进和发展研究 ………………………………………… 199

人才队伍建设

年轻人才队伍建设的影响因素分析 …………………… 213
"机器换人"时代积极应对人才困境的对策建议 ………… 220
科研院所人才梯队健康发展的瓶颈及破解之道 ………… 225
媒介融合背景下的出版人才培养路径探析 ……………… 233
高职院校新生人才培养适应度实证研究 ………………… 243
高校"双一流"建设中人才队伍建设的辩证思考 ………… 253
京津冀协同发展背景下河北高校高质量人才培养模式
　研究 …………………………………………………… 264
吉林省立法人才队伍建设现实考察与推进对策 ………… 275
福建省技能人才队伍建设现状、问题及对策探析 ………… 286
河南新时代年轻党外干部队伍建设的时代挑战与思路
　举措 …………………………………………………… 304
加强四川省高层次人才队伍建设　助推经济高质量
　发展 …………………………………………………… 316
人口·人力·人才
　——青海应对未来 30 年社会老龄化的挑战与机遇 …… 345
福州市"一懂两爱"村务工作者队伍建设分析 …………… 350
市域产业突破工程背景下技术技能型人才战略研究
　——以聊城市为例 …………………………………… 362
枣庄市高技能人才工作调查研究 ………………………… 370

人事制度改革

公务员考试流程解构与再造：基于招、考、用的目标
　一致性 ………………………………………………… 391
提升企业建立企业年金制度的动因探析 ………………… 403
国有企业推行职业经理人制度实操路径研究 …………… 410
电力央企领导队伍建设与公司治理结构现状
　研究 …………………………………………………… 426

"放管服"政策背景下省属高校直接评聘工作实践与
　　探索 ······ 437
审计职业化建设的制度设计及配套措施 ······ 448
北京市事业单位公开招聘考试改善探索与实践 ······ 455
深化广西公益二类事业单位人事制度改革路径思考 ······ 467
新中国成立以来云南人才制度和政策创新的历史与
　　经验 ······ 478
南京市事业单位公开招聘工作实践探索 ······ 494
新旧动能转换背景下的高校人力资源管理体系构建
　　——以滨州医学院为例 ······ 501

收入分配与劳动关系

深化薪酬制度改革的探索与实践 ······ 513
人才奖赏激励作用的公式和推广 ······ 520
零工经济下灵活就业者的就业意愿研究 ······ 532
企业社会责任对员工工作投入和组织公民行为的影响：
　　组织信任的调节效应 ······ 546
新时代中小民营企业人力资源帮扶问题探索 ······ 559
签约主播与直播平台的法律关系认定研究 ······ 566
疫情防控期间山西省中小微企业经营现状、劳动用工
　　状况及对策研究 ······ 577
山东省年轻一代民营企业家价值观现状、问题及统战
　　对策研究 ······ 591
共享经济下灵活用工对网约工绩效的影响研究
　　——基于湖北外卖配送员的实证分析 ······ 608
2019年襄阳市企业薪酬调查数据分析 ······ 621
咸宁市企业用工形势调查
　　——以湖北奕宏等10家企业为例 ······ 649

就业与创业

新一线城市留学人员回国创业政策文本研究 …… 659
技术创新与产业结构调整对就业影响研究 …… 674
基于政策文本的创业培训政策量化研究 …… 691
青年创业人才创业意愿影响因素研究
　　——基于 TPB 理论视角 …… 703
破解农民工返乡创业"融资难"的思考 …… 716
新型城镇化背景下乡级护理岗位培训创新模式构建 … 723
河北省体育科技人才创新创业激励政策研究 …… 732
福建省海外人才创新创业现状调查研究 …… 749
促进山东高校毕业生留鲁发展对策研究 …… 766
湖北省稳就业工作研究 …… 797
徐州市就业问题研究 …… 804
杭州市打造大学生创新创业生态最优市的战略思考 …… 818
常态化疫情下杭州市萧山区衙前镇就业难点及建议 … 830

人力资源服务与市场

基于经济发展活力模型的财经商贸流通行业人才供需
　　匹配研究 …… 841
优化人力资源配置　服务"一芯两带三区"战略研究
　　——以湖北十大重点产业领域重点企业为例 …… 859
负面清单背景下广西自由贸易试验区人力资源服务业
　　发展活力研究 …… 867
重庆市人力资源与产业融合发展问题研究决策咨询
　　建议 …… 875
规范重庆市人力资源服务机构现场招聘会服务的
　　建议 …… 879
宁波提升高层次人才精准服务研究 …… 884
昆山市县级人力资源和社会保障部门人才工作研究 … 892

扬州人力资源服务业发展研究 ·················· 911
加强流动党员规范管理的实践与思考
　　——以连云港市人才服务中心流动党支部为例 ······ 921
宜昌市人力资源服务业发展现状研究 ················ 929
浅谈"智慧人社"信息系统对南宁人社服务工作的
　　影响 ·································· 938
工业互联网人才需求分析及对策研究
　　——以青岛市为例 ·························· 944
仙桃市重点企业用工情况研究 ····················· 964

收入分配与劳动关系

深化薪酬制度改革的探索与实践[①]

秦绪昌[②]

摘 要: 本文根据山东港口日照港房地产开发有限公司组织机构调整,接收日照港集团物业人员整建制划转的实际情况,结合工资总额,在调整编制定员的基础上,通过开展岗位测评、竞聘上岗、绩效二次分配等工作,进行深化薪酬制度改革的探索与实践。文中主要从深化薪酬制度改革的背景、目的、意义,深化薪酬制度改革的主要做法,以及深化薪酬制度改革的主要特点和成效这些方面进行分析。本文的创新之处表现在以下五个方面:一是集团公司适度放权,房地产公司改革实现充分自主。二是组织机构设置更趋合理,全员实现充分岗位交流。三是优化评审机制,构建了相对公平的岗位价值体系。四是以"双向选择"完成全员上岗,简化了选人用人程序。五是加大绩效二次分配力度,激励作用得到充分发挥。深化薪酬制度改革的成功落地,不仅实现了碧波物业服务业务融入后,各项业务工作的顺利衔接和职工队伍的融合稳定,

---

① 该篇论文获得"2020年全国人才与人事研究主题征文活动"二等奖。
② 秦绪昌,山东港口日照港房地产开发有限公司综合办公室主任,高级政工师。

而且通过进一步优化收入分配格局，逐步建立起了"导向明确、科学规范、公平公正"的薪酬分配体系，实现岗尽其责、人尽其才、才尽其用，提高职工爱岗敬业、创造价值的工作积极性，推动公司各项事业持续发展。本文的调研成果，对于深化国有企业薪酬分配制度改革具有较好的借鉴意义。

关键词： 国有企业　薪酬制度　深化改革

薪酬制度改革是完善国有企业现代企业制度的重要内容，事关国有企业健康发展与国有企业职工切身利益，也是国企改革的重中之重。如何通过思想政治工作来引领国有企业推进薪酬改革，直接关系到改革的成功与否，关系到企业的发展稳定。只有利用好改革时机，抓住重点、把握热点、找准切合点，才能达到思想政治工作的最佳成效。2019年上半年，日照港房地产开发有限公司在党组织思想政治工作的引领下，结合实际，就深化薪酬制度改革进行了积极探索和实践，取得了良好成效。

一、深化薪酬制度改革的背景、目的、意义

根据日照港集团公司深化改革的有关要求，经日照港房地产开发有限公司党支部委员会研究，报集团公司同意，2019年2月对单位中层管理人员进行了轮岗交流调整。2019年3月，配合集团公司优化资源配置的要求，房地产公司接收碧波服务公司的物业服务业务及整建制划转集团在册职工63人（其中离岗等退9人）。面对房地产开发和物业服务业务急剧增加，公司人力资源发生重大调整的实际情况，为进一步深化薪酬制度改革工作，在充分考虑公司组织架构模式和岗位设置适度前瞻性的基础上，2019年4月，日照港房地产公司拟订了本单位的《组织机构设置及编制定员方案》和《薪酬分配制度深化改革实施方案》，并在集团公司人力资源部的指导下，按计划顺利启动了深化薪酬制度改革的系列工作。

深化薪酬分配制度改革，是贯彻日照港集团公司推动改革重心向公司层面下沉的要求，也是公司解决当前部分部门职责变化较大、原岗位价值体系与现岗位职责不匹配、职工职业通道建设亟待完善等突出问题，建立责任、权利对等的新岗位薪酬体系的重要改革举措。本次深化薪酬制度改革的主要目的就是着力解决现行薪酬体系中岗级过高、系数集中的问题，坚决打破平均主义和大锅饭，进一步理顺分配关系，用好、用

足集团赋予的薪酬分配自主权,发挥薪酬分配的激励导向作用,激活公司发展新动力。

深化薪酬制度改革的成功落地,不仅能够实现碧波物业服务业务融入后,各项业务工作的顺利衔接和职工队伍的融合稳定,而且可以通过进一步优化收入分配格局,逐步建立起"导向明确、科学规范、公平公正"的薪酬分配体系,实现岗尽其责、人尽其才、才尽其用,提高职工爱岗敬业、创造价值的工作积极性,推动公司各项事业持续发展。

二、深化薪酬制度改革的主要做法

薪酬分配制度改革关系到每位职工的切身利益,是牵一发而动全身的重要改革。为了保证深化薪酬制度改革成功,日照港房地产公司党支部本着事前主动介入,广泛宣传发动;事中把握热点,思想工作跟进;事后狠抓落实,夯实长效机制的总体思路,将思想政治工作贯穿于薪酬改革全过程,积极调动各方力量,步步为营、扎实推进,积累了较好的经验做法。

(一)开展多层面深度沟通交流,做好前期基础性工作

一是与日照港集团人力资源部充分沟通,听取主管部门建议,确认日照港房地产公司编制定员方案、薪酬分配制度深化改革方案符合集团改革总体要求。二是薪酬改革前到日照港集发公司进行了充分的学习交流,部分采纳了集发公司在薪酬改革中的一些成熟做法。三是根据本单位业务扩展和整合的实际,对机构设置、部门职责、岗位编制进行了重新大规模梳理调整,对岗位说明书进行了详细编制,并系统摸排了全体职工履历、学历、职称等详细信息,对人员与岗位匹配度进行模拟,为后续的通道建设、岗位竞聘、职级评定等做了较充分的准备。

(二)组织召开职工大会,充分发扬民主

为充分发扬民主,建立完善"导向明确、科学规范、公平公正"的薪酬分配体系,日照港房地产公司专门召开了以深化改革为主题的职工大会。会前,日照港房地产公司结合实际,制定印发了《薪酬分配制度深化改革实施方案》(草案),以及《岗位说明书》《岗位评价办法》《岗位评价专家组成员组成原则说明》《岗级浮动细则》《职工职级评定方案》《岗位排序表》《班组长补贴管理办法》《师带徒工作管理暂行办法》等草案,积极征求意见建议。根据反馈意见,经公司党支部委员会研究,就草案中部分内

容进行了修改和调整,并对初审后的岗位评价专家组成员推荐名单进行了公布。会上,对所有草案及岗位评价专家组成员推荐名单,逐项进行了集体表决通过,还对下一步深化改革工作进行了具体安排,让全员对这次改革有了清晰的认识,做到了事前的"明明白白、清清楚楚"。

(三)坚持"对岗不对人"开展岗位测评,重建薪酬"内部公平性"

在公司组织机构优化工作的基础上,根据调整后的部门职责、业务定位、岗位分工,通过对岗位自身价值进行科学评估,形成了公司新的岗位价值体系。为确保评估结果更为准确,避免因不了解本岗位实际工作过程、工作产出导致的偏差,先采用"因素评分法"对"标杆岗位"进行评价,确定标杆岗位基准岗位系数;再以"排列法"对其他岗位进行评价。评估数据采用科学统计方法,分别以中位数、平均数为计算工具,相互验证,确保了数据的可信度和有效度。在公司岗位评价组集体测评出的初步岗位基准系数的基础上,本着向高技术、高技能岗位和一线"苦累脏险"岗位倾斜的原则,经党支部委员会研究纠偏,最终确定并公布了全部岗位的基准系数。

(四)坚持人岗匹配原则,以"双向沟通"为主导开展公开竞聘上岗

日照港房地产公司规定,报名竞聘同一岗位人数等于或小于该岗位设置人数的,且双向选择同意的,该岗位竞聘者可不参加面试,报公司党支部委员会研究确定。双向选择未通过人员,可在其他空缺岗位中进行一次申报调整。为保证竞聘者的利益最大化,参加竞聘的岗位,竞聘顺序根据岗位系数由高到低依次竞聘。竞聘过程由竞聘评委组具体组织,公司领导不参加,其他职工可自愿参与旁听,监督竞聘,竞聘结果经公司党支部委员会研究确定后公示。在坚持人岗匹配原则的基础上,本着重要岗位尽可能内部消化吸收,以减少培训成本、沟通成本的用人思路,对于第一轮竞聘后的部分空岗,又面向公司全体在册人员进行了内部二次选聘,对于仍有空缺的岗位再面向日照港集团公司内部选聘。

(五)"对人对事对岗"统筹考虑,落实岗级浮动、职级评定、补贴发放

根据《岗级浮动细则》,对单位中层正职担任部门副职岗位、管理项目超过或低于基准系数评价所对应管理建筑面积的项目经理(服务中心班长)、因其他职工产假(新项目开发)等原因临时兼职的人员以及其他特殊情况人员进行逐一排查,经党支部委员会研究后确定具体人员的岗

级浮动系数。根据《职工职级评定方案》的综合测评结果，对经营管理和业务技术序列人员分类别、按比例确定了职级上浮和下浮人员。根据《日照港集团有限公司班组建设管理办法》，对经计划运营室审核并提报集团公司备案的班组，实行班组长补贴，不满足条件的不予发放补贴。根据《师带徒工作管理暂行办法》，凡满足规定条件的，经所在部门、单位申请，综合办公室审核，报公司领导批准后，师徒间签订《师带徒协议书》，按规定给予师傅发放带徒费。

（六）对薪资结构和绩效考核情况进行说明，让职工看到薪资发放的"明白纸"

根据《日照港集团公司薪资管理办法》和《日照港房地产公司绩效考核实施方案》的有关规定，日照港房地产公司印发了《关于薪资结构和绩效考核有关事宜说明的通知》，对职工薪资结构和绩效考核情况进行了明确说明：一是明确职工薪资结构主要包括基本薪酬、绩效薪酬、住房补贴或薪点工资、津贴补贴，并按老职工、聘用制职工分别列举了工资发放模式。二是明确绩效工资由综合办公室根据计划运营室提供的部门考核结果，将岗位绩效和部门绩效总额拨付至各室、中心、单位。三是明确各室、中心、单位要分别制订各自的绩效考核分配方案，对具体在岗人员的绩效工资进行二次分配，并在部门内部加以公示，切实做到了按劳分配、多劳多得。

三、深化薪酬制度改革的主要特点和成效

（一）集团公司适度放权，房地产公司改革实现充分自主

在房地产公司深化改革期间，集团公司人力资源部坚持在确保职工队伍稳定的前提下，本着"机关不扩、单位中层不增、劳务用工大幅减少、绩效薪酬比例增加、考核权力下放"的总体指导原则，经充分沟通，原则审核同意了房地产公司上报的深化改革系列方案。在具体审批程序上，改变了以往"先批后改"的方式，采用了"先审后改再批"的方式，给予了充分的改革自主权。在以上原则的指导下，具体到改革环节中，如个别岗位的增减、岗位名称的变更、岗位编制数量的调整、任职资格的放宽等具体问题，均由房地产公司通过支部委员会研究确定的形式加以解决，减少了与主管部门的反复沟通交流，提高了改革的效率，增强了灵活性，为改革的顺利落地创造了条件。

（二）组织机构设置更趋合理，全员实现充分岗位交流

根据房地产开发业务和物业服务业务急剧增加的实际情况，房地产公司在合并物业服务业务的基础上，撤销了工程技术室、市场营销中心，分别成立了计划运营室、营销公司和客户服务中心，重点突出了"内控管理""自主营销""售后服务"三大职能，使内部组织机构设置更加合理。在岗位重新设置、人员重新上岗后，单位13名中层管理人员，除碧波物业划转2人外，其他人员全部进行了跨部门、跨单位岗位交流；在册一般管理和技能操作人员共98人，其中岗位发生变动的有45人，达到了46%，人力资源配置得到优化，职工普遍实现岗位交流，增强了公司的发展活力。

（三）优化评审机制，构建了相对公平的岗位价值体系

一是借鉴了集发公司在岗位价值评估方面的成熟做法，岗位评价专家组成员的选择履行了职工大会表决程序，评价过程通过了审核、监督、梳理、分析，评价结果得到了职工信服。二是根据具体个人的特殊情况，通过岗级浮动，解决了个人职务、工作量大小等原因导致的岗位基准系数相对偏离的问题。三是打破了原有的"主管、主办、员"三级评定的相对固定的职级浮动模式，采取以上年度个人综合考评情况，分序列、分比例强制分布确定上浮、下浮人员的形式，建立了以"优良中差"考评结果为依据的变动职级浮动模式。四是严格按集团相关规定，明确了班组长补贴、师带徒补贴等发放办法，开通了增加岗位价值的通道。五是薪资架构、绩效分配延续了原碧波物业的模式，基准系数除保安、保洁两个新增岗位外，其他物业原有岗位基准系数均坚持了保持不低于原有水平的原则，维护了大部分职工，尤其是基层一线职工的根本利益，保证了改革的和谐稳定。

（四）以"双向选择"完成全员上岗，简化了选人用人程序

根据《日照港房地产公司竞聘上岗实施方案》，在房地产公司一般管理岗位、业务技术岗位、操作技能岗位和劳务用工岗位的选聘过程中，均公布了先"双向选择"后"公开竞聘"的选聘方式。在实际实施过程中，以上所有岗位均在"双向选择"期间完成了选聘上岗，均未进入"公开竞聘"环节就完成了全员上岗。在整个选聘过程中，为了保证人岗匹配，并不是所有"双向选择"的岗位人员均被录用，在公司党支部委员会研究审议时，均对每个拟定人选从学习专业、工作经历等进行了岗位匹配度的测评，对确实不符合的人员进行了筛选剔除，确保了选人用人"程序简化，质量提升"。

（五）加大绩效二次分配力度，激励作用得到充分发挥

本次薪酬分配制度深化改革后，明确将岗位基薪、累计级档差、住房补贴、薪点工资以及各类津贴确定为固定工资，把岗位绩效、部门绩效确定为考核变动工资。其中，在绩效分配工资中，将原来的岗位绩效由固定发放纳入了绩效考核，增加了变动薪资额度，改革后固定工资与变动工资比例为4∶6，大幅增加了绩效分配比例。同时，公司将岗位绩效和部门绩效全部纳入绩效考核兑现，以绩效总额的形式整体划拨到相应部门、单位，并将分配权全部下放到各部门、单位，给予基层充分的绩效分配自主权。通过以上途径，考核指标与组织目标、岗位业绩得到紧密结合，绩效结果得到充分运用，切实打破了绩效分配的大锅饭，做到了收入能增能减和奖惩分明。

总之，在思想政治工作引领下，科学、合理、人性化的薪酬制度改革，调动了日照港房地产开发有限公司职工的工作积极性，提高了工作效率，增强了单位的凝聚力，促进了公司各项事业的健康稳定发展。但在整个深化改革过程中，我们也发现在岗位测评和职级评定中还存在一定的个人主观性；在岗位匹配度上还存在一定的整体能力素质不适性；在单位人员大幅度岗位变动和部分空岗补缺后还存在工作衔接的不稳定性；在绩效二次分配额度增加、绩效考核分配权下放后，还存在绩效考核兑现幅度把握的不成熟性等方面的问题。面对这些问题，我们还需要在今后的工作中，以"回头看"的形式，找准切入点、结合点和着力点，加以分析解决，以期取得更大的成效。

参考文献

[1] 张霞. 中小型企业的薪酬管理 [J]. 技术与市场，2011（11）：99-100.

[2] 李杰. 中小型企业薪酬管理存在的问题浅析 [J]. 科技信息，2012（13）：220.

[3] 张少梅. 论企业薪酬管理的现状及优化管理体系的对策 [J]. 现代经济信息，2013（5）：128-129.

[4] 朱双月，周楠. 国有企业薪酬制度改革研究 [J]. 大经贸，2015（3）.

[5] 高凌云. 浅谈国企薪酬改革 [J]. 科学与财富，2017（33）.

人才奖赏激励作用的公式和推广[①]

李兴春[②]

摘　要：人才奖赏激励作用等于奖赏价值和获奖概率的乘积。奖赏价值越高，获奖概率越高，激励作用越大；奖赏价值虽高，但获奖概率较低，即使获奖概率为100%，激励作用也小。人才奖赏激励作用公式还应分为获奖方和授奖方、个体和整体两种不同的人才奖赏激励作用公式；授奖方的人才奖赏激励作用受逻辑斯蒂映射的"自我抑制"，最大也不应超过整体奖赏价值的1/4。将人才奖赏激励作用公式推广为任何收益或机会性收益的价值公式，同样分为个体和整体的收益或机会性收益公式；通过比较个体收益和机会性收益大小，比较获得个体收益和机会性收益的概率大小，选择使用不同的个体收益或机会性收益公式以最大化利益。而整体收益或机会性收益公式在更深层次上同样说明可能获得的整体收益或机会性收益不应超过已经获得的整体收益和机会性收益的1/4。

关键词：人才奖赏　个体　整体　收益　机会性收益

一、引言

奖赏对人才具有很大的激励作用，也是科学评价人才的一种重要手

[①] 该篇论文获得"2020年全国人才与人事研究主题征文活动"一等奖。
[②] 李兴春，贵州省毕节市七星关区综合行政执法局监察员。

段。美国科学社会学家科尔兄弟在其名著《科学界的社会分层》中指出：奖赏激励作用的大小一般取决于奖赏价值和获奖概率的乘积。如果一个奖赏的价值较高，且科学家获奖的概率也较高，那么该奖赏对科学家的激励作用就大；一个奖赏的价值虽高，但获得它的概率非常低，其激励作用也就小。反之那些唾手可得的奖赏的激励作用同样小甚至为无。据此，我们用 E 表示奖赏激励作用，用 R 表示奖赏价值，用 P 表示获奖概率，奖赏激励作用的大小取决于奖赏价值和获奖概率的乘积就可以用公式表示为：

$$E=RP$$

其中，$R \geqslant 0$（奖赏价值通常要用到奖金金额等表示，显然不应该是负数），$0 \leqslant P \leqslant 1$（概率只能定义在从 0 到 1 的闭区间）。这个公式体现了奖赏价值越高、获奖概率越高、激励作用越大的含义，以及奖赏价值虽高但获奖概率较低、激励作用小的含义。不过，这个公式没有体现奖赏价值虽高但奖赏唾手可得导致激励作用小的含义。如果要再体现这层含义，公式应该为：

$$E=RP/(1-P)$$

当获奖概率 P 为 1，表示必然获奖，和唾手可得是同样的意思。由于在分母中 $1-1$ 为 0，分式无意义，说明在这种情况下的百分之百必然获奖也是无意义的。这就好比自己出钱给自己发奖，或者说某个奖赏已经暗箱操作"内定"给了某个人，这个奖赏的激励作用根本就不存在了。这样，在 $E=RP/(1-P)$ 中，$R \geqslant 0$，$0 \leqslant P<1$，概率 P 是在从 0 到 1 但不包括 1 的半开半闭区间。

二、获奖方和授奖方的人才奖赏激励作用公式

奖赏价值的确定需要综合考虑到奖赏的等级、声望值、公正性、开放度、信誉度和奖金金额等。如果对奖赏的等级、声望值、公正性、开放度和信誉度不好确定的话，简单直接用奖金金额作为奖赏价值也不是不可以的。在此我们只讨论在奖赏价值已经确定的前提下，获奖概率对奖赏激励作用的影响。

在 $E=RP/(1-P)$ 中，$P=1$ 的情况下，奖赏的激励作用无意义；$P=0$ 的情况下奖赏的激励作用为 0（既然不可能获奖也就没有任何激励作用），$P=1/2$ 即获奖概率为一半的情况下，奖赏激励作用恰等于奖赏

价值。然后在 $1>P>1/2$ 的情况下,奖赏激励作用随着获奖概率的增大而增大;在 $0<P<1/2$ 的情况下,奖赏激励作用随着获奖概率的减小而减小。

这与实际情况是相符的,在既无法肯定获奖也无法肯定不获奖,或者说无法算出获奖概率是大还是小的情况下,只能认为获奖和不获奖的机会一半对一半,这时 $P/(1-P)=1$,奖赏激励作用 E 等于奖赏价值 R,是不变的。一旦能够算出获奖概率较大,奖赏激励作用相应地也要变大;能够算出获奖概率较小,奖赏激励作用相应地也要变小。

人才奖赏激励不但对获奖或可能获奖的一方有作用,其实还对授奖一方也有作用;不但对获奖的个体有作用,还对没有获奖的其他个体也有作用,甚至对没有授奖的其他多方也有作用。也就是对获奖和不获奖、授奖和不授奖的整体都有作用。正如科尔兄弟所言:"奖励应该对科学家个人、授予机构以及整个科学共同体发挥重要的奖酬功能。"[1]

对授奖方来说,设立和颁发某个奖赏的目的是发现更多的优秀人才,发现更多的优秀成果,激励社会公众做出更好的业绩。为了达到这个目的,就要保证奖赏的公正性和开放度,使获奖概率对于任何人在理论上都应该是均等的,以最大限度吸引人才参与奖赏竞争,从而也使奖赏价值最大化,相应地奖赏激励作用最大化。

这时,对于授奖方的人才奖赏激励作用公式就不再是 $E=RP/(1-P)$,而应该是:

$$E_w=RP(1-P)$$

容易看出,$E_w=RP(1-P)$ 也是著名的逻辑斯蒂映射[2]的一个应用实例,只不过 E_w 和 P 之间不一定有相邻承接的关系,R 的取值范围也不同。这个公式中 $R\geqslant 0$,$0\leqslant P\leqslant 1$。在 $P=1$ 的情况下,对于授奖方来说虽然不是无意义,但获奖者是谁没有悬念,不能通过奖赏激励更多人才参与竞争,奖赏激励作用为 0,和无意义也没有什么区别;在 $P=0$ 的情况下,谁也没有获奖,奖赏激励作用自然更是 0。特别需要注意的是:在 $P=1/2$ 即获奖概率为一半的情况下,$P(1-P)=1/4$,奖赏激励作用最大。然后在 $1>P>1/2$ 的情况下,奖赏激励作用随着获奖概率的增大而减小;在 $0<P<1/2$ 的情况下,奖赏激励作用随着获奖概率的减小而减小。

这也与实际情况相符,对于授奖方来说,关心的不应该是谁获奖,而应该是谁都有可能获奖；奖赏激励了哪个人并不重要，重要的是奖赏激励了所有人，产生了良好的社会影响和整体效益。因为参与竞争奖赏的所有人中，某个人的获奖概率高了，其他人的获奖概率就低，这样牵扯平衡下来，并不能提高奖赏价值，也就不能提高奖赏激励的整体作用（这其实就反映了逻辑斯蒂映射具有的"自我抑制性"）。恰好在无法算出谁的获奖概率较大也无法算出谁的获奖概率较小的情况下，任何人获奖和不获奖的机会都是一半对一半，这时奖赏价值和奖赏激励作用最大，奖赏的社会影响和整体效益也最大，能够吸引最多的人参与竞争奖赏，达到奖赏的目的。

因此我们将 $E=RP/(1-P)$ 称为"获奖方人才奖赏激励作用公式"或"人才奖赏激励个体作用公式"，而将 $E_w=RP(1-P)$ 称为"授奖方人才奖赏激励作用公式"或"人才奖赏激励整体作用公式"。对一个奖赏所能起到的激励作用的分析，应该从获奖和授奖、个体和整体两个方面来进行，不宜偏废。同时也可以看出，一个奖赏对于获奖方和授奖方、对于个体和整体的作用是完全不同的。

三、人才奖赏激励个体作用和整体作用的主要区别

获奖方每个有可能获奖的个体都是分别应用 $E=RP/(1-P)$ 计算各自的奖赏激励作用，个体获奖概率之比 $P/(1-P)\geqslant 0$，算出的数值大小不一；授奖方只是应用 $E_w=RP(1-P)$ 计算整体的奖赏激励作用，算出的数值其实就是一个总的平均数，而且个体获奖概率之积 $P(1-P)$ 也即整体获奖概率最大不能超过 1/4。这说明：奖赏价值对于获奖方、对于个体而言，可以成倍增长，甚至成百上千、成千上万倍增长；对于授奖方、对于整体而言，实现 1/4 的奖赏价值就是最好的了，过犹不及。也就是说，获奖的覆盖面达到所有参与竞争奖赏人数的 1/4，奖赏激励作用最大。超过 1/4，就有滥发奖赏之嫌，奖赏激励作用反而会逐渐递减；达不到 1/4，奖赏力度不够，获奖面过窄，奖赏激励作用也会逐渐递减。

这与著名的"凯利公式" $f^*=(bp-q)/b$ 在最一般情况下算出的结果一致，所谓最一般情况，是赔率为 2∶1 和输赢概率各为 1/2 的情况；凯利公式中 f^* 是应投注的资本比例，b 是赔率，p 是投注赢钱的概率，q 是投注输钱的概率。$E_w=RP(1-P)$ 也可看作凯利公式的一个应用实例。授奖方为授奖投入的奖金及其他费用相当于投注的资本；授奖方授

了奖，"输"掉全部资本，换成为获奖方"赢"了奖，一输一赢，投入的全部资本并没有流失，而是实现了授奖方和获奖方双方"双赢"，获得了成倍的奖赏价值，这就可看作是授奖方和获奖方在整体上的2∶1的赔率。但授奖方并不敢保证奖赏的都是值得奖赏的成果或业绩，也就不能保证实现成倍的奖赏激励作用；一旦奖赏错了对象，即使对获奖方的个体来说，这些资本发挥了100%的奖赏激励作用，也只能等于1，而对于授奖方来说，这些资本的奖赏激励作用等于0，不能也等于1，这样就不能在整体上倍增为2，所以授奖方也存在着1/2的奖赏对错的概率。既是2∶1的赔率，又是1/2的奖赏对错的概率，正好适用凯利公式，代入公式后算出 $f^* = 1/4$，相应地授奖方和获奖方也就共同获得了最大为奖赏价值1/4的奖赏激励作用，也就是说授奖方投入的全部资本中对授奖方和获奖方整体起奖赏激励作用的比例只有1/4。

整体是个体之和，这里不把个体获奖概率之和 $P+(1-P)$ 作为整体获奖概率，而是把个体获奖概率之积 $P(1-P)$ 作为整体获奖概率，是因为 $P+(1-P)=1$，那么 $E_w = R[P+(1-P)] = R$，奖赏激励作用直接等于奖赏价值，就体现不出奖赏激励作用随着获奖概率增减而增减的含义了。另外，对人才奖赏激励作用公式的奖赏应作广义的理解，奖赏不仅是指某个专设的奖项，包括升职、加薪、授予荣誉称号等都可以叫奖赏。在奖项有空缺的情况，也有对谁都不升职不加薪不授予荣誉称号的情况，这种情况下整体获奖概率还是1，就不符合实际。

还有一个理由：既然需要 P 和 $1-P$ 共同组成不可分割的整体，那么 P 或 $1-P$ 之一就不应该是独立而完整的，可以分类计算各为整体；P 和 $1-P$ 之间也就不应该是互斥的，互斥自然无法组成整体。所以 P 和 $1-P$ 不符合概率的加法原理，应该是符合概率的乘法原理，互相联系、互相补充、互为前提条件分步计算而相乘。

人才奖赏激励作用公式还可以推广应用于彩票、股票、商品有奖促销等一切具有机会性收益的场合。例如：中奖对购买彩票的个别彩民的激励作用可以趋于无穷大，而对购买彩票的全体彩民和发行彩票的组织机构来说，中奖率不应多于或少于全体彩民的1/4；太多或太少，发行彩票的收益都不会达到最大。显然，现实中很多彩票的中奖率都是低于1/4的，所以彩票可能因为对彩民个体的激励作用大，使得发行量大，发行彩票的组织机构收益也大，但对彩民和发行彩票的组织机构整体来说激励作用并不大，彩票也就永远不能成为全社会常态化的获利手段。某些股票价格上涨对购买股票的个别股民的激励作用可以趋于无穷大，某些股票价格下跌对购买股票的个别股民的激励作用可以降到 0，而对整个股市来说，股价上涨不应高过全部股价总和的 1/4，股价下跌也不应低于全部股价总和的 1/4；涨跌的股价平均维持在全部股价总和 1/4 左右的水平，才是股市最为健康的状态。显然，现实中的股市也很难达到这样的健康水平，所以炒股也不应成为全社会常态化的获利手段。

1/4 的比例虽然是由逻辑斯蒂映射简单推导出的，但似乎还是显得有点牵强和武断。这个比例背后还有没有更深层的原因，足以使我们认为只应该获得整体收益 1/4 的价值而不能获得 100％？通过推广人才奖赏激励作用公式，我们将给出一个更合理的解释。

四、获奖方人才奖赏激励作用公式的推广

将获奖方人才奖赏激励作用公式中的奖赏价值 R 推广为已经获得的任何收益的价值（如出售商品的商品成交价格），获奖概率 P 推广为获得任何收益的概率，奖赏激励作用 E 也就推广为可能或应该获得的任何收益的价值。这时获奖方人才奖赏激励作用公式也就可以改称"个体收益公式"，即

$$E_¢ = R_¢(1-P)/P$$

个体收益公式准确地称为个体机会性收益公式。可以认为，一开始的公式 $E=RP$ 有一个相反的对偶公式 $E_¢=R_¢(1-P)$，将 E 和 $E_¢$ 比较即 $E/E_¢=RP/[R_¢(1-P)]$，当 $E_¢=R_¢$ 时得到 $E=RP/(1-P)$；对应地，有 $E_¢/E=R_¢(1-P)/(RP)$，当 $E=R$ 时得到 $E_¢=R_¢(1-P)/P$。E 和 $E_¢$ 对偶使得 R 和 $R_¢$ 也对偶，对偶之间互换位置后公式仍然成立，所以对偶意味着等价（定性上相等）或等量（定量上相等）。这样 $R_¢$ 是与 R 等价或等量的已经获得的机会性收益的价值（如将货币作为特殊商品而"出售"得到的货币成交价格）。R 和 $R_¢$ 的等价不一定等量，等量不一定等价；当然也可以既等价又等量，只是不能既不等价又不等量（这就不是对偶了）。而获得它们的可能性即概率是相反的。

根据概率的频率定义，设 I 表示所有收益，设 J 表示所有机会性收益，我们可以把 P 换用 I 在 $I+J$ 中所占比例来表示，即 $P=I/(I+J)$；把 $1-P$ 换用 J 在 $I+J$ 中所占比例来表示，即 $(1-P)=J/(I+J)$。这

样按 R 的定义，I 就是所有 R 相加累计的总量（如全社会所有商品成交价格总额）；按 R_c 的定义，J 就是所有 R_c 相加累计的总量（如全社会所有货币成交价格总额）。而个体收益和机会性收益公式就相应变为：

$$E=R\ [I/(I+J)]/[J/(I+J)]=RI/J$$

和

$$E_c=R_c\ [J/(I+J)]/[I/(I+J)]=R_cJ/I$$

公式 $E=RI/J$ 相当于表示：可能获得的收益 E 在已经获得的收益 R 的总量 I 中所占比例，等于已经获得的收益 R 在已经获得的机会性收益 R_c 的总量 J 中所占比例。已经获得的收益 R 及其总量 I 越大，可能获得的收益 E 也越大；已经获得的机会性收益 R_c 的总量 J 越小，可能获得的收益 E 也越大。公式 $E_c=R_cJ/I$ 则反过来表示：已经获得的机会性收益 R_c 及其总量 J 越大，可能获得的机会性收益 E_c 也越大；已经获得的收益 R 的总量 I 越小，可能获得的机会性收益 E_c 也越大。

公式 $E=RI/J$ 和 $E_c=R_cJ/I$ 是分别用 I 和 J 作标准互相比较衡量 E 和 E_c 的价值，好比 I 作为商品成交价格总额的商品价值表示 J 作为货币成交价格总额的币值（或货币购买力），J 作为货币成交价格总额的币值（或货币购买力）又反过来表示 I 作为商品成交价格总额的商品价值，所以两者互为倒数。如果把商品也作为一种货币（特殊货币），那么 I/J 和 J/I 就等于是商品和货币的汇率（购买力平价的汇率）。收益或机会性收益的价值有波动，好比商品价值或币值有波动，购买力相对平价的汇率也有波动。波动意味着有大小可以比较，这样类推 $E=RP$ 和 $E_c=R_c(1-P)$ 的比较，我们还可以将 $E=RI/J$ 和 $E_c=R_cJ/I$ 再加以比较：

$$E/E_c=(RI/J)/(R_cJ/I)$$

前面说过 R 和 R_c 可以等量；那么在 R 和 R_c 等量（相当于商品和货币已经成交）的前提下把它们约掉，得到：

$$E=E_c(I/J)/(J/I)=E_cI^2/J^2=E_c(I/J)^2$$

也可以反过来比较得到：

$$E_c/E=(R_cJ/I)/(RI/J)$$

和

$$E_c=E(J/I)/(I/J)=EJ^2/I^2=E(J/I)^2$$

所有这些公式都反映了已经获得的收益或机会性收益（R 或 R_c）越大、获得收益或机会性收益的概率（I/J 或 J/I）越高、可能获得的收益或机会性收益的价值（E 或 $E_¢$）越大的含义，以及收益或机会性收益虽大，但获得的概率较低所以其价值也小的含义，还有收益或机会性收益虽大且唾手可得（I/J 或 J/I 等于 100%），但其价值反而小（不能获得比 R 或 $R_¢$、E 或 $E_¢$ 更大的收益或机会性收益）的含义，只不过要根据不同的情况分别使用这些公式。以商品或货币成交价格为例，按利益最大化原则，如果商品成交价格总额大于货币成交价格总额，那么由商品成交价格可能获得的收益大，就使用 $E=RI/J$ 和 $E=E_¢(I/J)^2$ 的公式；而这里的 $E_¢$ 移项过来计算 E，事实上要求它从可能获得的机会性收益成为已经获得的机会性收益，这恰好是 $R_¢$ 的定义，这样 $E_¢$ 和 $R_¢$ 等价（但不一定等量）。又因为已被约掉的 R 和 $R_¢$ 等量，所以 $E_¢$ 也可能和 R 等量（但不一定等价）。如果商品成交价格总额小于货币成交价格总额，那么由货币成交价格可能获得的机会性收益大，就使用 $E_¢=R_¢J/I$ 和 $E_¢=E(J/I)^2$ 的公式；同样可以类推得出 E 和 R 等价（但不一定等量），E 和 $R_¢$ 等量（但不一定等价）。如果商品成交价格总额等于货币成交价格总额，那么实际上使用哪个公式都一样。当然也不能同时使用这些公式重复获利，只能选择使用其中获得最大收益或机会性收益的公式。这些公式和获奖方人才奖赏激励作用公式的基本含义相同，也就成为获奖方人才奖赏激励作用公式的推广。

公式 $E=RI/J$、$E_¢=R_¢J/I$、$E=E_¢(I/J)^2$ 和 $E_¢=E(J/I)^2$ 如果反复类推多次比较，结果相当于"区块链"的"攻击链"追赶"诚实链"而实现"双重花费"甚至"多重花费"，并因为个体的攻击链和诚实链作为对偶（包括与整体"自相似"的"分形"对偶）还可以是"合法"的。

五、授奖方人才奖赏激励作用公式的推广

将授奖方人才奖赏激励作用公式 $E_w=RP(1-P)$ 中的奖赏价值 R 推广为已经获得的任何整体收益的价值，获奖概率 P 推广为获得任何整体收益的概率，奖赏激励作用 E_w 也就推广为可能或应该获得的任何整体收益的价值。这时授奖方人才奖赏激励作用公式也就可以改称"整体收益公式"。同样在公式中用 $I/(I+J)$ 换 P，用 $J/(I+J)$ 换 $1-P$，不改变公式的原意，从而得到：

$$E_w=R[I/(I+J)][J/(I+J)]=RIJ/(I+J)^2$$

如果 $I=J$，那么 $E_w=RI^2/(2I)^2=RI^2/(4I^2)=R/4$；或 $E_w=RJ^2/(2J)^2=RJ^2/(4J^2)=R/4$。同样不改变前述最多只能获得整体收益 1/4 的价值的结论。使用商品或货币成交价格的例子，$I=J$ 就表示商品成交价格总额等于货币成交价格总额，根据市场经济的基本原理，商品在成交的同时才能实现自己本身的价值，商品价值就是商品成交价格，这意味着当市场上所有商品交换来所有货币，商品获得自身的一个成交价格 I，又获得货币的一个成交价格 I；对应地所有货币交换来所有商品，货币获得自身的一个成交价格 I，又获得商品的一个成交价格 I。市场上总共算起来就有四个 I，这样 R 代表的就不是一个 I 而是四个 I 的整体收益价值；然后 1/4 的整体收益价值恰好恢复为一个 I，结论合理地成立。对 J 可以做类似的处理，而由逻辑斯蒂映射推出 1/4 的比例就有了更深层的原因。我们甚至可以用一个著名的"经济学笑话"来说明这个原因：

甲乙两个人各有 100 元，他们用这 100 元打赌。甲先输给乙，把自己的 100 元给了乙；乙又输给甲，把 100 元还给了甲。甲乙两个人各自拥有的 100 元数目不变，经济学家这时出来说：好！GDP（国内生产总值）增长了 100%，现在总量是 400 元。

初看这个笑话确实好笑，但如果把乙手中的 100 元变成价值 100 元的商品，乙先把商品卖给甲，收到甲手中的 100 元；甲又把乙的商品原价卖给乙，收回自己的 100 元。虽然甲乙两个人各自拥有的 100 元和价值 100 元的商品数目不变，但由著名的"交易方程式"来看，从宏微观经济的市场整体来看，忽略交易成本，100 元是已经获得的机会性收益，100 元的商品是已经获得的收益，经济学家就没有错，GDP 总量真的增长了 100%，达到了 400 元。这其实也是中国宋代科学家沈括较早提出的"流借"概念发挥的威力，体现的是一种平行并列计算商品和货币成交价格的"复式"增长。由于整体收益公式的 R 本应包含在 I 中，现在复式增长 4 倍其实是表示所有商品和货币成交的动态下已经获得超过静态的 I 甚至 $I+J$ 的整体收益和机会性收益，这样得到的 E_w 也就不再表示可能获得的整体收益价值而表示可能获得的整体收益价值的平均值；另外交易成本又包含在 $(I+J)^2$ 中，是实际存在的，不可忽略，所以整体收益公式就用逻辑斯蒂映射进行"自我抑制"，以 1/4 的比例抵消了这 4 倍的增长，使公式在分别表示所有商品或货币成交的情况下加总平均而成立。

由于 I、J 不能同时为 0，所以 $IJ(I+J)^2$，在商品或货币成交价格的例子中，E_w 的增长就是一种符合"边际效用递减规律"的增长，即 R、I（或 J）不变，J（或 I）越大，超过 $I=J$ 的边际，E_w 反而越小。这时 $(I+J)^2$ 构成了获得 E_w 的一种成本，RIJ 只能大于 $(I+J)^2$ 才有正增长，否则就是零增长或负增长，所以 I 或 J 也不是越大越好，而是需要乘以 R 来与 $(I+J)^2$ 做比较。公式 $E_w=RIJ/(I+J)^2$ 也就成为一种"贸易引力公式"，类似于力学的万有引力公式，I 和 J 之间产生贸易交换的"引力"作用，和它们的价值的乘积（再乘以"贸易引力常数" R；但 R 也可能是一个变数，所以称为"贸易引力系数"更恰当）成正比，和它们价值之和的平方（即获得它们的成本）成反比。贸易引力的概念和公式较早由荷兰经济学家丁伯根用在国际贸易中，中国学者也曾将类似的概念和公式用在更普遍的市场贸易中，以及网络价值的增长模型中（即所谓"曾李青定律"）。

　　$E_w=RIJ/(I+J)^2$ 中，R 越大而且获得 R 的概率 $IJ/(I+J)^2$ 越高，整体收益的价值 E_w 越大；R 越大，但 $IJ/(I+J)^2$ 越低，E_w 也越小。I 和 J 分别都不能为 0，这样使 $IJ/(I+J)^2$ 等于 0，E_w 也等于 0；$IJ/(I+J)^2$ 也不可能等于 100%，使 R 唾手可得（这也从根本上防止了区块链的双重和多重花费）。对 $E_¢$ 和 $R_¢$ 可以类推得出"整体机会性收益公式" $E_{¢w}=R_¢IJ/(I+J)^2$，这都和授奖方人才奖赏激励作用公式的基本含义相同，也就成为授奖方人才奖赏激励作用公式的推广。

六、结论

　　总体来说，可能获得的收益 E（或机会性收益 $E_¢$）是已经获得的收益 R（或机会性收益 $R_¢$）再乘以一个增加或减少 R（或 $R_¢$）的概率，这样 E（或 $E_¢$）也就可能增加或减少，按照利益最大化原则，我们当然要选择能增加 R（或 $R_¢$）的概率。在商品或货币成交价格的例子中，R 作为商品成交价格其实是已经在微观经济的商品交易中确定了的收益价值，投资者按其投入的"生产资本"和劳动者按其投入的"劳动资本"占商品成本的比例乘以商品成交价格，已经分配完了商品成交价格的所有收益（即任一具体的商品成本只等于生产资本加劳动资本）。但 $R_¢$ 作为货币成交价格不一定等于商品成交价格 R；更重要的是：即使微观经济中 R 和 $R_¢$ 相等，宏观经济中 R 的总量 I 和 $R_¢$ 的总量 J 也不一定相等，即任一商品成交价格和货币成交价格可能相等，但由它们分别相加累计得来的商品成交价格总额和货币成交价格总额也不一定相等（这反映了所谓"整体大于部分之和"或"整体小于部分之和"）。所以投资者和劳动者按其收益（等于商品成交价格）占商品成交价格总额的比例，还可以乘以货币成交价格总额，对货币成交价格总额的所有收益进行"再分配"。这就表现为公式 $E_¢=R_¢J/I$ 且 $R_¢=R$。消费者通过用货币交换来商品成交价格，也可以按商品成交价格占货币成交价格总额的比例，乘以商品成交价格总额，对商品成交价格总额的所有收益进行再分配；这就表现为公式 $E=RI/J$，还有 $E=E_¢(I/J)^2$ 且 $E_¢=R$。相应地，所有市场参与者（不只是投资者和劳动者）按其拥有或获得的货币成交价格占商品成交价格总额的比例，乘以货币成交价格总额，对货币成交价格总额的所有收益进行再分配；这就表现为公式 $E_¢=R_¢J/I$，还有 $E_¢=E(J/I)^2$ 且 $E=R_¢$。而如果有 $I=J$，那么 $E=E_¢=R=R_¢$，在定量上所有可能获得的收益或机会性收益都成为已经获得的收益或机会性收益，就说明市场发现了均衡价格和边际价格，从而达到"一般均衡"的"帕累托最优"理想状态。

有点违反直觉的是：这种一般均衡的理想状态使得 I 和 J 之间没有价差，不能进行风险或无风险"套利"，所以并不利于收益或机会性收益增加，推动贸易增长，好在它并非常态。而在 $I≠J$ 的常态下，I 和 J 之间的价差相当于势能差，才能产生较大的贸易引力，使已经获得的整体收益或机会性收益增加，推动贸易增长。当然如果 I 和 J 之间价差过大，一方畸形增长、一方严重衰退，交易极不公平，也会引起金融风险、市场动荡和经济危机等，所以整体收益或机会性收益公式会自我抑制，让任一方的收益增长受成本限制，达到一般均衡后效用递减，在理想状态下也不能超过已经获得的整体收益或机会性收益的 1/4。1/4 其实是相等的 E、$E_¢$、R、$R_¢$ 四种收益之一，是用四种收益中任一种代表整体；人才奖赏则是用获奖和不获奖、授奖和不授奖都受到的四种激励作用中任一种代表整体。

完整地建立包括获奖方和授奖方、个体和整体两方面的人才奖赏激励作用公式，准确地理解人才奖赏激励作用公式对于获奖方和授奖方、个体和整体两方面不同的含义，在理论上补充了科尔兄弟以及他们作为重要成员的默顿学派科学社会学的相关学说，还可以推广应用到管理学、心理学和经济学等学科领域。在实践中有助于更好地发挥各种奖赏对于人才的激励作用，建立完善人才奖赏激励机制，使更多的优秀人才在奖赏激励作用下脱颖而出；这也是通过比较个体收益和机会性收益大小，比较获得个体收益和机会性收益的概率大小，选择使用不同的个体收益或机会性收益公式以最大化利益，直至整体的收益和机会性收益相当或相等。

参考文献

[1] 科尔 JR，科尔 S. 科学界的社会分层 [M]. 赵佳苓，顾昕，黄绍林，译. 北京：华夏出版社，1989.

[2] 倪大成. 彩票的逻辑斯蒂映射 [J]. 科技创业家，2012（10）：214-216.

[3] 张健. 区块链：定义未来金融与经济新格局 [M]. 北京：机械工业出版社，2016：199-216.

[4] 颜鹏飞，肖殿荒. 货币数量交易方程式的贫困与出路 [J]. 财经问题研究，1998（3）：28-31.

[5] 程建胜. 对交易方程式适用性的质疑 [J]. 南方金融，2003（8）：17-21.

[6] 王容昌. 简论边际效用递减规律 [J]. 西北第二民族学院学报，2006（1）：98-100.

[7] 吴丹涛. 对边际效用递减规律的再认识 [J]. 惠州学院学报（社会科学版），2008（4）：75-78.

[8] 谢楚鹏. 区块链的数学原理——认识市场引力与市场智能 [M]. 北京：清华大学出版社，2019：10-44.

[9] 于河清. 新兴互联网企业价值评估方法研究——以网上订餐平台为例 [D]. 北京：首都经济贸易大学财政税务学院，2017：14-21.

[10] 孙蒙. 关于一般均衡理论的评论 [J]. 科技信息，2009（18）：50-51.

[11] 李成钢. 网络经济下基于多态均衡的"帕累托最优"实现研究 [J]. 中国市场，2017（2）：19-20.

零工经济下灵活就业者的就业意愿研究

赵智磊

摘　要：零工经济并不是一个新出现的名词，传统意义上的零工经济存在已久，本文提出的零工经济是伴随着移动互联网技术产生的，在当前"互联网+"的时代背景下，我国鼓励共享经济、零工经济和灵活就业的发展，企业的组织管理向平台化的方向转变，越来越多的劳动者能够以更加灵活的就业方式获取工作报酬，零工经济不仅将资源的供给方和需求方高效匹配，还促进了传统产业的变革，推动了新兴产业的发展，创造了大量的就业机会，增加劳动者的收入。本文以滴滴出行平台的网约车司机为主要调查对象，通过发放调查问卷和访谈调研的方式，对这一群体特征进行统计分析，并进行因子分析，得出影响网约车司机未来就业意愿选择的影响因素，实证结果表明目前这部分群体对灵活就业的状况还算满意，但不同的群体在未来会做出不同的选择。

关键词：灵活就业　零工经济　"互联网+"

一、引言

就业事关基本民生、经济发展和社会稳定大局。受新冠肺炎疫情影

---

① 该篇论文获得"2020年全国人才与人事研究主题征文活动"三等奖。
② 赵智磊，中国人事科学研究院企业人事管理研究室干部。

响，今年就业形势严峻，灵活就业规模大、空间大，是稳定就业的重要途径。在此次疫情防控期间，各类平台企业不仅以"无接触配送"的方式方便了居民的生活，使消费需求回升，推动购物、点餐、教学、办公、就医线上化，创造大量就业新机会，还为暂时无法就业的群体提供短期就业岗位，稳定就业形式。

李克强总理在 2020 年 7 月 22 日的国务院常务会议上强调要取消对灵活就业的不合理限制，引导劳动者合理有序经营。国务院办公厅印发《关于支持多渠道灵活就业的意见》，指出"拓宽灵活就业发展渠道，优化自主创业环境，加大对灵活就业保障支持"。国家发改委也出台了"培育数字经济新业态、鼓励灵活就业"的新政策。个体经营、非全日制以及新就业形态等灵活多样的就业方式，是劳动者就业增收的重要途径，对拓宽就业新渠道、培育发展新动能具有重要作用，要把支持灵活就业作为稳就业和保居民就业的重要举措，坚持市场引领和政府引导并重、清理取消对灵活就业的不合理限制，鼓励自谋职业、自主创业，全力以赴稳定就业大局。

《2017"灵活用工"生态白皮书》中指出，采取灵活用工方式的企业可以按照自己对职工的需求变化，自由地雇用劳动者，甚至不需要办理入职和离职手续，这不仅降低了用人成本，还使人才的价值得到最大化的发挥。目前日本和美国的灵活用工模式已经相对成熟，而我国与他们的差距较大，灵活用工占人力资源行业的比例不到 10%，并且获取经济报酬仍然是灵活就业者追求的主要目标，这不同于日本和美国的灵活就业者大部分以工作的灵活性和打发闲暇时光为追求。

可以看出国家鼓励、支持灵活就业的发展，同时中国的互联网经济能带动的灵活用工群体的数量还有很大的上升空间。

二、相关文献回顾

零工经济往往和共享经济相伴提出，甚至有学者提出零工经济是共享经济的另一种说法。共享经济发展使消费者在选择时更加主动，能够获得高质量的服务和低价商品（巴尔齐 Bardhi，2012），可以实现现实世界的资源共享（博茨瓦纳 Botsman，2010），会给传统领域带来一场剧烈的变化（马特兹勒 Matzler & 西加拉 Sigala，2015）。劳动者拥有了部分物质所有权，这使得劳动者可以投入零工经济的浪潮中去从事灵活就业。

科技进步使新兴产业进一步发展，从而导致传统就业方式变革，"互联网＋"灵活就业产生（方文超，2004），人们通过把闲置物品出租给需求方，降低生活成本，获得额外收入（仲梦、樊一阳，2017）。人力资本的地位提高，劳动力成为企业竞争的核心资本（陈微波，2016）。灵活就业使人们的工作方式变得更加多样，零工经济市场的蓬勃发展使供需双方精准匹配，企业的雇佣成本降低，劳资双方关系更加和谐，也使灵活就业成为未来劳动力市场的新的风向标（赵腾达、霍艳敏，2017）。

平台企业催生了"互联网＋"灵活就业的发展。平台经济以互联网为纽带，以平台为主体，向多种主体提供不同的服务，使得零工经济下灵活就业能够在平台企业中发展，创造出丰富多样的新就业岗位（叶秀敏、姜奇平，2016）。平台经济孕育的劳动力市场和传统的劳动力市场并不相同，劳动者通过互联网平台来完成工作，雇佣模式也不同于传统就业市场的单一的形式，变得更加灵活多变，劳动者不再一味追逐稳定的工作和固定牢靠的劳动关系，而是希望能够通过自身知识、技术和能力创造新的价值，因此他们更加青睐工作时间和地点更加灵活的就业方式（纪雯雯、赖德胜，2016）。企业的雇佣方式更加松散灵活，组织结构更加扁平化。企业平台化使企业内的层级结构被打破，利用互联网技术进行水平管理（杨伟国，2018）。许多平台企业的资产运作方式也与传统企业不同，比如滴滴出行平台自身并没有汽车作为生产资料供给员工使用（韩文，2016）。传统的雇佣关系是稳定的、长期的，而在互联网经济下企业与劳动者建立了一种合作共赢的新型雇佣方式，创造出劳动者自身就可以创造出新价值的理念，雇佣关系更多地追求效率和公平，雇主更多地倾向于不签订书面的劳动合同（杨宁欣，2017）。

零工经济下的灵活就业者的工作更加灵活。灵活就业者的选择性和自主权极大提高，劳动者拥有人力资本，也是独立的市场主体，这改变了他们的工作理念，但也增加了就业者的风险（肖巍，2020）。更加灵活多变的雇佣方式如兼职、劳务派遣、外包不仅使企业的管理成本大幅降低，也使劳动者拥有更多的就业选择，可以自由支配工作时间，提高工作的自主性和积极性（黄胜忠、刘怡，2015）。

三、零工经济下灵活就业者的现状分析

零工经济下的灵活就业者可能拥有多重身份，第一种情况是全职工

作＋兼职的就业者，多指拥有一份主职工作的同时，利用互联网平台寻找信息而拥有了第二份工作，可细分为两种类型：一种是从业者根据自己的个人兴趣爱好在平台上获取一份与自己主职工作无关的兼职，如医生、老师在自己的工作之余兼职开网约车、在直播平台上直播等。另一种是从业者根据自己的主职工作、职业专长通过平台获取兼职，如医生在网络平台上线上看诊，教师在网络课堂兼职等。第二种情况是完全的兼职者，他们的工作职业并没有主次之分，他们选择的是多重职业身份的生活，常常在不相关的多个工作岗位、工作身份中转换，在自我介绍时他们也常用斜杠来区分自己的多个职业，如张三：摄影师/自由媒体人/网店店主，这样的工作方式往往需要更高、更专业的职业技能，他们的工作也更加的复杂多变，这部分从业者也被称之为斜杠青年。

　　零工经济下的灵活用工模式主要有以下几个特点：第一，劳动关系模糊。劳动关系的本质特征是从属性，以网约车司机为例，他们可以根据自己目前的情况开启或关闭 App 来自主地选择工作时间和地点，劳动报酬并不是由用人单位根据其工作内容对价发放，司机以自己的服务结果收取相应的报酬，多劳多得，因此，从人格从属性和经济从属性上来看，这种新型的就业方式似乎并不构成传统的劳动关系。第二，企业组织管理平台化。零工经济下的劳动者与过去打零工的根本区别在于，这种新型就业方式中，劳动者依靠平台而非企业，企业通过互联网技术实现线上线下深度融合，从而打破企业内部的层级结构，实现水平分工管理和组织结构平台化，平台是供需双方的中介，而不是劳动者的雇主。第三，工作时间灵活化、工作地点任意化。在零工经济下，工作时间、工作地点、工作强度以及是否进入与退出平台都有劳动者自行决定和协调，并可以在一定程度上拒绝接受工作任务。劳动者还可以身兼多职，在多个互联网平台上进行工作，或者按照自己时间和技能爱好选择从事不同的工作，多重劳动关系将不可避免地出现在这种新型用工模式中。劳动者还可以自由地进入和退出平台，如果不愿继续接受工作任务，退出或者删掉平台软件就可以了，并不需要办理离职手续。第四，就业主体的独立性。灵活就业者变成单独完成任务，毫无交集的个体劳动者，哪怕他们每天都在同一个平台中工作，甚至经常见面，身着同样的工服，他们也不再是紧密的同事关系。企业除对信息平台的维护运行之外，最大限度地将资产剥离，"公司＋职工"的关系逐渐由"平台＋个人"的关系取代，企业也由"重资产"向"轻资产"转变。

四、数据来源及实证分析

（一）数据来源

本文数据获取采取的是线上发放问卷和线下调研访谈相结合的方式，于 2019 年 10 月到 2020 年 6 月共发放问卷 277 份，回收有效问卷 210 份，样本回收有效率 76%。发放问卷的群体为滴滴出行平台司机（调研对象只限于快车和专车司机）。

从表 1 的统计结果来看，滴滴网约车司机有 86.7% 是男性，占绝大多数，平台为不同年龄的劳动者都提供了就业机会，年龄准入门槛较低，司机的年龄跨度较大，且波峰集中在 25～34 岁的年轻人中，学历从初中及以下到研究生及以上都有分布，其中以高中、职业中学、技校、中专和大学专科占比最多，分别为 42.4% 和 41.4%，超过 90% 的网约车司机已婚，本地人居多。兼职的网约车司机较多，约为 70%，这些网约车司机大多是有本职工作的。

表 1　司机基本特征统计

基本信息	变量	个案数	百分比
性别	男	182	86.7%
	女	28	13.3%
年龄段	18～24 岁	36	17.1%
	25～34 岁	87	41.4%
	35～44 岁	55	26.2%
	45～54 岁	26	12.4%
	55 岁及以上	6	2.9%
学历	初中及以下	7	3.3%
	高中、职业中学、技校、中专	89	42.4%
	大学专科	87	41.4%
	大学本科	23	11.0%
	研究生及以上	4	1.9%
婚姻状况	未婚或离异、丧偶	20	9.5%
	已婚	190	90.5%
户籍	本地	129	61.4%
	外地	81	38.6%
工作性质	兼职	147	70%
	全职	63	30%

（二）实证分析

本文所指就业意愿主要是未来灵活就业者是否还会继续从事类似的灵活就业的工作。针对本文的研究，我们将灵活就业者今后进行灵活就业的意愿作为被解释变量，以基本特征和目前的网约车司机对这份工作各方面的满意程度作为解释变量。本文将"继续开网约车"和"从事其他灵活就业的工作"视为愿意，"寻求稳定的正式工作""退出劳动力市场"和"其他"视为不愿意。这样作为因变量的是否继续从事类似的灵活就业就转化为二分类变量，故可使用二元 Logit 回归模型。

1. 因子分析

在对网约车司机的满意程度进行因子分析之前，需要对问卷结果进行效度和信度分析，结果见表2、表3。KMO 值为 0.817，变量间有共同因素存在，巴特利特球形度检验的显著性为 0.000，小于 0.05，效度较好。整体的克隆巴赫 Alpha 系数为 0.716，大于 0.7，可信度较好，故可以进行因子分析。

表 2　　　　　　KMO 和巴特利特球形度检验

KMO 值		0.817
Bartlett 的球形度检验	近似卡方	1 538.245
	df	153
	Sig.	0.000

表 3　　　　　　可靠性分析

克隆巴赫 Alpha	项数
0.716	18

从表4中可以看出，前5个主成分的累计方差贡献率达到 69.261%，大于 50%，根据每个因子的题项将其分别命名为：工作内容满意程度、对平台的满意程度、报酬满意程度、工作灵活性满意程度、人际关系满意程度。

表 4　　　　　　　　　　总方差解释

成分	初始特征值			提取平方和载入			旋转平方和载入		
	合计	方差(%)	累积(%)	合计	方差(%)	累积(%)	合计	方差(%)	累积(%)
1	5.213	28.962	28.962	5.213	28.962	28.962	3.239	17.994	17.994
2	2.129	11.826	40.788	2.129	11.826	40.788	2.614	14.520	32.515

续表

成分	初始特征值			提取平方和载入			旋转平方和载入		
	合计	方差(%)	累积(%)	合计	方差(%)	累积(%)	合计	方差(%)	累积(%)
3	1.861	10.341	51.129	1.861	10.341	51.129	2.267	12.594	45.108
4	1.675	9.308	60.437	1.675	9.308	60.437	2.227	12.371	57.479
5	1.588	8.824	69.261	1.588	8.824	69.261	2.121	11.781	69.261
6	0.621	3.448	72.708						
7	0.594	3.298	76.007						
8	0.537	2.982	78.989						
9	0.487	2.708	81.697						
10	0.481	2.674	84.371						
11	0.444	2.466	86.836						
12	0.421	2.337	89.173						
13	0.401	2.229	91.402						
14	0.379	2.104	93.506						
15	0.362	2.011	95.517						
16	0.309	1.719	97.236						
17	0.274	1.524	98.760						
18	0.223	1.240	100.000						

从表5中可以看出，相应题项的因子载荷均大于0.6且恰好落在与相对的维度上，可以进行接下来的分析。

表5　　　　　　　　旋转后的成分矩阵

维度	题项	成分				
		1	2	3	4	5
工作灵活性满意程度	网约车工作的时间比较灵活	−0.166	−0.075	−0.073	0.864	−0.113
	我不喜欢受人约束的工作，开网约车的工作时间我可以承受	−0.108	−0.117	−0.153	0.842	−0.052
	网约车的工作让我感到了自由	−0.164	−0.153	−0.052	0.789	−0.078
报酬满意程度	当前收入水平较低，经济负担较重，开网约车可以提高收入	0.113	−0.017	0.843	−0.041	0.169
	开网约车让我得到了公平的回报	0.110	0.091	0.873	−0.113	0.038
	开网约车的劳动报酬收入让我比较满意	0.122	0.034	0.833	−0.114	−0.034

续表

维度	题项	成分				
		1	2	3	4	5
工作内容满意程度	我对网约车的工作满意度较高	0.809	0.025	0.064	−0.078	0.128
	网约车的工作让我获得了成就感	0.792	0.084	0.031	−0.157	0.065
	网约车的工作让我发挥了专长，我完全可以胜任	0.741	0.141	0.118	−0.107	0.223
	我喜欢开网约车这份工作	0.781	0.187	0.118	−0.105	0.063
	网约车的工作让我实现了工作与生活的平衡，可以更多地兼顾家庭	0.755	0.150	0.118	−0.094	0.063
对平台的满意程度	平台的派单制度较为合理	0.054	0.828	0.034	−0.069	0.056
	平台对交通意外较为负责	0.119	0.767	0.035	−0.139	0.096
	平台签订了较完善的劳动合同	0.166	0.766	−0.022	−0.047	0.063
	平台提供了寻找更多的就业选择的机会，有利于我以后的就业发展	0.142	0.768	0.074	−0.106	0.064
人际关系满意程度	网约车的工作让我可以多与人交流，获得了乐趣	0.182	0.089	0.103	−0.133	0.791
	网约车的工作让我结交了朋友，拓宽了交际圈	0.096	0.049	0.019	−0.032	0.823
	亲戚朋友都比较支持我开网约车	0.128	0.117	0.043	−0.071	0.816

2. 二元 Logit 回归

为了使模型更加准确和合理，本研究要使用交叉卡方分析、独立样本 t 检验进行变量筛选，最后使用筛选后的变量在进行二分类 Logit 回归。

从表 6 中可以看出，婚姻状况与网约车司机未来的就业意愿选择的交叉卡方分析的 P 值为 0.853，户籍与网约车司机未来的就业意愿选择的交叉卡方分析的 P 值为 0.482，均大于 0.05，故不同的婚姻状况和户籍对网约车司机未来的就业意愿选择没有显著差异。

表 6 继续参与灵活就业的卡方分析表

项目			是否愿意		皮尔逊卡方	P
			否	是		
性别	男	计数	38	144	4.596	0.032
		占性别的百分比	20.9%	79.1%		
	女	计数	11	17		
		占性别的百分比	39.3%	60.7%		

续表

项目			是否愿意		皮尔逊卡方	P
			否	是		
年龄段	18～24 岁	计数	15	21	11.495	0.022
		占年龄段的百分比	41.7%	58.3%		
	25～34 岁	计数	22	65		
		占年龄段的百分比	25.3%	74.7%		
	35～44 岁	计数	8	47		
		占年龄段的百分比	14.5%	85.5%		
	45～54 岁	计数	3	23		
		占年龄段的百分比	11.5%	88.5%		
	55 岁及以上	计数	1	5		
		占年龄段的百分比	16.7%	83.3%		
学历	初中及以下	计数	0	7	11.286	0.024
		占学历的百分比	0.0%	100.0%		
	高中职业中学	计数	30	59		
		占学历的百分比	33.7%	66.3%		
	大专	计数	14	73		
		占学历的百分比	16.1%	83.9%		
	本科	计数	5	18		
		占学历的百分比	21.7%	78.3%		
	硕士及以上	计数	0	4		
		占学历的百分比	0.0%	100.0%		
婚姻状况	未婚	计数	5	15	0.034	0.853
		占婚姻状况的百分比	25.0%	75.0%		
	已婚	计数	44	146		
		占婚姻状况的百分比	23.2%	76.8%		
户籍	本地	计数	28	101	0.495	0.482
		占户籍的百分比	21.7%	78.3%		
	外地	计数	21	60		
		占户籍的百分比	25.9%	74.1%		
工作性质	兼职	计数	21	126	22.422	0.000
		占工作性质的百分比	14.3%	85.7%		
	全职	计数	28	35		
		占工作性质的百分比	44.4%	55.6%		

独立样本 t 检验是检验分类变量与连续变量之间的差异性显著性，本研究检验报酬满意程度、工作灵活性追求、工作内容满意程度、对平台的满意程度、人际关系满意程度在未来就业选择上的差异性。

从表 7 中可以看出，各项与网约车司机未来的就业意愿选择的独立样本 t 检验的 P 值 0.000，小于 0.001，都达到显著水平，通过变量筛选，本研究将网约车司机的婚姻状况和户籍剔除出去，以性别、年龄段、学历、工作性质、报酬满意程度、工作灵活性满意程度、工作内容满意程度、对平台的满意程度、人际关系满意程度为自变量，是否愿意继续进行灵活就业为因变量做二元 Logit 回归。

表 7　　继续参与灵活就业的独立样本 t 检验

项目	是否愿意	个案数	平均值	标准差	t	自由度	显著性（双尾）
报酬满意程度	否	49	4.408 2	0.770 6	3.993	208	0.000
	是	161	3.755 7	1.061 16	4.72	108.546	0.000
工作灵活性满意程度	否	49	3.489 8	0.933 19	−3.726	208	0.000
	是	161	4.074 5	0.970 38	−3.805	82.123	0.000
工作内容满意程度	否	49	3.277 6	0.964 21	−5.519	208	0.000
	是	161	4.077	0.863 73	−5.203	73.002	0.000
对平台的满意程度	否	49	3.352	0.970 82	−5.369	208	0.000
	是	161	4.132	0.864 7	−5.047	72.706	0.000
人际关系满意程度	否	49	3.074 8	1.087 1	−7.325	208	0.000
	是	161	4.128 4	0.809 72	−6.275	65.022	0.000

从表 8 中可以看出，影响网约车司机未来就业意愿的因素主要有性别、年龄、工作性质、报酬满意程度、工作灵活性满意度、工作内容满意程度、对平台的满意程度、人际关系满意程度。其中起到负向作用的有性别、工作性质、报酬满意程度，正向作用的是年龄段、工作灵活性满意度、工作内容满意程度、对平台的满意程度、人际关系满意程度。

表8　　方程中的变量

项目	B	标准误差	瓦尔德	自由度	显著性	Exp(B)	95%置信区间	
							下限	上限
性别	-3.14	0.907	11.986	1	0.001	0.043	0.007	0.256
年龄段	1.593	0.359	19.67	1	0	4.92	2.433	9.947
学历	0.217	0.409	0.283	1	0.595	1.243	0.558	2.768
工作性质	-4.038	0.816	24.459	1	0	0.018	0.004	0.087
报酬满意程度	-1.068	0.398	7.198	1	0.007	0.344	0.157	0.75
工作灵活性满意程度	0.738	0.311	5.617	1	0.018	2.091	1.136	3.848
工作内容满意程度	0.645	0.308	4.376	1	0.036	1.906	1.042	3.489
对平台的满意程度	1.117	0.32	12.168	1	0	3.056	1.631	5.725
人际关系满意程度	1.288	0.337	14.591	1	0	3.627	1.873	7.024
常量	-10.332	3.321	9.681	1	0.002	0		

在网约车司机的个人特征中，男性更愿意继续参与灵活就业，零工经济下，无论是在有本职工作的情况下进行灵活就业的兼职，还是没有本职工作而从事一份或多份灵活的工作，这种工作方式面临的风险较大，收入也不稳定，而女性更倾向于稳定的工作，而且需要承担照顾家庭和孩子的重担更大一些，在未来的就业意愿中，更偏好离开灵活就业的领域。年龄越大的劳动者越愿意继续参与灵活就业，一方面可能由于他们所需承担的家庭负担更重，不得已进入这一领域增加经济收入，因此更愿意继续参与灵活就业，另一方面那些本职工作已经较为稳定、有保障的年龄较大的网约车司机拥有更多的闲暇时间，他们追求的更多是开网约车所带来的乐趣，而不是为了赚取更多的收入。

从工作性质上来说，兼职开网约车的司机更倾向于继续参与灵活就业，而全职开网约车的司机更倾向于离开这一领域。这可能是由于兼职者开网约车只是为了赚取更多的收入，他的本职工作相对稳定，而全职开网约车的司机，在面对网约车领域口碑下滑且竞争日益激烈的情况下，赚取的收入很难满足日常生活的需要，所以他们更倾向于将开网约车看成一种职业的过渡阶段。

在网约车司机的工作满意度中，工作灵活性满意程度、工作内容满意程度、对平台的满意程度、人际关系满意程度对网约车司机有着显著的正向影响，对于追求社会交往和灵活工作方式的司机而言，他们主要是在追求一种与传统就业方式不同的工作方式，在工作中感受与人交往的快乐和工作灵活带来的自由。而报酬满意程度对于网约车司机未来的就业意愿是显著的负方向的影响，对于这个因素，一方面，我们可以将这个因子的命名理解为对经济报酬的更大追求，对经济报酬的需求越高的人，开网约车所带来的收入可能并不能满足他们，所以这部分群体可能会倾向于去寻找正式稳定的工作，另一方面，对报酬满意程度较高的司机可能本身的本职工作收入较为稳定，并不对开网约车所带来的经济报酬有太高的要求，所以对目前开网约车的经济收入表示满意，他们进入这一行业更多的是出于好奇和兴趣，而不是将其视为获取经济报酬的主要来源。

五、总结和政策建议

虽然零工经济带来了灵活就业的新方式，不同阶层的劳动者都可以在网约车平台上工作，但是对于一部分追求经济收入的人来说，开网约车只是临时的就业选择，并非长久之计，而且灵活就业的劳动关系难以界定等问题也使那些对风险抵抗力差的劳动者在未来会离开这一领域，因此零工经济下的灵活就业的发展还有很长的路要走。

我国政府目前已经对推动零工经济下的灵活就业的发展做了诸多有益尝试。但对其探索仍处在初级阶段，再加上现行的劳动法对劳动者的保护是以劳动关系的存在为前提的，因此劳动法并不足以对这部分从业者形成保护。在未来可以适当扩大劳动法的包容范围，或者对零工经济下的灵活就业者提供特殊的保障方式，注重灵活就业者的劳动事实，将传统企业和平台企业都纳入劳动法律框架中，根据平台企业与劳动者的特定关系具体讨论。在具体的监管中，平台的灵活就业者规模庞大，且存在多重劳动关系的情况，由监管部门对其进行直接管理难度大、成本高。因此可以利用平台企业的信息技术和海量数据资源，及时了解平台企业中劳动者的情况，提高管理的针对性和精细度，利用平台的自我监管的能力，给予平台更大的监管权限，在平台的自我监管缺位的情况下，予以协助和指导，构建政府与平台共同监管的新模式。

另外，"互联网+"下的灵活就业模式吸纳了许多去产能工人和新生代农民工，应为这部分群体提供技能培训，构建终身培训、低成本培训的政府培训体系，鼓励互联网平台开展职业技能培训，提高就业者加入互联网平台的能力，为其拓宽就业渠道。随着我国改革的不断深化，互联网经济的不断发展，在未来灵活就业的方式一定会为劳动者带来更充分的尊重和更完善的保障，为经济发展注入新的活力。

参考文献

[1] 方文超. 进城民工与非正规就业研究[D]. 杭州：浙江大学，2004.

[2] 仲梦，樊一阳. 共享经济驱动下的出行行业商业模式研究——基于 Mobike、Uber 案例分析[J]. 科技和产业，2017，17（4）：48-51，143.

[3] 陈微波. 共享经济背景下劳动关系模式的发展演变——基于人力资本特征变化的视角[J]. 现代经济探讨，2016（9）：35-39.

[4] 赵腾达，霍艳敏. 零工经济引领就业市场变革[J]. 上海信息化，2017（4）：64-66.

[5] 叶秀敏，姜奇平. 北京市平台经济发展的现状、问题及政策建议[J]. 城市发展研究，2016，23（5）：94-97，112.

[6] 纪雯雯，赖德胜. 网络平台就业对劳动关系的影响机制与实践分析[J]. 中国劳动关系学院学报，2016，30（4）：6-16.

[7] 杨伟国，张成刚，辛茜莉. 数字经济范式与工作关系变革[J]. 中国劳动关系学院学报，2018，32（5）：56-60.

[8] 韩文. 互联网平台企业与劳动者之间的良性互动：基于美国优步案的新思考[J]. 中国人力资源开发，2016（10）：86-90.

[9] 杨宁欣. 互联网经济下灵活雇佣关系的治理方式研究[J]. 时代金融，2017（8）：87，94.

[10] 肖巍. 关注"互联网+"灵活就业的劳动关系新变化 [J]. 工会理论研究（上海工会管理职业学院学报），2020（1）：13-22，2.

[11] 黄胜忠，刘怡. 互联网时代的生态型组织构建研究——基于马云的组织变革逻辑 [J]. 中国人力资源开发，2015（16）：107-112.

企业社会责任对员工工作投入和组织公民行为的影响：组织信任的调节效应[①]

周 达[②]

摘　要：从企业社会责任的内部视角出发，通过描述性统计分析与多元回归分析方法对506名企业员工的调查问卷进行实证分析，探究在组织信任作用下，企业社会责任是否影响员工的组织公民行为，在此过程中员工工作投入是否发挥中介效应。结果表明：企业社会责任与员工组织公民行为间呈显著的正相关关系，工作投入在此过程中发挥中介效应，组织信任发挥了调节作用。

关键词：企业社会责任　组织公民行为　工作投入　组织信任

一、引言

随着我国经济的快速发展，企业在追求效益的同时也存在破坏环境、危害消费者以及劳动者合法权益的问题。伴随着我国居民维护权利与环境保护的责任感不断深化，企业的社会责任问题逐渐走进人们的视野，企业积极履行社会责任的意识也与日俱增。特别是在2020年，面临新冠

[①] 该篇论文获得"2020年全国人才与人事研究主题征文活动"三等奖。

[②] 周达，武汉大学董辅礽经济社会发展研究院博士研究生，中国水利电力对外有限公司人力资源部副主任，高级经济师。

肺炎疫情的特殊情况下，众多企业全力支援抗击疫情，稳就业、促就业，积极履行企业的社会责任。积极履行社会责任体现了企业和谐、共赢的经营态度及发展理念，使企业将一切以利润为前提的传统经营理念，转变为对环境、消费者和员工负责的可持续发展理念。这是经营理念的一次重大飞跃与提高，也关系到企业发展的前途与命运。

现有研究主要将企业社会责任分成两个部分。在企业外部，担负着维护环境与保障消费者合法权益的责任。此外，具有社会责任的企业还应严格遵守商业道德与社会公德。改革开放以来的一段时间内，由于企业社会责任的缺失，我国经济虽然得到快速发展，但背后却背负着非常严重的环境污染等社会问题。近年来出现的"长生疫苗"等恶性事件的发生，也严重侵害了消费者的合法权益，这说明企业社会责任存在严重的缺失。企业需要提升社会责任意识，遵从我国的相关法律法规，并不断提高产品的标准、质量。在企业内部，社会责任表现为对劳动者合法权益的保障，体现在为劳动者提供优厚的薪资待遇、公平的竞争环境、完善的入职教育、畅通的沟通与信任机制等方面。员工是一家企业健康、稳定、持续发展的重要因素，不容忽视。对任何一家企业而言，内部的社会责任是不可或缺的，需要被重视与发扬。不可否认的是，企业遵守维护环境与保障消费者合法权益的社会责任会对公众及自身都有积极的影响，许多企业将其作为自身的首要任务。但由于企业受到公众的监督和法律法规的约束，通常都比较重视外部的社会责任，往往忽略了对内部的责任。内部的社会责任与组织结构、员工工作效率有着密切的联系，对于企业本身发展起到至关重要的作用。一家企业的成长不能脱离员工的支撑，员工作为企业成长的主要动力，需要被关注与重视。员工组织公民行为表现为员工的一种自觉活动，指员工表现出超出企业对其要求，又非员工企业角色所要求的自愿奉献的举动。员工组织公民行为使组织功能得到快速提升，同时也使劳动者在公司内投入更多的时间与精力，也使企业内部形成良好的工作氛围。因此在内部视角下，基于企业与员工之间的信任机制，研究社会责任对组织公民行为的影响机制具有很高的价值。由于国内外学者在这方面的研究较少，对社会责任与组织公民行为之间的关系探究并没有提出较为清晰的理论来解释两者之间以及组织信任在其内部发挥的作用，需要进行补充和完善。

综上所述，本文从企业社会责任的内部视角出发，探究社会责任是否影响组织公民行为，在此过程中工作投入是否发挥了中介效应。同时，本研究初步推断组织信任机制会在其中发挥调节作用。

二、理论基础与研究假设

作为一种心理状态，信任已被证明在社会交流关系的形成和维持中起着至关重要的作用，信任是社会交流关系发展和深化的关键组成部分。信任作为一种多维度的概念，在社会关系中发挥着举足轻重的作用。人与组织之间的信任机制，对个体在组织中的表现产生了重要的影响。员工与企业之间的信任，会对员工在企业中的表现产生重要的影响。信任作为一种心理状态，在企业行为与员工行为之间起着纽带作用。我们认为信任机制在社会责任与组织公民行为之间发挥着重要的桥梁和纽带作用，同时组织信任机制也是员工工作投入与组织认同在社会责任对组织公民行为影响中的重要条件。因此本研究基于组织信任机制，从企业社会责任的内部视角出发，探究社会责任对组织公民行为的影响机制。

（一）企业社会责任对组织公民行为的影响

组织公民行为（OCB）是一个相对较新的观点，该概念最早来源于巴纳德（Barnard，1938）对"合作意愿"的研究，贝特曼（Bateman，1983）、奥亘（Organ，1983）在分析员工在其职位上的未形式化自愿举动时提出了该术语。卡茨（Katz，1966）则对此进行了进一步地完善与解释，卡茨（Katz，1973）、卡恩（Kahn，1973）认为组织公民行为是自发协作的行为，是超出最多样化组织或工作类型的职责范围的行为，包括一些自愿性的努力，例如帮助和与同伴合作、不加抱怨地履行额外职责、节省公司资源、高效利用时间、共享信息、知识和想法等。奥亘（Organ，1988）认为组织公民行为是没有被常规的激励系统和角色内行为直接或明确地识别出来，它们都能使组织有效的运作。梅内亘（Menegon，2012）认为组织公民行为会对员工的绩效产生影响，尽管它是一个较新的概念，但它的含义在组织的日常工作中仍然存在，并被转化为行动和态度。从这个角度来看，可以说组织公民行为表达水平较高的公司在市场上更具有竞争优势。严（Yan，2008）认为大部分公司的管理层已经认识了到组织公民行为的关键性，因为组织公民行为可以激发员工的企业家精神，使员工在寻求解决方案时采取更加积极主动的态度。员工会开始提出改进建议，自发地寻求自己的发展，并倾向于在向上级提出问题之前寻求解决方案,而上级又愿意听取并执行他们的想法。

假设1:企业社会责任正向影响员工组织公民行为。

(二)员工工作投入的中介作用

员工参与的概念最早由罗达霍(Lodahl,1965)、克吉勒尔(Kejner,1965)提出,并且在组织行为和职业心理学领域受到了相当多的关注。工作投入可以简单地定义为一个人对其当前工作的重视和认同程度。工作投入作为一种价值观,体现员工在情绪上与认知上将自身与工作角色的匹配。从企业的角度来看,工作投入被认为是激发员工动机的关键,同时也是企业在商业市场上建立竞争优势的基础。从员工的角度来看,它也被认为是个人成长和工作场所内满意度以及动机和目标行为的关键,通过使员工更完全地参与工作并使工作成为更有意义和充实的体验,增加工作投入可以提高组织效率和生产力。伴随着工作投入的提升,员工将会利用更多的个人时间来完成手中的工作。先前的研究表明,一些个人和组织因素可能会严重影响一个人的工作参与状态,特别是当工作参与的核心概念被确定为个人的认知状态时。例如,罗达霍(Lodahl,1965)和克吉勒尔(Kejner,1965)提出了自我参与工作的观点,认为当管理者和雇员之间存在良好的关系,以及领导者和同事明确鼓励和支持时,员工工作投入会更高。里皮(Riipinen,1997)认为当员工对工作场所(包括工作本身以及周围环境)感到满意时,他们将表现出更高的工作参与度。而较早的研究表明,幸福感较高的人倾向于付出更多的努力,并更多地追求自己的目标。泽伦斯基(Zelenski,2008)等人认为感到满足的员工生产率更高。所以,员工工作投入与员工的满意程度成正相关。在企业内部,社会责任的履行会促进员工满意度的提升,当员工满意度提升时,会使员工增强对当前工作的重视和认识程度,将更多的时间与精力放在工作之中,也就提高了员工的工作投入。而员工工作投入的提高,则会促进员工产生组织公民行为。所以员工的工作投入在社会责任对组织公民行为的影响中产生了一定的效应。综上所述,我们认为社会责任先对员工工作投入产生影响,员工工作投入又对组织公民行为产生影响。由此,提出以下假设:

假设2:社会责任通过员工工作投入影响组织公民行为。

(三)组织信任机制的调节作用

信任是一个跨学科领域的动态多维度变量,国内外社会学、心理学、经济学专家从各自研究领域分别对信任进行了研究和定义。西方著名社会理论家吉登斯（Giddens，2000）建构了较为完整的信任理论，将信任划分为"人对人的信任"和"人对系统的信任"。"人对人的信任"是建立在对他人道德品质信赖基础上的，"人对系统的信任"是建立在对组织制度原则性的信赖基础上的。学者们通过后续不断研究，又可以将上述分类具体归纳为三种信任：人际信任、情感信任和组织信任。基于本文研究对象，将重点研究组织信任的作用机制。

信任是组织公民行为存在的基础，正是因为员工与企业之间信任关系的存在，才促使员工产生组织公民行为。阿里耶（Aryee，2002）等人研究认为组织信任可以提高员工的工作满意度。罗宾逊（Robinson，1995）、莫里森（Morrison，1995）通过调查组织公民行为和心理契约的关系，得出信任与组织行为的维度之一，即公民美德之间存在显著的关系。波扎克夫（Podsakoffr，1996）、麦肯齐（MacKenzier，1996）、博默尔（Bommer，1996）在基于科尔（Kerr，1978）和杰米耶（Jermier，1978）关于"领导替代"的工作的研究中，强调了对领导者的信任和组织公民行为的关联。麦卡利斯特（McAllister，1995）通过研究，认为信任会对员工的组织公民行为有显著的正向影响。

基于社会交换理论，只有信任依赖其交易伙伴时，人们才会参与到互惠互利的关系之中。一方面，信任是组织公民行为产生的基础，企业员工基于对公司的信任而产生组织公民行为。公司为激发组织公民行为的激励作用，会通过履行社会责任来提高员工对公司的认可，以此促使员工产生组织公民行为。另一方面，员工也通过努力工作来获取公司的肯定，从而获取企业在薪酬、培训、晋升等方面的倾斜。通过信任机制，企业能建立起与员工之间的联系，通过强化公司内部责任来促进员工的正向行为，从而使企业与员工之间形成了一种良好的氛围，有利于提升企业的凝聚力（如图1所示）。由此，提出以下假设：

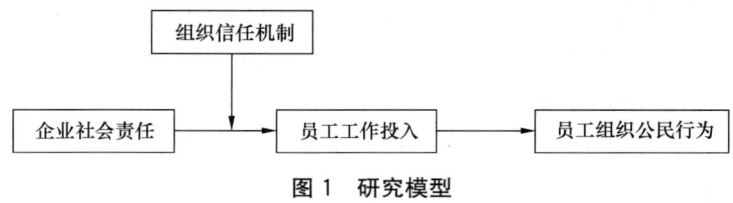

图1 研究模型

假设3：组织信任机制调节企业社会责任对员工工作投入的正向影响。

假设4：组织信任机制调节企业社会责任通过员工工作投入影响员工组织公民行为的间接作用。

三、研究设计

（一）样本选取和数据收集

本次选取了北京、湖北、黑龙江的13家企业，分布于电力、建筑、电子信息等行业，采取问卷调查的形式收集数据。本研究共收到有效问卷506份，问卷调查的对象为企业在职人员。通过对有效问卷进行描述性分析，其中男性占54.74%，女性占45.26%；被调查者年龄主要集中在26~35岁，占43.9%；本科学历占44.66%，研究生学历占30.79%；月收入10 000~15 000元的被调查者最多，占40.67%，这与年龄分布集中于26~36岁区间基本相吻合。

（二）测量工具

本文采用的所有问卷为研究者广泛认可的中文及英文量表，为了适应研究背景和被调查者的语言环境，我们对所采用的英文量表进行了翻译与回译，并对中英文两个版本进行逐字核对，尽可能保证量表的一致性与可靠性。选项采取李克特（Likert，1932）5点计分的方式，1~5分表示由"非常同意"到"非常不同意"。

1. **企业社会责任（CSR）的测量**

采用何显富（2011）和尹钰林（2012）编制的量表，并对其中部分问题进行了修改，修改后的量表包含四个题目。示例问题如：企业为我提供了良好的晋升途径和选任机制；公司对我提供了足够的人文关怀；公司为我提供了完善的培训等。此量表的信度系数克朗巴哈值（Cronbach's α）为0.87。

2. **员工工作投入的测量**

采用肖费勒（Schaufeli）等人（2002）编制的工作投入量表（Utrecht Work Engagement Scale），该量表分为17题量表与9题量表，本研究选取9题量表中的问题进行测量。示例问题如：工作是我生活的中心；即使在嘈杂的环境中，我也能够专注做事；我能够持续、负责任地完成工作等。此量表的信度系数克朗巴哈值（Cronbach's α）为0.83。

3. 员工组织公民行为的测量

采用林（Lin，1997）制定的组织公民行为量表［Organizational Citizenship Behavior（OCB）Scale］，并对其中部分问题进行了修改，修改后的量表包含三个题目。例如：企业为我提供了良好的晋升途径和选任机制，我自觉维护企业的形象，我努力工作来获取企业的认同等。此量表的信度系数克朗巴哈值（Cronbach's α）为 0.81。

4. 组织信任的测量

采用陈明淑、申海鹏（2012）编制的组织内信任量表中，选取其中组织信任维度的题项（共包括 5 个题目）。示例问题如：我相信公司有能力，给予员工福利及照顾员工；尽管未来状况不确定，但我相信公司不会做出伤害员工的事；我相信公司能坚持并贯彻公司的管理政策等。信度系数克朗巴哈值（Cronbach's α）为 0.736。

以上变量的测量中，其信度系数均高于 0.7，说明本研究的变量测量具有良好的信度。此外，本研究选取性别、年龄、受教育程度及收入等变量作为控制变量。

（三）统计分析方法

本文主要利用 SPSS 25.0 及 AMOS 21.0 统计分析软件对相关变量进行统计分析。

四、研究结果分析

（一）量表的质量分析

1. 共同方法偏差检验

由于本文的问卷调查主要采用员工自评的方式，共同方法偏差可能对研究数据产生影响，因此需要进行共同方法偏差检验。本研究采取哈尔曼（Harman）单因素检验技术进行检验，本研究中将所有问卷中的所有条目放置于探索性因素分析中，检验未旋转式的因素分析，结果显示第一个因子所占的载荷量为 32.424%，未超过四个因子累计解释 68.104%的 50%，说明此次调查中，共同方法的偏差问题并不严重，不影响研究数据的进一步分析。

2. 验证性因子分析

本文通过 AMOS 21.0 统计分析软件对企业社会责任、组织信任机制、员工工作投入和组织公民行为变量进行考察，以检验量表的效度。

检验结果见表1。检验结果表明与三因子、二因子及单因子模型相比，四因子模型的拟合效果最好（$X^2/df=2.291$，$IFI=0.926$，$TLI=0.768$，$CFI=0.824$，$RMSEA=0.071$），其相关指数均符合标准。

表1　　　　　　　　　　　验证性因子分析结果

模型	因子	X^2/df	IFI	TLI	CFI	RMSEA
四因子模型	CSR、OCB、OTM、WE	2.291	0.926	0.768	0.824	0.071
三因子模型	CSR+OCB、OTM、WE	3.882	0.680	0.433	0.657	0.083
三因子模型	CSR、OCB+OTM、WE	5.263	0.560	0.451	0.602	0.104
二因子模型	CSR+OCB、OTM+WE	7.426	0.526	0.458	0.555	0.180
单因子模型	CSR+OCB+OTM+WE	10.294	0.555	0.464	0.553	0.197

注：CSR表示企业社会责任、OCB表示组织公民行为、OTM表示组织信任机制、WE表示工作投入。

（二）描述性统计和相关分析

对于假设1，本研究采用SPSS 25.0统计分析软件对数据中各变量进行相关性分析与描述性统计分析，描述性统计分析的结果见表2。从表2显示的分析结果看来，企业社会责任与员工组织公民行为（$r=0.432$，$p<0.01$）呈正相关，且相关效果显著。这与提出的研究假设预期一致，初步验证了假设1。

表2　　　　　　　　描述性统计分析结果（$n=506$）

研究变量	M	SD	1	2	3	4	5	6	7
1. 性别	1.45	0.498	1						
2. 年龄	2.47	0.865	0.008	1					
3. 教育	2.48	0.826	0.031	0.043	1				
4. 收入	2.12	0.958	0.056	0.378**	0.065	1			
5. 企业社会责任	3.491	0.754	0.048	0.189**	0.199**	0.135**	1		
6. 员工工作投入	3.447	0.837	−0.012	0.123**	0.106*	0.078	0.318**	1	
7. 员工组织公民行为	3.572	0.667	0.006	0.060	0.146**	0.304**	0.432**	0.558**	1

注：* 表示 $p<0.05$，** 表示 $p<0.01$。

（三）假设检验

对于假设2与假设3，本研究利用SPSS 25.0统计分析软件中的线性混合模型对数据中各变量进行多次回归分析，并利用巴伦（Baron）与肯尼（Kenny，1986）研究得出的方法进行中介效应检验分析，对员工工作投入在社会责任对组织公民行为影响过程中的中介效应进行验证性分析。

1. 员工工作投入的中介作用

采用 SPSS 25.0 层次回归分析的方法来检验模型,各种回归模型均引入性别、年龄、受教育程度和收入作为控制变量。表 3 为员工工作投入在社会责任影响组织公民行为过程中的中介效应检验分析结果。由表 3 中的模型 3 可以看出,企业社会责任对员工组织公民行为具有显著的正向影响 ($\beta=0.276$,$p<0.01$),由此,假设 1 得到支持。由模型 2 可知,企业社会责任对员工工作投入具有显著的正向影响 ($\beta=0.298$,$p<0.01$)。由模型 4 可知,员工工作投入对员工组织公民行为具有显著的正向作用 ($\beta=0.261$,$p<0.01$)。在模型 5 中,当引入员工工作投入后呈现出较强的中介作用,其标准化系数为 0.181,且具有较强的显著性,由此假设 2 得到支持。

表 3　员工工作投入在社会责任影响组织公民行为过程中的效应检验（$n=506$）

模型和变量	员工工作投入		员工组织公民行为		
	模型 1	模型 2	模型 3	模型 4	模型 5
1. 性别	−0.018	−0.029	−0.002	−0.018	−0.004
年龄	0.107	0.061	0.025	−0.041	−0.069
教育	0.100	0.044	0.140	0.061	0.041
收入	0.032	0.013	0.076	0.050	0.044
2. 企业社会责任		0.298**	0.276**		0.199**
3. 员工工作投入				0.261**	0.181**
$\Delta R2$	0.026	0.082	0.029	0.164	−0.174
$R2$	0.037	0.108	0.029	0.193	0.039

注：表中所报告系数是各个模型分别检验的结果,* 表示 $p<0.05$,** 表示 $p<0.01$。

2. 组织信任的调节作用

组织信任机制的调节作用分析结果见表 4。模型 2 显示企业社会责任对员工工作投入存在正向影响 ($\beta=0.298$,$p<0.01$),模型 4 显示企业社会责任与组织信任的交互项系数呈现显著相关 ($\beta=0.274$,$p<0.01$),说明组织信任机制在企业社会责任和员工工作投入之间发挥了调节作用,假设 3 得到支持。模型 6 显示,企业社会责任与组织信任交互项对员工组织公民行为具有显著的影响 ($\beta=0.179$,$p<0.01$),验证了组织信任在企业社会责任与员工工作投入之间的调节作用。

企业社会责任对员工工作投入和组织公民行为的影响：组织信任的调节效应

表4　组织信任的调节作用回归分析（$n=506$）

变量	员工工作投入			员工组织公民行为		
	模型1	模型2	模型3	模型4	模型5	模型6
企业社会责任		0.298**		0.255**		0.733**
组织信任			0.553**	0.481**	0.188**	0.162**
企业社会责任×组织信任				0.274**		0.179**
R^2	0.274	0.082	0.039	0.115	0.379	0.403
ΔR^2	0.155	0.108	—0.203	0.019	0.274	0.108

注：* 表示 $p<0.05$，** 表示 $p<0.01$。

为了更加直观地展现组织信任机制在企业社会责任与员工工作投入之间的调节作用，绘制了调节作用图，如图2所示，从图中可以看出当组织信任更强烈时，更能增强企业社会责任对员工工作投入的正向影响，即直线的斜率更陡峭一些，由此进一步验证了假设3。

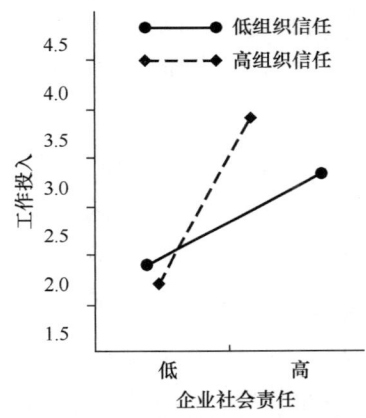

图2　组织信任机制对企业社会责任与员工工作投入的调节作用

3. 被调节的中介作用

运用SPSS Process插件程序检验被调节的中介作用，在95％置信区间下，计算有条件间接效应Bootstrap的结果如表5所示。当组织信任处于不同水平时，置信区间皆不包含0，说明企业社会责任通过员工工作投入对员工组织公民行为带来的间接影响均达到显著性水平，说明了被调节的中介作用显著。由此，假设4得到支持。

表5　有条件的间接作用检验结果

调节变量分组	效应	标准误差	上限	下限
低组织信任	0.136	0.016	0.072	0.195
高组织信任	0.244	0.019	0.162	0.294

五、研究结果与讨论

本文主要探究了组织信任下社会责任对组织公民行为的影响机制。其中，社会责任与组织公民行为间呈显著的正相关关系；员工工作的投入在社会责任影响组织公民行为过程中，发挥中介作用且效应显著；组织信任机制正向调节了企业社会责任对员工工作投入的影响；组织信任机制调节企业社会责任通过员工工作投入影响员工组织公民行为的间接作用。

本文的贡献主要在于：一是对于企业社会责任做出界定，区分为企业外部社会责任与企业内部社会责任，从企业内部社会责任的角度分析其对组织公民行为影响机制；二是基于信任机制，重新构建了社会责任对组织公民行为的影响的理论框架；三是深入探讨了员工工作投入基于信任机制在社会责任对组织公民行为影响中的中介作用；四是探讨验证了在员工工作投入发挥中介效应的同时，组织信任机制对中介效应的调节作用。

本文发现，社会责任与组织公民行为间呈显著的正相关关系，这说明企业履行社会责任会促进员工产生正向的组织公民行为，企业是否履行社会责任会对组织公民行为产生影响。基于信任机制，公司为激发员工的组织公民行为，会通过履行社会责任来提高员工对公司的信任，以激发员工的组织公民行为。同时，员工也通过努力工作来获取公司的信任，从而获取企业在待遇上的倾斜。因此企业员工对企业所提供的薪酬以及培训、晋升机会、组织文化、组织支持及组织关怀等具有强烈的反应。根据经济学中的理性人假设假定，企业员工在企业中追求的是自我效用最大化，无论在薪酬还是情感上，企业员工对企业社会责任是否履行都十分敏感。在薪酬福利待遇上，当企业为员工提供了良好的薪酬、培训与晋升机制时，员工为了追求职位和薪酬的提升，会更加努力地工作以回馈公司、展现自己。在情感上，当企业展现出良好的企业文化、人文关怀与社会责任感时，员工也会表现出对公司情感上的认同。这也从理论上解释了社会责任对组织公民行为有显著的正向影响。因此，从企业角度来看，当企业履行社会责任时，会使企业员工做出正向的组织公民行为，从而吸引并挽留员工，这有利于企业的长远发展。

员工工作投入在社会责任影响组织公民行为过程中，发挥显著的中介效应。工作投入表示着从心理对于工作的认同，在企业社会责任与组织公民行为之间发挥了明显的中介作用，这种中介作用的产生，来源于企业履行社会责任提高了员工的满意程度，而满意度的提高会使员工增强对当前工作的重视和认识程度，将更多的时间与精力放在工作之中。同时，信任机制也是员工工作投入发挥中介效应的重要基础。员工的满意度增加，代表着对企业信任程度增强。员工工作投入的提升会促进组织公民行为的产生。

企业社会责任、员工工作投入、员工组织公民行为和组织信任之间可以构成一个有调节的中介作用模型。当企业员工对企业的行为采取信任的态度时，便会激发员工产生正向的组织公民行为。理论和实践都再次证明，信任是架起企业组织与员工个人之间的一座桥梁，企业要充分并合理运用信任手段，发挥信任机制的价值作用，持续改善并增强与员工之间的交流，增强互信，以实现企业与员工的互利共赢。

六、管理启示与研究不足

对于企业，遵守并加强社会责任，提升组织功能、提高员工工作效率和形成良好企业氛围具有较为重要的实践意义。社会责任与组织公民行为间呈显著的正相关关系，这说明企业是否履行社会责任对员工是否产生组织公民行为产生较大影响，因此企业领导者应该认真履行社会责任，形成良好薪资待遇，提升员工培训水平，形成公平的晋升机制，形成积极向上的企业文化，加强沟通和协调，增强员工对组织的信任，对员工进一步加强组织支持及组织关怀，促使组织内部形成良好的工作氛围，减少强制加班与管理者的辱虐管理，以便加强企业员工的组织认同和工作投入。同时，企业应将责任时刻放在首位，不仅要注重企业外部社会责任的遵守，还要注重企业内部社会责任的履行，这对于企业的长远发展具有重要意义。目前，学术界已逐步开始将企业社会责任融入人力资源管理工作中并将其定义为社会责任性人力资源管理（SRHRM），社会责任性人力资源管理的研究重点就是通过人力资源管理的各项职能来建立责任愿景，实现企业利益和社会利益的共赢。因此，未来有关社会责任性人力资源管理的探讨在理论、方法和管理实践方面都有十分广阔的研究前景。

本文也存在以下的不足：一是由于本研究采取问卷调查的方式，因此研究结果存在局限，具有较强的主观性，尽管经过共同方法偏差检验，但仍不能完全排除可能会存在社会称许性等问题。二是研究的变量还有待于进一步扩展，以进一步丰富研究的广度。

参考文献

［1］吉登斯. 田禾，译. 现代性的后果［M］. 南京：译林出版社，2000.

［2］高静美，郭劲光. 企业网络中的信任机制及信任差异性分析［J］. 南开管理评论，2004，7（3）：63-68.

［3］王飞飞，张生太. 信任机制对组织公民行为影响的实证研究［J］. 大连理工大学学报（社会科学版），2017，38（1）：114-115.

［4］何显富. 企业社会责任、道德型领导行为对员工组织公民行为影响及其作用机理研究［D］. 西南交通大学博士学位论文，2011.

［5］尹钰林. 企业社会责任前置因素及其作用机制研究［D］. 南开大学博士学位论文，2010.

［6］陈明淑，申海鹏. 组织内信任、敬业度和工作绩效关系的实证研究［J］. 财经理论与实践，2015（5）：113-118.

［7］邵丹萍. 社会责任性人力资源管理对绩效影响研究［D］. 华中科技大学博士学位论文，2019.

新时代中小民营企业人力资源帮扶问题探索[①]

武月林[②]

摘 要：中小民营企业是我国国民经济的重要组成部分，在维护社会稳定和促进就业，活跃市场经济，方便人民群众生活等各个方面发挥了不可替代的作用。但中小民营企业存在的问题也是不争的事实，尤其是在人力资源管理上存在着管理不规范，员工技术技能水平整体不高，以及员工供需矛盾突出、法治意识淡薄等问题。本文分别站在政府主管部门和民营企业的角度，从企业有帮扶需求、人社部门有主动作为的空间两个方面进行了探索，以便打造出政企互动、相互促进、具有区域特色的人力资源管理新气象；丰富民营企业人力资源管理理论与实践。

关键词：中小民营企业 帮扶 理论与实践

民营企业是我国国民经济的重要组成部分，2018年11月1日，习近平总书记在《在民营企业座谈会上的讲话》中指出，截至2017年年底，我国民营企业数量超过2 700万家，个体工商户超过6 500万家，注册资本超过165万亿元。概括起来说，民营经济具有"五六七八九"的特征，

[①] 该篇论文获得"2020年全国人才与人事研究主题征文活动"二等奖。
[②] 武月林，河北省邯郸市美坚利五金制造有限公司副总经理。

即贡献了50%以上的税收，60%以上的国内生产总值，70%以上的技术创新成果，80%以上的城镇劳动就业，90%以上的企业数量。另据全国工商联调查结果显示：目前我国99%的企业都是中小企业，其中绝大多数是民营企业。国内最新研究成果表明，中国企业的平均寿命只有6.5～7岁，而中小企业只有2.9岁。上述情况的形成，除了与中小企业发展的环境、企业家的管理思路、企业的发展战略等方面有关外，人力资源是重要因素之一。在企业人力资源管理方面，众多中小民营企业存在着人力资源管理不规范，员工技术技能水平整体不高，员工供需矛盾突出、法治意识有待强化等问题，客观上对政府人社部门提出了帮扶的需求。

一、中小民营企业在人力资源管理中存在的问题和表现

（一）对人社政策和法律法规了解不够

很多中小民营企业家一心扑到生存、挣钱和发展上，力争改变企业的命运和自己的命运，这种天职容易导致在企业人力资源管理过程中的随意性、主观性和不规范性。相比大型企业和国有企业，中小民营企业缺少战略性和系统性人力资源管理的概念，他们所追求的人力资源管理往往非常简单，就是招到合适的人，干好合适的活，员工别出事，生产和销售配合好，能把产品卖出去，能挣钱就万事大吉了，往往忽视了政策、管理等问题。

在企业家如此的心态下，企业要么没有专业的人力资源管理部门，要么就是人力资源管理部门从业者只能被动地做工作，而且是从事事务性和突击性工作。他们往往没有时间和精力去研究人力资源相关的法律法规，去规划人力资源管理制度和政策，只能按照企业家的要求去做事。这样在工作中，难免就会违反人社部门的政策和法律法规，比如逃避社保，简单粗暴地处理工伤员工，随意更改劳动时间和发放工资等。

同时，由于企业管理的不规范性，在人才招聘上往往处于被动地位，提供不了规划的管理环境和具有比较优势的薪资福利待遇，自然也就招聘不到高素质的人才，导致了企业发展与人力资源工作的相互冲突。而一些惠及企业的人社方面的政策和法律法规，中小民营企业往往了解掌握地不够全面、透彻，不能充分享用相关福利优惠。

（二）人力资源管理的不规范化

1. **人力资源战略意识淡薄**

对广东省中小企业进行调查，被问到制约企业发展的重要资源时，63%的企业家认为是融资，47%回答是产品销售，38%认为是市场开拓，只有33%的企业家将人才和内部人力资源放在迫切需要解决的议程上。同时，由于人才流动性大，中小企业对人力资源的投资比较慎重，再加之企业发展较快，市场环境千变万化，人才需求量有时较大、有时较急，所以人才更多地是从人才市场招聘或就地就近招聘，不能真正将人力资源投资作为企业基础性投资看待。相应的，这些企业在制定市场战略、产品战略、投资战略时，也未能制定相应的人力资源战略予以支持。

2. **人力资源管理理念落后**

中小民营企业很多都是从个体户、家族作坊发展起来的，多多少少在企业管理过程中都会带有主观性、亲属性、裙带性等家族企业的特点。家族企业的管理与人力资源管理有很大地冲突，在某些人力资源管理领域是相互矛盾的，比如在人才使用、晋升和薪酬管理、绩效考核等方面。家族企业受亲戚、熟人等无形影响较大，有时难以做到唯才晋升、量才使用，依据人力资源发展规划招聘人才等。另外，中小民营企业在人员的聘用上也存在主观性、随意性，不利于调动其他员工工作的积极性，影响企业人力资源管理的科学性，不利于企业的长久发展。

3. **人力资源管理制度不规范**

很多中小民营企业的人力资源管理部门在设置过程中本身就不规范，从业人员本身就不专业，所以，在制度化管理方面有所欠缺，同时执行力也较低。而客观上人力资源管理需要一定的制度与规则进行约束和规范，才能将各种人力资源管理措施实施下去并且取得长远效果。具体来讲，我国中小民营企业人力资源管理制度不规范表现为在人力资源规划、招聘、培训、福利、合同、晋升、激励等方面的不健全、不完善甚至缺失，导致很多人力资源工作没有依据和标准，只能凭企业相关负责人主观决定，而不是按照规矩办事。当然，也有些企业的人力资源制度制定地很完善，但在施行过程中有依据而无行动，尤其是在动用资源、费用投入等方面，更多是难以落实，只能走形式、走过场，所以要完善人力资源管理必须从制度的制定和执行两个方面进行规划。

(三)员工供需矛盾突出,法治意识有待强化

一些中小民营企业面临一个不可回避的问题是,整体员工队伍水平参差不齐,文化水平相对偏低,与企业的发展要求难以完全匹配,这就导致很多民营企业在高速发展过程中面临着高技术劳动力短缺,人才流动性太大,一线员工素质参差不齐、吃苦耐劳能力差的问题。原因是不少民营企业是劳动密集型企业,刚开始对员工技能的要求较低,虽然在一定程度上满足了低文化水平员工的就业问题,但形成企业没有创新能力,综合竞争力较差的短板。再加上近些年来,人们生活水平和条件的提高,对工资福利待遇越来越重视,企业人力成本在不断增加。还有些企业对人力资源的招聘与辞退等进出机制不重视,造成了员工队伍短缺与浪费现象并存的恶性循环,一方面招聘不到合适的高技术高水平的人才,另一方面此岗位的人人浮于事,没有创造力和创新力。

造成以上问题的根源是很多民营企业在发展过程中没有建立适宜的人力资源规划系统。在招聘问题上,随意性和随机性因素较多,导致员工忠诚度降低,临时性和短期性心理占据大多数。在这种心理状态的作用下,导致部分员工自我保护意识差,法律法规观念淡薄,漠视有关员工权益,即便是权益受到了侵犯,大多数员工还是选择沉默或私了。在如此的心态作用下,员工劳动权益的维护,仅依靠劳动监察部门监督,显然力不从心。

(四)与政府人社部门沟通少

很多中小民营企业在与政府人社部门的关系上,更多地停留在机械式、被动式的保险缴纳和劳动关系监察上。一方面原因是对改革进程中执法监察体制机制不了解,对人社政策和法律法规不熟悉,容易发生企业家对政策的误解或不理解;另一方面原因是中小民营企业的生存环境导致他们对成本和利润看得比较重,再加上员工自我维权意识不充分,导致在社保缴纳和劳动执法方面,他们会曲解地认为是政府部门找事或找罚款完成任务,是在给企业增加成本,因而比较反感或者被动。

二、造成中小民营企业人力资源管理不规范的原因

(一)由企业的性质决定的

对此,前面已有论述,民营企业性质与国有企业和外资企业不同,

其管理机制、资源控制、财务实力、市场环境等各个方面都无法与其他性质的经济实体相比较，因而，中小民营企业面临的最大压力就是生存和发展的压力，由于先天性资源条件的不足，个别企业家的短期利益行为也是常见现象。比如说，中小民营企业与国有企业相比，民营企业的管理主要靠企业家拍板，虽然在某些决策上效率高，较灵活，但也存在较大的主观性与片面性。民营企业的经营管理水平与企业家的个人管理水平相关，其个人管理水平直接决定了企业人力资源管理情况。如果企业家重视人力资源管理，那么整体情况会得到改善，如果企业家不重视，也没有相关人士对其进行纠正和指导，企业人力资源管理就会走形式，没效果，而且有时会造成恶性循环，难以发挥其应有的作用，不能为企业的发展提供较大动力和支持。

（二）由企业家的意识和精力决定的

企业家是民营企业的灵魂和一切，尤其是在企业发展前期，企业家的意识和能力，直接决定了企业的发展水准，而在人力资源管理方面，想要提升我国中小民营企业人力资源管理水平，企业家迫切需要转变观念，提高对人力资源管理的认识水平，尊重人力资源工作规律，从思想和行动上给予支持。尤其是家族式管理色彩较浓的企业，企业家转变观念是第一步。只有认识到人才、人力资源是助力企业长久发展的重要动力，只有规避裙带关系的负面影响，改变任人唯亲的做法，建立适合企业实际的、科学的、易操作的人力资源管理系统，调动组织内部每个群体的积极性，充分发挥每个人的潜能，才能为企业发展注入活力、创造价值，推动企业的不断发展与进步。人力资源管理是保障企业可持续发展的重要因素。

（三）缺少专业政策的帮扶支持

中小民营企业在人才聚集和培养方面是一个短板，尤其是在前期，往往需要一个积累过程，再加上我国目前正处在经济转型期，企业的市场竞争压力较大，有的中小民营企业想做好人力资源管理工作，但这项工作投入较大，回报周期较长，在本身经营情况并不是很乐观的前提下，不舍得再花时间、花精力、花资金进行人力资源管理，由此而形成了恶性循环。因此，对中小民营企业出台专门的帮扶政策，从资金、人才、服务等方面进行专门支持，引导中小民营企业自觉地进行规范化运营管理，促进它们在今后的市场竞争中获得更大层面的资源支持是急需要解决的问题。

三、解决中小民营企业人力资源管理短板的帮扶办法探索

（一）建立人社部门与中小民营企业的新型帮扶关系

政府人社部门和企业家都要转变观念。政府人社部门要从新时代讲政治、敢担当的角度出发，转变从政理念，努力研究本区域中小民营企业的数量分布和发展阶段、企业规模与从业特点，积极探索与中小民营企业的新型监管与帮扶关系，力争做到以帮扶促进监管、以监管化解矛盾和问题，将影响劳动关系和社会就业与稳定的问题点化解在企业内部。人社部门可以视情况建立与中小民营企业互动的平台等。

作为企业人力资源管理方面的上级主管部门——人社部门根据其业务职能和科室划分，就如何帮扶使得当地中小民营企业人力资源管理工作健康发展进行研究，可以根据企业不同，分门别类地制定切实可行的帮扶方案，比如人力资源管理政策和法律法规帮扶方案，就业创业指导帮扶方案，以及职工教育培训、职称评审服务专项工作方案等。总之，人社部门要主动出击，深入中小民营企业内部了解实际情况，充分调查研究，分科室地探索职能服务新模式。还可以根据每个科室的工作落实情况，抓一些典型的民营企业事迹进行宣传指导。

（二）简化事务性审批手续，树立良好政府形象

为帮助广大中小民营企业规范人力资源管理，增强法治意识，人社部门相关职能科室可以将服务职能前移到企业一线，定期或不定期地到企业进行走访服务，比如劳动监察部门可以提前到企业宣讲人社政策和法律法规，解答企业人力资源管理方面的问题；职称评审部门可以根据政策时间，提前到企业去了解专业技术人才工作情况，主动登记摸底，在职称申报上予以协助；社保部门在手续审批上如何简化应拥有前置思维等。相关职能部门要向中小民营企业一线延伸，办公地点从机关科室向企业现场延伸，个别服务职能要从被动上报到主动调查和积极指导，以帮扶企业解决实际问题为要点，努力探索人社部门与中小民营企业一体化良性互动的新局面。

（三）企业积极配合和支持人社部门工作

中小民营企业家也要在经营管理中，不断学习人社政策和法律法规，积极主动地和当地人社部门搞好关系，在企业人力资源管理的薄弱环节，

多向人社部门要政策、要方案、听意见；在相关资源上要为人社部门提供必要的便利条件，积极参与人社部门举办的各种活动等。总之，要从思想上要放开，积极配合当地人社部门的各项工作，同时主动关注对企业发展有利的政策和措施，及时反馈企业合理诉求等，努力创建政企一家、互助互动的新局面。

参考文献

［1］熊羽嵩．中国中小民营企业人力资源管理研究［N］．厂长经理日报，2013-03-16．

［2］张芬芬．中小型民营企业人力资源管理存在的问题及对策［J］．北京城市学院学报，2016（1）．

［3］朱雯雯．民营企业人力资源管理的现状及改进路径分析［J］．商场现代化，2018（2）．

签约主播与直播平台的法律关系认定研究

张锦秀　刘元见[②]

摘　要：当前，由于签约主播的工作模式表现出灵活、自由等特征，实务中往往将签约主播与直播平台之间认定为合作关系。但这样的关系容易导致双方的合同显失公平、直播平台对签约主播的管理无法律依据等问题。因此，适当地放宽劳动关系的认定标准，将签约主播纳入劳动法律的保护范畴，有利于促进网络直播行业的持续健康发展。

关键词：签约主播　直播平台　法律关系　劳动关系　合同纠纷

近年来随着我国互联网模式信息技术和高新科技的发展，人与人之间日益依赖互联网模式进行信息交流和互动，凭借视频自拍技术发展起来的网络直播就是其表现形式之一。据中国互联网络信息中心发布的第44次《中国互联网络发展状况统计报告》中的统计数据，截至2019年6月，我国网络直播用户规模达4.33亿人次，占网民整体的50.7%，较2018年年底增长了3 646万人次。在如此之大的市场份额刺激下，越来越多的人投身于网络直播行业，由此也催生了一个新的职业——网络主播。在所有的网络主播中，有少部分主播因其粉丝量多而被直播平台看中，

---

① 该篇论文获得"2020年全国人才与人事研究主题征文活动"三等奖。
② 张锦秀，广西大学法学院硕士研究生；刘元见，广西壮族自治区人民检察院高级检察官助理。

与直播平台签订了具有《××独家合作协议》等类似名称的合同，我们称这类主播为签约主播。在此背景之下，整个直播行业的竞争也日益激烈，直播平台之间相互"挖人"以及直播平台倒闭的现象层出不穷，由此引发的主播跳槽、主播追索报酬等合同纠纷在近些年也逐渐增多。在中国裁判文书网中以"合同"为关键字，输入"主播""直播平台"进行全文检索发现，签约主播与直播平台的合同纠纷案件在近三年呈快速增加之势（见图1），其中主播跳槽后涉及违约责任承担的案件和主播主张追索报酬的案件占绝大多数。如何认定签约主播和直播平台之间的法律关系将关系到此类案件审判时的实体法和程序法的适用，从而对双方的法律权益保护产生重大影响。本文将结合理论和实际，探索实务中对签约主播与直播平台之间法律关系的认定现状，找出其中存在的问题，并就如何更好地认定签约主播与直播平台之间的法律关系提出相关的建议。

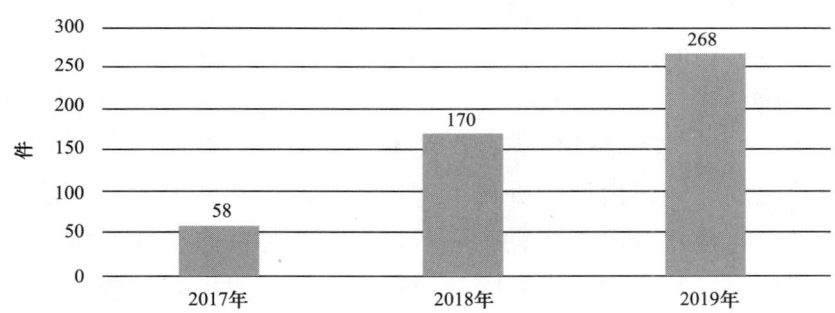

图1　近三年签约主播与直播平台的合同纠纷案件数量

一、法院对签约主播与直播平台之间法律关系的认定现状

签约主播与直播平台签订的合同其内容除包括由民事法律调整的一般权利义务、合作期限、知识产权归属、违约责任等条款外，还通常包括由劳动法律调整的服务期、竞业禁止等条款，如规定未经允许主播不得到其他直播平台进行直播，否则需要承担巨额违约金，有的甚至约定合同解除或终止后主播在一定期限内不得从事直播行业。因此，双方签订的合同往往表现出"双重性质"。我国现行法律对网络主播与直播平台之间的法律关系缺乏明确的规定，导致各地方法院对于签约主播与直播平台之间合同纠纷的裁判结果很不一致，法官在审理此类案件时享有较大的自由裁量权。

我国法院对于签约主播与直播平台之间的法律关系认定主要有以下三种意见。第一种是认定为劳务关系，适用劳务合同的相关法律规定来确认双方的权利义务。如在宋××与黄××等人劳务合同纠纷一案中，原告宋××要求成都××文化传播有限公司等被告支付其拖欠的劳务费及利息，法院认为宋××受成都××公司的安排在其直播平台从事直播服务，双方成立劳务关系，支持了原告宋××的部分诉讼请求。第二种是认定为劳动关系，适用《中华人民共和国劳动法》和《中华人民共和国劳动合同法》的相关规定进行审理，签约主播作为劳动者享有单方解除合同、无过失不解雇、双倍工资、经济补偿金等倾向性保护的权利，直播平台作为用人单位需要履行为主播提供劳动条件以及购买社会保险等义务。如在应城××文化工作室、王×劳动合同纠纷一案中，原告应城××文化工作室要求被告王×停止在其他平台的直播行为并支付违约金10万元，法院认为原被告签订的合同包含双方身份信息、合同期限、双方的权利义务、待遇及支付方式和违约责任，并且原告制定有《工作室奖励以及惩罚制度》，被告要遵守该规定，因此双方既存在经济关系也存在隶属关系，符合劳动合同的特征，成立劳动关系，要求双方先申请劳动仲裁。第三种是认定为合作关系，适用民法总则中意思自治原则以及合同法的合同自由原则进行审理，认为双方都是合同签订的主体适格，合同内容是双方的真实意思表示，属于一种商事合作约定。如在马××与吉林市××文化传媒有限公司合同纠纷一案中，被告马××因直播时长不够违反合同约定，原告吉林市××文化传媒公司要求其支付违约金20万元，法院认为双方签订的《艺人合同》不符合劳动合同成立的要素，此外原告公司制定的艺人守则只是针对网络主播这一特定人群，非原告公司全体员工必须遵守的规章制度，双方的管理与被管理关系松散，不属于劳动法意义上的管理，因而认定双方是一种民事合作关系。

　　签约主播与直播平台一旦产生合同纠纷，签约主播为获得劳动法律的倾向性保护一般会主张双方成立劳动关系，而直播平台为降低用工成本则主张双方成立合作关系。由此可见，如何认定签约主播与直播平台之间的法律关系，将决定着双方的合同纠纷适用何种法律裁判，从而直接影响双方的权利义务分配。由于直播行业的用工方式表现出与当前劳动关系认定标准所不同的灵活性特征，大部分法院通常将签约主播与直播平台之间的法律关系认定为合作关系。

二、将签约主播与直播平台认定为劳动关系的现实障碍

三段论的演绎推理方法是大陆法系国家适用法律的最基本方法，我国作为大陆法系国家之一，法官在审理案件时总是要经过反反复复地运用三段论推理，才能得出最终的裁判结果。司法三段论包括大前提、小前提和结论，大前提是法律规范，小前提是案件事实，将案件事实与法律规范进行比照，从而得出案件能否适用该法律规范的结论。在劳动争议纠纷中，认定双方是否存在劳动关系是案件审理的第一步也是最重要的一步，它将直接决定受雇一方能否得到劳动法律的倾向性保护，因此法官在审理劳动争议纠纷时首先要运用三段论推理判断双方是否存在劳动关系。

在我国，劳动关系的认定兼采形式主义和实质主义，形式主义意味着雇佣双方如果明确签订了劳动合同，则认定双方建立了劳动关系；实质主义则意味着雇佣双方虽没有签订劳动合同，但具有建立劳动关系所具备的某些特征，则认定双方存在事实上的劳动关系。在签约主播与直播平台的合同纠纷中，主播与平台所签订的合同往往不是劳动合同，甚至在合同中约定此合同不属于劳动合同，那么法官在判断双方是否存在劳动关系时，所选取的大前提则是关于事实劳动关系认定的法律规范。司法实践中，雇佣双方未签订劳动合同的情况下，认定双方是否存在劳动关系的法律依据是原劳动和社会保障部2005年颁发的《关于确立劳动关系有关事项的通知》（以下简称《通知》）第一条的规定。《通知》第一条指出，未签订劳动合同，但同时具备以下情形的，劳动关系成立：（一）双方符合法律、法规规定的主体资格；（二）单位制定的规章制度适用于劳动者，劳动者受单位的管理，从事单位安排的有报酬的劳动；（三）劳动者提供的劳动是单位业务的组成部分。学理上通常将以上必须同时具备的情形概括为人格从属性和经济从属性，其中人格从属性是劳动关系认定的主要判断标准。按照学者的观点，人格从属性是指劳动者是用人单位的一员，在用人单位的指挥、命令、管理下提供劳动，用人单位对劳动者拥有广泛的指挥权；经济从属性则是指劳动者必须为他人提供劳动，以及劳动者与用人单位之间存在着经济上的依赖关系。这种劳动关系的从属性判断标准建立在传统工厂式的工作模式之上，对劳动

关系的认定持严格谨慎的态度,按照学者的观点,只有符合"负有劳动给付义务之一方基于明示、默示或依劳动之性质,在相当时期内,对自己之习作时间不能自行支配"的标准时,才能认定为建立了劳动关系。网络直播作为建立在互联网信息技术之上的新兴产业,其工作模式往往具有灵活、多样的特点,表现为主播通常可以较为自由地选择时间、地点和形式,在审理签约主播与直播平台的合同纠纷时,法官以此作为小前提与作为大前提的劳动关系从属性判断标准进行比照,通常会得出签约主播与直播平台不存在劳动关系的结论。一方面,从人格从属性角度来看,签约主播通常可以自主地决定直播的时间、场所、内容等,与传统的固定在特定场所、在固定时间内劳动的工厂式工作模式所不同,法官通常会据此认为签约主播与直播平台不具备人格从属性。例如,在衡阳××文化传媒有限公司与彭××演出合同纠纷一案中,法院认为彭××利用直播平台在指定的公会进行直播,不需要接受直播平台的考勤,也没有直播时间的限制,因而没有人身关系的隶属性,双方不存在劳动关系。另一方面,从经济从属性角度来看,直播平台通常未与签约主播约定工资底薪,主播的收入主要来源于粉丝的"打赏",与传统工作模式中雇佣双方有约定最低薪酬并且薪酬相对固定所不同,法官通常会据此认为签约主播与直播平台不具备经济从属性。例如,在洛宁××文化传媒有限公司与李×合同纠纷一案中,法院认为虽然洛宁××文化传媒公司制定了相应的员工规章制度,但双方是在主播所获粉丝"打赏"收益的基础上按比例进行收益分成,实质上是一种合作关系,不具有经济从属性,因此双方不存在劳动关系。

综上可知,当前将签约主播与直播平台的法律关系认定为劳动关系的障碍在于,网络直播是近几年随着互联网信息技术的发展而诞生的新兴行业,其以互联网为媒介提供劳动成果,在工作模式等方面与传统的工厂式劳动对比,表现出有许多的不同,加之主播和直播平台在订立合同时通常不会将合同明确约定为劳动合同,因此,当法官运用《通知》第一条的构成要件式条款判断双方是否存在事实劳动关系时,往往会因为主播灵活、多样的工作特征不符合某些构成要件而被认为两者之间缺乏人格从属性或者经济从属性,因而不具有劳动关系,同时基于合同是签约主播与直播平台之间意思一致的表达而将两者认定为合作关系。

三、将签约主播与直播平台认定为合作关系存在的主要问题

首先，若将签约主播与直播平台认定为合作关系，那么签约主播与直播平台所签合同有显失公平之嫌，合同的效力处于不确定状态。在直播行业中，主播与直播平台所签合同的条款往往过分地强调主播所应承担的义务，而较少地赋予主播所应享有的权利，主播与直播平台的权利义务明显不对等，并且大部分主播为能够继续依靠网络直播获取可观的收益往往在缺乏经验的情况下就与直播平台签订了合同，此类合同通常有显失公平之嫌。因此，当主播与直播平台所签合同被认定为属于显失公平时，那么主播则可以自知道或者应当知道撤销事由之日起一年内撤销该合同，从而导致双方所签订的合同归于无效。例如，在江××与广州××信息科技有限公司合同纠纷一案中，主播江××与直播平台××公司所签合同（甲方为××公司，乙方为江××）的下列条款过分地强调了主播的义务：（1）第 1.2 条，乙方承诺在合作期间内，不得在与甲方存在或可能存在竞争关系的现有及未来的网络直播平台及移动端应用程序（包括但不限于斗鱼直播等平台）以任何形式进行或参与直播，包括任职、兼职、挂职或免费直播；不得承接竞争平台的商业活动。（2）第 7.3 条，……若乙方未经甲方同意擅自终止本协议或乙方违反 1.2 款排他条款的约定，在甲方以外的其他网络平台进行直播及解说，则构成重大违约，甲方有权收回乙方在甲方平台已经获得的所有收益（包括但不限于合作费用、道具分成、广告收入等），并要求乙方赔偿 2 400 万元人民币或乙方在甲方平台已经获取的所有收益的 5 倍（以较高者为准）作为违约金，并赔偿由此给甲方造成的全部损失。（3）第 7.1 条，……违约方应按照协议约定向守约方支付违约金，给守约方造成损失的，应赔偿对方由此所遭受的全部损失。主播江××作为未接受过高等教育、法律知识相对薄弱之人，且是首次签订此类合同，显然缺乏经验，××公司利用了此条件，从第 7.3 条以及第 7.1 条也能看出，江××在擅自终止合同或者有重大违约行为时，既要承担巨额违约金，也要赔偿由此给××公司造成的全部损失，根据《最高人民法院关于适用〈中华人民共和国合同法〉若干问题的解释（二）》第二十八条之规定，这种条款并不能得到法律支持，××公司有利用主播江××缺乏经验牟取不正当利益的故意之嫌，虽然江××及其律师没有主张撤销该合同，法院对此也没有作出

说明，江××和××公司签订的合同有显失公平之嫌，主播江××可主张撤销该合同。

其次，直播平台为加强对签约主播的管理，避免签约主播跳槽给自己带来经济利益损失，往往在合同中约定某些应当由劳动法律调整的服务期条款或者竞业禁止条款，若将签约主播与直播平台认定为合作关系，那么直播平台则可以合作契约之名行劳动契约之实。例如，在黄××与广州××文化传播有限公司合同纠纷一案中，主播黄××与直播平台××公司所签合同（甲方为吉大公司，乙方为黄××）的某一条款规定，乙方承诺，作为甲方在线直播业务的独家签约主播，仅在甲方合作的网站从事在线演艺直播活动，未经甲方书面许可，乙方不得在其他网站从事相同或类似活动。可以看出，该条款要求黄××未经吉大公司的许可不得在其他平台从事直播活动，其实就间接地给主播黄××规定了一定期限的服务期。在大连××文化传媒有限公司与徐××劳务合同纠纷一案中，主播徐××与直播平台××公司所签合同（甲方为××公司，乙方为徐××）的某一条款规定，乙方不得随意解除或者终止履行本合同，无论是什么原因导致本合同终止或者解除后的 3 年内，乙方均不得从事主播或者主播活动类似等相关联的活动，如乙方违反该条约定，需向甲方承担 20% 的违约责任或者赔偿甲方 5 万元经济损失。显然，××公司要求徐××在合同终止或解除后的一定年限内禁止从事直播活动，就表明双方已经在合同中约定了主播徐××的竞业禁止义务。但以上条款都得到了裁判法官的支持，法官根据民法总则、合同法的相关规定认为这些条款是双方的真实意思表示，内容合法，对双方均具有约束力。法官的裁判并不妥当，因为无论是服务期条款还是竞业禁止条款都只在劳动法律中才有规定，由劳动法律调整，究其原因是因为这类条款是从属性的体现，只能适用于存在不平等法律关系的双方，而民法总则、合同法是调整平等主体之间法律关系的法律，法官运用调整平等法律关系之法律来调整体现从属关系之条款显然不妥。

2016 年 11 月 4 日，国家网信办发布了《互联网直播服务管理规定》（以下简称《规定》），《规定》要求直播平台与网络主播签订服务协议，并建立对网络主播的管理体系。若将直播平台与网络主播签订的服务协议认定为合作合同，即将签约主播与直播平台认定为合作关系，那么直播平台对签约主播的管理就无法律依据。因为管理与被管理关系是一种隶属性的体现，它直接表明双方是不平等的法律主体，而合作关系是平等法律主体之间的法律关系，也就是说平等的法律主体之间不存在管理与被管理的关系，所以当把签约主播与直播平台认定为合作关系时，将会导致直播平台对主播的管理无法律依据。

四、签约主播与直播平台之间应当认定为存在劳动关系

（一）认定两者存在劳动关系需要适当放宽劳动关系的认定标准

建立在传统工厂式工作模式之上的劳动关系认定标准要求劳动者被用人单位长期雇用，需要劳动者在固定的时间和固定的场所为用人单位提供劳动，接受用人单位的管理。而在网络直播行业中，主播依托网络信息技术的支持，在直播平台的许可下自由地选择工作时间和工作场所提供劳动，这不仅可以节约直播平台的各方面成本，甚至通常还会给直播平台带来更大的收益，对直播平台而言是有利的。劳动关系的核心是劳动者接受用人单位的指示给付劳动并换取报酬，据此，签约主播其实跟工厂工人一样都是在单位的指示下提供劳动然后获得报酬，只是两者的工作环境和工作方式有所不同，如果仅因为签约主播的工作模式具有灵活、自由的特征就否定签约主播与直播平台存在劳动关系，那未免与劳动法的立法精神不符。因此，签约主播自由、灵活的工作时间和工作场所并不能成为否定签约主播与直播平台存在劳动关系的理由，如果签约主播与直播平台之间不能被认定为存在劳动关系，那么签约主播的劳动权益将得不到切实的保障，也不利于网络直播这一新兴行业的发展。北京大学法学院的薛军教授也认为，直播平台与主播之间的协议越是强调合作是独家的、排他的，并且规定了主播严格的竞业禁止义务，那么将相关的法律关系解释为实质上建立了劳动关系，就越具有合同解释上的妥当性和可接受性。但是依据我国当前事实劳动关系认定的严格标准，仍然难以将签约主播与直播平台认定为存在劳动关系，那么如何才能更好地将签约主播纳入劳动法律的保护范畴呢？对此，有学者主张重构劳动法的调整模式，改单一制调整模式为分类调整模式，即采用德意两国的做法，划分为劳动者、类似劳动者与自主劳动者，像签约主播这种经济从属性较强但人格从属性较弱的就将其归属为类似劳动者，可以享有部分劳动法律的保护。但本文并不认同这种主张，首先，重构劳动法的调整模式意味着要对劳动法律作出重大的修改，这不利于法律的稳定

性；其次，这可能会导致那些经济从属性和人格从属性都弱的法律关系（如劳务关系）被列入劳动法律的调整，从而扩大了劳动法律的适用范围；最后，随着互联信息技术和人工智能技术的发展，使得劳动者不在固定的时间、场所提供劳动成为可能（如在家办公），并且也会是未来的发展趋势，而那种工厂式的工作模式将会逐渐被淘汰，劳动者与用人单位之间的人格从属性将会变弱，依据分类调整模式，未来大部分劳动者都会因其与用人单位之间的经济从属性强而人格从属性较弱而被归属为类似劳动者，只能享有部分劳动法律的保护，这显然不利于促进未来远程办公模式的发展。对此，较为现实可行的做法是通过最高人民法院出台司法解释及指导性案例的方式来适当放宽劳动关系的认定标准。因为在网络直播行业中，签约主播虽然可以自由、灵活地选择工作时间和工作场所进行直播活动，但签约主播和直播平台之间并非完全没有从属性。一方面，签约主播的直播是直播平台的主要收益来源，而直播平台给付的报酬也是签约主播的主要经济收入，两者之间具有经济从属性。另一方面，直播平台对签约主播有最低直播时长的要求，签约主播也必须在直播平台提供的虚拟房间号进行直播，直播平台还会依据《互联网直播服务管理规定》对签约主播的直播内容进行管理，所以签约主播的工作时间、工作场所和工作内容并非完全不受约束，两者之间具有一定程度的人格从属性。因此，法官在对劳动关系的人格从属性进行认定时，不应以劳动者在固定的时间、场所提供劳动作为必要条件，只要用人单位对劳动者进行了一定程度的管理就可认为双方具有人格从属性，适当地降低劳动关系的认定标准，从而将签约主播纳入劳动法律的保护范畴。

（二）认定两者存在劳动关系有利于直播平台加强对签约主播的管理

虽然 2016 年国家网信办发布了《互联网直播服务管理规定》要求直播平台对网络主播的直播内容进行管理，但近几年涉黄、涉骗等直播乱象仍然层出不穷，究其原因在于直播平台对于这些直播乱象的发生所需承担的法律责任很少甚至不用承担法律责任，导致直播平台缺乏动力管理网络主播的内容。如果将签约主播与直播平台之间的法律关系认定为劳动关系，那么直播平台对签约主播的管理就有了合法性依据，直播平台也需要积极履行对签约主播进行管理的义务，因为当作为用人单位的直播平台对于本平台发生的涉黄、涉骗等直播乱象放任不管时，其可能需要承担用人单位的替代侵权责任甚至需要承担相应的刑事责任。此外，将签约主播与直播平台之间认定为存在劳动关系，直播平台就可以依据劳动法律的相关规定避免主播突然离职给自己带来经济损失，从而达到对签约主播加强管理的目的，例如，对于接受过专项培训的签约主播，直播平台可以依据《中华人民共和国劳动合同法》第二十二条之规定与签约主播约定一定期限的服务期，签约主播违反约定时，则需要向直播平台支付违约金。

（三）认定两者存在劳动关系有利于直播行业发展的资源良性调节

人力资源和社会保障部于 2020 年 5 月 11 日发布的《关于对拟发布新职业信息进行公示的公告》中拟新增职业包括互联网营销师，该职业的官方定义为在数字化信息平台上，运用网络的交互性与传播公信力，对企业产品进行多平台营销推广的人员，包括但不限于直播销售员这一工种。这说明人社部准备将那些从事直播带货的网络主播纳入劳动法律的保护范畴，使他们可以获得劳动法律的倾向性保护，并享有社会保险的保障，从而促进更多的人就业。将签约主播与直播平台认定为存在劳动关系，可以吸引到更多的人长期投身于直播行业，网络主播不用被直播平台提出的许多显失公平的要求所束缚，可以依据收入、发展空间、平台资源等条件选择自己喜欢的直播平台从事直播活动，有利于网络主播更好地在劳动力市场流动，避免少数拥有优质主播资源的直播平台形成垄断，从而促进直播行业的资源良性调节。

五、结语

网络直播是依托于互联网信息技术的发展而产生的新兴行业之一，随着该行业的迅速发展，应当如何认定网络主播与直播平台之间的法律关系以便更好地解决双方的合同纠纷和平衡双方的法律利益的问题逐渐得到大家的关注。虽然依照我国当前劳动关系的认定标准，实务中通常会将签约主播与直播平台之间的法律关系认定为合作关系，但仍然主张应当将两者的法律关系认定为劳动关系，并结合学者们的研究成果和实务中的真实案例论证将签约主播与直播平台认定为存在劳动关系的可能性和必要性，为平衡双方的法律利益和促进网络直播行业的健康发展建言献策。

参考文献

[1] 中国互联网络信息中心. 第44次《中国互联网络发展状况统计报告》[EB/OL]. http://www.cac.gov.cn/2019-08/30/c_1124938750.htm, 2019-08-30.

[2] 林嘉, 杨飞. 劳动法和社会保障法[M]. 北京：中国人民大学出版社, 2016.

[3] 黄越钦. 劳动法新论[M]. 北京：中国政法大学出版社, 2003.

[4] 董保华. 劳动合同制度中的管制与自治[M]. 上海：上海人民出版社, 2015.

[5] 薛军. 网络直播平台与网络主播之间合同关系的几个疑难问题[J]. 人民司法（应用）, 2018（22）：53-55.

[6] 潘建青. 网络直播用工关系的劳动法思考[J]. 中国劳动关系学院学报, 2018, 32（4）：70-77.

[7] 杨恒元. 直播平台与网络主播的劳动法律关系研究[D]. 武汉：华中科技大学, 2019.

疫情防控期间山西省中小微企业经营现状、劳动用工状况及对策研究[1]

何林深 高凤鸣[2]

摘 要：新冠肺炎疫情对中小微企业的生产经营和日常用工造成较大影响。从企业经营现状和劳动用工现状角度出发，准确把握山西省受疫情影响最严重的中小微企业劳动用工现状，及时出台相应政策，对稳定劳动力市场波动、缓解企业人力资源管理困境有重要意义。

关键词：中小微企业 劳动用工 疫情

新冠肺炎疫情对中小微企业和个体经营户生产经营造成较大冲击。为准确了解山西省中小微企业受疫情影响过程中，企业生产经营状况、劳动用工时间、返岗率、劳动工资等企业人力资源管理核心问题的变化情况，以及在劳动用工实践中存在的主要问题和政策诉求，为进一步制定完善相关扶持政策提供支持，研究组选用分群抽样和简单随机抽样的方法，结合线上线下方式，对山西省各行业中小微企业进行了调研分析。调查结果分析如下：

---

[1] 该篇论文获得"2020年全国人才与人事研究主题征文活动"三等奖。
[2] 何林深，山西省人力资源和社会保障科学研究所副所长；高凤鸣，山西省人力资源和社会保障科学研究所综合科负责人。

一、调研企业基本信息

本次调查以山西省中小微企业及个体工商户为调查对象,借助问卷星和实地发放问卷进行调查,共收回 279 份,除去地理位置不在山西的 7 份,有效问卷 272 份,有效回收率 97.49%,调研对象的具体地理分布如图 1 所示。

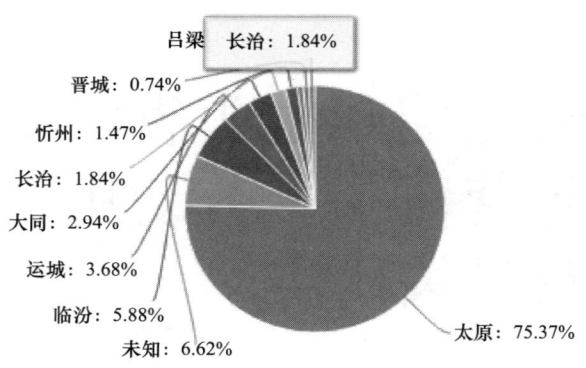

图 1 调研对象所处地理位置分布

本次调查的主要对象为我省区域内各类中小微企业,重点是受疫情影响较大的住宿餐饮、交通运输、批发零售、文化旅游、休闲娱乐、建筑、加工制造等行业的各种性质的中小微企业和个体工商户。

在本次调研中,民营企业占 67.74%,国有企业占 7.53%,集体企业占 1.79%,外资企业占 0.72%;中型企业占 14.34%,小型企业占 48.03%,微型企业占 25.81%,个体工商户占 11.83%;加工制造业占 41.22%,建筑业占 7.89%,批发零售占 5.73%,交通运输占 5.02%,住宿餐饮占 5.38%,社区居民服务占 2.87%,休闲娱乐和文化旅游各占 0.72%(见表 1)。本次调研主要对象是小型的民营的加工制造业。

表 1 企业基本信息调查汇总

调查类别	调查项目	小计	比例
企业性质	国有企业	21	7.53%
	集体企业	5	1.79%
	外资企业	2	0.72%
	民营企业	189	67.74%
	其他类别企业	62	22.22%

续表

调查类别	调查项目	小计	比例
企业规模	中型企业	40	14.34%
	小型企业	134	48.03%
	微型企业	72	25.81%
	个体工商户	33	11.83%
企业所属行业	住宿餐饮	15	5.38%
	交通运输	14	5.02%
	批发零售	16	5.73%
	文化旅游	2	0.72%
	休闲娱乐	2	0.72%
	社区居民服务	8	2.87%
	建筑业	22	7.89%
	加工制造业	115	41.22%
	其他行业	85	30.47%

二、调查结果分析

（一）开工时间调研

受新冠肺炎疫情影响，我省中小微企业和个体工商户开工时间如图2所示。44.8%的中小微企业是3月份开工，26.52%的中小微企业是4月份开工，16.49%的中小微企业是2月份开工，6.45%的中小微企业是5月份开工，目前5.73%的中小微企业尚未开工。可以看出我省中小微企业和个体工商户开工时间大部分在3月份。

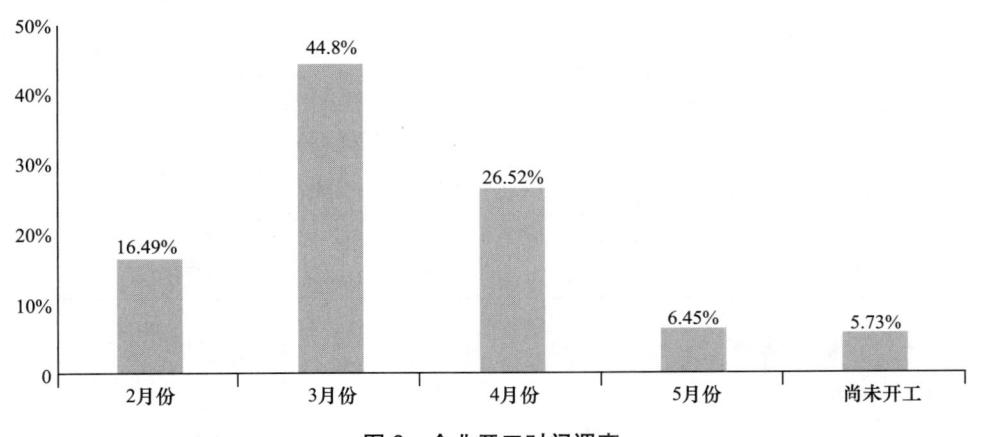

图2 企业开工时间调查

在尚未开工的企业中，有 37.5% 是中型企业，小型企业和微型企业各占 25%，个体工商户占 12.5，如图 3 所示。

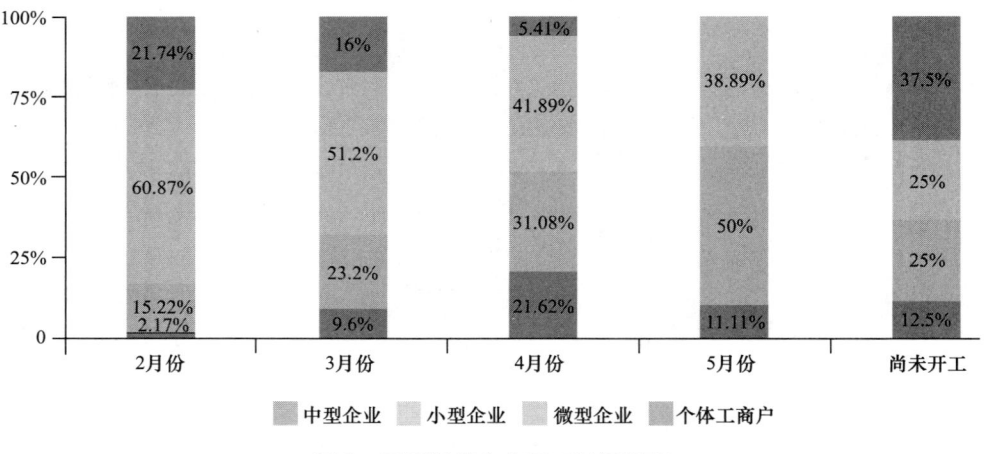

图 3　不同规模企业开工时间调查

尚未开工的行业有住宿餐饮业（6.25%）、批发零售业（12.5%）、社区居民服务业（6.25%）、建筑业（12.5%）和加工制造业（31.25%），见表 2。

表 2　不同行业企业开工时间调查

X\Y	住宿餐饮	交通运输	批发零售	文化旅游	休闲娱乐	社区居民服务	建筑业	加工制造业	其他行业	小计
2月份	1 (2.17%)	3 (6.52%)	7 (15.22%)	0 (0%)	0 (0%)	2 (4.35%)	0 (0%)	17 (36.96%)	16 (34.78%)	46
3月份	3 (2.4%)	6 (4.8%)	5 (4%)	0 (0%)	0 (0%)	0 (0%)	11 (8.8%)	60 (48%)	40 (32%)	125
4月份	8 (10.81%)	4 (5.41%)	2 (2.70%)	0 (0%)	0 (0%)	4 (5.41%)	6 (8.11%)	31 (41.89%)	19 (25.68%)	74
5月份	2 (11.11%)	1 (5.56%)	0 (0%)	2 (11.11%)	2 (11.11%)	1 (5.56%)	3 (16.67%)	2 (11.11%)	5 (27.78%)	18
尚未开工	1 (6.25%)	0 (0%)	2 (12.5%)	0 (0%)	0 (0%)	1 (6.25%)	2 (12.5%)	5 (31.25%)	5 (31.25%)	16

（二）复产情况

1. 生产经营情况

有 68.82% 的中小微企业和个体工商户表示企业复工后的生产经营情

况正常，有 31.18% 的中小微企业表示复工后企业生产经营情况还未正常，如图 4 所示。

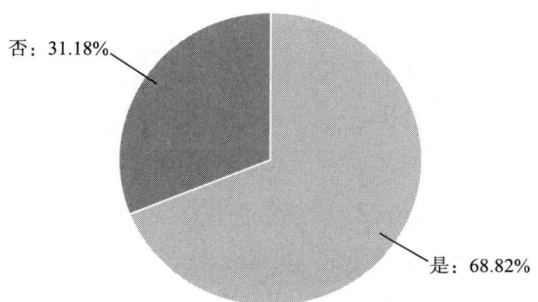

图 4　企业复工后的生产经营情况调查

在调查中，中小型企业正常生产经营的比例大于非正常经营的比例，而微型企业和个体工商户正常生产经营的比例小于非正常经营的比例，如图 5 所示。

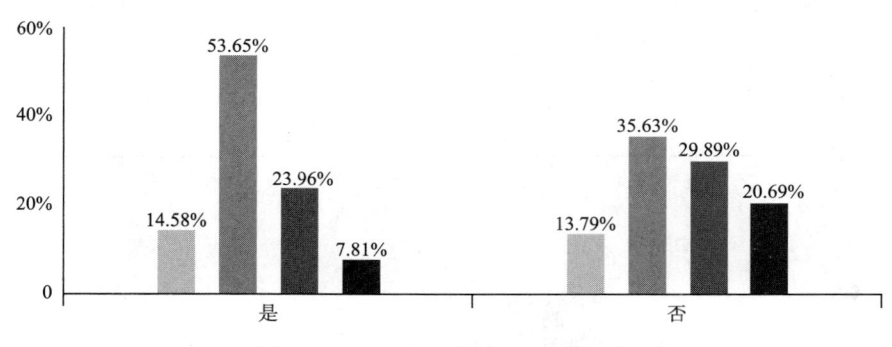

图 5　不同类型企业复工后的生产经营情况调查

从企业数量来看，除了社区居民服务业，其余行业正常经营的企业数量大于非正常经营企业数量，社区居民服务业调研的企业有 8 家，其中 3 家是正常经营，5 家是非正常营业；从比例来看，企业正常生产经营的比例大于非正常经营的比例的行业有交通运输业、建筑业、加工制造业，而正常生产经营的比例小于非正常经营的比例的行业有住宿餐饮业、批发零售业、文化旅游业、休闲娱乐业、社区居民服务业。说明我省大部分中小微企业和个体工商户生产经营情况比较正常，见表 3。

表3 不同行业企业复工后的生产经营情况调查

X\Y	住宿餐饮	交通运输	批发零售	文化旅游	休闲娱乐	社区居民服务	建筑业	加工制造业	其他行业
是	8 (4.17%)	11 (5.73%)	11 (5.73%)	1 (0.52%)	0 (0%)	3 (1.56%)	20 (10.42%)	80 (41.67%)	58 (30.21%)
否	7 (8.05%)	3 (3.45%)	5 (5.75%)	1 (1.15%)	2 (2.30%)	5 (5.75%)	2 (2.30%)	35 (40.23%)	27 (31.03%)

同时，经过统计分析，38.7%的企业的员工全部返岗率；52.68%的企业员工返岗率达到八成以上；67.91%的企业返岗率大于五成；79.57%的企业返岗率达到两成成；20.43%的企业返岗率在两成以下。

2. 经营收入情况

2020年4月份以来，企业复工后的经营收入与去年同期相比恢复情况的调查汇总。只有9.32%的企业经营收入与去年同期相比全部恢复，恢复到七成及以上的企业只有23.66%，恢复到五成及不足五成的企业占到67.03%，恢复到一成的企业占比达15.77.%，恢复不到三成（含三成）的企业占比达40.08%，如图6所示。

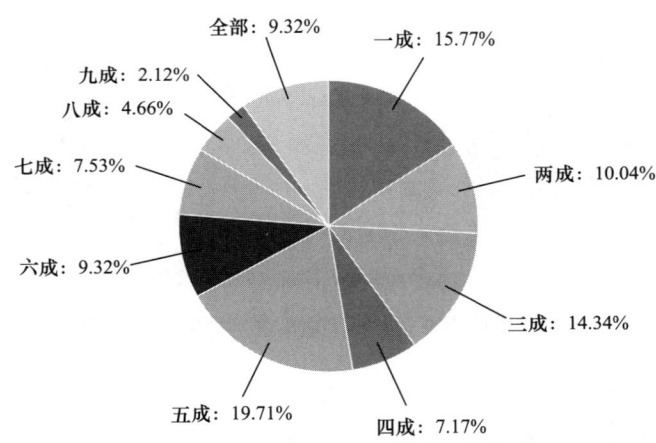

图6 企业复工后的经营收入与去年同期相比恢复情况调查

2020年4月份以来，不同规模企业复工后的经营收入与去年同期相比恢复情况调查。从图7中可以看出，22.5%的中型企业，9.7%的小型企业和5.56%的微型企业经营收入恢复到去年同期水平，有17.5%的中型企业，9.7%的小型企业、19.44%的微型企业和18.18%的个体工商户经营收入与去年同期相比只恢复到一成，如图7所示。

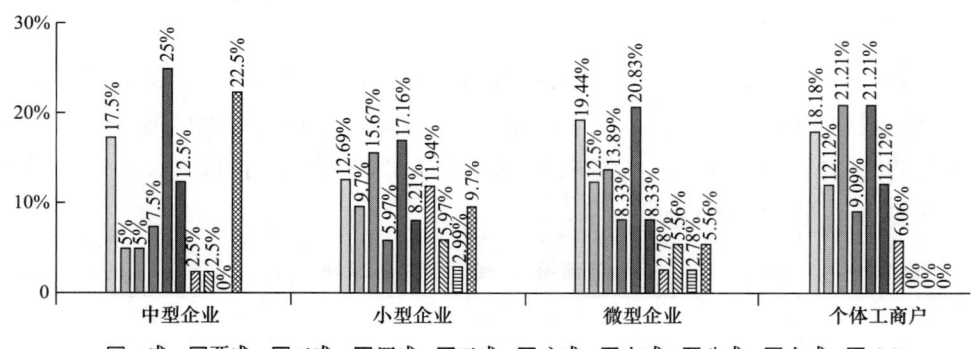

图 7　不同规模企业复工后的经营收入与去年同期相比恢复情况调查

2020 年 4 月份来，不同行业企业复工后的经营收入与去年同期相比恢复情况调查。从图 8 中可以看出，文化旅游业中有 50% 的调研企业经营收入与去年同期相比恢复到五成，有 50% 的企业只恢复到两成；休闲娱乐业中有 50% 的调研企业经营收入与去年同期相比恢复到四成，有 50% 的企业恢复到三成；社区居民服务业中有 25% 的调研企业经营收入与去年同期相比恢复到五成，50% 的企业恢复到两成，25% 的企业恢复不到两成；住宿餐饮行业有 33.33% 的企业恢复到一成，13.33% 的企业恢复到两成，20% 的企业恢复到三成，恢复到四成和五成的企业各占 13.33%，6.67% 的企业恢复到六成；交通运输业中有 14.29% 的企业经营收入恢复到去年同期水平，有 35.72% 的企业恢复到七成及七成以上；批发零售业中有 12.5% 的企业经营收入恢复到去年同期水平，有 18.75% 的企业恢复到七成及七成以上；建筑业中有 9.09% 的企业经营收入恢复到去年同期水平，有 22.73% 的企业恢复到七成及七成以上；加工制造业总有 9.57% 的企业经营收入恢复到去年同期水平，有 18.27% 企业恢复到七成及七成以上（如图 8 所示）。

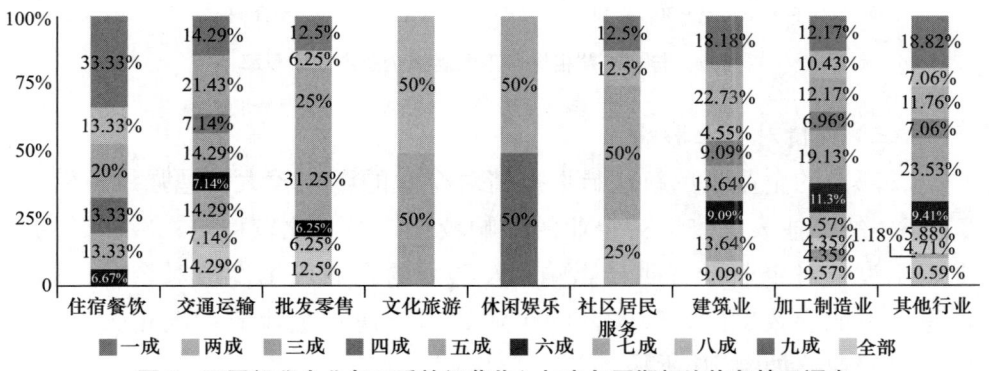

图 8　不同行业企业复工后的经营收入与去年同期相比恢复情况调查

3. 产能恢复情况

表4调查的是与春节前相比，企业产能恢复率情况。与春节前相比，产能恢复率达到50%及以上的企业占46.96%，其中产能恢复率达90%以上的企业占13.98%；产能恢复率不足30%的企业占34.42%，其中产能恢复率不足10%的企业占14.34%。

表4　与春节前相比，企业产能恢复率

选项	小计	比例
10%以下	40	14.34%
10%（含）～30%	56	20.08%
30%（含）～50%	52	18.64%
50%（含）～70%	58	20.79%
70%（含）～90%	34	12.19%
90%（含）以上	39	13.98%

与春节前相比，不同规模企业产能恢复率统计。25%的中型企业，14.93%的小型企业，9.72%的微型企业产能恢复率达90%以上；2.5%的中型企业，18.65%的小型企业，25%的微型企业和36.36%的个体工商户产能恢复率不达30%，如图9所示。

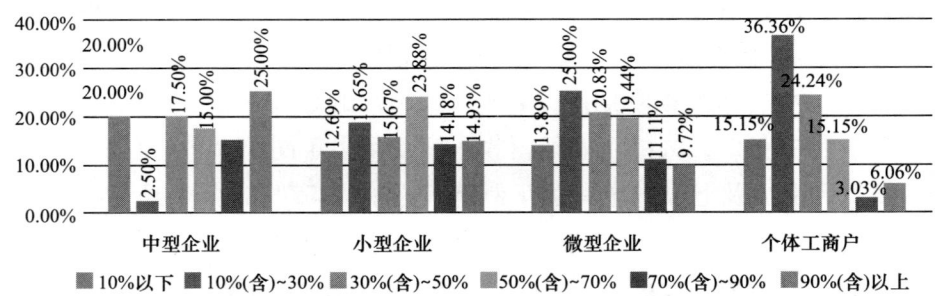

图9　与春节前相比，不同规模企业产能恢复率

（三）疫情对企业影响

59.5%的企业表示新冠肺炎疫情对企业的影响较大，勉强维持营业；23.66%的企业表示疫情对企业的影响较小，经营比较稳定；3.94%的企业表示疫情对企业没有明显影响；7.89%的企业表示疫情对企业的影响严重，可能会致倒闭；5.02%的企业表示疫情对企业的影响很大，会导致暂时停业，如图10所示。

疫情防控期间山西省中小微企业经营现状、劳动用工状况及对策研究

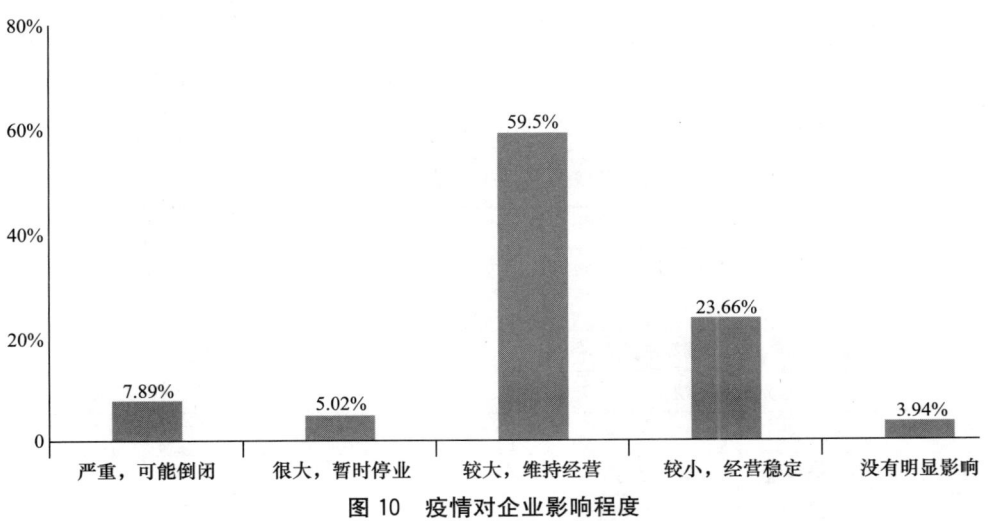

图 10　疫情对企业影响程度

认为疫情对企业的影响很严重，可能会倒闭的行业有住宿餐饮业（33.33%）、文化旅游业（50%）、休闲娱乐业（50%）、社区居民服务业（25%）、批发零售业（12.5%）和加工制造业（5.22%）；认为影响很大，可能会导致暂时停业的行业有文化旅游业（50%）、社区居民服务业（25%）和加工制造业（2.61%）；认为影响较大，能维持经营的行业有住宿餐饮业（66.67%）、交通运输业（57.14%）、批发零售业（43.75%）、休闲娱乐业（50%）、社区居民服务业（50%）、建筑业（54.55%）和加工制造业（63.53%），如图 11 所示。

从以上可以看出，疫情对文化旅游业和休闲娱乐业影响严重，其余大部分行业认为疫情影响较大，能基本维持经营。

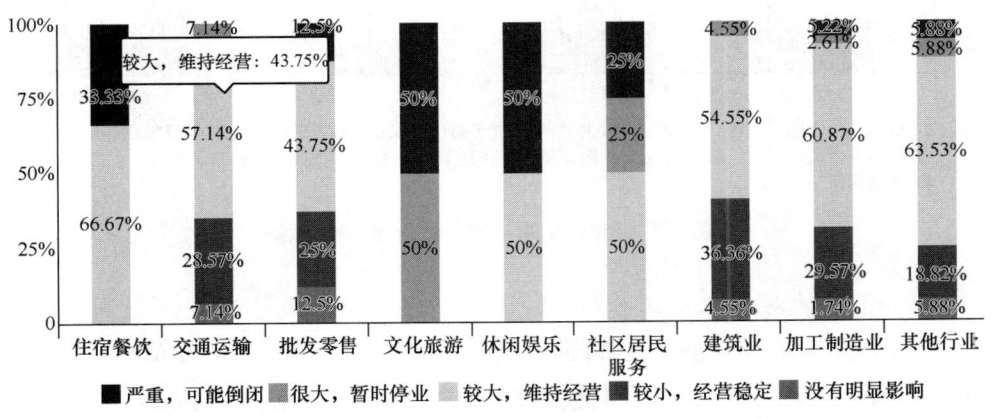

图 11　疫情对不同行业企业影响程度

企业复工复产中面临的最大问题依次是疫情影响订单或者市场需求减少（57.71%），客户量减少（50.54%），企业融资难，周转资金困难（36.2%），房租与收入比例失衡（20.43%），见表5。

表5　　　　　　　　　　企业复工复产中面临的问题

选项	小计	比例
房租与收入比例失衡	57	20.43%
客户量减少	141	50.54%
疫情影响订单或者市场需求减少	161	57.71%
上游原材料短缺	43	15.41%
招不到合适的员工	43	15.41%
员工分布太散，无法聚齐开工	9	3.23%
企业融资难，周转资金困难	101	36.2%

疫情影响订单或者市场需求减少和企业融资难是中型企业面临的最大问题；客户量减少和疫情影响订单或者市场需求减少是小型企业面临的最大问题；疫情影响订单或者市场需求减少、客户量减少和周转资金困难是微型企业面临的最大问题；客户量减少和疫情影响订单或者市场需求减少是个体工商户面临的最大问题，如图12所示。

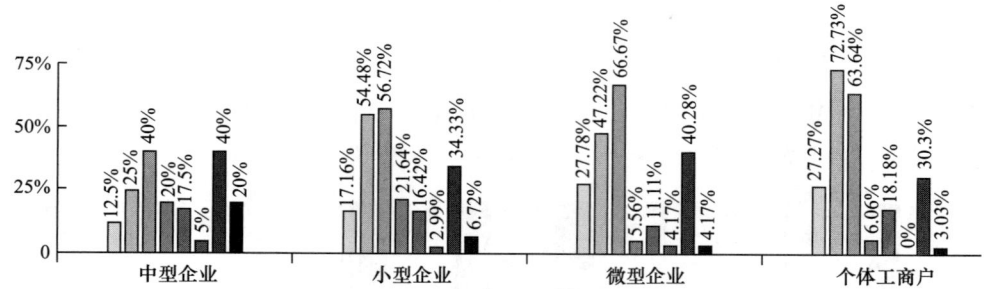

图12　受疫情影响不同规模企业面临问题

（四）疫情对企业用工分析

用工数超过春节前水平的企业占比6.81%，用工数是春节前90%以上的企业占比29.39%，用工数是春节前20%以下的企业占比17.56%，用工数是春节前50%以下的企业占比32.61%，如图13所示。

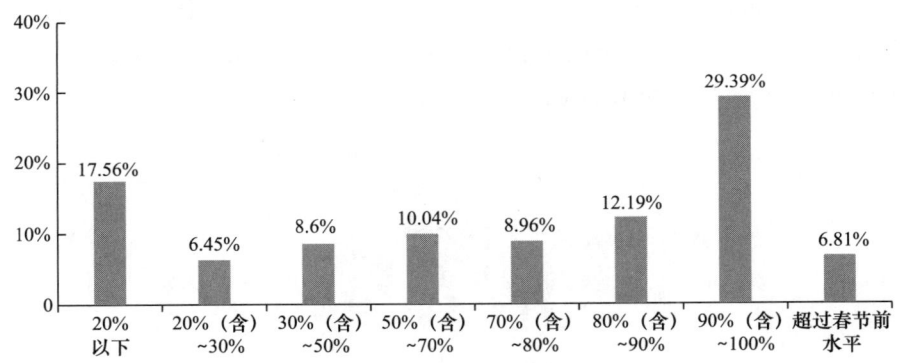

图 13 企业复工后企业用工数与春节前相比占比情况

43.01%的企业表示全员上岗,24.37%的企业表示倒班轮休,19.71%的企业表示错峰上班,12.9%的企业表示少数人值班,如图14所示。

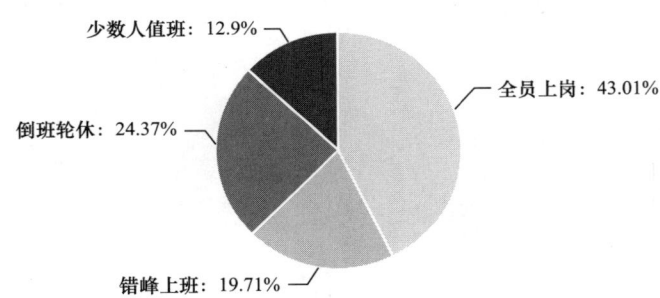

图 14 疫情防控期间企业复工复产后员工在岗情况统计

73.84%的企业表示员工工资正常发放,13.62%的企业表示按收入比例下调工资水平,12.54%的企业表示按天计发工资,如图15所示。

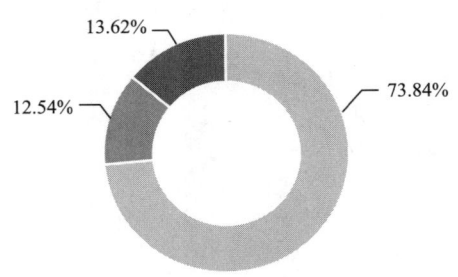

图 15 疫情防控期间企业复工复产后员工工资发放情况

58.42%的企业表示员工人均工资水平与春节前相比持平，34.05%的企业表示员工人均工资水平比春节前降低，7.53%的企业表示员工人均工资水平比春节前提高，如图16所示。

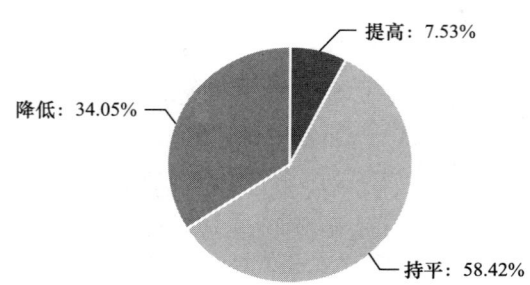

图16　员工人均工资水平与春节前变动情况

51.9%的企业表示下一步没有裁减人员计划，36.2%的企业表示视情况而定，11.83%的企业表示有裁减人员的计划，如图17所示。

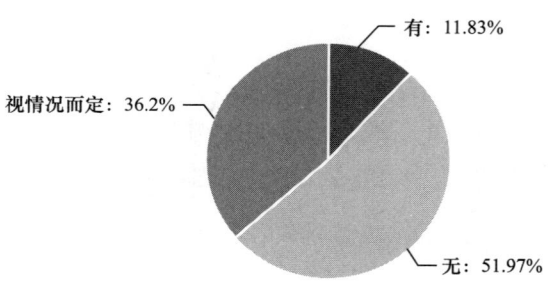

图17　企业裁减人员计划统计

83.15%的企业表示裁减人数占现有员工比例的20%以下，9.68%的企业表示裁减人数占现有员工比例的20%~40%，计划裁减人数占现有员工比例的40%~60%和60%以上的企业各占3.58%，如图18所示。

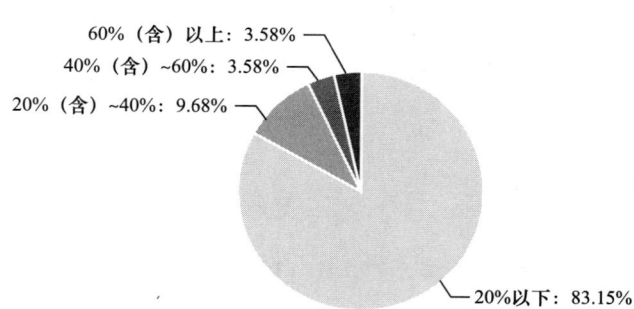

图18　企业计划裁减人数比例统计

50.18%的企业表示没有新招用人员计划，27.24%的企业表示新招用人员计划要视疫情情况而定，22.58%的企业表示有新招用人员计划，如图19所示。

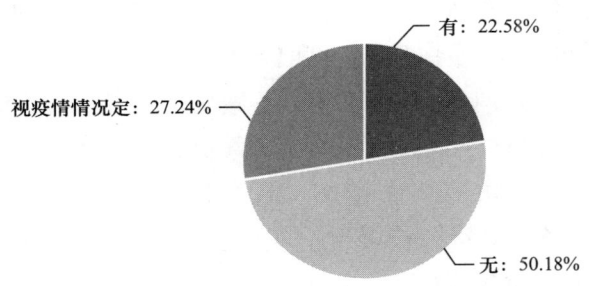

图19　企业新招用人员计划统计

三、政策建议

（一）企业需求

32.97%的企业希望政府能采取措施，鼓励增加市场需求，29.75%的企业希望政府加大社保、培训、返岗补贴等支持力度，减轻企业负担，22.22%的企业希望政府帮助解决融资问题，6.45%的企业希望政府帮助招聘员工，0.72%的企业希望政府帮助解决原材料，见表6。

表6　　　　　　　企业对政府特别是人社部门政策建议汇总

选项	小计	比例
帮助招聘员工	18	6.45%
帮助解决融资	62	22.22%
帮助解决原材料	2	0.72%
加大社保、培训、返岗补贴等支持力度，减轻企业负担	83	29.75%
采取措施，鼓励增加市场需求	92	32.97%

（二）政府行动

1. 扩消费稳定市场需求

首先根据当地实际，研究出台鼓励旅游、餐饮、汽车、住房、家居、大宗商品等消费政策措施，与企业联合推出商贸、文化、旅游、体育等方面的惠民消费优惠券或消费补贴，倡导基层工会组织以分批次、人分散等形式开展户外春游、文体活动，倡导各级领导干部在疫情防控期间带头开展餐饮自费消费，提振城乡居民和商户的消费信心；其次是鼓励各类商贸企业、综合市场适时开展采取主题推介、满减优惠、限时折扣、线上线下相结合等方式，开展激活消费、鼓励消费的促销活动，积极引导各类商贸、文化、餐饮、住宿等经营性消费场所，尽快恢复正常营业并适当延长经营时间，加快发展夜间经济，多措并举释放广大消费者消费潜力；最后是加大消费宣传力度，在做好防控措施的同时，宣传、鼓励、引导消费者大胆外出活动和消费，营造良好的消费氛围。把强化消费者权益保护和疫情防控结合起来，加大对各类侵害消费者权益违法行为的打击力度，畅通消费维权渠道，积极营造安全放心的消费环境。

2. 稳就业做好用工保障

第一是建立健全重点企业、重点行业用工调度保障机制，着力保障重点企业以及公共事业运行、民生需求、新兴行业、高新科技行业等涉及重要民生及关键性重点行业的用工需求；第二是实施就业优先政策，支持吸纳就业能力强的服务业、中小微企业、民营企业和劳动密集型产业加快发展，以制造业、建筑业、物流业、公共服务业和农业生产等为突破口，推动产业链上下游协同复工；第三是发挥人力中介组织、劳务派遣公司、劳务经理人作用，通过扶持发展扶贫车间、深化扶贫劳务协作、开发公益性岗位等措施，优先支持贫困劳动力务工就业，巩固就业扶贫成果。

3. 扩融资提供普惠服务

第一是有效拓宽小微企业及个体经营户融资渠道，推进"复工贷""创业贷"等复工复产专项金融产品，推动金融支持复工复产，帮助小微企业和个体经营户平稳渡过难关；第二是强化金融机构与部门的协作配合，做好市场主体行政记录资料共享，发挥金融优惠资金和财政扶持资金的联动效应，增强金融支持复工复产的有效性和精准性；第三是鼓励各金融机构根据自身优势，创新符合复工复产需求的金融产品，在一定范围内降低贷款利率、临时性延期还本付息，多渠道满足市场主体快速融资需求，缓解还贷压力。

山东省年轻一代民营企业家价值观现状、问题及统战对策研究①

王飞鹏　肖鹏燕②

摘　要：本文通过数据统计分析得到山东省年轻一代民营企业家价值观的现状和问题。结论显示，部分年轻一代民营企业家仍需加强对国家重大事件的关注和支持，仍需强化创新、管理、营销等对企业经营的重要性认识，仍需进一步提升能力，仍需进一步提升责任、诚实等方面的品格修养，仍需进一步增强人文关怀和社会责任感。上述问题应是山东省统战年轻一代民营企业家的主要着力点。

关键词：山东省　年轻一代　民营企业家　价值观　统战

我国民营经济走过了四十多年的发展历程，改革开放初期创立且仍在发展的企业面临着创二代接班的问题。据茅理翔调查，"国外从第一代到第二代成功传承的比例只有30%，如果2/3的民营企业完不成接班，将面临被淘汰的危险，并直接威胁到民营经济的可持续发展"。③但在改

---

① 该篇论文获得"2020年全国人才与人事研究主题征文活动"二等奖。
② 肖鹏燕，中国人事科学研究院就业与创业政策评估研究室助理研究员；王飞鹏，山东工商学院工商管理学院教授，博士后，硕士生导师。
③ 李亚彪．"民二代"接棒压力重重［J］．共产党员，2010（21）：46．

革开放历程中，社会主义市场经济条件下的文化、经济、社会等方面环境均发生了较大的变化，在这一时期出生、成长起来的"80后""90后"成为社会的主力军，而这些人的价值观表现出一些新的特点。因此，年轻一代民营企业家的价值观是何现状、与优秀的民营企业家相较存在何种问题等的答案是进一步促进民营经济发展、更好地引导年轻一代民营企业家成长和发展、帮助企业创二代更顺利接班的基础。

现有的研究指出，新生代民营企业家当前的主流价值观表现出一定的特点，同时呈现出一些不良现象[1][2][3]。例如，年轻一代相较老一辈民营企业家，其更不喜欢技术创新，这一现象源于其资源积累的相对有限性[4]。

据2017年山东省统计公报和山东省市场主体发展情况新闻发布会数据显示，山东省的民营经济主体总量在全国排第二位。因此可以将山东省年轻一代民营企业家的价值观相关问题的研究作为一个典型，以此管窥全国的情况。本文将40岁（含）以下的民营企业家界定为年轻一代民营企业家，依据山东省17个地市的600份问卷数据，分别从政治观、企业家经营观、财富观、事业理想观、人生理想的实现程度、生活价值观共六个方面统计分析山东省年轻一代民营企业家的价值观现状，并选取"实现了理想"的民营企业家的价值观为标杆，通过交叉分析得出年轻一代民营企业家与"实现了理想"民营企业家存在显著性差异的方面，将之界定为部分年轻一代民营企业家价值观存在的问题。据此，本文提出对山东省统战年轻一代民营企业家的对策建议。

一、山东省年轻一代民营企业家的价值观现状

（一）年轻一代民营企业家的政治观现状

1. 97.4%的年轻一代民营企业家关注党的十九大

如图1所示，年轻一代民营企业家对党的十九大十分关注的占72.1%，比较关注的占19.7%，一般关注的占5.2%，不大关注的占2.6%。

---

① 张青媛. 新生代民营企业家主流价值观现状及培育[J]. 中共郑州市委党校学报，2016（4）：31-34.
② 汉吉月. 新生代民营企业家队伍建设研究[J]. 企业改革与管理，2014（11）：76-77.
③ 陈姝，陈芳. 新生代民营企业家培育的路径选择[J]. 理论导报，2013（12）：31-32.
④ 张振彦. 民营企业家、技术创新与企业业绩[D]. 云南财经大学，2010.

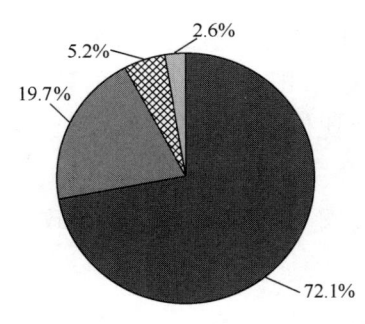

图1 年轻一代民营企业家对党的十九大的关注程度

2. 年轻民营企业家普遍对中国梦感受最深

如图2所示,年轻一代民营企业家对中国梦感受最深,选择人数比例高达53.7%,对"两个一百年"奋斗目标感受程度次之,选择人数比例为33.4%,排在第三位的为"四个全面"战略布局(33%),排在第四位的为以人民为中心的发展思想(27.7%),排在第五位的为"五位一体"总体布局(24.7%),排在第六位的为国家治理体系和治理能力现代化(24.2%),排在第七位的为四个自信(18.3%),排在第八位的为五大发展理念(14.6%)。

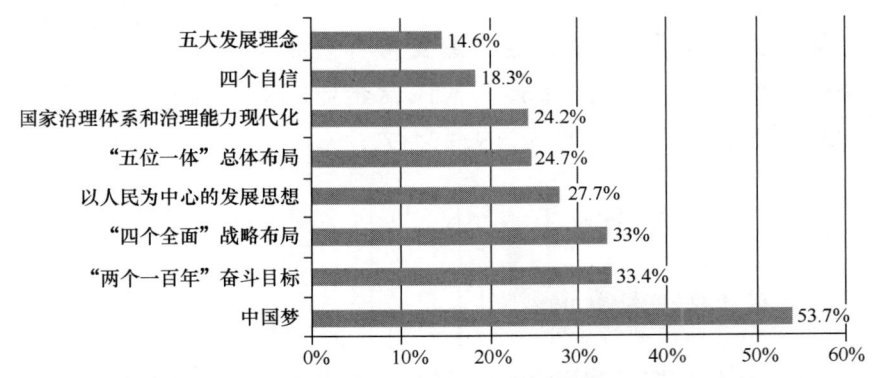

图2 年轻一代民营企业家对党中央提出的治国理政概念的感受差异

3. 年轻一代民营企业家普遍认为"提高百姓收入"是全面实现小康社会需重点解决的问题

如图3所示,年轻一代民营企业家关于全面"建成小康社会、实现第一个百年奋斗目标"需重点解决的问题的认识和看法,选择人数比例最高的为提高百姓收入水平(53.9%),排在第二位的为提高社会保障水平（33%），排在第三位的为调整经济结构（31.4%），排在第四位的为解决老百姓住房问题（27.3%），排在第五位的为实现社会公平（22.9%）。但从选择人数比例最少的前五个因素来看，加强和改善党的领导（6.3%）、推进社会主义文化建设（7.9%）、消除贫困（10%）、维护社会治安与秩序（12.7%）、建成法治政府（19.9%）排名较为靠后。

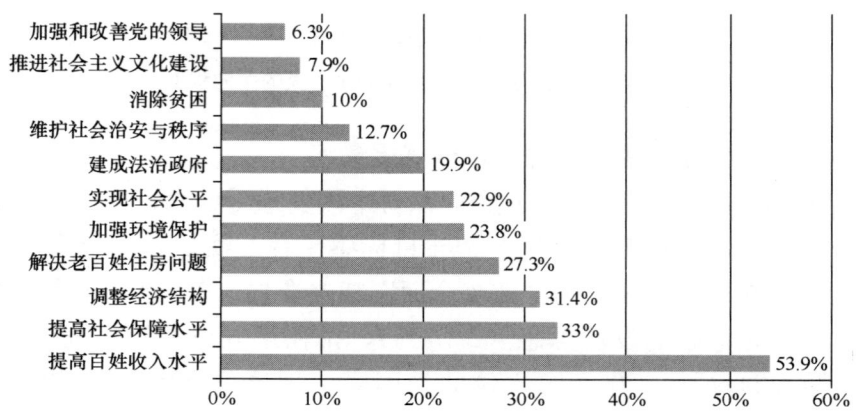

图3　年轻一代关于全面"建成小康社会、实现第一个百年奋斗目标"需重点解决的问题的认识和看法

4. 96.1%的年轻一代民营企业家支持"一带一路"

如图4所示，85.2%的年轻一代民营企业家非常支持"一带一路"，10.9%的比较支持，3.9%的认为关系不大。

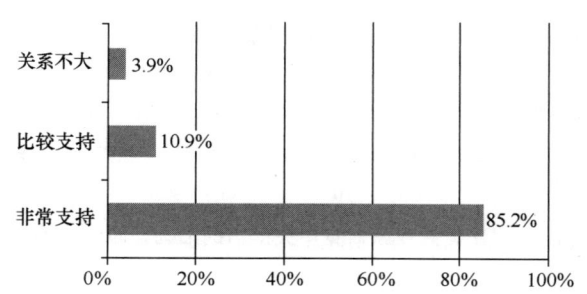

图4　年轻一代民营企业家对"一带一路"的认识和看法

（二）年轻一代民营企业家的企业家经营观现状

1. 年轻一代民营企业家普遍认为自身角色相当于队长或教练

如图5所示，年轻一代民营企业家对自身管理角色的认知，选择队长

的占 33.8%，选择教练的占 31.4%，选择主力球员的占 18.8%，选择俱乐部经理的占 15.9%。

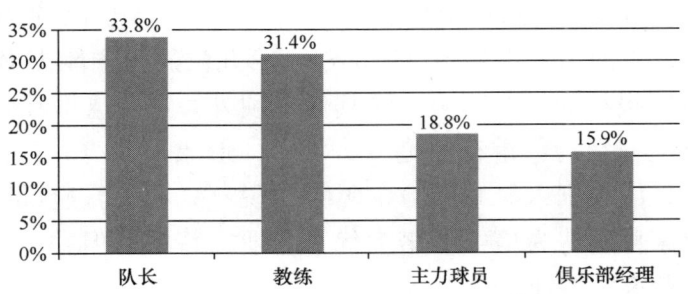

图 5 年轻一代民营企业家对自身管理角色的认知

2. 年轻一代民营企业家普遍认为管理能力是企业成功的最关键因素

如图 6 所示，年轻一代民营企业家认为影响企业成功的前五项关键因素依次为：具有先进的管理能力（53.5%）、具有"较强"或"很强"的市场营销能力（47.4%）、具有优质的人力资源（47%）、具备较高水平的技术与先进的产品（46.6%）、重视客户的需求与满意度（34.6%）。除其他选项之外，年轻一代认为影响企业成功的最不关键的前三项因素依次分别为：擅长炒作（0%）、具有较强的财力背景或擅长资本运营（10.9%）、具有良好的背景与关系（12.7%）。这说明，年轻一代认为炒作、资本以及社会关系等并非企业成功的最关键因素。

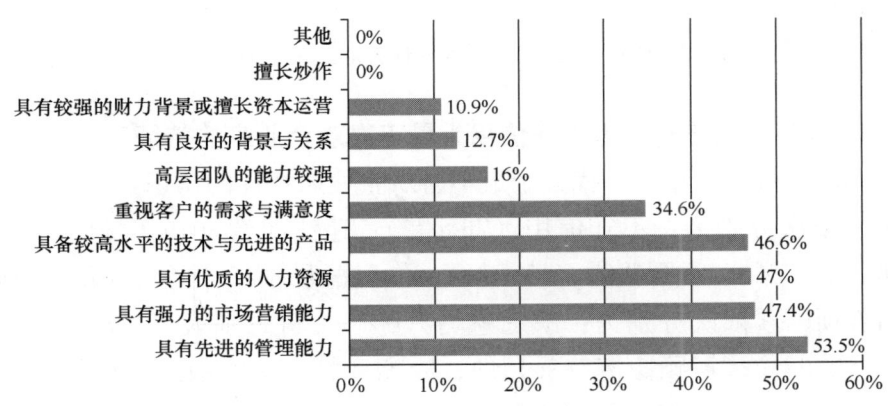

图 6 年轻一代民营企业家对影响企业成功的关键因素看法

3. 年轻一代民营企业家普遍认为信守承诺为优秀企业家的特征

如图 7 所示，40 岁以下调研对象对优秀企业家特征的认识，选择人数比例最高的前五项因素分别为信守承诺（72.9%）、善于创新（59.1%）、守法经营（37.7%）、尊重员工（23.9%）、高瞻远瞩（18.7%）。排在第六位的为善于合作（17%），第七位的为认真负责（11%），第八位的为永不停步（5.5%），第九位的为才能杰出（5.1%），第十位的为回报社会（4.6%）。除其他选项外，选择人数比例最低的前五项因素依次分别为：重视家庭（0.2%）、形象出众（1.1%）、关系丰富（1.3%）、信赖别人（1.3%）、照章纳税（1.3%）。这说明，年轻一代民营企业家普遍认为信守承诺为优秀企业家特征，但并不认为重视家庭为优秀企业家的特征。

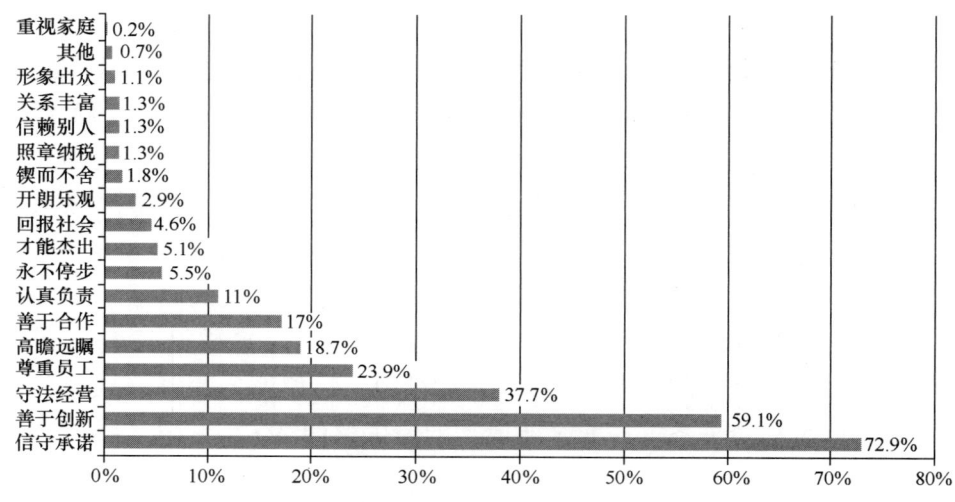

图 7　年轻一代民营企业家对优秀企业家特点的看法

4. 年轻一代普遍认为不守信用为最不喜欢企业家的特征

如图 8 所示，年轻一代关于最不喜欢企业家特征的认识，排在前五项的因素依次分别为：不守信用（76.6%）、违法经营（49.6%）、不尊重下属（22.3%）、视野狭隘（15.7%）、偷税漏税（10.9%）。而排在最末的前五项因素依次分别为：缺乏魅力（0%）、猜忌别人（1.3%）、孤芳自赏（2.6%）、不顾家庭（3.1%）、冷酷无情（5.2%）。而选择不善合作的占 10.3%，选择因循守旧的占 8.3%，选择不务正业的占 7.2%。

（三）年轻一代民营企业家的财富观现状

如图 9 所示，年轻一代关于财富观的认识，选择人数比例最高的前五项依次分别为：让此生没有后顾之忧（49.6%）、能过富裕的生活

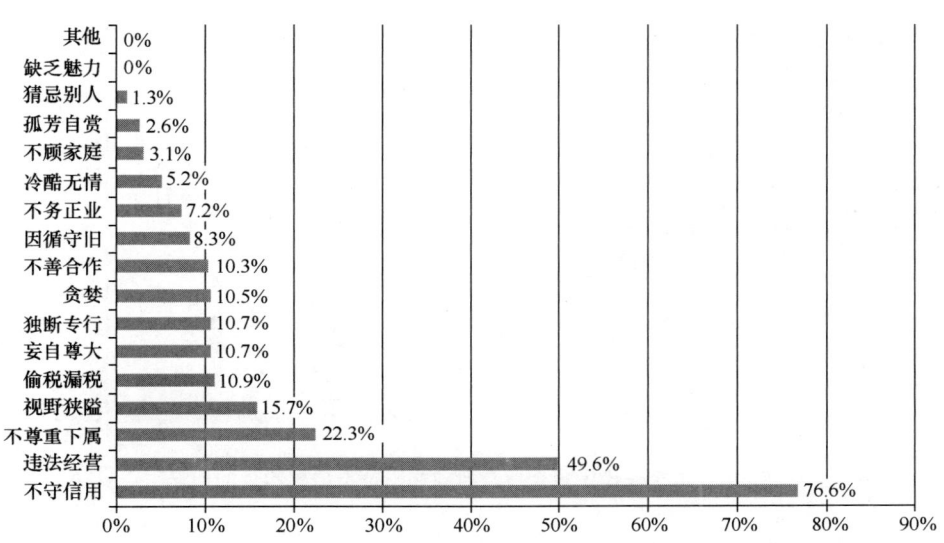

图8 年轻一代民营企业家对不喜欢企业家的特征的看法

(46.5%)、能在一般人水平以上就可以（28.8%）、在中国500富豪中（14.4%）、在本地是最有钱的（12.9%）。

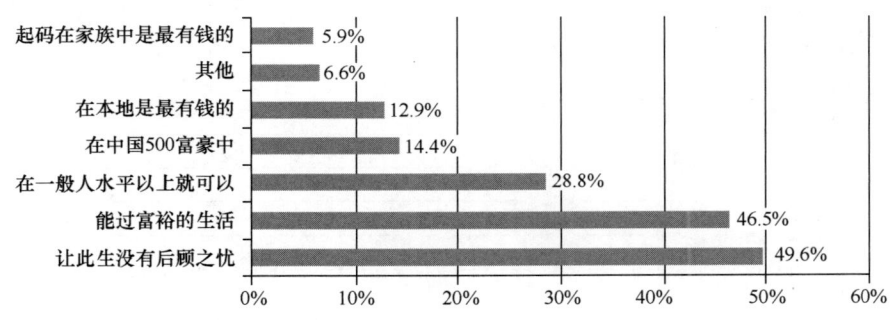

图9 年轻一代民营企业家的财富观

（四）年轻一代民营企业家的事业理想观现状

关于在目前岗位上最想实现的理想目标，年轻一代选择人数比例较高的前五项依次分别为：证明自己有价值（34.3%）、提高企业竞争力（32.3%）、实现理想（30.3%）、被社会认同（29.7%）、增加收入（28.8%）。选择人数比例最低的前五项依次分别为：维持地位（1.3%）、为国创税（2.4%）、证明潜力（2.6%）、建立威信（2.8%）、保障家庭生活（4.6%），详见图10。

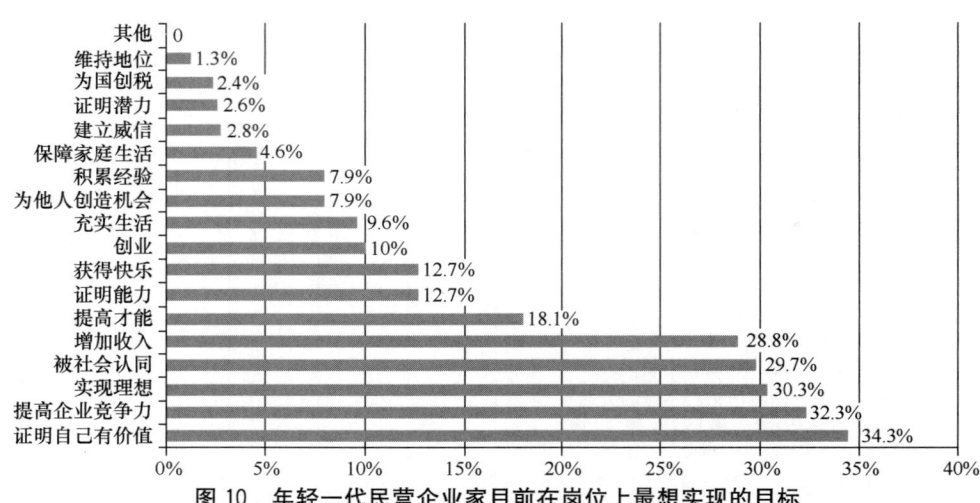

图 10　年轻一代民营企业家目前在岗位上最想实现的目标

（五）年轻一代民营企业家的人生理想的实现程度

1. 年轻一辈认为自己的理想完全实现了的仅占 5.5%

如图 11 所示，年轻一辈认为自己的理想实现了一半以上的占 61%，其中，认为完全实现了的占 5.5%，大部分实现了的占 34.5%，实现了一半的占 21%。33.8% 的认为自己的理想只实现了小部分，5.2% 的认为完全未实现。

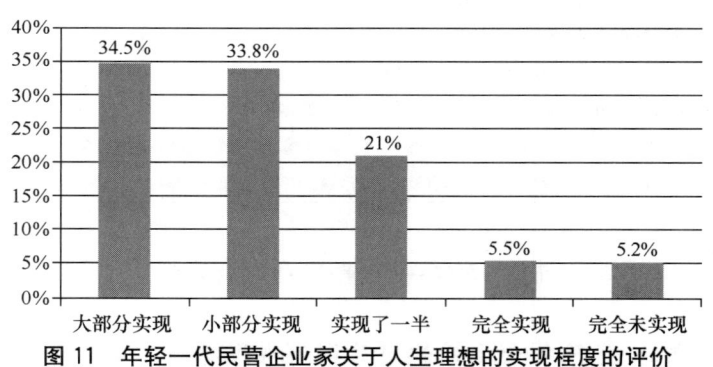

图 11　年轻一代民营企业家关于人生理想的实现程度的评价

2. 16.4% 的年轻一代民营企业家重新选择不愿意做企业家

如图 12 所示，关于"重新选择是否还愿意做企业家"，40 岁以下的选择愿意的比例为 74%，选择不愿意的占 16.4%。

（六）年轻一代民营企业家的生活价值观

1. 年轻者普遍认为健康为生活中最不能放弃的东西

如图 13 所示，关于"现有生活哪些不能放弃"，年轻一代选择人数比

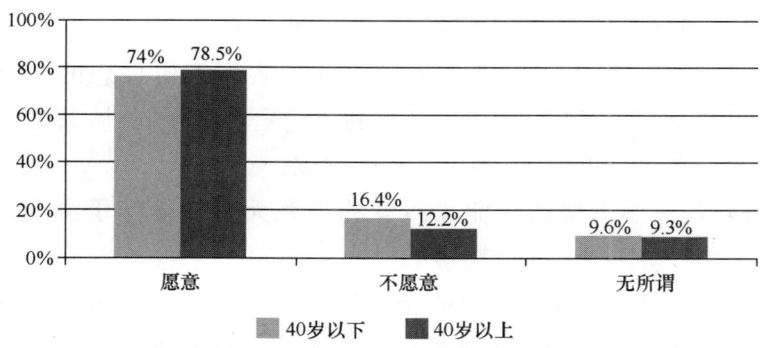

图 12　年轻一代民营企业家关于"重新选择是否还愿意做企业家"的看法

例最高的前五项依次分别为：健康（79.7%）、家庭（64.8%）、事业（31.2%）、责任（22.5%）、孩子（21.6%），选择人数比例最低的前五项依次分别为：热情（0.4%）、智慧（1.3%）、乐观（1.7%）、自由（2.4%）、爱情（2.6%）。

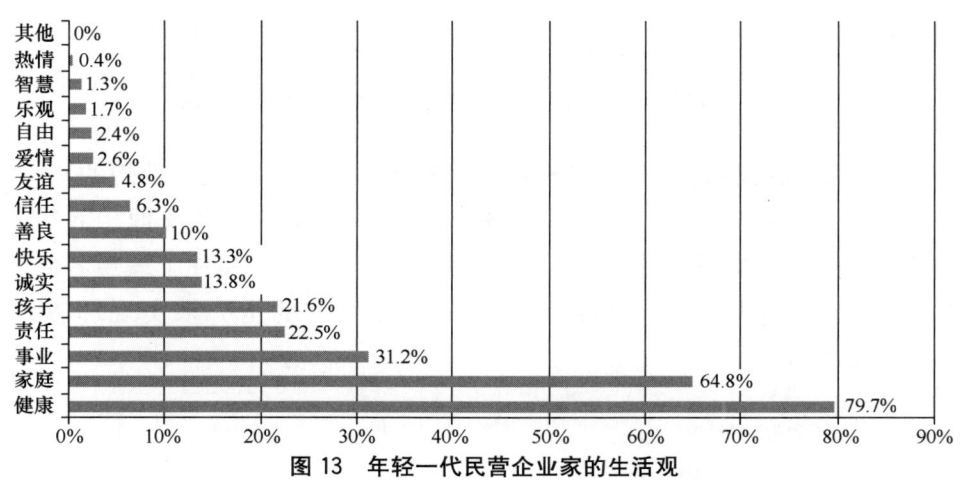

图 13　年轻一代民营企业家的生活观

二、山东省年轻一代民营企业家的价值观存在的问题

问卷数据统计分析显示，老一辈民营企业家无未实现理想的人，且大部分年轻一代民营企业家未完全实现理想，我们以实现了理想的企业家价值观为标杆，找出实现了理想者和未实现理想者之间价值观存在统计意义上有显著性差异的地方①，将之界定为部分年轻一代民营企业家价值观存在的问题。

---

① 注释，这里选择的区分值是 Pearson 卡方检验值 SIG 值小于 0.05 的范围内的项目。

（一）对国家重大事件的关注度和支持度偏弱

交叉表分析发现，实现了人生理想和未实现人生理想的企业家在对党的十九大的关注、对"一带一路"的支持程度上存在显著性差异，且均表现出同一特点，即关注度和支持度偏弱。

1. 未实现人生理想的企业家对党的十九大关注度低于实现了理想的企业家

如图 14 所示，实现了理想的企业家无不关注党的十九大，未实现理想的企业家中有 2% 的人不关注党的十九大，且选择非常关注和比较关注的人数比例比实现了理想的低 7 个百分点。

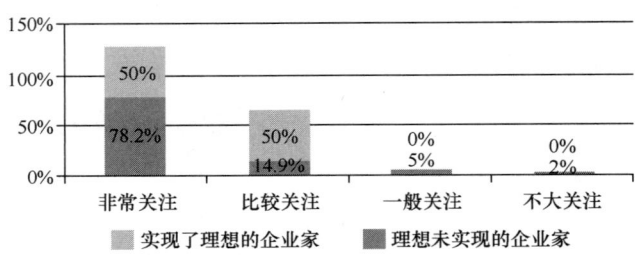

图 14　实现了理想和未实现理想分组对党的十九大的关注

2. 未实现理想者对"一带一路"的支持程度低于实现了理想的

如图 15 所示，关于"一带一路"的支持情况，未实现理想者选择"非常支持"和"比较支持"的人数比例共计 75%，比实现了理想者低 23 个百分点。而选择"感觉和自己生活关系不大"的全为未实现理想者，且占比高达 25%。

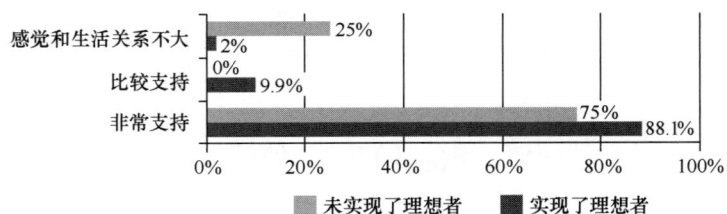

图 15　实现了理想和未实现理想对"一带一路"的支持情况

（二）对国家一些重大事务的认识有偏差

1. 未实现理想者更重视消除贫困、老百姓住房问题解决以及社会公平问题，实现了理想者更重视提高百姓收入、经济结构调整、环境保护

如图 16 所示，关于全面建成小康社会需重点解决的问题，图中所列各个项目为"实现了理想者"的和"未实现理想者"的认识有显著性差异且具有统计意义的项目。在调整经济结构、提高百姓收入水平、维护社会治安与秩序、加强环境保护方面,实现了理想的选择比例比未实现的高,比例分别为 34%、48.5%、14.9%、27.7%,分别高 34 个百分点、48.5 个百分点、14.9 个百分点 27.7 个百分点。然而,在实现社会公平、解决老百姓住房、消除贫困、建成法治政府、推进社会主义文化建设方面的比例却比实现理想者高,选择人数比例依次分别为 50%、50%、50%、50%、25%,分别比未实现理想者高 14.4 个百分点、18.2 个百分点、43.2 个百分点、21.2 个百分点、19.9 个百分点。

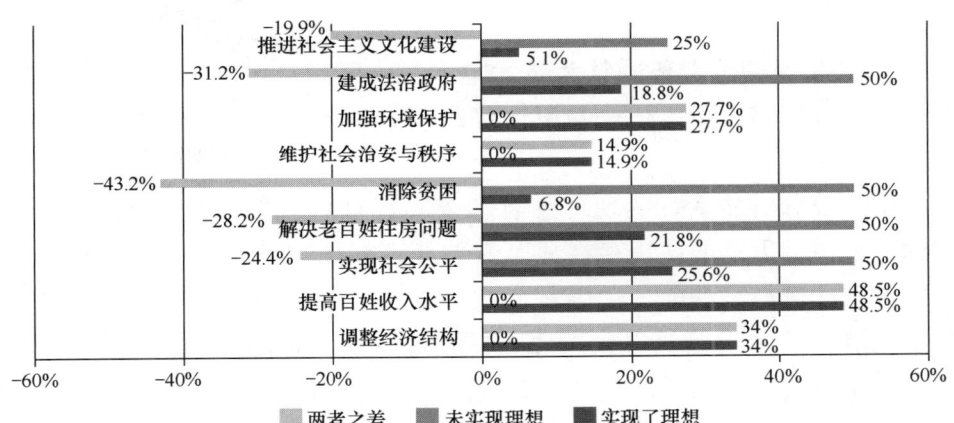

图 16　实现了理想和未实现理想的关于全面建成小康社会需重点解决的部分问题认识

2. 未实现理想者无人选择"五大发展理念""以人民为中心的发展思想",但选择"'五位一体'总体布局"高于实现理想者

关于对一些治国理念的感受最深的选择,实现了理想和未实现理想的在"五位一体"总体布局、五大发展理念、以人民为中心的发展思想的选择上有统计意义的显著性差异。其中,实现了理想的选择五大发展理念、以人民为中心的发展思想的比例要高于未实现理想的,分别为 14.2%、28.1%分别高 14.2 个百分点和 28.1 个百分点。但未实现理想的选择"五位一体"总体布局的比实现了的要高,前者为 75%,后者为 20.6%。

(三)经营企业的投机意识更浓,更肤浅

1. 未实现理想者普遍认为自身在企业的角色为主力球员、教练,实现理想者普遍认为自身角色为队长和教练

交叉表分析显示,实现理想者和未实现理想者对"将企业比喻成一个俱乐部球队,您感觉您的管理角色"的认识有显著性差异。如图17所示,未实现理想者普遍认为自身扮演的是主力球员和教练的角色,但是,实现理想者选择队长和教练的人数比例较高。

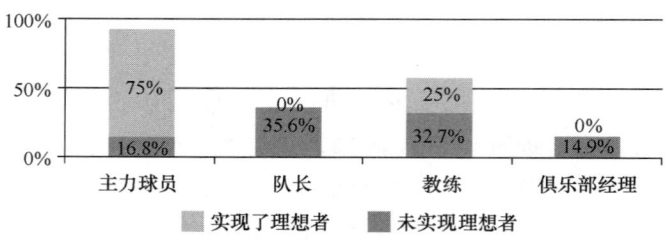

图17 实现了理想和未实现理想者关于自身管理角色的认知

2. 未实现理想者普遍认为技术与产品、管理能力、市场营销能力对企业经营成功不重要,但普遍更认可背景与关系、财力背景或资本运营、高层团队更重要

交叉表分析显示,实现理想者和未实现理想者关于决定企业经营成功的部分关键因素的认识存在显著性差异。如图18所示,未实现理想者选择人数比例最高的前三项因素依次分别为:背景与关系(75%)、财力背景或擅长资本运营(75%)、高层团队(50%),前三项因素的选择人数比例比实现了理想者的更高,分别高65.8个百分点、67.1个百分点以及35.3个百分点。实现了理想者选择技术与产品、市场营销能力、管理能力的比例比未实现的高,前者比后者分别高24.6个百分点、48.6个百分点、49.5个百分点。

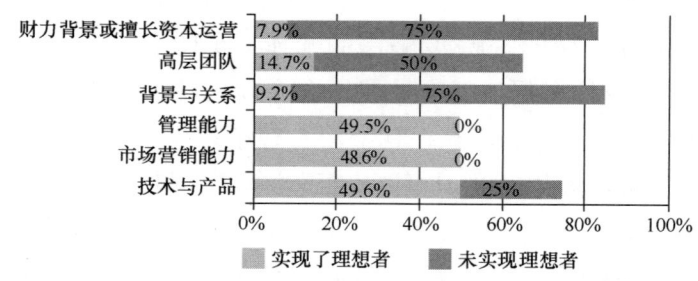

图18 实现了理想和未实现理想者关于决定企业经营成功的部分因素选择

3. 关于优秀企业家特点,未实现理想者更不推崇创新,但更推崇丰富关系的建立

交叉表分析显示,未实现理想者和实现理想者关于"最认同优秀企业家特点"的部分选项上有显著性差异。如图19所示,未实现理想者选择善于合作、关系丰富、形象出众的人数比例比实现理想者更高,前者分别为41.7%、25%、8.3%,分别比后者高出24.8个百分点、25个百分点、7.6个百分点。但未实现理想者选择善于创新的人数比例比实现理想者低,前者为29.2%,后者为57.7%。

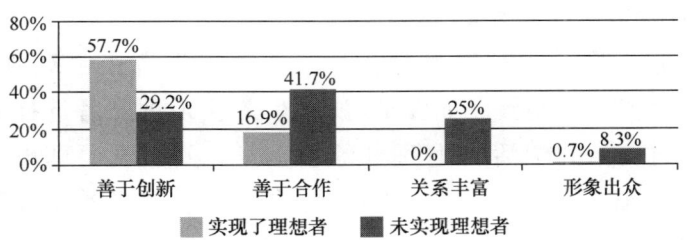

图 19 实现了理想者和未实现理想者关于最优秀企业家部分特征的认识

4. 关于最不喜欢的企业家特点,未实现理想者更鄙视企业家自身的性格因素,对不守信用、违法经营、贪婪的鄙视度不够

交叉表分析,未实现理想者和实现理想者关于"最不喜欢企业家特点"的某项选项存在显著性差异。如表1所示,实现了理想选择最不喜欢企业家的特点人数比例从高到低依次分别为:不守信用(77.9%)、违法经营(52.6%)、不尊重下属(19.5%)、偷税漏税(12.9%)、不善合作(11.9%)、因循守旧(10%)、不务正业(9.9%)、独断专行(8.9%),未实现理想的排序依次分别为:不守信用(50%)、不尊重下属(50%)、违法经营(25%)、贪婪(25%)、独断专行(25%)、冷酷无情(25%)。实现了理想和未实现理想二者间关于最不喜欢企业家特征认识差异最大的前五项是不尊重下属(-30.5%)、不守信用(27.9%)和违法经营(27.6%)、冷酷无情(22%)、贪婪(-16.3%)。

表 1 实现了理想与未实现理想者关于部分"最不喜欢企业家特点"的认识

项目	实现了理想者	未实现理想者	二者之差
不守信用	77.9%	50%	27.9%
违法经营	52.6%	25%	27.6%
贪婪	8.7%	25%	-16.3%
不尊重下属	19.5%	50%	-30.5%
偷税漏税	12.9%	0%	12.9%
不务正业	9.9%	0%	9.9%
独断专行	8.9%	25%	-16.1%

续表

项目	实现了理想者	未实现理想者	二者之差
不善合作	11.9%	0%	11.9%
因循守旧	10%	0%	10.00%
冷酷无情	3%	25%	−22.00%

（四）对财富的欲求更高

交叉表分析显示，实现理想者与未实现理想者在"对财富的认识"部分项目上存在显著差异。如图20所示，未实现理想者选择此生没有后顾之忧和能过富裕的生活的比例均高达75%，而实现了理想者的选择比例依次分别为49.5%、46.7%，33.5%的实现了理想者还选择了"在一般人水平之上"。

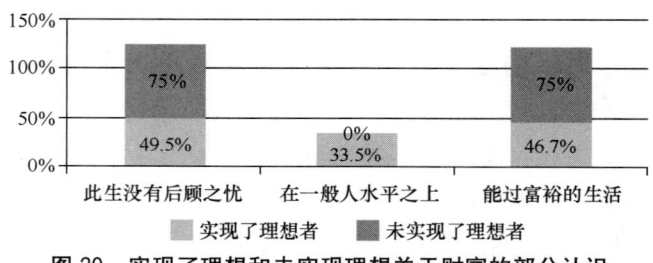

图20 实现了理想和未实现理想关于财富的部分认识

（五）事业理想观更狭隘和短视

交叉表分析显示，未实现理想者和实现理想者在事业理想的某些选项上存在显著性差异。如图21所示，对比实现理想者和未实现理想者关于事业理想追求的选择发现，在提高企业竞争力、提高才能等统计项上两者比例数之差最高。这说明，未实现理想者最不重视这三项。而增加收入、获得快乐、保障家庭生活为两者比例数之差最小的前三项，说明未实现理想者最为重视这三项。因此，未实现理想者的事业理想观更偏向收入的提升，更狭隘；实现理想者更偏向竞争力、能力和影响力的提升，更专业，眼光更长远。

（六）生活价值观更多元

交叉表分析显示，未实现理想者和实现理想者在"关于现在生活哪些东西最不能放弃"的部分选择上存在显著性差异。如图22所示，实现了理想者与未实现理想者在家庭、责任、健康、善良、诚实上的差异最大，比例数据差距的分别为：−39.6%、22.6%、−21%、−17.2%、

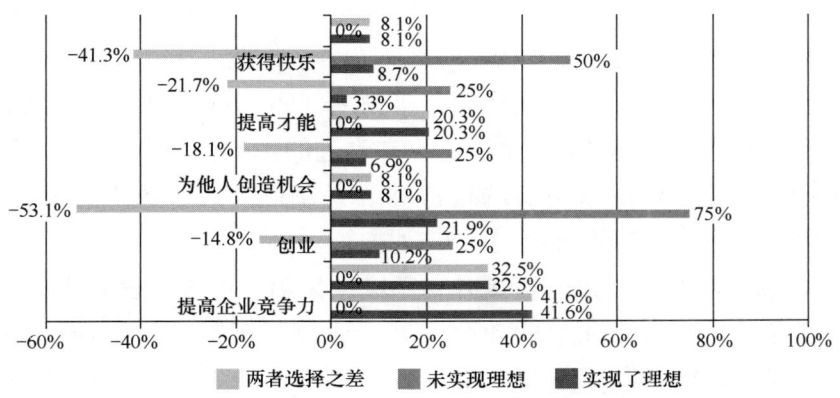

图 21 实现了理想和未实现理想的事业理想的部分观念

13.9%。其中，未实现理想者更重视家庭、健康和善良，但实现了理想者更重视责任、诚实。

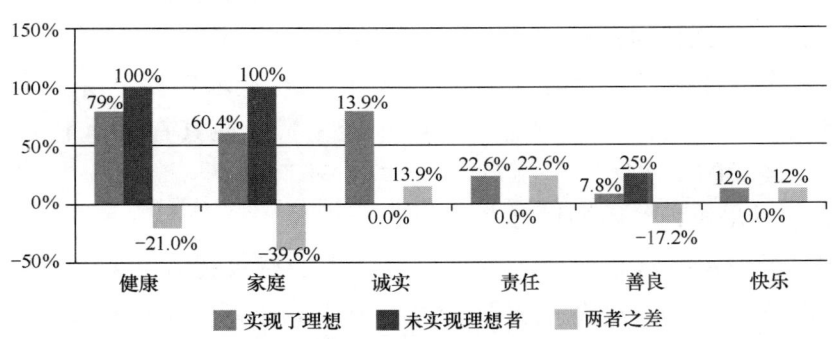

图 22 实现了理想者和未实现理想者的生活价值观差异

三、山东省统战年轻一代民营企业家的对策及措施

（一）引导山东年轻一代民营企业家增强守法意识，将法律作为经营企业的底线

从问卷调查的结果看到，年轻一代民营企业家对"违法经营"仍然存在容忍度，建议山东统战部门结合网络手段，加强宣传、培训，强化民营企业家的守法意识。

对于一些仍旧需要完善的法律法规，推动相关部门紧密结合企业市场经营环境的最新变化，以强化守法意识为目标，增加违法成本，鼓励守法行为，进一步完善围绕企业经营的法律法规系统。

（二）以"继承和发扬"为总基调，引导山东省年轻一代民营企业家向优秀的老一辈民营企业家学习

问卷调查的结果显示，相较老一辈优秀的企业家（实现理想的企业家），年轻一代民营企业家仍有许多需要改进的地方。我们认为，应该在承认年轻一代民营企业家自身的优势和长处基础上，吸收老一辈民营企业家的优点，主要在以下方面进一步改进：

1. 增强政治观念，进一步提升对国家重大事件的关注度和支持度

借鉴经验，结合企业家的业余爱好，通过组织重走长征路、观看革命地区博物馆，或者组织企业家重演抗战剧场、企业家重演内战剧场等系列活动，增强年轻一代民营企业家的爱国热情，增强政治意识。

通过网络、电视节目访谈和举办会议、论坛等多种形式，讨论国家重大事件，增强对国家重大事件的理解，增强其政治参与感，增强其对国家关于经济、关于产业以及重要法律法规的了解和掌握度。

2. 进一步强化对创新、管理、营销的重要性认识

通过发放课题研究专报、组织老一辈民营企业家座谈、讲座等形式，切实将老一辈经营企业的观念传递给年轻一代，使其在继承和发扬中，掌握企业经营的"诀窍"。

3. 进一步重视能力的提升

学习老一辈民营企业家，重视自身能力的持续提升和对企业竞争力的持续保持。通过举办"企业家学堂"，开发利用老一辈退休企业家的力量，通过仿"学徒式"、仿"顾问式"的教学方式，提升年轻一代企业家可持续发展的企业意识、终身学习的理念。

4. 进一步重视责任、诚实等方面的品格修养

通过举办优秀企业家讲座，组织优秀企业家案例研究，进一步总结老一辈优秀民营企业家的个性魅力，强化年轻一代民营企业家的责任、诚实等方面的品格修养。

（三）吃苦意识有待提高

交叉表分析显示，实现了理想者和未实现理想者关于"重新选择是否还愿意做企业家"的认识存在显著性差异。如图23所示，78.2%的实现了理想的企业家选择了"愿意"，未完全实现理想者选择"不愿意"的比例高达100%。这说明，未完全实现理想者对经营企业的"痛苦"印象更深刻，吃苦意识不够。

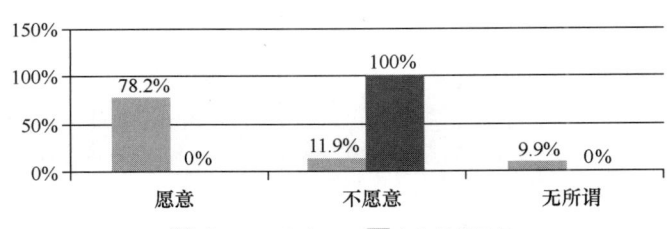

图 23　实现了理想和未实现理想者关于"重新选择是否还愿意做企业家"的认识

（四）以适当引领为总原则，增强山东省年轻一代的人文关怀和社会责任感

我国改革开放已四十余年，经济发展取得举世瞩目的成就。但一方面，经济的高速发展以一定的资源耗费为基础，另一方面，经济的高速发展造成了我国一定的贫富差距。

此外，对于一些社会影响力较大的企业家，其价值观影响不仅局限于其创办的组织内部，还影响到其他社会群体。因此，应适当引导企业家对社会问题关怀，增强其人文关怀、回报社会的意识，充分发挥其影响力，但应以适当引领为总原则，营造市场竞争森林法则之外的与经济发展水平相适应的文明、文化氛围。

基于上述认识，我们认为应大力宣传典型案例，以精神鼓励、荣誉奖励为主，适当激励山东省年轻一代民营企业家回报社会。此外，还可通过组织光彩事业和公益活动，组织援藏援疆、助学济困等活动以及组织一些重大灾难事件的志愿者活动等，为年轻一代民营企业家提供多种途径参与各类公益活动。

参考文献

［1］张青媛．新生代民营企业家主流价值观现状及培育［J］．中共郑州市委党校学报，2016（4）：31-34．

［2］汉吉月．新生代民营企业家队伍建设研究［J］．企业改革与管理，2014（11）：76-77．

［3］陈姝，陈芳．新生代民营企业家培育的路径选择［J］．理论导报，2013（12）：31-32．

［4］张振彦．民营企业家、技术创新与企业业绩［D］．云南财经大学，2010．

共享经济下灵活用工对网约工绩效的影响研究——基于湖北外卖配送员的实证分析[①]

袁声莉　张石琦　陈鑫源[②]

摘　要：随着共享经济的高速发展，灵活用工逐渐成为互联网行业、餐饮业、零售业的一种新型用工模式。近年来网约工作为一种新的灵活用工方式在实践中受到平台企业和就业群体的青睐。与现有研究偏重关注灵活用工中劳动力市场及权益维护等不同，本文基于认知理论和文献分析，对灵活用工进行维度划分，引入职业安全感作为中介变量，实证研究灵活用工的不同维度分别对网约工绩效的影响及作用机理，讨论促进网约工职业安全感、提升员工绩效的灵活用工方面的关键因素，为企业实施有针对性的人力资源管理措施提供了实证依据，并为提升员工绩效和职业安全感提供了指导意义。

关键词：灵活用工　内部/外部数量灵活性　员工绩效　职业安全感　网约工

一、引言

共享经济下劳动关系更加灵活与多元，用工模式表现为网络型的非

[①] 该篇论文获得"2020年全国人才与人事研究主题征文活动"二等奖。
[②] 袁声莉，湖北经济学院工商管理学院教授；张石琦，湖北经济学院工商管理学院硕士研究生；陈鑫源，江西师范大学心理学院硕士研究生。

典型雇佣特征。共享经济和平台经济催生了网约工群体的兴起，表现为劳动者不固定为一个或几个平台企业服务，而是将自身资源进行共享。目前我国的网约工主要存在于餐饮、交通、教育、医疗等领域，据国家信息中心测算，2019年我国共享经济领域的平台员工数达到623万人，共享经济还创造了7 800万个灵活就业岗位。随着共享经济的进一步发展，包括网约工在内的灵活用工群体规模必将越来越庞大，关于这类群体的相关研究也引起了学者们的关注。文献研究显示，近年来，国内外关于灵活用工模式的相关研究数量呈上升趋势，宏观层面上，大多数学者主要站在政府或公共部门的角度，研究劳动力市场的灵活性和动态平衡问题；微观层面上，学者们聚焦于灵活用工对于员工绩效提升和企业总目标实现等方面；而对于网约工这一群体的研究主要集中于劳动关系的界定和相关权益的保障，从其绩效的影响因素的角度出发的文献并不多，灵活用工与员工绩效的相关研究还有待挖掘。

本文将研究对象定为新型群体网约工，分析灵活用工对网约工绩效的影响，将职业安全感纳入提升绩效的考虑因素，探讨影响网约工绩效的机制。在完善共享经济的灵活就业机制，探索网约工权益保护制度的同时，重视提升网约工群体的获得感、幸福感，对于实现企业的可持续发展，促进新业态的繁荣具有很强的现实意义。

二、理论框架与研究假设

（一）研究假设

从企业自身发展的角度，用工方式更加弹性和灵活是一种全球性趋势。英国苏塞克斯大学的阿特金森提出了弹性企业模型，他认为组织或企业为完成既定的任务，可以利用弹性及多样性的方式取代传统的单一化人力雇佣，以此适应内外环境的压力。从理论上来看，灵活用工方式可能对劳动者心理和实际利益构成不安全等负面影响，进而影响到员工绩效和企业绩效；从实践上来看，灵活用工与绩效可能存在更为复杂的关系。本文根据经济合作与发展组织（OECD）给出的用工灵活性定义，试图回答内部数量灵活性、外部数量灵活性、工资灵活性、功能灵活性和外部化灵活性这五个方面的灵活性与网约工绩效究竟存在何种关系，细化灵活用工与绩效的关系研究，为共享经济下人力资源管理实践提出更加有针对性的建议。

1. 用工灵活性与网约工绩效的关系假设

根据现有文献研究可以得出，企业平台用工灵活性与网约工绩效有相关关系。实证研究表明，劳务派遣用工、非全日制用工会使这类群体的企业归属感较低。

内部数量灵活性是指企业根据工作的需要对现有员工工作时间及工作量做出灵活调整和安排，用工模式如弹性工作制和特殊工时制，但在员工人数上保持不变。以外卖行业为例，交易平台内部数量灵活性较高，通常因天气、季节、工作性质等因素导致外卖员工作时间不稳定、内部人员流动性较大、工作压力较大。赵秀清研究发现，员工角色压力和人际关系压力与绩效负相关。因此，可以做出以下假设：

H1a：内部数量灵活性与员工绩效负相关。

H2a：内部数量灵活性与职业安全感负相关。

外部数量灵活性是指通过招聘或解雇等方式，增减员工数量。由于外卖行业性质特殊，外卖员的数量不仅与派单平台相关，同时还与餐饮门店相关。在多种不稳定因素的影响下，员工可能会产生离职倾向或焦虑情绪，导致工作效率较低。因此，可以做出以下假设：

H1b：外部数量灵活性与员工绩效负相关。

H2b：外部数量灵活性与职业安全感负相关。

工资灵活性指的是企业根据经营情况、员工个人的绩效以及本行业的薪资水平对员工的薪酬结构做出的调整，通常指提高员工绩效薪酬占总收入的比重。从网约工群体组成来看，大多数人工作动机是挣更多的钱给家人带来更好的生活，与绩效挂钩的薪酬激励是最直接的激励方式，能对员工产生积极影响。同时，薪酬激励可以提升员工的职业安全感，发挥其自主性和能动性。因此，可以做出以下假设：

H1c：工资灵活性与员工绩效正相关。

H2c：工资灵活性与职业安全感正相关。

功能灵活性是指企业内部注重工作岗位的轮换和相关技能培训。对企业而言，内部兼职可以将冗余资源调配到更需要的岗位，从而减少企业招募的费用；对员工而言，内部培训是一种学习投资，使员工感受到企业对其职业生涯发展的关心，激励其提升绩效。凌玲认为，轮岗可以提升员工的技能水平，员工会将培训视作组织对员工的一种投资，关注其成长，因此将提高个人绩效作为对组织的回报。据此，可以做出以下假设：

　　H1d：功能灵活性与员工绩效正相关。

　　H2d：功能灵活性与职业安全感正相关。

外部化灵活性主要包括不固定的工作场所、缺少编制、业务外包三个方面。张原、沈琴琴提出，劳务派遣用工容易使被雇佣者失业，业务外包、工作异地可能会增加人员流失使员工缺乏职业安全感，不利于员工提高工作绩效和工作效率。劳务派遣等用工模式使员工不易感受到企业文化、缺少同事之间的感情交流，会少了心理依附和职业安全感。因此，可以做出以下假设：

H1e：外部化灵活性与工作绩效负相关。

H2e：外部化灵活性与职业安全感负相关。

综上所述，用工灵活性与员工绩效及职业安全感显著相关。

2. 职业安全感与网约工绩效的关系假设

根据赫兹伯格的双因素理论，员工感到满意的因素与工作的性质有关，多与工作内容和结果联系在一起；员工产生不满的因素，往往与工作条件和工作环境有关。他将前者称为激励因素，后者称为保健因素。在这一理论中，赫兹伯格将"安全"视作一种保健因素，主要是指工作环境的保障和收入的保障。职业安全感包括工作收入、升职机会、职业环境、员工关系等。较高的安全感水平可促使员工更乐于积极合作并创造性地解决问题，员工安全感水平会直接或间接反映到个体员工绩效上。因此，可以做出以下假设：

　　H3：职业安全感与员工绩效正相关。

3. 职业安全感的中介效应假设

职业发展理论的主要代表人物萨柏认为，员工选择工作时主要看重的是经济因素，它对员工职业安全感产生重要影响。赫兹伯格认为，安全感是指员工能够在同一公司或者同一岗位长期工作，并且能保障一定的生活质量。蔡文君在对中外研究进行总结的基础上提出，职业安全感主要由两部分组成，包括对目前已有资源及未获得资源的把握，这里的资源指的是职业机会、工作环境、员工交流等。波扎克夫经过研究验证得出，职业安全感越低，个人绩效越低。同时，企业灵活用工的制度，如弹性工时、弹性薪酬等能给予员工在任务和感情上的持续交换，使员工更大程度地投入到工作当中。

若自变量 X 经由某一变量 M 对因变量 Y 发生作用，则将 M 称为 X 和 Y 的中介变量。探索中介作用是为了在 X 和 Y 联系的基础上，研究这个关系的内部发生机理。本文将职业安全感作为中介变量，分析灵活用工模式对员工职业安全感的影响，再进一步讨论灵活用工模式、职业安全感分别对员工绩效的影响，并对关系背后的作用机制做出解释。因此，可以做出以下假设：

H4：职业安全感在灵活用工和员工绩效之间起中介作用。

（二）理论模型构建

根据心理学的经典认知理论：人的行为可以被分解为刺激和反应两部分，即对外部刺激的认知和认知后做出的行为反应，根据认知理论引入了"刺激—认知—反应"理论模型。本文将灵活用工作为刺激因素，由外部刺激引发的认知即职业安全感，是网约工员工对刺激因素的心理反馈，进而主导其行为，影响网约工员工绩效。其理论模型如图1所示。

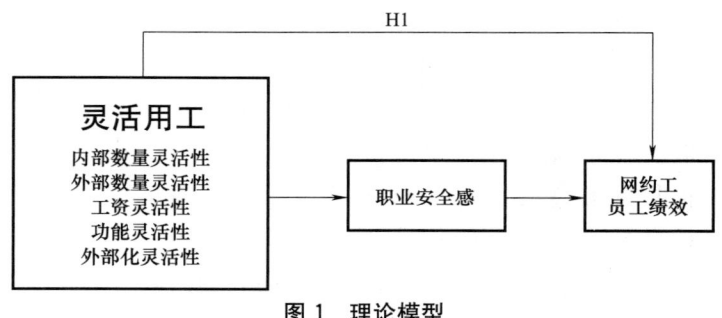

图 1　理论模型

如图 1 所示，本文将灵活用工作为前因变量，员工绩效作为结果变量，员工职业安全感为中介变量，构建灵活用工、职业安全感和网约工员工绩效之间关系的理论模型。该模型主要用来检验：（1）灵活用工与网约工员工绩效的相关关系；（2）灵活用工与职业安全感的相关关系；（3）职业安全感在灵活用工与网约工员工绩效间的中介作用。

三、灵活用工对网约工员工绩效影响的实证研究

共享经济平台的劳动者是我国劳动力市场的重要组成部分，其中外卖配送员是平台劳动者中最具有代表性的群体。2019 年在美团平台就业的外卖配送员共有 398.7 万人，而 2018 年蜂鸟配送注册配送员超 300 万人（数据来源于蜂鸟配送发布的《2018 外卖骑手群体洞察报告》），两大

外卖平台的配送员数量在700万人左右。为了较好地反映网约工这一群体的现状，本文选取外卖配送员为样本，通过问卷调查的方式回收数据，运用SPSS处理数据进行变量之间关系的检验。

（一）量表设计

测量量表的设计依据均为学者研究成熟的文献资料。本文的研究对象为网约工，选取外卖配送员作为调研群体，研究灵活用工对外卖员绩效及职业安全感的影响。其中，企业灵活用工的指标采用张原、沈琴琴设计的中国劳动力市场企业用工灵活性的量表，从内部数量灵活性、外部数量灵活性、工资灵活性、功能灵活性和外部化灵活性五个维度进行分析，选择适用于外卖配送员的测量指标。该量表总体信度为0.892，五个因子的合成信度在0.824～0.885。

外卖员的绩效指标以韩翼的绩效结构模型为基础，从中选取具有良好信度和效度的任务绩效（包括工作技能、任务知识和工作职责）、关系绩效（包括协助同事、个人自律、遵守规则和额外努力）、学习绩效（包括学习意愿、行动和结果）以及创新绩效（包括创新意愿、行动和结果）四维度测量量表。量表总体信度为0.873，四个因子的合成信度在0.815～0.868。

关于职业安全感的指标选取，采用在胡三嫚和李中斌的工作不安全感基础上编制的量表。量表包含薪酬不安全感、工作执行不安全感、工作失去不安全感、人际社交不安全感和竞争不安全感，一共5个维度。量表总体信度为0.915，五个因子的合成信度分布在0.828～0.947。

本文对性别、年龄以及受教育程度三个因素进行了控制。

（二）数据采集与样本分析

本研究发放网络问卷227份，回收问卷220份，其中有效问卷201份，有效率为91.36%。样本中，男性113人（56.20%），女性88人（43.80%）。样本在18～57岁之间，平均年龄为35.78±8.86岁，18～30岁为72人（25.71±1.87岁）（35.8%），31～43岁为92人（38.20±2.09岁）（45.8%），43岁以上为37人（49.35±3.29岁）（18.4%）。高中学历及以下59人（29.30%），专科学历96人（47.8%），本科学历及以上46人（22.90%）。

（三）同源方差的检验

由于本研究变量的测量均采用自陈式问卷，可能产生同源方差，本文采用Harman单因子检测法对3份问卷共60个测量题目（灵活用工18

题、员工绩效17题、职业安全感25题）进行探索性因子分析，得到特征值大于1的因子个数为17个，初始因子解释的变异量仅为22.983%，低于40%的临界值。故本研究不存在严重的同源方差。

（四）灵活用工、职业安全感、员工绩效的描述性统计及相关性分析

通过SPSS软件，对外卖配送员的有效问卷分别予以统计。由表1可知，灵活用工五个维度的均分均处于9~11之间，说明企业灵活用工程度总体评价较好。在各项变量中，职业安全感的标准差最大，说明不同企业员工的职业安全感有较大的差异。职业安全感均分为63.97，可以看出企业员工整体安全感中等偏上。员工绩效均分为32.83，低于中间值51，即在员工绩效整体情况上较差。

对灵活用工各维度及职业安全感、员工绩效进行积差相关来考察各变量间的相关性，结果见表1。内部数量灵活性与员工绩效两变量负相关，H1a得到验证。内部数量灵活性与员安全感两变量负相关，H2a得到验证。外部数量灵活性与员工绩效两变量负相关，H1b得到验证。外部数量灵活性与职业安全感两变量负相关，H2b得到验证。工资灵活性与网约工绩效两变量正相关，H1c得到验证。工资量灵活性与职业安全感两变量正相关，H2c得到验证。功能灵活性与员工绩效两变量正相关，H1d得到验证。工资灵活性与职业安全感两变量正相关，H2d得到验证。外部化灵活性与网约工绩效两变量负相关H1e得到验证。外部化数量灵活性与职业安全感两变量负相关，H2e得到验证。职业安全感与员工绩效两变量正相关，H3得到验证。

表1 各变量相关分析结果及平均数、方差（样本 $N=201$）

变量	1	2	3	4	5	6	7
内部数量灵活性	1						
外部数量灵活性	0.32**	1					
工资灵活性	−0.22**	−0.41**	1				
功能灵活性	−0.19**	−0.39**	0.36**	1			
外部化灵活性	0.23**	0.39**	−0.36**	−0.29**	1		
职业安全感	−0.32**	−0.58**	0.58**	0.51**	−0.56**	1	
员工绩效	−0.34**	−0.59**	0.53**	0.53**	−0.57**	0.88**	1
均值（M）	9.73	10.08	9.98	10.15	10.12	63.97	32.83
标准差（SD）	2.87	2.60	2.55	2.61	2.37	7.89	7.27

注：* $p<0.05$，** $p<0.01$，*** $p<0.001$。

(五)职业安全感、员工绩效基于人口变量的检验

在进行中介回归分析之前,需要对可能影响中介作用的人口变量进行差异检验,选出对研究影响较大的因素加以控制。本文对职业安全感、员工绩效在性别变量上的差异使用独立样本 t 检验,结果显示,职业安全感与员工绩效在人口变量上的差异均显著($p<0.01$),113 名男性受访者的平均职业安全感为 64.96,平均员工绩效为 33.93,88 名女性受访者的平均职业安全感为 62.69,平均员工绩效为 31.42,这两项指标的均值男性均高于女性。

再对职业安全感、员工绩效在人口变量年龄上的差异进行方差分析。从方差齐性检验的结果可以看出方差均齐性,故能进行方差分析。方差分析结果如表 2 所示,可以看出职业安全感和员工绩效在人口变量年龄上的差异均显著。职业安全感和员工绩效均在 31~43 岁年龄段最高,18~30 岁年龄段员工的职业安全感低于 43 岁以上的群体,18~30 年龄段的员工绩效高于 43 岁以上的群体。

表 2　　　　　　　　　　年龄差异检验

变量	年龄(岁)	(样本)N	平均值	标准差	方差
职业安全感	18~30	72	62.53	6.91	职业安全感
	31~43	92	68.74	5.95	
	43 以上	37	63.97	3.98	
员工绩效	18~30	72	30.17	5.07	81.97**
	31~43	92	37.85	6.29	
	43 以上	37	32.83	3.17	

注:* $p<0.05$,** $p<0.01$,*** $p<0.001$。

同样,采用方差分析的方式对职业安全感、员工绩效在教育程度变量上进行差异检验。首先通过了方差齐性检验。方差分析结果显示,职业安全感在人口变量教育程度上的差异并不显著($F=1.83$,$p>0.05$),而员工绩效在教育程度上的差异显著($F=3.42$,$p<0.05$),学历在本科及以上的员工绩效得分最高(均值为 34.46),专科其次(均值为 32.82),高中及以下学历的员工绩效得分最低(均值为 30.76)。

综上所述,职业安全感、员工绩效在性别和年龄上均显著,职业安全感在教育程度上不显著,员工绩效在教育程度上差异显著。由此我们可以得出性别、年龄和教育程度均是对研究变量影响较大的因素,因此

在对中介模型进行检验的时候需要加以控制。

（六）中介作用的检验

为了检验职业安全感的中介作用，本文分别以灵活用工的五个维度为预测变量，职业安全感为中介变量，员工绩效为因变量构建结构模型（见图2），采用 Hayse 开发的 PROCESS Modle 4 进行回归分析。在构建模型时对性别、年龄和教育程度三个人口变量进行控制。结果显示，内部数量灵活性、外部数量灵活性、外部化灵活性均显著负向预测员工绩效（$\beta=-0.11$，$p<0.01$；$\beta=-0.31$，$p<0.01$；$\beta=-0.40$，$p<0.01$）。工资灵活性对员工绩效的直接预测不显著（$\beta=0.06$，$p>0.05$），功能灵活性显著正向预测网约工绩效（$\beta=0.26$，$p<0.01$）。内部数量灵活性、外部数量灵活性、外部化灵活性均显著负向预测职业安全感（$\beta=-0.88$，$p<0.01$；$\beta=-0.76$，$p<0.01$；$\beta=-0.57$，$p<0.01$）。工资灵活性、功能灵活性均显著正向预测职业安全感（$\beta=0.43$，$p<0.01$；$\beta=0.52$，$p<0.01$）。职业安全感显著正向预测员工绩效（$\beta=0.81$，$p<0.01$），这代表灵活用工不仅能直接影响员工绩效，还可以通过职业安全感间接影响员工绩效。

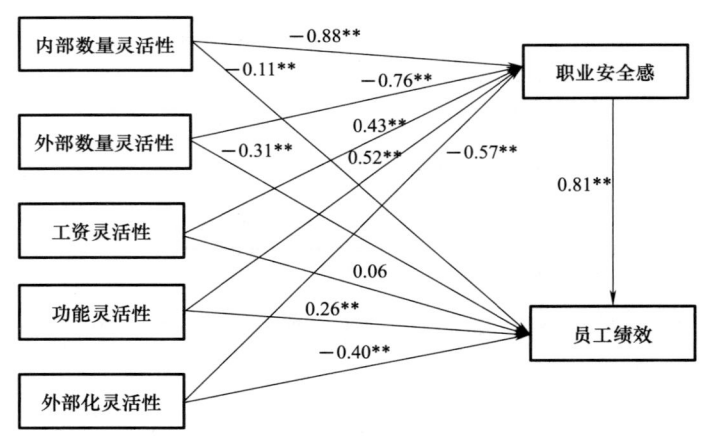

图2 灵活用工各维度、职业安全感、员工绩效研究模型图

注：* $p<0.05$，** $p<0.01$，*** $p<0.001$

本研究采用 Bootstrap（重复取样 5 000 次）进行中介作用显著性检验，结果见表3，灵活用工的五个维度通过职业安全感的中介作用值分别为 -0.71、-0.58、1.41、0.40、-0.43，中介作用比例分别为 86.19%、35.03%、95.98%、27.78%、24.81%，且置信区间中均不包

含 0，说明职业安全感在灵活用工各维度与员工绩效之间的中介作用均显著，且在工资灵活性与员工绩效之间为完全中介。故验证 H4：职业安全感在组织灵活用工与员工绩效中间起中介作用。

表 3 中介作用显著性检验

影响路径	中介作用值	95%置信区间	中介作用比例
内部数量灵活性-职业安全感-员工绩效	−0.71	[−0.989, −0.412]	86.19%
外部数量灵活性-职业安全感-员工绩效	−0.58	[−.7764, −0.312]	35.03%
工资灵活性-职业安全感-员工绩效	1.41	[1.121, 1.691]	95.98%
功能灵活性-职业安全感-员工绩效	0.40	[0.236, 0.650]	27.78%
外部化灵活性-职业安全感-员工绩效	−0.43	[−0.697, −0.270]	24.81%

四、研究结论与对策建议

（一）研究结论

实验结果表明，假设都得到了样本数据验证，相关均显著，只有职业安全感在人口变量教育程度上不显著。根据验证结果，可以得出：内部数量灵活性、外部数量灵活性、外部化灵活性对外卖配送员的绩效显著负相关。功能灵活性、工资灵活性对外卖配送员的绩效显著正相关。另外，假设 H2c 得到了进一步延伸，结果表明工资灵活性与职业安全感显著正相关。职业安全感在灵活用工与员工工绩效中间作为中介发挥作用。根据相关文献和专家研究，分析组织灵活用工对员工的绩效影响的原因如下：

（1）内部数量灵活性不合理是指在不增减内部员工数量的前提下，对企业的现有员工过度提升用工灵活性。时薪加班制度虽然能使员工完成更大的工作量，但容易使人产生倦怠心理。科学合理地分配工作有利于员工保持积极的工作状态，提升员工的职业安全感和企业归属感。

（2）外部数量灵活性过高的企业会通过招聘和解雇等方式，造成人员更替频繁，使企业内部员工对个人的职业生涯产生危机感，同时工作效率不高，不利于促进企业的总体绩效。外部数量灵活性适中的企业往往通过人事沟通、工会引导、企业文化等方面切实为员工考虑，使员工对企业产生情感依附。

（3）工资灵活性是指在核算薪酬时，提高员工的绩效工资占总工资的比例。适度的工资灵活性有利于员工绩效提升，这对于部分员工来说是一种物质上的奖励，使之保持积极的工作状态，同时可以更好地将员工个人绩效与组织总体效益联系起来。

（4）功能灵活性是指企业内部注重工作岗位的轮换和相关技能培训，这有助于提升员工多方面的能力，使其胜任不同的工作岗位，增加其社会生存的能力。功能灵活性能够使员工意识到自己对于组织的重要性，并增强其安全感和使命感。

（5）外部化灵活性使员工通常在不固定的场所工作，往往缺少编制。过度的外部化灵活性使员工忙于企业或平台之间的转换，不易感受到企业文化，缺少与同事交流感情的机会，缺少心理依附和职业安全感。

德利瑞和多蒂在研究银行的战略性人力资源管理模式时提出，职业安全感正向预测企业绩效。一份稳定的工作有助于将员工和所有者的利益结合，当员工的职业安全感较高时，员工会更加关心企业的总体效益，主动为企业创造利益。本研究结果证明，灵活用工措施会影响员工职业安全感，进而对其绩效产生影响。而职业安全感主要通过工作失去、人际关系、薪资水平等方面对员工绩效产生影响。

在关于职业安全感的中介作用分析中发现，外卖配送员担心自己会随时失去这份工作，因为工作技巧性较低，可操作性较高，容易被替代，同时还担忧自己的工作内容简单枯燥而无法提升个人能力。

（二）对策建议

随着共享经济模式的普遍发展，通过互联网服务平台用工的新型模式大量节省了企业的成本费用，不仅充分利用了社会资源，还刺激了消费需求的增长。通过对灵活用工、职业安全感和员工绩效三者的实证研究和相关讨论，提出以下管理启示。

（1）适当改变"重绩效轻责任"的模式。当下，各大网约工平台普遍暴露"只重绩效"的行为，视效率为生命。为了能抢占市场，企业在用工方式上通常最小化劳动成本，最大化劳动效率，对整体劳动过程实行末位淘汰制、积分制等监管方式，而对于网约工的需求和责任则不够重视。平台对网约工的岗位素质缺乏要求，对劳动安全等岗位需求保障不足，部分企业甚至没有承担起相应的社会责任。

以目前最庞大的外卖配送员群体为例，相关企业平台要积极配合交通部门提高劳动者的安全意识，结合外卖配送员的具体位置和相应时间合理分配用餐客户资源，而非一味地加大外卖配送员的工作量。同时，劳动者自身也要树立维权意识，不断提高自身素质，了解相关法律知识，主动与企业平台签订劳动合同，防止平台利用信息不对称来规避法律责任。若自身权益受到侵害，应当理性积极地依法维权，向工会或仲裁机构寻求解决办法。

（2）发挥工会的引导作用。随着"互联网+"和共享经济快速发展，新型就业群体不断壮大，但这类劳动者最容易产生劳动争议，在寻求救济时个人力量微薄，维权之路艰难。劳动安全性、商品安全性、投诉合理性等岗位基本需求，企业往往要求网约工自理。面对企业平台，网约工往往处于弱势一方，因此尤其需要发挥工会的引导作用。

目前，广州、上海、青岛等地都成立了送餐行业工会联合会，积极引导新技术、新业态、新模式领域企业建会和职工入会，旨在协调雇主与雇员之间的利益，起到调节和引导作用。让员工克服"临时""短期"意识，树立"我与企业共成长"的价值观，在提高员工自身技能的同时也增强员工的归属感和安全感，真正落实好"服务型"工会。

（3）采用参与式管理方法。杜宜蔓关于外卖配送员从业状况的调查数据显示，对未来三年有清晰规划的样本仅占到了四成，30%的人表示愿意继续从事外卖配送，10%左右的人表示将不会继续从事该行业，而剩下的人对于未来的职业定位并不清晰，没有具体的计划。共享平台企业凭借"信息平台"等新技术优势，在用工方式上刻意追求超额劳动效率、规避用工责任，使大部分网约工都缺少组织归属感、职业上升通道和劳动安全感。

随着社会的进步和教育程度的提高，企业开始重视人对于组织的重要性，把人看作宝贵的资源，提倡"以人为本、员工参与"。参与式管理方法尊重员工的建议和意见，重视员工的自主权，使其拥有更多发挥主动性以及创造性的机会。平台的经营管理不仅要注重企业整体绩效，还要将以人为本作为发展理念，进一步完善参与式管理并加强网约工的忠诚度管理。

参考文献

[1] 杨斌，魏亚欣，丛龙峰. 中国劳动关系发展途径探讨——基于劳动关系形态视角的分析 [J]. 中国人力资源开发，2014（19）：96-101.

[2] 于莹. 共享经济用工关系的认定及其法律规制——以认识当前

"共享经济"的语域为起点[J]. 华东政法大学学报, 2018, 21 (3): 49-60.

[3] Atkinson J.. Manpower Strategies for Flexible Organizations [J]. The Personnel Management, 1984, 16 (8): 28-31.

[4] 赵秀清. 工作压力与工作绩效关系研究——积极应对策略的视角 [J]. 中国管理科学, 2014, 22 (1): 132-138.

[5] 凌玲. 员工培训对组织承诺、离职倾向的影响机理研究[D]. 成都: 西南财经大学, 2012.

[6] 张原, 沈琴琴. 平衡中国劳动力市场的灵活安全性——理论指标、实证研究及政策选择 [J]. 经济评论, 2012 (4): 53-67.

[7] 冯利伟, 潘建伟. 心理安全感对员工工作绩效的影响——基于组织支持感的调节作用 [J]. 中国流通经济, 2014, 28 (11): 102-107.

[8] 蔡文君. 职业安全感研究评述 [J]. 企业家天地（理论版）, 2007 (4): 215-216.

[9] Podsakoff, N. P., LePine, J. A., LePine, M. A.. Differential challenge stressor-hindrance stressor relationships with job attitudes, turnover intentions, turnover, and withdrawal behaviour: A meta-analysis [J]. Journal of Applied Psychology, 2007, 92 (2): 438-454.

[10] 韩翼. 雇员工作绩效结构模型构建与实证研究[D]. 武汉: 华中科技大学, 2006.

[11] 胡三嫚, 李中斌. 企业员工工作不安全感的实证分析 [J]. 心理学探新, 2010, 30 (2): 79-85.

[12] 温忠麟, 叶宝娟. 中介效应分析: 方法和模型发展 [J]. 心理科学进展, 2014, 22 (5): 731-745.

[13] Delery, J. E., Doty, D. H.. Modes of Theorizing in Strategic Human Resource Management: Tests of Universalistic, Contingency, and Configurational Performance Predictions [J], Academy of Management, 1996, 39 (4): 802-835.

[14] 杜宜蔓. 外卖小哥从业状况的调查与分析——基于攀枝花市在线餐饮行业的数据 [J]. 青年发展论坛, 2019, 29 (5): 77-85.

2019年襄阳市企业薪酬调查数据分析

杨 曦 郭克宇

摘 要：企业薪酬调查是由政府定期组织实施的以企业中不同职业劳动者工资报酬水平和不同行业企业人工成本状况为调查内容的抽样调查。建立薪酬调查制度，发布人力资源市场工资指导价位和人工成本信息，是市场经济条件下加强企业工资分配宏观指导、推进收入分配改革的基础性工作，也是政府加强和完善公共信息服务的重要手段，可以充分发挥市场机制对工资分配的基础性调节作用，促进市场均衡工资率形成，引导劳动力合理有序流动。

关键词：襄阳市 企业薪酬调查 数据分析

一、调研背景

（一）目的与意义

2018年，人力资源和社会保障部、财政部发布《关于建立企业薪酬调查和信息发布制度的通知》，目标任务是建立制度完善、调查科学、发布规范的企业薪酬调查和信息发布制度，到2020年，建成国家、省（自治区、直辖市）、市（副省级市、地级市、州、盟）企业薪酬调查和信息发布体

---

① 该篇论文获得"2020年全国人才与人事研究主题征文活动"三等奖。
② 杨曦，襄阳市人力资源社会保障局劳动关系科工作人员；郭克宇，襄阳市人力资源和社会保障局劳动关系科科长。

系。因此,襄阳市积极响应人力资源和社会保障部等相关部门的要求,落实薪酬调查工作,以进一步培育和规范人力资源市场,建立和完善人力资源价格机制,更好地指导企业完善内部工资分配和人工成本管理。

(二)调查内容与方法

本次薪酬调查内容为2018年度襄阳市企业的人工成本情况和从业人员的工资报酬情况。调查时点指标为2018年12月31日,时期指标为2018年1月1日至2018年12月31日。本次调查采用抽样调查的方式,调查样本是襄阳市行政区内注册生产经营正常的企业。本次调查有效企业样本481户,涉及劳动者数据76 416人。

(三)样本分布

1. 样本企业行业分布

从样本企业行业分布来看,样本数量最多的是制造业,为173户,占36.0%;其次是批发和零售业,为139户,占28.8%。其他行业占比均在5%以下(见表1)。

表1　　　　　　　　襄阳市样本企业行业分布

行业门类	企业数量(户)	占比
制造业	173	36.0%
批发和零售业	139	28.8%
建筑业	22	4.6%
金融业	20	4.2%
农、林、牧、渔业	19	4.0%
房地产业	15	3.1%
交通运输、仓储和邮政业	14	2.9%
住宿和餐饮业	12	2.5%
电力、热力、燃气及水生产和供应业	11	2.3%
居民服务、修理和其他服务业	11	2.3%
科学研究和技术服务业	8	1.7%
信息传输、软件和信息技术服务业	8	1.7%
租赁和商务服务业	8	1.7%
卫生和社会工作	6	1.2%
教育	5	1.0%
采矿业	4	0.8%
文化、体育和娱乐业	4	0.8%
水利环境和公共设施管理业	2	0.4%

2. 样本企业规模分布

从企业规模来看，大型企业 15 户，占比为 3.2%；中型企业 93 户，占比为 19.8%；小型企业 308 户，占比为 65.5%；微型企业 54 户，占比为 11.5%。襄阳市样本企业以中小型企业为主，中型企业和小型企业数量占比超过 85%（见图 1）。

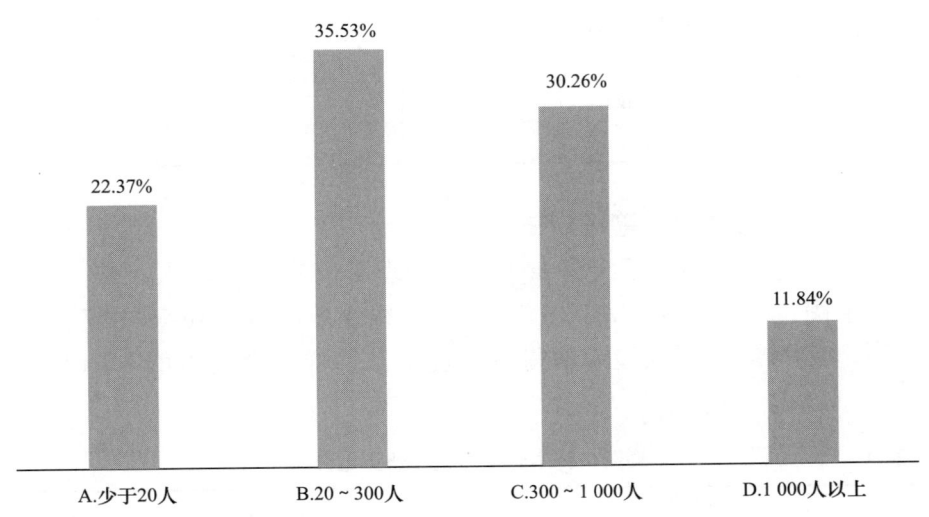

图 1　襄阳市样本企业规模分布

3. 样本企业登记注册类型分布

从样本企业的登记注册类型来看，内资企业占比 95.2%；外资企业占比为 2.9%；港澳台三资企业占比为 1.9%（见表 2）。

表 2　襄阳市样本企业登记注册类型分布

登记注册类型	企业数量（户）	占比
有限责任公司（含国有独资公司）	309	64.1%
私营企业	65	13.5%
股份有限公司	45	9.4%
国有企业（不含国有独资公司）	32	6.7%
外资企业	14	2.9%
港澳台三资企业	9	1.9%
集体企业	7	1.5%

4. 样本劳动者学历分布

从样本劳动者学历分布来看，襄阳市样本劳动者集中分布在高中、中专或技校及以下学历，占比为 62.4%。研究生（含博士、硕士）学历样本劳动者最少，为 631 人，占 0.8%（见表 3）。

表 3　　　　　　　　襄阳市样本劳动者学历分布

学历	样本数量	占比
研究生（含博士、硕士）	631	0.8%
大学本科	12 151	15.9%
大学专科	15 928	20.9%
高中、中专或技校	27 928	36.5%
初中及以下	19 778	25.9%

5. 样本劳动者岗位等级分布

从样本劳动者岗位等级分布来看，管理岗位共 10 921 人，占 14.3%；专业技术岗位共 9 638 人，占 12.6%；一线作业服务岗位 55 857 人，占 73.1%，其中 34 398 人没有取得资格证书，占样本劳动者的 45.0%（见表 4）。

表 4　　　　　　　　襄阳市样本企业登记注册类型分布

岗位等级	劳动者数量	占比
高层管理岗	1 068	1.4%
中层管理岗	4 668	6.1%
基层管理岗	1 997	2.6%
管理类员工岗	3 188	4.2%
高级职称	482	0.6%
中级职称	2 018	2.6%
初级职称	3 470	4.5%
没有取得专业技术职称	3 668	4.9%
高级技师	305	0.4%
技师	2 189	2.9%
高级技能	3 149	4.1%
中级技能	5 465	7.2%
初级技能	10 351	13.5%
没有取得资格证书	34 398	45.0%

二、劳动者工资报酬分析

劳动者工资报酬是指劳动者付出体力或脑力劳动所得的对价，体现的是劳动者创造的社会价值。劳动者工资报酬主要由劳动者基本工资、绩效工资、津补贴和加班费组成。本次调查中，分行业、规模、登记注册类型等维度，对劳动者工资报酬进行分析。

（一）整体工资报酬水平

2018年度襄阳市企业劳动者平均工资报酬水平为 54 410 元，工资报酬水平的中位数为 43 947 元，说明襄阳市的低收入人群比重仍然较高（见图 2）。

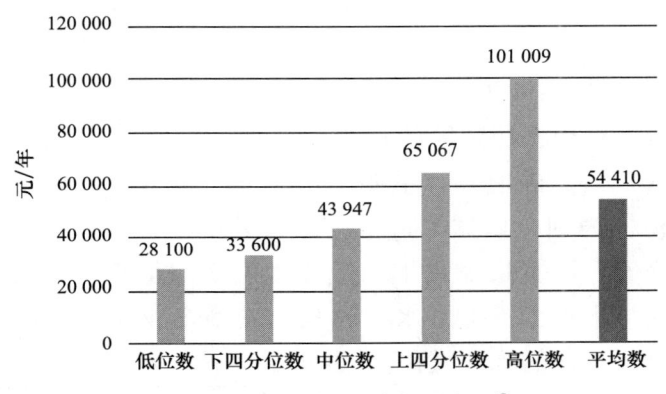

图 2　襄阳市整体工资报酬水平①

（二）分行业工资报酬水平

在襄阳市行业门类中，平均工资报酬水平最高的是金融业（10.4万元），其次是电力、热力、燃气及水生产和供应业（7.5万元）。平均工资报酬水平最低的是住宿和餐饮业（3.6万元）；其次是批发和零售业（4.4万元）。目前襄阳市已形成汽车、装备制造、农产品加工三大千亿级产业，但制造业整体平均工资报酬水平仍然较低（见表5）。

表 5　　　　　　襄阳市分行业劳动者平均工资报酬水平

行业	工资报酬水平	行业差异倍数
金融业	103 961	2.85
电力、热力、燃气及水生产和供应业	75 393	2.07
建筑业	56 189	1.54

---

①　高位数是指将市场水平按由低到高排序，排在 90% 高位的市场水平所代表之数字；上四分位数是排在 75% 较高位的市场水平所代表之数字；中位数是指排在 50% 中位的市场水平所代表之数字；下四分位数是排在 25% 较低位的市场水平所代表之数字；低位数是排在 10% 低位的市场水平所代表之数字；平均数是指全部人员工资总额的算术平均数，反映市场的平均水平。

续表

行业	工资报酬水平	行业差异倍数
房地产业	54 942	1.51
居民服务、修理和其他服务业	50 066	1.37
制造业	49 256	1.35
交通运输、仓储和邮政业	48 942	1.34
农、林、牧、渔业	44 361	1.22
批发和零售业	43 992	1.21
住宿和餐饮业	36 420	1.00

注：行业差异倍数＝各行业平均工资报酬水平/行业门类中最低平均工资报酬水平。

（三）分企业规模工资报酬水平

本次调查的规模按照国家统计局关于印发《统计上大中小微型企业划分办法（2017）》的通知，主要以从业人员、营业收入、资产总额等指标或替代指标为划分依据，将企业分为大型、中型、小型和微型四个等级。总体来看，工资报酬水平与企业规模之间呈正相关关系，即规模越大，从业人员平均工资报酬水平越高。大型企业从业人员的平均工资报酬水平是微型企业的1.33倍（见表6）。

表6　　　　襄阳市分企业规模劳动者平均工资报酬水平

企业规模	工资报酬水平	规模差异倍数
大型企业	59 544	1.33
中型企业	56 534	1.26
小型企业	49 587	1.11
微型企业	44 845	1.00

注：规模差异倍数＝各规模企业平均工资报酬水平/微型企业平均工资报酬水平。

（四）分企业登记注册类型工资报酬水平

襄阳市企业按照登记注册类型分为七类，从业人员平均工资报酬水平最高的是国有企业（69 922元），其次是股份有限公司（68 309元）。从业人员平均工资报酬最低的是私营企业（39 783元），其次是集体企业（45 954元）。外资企业、港澳台三资企业的平均工资报酬水平均比国有企业的低（见表7）。

表7　　　　襄阳市分企业类型劳动者平均工资报酬水平

登记注册类型	工资报酬水平	类型差异倍数
国有企业（不含国有独资公司）	69 922	1.76
股份有限公司	68 309	1.72

续表

登记注册类型	工资报酬水平	类型差异倍数
外资企业	54 193	1.36
有限责任公司（含国有独资公司）	49 692	1.25
港澳台三资企业	46 702	1.17
集体企业	45 954	1.16
私营企业	39 783	1.00

注：类型差异倍数＝各登记注册类型企业平均工资报酬水平/登记注册类型中最低平均工资报酬水平。

（五）分学历工资报酬水平

分学历来看，劳动者平均工资报酬水平与劳动者学历具有正相关关系，即学历越高，劳动者平均工资报酬水平越高。襄阳市研究生（含博士、硕士）学历的劳动者平均工资报酬水平超过10万元/年，是初中及以下劳动者平均水平的2.89倍，比大学本科学历劳动者平均水平高43 819元/年（见表8）。

表8　襄阳市分学历劳动者平均工资报酬水平

学历	工资报酬水平	学历差异倍数
研究生（含博士、硕士）	122 224	2.89
大学本科	78 405	1.85
大学专科	62 701	1.48
高中、中专或技校	46 285	1.09
初中及以下	42 302	1.00

注：学历差异倍数＝各学历平均工资报酬水平/初中及以下平均工资报酬水平。

（六）分岗位等级工资报酬水平

分岗位等级来看，在管理岗位中，平均工资报酬水平最高为117 332元/年，最低为55 510元/年，前者约为后者的2.1倍。在专业技术岗位中，平均工资报酬水平最高为92 705元/年，最低为51 108元/年，前者是后者的1.8倍。在一线作业服务岗位中，平均工资报酬水平最高为67 298元/年，最低为44 103元/年，前者是后者的1.5倍（见表9）。

表9　襄阳市分岗位等级平均工资报酬水平　　　　　　单位：元/年

岗位类别	岗位等级	工资报酬水平
管理岗位	高层管理岗	117 332
	中层管理岗	77 668

续表

岗位类别	岗位等级	工资报酬水平
管理岗位	基层管理岗	70 317
	管理类员工岗	55 510
专业技术岗位	高级职称	92 705
	中级职称	73 197
	初级职称	57 751
	没有取得专业技术职称	51 108
一线作业服务岗位	高级技师	67 298
	技师	62 441
	高级技能	58 345
	中级技能	52 534
	初级技能	48 405
	没有取得资格证书	44 103

三、企业人工成本分析

人工成本是指企业在生产、经营和提供劳务活动中因使用劳动力而支付的所有直接和间接费用的总和。人工成本主要由从业人员劳动报酬、福利费用、教育经费、保险费用、劳动保护费用、住房费用和其他人工成本等七项构成。本报告中从行业、规模、登记注册类型等角度，对企业人工成本进行解构与分析，以更好地了解襄阳企业人工成本水平。

（一）企业人工成本水平

1. 整体企业人工成本水平

调查结果显示，2018年度襄阳市企业人均人工成本水平为6.7万元。

2. 分行业企业人工成本水平

分行业来看，2018年度襄阳市人均人工成本水平超过10万元的两个行业为金融业（16.7万元）、电力、热力、燃气及水生产和供应业（10.2万元）（见图3）。

3. 分企业规模人工成本水平

分企业规模来看，2018年度襄阳市大型、中型、小型企业的人均人工成本水平分别是微型企业的1.59倍、1.44倍、1.33倍（见图4）。

4. 分登记注册类型人工成本水平

分登记注册类型来看，2018年度襄阳市国有企业的人均人工成本水

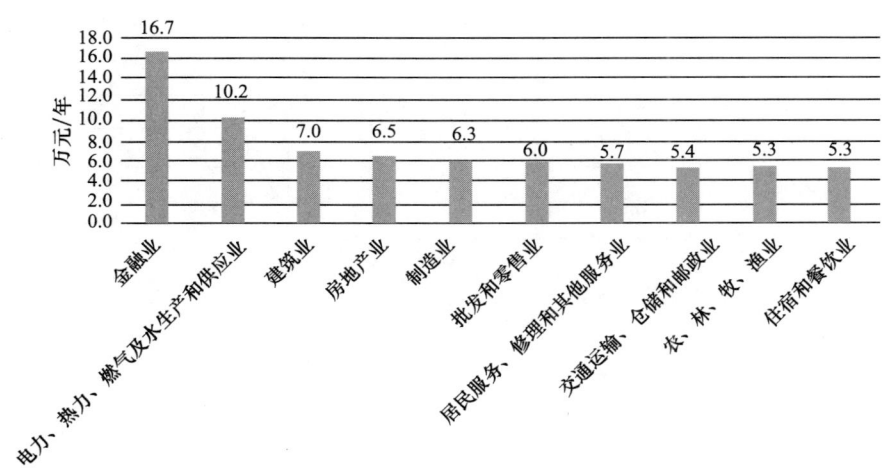

图3 襄阳市分行业人工成本

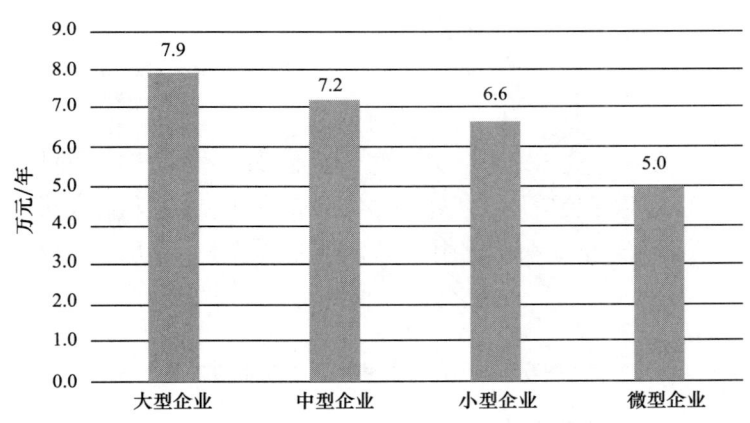

图4 襄阳市分企业规模人工成本

平最高，为10.1万元。外资企业和港澳台三资企业的人均人工成本分别为8.1万元、6.8万元，均高于全行业人均人工成本水平（6.7万元）（见图5）。

（二）企业人工成本结构

1. 企业人工成本结构

人工成本效能的充分发挥依赖于合理的人工成本结构。人工成本构成的众多要素中，占比最高的是从业人员劳动报酬（70.7%），其次是保险费用（18.0%），排在第三位的是福利费用（4.8%），三者累计超过90%。而教育费用在人工成本结构中占比最少，仅为0.8%（见图6）。

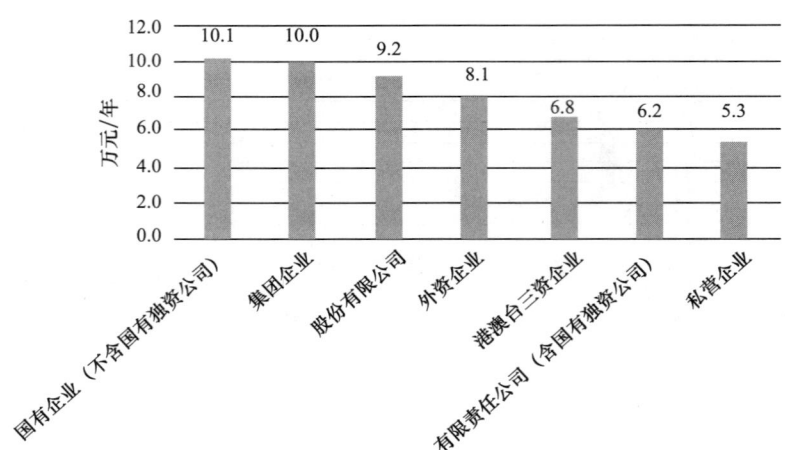

图 5　襄阳市分企业登记注册类型人工成本

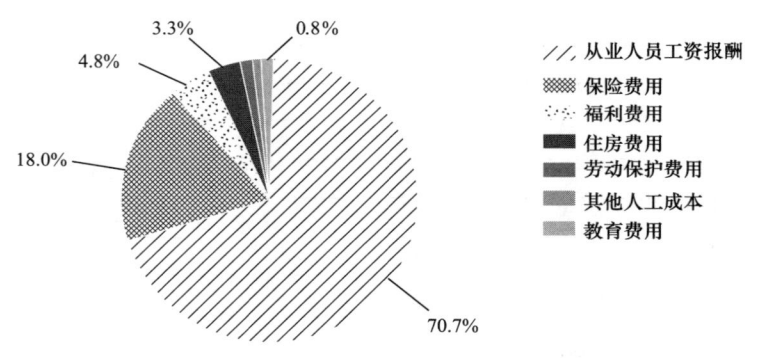

图 6　襄阳市企业整体人工成本构成

2. 分行业企业人工成本结构

从整体人工成本构成最高的三项构成要素来看,从业人员工资报酬占比最高的是房地产业(75.7%),最低的是电力、热力、燃气及水生产和供应业(67.4%);保险费用占比最高的是交通运输、仓储和邮政业(20.6%),最低的是房地产业(15.0%);福利费用最高的是电力、热力、燃气及水生产和供应业(6.4%),最低的是建筑业(3.1%)和农、林、牧、渔业(3.1%)(见图7)。

3. 分企业规模人工成本结构

大型企业从业人员工资报酬、住房费用占人工成本比重最高,分别为73.6%、4.4%;保险费用、劳动保护费用占人工成本比重最低,分别

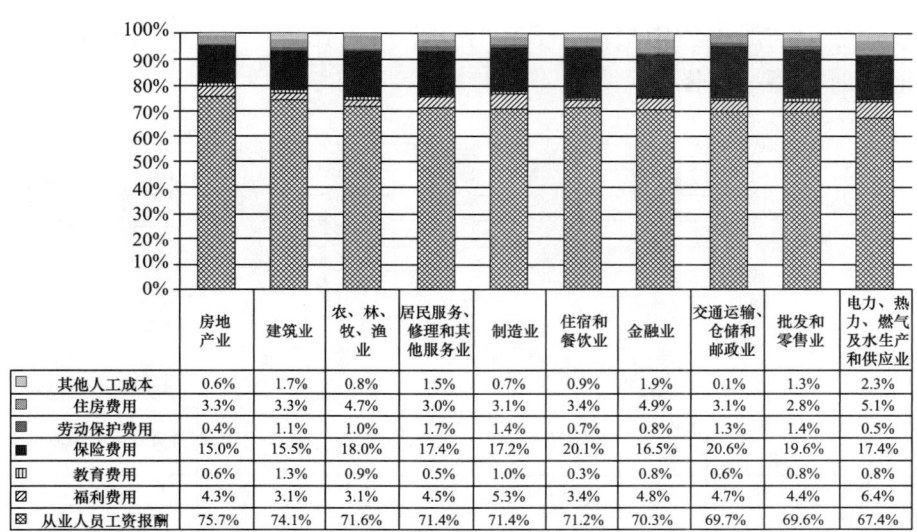

图7 襄阳市分行业人工成本构成

为16.5%、0.3%。中型企业教育费用、其他人工成本占比最高，分别为1.0%、1.5%。小型企业福利费用、劳动保护费用占比最高，分别为5.4%、1.5%；从业人员工资报酬、住房费用占比最低，分别为70.5%、2.8%。微型企业保险费用占比最高，为19.7%；福利费用占比最低，为2.4%（见图8）。

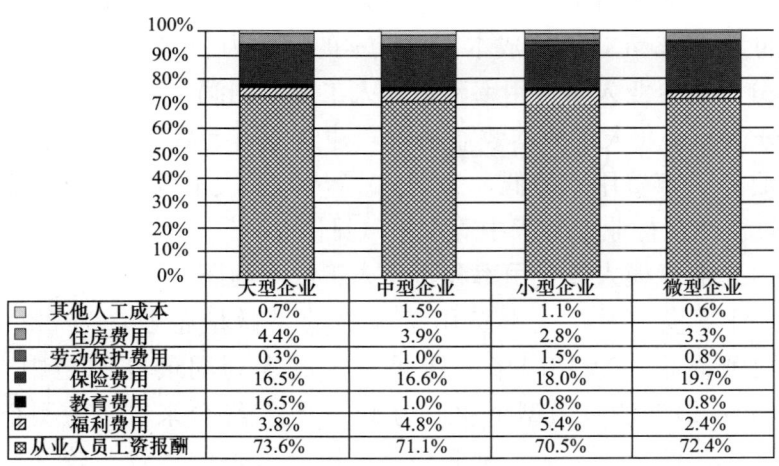

图8 襄阳市分企业规模人工成本构成

4. 分企业登记注册类型企业人工成本结构

外资企业的福利费用、教育费用、住房费用占人工成本的比例在七类企业登记注册类型中最高，其中住房费用占比为 7.8%，明显高于其他登记注册类型（见图 9）。

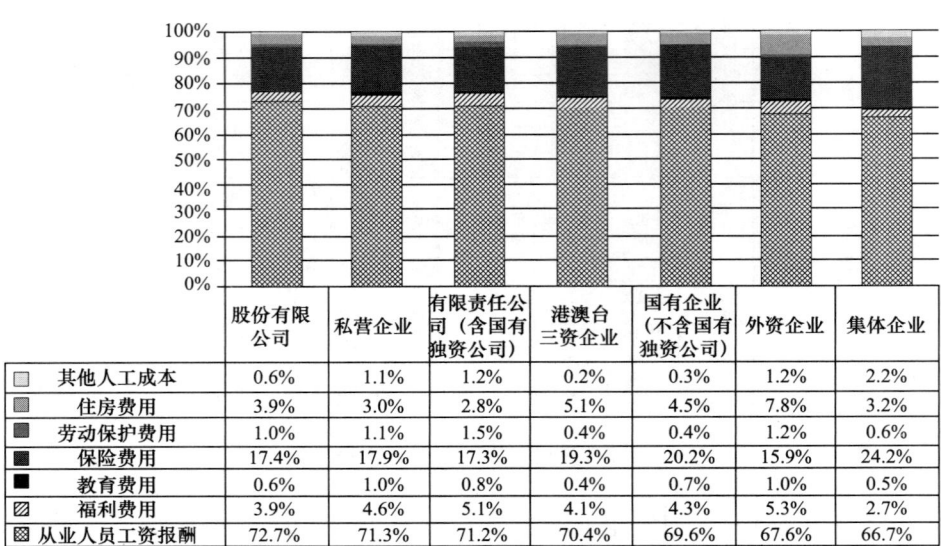

图 9　襄阳市分登记注册类型人工成本构成

（三）企业人工成本效益

1. 整体企业人工成本效益

2018 年度襄阳市企业整体人事费用率为 17.7%，企业整体百元人工成本利润为 65.8 元，人工成本占总成本的比重为 26.2%。

2. 分行业企业人事费用率和百元人工成本利润

从分行业企业人工成本效益来看，建筑业百元人工成本利润率最高，为 131 元；人事费用率最低，为 10.0%，人工成本效益较好。金融业人工成本效益在全行业中处于中等水平（见图 10）。

3. 分企业规模人事费用率和百元人工成本利润

分企业规模来看，人事费用率最高的是微型企业，为 22.9%；最低的是中型企业，为 13.1%。百元人工成本利润最高的是中型企业，为 83.9 元；最低的是微型企业，为 16.6 元。综合来看，中型企业人事费用率最低，百元人工成本利润最高，因此人工成本效益较好。微型企业人事费用率最高，百元人工成本利润最低，因此人工成本效益较差（见图 11）。

2019 年襄阳市企业薪酬调查数据分析

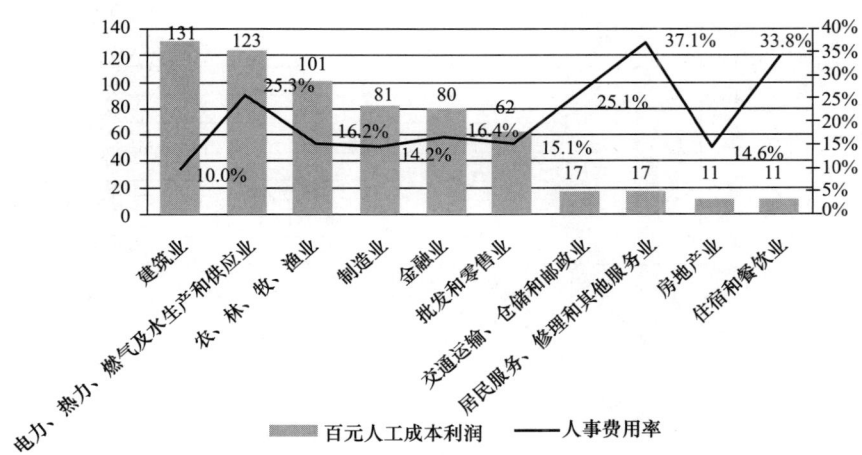

图 10 襄阳市分行业人事费用率和百元人工成本利润

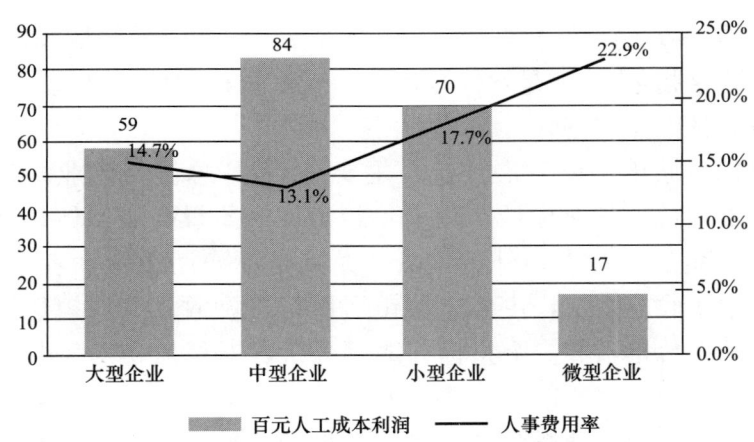

图 11 襄阳市分企业规模人事费用率和百元人工成本利润

4. 分企业登记注册类型人事费用率和百元人工成本利润

分企业登记注册类型看，百元人工成本利润最高的是国有企业（113.9元）；最低的是集体企业（−26.2元）。人事费用率最高的是集体企业（37.5%），最低的是有限责任公司（15.3%）。综合来看，集体企业人事费用率最高，百元人工成本最低，因此人工成本效益较差（见图12）。

四、对标城市分析

宏观经济指标与居民收支水平对标分析主要分以下三个维度：一是对标城市经济发展情况（包括 GDP 总量与增幅、三次产业结构）；二是

· 633 ·

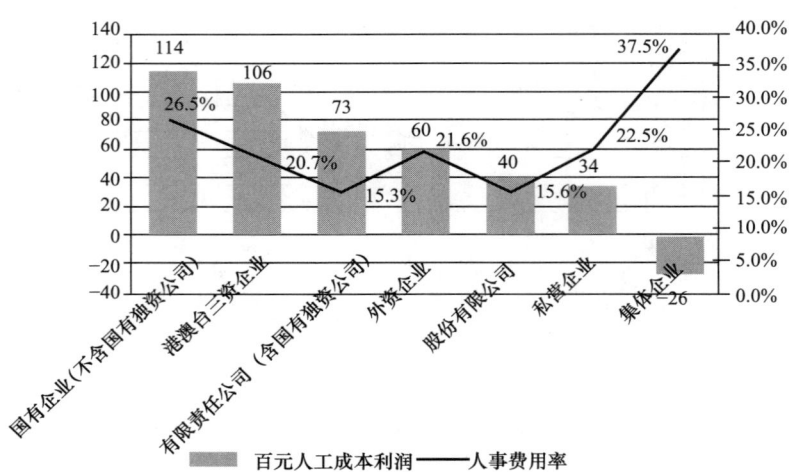

图 12　襄阳市分企业登记注册类型人事费用率和百元人工成本利润

对标城市居民收支情况（包括城镇居民可支配收入、城镇居民消费支出、居民消费价格指数）；三是对标城市劳动者工资福利情况（包括社会职工平均工资和社保缴纳基数）。

　　通过比对城市经济发展情况，主要是 GDP 总量与产业结构两个指标，能够宏观反映各对标城市近三年经济发展质量与供给侧结构性改革成果，预测襄阳市对省内外劳动者，尤其是不同产业劳动者的吸引力；通过比对居民收支情况，主要是城镇居民可支配收入、城镇居民消费支出、居民消费价格指数三个指标，能够分析各对标城市居民收支与消费水平对地区人力资源流动产生的（正面/负面）影响；通过比对劳动者工资福利情况，主要是社会职工平均工资和社保缴纳基数两个指标，能够为分析各对标城市薪酬竞争力的高低与差异程度作参照。对各维度指标分析近年趋势时，主要采用以襄阳市 2016 年、2017 年、2018 年指标为 1，以各对标城市近三年相同指标与襄阳市近三年该指标的比值分别作为各对标城市与襄阳市历年的差异指数。由于 2019 年企业薪酬调查的时期指标为 2018 年 1 月 1 日至 2018 年 12 月 31 日，故以上三个维度各指标对标时期同样为 2018 年全年，指标来源于各对标城市 2018 年国民经济和社会发展统计公报及中国统计信息网。

　　在对标城市的选取上，省外选择长江经济带上下游的重庆市、合肥市、芜湖市，以及南阳市作为对标城市；省内选择武汉市、宜昌市、荆州市、孝感市作为对标城市，以此了解襄阳市在省内外整体经济发展水平、对劳动者的吸引力以及薪酬竞争力的高低。

（一）对标城市经济发展情况分析

1. 对标城市经济总量

国内生产总值（GDP），是指在一定时期内，一个国家或地区的经济中所生产出的全部最终产品和劳务的价值，它不但可反映一个国家或地区的经济表现，还可以反映一个国家或地区供给侧结构性改革成果。2018年对标城市GDP总量与增减情况如图13所示，在对标城市中，襄阳市GDP总量排名第四，为4 309.8亿元，低于重庆市（20 363.2亿元）、武汉市（14 847.3亿元）、合肥市（7 822.9亿元）等直辖市与省会城市，高于宜昌市（4 064.2亿元）、南阳市（3 566.8亿元）、芜湖市（3 278.5亿元）、荆州市（2 028.2亿元）、孝感市（1 912.9亿元）等地级市。从GDP增幅来看，襄阳市2018年GDP增幅为7.8%，在对标城市中处于中等偏上水平。

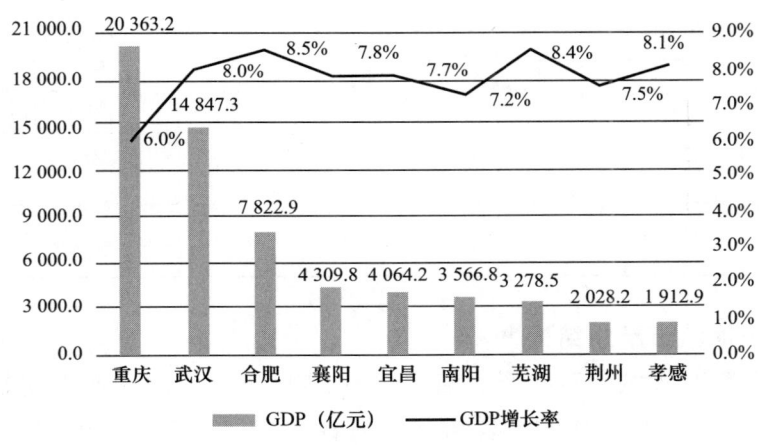

图13　2018年对标城市GDP总量及增幅对比分析

为了解襄阳市近三年经济发展水平及襄阳市与其他对标城市经济发展差异情况，计算各年度城市GDP总量差异指数见表10。从襄阳市自身发展来看，自2016年至2018年，襄阳市GDP增幅均维持在7.2%以上，虽2017年略有减缓，2018年又再次回到接近8%（7.8%）的增幅，经济发展趋势总体稳中向好；从襄阳市与各对标城市经济发展差异情况来看，自2016年至2018年，襄阳市GDP总量与武汉市之间的差距逐渐扩大。受新一轮经济发展形态影响（人才驱动经济发展），未来武汉市作为国内

"新一线城市""长江中游人才最高地",与襄阳市的差距可能会进一步扩大。同时,襄阳市 GDP 总量于 2017 年超过宜昌市,在省内仅次于武汉市,位居第二,与其他对标城市之间的差距并未进一步拉开。

表 10　　对标城市 2016—2018 年 GDP 总量及增幅对比分析　　单位：亿元

对标城市	重庆	武汉	合肥	襄阳	宜昌	南阳	芜湖	荆州	孝感
2018 年 GDP 总量	20 363.2	14 847.3	7 822.9	4 309.8	4 064.2	3 566.8	3 278.5	2 028.2	1 912.9
2018 年 差异指数	4.72	3.45	1.82	1.00	0.94	0.83	0.76	0.47	0.44
2018 年 GDP 增幅	6.0%	8.0%	8.5%	7.8%	7.7%	7.2%	8.4%	7.5%	8.1%
2017 年 GDP 总量	19 500.3	13 410.3	7 003.1	4 064.9	3 857.2	3 345.3	2 963.3	1 922.2	1 742.2
2017 年 差异指数	4.80	3.33	1.72	1.00	0.95	0.82	0.73	0.47	0.43
2017 年 GDP 增幅	6.0%	7.8%	9.1%	7.2%	2.4%	6.8%	8.9%	7.5%	6.6%
2016 年 GDP 总量	17 558.8	11 912.6	6 274.3	3 694.5	3 709.4	3 115.0	2 699.4	1 726.75	1 576.7
2016 年 差异指数	4.75	3.22	1.70	1.00	1.00	0.84	0.73	0.47	0.43
2016 年 GDP 增幅	10.7%	7.8%	9.8%	8.5%	8.8%	8.5%	9.7%	7.3%	7.9%

2. 对标城市产业结构

2018 年对标城市三次产业结构如图 14 所示：三次产业占比是衡量地区经济发展类型与结构的重要指标,随着供给侧结构性改革的深入推进,发达地区与城市第三产业比重逐渐增高。2018 年襄阳市第三产业的比重为 38.9%,低于重庆市（52.3%）、武汉市（54.6%）、合肥市（50.3%）、南阳市（43.9%）、芜湖市（43.8%）等,高于宜昌市（38.0%）、荆州市（36.9%）、孝感市（36.6%）。襄阳市第二产业比重超过 50%（51.5%）,仅次于宜昌市（52.5%）、芜湖市（52.2%）。

从对标城市近三年产业结构变化情况来看,襄阳市第三产业比重提升较快,2016 年襄阳市第三产业占比 32.9%,在对标城市中仅高于宜昌（32.0%）,排在倒数第二位。2018 年襄阳市第三产业占比 38.9%,超过荆州、宜昌等省内城市,新旧动能转换较为流畅；但从三产结构来看,

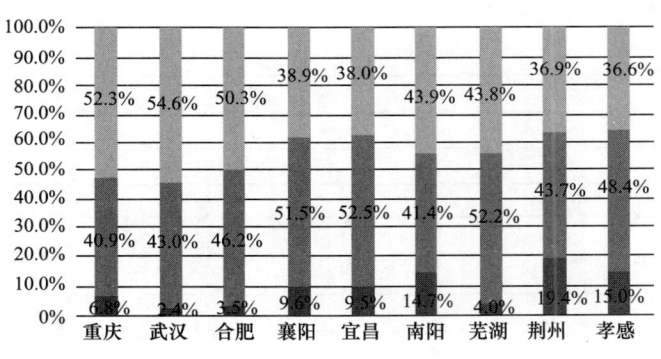

图 14　2018 年对标城市三次产业结构对比分析

襄阳市第二产业比重依然较高，对第二产业从业人员的吸引力超过第三产业，具体三产结构与各城市差异情况见表 11。

表 11　　　　对标城市 2016—2018 年三次产业结构对比分析

年份	三次产业结构（%）							
	襄阳	重庆	武汉	合肥	芜湖	荆州	宜昌	南阳
2018 年	9.6： 51.5： 38.9	6.8： 40.9： 52.3	2.4： 43.0： 54.6	3.5： 46.2： 50.3	4.0： 52.2： 43.8	19.4： 43.7： 36.9	9.5： 52.5： 38.0	14.7： 41.4： 43.9
2017 年	11.4： 52.8： 35.8	6.9： 44.1： 49.0	3.0： 43.7： 53.3	3.9： 49.0： 47.1	4.2： 56.0： 39.8	20.3： 44.1： 35.6	11.1： 53.8： 35.1	15.9： 42.7： 41.4
2016 年	11.7： 55.4： 32.9	7.4： 44.2： 48.4	3.3： 43.9： 52.8	4.3： 50.8： 44.9	4.7： 56.0： 39.3	22.2： 42.6： 35.2	10.8： 57.2： 32.0	16.5： 43.8： 39.7

（二）对标城市居民收支情况分析

1. 对标城市城镇居民可支配收入

城镇常住居民可支配收入是反映居民生活水平的一个重要指标，指城镇居民用于最终消费支出和其他非义务性支出及储蓄的总和，即居民获得并且可以用来自由支配的收入。如图 15 所示，襄阳市 2018 年城镇居民人均可支配收入为 33 947 元/人，在对标城市中处于第六的位置，高于省内的孝感市（32 685 元/人）、荆州市（32 590 元/人）、河南省的南阳市（31 313 元/人）。因此，襄阳市的城镇常住居民可支配收入可能给该地区人力资源流动产生负面影响。

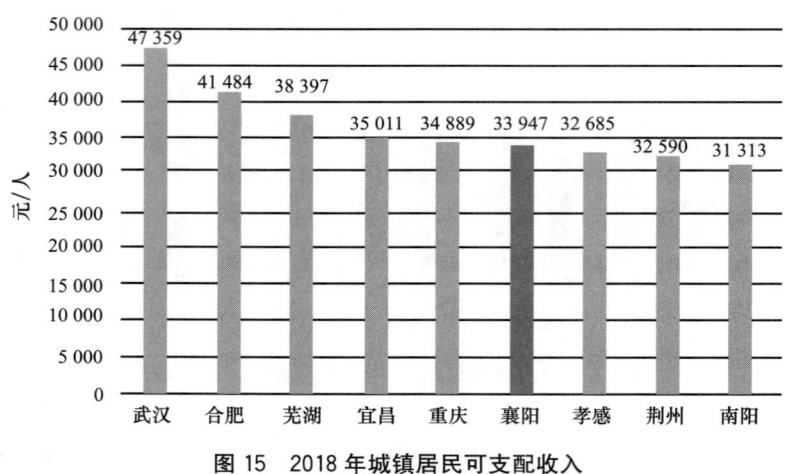

图 15　2018 年城镇居民可支配收入

为了解襄阳市近三年居民生活水平及襄阳市与其他对标城市居民生活质量高低情况，将 2016—2018 年对标城市城镇居民可支配收入作如表 12 的对比分析：总体而言，近三年各对标城市与襄阳市的城镇居民可支配收入差异指数基本保持稳定不变，襄阳市 2017 年和 2018 年可支配收入的涨幅保持在 8.4% 及以上，在对标城市中处于中等水平，表明襄阳市近三年居民生活水平较为稳定，居民生活质量良好。

表 12　对标城市 2016—2018 年城镇居民可支配收入对比分析　　单位：元

对标城市	襄阳	武汉	宜昌	南阳	合肥	芜湖	重庆	荆州	孝感
2018 年可支配收入	33 947	47 359	35 011	31 313	41 484	38 397	34 889	32 590	32 685
2018 年增幅	8.4%	9.1%	8.3%	7.5%	9.2%	9.2%	8.4%	8.7%	8.0%
2018 年差异指数	1.00	1.40	1.03	0.92	1.22	1.13	1.03	0.96	0.96
2017 年可支配收入	31 316	43 405	32 316	29 128	37 972	35 175	32 193	29 973	30 264
2017 年增幅	8.8%	9.2%	8.7%	8.3%	9.0%	8.9%	8.7%	8.3%	8.3%
2017 年差异指数	1.00	1.39	1.03	0.93	1.21	1.12	1.03	0.96	0.97
2016 年可支配收入	27 666	39 737	29 735	26 898	34 852	32 315	29 610	28 794	27 939
2016 年差异指数	1.00	1.38	1.03	0.93	1.21	1.12	1.03	0.96	0.97

2. 对标城市城镇居民消费支出

城镇居民消费支出代表了居民个人和家庭用于生活消费以及集体用于个人消费的全部支出。2018 年对标城市城镇居民消费支出如图 16 所示，襄阳市 2018 年的居民消费支出为 19 880 元/人，在对标城市中处在第八的位置，低于省内武汉市（31 201 元/人）、宜昌市（22 372 元/人）、孝感市（21 705 元/人）和省外的合肥市（25 339 元/人）、重庆市（24 154 元/人）、南阳市（22 877 元/人）、芜湖市（22 629 元/人）；高于省内的荆州市（19 707 元/人）。因此，襄阳市的城镇居民消费支出处于较低水平，与当地第二产业发达，而第三产业较弱有一定联系。同时，襄阳市的城镇常住居民消费支出给该地区人力资源流动也会带来一定的正面影响。

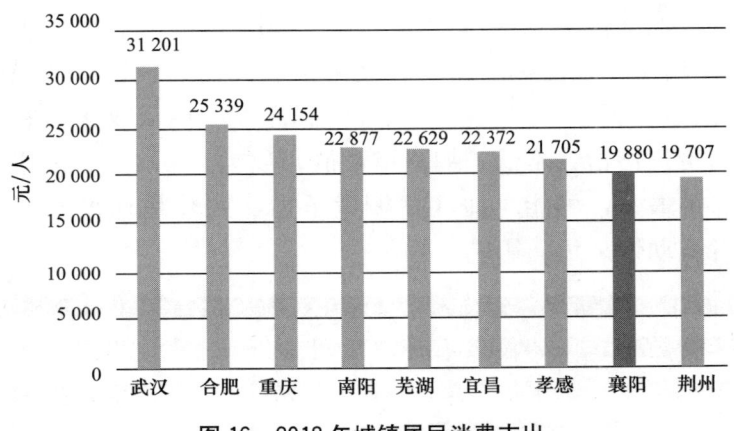

图 16　2018 年城镇居民消费支出

为了解襄阳市近三年居民消费情况及襄阳市与其他对标城市居民消费支出高低情况，将 2016—2018 年对标城市城镇居民消费支出作如表 13 的对比分析：近三年各对标城市与襄阳市的城镇居民消费支出差异指数基本保持稳定不变，同时，襄阳市三年的城镇居民消费支出一直处于一个较低的水平。襄阳市 2018 年居民消费支出的涨幅相较于 2017 年继续降低至 7.1%，表明襄阳市近三年居民消费水平并不高。因此，襄阳市的城镇居民消费支出可能给该地区人力资源流动产生正面影响。

表 13　　　对标城市 2016—2018 年城镇居民消费支出对比分析　　　单位：元

对标城市	襄阳	武汉	宜昌	南阳	荆州	孝感	合肥	芜湖	重庆
2018 年居民消费支出	19 880	31 201	22 372	22 877	19 707	21 705	25 339	22 629	24 154
2018 年增幅	7.1%	9.2%	10.5%	7.7%	4.8%	6.2%	8.7%	5.5%	6.1%
2018 年差异指数	1.00	1.57	1.13	1.15	0.99	1.09	1.27	1.14	1.21
2017 年居民消费支出	18 562	28 564	20 246	21 249	18 800	20 441	23 311	21 444	22 759

续表

对标城市	襄阳	武汉	宜昌	南阳	荆州	孝感	合肥	芜湖	重庆
2017年增幅	7.8%	7.6%	8.1%	9.5%	9.6%	9.1%	6.9%	9.7%	8.2%
2017年差异指数	1.00	1.54	1.09	1.14	1.01	1.10	1.26	1.16	1.23
2016年居民消费支出	17 220	26 535	18 728	19 414	17 152	18 743	21 805	19 541	21 030
2016年差异指数	1.00	1.54	1.09	1.13	1.00	1.09	1.27	1.13	1.22

3. 对标城市居民消费价格指数

居民消费价格指数（简称CPI），是反映与居民生活有关的消费品及服务价格水平变动情况的宏观经济指标，2018年对标城市居民消费价格指数如图17所示：在对标城市中，襄阳市居民消费价格指数最高，达到102.9；其次是合肥市与重庆市（102.0）；湖北省内武汉市、宜昌市及孝感市居民消费价格指数略低，荆州市最低，仅为100.4。襄阳市居民消费价格指数涨幅最大，可能对地区薪酬竞争力，尤其是外来务工人员等低收入劳动者流动带来负面影响。

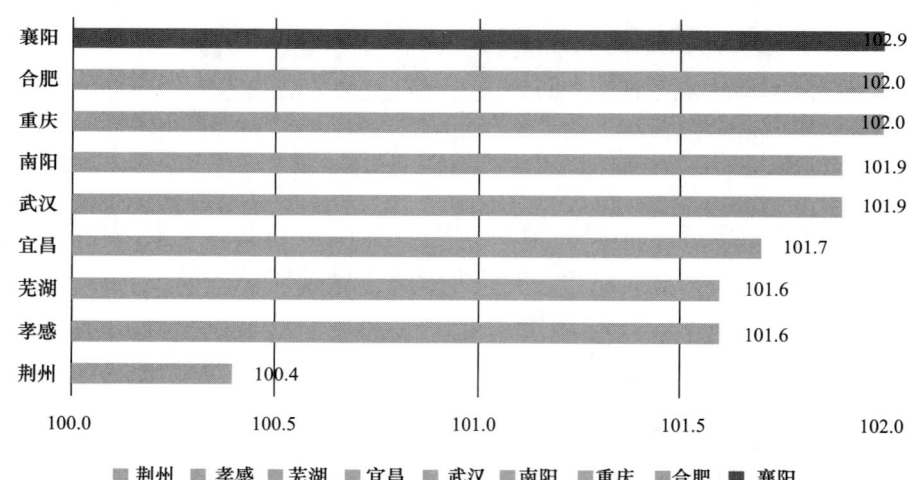

图17　2018年各对标城市居民消费价格指数

（三）对标城市劳动者工资福利情况分析

1. 对标城市社平工资

社平工资是社会职工平均工资简称，一定程度上反映了社会发展程度和人民生活水平。2018年对标城市社平工资如图18所示，其中襄阳市的社平工资为4 988元，在对标城市中处于第五的位置，高于省内的孝感市（4 650元/月）、宜昌市（4 573元/月）、荆州市（4 440元/月），省外南阳市

(4 709 元/月)；省内武汉市则以 6 640 元的社平工资位列首位。因此，就各对标城市的社平工资而言，襄阳市的薪酬竞争力有进一步提升空间。

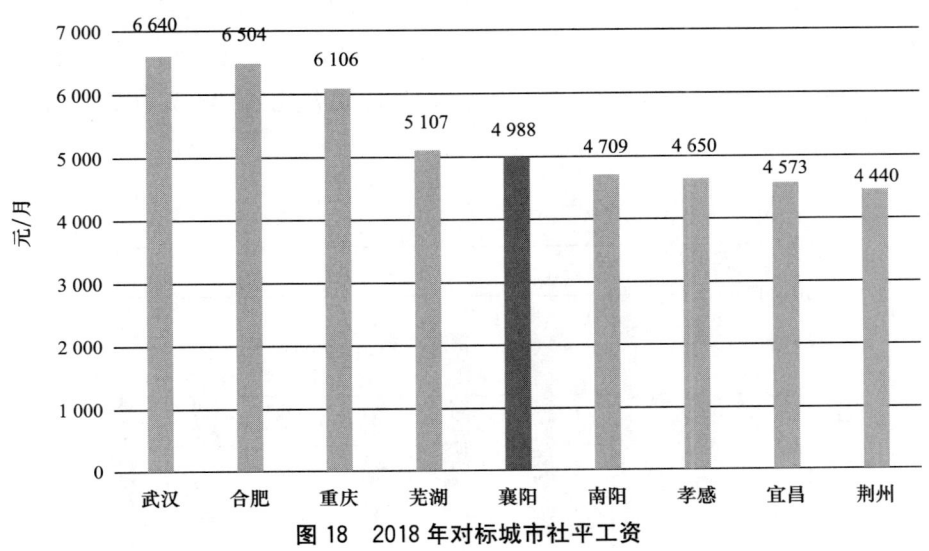

图 18　2018 年对标城市社平工资

2. 对标城市社保缴纳基数

社保缴纳基数是社平工资的 60%～300% 为缴纳基数。2018 年对标城市社保缴纳基数如图 19 所示，其中襄阳市的社保缴纳基数区间为 2 270～11 370 元，在对标城市中处于第七的位置，表明襄阳市社保缴纳基数偏低，与省内的武汉市、宜昌市，省外的重庆市、合肥市、芜湖市、南阳市相比缺乏较好的薪酬竞争力。

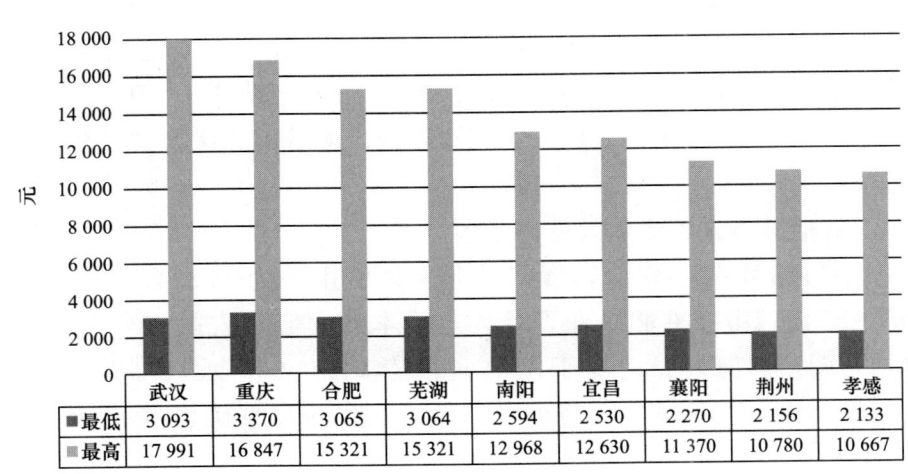

图 19　2018 年对标城市社保缴纳基数

（四）对标城市调查数据对比分析

1. 对标城市平均工资报酬水平

2018年度襄阳市的平均工资报酬水平为54 410元，高于湖北省内城市孝感（50 749元）、荆州（50 466元）、宜昌（50 397元）；低于合肥（72 452元）、武汉（71 912元）、芜湖（67 617元）、重庆（63 639元）（见图20）。

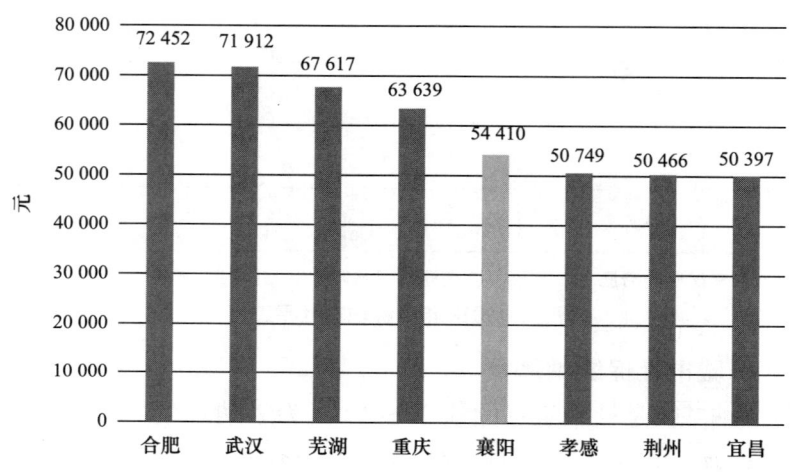

图20　2018年对标城市平均工资报酬水平

2. 对标城市人均人工成本水平

2018年度襄阳市企业人均人工成本水平为6.72万元，在对标城市中处于第六位。低于合肥（9.30万元）、武汉（9.04万元）、芜湖（9.00万元）、重庆（8.13万元）、宜昌（7.80万元）；高于荆州（6.70万元）、孝感（6.34万元）。襄阳市人均人工成本较低，可借用此优势扩大招商引资（见图21）。

3. 对标城市人工成本效益

从企业成本效益来看，襄阳企业人事费用率为17.7%，仅高于重庆市（17.50%）。襄阳企业百元人工成本利润低于安徽省合肥市（67元）、芜湖市（76元）；高于湖北省内孝感市（63元）、武汉市（55元）、荆州市（48元）、宜昌市（51元）、直辖市重庆市（32元）（见表14）。

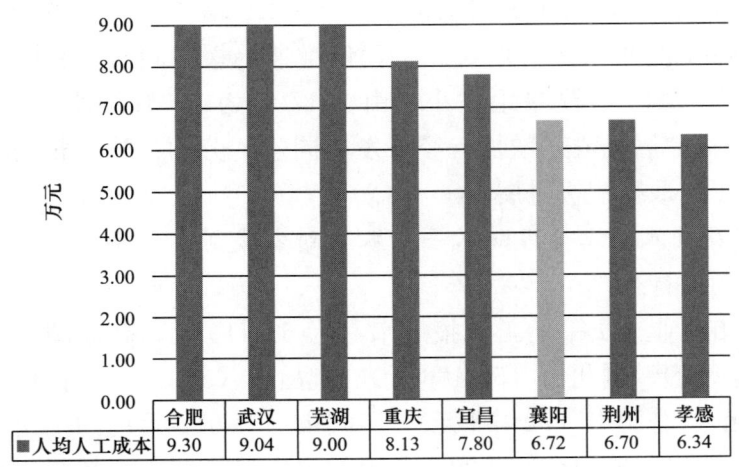

图 21 2018 年对标城市人工成本水平

表 14 　　　　　　　　2018 年对标城市人工成本效益

城市	人事费用率	百元人工成本利润（元）
芜湖	26.80%	76
合肥	20.60%	67
襄阳	17.70%	66
孝感	27.40%	63
武汉	20.42%	55
宜昌	23.60%	51
荆州	19.60%	48
重庆	17.50%	32

五、总结

（一）城镇居民可支配收入与 GDP 同步增长，国民经济与居民收入协同发展

从襄阳市 GDP 增幅来看，自 2016 年至 2018 年，襄阳市 GDP 增幅均维持在 7.2% 以上。2017 年襄阳市 GDP 增幅为 7.2%；2018 年襄阳市 GDP 增幅为 7.8%。因襄阳市 2018 年首次开展企业薪酬调查分析工作，故从业人员工资报酬数据部分未有纵向数据对比，本文采用城镇居民可支配收入增幅与 GDP 增幅相比较。从城镇居民可支配收入来看，2017 年襄阳市城镇居民可支配收入增幅为 8.8%；2018 年襄阳市城镇居民可支配

收入增幅为 8.4%，两年数据均高于当年 GDP 增长率。可以看出，襄阳市劳动者可支配收入保持增长态势，但增速趋缓。同时，襄阳市可支配收入增幅与 GDP 增幅差距缩小，由 2017 年为 1.6% 缩小至 2018 年为 0.6%，可见"居民收入增长与经济发展同步，劳动报酬增长与拉动生产率提高同步"取得积极进展。

（二）从业人员工资报酬水平基本达到省域副中心城市建设要求，收入分配结构仍待优化

襄阳市从业人员平均工资报酬水平为 54 410 元，高于湖北省内孝感市（50 749 元）、荆州市（50 466 元）、宜昌市（50 397 元）；低于武汉市（81 834 元）、合肥市（72 452 元）、芜湖市（67 617 元）、重庆市（63 457 元）。可以看出，襄阳市的薪酬竞争力在省内对标城市中较强，在省外对标城市中较弱。襄阳市平均工资报酬水平为 54 410 元，中位数为 44 076 元，平均工资报酬水平高于中位数 10 334 元。

2018 年襄阳市最低工资标准为 1 500 元/月，从业人员工资报酬合计的范围集中在 1.8 万～60 万元之间。按薪酬范围平均分为三组，低区间收入群体薪酬范围为 1.8 万～21.2 万元，中间收入群体薪酬范围为 21.2 万～40.6 万元；高区间收入群体薪酬范围为 40.6 万～60 万元之间。低区间收入群体人数为 75 881 人，中间收入群体人数为 473 人，高区间收入群体人数为 40 人。2018 年襄阳市的收入分配结构呈现为"金字塔型"分布，说明襄阳市低收入人群仍然较多；高收入人群占比较少，工资分配仍有进一步可调整空间。

（三）收入分配领域改革成果显著，朝着率先全面建成小康社会目标稳定推进

按照 2020 年全面建成小康社会的标准，与收入相关的指标有：城镇居民可支配收入和农村居民人均可支配收入等，具体标准为城镇居民可支配收入为 1.8 万元，农村居民人均可支配收入为 0.8 万元。根据襄阳市 2019 年统计年鉴数据，2018 年襄阳市居民人均可支配收入 2.6 万元，城镇居民可支配收入为 3.4 万元，农村居民人均可支配收入为 1.7 万元。可以看出，2018 年襄阳市在城镇居民可支配收入和农村居民人均可支配收入两方面已达到全面建成小康社会的指标。

（四）主导产业收入分配差距依旧显著，推动高质量发展目标明确

制造业薪资报酬水平较低，不利于汽车、装备制造等主导产业发展。

2018年度襄阳市制造业平均工资报酬水平49 256元，低于金融业（103 961元）、电力、热力、燃气及水生产和供应业（75 393元）、建筑业（56 189元）、房地产业（54 942元）、居民服务、修理和其他服务业（50 066元），比全市整体平均工资报酬水平54 410元低5 154元。在襄阳市制造业中，从业人员平均工资报酬水平最高的为铁路、船舶、航空航天和其他运输设备制造业（80 393元），其次是汽车制造业（60 385元）；最低的为农副食品加工业（39 166元），排在倒数第二位的是通用设备制造业（40 049元）。究其原因，襄阳市农产品加工处于初加工、粗加工的阶段；且部分制造业在工艺、技术上仍处于落后阶段，造成制造业的平均工资报酬水平较低，不利于本市汽车、农产品加工、装备制造等主导产业的发展。

随学历升高，劳动者工资报酬差距拉大。2018年度襄阳市研究生（含博士、硕士）学历的劳动者平均工资报酬水平已达到12万元以上。同时，随学历升高，劳动者工资报酬差距拉大。研究生（含博士、硕士）、大学本科、大学专科、高中、中专或技校学历的劳动者平均工资报酬水平分别为初中及以下劳动者平均工资报酬水平的2.89倍、1.85倍、1.48倍、1.09倍。分析其原因：随着"我选湖北·智汇襄阳""卧龙回归"等招才品牌的响亮，2018年襄阳市人才引进工作卓有成效，为了支持人才，发展及留住人才，提高高学历劳动者收入成为有效的举措。

（五）企业人工成本结构影响人才发展与劳动者获得感提升，人工成本效益仍有提升空间

一是人均人工成本较低，优劣势并存。襄阳市企业人工成本为6.72万元/年，高于湖北省内荆州（6.61万元/年）、孝感（6.07万元/年）。但与其他省市相比，襄阳市的整体人工成本水平较低。重庆、合肥、武汉、芜湖的人均人工成本水平均在8万元/年以上，依次是8.24万元、8.31万元、8.84万元、9.00万元。低廉的人工成本既是优势，也是劣势。一方面，人工成本低廉，在招商引资过程中具有较大竞争力；另一方面，从业人员的工资报酬是人工成本的重要组成部分，人工成本较低的地区，从业人员的工资报酬一般也较低。

二是人工成本效益指标行业间差距较大，金融业不占优势。2018年襄阳市全行业人事费用率为17.7%，百元人工成本利润为65.8元。人工成本效益指标在行业间差异较大，具体来看：百元人工成本利润最高的

为建筑业,为131元;最低的为住宿和餐饮业,为11元,两者相差120元。一般来说,金融业的利润较高,但在襄阳市却不具优势。2018年度襄阳市金融业百元人工成本为80元,人事费用率为16.4%,在全行业中均处于中等偏上水平。

六、建议

(一)从完善收入分配体制机制入手,优化收入分配结构

2018年度襄阳市收入结构呈现"金字塔型",要实现"橄榄型"转变,需坚持"提低、扩中、调高"的政策方向,给予低收入群体高度关注,将低收入群体作为"扩中"的重要力量来看待,努力培育中等收入群体的"后备军"和新生力量,使中等收入群体成为社会成员的大多数。

提低,通过完善工资指导线制度、企业薪酬调查和信息发布制度等,促进低收入群体工资报酬合理增长。不仅是提高低收入人群的工资报酬水平,还包括提高最低工资标准、最低生活保障等。目前各地发布的最低工资标准是以行政区划为单位确定,建议襄阳市可考虑发布行业最低工资标准,以达到缩小行业间的工资报酬差距的目的。

调高,通过建立差异化薪酬分配制度、内外监管体系等,调节收入过高群体平均工资报酬水平。避免不同职位收入差距过大,使企业负责人薪酬结构合理、水平适当、管理规范。循序渐进地完成收入结构由"金字塔型"向"橄榄型"的演变。

(二)利用现有政策,打造良好人力资源市场环境,为深化收入分配制度改革服务

一是完善企业人工成本结构,"减负"与"提质"并行。襄阳市应加强劳动者的工资报酬增长,增加劳动报酬在人工成本中的占比。减轻企业负担,执行社保缴费基数和缴费费率最新政策,降低企业人工成本,从而降低社保费用在企业人工成本中的占比。鼓励企业提高教育经费投入占比,加大人才培养投入,完善企业人才培养机制,提高劳动力素质。企业人工成本的上升是长期趋势,一味控制人工成本效果不大,应当从更高层次,优化土地、财政税收政策,降低企业用地成本、税费负担,让企业切实感受到降费减税的政策红利,营造良好的营商环境。

二是深化人力资源服务第三方机构合作,系统开展人力资源开发、管理等各项工作。目前,襄阳市已出台《关于加快人力资源服务业发展的若干意见》，支持本市人力资源服务业的发展，充分发挥市场在人力资源配置过程中的决定性作用，打造人力资源强市。在此契机下，襄阳市可与人力资源服务第三方机构开展深度合作，发挥人力资源服务机构在人力资源服务方面的专业性，推进襄阳人力资源市场体系建设；通过加大政府购买公共服务力度等一系列措施，处理好政府与市场之间的关系，推进行政体制机制改革、"放管服"改革向纵深发展；强化人力资源管理，做好区域人才发展规划，吸引优秀人才来襄阳就业创业，为襄阳市人才发展提供智力支持，吸引高端人才、技能人才等集聚襄阳，共同推进襄阳市经济社会发展。

（三）通过产业、人才等多措并举，深化收入分配制度改革，助推襄阳高质量发展

一是加快产业转型升级，提高薪酬竞争力。在新旧动能转换的机遇期，加快产业结构优化升级，转变高污染、高消耗的粗放型经济增长方式，大力发展战略性新兴产业、高端装备制造业和现代服务业。在"两个中心，一个增长极"的战略目标下，襄阳可立足于当地汽车产业、农产品加工业、装备制造业等主导产业，增强自主创新能力，加快产品、技术等优化升级，推动襄阳经济高质量发展。如汽车产业以龙头企业带动，推进汽车全产业链集群发展，创新技术突破，倾力打造"中国新能源汽车之都"；农产品加工业由初加工、粗加工向深加工、精加工转变，提高农产品附加值，用现代技术指导农业发展；装备制造业向高端化、精细化、智能化转变，打造"襄阳制造"品牌等。此外，襄阳作为历史文化名城，有众多待挖掘的旅游资源，可作为现代服务业的突破点。通过产业转型升级，提高襄阳市制造业、文化、体育和娱乐业等的劳动者薪酬水平，缩小行业间的薪酬差距，提升薪酬竞争力，加快打造名副其实的"一芯之心、两带之极、三区之柱"，争当湖北高质量发展和中部地区崛起的排头兵。

二是为人才搭建服务平台，形成"人才磁场"集聚各类英才。企业员工的薪酬水平与当地的经济社会发展息息相关，薪酬水平较低，自然难以留住人才。针对襄阳市位于内陆，高校数量较少等人才发展短板，建议襄阳市为人才发展搭建各类服务平台，以实现"引天下英才为襄阳所用，聚天下资源助襄阳发展"的愿景。一是建设产学研合作平台。目前襄阳市已与武汉大学、武汉理工大学、华中科技大学、湖北工业大学

等建立产学研一体化体系，但大部分局限于湖北省内高校。随着交通条件的便利，加之"七省通衢"的优越地理条件，襄阳市可将产学研的合作院校扩展至湖北省外的双一流院校等。二是建设创新创业平台。以企业技术中心、重点实验室、工程技术研发中心、院士专家工作站、博士后工作站等为载体，吸引人才集聚。三是建设公共服务平台，为人才提供政策咨询、风险评估、创业辅导、财务咨询、法律咨询、融资扶持等各类服务。坚持职工创新超市服务联盟，对接一线城市高端机构，多措并举支持"双创"。此外，要做好引进人才的生活服务保障，使引进人才乐于所居，"智"在奉献。

咸宁市企业用工形势调查——以湖北奕宏等 10 家企业为例[①]

陈金鹏 张 桓 汤建书[②]

摘 要：咸宁市人力资源和社会保障局对 108 家企业用工形势做了调查，总体感觉是劳动用工基本能满足企业生产需求，但是后备劳动力资源不足，不能充分满足企业扩大再生产的需要，尤其是一些劳动密集型企业二期用工需求，必须引起政府高度重视。为精准找到原因并给出对策，我们从 108 家调查企业中选择 10 家进行重点分析。

关键词：企业用工 生产需求 形势调查

一、对 10 家企业形势判断

10 家企业具有一定的代表性，包含了大、中、小型企业，涵盖精密制造、钢铁冶金、生物医药、纺织、食品等行业，分布在咸宁高新区及 6 个县市区。

（一）民营企业占主体

10 家企业中 9 家为民营企业，1 家准备从国有企业改制为民营企业。咸宁市的民营企业力量正在逐步壮大，已成为经济社会发展的重要支柱

[①] 该篇论文获得"2020 年全国人才与人事研究主题征文活动"二等奖。
[②] 陈金鹏，咸宁市人力资源和社会保障局副局长；张桓，咸宁市人力资源和社会保障局政策法规科科长；汤建书，咸宁市人力资源和社会保障局办公室司机主任科员。

力量。

（二）外来企业多

10家企业中6家企业法人均为外地人，但企业老板原籍是咸宁人或与咸宁有一定关联，说明咸宁招商引资工作做得好，能够吸引咸宁籍企业家回乡创业。基本情况见表1。

表1　　10家企业基本情况

序号	企业名称	属地	总部所在地	企业类型	行业类别	企业规模
1	湖北奕宏精密制造有限公司（简称湖北奕宏）	市直	广东	民营	电子	中型
2	湖北三环汽车方向机有限公司（简称湖北三环）	市直	咸宁	国有	汽车零部件制造	中型
3	湖北天源纺织股份有限公司（简称湖北天源）	咸安区	咸宁	民营	纺织制造	中型
4	咸宁向阳湖兴兴奶业有限公司（简称咸宁向阳湖奶业）	咸安区	咸宁	民营	制造	中型
5	湖北金盛兰冶金科技有限公司（简称湖北金盛兰）	嘉鱼县	福建	民营	钢铁冶金	大型
6	武汉汉麻生物科技有限公司（简称武汉汉麻）	嘉鱼县	浙江	民营	纺织	中型
7	湖北人福药用辅料股份有限公司（简称湖北人福）	赤壁市	武汉	民营	生物医药	小型
8	湖北众望科工贸有限公司（简称湖北众望）	崇阳县	咸宁	民营	粮油食品	中型
9	湖北三赢兴电子科技有限公司（简称湖北三赢兴）	通城县	广东	民营	电子信息	大型
10	通山星火原实业有限公司（简称通山星火原）	通山县	广东	民营	电子制造	中型

（三）经济效益好

10家企业有以下特点：一是规模大，有9家企业产值上亿元，利润千万元。二是用工量大，员工在200～5 200人之间。三是工资高，员工月工资在3 500～10 000元之间。四是效益好，10家企业都是盈利企业，利润在200万元至19亿元之间。具体情况见表2。

表2　　　　　　　　　10家企业具体利润情况

序号	企业名称	年产值（万元）	年利润（万元）
1	湖北奕宏精密制造有限公司	14 919.8	2 476.76
2	湖北三环汽车方向机有限公司	51 735	326
3	湖北天源纺织股份有限公司	30 000	1 200
4	咸宁向阳湖兴兴奶业有限公司	40 000	1 000
5	湖北金盛兰冶金科技有限公司	1 170 000	194 697
6	武汉汉麻生物科技有限公司	25 000	500
7	湖北人福药用辅料股份有限公司	5 500	198
8	湖北众望科工贸有限公司	15 000	400
9	湖北三赢兴电子科技有限公司	120 000	5 000
10	通山星火原实业有限公司	25 000	2 500
	合计	1 497 154.8	208 297.76

二、对用工形势判断

（一）基本能满足企业用工需求

10家企业现有员工10 473人，缺工1 768人，总缺工率为14.4%。其中缺通普工人1 494人，占84.5%；缺技术工人228人，占12.9%；缺管理人员46人，占2.6%。也就是说，企业不缺管理人员，缺技术工人尤其是普通工人。缺工率最大的是通山星火原，主要是由于企业招用的180名彝族工人，马上面临彝族春节放假；缺工率最小的是湖北三环、湖北天源、湖北众望，三家均是咸宁本土企业，深耕多年，具有品牌效应，老员工多，员工稳定性较强。具体情况见表3。

表3　　　　　　　　　10家企业具体用工情况

序号	企业名称	现有工人数	缺工数	缺工率
1	湖北奕宏精密制造有限公司	653	47	6.7%
2	湖北三环汽车方向机有限公司	961	35	3.5%
3	湖北天源纺织股份有限公司	480	16	3.2%
4	咸宁向阳湖兴兴奶业有限公司	125	10	7.4%
5	湖北金盛兰冶金科技有限公司	5 200	1 000	16.1%
6	武汉汉麻生物科技有限公司	510	100	16.4%
7	湖北人福药用辅料股份有限公司	155	40	20.5%
8	湖北众望科工贸有限公司	550	20	3.5%
9	湖北三赢兴电子科技有限公司	1 500	300	16.7%
10	通山星火原实业有限公司	339	200	37.1%
	合计	10 473	1 768	14.4%

(二)自我招工为主

招工方法灵活多样,可以说是"不择手段",不分族群,"不计后果"。通常采取以下几种方法:

1. 亲情介绍

鼓励现有员工通过亲戚朋友关系,介绍熟人入职,每介绍一人,给予300元左右奖励。这个办法很奏效,也是企业招人的主渠道,大多数新入职员工都是通过这个渠道进来。如湖北三赢兴介绍员工入职2个月后,从第三个月起,每月补贴介绍200元,持续10个月,即2 000元/人;如果一次性介绍员工超过10人,从第三个月起每月发2 000元,持续10个月,即2万元/10人,然后再奖励2万元,合计4万元/10人。

2. 留住老员工

想方设法留住老员工,免费提供午餐、免费提供良好的宿舍、出台厂龄工资政策、优先内部提拔等,鼓励老员工一如既往地为企业效力。如湖北三环有50年的历史,优先招用结婚了的本地员工,人员非常稳定。湖北天源80%的员工是老职工,班车每天从咸安区双溪镇往返园区接送员工,解决员工子女就近入学的问题。湖北众望有10%的老员工工作了10年以上,也有20年以上的,他们制定了一整套内部培训、培养制度,如车间主任由内部推荐产生,租用了32套公租房。湖北三赢兴专人养殖生猪,种植蔬菜,确保饮食质量,职工愿意在单位用餐后再下班。

3. 与劳务公司合作

通过职介机构和劳务派遣公司,签订合作协议,解决季节性缺工难题。如通山星火原、湖北奕宏和湖北三赢兴就是以这种方式,分别引进180名彝族职工、240名新疆员工、118名新疆员工。

4. 抓住一切可以抓住的机会

只要能招到人,什么办法都可以用上,抓住一切可以抓住的机会。湖北人福与咸宁职院建立校企合作关系,希望能招到该校毕业生。然而理论上没有问题,实际难度却不小。折中办法是,不间断地安排学生去该公司实习。湖北奕宏把目光放在监狱服刑人员身上,与咸宁监狱合作,让犯人代为加工产品。武汉汉麻则是四处打广告,除在省内跑招聘会、网络招聘外,还在恩施、贵州、河南电视台上做广告,虽然效果不大,但是总比不做要好。此外,还有的企业打起老奶奶人群的主意,动员她们接送孙子上学放学后到企业打工或将原材料拿回家中加工。

三、存在问题

目前劳动力基本能满足企业用工需求,但是后期用工需求大,有4家企业要上二期,预计缺工3 900人。其中湖北金盛兰缺工1 000人,湖北三赢兴缺工2 500人,湖北天源缺工50人,通山星火原缺工350人。此外,还存在4个不容忽视的问题:

(一) 本土人唱主角

10家企业以咸宁本土地名冠名的有2家,以湖北冠名的有7家,以武汉冠名的有1家。尽管冠名不同,但是有一个共同点,那就是本土员工唱主角,也就是说武汉企业武汉籍员工多,湖北企业其他市州籍贯员工不多。10家企业现有员工10 473人,其中有7 234人是咸宁本地人,也就是说有70%是本地员工。湖北天源95%员工是咸安人,湖北众望90%员工是崇阳人,湖北金盛兰嘉鱼员工有3 000多人。冠名湖北、武汉的企业,只有管理层是外地人。

(二) 40岁以上是主力

10家企业的10 473名员工中,30岁以下员工2 611人,占24.9%;30~45岁员工4 310人,占41.1%;45~60岁员工3 552人,占33.9%。也就是说,40岁以上员工是主力,并且35岁以下员工分布不均衡,多数在电子企业,非电子企业人员老龄化严重,湖北天源45岁以上的员工占比67%,武汉汉麻、湖北众望员工平均年龄达到44岁。新生代劳动者大多数不愿留在本地,喜欢到大城市打工。即使是同等薪酬条件,他们也愿意外出打工。

(三) 外来人员多为"季节工"

10家企业员工中,30%是外来务工人员,虽然占比不大,但是年龄参差不齐,许多是成建制地出现,并且是打一枪换一个地方,不会在一个企业长待,完成"订单"后撤退。这种灵活的用工方式,满足了企业季节性用工需要。虽然人数不多,企业却付出了代价,以人头结算介绍费用。这些措施吸引了猎头公司,纷纷送劳动力上门。尽管素质也是参差不齐,有些还是少数民族(维吾尔族、回族、彝族),需要建配套的民俗设施安顿,但是最终解决了企业燃眉之急。

(四) 留不住人

主要原因在于名气不大,激励政策不多,公共基础服务设施不足三个方面。一是名气不大。10家企业中，知名企业、名牌商标不多，加上地偏城小，影响力不大，没有品牌效应，难以吸引外地年轻人就业，有些外招人员下车后就走人。湖北奕宏在湖北师范学院招了一批毕业生，工作不到两个月，留下的只剩下一个人。湖北众望设在武汉的销售公司招聘销售人员，报名者众多，来的都是大学毕业生，换成崇阳本部招人，即使拿出管理岗位或技术岗位，仍是响应者寡，少有人问津。而本地年轻人也不愿意在家乡就业，即使在大城市找不到工作，也在城里漂着，留当地就业的人的终极目标是，报考公务员或者事业单位。二是激励政策不多。招硕引博来的引进人员多在行政事业单位上班，10家企业目前没有这类人才，而已有的人才却享受不到这样的利好政策。对企业急需的技术工人、产业工人缺乏相关吸引政策，对园区利税大户或规模以上企业中的高管和技术骨干没有诸如住房补贴或精神奖励措施，对咸宁大中专院校毕业生留咸创业、就业奖励措施不多，力度不大，结果是"墙内开花墙外香"。湖北奕东与咸宁职业技术学院、咸宁新产业技师学院合作，只能解决短期用工。三是公共基础服务设施不足。有的园区没有通公共汽车，或者通了公共汽车却线路少、车次少、收班早；有的园区没有商场、文化站、卫生所，购物不便、文化娱乐不便、看病不便，增加了生活成本，影响了生活质量；有的园区路况差，上下班时间人多车多且速度快，容易发生工伤事故。湖北金盛兰离城区较远，许多职工骑摩托车上下班，仅2019年就发生了工伤事故10余起，工亡事故3起。

四、对策建议

年轻人不愿意到本地园区企业打工，外来人员只当过客，那么留下的14.4%的空岗以及老龄员工退休后空出的岗位，还有二期项目需要的大量员工，这些人找谁要？

一是技改，提高设备自动化程度是个好办法，但是需要钱，没有钱就只能维持现状；二是挖人，打其他企业或者行业的主意，但是成本太高，得不偿失。不过，有一个人群可以突破，因为这个人群是流动性的，谁都可以争取，那就是本市外出打工人员。

我市有60万外出打工人员，不过不是人人都可以争取的，其中有20万人左右在打工地购房、置业、婚嫁、生儿育女、创业，甚至当了老板，已融入当地社会；还有20万人左右在打工地有稳定职业、稳定收入，与经营者形成长期友好的雇佣（合作）关系，这部分人也不会轻易回来。也就是说，只有剩下的20万人，大约1/3的人可以争取过来。不过，要想他们回归就业不是一件容易事，主要在以下三个方面：

（一）增加部门压力

劳动就业部门每年都有考核指标，比如城镇新增就业人数、城镇失业人员再就业人数、就业困难人员再就业人数、扶持创业人数、带动就业人数、就业培训人数、创业带动就业人数、农民回乡创业人数等，就是没有回乡就业人数。有考核指标就有配套奖励政策，如培训补贴、就业补贴、免息担保贷款等。去年我市有51 222人享受就业补贴政策，发放稳岗补贴资金968.2万元，发放免息担保贷款1.8亿元。这些奖励政策是就业和再就业的助推器，是确保年初目标任务完成的润滑油。建议增加回乡就业人数指标，规定每个县市区就业部门每年为园区企业输送3 000名回乡就业人员，确保园区企业用工需求。

（二）挖掘招聘潜力

政府每年都有几场大型招聘会，但都是坐堂等客式，主动出击不多。外出务工人员一年回不了几次，回来也是在亲戚间走动，不知道家乡发展变化，还以为是过去老样子，有些人也想回家就业，但是因为没有就业信息而放弃。有的网站提供的用工信息不真实，不及时，让人不敢相信。对于普通打工者而言，只要能赚钱，去什么地方都一样，如果家门口打工与在外打工差别不大，他们就会心动，因此，对外宣传很重要，要变"坐堂等客式"招聘为主动出击。各地政府每年要到务工人员较多的城市，通过各地商会关系，召开乡亲会，恳谈会，宣传我市企业发展形势、员工工资待遇、岗位信息、工作环境等，动员他们回家就业。三十年前沿海发达地区缺工时就是这样在做，现在轮到我们，不同的是，他们是"通吃"，我们只动员自己人回来。

（三）创新发展动力

回来只是第一步，留住人才是永恒的话题。要想留住人，就要让人看到希望，希望就是让他们成为父母和儿女的骄傲。当公务员之所以有面子，除了有稳定收入外，关键是有上升途径。20世纪80年代之前，当工人很有面子，因为所有上升通道与机关干部一致，现在有身份限制，不再一致，但是属于工人的面子要给足工人。

一是在技能上要有提升空间。开展技能提升行动，从全市 3 亿元失业保险基金中提取 20％用于技能提升培训，鼓励工人学技术，争当能工巧匠。凡是在技能比赛中得到名次的，授予高级工、技师、高级技师等等级。对有高超技能水平、良好职业道德、贡献突出、得到业内广泛认可的工人，由政府授予"首席技师"称号，颁发证书，给予奖励。

二是劳模要有尊严。增加产业工人在劳动模范和先进代表等评选中的名额比例，着力、着重培养一批全国劳模、全省劳模、全市劳模，发放劳模补贴。增加劳模在党的代表大会代表和委员会委员、人民代表大会代表、政协委员、群团组织代表大会代表和委员会委员中的名额和比例，请劳模在重大会议、重要活动中坐主席台，让劳模担任开发区、工业园区兼职委员或副主任，营造当劳模光荣的氛围，向全社会释放出"在咸宁打工有奔头"的信号。

三是优化园区环境。企业留不住人不全是福利的问题，还有一个重要因素就是公共服务设施跟不上。公共财政投入不能忘记园区基础设施建设这一块，除水、电、路建设外，还要考虑到市内公交进园区，每十分钟行程要设立一个站点，增加车次，延长收班时间，方便员工出行。上下班高峰期，要增加交警维持道路交通秩序，设置限速牌。园区内商店、文化室、卫生室要按照一定的面积和人数进行布点，做到小事能在园区内解决。

四是鼓励专业技术人才服务企业。高层次人才最应该去的地方是企业，而不是党政机关和事业单位。如果企业能享受到市委、市政府的招硕引博政策，就不愁引进不了高端人才，至少这些人才引进后可以在企业服务三年。对在规模以上企业服务的中、高级以上专业技术人员或高级技能人员，政府要出台工资补贴、购房补贴、子女入学等优惠政策，鼓励企业提供保姆式服务。要加大校企合作力度，开展校企对接活动，吸引咸宁高校毕业生留在本地、服务地方。

参考文献

[1] 王振淮，王斌，刘国平. 对咸宁市工业企业效益滑坡原因的调查及对策思考 [J]. 湖北财税，1997（5）：27-28.

[2] 朱华. 金融支持工业发展需从供需两侧进行改革——基于对湖北

省咸宁市金融支持工业发展情况的调查［J］.武汉金融，2019，233（5）：80-81.

［3］徐永春，邓雪亮.咸宁中小企业发展问题初探［J］.湖北经济，2002（10）：27-28.

就业与创业

新一线城市留学人员回国创业政策文本研究[①]

熊缨 王秋蕾 王伊[②]

摘 要：留学人员是我国人才资源的重要组成部分，随着我国经济社会快速发展，留学人员回国创新创业的队伍也日益壮大。面对新一线城市的悄然崛起，越来越多的留学人员选择将新一线城市作为回国发展的起点。本文选择了我国十五个新一线城市在2016年至2020年间公开发布的有关留学人员回国创业政策进行研究，对其中43份政策的700多条政策文本进行政策量化分析和内容分析。研究发现，新一线城市关于留学人员回国创业的政策文本文种类型丰富，涉及激发创业活力和资金或金融支持类的政策较多，减少创业障碍或风险类的政策措施较少，且不同城市之间政策侧重点有所差异。因此，本文提出增强政策前瞻性，提高政策指向性，维持政策平衡性和注重政策可操作性等建议，以期为新一线城市以及其他亟须增强人才吸引力的城市进一步完善留学人员回国创业政策提供借鉴。

---

① 该篇论文获得"2020年全国人才与人事研究主题征文活动"一等奖。
② 熊缨，中国人事科学研究院国外人力资源与国际合作研究室主任、副研究员；王秋蕾，中国人事科学研究院国外人力资源与国际合作研究室三级翻译；王伊，中国人事科学研究院国外人力资源与国际合作研究室耳机翻译。

关键词： 留学回国人员　创业政策　新一线城市　政策文本分析

改革开放以来，我国出国留学事业取得迅猛发展，留学人员学成归国后，成为中华民族伟大复兴的重要人力资源，为我国经济社会发展贡献了力量。随着我国"双创"热潮的不断发展，留学人员回国创业的趋势也越发明显。2019年的调查显示，在科创板上市的28家创业公司中，公司高管团队中有留学背景人才的公司占比达到42.85%，留学归国人才正逐渐成为创业的生力军。我国高度重视留学人员回国工作，各级政府出台一系列政策，从激励引领、扶持资助到创业辅导、孵化支持，详尽的支持和服务政策覆盖留学人员回国创业的各个方面，为留学人员回国创业提供了有力的支持和广阔的平台，开创了留学人员回国创业的新局面。

国内已有的对留学人员回国创业政策的研究，呈现以下几个特点：一是在研究对象上，多集中在北上广深等一线城市，或京津冀、长三角等经济较为发达的城市群。这类区域的留学人员回国工作启动较早，政策文本较为完备，因此，对此类地区的留学人员创业政策研究较多，对其他城市的研究相对较少；二是研究方法上，主要为政策效用分析或政策内容分析等定性研究分析，多采取访谈调查、问卷调查等方式，对政策文本进行量化分析的研究较少；三是研究时间主要集中在2008—2017年，以"留学人员回国创业政策"为主题关键词，在知网上进行文献检索，可以发现相关研究从2008年逐渐增加，至2016年达到顶峰，2018年又降至最低，82%的研究都集中于2008年之后的十年，2018年后对留学人员回国创业政策的研究寥寥无几；四是对新一线城市留学回国创业政策的研究较为分散，缺乏对新一线城市政策的共性和差异性研究。

近年来，随着一线城市人口不断饱和，工作和生活压力日益增大，留学回国人员赴一线城市就业创业的热度有所降低，以杭州、成都、重庆为代表的新一线城市逐渐成为留学人员回流的新选择。新一线城市经济增长速度较快，对各个领域的优秀人才求贤若渴，先后出台了多项吸引人才的政策及配套措施，为人才的发展和集聚营造良好的制度环境，不断增强其对高层次人才的综合吸引力。留学人员作为推动我国经济社会发展的重要力量，也是新一线城市重点吸引、大力引进的重要群体。因此，研究新一线城市关于留学人员回国创业的政策具有重要的现实意义。本文试图通过对近五年（2016—2020年）新一线城市有关留学人员回国创业的政策文本量化分析，总结新一线城市关于留学人员回国创业政策的异同和特征，并通过共词网络分析和文本分析，归纳不同地区政策的切入点和聚焦点，以期为新一线城市以及其他亟须引进高层次人才的城市，探索更加积极、更加开放、更加有效的留学人员回国创业政策提供参考。

一、研究方法与样本选取

（一）研究方法

本文采取定性和定量研究相结合的方法，运用文献计量法、共词分析法和文本分析法，对近五年（2016—2020年）新一线城市有关留学人员回国创业的43份政策的700多条政策文本进行梳理和编码。通过对文本的分析来提取和规范政策工具指标，将不同文本中的政策工具关系以共词社会网络和点度中心度分析的形式展现出来，概括归纳不同城市之间留学人员回国创业政策的异同点和聚焦点，比较并总结不同地区政策文本之间的差异和联系，得出相应结论。

（二）研究样本选取

本文对新一线城市的选择参考了《第一财经周刊》在2016—2020年评选的名单，并结合"2019年海归人才流入城市排行榜"，最终确定15个研究的城市为：天津、无锡、杭州、苏州、南京、青岛、沈阳、大连、合肥、郑州、长沙、武汉、重庆、成都、西安。

本文通过各市级政府官网、地方人社局官网以及双创政策汇集发布平台等网站，收集了近五年来（2016—2020年）15个新一线城市公开发布的有关留学人员回国创业的78份政策。为确保数据的有效性和代表性，本研究依据以下原则对政策文本进行筛选：一是选取包括规划、计划、意见、办法、通知、细则等文本，对于无实质政策内容的信函、指南等政策类型不予统计；二是将与研究主题相关度较低的政策文本进行剔除；三是关注留学人员回国创业政策，对于与留学人员创业大赛以及留学人员创新创业项目评选相关的通知文本都一律剔除。最终，本研究遴选出43份有效的政策文本。文本类型统计结果见表1。本文所收集的政策文本主要为办法、措施、计划、细则、意见、通知等，说明各城市对于留学人员创业支持的政策呈现多样化的特点，制定实施办法和措施的文本最多，而法律法规等权威性较强的文本较为罕见，可见各城市对于留学人员回国创业的政策主要集中在引导、实施、支持层面。

表1　　　　　　　　留学人员回国创业政策文本类型

文本类型	通知	意见	细则	办法	计划	措施	其他
数量	6	6	6	9	6	8	2

二、政策工具指标分析

国内外研究者对政策工具采用了不同的分析维度和划分方法。学者安德斯·伦德斯特罗姆（Anders Lundstrom）和路易斯·史蒂文森（Lois A. Stevenson）将创业政策理论框架分为六个方面的指标：促进创业文化、资金/金融支持、减少进入障碍、创业商务支持、开展创业教育、刺激目标群体。基于他们的理论框架，国内学者郭俊华和徐倪妮从五个政策指标维度分别比较分析，研究了北京、上海和深圳三市的创业人才政策文本；陆成艺采用内容分析法，从政策文本的数量、问题、侧重点等方面比较了北京和上海两地的海归创业政策；方世建等人从历史的视角，分析了创业政策如何从创业动机、创业机会和创业技术三个方面来促进创业活动；桂玲以创业与经济增长关系为视角，从创业政策的定义、框架、类型等方面，研究了创业政策对创业的促进机制。

本文在研读国内外代表性文献的基础上，考虑创业政策涉及主体复杂、范围较广的特点，主要借鉴安德斯·伦德斯特罗姆（Anders Lundstrom）和路易斯·史蒂文森（Lois A. Stevenson）的创业政策理论框架的六项指标，并参考中国学者已作出的相关研究，结合选定的43个留学人员创业政策文本进行分析和调整，最终确定了包括5个一级指标和16个二级指标的创业政策工具分析框架（见图1）。一级指标包括：提供资金/金融支持、减少创业障碍/风险、加强创业孵化服务、开展创业教育培训、激发创造活力。"提供资金/金融支持"这一指标下设有三个指标：创业资金支持、创业融资政策以及鼓励风险投资；"减少创业障碍/风险"这一指标下设有四个指标：注册登记便利、创业税收优惠、创业场租优惠、知识产权保护；"加强创业孵化服务"这一指标下设有四个指标：政府采购支持，创业孵化培育，创业平台及基地建设以及创业成果转化；"开展创业教育培训"这一指标下设有两个指标：创业指导及培训，创业咨询服务；"激发创业活力"这一指标下设有三个指标：创业人才选拔、创业表彰奖励以及创业人才生活保障。

本文对梳理出的政策文本进行编码，将已选取的16个政策工具二级

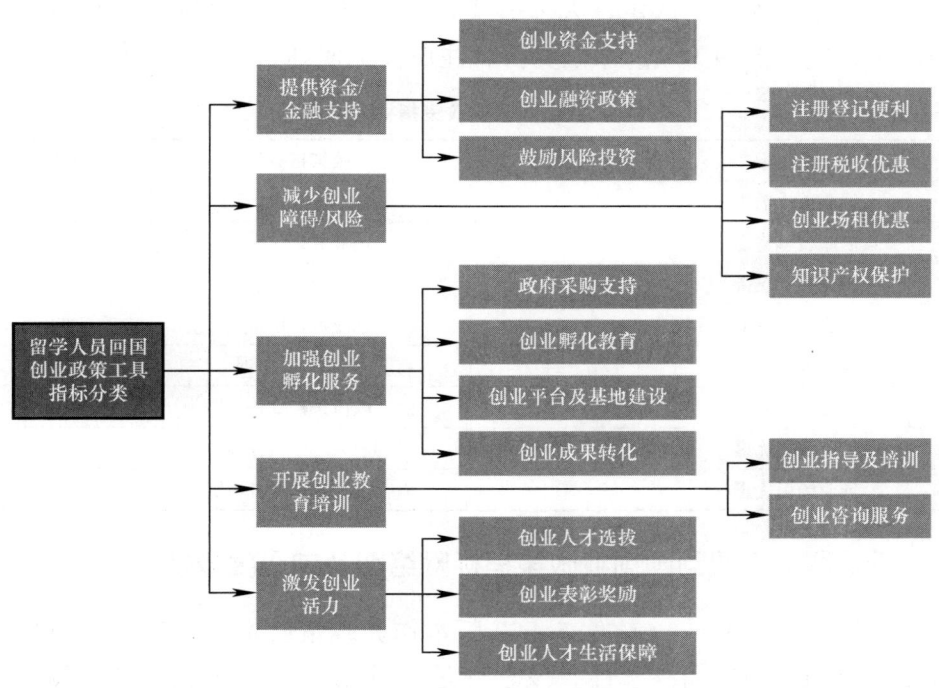

图 1 留学人员回国创业政策工具指标分类

指标作为关键词,并将政策文本中包含在关键词范围之内或含义相近的文本进行替换和统一,如创业人才奖励、创业人才荣誉、创业人才表彰等词统一替换为创业表彰奖励;创业贷款担保、创业融资渠道、创业金融支持等统一为创业融资政策;将创业租房补贴、免收企业租金、创业租金补贴等统一为创业场租优惠。最后对这些关键词在不同文本中出现的频次进行统计,得到留学人员回国创业政策指标频次统计表(见表2)。其中,创业资金支持、创业指导及培训、创业表彰奖励和创业人才选拔在政策文本中出现的频次最高,体现出了新一线城市对留学人员回国创业政策的聚焦点和着力点。通过对这些政策文本的进一步分析,可以发现新一线城市的创业资金支持主要包括通过提供创业专项资金、一次性创业补贴、创业资金扶持、一次性项目资助等方式给予人才财政方面的支持。创业指导及培训包括举办创业论坛、聘请创业导师、创业园丁等服务于创业实践辅导或培训的政策保障措施。创业表彰奖励主要分为两类,一是对作出重要贡献的留学回国创业人才的表彰和奖励,二是对考核或评定结果为优秀的创业企业提供一定的奖励。创业人才选拔包括对留学回国创业人员的认定、人才分类以及人才引进和遴选。在政策文本中出现频次最低的为政府采购支持、注册登记便利和知识产权保护。

表2　　　　　　　　留学人员回国创业政策指标频次统计

政策指标	频次	政策指标	频次
创业人才选拔	55	知识产权保护	6
创业表彰奖励	59	创业成果转化	15
创业资金支持	86	创业平台及基地建设	31
创业融资政策	31	创业孵化培育	29
鼓励风险投资	17	创业指导及培训	79
注册登记便利	5	政府采购支持	2
创业税收优惠	8	创业人才生活保障	45
创业场租优惠	11	创业咨询服务	16

三、留学人员回国创业政策指标网络图及中心度分析

本研究选取 Ucinet 软件 6.560 版本作为政策文本分析工具，以确保数据分析的准确性和科学性。该软件是一款网络分析集成软件，具有很强的数据矩阵和凝聚子群分析功能，并且可将数据转化为可视化网络图。使用该软件分析数据，有助于实现数据可视化，可以更直观地展现不同节点之间的联系，凸显不同群组之间的关系及其特点。本研究主要运用了该软件的两项功能：一是通过导入共词矩阵，形成政策工具指标的共词网络；二是通过软件计算出各政策工具指标的点度中心度。

（一）共词矩阵

共词矩阵展现每两个指标出现在同一个文本中的次数，有助于清晰地展现两个指标之间的联系。根据所提取的留学人员回国创业政策指标，对每两个指标在同一个文本同时出现的次数进行统计，最终形成一个 16*16 的共词矩阵，行与列分别表示 16 个政策工具指标。矩阵对角线上的数字表示该指标出现的频次。表3为部分共词矩阵。

表3　　　　　　留学人员回国创业政策指标的共词矩阵（局部）

项目	创业人才选拔	创业表彰奖励	创业资金支持	创业融资政策	鼓励风险投资	注册登记便利	创业税收优惠
创业人才选拔	55	22	26	18	11	3	5
创业表彰奖励	22	59	28	17	13	4	5
创业资金支持	26	28	86	22	15	4	6

续表

项目	创业人才选拔	创业表彰奖励	创业资金支持	创业融资政策	鼓励风险投资	注册登记便利	创业税收优惠
创业融资政策	18	17	22	31	14	4	5
鼓励风险投资	11	13	15	14	17	4	5
注册登记便利	3	4	4	4	4	5	1
创业税收优惠	5	5	6	5	5	1	8

通过共词矩阵，可以发现每个指标与其他指标之间的联系。例如，创业资金支持是创业表彰奖励、创业人才选拔、鼓励风险投资、创业税收优惠、创业平台及基地建设、创业孵化培育等12项指标共同出现次数最多的指标，表明创业资金支持是新一线城市近五年的政策文本中出现最频繁且与其他指标关联程度最高的一项政策工具指标。创业指导及培训是与创业资金支持、注册登记便利、创业场租优惠、创业咨询服务等5项指标共同出现次数最多的指标，可见创业指导及培训在选定的政策文本中也处于较为重要的地位，与其他指标的关联度较高。创业表彰奖励是与知识产权保护和创业成果转化共同出现次数最多的指标，可见创业表彰奖励与这两项指标的联系较为紧密。政府采购支持与其他指标共同出现的次数均为最低，说明在新一线城市近五年的政策文本中，政府采购支持处于极为边缘的位置，与其他指标的关联程度最低。

（二）共词网络

共词网络分析图由节点和线构成，节点代表行动者，线代表行动者之间的关系构成。通过将共词矩阵导入成为共词网络分析图，有助于展现不同政策工具指标之间的共现关系。根据已得到的政策指标共词矩阵，将矩阵导入社会网络分析软件Ucinet中，得到政策指标共词网络图（见图2）。在共词网络图中，每条直线都代表了政策工具指标之间的关系，处于网络中心位置的政策指标，与其他指标关系更复杂也更紧密，体现出留学人员回国创业政策的重点和中心点。而在边缘位置的政策指标，则在政策中出现的相对较少。通过共词网络图，可以直观地看出各政策指标之间的联系以及整个共词网络的整体特征。

从图2中可以看出，创业资金支持处于共词网络图的中心位置，与绝大多数的政策指标都发生了联系，由此可见，创业资金支持是所有新一线城市留学人员回国创业政策中提及最多、重视程度最高的一个指标。

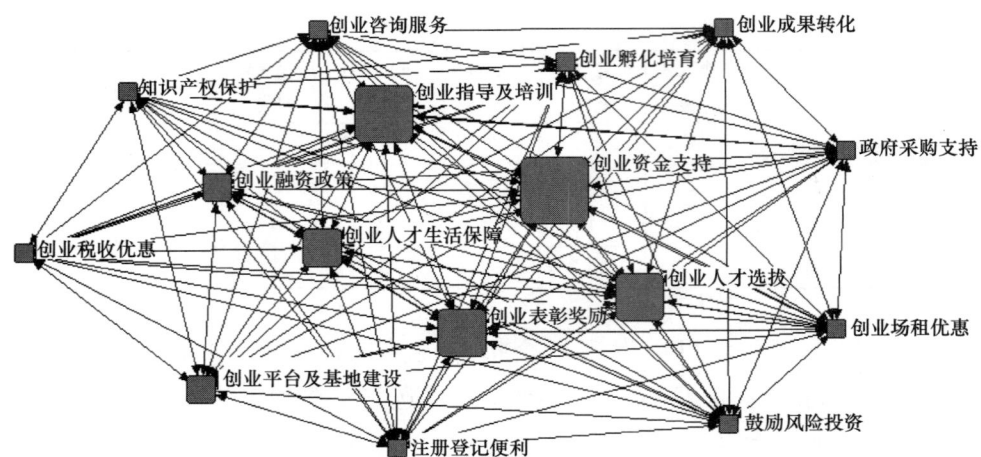

图 2 留学人员回国创业政策指标共词网络图

此外,创业指导及培训、创业人才选拔、创业表彰奖励以及创业人才生活保障等指标,也都居于共词网络图的中心位置,且与其他指标联系较紧密,可见这几个政策工具指标是大多数新一线城市留学人员回国创业政策的重点。创业成果转化、政府采购支持、注册登记便利等指标居于网络图的边缘位置,说明许多新一线城市的留学人员回国创业政策中对这些方面的政策关注度较低,政策涉及的内容较少。

(三)共词网络点度中心度

点度中心度(Degree Centrality)是指该共词网络中与该节点有直接联系的节点数量,点度中心度分为绝对点度中心度(Degree)和相对点度中心度(Nrmdegree),绝对点度中心度是将与节点有直接联系的节点个数等同于该点的点度中心度,相对点度中心度是绝对中心度与网络中点的最大可能度数之比。份额(Share)为标准的程度中心度,为程度中心度占整个网络中心度之和的百分比。点度中心度主要用来衡量节点在网络中处于怎样的中心地位。通过软件 Ucinet 计算得出留学人员回国创业政策指标共词网络点度中心度(见表4)。点度中心度的度数越大,表示该政策指标的中心地位越强。

表 4 留学人员回国创业政策指标共词网络点度中心度

项目	Degree	NrmDegree	Share
创业资金支持	329.000	23.910	0.118
创业指导及培训	304.000	22.093	0.109

续表

项目	Degree	NrmDegree	Share
创业表彰奖励	265.000	19.259	0.095
创业人才选拔	262.000	19.041	0.094
创业人才生活保障	248.000	18.023	0.089
创业孵化培育	215.000	15.625	0.077
创业平台及基地建设	214.000	15.552	0.077
创业融资政策	212.000	15.407	0.076
鼓励风险投资	155.000	11.265	0.056
创业咨询服务	132.000	9.593	0.048
创业场租优惠	119.000	8.648	0.043
创业成果转化	110.000	7.994	0.040
知识产权保护	71.000	5.160	0.026
创业税收优惠	63.000	4.578	0.023
注册登记便利	54.000	3.924	0.019
政府采购支持	24.000	1.744	0.009

从表4中可以看出，创业资金支持和创业指导及培训的点度中心度最高，且与其他的政策指标有较明显的差距，说明这两项指标与其他的政策指标联系最为紧密，是共词网络的重点。创业表彰奖励、创业人才选拔、创业人才生活保障的点度中心度也较高，在研究的创业政策文本中较为重要。知识产权保护和创业税收优惠的点度中心度较低，说明这两个政策指标与其他政策的联系较少，重要性相对较低。注册登记便利和政府采购支持的点度中心度最低，与其他政策指标的联系最少，在网络关系中处于较为边缘的地位。

四、政策文本特征分析

本文选取15个新一线城市的有关留学人员回国创业的43份政策文本700多条政策作为研究对象，统计分析政策文本文种类型，提取政策工具指标关键词，并借助Ucinet软件，进行政策工具指标频次分析和共词分析，发现政策文本特征如下。

（一）政策文种类型丰富

综合来看，新一线城市留学人员回国创业的政策文种类型较为丰富，且分布均匀，各文种类型之间数量差异较小。其中，办法（管理办法、暂行办法、实施办法）、措施（政策措施）这两类文种类型最多，可见近五年新一线城市留学人员回国创业的政策更注重管理安排、落地实施，且计划（规划、行动计划）和细则（实施细则）类的文本也各有六份，说明留学人员回国创业政策的指导性和可操作性较强。尽管通知、意见类文种分别为六份，但其整体占比相对较少，说明近五年出台的相关政策的规范性和约束性相对较低，这种现象的产生，主要是因为部分新一线城市，如杭州、南京等城市，对留学人员回国创业政策的关注较早，也因此在早期就已经出台了注重宏观规划的政策文本，而近五年出台的政策更注重具体做法和要求，具有较强的实施性和指导性。

（二）激发创业活力和提供资金/金融支持类的政策居多

创业人才选拔、创业表彰奖励、创业人才生活保障这三项政策指标，占据点度中心度的第三位至第五位，均属于激发创业活力指标下。总的来说，这三项政策出现的总频次最高，与其他政策指标之间的联系最为紧密，是新一线城市吸引留学回国人员创业政策的主要着力点。

14个城市的31项政策中都提及了创业人才选拔，包括选拔高层次留学回国创业人才，或具有突出表现的海归创业团队，对其技术能力、团队结构、商业潜力等方面作出综合评价，完善对高层次回国创业人才的认定，并给予重点支持；或者将创业人才纳入人才储备库，给予一系列的优惠政策待遇等措施。

创业表彰奖励在13个城市的29项政策中有所提及，主要政策措施为选拔创新能力强、发展潜力大的优秀留学回国人员创业团队或者市场前景好、带动就业效果明显、具有产业价值、社会价值的优秀创业项目或企业，设立专门的奖项或荣誉，并予以表彰和奖励。

给予创业人才生活保障也是各个城市吸引留学人员创业的重要政策措施之一，14个城市的28项政策都对此作出了相关规定，例如通过允许人才落户、提供人才购房补贴、建设人才社区等方式，打造高品质的人才生活服务环境，为留学人员回国创业消除后顾之忧。

新一线城市吸引留学回国人员创业的政策中，提供资金/金融支持类的政策占比也不容忽视。其中，创业资金支持相关的政策居于共词网络点度中心度的第一位，所有被研究的新一线城市的政策文本中都包含对留学人员回国创业的资金支持，例如通过提供创业培训补贴、一次性创业补贴、项目资助、经费资助等措施，积极为回国创业人员解决启动资金问题保驾护航，或者支持海外留学生结合当地产业发展方向，带项目、带技术、带资金回国创业，并且根据创业项目的运行质量、预期效益、运营需求、企业规模等情况，给予相应的资金支持。

创业贷款政策在14个城市的21项政策中有所规定，鼓励风险投资在9个城市的14项政策中被提及。从整体来看，这两项指标的频次和点度中心度均处于所有指标的中间位置，研究的15个新一线城市主要通过鼓励金融机构提供贷款融资服务，或者鼓励各类天使投资基金、风险投资基金对种子期、初创期的企业进行持续投资，来缓解留学人员初创企业面临的融资难、融资贵和融资慢等问题。

（三）减少创业障碍/风险类的政策措施过少

减少创业障碍/风险类的政策指标包括注册登记便利、创业税收优惠、创业场租优惠和知识产权保护。在43份政策文本中，这四个指标出现的频次以及点度中心度都居于末位，但这并不能说明这四项政策指标的重要性较低。实际上，这四项政策指标，对于初创企业的存活和发展都发挥着至关重要的作用。

注册登记便利，指为初创企业的注册、登记、执照、工商、税务等方面给予审批便利及政策倾斜，营造一个宽松便利的市场准入环境，有助于进一步激发投资创业的积极性，降低企业设立的成本，提高企业登记注册效率。但是研究结果发现，该项指标仅在4个城市的5项政策中被提及，说明大多数新一线城市对这一政策不够关注。

知识产权保护有助于维护初创企业的核心竞争力，维持企业的技术优势，激励企业创造出更多知识产权成果。研究结果发现，该项指标仅在5个城市的6项政策中被提及，说明大多数新一线城市的留学回国创业政策没有针对知识产权保护的有关措施。

创业税收优惠是指通过减税免税或税款返还等措施，给予纳税人一定的优惠待遇，例如为留学回国从事个体经营的人员减免增值税、城市维护建设税、教育费附加、地方教育附加和个人所得税等。研究结果发现，大多数新一线城市没有对留学回国创业人员出台相关税收优惠政策，仅有6个城市的8项政策中包含此项指标。

创业场租优惠指给予初创企业场地租金减免或优惠，有利于降低初创企业的运营成本，减轻企业的资金压力。但是并不是所有新一线城市对留学回国创业人员出台了相关场租优惠政策，研究发现仅有7个城市的政策包含此项指标。

（四）不同城市之间的政策各有侧重

不同城市对留学人员回国创业政策体现出了不同的侧重。一方面，经济较发达的新一线城市的政策在减少创业障碍/风险指标上体现出更大的侧重，例如，南京市和杭州市，这两个城市的政策文本出现该项指标的频次都远高于其他城市。南京市的《市政府关于做好当前和今后一段时间就业创业工作的实施意见》规定"完善知识产权维权援助工作体系，打击各类知识产权违法违规行为，依法保护知识产权。破除制约企业和群众办事创业的体制机制障碍，降低就业创业门槛，减轻各类市场主体负担，营造稳定公平透明的营商环境"。又如，杭州的《中共杭州市委杭州市人民政府关于杭州市高层次人才、创新创业人才及团队引进培养工作的若干意见》中规定"鼓励引导各类人才创办的企业申请认定为高新技术企业，对符合税法规定的研究开发费用，形成无形资产的按其成本150%摊销，未形成无形资产的按当年研发费用实际发生额的50%加计扣除"。

另一方面，部分新一线城市对开展创业教育培训的重视程度更高，例如，在西安、南京、杭州、郑州4个城市的政策文本中，该项政策指标的频次远高于其他城市。开展创业教育培训主要体现在给创业者提供实践与理论相结合的创业课程，从股权设置、绩效管理、技术创新、税收法务、财政金融、市场拓展、知识产权等各个方面给予创业者相关知识的培训。例如，《创业西安行动计划（2017—2021）》中规定"办好'创新创业学院'，探索建立'学业＋创业'双导师培养模式和大学生创新创业实践业绩与学分挂钩机制"。又如，《杭州市大学生杰出创业人才培育计划（2017—2019）》规定"会给予每位培育对象为期一年的深度创业能力提升课程"，此外，还有"知名创业服务机构、律师事务所、会计师事务所组建创业智库"，为被选拔出的优秀创业留学人员提供为期一年有关战略、融资、市场、法律、财务等方面的服务。

五、结论及建议

综上所述，本文梳理了15个新一线城市有关留学人员回国创业政策文本的特征，结合政策文种类型和政策工具指标分析的结果，考虑到新一线城市留学回国人员创业的实际情况和最新需求，本研究提出以下结论及建议。

(一)提高风险防控意识,增强政策前瞻性

习近平总书记在 2020 年 9 月 11 日召开的科学家座谈会上谈到"当今世界正经历百年未有之大变局",在 2020 年 8 月 24 日召开的经济社会领域专家座谈会上谈到"国际经济、科技、文化、安全、政治等格局都在发生深刻调整,世界进入动荡变革期"。在党的十九大报告中指出,中国开放的大门不会关闭,只会越开越大。一方面,新形势下,人才的全球化流动面临更多不确定因素,受新冠疫情和美国滥用国家力量对华人才和企业无理打压的影响,未来我国将有可能迎来留学生回流的又一次高潮。然而,政策文本统计发现,许多新一线城市出台留学人员回国创业政策的时间较早,对于新时期新动态的应对不够充分,面临无法较好适应新环境新需求的风险。另一方面,留学人员在回国创业的过程中会面临各种风险,由于留学人员对国内市场、产业、政策的了解不够全面,可能会出现资金风险、市场风险、技术风险等问题,此外,随着中美人才战略博弈不断升温,留学人员回国创业还可能面临美国在竞业限制、商业秘密、知识产权保护等方面进行诉讼的法律风险。

因此,有必要及时并有效地调整和更新政策,充分考虑未来发展的形势和政策有效运行期限,着重对国际形势的预判和前瞻性考量,构建促进留学人员回国创业的长效机制,激发留学人员回国创业的信心和主动性。还应提高风险防控意识,增强对风险的研判和监测,注重政策对企业和人才的法律保障,从国家层面制定相应的法律法规,如健全和完善知识产权法律制度,建立人才引进的纠纷解决协助机制,推动相关领域的法律规范设计,为留学回国人才创业提供一个良好的法律环境,降低留学人员回国创业的风险。

(二)制定差异化的政策措施,提高政策指向性

因为不同地区新一线城市的经济发展水平、基础设施建设、商业资源集聚度、城市发展基础等因素的差异性,吸引留学人员创业的原因也不尽相同。此外,不同城市的发展各具特色,地方产业重点具有明显的地域性和特殊性,因此,在制定留学人员回国创业政策时,也应该将自身的发展优势与国家政策导向相结合,根据地方的特色产业或重点发展、急需发展的产业制定一系列的创业优惠政策,通过政策引导留学人员回国创业与地方所需紧密结合。对于经济发展水平相对滞后的城市,应重点吸引本地留学人员回到家乡创业,对于表现突出者给予一定的表彰奖

励,增强留学人员对回乡创业的成就感和归属感,发挥他们在地域和人脉上的优势,提高政策的针对性和目标性。

(三)丰富政策工具的使用,维持政策平衡性

前文的分析发现,近五年来的留学人员回国创业政策工具指标分布呈现了较为严重的两极分化程度,政策工具相对单一,大多数城市的政策都集中在创业融资支持、人才选拔、表彰奖励和人才生活保障等创业促进方面,对注册登记便利、知识产权保护等减少障碍类的政策工具关注度较低,各城市的政策在一定程度上呈现同质性。此外,每项一级政策指标下的细分指标也存在不均衡的现象。因此,有必要查漏补缺,注重选取更加多样的政策工具,平衡政策对创业各领域的关注度,加大对减少创业障碍的投入力度,为企业的发展保驾护航,充分激发留学人员回国创业的积极性。

(四)深入分析实际需求,注重政策可操作性

从已有的政策文本中可以发现,各个新一线城市已经建立起了覆盖较为全面的留学人员回国创业政策,然而,在某些具体政策实际执行落地的层面上,如政府采购支持、知识产权保护等方面,仍然存在政策措施不够明确具体的问题。因此,要更加深入地开展调查研究,认真听取留学人员以及政策涉及的各主体的意见,从创业留学人员的实际需求出发,站在初创企业的角度思考问题,制定小而实的政策措施,提高政策质量,使得政策更细化、更具体、更具可操作性。此外,还应及时跟进政策实施的实际效果,在实践中不断完善政策措施,增强政策的可操作性和有效性。

综上所述,本文通过对近五年15个新一线城市有关留学人员回国创业的43份政策文本的梳理和分析,发现这些政策文本具有政策文种类型丰富、地区之间差异较大等特征,并给出一系列政策建议,对进一步完善留学人员回国创业的政策具有一定的参考意义。本研究也存在一定局限性,例如基于软件结果的政策文本探讨不够深入,各城市之间的政策文本特征分析和对比较少等。在今后的研究中,可以对各城市的政策文本做更加细致的比较,进一步加强研究深度。

参考文献

[1]郭冀川.科创板近半数公司高管有海归背景[EB/OL]. http://

jrb. ganzhou. gov. cn/jrzx/2019-08-19/1973. html，2020-08-25.

［2］全球化智库. 2019中国海归就业创业调查报告［EB/OL］.［2020-08-25］http：//finance. ifeng. com/c/7sZ1JAsYpoT

［3］高建，盖罗它. 国外创业政策的理论研究综述［J］. 国外社会科学，2007（1）：70-74.

［4］郭俊华，徐倪妮. 基于内容分析法的创业人才政策比较研究——以京沪深三市为例［J］. 情报杂志，2017，36（5）：54-61.

［5］陆成艺. 京沪海归创业政策的比较［D］. 上海：华东师范大学，2015.

［6］方世建，桂玲. 创业、创业政策和经济增长——影响途径和政策启示［J］. 科学学与科学技术管理，2009，30（8）：121-125.

［7］桂玲. 创业与经济增长关系视角下的创业政策研究［D］. 合肥：中国科学技术大学，2009.

［8］邓君，马晓君，毕强. 社会网络分析工具Ucinet和Gephi的比较研究［J］. 情报理论与实践，2014，37（8）：133-138.

［9］李亮，朱庆华. 社会网络分析方法在合著分析中的实证研究［J］. 情报科学，2008（4）：549-555.

技术创新与产业结构调整对就业影响研究[①]

邢明强　杨帅帅[②]

摘　要：在中国经济转型带来的严峻就业形势下，学者关于技术创新对劳动力就业的作用机制仍未形成共识，且产业结构在其中的角色亦不明晰。为此，本文采用2010—2018年我国省级面板数据，运用层级回归法，研究技术创新、产业结构与劳动力就业的关联机制，分别探索了技术创新与产业结构对不同类型劳动力就业和不同区域劳动力就业影响的差异性。研究发现：技术创新正向影响劳动力就业；产业结构升级正向影响劳动力就业；产业结构正向调节技术创新与劳动力就业之间的正向关系，即产业结构越高级，技术创新对劳动力就业的促进作用越强。从不同类型劳动力就业的检验结果来看，技术创新和产业结构升级对高人力资本水平的劳动力就业促进作用更为显著；分区域来看，技术创新和产业结构升级对东部地区的劳动力就业促进效果更明显。

关键词：技术创新　产业结构　人力资本　劳动生产率　就业

一、引言

就业是民生之本，事关经济社会稳定和持续健康发展，实现充分就

[①] 该篇论文获得"2020年全国人才与人事研究主题征文活动"一等奖。

[②] 邢明强，河北省人力资源社会保障科学研究所副所长、副研究员；杨帅帅，河北师范大学商学院硕士研究生。

业一直是宏观经济政策的主要目标。与此同时，中国人口基数庞大，无形中为解决就业问题增加了一定的困难。已被多数国家发展实践所证实的"奥肯定律"充分揭示了经济增长对就业的带动能力，然而从我国情况来看，经济的高速发展并未显著改善就业状况。20世纪80年代我国GDP就业弹性系数平均值为0.33，20世纪90年代以来我国就业弹性呈现明显下降趋势，均值为0.18，到2018年我国就业弹性系数降至—0.007，经济增长吸纳就业能力不断降低。2019年我国国内生产总值达到99.1万亿元，比上一年增长6.1%，然而据人力资源和社会保障部发布的《2019年度人力资源和社会保障事业发展统计公报》显示，年末全国城镇调查失业率为5.2%，比上一年增长了0.3%。我国就业水平并未随着经济增长而显著提升。2020年全国应届高校毕业生达874万人，同比增长40万人，就业压力进一步加大，2020年《政府工作报告》提出将"稳就业"作为经济工作的重中之重。人口基数大和源源不断进入劳动力市场的应届高校毕业生可能是在中国出现"奥肯悖论"的部分原因。

然而，当前我国经济增长的主要驱动力量已逐渐由要素驱动转向创新驱动，转型期的我国劳动力市场"用工荒"与"就业难"问题并存，技术创新通过对就业岗位、就业结构和人才结构等方面进行重新配置，对劳动力就业产生了重要影响。目前学术界关于技术创新对劳动力就业影响的观点并不一致，主要存在替代效应和补偿效应两种观点，同时，产业结构作为承接劳动力就业的载体，对其产生的影响也不容忽视，大部分学者认为产业结构调整对就业亦存在正负双重作用。一方面，技术创新对不同类型劳动力就业的影响存在群体差异；另一方面，由于我国区域发展不平衡，虽然东部沿海少数发达地区产业结构发展已较为成熟，但中西部绝大多数地区产业结构不尽合理。劳动力就业存在区域差异，如何通过技术创新、产业结构调整来促进就业成为需要我们解决的重要问题。在此背景下，结合当前我国技术创新水平和产业发展现状深入研究其对就业的影响，为下一步制定更有针对性的就业政策，提升劳动力就业数量和质量，具有重要理论价值和现实意义。

二、文献回顾与研究假设

（一）技术创新与就业

国内外已有较多学者对技术创新、产业结构调整与就业之间的关系进行了理论梳理与实证研究。目前，技术创新对就业影响的研究主要集中于探讨其对就业数量产生的影响，主要有两种观点：一是认为技术创新负向影响就业。李嘉图认为物化的技术进步减少了就业岗位，表现为机器对劳动力的替代。马克思资本有机构成理论认为技术进步会引起资本有机构成提高，形成相对过剩人口，导致整体失业水平上升。熊彼特通过研究经济周期发现技术进步造成企业倒闭，从而引发了失业危机，对就业的影响实际上是"创造性破坏"的过程。在此基础上学者们进一步研究发现，一方面，技术创新促进经济增长和收入水平提高，人力资本投入价格的快速增长会抵消技术进步带来的收益，从而削弱企业扩大市场规模和提供更多就业岗位的积极性；另一方面，技术创新促进劳动生产率提升和产出增长，若前者提升速度高于后者增长速度，就会产生就业"挤出效应"，在固定产出不变的情况下，产品生产周期缩短，单位产出需要的劳动量将减少。此外，"技能偏向型"技术创新会引起劳动力市场需求结构发生变化，表现为对高技能人才需求增加，对低技能劳动力需求缩减，未能及时跟随调整的人力资本结构与工作匹配性下降，导致结构性失业。二是认为技术创新正向影响就业。技术创新能够通过"资本化效应"创造就业，技术创新提高了社会的全要素生产率，促进企业利润增长，企业将获得的利润用于生产再投资，从而增加劳动力需求。同时，技术创新会节约生产成本，降低产品、服务的销售价格，扩大消费需求，从工资角度考虑，技术创新会带来收入分配的变化，得益于技术进步，收入弹性较大行业的劳动者收入水平提高，也会一定程度上刺激消费需求，企业出于追求利润最大化的目的，则会倾向于进一步扩大生产规模，增加劳动力需求，促进就业。此外，技术创新能够通过创新产品和服务、扩大生产领域、推动产业转型升级，带动相关产业发展和劳动力就业，将进一步引发产业结构变革，催生出新业态、新模式，产生就业扩散效应，创造更多新的就业岗位。

当前，以网络化、数字化、信息化为主要特征的技术创新有效改进了产品的生产方式、提升了产品生产效率，导致企业利润的增加和生产规模的扩大，有效促进了劳动力就业，同时通过产品创新进一步扩大市场占有率、延长相关产业链条，创造了更多新的就业岗位。基于此，本文提出以下假设：

H1：技术创新正向影响就业。

（二）产业结构调整与就业

关于产业结构与就业结构关系的研究，早在17世纪，威廉·配第就提出农、工、商利润依次增多，劳动力必然由农转工再转商。克拉克证实了劳动力将随着社会进步和人民收入水平地提高，逐渐由低产业层次流向高产业层次。后来，西蒙·库兹涅茨和钱纳里在配第-克拉克定理的基础上，进一步研究认为产业结构变化会影响就业结构，随着社会发展和人均国民收入水平提升，第三产业的就业比重不断上升。从产业结构变迁角度来看，产业结构优化调整，推动劳动生产要素由农村转移到城市、由低产业层次流向高产业层次、由生产率较低的部门流向生产率较高的部门，造成各区域、行业和部门间劳动力的重新配置，短期内劳动者的素质提升往往滞后于产业发展，造成结构性失业，尤其是以技术偏向性为基础的产业结构升级会显著增加对高技能劳动者的需求，而部分建筑制造业、服务业则成为容纳农村转移劳动力和低技能劳动力的主体，从而产生就业"极化"现象。关于产业结构调整对就业数量产生的影响主要有两个方面：一是产业转型升级对就业产生的负向影响。伴随着工业化和重工业化的产业结构升级会因资本有机构成提高对就业产生"挤出效应"，降低整体经济对就业的吸纳能力。同时，技术创新驱动的产业转型升级表现为劳动工具的改善、机器设备的使用和管理水平的提升，单位产出需要的劳动量将减少，从而对就业产生消极影响。二是产业结构升级对就业产生的正向影响。重工业化的直接效应虽然不利于就业，但其可以通过延长前后向产业链条，带动相关产业尤其是服务业的发展，促进就业，同时在加快城市化进程中间接创造更多就业需求。此外，工具的改善、生产效率提升、劳动分工的合理化可以促进产业内部结构的优化，特别是以创新为主要特征的产业结构优化会提升产品的技术含量和附加值，为产业提供超额利润，从而创造更多就业岗位，在此基础上也会促进相关产业的优化升级和新兴产业的培育，产生就业扩散效应，而且产业升级导致的资本深化有利于企业的长期资本积累和资本存量增加，进而促进企业扩大再生产，增加劳动力需求。

产业结构升级主要从科技创新能力、人力资本水平、能源利用效率、政府政策等方面来衡量，其中技术创新能力起基础性作用。由于三次产业内部价值创造模式和技术创新能力不同,因此就业容纳能力也存在差异。从我国三次产业就业弹性来看,均呈下降趋势,其中第一、第二产业就业弹性已降至较低水平,产业发展已经失去了较强的就业带动能力,第三产业的就业弹性相对较高,就业带动潜力相对较大。进一步细化研究发现我国信息产业的技术进步为技能偏向型,对高、低技能劳动者就业的影响为前者相对需求增加,后者减少;京津冀的工业企业技术创新显著动态创造了就业岗位。同时,学者开始关注区域就业差异,发现各区域科技发展水平、产业结构等因素与区域就业差异存在长期均衡性,短期内,东部地区的均衡性会抑制区域就业差异,中、西部则会产生刺激作用。从产业结构与就业结构的协调程度来看,东、中、西部协调度依次降低。伴随着产业结构的调整,资源利用逐渐由高消耗、高污染的粗放发展模式转向集约高效、环境友好的发展模式,产业价值链由低级向高级转移延伸,在这一过程中,劳动力在三次产业、不同部门以及城乡间进行流动并重新配置,优化了就业结构,对劳动力就业产生了积极影响。同时,催生出以新一代信息技术产业、高端装备制造业、相关服务业等战略性新兴产业为代表的新兴行业,创造了大量新的就业岗位。基于此,本文提出以下假设:

H2:产业结构升级正向影响就业。

(三)技术创新、产业结构调整与就业

目前,在技术创新、产业结构对就业的协同效应研究中,已有一些文献进行了初步探讨,如李从容等研究发现技术创新和产业结构调整两个变量的交互项对就业弹性具有显著影响,认为通过技术创新来推动产业结构优化升级是促进就业的重要途径。杜传忠和许冰研究发现技术进步和产业结构升级对就业影响的总效应为负,且二者对就业的影响存在区域差异。技术创新是推动产业结构升级的主要力量,而产业则是就业的重要载体,虽然以技术创新为导向的产业结构升级导致不能适应新技术、新变革的部分传统产业逐渐衰退甚至退出,从而引发了一部分劳动力失业,但是产业内部的结构优化、效率提升、规模经济、范围经济以及资源再配置效应会为劳动力就业创造一个良好的产业环境,更大程度上促进经济增长,吸纳更多劳动力就业,同时,相关产业的发展以及新兴产业的培育也会创造更多就业岗位,增加就业需求。在这一过程中,产业结构越高级、合理,产业内部对资源的配置效率越高,产业结构与就业结构的协调程度越好，技术创新对就业的促进作用也就越强。基于此，本文提出以下假设：

H3：产业结构正向调节技术创新与就业的关系，即产业结构越高级，技术创新对就业的促进作用越强。

综上所述，现有研究多是集中于理论层面的定性描述，单独探讨技术创新或产业结构调整对就业产生的影响，且尚未得到一致的结论，系统考察技术创新、产业结构与就业关系的研究比较少。然而产业作为承接劳动力就业的中观环境，在技术创新与就业之间起到了调节作用，一个国家或地区所处的产业发展阶段不同，其技术创新能力对就业产生的影响会存在显著差异，因此，本文通过构建产业结构为调节变量，实证研究产业结构调整在技术创新与就业关系中发挥何种作用。此外，现有研究多是探讨技术创新对就业数量和结构产生的影响，较少关注由技术创新引起的不同类型劳动力的就业差异，基于此，本文试图在检验现阶段我国技术创新对就业总量产生影响的基础上，进一步区分不同人力资本水平，探索技术创新对不同人力资本水平的劳动力就业有何区别。由于我国东部、中部和西部地区发展不平衡，科学技术水平和产业发展水平存在较大差距，因此本文针对不同区域发展的差异性和特殊性进行了分样本研究。最后，在研究结论的基础上提出相应的对策建议，以期能够更好地增进我国技术创新、产业结构与劳动力就业之间的协调性，促进就业长期增长。

三、研究设计

（一）模型构建

根据前文理论分析，本文使用层级回归分析方法，依次检验技术创新、产业结构对就业总量的影响效应，并引入技术创新与产业结构的交互项，进一步分析产业结构对技术创新与就业关系产生的调节作用。基于此，本文基本计量模型设定如下：

$$\text{emp}_{it} = \alpha_0 + \alpha_1 \text{innov}_{it} + \lambda_j \sum_{j=1}^{n} Z_{jit} + \eta_{it} \quad (1)$$

$$\text{emp}_{it} = \alpha_0 + \alpha_1 \text{innov}_{it} + \alpha_2 \text{str}_{it} + \lambda_j \sum_{j=1}^{n} Z_{jit} + \eta_{it} \quad (2)$$

$$\text{emp}_{it} = \alpha_0 + \alpha_1 \text{innov}_{it} + \alpha_2 \text{str}_{it} + \alpha_3 \text{innov}_{it} * \text{str}_{it} + \lambda_j \sum_{j=1}^{n} Z_{jit} + \eta_{it} \quad (3)$$

上述模型中，i 表示省（自治区和直辖市），t 表示年份，emp_{it} 表示省份 i 在第 t 年的就业总量指标，其中，$hemp_{it}$ 代表高人力资本水平劳动者就业，$lemp_{it}$ 代表低人力资本水平劳动者就业，$innov_{it}$ 表示省份 i 在第 t 年的技术创新水平，str_{it} 为省份 i 在第 t 年产业结构指标，$innov_{it} * str_{it}$ 为技术创新与产业结构的交互项，Z 代表控制变量的集合，η_{it} 为随机误差项。

（二）变量选取及说明

劳动力就业水平用各省份年末城镇就业人员数衡量。人力资本水平可由受教育程度、技能状况、资格证书等指标进行衡量，本文借鉴唐东波的做法，根据就业人员的受教育程度来区分不同人力资本水平，用大专及以上学历就业人员衡量高人力资源水平劳动者就业，大专及以下学历就业人员衡量低人力资本水平劳动者就业。

技术创新水平的提升主要依靠政府财政支出的支持，科学技术支出一定程度上能够反映当地的科技发展水平以及对技术创新的重视程度，因此，采用财政支出中用于科学技术支出的经费来衡量区域技术创新能力。为了保证研究结论的可靠性，本文利用发明专利申请数替代核心解释变量科学技术经费支出进行了稳健性检验。

产业结构的衡量标准主要有产业间的泰尔指数、产业结构偏离度、二三产业产值比等指标，本文参照徐德云、江永红等研究，认为产业结构升级系数能够较为充分展示三次产业比重的动态变化情况，其计算公式如下所示。其中，Str 表示产业结构升级系数，y_i 为第 i 产业的产值比重。

$$Str = \sum_{i=0}^{3} y_i \times i = y_1 \times 1 + y_2 \times 2 + y_3 \times 3$$

控制变量包括 GDP、实际工资、城市化水平、外商直接投资。一般来讲，经济越发展越能实现劳动力就业，二者之间存在密切联系，而 GDP 被广泛用于衡量经济发展水平，因此，本文以 2010 年为基年计算的历年国内生产总值来衡量地区经济发展水平；收入水平会影响企业采用其他生产要素来替代劳动要素投入的意愿，且存在"工资黏性"现象，因此运用城镇职工平均工资来反映劳动力成本；考虑到城市化水平会影响农村劳动力向城市的转移和流动，对区域间劳动力进行协调和重新配置，并对城市周边地区就业产生协同效应，因此采用各省份城镇人口占总人口比重来衡量城市化水平；外商直接投资展现了地区经济的开放程度，一方面可以直接利用外部投资拉动本国就业，另一方面对外开放增加了国内外投资竞争性，迫使企业持续创新，间接影响了就业。为了使研究更具有稳健性，本文对原始数据均取对数，模型中各个变量的描述性统计见表1。

表1　　　　　　　　　　描述性统计

变量类型	符号	变量名称	样本量	均值	标准差	最大值	最小值
被解释变量	emp	劳动力就业总量	279	6.67	0.88	8.66	3.97
	hemp	高人力资本水平劳动力就业	279	4.79	1.06	7.04	1.33
	lemp	低人力资本水平劳动力就业	279	6.47	0.87	8.44	3.89
核心解释变量	innov	技术创新	279	4.03	1.11	6.94	0.99
	str	产业结构	279	0.85	0.05	1.03	0.75
控制变量	wage	收入水平	279	10.78	0.29	11.69	10.23
	gdp	国内生产总值	279	9.56	1.00	11.35	6.23
	urben	城市化水平	279	−0.62	0.25	−0.11	−1.48
	fdi	外商直接投资	279	6.30	1.51	9.86	1.61

（三）研究样本和数据来源

本研究的样本数据为2010—2018年全国31个省（自治区、直辖市）的面板数据。其中各省份就业人数来源于历年《中国劳动统计年鉴》，技术创新、产业结构、GDP、收入水平、城市化水平、外商直接投资数据由历年《中国统计年鉴》和《中国人口和就业统计年鉴》数据整理计算得到。

四、实证结果与分析

（一）技术创新对劳动力就业总量影响

本研究运用Eviews10软件，采用混合回归模型对原假设进行了检验，考虑到个体和时间的差异性，采用Hausman检验，检验结果在5%的显著性水平下拒绝原假设，说明应选择固定效应模型，表2报告了面板数据的混合效应（OLS）、随机效应（RE）以及固定个体和时间效应（FE）的全样本回归结果。

表2　　　　　　　　　　　全样本回归结果

项目	OLS	OLS	OLS	RE	RE	RE	FE	FE	FE
模型	(1)	(2)	(3)	(4)	(5)	(6)	(7)	(8)	(9)
被解释变量	emp	emp	emp	emp	emp	emp	emp	emp	emp
innov	0.230***	0.223***	−0.370*	0.127***	0.122***	−0.219	0.061*	0.059	−0.593**
	(7.21)	(6.93)	(−1.75)	(4.14)	(3.96)	(−1.23)	(1.67)	(1.65)	(−2.55)
str		0.765*	−2.257*		−0.708	−2.265***		−0.574	−2.724***
		(1.67)	(−1.95)		(−1.58)	(−2.46)**		(−0.85)	(−2.71)
innov*str			0.665***			0.391*			0.745***
			(2.83)			(1.95)			(2.84)
控制变量	有	有	有	有	有	有	有	有	有
常数项	1.203	1.372*	3.186***	−0.172	−0.267	0.991	−6.682**	−5.284	−4.194
	(1.53)	(1.74)	(3.16)	(−0.24)	(−0.38)	(1.04)	(−2.39)	(−1.63)	(−1.30)
Hausman P				0.0065	0.0226	0.0000			
Ad-R2	0.953	0.954	0.955	0.844	0.846	0.849	0.987	0.987	0.988
N	279	279	279	279	279	279	279	279	279

注：括号内数值为 t 统计量；***、** 和 * 分别表示1%、5%和10%的显著性水平。

从技术创新对就业影响的混合效应回归结果可以看出，技术创新正向影响就业，在1%的水平下显著，技术创新水平每提升1%，劳动力就业水平提升0.23%，固定了个体和时间效应之后，回归结果依然显著，从而验证了假设1。一方面，技术创新通过促使企业革新劳动手段、提升管理水平等途径提高了劳动生产率，导致产品、服务成本下降和收入水平提高，从而刺激了消费需求，企业盈利水平提升会进一步扩大生产规模，促进就业。另一方面，技术创新带来了新产品、提供了新服务、开拓了新市场，从而创造了更多新的就业岗位。

在引入产业结构变量之后，回归结果（2）的拟合程度仍然比较高，在10%的水平下显著，且回归系数为正，研究结果支持了假设2，表明产业结构调整升级正向影响就业。从产业结构变迁角度考虑，产业结构逐渐呈现出由低到高的非农化特征，对就业的吸纳能力逐渐变强，同时也会在加快城市化进程中促进更多农村转移劳动力就业；从效率提升角度来讲，资本、劳动等生产要素从配置效率较低的产业或部门流向配置效率较高的产业或部门,提升了整个社会的全要素生产率,增强了经济增长对就业的带动能力。此外,虽然部分传统劳动密集型产业的衰退对劳动力就业带来一定压力,但是伴随技术进步而不断涌现的新兴产业拥有较高的发展潜力,能够通过刺激消费需求、增加劳动者收入等途径促进经济增长,带动就业。

在进一步引入产业结构与技术创新的交互项之后,混合回归结果(3)显示交互项系数为正,在1%的水平下显著,采取双固定效应模型之后的回归结果仍然在1%的水平下显著,表明产业结构正向调节技术创新与就业的关系,从而验证了假设3。产业结构的调整升级客观上为技术创新对就业的促进作用提供了良好的产业环境,因此,产业结构越高级,产业内部的分工越加趋向于精细化、合理化,产业结构对技术创新创造就业的支撑作用也就越强。

(二)技术创新对不同类型劳动力就业影响

由于劳动力的受教育程度存在差异,就业技能状况也不尽相同,为了更清楚地研究技术创新、产业结构调整对不同类型劳动力就业产生的具体影响,本文运用混合回归模型,在上述分析的基础上,根据受教育程度,将就业者分为高人力资本水平的劳动力就业和低人力资本水平的劳动力就业进行检验,回归结果见表3。

表3 不同类型劳动力就业回归结果

变量	hemp			lemp		
	(1)	(2)	(3)	(4)	(5)	(6)
innov	0.234***	0.206***	−1.227***	0.186***	0.193***	0.356
	(5.10)	(4.60)	(−4.28)	(5.61)	(5.77)	(1.59)
str		2.733***	−4.570***		−0.689	0.142
		(4.28)	(−2.91)		(−1.45)	(0.12)
innov*str			1.608***			−0.183
			(5.06)			(−0.74)
常数项	−7.577***	−6.973***	−2.589*	2.478***	2.326***	1.827*
	(−6.73)	(−6.34)	(−1.89)	(3.04)	(2.84)	(1.72)
控制变量	有	有	有	有	有	有
Ad-R2	0.934r	0.938	0.943	0.948	0.949	0.949
N	279	279	279	279	279	279

注:括号内数值为t统计量;***、**和*分别表示1%、5%和10%的显著性水平。

从技术创新对就业影响的回归结果可以发现，技术创新对高、低人力资本水平的劳动力就业均为促进作用，在1%的水平下显著，而且对高人力资本水平劳动力就业的促进作用大于低人力资本水平的劳动力就业，技术创新水平每提高1%，高人力资本水平劳动力就业增加0.234%，低人力资本水平劳动力就业增加0.186%，这是由于高人力资本水平的劳动力受过更多教育，学习能力比较强，而且掌握了较多的专业知识和技能，相对来说能够更加胜任技术创新过程中对人才提出的更高要求，因此，更具有岗位竞争力。

从产业结构对不同类型劳动力就业的影响来看，产业结构升级与技术创新对高人力资本水平劳动力就业的影响具有一致性，均为正向影响高人力资本水平劳动力就业，在1%的水平下显著。在产业结构由劳动密集型向知识密集型、技术密集型发展过程中，掌握了大量专业知识和技能、拥有较高人力资本水平的劳动者相对来说更具有就业优势，因此，产业结构升级能够显著促进高人力资本水平劳动力就业。然而产业结构调整对低人力资本水平劳动力就业的影响并不显著，且回归系数为负，主要是由于产业结构调整增加的更多是具有技术含量的就业岗位，对人才的要求比较高，低人力资本水平的劳动力需求会减少，因此对低人力资本水平劳动力就业产生负向影响。

从回归结果（3）来看，产业结构升级在1%的显著性水平下正向调节技术创新与高人力资本水平劳动力就业的关系，说明产业发展越高级、合理，技术创新对高人力资本水平劳动力就业的促进作用就越大。产业转型升级会对劳动力结构进行重新配置，以技能偏向型为主的技术创新越来越强调知识的重要性，越来越需要掌握科学技术知识的高素质劳动者；从劳动力流动角度来讲，产业的发展和技术水平的提升将吸引更多高人力资本水平劳动力集聚，产生人才集聚效应，促进地区经济发展和劳动力就业，实现技术创新、产业结构升级与就业的良性互动，但同时也可能加剧区域间发展的不平衡性。回归结果（6）显示产业结构对技术创新与低人力资本水平劳动力就业的调节作用不显著，且回归系数为负，结果与前文分析一致，产业的发展对高素质劳动者需求增加，将会对低人力资本水平劳动力就业产生消极影响。

（三）分区域回归

由于我国区域发展不平衡，为了全面分析技术创新、产业结构调整对就业影响的区域差异性，本文运用混合回归模型，在上述分析的基础上，将我国31个省份（自治区、直辖市）划分为东、中、西部地区分别进行检验，各区域的回归结果见表4。

表4　　　　　　　　　　　　分区域样本研究

项目	东部地区			中部地区			西部地区		
模型	(1)	(2)	(3)	(4)	(5)	(6)	(7)	(8)	(9)
被解释变量	emp	emp	emp	emp	emp	emp	emp	emp	emp
innov	0.567***	0.452***	0.273	0.234***	0.227***	1.499**	0.067	0.083	−1.019
	(8.41)	(6.85)	(0.57)	(7.13)	(5.70)	(2.43)	(1.13)	(1.38)	(−1.46)
str		4.863***	−3.847		−0.217	5.749*		1.051	−3.347
		(4.61)	(1.33)		(−0.31)	(1.94)		(1.27)	(−1.16)
Innov*str			0.189			−1.532**			1.299
			(0.38)			(−2.07)			(1.59)
控制变量	有	有	有	有	有	有	有	有	有
常数项	4.866***	5.914***	6.66***	6.272***	6.098***	1.979	−1.629	−1.507	1.434
	(3.70)	(4.88)	(2.86)	(5.09)	(4.48)	(0.83)	(−1.39)	(−1.29)	(0.66)
Ad-R2	0.947	0.956	0.956	0.931	0.929	0.933	0.959	0.959	0.959
N	99	99	99	72	72	72	108	108	108

注：括号内数值为 t 统计量；***、**和*分别表示1％、5％和10％的显著性水平。

从技术创新的回归结果可以发现，东部地区和中部地区的技术创新均在1％的水平下显著正向影响就业，但是东部地区技术创新对就业的带动能力要大于中部地区，东部地区的技术创新水平每提高1％，就业提升了0.567％，而中部地区技术创新水平每提高1％，就业只增加了0.234％，这是由于东部沿海地区经济更为开放发达，技术创新水平相对来说更高，对就业的带动能力更强。然而从技术创新对西部地区就业的回归结果来看，其影响并不显著，原因可能是西部地区技术创新能力较弱，对就业的促进作用不明显，比较符合我国实际情况。

从产业结构对就业的影响来看，东部地区产业结构对就业的正向影响在1％的水平下显著，而且产业结构优化升级对就业的贡献明显大于技术创新，可见产业结构通过改造提升传统产业、促进新兴产业的发展创造了大量就业岗位，充分验证了产业结构作为承接劳动力就业的重要载体发挥的巨大作用。中部地区和西部地区的回归结果均不显著，从回归系数来看，中部地区产业结构调整负向影响就业，东部和西部地区产业结构调整正向影响就业，这是由于东部地区相较中、西部地区来说，产业发展较为成熟，产生了产业集聚和扩散效应，尤其是新型服务业及相关产业的发展吸引了大量劳动力就业，对就业产生了积极作用；而中部地区产业发展正处于工业化和重工业化阶段，在改造提升传统产业的过程中，以机器化、智能化为主要特征的发展方式使得劳动密集型产业不断向技术密集型产业转移，造成"高技术"对"低技能"劳动力的替代，同时，正处于"转方式、调结构"时期的产业内部对高技能人才需求增加、低技能劳动力需求减少，会进一步造成产业结构与就业结构的匹配度下降，对就业产生不利影响；西部地区产业发展较为落后，在产业结构逐渐由低级向高级、资源配置效率从低到高的发展过程中，有助于进一步改善当地就业状况。

从产业结构对技术创新与就业的调节效应来看，东、西部地区均未达到显著性水平，但是交互项系数均为正数，结果与上文分析一致，即随着产业结构的调整升级，技术创新对就业的促进作用逐渐增强；而中部地区产业结构负向调节技术创新与就业，在5%的水平下显著，这也验证了上文对中部地区产业结构的分析，在经济转型发展过程中，部分不具有增长潜力和发展空间、资源利用效率不高、不利于环境友好的产业会被逐渐淘汰，如工业企业内部的"去产能、去库存"，从而导致一部分劳动力失去工作岗位，对就业产生消极影响。

（四）稳健性检验

为了确保研究结论的稳健性，本文利用专利申请数替代核心解释变量科学技术支出进行了稳健性检验，由于科学技术支出反映了创新的投入，专利申请数量反映了创新的产出，二者具有相关性，在一定程度上均能够反映当地技术创新水平。被解释变量则选取具有代表性的劳动力就业总量作为检验依据。分析结果显示，各模型核心解释变量的回归系数均比较显著，且方向和大小与上述结果基本一致，表明本文的研究结论比较可靠。

表5　　　　　　　　　　稳健性检验

项目	OLS	OLS	OLS	FE	FE	FE
模型	(1)	(2)	(3)	(4)	(5)	(6)
被解释变量	employ	employ	employ	employ	employ	employ
patent	0.084***	0.089***	−0.508***	0.041	0.041	−0.316**

续表

项目	OLS	OLS	OLS	FE	FE	FE
模型	(1)	(2)	(3)	(4)	(5)	(6)
	(4.62)	(4.93)	(−3.13)	(1.48)	(1.48)	(−2.36)
str		1.419***	−4.790***		−0.607	−3.857***
		(3.00)	(−2.75)		(−0.90)	(−2.82)
patent * str			0.700***			0.426***
			(3.70)			(2.72)
常数项	−1.837***	−1.280*	3.478***	−8.445***	−6.940**	−4.668
	(−2.80)	(−1.91)	(2.41)	(−3.23)	(−2.24)	(−1.47)
控制变量	有	有	有	有	有	有
Ad-R2	0.949	0.950	0.952	0.987	0.987	0.988
N	279	279	279	279	279	279

注：括号内数值为 t 统计量；***、**和*分别表示 1%、5%和 10%的显著性水平。

五、结论与政策建议

本文基于我国 2010—2018 年省级面板数据，采用层级回归分析方法，考察了技术创新、产业结构调整对就业总量的影响，以及产业结构对技术创新与就业关系的调节作用，在此基础上，进一步检验了技术创新与产业结构调整对不同类型劳动力就业产生的影响，并对区域就业差异进行了讨论。得出以下研究结论：一是技术创新正向影响就业。伴随着我国创新驱动战略和人才战略的实施，各学科领域的基础研究和应用研究得到大力发展，一方面，促进了创新成果在企业内部的转化，另一方面，在开放市场经济条件下，信息技术的发展将加速技术溢出，产生技术扩散效应，因此，技术创新带来的全要素生产率提升对就业的创造效应要远大于"技术替代劳动"而产生的破坏效应。二是产业结构升级正向影响就业。伴随着新型城镇化的快速发展，吸引了大量资本、劳动等生产要素向城市集聚，促进了产业结构的调整和资源优化配置，并且对周边地区经济产生了辐射作用，实现了经济发展与劳动力就业双重红利，从历年我国城镇新增就业人员数据来看，2010 年为 1 168 万人，2015 年为 1 312 万人，到 2019 年我国城镇新增就业 1 352 万人，人数呈明显上升趋势，可见产业结构调整有效促进了劳动力就业。三是产业结构正向调节技术创新与就业的关系。产业是劳动力就业的重要承载体，产业结构的调整优化和产业集群的发展能够为企业技术创新提供良好的中观环境，产业结构越高级、合理，产业内部的资源利用效率越高，协同效益越好，技术创新对就业的促进作用越强。四是技术创新对高、低人力资本水平的劳动力就业均具有显著促进作用，对前者的促进作用要大于后者；产业结构正向影响高人力资本水平劳动力就业，且正向调节技术创新与高人力资本水平劳动力就业的关系；产业结构对低人力资本水平劳动力就业的影响不显著。五是分区域来看，技术创新对东部和中部地区劳动力就业具有显著促进作用，且对东部地区的促进作用大于中部地区，对西部的促进作用不显著；产业结构显著促进东部地区就业，对中、西部地区就业影响不显著；产业结构负向调节中部地区技术创新与就业的关系，对东、西部地区技术创新与就业关系调节作用不显著。根据以上研究结论，本文提出以下政策建议：

第一，制定有利于就业的创新政策和产业政策，注重政策落实。鼓励支持各类企业的技术创新和技术引进，加强企业、高校和科研机构之间的合作，加快科技创新成果转化，进一步优化资源配置效率，在加快新型城市化进程中，推动产业转型升级，为促进高校毕业生、农村劳动力就业，以及下岗失业人员再就业提供良好的政策环境。第二，加大创新投入。重视自主创新和技术引进，激发各类主体的创新活力，不断完善产品和服务质量，提升管理水平，开发新业态、新模式，大力发展大数据、人工智能、5G技术等高科技领域，从而创造更多高质量就业岗位。第三，加大政府对人才和教育的投入。进一步深化教育体制改革，建立与产业需求相一致的人才培育体系，提升劳动者素质，构建高职院校毕业生就业培训和创业支持体系，拓宽毕业生就业渠道，开展职业技能培训，促进劳动力在三次产业、不同地区之间的自由流动和再就业。第四，实施区域差异化的就业促进政策，做到因地制宜，同时加强区域之间的开放合作与交流，促进人才、技术等资源在区域间的合理流动，形成区域资源与技术的优势互补，进而优化就业空间结构。

参考文献

[1] 李俊锋，王代敬，宋小军. 经济增长与就业增长的关系研究——两者相关性的重新判定 [J]. 中国软科学，2005（1）：64-70.

[2] 国家统计局. 中国统计年鉴 [M]. 北京：中国统计出版社，2018.

[3] 蔡昉. 中国就业统计的一致性：事实和政策涵义 [J]. 中国人口科学，2004（3）：4-12，81.

[4] 熊彼特. 经济发展理论 [M]. 孔伟艳，朱攀峰，娄季芳，译. 北京：北京出版社，2008.

[5] 李金叶，葛涛. 技术创新、城镇化的就业效应分析——基于中国省际面板数据的经验证据 [J]. 华东经济管理，2017，31（1）：44-50.

[6] 魏燕，龚新蜀. 技术进步、产业结构升级与区域就业差异——基于我国四大经济区 31 个省级面板数据的实证研究 [J]. 产业经济研究，2012（4）：19-27.

[7] 江永红，张彬，郝楠. 产业结构升级是否引致劳动力"极化"现象 [J]. 经济学家，2016（3）：24-31.

[8] 简新华，余江. 基于冗员的中国就业弹性估计 [J]. 经济研究，2007（6）：131-141.

[9] 丁莹莹，李铮. 产业转型升级与劳动力就业的关系研究——基于系统动力学建模与仿真 [J]. 技术经济与管理研究，2019（8）：13-20.

[10] 蔡昉，都阳，高文书. 就业弹性、自然失业和宏观经济政策——为什么经济增长没有带来显性就业？ [J]. 经济研究，2004（9）：18-25，47.

[11] 杨蕙馨，李春梅. 中国信息产业技术进步对劳动力就业及工资差距的影响 [J]. 中国工业经济，2013（1）：51-63.

[12] 张艾莉，张佳思，李月明. 京津冀技术创新的工业企业就业效应分析 [J]. 人口与经济，2019（1）：42-53.

[13] 王庆丰. 我国产业结构与就业结构整体协调性测度研究 [J]. 科技管理研究，2009，29（11）：112-114.

[14] 李从容，祝翠华，王玉婷. 技术创新、产业结构调整对就业弹性影响研究——以中国为例的经验分析 [J]. 科学学研究，2010，28（9）：1428-1434.

[15] 杜传忠，许冰. 技术进步与产业结构升级的就业效应——2000—2014 年省级面板数据分析 [J]. 科技进步与对策，2017，34（13）：55-60.

[16] 何德旭，姚战琪. 中国产业结构调整的效应、优化升级目标和

政策措施［J］．中国工业经济，2008（5）：46-56．

［17］唐东波．垂直专业化贸易如何影响了中国的就业结构？［J］．经济研究，2012，47（8）：118-131．

［18］干春晖，郑若谷，余典范．中国产业结构变迁对经济增长和波动的影响［J］．经济研究，2011，46（5）：4-16，31．

［19］徐德云．产业结构升级形态决定、测度的一个理论解释及验证［J］．财政研究，2008（1）：46-49．

［20］李珊珊．环境规制对异质性劳动力就业的影响——基于省级动态面板数据的分析［J］．中国人口·资源与环境，2015，25（8）：135-143．

基于政策文本的创业培训政策量化研究

张立新 任双巧[②]

摘 要: 近年来,我国政府高度重视创业培训工作,连续出台了一系列关于创业培训的政策来推进"双创"战略的实施和升级。通过梳理我国近20年来的创业培训政策,并对其进行词频分析、共词网络图谱分析以及共词聚类分析,结果发现:创业培训政策的各阶段发布量极不均衡,其内容结构可以分为目标层、供需主体层和策略措施层三个层次,各类政策工具的使用极不协调,供给型政策工具过多,环境型政策工具过少,需求型政策工具严重不足。对此,政府应重视创业培训政策的系统设计和政策工具的均衡使用,加强需求型与环境型政策工具的运用,并及时监测政策落实程度和执行效果,适时改进、优化和完善。

关键词: 创业培训 政策文本 量化分析

一、引言

随着我国经济增速逐渐放缓,经济发展的重心开始由速度转向质量,创新创业驱动以及劳动者素质的提升成为经济高质量发展的根本保证,

---

① 该篇论文获得"2020年全国人才与人事研究主题征文活动"三等奖。
② 张立新,曲阜师范大学经济学院副教授,硕士生导师,经济统计系主任;任双巧,曲阜师范大学经济学院硕士研究生。

而创业培训是推动创新创业发展和劳动力素质提升的重要手段和关键举措。在此背景下，我国政府高度重视创新创业活动以及培训工作，近年来连续出台了一系列政策措施，旨在通过创业培训培育具有创造力和竞争力的人才，推动"双创"战略的实施和升级，以创业拉动就业，进而推动经济的高质量发展。

政策文本是政府施政策略思想的载体，是政府施政行为的真实印记和反映，可对政府施政过程进行追溯并获取文字记录的依据。创业培训政策文本则是政府依据"双创"战略的要求制定的培育"双创"主体的政策目标、实施策略和措施等信息的载体，是政府推进"双创"战略实施的重要手段，在一定程度上会影响"双创"活动的氛围，制约"双创"活动发展的方向、速度和进程。近几年来，学术界开始对创新创业政策进行系统树立和分析。杨凯瑞等人以我国中央政府15年来的创新创业政策文本为研究对象进行计量分析，结果发现，我国"双创"政策在文本上具有多样性，在制定主体上权威性强但协调性差，在主题关联上具有全面与合理性，在政策工具使用上具有多元性和间接性，并提出加强宏观指导和部门协作以及重视核心政策尤其是需求型政策的制定与落实等建议。周博文等通过对我国32份众创政策文本的定量分析发现，众创政策缺乏力度和系统性，环境型政策工具与供给型政策工具不协调，需求型政策以及措施和规划类政策严重不足，应注重政策工具的联动和推广。熊小刚通过对2013—2017年期间国务院及相关部委发布的378份"双创"政策文本的量化研究，发现我国"双创"政策刚刚起步，相关政策对"双创"周期各阶段作用存在较大差异，供给型与环境型政策较多而需求型政策则不足，应进一步推进政策的制度化和微观细化，强化需求型政策供给，推进"双创"各阶段的政策供给的均衡。王宏起等人对我国政府发布的53项"双创"政策文本分析发现，"双创"政策的制定具有明显的阶段性特点，且供给型与环境型政策过溢而需求型政策严重缺失，政策制定缺乏主体针对性，应提高政策制定的针对性和稳定性，并避免政策工具的失衡及过溢。高秀娟对我国政府和各部委2002—2018年期间发布的172项创业政策文本进行分析发现，我国创业政策体系基本形成且不断深化，其发布在时间上呈"倒U"型态势，政策主体表现为多元化和协调性特征，政策工具呈现失衡性，需求型政策工具偏少。周阳等对1994—2017年期间我国政府及各部委发布的

294份创业政策文本进行统计分析,研究发现各阶段的创业政策在目标导向、内容以及政策的组合和协作方面差异较大,政策的规范性、精准性和关联性逐渐增强,政策制定机构间的合作也逐渐深入。总的来看,学术界较多关注"双创"政策的整体梳理和分析,但针对创业培训政策的相关研究极为匮乏,难以为创业培训政策的供给和优化提供针对性对策和建议。

基于此,本文试图通过梳理我国自2001年1月到2020年6月期间创业培训的相关政策文本并进行量化分析,深入挖掘政策关注的热点及其内部结构,分析创业培训政策制定的合理性以及实施的有效性,为政府制定和完善相关培训政策提供合理的建议与应对措施。

二、研究方法与数据收集

(一)研究方法

文章采取政策文本量化分析的方法,选用并梳理2001年1月至2020年6月期间发布的关于创业培训的政策文件,对政策的文本形式、发文主体、发文数量和发布时间等进行分析,从而掌握创业培训相关政策的整体发展情况。其次,使用武汉大学博士研究生沈阳设计的RCM6.0软件,对创业培训政策内容分别运行分词、词频分析、提取高频关键词、社会网络分析、共词聚类分析等操作,然后,根据量化分析结果,分析我国创业培训政策出现的问题与不足之处,进而提出政策制定和完善的对策、建议。

(二)数据收集

为保证研究的信度和效度,数据来源为关联性强的、公开的、权威的政策文本,本文以中国政府信息网、双创政策汇集发布解读平台、创新创业网、北大法宝等网站作为基础数据库进行筛选选择,以"创业培训"和"创业教育"为关键词进行系统检索,整理和搜集了国务院办公厅、共青团中央、科技部、农业农村部、劳动与社会保障局、人力资源和社会保障厅、各省人民政府办公厅等机构发布的相关法律、意见、决定、通知、法规、公告等政策文本,总计211份,见表1。进一步梳理相关政策文本,形成了包含发文时间、发文主体、政策名称以及政策内容等的创业培训政策文本数据库。

表 1　　　　　　　　创业培训政策文本样表（部分）

文件名	发文字号
《国务院关于大力发展职业教育的决定》	国发〔2005〕35 号
《国务院关于做好当前经济形势下就业工作的通知》	国发〔2009〕4 号
《农业部办公厅关于开展全国农民创业培训工作的通知》	农办企〔2011〕41 号
《国务院关于批转促进就业规划（2011—2015 年）的通知》	国发〔2012〕6 号
《山东省人民政府办公厅关于促进创业带动就业的意见》	鲁政办发〔2013〕25 号
《科技部关于推荐国家级科技特派员创业链创业基地和创业培训基地的通知》	国科发农〔2013〕562 号
《国务院关于大力推进大众创业万众创新若干政策措施的意见》	国发〔2015〕32 号
《人力资源社会保障部办公厅关于进一步推进创业培训工作的指导意见》	人社厅发〔2015〕197 号
《重庆市人民政府关于做好新形势下就业创业工作的实施意见》	渝府发〔2015〕52 号
《人力资源社会保障部办公厅关于举办创业政策培训班的通知》	人社厅函〔2016〕449 号
《国务院办公厅关于支持返乡下乡人员创业创新促进农村一二三产业融合发展的意见》	国办发〔2016〕84 号
《国务院办公厅关于推广支持创新相关改革举措的通知》	国办发〔2017〕80 号
《上海市人民政府办公厅转发市规划国土资源局关于推进本市乡村振兴做好规划土地管理工作实施意见（试行）的通知》	沪府办规〔2018〕30 号
《山西省人民政府关于 2018 年实施乡村振兴若干政策措施的通知》	晋政发〔2018〕32 号
《郑州市人民政府关于印发郑州市加快推进乡村振兴战略 2018 年实施方案的通知》	郑政文〔2018〕71 号
《人力资源社会保障部、财政部、农业农村部关于进一步推动返乡入乡创业工作的意见》	人社部发〔2019〕129 号
《工业和信息化部办公厅关于组织推荐 2020 年度国家小型微型企业创业创新示范基地的通知》	工信厅企业函〔2020〕43 号

三、创业培训政策文本形式及发布的统计分析

（一）政策文本形式

本文所收集的创业培训政策文本的类型包含通知、函、意见、公告、决定、办法 6 种形式，具有多样化的特点，见表 2。其中，从数量上来看，"通知"和"意见"这两类创业培训政策文件最多，分别为 146 项和 45 项，占政策文本总数的 90.5%。此外，创业政策文件中，既包括宏观指导和调控性文件，也有微观操作与措施性的文件。这一方面表明国家

为创业培训的发展提供了自上而下的引导政策,进一步反映了国家对于创业培训的重视程度;另一方面也体现了创业培训在"双创"战略实施中的重要地位,是我国"双创"战略的核心要点和关键"痛点"。

表2　　　　　　　中国创业政策文本的政策类型统计

文本形式	通知	意见	函	公告	决定	办法	总计
文本数量	146	45	2	12	2	4	211
占比	69.2%	21.3%	0.9%	5.8%	0.9%	1.9%	100%

（二）政策发文年度分析

初步对各年度发布的创业培训政策进行统计量化分析,结果如图1所示。

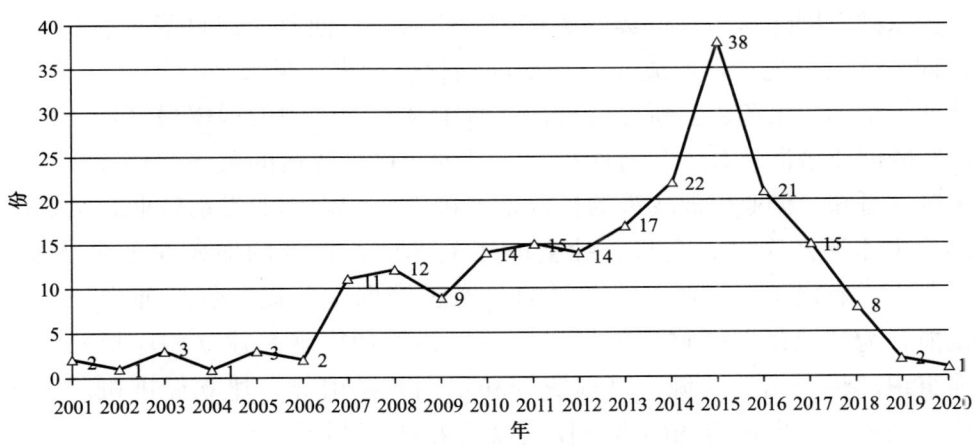

图1　我国创业培训政策数量统计分析

从图1中可以看出,以时间为轴线,可将创业培训政策的发布分成四个阶段,分别是初始阶段（2001—2006年）、发展阶段（2007—2012年）、迅速发展阶段（2013—2017年）和深化实施发展阶段（2018—2020年）。在初期阶段我国政府开始陆续发布有关创业培训的相关政策,但每年都在5份以下,数量较少且波动较小。在发展阶段,创业活动逐渐得到重视,政府发布的相关政策开始增多,尤其是2008年中国人力资源和社会保障部、教育部等十一部委联合发布《关于促进以创业带动就业工作指导意见》,相关政策发布数量迅速增多,每年大都在10份以上。之后,随着"双创"战略的逐步酝酿,我国就迎来了一波创业培训政策发布的迅速增长时期,该阶段每年政策发布数量都在15份以上,尤其是2015年我国政府发布《国务院关于大力推进大众创业万众创新若干政策措施的意见》,"双创"战略的正式实施,这一年的政策发布量达到38份。此后,相关政策进入深化实施发展阶段,政策发布数量逐渐减少,2019仅为2份。总的来看,各阶段的政策发布量极不均衡,实施深化阶段缺乏必要的补充和完善,可能会影响政策的实施效果。

四、创业培训政策热点内容分析

(一)关键词提取与政策工具分析

关键词是政策文本中的核心词汇,可以充分反映政策文本的内容。本文依据"代表性、全面性、独立性、假设性"四原则选取关键词,首先认真研读211篇创业培训政策文本,根据政策文本的中心内容提取关键词,在此基础上剔除与主题偏离的关键词。然后,对创业培训政策文本中的关键词进行词频统计,形成高频关键词词频统计表(见表3)。其中,创业、就业、培训、服务、创新等关键词在政策文本中出现的频率最高,在将近30%的创业培训政策中都有所提及,是创业培训政策的关注焦点。从这些关键词可知:创业培训政策的目标是推进创业和以创业带动就业;培训的供给主体涉及企业、高校、社会的相关部门;培训的对象是职业人员、毕业生、农民工等群体;政策目的是通过培训服务提升创新能力和职业技能,为"双创"战略实施提供人才;路径和措施是建立相应机构、加强组织、整合相关资源、培训资金和培训补贴引导、建立促进机制、构建培训平台、发挥市场的推进作用以及采取保障措施等。

表3　　　　相关的创业培训政策文本的高频关键词词频统计

关键词	频数	关键词	频数	关键词	频数
创业	4 960	毕业生	798	资金	528
就业	2 793	加强培训	743	促进机制	517
培训	2 635	社会	679	平台	486
企业	1 701	资源	661	部门	472
服务	1 691	机构建立	654	补贴	466
创新	1 642	建设	653	市场推进	443
发展	1 264	开展	648	技能培养	439
政策	1 205	教育	600	人才	428
职业人员	965	鼓励完善	596	保障措施	427
高校	858	农民工	564	组织单位	419

依据 Rothwell 和 Zegveld 的分类方法,将创业培训政策工具分为供给型、需求型和环境型三种类型。从高频关键词来看,供给型政策工具主要包括资金支持、教育培训、机构建立、平台建设、促进机制、人才与技能培养等方面,这些工具可以直接推进创业培训的发展;环境型工具主要包括培训补贴、服务支持、保障措施、市场推进、政策完善等方面,这些工具可以优化创业培训氛围,引导创业培训参与和增强创业意愿,间接推进创业培训发展;需求型政策工具主要体现为政府通过财政资金购买培训企业和高校的培训项目和服务,减少创业培训的供需障碍,促进创业培训的良性发展。总的来看,创业培训政策工具极不协调,供给型政策工具过多,需求型政策工具过少。

(二)共词矩阵社会网络图分析

词频统计表不能反映关键词之间的内在联系,因此,需要进一步进行网络图谱分析。依据共词矩阵的构建方法,把高频关键词以两个为一组对其出现在同一份文本中的文本频次进行了统计,由此编制成高频关键词共词矩阵(见表4)。表中对角线上出现的数字,代表含有这个关键词的政策文本的频次,其余剩下的频次则表示表格的横向和纵向高频关键词同时出现在同一篇政策文件中的文本频次。

表 4　　　　创业培训政策高频关键词共词矩阵(部分)

项目	创业	就业	培训	企业	服务	创新	发展	政策
创业	432	480	419	435	486	550	421	453
就业	480	435	281	261	333	298	288	355
培训	419	281	243	209	245	234	198	196
企业	435	261	209	204	321	281	315	303
服务	486	333	245	321	317	281	290	284
创新	550	231	208	281	281	243	306	239
发展	421	288	342	315	290	306	310	280
政策	453	355	196	303	284	239	280	232

接下来将高频关键词共词矩阵导入 RCM6.0 软件之中,然后运行相关步骤对其进行分析,得到创业教育培训政策的社会网络图谱,如图2所示。由图2可知,创业教育培训政策的社会网络图谱由以下三层网络组成:

第一层是创业培训的目标层,该层以创业、就业、培训和服务等关

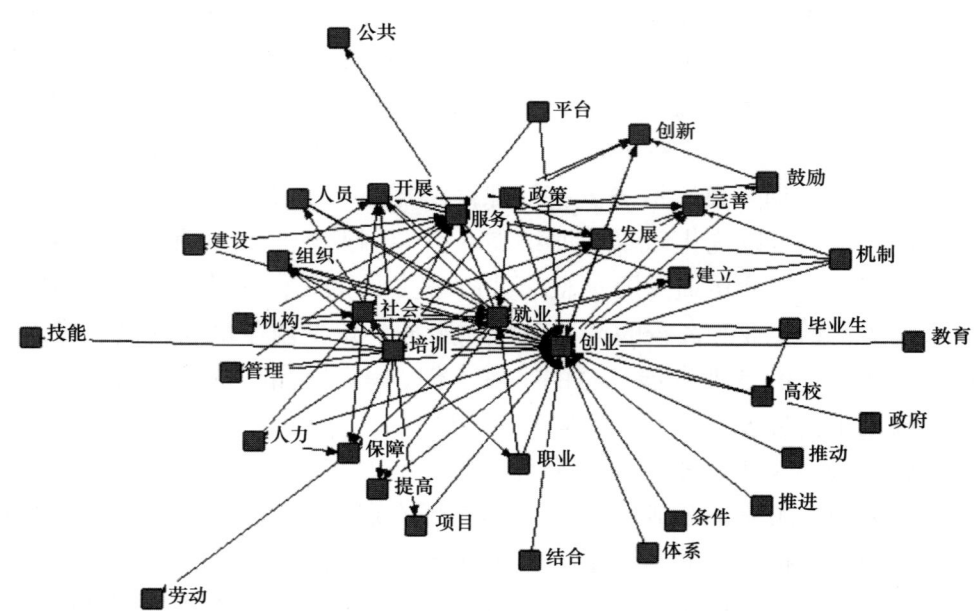

图2　创业培训政策的社会网络图谱

键词为核心，并与其他关键词构建联系。这表明，创业培训政策目标是通过培训和服务推进创业活动以及带动就业。与"创业"这一核心关联最紧密的是创新、服务、就业、政策、发展、培训这几个关键词，它们之间的频率依次是550、486、480、453、421和419，由此可见，政府要推进创业并通过创业拉动就业，就要出台相关的创业培训政策，建立良好的创业培训体系，发展政府的服务职能，促进创业培训的发展。而与"就业"这一核心关联最为密切的是创业、政策、服务、发展、培训等关键词，它们的频次依次为480、355、333、288和281，这表明就业可以通过创业来带动，并通过制定相关政策以及实施规范的培训来推进。与"培训"这一核心关联最为密切的是创业、就业、服务和创新等关键词，它们之间频率分别为419、281、245和234，与"服务"这一核心关联程度最为密切的是依次为创业、就业、企业和发展等关键词，它们之间关联频率分别为486、333、321和290，这表明培训的目的是推进就业创业发展，在培训的同时应充分发挥政府的服务职能，做好服务工作。

第二层次为创业培训的供需主体层，这一层把"社会—高校—政策—职业"作为主要脉络。促进就业创业仅仅依靠政府还是远远不够的，社会及高校都要响应"双创"政策号召，面向毕业生、农民工和企业员工等群体，积极参与提供创业培训项目，提升其职业技能和创业能力，为"双创"战略的实施构建创业培训的供需体系，推进"双创"活动的持续健康发展。

第三层为创业培训的策略措施层。该层以创业培训的实施策略和措施为主，包含平台、体系、机构、组织、建设、管理、创新、项目、鼓励、人力、技能、保障等关键词，表明创业培训政策强调培训平台和培训体系的建设，加强培训组织与机构建设，创新组织管理和培训的方式方法，开发培训项目，鼓励多元主体参与供给，鼓励重点群体参与培训，提升各项技能，为"双创"战略实施提供人力支持。

（三）共词聚类分析

通过共词矩阵社会网络图谱分析，初步了解了创业和培训政策中的高频关键词之间的相互关系以及创业培训政策的总体结构。在此基础上，进一步对共词矩阵进行聚类分析，从而更好地了解创业培训政策的特点和领域。聚类分析以关键词的共词频数作为分析对象，利用聚类的统计方法，将纷繁复杂的共词网络简化为数量较少类群的过程。利用SPSS统计软件，对其进行系统聚类得到系统聚类树状图如图3所示。

图3中，聚类树状图的横轴代表各个关键词之间的距离，纵轴是关键词列表，当两个关键词间隔越小，在越近的距离内聚类，关键词之间的相似性就越高。根据图3可以将创业培训政策文本的关键词分为以下五类：第一类仅包含"创业"这一关键词，表明创业培训是围绕创业活动进行的。第二类包括"就业"和"培训"两个关键词，表明创业培训政策的核心在于培训，同时创业培训可以促进就业。以上两类可以合并为一类，即为创业培训的目标。第三类包括企业、服务、创新、发展和政策等关键词，表明创业培训以企业为供给与服务主体，并依赖于相关政策的引导和支持。第四类包括职业人员、毕业生、高校、加强培训等关键词，表明高校也是创业培训的重要供给主体，应针对职业人员和毕业生群体加强培训。第三类和第四类关键词可以合并为一类，即创业培训的供需主体。第五类包括促进机制、平台、机构建立、部门、组织单位、市场推进、鼓励完善、教育、人才、技能培养、资金、补贴、资源、保障措施等关键词，可以归纳为创业培训的策略和措施，即整合资源建立创业培训的平台和相应组织机构，通过培训资金和补贴引导多部门和单位参与，发挥市场的推进作用，完善培训的促进机制和保障措施，为

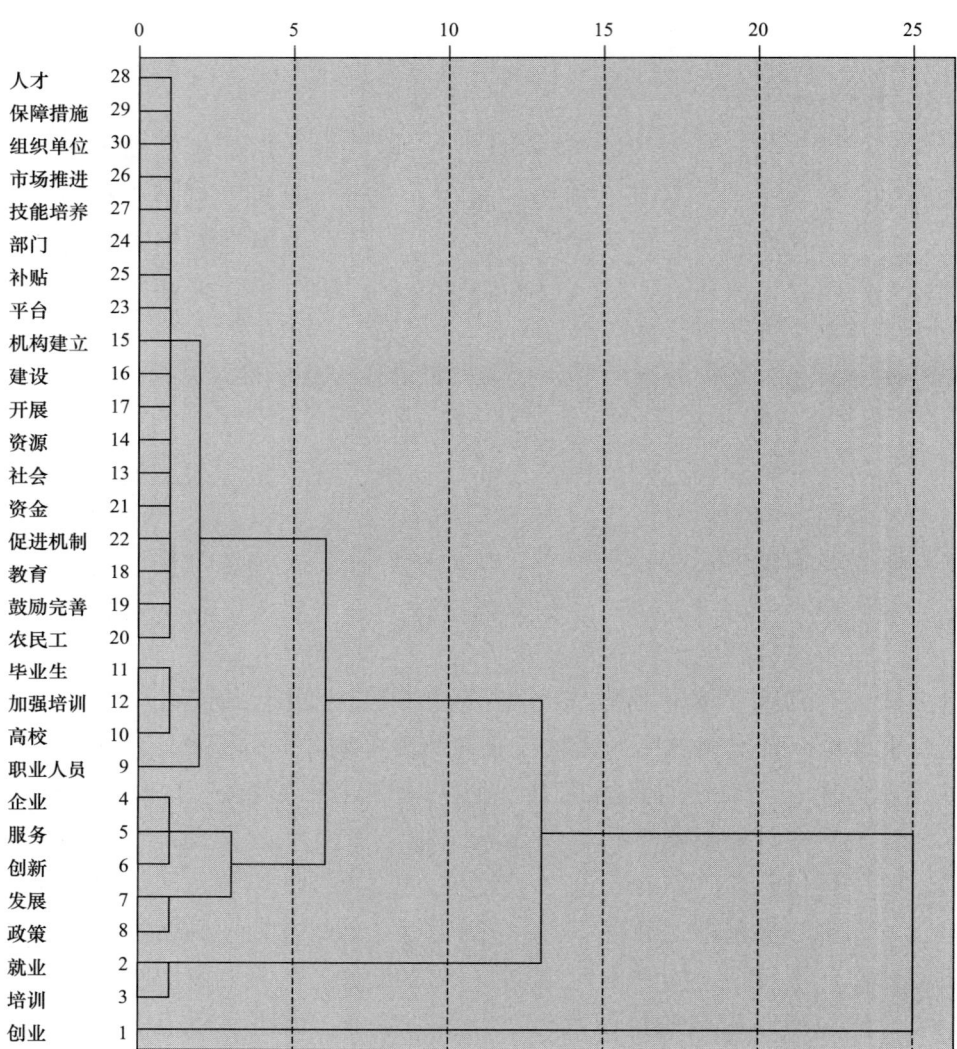

图 3 系统聚类分析树状图

"双创"战略提供教育与人才支持。

五、研究结论与启示

本文通过对我国近 20 年来各级政府发布的 211 份创业培训政策文本进行量化分析，得到以下结论：第一，各阶段的政策发布量极不均衡，实施深化阶段缺乏必要的政策修订、补充和完善。第二，创业培训政策的内容结构可以分为目标层、供需主体层和策略措施层三个层次，其中，创业培训政策的目标是推进创业和以创业带动就业；培训的供给主体涉及企业、高校、社会的相关部门；培训的对象是职业人员、毕业生、农民工等群体；政策目的是通过培训服务提升创新能力与技能，为"双创"战略实施提供人才；策略和措施包括建立相应机构、加强组织、整合相关资源、培训资金和培训补贴引导、建立促进机制、构建培训平台、发挥市场的推进作用以及采取保障措施等。第三，创业培训各类政策工具的使用极不协调，供给型政策工具过多，环境型政策工具过少，需求型政策工具严重不足。

基于上述研究结论，本研究得到以下启示：

第一，政府应及时监测创业培训政策的落实程度和执行效果，并适时进行优化和完善。本研究发现，在"双创"战略提出前后短短四年内，创业培训相关政策出现井喷式增长，但是之后却骤然减少，政策发布缺乏稳定性，这将不利于创业培训效果的有效提升。有必要保持培训政策制定和实施的持续性，并及时把握培训政策实施过程中的问题和需求，及时出台补充性和优化性政策。

第二，注重政策的系统设计。本研究表明，创业培训政策是由目标、主体和策略措施构成的统一体系，因此在政策设计和实施过程中应注意政策的体系化，要引导多元供给主体的参与，并考虑多元主体的需求，实现创业培训政策供需的精准匹配和对接，同时要加强配套支持和服务，提升创业培训政策的实施力度和效果。各地政府应根据农民（工）、高校毕业生、在职员工、退役军人等不同群体的特点和需求，分别设计针对性的政策目标和政策措施，同时要依据行业特点和群体需求设计针对性的培训项目。此外，针对创业的高风险特点，政府还应强化创业风险防范方面的培训政策设计。

第三，注意政策工具的均衡使用，尤其是加强需求型与环境型政策工具的使用。不同政策工具具有不同的作用，政府在政策设计过程中，应均衡使用各种政策工具，以确保创业培训政策能发挥应有的效果。本研究表明，创业培训政策中供给型政策工具过多而环境型政策工具和需求型政策工具不足，因此应进一步加强各类政策工具的有机组合和协调运用，尤其是增加环境型和需求型政策工具的使用，合理利用对外承包和政府购买开展创业培训项目，建立健全关于创业培训的法律法规，并大力宣传创业培训政策，营造全民参与创业教育的环境氛围。

参考文献

[1] 李维丽. 政府红头文件若干法律问题研究 [D]. 济南：山东大学，2010.

[2] 杨凯瑞，何忍星，钟书华. 政府支持创新创业发展政策文本量化研究（2003—2017年）——来自国务院及16部委的数据分析 [J]. 科技进步与对策，2019，36（15）：107-114.

[3] 周博文，张再生. 基于政策工具视角的我国众创政策量化分析 [J]. 西南大学学报（社会科学版），2019，45（1）：62-71.

[4] 熊小刚. 政策工具视角下中国"双创"政策内容分析及优化建议 [J]. 软科学，2018，32（12）：19-23.

[5] 王宏起，李婧媛，李玥. 基于政策文本的"双创"政策量化研究 [J]. 情报杂志，2018，37（1）：59-65.

[6] 高秀娟，彭春燕. 国家创业政策演化和发展的计量分析：特征与前瞻 [J]. 重庆大学学报（社会科学版），2020（3）：1-14.

[7] 周阳，周冬梅，丁奕文. 基于政策文本量化分析的我国创业政策演化研究 [J]. 电子科技大学学报（社科版），2019，21（2）：18-27.

[8] 姚松，曹远航. 教育精准扶贫的区域响应与创新：表现、问题及优化策略——政策文本分析的视角 [J]. 现代教育管理，2018（6）：53-58.

[9] 张立新，段慧昱，戚晓妮. 创业环境对返乡农民工创业意愿的影响 [J]. 农业经济与管理，2019（1）：72-83.

[10] 钟伟金，李佳，杨兴菊. 共词分析法研究（三）——共词聚类分析法的原理与特点 [J]. 情报杂志，2008（7）：118-120.

[11] 苗薇薇，段慧昱，李婧欣，张立新. 返乡农民工风险防范能力对创业意愿的影响——基于山东省临沂市393份个案数据的实证分析 [J]. 农业经济与管理，2020（2）：86-96.

青年创业人才创业意愿影响因素研究——基于 TPB 理论视角[①]

金 超[②]

摘 要：本文基于 TPB 理论模型，以 954 份青年创业人才创业意愿影响因素调研数据为研究样本，运用主成分分析法及有序 Logit 模型从主观规范、感知行为控制、创业态度三个变量探讨青年创业人才创业意愿及其影响因素。实证结果表明：主观规范、创业态度以及感知行为控制因素对青年创业人才创业意愿均有显著影响，其中，感知行为控制影响最为明显。据此，本文提出了促进学生创业意愿形成的若干对策，以期对提高高职学生自主创业率有一定的指导意义。

关键词：创业意愿 感知行为控制 创业态度 主观规范

一、引言

在高等院校招生规模扩大和高等教育普及化发展的背景下，青年创业人才就业形势显示出日益严峻的趋势。在严峻的社会竞争和就业压力的双重影响下，自主创业作为一种青年创业人才择业的新方式逐渐走进人们的视野，鼓励青年创业人才自主创业已然成为缓解就业形势严峻的

---

① 该篇论文获得"2020 年全国人才与人事研究主题征文活动"三等奖。
② 金超，山东商业职业技术学院讲师。

重要举措。当前,如何有效地增强青年创业人才的创业意愿,提高青年创业人才自主创业比例已经成为社会、高校、学生所共同面临的重要议题。

在理论层面,创业意愿被认为是个体的主观态度。例如,克鲁格(Krueger)认为创业意愿是创业个体进行创业活动的主观感知,并把创业意愿作为衡量创业者对创业活动倾向程度的重要指标,陆晓莉在研究青年创业人才创业能力提出:创业意愿是潜在创业者能否接受从事创业活动并采取行动的主观表达。在创业意愿影响因素方面,国内外学者基于不同视角展开了相关研究。其中,国外最具影响力的创业意愿影响因素研究模型有两种:其一是由阿杰恩(Ajzen)提出的计划行为模型(TPB),该模型主要是通过个体态度、主观规范和认知行为控制来解释创业意愿;其二是沙佩罗(Shapero)、索科尔(Sokol)所提出的创业事件模型(SEE),具体包括感知期望、感知可行性与行为倾向三个变量。在国内,鉴于社会公众对青年创业人才创业注重的时间不长,在此方面取得的研究成果相对较少。总体来看,我国对 TPB 及 SEE 这两种学术界较为流行的创业意愿研究模型的关注较为缺乏,仅有的基于 TPB 模型的研究也只是证实模型在我国的适用性。作为创业意愿研究的基础理论之一,计划行为理论(TPB)能够很好地预测个体创业意愿,可以为研究创业活动提供良好的契机。因此,本文将基于 TPB 理论模型,以山东省 6 处创业孵化园调研数据为研究样本,分析影响青年创业人才创业意愿的关键因素,为更好地制定创业政策、营造创业氛围、开展创业教育提供一定的参考。

二、模型构建与假设提出

(一)模型构建

计划行为模型最早是由阿杰恩(Ajzen)提出,该理论认为行为是由个体的意愿决定的,个体可通过行动态度、主观规范、可感知的行为控制来决定意愿的强烈。行为态度是指个体对自己是否要采取某种行动的态度或看法;主观规范是指个体对已经形成的标准规范的认知程度,即个体行为是否符合他人期望;行为控制感知是指个体对自己是否能够实施某种行为的感知。这三种因素共同决定意愿的强度,当个体对某种行为的态度越积极,能够得到有重要影响力的人支持时,个体往往认为自已有能力克服种种困难并能使自己的创业计划顺利实施，那么个体对这一特定行为的意愿就越显著。由此，本文基于 TPB 理论构建青年创业人才创业意愿影响因素的概念模型如图 1 所示。

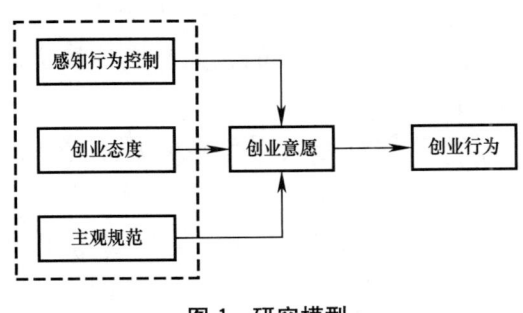

图 1 研究模型

（二）假设提出

1. 感知行为控制

感知行为控制是个人对其所从事的行为进行主观控制的感知程度，具体是由感知促进和控制信念两种因素共同决定，前者是人们对其所具有资源重要程度的可靠估计，而后者则是人们对其所掌握的资源、能力以及机会的感知。值得指出的是，自我效能是反映感知行为控制最为关键的要素。在学术界，有关自我效能对创业意愿的影响研究，早在 1989 年就由舍雷尔（Scherer）通过研究表明，自我效能不仅在理论上同创业现象紧密联系在一起，而且在实践上同创业行为也是密不可分的。通常情况下，在机会的认知方面，拥有高强度自我效能的个体相比普通者更容易识别机会，且其对自我雇佣意愿即创业意愿的产生也表现出较高的反应。在实际案例中，克鲁格（Krueger）、迪克森（Dickson）通过研究证实了机会认知、风险承担以及职业选择都会受到自我效能的影响，而这些也是影响创业意愿形成的关键因素。在学术界，相关研究也证实了感知行为控制对创业意愿的影响作用，如：李国锋、孙雨洁提出提升创业意愿的关键是提高创业行为控制知觉，黄敬宝的相关研究也表明创业是否能够成功的关键因素就是创业者是否具有感知行为控制。综上所述，本文运用"主观努力、做事自信、有良好的人际关系、良好的协调组织能力、敏锐的市场洞察力"等来测度"感知行为控制"，并由此提出假设 H1：

H1：感知行为控制对青年创业人才创业意愿具有显著影响。

2. 创业态度

创业态度，简单来讲可以将其认为是对创业的看法或是对创业的喜好程度，也可认为是个人对创业行为的概念化评价。通常情况下，个体是否参与该事件在一定程度上取决于对事件的态度。早在 1955 年，布瑞（Bray-field）、克罗克特（Crockett）的相关研究证实了态度和行为之间存在一定的联系，而恰尔迪尼（Cialdini）和卡西奥普（Cacioppo）利用创业者为样本进一步证实了创业态度对创业意愿有着积极影响。在国内，盛楠、孟凡祥等人基于 AMOS 确认了创业态度对创业意愿的正向影响。从微观层面来说，张龙、田贤鹏在进行青年创业人才创业意愿分析时指出：青年创业人才的创业态度主要是受传统思想影响，认同"光宗耀祖、出人头地、追求社会地位"等不同价值观。在研究关于青年创业人才创业相关问题时，班达拉戈达（Bandaragoda）利用访谈法总结整理了文本数据，应用内容分析法得出在青年创业人才创业意愿影响因素中出现的频率最高的词汇："独立、挑战以及工作量的避免"。本文借鉴前人研究，运用"积累金钱和财富、检测自己的想法、实现个人成就、为社会做出贡献、被社会认可"来考察"创业态度"，并提出假设 H2：

假设 H2：创业态度对青年创业人才创业意愿具有显著影响。

3. 主观规范

主观规范主要有两层含义：一方面是能够影响个体行为决策等外界因素（如家人、朋友、老师等）的期望，另一方面是个体对影响其决策的外界因素的遵从程度。早在 2000 年，主观规范对意愿的影响就在克鲁格（Krueger）和科尔沃雷德（Kolvereid）的创业研究中得到充分证实。之后，一系列学者都纷纷验证了这一说法。其中，瞿晓理在对青年创业人才创业意愿进行实证研究时，确认了主观规范对创业意愿的影响效应。从更为细致的角度来看，Bulter、Herring 通过一系列案例分析发现：父母对子女是否从事创业活动有较大的影响作用；刘丽君、李斌运用多元有序 Logistic 回归模型，提出"导师支持""朋友支持"是影响青年创业人才创业意愿形成的关键因素。根据以上文献梳理，本文运用"父母支持、亲戚支持、老师支持、同学支持、社会创业氛围"等来解释"主观规范"，由此提出假设 H3：

假设 H3：主观规范对青年创业人才创业意愿具有显著影响。

三、研究设计与结果

(一)问卷设计及样本选择

在本研究的问卷设计中,本文基于TPB模型并在借鉴前人研究的基础上初步设计了调查问卷,采用Likert五级量表对变量的相关题项进行测度,数字1-5依次表示非常不赞同、不赞同、中立、比较赞同以及非常赞同。为验证本研究所设计量表的有效性,本研究随机抽取了位于济南市的部分青年创业人才进行预调研,共获得有效样本64份,并利用统计工具SPSS20.0以27%的低得分者和27%的高得分者分别构成低分组和高分组进行相关项目分析,应用T检验判断两组平均数的显著性,将没有通过显著性检验的题项剔除。经分析,"敏锐的市场洞察力""社会创业氛围"等题项鉴别度相对较低,故剔除,其余均具有良好的鉴别度,保留剩余14项题目进行正式调研。

在样本选取上,考虑到样本的代表性,本文随机选取了山东省6所高校对青年创业人才进行调查。正式调研共发放1 000份问卷,有效问卷回收954份,收回率为96.4%。样本的人口统计学分布如下:在性别分布方面,样本的偏离并不明显,男生542人,占总体的46%,女生628人,占总体的54%;学历分布上,以本科生为主,占总体的81%,研究生仅占19%;在专业分布方面,经管类专业最多,占样本总量的56%,其次为人文类占19%,理工类学生占总人数的15%,艺术类和其他类占样本总数的4%和6%;在创业计划竞赛方面,参与过创业竞赛的样本占18%,没有参与过相关创业比赛经历的占82%;在创业课程方面,接受过创业课程培训的占30%,没有接受创业培训的占70%。从整体上看,本次调查样本在人口统计特征分布上是合理的,适合于数据分析。

(二)量表检验

本研究的调查问卷均是由同一个体完成,因此,不可避免地存在一定程度的同源误差。基于此,本文采用Harman单因素检验法对同源误差进行检验,运用SPSS20.0对本研究的全部调研数据进行主成分分析,最终得出3个因子,可以解释总变量的56.52%,且第一个因子解释了总变量23.89%,明显低于Hair等学者推荐的50%的判断标准,因此,本研究数据的同源误差在可接受的范围内。

同时,运用统计工具SPSS20.0对量表的信度和效度进行了检验。其中，在信度检验方面主要看其内部一致性，即 Cronbach'α 系数，最低可接受的标准是 0.6。由表 1 可知，本研究各变量的 Cronbach'α 系数均大于 0.6，说明本研究所收集数据的可靠性较好，量表内部一致性良好，符合研究要求，适合进行下一步假设检验。在效度检验方面，本研究借鉴了前人已有的成熟量表，内容效度良好，量表的探索性因子分析（见表 1）显示，各题项的因子载荷值均大于 0.6，并且大多数大于 0.7，各变量的因子结构清晰，问卷具有良好的收敛效度。

表 1   各题项的因子载荷与可靠性分析

指标	题项	因子载荷	Cronbach's
感知行为控制	x_1 对我来说，机会是无处不在的	0.734	0.629
	x_2 如果我尽力去做的话，我总是能够解决问题	0.762	
	x_3 以我的能力，我定能处理好各种人际关系	0.669	
	x_4 我总是能有效地利用或分配我手中的资源	0.717	
创业态度	x_5 希望积累金钱和财富	0.758	0.849
	x_6 我希望检测自己的想法	0.778	
	x_7 我很希望能够实现个人成就	0.837	
	x_8 希望对家庭、社会做出贡献	0.812	
	x_9 我希望被社会认可	0.764	
主观范围	x_{10} 我父母支持我自我创业	0.759	0.687
	x_{11} 我周围亲戚支持我创业	0.756	
	x_{12} 我尊重的老师对我创业表示支持	0.640	
	x_{13} 周围同学都认为创业是不错的职业选择	0.722	

在结构效度检验方面（见表 2），本研究首先对整个问卷及每个变量进行了 KMO 值检验，问卷的整体 KMO 值为 0.834，且每个变量的 KMO 值均大于最低标准 0.6；Bartlett 检验中，三个变量的显著性水平 sig 均为 0.000，低于标准 0.05，说明各题项之间具有共同因子，适合进行因子分析。

表 2   各变量的 KMO 和 Bartlett 的检验

检验指标		感知行为控制	创业态度	主观规范
KMO 值		0.698	0.84	0.656
Bartlett 检验	近似卡方	623.481	1 905.492	699.423
	df	6	10	6
	sig.	0	0	0

（三）数据处理

本次调研的数据处理主要运用主成分分析，此方法的提出要追溯到1933年，是由霍特林首先提出，指的是通过"降维"的方法，将多个指标提炼为较少的综合指标。其中主成分是综合指标，由多个指标转化生成，且每个主成分都是原始变量的线性组合，主成分之间互不相关。

该方法的模型表达式为：

$$Y_{ij}=a_i'b_j+\varepsilon_{ij}$$
$$i=1,2,\cdots,n; j=1,2,\cdots,p$$

其中，a 被称为得分，b 被称为载荷。主成分分析的方法是对相关系数矩阵（或协方差矩阵）进行特征值分析。

$$C=V\wedge V'=\sum_{i=1}^{p}\lambda_i v_i v'_i, v_i v_j=0,$$

其中，v 称为主成分。

$$\wedge=\text{diag}(\lambda_1,\lambda_2,\cdots,\lambda_p),\lambda_1\geqslant\lambda_2\geqslant\cdots\geqslant\lambda_p$$

运用 SPSS 20.0 进行主成分分析处理后的结果见表3，据此可以看到特征值大于1的有3个因子，正是我们所设计的"感知行为控制""创业态度"以及"主观规范"，其对总方差变异的累计贡献率为56.521%。鉴于本文是对主观性的一种测量，精确程度较低，贡献率56.521%基本能够描述青年创业人才创业意愿的影响因素。

表3　　　　青年创业人才创业意愿影响因素总方差分解

成分	初始特征值			提取平方载入		
	合计	方差（%）	积累（%）	合计	方差（%）	累计（%）
1	4.289	32.995	32.995	4.289	32.995	32.995
2	1.689	12.992	45.987	1.689	12.992	45.987
3	1.37	10.535	56.521	1.37	10.535	56.521
4	0.967	7.437	63.958			
5	0.747	5.747	69.75			
6	0.692	5.326	75.031			
7	0.601	4.62	79.651			
8	0.563	4.329	83.981			
9	0.507	3.902	87.883			
10	0.449	3.455	91.338			
11	0.433	3.331	94.668			
12	0.364	2.799	97.467			
13	0.329	2.533	100			

根据表 4，从第一主成分中可以看出，"积累金钱和财富（x_5）、检测自己的想法（x_6）、实现个人成就（x_7）、为社会做出贡献（x_8）、被社会认可（x_9）"等题项，是创业态度的因子构成，累积贡献率为 32.995%；第二主成分的载荷包括"主观努力（x_1）、做事自信（x_2）、有良好的人际关系（x_3）、良好的协调组织能力（x_4）"等题项，可被称为感知行为控制因子，贡献率为 12.992%；第三主成分包括"父母支持（x_{10}）、亲戚支持（x_{11}）、老师支持（x_{12}）、朋友支持（x_{13}）"等题项，可将其称为主观规范因子，贡献率为 10.535%。

表 4　　　　　　　　　旋转后的因子荷载阵

题项	成分		
	1	2	4
x_5	0.711	0.238	0.104
x_6	0.758	0.151	0.088
x_7	0.822	0.164	0.066
x_8	0.789	0.139	0.136
x_9	0.734	0.156	0.133
x_1	0.136	0.744	0.045
x_2	0.141	0.744	0.043
x_3	0.242	0.562	0.15
x_4	0.167	0.692	0.134
x_{10}	0.147	−0.016	0.77
x_{11}	0.078	0.002	0.778
x_{12}	0.185	0.246	0.552
x_{13}	0.022	0.183	0.7

用 X_1、X_2、X_3 分别表示感知行为控制、创业态度、主观规范等 3 个主成分分别，再根据表 5 的因子得分系数矩阵，可写出各个主成分由标准化变量表示的表达式，X_1 的表达式为：

$$X_1 = -0.095x_1 - 0.092x_2 - 0.024x_3 - 0.08x_4 + 0.241x_5 + \\ 0.279x_6 + 0.306x_7 + 0.29x_8 + 0.264x_9 - \\ 0.01x_{10} - 0.044x_{11} - 0.025x_{12} - 0.095x_{13}$$

表5　　　　　　　　　　因子得分系数矩阵

题项	成分		
	1	2	3
x_1	−0.095	0.414	−0.059
x_2	−0.092	0.413	−0.061
x_3	−0.024	0.274	0.004
x_4	−0.08	0.368	−0.01
x_5	0.241	−0.008	−0.036
x_6	0.279	−0.068	−0.04
x_7	0.306	−0.071	−0.06
x_8	0.29	−0.086	−0.017
x_9	0.264	−0.064	−0.015
x_{10}	−0.01	−0.112	0.402
x_{11}	−0.044	−0.088	0.412
x_{12}	−0.025	0.058	0.256
x_{13}	−0.095	0.038	0.357

以此类似地可以写出另外两个主成分 X_2、X_3 的表达式,此处省略。然后再分别将 $x_1 \sim x_{13}$ 带入各表达式中,可求出 X_i ($i=1,2,3$)。

(四)假设检验

鉴于意愿是一种偏好,对于创业意愿因素的影响作用,一般的回归分析方法不能适用,再者创业意愿表现出来的是一种偏好程度,这种偏好程度没法量化衡量。考虑到影响因素的效用排序,本研究采用 Logit 排序模型进行假设检验。为此,本研究建立了潜变量 Y_i 与解释变量 X_i 的线性模型:$Y_i = \beta x_i + \varepsilon_i$。在进行青年创业人才创业意愿测度的时候,我们提出的问题是"您选择创业作为您职业起点的可能性",依然采用李克特五级量表进行打分。将青年创业人才的创业意愿的观测值作为回归方程因变量,使用以上得出的3个互不相关主成分 X_i 作为新自变量,进行Logit 回归处理,结果见表6。

表6　　　　　　　　　　参数估计值

项目		系数	标准误	Wald	df	显著性 p
阈值	[Y=1]	−1.837	0.094	381.22	1	0
	[Y=2]	0.075	0.068	1.206	1	0.004

续表

项目		系数	标准误	Wald	df	显著性 p
阈值	[Y=3]	1.668	0.089	350.332	1	0
	[Y=4]	3.25	0.165	431.734	1	0
变量	X_1	0.634	0.063	100.352	1	0
	X_2	0.258	0.06	18.547	1	0
	X_3	0.413	0.061	46.528	1	0

从回归结果可以看出：

（1）感知行为控制 X_1 在 1‰ 显著水平下显著，其对青年创业人才创业意愿的影响系数为 0.634，两者之间是一种显著正相关，这表明好的创业态度能够一定程度上更好地促进青年创业人才激发创业意愿，假设 H1 成立。

（2）创业态度 X_2 亦在 1‰ 显著水平下显著，其对青年创业人才创业意愿的影响程度为 0.258，两者之间同样是一种显著正相关，表明好的创业态度对青年创业人才创业意愿有积极的促进作用，假设 H2 成立。

（3）主观规范 X_3 同样在 1‰ 显著水平下显著，其对青年创业人才创业意愿的影响程度为 0.413，两者之间同样是一种显著正相关，表明好的创业环境对青年创业人才创业意愿有积极的促进作用，假设 H3 成立。

四、结论

本文针对山东省 6 所高校的 954 名学生的调查数据，基于 TPB 理论模型对青年创业人才创业意愿的影响因素进行了研究，重点分析了感知行为控制、创业态度、主观规范对创业意愿的影响作用。研究发现：TPB 模型共解释了创业意愿变异的 56.5%，在青年创业人才创业意愿影响因素中创业态度、主观规范、感知行为控制力均是重要因素，其中感知行为控制是最为关键的因素。这同时也进一步证实了在青年创业人才创业意愿研究领域，TPB 理论模型具有充分的适用性。结合创业意愿影响因素的影响系数及其动力因子，本文提出了提高青年创业人才创业意愿的若干对策建议：

（一）发展创业教育，培养自我效能

根据经验总结，感知行为控制中自我效能的培养可以从以下两个方面进行。其一，塑造青年创业人才的个性特质。大学阶段是个体人格的形成过程中极其重要的阶段，可通过举办心理健康节、设立心理咨询室、开展户外素质拓展等加强对学生心理素质的培养，塑造学生具备成熟的心理状态，以影响学生创业意愿的增强。其二，深化大创业教育教学改革。一方面，高等院校要建立创业教育课程，完善教育体系，注重理论和实践的结合与衔接，可通过开设 ERP 课程模拟创业过程，培养学生的团队合作精神和风险应对能力，进一步提高学生对创业的积极性；另一方面，高等院校要加强校企合作，建立创业实践基地，加强与企业的交流、共谋发展，在专业对口的基础上建立青年创业人才创业实践基地，让青年创业人才亲身通过参与到创业活动的方式来锻炼自己的创业能力。

（二）转变创业态度，培育创业氛围

创业态度的转变是持续化和系统化的过程。对于青年创业人才而言，要尽早树立职业生涯规划，合理规划符合自己的目标创业方向，为创业缕做好积极准备。同时应该根据国家经济环境和相关的政策方针，结合个人特质，进行自我分析，设计创业定位和预选方案，为创业理清思路。在社会层面，要营造良好的创业氛围。例如，借助有关媒体，将政府对创业的有利政策进行全方位宣传，让创业的政策内容得到越来越多普及，同时对典型成功创业者的事迹进行大力宣传，由此激发创业热情；还可以举办创业大赛、开展创业培训，进一步激发学生创业意愿的形成。总之，转变创业态度，可以创建"感受式"创业认知体系，通过 KAB 培训课程、ERP 沙盘模拟等课程，来引导学生开展创业实验、模拟、实训，以项目化的方式来逐步激发学生创业的内在原动力，转变创业态度。

（三）改善创业条件，打造创业文化

青年创业人才创业意愿的形成既由学生自身的主观意愿所决定，同时也受到外界因素的影响。由此，改善创业条件对于激发青年创业人才的创业热情，提高创业成功率，增强学生的创业意愿具有重要作用。首先，要加强师生互动、采用开放式的教学方式等途径增强学生的自信心，通过校园宣传栏宣传具备个人奋斗精神的创业成功人士，突出他们自我价值在创业过程中的有效实现，以增强高校创业氛围；其次，成立创业指导中心，重视指导中心的建立，划拨专项的创业基金，保证指导中心活动的正常开展。此外，可探索建立"政产学研"创业合作项目，为具有创业意愿的青年创业人才提供"团队＋项目＋资本＋市场"辅助指导，加大社会资源对学生创业项目的扶持力度。最后，作为创业软环境之一的创业文化，对创业活动有很大的感染作用。因此，高校应该注重打造具有"主流、宽容、担当"的特色创业文化，不断推进创业教育发展，促使青年创业人才创业意愿的提高。

参考文献

[1] Reilly M D, Carsrud A L. Competing models of entrepreneurial intentions [J]. Journal of Business Venturing, 2000, 15 (5): 411-432.

[2] 刘永彬, 欧阳纯萍, 阳小华. "互联网+"时代下计算机创新创业人才培养模式探索 [J]. 高教学刊, 2016 (14): 15-16.

[3] Bird B. Implementing entrepreneurial ideas: The case for intention. [J]. Academy of Management Review, 1988, 13 (3): 442-453.

[4] Kent C A, Sexton D L, Vesper K H. Encyclopedia of entrepreneurship [M]. Encyclopedia of entrepreneurship: Prentice-Hall, 1982.

[5] Ajzen I. The theory of planned behavior, organizational behavior and human decision processes [J]. Journal of Leisure Research, 1991, 50 (2): 176-211.

[6] Scherer R F, Adams J S, Carley S, et. al. Role Model Performance Effects on Development of Entrepreneurial Career Preference [J]. 1989.

[7] Krueger N F. The Impact of Prior Entrepreneurial Exposure on Perceptions of New Venture Feasibility and Desirability [J]. Social Science Electronic Publishing, 1993, 18 (1).

[8] 李国锋, 孙雨洁, 张冰超. 基于 SEM 模型的大学生创业意愿影响因素研究——来自山东省 6 所高校的实证数据 [J]. 山东财经大学学报, 2017 (6): 83-90.

[9] 黄敬宝. 中关村青年创业人才的成长机制 [J]. 中国青年社会科学, 2019 (4): 83-91.

[10] Brayfield A H, Crockett W H. Employee attitudes and employee performance [J]. Psychological Bulletin, 1955, 52 (5): 396.

[11] 盛楠, 孟凡祥, 姜滨. 创新驱动战略下科技人才评价体系建设研究 [J]. 科研管理, 2016 (S1): 602-606.

[12] 张龙, 田贤鹏. 平台驱动型创业教育：框架结构与机制保障 [J].

中国高教研究,2019(8):77-81.

[13] Bandaragoda D J. Institutional change and shared management of water resources in large, canal systems: results of an action research program in Pakistan [J]. International Water Management Institute, 2000.

[14] 瞿晓理."大众创业,万众创新"时代背景下我国创新创业人才政策分析 [J]. 科技管理研究,2016(9):41-47

[15] Herring C, Butler J S. Ethnicity and Entrepreneurship in America: Toward an Explanation of Racial and Ethnic Group Variations in Self-Employment [J]. Sociological Perspectives, 1991, 34(1): 79-94.

[16] 刘丽君,李斌,郑焱. 美国一流大学理工创业教育与我国创新创业人才的培养 [J]. 中国高教研究,2009(5):50-51.

破解农民工返乡创业"融资难"的思考[1]

魏炎利[2]

摘　要：近年来，虽然各级政府采取了多种措施，积极帮助农民工返乡创业企业解决融资问题，也取得了一定成效。但是，农民工返乡创业融资难问题依然是影响农民工返乡创业最大的堵点、难点。本文通过深入分析农民工返乡创业融资难问题的成因和症结，聚焦堵点难点，从加大农民工返乡创业担保贷款支持力度、更好落实农民工返乡创业项目扶持奖补政策、优化农民工返乡创业投资基金投资方向三个方面，有针对性地提出了解决农民工返乡创业融资难问题的10条意见、建议，为下一步推动农民工返乡创业高质量发展提供了有益借鉴和参考。

关键词：农民工　返乡创业　融资

支持农民工返乡创业，通过大众创业、万众创新使广袤乡镇百业兴旺，既可以实现促就业和增收入双赢，也有助于打开新型工业化和农业现代化、城镇化和新农村建设协同发展新局面，但"融资难、融资贵、融不到资"问题长期存在，严重制约了我省农民工返乡创业的推进。为查找"融资难"问题症结，逐个研究解决，更好推进我省农民工返乡创

---

[1] 该篇论文获得"2020年全国人才与人事研究主题征文活动"三等奖。
[2] 魏炎利，河南省财政厅社会保障处副主任科员。

业工作开展，我们梳理分析了我省支持农民工返乡创业的支持政策，赴濮阳市南乐县、长垣市进行了专题调研，实地察看了部分农民工返乡创业情况，分析了农民工返乡创业"融资难"的原因，听取了市县政府部门、金融机构、返乡创业代表等群体的意见建议，研究提出了下一步工作改进思路。

一、河南省现有支持农民工返乡创业融资政策

跟所有创业者情形一样，对于农民工返乡创业面临的首要难题就是缺乏资金。因此，一直以来，财政部门将资金支持作为我们鼓励引导农民工返乡创业的关键环节、重点工作抓实、抓好。我省现有支持农民工返乡创业融资的政策主要有三个方面：

（一）创业担保贷款及贴息

2003年我省建立小额担保贷款制度，2016年改为创业担保贷款，贷款额度逐步提高、贷款对象不断扩大。根据目前政策规定，符合创业担保贷款条件的返乡创业农民工，可申请最高不超过15万元的创业担保贷款。合伙经营或组织起来创业的，可申请最高不超过150万元的创业担保贷款。小微企业当年新招用符合创业担保贷款申请条件的人员数量达到企业现有在职职工人数25%（超过100人的企业达到15%）并与其签订1年以上劳动合同的，可申请最高不超过300万元的创业担保贷款。贷款期限最长为3年，同时由财政按规定给予贴息，贴息比例最高达到100%。据统计，仅2018年度，我省就为61 610名返乡农民工提供创业担保贷款68.24亿元，有效地发挥了财政资金支小助微、促进创业的作用。

（二）创业项目扶持奖补

2017年我省出台农民工返乡创业项目扶持奖补政策，每年评选一批返乡农民工创业省级优秀示范项目，省财政专门安排扶持奖补资金，根据项目前景、带动就业等情况予以奖补，奖补标准分别为2万元、5万元、10万元、15万元。截至目前，省财政共安排农民工返乡创业项目扶持奖补资金6 585万元，支持农民工返乡创业省级优秀示范项目和助力脱贫攻坚优秀项目536个。

（三）农民工返乡创业投资基金

为进一步发挥财政职能作用，引导促进农民工返乡创业，经省政府

同意，2017年年底我省设立全国第一支省级农民工返乡创业投资基金（以下简称基金），基金总投资规模100亿元，首期投资规模50亿元（省财政出资5亿元，带动社会资本45亿元），通过投贷联动方式对省内农民工返乡投资及参与管理的企业和吸纳返乡农民工就业较多的企业投资。截至目前，首期基金投资工作基本完成，并委托第三方机构对2018年省级农民工返乡创业投资基金运行情况进行了绩效评价。在此基础上，省财政再筹措资金5亿元，设立农民工返乡创业投资基金（二期）。目前两期基金共投资项目26个，投资金额50.1亿元。通过农民工返乡创业投资基金的投资运营，带动返乡农民工创业就业5万余人，既促进了农民工返乡创业，又吸纳了农民工就业，同时也提高了财政资金使用效益，实现了三方共赢，成效显著。

二、河南省农民工返乡创业融资存在问题

近年来，我省各级政府采取多种措施，积极帮助农民工返乡创业企业解决融资问题，取得了一定成效。如南乐县实施"一带一路一园"返乡创业示范工程，以冷饮食品和生物基材料两大产业为载体带动返乡下乡创业，截至目前全县外出务工人员13.1万人，返乡下乡创业1.44万人，形成了返乡下乡创业良好态势。2018年7月，南乐县作为我省两个代表县之一参加了国家返乡创业江西德兴现场会，"一带一路一园"做法在全省、全国推广。长垣市注重以金融创新破解资金难题，建立了"政银担保"制度，市财政安排资金500万元，撬动金融担保机构放大十倍支持当地农业产业发展，将更多的金融活水引入农业农村，截至目前已发放支农贷款26笔，金额1 250万元；市财政出资2 000万元，设立小型微型企业信贷风险补偿资金，鼓励银行、担保、保险等金融机构加大对中小微企业的支持力度，缓解企业融资难、融资贵问题。但是现阶段农民工返乡创业融资难问题依然是影响农民工返乡创业最大的堵点、难点，大多数返乡创业农民工仍是以自身积蓄、亲戚朋友借款甚至民间高息借贷为主，各项财政支持政策的作用发挥还不够，主要表现在：

（一）创业担保贷款覆盖面窄、力度小

以2018年度为例，全年我省共新增返乡创业农民工23.17万人，全省发放创业担保贷款107.76亿元，其中为61 610名农民工发放创业担保贷款68.24亿元。从上述数据可以看出，虽然农民工贷款发放量占年度总

贷款规模的比例比较高（63.3%），但是对整个返乡农民工群体来说，创业担保贷款对返乡农民工的覆盖面相对较窄，获得贷款支持的农民工占全部返乡农民工的比例仅为26.6%。而且，创业担保贷款对农民工创业企业的支持力度较小，2018年农民工人均获得贷款的额度为11万元，在人、财、物价格快速增长的今天，这样的贷款规模对一个返乡创业者来说，显得有点杯水车薪。如濮阳市正淳特种陶瓷有限公司创始人反映，该公司是濮阳市国家高新技术企业、国家级科技中小型企业，规模虽小，但公司产品供不应求，当前面临的主要是资金困难，亟需投入500万元资金购置设备，扩大产能，但是返乡创业担保贷款门槛高、手续繁琐、额度较低，对支持企业更好发展意义不大。

（二）农民工返乡创业奖补政策贯彻落实有待加强

一些地方政府虽然出台了若干针对农民工返乡创业的财政奖补、税费减免等扶持政策，但由于政策宣传不到位，群众知晓度低，或者是没有出台具体的配套实施办法，也没有明确地落实到具体的职能部门，或者是审批部门多、提供资料多、申请程序多等原因，形成政策棚架、中梗阻、落不了地，导致扶持政策落实不到位，返乡创业农民工享受不到政府的激励扶持政策，一定程度上也影响了政府形象和公信力。如濮阳市鑫雅合众文化科技有限公司创始人反映，他原先在北京从事会展行业，2017年通过南乐县委县政府承接北京企业招商峰会，回到家乡创业，目前企业正处于初创期，但是对当地支持农民工返乡创业的扶持政策了解得并不多，也未享受到当地的资金扶持。

（三）农民工返乡创业投资基金政策引导效应不明显

截至目前，省级农民工返乡创业投资基金共投资资金48.9亿元、投资项目20个，每个项目平均投资金额2.4亿元，投资项目数量过少，覆盖面过小，政府性投资基金原本的示范引导效应发挥不充分，且基金投资主要集中在已经比较成熟的大中型企业，而对占农民工返乡创业企业绝大多数的初创型小微企业，却鲜少投资，政府性投资基金支小助微的激励引导作用也未充分得到体现。

三、河南省农民工返乡创业融资难的原因分析

（一）农民工返乡创业先天性行业分布制约了融资能力提升

农民工来自农村，身上天生的带有"农业、农村的基因"，这也决定

了农民工创业主要集中在种植业、养殖业、农村电商、低端服务业等传统产业领域，所创立的企业普遍存在体量小、运营管理不规范、财务制度不健全、抗风险能力弱等问题。为控制风险，金融机构一般要求贷款人提供抵质押物或担保，且门槛较高，但农民工能做抵质押物的标的很少，也很难找到金融机构要求的诸如财政供养人员、国企职员等作为担保人，以致从银行、投资基金等渠道融资难度很大。如南乐县华薯农业科技有限公司创立之初靠6个人打工拼凑的80万元，从农民手中流转了200亩土地，开始了创业历程，在企业发展过程中，想从银行贷款，但是需要财产抵押，他们贷不成，当地鼓励创业担保贷款，但需要有机关事业单位在编在职人员和有效变现的土地、房产做反担保，他们享受不了，可谓"天上有云，下不了雨"。

（二）市场经济下资本风险收益对等性决定了对农民工返乡创业的投资偏见

市场经济条件下，金融资本都是趋利避害、追求最高投资回报的。农民工返乡创业企业绝大多数是小微企业，科技含量低，抗风险能力弱，成长前景不明，投资回报率低，加上农民工本身创业能力不强，自身综合素质不高，一旦创业失败，贷款很难收回，因此银行、投资基金等金融机构对这类企业多数抱审慎投资态度，"宁可不投，也不愿错投"。

（三）现有财政扶持政策对农民工返乡创业的针对性不够强

一是现有的创业担保贷款、项目扶持奖补政策均是面向包括返乡农民工、大学生、退役军人等多个群体在内的普惠性政策，与农民工返乡创业的特点结合得不够紧密，针对性不够强，政策效益发挥得不够充分。二是我省农民工返乡创业投资基金管理办法，仅规定了基金只能投资于农民工返乡创业类企业，未限定基金投资企业的规模大小，也未限定基金投向小微企业的数量和比例，且基金本身具有更愿投向大企业的投资偏好，以致较少支持初创的小微企业。

四、下一步财政支持农民工返乡创业的思考

将农民工返乡创业作为支持大众创业的着力点和突破口，引导和帮助更多的农民工成功创业、带动就业，可有效激发农村创业创新活力，促进农村产业发展，助力乡村振兴战略实施。下一步，省财政将进一步聚焦农民工返乡创业堵点难点，完善农民工返乡创业扶持政策，加大资

金支持力度,着力解决农民工返乡创业"融资难"问题:

(一)加大农民工返乡创业担保贷款支持力度

一是降低反担保门槛。结合农民工返乡创业特点,创新金融产品和服务,研究推行应收账款、集体土地使用权、特种经营权、股权质押、林权质押等新型担保贷款方式,提高返乡创业农民工创业担保贷款的可获得性。对获得市级以上荣誉称号的创业人员、创业项目、创业企业,经金融机构评估认定的信用小微企业、商户、农户,经营稳定守信的二次创业者等特定群体通过降低反担保门槛或取消反担保等措施,为返乡创业农民工提供更好的信贷支持。二是加大担保基金投入力度。坚持财政筹集担保基金主渠道,鼓励市县财政根据当地农民工返乡创业融资需求,加大对担保基金的投入力度,同时进一步落实失业保险基金补充创业贷款担保基金政策,允许市县在保证失业保险待遇正常支付的前提下,可按需借用部分失业保险基金补充创业贷款担保基金,借用时间由当前的一年延长为三年,进一步扩大担保基金规模,进而放大担保贷款对农民工的支持力度。三是落实担保贷款奖励政策。督促市县财政按规定落实创业担保贷款奖励政策,按各地当年新发放创业担保贷款总额的1%,奖励创业担保贷款工作成效突出的经办银行、创业担保贷款担保基金运营管理机构等单位,探索建立对担保机构的担保费奖补、对基层劳动保障机构的贷款回收工作经费奖补机制,解决经费不足限制服务创业就业、服务经济发展的问题,从而有效保障各经办服务机构创新机制、推进工作的积极性和主动性。四是探索研究贷款容错机制。研究完善信贷尽职免责和容错纠错机制,对在降低反担保门槛、提高融资可获得性、便捷性等方面探索中非因道德风险、重大过失而形成的不良后果,实行尽职免责制度,免予追究相关人员的合规责任,解决不敢贷、不愿贷的问题。

(二)更好落实农民工返乡创业项目扶持奖补政策

一是促进政策更好落地。会同省人社厅对相关部门,加大农民工返乡创业项目扶持政策的宣传力度,提高群众知晓度,让更多的返乡创业农民工能够了解政策,进而才能享受政策优惠。同时,在依法合规的基础上,尽量简化资金审批程序,减少申报材料,提高审批效率,促进政策更好落地。二是加大对初创型企业的奖补力度。在今后的农民工返乡创业示范项目和助力脱贫攻坚示范项目评选中,重点支持那些符合我省产业发展方向、成长性较好、示范带动性较强的初创企业,更好发挥财政资金对初创企业的激励引导作用,解决初创企业启动资金或流动资金不足问题。三是鼓励市县设立扶持资金。鼓励市县政府,参照省级做法,设立农民工返乡创业项目扶持资金,对本区域内的返乡农民工初创企业择优进行奖补扶持,扩大扶持奖补政策的覆盖面和支持力度,支持更多的初创企业。

(三)优化农民工返乡创业投资基金投资方向

明确基金支持初创型企业比例,在依法合规、风险整体可控的前提下,尽可能多向初创型中小企业投资。基金通过三个"合作"扩大农民工返乡创业受益面。一是与农民工返乡创业示范县(市)合作。鼓励市县政府与省级农民工返乡创业投资基金母基金合作设立子基金,放大基金规模,扩大基金投资覆盖面,为市县返乡农民工初创型企业提供更加便利的融资渠道。二是与农民工返乡创业示范园区合作。由示范园区遴选园区内优质企业,基金和园区联合给予重点支持,加速园区内初创型企业的孵化与发展。三是与银行等金融机构合作。建立与各商业银行的小额贷款跟投机制,依托商业银行分支网点多、覆盖面广的优势,对银行审核通过的初创型企业中符合农民工返乡创业基金支持政策的,由基金进行低成本跟投。

参考文献

[1] 刘婷婷. 新型农业经营主体的融资困境与金融支农改革路径 [J]. 农村经济, 2016 (3).

[2] 苏会侠. 我国农村中小企业融资面临的困境及对策出路研究 [J]. 农村经济, 2016 (1).

[3] 唐礼智,罗婧,曹路萍. 返乡创业农民工的融资行为及影响因素分析——基于福建省龙岩市的调查 [J]. 宁夏社会科学, 2013 (6).

[4] 刘文娟. 我国农村融资问题分析与解决路径 [J]. 农业经济, 2016 (11).

新型城镇化背景下乡级护理岗位培训创新模式构建

王立红

摘 要：了解乡级护理岗位培训现状及需求，构建乡级护理岗位培训新模式，为进一步规范有效地开展护理岗位培训提供依据。方法：问卷调查、访谈和比较法。结果：212名研究对象中认为培训十分重要占98.0%，要求院内培训占60.3%、护理专家现场指导占63.4%；认为既往培训内容缺乏针对性和实用性的占60.8%。结论：乡级护理岗位培训缺乏规范管理，各级护理管理部门应提高对培训工作重要性的认识，建立完善培训体系，落实培训保障，注重培训内容的针对性和实用性，以增强培训效果。

关键词：新型城镇化 乡级护理 岗位培训 创新模式

护理岗位培训是不断提升护理能力和技术水平的有效途径，以保证护理人员有能力胜任按照工作岗位要求完成所承担或将要承担的工作和任务，更好地满足临床护理工作的需要。新型城镇化进程中，乡级医疗卫生特别是护理工作面临着新要求和新机遇。然而，乡级医院的护理服务质量与实际需求仍存在一定的差距，护理人员现有的专业知识和技术

---

① 该篇论文获得"2020年全国人才与人事研究主题征文活动"三等奖。
② 王立红，徐州医科大学副教授。

水平还滞后于新型城镇化建设。研究发现：目前乡级医院护理人员的学历教育已不再是多数人学习的重点，主要是接受技术培训，进行知识更新，提升自身专业素质和服务能力，而且她们具有强烈的接受培训愿望，以全面提升护理队伍的综合素质。因此，为推动新型城镇化建设，结合乡级医院护理人员的工作和学习特点，构建有效的岗位培训模式是一项重要研究内容。

一、资料与方法

研究对象：徐州市乡级医院护理人员。

二、研究方法

（一）调查法

自制调查问卷，以分层整群抽样的方法，分别以县区经济状况优、良、差分为3级，每级抽取6个乡镇，共抽取18所乡级医院（睢宁县：岚山、大王集、陵城、王林；邳州市：港上、车辐山、铁辐山、八义集；沛县：大屯、敬安、龙固、栖山；铜山县：房村、郭集、大许；丰县：王沟、单楼、欢口）。本文通过对文献查阅和专家咨询及认真讨论，确保问卷项目及内容的可信性和有效性，设计乡级护理岗位培训现状及需求调查问卷，借徐州市护理学会和三级甲等医院联合帮扶乡级医院（各种学术讲座）和徐州市中心医院与乡级医院义诊之机，对所抽取的样本医院212名临床护理人员进行问卷调查，本次共发放调查问卷229份，回收有效问卷212份，回收率为95.6％。同时，对样本医院的总护士长和部分护士进行面对面及电话访谈。

（二）比较法

通过文献检索、各种护理学术会议向国内部分护理专家及学者进行访谈，对全国各乡级医院护理人员岗位培训情况进行比较，分析现状和存在的不足，总结其共性以及差异性，探寻新型城镇化背景下徐州市乡级护理岗位培训的有效模式。

（三）统计学处理

采用 EpiData3.0 软件将212份调查表的数据录入，建立数据库，采用 SPSS13.0 软件进行描述性统计学处理。

三、结果

（一）乡级医院临床一线护理人员一般资料

本次 212 名研究对象均为女性，其中，年龄：20～30 岁 101 人，31～40 岁 89 人，41～50 岁 22 人。学历：中专 97 人，大专 108 人，本科 7 人。职称：护士 76 人，护师 104 人，主管护师 32 人。

（二）乡级医院护理岗位培训现状（见表1）

表1　乡级医院护理岗位培训现状 [$n=212$（%）]

项目		例数	百分比（%）
参加培训的主要目的	提高自身业务水平	98	46.3
	满足工作需要	89	41.9
	应对医院要求	25	11.8
目前培训的主要方式	院内业务学习	197	92.9
	院外学术交流会	95	44.7
	外出进修	42	19.8
	集中短期培训	31	14.9
参加培训后的状态	专业知识有所更新	172	81.1
	技术操作更为规范	19	9.1
	个人综合素质有所提高	12	5.6
	培训前后没有变化	9	4.2

（三）乡级医院护理人员对岗位培训的认识（见表2）

表2　乡级医院护理人员对岗位培训的认识 [$n=212$（%）]

项目		例数	百分比（%）
对岗位培训的认识	很重要	161	75.6
	重要	47	22.4
	无所谓		31.5
	没必要	1	0.5
培训后能否应对工作	完全能够	55	26.1
	基本能够	115	54.3
	被动应对	42	19.6
既往培训存在的主要问题	培训机会太少	18	8.5
	培训内容缺乏针对性	129	60.8
	培训流于形式	65	30.7

（四）乡级医院护理人员岗位培训需求（见表3）

表3　　　　乡级医院护理人员岗位培训需求［$n=212$（％）］

项目		例数	百分比（％）
对培训内容的需求	护理基础知识与技能	98	46.3
	专科护理知识与技能	73	33.9
	护理安全知识与技能	103	48.6
	护患沟通技巧	85	40.0
	护理科研论文的撰写	136	64.1
对培训方式的需求	上级医院进修	36	16.9
	院外短期培训	44	20.7
	院内分层培训	128	60.3
	护理专家现场指导	134	63.4
	专科知识学术讲座	77	36.5

四、目前乡级护理岗位培训状况及需求分析

（一）护理人员对岗位培训的认识

完善的岗位培训是提高护士专业素质和技术水平的有效途径。本研究结果显示在212名研究对象中：98.0％认为岗位培训重要、88.2％参加培训的目的是提高自身业务水平和满足临床护理工作需要。既往培训的方式主要集中在院内培训和院外学术讲座，其中有60.8％认为培训内容缺乏针对性、30.7％认为培训流于形式。分析其主要原因：一是没有形成科学规范的培训体系，本研究通过访谈显示，虽然大部分医院已将岗位培训纳入临床护士继续教育的范畴，每年聘请综合性医院护理专家讲授护理相关知识2～3次，但临床护理管理部门对培训的重视度不够，培训制度化推进缓慢，在培训方案的制订、培训内容的选择及培训效果的评价上缺乏系统、客观依据和统一标准。二是院内培训是乡级医院护理岗位培训的主要形式，而培训的师资是以院内高年资的护理人员为主，她们虽具有一定的临床护理经验，但对知识技能的掌握滞后于专业发展，工作中许多惯性行为不能满足新形势下乡级医院的护理工作需要，影响培训工作的开展和培训质量，导致实施过程中存在敷衍，形式化的现象。

（二）乡级医院护理人员对岗位培训需求

本研究显示：乡级医院护理人员在临床护理工作中逐渐感到自身知

识的滞后性，且具有较强的参加相关培训的愿望。其中要求院内培训占60.3%、护理专家现场指导占63.4%，在培训内容的选择上，排名前两位的内容分别是护理基础知识及技能和护理科研论文的撰写，访谈中了解到：护士在工作态度及价值观培训上也倾向于有所需要，表明随着医学模式的转变，临床护士已逐步开始意识到护士的专业思想、自身修养及职业道德的重要性。最希望的培训方式是院内培训及护理专家现场指导，其主要原因：一方面，随着护理事业的不断发展，知识的更新，社会对临床护士不断提出新的要求，需要护士在临床实践过程中不断学习和提高临床技能；另一方面，由于乡级医院护理人力资源紧张、培训机会分配不均衡，院外进修和短期培训存在局限性，院内就地培训成本低、易实施、针对性强。

五、徐州市乡级护理岗位培训新模式的构建

针对乡级医院护理人员岗位培训现状及需求，结合新型城镇化建设对医疗卫生服务质量的要求及乡级医院护理人员的工作和学习特点，参考和借鉴国内其他乡级医院护理人员培训的有效经验，构建乡级护理岗位培训新模式，为进一步规范有效地开展护理岗位培训提供依据。

（一）提高对乡级医院护理岗位培训重要性的认识

随着护理学科的发展，护士被赋予了多元化的角色，新型城镇化建设对乡级医院护士素质提出了更高的要求，开展护理岗位培训是提高护士素质的重要途径。因此，各级护理主管部门应加强对乡级护理岗位培训重要性的认识，在培训的时间、人力、财力等方面给予投入。首先，应成立各级培训领导小组，形成市（县）卫生局、乡级医院和总护士长三级管理体制，各级均应制定相应的培训制度，包括培训计划、计划落实、培训效果的考核评价等，并严格执行。

（二）建立健全乡级护理岗位培训的支撑体系

1. 乡级护理岗位培训的组织管理

市（县）卫生行政部门组织实施乡级医院护理岗位培训，成立由市（县）卫生局及乡级医院护理管理人员、二、三级医院临床护理专家、地方医科大学护理学院资深教师组建的培训专业委员会，委员会成员应具备高度的工作责任心、丰富的专业理论知识和娴熟规范的操作技能、高尚职业道德等，并制定完善的培训组织管理制度。

2. 加强乡级护理岗位培训的资源建设

一方面应加强对培训的资金投入与财政支持，设立和筹集专项培训资金，市、县卫生局通过可行渠道积极筹集上级医院、社会、行政等部门资金，并建立规范的财政监督和管理机制，保证其经费专门用于乡级护理岗位培训。同时应加强培训基地建设，目前，乡级护理岗位培训主要采取两种形式，即"请进来"和"走出去"，其中，"走出去"皆以二、三级医院为依托，正在实施和逐步完善。而本次研究结果发现研究对象对培训方式的需求中：60.3%选择院内培训、63.4%选择上级护理专家现场指导，因此，乡级医院领导应给予高度重视，完善院内护理基础设施，创造良好的培训环境和氛围。此外，应重视培训师资的选择与培养，应选择教学经验与临床经验丰富，并具备一定科研能力的护理专家作为培训的主要师资力量，二、三级医院临床护理专家有着丰厚的临床管理及实践经验，同时可充分利用地方护理学院的教学资源优势，选择资深护理教师，形成多元、雄厚的培训师资队伍，并做好师资间的传、帮、带工作。

3. 制订可行性培训计划

培训委员会可按年、季度、月组织召开成员和乡级医院护理人员座谈会，首先应了解乡级医院护理岗位培训的需求及她们实际工作和学习的特点，按照市卫生局医政处的护理岗位培训目标．针对不同的培训对象，分别制定培训时间、重点内容及培训方式和目标等。

4. 落实培训计划并监督培训过程

（1）联合多方培训。地方医科大学护理学院和二、三级医院要主动关心乡级护理岗位培训工作，联合支持，重点开展"传帮带"，注重培训内容的全面性和针对性。一是主动上门服务。以解决乡级医院因护理人力紧张无法脱岗学习的困难，由市卫生局牵头，制定具体的可行性措施，有计划地组织和安排，不可走过场、流于形式。从基础和细节抓起，如：护理及相关理论知识、基础护理操作技术，由护理学院资深教师负责讲授、示教和考核。临床专科护理由二、三级医院护理专家进行现场检查和指导，这样既可以利用护理学院双休日和寒暑假的优势，又缓解二、三级医院本身护理人力和时间不足的困难，各负其责，共同扶持。二是联合实施短期培训。由市（县）卫生局安排并投入适当的培训经费，组织护理学院和三级甲等医院联合举办为期3～6个月的短期培训班，培训对象为护理骨干，根据乡级医院的实际护理工作需求，制订培训计划，首先由护理学院进行护理理论知识和技能培训，再接受医院的护理实践培训，双方可实行护理导师负责制，培训结束双方经严格考核，以保证培训质量，合格者颁发结业证书。

（2）加强院内培训工作的管理和实施。首先，乡级医院应成立培训领导小组，形成院和科护士长二级管理体制，将护理岗位培训与晋升制度挂钩，保证培训的具体落实。其次，在培训对象上，不仅将低年资护士作为岗位培训的主要对象，也应将高年资护士纳入培训对象的范围，从而将培训的范围扩大到所有临床护士群体。最后，在时间安排上，医院护理管理者应注意协调护士的学习与工作，保证护士培训学习的投入时间，注重多种培训方式的灵活应用，针对不同年资的护士，根据学习目的的不同，采取不同的培训方式，在培训中也应适当加入护士的工作态度及其价值观培养方面的内容，加强对护士的人际沟通技巧、相关法律法规、职业道德修养、护士礼仪等方面的培训，拓展专业知识范畴，从而提高乡级医院临床护士的整体素质与道德修养。

（3）建立完善的培训质量评价体系。成立不同层次的评价机构：市（县）卫生局、培训委员会、乡级医院。分别制定不同的评价计划，包括评价时间、内容、标准和方法，并严格落实考核制度，以提高培训效果。一是市（县）卫生局医政处可自定考核项目，在每年的12月份对乡级医院的护理工作质量进行年终考核，可在各医院内随机抽取2～3名护士进行考核。二是培训委员会按培训项目实施的前后实行理论和操作技能考核，针对不同的培训内容制定考核评价标准。以利于及时反馈培训效果及培训中存在的实际问题。三是乡级医院依季度或月份对已接受培训的护士考核评价，院内应建立护士个人接受培训及评价档案，最终总成绩与个人的奖金、职称晋升及工作岗位安排直接挂钩，以此激励和提高护士参与培训的热情和学习积极性。

六、结语

通过调研了解到乡级医院护理岗位培训现状及需求，构建乡级护理岗位培训新模式，为进一步规范开展护理岗位培训及提高其效果提供依据。虽然采用的是徐州市乡级医院临床一线护理人员为研究样本，但反映出的问题与国内其他地区报道的基本相同，尽管乡级医院护理队伍整体素质不高，但目前她们仍是主力军，因此，相关护理管理部门应进一步完善护理岗位培训的相关制度，加大投入和实施力度，可通过多种渠道和方式对她们实施岗位培训，以提高护理人员的专业素质和技术水平，不断提高护理质量和护理安全性，从而更好地推动乡级医院护理事业的发展和新型城镇化建设，构建和谐社会。

参考文献

[1] 李湘平，周瑞红，陈贵美. 基于岗位胜任力的护士在职培训现状及需求调查研究［J］. 当代护士，2017（8）：34-36.

[2] 王敬松，刘芳. 基于岗位能级构建心血管内科护士分层次培训［J］. 护理研究，2017，31（22）：2806-2808.

[3] 章芳芳，黄丽华，胡一宇. 护理岗位培训评价标准的构建［J］. 中华护理杂志，2016，51（1）：13-14.

[4] 王炎，李映兰，周阳. 湖南省不同职称临床护理管理者对管理岗位培训需求的调查分析［J］. 人力资源，2016，16（9）：1240-1243.

[5] 程秋泓，宋葆云，山慈明. 护士岗位培训实践与效果［J］. 中华护理杂志，2015，50（3）：276-279.

[6] 田甜. 层级护士对在职培训的需求现状与效果评价［J］. 中国医药指南，2015，13（4）：279-281.

[7] 刘昌丹，丁永艳，胡君娥. 联合训练法在护理人员操作技能培训中的应用研究［J］. 中国护理教育，2014，6（11）：447-449.

[8] 陈华丽，徐霞. 全厚菊，等. 各级临床护士岗位培训需求调查分析［J］. 护理学杂志，2013，28（14）：74-75.

[9] 敬洁，温贤秀，孙晓燕. 护士岗位培训管理信息系统的研发与应用［J］. 护理管理杂志，2013，13（9）：678-690.

[10] 于卫华，宋江艳，. 我国临床护理人员分层培训研究现状［J］. 中国护理管理，2013，13（1）：57-59.

[11] 黄琴."送技帮扶"志愿队对乡镇卫生院进行护理技能培训的做法和体会［J］. 南京医科大学学报，2012，（5）：368-370.

[12] 章安,黄宝芹,韦艳华.护士核心能力的概念分析[J].中华护理杂志,2012,47(6):563.

[13] 江智霞,何琼.专科护士培训体验式教学理论模型的构建[J].护士进修杂志,2012,27(4):321.

河北省体育科技人才创新创业激励政策研究[①]

易晓刚[②]

摘　要：党的十九大以来，习近平总书记曾多次强调人才是第一战略资源的重要论断。在体育产业化发展背景下，体育经济也成为当前社会经济的重要组成部分，体育科技人才创新创业同样具有重要的积极作用。在"大众创业、万众创新"的政策下，河北省高度重视激励优秀的体育科技人才创新创业，尤其是 2022 年北京—张家口冬季奥运会的举办，为激励河北省体育科技人才创新创业提供了良好的契机。基于当前河北省科技人员创新创业相关激励政策的梳理，深入研究河北省体育科技人员创新创业激励政策现状及存在问题，提出适合河北省科技人员创新创业激励政策完善的措施，旨在为河北省构建体育科技人才培育体系、推进体育科技人才创新创业提供有益建议。

关键词：河北省　体育科技人才　创新创业　激励政策

一、研究的意义

党的十九大报告指出，创新是发展的第一动力，而创新的发展需要人才的支持。体育产业化发展是我国体育事业发展的趋势，河北省体育

[①] 该篇论文获得"2020 年全国人才与人事研究主题征文活动"三等奖。
[②] 易晓刚，石家庄医学高等专科学校教师，副教授。

事业也逐渐向着产业化的方向发展。2022年北京—张家口冬季奥运会为河北省体育事业产业化发展提供了重要的平台，在冬奥会筹备期间，当地政府制定了诸多政策激励体育科技人才创新创业，这对促进省内体育产业化发展具有重大作用。

完善的激励政策，不仅可以激励体育科技人才积极地创新创业，也为省内体育事业的发展指明了方向，为体育事业的不断发展提供理论依据。2022年北京—张家口冬季奥运会的举办，促进了河北省全民体育的发展，也带动了全省体育经济的发展。从国家政府的角度来看，政府制定相关政策，促进体育科技人才创新创业，可以促进全省体育事业的发展，推动产业结构的优化升级，同时还可以提高全省的经济实力，树立良好的政府形象。通过对全省体育事业产生的效益进行评价和量化，可以分析出体育事业的发展对经济、政治以及社会发展的影响，并以此制定相关政策，为体育事业进一步发展提供理论参考。此外，体育方针、政策为全省体育事业的发展也指明了方向和目标，全省体育事业的创新依赖于高水平的体育科技人才。因此，促进全省体育事业的发展，必须重视体育科技人才的引进和培育。

二、研究对象与方法

（一）研究对象

以河北师范大学体育学院、河北体育学院、石家庄医学高等专科学校、廊坊师范学院体育学院、唐山师范学院体育系、河北传媒学院艺术体育学院的体育专业学生为研究对象。总计发放问卷580份，回收问卷535份，回收率92.24%，其中有效问卷531份，有效回收率99.25%。

（二）研究方法

1. **文献资料法**

通过知网、学校图书馆及河北省各政府官网等查阅了关于河北省创新创业激励政策文件、体育科技人才及创新创业相关研究文献，为本课题的研究打下理论基础。

2. **专家访谈法**

对河北省体育院校创新创业教育部门、体育教师、体育科技人才以及相关专家等进行访谈，了解目前体育科技人才创新创业的情况及激励政策情况，咨询他们对这一问题的建议和意见。

3. 问卷调查法

根据研究的需要本研究设计了调查问卷，并对河北省体育院校学生进行发放与回收。

4. 数理统计法

对调查所获得的数据，采用统计软件进行分析处理，通过数据分析进一步掌握河北省体育科技人才创新创业激励政策的具体情况。

5. 逻辑分析法

对调查的结果和数据进行逻辑分析，准确、深入的掌握河北省体育科技人才创新创业激励政策的现状及存在问题。

三、河北省体育科技人才创新创业激励政策现状

（一）河北省人才激励政策梳理

近年来，我国各省市进入人才战略时期，纷纷制定人才引进政策，目的是吸引人才和留住人才，为当地的社会建设和经济发展提供人才资源。河北省也积极制定了诸多人才激励政策。本节内容对河北省近三年的人才激励政策进行梳理。

2017年河北省人力资源和社会保障厅关于印发《河北省支持和鼓励事业单位专业技术人员创新创业实施办法》的通知中对全省高校及科研院校等事业单位的专业技术人员创新创业积极性提供激励政策保障，包括创新创业申请流程简化、工作保障、工资及社保等保障方面。

2017年省委办公厅、省政府办公厅印发《关于落实以增加知识价值为导向分配政策的实施意见》从科技人才的收入分配结构、收入分配自主权、科研项目资金激励机制、科技成果转化长期激励、科技人员兼职兼薪和离岗创业等五个方面提出了具体的意见，并给予一定的激励支持。

2017年河北省科学技术厅《关于印发2017年度河北省创新能力提升计划、创新创业人才团队及院士工作站建设专项项目申报指南的通知》中对产业创新创业团队和产业创业团队分别制定了申请条件及奖励政策，其中奖励政策包括团队经费、创业平台、税收减免等多方面的支持。

2018年河北省人民政府关于《申报河北省2018年高层次创业人才项目资助》的通知中对高层次创业人才给予经费资助申请及奖励办法进行了明确规定。

2019年河北省人民政府印发《关于推动创新创业高质量发展打造

"双创"升级版若干政策措施》的通知从创新创业环境、创新创业发展动力升级、创业带动就业能力升级、科技创新支撑能力升级、创新创业平台服务升级、创新创业金融服务水平、构筑创新创业发展新高地、打通政策落实"最后一公里"等八个方面提出激励政策。

2019年河北省科学技术厅关于印发《河北省创新创业大赛奖励资金实施细则》的通知，给予具有核心创新能力、高成长性的源头企业新创业项目给予资金支持。

从上述可以看出，河北省关于高层次人才、科技人才、专业技术人才等方面的人才进行创新创业给予了较大的激励政策支持，同时河北省各市也根据省级政府部门的相关人才激励政策制定适合自己地区人才需求的相关激励政策。但是，对河北省的科技人才创新创业激励政策的梳理，未发现专业针对科技人才制定创新创业的激励政策，河北省及各市近三年也没有针对体育专业优秀毕业生制定相关的创新创业激励政策。同时，河北省科技人才的激励政策与沿海发展省份的人才激励政策相比，并不具有明显的优势。

（二）河北省体育科技人才创新创业激励政策调查问卷分析

1. 激励政策的传播现状

人才创新创业激励政策是为社会发展的人才需求而制定的，要想人才创新创业激励政策发挥积极的作用，那么就必须让符合要求的人才知道相关的创新创业激励政策。本文首先从河北省体育科技人才创新创业激励政策的传播现状进行调查。在设计的问卷调查第四题、第五题和第六题分别从激励政策是否了解、激励政策的了解渠道及激励政策是否进行研究三方面进行调查，得出的结果见表1、表2和表3。

从表1中可以看出，在参与调查问卷的531名学生中廊坊师范学院体育学院和唐山师范学院体育系两所高校的学生超过70%的学生对河北省体育科技人才创新创业激励政策了解，河北师范大学体育学院和河北传媒学院艺术体育学院两所高校的学生对河北省体育科技人才创新创业激励政策了解人数低于50%。从问卷调查数据分析可以看出，当前河北省大部分高校体育学生对河北省体育科技人才创新创业激励政策不了解。从传播角度来讲，河北省体育科技人才创新创业激励政策宣传不够，作为创新创业教育背景下的高校大学生对创新创业激励政策都不了解，也就难以推动创新创业教育的高效快速发展。

表1　　　　　　　激励政策了解情况调查数据分析

X\Y	是（人数/比例）	否（人数/比例）	小计
河北师范大学体育学院	37（45.68%）	44（54.32%）	81
河北体育学院	61（58.65%）	43（41.35%）	104
石家庄医学高等专科学校	56（50.91%）	54（49.09%）	110
廊坊师范学院体育学院	51（71.83%）	20（28.17%）	71
唐山师范学院体育系	29（76.32%）	9（23.68%）	38
河北传媒学院艺术体育学院	60（47.24%）	67（52.76%）	127

从表2中可以看出，学生了解河北省体育科技人才创新创业激励政策主要是通过学校宣讲、他人转述、社交媒体、政府通知及新闻媒体等途径获知。根据表2数据分析，6所学校的学生对河北省体育科技人才创新创业激励政策的了解均超过60%是通过学校宣讲获得，剩下的学生对河北省体育科技人才创新创业激励政策的了解是通过他人转述、社交媒体、政府通知及新闻媒体等渠道获知。从这里可以看出，学校宣讲对激励政策的宣传是极为重要的。

表2　　　　　　　创新创业激励政策了解途径数据分析

X\Y	学校宣讲（人数/比例）	他人转述（人数/比例）	社交媒体（人数/比例）	政府通知及新闻媒体（人数/比例）	其他途径（人数/比例）	小计
河北师范大学体育学院	53（65.43%）	23（28.40%）	47（58.02%）	29（35.80%）	17（20.99%）	81
河北体育学院	77（74.04%）	38（36.54%）	54（51.92%）	30（28.85%）	29（27.88%）	104
石家庄医学高等专科学校	76（69.09%）	31（28.18%）	46（41.82%）	31（28.18%）	35（31.82%）	110
廊坊师范学院体育学院	59（83.10%）	26（36.62%）	30（42.25%）	23（32.39%）	13（18.31%）	71
唐山师范学院体育系	32（84.21%）	15（39.47%）	21（55.26%）	13（34.21%）	9（23.68%）	38
河北传媒学院艺术体育学院	82（64.57%）	40（31.50%）	65（51.18%）	39（30.71%）	45（35.43%）	127

从表3中数据分析可以看出，石家庄医学高等专科学校和河北传媒学院艺术体育学院2所院校的体育专业学生对河北省体育科技人才创新创业激励政策进行研究的人员均低于35%，仅有廊坊师范学院体育学院的体

育专业学生对河北省体育科技人才创新创业激励政策进行研究的人员超过60%。从问卷调查数据分析可以看出，关于河北省体育科技人才创新创业激励政策研究的人数较少。在对激励政策研究较少的情况下，体育科技人才很难利用创新创业激励政策实现创新创业。

表3　　　　　　　　　　激励政策进行研究数据分析

X\Y	是（人数/比例）	否（人数/比例）	小计
河北师范大学体育学院	33（40.74%）	48（59.26%）	81
河北体育学院	48（46.15%）	56（53.85%）	104
石家庄医学高等专科学校	35（31.82%）	75（68.18%）	110
廊坊师范学院体育学院	44（61.97%）	27（38.03%）	71
唐山师范学院体育系	21（55.26%）	17（44.74%）	38
河北传媒学院艺术体育学院	42（33.07%）	85（66.93%）	127

2. 激励政策的作用现状

创新创业激励政策是与创新创业教育、创新人才培养及城市人才战略发展紧密相连的。通过对6所高校的体育专业学生进行问卷调查，从激励政策对体育科技人才培养、体育专业建设及地方人才战略发展三个方面进行了解，从而了解当前河北省体育科技人才创新创业激励政策的作用现状。

从表4中的数据分析可以发现，6所高校均超过85%的学生认为河北省体育科技人才创新创业激励政策对于体育科技人才培养是具有积极作用的，只有少数学生认为作用不大。河北省科技人才创新创业激励政策没有单独关于体育科技人才设置创新创业激励政策，在当前的河北省科技人才创新创业激励政策背景下，是与高校创新创业教育相一致的，对高校的体育科技人才培养具有一定的指导作用，这也是在调查问卷中学生一致认为对体育科技人才培养具有积极作用的原因。

表4　　　　激励政策对体育科技人才培养的积极作用调查数据分析

X\Y	是（人数/比例）	否（人数/比例）	小计
河北师范大学体育学院	70（86.42%）	11（13.58%）	81
河北体育学院	99（95.19%）	5（4.81%）	104
石家庄医学高等专科学校	101（91.82%）	9（8.18%）	110
廊坊师范学院体育学院	68（95.77%）	3（4.23%）	71
唐山师范学院体育系	37（97.37%）	1（2.63%）	38
河北传媒学院艺术体育学院	114（89.76%）	13（10.24%）	127

从表 5 中的数据分析可以看出，河北师范大学体育学院和河北传媒学院艺术体育学院分别有 85.19%、84.25% 的学生认为激励政策对学校的体育专业建设具有帮助，而其他 4 所高校均超过 90% 的学生认为当前的创新创业激励政策对体育专业建设具有帮助。从这里可以看出，绝大部分的学生还是比较认可当前河北省体育科技认为创新创业激励政策对高校体育专业建设的推动作用。

表 5　激励政策对您所读学校体育专业建设的帮助调查数据分析

X\Y	是（人数/比例）	否（人数/比例）	小计
河北师范大学体育学院	69（85.19%）	12（14.81%）	81
河北体育学院	97（93.27%）	7（6.73%）	104
石家庄医学高等专科学校	103（93.64%）	7（6.36%）	110
廊坊师范学院体育学院	67（94.37%）	4（5.63%）	71
唐山师范学院体育系	35（92.11%）	3（7.89%）	38
河北传媒学院艺术体育学院	107（84.25%）	20（15.75%）	127

当前各省各市区都进入人才抢夺时期，人才对于城市发展的重要性不言而喻。特别是河北省地处京津冀地区，面对北京及天津的区位优势、经济优势等竞争，河北省及省属各地市必须依靠政策吸引人才。这点从表 6 中调查数据分析可以看出，6 所高校的体育专业学生均超过 85% 的学生认为当前河北省体育科技人才创新创业激励政策对当地的人才战略发展是具有帮助的。也就是说参与问卷调查的学生认为当前河北省体育科技人才创新创业激励政策一定程度上能够为当地培养创新创业的体育科技人才。

表 6　激励政策对所在的城市人才战略发展的帮助调查数据分析

X\Y	是（人数/比例）	否（人数/比例）	小计
河北师范大学体育学院	70（86.42%）	11（13.58%）	81
河北体育学院	97（93.27%）	7（6.73%）	104
石家庄医学高等专科学校	102（92.73%）	8（7.27%）	110
廊坊师范学院体育学院	69（97.18%）	2（2.82%）	71
唐山师范学院体育系	35（92.11%）	3（7.89%）	38
河北传媒学院艺术体育学院	111（87.40%）	16（12.60%）	127

3. 激励政策的落实现状

创新创业激励政策制定的目的是激励人才，从而能够培育人才、吸引人才和留住人才。那么对河北省体育科技人才创新创业激励政策进行研究，就必须了解当前河北省体育科技人才创新创业激励政策的落实情况。而本次问卷调查主要从是否落实、阻碍落实因素、激励政策是否满意三个方面进行了解。

从表7中的数据分析可以直接看出当前河北省体育科技人才创新创业激励政策落实情况，6所高校的体育专业学生通过自己对创新创业政策落实情况了解，认为落实的学生均低于90%，并且河北师范大学体育学院和河北传媒学院艺术体育学院认为当前河北省体育科技人才创新创业激励政策落实了的学生分别为61.73%和62.20%，从这里看出，当前河北省体育科技人才创新创业激励政策落实情况并不好。其中原因在下文中进行详细分析。

表7　　　　　　　　激励政策落实情况调查数据分析

X\Y	是（人数/比例）	否（人数/比例）	小计
河北师范大学体育学院	50（61.73%）	31（38.27%）	81
河北体育学院	82（78.85%）	22（21.15%）	104
石家庄医学高等专科学校	89（80.91%）	21（19.09%）	110
廊坊师范学院体育学院	62（87.32%）	9（12.68%）	71
唐山师范学院体育系	29（76.32%）	9（23.68%）	38
河北传媒学院艺术体育学院	79（62.20%）	48（37.80%）	127

此次对阻碍河北省体育科技人才创新创业激励政策落实的因素从政策因素、市场因素、社会因素、人才因素和其他因素等方面进行调查，见表8。本次问题设计为多选题，根据本课题研究需求，选择人数最多的因素，可被认为是影响最大的因素。那么，从数据分析中可以发现，河北师范大学体育学院69.14%的学生选择了社会因素，河北体育学院67.31%的学生选择了社会因素，石家庄医学高等专科学校63.64%的学生选择了社会因素，廊坊师范学院体育学院66.20%的学生选择了社会因素，唐山师范学院体育系76.32%的学生选择了社会因素，河北传媒学院艺术体育学院64.57%的学生选择了社会因素，社会因素均成为6所高校体育专业学生选择最多的阻碍河北省体育科技人才创新创业激励政策落实的因素。而社会因素包括创新创业环境、人才制度、国家法律法规和社会风俗习惯等多方面的因素，而这些因素被认为是阻碍河北省体育科

技人才创新创业激励政策落实的最主要因素。

表8 阻碍河北省体育科技人才创新创业激励政策落实的因素调查数据分析

X\Y	政策因素（人数/比例）	市场因素（人数/比例）	社会因素（人数/比例）	人才因素（人数/比例）	其他因素（人数/比例）	小计
河北师范大学体育学院	52（64.20%）	42（51.85%）	56（69.14%）	55（67.90%）	21（25.93%）	81
河北体育学院	60（57.69%）	63（60.58%）	70（67.31%）	54（51.92%）	40（38.46%）	104
石家庄医学高等专科学校	48（43.64%）	52（47.27%）	70（63.64%）	58（52.73%）	41（37.27%）	110
廊坊师范学院体育学院	44（61.97%）	39（54.93%）	47（66.20%）	43（60.56%）	21（29.58%）	71
唐山师范学院体育系	28（73.68%）	26（68.42%）	29（76.32%）	24（63.16%）	18（47.37%）	38
河北传媒学院艺术体育学院	77（60.63%）	76（59.84%）	82（64.57%）	70（55.12%）	44（34.65%）	127

综合上述问卷调查的数据分析，结合表1～表9的数据分析，可以看出当前河北省大学生对于河北省体育科技人才创新创业激励政策的满意度并不算高。从6所高校的满意度调查数据分析中可以看出，6所高校非常满意的人数均低于50%，满意的人数均低于40%，认为激励政策一般的人数也有20%左右，见表9。虽然不满意和非常不满意的人数较少，但是并不能看出当前河北省体育科技人才创新创业激励政策的满意度较高。原因一是河北省及各市区并未针对体育科技人才创新创业制定相关的激励政策，缺乏针对性，二是当前河北省科技人才创新创业激励政策要求较高，难以为体育专业学生及毕业生提供有利的政策支持及创新创业保障。

表9 河北省体育科技人才创新创业激励政策满意度调查数据分析

X\Y	非常满意（人数/比例）	满意（人数/比例）	一般（人数/比例）	不满意（人数/比例）	非常不满意（人数/比例）	小计
河北师范大学体育学院	27（33.33%）	31（38.27%）	22（27.16%）	0（0.00%）	1（1.23%）	81
河北体育学院	38（36.54%）	37（35.58%）	28（26.92%）	1（0.96%）	0（0.00%）	104

续表

X＼Y	非常满意（人数/比例）	满意（人数/比例）	一般（人数/比例）	不满意（人数/比例）	非常不满意（人数/比例）	小计
石家庄医学高等专科学校	47（42.73%）	42（38.18%）	20（18.18%）	1（0.91%）	0（0.00%）	110
廊坊师范学院体育学院	30（42.25%）	25（35.21%）	16（22.54%）	0（0.00%）	0（0.00%）	71
唐山师范学院体育系	17（44.74%）	14（36.84%）	7（18.42%）	0（0.00%）	0（0.00%）	38
河北传媒学院艺术体育学院	42（33.07%）	43（33.86%）	39（30.71%）	1（0.79%）	2（1.57%）	127

4. 激励政策下的创新创业现状

根据对 2017—2019 年三年内的创新创业激励政策进行梳理发现，激励政策针对的是科技人才、专业技术人才及高层次人才，对相关人才具有较高的要求。虽然有较为丰厚的资金及政策激励支持，但是对于大学生及优秀毕业生创新创业来说，很难享受到相关的激励政策。同时，当前体育专业的大学生的能力也难以满足河北省制定的创新创业激励政策要求，为了更好地实施创新创业激励政策，对人才的创新创业能力现状进行了解也是十分必要的。

从表 10 中的数据分析中发现，当前河北省体育专业的大学生创新创业能力是比较欠缺的，仅唐山师范学院体育系有 63.16% 的学生认为自己具有创新创业的能力，而其他 5 所学校认为自己具有创新创业的能力的学生均低于 60%，特别是石家庄医学高等专科学校和河北传媒学院艺术体育学院分别为 42.73%、43.31%。从这点来看，超过一半的学生不具备创新创业能力。而调查问卷中认为自己具有创新创业能力的，也不一定是全部真的具有。当他们真正开始创新创业后，会发现很多问题是自己能力无法解决的。当不具备创新创业能力，那就很难享受到河北省及各市区提供的体育科技人才创新创业激励政策。

表 10　　　　是否具备全面的创新创业能力调查数据分析

X＼Y	具备（人数/比例）	不具备（人数/比例）	小计
河北师范大学体育学院	43（53.09%）	38（46.91%）	81
河北体育学院	55（52.88%）	49（47.12%）	104

续表

X\Y	具备（人数/比例）	不具备（人数/比例）	小计
石家庄医学高等专科学校	47（42.73%）	63（57.27%）	110
廊坊师范学院体育学院	42（59.15%）	29（40.85%）	71
唐山师范学院体育系	24（63.16%）	14（36.84%）	38
河北传媒学院艺术体育学院	55（43.31%）	72（56.69%）	127

创新创业过程中会涉及很多的问题，对于大学生来说，是十分缺乏经验，缺乏应对措施的。从技术、资金、管理能力、团队及人才等方面对6所高校的学生进行问卷，问卷设计为多选题，当选择人数最多的因素可以被认为是最影响学生创新创业的一项因素。从表11中的数据分析可以看出，河北师范大学体育学院76.54%的学生认为资金影响创新创业，河北体育学院67.31%的学生认为资金影响创新创业，石家庄医学高等专科学校61.82%的学生认为资金影响创新创业，廊坊师范学院体育学院57.75%的学生认为资金和团队及人才影响创新创业，唐山师范学院体育系73.68%的学生认为资金影响创新创业，河北传媒学院艺术体育学院74.02%的学生认为资金影响创新创业。从这里可以看出资金成为影响创新创业的最大因素。这是由于大学生的社会属性决定，大学生在校期间及毕业生均没有资金积累，想要创新创业只能靠个人能力去融资、贷款或者靠家庭支助，因此，体育专业学生创新创业的效果并不理想。

表11　　　　　　　　影响创新创业因素调查数据分析

X\Y	缺乏技术（人数/比例）	缺乏资金（人数/比例）	缺乏管理能力（人数/比例）	缺乏团队及人才（人数/比例）	缺乏其他（人数/比例）	小计
河北师范大学体育学院	55（67.90%）	62（76.54%）	37（45.68%）	53（65.43%）	20（24.69%）	81
河北体育学院	57（54.81%）	70（67.31%）	50（48.08%）	62（59.62%）	32（30.77%）	104
石家庄医学高等专科学校	47（42.73%）	68（61.82%）	36（32.73%）	49（44.55%）	36（32.73%）	110
廊坊师范学院体育学院	33（46.48%）	41（57.75%）	31（43.66%）	41（57.75%）	23（32.39%）	71
唐山师范学院体育系	24（63.16%）	28（73.68%）	16（42.11%）	25（65.79%）	10（26.32%）	38
河北传媒学院艺术体育学院	75（59.06%）	94（74.02%）	48（37.80%）	70（55.12%）	28（22.05%）	127

从表 12 中数据分析来看，6 所高校均超过 70% 的学生认为自己所在高校提供了相应的激励政策，这是由于当前高校积极推进创新创业教育，在推进创新创业教育的同时制定了相关的政策，这对于体育专业的学生来说是具有重要意义的。

表 12　　　　　　高校提供相应的激励政策调查数据分析

X\Y	是（人数/比例）	否（人数/比例）	小计
河北师范大学体育学院	58（71.60%）	23（28.40%）	81
河北体育学院	85（81.73%）	19（18.27%）	104
石家庄医学高等专科学校	89（80.91%）	21（19.09%）	110
廊坊师范学院体育学院	61（85.92%）	10（14.08%）	71
唐山师范学院体育系	34（89.47%）	4（10.53%）	38
河北传媒学院艺术体育学院	97（76.38%）	30（23.62%）	127

根据对河北省近三年的创新创业激励政策进行梳理发现，激励政策基本围绕资金、税收减免、办公场地及个人住房、技术支持、融资政策五个方面进行制定。那么对于体育专业学生来说，当前的创新创业激励政策最能激励他们创新创业的政策的调查对研究河北省体育科技人才创新创业激励政策具有重要的指导意义。那么，可以从资金、税收减免、办公场地及个人住房、技术支持、融资政策及其他政策六个方面对 6 所高校的学生进行问卷，设计为多选题，当选择人数最多的因素可以被认为是最能激励学生创新创业政策的一项因素，见表 13。河北师范大学体育学院 77.78% 的学生认为资金支持最能激励学生创新创业，河北体育学院 76.92% 的学生认为资金支持最能激励学生创新创业，石家庄医学高等专科学校 70% 的学生资金支持最能激励学生创新创业，廊坊师范学院体育学院 76.06% 的学生认为资金支持最能激励学生创新创业，唐山师范学院体育系 84.21% 的学生认为资金支持最能激励学生创新创业，河北传媒学院艺术体育学院 76.38% 的学生认为资金支持最能激励学生创新创业。这一点也与上述资金成为影响创新创业的最大因素项保持一致，进一步看出，体育科技人才创新创业资金的紧缺。

表 13　河北省体育科技人才创新创业激励政策激励创业的内容调查数据分析

X \ Y	资金支持（人数/比例）	税收减免（人数/比例）	办公场地房租减免及解决个人住房（人数/比例）	技术支持（人数/比例）	融资政策（人数/比例）	其他政策（人数/比例）	小计
河北师范大学体育学院	63（77.78%）	45（55.56%）	46（56.79%）	56（69.14%）	37（45.68%）	23（28.40%）	81
河北体育学院	80（76.92%）	44（42.31%）	62（59.62%）	63（60.58%）	41（39.42%）	34（32.69%）	104
石家庄医学高等专科学校	77（70%）	42（38.18%）	54（49.09%）	64（58.18%）	52（47.27%）	37（33.64%）	110
廊坊师范学院体育学院	54（76.06%）	30（42.25%）	37（52.11%）	47（66.20%）	30（42.25%）	17（23.94%）	71
唐山师范学院体育系	32（84.21%）	22（57.89%）	24（63.16%）	24（63.16%）	19（50%）	12（31.58%）	38
河北传媒学院艺术体育学院	97（76.38%）	64（50.39%）	74（58.27%）	77（60.63%）	53（41.73%）	31（24.41%）	127

四、河北省体育科技人才创新创业激励政策存在的问题

（一）激励政策针对性不强

根据上述内容对河北省科技人才创新创业激励政策的梳理可以发现，当前河北省及各市区未针对体育科技人才制定一些关于创新创业激励的政策。而是针对科技人才、专业技术人才及高层次人才制定了诸多创新创业激励政策。由于体育科技人才的特殊性，目前制定的科技人才创新创业激励政策对于科技人才不一定适用。特别是在河北省张家口市与北京市联合申办 2022 年冬季奥运会成功的背景下，河北省并未针对体育科技人才制定创新创业激励政策去推动体育科技人才的培育、发展及创新，这对于发展体育强省及体育科技强省并不利。若想对体育科技人才进行激励，只能使用当前河北省及各市区制定的科技人才创新创业激励政策。

（二）激励政策传播范围窄

从上述调查问卷数据分析可以看出，目前河北省体育科技人才创新创业激励政策传播范围较窄、宣传力度不够。目前，河北省体育院校的大部分学生了解创新创业激励政策通过高校宣讲得知的，而体育科技人

才了解创新创业激励政策的途径也较少,很多是通过人才招聘会、单位通知等形式获得。作为人才激励政策,是为人才谋福利的事情,是应该人人皆知的。而目前来看,不管是科技人才还是体育科技人才,对当前的创新创业激励政策了解并不多。究其原因,还是河北省体育科技人才创新创业激励政策的宣传力度不够,采用的宣传途径较少。

(三)激励政策作用不明显

从目前河北省科技人才创新创业激励政策的相关文件来看,虽然具有较高的激励水平,但是对科技人才的条件也提出了极高的要求,这是当前体育专业大学生及大部分体育科技人才难以达到的。这就导致了河北省创新创业激励政策的作用并不明显。虽然调查问卷中大部分学生认为创新创业激励政策对体育科技人才培育、体育专业建设和地方人才战略发展具有重要作用,但这些作用目前也是停留在表面上。高校创新创业教育成果有待检验、高校体育专业建设有待提高及地方人才战略发展并不理想。这一点从6所高校的学生认为自己缺乏创新创业能力调查数据分析中也可以看出,这也从另一方面反映出当前河北省科技人才创新创业激励政策的作用并不明显。

(四)激励政策落实不到位

在上述的调查问卷数据分析中已经提出当前河北省体育科技人才创新创业激励政策落实并不理想。也就是说当前河北省体育科技人才创新创业激励政策落实不到位。根据对河北省科技人才创新创业激励政策的落实情况来看,资金、税收减免、办公场地及个人住房、技术支持、融资政策等多个方面存在落实不到位的情况。资金审批流程方面还产生一些人为问题,科技人才创新创业的融资通道也不理想,这也导致很多创新创业的企业及个人深陷困境。

五、河北省体育科技人才创新创业激励政策的优化措施

(一)实施多样化的激励手段,物质激励和精神激励双管齐下

政府部门不仅要重视物质手段的激励,还要重视精神层面的激励,提供良好的发展平台,促进个人与企业,企业与政府之间的交流与发展,努力创造条件,提供更多的机会,能够让体育科技人才拥有更加广阔的发展空间。对体育科技人员的培训和实践,是对这些优秀的体育科技人才精神层面上的激励。注重对人才的日常激励,可以有效促进科技人才

技能的发展,提高体育科技人才创新创业的能力。为体育科技人才进行科学的职业生涯规划,立足于每一个体育科技人才的职业发展,为其制定正确的人生目标,促进个人的成长和发展,充分挖掘每一个体育科技人才自身的潜能。

(二)不断完善激励政策,鼓励更多体育科技人才创新创业

让优秀的体育科技人才持股和分红,是目前很多单位激励体育科技人才发展的一种非常有效的激励手段,这种激励方式可以把对人才的日常激励和短期激励结合起来。这种激励方式也是经济改革后的重要政策,是对企业不同经济体制改革的重要突破口。国家和地方政府中,有很多文件、政策中明确规定,优秀的体育科技人才可以持有公司股份,通过这种激励方式,将体育科技人才利益、风险和企业紧紧绑定在一起,有利于体育科技人才主观能动性的发挥,还可以为企业的发展留住优秀的体育科技人才。

(三)建立合理的薪酬激励机制,激发体育科技人才创新创业活力

科学完善的薪酬激励政策,是河北省政府激励创新创业的重要手段和方式。河北省政府制定了一系列的政策,激励体育科技人才积极地参与到创新创业的工作中。薪酬激励就是一种非常重要的措施,薪酬和福利不仅仅体现在工资待遇上,还应包括体育科技人才的荣誉发展和情感关怀等多种形式。体育科技人才大多都经历过高等教育的熏陶,这使得这些体育科技人才具有非常崇高的社会责任感以及个人荣誉感。因此,在对这些优秀的体育科技人才进行激励时,一定要采取多种激励方式,尤其是对他们的正面激励,可以树立标兵为其他体育科技人才树立榜样,促进大部分优秀人才的共同努力。另外,对优秀体育科技人才的精神激励,可以激发其崇高的个人荣誉感,让其在创新创业的过程中充分发挥自身潜力。

(四)加强高等教育发展,激励优秀的体育科技人才创新创业

高等院校是发展和培育体育科技人才的摇篮。河北省高校百名优秀创新人才支持计划是河北省教育部门为了激励体育科技人才创新创业而实施的专项人才计划。近年来,河北省政府高度重视全省高等教育的发展,尤其是高等职业院校,逐年实行扩招政策,为体育事业的发展培养了一批又一批的优秀人才。

(五)整合体育科技人才资源,激励优秀人才创新创业

在政府有关部门的引导下,聘请体育院校的专家教授以及退役的优

秀运动员一起组成专家团队，根据当前河北省经济发展和体育产业发展现状，整合人才资源为体育科技人才创新创业提供更好的平台。此外，政府部门还需依托互联网技术，借鉴和学习发达国家的实际经验，整合外部资源，激励本地体育科技人才创新创业。

（六）建立体育科技人才创新创业新试点

在政府部门的宏观调控下，河北省有关部门和相关企业应该联合起来，共同建立体育科技人才创新创业试点基地，激励体育科技人才以自己所学知识来创业，推动河北省体育产业的发展，进而促进河北体育经济的不断进步。在试点基地要激励人才大胆创新，对实施好的基地进行推广，以点促面进而拉动全省经济的发展。另外，政府部门还要强化服务，为体育科技人才创新创业创造良好环境。政府充分发挥其服务职能，为体育科研成果的转化建立良好的平台，积极推进体育产业的创新空间，促进创新创业的信息交流与合作，为体育科技人才创新创业提高完善的服务。

六、结束语

随着河北省体育产业的快速发展，体育经济已经成为河北省经济组成的重要部分，如何继续推动河北省体育经济的稳定发展，成为当前重要的研究课题。人才作为经济发展的第一动力，河北省必须依靠创新创业激励政策，培育体育科技人才、吸引体育科技人才和留住体育科技人才。通过对河北省科技人才创新创业激励政策的梳理和对河北省高校体育专业学生进行调查问卷分析，总结出河北省要想更好吸引体育科技人才，鼓励体育科技人才创新创业，必须抓紧张家口市联合北京成功申办2022年冬季奥运会的契机，从政府、高校、个人及社会四个方面加速推进激励管理机制完善、体育科技人才服务体系构建、体育人才培育体系完善和营造良好的创新创业环境四方面着手，切实落实河北省体育科技人才创新创业激励政策。

参考文献

[1] 林辉. 浙江省科技人才创新创业激励政策的现状与改进建议[J]. 浙江工商职业技术学院学报，2019，18（1）：25-28.

［2］张霏霏. 双创背景下我国科技人才政策研究［D］. 昆明：云南师范大学，2018.

［3］陈江，江俊丽. 科技人才自主创新创业激励机制研究——以安徽省为例［J］. 科技创业月刊，2018，31（2）：121-124.

［4］唐青青，陆桂军. 广西科技人才创新创业生态环境研究——基于调查问卷的分析［J］. 内蒙古科技与经济，2017（21）：19-21.

［5］郑红梅. 天津市高层次科技人才创新创业问题研究［J］. 中国成人教育，2017（16）：88-90.

［6］王分枝. 广东省创新型人才激励政策存在的问题及对策研究［D］. 广州：暨南大学，2017.

［7］刘小婧，李文梅. 福建省科技创新创业人才激励机制探析［J］. 海峡科学，2017（1）：64-66，69.

［8］王雪华，朱艳阳. 湖北省科技人才创新创业问题研究［J］. 现代商贸工业，2015，36（15）：15-16.

［9］齐昕，曹新安，张萌. 我国激励科技人才创新创业的实践及路径选择［J］. 科技管理研究，2013，33（15）：151-155.

［10］齐昕，曹新安，张萌. 科技人才创新创业激励因子结构及满意度分析［J］. 科技管理研究，2013，33（14）：128-132.

［11］齐昕，曹新安，张萌. 基于需求分析视角的科技人才创新创业激励机制研究［J］. 科学管理研究，2013，31（2）：81-84.

［12］何方芳. 论福建省科技人才激励政策竞争力的提升——基于与津、苏、粤三地政策比较［J］. 漳州师范学院学报（哲学社会科学版），2012，26（3）：66-74.

福建省海外人才创新创业现状调查研究[①]

林喜庆 耿 玮[②]

摘 要：海外人才来福建省创新创业，使福建省人才队伍不断强大，有力推动福建省经济和社会发展。本文通过对在福建省工作的海外人才创新创业现状进行问卷调查，并对问卷结果进行研究分析，分析不同城市创新创业、人才政策、社会环境方面的差异性，以及对海外人才在创新创业过程中遇到的问题进行分析研究，提出对策，为相关部门在引进海外人才方面提供参考。

关键词：海外人才 创新创业 人才政策 社会环境

一、前言

人才资源是社会发展的第一资源，海外人才不仅是我国人力资源的重要组成部分，还是实现中华民族伟大复兴的重要力量。党的十九大报告提出，人才是实现民族振兴、赢得国际竞争主动的战略资源，要聚天下英才而用之。海外人才是我国新时代发展中人才结构的重要组成部分，在社会主义现代化建设进程中发挥了积极作用，也是实现中华民族的伟大复兴和实现中国"两个一百年"的奋斗目标的重要力量。改革开放初

[①] 该篇论文获得"2020年全国人才与人事研究主题征文活动"三等奖。
[②] 林喜庆，莆田学院管理学院院长助理、教授；耿玮，莆田学院管理学院人力资源管理专业本科生。

期，福建省人才匮乏是导致福建省经济社会发展缓慢的重要因素之一。福建省确立了人才强省的战略方针和建设创新型省份战略，坚持海纳百川，聚天下英才而用，出台了一系列引进海外人才的政策，大力引进海外人才创新创业，人才队伍不断强大，有力推动福建经济和社会新发展。本文对在福建省工作的海外人才的创新创业现状进行问卷调查，并对问卷进行分析和研究，以期为相关部门更好开展海外人才引进和创新创业工作提供决策参考。

二、研究方案设计

（一）主要研究对象

研究对象为在福建省工作的海外人才。

（二）研究方法

通过查阅相关文献资料，初步了解福建省海外人才的现状。在此基础上，设计福建省海外人才创新创业现状调查问卷。回收和整理问卷后，对问卷中的数据进行频数分析、描述分析、方差分析、信度检验等，通过对问卷结果分析研究后提出对策。

（三）问卷设计

本次问卷设计是根据福建省海外人才的实际情况制定，调查问卷一共22题，全部为客观选择题，分为基本信息、创新创业、人才政策、社会环境四个部分。

（四）问卷发放和回收情况

本次问卷通过问卷星向福建省的海外人才发放。问卷发放从2020年4月12日到2020年4月22日，历时10天，共发出150份问卷，回收150份，样本回收率达到100%，对问卷结果进行整理和分析后，获得150份有效问卷，问卷有效回收率达到100%。

三、基本信息

（一）海外人才的性别情况分析

对问卷结果进行频数分析，从样本的性别情况来看，男性比女性少，女性占比52.67%，男性占比为47.33%，但总体上男女比例比较均衡，两组数据的差距比较小，见表1。

表1　　　　　　　　　　　海外人才性别情况

名称	选项	频数	百分比（%）	累积百分比（%）
性别	男	71	47.33	47.33
	女	79	52.67	100.00
合计		150	100.00	100.00

（二）海外人才的国籍情况分析

调查数据显示，福建省91.33%的海外人才的国籍都为中国国籍，国籍为欧洲、非洲和大洋洲国家国籍的样本比例不足3%，引进的海外人才多数是中国的留学归国人才，见表2。

表2　　　　　　　　　　　海外人才国籍情况

名称	选项	频数	百分比（%）	累积百分比（%）
国籍	中国国籍	137	91.33	91.33
	中国之外的亚洲国家国籍	5	3.33	94.67
	北美洲国家国籍	5	3.33	98.00
	欧洲国家国籍	1	0.67	98.67
	非洲国家国籍	1	0.67	99.33
	大洋洲国家国籍	1	0.67	100.00
合计		150	100.00	100.00

（三）海外人才的年龄情况分析

调查结果显示，调查样本的年龄在30岁到40岁之间的最多，比例为39.33%，其次样本年龄在30岁以下的也相对较多，占比为32.67%，样本年龄在50岁到60岁的最少，只占到7.33%，这可以看出引进的人才几乎是中青年人才，年龄结构倾向于40岁以下，因为这个年龄阶段正是发展事业的好时光，见表3。

表3　　　　　　　　　　　海外人才的年龄情况

名称	选项	频数	百分比（%）	累积百分比（%）
年龄	30岁以下	49	32.67	32.67
	30岁至40岁	59	39.33	72.00
	40岁至50岁	31	20.67	92.67
	50岁至60岁	11	7.33	100.00
合计		150	100.00	100.00

（四）海外人才的最高学历情况分析

从学历结构来看，样本中有42％为硕士研究生，博士研究生的比例占到22.67％，七成以上为高学历人才，说明近年来福建省引进的创新创业人才比例构成较好，高学历创新创业人才较多，见表4。

表4　　　　　　　　　海外人才的最高学历情况

名称	选项	频数	百分比（％）	累积百分比（％）
最高学历	高中/中专	1	0.67	0.67
	大专	7	4.67	5.33
	本科	45	30.00	35.33
	硕士研究生	63	42.00	77.33
	博士研究生	34	22.67	100.00
	合计	150	100.00	100.00

（五）海外人才的学科背景情况分析

从表5可以看出，海外人才的学科背景分布范围较广，以管理学为学科背景的样本占比最多，为29.33％，其次是工学和经济学，比例分别为14.67％和12％，农学和历史学的样本较少，两者加起来不足4％。

表5　　　　　　　　　海外人才的学科背景情况

名称	选项	频数	百分比（％）	累积百分比（％）
学科背景	经济学	18	12.00	12.00
	法学	9	6.00	18.00
	教育学	10	6.67	24.67
	文学	11	7.33	32.00
	历史学	1	0.67	32.67
	理学	12	8.00	40.67
	工学	22	14.67	55.33
	农学	4	2.67	58.00
	医学	11	7.33	65.33
	管理学	44	29.33	94.67
	艺术学	8	5.33	100.00
	合计	150	100.00	100.00

（六）海外人才的工作地区分布情况分析

调查数据显示，海外人才在各地区分布不均匀，80％以上分布在省会城市福州，经济特区厦门和泉州、莆田这些经济较为发达的地区，其他6个城市的样本相加不足20％。海外人才主要集中在经济发展较快、对外开放程度更高、有较多的创新创业基地,并且对创新创业人才有更多资金扶持、交通设施健全、大学较多、可获取更多人力资源的地区,这些地区对海外地区人员吸引力较大。宁德、南平、三明和龙岩等地区处于山区,经济发展相对落后,创新创业环境不理想,对海外人才吸引力不大。具体情况见表6。

表6　　　　　　　海外人才的工作地区分布情况

名称	选项	频数	百分比(%)	累积百分比(%)
工作地区	福州	34	22.67	22.67
	莆田	47	31.33	54.00
	泉州	25	16.67	70.67
	厦门	21	14.00	84.67
	漳州	5	3.33	88.00
	龙岩	3	2.00	90.00
	三明	7	4.67	94.67
	南平	2	1.33	96.00
	宁德	5	3.33	99.33
	平潭综合实验区	1	0.67	100.00
合计		150	100.00	100.00

(七)海外人才的工作单位类型分布情况

从工作单位类型来看,有高达49.33%的样本在高等院校工作,在科研院所和医疗机构工作的样本占比最少,分别为3.33%和4.67%,这说明高等院校目前依然是海外人才工作的主阵地,也从一个侧面反映了从事创新工作的海外人才高于从事创业工作的海外人才。具体情况见表7。

表7　　　　　　海外人才的工作单位类型分布情况

名称	选项	频数	百分比(%)	累积百分比(%)
工作单位类型	高等院校	74	49.33	49.33
	科研院所	5	3.33	52.67
	医疗机构	7	4.67	57.33
	国有大中型企业	15	10.00	67.33
	高新技术企业	8	5.33	72.67
	中小民营企业	14	9.33	82.00
	自己创办企业	9	6.00	88.00
	其他	18	12.00	100.00
合计		150	100.00	100.00

四、创新创业

(一) 海外人才选择中国创新创业的原因

调查结果显示，首先，62.67%和54.67%的样本表示选择中国创新创业的主要原因是希望自己所学能为国服务与希望和国内的亲人朋友生活在一起。同为中华儿女，想让自己所学为国做出一份贡献，虽然在国外留学，但是自己的亲人和更多朋友还在国内，想回国发展。其次，44.67%和31.33%的样本表示选择回国创新创业是因为国内创新创业环境好，发展潜力更大，以及自己所学专业更适合国内的发展，这是因为国家的人才强国战略，大力推进"大众创业，万众创新"，出台了"双创"政策措施，大力引进海外人才创新创业，为海外回国人才提供了良好的创新创业环境，而且国内缺乏海外创新创业人才，所以回国有较大的发展空间。具体情况如图1所示。

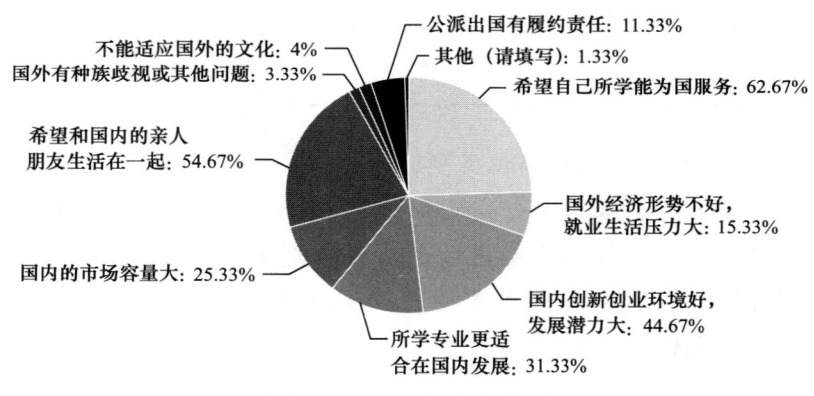

图 1 样本选择原因占比情况

(二) 海外人才选择创新创业地区主要看重的因素

海外人才选择来闽创新创业主要是看重所在地区的市场机会的容量（46%）、自然地理环境（44%）、人力资源的可获得性（40.67%）和城市创新创业的氛围（34.67%）。说明了福建省开放和宜居的环境对海外人才具有吸引力。近年来福建省经济和社会飞速发展，构建对外开放型经济新格局，推行人才强省战略，大力引进海外人才推动海峡西岸经济发展，海外人才来中国有较大发展空间。具体情况如图2所示。

(三) 不同地区创新创业的氛围总体评价情况

调查显示，海外人才对所在工作地区的创新创业的氛围的整体评价

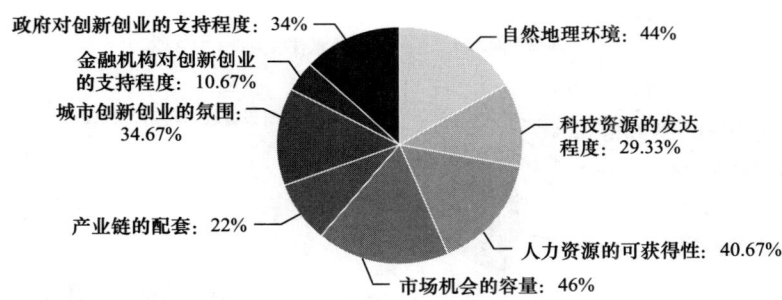

图 2　回国选择城市看重因素占比情况

不是非常满意,对于创新创业氛围的评价有高达 49.55% 的样本评价为一般,比较好和非常好的评价只占 32% 与 9.33%,说明目前福建省的创新创业氛围还有进一步改进和提升的空间。具体情况如图 3 所示。

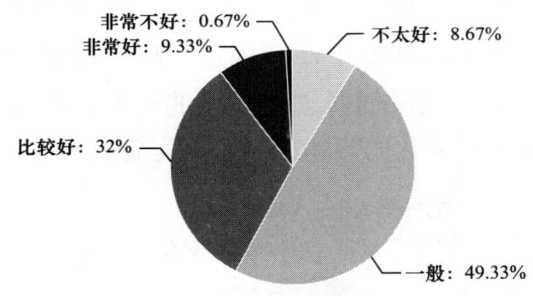

图 3　创新创业的氛围总体评价情况

（四）创新人才认为目前所在单位在创新环境方面存在的问题

调查显示,在创新环境方面,高达 60% 的样本表示科研经费报销手续复杂,表示科研项目资助强度不够和人际关系较为复杂的样本占比均为 36.67%,有 31.33% 的样本表示科研信息获取困难,其他情况如图 4 所示。项目资金审批流程复杂缓慢已经成为社会常态,要出示一系列材料并经过层层审核才能报销经费,手续较为复杂。政府对项目的资金扶持力度不够会影响海外人才创新项目的进展,降低对所在地区创新创业的动力。人际关系影响人才进行创新工作的效率,在工作中人际关系较为复杂,会使人才花费过多的时间来处理人际关系,因此降低创新工作的效率,而人际关系处理不好还可能会阻碍创新项目的进展。

（五）创业人才在创业过程中遇到的主要问题

从总体情况来看,有高达 52% 的样本表示创业资金缺乏,29.33% 的

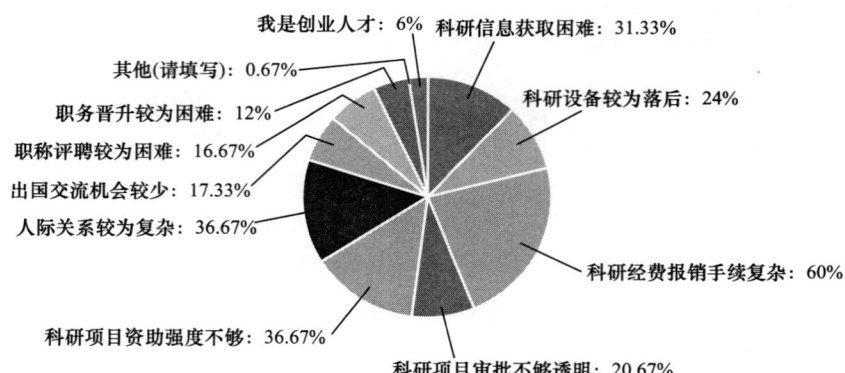

图 4 创新环境中存在的问题的情况

样本表示政策支持力度不够，表示成果产业化困难和技术储备不够的样本占比均为 27.33%，其他情况如图 5 所示。创业资金缺乏和政策支持力度不够会导致海外人才的创业工作开展难，阻碍创业项目开展，也会降低海外人才对所在工作地区创新创业环境的信心。项目成果产业化困难说明地区的项目成果产业化的市场机制还不完善。

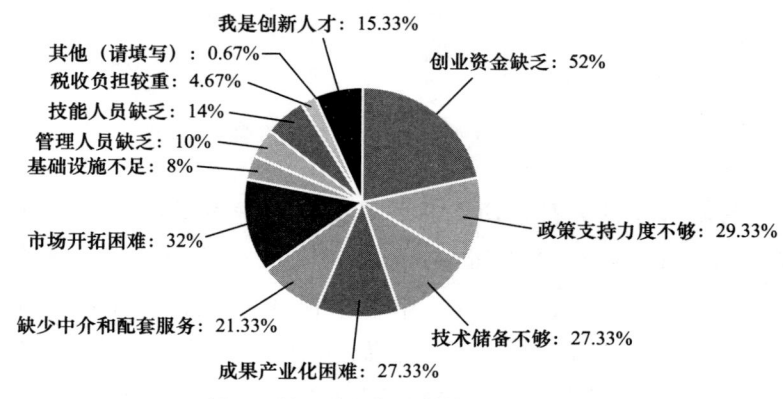

图 5 创业过程中遇到的问题的情况

（六）在创新创业过程中生活方面存在的主要问题

从整体情况来看，67.33% 的样本表示存在工资待遇问题，56% 的样本表示有住房问题，另外 44.67% 的样本数据显示存在子女上学问题，41.33% 的样本表示存在医疗保障、社会保险问题，具体情况如图 6 所示，政府对海外人才的生活保障服务并不完善，没有为他们解决生活中的问题，让他们有后顾之忧而不能更好地投入到创新创业工作中去。工作待遇问题和住房问题是比较严重的问题，特别是作为经济特区的厦门，高昂的房价对于留住人才是一个难题和挑战；福建省的工资待遇水平低，会降低海外人才的生活质量，这些问题给海外人才带来困扰，使其不能更好地投入到创新创业工作，更不利于"引才、留才"。此外，调查中发现部分海外人才在生活中还存在老人赡养等问题。

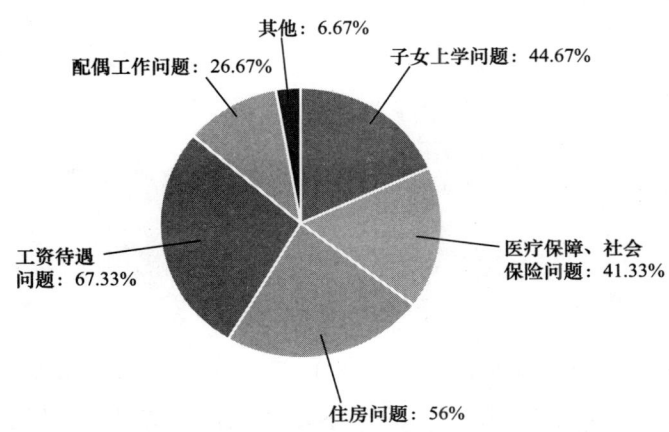

图6　创新创业过程中生活方面存在的问题的情况

（七）归国后实际工作感受与心理预期的匹配评价情况

1. 信度检验

如表8所示，信度系数值为0.932，大于0.9，因而说明研究数据信度质量很高。针对"题项已删除的α系数"，任意题项被删除后，信度系数并不会有明显的上升，因此说明题项不应该被删除处理，同时也说明信度水平良好。综上所述，研究数据信度系数值高于0.9，综合说明数据信度质量高。

表8　量表信度检验

变量	题目个数	信度系数值
实际与预期匹配评价	6	0.932

2. 对样本总体进行描述分析

图7显示，总体实际与预期匹配评价的平均分为3.01分，居于中间，说明实际工作感受与心理预期的匹配度一般。评价中得分最高的是环境预期3.12分，其次是政策实施效果和业绩预期，分数都为3.03分，而低于总体平均分的项目进展预期、待遇预期和组织保障预期值得当地政府

重视,实际与预期相差太大会降低人才在闽创新创业的积极性。

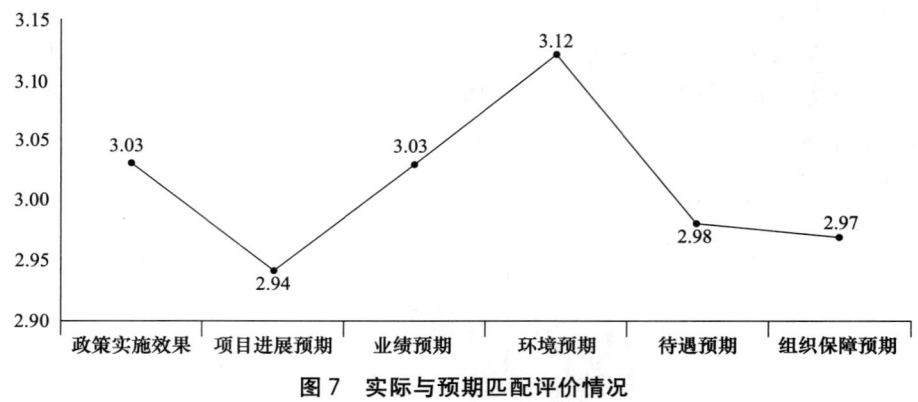

图7 实际与预期匹配评价情况

五、人才政策

(一)人才了解福建省和所在工作地区引进海外人才政策的途径

图8显示,有高达77.33%的样本是在国内网站上了解到海外人才引进政策的,有66%是从同学、同事、朋友那里得知的。在线上推广政策信息会受到更多人的关注,应该充分利用这种方式,在网站上发送海外人才需求的信息,提高人才引进的效率。

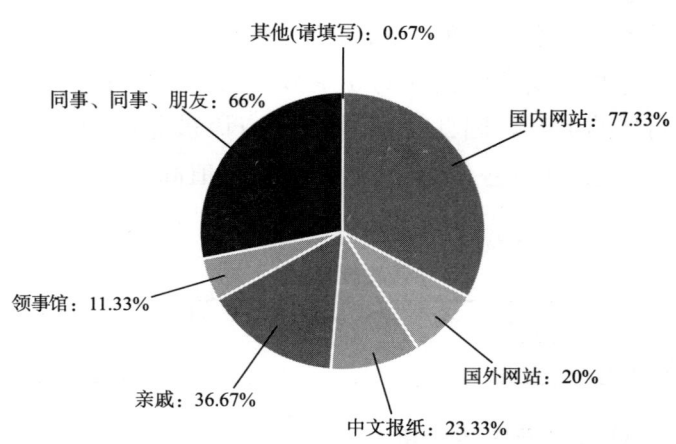

图8 获取人才政策的途径情况

(二)海外人才在创新创业方面可以发挥的作用

从图9可以看出,引进海外人才在创新创业方面发挥的最明显的作用是：61.33%的样本认为带来先进技术或管理理念、57.33%的样本认为可以提高技术水平、58%的样本认为可以改善创新模式，48.67%的样本表示可以提高创新能力和发展潜力。海外创新创业人才的引进推动了福建省经济和社会发展，为创新创业事业带来活力。海外人才把海外的技术和管理理念引入，推动了所在区域的创新创业方面的发展，使得地区的高新技术得到提高，推动高新技术产业的不断发展，并且提高了他们自己的创新创业能力，也挖掘了自己的潜力，推动个人和社会共同发展。

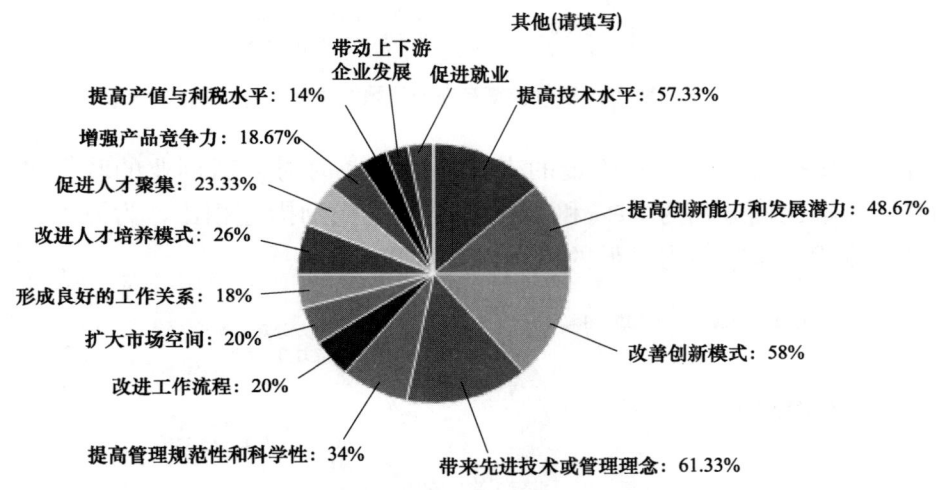

图 9　海外人才创新创业方面可以发挥的作用

（三）福建省在吸引海外人才政策方面存在的问题

从图10可以看出，46%的样本表示存在最大的问题是人才遴选标准不合理，找不到真正的人才，其次是优惠政策很难兑现和没有配套项目和经费，开展工作难，这两个问题占比分别为40.67%和39.33%，待遇不足以吸引真正高层次的海外人才和引才目标过高，很难实现这两个问题占比也比较高，样本比例都为36.67%，这些问题说明出台的海外人才政策落实不到位，对项目的资金扶持力度不够大，创新创业项目较少，待遇福利水平低。

（四）关于吸引海外人才创新创业的激励措施

从图11可以看出，提高人才福利待遇是吸引海外人才创新创业最好的激励措施，样本认同比例很高，比例为65.33%；其次对吸引海外人才

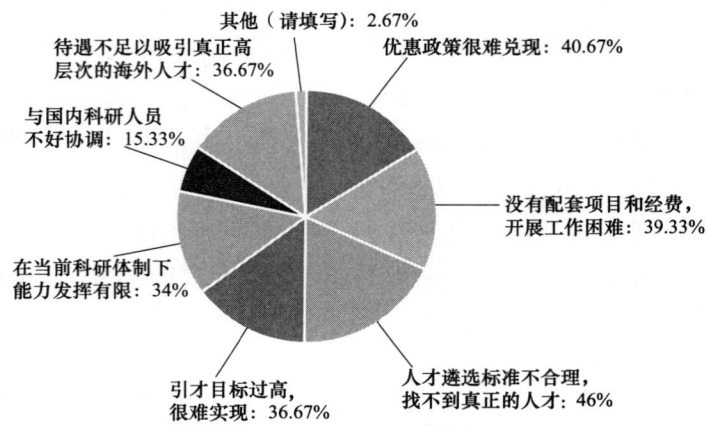

图 10 引才政策存在的问题的情况

较好的激励措施是加大对资金的支持力度和及时对创新创业的政策进行调整，样本比例分别为 54% 和 56%。与其他激励措施相比，为海外人才提供税收优惠是吸引力最低的措施，只占 28%。

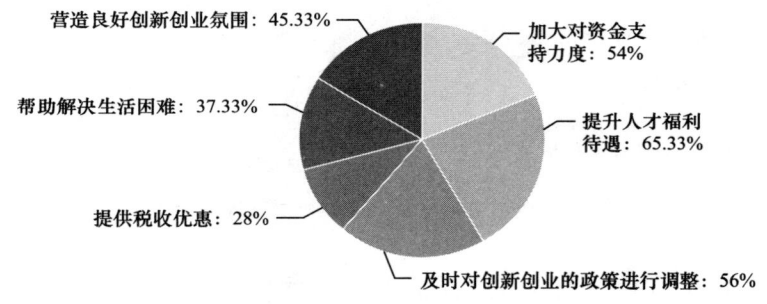

图 11 激励措施占比情况

六、社会环境

（一）不同工作地区的社会环境总体的评价情况

对不同地区社会环境评价采用五点分法，分别赋予 1～5 分，从表 9 可以看出，所有地区的总体评价平均分为 3.42，莆田、三明、南平、平潭综合实验区和漳州的被调查者对于所在地区的社会环境满意度低于平均水平，福州、泉州、厦门、宁德和龙岩的调查者对社会环境满意度高于平均水平。

表 9　　变量的描述性分析表

变量	样本量	最小值	最大值	平均值	标准差	中位数
所在工作地区的社会环境总体评价	150	2.600	4.000	3.420	0.726	3.365

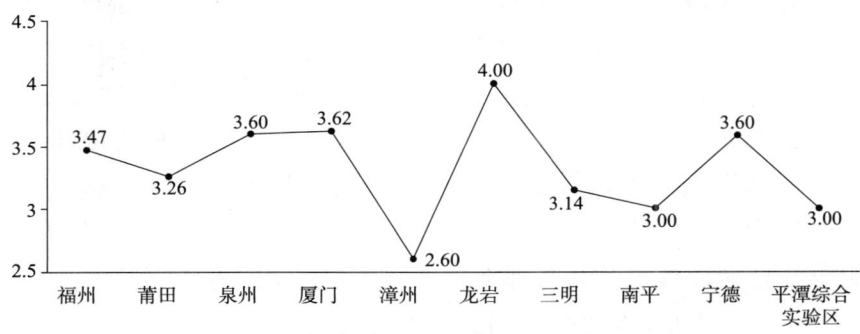

图 12　不同地区的社会环境满意度的均值对比

（二）不同工作地区在社会环境方面主要存在的问题

由图 13 可以看出，样本总体的回答显示，在福建省的社会环境方面，有高达 68.67% 的样本认为存在房价太高的问题。此外，交通太拥堵和出国交流办事自由度不够占比也高达 38.67% 和 35.33%。海外人才来闽主要选择在福州、厦门和莆田，这三个城市经济发展较快、人力资源可获得性较大且发展空间大，但是这些城市房价都很高，拥堵的交通状况对生活和工作造成直接影响，降低生活质量。

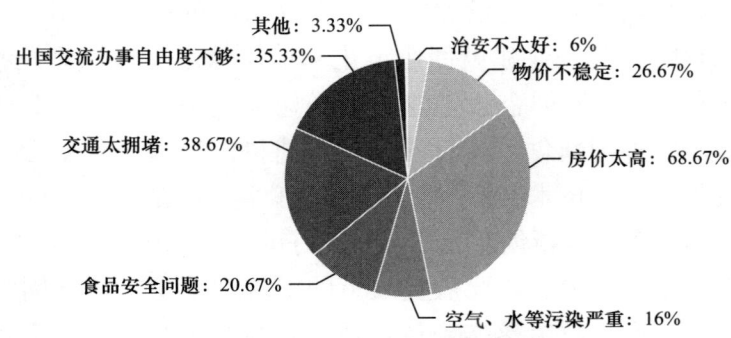

图 13　总体社会环境问题占比情况

七、对策分析

（一）拓展海外人才引进渠道

利用互联网普及程度高的优势，建立海外人才信息平台，积极有效地进行人才信息发布和人才匹配。第一，随着互联网时代的发展和电子信息化,充分利用互联网的大数据技术建立海外人才数据库,为用人单位与海外人才提供准确和及时的人才供需信息服务。第二,建立海外人才信息对接平台,建立海外专家、科研项目、海外人才、闽籍侨胞、海外人才供需等的信息库,大力宣传福建省海外人才引进政策和发展前景的相关资讯,让福建省海外人才需求信息快速传递,有效提升海外人才引进效率。第三,建立专门的海外人才引进协会,邀请海外专家加入,为海外人才引进工作奠定信息来源基础。第四,利用现有的福建省"海纳百川"等高端人才引进计划,持续引发国内外人才关注。第五,利用好已经引进海外人才的人脉,拉动海外论坛、同学会和老乡会等组织,更加充分地挖掘海外人才,打通海外人才引进的人脉壁垒。

(二)加大对海外人才创新创业的支持力度

为了更有效地吸引海外人才来闽创新创业,推动福建省的发展,福建省政府要为海外人才在创新创业方面提供政策支持。政府出台相关政策措施,利用市场经济和大型企业的优势,对海外人才加大资金支持。在创新创业方面,及时对创新创业政策进行调整,政府部门要联合金融机构进行政策性投资,扩大对创业项目的风险投资规模并提高质量;优化政策结构和市场机制,搭建项目成果产业化平台,提高新技术从科研机构向市场转化的效率;要把福建省的社会中介机构解放出来,大力发挥中介机构的优势,为创新创业人才提供服务,提供便利。不断扩大众创空间和创业孵化基地的建设和完善,发挥政府的引导作用,加快推动资金投资,鼓励大型企业建设创业孵化基地,优化配置,提升服务,提供创新创业资源,为初创企业创业提供场地和服务,降低创业成本和化解创业风险。完善创新创业孵化平台,搭建科研项目合作平台、融资平台、信息服务平台、技术交流平台等。为海外人才提供免费的创新创业基地,为福建省海外创新创业人才营造良好的创新创业氛围。

政府出台相关政策后,要监督政策的实施和落实,建立网络监督和群众反馈平台,保证政策落实到位。及时对政策进行调整和完善,构建多层次的海外人才政策信息控制网络,保证政策的公平、公正、透明。为海外人才兑现一系列项目资金扶持和社会生活的优惠政策,使其能顺利开展创新创业项目。

(三)提高海外人才薪资福利水平

对于海外创新创业人才,要做到"引进来,留得住",吸引海外优秀人才，资金是先导条件。薪资福利待遇是吸引人才的重要因素，特别是刚毕业的回国留学人员一般都看重薪资待遇，政府在出台引进海外人才政策上要重新规划海外人才薪资结构，提高薪资水平，通过分层次和满足不同需求打造多层次创新创业奖励体系，给予不同待遇福利和奖励。福建省政府和各地级市政府要出台相关的海外回国人才的政策措施，建立福建省的创业投资基金会，加大对创新创业的资金支持，对初创期的企业进行扶持，使得创业项目顺利开展。落实引进海外人才优先投资的各项政策，加大对创业项目、海外人员择优资助项目的配套扶持力度。同时，引导企业和民间力量对人才资源进行开发投资，形成全方位多主体的人才投入体系，增加吸引力，激发海外人才创新创业的活力。

福建省引进的海外人才在住房方面面临着房价太高的问题，福建省应该为海外人才提供住房保障，让海外人才顺利在福建省安家落户，更好地留住人才。可以为海外人才提供一次性住房补贴，为他们解决住房问题；出台相关的福利措施，为不同层次的人才提供不同层次、不同金额的住房补贴、购房优惠；对高层次海外人才，可以为他们直接提供免费住房，以便更好地留住人才。

（四）优化海外人才服务体系

完善海外人才引进后的服务体系，搭建服务平台，为引进后人才对福建省情况不熟悉、对政策不清楚和在创新创业方面面临的困难提供及时和专项"全程式"的服务。专门为海外人才设立"一站式"服务平台，为海外人才办理出入境、落户、子女教育、配偶工作、安家和项目申报等提供优质服务。政府统筹当地人社部门、教育部门和医疗部门，妥善解决引进海外人才的配偶工作和子女入学问题，为其提供有效的医疗保障服务，以消除他们的前期顾虑和成长烦恼，让他们心无旁骛创新创业、一心为福建省谋发展。

八、结束语

在知识经济和互联网经济发展的时代，人才是推动经济和社会发展的关键因素。全球经济一体化加速了人才在世界范围内的流动，使得海外人才引进受到很多国家和地区的重视，将引进海外人才作为一项重要政策，配合国家和地区的经济社会发展对多样化、海外人才的需要。本文通过对福建省海外人才创新创业的现状进行问卷调查，从福建省总体样本和各地区样本进行分析总结,认真总结了福建省的海外人才的创新创业现状以及在政策环境、创新创业、社会生活方面存在的问题,强调要着手解决创新创业氛围不佳、科研项目经费不足问题、资金扶持力度不够、薪资待遇较低、人才引进后服务不到位、引才规划不合理、房价太高、住房问题严峻、政策落实不到位等对于引才关键性的问题,特别是在经济欠发展地区应该努力优化创新创业环境,发展区域特色产业,打造特色品牌产业来吸引海外人才。对福建省引进海外人才工作提出来要利用互联网的发展,多渠道进行引才工作,提高薪资和项目资金扶持,为人才提供良好的创新创业环境,在人才引进后为其后期工作和生活的后勤保障提供优质服务,加强人才培养和人才队伍建设等对策建议,实现海外回国人才"引进来,留得住"。

参考文献

[1] 蔡奇. 优化环境开放聚才打造海外人才创业创新的沃土 [J]. 中国人才,2012 (1):12-13.

[2] 黄红,杨宁,潘震. 加大海外高层次人才引进力度 [J]. 党政论坛,2019 (4):24-25.

[3] Eisinga R, Te Grotenhuis M, Pelzer B. The reliability of a two-item scale: Pearson, Cronbach, or Spearman-Brown [J]. International Journal of Public Health,2013,58 (4):637-642.

[4] 韩丹. 海外高层次人才引进战略创新研究 [D]. 吉林:吉林大学,2011.

[5] 方君亮. 湖州市海外高端人才引进政策优化研究 [D]. 武汉:华中师范大学,2018.

[6] 徐晓秋. 杭州市海外归国人才现状调查及对策研究 [J]. 杭州(周刊),2019 (27):36-37.

[7] 李翔. 内蒙古引进和发挥海外人才作用的问题及对策研究 [D]. 呼和浩特:内蒙古大学,2017.

[8] 邱曼. 宁波国际化背景下海外优秀人才引进及其政策完善研究 [D]. 宁波:宁波大学,2017.

[9] 缪宇泉. 我国地方政府海外高层次人才引进对策研究 [D]. 南京:

南京大学,2016.

[10] 周向向.地方高层次人才引进现状及问题研究[D].南京:南京理工大学,2017.

[11] 潘舒.大连市引进海外高层次人才对策研究[D].大连:辽宁师范大学,2017.

促进山东高校毕业生留鲁发展对策研究[①]

王莹 孙倩 于真真 张杰[②]

摘　要：党的十九大提出了"就业是最大的民生"，把就业工作提高到前所未有的高度；还提出"实现更高质量和更充分就业"的新目标，这是就业优先战略提档升级的体现。高校毕业生作为国家经济发展、科技进步、技术创新的生力军，其合理的分布与有序的流动对我国人力资源高效利用、区域经济协调发展起到至关重要的作用。但随着区域经济发展差距的不断加大，高校毕业生的就业呈现出由经济发展缓慢地区向经济发展迅猛地区快速流动的趋势。山东省北临京津冀、南接长三角、西靠中原城市群，周边省份强劲的经济社会发展势头对山东省的高校毕业生产生了巨大的"虹吸效应"。山东省的高校毕业生工作日渐面临"本省生源留不住、外省生源引不来"的两难困境。

本文从综合分析全国各地出台的吸引、留住高校毕业生的优惠政策入手，对比分析山东省高校毕业生就业相关政策的优势和劣势，并选定全省6所代表性院校展开问卷调查、深度访谈，通过数据对比分析留鲁就业与离鲁就业毕业生求职意愿、就业现状、就业满意度等，深入分析高

[①]　该篇论文获得"2020年全国人才与人事研究主题征文活动"二等奖。
[②]　王莹，山东省人力资源社会保障科学研究院院长；孙倩，山东省人力资源社会保障科学研究院助理研究员；于真真，山东省人力资源社会保障科学研究院副研究员；张杰，山东省人力资源社会保障科学研究院副研究员。

校毕业生留鲁就业意愿"持续走低"的原因，在此基础上，吸收借鉴其他省市的先进做法，结合山东发展实际，提出助力山东省优化高校毕业生集聚环境、推进人才强省建设意见建议。

关键词： 高校毕业生　留鲁发展　就业

一、绪论

（一）研究背景及意义

党的十九大报告指出，人才是实现民族振兴、赢得国际竞争主动的战略资源。这一重要论断以更宽阔的视野和时代高度，对人才的社会作用和地位进行了新的历史定位，强调了人才作为"战略资源"的极端重要性。近年来，各地区对人才的需求日益增长，纷纷出台人才新政吸引人才留本地发展。西安市作为其中的佼佼者，自人才新政出台以来，已经吸引55万余人前来落户，而据统计，2017年山东全省净流出人口达到40万人。根据2018年26省份公布的人口数据推算，去年人口净流入量在10万人以上的省份有广东、浙江、安徽、重庆和陕西，而山东净流出人口19.55万人，人口及人才流出趋势已经十分明显。

高校毕业生是宝贵的人才资源，是现代化建设的生力军，是经济增长、产业升级、技术进步的原生动力，是推动城市快速发展及产业升级的重要力量。用好高校毕业生这项重要的人才资源，是实施人才强国战略的重要一环。党的十九大报告指出，我国经济已由高速增长阶段转向高质量发展阶段，正处在转变发展方式、优化经济结构、转换增长动力的攻关期。创新是引领高质量发展的第一动力，高质量的发展需要有强劲的创新来支撑。发展是第一要务，人才是第一资源，创新是第一动力。决定创新的因素有很多，其中重要一点是人力资本。高质量的经济发展依靠高素质的劳动力提高劳动生产率，依靠高质量的人力资本配置来支撑创新，这是经济发展由"高速增长阶段"转向"高质量发展阶段"的必然要求。当人口红利逐渐消失，城市进行产业结构升级转型，对于人口而言，城市对个人综合素质的要求变高，吸引高校毕业生留鲁就业成为适应经济转型发展的客观要求，因此，高校毕业生成为各地人才争夺的主要阵地。

山东省拥有众多高校和庞大的毕业生资源，但近年来，有留本地就业意向的高校毕业生比例持续走低。新兴产业缺失、宜居程度的改善程度不够、薪酬水平增长过慢、就业人才政策落实不够、经济结构转型动力不足、就业创业服务环境待优化，都在削减毕业生留本地就业的积极性。据齐鲁人才网发布的《2018山东秋季人才流动报告》显示，山东省已沦为"人才输出"大省，2019届毕业生中选择留在山东的人数仅占17.7%。通过我们前期研究发现，山东省人才流失有两个特点：一是高学历人口净流出。全省高学历流入人口数量明显低于流出人口数量，2017年本科学历人员"流出—流入"占比逆差为3.5%，硕士人员此占比逆差为2.0%；博士（后）人员人事档案转出数量是转入数量的1.6倍。二是高校毕业生留本地就业数量下降、质量不高。近五年专科（高职）、本科、硕士、博士留本地就业人数占相应就业人数比例分别为84.16%、80.02%、75.11%、74.32%，学历越高，留本地就业比例越低。

人才生态环境是一个循环的过程，合理疏导会形成正向循环，从而形成马太效应，山东省经济规模处于全国前列，生态人文环境良好，这都是有利因素，如何通过继续营造和优化良好的人才发展环境，提出系统可行的引导策略，合理引导毕业生的就业预期和观念，配置好、安置好、使用好高校毕业生资源，提高高校毕业生留本地就业意向，吸引更多高校毕业生增强区域竞争力，实现各地市均衡发展，形成产业升级新动能增长极，对于提高山东省人力资源素质、改善人力资源结构、加快经济社会发展具有重要意义。

（二）研究综述

1. 各地吸引高校毕业生就业政策梳理

近年来，各地纷纷出台的"人才新政"逐步加大地域人才吸引砝码，人才政策的目标群体逐渐由过去的高端人才向高素质人口转变，对高校毕业生的重视力度越来越高。各地人力资源队伍建设日渐重视"塔基型人才"的储备与发展，其中代表性的城市有西安市、武汉市、合肥市、南京市、青岛市等。

西安市——为了实现"五年留百万大学生"在西安就业创业的目标，2017年西安市出台《关于进一步鼓励吸引高校毕业生在西安就业创业的意见》，确定了"三项服务五项补贴"，三项服务即免费就业指导服务、支持到中小企业就业、支持到基层就业。五项补贴即就业技能培训补贴、职业技能鉴定补贴、就业见习补贴、家庭困难毕业生求职补贴、社保补贴。

武汉市——2017年，武汉市出台《关于支持百万大学生留汉创业就业的若干政策措施》，重点解决大学生落户、住房、收入三大问题，确保5年留下100万大学毕业生。政策措施包括：实行大学生落户与就业创业政策全脱钩，确保大学生落户零门槛，打造"门槛最低、手续最简、机制最活"大学生落户政策；力求提供更多的大学毕业生保障性住房，启动建设"长江青年城"，打造大学毕业生保障性住房的典范样本；在全国率先出台大学毕业生指导性最低年薪标准（大学专科生4万元、大学本科生5万元、硕士研究生6万元、博士研究生8万元），确保大学毕业生留汉工作收入不低于全国主要中心城市的平均水平。

合肥市——2018年，合肥市颁布《关于支持百万大学生在肥创业就业的若干政策措施》，决定实施"百万大学生在肥创业就业计划"，实现5年100万大学生在肥就业创业目标，全面放开对普通高校毕业生、职业院校毕业生、技术工人及留学归国人员的落户限制，毕业5年内高校生可申请人才公寓，加大安居保障力度。

南京市——针对青年人才实施青年大学生"宁聚计划"，升级"创业南京"青年大学生创业引领计划，给予来宁学子住房租赁补贴、一次性面试补贴等"红包"。对于创业的学子，还给予开业补贴、场地补贴、创业带动就业奖励等扶持。

青岛市——为吸引高层次青年人才，2019年青岛市颁布《青岛市青年人才在青创新创业一次性安家费审核发放实施细则（试行）》，确定2018年6月6日以后，在青岛市行政辖区内初次就业或创业并具有青岛户籍的可申请一次性安家费。其中博士研究生每人15万元，硕士研究生每人10万元。来青创业的本科生，可申领500元/月的住房补贴，最长可领36个月，这也是青岛首次将本科生纳入住房补贴范围。

现今出台的促进高校毕业生就业措施主要体现出三个方面的特征，一是"给票子"，通过政策补贴提高高校毕业生的薪酬待遇；二是"给户口"，放宽户籍限制，为高校毕业生落户提供绿色通道；三是"给房子"，通过提供人才公寓、住房补贴、买房优惠、安家资本等提高高校毕业生的城市归属感。

2. 高校毕业生返乡就业相关研究综述

目前国内高校毕业生返乡、留乡就业的相关研究仍处于刚刚起步的阶段，相关性的研究仍比较少。

岳昌君（2011）基于2009年的全国高校毕业生就业状况调查数据，利用统计描述和计量回归方法对大学生跨省流动的频率、流向、成本、收益、流动影响因素等进行了实证研究。通过数据分析得出：第一，54.3%的毕业生为不动者，这些大学生在生源地升学和就业，没有任何流动；第二，东部沿海省份的大学生不动者比例更大，对于跨省流动的大学生，流动的主要方向是从中西部内陆省份到东部沿海省份；第三，经济因素是高校毕业生跨省流动的主要原因之一；第四，人口特征变量、人力资本变量及包括社会资本在内的家庭社会经济背景都是就业流动的显著影响因素；第五，跨省就业的毕业生获得了更高的收入。

赵晶晶、盛玉雪（2014）在建立两区域两阶段的决策模型基础上，具体分析不同阶段流动成本的差别，通过抽样调查数据对我国高校毕业生流动的路径选择与区域经济水平的关系进行分析后，得出经济水平与高校毕业生得失正相关、与高校毕业生流出距离负相关，与流入距离呈正相关的结论后，建议落后地区以教育资源吸引滞留者，发达地区以就业资源吸引外来者。

胡克田、郭瑞茹（2017）以濮阳市2011年至2015年高校毕业生返乡报到就业人员为研究样本，统计分析得出，全市毕业生返乡报到就业人数较少，近五年的返乡就业率平均为30.05%，来濮阳就业的外籍毕业生人数较少，结合人才市场抽样调查数据分析，80%的毕业生只是将档案放在人才中心，而个人前往外地就业。

马莉萍、刘彦林、罗乐（2017）利用2003年至2013年全国高校毕业生就业调查数据，分析了毕业生返乡就业中的性别差异，研究发现：女性返乡就业的热情逐渐高涨，且多在事业单位就业，而返乡就业的男性多在国有企业就业；返乡就业的女性在省会城市或直辖市就业的比例略高，而男性的就业满意度更高。在控制了个人和家庭基本特征及各省的经济发展水平、房价等变量后，女性比男性返乡就业的可能性更大，到生源省和院校省以外的他省就业的可能性更小；中部生源的女性更加倾向于返乡就业，东部生源的女性更加倾向于返乡就业而非他省就业，西部生源的女性更加倾向于院校省就业。

崔盛、杜帆（2018）利用"中国教育追踪调查"（CEPS）数据，从社会关系的视角分析并尝试解释就业地选择对高校毕业生就业结果的影响。通过数据分析得出，回生源地工作的毕业生更有可能进入国有企业工作，且会承担一定的就业薪酬损失；并提出通过社会关系的非正式渠道求职则会显著降低毕业生的就业薪酬，也不会让回乡求职的毕业生享受到额外的工作福利，这可能是就业地选择对就业薪酬影响的原因之一。

综上所述，目前有关高校毕业生留本地就业的相关研究较少，就现有的研究文献来看，从研究对象而言，现有的研究主要是参考国家层面数据或者特定地市数据，以省级样本为主要研究对象的研究尚未存在。从研究内容来看，现有的研究聚焦各地人才新政成效的较少。本研究主要对比分析山东省与先进地在留住大学生就业政策支持层面存在的差距，并基于全省数据统计分析高校毕业生留本地就业的基本情况、存在问题，在对比分析的基础上提出相应的对策建议。

（三）研究方法

（1）文献研究法。本文将从现有理论研究、省内外现行政策、省人社厅统计数据等维度进行文献资料的搜集，把握已有研究成果内容及其发展趋势，掌握高校毕业生留本地就业相关政策，了解省内外激励高校毕业生就业的相关政策。

（2）问卷调查法。设计高校毕业生留本地就业情况的相关调查问卷，选取六所省内高校近三年的毕业生进行问卷调查，学校选取时兼顾全省东、中、西三个区域。

（3）访谈法。访谈对象主要涵盖四个群体，一是已离开山东省在外省就业的高校毕业生，二是留在本地就业的高校毕业生，三是高校毕业生就业管理人员，四是未毕业的高校毕业生。运用面对面访谈、电话访问的形式了解其就业的地域选择意愿及原因。

（4）对比分析法。将已离开山东省在外省就业的高校毕业生与留在本地就业的高校毕业生进行对比分析，掌握两者的就业意愿及就业现状。

（四）研究主要内容

综合分析全国各地出台的吸引、留住高校毕业生的优惠政策，对比分析山东省出台相关政策的优势和劣势。通过专题研讨会、问卷调查、深度访谈等方法，深入分析高校毕业生留鲁就业意愿走低的原因，在此基础上提出助力山东省优化高校毕业生集聚环境、推进人才强省建设的意见建议。

（1）梳理代表性省市促进高校毕业生就业的政策。梳理代表性省市出台的吸引高校毕业生就业的相关政策，同时梳理山东省及各地市出台的相关政策，从政策层面明确差距。

（2）统计掌握山东省高校毕业生就业去向。依托山东高校毕业生就业信息网，全面统计2017年至2019年山东省高校毕业生的学历结构、就业结构、就业区域、就业待遇等基本信息，研判山东省高校毕业生就业趋势。

（3）对比分析高校毕业生求职意愿。选取6所省内高校近三年的毕业生进行问卷调查，并对有代表性的毕业生进行深度访谈，通过对问卷调查数据统计分析，对比留本地就业与离鲁就业毕业生的求职意愿、就业现状、就业满意度等。

（4）总结山东省高校毕业生外流原因所在。通过问卷调查、深入访谈等总结毕业生求职意愿及诉求，分析山东省高校毕业生外流原因。

（5）提出促进高校毕业生留本地、就业的对策建议。吸收借鉴其他省市的先进做法，结合山东发展实际，提出促进高校毕业生留本地就业的对策建议。

二、山东省高校毕业生就业情况分析

据《2018年山东省高校毕业生就业质量年度报告》显示，山东省2018届高校毕业生数量再创历史新高，达到62.01万人，占全国数量的7.56%，山东省作为教育大省，在承担本省生源高等教育工作外，还承担着约19.61%的省外生源高等教育工作，为全国青年高素质人才队伍建设做出了重要贡献，但同时也面临着越来越严重的"本地生源往外走，外地生源留不住"的两难困境。以山东省第一学府——山东大学为例，2018年全校毕业生共计10 999人，6 513名毕业生选择直接就业，其中431人到西部地区就业，占就业人数的6.62%；1 582人到"一带一路"重点省份就业，占24.29%；1 529人到"长江经济带"就业，占23.48%；897人到"京津冀地区"就业，占13.77%；421人到粤港澳大湾区就业，占6.46%；选择留鲁就业，服务山东新旧动能转换和经济社会发展3 087人，占47.4%，不足直接就业毕业生的一半。①

为了及时准确掌握山东省高校毕业生留鲁就业状况，在综合考虑学

---

① 数据来源：《山东大学2018届毕业生就业质量报告》。

校层次、所处地域等因素的基础上最终选定了山东大学、中国海洋大学、山东科技大学、山东建筑大学、济南大学以及曲阜师范大学 6 所本科院校，针对已毕业学生就业状况以及在校生的就业意愿开展问卷调查及深度访谈，其中已毕业学生主要是聚焦于 2017 年、2018 年和 2019 年毕业生，在校生主要聚焦于 2020 年即将毕业学生。针对两个群体设计了相应的调查问卷，调查问卷包括个人基本情况、家庭情况、就业情况（就业意愿）三部分。此次问卷调查借助问卷星平台展开，共回收有效问卷 9 457 份。

高校毕业生样本共回收有效问卷 3 968 份，其中包含 2017 年毕业生 1 190 人、2018 年毕业生 1 357 人、2019 年毕业生 1 421 人。就性别结构而言，男性毕业生占 44.21%，女性毕业生占 55.79%。就学历结构而言，大学本科学历毕业生占 78.89%，硕士研究生学历毕业生占 20.25%，博士研究生及以上学历毕业生占 0.86%。就生源地而言，山东省内生源占 84.43%，省外生源占 15.57%，详见表 1。

表 1　　　　　　　　　高校毕业生调查样本的数据说明

项目	2017 年	2018 年	2019 年	合计
样本学校数（所）	6	6	6	6
样本学生数（人）	1 190	1 357	1 421	3 968
男	44.37%	40.53%	47.50%	44.21%
女	55.63%	59.47%	52.50%	55.79%
博士研究生及以上	1.09%	0.59%	0.91%	0.86%
硕士研究生	22.69%	24.17%	14.50%	20.25%
大学本科	76.22%	75.24%	84.59%	78.89%
山东省内生源	86.47%	87.77%	79.59%	84.43%
省外生源	13.53%	12.23%	20.41%	15.57%

高校在校生样本共回收有效问卷 5 489 份，其中包含省内生源 3 562 人、省外生源 1 927 人。就性别结构而言，男性在校生占 33.35%，女性在校生占 66.65%。从学历结构而言，大学本科学历在校生占 94.17%，硕士研究生学历在校生占 4.95%，博士研究生及以上学历在校生占 0.87%，详见表 2。

表 2　　　　　　　　　高校在校生调查样本的数据说明

项目	省内生源	省外生源	合计
样本学校数（所）	6	6	6
样本学生数（人）	3 562	1 927	5 489
男	33.17%	34.20%	33.35%
女	66.83%	65.80%	66.65%
在读博士研究生及以上	0.75%	1.51%	0.87%
在读硕士研究生	4.54%	7.01%	4.95%
在读大学本科	94.72%	91.48%	94.17%

下边将结合此次针对 6 所代表性院校的问卷调查数据，从毕业生就业整体情况、户籍结构、学历结构、就业结构、薪酬待遇、社保水平等方面详细对比留鲁就业与离鲁就业毕业生基本情况。

（一）毕业生整体情况分析

据山东省高校毕业生参保大数据统计分析得出，2013 年至 2017 年山东省高校毕业生留鲁呈波动式下降趋势，由 84.32% 降至 79.82%，其中非山东生源毕业生留鲁就业人数下降更为明显，从 54.73% 降至 42.69%，详见图 1。

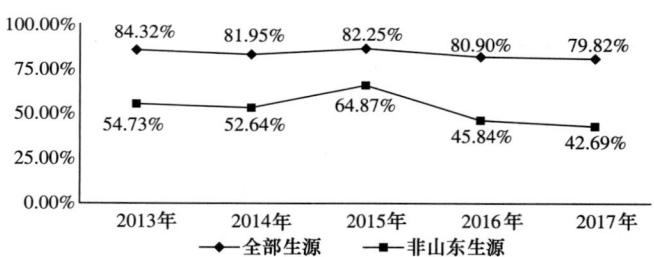

图 1　2013—2017 年山东省高校毕业生留鲁就业情况分析

通过此次调查问卷数据统计分析得出，2017 年、2018 年、2019 年山东省高校毕业生留鲁就业分别占比 78.05%、77.67%、76.21%，2018 年留鲁就业占比较之于 2017 年下降 0.38 个百分点，2019 年留鲁就业占比较之于 2018 年下降 1.46 个百分点，详见图 2。由此可见，从整体上而言，留鲁就业的高校毕业生呈现稳定的下降趋势，且下降幅度不断增大。

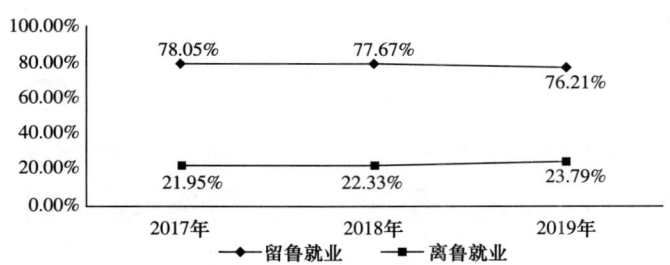

图2　2017—2019年山东省高校毕业生省内外就业占比分析

(二) 毕业生生源结构分析

就毕业生生源结构而言,山东省本地生源高校毕业生留鲁就业占比基本保持在80%以上,但存在下降趋势,2018年较之于2017年下降0.69个百分点,2019年较之于2018年下降1.83个百分点。对于外地生源,山东省在吸引外省生源毕业生的能力也呈现下降的趋势,2018年较之于2017年下降2.05个百分点,2019年较之于2018年下降1.75个百分点,详见图3。山东省本地生源高校毕业生不断流失,同时对外地生源毕业生就业吸引力不断下降,导致山东省人才储备捉襟见肘。

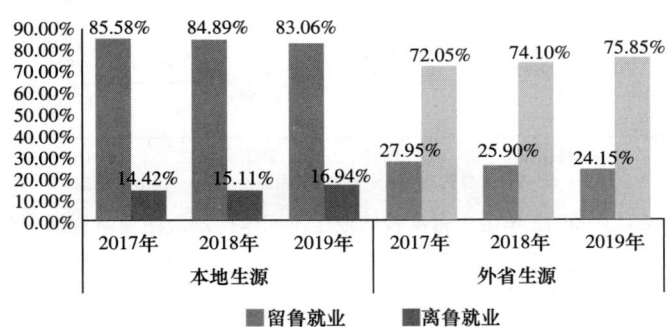

图3　2017—2019年山东省高校毕业生生源地与省内外就业占比交叉分析

(三) 毕业生学历结构分析

根据人力资本理论,在就业区域选择过程中,自身人力资本高的高校毕业生在劳动力市场上更有竞争力,拥有更多的选择机会,因此会选择趋向于经济更加发达、竞争更加激烈的地区就业。聚焦山东省高校毕业生留鲁就业学历结构,本科生、硕士研究生、博士研究生及以上的毕业生留鲁就业比分别为77.54%、72.38%、67.53%。由此可见,随着学历层次的不断提高,毕业生留鲁就业比例呈现递减趋势,山东省高学历人才流失问题较为严峻，详见图4。

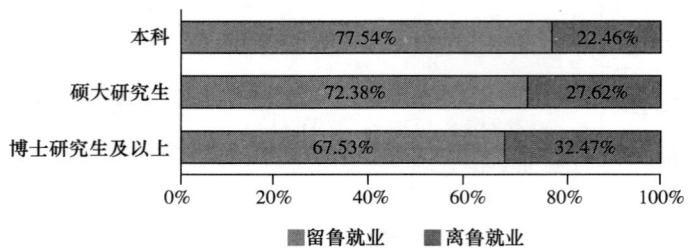

图4　山东省高校毕业生省内外就业学历结构分析

同时据山东省高校毕业生就业相关数据显示，2013年至2017年，专科（高职）留鲁就业人数占专科（高职）就业人数的84.16%、本科留鲁就业人数占本科就业人数的80.02%、硕士研究生留鲁就业人数占硕士研究生就业人数的75.11%、博士研究生毕业生留鲁就业人数占博士研究生就业人数的74.32%，其中无论是山东生源，还是非山东生源，都是学历越高、留鲁就业比例越低，详见图5。

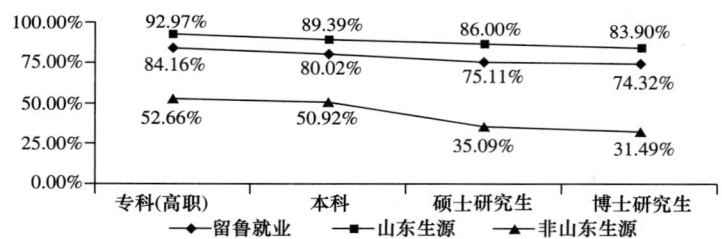

图5　2013—2017年山东省高校毕业生不同学历层次留鲁就业情况分析

（四）毕业学校分析

从学校层次角度出发，山东大学毕业生留鲁就业占比为56.36%，中国海洋大学毕业生留鲁就业占比61.96%，山东科技大学留鲁就业占比为85.60%，山东建筑大学毕业生留鲁就业占比为80.24%，济南大学毕业生留鲁就业占比为80.77%，曲阜师范大学毕业生留鲁就业占比为75.83%，详见图6。由此可以得出，学校办学层次越高，高校毕业生留鲁就业的比例越低，相反离鲁就业的比例越高。以山东大学、中国海洋大学代表的"985""211"高校，离鲁就业占比维持在40%左右，而以曲阜师范大学、济南大学等为代表的省级院校，离鲁就业占比维持在20%左右。

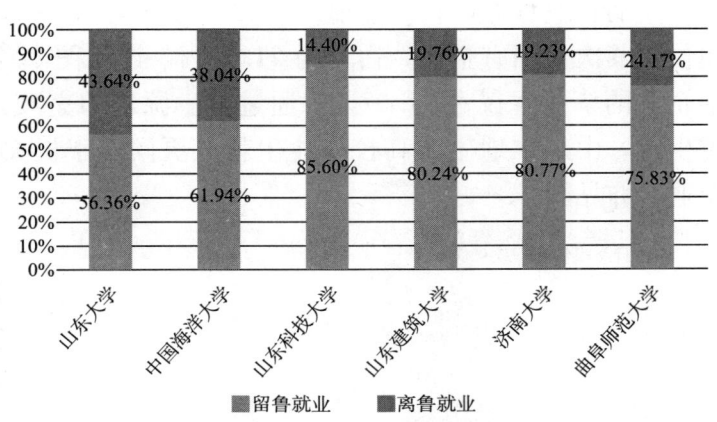

图 6 各大高校毕业生留鲁就业与离鲁就业占比对比分析

（五）毕业生就业结构分析

1. 就业单位性质结构

就业单位性质反映高校毕业生的就业渠道，调查问卷数据统计分析显示，留鲁就业高校毕业生就业单位性质比例由高到低依次为事业单位、其他企业、国家机关、国有企业、自主创业，其中在事业单位就业的高校毕业生占比高达 41.93%。离鲁就业高校毕业生就业单位性质占比由高到低依次为其他企业、事业单位、国有企业、自主创业、国家机关，其中在其他企业就业的高校毕业生占比高达 32.83%。对比两者可以发现，留鲁就业与离鲁就业毕业生的就业单位性质结构截然不同，离鲁就业高校毕业生具有更加多元化的就业选择，而留鲁就业高校毕业生以从事机关事业单位工作为主，两者共占比 57.84%，详见图 7。

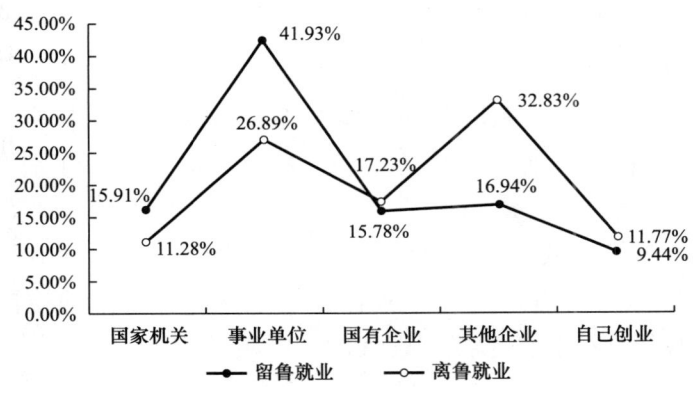

图 7 山东省高校毕业生省内外就业单位性质对比分析

在校大学生的就业意愿调查问卷显示，58.12%毕业生的就业意向为机关事业单位，其次为国有企业，占比为21.42%，详见图8。将就业目标锁定其他企业的毕业生仅占17.07%。通过与生源地的交叉分析得出，较之于外省生源，山东本地生源高校毕业生就业更倾向于机关事业单位以及国有企业，详见图9。

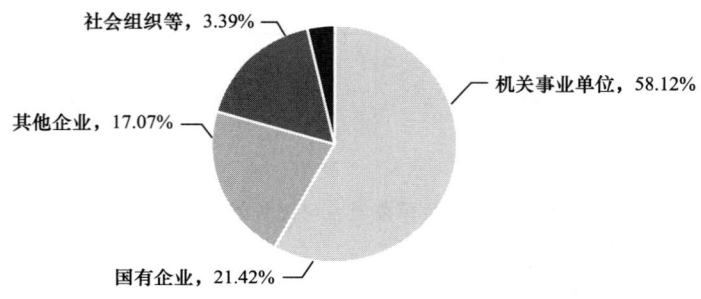

图8 山东省高校在校学生就业单位性质意愿分析

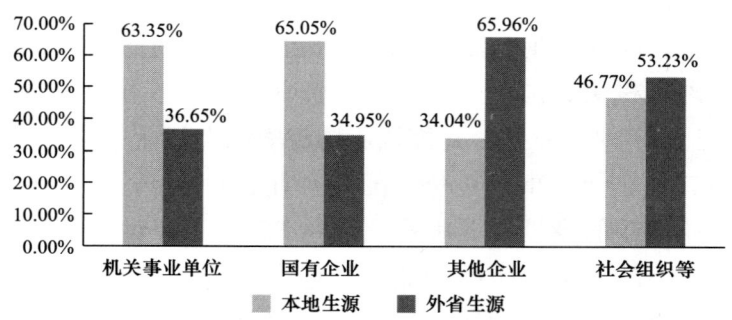

图9 山东省高校在校学生就业单位性质意愿与生源地交叉分析

2. 就业区域结构

据问卷调查数据统计分析得出，23.34%的离鲁就业毕业生中17.92%毕业生选择除山东以外的其他东部省市就业，排名前六位的省市分别为北京、上海、浙江、广东、天津、江苏，占比分别为5.24%、3.55%、2.65%、1.86%、1.49%、1.16%，详见图10。由此可见，长期以来"北上广"一线城市作为高素质人才的集中地，对山东省高校毕业生仍保持强劲吸引力，同时伴随着近几年江苏、浙江的快速崛起，其对山东省高校毕业生日渐形成了强大的"虹吸效应"。

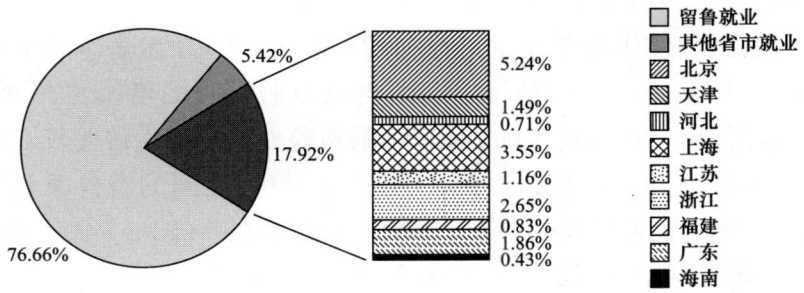

图10 山东省高校毕业生就业区域分布

3. 就业产业结构

第三产业作为吸纳就业的主力军,是实现更充分就业的重要抓手,同时作为朝阳产业,是实现更高质量就业的重要保障。对比留鲁就业与离鲁就业的毕业生的就业产业结构,两者之间差距明显,82.60%的离鲁就业毕业生从事第三产业工作,而留鲁就业毕业生中仅有76.62%从事第三产业工作,两者相差5.98%;离鲁就业的高校毕业生从事第一产业、第二产业的占比明显低于留鲁就业毕业生,详见图11。

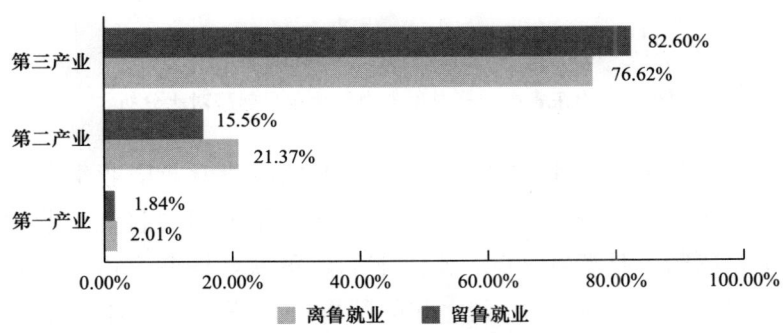

图11 山东省高校毕业生省内外就业产业分布对比分析

(六)毕业生薪酬待遇分析

薪酬是反映就业状况的关键指标之一,是劳动者参与工作最基本的需求。美国行为科学家斯塔西·亚当斯的"公平理论"指出,劳动者对收入的满意度能影响到工作的积极性。通过问卷调查统计,就离鲁就业毕业生离鲁原因排序平均综合得分①得出,离鲁就业排名第一位的原因为

---

① 选项平均综合得分=(Σ频数×权值)/本题填写人次。

山东省薪酬水平偏低,综合得分5.01分。

月起薪虽然仅代表毕业生工作初期的收入,但月起薪作为毕业生薪酬加码的基础平台,一般情况,起薪越高以后月薪的增幅也相对越高。对比月起薪得出,月起薪3 000元以下的留鲁就业毕业生占比较之于离鲁就业毕业生高8.91%,月起薪在3 001~5 000元之间的留鲁就业毕业生占比较之于离鲁就业毕业生高20.07%,月起薪在5 001~7 000元之间的留鲁就业毕业生占比较之于离鲁就业毕业生低11.04%,月起薪在7 001元以上的留鲁就业毕业生占比较之于离鲁就业毕业生低17.94%,详见图12。由此可见,留鲁就业毕业生的月起薪较之于离鲁就业毕业生的月起薪相对较低。

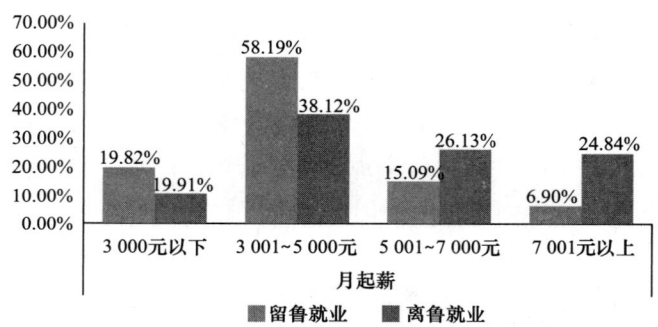

图12 山东省高校毕业生省内外就业月起薪对比分析

对比现月薪得出,月薪在3 000元以下的留鲁就业毕业生占比较之于离鲁就业毕业生高8.68%,月薪在3 000元以下的留鲁就业毕业生占比下降幅度为3.13%,月薪在3 000元以下的离鲁就业毕业生占比下降幅度为2.9%。月薪在3 001~5 000元之间的留鲁就业毕业生占比较之于离鲁就业毕业生高19.27%,月薪在3 001~5 000元之间的留鲁就业毕业生占比下降幅度为10.63%,月薪在3 001~5 000元之间的离鲁就业毕业生占比下降幅度为9.83%。月薪在5 001~7 000元之间的留鲁就业毕业生占比较之于离鲁就业毕业生低9.8%,月薪在3 001~5 000元之间的留鲁就业毕业生占比上升幅度为6.52%,月薪在3 001~5 000元之间的离鲁就业毕业生占比上升幅度为5.28%。月薪在7 001元以上的留鲁就业毕业生占比较之于离鲁就业毕业生占比毕业生低18.15%,月薪在7 001元以上的留鲁就业毕业生占比上升幅度为7.24%,月薪在7 001元以上的离鲁就业毕业生占比上升幅度为7.45%。详见图13。由此可见,实习期过后,留鲁就业以及离鲁就业的毕业生的月薪普遍有所提高，但是两者之间的差距不断拉大。现阶段，63.7%的离鲁就业高校毕业生月薪超过5 000元，而留鲁就业高校毕业生月薪超过5 000元的仅占35.75%，两者差距悬殊明显。

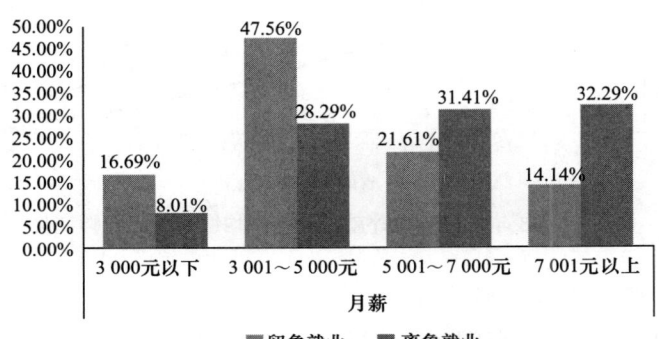

图13　山东省高校毕业生省内外就业月薪对比分析

（七）毕业生社保水平分析

比对2013届至2017届高校毕业生参保数据，截至2017年12月，就省内外初次就业社保平均缴费基数而言，省外平均缴费基数高于省内平均缴费基数400元左右，其中差距最大的为2013年，省内外差869元。详见图14。就省内外就业社保平均缴费基数涨幅而言，2012届至2016届高校毕业生社保平均缴费基数与毕业初次就业社保平均缴费基数相比，省外涨幅明显高于省内，随着工作年限增加，省外省内差距逐年拉大。详见图15。

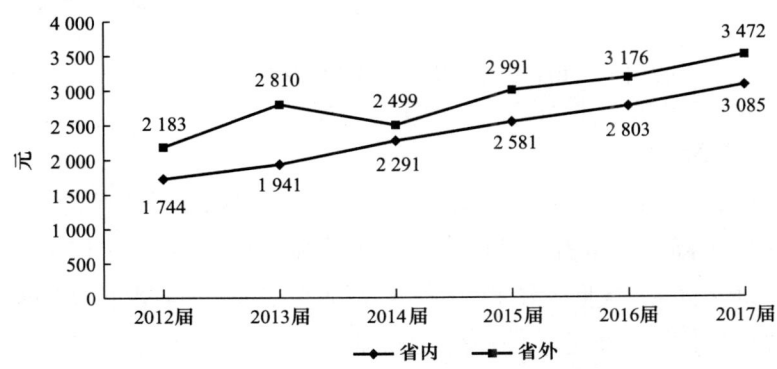

图14　高校毕业生省内外初次就业社保平均缴费基数变化

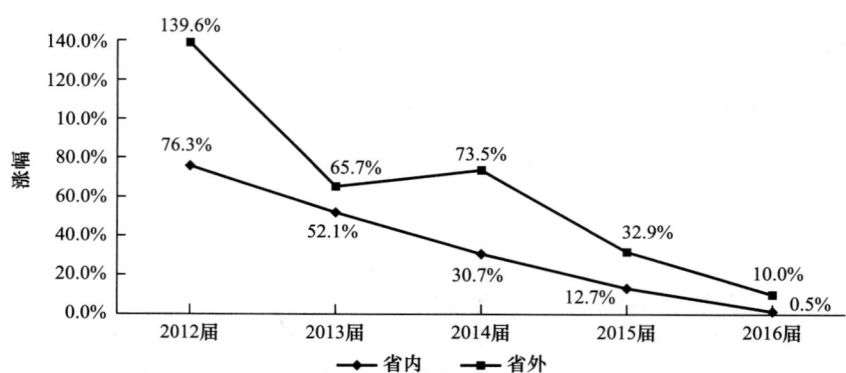

图 15　高校毕业生省内外就业社保平均缴费基数涨幅变化

（八）离鲁就业考虑因素分析

离鲁就业毕业生调查问卷数据显示，81.62%的毕业生考虑发展空间离开山东就业，位居所有考虑因素的首位，薪酬水平、就业机会是次要的考虑因素，分别占比为76.24%、73.4%，详见图16。由此推断，在就业弹性不断增大的大背景下，高校毕业生就业不再是突出问题，毕业生越来越关注就业质量以及未来的发展空间，其从以前的注重薪资待遇和就业区域逐渐转变为更加注重提升空间和发展前景。

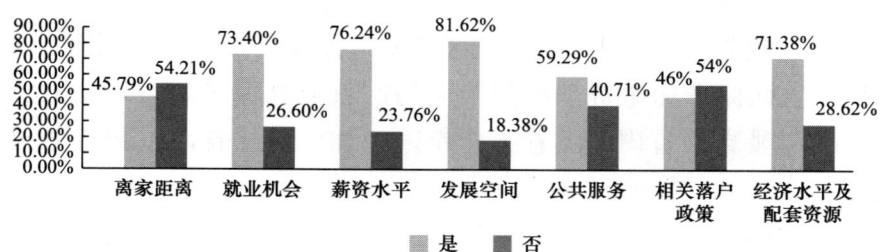

图 16　山东省高校毕业生离鲁就业考虑因素分析

（九）小结

综上所述，山东省高校毕业生就业情况呈现以下六个方面的特点：一是本地生源高校毕业生留鲁就业比例较高，保持在八成以上，但呈下降趋势；外地生源毕业生留鲁就业比例不足三成，且呈下降趋势。出现"本地生源毕业生往外走，外地生源毕业生留不住"现象。二是毕业生学历层次与留鲁就业占比负相关，学历层次越高，留鲁就业比例越低，高学历毕业生流失问题严重。三是学校办学层次与留鲁就业占比负相关，学校层次越高,毕业生留鲁就业比例越低,高层次学校毕业生流失问题相对严峻。四是高校毕业生就业产业结构亟待优化,体制内就业"扎堆问题"严重,第三产业就业占比明显落后。五是发展空间受限是高校毕业生离鲁就业的首要原因。六是除了北上广等传统优势就业吸纳地,江浙逐渐成为山东省高校毕业生就业主要流向地。

三、山东省高校毕业生留鲁就业"持续走低"影响因素分析

山东省是沿海经济大省、人口大省,经济发展水平在全国居于前列,加之区位优势明显,本应对人才有很强的吸附能力,但在调研中我们发现,山东省高校毕业生留鲁就业数量下降、质量不高,在吸引本地高校毕业生就业中并未占优势。现代推拉理论作为研究劳动力流动问题的经典理论,可以很好地用来解释高校毕业生就业区域选择问题,根据推拉理论,劳动力的迁移和流动是流出地"推力"与流入地"拉力"共同作用的结果,常见的推力因素有较低的经济发展水平、较少的就业机会,常见的拉力因素有较好的经济文化环境、优越的薪酬待遇、更多的就业机会等。流入地、流出地并非只有推力或拉力的单向作用,一般两者都有不同程度的存在,只是有强弱主次之分。与周边先进省市高校毕业生就业趋势相比,山东省高校毕业生留鲁就业比例"持续走低",结合推拉理论可以归咎于山东省吸引毕业生留鲁就业的拉力不足、推力明显。

(一)吸引高校毕业生留鲁就业的拉力不足

1. 引才政策吸引力小且落实不到位

2018年,全国范围内掀起"人才争夺战"浪潮,纵观各地市颁布的人才新政,不难得出,新一轮的人才争夺呈现出五个鲜明的特征,一是由抢高端人才向抢高素质人口转变。各大城市在这场"抢人大战"中,不仅瞄准高精尖人才,还将目光投向高素质人口,注重"人才蓄水池"的搭建。在人才新政的驱动下,各省市引才成效开始显现,西安新迁入落户64.5万人,相当于一年迁入一座中等城市;武汉2017年实现30万大学生留汉创业就业,是2016年的3.1倍,大学生在汉新落户14.2万人,是2016年的9.6倍。二是由拼优惠政策向拼人才生态环境转变。本轮"人才争夺战"中,各大城市均意识到仅靠优惠政策并不能留住人才,人才争夺必须由打"价格战""政策战"转变为以平台搭建、项目资助、服务保障等为载体的"人才生态环境战"。三是由"漫天撒网"向"精准

捕捞"转变。各地在人才引进上"因地制宜",根据城市发展需求、产业转型升级需求,分类施策,"定向"抛出橄榄枝,人才引进更加具有针对性、精准性。四是由人才数据孤岛向构建人才大数据平台转变。为克服人才数据条带状分割,北京、上海、杭州等城市着力突破信息壁垒,整合碎片化的人力资源数据,搭建人才大数据平台,动态分析人才现状,定期公布人才工作动态、人才需求等信息,据此发布人才政策,形成精细化、多元化、高效化的引才平台。五是由粗放式引才向品牌化引才转变。改变过去部门和企业单兵作战轰隆声大、成效小的招才引智模式,按照"企业用人、政府买单"模式对引才活动进行精准化设计,以品牌引才。

高校毕业生作为人才队伍建设的塔基以及高素质人口的重要组成部分,自然也是人才争夺的重要资源。对比外省的相关政策,山东省留住、引入高校毕业生的政策相对薄弱。

一是政策覆盖面窄。外省市在注重引进高端人才的同时,将"橄榄枝"也抛向高校毕业生,而山东省引才目光仍主要瞄准高端人才,忽视了高校毕业生作为储备人才的积累,高校毕业生就业工作仍停留在解决就业层面,立足人力资本视角的开发力度不够,没有视其为丰富的人力资本,进行系统化、深层次的开发利用。

二是政策"含金量"不足。山东省人才新政资金支持力度不大,竞争优势不明显。比如,西安、郑州、南昌、长沙等市明确提出,举全市之力对外吸引人才,未来 5 年将安排 100 亿元人才发展经费等,而山东省未在此方面提出明确目标。

三是政策落实不到位。"山东人才新政 20 条"等人才政策虽然出台,但缺乏实施细则,缺乏推动落实,缺乏宣传引导,缺乏督查检查,没有形成"1＋N"的政策体系,使得政策的可操作性和执行效率大打折扣。

四是政策同质化。现有人才政策与周边省市的同质化严重,且省内各市之间的政策也大致相同,未能精准对接产业发展新需求和经济发展新趋势,体现不出省及各市产业优势与地域特色。

2. 缺乏吸纳人才发展事业平台

人才最看重成长平台和发展空间,平台越大,集聚能力越强。作为青年人才的重要组成部分,高校毕业生在选择就业地域时,同样看重未来的职业发展。离鲁就业毕业生调查问卷数据显示,"离开山东就业的考虑因素"中，排在首位的是发展空间（81.62%），超过薪资水平（76.24%）和就业机会（73.4%），可见高校毕业生从以前的注重薪资待遇和就业区域逐渐转变为更加注重提升空间和发展前景。而山东省在人才发展平台建设上与江苏、浙江等省差距明显。

一是平台载体数量不足。高校、科研院所实力不强，缺乏"高峰"学科，首批全国"双一流"建设名单的465个学科中，山东省仅有3所部属高校的6个学科入选，而省属高校没有一所进入"双一流"。除海洋领域外，山东省承载高层次创新人才团队科技研发的平台载体匮乏。中科院分院11个，研究单位115个，山东省仅有4个；国家在高校院所布局了255家重点实验室，山东省仅3家，远不如北京79家、上海32家、江苏20家、湖北18家等。境内上市公司153家，比广东少32家，比江苏少83家。全国民营企业500强中，浙江、江苏分别达到142家和108家，山东省只有43家。全国民营企业500强中，浙江、江苏分别达到142家和108家，山东省只有43家。山东省160家经济园区中尚有67家没有世界500强企业投资项目。截至2016年年底，山东省高新技术企业只有4 692家，仅占全国的4.5%，而广东、江苏、浙江已经分别达到了19 855家、13 183家和7 707家。平台载体数量不足导致难以吸引人才尤其是高层次人才。

二是产业对人才的吸纳能力不强。产业是吸引人才流入的先决条件。山东省产业结构不够合理，传统产业占工业比重约70%，重化工业占传统产业比重约70%，现代服务业、生产性服务业发育相对不足，科技创新能力不强，对优秀人才没有吸引力。第三产业作为吸纳就业的主力军，是实现更充分就业的重要抓手，同时作为朝阳产业，是实现更高质量就业的重要保障。对比留鲁就业与离鲁就业的毕业生的就业产业结构，两者之间差距明显，82.60%的离鲁就业毕业生从事第三产业工作，而留鲁就业毕业生中仅有76.62%从事第三产业工作，两者相差5.98%；离鲁就业的高校毕业生从事第二产业、第一产业的占比明显低于留鲁就业毕业生。

3. 就业观念相对落后

区域经济发展、文化环境等因素直接导致区域就业观念的差异，经济相对发达、文化环境包容的地区，人们就业观念相对开放，社会舆论对各类就业的价值取向相对包容，相反经济欠发达地区就业观念偏向保守，职业区分对待比较严重。长期以来，山东省受"学而优则仕"观念的影响，高校毕业生对到机关事业单位工作趋之若鹜，只有机关事业单位或国企才被视为就业"主流"单位、"好"单位。本次问卷调查数据显示，山东生源的高校在校生就业意向排名前列的依次为机关事业单位（63.35%）、国有企业（65.05%），仅有34.04%的高校在校生将就业目标锁定为其他类型企业。且与外省生源的高校在校生相比，山东本地生源高校在校生就业意愿更倾向于机关事业单位以及国有企业。针对现阶段在除国有企业以外的其他性质单位就业的留鲁就业高校毕业生的访谈了解到，受社会舆论、家庭观念等因素的影响，绝大多数的高校毕业生现阶段处于"先就业再择业"的状态，再择业的目标也主要是聚焦于体制内的工作。伴随着市场经济的不断深化，保守的就业观念越来越限制人才潜能的发挥，阻碍了人才的流动，越来越多的高校毕业生开始尝试跳出传统就业观念束缚，尝试更加多元化的就业方向。山东省"铁饭碗"对高校毕业生的吸引力越来越小，传统的拉力优势迅速降低，越来越多的山东省高校毕业生将目标瞄向外省多元化的就业渠道。

（二）导致高校毕业生离鲁就业的推力明显

1. 束缚人才发展的体制机制障碍仍然存在

随着山东省全面深化改革不断推进和对人才需求的日益迫切，人才发展的体制机制障碍更加凸显。

一是人才管理行政化倾向严重。政府在人才工作中仍处于主导地位，在人才引进、培养、评价、使用、激励等方面事权高度集中，过多依赖行政手段进行管控，对用人主体干预过多过细，以"管干部标准管人才"。例如，不少地方政府将人才评价视为一种权力，介入微观评价活动过多，政府决定人才计划及工程项目的评价指标、标准和方式，在实施中又以方便管理为出发点具体操作，人才管理的官僚主义、形式主义和官本位严重。又如，调研中我们了解到一个真实案例，山东某高校某学院负责人千辛万苦引进了一位高层次海归博士，该博士工作表现十分优秀，学术水平很高，但是在晋升正高级职称时，由于学院论资排辈严重，且原来负责引进他的学院负责人调离岗位，两年内都没能晋升，该博士愤而离开。山东作为孔孟之乡，深受诸多传统思想熏陶，重视人情、关系较其他省市更为明显，这成为制约人才发展的一大障碍。

二是人才"引育用留"制度体系不完善。引才工作是人才总量增加的首要源头，育才工作是人才质量提升的重要手段，用才工作是使人才充分发挥效能的指挥棒，留才工作是维持人才资源存量的关键。只有构建"引育用留"协同促进的"四位一体"人才制度体系，才能形成独特的人才制度优势。现实工作中，普遍存在"重引进轻培育""重引进轻使用"现象。真正的人才被引进来之后，受诸多因素影响，其价值潜能发挥不出来导致人才流失的案例并不鲜见。例如，一位计算机博士被山东某企业作为人才引进后，主要工作竟是装系统和维修电脑，没过多久，这位博士就选择了离开。

三是市场在人才资源配置中的决定性作用发挥不够。人才服务市场化水平低。人力资源服务业成长发育不充分，规模偏小（2016年全国人力资源服务业营业总收入11 850亿元，其中上海市2 532亿元、广东省1 020亿元，而山东省仅380亿元），实力较弱，信息化程度低，以市场发现人才、配置人才的机制没有建立起来。人才激励市场化程度低。科研院所、高等学校等事业单位受工资分配政策的约束，人才价值不遵循市场规律，在整体收益分配中所占比例过低，并且激励形式单一，股权、期权、分红和按知识、技术、管理、技能等生产要素参与分配的多样化激励机制尚未建立。加之科技成果转化率低，渠道不畅通，人才价值难以兑现。

2. 人才发展的环境不够优化

今年年初，山东很多机关单位都组织专题学习了山东广播电视台《闪电舆情专报》刊发的《四位省领导先后批示"凤岐模式"在山东落地推广仍阻碍重重》的调查采访文章。"凤岐模式"的名称来自凤岐茶社，一家名为"凤岐茶社"的创业平台诞生在山东，在山东难以生存，移师浙江乌镇后却成为"国家级众创平台"，总资产超过100亿元，成为国内知名的智慧农业发展和新动能提升服务平台。这场学习的内容正是围绕"凤岐模式"对山东省营商环境的一场反思。营商环境归根到底就是人才环境，就是人才赖以生存的环境。栽好梧桐树，自有凤凰来。哪里营商环境好，人才就往哪走、资金就往哪流、项目就在哪建。目前山东的人才发展环境还存在诸多不足。

一是山东区位优势已不明显，人才吸引力不足。山东虽属东部沿海，位置优越，资源丰富。但近年来，周边省市区域协同发展渐成趋势，北有京津冀一体化，南有长三角城市群，西有中原城市群经济隆起带，山东渐被"孤立",经济总量虽为全国第三,但"标兵"渐行渐远,"追兵"越来越近。同时,北京、上海、天津、南京、杭州、郑州等周边城市相继出台有力度的"人才新政",已产生中高端人才"虹吸效应",高学历人才净流出,山东省逐渐成为区域的人才"洼地"。

二是高等教育质量不高、发展不均衡、国际化水平低。据统计,2017年山东省高考985高校录取率为1.47%,211高校录取率为4.44%,一本录取率为10.6%,均在全国排名靠后。省属高校中没有一所进入全国前100名,没有一所拥有一级学科国家重点学科,只有4所大学拥有6个二级学科国家重点学科。除济南、青岛外,其他市基本只有一两所本科高校,排名、口碑和教育质量都不高,对省内外学生没有吸引力,与中等教育形成倒挂。山东省出台的"一人落户、全家落户"政策没有引起响应,一个重要原因就是山东省高等教育的全面落后和高考竞争太过激烈。

三是就业机会不足。就业概率的差异直接影响到高校毕业生就业地域的选择。不同地域劳动力市场的竞争程度直接影响到大学生对就业形势的判断,进而影响了大学生在该地域就业的期望。劳动力市场竞争力可以通过区域内新增就业人数以及就业增长率体现,因为两者可以充分体现不同区域创造就业机会以及吸纳新增劳动力的能力。从绝对数值上看,山东省吸纳劳动力的能力暂列第三位,落后于广东省、江苏省。就增长率而言,山东省就业增长率处于中等偏下水平,特别是2017年出现负增长情况,详见表3。

表3　2015—2017年东部省市城镇新增就业人数及就业增长率

省市	项目	2015年	2016年	2017年
北京	城镇新增就业人数(万人)	42.63	42.8	42.2
	就业增长率(%)	2.54	2.8	2.19%
天津	城镇新增就业人数(万人)	48.85	48.9	48.95
	就业增长率(%)	1.79	0.58	−0.69
河北	城镇新增就业人数(万人)	73.5	76	82.06
	就业增长率(%)	0.23	0.27	−0.41
上海	城镇新增就业人数(万人)	63.15	69.93	57.9
	就业增长率(%)	−0.30	0.27	0.54
江苏	城镇新增就业人数(万人)	139.84	143.22	148.6
	就业增长率(%)	−0.05	−0.05	0.03

续表

省市	项目	2015年	2016年	2017年
浙江	城镇新增就业人数（万人）	110.5	116	127.2
	就业增长率（%）	0.53	0.71	0.96
福建	城镇新增就业人数（万人）	65.95	60.73	60.49
	就业增长率（%）	4.52	1.03	0.31
山东	城镇新增就业人数（万人）	116.8	121	128.3
	就业增长率（%）	0.57	0.57	−1.17
广东	城镇新增就业人数（万人）	155.54	147.1	147.65
	就业增长率（%）	0.58	0.96	0.98
海南	城镇新增就业人数（万人）	10.1	9.11	12
	就业增长率（%）	2.33	0.43	4.61

数据来源：2016—2018年东部省市统计年鉴。

四是激励机制不健全。通过问卷调查统计，就离鲁就业毕业生离鲁原因排序平均综合得分得出，影响高校毕业生离鲁就业排名第一位的原因为"山东省薪酬水平偏低"，也就是说，薪酬待遇缺乏竞争力已经成为山东省留不住高校毕业生就业的显著推力。要吸引并留住人才，既要有真心实意，又要有真金白银。要理顺配套待遇激励政策，从职业发展上关心、从生活工作上关爱，多渠道、多举措解决人才后顾之忧。

五是服务保障机制不够健全完善。公共服务效能不高，公共服务平台不健全，服务内容还不够丰富，服务流程有待进一步简化，联动服务、精准服务、高效服务不足，用人单位办事还不够便捷。服务还没有真正达到"只进一扇门""只跑一趟腿"的水平。公共服务配套严重滞后，现有的落户政策、教育医疗条件等不能满足人才需求。

3. 人才观念比较保守落后

人才作为战略资源的定位不明晰，没有把"招才引智"和"招商引资"放到同等重要的地位来抓。用人单位对人才的重视程度不够，人才工作"说起来重要、坐起来次要、忙起来不要""重引进、轻培养"的思想不同程度存在。一些地方政府和用人单位把项目和资源集中于引进人才，信奉"外来和尚好念经"，对本土人才培养、开发、资助扶持力度不够。对人才结构重要性认识不到位。在人力资本总量之下，人才的结构与经济转型升级存在着更加密切的关系。人才结构的内涵包括了人才的层次与人才的各种类型。我们认为，较为成熟的人才结构是"金字塔形"，一般性人才，如高校毕业生、技能人才、普通科技人才等是塔基，高层次人才，如高级职称专技人才、高技能人才等是塔身，高端人才，如院士、"泰山学者"、海外高端人才、大师型技能人才等是塔尖。现有的人才观念对高校毕业生作为人才的认识不足，政策层面以解决就业为主，没有转变观念，视其为丰富的人力资本，进行系统化、深层次的开发和利用。

四、促进高校毕业生留鲁就业的对策建议

促进高校毕业生留本地就业问题虽然短时期内对地方政府政绩影响甚微，但高校毕业生作为高素质人口，能够为地区发展提供人才保障和智力支持，从而逐步反作用于地区经济发展的升级换代，高校毕业生作为重要的人力资本，同实体经济、科技创新、现代金融一样样要引起高度重视。因此，政府有关部门作为公共服务供给侧，要以市场为导向，厘清政府与市场边界，以促进高校毕业生留鲁发展为目标，重点围绕营造留人生态、促进就业公平、拓展就业空间和优化公共服务等方面改进和优化。

（一）转变工作观念，营造良好环境

要转变观念，加快构建全方位、全周期的人才服务生态体系，让人才拥有"如鱼得水"的环境，才能让更多人才向往、融入、扎根。大力推动政府部门简政放权，政府的人才管理职能向宏观管理、政策法规、公共服务、监督保障转变，使其从人才工作"前台"走向"后台"，从"重微观"转向"重宏观"，从"重操作"转向"重服务"，从"重政策"转向"重法制"，从直接介入干预人才具体工作逐步过渡和转变到营造公正公平的人才竞争环境上来。

1. 转变工作观念，重视本地高校毕业生留用

要将高校毕业生真正视为经济发展的基础资源，高度重视高校毕业生人力资源储备以及人力资本开发。地方政府必须更新高校毕业生就业管理理念，摒弃"解决问题式"的就业工作理念和急功近利的人才观，要有"一年不见效、三年初见效、五年见成效"的耐心和恒心，实现由短期管理向长期培育转变。进一步明确就业工作的责任主体，将高校毕业生人力资源开发与利用纳入经济规划和财政预算中，将高校毕业生更充分更高质量就业纳入宏观经济调控与政府工作业绩考核范围内，理顺人社、财政、住建等各个部门在高校毕业生就业工作中的关系，通过明

确权责建立责权清晰、分工明确的高校毕业生就业服务体系，搭建起部门之间的协调机制，实现管理思路向服务理念的转变。

2. 加大政策宣传力度，提升知晓度

对比外省引留高校毕业生政策，山东在部分政策待遇上不逊于南方发达省市，但高校毕业生对政策的知晓度普遍不高。要对现有的高校毕业生就业政策进行全方位解读和宣传，不断提高政策知晓度，让更多高校毕业生明确知晓自己在山东能够享受到哪些服务、如何办理服务，让好政策深入人心。

3. 营造爱才环境，形成良好氛围

要不遗余力地推进人才制度创新，打破人才的体制壁垒、身份障碍，打造清正严明的法治环境，敬才重才的社会环境，识才用才的工作环境，引才聚才的政策环境，优才留才的生活环境，以环境建设来统筹推进人才事业各项改革。要加强宣传和舆论引导，加大人才先进事迹宣传，特别是留鲁就业发展典型人物的树立，增强人才荣誉感和归属感，形成全社会关心人才、支持人才的良好社会氛围。

（二）创新人才政策，加快政策落地

创新高校毕业生就业相关政策，提高政策吸引性，在政策内容层面，山东省的高校毕业生引才政策与周边先进省市具有同质化倾向，在政策含金量层面，山东省的高校毕业生引才政策较之于周边先进省市存在一定程度的"滞后"，因此，山东省必须从创新高校毕业生引、留、用政策入手，提高政策的内涵价值，通过分类施策，提高政策针对性。要全力推进政策的落地生根，不断加强政策落实情况督查督办，建立人才政策落实台账和责任清单，明确责任主体和完成时限，打通政策落实"最后一公里"，确保好政策可操作、可执行、可落地，最大限度释放政策红利。

1. 打造"齐鲁青年人才储备工程"品牌

参照外省的青年人才集聚工程，打造"齐鲁青年人才储备工程"品牌，建议将高校毕业生留山东就业创业情况作为考核各市政府和高校的重要依据，充分发挥考核工作的激励和导向作用。制定高校毕业生留鲁、来鲁、回鲁就业创业政策，消除落户条件、提供安居保障、提供见习机会并给予见习补贴、加大创业融资支持、优化创业环境等措施，留住用好家门口的毕业生，吸引外省优质毕业生资源，储备人才"蓄水池"，把就业压力转化为人口红利、人才红利。

2. 实施"城市合伙人"计划

选择区域中心城市如济南、青岛、烟台试点"城市合伙人"计划。

目标是力争在 5 年内，重点针对本区域内确定的战略性新兴产业领域，引进聚集国内外顶尖人才、产业领军人才以及创业投资人、天使投资人，培育集聚青年研发创业人才，带动形成产业大军。同时注重配套政策构建，着力营造法制化、国际化、便利化的营商环境，发放服务绿卡，提供绿色通道，为广大合伙人筑好巢、搭好台、铺好路。

3. 实施"大学生薪酬激励计划"

健全工资决定和正常增长机制，根据各地经济增长水平、物价指数等因素及时调整工资标准，建立反映劳动力市场供求关系、用人单位经济效益的工资决定与正常增长机制，实现劳动保持增长和劳动力生产率的同步提高。引入工资集体协商制度，规范工资集体协商内容和程序，依靠行业协会、工会、职工大会等载体，建立工资谈判协商制度，完善体现大学生群体特点的工资收入分配政策，平衡劳动者与用人单位的利益诉求。

4. 实施"青年见习计划"

针对择业派遣期未就业的高校毕业生，探索实施"青年见习计划"。针对见习毕业生，明确高校毕业生见习周期以及最低工资标准，满足高校毕业生的生活需求；同时政府给予见习单位一定标准的就业见习补贴，用于开展青年见习计划，对见习期满留用率达到 80% 以上的见习单位提高见习补贴标准。通过"青年见习计划"这一"政府帮忙找工作"的方式兜底性解决困难高校毕业生的就业问题，最大限度地实现全省高校毕业生的充分就业。

5. 实施"大学生预就业工程"

针对有留鲁、来鲁就业意向的高校毕业生，探索实施"大学生预就业工程"。山东省企事业单位根据自身发展研判未来一段时期的用人需求，从高校毕业生中提前遴选有意向留鲁、来鲁就业的高校毕业生，并签订就业创业意向协议，政府与用人单位同时给予其一定比例的学费补助。

（三）优化产业结构，搭建就业平台

经济发展促进人才集聚，同时人才集聚又反作用于经济发展，产业结构的转型升级是经济发展的核心动力。对比近几年江浙等先进省份强劲发展势头，产业结构转型升级迟缓、毕业生发展空间受限已经演化为山东省留不住人、引不来人的重要桎梏。促进高校毕业生留鲁就业的内生动力归根在于发展，通过产业结构的转型升级、经济结构调整，释放就业市场潜力，增加就业弹性，实现经济发展与扩大就业的良性循环。要聚焦山东省乡村振兴、新旧动能转换、经略海洋三大战略，实现供给侧结构性改革。

1. 实施"产业＋毕业生"行动

按照全省新旧动能转换产业结构优化升级，确定各产业发展的重点领域，拟定各重点产业"产业＋毕业生"行动。结合山东新旧动能转换"十大产业"布局，分阶段制定人才需求规划，围绕"产业链"部署"人才链"。结合乡村振兴，将现代农业作为第一产业振兴发展的主要方向，加大对现代农业建设的资金和技术支持，推进新兴城镇、新农村、新示范区的建立，吸引大学生下乡就业，打破大学生就业的城市虹吸效应，从而提高毕业生到基层就业的可能性。将先进制造业作为第二产业的主要发展方向，大力推进智能新型制造业的发展及传统制造业向智能制造转型，凭借技术更新带动一批高质量的就业岗位，进而提高对技术技能型人才的需求，让"高校毕业生产业工人"成为第二产业转型的新力量。将现代服务业作为第三产业发展的主要方向，充分利用第三产业高素质人才需求旺盛、就业弹性大、岗位待遇丰厚等优势，为高校毕业生就业提供新的需求增长点。

2. 实施"平台＋毕业生"计划

通过平台载体建设吸纳具备创新能力的高校毕业生人才。围绕新旧动能转换重大工程"十强"产业发展，推进新型研发机构建设，打造研发平台。研究制定支持社会化新型研发机构发展的政策措施，引进培育一批重大新型研发机构集聚人才。实施高等教育强省战略。努力把山东省内高校办成国内外一流大学，把一批学科特色鲜明的高校建成国内特色高水平大学，逐步形成大学名校聚集区，以一流的大学、科研机构汇聚人才。建立企业科技创新平台容纳人才。鼓励支持研发能力强、产学研结合成效显著的企业独立招收博士后等研发人才，推动博士后科研"两站一基地"与企业科技创新平台协同发展，吸引更多人才。

3. 促进区域均衡就业

合理调控区域经济发展，解决省内区域就业不均衡问题，发挥"先富带动后富"理念，积极推动"补短板"任务，将省内东部沿海的先进产业技术逐渐引进到中西部欠发达区域，利用区域的差异化优势引导全省产业结构的调整，通过全省区域产业共建，实现不同地区间产业结构共同转型，提高就业容量，引导大学生在全省范围的合力分流。

（四）完善服务链条，提高就业吸引力

现阶段山东省陆续出台了一系列的高校毕业生促进就业政策，但是存在政策碎片化、知晓度不高等问题，政府应该梳理整合现有碎片化的人才政策，形成涵盖人才认定标准、创新创业支持、金融服务、生活保障等系统完善的人才政策体系，以就业服务信息化建设为核心聚焦高校毕业生就业指导、就业保障、就业培训，形成系统化的就业服务政策。

1. 加快就业服务信息化建设

虽然目前高校毕业生信息化平台已经基本建成，但是各项目平台之间有待进一步整合优化。要进一步挖掘高校毕业生就业信息网的相关数据，充分利用互联网、云计算、大数据等新兴技术，研发全省统一的"云就业"平台，建立起动态的高校毕业生人才数据库，定期考察追踪毕业生的就业与失业情况、流动与稳定情况、专业分布与产业需求等，同时该"云就业"平台还应兼顾为高校毕业生提供就业信息服务的功能，为毕业生精准推送就业信息，缓解就业信息不对称、机会不均衡等问题，为实现人岗匹配奠定信息化基础。

2. 进一步健全就业保障体系

大力解除高校毕业生在住房安居、子女入学、配偶安置、医疗保障、休假养老等方面的后顾之忧；简化服务办理流程，做到打一个电话或上一次网就能办好全部手续，以健全民生保障政策促进高校毕业生留鲁、来鲁就业。

3. 加快完善就业培训体系

在高校毕业生培训市场化背景下，政府在就业培训中的职能已经从主办者转变为指导者、调控者，因此应该加强就业培训服务的政策供给，明确就业培训行业的建设运营、课程选择、就业服务等内容，完善就业培训机构准入以及培训服务内容监管，同时参与引导高校就业培训课程资源的改革与实践。

4. 健全市场化机制

建立统一、规范、开放的人才服务市场体系，加大人力资源服务业扶持力度，设立省级人力资源服务业发展专项资金，创建一批省级人力资源服务产业园，培育一批有影响力的专业化人力资源服务骨干企业，吸引聚集一批国内外知名猎头公司，支持人力资源服务行业组织建设，有序承接政府转移的人才培养、评价、流动、激励等职能，推动人力资源服务业与人才工作深度融合。

（五）拓展就业渠道，引导多元化就业

在大力发展经济、优化产业结构释放就业岗位的同时，还要"内部挖潜",充分拓展就业渠道引导高校毕业生实现多元化就业,运用政策引导高校毕业生投身于人才供给不足的区域与行业。

1. 鼓励高校毕业生到小微企业、乡镇企业、基层社会组织等单位就业

缓解现阶段山东省留鲁就业"扎堆"高校毕业生机关事业单位就业问题。政府通过为到企业就职的高校毕业生发放生活补贴、提供就业培训、跟踪职业发展、监督社会保障制度落实的方式减少高校毕业生到企业就业的后顾之忧,为吸纳高校毕业生的企业提供税费减免政策以缓解其经营压力,将政策红利切实转移到高校毕业生身上。

2. 鼓励高校毕业生服务基层

借助乡村振兴战略大力发展农村经济、扩大农村就业容量,各级政府加大对基层就业毕业生的财政投入,在工资待遇方面给予政策上的导向性资助,同时探索实施发展激励政策以及荣誉激励政策。建立长效衔接机制,对于最终选择离开基层的高校毕业生,在其考公务员、考企事业单位、考研究生、自主创业和自谋职业等方面提供相应的政策优惠,解决大学生基层就业的后顾之忧。

3. 鼓励高校积极推动创业工作

落实国家"大众创业、万众创新"政策,鼓励高校积极建立创业孵化基地,通过营造良好的创业环境,推动高校重视大学生创业工作的开展,从而激发大学生的创业热情,以创业带动就业。

参考文献

[1] 蒋占峰,娄博华. 农村籍大学生返乡就业创业的社会融入研究[J]. 中国大学生就业,2019 (17).

[2] 岳昌君,白一平. 2017年全国高校毕业生就业状况实证研究[J]. 华东师范大学学报(教育科学版),2018 (5).

[3] 岳昌君,周丽萍. 中国高校毕业生就业趋势分析:2003—2017年[J]. 北京大学教育评论,2017 (4).

[4] 倪鹏飞,张钰. 全球化背景下中国人才流失的环境因素——基于全球58国的比较分析[J]. 开放导报,2010 (3).

[5] 王娟,周勋章,薛松,等. 河北籍返乡大学生就业创业影响因素

分析 [J]. 合作经济与科技, 2019 (9).

[6] 苏海泉, 武书宁, 乔松. 大学生返乡创业的现状分析及社会支持构建——以辽宁省 101 个县区 862 名创业者调研为例 [J]. 中国青年研究, 2017 (6).

[7] 邵艺瑾, 马如意, 卫丹, 等. 大学生返乡创业意愿调查分析——基于天津市 10 所高校调研分析 [J]. 科技创业月刊, 2017 (6).

[8] 郑明芬, 吴文娟. 地方治理视域下的返乡大学生就业问题探析 [J]. 沈阳大学学报, 2010 (3).

[9] 葛玉好, 牟小凡, 刘峰. 大学生就业地域选择的影响因素分析——基于扩展的托达罗人口流动模型 [J]. 中国人民大学教育学刊, 2011 (4).

[10] 孙祥, 赵勇. 基于就业吸引力的大学生区域流向分类研究 [J]. 黄冈师范学院学报, 2010 (3).

[11] 岳昌君. 大学生跨省流动的特点及影响因素分析 [J]. 复旦教育论坛, 2011 (2).

[12] 赵晶晶, 盛玉雪. 高校毕业生的流动路径及其对区域人才政策的启示 [J]. 教育发展研究, 2014 (23).

[13] 郭云贵. 大学生地域认同对返乡就业意愿的而影响研究 [J]. 周口师范学院学报, 2012 (3).

[14] 陈奕同. 大学生就业存在的问题及其解决措施 [J]. 西部素质教育, 2019 (16).

[15] 祝欢, 严丹丹, 周鹭燕. 大学生就业地域选择及其影响因素分析——以南京高校为例 [J]. 科技经济导刊, 2019 (21).

[16] 陶莹, 何建晖. 经济新常态下大学生就业观问题及对策探析 [J]. 中国大学生就业, 2019 (13).

[17] 胡克田, 郭瑞茹. 濮阳市 2011—2015 年高校毕业生返乡报到就业情况分析 [J]. 人才资源开发, 2017 (3).

[18] 马莉萍. 刘彦林. 罗乐. 高校毕业生返乡就业的性别差异：趋势与特点 [J]. 教育与经济, 2017 (1).

[19] 崔盛, 杜帆. 高校毕业生就业地选择中的"关系"作用研究 [J]. 中国人民大学教育学刊, 2018 (2).

湖北省稳就业工作研究[1]

舒林立[2]

摘　要：就业是民生之本，就业稳则经济稳、社会稳、人心稳。2019年，党中央、国务院和省委、省政府部署全面做好"六稳"工作，把稳就业摆在突出的位置。为深入了解经济下行和中美经贸摩擦双重压力下的就业工作情况，我们在开展重点外贸企业监测、企业失业动态监测、农村劳动力转移就业监测、重点地区就业监测的基础上，赴襄阳、天门、仙桃等地开展了实地走访调研，形成本文。

关键词：湖北省　稳就业　对策研究

一、湖北省就业基本概况

汇总综合统计、监测和调研的情况发现，湖北省就业局势总体平稳，主要就业指标完成良好，2019年城镇新增就业92.15万人，超过上年规模，城镇新增就业人数连续四年稳定在90万人以上，年末城镇登记失业率2.44%，继续保持低位运行。

（一）重点群体就业总体平稳

湖北省2019届高校毕业生41.94万人，初次就业率92.14%，与2018年持平；在鄂就业人数20.24万人，占已就业人数的61.15%。2019年年末，全省农村劳动力转移1 097.16万人（省外转移599.06万人，省

---

[1]　该篇论文获得"2020年全国人才与人事研究主题征文活动"三等奖。
[2]　舒林立，湖北省人力资源和社会保障厅就业促进和失业保险处副处长。

内转移 495.81 万人），总量与 2018 年基本持平，未出现农民工大规模异常返乡现象。

（二）企业用工质量进一步提升

2019 年三季度末，湖北省"四上"单位就业人数 671.31 万人，同比增加 3.6%，高出全国平均水平 5.8 个百分点，比上年同期提高 6.2 个百分点；全省"四上"单位工资总额同比增长 16.0%，增幅比上半年提高 1.2 个百分点，较上年同期提高 10.3 个百分点，职工平均工资增幅较上年同期提高 3.6 个百分点，反映企业用工和职工收入情况持续好转。

（三）就业结构进一步优化

统计表明，第三产业的就业带动效率高出第二产业 20% 左右。近年来，我省大力发展第三产业，一二三产业比重调整为"三二一"，就业结构随之不断优化。2019 年年末，我省一二三各产业新增就业人数占比为 9.5：33.7：56.8，第三产业成为吸纳就业主阵地，新增就业人数中灵活就业人数占到 35.47%。

二、稳定就业的主要做法

全省各地贯彻省委、省政府的稳就业部署，积极应对经济下行和中美经贸摩擦双重压力对就业的影响，大力实施减税降费、稳岗返还、促进就业、扶持创业等系列举措，以就业之稳服务发展大局之稳。

（一）着力加强组织领导

省委、省政府坚持将稳就业摆在"六稳"之首，在省级层面高度重视、密集部署。省委十一届五次、六次全会对稳就业工作作出重要部署。省人大专题开展《中华人民共和国就业促进法》执法检查。省委书记、省长多次对稳就业工作作出重要批示。省政府升格成立省委常委、常务副省长任组长的就业工作领导小组，进一步加强对稳就业工作的统筹领导，并继续将就业综合指数纳入市州党政领导班子考核和县域经济考核，全省各市州均升格成立就业工作领导小组。各有关部门围绕《关于做好当前和今后一个时期促进就业工作的实施意见》（鄂政发〔2018〕47 号），稳企业稳岗位、强培训抓服务、兜底线防风险，密切配合、共同发力，政策协同的效果更加凸显。

（二）着力稳定企业岗位

出台更大力度的失业保险费稳岗返还办法，提高返还标准，明确困难企业返还办法，2019年全省稳岗返还13.3亿元，惠及企业14 073家，稳定岗位256.91万个。落实减税降费政策，降低养老保险费率，继续执行阶段性降低失业保险和工伤保险费率，2019年为企业减支145亿元。各地持续开展就业专项服务行动，服务企业用工、促进人岗对接。仙桃市在云南省、四川省、贵州省、河南省、武汉市设立5个驻外劳务协作工作站，为省市内重点企业输送员工20 250人；襄阳市失业保险稳岗返还企业879家（其中包含困难企业7家）、6 190.77万元（其中包含困难企业2 414.38万元）；黄石市组建制造业产业用工联盟，为企业提供岗位调剂、用工调剂等多种服务，实现"人在平台转，淡季不走人，旺季不缺人"，为37家入盟企业成功调剂送工近千人，央视、湖北卫视对此进行了专题报道。

（三）着力促进重点群体就业

深入实施"我选湖北"计划，在省内大规模组织在校大学生实习实训，在省外西安、成都、广州等地成功举办"我选湖北"招才引智巡回推介会，大力引导高校毕业生在鄂就业创业。2017年以来，累计建立实习实训基地6 105家，140.56万大学生在鄂实习实训，115.57万大学生在鄂就业创业。出台"湖北省青年见习三年行动计划"，将补贴范围扩展至16~24岁的失业青年，2019年全省21 113名青年参加就业见习。集中开展高校毕业生就业服务行动，为32 961名2019届离校未就业高校毕业生开展实名登记服务，"一对一"帮扶。积极开展订单、定岗、定向式等就业创业培训，全省2019年培训69.58万人。大力开展春风行动、就业援助月、民营企业招聘周等专项活动，促进农村转移劳动力、就业困难人员等就业。2019年，全省帮扶失业人员再就业32.65万人，困难人员再就业18.03万人，均超额完成年度目标任务。

（四）着力推进创业带动就业

连续8年实施"湖北省大学生创业扶持项目"，2019年对863个项目给予2万~20万元无偿扶持，依托项目成功举办"创业湖北"大学生创业大赛，累计投入1.9亿元、扶持大学生创业企业4 914家。在全国首创创业分享类电视节目"创业青年说"，每月在湖北电视台播出一期，引导更多青年人创业。深入实施返乡创业三年行动计划，出台省级返乡创业示范县、示范园和示范项目认定办法，并开展首批评选认定，分别给予100万元、60万元和8.5万元奖金补贴，"我兴楚乡·创在湖北"返乡创业推介活动走进内蒙古，吸引大批鄂籍企业家参加活动，2019年全省新增返乡创业5.86万人，带动就业24.01万人。通过发放一次性创业补贴、创业担保贷款等对创业者给予扶持。2019年，全省新增创业12.11万人，带动就业37.45万人，发放创业担保贷款3.47万笔、贷款金额44.65亿元，双创活力持续释放。打造"创立方"大学生创业服务品牌，构建创业辅导、实践演练、融资对接等全流程创业扶持体系。襄阳市创新6项政策，深化"创业帮带一对一"活动，双赛合办、项目拉练、实地考察、赛后服务、比赛综合评定成功举办大学生创业、返乡创业大赛。

（五）着力加强就业形势监测

建立了外贸企业监测（70家）、企业失业动态监测（2 229家）、农村劳动力转移就业监测（30县300村）、重点地区就业监测（武汉市）4项就业监测制度，实行按月调度机制，切实加强形势监测，完善风险应对措施。

（六）着力强化全方位就业服务

全省深入开展行风建设，践行"23℃就业服务"理念。开展就业政策落实服务落地专项行动，广泛开展就业政策、就业服务进校园、进企业、进基地、进村居活动，提升就业政策就业服务知晓度、落实率、满意度。大力推进"一网覆盖，一次办好"改革，开发全省就业培训清单发布和网上报名系统，着力推进"互联网＋公共就业服务"，提供更加便捷的服务。宜昌市劳动就业管理局获全国"人民满意的公务员集体"。2019年6月，武汉市成功承办"第二届全国创业就业服务展示交流活动"，我省共有29个项目获优秀项目奖，活动在社会上引起强烈反响。

三、稳就业面临的问题和挑战

展望2020年，党中央、国务院加强政策逆周期调节，稳定了社会预期，同时，我省传统产业转型升级、新兴产业加快培育，经济发展也将为就业形势总体稳定提供有力支撑。但从调研和监测分析情况来看，经济下行压力加大、多重因素影响下，2020年的就业还将进一步承压，形势可能更为复杂、更为严峻。

（一）重点群体就业压力较大

2019年离校未就业高校毕业生32 961人，较2018年增长7 000多人，2020届高校毕业生预计将达到44万人，再创历史新高，就业压力增大；同时，已就业的数十万建档立卡贫困人员的就业稳定性也有待巩固；淘汰过剩和落后产能、煤矿关停、环保整治和长江大保护中的化工企业关改搬转中，企业裁员、职工下岗失业、退捕渔民上岸等就业帮扶难度较大。

（二）部分行业企业就业回落

2019年三季度末，我省制造业减员较为明显，主要集中在黑色金属冶炼和压延加工业、纺织服装服饰、纺织业、非金属矿物制品业和汽车制造业。调研中，仙桃、襄阳等地与汽车行业相关联的公司都反映订单下滑、成本上升，有的不得不停产裁员，湖北美洋汽车工业有限公司累计亏损900余万元，裁减职工524人；襄阳汽车轴承股份有限公司为提高企业竞争力，裁减职工199人。2020年"春风行动"岗位征集即将截止，武汉开发区90多家企业报名、招聘3 000个就业岗位，较往年近10 000个岗位的需求下滑，汽车行业相关企业就业需求降低。

（三）中美经贸摩擦对就业影响存在不确定性

目前，我省就业受经贸摩擦的影响程度总体可控。对省内70家重点外贸型企业监测显示，企业用工增减互现，总体平稳。调研中发现，部分劳动密集型企业出口产品多为加工贸易，附加值普遍不高，出口利润也较低，部分企业原材料价格上涨，成本上升，利润进一步压缩。中美经贸摩擦虽然释放积极信号，但对就业的影响仍存在不确定性，尤其需要重点关注企业生产经营困难问题。

（四）就业结构性矛盾依然突出

经济结构调整、产业转型升级过程中，长期积累的结构性问题进一步凸显，表现为招工难与就业难"两难"并存。调研中，企业普遍反映招工难，呈现出一线普工和技术工人双短缺特点。据调查，仙桃市规模以上企业408家、共有员工11 632人，其中缺工的企业45家、缺工3 147人。同时，劳动者就业观念发生变化，很多年轻人宁做低薪"白领"、不做高薪"蓝领"，特别是高校毕业生"不就业""慢就业"现象增多，择业期、等待期和观望期较长，全省2019届14.4万本科生考研，同比增长19.3%，有些毕业生甚至处于既不工作，也不受教育、培训的状态，选择自愿暂时不就业。

四、应对举措和建议

稳就业对稳定社会预期、稳定发展大局至关重要。中央和省委经济工作会议对稳就业再次作出重要部署，国务院刚刚出台进一步做好稳就业工作的意见。做好 2020 年的稳就业工作，建议强化稳字当头、稳扩并举，大力实施就业优先政策，推进到期政策再延续、就业渠道再畅通、就业服务再强化，牢牢守住全省就业基本盘，以就业局势的稳定为全省经济发展大局做贡献。建议在五个方面再加大力度：

（一）在落实就业优先政策上再加力度

深入落实党中央、国务院关于就业优先政策的决策部署，将就业优先融入省委、省政府宏观调控体系中，作为经济发展的优先目标和区间调控的下限；将就业优先融入全省高质量发展的产业布局中，结合我省重点产业发展培育高质量、大容量就业增长点；将就业优先融入省就业工作领导小组的协调机制上，制定我省就业工作激励办法，推动各部门各地方协同发力。

（二）在打造重点群体就业支持体系上再加力度

强化政策落地，抓好国务院稳就业系列政策的落实落地，抓好阶段性降低失业保险费率、失业保险稳岗返还、职工在岗培训补贴等政策延续实施，支持企业稳定岗位存量，并推动出台更多支持新增就业岗位的措施，大力支持灵活就业，扩大岗位增量；优化服务对接，对高校毕业生、农民工等重点群体，政策上精准支持，服务上提前介入，把"春风行动"扩展为一个季度，力争实现开门红；兜好民生底线，抓好就业困难人员享受灵活就业社保补贴政策期满可再享受政策 1 年等政策落实，规范用好公益性岗位政策，稳妥做好建档立卡贫困人口、离校未就业高校毕业生、退捕渔民等群体帮扶；抓好形势研判，完善就业形势和企业用工监测体系，密切研判就业形势和重点群体就业动态，强化失业风险应急处置和政策储备。

（三）在推进职业技能提升行动上再加力度

面向职工、就业重点群体、建档立卡贫困劳动力等各类城乡劳动者，大力开展职业技能培训，着力扩大规模、落实政策、提高质量，推动职业技能提升行动深入实施。进一步简化补贴申领条件和程序，加快建立职业技能提升行动经办服务平台。健全工作推进机制，加强工作调度和督促检查，确保完成三年开展各类补贴性职业技能培训 180 万人次以上的目标。

（四）在完善创业带动就业机制上再加力度

深入推动大学生等青年群体创业，加强创业指导、跟踪服务、氛围营造，促进创业热度持续提升；深入扶持返乡创业，实施"我兴楚乡·创在湖北"返乡创业三年行动计划，落实一次性创业补贴，发挥示范县、示范园、示范项目带动作用；深入推进创业担保贷款发放，降低小微企业创业担保贷款申请条件，便利贷款申领发放，增加贷款普及面、受惠度。

（五）在建设全方位公共就业服务体系上再加力度

紧紧围绕公共就业服务标准化、智慧化、便民化服务和"互联网＋公共就业服务"要求，落实减证便民系列部署，切实优化服务流程，精简办事材料，加快推进省、市、县公共就业服务事项纳入"湖北政务服务网""鄂汇办"等平台办理，打造覆盖全民、贯穿全程、辐射全域、便捷高效的全方位公共就业服务体系。

参考文献

谭映. 湖北省就业援助政策效果研究［D］. 武汉：华中科技大学，2019.

徐州市就业问题研究[①]

李小强[②]

摘　要：徐州市当前处在经济社会高质量发展的关键时期，近年来就业局势整体稳中向好，但现阶段仍面临一系列问题。本文立足新形势下实现更高质量就业、更充分就业的新要求，在全面分析徐州市就业现状的基础上，对全市农村劳动力、高校毕业生、高层次人才、特殊群体等四类人群的就业特点和面临的问题系统研究，并与郑州市、南通市、济宁市等周边城市进行对比分析，提出统筹抓好徐州市经济社会发展和实现更高质量就业的对策建议。

关键词：徐州市　不同群体　比较　就业

一、徐州市就业现状分析

（一）人口基本数据

徐州市作为淮海经济区中心城市、江苏省的人口大市，与淮北市、宿州市、济宁市、商丘市等城市交流频繁。2005年以来徐州市常住人口基本保持稳定，而户籍人口呈稳步增长趋势。如表1所示，徐州市流动人口数量较大，外出人口多于外来人口，2018年常住人口净流入比例为-15.75%，说明近年来虽然常住人口总量持续增多，但

[①] 该篇论文获得"2020年全国人才与人事研究主题征文活动"三等奖。
[②] 李小强，硕士。睢宁县人力资源和社会保障局人力资源办公室主任，高级人力资源师、高级经济师。

是向外转移就业人数要大于来徐州市就业人数,整体呈人口净流出的状态。

表1　　　　　　　2005—2018年徐州人口净流入情况

年份	常住（万人）	户籍（万人）	净流入（万人）	净流入比例
2005	881.33	925.31	−43.98	−4.75%
2010	858.21	972.89	−114.68	−11.79%
2015	866.9	1 028.7	−161.8	−15.73%
2016	871	1 041.39	−170.39	−16.36%
2017	876.35	1 039.42	−163.07	−15.69%
2018	880.2	1 044.77	164.57	−15.75%

注：资料来源于《徐州统计年鉴2019》。

国际上一个国家或地区进入老龄化社会的标准通常有两个：一是65岁以上人口占总人口的比重达到7%，一是60岁以上的人口占总人口的比重达到10%。2019年年底，徐州市65岁及以上人口达到112.33万人，占全市常住人口的12.73%，与2005年相比增加了3.22个百分点（见表2）。说明徐州市人口老龄化上升趋势明显，老龄化程度不断加深，老龄人口呈现基数大、增速快等特点。

表2　　　　　2005—2019年徐州人口统计情况　　　　　单位：万人

项目	2005年1%人口抽样调查		2010年第六次人口普查		2015年1%人口抽样调查		2019年统计公报	
常住人口	883		858.05		866		882.56	
0～14岁	164	18.57%	154.17	17.97%	165	19.05%	180.64	20.47%
15～64岁	635	71.92%	614.39	71.60%	602	69.52%	589.59	66.8%
65岁及以上	84	9.51%	89.49	10.43%	99	11.43%	112.33	12.73%

注：资料来源于历次抽样调查、普查及年度公报。

（二）就业基本数据

改革开放以来，徐州市从业人数由1978年的283.64万人，增加到2019年的483.4万人，增长70%以上。2019年，城镇新增就业11.25万人，新增农村劳动力转移5.62万人；年末城镇登记失业率1.75%，失业人员再就业12.18万人；新增高技能人才1.69万人。

表3　1978—2019年徐州市三大产业从业人数及其构成

年份	从业人数（万人）	第一产业		第二产业		第三产业	
		人数（万人）	比重（%）	人数（万人）	比重（%）	人数（万人）	比重（%）
1978	283.64	204.41	72.1	43.56	15.3	35.67	12.6
1990	408.5	249.36	61	95.41	23.4	63.73	15.6
1995	425.43	242.09	56.9	107.66	25.3	75.68	17.8
2000	417.66	235.35	56.4	93.24	22.3	89.07	21.3
2005	452.2	182.63	40.3	127.69	28.3	141.88	31.4
2010	485.9	197.8	40.7	130.6	26.9	157.5	32.4
2015	482.1	152.8	31.7	155.6	32.3	173.7	36
2017	482.7	135	28	162.8	33.7	184.9	38.3
2019	483.4	106.8	22.1	172.7	35.7	203.9	42.2

注：资料来源于《徐州统计年鉴2019》、2019年徐州经济和社会发展统计公报。

近年来，徐州经济转型升级加快，在产业结构带动下，就业结构趋于合理。至2019年年底，三大产业从业人员占比为22.1∶35.7∶42.2，非农业从业人员比重明显加大（见表3）。1978年以来，徐州的就业结构发生了两次重要变化，先是自2000年起从业人员比重由"一二三"向"一三二"转变，然后自2015年起从业人员比重实现了由"一三二"向"三二一"转变（见图1）。

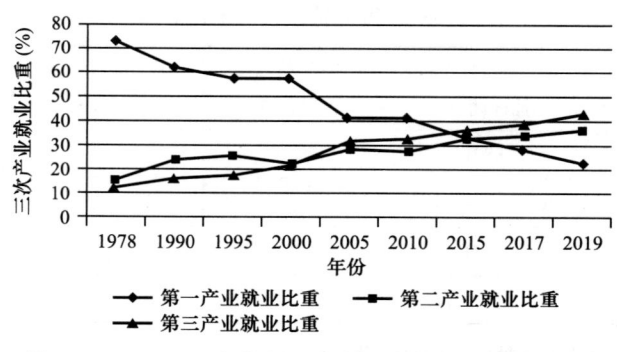

图1　1978—2019年徐州三大产业就业人员的变化情况

（三）就业政策分析

近年来，徐州市主动适应经济新常态，统筹推进城乡就业创业工作。2015年出台新形势下就业创业工作实施意见，重点将城镇新增就业、调查失业率等指标纳入国民经济和社会发展规划，强调城乡公共就业服务均等化。2017年出台当前和今后一段时间就业创业工作意见，强调建立产业转型升级与就业结构优化联动机制，推动解决结构性就业矛盾；关注去产能企业职工分流安置问题。2018年出台淮海经济区人才高地实施意见，强化人才对经济发展的推动作用，优化人才结构，全力推动淮海经济区人才高地建设。

二、徐州市不同群体就业特点研究

本文将就业群体分为农村劳动力、高校毕业生、高层次人才和特殊群体四大类，从就业形势、就业特点等方面分析。

（一）农村劳动力就业形势及就业特点

1. 就业形势

从劳动力数量来看，改革开放以来大量剩余农村劳动力外出务工，而农村对外来人口的吸引力不足，导致常住人口长期处于净流出状态。近年来，徐州作为淮海经济区中心城市的集聚效应开始显现，不但能够吸引本地区农村人口在当地就业，还逐渐吸引宿州、商丘、枣庄等周边地区的劳动力来徐州就业，人口净流出现象有所改善；从就业结构来看，大部分剩余农村劳动力实现了从农业到非农业、从乡村到城镇就业的转移，就业质量稳步提高。截至2018年，全市乡村从业人数共356.4万人。

2. 就业特点

一是农村劳动力通常由第一产业向第二、第三产业转移，由欠发达地区向经济发达地区转移。徐州剩余劳动力多转移至苏南地区、上海、浙江等地。二是农村劳动力选择就业的方式简单。就业选择受亲戚、朋友、邻居或老乡的影响较大，存在就业的"行业聚集"和"区域聚集"现象。三是自身素质影响转移就业。留在农村的剩余劳动力自身素质相对偏低，转移就业难度较大。四是返乡回徐就业逐渐成为一种趋势，近年来在家乡就近打工的人数逐年增多。据2015年调查统计，39.5%的农民工选择在徐州本地打工，比前一年同期提高了11.4个百分点[①]。

（二）高校毕业生就业形势及就业特点

1. 就业形势

徐州市高等教育资源丰富，高校数量、规模、年毕业生数量均居淮

---

① 资料来源：《2015年徐州市农民工就业状况调查报告》。

海经济区首位。2019年,徐州市共有普通高等学校10所,在校大学生达20.66万人,大学毕业生5.61万人,毕业生数量逐年增长。但是每年相当一部分毕业生选择长三角、珠三角等发达地区就业。中国矿业大学2019届共有各类毕业生8 667人,到东部、中部和西部就业的比重分别是70.6%、18%和11.4%[①];江苏师范大学2019届毕业生总数为5 521人,79.1%的毕业生选择就业,就业的本科生中有75.04%的人选择在江苏省就业,其中仅25.91%的人选择在徐州市就业[②]。徐州医科大学2019届本科毕业生共2 767人,毕业生就业地区主要集中在江浙沪,江苏省内占绝大部分,为76.37%,其中,徐州市就业人数占30.03%[③]。可见,毕业生留在徐州市就业的比重偏低。

2. 就业特点

一是就业途径和形式多样。高校毕业生一般通过各类招聘会、网络招聘平台等途径实现就业;近年来出国深造、自主创业和参军等越来越受到高校毕业生的青睐;二是毕业生更加注重薪酬待遇,更愿意从事低风险工作,如各地公务员、事业单位招考报名人数屡创新高。三是专业对就业影响较大。企业普遍对理工类毕业生感兴趣,适合文科类毕业生就业的岗位有限。四是选择偏好影响较大。徐州市应聘者更加在意单位的地理位置、城市发展前景和薪酬等因素,经济发达地区的应聘者相对更加注重职位本身。

(三)高层次人才就业形势及就业特点

1. 就业形势

"十二五"以来,徐州大力实施"科教与人才强市"战略,人才队伍不断壮大。2015年年末,全市人才资源总量达到108.8万人,其中高层次人才7.8万人,全市人才贡献率达34.6%,人才对经济社会发展的促进作用进一步增强[④];近年来,"人才优先"的工作思路大大激发了人才工作活力,到2017年,徐州市人才资源总量达到115万人,其中高层次人才8.2万人,与2015年比分别增长了5.7%和5.1%;预计"十三五"末,全市人才资源总量达到145万人,专业技术人才总量达到60万人,

---

① 资料来源:《中国矿业大学2019年毕业生就业质量年度报告》。
② 资料来源:《江苏师范大学2019届毕业生就业质量年度报告》。
③ 资料来源:《徐州医科大学2019届本科毕业生就业质量年度报告》。
④ 资料来源:《2015年徐州市人才发展统计公报》。

可以看出徐州集聚高层次人才的潜力巨大。

2. 就业特点

一是政策性强。一般由地方政府主导高层次人才的引进和留用，人才政策与当地的产业政策密切相关。二是就业率高。为集聚高层次人才，各地纷纷出台"抢人"新政，因此高层次人才需求量大，就业率普遍较高。三是就业选择面宽、机会大。高层次人才有较宽的知识广度和较深的知识深度，就业选择范围广。四是对地方经济发展作用大。人才的支撑作用非常明显，能更好服务地方的产业结构调整和企业的产能升级。

（四）特殊群体就业形势及就业特点

1. 就业形势

徐州市特殊群体主要包含贫困人口和残疾人口等，主要以残疾人群体为主。近年来，徐州市围绕"发展残疾人事业，加强残疾康复服务"的目标，积极推进公共服务均等化，大力开展精准扶贫、实名制就业工作。截至2017年年底，全市持证残疾人18.7万人，其中低收入及贫困残疾人4.5万人，占残疾人总数的24.1%；2018年城乡持证残疾人就业人数为1 634人，残疾人就业率有所提高，整体就业状况明显改善，就业规模稳步扩大[①]。

2. 就业特点

一是就业率不高。一部分人无就业意向，缺乏社会参与意识，依赖社会救助，担心一旦就业，不能够继续享受低保等补贴政策，导致整体就业率偏低。二是就业面窄。特殊群体综合素质不高，缺乏相应的职业技能；残疾人普遍受教育程度比较低，劳动能力相对不足。三是社会认可度低。当前用人单位就业歧视现象依然存在，特殊群体求职容易遭到拒绝。四是受自身因素影响较大。特殊人群就业需求与身体因素、心理因素密切相关。

三、徐州市就业存在的问题

（一）就业结构变动滞后于产业结构变动

通常情况下，就业结构是由当地的产业结构决定的。根据配第-克拉克定理，产业结构调整影响企业对就业人员的需求。2019年全市三次产业结

---

① 数据源自徐州市残疾人联合会网站。

构达到9.5∶40.4∶50.1，就业结构也相应随之优化调整至22.1∶35.7∶42.2，全市三次产业结构偏离度分别是－0.57、0.13、0.19，可见三次产业GDP比重与就业比重出现偏离和不协调，特别是第一产业偏离度达到－0.57，22.1%的就业人员产生的生产总值仅占9.5%，说明徐州市仍有大量劳动力从事低效益的农业生产，就业结构变动存在一定的滞后性。

（二）就业人数总量矛盾与结构性矛盾并存

（1）就业人数总量后劲不足。一是随着人口老龄化加剧，人口红利逐渐减弱，2005年以来徐州15～64岁劳动力总量占常住人口总量的比重呈持续下降的态势，但是65岁以上老年人口的比重不断增加；二是从业人员数量增长缓慢，2005年以来始终在480万人左右，没能实现突破；三是吸引劳动力就业的能力不足，人口外流现象仍比较严重，虽然近年来本地劳动力有转移回流的趋势，但每年净流出人口仍超过100万人。

（2）就业结构性矛盾突出。虽然人力资源市场供求总量基本平衡，但是人力资源供给与企业岗位需求不匹配，即求职者就业困难与企业招聘困难并存。经济进入新常态后，企业对高素质人才的需求不断增多，而传统产业普通工人职业转换能力差，短时间内无法适应新兴产业需要，一定程度上造成普通求职者就业困难、企业招聘也困难。

（三）科技进步冲击与劳动力成本上升

（1）科技进步在促进劳动生产率大幅提高的同时，对劳动就业也产生替代效应，由此引起结构性失业和摩擦性失业。徐州作为老工业基地，钢铁、焦化等行业转型发展去产能企业职工数量众多、技能单一，转岗压力大；近年来人工智能的发展，智能机器人、大数据技术的推广应用，技能单一的农村劳动力群体、社会认可度低的特殊群体面临失业的风险，增加了全市的整体就业压力。

（2）劳动力成本上升抑制用工需求。从劳动力供给角度来看，人口老龄化的直接影响是适龄劳动力大量减少，由此推动人员工资增多；从企业需求角度来看，就业岗位要求越来越高，必然抬高薪酬待遇；从就业环境角度来看，各项劳动就业法律法规逐步健全和落实，都会抑制企业的用工需求。

（四）不同群体面临的特性问题

（1）农村劳动力就业流动性较大，向外输出现象突出、归属感不足。农村劳动力就业容易，但缺乏相对稳定性。大部分农村劳动力更加在乎家庭因素，需要回家照顾老人和子女上学、农忙季节收割庄稼，因此多以从事短期零工为主，存在很大不稳定性；外出就业的劳动力数量常年居高不下，而来徐州就业的外来劳动力很难得到同城市民待遇，往往缺乏各种社会保障，比如面临落户困难、子女入学困难等问题。

（2）高校毕业生就业数量大、压力大、期望值高，"慢就业"趋势明显。徐州高校毕业生就业群体数量大，但是留徐就业率不高；不少有意留徐州就业的毕业生期望越来越高，与市场有效需求不匹配，导致不少毕业生就业困难。"慢就业"成为毕业生的新选择。有些毕业生可以很容易地找到工作，但是他们宁愿暂缓就业、延迟就业，期待找到更理想的工作。

（3）高层次人才就业吸引力不足，重引进、轻留用。一是区位优势不明显。吸引力相对较弱，引进外地高层次人才来徐就业困难，而本地培养的高层次人才大部分流向外地；二是政策执行存在问题。部分人才政策比较笼统和模糊，执行起来比较困难，诺贝尔奖获得者、院士、领军人才等引领经济发展作用固然突出，但在引进时针对性不足，多看头衔、看名气、看文凭，而不考虑当地产业特别是县域经济发展实际需要，存在盲目引进现象。

（4）特殊群体就业压力大、技能低、扶持难度大。一是政策落实困难。有些政策针对性、可操作性不强，如依法按比例安排残疾人就业的责任落实不到位，一些福利企业效益低，安置残疾人就业积极性不高，扶持就业难度较大。二是整体就业率低、就业不稳定。不少重度残疾人没有就业能力无法实现就业，不少贫困人口因经济贫困产生缺乏健康的求职心理，也进一步影响这类人群的就业。三是就业帮扶层次低，服务能力还很弱。这类就业人群就业过程中缺乏必要的监护，就业权益很难得到有效保障。

（五）人力资源服务产业发展滞后

一是人力资源开发力度不够。徐州人力资源服务产业起步较晚，服务产品单一、层次低。服务对象大多集中在普通劳动力上，缺乏为高层次人才、普通大学生就业提供服务的人事外包、猎头服务、咨询服务等产品。二是人力资源服务业相关规章制度不完善，从业人员专业化水平不高，经营理念和视野不开阔，制约了企业的发展。三是管理观念落后。不少中小企业仍是家族式管理，在人才的选拔和使用上论资排辈、近亲繁殖现象普遍，人力资源部门得不到重视，导致一些就业政策不能严格落实。

（六）就业质量整体不高

从就业能力来看，徐州高校培养的高学历人才、专业技术人才毕业后，大部分都寻求到发达地区就业，大量农村劳动力、转岗工人缺乏技能且无法短时间提高自身技能，不能适应新兴产业发展的需要；从就业状况来看，徐州第一产业从业人员比重较大，从事新兴战略性产业、高附加值产业人员相对较少；从就业服务来看，就业工作涉及组织、人社、民政、残联和工会等多个部门，多头管理，缺乏统一有序的公共就业管理体系；从就业环境来看，就业硬环境的建设有待进一步加强，软环境需要改善，城市的经济影响力和就业吸引力欠缺。

四、与周边三市对比分析

（一）就业现状对比

徐州作为淮海经济区中心城市，与郑州、南通和济宁三市有许多相似和可比之处，四座城市都位于我国中东部地区，地理位置相隔不远，但受经济发展水平、人口数量等客观因素影响，城市间的就业情况有所差别。

截至 2019 年，徐州 GDP 达到 7 151.35 亿元，高于济宁，低于郑州和南通两市；徐州总人口数和从业人员数均高于南通和济宁两市，低于郑州；徐州第三产业从业人员占比高于南通 4.5 个百分点，但是第一产业从业人员占比高于南通 8.4 个百分点，第二产业从业人员占比低于南通 13 个百分点（见表 4）。

表 4　　四座城市 2019 年 GDP 总量及从业人员数量

类别	徐州	郑州	南通	济宁
GDP（亿元）	6 605.95	9 130.2	7 734	4 650.57
总人口（万人）	876.35	988.1	730.5	837.59
从业人员（万人）	482.7	612.9	456	—
第一产业（万人）	135	—	89.3	—
第二产业（万人）	162.8	—	212.7	—
第三产业（万人）	184.9	—	154	—

注：数据来自四座城市 2019 年统计公报、政府工作报告。

2019 年，四座城市就业形势保持总体稳定。徐州城镇新增就业人数增长率指标高于其他三市，新增转移农村劳动力指标高于南通、低于郑州，城镇登记失业率指标优于其他三市，就业形势总体较好（见表5）。

表5　　徐州、郑州、南通、济宁四城市2019年就业情况统计

指标	徐州	郑州	南通	济宁
城镇新增就业人数（万人）	11.25	11.5	11.5	7.11
新增转移农村劳动力（万人）	5.62	5.2	1.24	—
年末城镇登记失业率（%）	1.75	1.8	1.75	3.07

注：数据来自四座城市2019年统计公报、政府工作报告。

（二）就业政策比较

实施积极的就业政策，把稳定和扩大就业作为政府的重点工作之一，这是四座城市促进就业的基本政策。但是侧重点有所不同：

（1）围绕全市经济发展目标，促进就业的主要措施不同。徐州注重以产业结构优化带动就业结构优化；郑州更加重视人才对发展经济的促进作用；南通重点扶持新领域、新业态人员就业，强调对劳动力的职业技能培训；济宁以新旧动能转换指引，积极促进产业转型发展与稳定就业的互动。

（2）采用不同的招才引智策略。徐州通过实施"彭城英才221重点人才计划"，加快集聚人才，以此促进产业结构再升级、再优化。郑州积极落实"智汇郑州"人才工程"1＋N"政策，强化人才引进和培育工作，推动人才结构优化。南通制定"高端人才引领""青年人才倍增"和"通籍英才归雁"三个人才计划，吸引各类人才到南通创新创业。济宁通过实施"鲁西科学发展高地人才支持计划"吸引人才，提升全市人力资源综合素质。

（三）就业问题比较

四座城市在就业方面存在的共性问题：一是人口红利逐渐减弱；二是农村劳动力流动性较大，外流现象相对突出；三是存在就业结构性矛盾；四是高素质专业化人才缺乏。

特性问题：从人力资源市场供求关系来看，四座城市产业需求量分布、重点需求行业及热点求职行业侧重点各不相同（见表6）。

（1）徐州人口外流压力较大，劳动力总量矛盾与结构性矛盾并存，产业转型升级去产能转岗职工安置就业压力大，人力资源服务产业发展滞后。

（2）郑州"招工难"与"就业难"两难并存的问题相对突出。在新经济影响下，实体经济吸纳劳动力就业的能力有所减弱；传统行业对普

工需求较多，但是岗位吸引力不强。

表6　　　　　　　　四座城市人力资源市场供需分布情况

类别	徐州	郑州	南通	济宁
产业需求量分布	第二产业最大，其次是第三产业，第一产业最小	第三产业是主体	主要集中在第二产业、第三产业	第三产业较大
重点需求行业分布	制造业、批发零售业	批发零售业、制造业	制造业、批发零售业、商务服务业	信息技术等新兴行业、现代服务业
热点求职行业分布	设备操作工、服务业从业人员	土木、建筑、装修等传统行业	房地产、建筑、建材等传统行业	低技能要求的传统行业

（3）南通地处上海北部，上海对其"虹吸效应"明显，大量人才外流，信息技术专业人才缺口较大，去产能职工就业安置困难，"隐性失业"与"摩擦性失业"并存，就业结构性矛盾呈现多元化趋势。

（4）济宁就业结构性矛盾、人才供需矛盾突出。企业发展需要大量高级管理人才和具备一定技能的专业人才，而大量求职者虽就业意愿强，但是技能单一，往往不能满足企业需求。

五、解决徐州市就业问题的对策建议

就业问题直接影响着徐州经济的转型发展。因此，徐州应找准就业工作短板、精准施策，助力全市高质量发展，并充分利用区位优势将徐州打造为淮海经济区促进就业创业的引领区。

（一）促进就业结构与产业结构协调发展

根据产业结构的客观变化规律合理安排就业，是统筹经济发展和解决就业问题的重要环节。因此，徐州市应当加快产业结构转型发展，并以新兴产业为引擎，促进新旧动能转换，带动就业结构不断优化。截止到2019年年底，徐州市第三产业GDP所占比重为50.1%，低于发达国家60%左右的水平，也低于江苏省全省51.3%的水平，说明第三产业有很大的发展空间，而发展第三产业会产生就业的规模效应，所以徐州市应当大力发展第三产业接纳更多的劳动力就业，用新职业牵引就业新机遇，深入挖掘新兴职业中的就业机会，以此缓解当前的就业压力。

就目前来看，可以重点发展两个新兴产业，不断拓展就业新空间：一是老龄产业，人口老龄化有助于老龄产业的发展，如促进老年家庭服务业、老年文化服务、老年健康护理等逐步兴起，这些服务可以大量吸纳剩余农村劳动力就业、再就业,进一步降低城镇登记失业率,有助于带动人口向第三产业转移;二是人力资源服务业,尽快落实人力资源服务业实施意见,重点引进和培育大型人力资源服务机构,完善人力资源服务产业园区,集聚资源优势,促进徐州市人力资源服务产业的发展壮大。

(二)统筹引进外地人才且留住本地人才

(1)加快人才体制改革,激发人才活力。坚持经济发展需求导向,通过产业集聚提高区域产业竞争力,有助于提供充足的就业机会,对周边相关人才产生磁场效应;通过"彭城英才211重点人才计划"、高校毕业生招引计划,吸引人才来徐州就业创业,集聚全市经济社会发展急需紧缺的高层次人才。但是,人才引进不能盲目,要与徐州地区经济发展现状有机结合,特别是当前县域经济发展水平薄弱,对高层次人才的吸引力有限,更应该从实际需求出发,避免盲目引进造成资源浪费。

(2)做好配套工作,千方百计留住人才。一是支持在徐高校调整专业设置和修订人才培养方案。将高校专业设置与徐州市产业结构紧密结合,以市场为导向开设相应的专业,使人才培养方案与人才需求相匹配,提升高校毕业生的就业能力。二是开发高质量就业岗位、拓宽就业渠道。创新岗位开发机制,鼓励企业提高待遇、依法规范管理,吸纳本地毕业生长期稳定就业。三是严格落实人才的落户、购房补贴、生活补贴等补贴和扶持政策,对留徐工作的高校毕业生按照政策给予相应的社保补贴,在住房、医疗卫生、子女入学等方面实行同城化待遇,增加归属感和成就感。

(三)强化职业教育和技能培训

制订全市低技能劳动力职业技能提升方案。政府部门加强职业培训基地和师资力量建设,创新技能人才培养模式,加快推行企业新型学徒制度,重点增加县级师资供给,调动民间资本举办各类职业培训学校的积极性;指导职业院校和培训机构根据市场需求及时调整专业结构和培训方向,鼓励"订单式"培养,弘扬工匠精神;逐步推行终身培训制度,建立适应不同人群的职业培训制度,强化低技能群体的分类职业教育和技能培训,加大高技能人才、乡土人才培养力度,逐步壮大技能型劳动者队伍。

(四)加大特殊群体就业帮扶力度

注重"开源",强化"引流"。多渠道、多举措推动去产能分流职工再就业,制定具体的就业帮扶措施,通过转岗就业、培训再就业等方式,做到就业安置政策稳定、长效;将被征地农民、农村新成长劳动力及时纳入当地就业管理体系,引导其有序就业;严格落实用人单位按比例安置残疾人就业政策,提高残疾人的就业率;实施精准就业帮扶计划,拓宽就业困难人员、贫困户等特殊群体就业渠道;加大政府补贴和帮扶力度,切实抓好各项优惠政策的落实,提高特殊群体就业的稳定性和就业质量。

(五) 鼓励全民创业带动就业

创新创业是引领发展的主要动力,鼓励和吸纳各类人才和大学生在徐州创业就业。积极推动全民创业,充分发挥创业带动就业的倍增效应。结合产业结构调整,面向淮海经济区成立定位合理、特色鲜明的创业园区,搭建多层次的创业孵化平台;政府部门定期聘请有经验的创业导师,开展有针对性的创业指导;政府设立的创业扶持基金要及时足额到位,合理使用,不能仅仅停留在文件上和口号上;加大创业补贴支持力度,及时落实税收减免和创业担保贷款政策,降低创业成本;促进创新创业全要素聚集,创造良好的创业氛围。

(六) 建立就业促进联动机制

一是建立经济政策与就业政策联动机制。徐州在制定全市发展规划、产业规划等政策时,要充分考虑其对扩大全市就业规模、提升就业质量的促进作用,逐步形成宏观经济政策促进充分就业的良好机制。二是建立社会保障与就业服务的联动机制。利用基层公共就业服务平台及时为失业人员、去产能离岗人员办理失业保险,以及为再就业的失业人员办理社会保险关系接续手续。三是建立市县之间联动机制。认真研究市县之间在经济、产业、人员素质等方面的差异,制定更具特色、更加切合当地实际的就业政策,有利于提高稳定性和就业质量。四是统筹推进部门之间联动。就业工作涉及面广,应该统筹组织、人社、公安、税务、残联、民政、教育等相关部门,建立常态化就业联动机制,减少就业政策协调的难度和业务指导的成本,形成工作合力。

(七) 提升服务效能营造良好环境

一是提供优质的公共服务。推动建设徐州"互联网+就业"智慧平台,充分利用大数据技术实现数据共享,为各类求职者和企事业单位提供精准的对接服务,拓展公共就业服务渠道;二是严格执法,维护求职者权益。就业主管部门要加强人力资源市场监管,严格执行《中华人民共和国就业促进法》等法律法规，依法严厉打击互联网、职介机构虚假招聘等不良行为，坚决打击恶意欠薪等行为，有效维护求职者的权益；三是加强就业政策的宣传，指导和监督各类用人单位担负起社会赋予的责任，自觉遵守法律法规，共同营造和谐的就业环境；四是加快就业硬环境和软环境的建设，提升就业质量，把徐州的人力资源优势转化为促进经济发展的优势，从根本上增强经济影响力和就业吸引力。

参考文献

［1］黄健元，王欢. 人口老龄化对经济社会发展的影响及其对策研究——以江苏省为例［M］. 北京：科学出版社，2013.

［2］李小强. 徐州就业问题研究——与郑州、南通、济宁比较分析［J］. 人力资源管理，2018（10）：427-428.

［3］周洪霞. 我国区域产业转移的就业效应研究［M］. 北京：经济管理出版社，2017.

［4］万智华. 徐州市残疾人就业问题策略研究［J］. 现代经济信息，2016（17）.

［5］彭仲生. 农村贫困大学生就业困难的潜因及对策分析［J］. 江西广播电视大学学报，2015（3）.

［6］戴元湖. 实现更高质量和更充分的就业［J］. 群众，2018（13）.

［7］邢超群. 基于毕业生求职意向调查的大学生就业问题研究［J］. 湖南邮电职业技术学院学报，2016（3）.

［8］吴坤. 苏北农村劳动力外出就业偏好及回流现象研究——以徐州市为例［J］. 农村经济，2009（12）.

［9］杜建华. 影响我国劳动力就业的因素分析及政策选择［J］. 兰州学刊，2005（4）.

［10］苏冰冰. 我国就业结构与产业结构的不协调及对策［D］. 北京：中国人民大学，2004.

［11］关于残疾人就业扶贫问题研究报告［R］. 徐州市残疾人联合会网站，2018-05-17.

杭州市打造大学生创新创业生态最优市的战略思考[1]

黄菊火　童铁江[2]

摘　要：大学生是十分宝贵的人才资源，是创新创业的主力军、人才队伍的重要力量，富有创新创业精神的大学生是一个国家和地区未来发展的重要战略资源。党中央、国务院高度重视大众创业、万众创新工作，提出实施大学生就业创业促进计划，鼓励大学生自主创业，国家人社部等部门、浙江省委省政府、杭州市委市政府都对促进大学生创新创业（以下简称大学生"双创"）进行了积极的部署。作为全国首批国家大学生创业示范基地的杭州，近年来在鼓励和支持大学生"双创"方面做了一些富有成效的探索，积累了一些生动的实践经验。本课题着眼贯彻落实新发展理念，以更高站位和更大力度推动大学生双创，提出打造大学生双创生态最优市的战略构想，积极谋划新时代新形势下杭州大学生双创新战略新思路，奋力推动大学生双创勇立潮头、走在前列，为全省、全国乃至全球大学生双创输出杭州经验、提供杭州方案、做出杭州贡献。

关键词：大学生　双创　生态　最优市

---

[1]　该篇论文获得"2020年全国人才与人事研究主题征文活动"三等奖。
[2]　黄菊火，杭州市人力资源和社会保障局党组成员、副局长；童铁江，杭州市人力资源和社会保障局就业创业指导处处长、高级经济师。

党中央、国务院高度重视大众创业、万众创新工作，习近平总书记、李克强总理多次作出重要指示。国务院明确要求实施高校毕业生就业创业促进计划，鼓励高校毕业生自主创业，国家人社部等部门、浙江省委省政府、杭州市委市政府都对促进大学生双创进行了积极的部署。为贯彻落实新发展理念，以更高站位和更大力度推动大学生创业创新，杭州市开展了《杭州市打造大学生双创生态最优市的战略研究》课题研究，通过查阅资料、实地走访、座谈交流等多种形式，广泛调研、征集大学生创业者、大学生创业园，以及区、县（市）和相关部门的意见建议，总结分析杭州大学生双创实践面临的机遇与挑战，谋划未来一个时期大学生双创战略思路，奋力推动杭州大学生双创勇立潮头、走在前列。

一、大学生双创生态建设的杭州实践

青年人才在哪里，创新创业的活力就在哪里。近年来，杭州始终把大学生双创作为重要的人才工程、未来工程，针对初创大学生"四有（有激情、有梦想、有创意、有技术）""四无（无资金、无场地、无经验、无服务）"特点，2008 年来滚动实施了四轮大学生创业三年行动计划，着力破解大学生创业"四无"难题，打造青年创新创业沃土，涌现出艺福堂茶业、每日互动网络科技等一大批大学生创业企业典型。据统计，2019 年全市销售额达百万以上的备案大学生创业企业共 1 248 家，创销售额逾 160.25 亿元，纳税逾 3.44 亿元，其中销售额亿元以上企业 19 家。在大学生双创带动下，2019 年吸引高校毕业生来杭就业突破 20 万人。杭州被教育部命名为首批"国家大学生创业示范基地"，被国务院授予"全国创业先进城市"称号。

（一）着力打造资金链，破解"无资金"难题

出台《关于服务"六大行动"打造人才生态最优城市的意见》《杭州市大学生创业资助资金实施办法》等"黄金"政策，构建集大学生创业生活补贴、场地补贴、创业项目资助、创业担保贷款和融资支持等"一条龙"资金支持体系。

（1）生活补贴。对来杭创业创新的全球本科及以上学历应届毕业生（含毕业 5 年内的回国留学人员、外国人才）发放一次性生活补贴，其中本科 1 万元、硕士 3 万元、博士 5 万元。应届大学毕业生在富阳区、临安区、桐庐县、淳安县、建德市等西部区、县（市）工作满 3 年后，再给予

本科1万元、硕士3万元、博士5万元的一次性生活补贴。截至2020年11月底，全市累计发放应届高学历毕业生生活补贴12.18万人，拨付金额19.52亿元。

（2）场地补助。大学生在杭创办企业，租赁办公用房的，可享受3年内最高10万元的经营场所房租补贴。鼓励和支持各地建立市级大学生创业园，市区财政给予每个大学生创业园一次性100万元建园资助，每2年对大学生创业园进行考核，对考核优秀、良好、合格的创业园分别给予30万元、20万元、10万元资助。

（3）项目资助。杭州海外高层次人才创新创业大赛项目落地最高可获得500万元资助，中国杭州大学生创业大赛获奖项目落地最高可获100万元无偿资助，大学生创业项目最高可获得50万元的资助，国家部委举办的"创青春""互联网+"等的大学生创业大赛项目落地，最高可获得50万元资助，大学生创业企业最高可享受3年50万元创业担保全额贴息贷款。

（4）融资支持。将各银行机构创业担保贷款情况和大学生创业融资情况支持相关数据作为两项具有较高权重的评分指标纳入银行、保险评价办法，引导各金融机构加大对大学生创业融资的支持和相关产品创新力度。与风投创投机构合作建立海大、涌泉、风险池和创业陪跑基金等一系列大学生创业扶持基金，解决融资难题。

2008年实施首轮大学生创业三年行动计划以来，全市累计无偿资助各类大学生创业资金13多亿元，其中，资助4 109个大学生创业项目，资金2.87亿元、创业场地补贴2.74亿元，发放大学生创业担保贷款598笔、金额1.46亿元，贴息476笔、金额914.21万元，大学生创业风险池基金共为115家次放贷8 900万元。例如，杭州联海网络科技有限公司在创业最困难时期，政府及时给予了大学生创业无偿资助、房租资助等扶持政策，帮其渡过了难关，6年时间，公司从最初3人发展到100多人，2019年营业额突破1亿元，成长为杭州高新技术企业。

（二）着力打造空间链，破解"无场地"难题

依托产业园区、科技园区、高校资源，建立覆盖全市、功能完善的大学生创业空间，为大学生创业企业提供全要素创业服务，各类孵化成功创业空间和在孵大学生创业企业占全市备案总数的85%以上，集聚孵化效果明显。

（1）大学生创业园。采取"一区多园""一园多点"等方式，建立市

级大学生创业园 20 家，其中省级创业孵化基地 14 家，共入园企业 4 535 余家，累计孵化成功 6 963 家。来自江苏南京的大学生耿磊入驻富阳区大学生创业园创办杭州领路教育咨询有限公司，在园区精心孵化下，开发"领路优选＋领路网校"平台，打通在校大学生与社会教育资源的匹配通道，短短两年时间在省内建立合作教学点 50 余个，服务大学生 3 000 余人，营业收入超千万元。

（2）创业陪跑空间。建立 22 家市级创业陪跑空间，依托杭创联、陪跑基地联盟，已逐步形成小生态，开展创业者社群交流、创业孵化、投资融资等活动，陪同创业项目顺利起跑。

（3）众创空间。建立市级标准化众创空间 165 家，其中国家级众创空间 48 个，居副省级城市首位，整合创业资源要素，服务初创大学生等创业群体。

（4）特色小镇。18 个特色小镇入选省级特色小镇，入选数全省第一。例如，梦想小镇成立 5 年来，累计引进深圳紫金港创客、良仓孵化器等知名孵化器，集聚创业项目 2 229 个、创业人才 1.9 万名，166 个项目获得百万元以上融资，融资总额达 110.25 亿元。

（三）着力打造培育链，破解"无经验"难题

坚持因类施教、"缺什么补什么"，探索建立金字塔型大学生创业创新培育模式。

（1）高校普惠创业教育。与 103 所国内重点高校建立创业就业战略合作，在 41 所在杭高校都建立高校就业创业指导站，结合大学生创业"师友计划"、创业陪跑计划等，加强高校创业教育指导，集聚优秀高校毕业生在杭创新创业。

（2）创业实训（见习）重点培训。紧贴产业发展需求，深化和扩大大学生创业实训十年工作成果和社会效益，着力开展行业人才实训工作。创新开展创业见习训练，完善见习训练"五全"机制。全市累计实训大学生 53.6 万余人、见习训练逾 10 万人。

（3）大学生创业学院分层培养。与浙大科技园联合成立公益性大学生创业教育服务平台——杭州市大学生创业学院，开设创业"雏鹰班""强鹰班""精英班"，分层培训大学生创业者 1 300 余人，打造创业大学生的"黄埔军校"。

（4）杰出创业人才培育计划尖端培育。每年从创业大学生中选拔 20

个优秀创业者,纳入杭州市大学生杰出创业人才培育计划,每人给予50万元培育资金,通过导师结对、外出考察、学习进修等方式培育"新锐杭商"。目前,160名培育对象所在企业中,13家企业上市或被上市公司收购。某培育对象所在企业每日互动股份有限公司2019年销售额逾25.4亿元,该公司是我市第一家在创业板上市的大创企业。

(四)着力打造服务链,破解"无服务"难题。

(1)搭建对接交流平台。以落地转化为目标,加强风投创投、各类园区与参赛者的对接,成功举办六届中国杭州大学生创业大赛,吸引1.5万个项目团队参赛,共促成451个优秀项目在杭落地转化。第四届大赛成长组三等奖获得者潘予获政府无偿资助10万元,成立杭州研趣信息技术有限公司,致力于打造大型科学仪器的资源共享平台,历经四年发展,2019年营业额突破8 000万元。同时,积极举办大学生网络创业大赛、国际众创大会、国际创业马拉松、大学生创业企业投融资对接会和大学生创业服务周等活动,助力大学生创新创业。

(2)发挥社会组织作用。发挥杭州市大学生创新创业与就业研究院、大学生创业企业发展促进会、大学生创业联盟、众创空间联盟、创业陪跑基金会等社会组织作用,为大学生创业企业送服务、解难题。

(3)深化"最多跑一次"改革。针对大学生创业办理项目资助、创业担保贷款、生活补贴、创业实训、见习等事项"跑多地""跑多次"问题,通过流程优化、数据共享、部门联动,在全国率先实现大学生创新创业"一件事"联办,将涉及人社、公安、住保房管、公积金等8部门17项大学生创新创业高频事项,实现全流程在网上"跑零次",高效促进大学生创新创业,该项目入选浙江省人社系统十大创新案例、杭州市最佳创新案例。

二、打造大学生双创生态最优市的机遇与挑战

(一)机遇前所未有

(1)"重要窗口"建设的机遇。习近平总书记亲临浙江考察指导,赋予浙江"努力成为新时代全面展示中国特色社会主义制度优越性的重要窗口"的新目标新定位,对杭州工作作出重要指示。杭州市委十二届九次全会提出,杭州要在全省建设"重要窗口"中展现"头雁风采",强调要更好发挥在科技创新和人才引育方面的示范引领作用,做强平台创新

策源功能，打造人才最优生态，构建创新创业圈层，努力成为创新型城市建设的实践范例。大学生双创作为创新创业圈层的重要力量，在"重要窗口"建设中将迎来更好的发展机遇，也将承担更大的使命担当。杭州顺势而为，打造大学生双创生态最优市，激发双创澎湃动力，推动双创高质量发展，必将成为展示"重要窗口"创新性城市建设的一大实践范例。

（2）举办亚运盛会的机遇。2022年，杭州将举办亚运会，申办亚运会的成功将带来大规模的经济建设，直接拉动经济增长。例如，2010年广州亚运会国家投入13.75亿美元，其中11.73亿美元用于基础设施建设，投资通过乘数效应极大地拉动了广东省的经济发展。例如，在消费方面，广州亚运会带来了四个方面的影响：一是广州投资100亿元以上用于交通、环境等基础设施建设；二是广州入境旅游人数以年均约4%的速度增长；三是居民消费结构升级促进本市消费持续快速增长；四是举办亚运会衍生出了庞大的亚运消费，特别是推动全面健身事业的发展，扩大体育人口数量，形成新的市场消费需求。杭州可借举办亚运会的机遇以获得城市品牌的升级改造，优化城市产业结构，从而促进整体经济增长。对杭州大学生"双创"而言，杭州申办亚运会是一个重大的历史性机遇，将带来更为充沛的资金流、人才流、技术流、信息流等要素资源，大学生双创将享受更多"亚运红利"。

（3）长三角一体化高质量发展的机遇。长三角一体化上升为国家战略，意味着以城市群体为代表的新一轮城市化已经启动。这是长三角一体化内生动力与国家发展战略实施的历史性交汇。长三角一体化高质量发展为产业聚集和畅通资源创造了条件和机遇，长三角城市间可聚焦科技创新、创意文化、现代金融等产业领域，充分发挥各自的创新创业活力和产业化优势，打造"双创"一体化平台。杭州大学生双创亦可借船出海、借梯登高，充分依托长三角地区，特别是上海的资源要素，加强沪杭大学生"双创"全方位合作，优势互补，共享发展。

（二）挑战前所未有

（1）百年未遇大变局的挑战。今年受新冠疫情和国际贸易摩擦影响，新经济、新业态、新模式发展迅速，例如电子竞技师、网约配送员、心理师、在线教育培训、带货直播等，为大学生双创拓展了新的空间、带来了新机遇，但同时对杭州外贸以及旅游、酒店、餐饮等为代表的传统服务业和劳动密集型制造业、中小微企业等产生很大冲击,大学生创业企业大多是初创的小微企业,抵御、抗击风险的能力不强,部分大学生创业企业因经营困难减员纾压。从杭州来看,今年大学生来杭就业创业势头有所放缓。随着国际疫情和贸易摩擦的持续,杭州大学生双创挑战依然十分严峻。

(2) 城市科技创新竞争的挑战。近年来,杭州大众创业、万众创势头良好,特别是应用型的企业创新和商业模式创新走在前列,但对照先进城市,如何从顶层设计上谋划基础性、战略性的科技创新,做得还不够。上海、深圳、合肥、南京等城市,十分注重打造开放型、引领性、平台性、功能性很强的创新引擎,不仅服务当前发展,还服务未来产业,不仅服务地区发展,还服务国家战略。合肥的量子通信卫星、量子计算机、"人造小太阳"等领先世界;深圳在化学、医学光电等领域谋划10个由诺贝尔获奖者领衔的实验室。相比之下,杭州国内顶尖、世界一流的国家实验室、科研院所、研发机构、研究性大学、重大科学装置等高端创新平台比较缺乏,具有基础性、创新性、引领性的重大科技成果较少。

(3) 双创高质量发展的挑战。与发达地区相比,与大学生双创高质量发展要求相比,杭州大学生双创还存在一些问题和短板。从"双创"服务看,大学生双创理论和实践的研究不够深入,双创生态服务体制机制还存在短板、创业导师绩效评估体系不够健全、双创环境有待进一步优化,等等。从大学生创业本身看,目前杭州大学生创业多为模式创新,缺乏技术上的创新、攻关,大学生创业高、精、尖成果不够多,一定程度上制约了大学生双创高质量发展。杭州要奋力展现"重要窗口"的"头雁风采",大学生双创亟待在原有基础上拉高标杆、补齐短板、走在前列。

机遇与挑战并存,机遇大于挑战。我们要跳出杭州看杭州、服务全省看杭州、立足全国看杭州、链接全球看杭州,从大尺度的时空转换中把存在的问题和挑战想明白、把应对的策略谋深入,在更高标准、更广范围、更深层次上寻找参照系,积极对标世界一流现代化国际大都市,进一步提升谋划重大举措、集聚创新创业要素和优化营商环境的能力和水平,努力在危机中育新机、于变局中开新局。

三、打造大学生双创生态最优市的战略思考

2020年全国应届高校毕业生总数达874万人,比2019年的834万增长4.8%,再次创下历史最高纪录,预计海外回国留学人员60万人,两者总共934万人左右。我国每年新增劳动力大约是1 300万人,其中城镇新增大约1 100万人,大学生已经占到城镇新增劳动力数额的85%左右,成为就业工作的重中之重。大学生是十分宝贵的人才资源、是创新创业的主力军,富有创新创业精神的大学生更是杭州未来发展的重要战略资源,亦是当前城市间人才争夺的重点。

打造大学生双创生态最优市,是杭州应对挑战,拉高标杆,推动大学生双创高质量发展的重要举措,是杭州加速集聚创新创业青年才俊,加快建设为世界名城的重要载体,更是杭州奋力展示"重要窗口"大学生双创"头雁风采"的重要抓手。全力打造大学生双创生态最优市,这既是一种时代责任、一种使命担当,也是一种自我挑战、一种雄心壮志。我们要以面向世界的宽阔视野和面向未来的前瞻思维,站在全局和战略的高度,充分认识大学生双创的重要战略意义,将其作为杭州"十四五"发展规划的重要内容,纳入各地政府绩效考核和人才科技目标责任制考核,抢抓全球人才流动新机遇,举全市之力打造大学生双创生态最优市,聚天下英才共建杭州、发展杭州,力争在新一轮城市发展竞争中快人一步、抢占先机。

(一)确立第一目标

以打造大学生双创生态最优市为总目标,对标一流,抢抓机遇,乘势而上,聚焦长三角一体化发展中国家战略、全国双创示范城建设等重大部署,注重整合各类创新创业资源要素,加速集聚全球大学生来杭创新创业,走在全国前列,跻身全球大学生"双创"网络重要一极,奋力展示"重要窗口"大学生双创的"头雁风采"。

(二)突出两轮驱动

在持续加大大学生创业支持的基础上,突出大学生创新的政策导向,鼓励和支持大学生围绕科技、教育、卫生、文化等领域和数字经济、生命健康、人工智能、新材料、文化创意等杭州发展的重点产业,克难攻坚,勇攀高峰。畅通产学研用转化通道,加快构建全区域协同、全要素配置、全链条融合、全方位保障的格局,推动大学生创新与创业无缝衔

接、融为一体。

（三）打造双创"三地"

打造大学生双创生态最优市，形成充满活力的大学生创业创新体系，涌现出一批具有全国影响力的大学生创业创新平台和创业企业，把杭州打造成为大学生双创人才集聚地、双创成果转化地、双创文化引领地，吸引和集聚全球大学生来杭筑梦、追梦、圆梦。

（四）把握四大原则

1. 政府＋市场

坚持"政府搭台、企业唱戏"，发挥民营经济强市优势，以"最多跑一次"改革为牵引，优化大学生创新创业环境，培育更多充满活力的大学生双创主体，推动政策、技术、资本等各类要素向大学生创新创业领域集聚，实现"政府有为"与"市场有效"完美结合。

2. 线上＋线下

以打造全国数字经济第一城、全国双创示范城等为契机，充分发挥"互联网＋"集众智汇众力的乘数效应，建好线上"创联体"，让万物互联、人机交互、天地一体、无网不在、在线创新成为常态，推动更多大学生双创新技术、新产品、新业态、新模式在杭州涌现。

3. 国内＋国际

坚持"引进来"与"走出去"相结合，深入贯彻长三角一体化国家战略，充分融入"一带一路"和长江经济带建设，全面接入全球大学生创新创业网络，汇聚大学生创新创业资源，深化大学生双创国际交流合作，努力成为国际大学生双创网络重要一极。

4. 工作＋生活

优化宜居宜业环境，增强城市的包容性，擦亮"中国最具幸福感城市"金字招牌，着力打造生产生态生活相互融合、产城人文相得益彰的特色小镇和未来社区，营造敢为人先、宽容失败的良好氛围，使大学生双创成为普遍生活方式和共同价值追求。

（五）推进"大学生双创生态最优市建设十大行动"

1. 百万大学生杭聚行动

落实好《杭向未来·大学生创业创新三年行动计划（2020—2022）》，大力实施百万大学生杭聚行动，加大大学生一次性生活补贴、创业项目资助、见习训练、博士后倍增计划等政策支持，力争3年集聚

100万名高校毕业生来杭就业创业。2021年拟重点面向高校毕业生，举办600场以上人才招聘会，推出就业岗位80万个以上；组织1万名以上优秀大学生在杭见习训练；推动新建大学生创业企业2 000家以上，带动就业1万人以上。力争全年接收高校毕业生30万人。

2. 亚运创客竞跑行动

借助2020年亚运会重大活动载体，依托杭州国际人才交流与项目合作大会、"创客天下·杭向未来"海外高层次人才创新创业大赛"一会一赛"平台，征集、吸引和亚运会相关的海内外创新创业项目对接合作、落地杭州。发挥我市创业园区、创新平台、风投机构、知名企业、产业渠道等创新创业资源优势，开展集学习、融资、推广、社交、经济等为一体的"亚运创客运动会"，促进海内外优秀创客、项目与我市产业、平台对接合作、落地发展。

3. 长三角大学生双创高质量发展行动

探索签订长三角大学生双创高质量发展协议，通过建立大学生双创示范基地联盟、长三角大学生双创云服务平台，共享双创资源和信息。探索实施长三角大学生双创券，为长三角地区各类创业载体提供创新创业服务补助。推动高校就业创业指导站向长三角区域重点高校延伸，宣传杭州创业创新政策，联合开展大学生创业、招引等活动。

4. 大学生双创导师赋能行动

探索建立大学生创业导师学院，深入推进大学生创业就业师友计划，加强大学生创业导师的培训培养，建立健全创业导师绩效评价机制，建立全市统一、分层分类管理的创业导师库。发挥创业导师资源作用，举办杭州大学生创业训练营，对有创业意愿的在校大学生进行有针对性的创业培训；举办大学生创业实践营，通过与创业导师结对，对经大学生创业训练营选拔的创业大学生进行"一对一"创业实践辅导。

5. 大学生科技创新引领行动

突出创新导向，把科技创新作为大学生双创核心战略抓好抓实。强化创新政策支持，加大对发展潜力好的大学生创新型企业的金融支持，提高信用贷款、中长期贷款比重，加大对科技含量高、创新能力强的大学生创新项目的无偿资助。各类大创园优先招引科技创新强的大创企业。鼓励采购单位优先采购大创企业最新创新成果。总结推广余杭区

"人才创业险"试点做法，对从事符合我市产业发展导向的大学生创新型企业试行"创业险"，对创业失败的大创企业给予一定社会保险保障。

6. 大学生双创基地提升行动

探索建立大学生双创孵化基地联盟，加大大学生（留学人员）创业园绩效评估，提升双创平台服务功能，支持高校示范基地打造并在线开放一批双创教育优质课程，加强大学生创业实践和动手能力培养。鼓励有条件的园区建设国际双创孵化器，与知名高校、跨国公司等联合打造离岸创新创业基地，提升海外创业项目转化效率。

7. 大学生双创标准化打造行动

依托清华大学、浙江大学等高校资源优势，加强与国标委国家标准化管理委员会等部门对接联系，研究制定国内首个大学生双创标准，将十年来杭州大学生创业项目资助、经营场地补贴、创业孵化基地建设、创业导师管理服务、公共服务等实践做法形成国家标准，发挥杭州作为首批国家大学生创业示范基地的辐射带动作用，为全省、全国乃至全球大学生双创输出杭州经验、提供杭州方案。

8. 大学生双创高端智库助力行动

依托杭州启真大学生创新创业与就业发展研究院等社会组织，建立杭州大学生创新创业与就业专家智库，邀请全球创新创业领域的专家、学者加入智库，更好整合政府、高校、市场等多方资源，借助智库力量重点开展大学生双创政策、标准化、教育课程体系、重大课题研究，持续提升杭州大学生双创层次与水平，努力打造全国乃至全球大学生双创智库。

9. 大学生双创智慧大脑建设行动

运行杭州双创智慧服务平台，为大学生双创搭建线上政策咨询、在线学习、创业教育、导师对接、园区孵化、融资洽谈、项目申报等智慧服务，联动线上线下送"码"推送，让大学生创业者在城市各个角落都能便捷链接大脑、享受数字服务。完善大学生"青荷码"，利用数字技术，归集双创服务、政策服务、生活服务、缤纷活动、全科服务五大类服务。推进大学生创新创业"一件事"联办，推动更多事项网上"零跑"。建立健全大学生双创数据库，强化数据统计分析研判。

10. 大学生双创生态优化行动

探索建立杭州大学生双创生态联盟，整合大学生创新创业与就业发展研究院、大创企业发展促进会等社会力量，研究解决双创困难和问题。高水平办好杭州大学生双创日、中国杭州大学生创业大赛、国际众创大会、国际创业马拉松等活动，评选大学生创业之星，编辑《杭州大学生就业蓝皮书》《杭州大学生创业蓝皮书》，发布杭州大学生就业创业指数，大力培育创业创新文化。持续挖掘、宣传大学生创业典型案例，加强创业风险宣传，引导大学生正确认识、理性创业，营造鼓励创新、宽容失败的文化生态。

常态化疫情下杭州市萧山区衙前镇就业难点及建议[①]

方木春[②]

摘 要：就业是最大的民生工程。2020年1月、2月份，受突如其来的新冠肺炎疫情影响，杭州市萧山区衙前镇（以下简称衙前镇）损失巨大，全镇绝大多数企业停摆，就业等民生问题突出，在常态化疫情下，衙前镇就业情况如何，面临哪些难点，应采取哪些对策，提出哪些建议。6月份，本文在衙前镇党委、政府及镇人力资源和社会保障管理站的大力支持下，以常态化疫情下衙前镇就业难点和建议为主题，对衙前镇就业工作进行了一次调研，基本了解和掌握了衙前镇常态化疫情下七个方面的就业情况和当前面临的五个难点，提出了六点建议，仅供参考！

关键词：疫情下 衙前镇 就业难点 建议

根据衙前镇党委、政府及乡贤联谊会《关于开展"我为家乡发展献良策"金点子征集活动的通知》精神，2020年6月份，本人以"常态化疫情下衙前镇就业工作难点及建议"为主题，对常态化疫情下衙前镇就业情况进行了一次较为广泛的调研。这次调研得到了衙前镇党委、政府、乡贤联谊会及人力资源和社会保障管理站（下文简称为人力社保管理站）

[①] 该篇论文获得"2020年全国人才与人事研究主题征文活动"三等奖。
[②] 方木春，中共杭州市萧山区人力资源和社会保障局机关离退休干部支部委员会书记，高级政工师。

的大力支持。通过调研，初步了解和掌握了当前衙前镇的就业情况及面临的难点，在分析梳理的基础上，对当前和今后一段时间，如何进一步完善衙前镇就业工作，提出了几点不成熟的建议。现将调研情况及建议报告如下：

一、衙前镇简介

衙前镇属萧绍平原水网地带，距萧山区城市中心 14 公里，东临中国绍兴轻纺城 15 公里，北距杭州萧山国际机场 8 公里，104 国道、萧绍运河、西小江、杭甬铁路、杭金衢高速公路贯穿全镇，境内凤凰山、航坞山、螺山三山相望，全域 19.8 平方公里，水陆交通非常便捷。全镇现有行政村 11 个，社区 2 个，衙前户籍人口 2.69 万人，外地籍企业员工 3.47 万人。

衙前镇是浙江省首批历史文化名镇，境内有 4 处省级历史文物，县、镇级历史文物 20 多处，爆发于 1921 年 9 月的中国共产党领导的衙前农民运动锤炼了衙前人"敢为人先、永不满足"的衙前精神。衙前农民运动纪念馆坐落在衙前镇凤凰山络，先后被认定为浙江省青少年红色旅游经典景区、浙江省文物保护单位、浙江省爱国主义教育基地、浙江省党员干部教育培训基地。衙前镇历史上人才辈出，与衙前相关的历史名人更是举不胜举。

衙前镇是工业强镇，以轻纺化纤、钢结构业为主，是"中国化纤名镇""国家钢结构产业化基地"和"国家装配式建筑产业基地"。2018 年，衙前镇上榜年度"全国综合实力千强镇"。衙前镇企业星罗棋布，轻纺产品风靡全国，远销美、日、韩、意大利、罗马尼亚、越南等 10 多个国家和地区，赢得了"轻纺之乡"的美誉。衙前镇现有民营企业 635 家，其中规模以上企业 83 家，集团型企业 9 家。2019 年，全镇工业总产值实现 456.28 亿元，利润 20.18 亿元，出口值 56.41 亿元。

2020 年 1 月开始，受突如其来的新冠疫情影响，衙前镇绝大部分企业一度停摆，损失巨大，就业等民生问题突出。据了解，2020 年 1—5 月，全镇工业总产值 115.35 亿元，同比减少 45.95 亿元，下降 28.4%。进入常态化疫情防控后，衙前镇党委、政府积极贯彻省、市、区会议和指示精神，坚持以"红色衙前，产业新城"为目标，以工业复工复产，提质增效为重点，加快转变经济增长方式，持续推进新型城镇化和美丽乡村建设，全面实施"彩虹计划"，全镇经济和社会快速恢复。

二、调研对象、范围及方法

这次调研对象是部分村、社和企业。被调研村、社有明华村、南庄王村、山南富村、新林周村、衙前村、杨汛村、螺山村、四翔村、毕公桥社区,共7村1社区。被调研企业有东南网架集团、恒逸聚合物公司、青云集团、兴惠华纤集团、开氏集团、兴日钢集团、中栋控股集团7个大企业。与此同时,在村、社人力社保服务室同志的支持和帮助下,对7村1社区属地的488家中、小、微企业进行了相关数据统计和分析预测。从此次调研范围看,被调研村、社占全镇村、社总数的61.54%;被调研企业占全镇企业总数的78%。

这次调研方法:一是召开座谈会。分别召开了两个座谈会,一个是村、社就业工作负责人或业务人员座谈会,另一个是企业人力资源部长或负责人座谈会,听取村、社就业工作和企业人力资源部相关情况交流。二是数据统计分析。本人事先设计好调研统计表,要求参加座谈会人员负责对就业工作及相关数据进行统计,镇人力社保管理站负责收集统计表,由本人进行统计表汇总统计。三是上门走访。在镇人力社保管理站同志的陪同下,对2村2企业进行了上门走访,详细了解了常态化新冠疫情下村、社、企就业工作及相关情况。四是电话咨询。重点对座谈会和调研统计表中存在的一些上报情况,漏填、错填数据进行补缺纠错和咨询核实。

三、常态化疫情下衙前镇就业情况

据调研截至2020年5月底,在常态化疫情下,衙前镇党委、政府和各级干部认真贯彻"六稳""六保"工作方针,在"外防输入、内防反弹"的同时,全力抓好复工复产工作,工业经济快速恢复,就业情况已经基本好转。

(一)企业用工总量同比接近持平

据对7家集团型企业衙前镇域厂区调研统计,5月底止,用工总量为9 336人,与去年同期相比,新增员工813人,减少用工318人,增减相抵,净增用工495人。又据对7村属地488家中、小、微企业的调研统计,5月底止,用工总量为23 625人,与上年同期相比,新增员工60人,减少员工684人,增减相抵,净减少用工624人。合计7家集团型企业与

488家中、小、微企业，5月底止，总用工量为32 961人，新增员工873人，减少员工1 002人，增减相低，净减少129人。可见，到5月底止，7家集团型企业和488家中、小、微企业，用工总量已与去年同期接近持平。

（二）企业吸纳外地劳动力数量多

从萧山区看，衙前镇是人口小镇，全镇户籍人口仅有2.69万人，除年老年幼、去外地创业就业、读大学和到部队参军等人口，实际劳动年龄段人口则更少，根本不能满足衙前工业用工需求。因此，衙前镇工业用工大部分要靠外地籍劳动力。据对7个集团型企业和488家中、小、微企业调研统计，到5月底止，外地籍员工达到23 299人。与去年同期相比，仅减少684人。据企业人力资源部同志在座谈会中反映，今年企业中外地籍人员减少的原因，除少数员工受疫情影响未复工外，大多数属于员工正常流动。衙前镇企业吸纳了大量外地籍劳动力创业就业，不仅较好地满足了衙前工业对劳动力的大量需求，而且也为外地籍劳动力提供了大量的就业创业条件。

（三）城镇登记失业人员少、失业率低

据对7村1社调研统计，今年5月底，城镇登记失业人员最少村有7人，最多村有17人，城镇登记失业人员合计为107人。在城镇登记失业人员中，大学生登记失业人员合计为3人，城镇登记失业伤残人员5人。在调研座谈会中，镇人力社保管理站和村、社人力社保服务室同志反映，到今年5月底止，衙前城镇登记失业人数与去年差不多，全镇城镇登记失业率不到1.5%，大大低于我区人力社保部门2020年全区城镇登记失业率低于6%的要求。

（四）灵活就业政策得到较好落实

据调研统计，到今年5月底止，7村1社除毕公桥社区无灵活就业人员外，7个村共有281名灵活就业人员。这些灵活就业人员，均通过灵活就业人员个人报告村人力社保服务室，村人力社保服务室向市人力社保服务系统申报灵活就业人员相关信息，后由杭州市人力社保系统核准。这些灵活就业人员现在正按杭州市人力社保部门关于灵活就业的政策规定享受着社会保险参保补贴优惠。

（五）外地籍企业员工得到关心关爱

关心关爱外地籍员工生活，是构建和谐劳动关系，促进企业发展的重要保障，也是就业质量之重要体现。据调研，疫情防控期间，为了促进复工复产，衙前镇不少大、中型企业派车到外地免费接回外地籍员工复工；许多企业还出台政策，凡外地籍员工回企业工作，企业给予路费全额报销；员工回到企业后，企业给予安排住宿，企业无住房安排住宿的，给予一次性租房补贴；大多数企业都安排员工免费午餐或发给午餐补贴；疫情防控期间，外地籍员工因疫情防控原因，无法回到衙前镇企业工作的，企业都能按上级人力社保部门的新政规定，补发基本工资。

（六）劳资纠纷较少并妥善处理

企业劳资纠纷发生量的多少，能否积极妥善处理是衡量劳动关系是否和谐的重要标志，也是就业环境和质量的重要体现。今年 2 月中旬，衙前镇企业开始复工复产以来，众多企业根据镇党委、政府和区劳动保障局及区劳动保障监察大队的要求，通过企业内部纠纷排查、原因分析和协调处理，使区、镇劳动保障监察大队、中队受理和处理的企业劳资纠纷案件较少。据调研统计，1—5 月，衙前镇企业共发生各类劳资纠纷案件 51 起，其中，区劳动保障监察大队受理和处理 16 起，涉及企业员工 63 人，涉及资金 91.79 万元；镇劳动保障监察中队受理和处理各类劳资纠纷案件 35 起，涉及企业员工 40 人，涉及资金 14.39 万元。在全镇 51 起劳资纠纷案件中，10 人以上群体性劳资纠纷案件 2 起，涉及企业员工 47 人。涉及资金 81.69 万元。据本人到区劳动保障监察大队了解，从全区各镇、街看，今年 1—5 月，衙前镇企业发生劳资纠纷案件较少，涉及员工较少，涉及资金额度较小，群体性案件较少，劳动关系总体情况较好。

（七）村、社人社服务室人员素质较好

从参加调研座谈会的 7 村 1 社区调研情况看，这些村、社共配备了 9 名人力社保服务室工作人员，其中杨汛村人力社保服务室配备了 2 名工作人员，其他村、社各配备了 1 人。9 名人力社保工作人员中，3 男 6 女，平均年龄 34 岁，其中 35 周岁以下的 6 人，36 至 45 周岁的 2 人，55 周岁 1 人。从文化程度看，本科 4 人，大专 4 人，高中 1 人，个个都会电脑打字和业务软件操作。值得充分肯定的是这些同志人人身兼多职，有较强的工作事业心和责任感，服从领导分配，积极努力地工作。

四、常态化疫情下衙前镇就业工作面临的难点

（一）村、社人社工作队伍建设难

在座谈会中，村、社人力社保服务室几乎每个同志都反映，到现在，各村还没有一个专职社保（就业）工作人员，从事村、社人力社保（就业）工作的同志都是兼职的，一般兼职都有三至五职，从事人力社保工作时间较少，难以集中精力，高质量地完成村人力社保工作。村、社人力社保工作复杂，任务繁重，政策性强，涉及面广，与老百姓的切身利益紧密相关，责任较重。当前这块工作主要有：灵活就业政策宣传，申报核实；系统登记，通知确定，失业人员认定、申报、登记，就业困难人员认定、开展就业帮扶；职业培训服务；退休人员的健康体检、大病探望、丧事料理、特困慰问、节日慰问、福利发放和开展活动；办理农村医保参保手续；村内企业劳资纠纷的处理；等等。而村、社人力社保服务室工作人员少，一般都只有1人，且又兼职多，难以更好地为群众服务。这是萧山区各镇街的"通病"，影响着村、社人力社保服务拓展和工作质效提升。

（二）村、社人社工作人员业务培训少

2018年年初起，萧山区就业工作与杭州主城区实现了一体化。一体化后，村、社人力社保服务室职能增加，政策不断改进和变化，工作要求也在不断提高，但是村、社人力社保工作人员的业务培训很少。据座谈会中反映，衙前镇村、社人力社保服务室人员还是2018年年初进行过一次业务培训。近两年，区、镇人力社保管理部门都没有对村、社人力社保服务室工作人员进行过一次业务培训。面对繁重复杂的村、社人力社保服务室工作和依照严格的规定程序和操作要求，迫切需要对村、社人力社保服务室工作人员进行业务培训，以提升村、社人力社保服务室工作人员的工作能力和水平，使村、社群众感到满意。

（三）一些村、社人社服务室设备落后

村、社人力社保服务室的主要设备是电脑。在调研座谈会中，不少村人力社保兼职人员提出，"在操作杭州市人社局一体化经办平台软件时，软件有问题，有的字幕该跳不跳，导致软件操作错误"。经本人实地走访，查看了两个村的人力社保服务室，并请村人力社保服务室工作人员对杭州市人社局一体化经办平台软件进行操作，发现杭州市人社局一

体化经办平台软件没有问题。经初步分析，很有可能是部分行政村的电脑过于陈旧或电脑内存偏小等原因，影响了村、社人力社保服务室电脑的正常运行。

（四）村、社人力社保数据库不够完善

在新时代，村、社人力社保服务室不仅要有运行顺畅的电脑，而且必须建立较为完善的村、社人力社保服务基础数据库。所谓村、社人力社保基础数据库，就是村、社根据工作需要，全面准确掌握本村本社人社服务的基础数据，以电子表格的形式，把工作所需的基础数据分门别类录入表格中，保存在电脑中，以备在工作需要时查询运用。建立和完善村、社人力社保数据库的目的是提高工作质效和准确度，更优地为村民群众服务。本文了解到，目前衙前镇不少村、社人力社保服务室工作人员都在自己所运用的电脑中积累了一些人力社保数据，但由于基础数据较少，有的完整性、准确性不够，不足以形成数据库，也不能更好地服务于村民群众，导致村、社工作人员工作忙忙碌碌，但工作质效欠佳。

（五）不少企业用工需求难以满足

就业工作不光是为了解决好本地户籍人口的就业问题，就大就业而言，满足衙前镇企业的用工需求，也是就业工作的应有之义。据调研预测统计，2020 年 6—12 月，在上述 7 家大集团企业中，除恒逸聚合物公司和青云集团没有员工需求外，其余 5 家集团型企业尚有用工需求 1 080 人；东南网架集团、兴日钢集团、开氏集团三家集团型企业急需员工 440 人。另据调研统计，被调研的 7 村中，南庄王村、明华村等 4 个行政村属地企业中有用工需求 722 人，当前急需 306 人。在被调研的 495 家企业中，约有 1/3 企业有员工需求，今年 6—12 月，用工需求量为 1 802 人，当前急需员工 746 人。据此估计，全镇企业 6—12 月共有员工需求约 2 500 人，当前，全镇企业急需招收员工 1 000 人左右。可见，衙前镇部分企业的用工缺口仍然不少。然而，在座谈会上大家都说，目前本地劳动力已基本就业，外地劳动力来衙前镇寻找就业人数明显减少，因此，要满足企业用工需求较为困难。

五、对衙前镇就业工作的建议

本人通过这次调研，对衙前镇就业工作提出以下六点不成熟的建议：

(一) 要在稳定和发展工业上下功夫

衙前镇作为工业强镇，工业用工量大，只有全力保障工业经济稳定发展，才能在很大程度上稳定就业。只有就业稳定了，众多民生领域的问题才能化难为易。因此，要在镇党委、政府的领导下，深入贯彻中央"六稳""六保"方针，根据区委、区政府的要求，结合衙前镇工业的特点，在稳定和发展工业上下功夫。既要鼓励有条件发展的企业加快发展，又要关注无条件发展的企业稳定生产经营，更要帮助生存困难企业特别是规模较大生存困难企业生存下去，克服暂时困难。各企业应坚持质效为中心，加快转型升级步伐，全面提升企业素质，防止企业因产业链和供应链出问题，产品销售受阻，导致企业停产、半停产和大批量员工失业。在常态化疫情下，当前企业面临的最大困难是产品销售难。据调研了解，目前衙前有较多企业的产品库存量很大，产品销售困难。因此，稳定发展衙前镇工业需要充分发挥企业销售人员的积极性和创造性，要鼓励企业出台常态化疫情下的销售激励政策，努力保持出口，加大出口转内销力度，促进生产经营的可持续性；企业干部员工应进一步增强稳定发展信心，共同努力，合力克服当前困难；企业要进一步关心关爱员工，充分调动广大员工的积极性和创造性，大力倡导和建立企业与员工命运共同体，干部员工共渡难关，共谋企业生存发展。

(二) 要在满足企业用工需求上下功夫

满足企业的用工需求是促进企业产能更好发挥的前提。因此，针对不少企业用工需求量仍较大的实际情况，要积极运用多种渠道和多种方式引进员工。镇政府、镇人力社保管理站应继续给予大力支持和帮助，企业可根据自身实际和需要，建立和完善企业招工补助政策，发布招工信息，引进企业员工；许多企业的实践证明，老员工带新员工，并按引进员工数量给予一定的引进奖励，这是行之有效的引进员工办法，应继续实行；镇人力社保管理站可以联系区就业管理服务处、区人才管理服务处等相关部门，要求帮助衙前企业引进员工和人才；也可以通过在区级就业和人才网上发布招聘公告或召开网上人力资源招聘会等办法来引进企业员工；对于企业用工量大而又急需员工的企业，可通过镇政府搭台，取得区人社部门支持，到本省或外省劳动力输出地引进员工；企业急于用工但一时招不到员工的，也可以联系区内劳务派遣公司，通过劳务派遣的方式，解决企业的用工需求。

（三）要在推进精准就业帮扶上下功夫

据调研统计，到5月底止，7村1社登记失业人数是107人，加上还有未作调研统计的4个村和1个社区登记的失业人数，估计全镇登记的失业总人数会在170人左右。除此之外，还有少量失业登记遗漏人员。因此，全镇实际失业人员估计在200人左右。据座谈会反映，导致这些人员失业的原因主要有：一是极少数作坊式企业因疫情影响没有复产，造成员工失业；二是一些人就业期望值较高，但缺乏一定的劳动技能，想就业而未能就业；三是少数人由于家庭较为富裕，生活无忧，暂无就业愿望；四是尚有一些失业人员正在就业寻找中，目前暂时还没有就业。如何帮助有就业愿望的失业人员就业，最佳的办法是实行精准就业帮扶。具体地说，可以由村、社人力社保服务室精确掌握失业人员的相关信息和就业愿望，通过镇人力社保管理站和村、社人力社保服务室帮助，与有招工需求的企业进行岗位对接，切实帮助失业人员解决好就业。有条件的村、社，也可以开发公益性服务岗位，让更多失业人员就业。

（四）要在基层人社队伍建设上下功夫

衙前镇村、社人力社保工作人员的素质虽较好，但从整支队伍看，仍存在着两个不足，一是力量不足。一般村、社人力社保服务室只有1人，按照其职能和工作要求，显然太少了。据了解，杭州老城区或其他杭州地区兄弟县、区的村、社人力社保工作人员一般都配备了少则二三人，多则五六人。因此，建议区、镇和村、社共同努力，逐步增加村、社的人力社保服务室工作人员配置。二是兼职过多。现有村、社人力社保服务室不仅人员少，难以拓展业务且无法保质保量地完成各项繁杂的工作任务，而且还兼任着其他多项工作。这样，他们就不可能有较多的时间和精力来开展人力社保工作，难以提升人力社保工作质效，难以更好地为村、社群众服务。为此，各村、社应减少或取消村、社人力社保服务室人员的其他工作兼职，让他们有更多的时间从事人力社保工作，把村、社人力社保工作做得更好，使广大村、社群众满意。

（五）要在业务培训上下功夫

加强村、社人力社保业务知识培训，是提升村、社人力社保服务室工作人员业务技能，更好地为群众服务的需要，也是促进村、社治理的需要。因此，区、镇人力社保部门应共同努力，根据村、社人力社保工作的需要，有针对性地开展对村、社人力社保服务室工作人员的业务培训。本文认为，区、镇人力社保部门对村、社人力社保服务室工作人员培训各有职能，应上下配合，积极推进。镇里也可以根据本镇村、社人力社保服务工作的需要，通过以会代训的方式，不时举办短期业务培训班，讲课老师可以与区人力社保相关部门联系，由相关部门业务科室科长以上干部担任。调研座谈会中，村社人力社保工作人员建议，开展人力社保业务知识的培训，要讲究培训质量，讲课老师要备足功课，讲话要通俗易懂。一事一培，不要满堂灌，内容繁杂，听后一头雾水，什么也记不住。

（六）要在完善村、社服务室设备上下功夫

现在村、社人力社保工作已经离不开电脑。为了促进村、社人社工作任务更快更好完成，建议镇人力社保管理站应请派电脑专家，对村、社人力社保服务室电脑进行一次"体检"，发现过于老旧、硬件或内存容量不足、不能较好运行的电脑，应根据相关规定进行更新或维修，确保"杭州市人社局一体化经办平台软件"等能够较好运行。另外，对于村、社人力社保服务室其他设备，也应一并检查，要保障设备完好，能够正常使用。

（七）要在建立完善人社工作数据库上下功夫

建立完善村、社人力社保数据库，是一项数据基建工程，把这一工程建设好，事关村、社广大干部群众的切身利益，有利于提升村、社人力社保工作质效，也有利于村、社治理，也必将产生长期良好的效果。为此，当前和今后一段时间，衙前镇各村、社人力社保服务室应在镇人力社保管理站管理下，统一内容，统一制表，统一部署，规定时间统一验收，逐步建立和完善村、社人力社保工作数据库。当前和今后一段时间，应重点收集、整理好以下数据库数据：村、社失业人员数据；灵活就业人员数据；残疾人数据；低收入家庭数据；就业、未就业大学生数据；退休人员数据；2020年新增劳动力数据；劳动年龄人员数据；生活困难家庭数据；征地农转非人员数据；村、社体检人员数据；当年已死亡人员数据；当年村、社处理劳资纠纷数据；2020年节日慰问数据；农医保参保人员数据；儿童参保数据；等等。各村、社可以根据工作需要，增加相关数据，以文件包作为数据库，分类存入电脑中，并做好备份，防止数据库数据丢失。同时，人力社保数据库要由专人负责管理，便于村、社人社工作人员随时运用。随着时间的推移，数据会不断变化，因此，村、社人社工作数据库中的各类数据应当实时更新，只有这样，才能保证数据准确运用。

人力资源服务与市场

基于经济发展活力模型的财经商贸流通行业人才供需匹配研究[①]

宋超超 丁利 甘博 马坤 孙宜彬 刘强 丁敏[②]

摘 要：国务院、山东省政府连续五年发文支持财经商贸流通行业发展，制定行业人才供需联动模式。本文以财经商贸流通行业人才供需匹配为研究目标，进行数据调研、数据挖掘分析、模型构建与修正等，形成基于人才供需分析的匹配度指数。

通过调查研究和实验对比，提出的基于行业发展活力指数的人才供需匹配度模型能够有效地评价人才需求及人才供给状况，为行业企业、院校师生、行政管理部门等提供了数据支持和模型借鉴。

关键词：经济活力模型 财经商贸流通 人才供需 匹配度

[①] 该篇论文获得"2020年全国人才与人事研究主题征文活动"一等奖。
[②] 宋超超，山东劳动职业技术学院中级讲师；丁利，山东劳动职业技术学院助理讲师；甘博，山东劳动职业技术学院系主任、副教授；马坤，山东劳动职业技术学院系党总支书记、副教授；孙宜彬，山东劳动职业技术学院系副主任、副教授；刘强，山东劳动职业技术学院教研室主任、副教授；丁敏，山东劳动职业技术学院中级讲师。

一、研究背景

（一）问题的提出

针对财经商贸流通行业，国家各级各部门连续多年密集发文，促进该行业持续、快速、健康发展。

2015年，国务院发布《关于推进国内贸易流通现代化建设法治化营商环境的意见》，提出创新人才培养模式，为贸易流通行业发展提供人才支撑体系；2016年，山东省根据国务院发文，发布《推进全省财经商贸现代化的实施意见》，提出拓宽人才培养渠道，打造同产业对接的人才培养新模式；2017年，商务部、发展改革委、国土资源部、交通运输部、国家邮政局制定了《商贸物流发展"十三五"规划》，支持高等教育机构和企业加强合作，推动学科建设，培养行业急需的商贸物流管理人才和技术操作人才；2018年，商务部办公厅、中华全国供销合作总社办公厅共同发布《关于深化战略合作 推进农村流通现代化的通知》，指出以满足农民生产生活需求为导向，以供给侧结构性改革为主线，创新流通服务方式，培育现代化新型流通主体，培养行业人才，形成行业发展与人才供给联动模式。

本文通过对财经商贸行业经济发展活力进行研究，为推动我省财经商贸行业发展提供支持。而财经商贸行业发展活力水平有赖于该行业人才供需的匹配度状况，因此，本文针对财经商贸行业人才需求侧与供给侧数据，构建基于行业发展活力指数的财经商贸行业人才需求供给匹配度模型，引入调研数据进行模型参数试算，从而获取当前我省财经商贸行业人才需求与人才供给之间的匹配关系，指导全省财经商贸行业人才供给与人才需求工作，为行业发展提供人才动力。

（二）研究综述

针对行业人才供需匹配的研究，何璐等人根据现阶段产业人力资源层面的问题进行有效化分析和研究，进而构建出适合社会发展的人才培养模式；赵倩等人指出通过深化产教融合、优化外部结构，提升人才供给与人才需求的匹配程度；李勇等人通过分析30 243条网络招聘信息，挖掘社会对物流技能人才的需求，利用TF-IDF算法、LDA主题分类模型对招聘数据进行聚类分析；童顺平提出针对我国高校人才培养供给侧结构存在与人才类型结构错位、与人才素质结构不匹配，结构之间彼此不协调等突出问题，提出适应行业发展的人才培养供给模式。国外相关专家学者也进行了深入研究。宋焕忠等人提出医疗服务行业人才培养和行业人力资源短缺的问题,通过系统动力学需求预测模型,服务行业发展;格雷厄姆·J.伊万斯(Graham J. Evans)等人提出在工程界中进行的人才需求预测和经济发展评估 RAS 模型;克鲁兹罗斯(Cruz-Ros)等人对服务业人才需求与人才供给进行分析,通过构建多项目模型,解决人才需求供给不平衡问题。

国内外专家提出的各自的观点,对于行业人才供需的研究有着重要意义。观点多集中在相关行业人才培养与需求问题,但是基于行业发展活力指数的人才供需匹配分析较少。考虑到行业人才供给和需求与行业发展活力本身有着密切的关系,因此,本文所研究问题即基于行业发展活力的人才供需匹配。

二、数据分析与模型论证

(一)研究数据基本情况

根据研究内容和规划,对财经商贸行业发展情况构建行业发展活力指数模型,细分为山东省财经商贸行业人才需求指数、山东省财经商贸专业大类人才供给指数、人才需求与供给的匹配度指数。数据调研结构则分为两大部分,分别是山东省财经商贸行业人才需求侧数据和人才供给侧数据(见图1)。

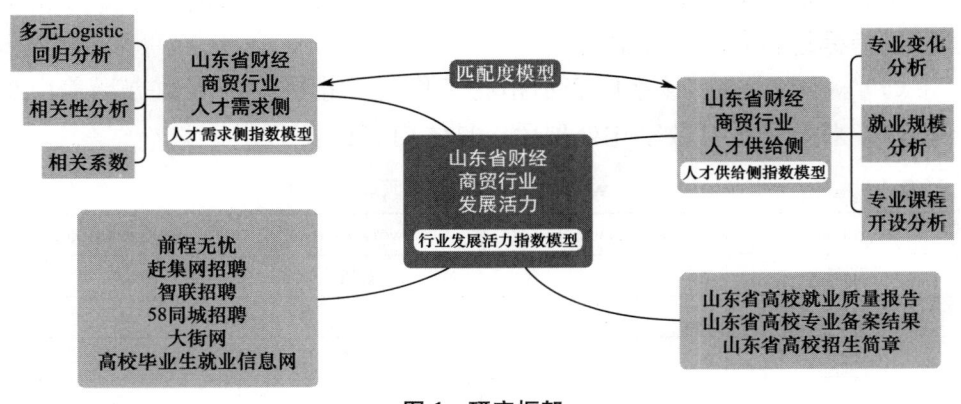

图1 研究框架

为进一步明确行业人才需求指数与人才供给指数构成,对其二者进行细化,具体数据结构如下:

1. 山东省财经商贸行业人才需求侧数据结构

通过数据采集软件(后羿采集器3.5.0)对网络招聘平台如前程无忧、

大街网、赶集网招聘、高校毕业生就业信息网、智联招聘、58同城招聘等进行数据收集，获取财经商贸行业招聘需求，从招聘人数、招聘地点、工资待遇、公司规模、公司性质、浏览人数、关注人数等角度对行业人才需求数据进行表达，共34 155条数据。人才需求侧数据结构表示如下：

$TD = (td_1, td_2, \cdots, td_j)$，其中$j$表示人才需求侧数据的指标代码编号，每一条数据都由$j$个数据指标构成，也就是说人才需求侧数据是$j$维数据结构的数据。

2. 山东省财经商贸行业人才供给侧数据结构

对山东省140多所高等院校中开设财经商贸类专业的院校进行调研，通过各院校多年度就业质量报告、专业招生简章、高等院校专业备案平台等获取财经商贸专业人才供给状况，从毕业生（共137条数据）、专业课开设（共3 894条数据）、专业备案变化（共2 380条数据）等方面对行业人才供给数据进行表达。人才供给侧数据结构表示如下：

$TS = (ts_1, ts_2, \cdots, ts_k)$，其中$k$表示人才供给侧数据的指标代码编号，每一条数据都由$k$个数据指标构成，也就是说人才供给侧数据是$k$维数据结构的数据。

（二）研究数据处理

1. 山东省财经商贸行业人才需求侧数据处理

为方便数据处理，对山东省财经商贸行业人才需求侧数据部分文本型字段指标进行数字量化处理。

（1）workplace。该字段表示招聘工作地点指标，内容数据涵盖山东各地市，对数据进行数字化处理后，具体内容见表1。

表1　　　　　　　　　workplace 数字化对照表

workplace	workplace No.	workplace	workplace No.
济南	1	滨州	9
青岛	2	日照	10
烟台	3	东营	11
泰安	4	枣庄	12
淄博	5	德州	13
威海	6	济宁	14
潍坊	7	菏泽	15
聊城	8	临沂	16

另外，根据山东省区划，对不同地市进行划区分类。划区分类及其编号见表2、表3。

表2　　　　　　　　　　地区数字化对照表

region	region No.
鲁中	1
半岛地区	2
鲁西北	3
鲁西南	4

表3　　　　　　　　　　地区数字化对照表

Workplace	region	region No.
滨州	鲁西北	3
德州	鲁西北	3
东营	鲁西北	3
菏泽	鲁西南	4
济南	鲁中	1
济宁	鲁西南	4
聊城	鲁西北	3
临沂	鲁西南	4
青岛	半岛地区	2
日照	半岛地区	2
泰安	鲁中	1
威海	半岛地区	2
潍坊	半岛地区	2
烟台	半岛地区	2
枣庄	鲁西南	4
淄博	鲁中	1

（2）company_scale。该字段表示招聘企业规模，内容数据涵盖山东各地市，对数据进行数字化处理，见表4。

（3）company_nature。该字段表示招聘企业性质，对数据进行数字化处理，见表5。

表 4　企业规模数字化对照表

company _ scale	company _ scale No.
少于 50 人	1
50～500 人	2
501～1 000 人	3
1 001～5 000 人	4
5 001～10 000 人	5
10 000 人以上	6

表 5　企业性质数字化对照表

Company _ nature	Company _ nature No.
民营公司	1
国企	2
非营利组织	3
合资	4
外资	5

（4）work _ experience。该字段表示招聘要求的工作经验，对数据进行数字化处理，见表 6。

表 6　工作经验数字化对照表

work _ experience	work _ experience No.
不限	1
1 年以下	2
在校生/应届生	3
1～3 年	4
3～5 年	5
5～8 年	6
8～10 年	7
10 年以上	8

（5）education。该字段表示招聘要求的最低学历，对数据进行数字化处理，见表 7。

表 7　　　　　　　　　　最低学历数字化对照表

education	education No.
不限	1
初中及以下	2
高中/中专/中技	3
大专	4
本科	5
硕士	6
博士	7

2. 山东省财经商贸行业人才供给侧数据处理

对于人才供给侧数据中的专业开设数据，按照教育部规范的专业名称与代码，无须进行二次编码，如物流管理专业代码为 630903。对于财经商贸类专业课的开设情况数据无须进行编号，采用原数据进行处理即可。对于毕业生人数及就业方向规划等数据也采用原始数据即可。

（三）研究数据分析

1. 山东省财经商贸行业人才需求数据分析

（1）各变量定义及描述性统计。对 2019 年度山东省财经商贸行业人才需求侧数据进行统计，得到各变量描述性统计结果（见表 8、表 9）。

表 8　　　　　　　　　各变量定义及描述性统计结果（1）

变量名称	变量含义	N	全距	极小值	极大值	均值	
		统计量	统计量	统计量	统计量	统计量	标准误
workplace	工作地点变量	34 155	15	1	16	4.49	0.027
region	工作地区变量	34 155	3	1	4	2.07	0.005
salary_l	招聘工资（低）变量	31 937	199 990	10	200 000	5 422.00	21.319
salary_h	招聘工资（高）变量	31 937	499 985	15	500 000	8 632.40	47.528
company_scale	公司规模变量	33 937	5	1	6	2.20	0.007
company_nature	公司性质变量	21 131	4	1	5	1.60	0.009
work_experience	工作经验变量	34 155	7	1	8	2.56	0.009
education	学历要求变量	34 155	6	1	7	2.82	0.008
recruitment	招聘人数变量	28 126	499	1	500	7.44	0.112
browse_heat	浏览热度变量	6 610	48 596	0	48 596	1 275.05	36.147
application_heat	申请热度变量	13 022	4 869	0	4 869	59.92	1.177

表9　　　　　　　　　各变量定义及描述性统计结果（2）

变量名称	变量含义	标准差 统计量	方差 统计量	偏度 统计量	偏度 标准误	峰度 统计量	峰度 标准误
workplace	工作地点变量	5.079	25.794	1.371	0.013	0.136	0.027
region	工作地区变量	1.006	1.012	0.892	0.013	−0.232	0.027
salary_l	招聘工资（低）变量	3 809.868	1.452	13.254	0.014	491.556	0.027
salary_h	招聘工资（高）变量	8 493.645	7.214	32.616	0.014	1 777.751	0.027
company_scale	公司规模变量	1.342	1.802	1.352	0.013	1.233	0.027
company_nature	公司性质变量	1.296	1.679	1.894	0.017	1.855	0.034
work_experience	工作经验变量	1.681	2.826	0.410	0.013	−1.244	0.027
education	学历要求变量	1.567	2.454	−0.103	0.013	−1.644	0.027
recruitment	招聘人数变量	18.755	351.732	11.962	0.015	218.074	0.029
browse_heat	浏览热度变量	2 938.835	8 636 749.372	7.589	0.030	82.935	0.060
application_heat	申请热度变量	134.329	18 044.394	10.797	0.021	242.214	0.043

注：变量取值范围见"（二）研究数据处理"。

（2）各变量间相关性分析。相关性分析主要考察山东省财经商贸行业人才需求侧数据的招聘人数（recruitment）及招聘工资（salary_h）同其他变量之间的相关性数值，通过 pearson 系数进行统计，见表10。

表10　　　　　　　　　招聘人数变量相关性统计表

变量名称		工作地点	地区	公司规模	公司性质	经验	学历	浏览热度	申请热度
招聘人数	Pearson 相关性	0.011	0.000	0.076**	0.014	−0.200**	−0.207**	−0.016	−0.019
	显著性（双侧）	0.054	0.911	0.000	0.066	0.000	0.000	0.191	0.057
	N	28 126	28 126	27 931	18 407	28 126	28 126	6 331	9 717

注：** 表示在 0.01 水平（双侧）上显著相关。

通过相关性统计表可以发现，招聘人数作为被解释变量时，同解释变量中的公司规模、经验、学历等变量在1%水平（双侧）上显著相关。其中招聘人数变量同公司规模变量呈7.6%正相关，说明规模越大的公司，招聘人数越多。招聘人数变量同经验变量呈20%负相关，说明经验要求高的企业，招聘人数少。招聘人数变量同学历变量呈20.7%负相关，说明学历要求越高，招聘人数越少。

表 11　　　　　　　　　　招聘薪资变量相关性统计表

变量名称		工作地点	地区	公司规模	公司性质	经验	学历	浏览热度	申请热度
薪资	Pearson 相关性	−0.015**	−0.021**	0.060**	−0.044**	0.154**	0.072**	−0.031*	−0.038**
	显著性（双侧）	0.008	0.000	0.000	0.000	0.000	0.000	0.016	0.000
	N	31 937	31 937	31 725	21 123	31 937	31 937	5 979	10 812

注：* 表示在 0.05 水平（双侧）上显著相关。

通过相关性统计表可以发现，薪资变量作为被解释变量时，同解释变量中的工作地点、地区、公司规模、公司性质、经验、学历、申请热度等变量在1%水平（双侧）上显著相关，同解释变量中的浏览热度变量在5%水平（双侧）上显著相关。其中薪资变量同工作地点呈1.5%负相关、同地区变量呈2.1%负相关、同公司规模变量呈6%正相关、同公司性质变量呈4.4%负相关、同经验变量呈15.4%正相关、同学历变量呈7.2%正相关、同浏览热度变量呈3.1%负相关、同申请热度变量呈3.8%负相关。

根据数据结果分析得知，薪资水平同经验密切相关，经验越高薪资水平越高；薪资水平同学历同样密切相关，学历越高薪资越高。公司性质和招聘地点同样是影响薪资的重要因素。

2. 山东省财经商贸行业人才供给数据分析

（1）山东省各高校开设财经商贸类专业数据分析。通过对2017—2019年度全省各高校开设财经商贸类专业数据进行分析，可以发现开设的专业数量变化不大，专业数量集中在35～38之间，专业数量呈现增加趋势。开设财经商贸类专业的高校在2017—2019年度数量未发生较大变化，但2020年数量突然大幅度下降，从107所下降到99所，具体如图2所示。这和2020年山东省实行按"专业＋院校"进行招生有密切关系，这是高校为保证专业核心竞争力、优胜劣汰、保留核心专业做出的选择。

（2）山东省各高校开设财经商贸类专业课程数据分析。对2019年度山东省财经商贸行业人才供给侧数据进行统计，从山东省各高校开设的财经商贸类专业课程的角度进行分析，如图3所示。

从热词权重图中我们可以看到，实务、物流、财务、会计、国际、营销、电子商务等词汇最多，可以理解为各院校更加注重实务类课程的

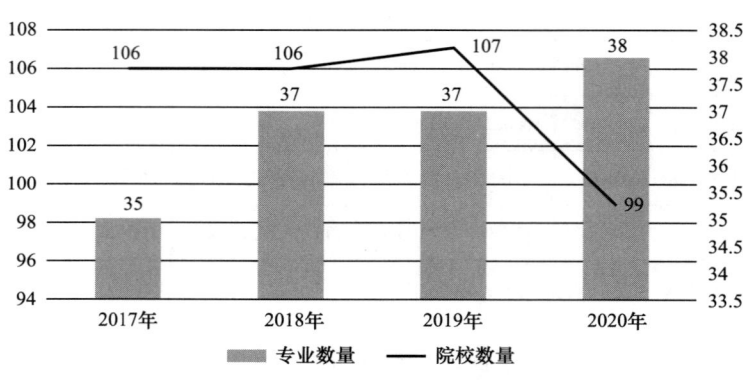

图 2　专业开设统计图

图 3　专业课开设热词权重图

开设，物流和财务以及电子商务方面的课程比较普遍，同时也比较注重国际业务方面的课程开设。

（3）山东省各高校财经商贸类毕业数据分析。对 2018 年、2019 年山东省财经商贸行业人才供给侧数据进行统计，从山东省各高校财经商贸类毕业数据角度进行分析。

通过年度毕业生数据统计表及年度毕业人数地区对比图（图 4 所）我们不难看出，济南、潍坊、青岛等地毕业生数据排在前三位（2018 年、2019 年）；从时间纵向角度来看，2019 年度毕业生数量略低于 2018 年度毕业生数据。

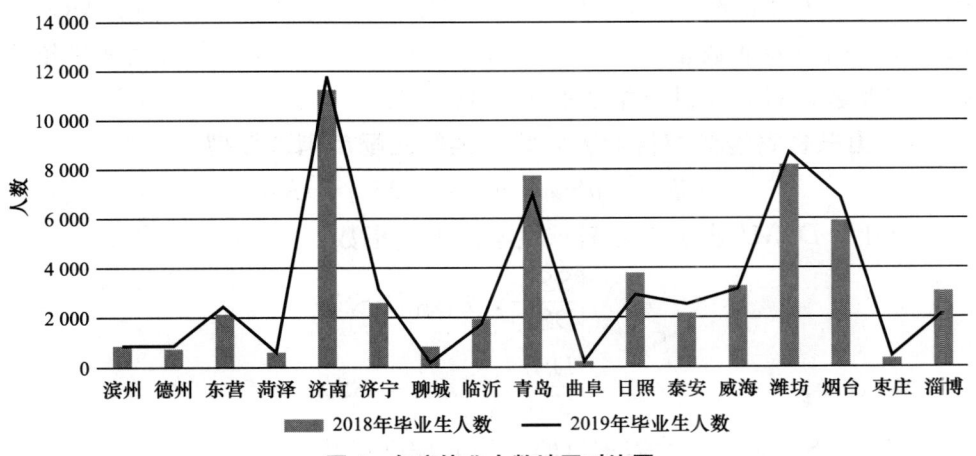

图4 年度毕业人数地区对比图

（四）模型构建

1. 山东省财经商贸行业发展活力指数模型构建

从人才供需及其匹配度构建行业发展活力指数模型，进而阐述我省财经商贸行业人才供需匹配状况。

$$DVI = \alpha TDI + \beta TSI + \eta DSMI$$

其中，DVI 表示行业发展活力指数；TDI 表示人才需求指数；TSI 表示人才供给指数；$DSMI$ 表示人才需求供给匹配度指数；α、β、η 为各指数影响因子；$0 \leqslant (\alpha, \beta, \eta) \leqslant 1$，$\alpha + \beta + \eta = 1$，表示不同指数对行业发展活力指数的贡献值大小。

2. 山东省财经商贸行业人才需求指数模型构建

$$TDI = a\frac{DS_{FC}}{DS_A} + b\begin{cases} 1, & W_{FC} \geqslant W_A \\ \frac{W_{FC}}{W_A}, & W_{FC} < W_A \end{cases}$$

其中，DS_{FC} 表示某年度财经商贸行业人才需求规模；DS_A 表示某年度所有行业人才需求规模；W_{FC} 表示某年度财经商贸行业人才需求平均工资；W_A 表示某年度所有行业人才需求平均工资；$0 \leqslant (a, b) \leqslant 1$，$a + b = 1$，表示人才需求规模与工资水平对人才需求指数的贡献值大小。

3. 山东省财经商贸行业人才供给指数模型构建

$$TSI = m\frac{SS_{FC}}{SS_A} + n\frac{MQ_{FC}}{MQ_A}$$

其中，SS_{FC} 表示某年度财经商贸专业人才供给规模；SS_A 表示某年度所有专业人才供给规模;MQ_{FC}表示某年度财经商贸专业数量;MQ_A表示某年度所有专业数量;$0 \leqslant (m, n) \leqslant 1$,$m+n=1$,表示人才供给规模与专业数量对人才供给指数的贡献值大小。

4. 山东省财经商贸行业人才需求供给匹配度指数模型

$$DSMI = pS_{MI} + qC_{MI} + rM_{MI} + sR_{MI}$$

其中,$DSMI$表示人才需求供给匹配度指数。

$$S_{MI} = \begin{cases} \dfrac{SS_{FC}}{DS_{FC}}, & DS_{FC} \geqslant SS_{FC} \\ \dfrac{DS_{FC}}{SS_{FC}}, & DS_{FC} < SS_{FC} \end{cases}$$

其中,S_{MI}表示人才需求供给规模匹配度指数。

$$C_{MI} = \begin{cases} \dfrac{|C_S|}{|C_D|}, & C_S \subset C_D \\ 1, & C_S \supseteq D_D \end{cases}$$

其中,C_{MI}表示人才需求供给技能与课程匹配度指数;C_D表示人才需求技能集合;C_S表示人才供给课程集合。

$$M_{MI} = \begin{cases} \dfrac{|M_S|}{|M_D|}, & M_S \subset M_D \\ 1, & M_S \supseteq M_D \end{cases}$$

其中,M_{MI}表示人才需求供给专业匹配度指数;M_D表示人才需求专业集合;M_S表示人才供给专业集合。

$$R_{MI} = \text{Average} \left(\begin{cases} \dfrac{RS_i}{RD_i}, & RS_i \leqslant RD_i \\ \dfrac{RD_i}{RS_i}, & RS_i > RD_i \end{cases} \right), i \in (1, 2, \cdots, 16)$$

其中,R_{MI}表示人才需求供给地区分布匹配度指数;Average 表示取平均值函数;RS_i表示某市人才供给数量,并且$\sum_{i=1}^{16} RS_i = SS_{FC}$,是指所有地市人才供给总和为山东省人才供给规模;$RD_i$表示某市人才需求数量,并且$\sum_{i=1}^{16} RD_i = DS_{FC}$,是指所有地市人才需求总和为山东省人才需求规模;$i$表示山东省 16 个地市序号。

（五）模型论证

1. 模型参数验证选取

对山东省财经商贸行业人才需求指数、人才供给指数、人才供需匹配度指数、行业发展活力指数进行参数验证，通过数据分析软件（spss 17.0）对数据进行迭代处理，选取迭代次数为 1 000 代上限。经过运行和对比，得到模型参数（见表12）。

表12　　　　　　　　　　模型参数选取

模型	参数	取值	说明
行业发展活力指数模型	α	0.25	当行业市场环境供需均衡时，η 取值可以适当提高
	β	0.25	
	η	0.5	
人才需求指数模型	a	0.5	参数取平均值，考虑人才需求规模和薪资待遇同等重要情况下模型更加稳定
	b	0.5	
人才供给指数模型	m	0.5	参数取平均值，考虑人才供给规模和专业设置同等重要情况下模型更加稳定
	n	0.5	
人才需求供给匹配度模型	p	0.25	参数取平均值，考虑供需规模、技能匹配、专业匹配、地区匹配同等重要情况下模型更加稳定
	q	0.25	
	r	0.25	
	s	0.25	

2. 模型可靠性描述

在信度检验中，对模型结果的一致性和稳定性进行验证，量表信度越高、可靠性和稳定性越高。在 spss 中选择度量中的可靠性测试，用基于标准化项的 Cronbachs Alpha 指标进行度量。具体指标值见表13。

表13　　　　　　标准化项的 Cronbachs Alpha 指标

基于标准化项的 Cronbachs Alpha	项数
0.956	4

根据经验，Cronbachs Alpha 数值在 0.7 以上说明模型具备可靠性，经过运算与验证，求得基于标准化项的 Cronbachs Alpha 值为 0.956，超过可靠性临界值 0.7，说明模型具备稳定性和可靠性。

3. 模型运算结果

根据模型参数及模型可靠性运算，引入数据计算得到 2019 年度山东省财经商贸行业人才供给指数、人才需求指数、人才需求供给匹配度指数及行业发展活力指数（见表14）。

表14　　　　　　　　　　　　模型运算结果

指数名称	取值范围	指数运算结果
行业发展活力指数	[0，1]	0.81
人才需求指数	[0，1]	0.83
人才供给指数	[0，1]	0.86
人才需求供给匹配度指数	[0，1]	0.78

三、研究结论及对策建议

（一）研究结论

1. 山东省财经商贸行业人才需求研究结论

根据数据引入模型计算，山东省财经商贸行业人才需求指数为0.83，说明我省财经商贸人才需求比较旺盛，在所有行业中的占比和影响力较高。但是，我省财经商贸行业人才需求在结构上也存在一些问题。

（1）山东省财经商贸行业人才需求存在地区发展的不均衡性。人才需求以青岛、济南、临沂、潍坊等地人才需求居多，鲁西北地区需求量比较少，鲁中及半岛地区需求量多。

（2）山东省财经商贸行业人才需求存在企业规模的不均衡性。人才需求集中在500人以下规模企业，尤其是0~50人规模的企业。500人以上规模企业人才需求量明显小于中小企业人才需求量。这也进一步说明民营中小企业是我省财经商贸行业发展最具活力的群体。

（3）山东省财经商贸行业人才需求存在企业性质的不协调性。人才需求集中在民营企业，这也进一步说明民营中小企业仍然是我省财经商贸行业发展的主力和最具活力的群体，国企在人才需求中的占比偏低，外资和合资企业占比处于中游水平，这也显示我省在引进外资方面有一定成效。

（4）山东省财经商贸行业人才需求存在企业需求的不可持续性。人才需求集中在1~2年及以下经验要求，学历要求集中在大专及以下，学历不限、经验不限的人才需求量偏多。这也说明我省财经商贸行业人才需求质量处在较低水平，对于高质量人才需求较少，人才需求的不可持续性明显制约了我省财经商贸行业的发展。

（5）山东省财经商贸行业人才需求存在福利待遇的不均衡性。招聘企业对于人才应聘后的福利待遇承诺不均衡。部分企业可以为员工提供绩效奖励、股权激励、带薪休假、加班补助、医疗保险、生日福利等福利关怀，但同样存在部分企业对于福利待遇重视程度不够的情况。

2. 山东省财经商贸行业人才供给研究结论

根据数据引入模型计算，山东省财经商贸行业人才供给指数为 0.86，说明我省财经商贸人才供给比较旺盛，在所有专业大类中的占比和影响力较高。但是，我省财经商贸行业人才供给在结构上也存在一些问题。

（1）山东省财经商贸行业人才供给存在专业开设同行业发展的不匹配性。人才供给数据中专业开设滞后于行业发展要求，通过对全省高校连续多年的专业开设情况进行统计，发现各高校专业设置往往滞后于企业需求 2~3 年，专业设置同行业发展存在着一定程度的不匹配性。

（2）山东省财经商贸行业人才供给存在专业课设置同行业岗位职能要求的不匹配性。人才供给数据中专业课开设滞后于行业发展要求，通过对全省高校财经商贸专业课开设统计同人才需求数据中的岗位能力要求进行拟合，发现岗位能力要求与专业课开设存在交叉关系，而不是包含关系，这说明部分专业课程的开设是岗位能力中不必要的，也同时说明部分岗位能力要求在专业课程设置中没能找到对应内容。

（3）山东省财经商贸行业人才供给存在毕业生数量分布的不均衡性。人才供给数据中毕业生数量分布并不均衡，济南、青岛、潍坊、烟台是财经商贸专业大类毕业生人数最多的前 4 个城市，几乎占据全省毕业生数量一半以上，其中济南毕业生占比最多，但济南地区的行业人才需求却低于青岛，这在很大程度上给行业发展带来不利影响。

（二）对策建议

1. 完善行业市场，为人才需求提供基础保障

（1）大力完善当地政策环境，实现我省各地区行业均衡"互补式发展"。营造良好的就业创业氛围，鼓励鲁西北地区及经济落后地区通过招商引资、税收优惠、政策保障等吸引一大批优秀企业落户，完善当地产业链，逐渐缩小同半岛及鲁中地区的差距。借助精准扶贫、全面脱贫契机，以脱贫攻坚相关要求为指引，改善行业市场环境，与先进地区进行互补式发展对接，形成全省一盘棋、行业协调互补式协同发展的大环境。

（2）引导中小企业健康发展，发挥不同规模企业在行业发展中的"鲇位式助力"。中小企业是我省财经商贸行业发展的源头活水，要通过税收政策、贷款政策等发挥中小微企业活力，引导中小微企业协同健康发展。同时，要加快500人以上规模企业改革创新力度，借助我省新旧动能转换契机，推动不同规模企业互帮互助、错位式助力发展的局面。

（3）继续拓展吸引外资力度，发挥外资企业在行业发展中的"鲇鱼效应"。进一步发挥民营企业发展活力，加强民营企业在我省财经商贸行业发展中的基础功能。同时，进一步发挥国有企业在行业资源中的领导作用，不断推动国有企业改革创新，全面提升综合竞争力，吸引外资来鲁投资兴业，发挥外资在我省财经商贸行业中的"鲇鱼效应"，在构建行业竞争的同时倒逼我省本土企业不断提升核心竞争力，提升行业发展水平。

（4）继续加强招商引才力度，打造行业发展中人才的"中流砥柱"作用。济南柔性引才、淄博"情怀"引智返乡，山东16市纷纷为吸引人才"放大招"，这些"大招"背后更需要"持久的内力"，需要各市"苦练内功"，才能"引得来人才、留得住人才"。在进一步加强招商引才力度的同时，加强人才引进优惠政策落地，让优秀人才"坐得住、稳得住"。

（5）继续加强行业监管力度，提高行业发展中人才吸引的"软实力"。依法维护行业发展和用工关系"正能量"，积极引导行业企业同职工建立良好的合作关系，和谐用工环境，拓展行业监管、督导及指导范围，构建涵盖政府、企业、员工、评价机构的一体化和谐用工关系，让人才吸引从基础上得到保障，提高行业发展人才吸引"软实力"。

2. 优化人才培养，为人才供给提供支撑

（1）引导高校、行业深化校企合作力度，完善"政、行、校、企、社"联动机制。深化校企合作、产教融合对新形势下全面提高教育质量、扩大就业创业、推动经济转型升级、培育经济发展新动能有着重要意义。从学校和企业两个维度，分别明确双方在校企合作中的主体责任。通过激励政策，提高企业和学校开展校企合作的积极性，以新型学徒制为契机，打造校企合作新典范，缩短行业需求与人才培养专业建设的"传导周期","招生即招工、入学即就业",全面深化"五方联动机制"。

（2）鼓励企业参与院校教研工作，让行业需求成为院校人才培养的"海中灯塔"。对企业参与校企合作提出要求。一方面支持和引导企业参与院校专业规划、教材开发、教学设计、课程设置、实习实训等；另一方面鼓励企业按照国家和我省的有关规定，设立教育奖学金，奖励优秀教师和学生。全面推广新型学徒制和现代学徒制。在现代学徒制的基础上，完善关于新型学徒制的规定，明确企业可以与职业学校、职业培训机构合作，共同培养技能岗位的新招用人员和转岗人员。鼓励学校企业双向流动，培养双师型教师。鼓励公办院校空出一定比例的教职工编制用于聘请符合条件的行业企业高技能人才担任教师。

（3）拓展人才互动渠道，打破毕业生就业选择时的"唯省会思维"。积极推进升学扩招，尽快落实硕士研究生和专升本扩招计划，做好考试录取工作，实现高质量扩招。努力开拓就业渠道，努力扩大"特岗计划"等基层项目规模，鼓励更多高校应届毕业生应征入伍，充实基层岗位队伍，积极推动城乡社区吸纳毕业生。创新开展"就业＋互联网"服务，加大网上招聘力度，加强就业指导。加大就业工作宣传力度，发挥好主流媒体、新媒体作用，向毕业生宣传报道就业政策、就业形势和就业信息，宣传各地各高校的好做法、好经验，为做好毕业生就业工作营造良好舆论氛围。鼓励毕业生具备一定经验后回乡创业，加强创业经费保障，明确目标要求，逐级压实责任，推动形成促进毕业生就业创业的强大合力。

参考文献

[1] 何璐，张引. 社会需求导向下我国饲料行业人力资源培养模式研究 [J]. 中国饲料，2020（6）：109-112.

[2] 赵倩，章玳，吴韶华. 供给侧视域下开放教育人才培养质量提升策略研究 [J]. 成人教育，2020，40（3）：19-24.

[3] 李勇，陈晓婷，刘庆莉. 供给侧视角下物流技能人才需求与培养匹配分析 [J]. 职业技术教育，2020，41（2）：26-30.

[4] 童顺平. 试论高校人才培养供给侧结构性改革 [J]. 黑龙江高教研究，2019，37（11）：1-6.

[5] Soong Hwan Chung, Doo Chae Jung, Seong No Yoon. A dynamic forecasting model for nursing manpower requirements in the medical service industry [J]. Service Business, 2010 (3-4).

[6] Graham J. Evans, Robert M. Lindley. The use of RAS and related models in manpower forecasting [J]. Economics of Planning, 1973 (13): 53-73.

[7] Sonia Cruz-Ros. Multi-item models for evaluating managerial and organizational resources in service firms [J]. Service Business, 2009, 3 (3): 229-257.

[8] 崔健. 日本引进外国直接投资与提高经济活力分析 [J]. 现代日本经济, 2008 (3): 25-29.

[9] 田颖. 北京老城区居住区经济活力布局及影响因素解析 [J]. 北京规划建设, 2020 (1): 36-40.

[10] Jacques Poot. Is Demography Destiny? Urban Population Change and Economic Vitality of Future Cities [J]. Journal of Urban Management, 2013, 2 (1): 5-23.

[11] Valentina Montalto, Carlos Jorge Tacao Moura, Sven Langedijk, Michaela Saisana. Culture counts: An empirical approach to measure the cultural and creative vitality of European cities [J]. Cities, 2019, 89 (6): 167-185.

[12] 楼海淼, 孙秋碧. 基于因子分析的我国各省经济活力评价研究 [J]. 福州大学学报（哲学社会科学版）, 2005 (3): 32-35.

优化人力资源配置 服务"一芯两带三区"战略研究——以湖北十大重点产业领域重点企业为例[①]

王 平[②]

摘 要： 2019年1月，湖北省第十三届人民代表大会第二次会议上提出大力实施"一芯两带三区"战略。2019年3月，湖北省委、省政府印发了《湖北省十大重点产业高质量发展的意见》，将战略布局进一步细化为集成电路产业、地理空间信息产业等十大重点产业。人才配置能否服务于"一芯两带三区"战略布局，是决定战略能否顺利实施的重要基础，是十大重点产业能否顺利发展的重要保障。本课题的调研目的是了解湖北十大重点产业和企业人才配置现状，以及存在的结构性矛盾和成因，从人才供给的角度提出我省人才配置优化对策，为人才政策完善提供政策建议。

关键词： 优化 人力资源配置 一芯两带三区

一、湖北省人才政策与十大重点产业人才现状分析

本文通过收集、整理湖北省人才政策，对政策文本进行分析，对十

---

① 该篇论文获得"2020年全国人才与人事研究主题征文活动"一等奖。
② 王平，湖北省人力资源和社会保障厅政策研究处二级主任科员。

大产业企业员工发放调查问卷,并进行集体访谈和个体访谈,深入了解人才现状。

（一）人才政策供给现状

一是覆盖面广,内容全面。2009年以来,湖北省共发布人才政策178项,政策主体涉及专业技术人才、技能人才、高层次人才、创新创业人才等,政策内容涉及各类人才队伍的建设、人才发展环境的改善等,政策覆盖面广、内容全面。二是普适性与专一型相结合。2009—2019年湖北省颁布的人才政策中,适用于所有类型人才的普适性政策占政策总量的43.3%,适用于某一特定类型人才的专一型政策占比56.7%。三是以人才评价、人才激励类政策为主。2009—2019年湖北省人才评价、人才激励类政策数量较多,均占人才政策总量的28%。2009—2019年武汉市人才评价和人才激励类人才政策数量较多,分别占人才政策总量的27%和29%。四是不同主体人才政策侧重点不同。湖北省人才政策不同主体内容设计侧重点不同,其中高层次人才政策以人才吸引和流动为主,技能人才政策以人才评价选拔和培养为主,专业技术人才政策以人才评价为主。

（二）产业人才队伍发展现状

一是新兴产业人才规模增速明显。调研中发现,包括生物、高端装备制造等新兴产业企业大多随着产业的迅速发展,人才规模不断扩大。劳动力密集型、以制造加工为主的传统产业企业在早期积累了大量的人才,现阶段人才总量比较稳定。二是人才质量不断上升。十大重点产业企业人才需求以本科以上学历为主,调研中发现多数企业本科及以上学历员工占员工总数的比例最大,例如数字产业的重点企业斗鱼网络,本科及以上学历员工占员工总数的比例高达80%以上,远高于其他学历人才。三是高层次人才规模逐步增加。湖北省高层次人才队伍不断壮大。从2008年12月到2013年9月,湖北省总共引进海外高层次人才916名。四是技能人才总量稳步提高。截至2018年年底,全省技能人才871.8万人,较2015年增加了120万人,平均年增速为5%,增长速度平稳。全省高技能人才从2015年的220万人增加到2018年的263.5万人,总量不断增加。五是研发人员数量持续上升。2015—2018年湖北省研发人员从355.6

万人增加到 400 万人，总量持续增长①。在调研中发现，重点企业更加重视研发人员等专业技术人才的招募与培养，研发人员比重不断攀升。例如武大吉奥公司研发人员数量占总员工数的 33.3%，排名第一；禾元生物公司研发人员数量占员工总数的 17%，排名第二；烽火通信公司研发人员占比 45% 左右。

二、十大重点产业人才队伍存在的问题及原因分析

（一）十大重点产业人才队伍存在的问题

一是人才总量仍显不足。调研发现，以中原电子、凌云科技和东风汽车等为代表的传统产业企业高层次人才数量匮乏，而从高层次人才入选人次相对较多的新兴产业来看，多以创始人为代表多次入选不同类型的高层次人才工程，而较少有其他人员入选，高层次人才的总量依然十分有限。此外，与其他省市相比，湖北省现有高层次人才的数量依然有待提升。与江苏省相比，除了长江学者外，江苏省其他项目人才数量均是湖北省的 1.5 倍以上，"杰青"数量多达湖北省的 3 倍多。与山东省和湖南省两省相比，湖北省两院院士的数量还较为不足。

二是人才结构有待完善。高技能人才占技能人才的比例偏低。《湖北省中长期人才发展规划纲要（2010—2020 年）》要求全省高技能人才占技能人才的比例在 2020 年要达到 31% 以上，但调研发现，十大重点产业高技能人才占技能人才的比重仍有待提升。例如中原电子集团高技能人才占技能人才的比例为 28%；凌云科技集团高技能人才占技能人才的比重约为 15%。

三是人才分布仍不均衡。从行业来看，高层次人才重点分布在高校和科研院所，就十大重点产业而言，也多聚集在以生物医药和新一代信息技术为代表的新兴产业。2018 年湖北省共有 162 人入选国务院特殊津贴高层次人才，其中约一半来自高校、科研院所。入选 2018 年湖北省新世纪高层次人才工程的 55 名高层次人才中，仅有 6 名来自十大重点产业，且多聚集在新兴产业。从地域来看，湖北省人才多集中在武汉地区，占全省的 1/3 左右，区域分布不均衡的现象十分突出，部分地区对十大重点产业的支撑能力不足。

---

① 来源：湖北日报 http://www.hubei.gov.cn/zwgk/bmdt/201905/t20190528_1395672.shtml。

四是核心技术人才供需矛盾凸显。湖北省芯片产业持续快速增长，已成为全国四大基地之一。预计未来3年，芯片产业对应专业人员需求达1.2万人以上，而省内微电子相关专业的毕业生每年只有1 600多名，产业人才的供给与产业发展的增速高度不匹配。在调研中烽火科技提出，随着传统的通信技术逐渐向大数据、云计算转型，企业对5G、芯片、IT等专业背景的技术人才需求旺盛，而此类人才市场供给明显不足，人才招聘困难重重；东风汽车反映，企业急需AI、大数据、新能源、物联网等领域的核心技术人才，但此类人才市场供给不足，难以满足企业用人需要。

同时，新型多学科交叉人才需求旺盛，但高校供给不足。调研中发现电子专业与IT专业的新型多学科交叉人才逐渐成为汽车产业新的人才需求，生物产业急缺既懂得药学，又懂得生物制药的新型多学科交叉人才。但是目前高校和市场上的人才多为单一学科或单一专业，难以满足新兴产业对于人才的跨学科、跨专业的能力要求。

五是企业参与人才项目的积极性不高。许多企业对组织员工申报高层次人才并不积极。例如烽火科技公司反映其公司对新型多学科交叉人才、核心技术人才的需求非常紧迫，这类人才属于企业认可的中高端层次人才，但他们并不属于政府认可的高层次人才范畴，申报国家高层次人才并不能为企业带来实际收益。东风汽车公司反映AI、大数据等新兴产业而言，产业发展仅有10~15年的时间，因此行业内的高层次人才都比较年轻，不符合高层次人才认定标准中的资历、论文等硬性条件，员工申报高层次人才的积极性都不高。对于政府组织的专业技术职务评审，企业参与度也不高。在此次调研的21家企业中，仅有中原电子、凌云科技等军工类企业沿用了国家组织的专业技术职务评审制度，而绝大部分企业都建立了一套结合企业自身实际的专业技术职务评审体系，在建立的过程中以国家的专业技术职务评审为依据。

（二）湖北省十大重点产业人才队伍问题原因分析

一是高层次人才评价未能体现企业差异。高层次人才评价重论文轻实践。高校、科研院所和企业均在同一个标准下参评高层次人才工程项目，评价标准强调专利论文、职称等级等，未能体现出企业对人才能力和业绩的要求。高层次人才评价没有区分企业规模的差异。例如调研中相当多的企业反映，在"3551光谷人才计划"的评选中不论企业规模大小，每个企业均只有一个申报名额，影响了申报的积极性。

二是高校和科研院所作用未充分发挥。湖北省高层次人才集中于高校和科研院所，但高校、科研院所与企业之间缺乏稳定的合作平台及完善的合作机制，无法对十大重点产业形成持续性的智力支持。高校专业设置滞后于产业发展的需要，调研中发现生物产业及其细分方向中，精准诊疗、脑科学、高性能医疗器械这三类产业方向不仅在湖北省，在全国高校中都没有开设对口专业。当前开设智能网联汽车专业的只有上海交通大学，开设智能汽车专业的只有清华大学，首届本科生毕业要等到2022年、2023年才可以进入就业市场。湖北省缺少新型多学科交叉平台，仅有江汉大学针对生物产业设置了交叉学科研究院，省内高校还没有针对集成电路、汽车产业、康养产业设置新型多学科交叉人才研究平台。

三是人才政策与十大重点产业项目结合不够。当前湖北省缺乏以十大重点产业为导向的高层次人才引进，人才引进与产业项目没有形成一个有机的整体。人才工作部门重视人才引进，经济发展部门重视项目引进，造成高层次人才引进与十大重点产业项目分离。新兴产业的许多新工种尚未纳入职业技能鉴定的范围内。例如，目前国家职业资格目录中有钳工和电工两类工种，但东风汽车公司实际使用的是电工和钳工的交叉工种，称为机修钳工和机修电工，在职业资格目录中尚未有相应的工种与之匹配。现有的专业技术职务评审注重对人才理论知识和专业技能的考察，但企业对技能人才的评价更多地侧重工作业绩、职业能力及解决生产过程中的实际问题的能力，造成现有的评审与企业实际需求脱节。

四是人才政策发力不足。湖北省在人才经费投入、住房提供、个税奖补等方面的政策力度落后于周边省份。例如湖北省2018年投入省人才经费1.7亿元，远远低于安徽省的5亿元，与江苏省20亿元的投入更是差距巨大。湖北省为高层次人才提供第一套住房不限购的市民待遇，而重庆、安徽等地都有折扣购房政策。重庆、四川等地都有个人所得税的奖补政策，而湖北省并未实施。目前湖北省人才政策涉及人才引进、培养等多个方面，政策主体适用于专业技术人才、技能人才、高层次人才、创新创业人才等多种人才类型，但尚未精准对接十大重点产业企业的需求，政策效果被削弱。

三、供给侧视角下湖北省人才配置优化对策

（一）实施湖北省十大重点产业人才振兴工程

以湖北省十大重点产业布局为基础，以产业需求为导向，实施湖北省十大重点产业人才振兴工程。聚焦产业发展紧缺人才，大力支持高层次人才、新兴产业核心技术人才引领发展；加快推进新型多学科交叉人才培养；持续优化大学生等普适性人才工程建设，着力解决十大重点产业核心技术研发、产业转型升级等短板问题。在湖北省十大重点产业专项资金中单列人才专项资金，为人才引进、人才培养等提供资金支持。

（二）创新人才聚集方式，实施"人才＋项目＋平台"引进模式

依托十大重点产业布局，实施"人才＋项目＋平台"一体化引进模式。政府可将人才与项目打包引进，为十大重点产业企业与"人才＋项目"牵线搭桥，为项目和人才落地提供政策平台和渠道平台。湖北省十大重点产业人才发展研究基地通过整合人力、智力、信息、金融以及政策等资源，形成以多模块智库建设为核心的智力密集、信息密集型现代服务平台。研究基地采取市场化运作方式，引进人力资源服务、教育培训服务、信息网络服务、金融服务、物业管理及综合配套服务等五大产业板块，形成以人力资源服务为核心和主体的上下游产业链和综合服务产业群。

（三）研究产业人才标准与评价体系

根据职业属性和岗位要求，将高层次人才分为以高校和研究所为依托的科研型高层次人才和以企业为依托的实用型高层次人才两大类。结合湖北十大产业相关企业更注重自主创新能力的特点，强调企业高层次人才在产业技术创新、成果产业化、产业带动和人才培养中的贡献。科学设置评价指标，建立创新创业实践能力、工作成果、工作业绩及贡献程度等评价指标体系。以贡献论英雄为导向评价企业高层次人才，将收入、纳税额等指标作为高层次人才的认定标准，实行差别化评价。完善企业专业技术职务评审标准，注重业绩水平和实际贡献，创新企业专业技术职务评审方式，综合运用考试、业绩展示、现场技术水平测试等多种方式来评价人才。

（四）鼓励高校建设多学科交叉平台

鼓励省属高校针对集成电路、汽车产业、康养产业设置新型多学科交叉人才研究平台，跨专业、跨学科、跨学院办班教学，特别是针对十大重点产业及其细分方向，对新型多学科交叉专业进行探索。将新型多学科纳入湖北省一流学科建设规划，探索新型多学科交叉专业设置，稳步扩大本科、硕士、博士的招生规模，加快培养集成电路设计与集成系统、智能汽车等新兴产业相关专业人才。鼓励省属高校通过设置新型多学科交叉研究院，设置校企联合培养实验室，建立多学科交叉研究博士后流动站等方式开展多学科交叉研究，培养多学科交叉人才。

（五）探索专家柔性挂职制度

在不改变高校和科研院所的专家学者的档案、户籍、社保等关系的前提下，建立湖北省高校和科研院所定点联系十大重点产业企业制度。协调安排湖北省各大高校，每年指派一定数量的专家学者到企业挂职锻炼，引导优秀科研人才到产业一线从事科学研究、技术研发、成果转化工作，企业对挂职专家工作成果进行考核，并发放合法收入，挂职专家在企业任职服务经历和业绩可作为晋职、晋级、评聘的重要依据。

（六）创新技能人才培养模式

针对湖北省十大重点产业的需要，扩大相应高等职业院校招生规模。创新高等职业院校招生模式，开设对口"订单班"自主招生。校企双方共同制订教学计划，优化专业设计、课程设置和实训标准，共建实训基地。针对湖北省十大重点产业，开设对口订单班输出人才。校企双方通过对接需求与供给，不断进行研究与实践，定位人才的培养目标，科学构建人才培养标准、培养模式。企业与高等职业院校商议，与学员签约，对其开展"订单式"培养，由校企双方共同制定培养方案、商定课程设置和教学模式，每年从学院在校学生中选拔优秀学生单独组班教学。企业选派优秀技术技能员工到学校授课指导，积极探索"教学车间""企业课堂""技师讲堂""双师双徒"为主的一体化教学。

（七）建设人才政策一卡一网一窗口

针对不同类型不同层次人才，发放湖北人才卡，人才卡按不同的颜色区分人才的不同类型和层次，人才卡可集成人才信息、人才政策、人才服务，银行金融应用等功能。梳理湖北省人才政策，将湖北省各省直机关、市州人才相关政策进行归总，构建湖北省人才政策宣传的权威平台；建设人才一站式服务窗口，提供专员服务，专业解读人才政策信息，窗口按照"前台受理接待、后台分类派发、对内跟进督查、对外专人服务"的方式运行。

负面清单背景下广西自由贸易试验区人力资源服务业发展活力研究[1]

李岳峰[2]

摘 要： 2019年我国成立了广西自由贸易试验区，本文以负面清单制度为背景，梳理了广西人力资源服务业的现状，分析了广西人力资源服务业发展活力的驱动因素；提出了针对负面清单背景下广西自由贸易试验区人力资源服务业产业升级与改革，激发发展活力的具体对策，从而为广西自由贸易试验区人力资源服务业的发展优化提供思路，更好实现我国"一带一路"人力资源服务目标。

关键词： 负面清单制度 广西自由贸易试验区 人力资源服务业

一、引言

人力资源是促进社会经济发展的主要动力之一，习近平总书记强调"发展是第一要务，人才是第一资源，创新是第一动力"。因此我国对于人力资源服务业的重视也成了我国经济高速发展的重要推力。从21世纪初，我国各部门就相继发布关于人力资源服务业的重要政策文件，其中包括《人力资源和社会保障事业发展"十二五"规划纲要》以及《关于

---

[1] 该篇论文获得"2020年全国人才与人事研究主题征文活动"一等奖。
[2] 李岳峰，广西人力资源和社会保障厅一级主任科员。

加快发展人力资源服务业的意见》等，都充分体现了国家顶层对人力资源服务业的重视。并且在2019年8月2日由国务院发布的《国务院关于印发6个新设自由贸易试验区总体方案的通知》中确立了《中国（广西）自由贸易试验区总体方案》，将广西自由贸易试验区定位为西南中南地区开放发展新的"战略支点"，并且还要打造面向东盟的"贸易新通道"，成为丝绸之路经济带的"重要门户"，在此发展机遇下，也对广西人力资源服务业提出了新的要求。在粤港澳大湾区的特定区域优势下，广西也陆续出台了人才服务业与人才经济类的政策，例如广西人民政府办公厅发布的《广西全面对接粤港澳大湾区实施方案（2019—2021年）》，也提出了"飞地经济""人才飞地""产业飞地"等协同创新措施，极大地促进了广西人力资源服务业的发展。

结合广西人力资源服务业的发展趋势，产业国际化是必然方向，随着中央提出的在对外投资过程中实行"准入前国民待遇加负面清单的管理模式"，并于2013年在上海自由贸易试验区进行试行，从最初的190项负面清单到《市场准入负面清单（2019版）》共列入131项，在完善了负面清单管理体系的前提下，极大地激活了外资贸易的投资活力，在此多重背景下，广西人力资源服务业在广西自由贸易试验区范围内的发展面临了巨大的机遇与挑战，有必要进行深入的研究以推动产业健康持续的发展。

二、负面清单制度及广西人力资源服务业发展现状

（一）负面清单概述

改革开放伊始，我国对于外资投资管理一直采用的是"正面清单"的模式，即以《外商投资产业指导目录》为基础来对外资进行管理，约束其能够投资管理的领域及范围，这样的模式在一定时期内确保了我国外商投资的有序性和规范化。但是随着我国经济的飞速增长，这种管理模式在一些领域内制约了相关产业的发展。因此在2013年上海自由贸易试验区成立之时，开始引入"负面清单"的管理模式来进行制度的试点改革，首次公布了国民经济中18个门类的外商投资负面清单，只要没有列入负面清单的外商投资项目，都可以非常便捷的获得相关行政许可，准许经营，即体现了"法无禁止即可为"的国家对外资管理意识。

（二）广西人力资源服务业发展现状

近年来，广西人力资源服务业逐步朝着专业化、规范化、集中化方向发展，但是与国内先进省市相比仍然存在短板。根据相关统计，截至2019年，广西人力资源服务机构共计684家，较2018年增加196家，增长率为40.16%，其中包括综合性公共就业和人才服务机构43家，公共就业服务机构100家，人才公共服务机构57家，行业所属服务机构（事业单位）18家，国有性质的服务企业25家，民营性质的服务企业434家，民办非企业等其他性质的服务机构为6家，外资性质的服务企业1家。成分图如图1所示。

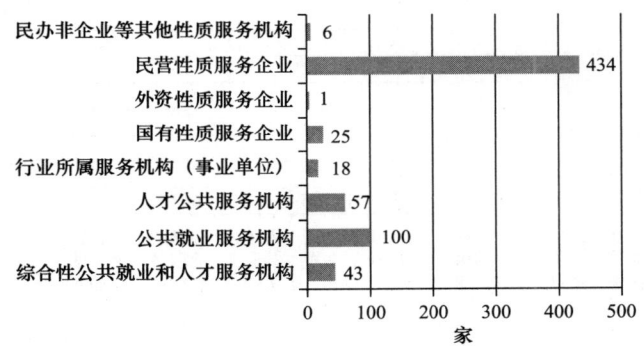

图1 广西人力资源服务机构成分结构图

从从业人员总数上看，广西全区从业人员总数为9 109人，较上一年增加884人，增长率为10.75%。其中综合性公共就业和人才服务机构为652人，公共就业服务机构为1 408人，人才公共服务机构为368人，行业所属服务机构（事业单位）为272人，国有性质和民营性质的服务企业分别为558人和5 709人，民办非企业等其他性质的服务机构124人，外资性质的服务企业18人。从业人员结构如图2所示。

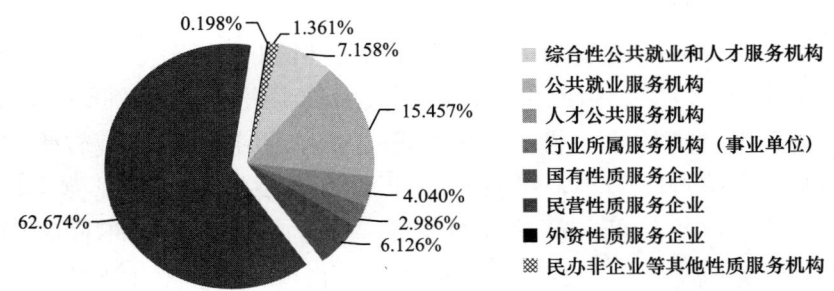

图2 广西人力资源服务业从业人员结构图

从经济价值层面分析，2019年广西全区人力资源服务业营业收入为1 120 498万元，较上一年减少11 429万元，降低了约1%。其中综合性公共就业和人才服务机构为29万元，公共就业服务机构为65.86万元，人才公共服务机构为79.21万元，行业所属服务机构（事业单位）为1 106.85万元，国有性质和民营性质的服务企业分别为176 930.37万元和940 960.62万元，民办非企业等其他性质的服务机构为1 320.607 6万元，外资性质的服务企业5.436万元，如图3所示。

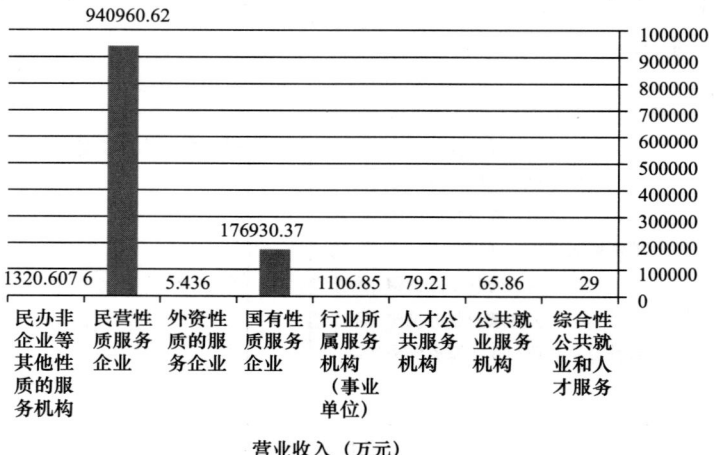

图3 2019年广西人力资源服务业营业收入图

从以上的数据中不难发现，广西人力资源服务业的特点有规模较小、成分单一、专业化及创新能力不足等问题，具体而言有：

（1）广西人才服务机构规模平均为13.32人/家，其中综合性公共就业和人才服务机构规模为15.16人/家，公共就业服务机构为14.08人/家，人才公共服务机构为6.46人/家，行业所属服务机构（事业单位）为15.11人/家，国有性质和民营性质的服务企业分别为22.32人/家和13.15人/家，民办非企业等其他性质的服务机构20.67人/家，外资性质的服务企业18人/家。由此可见，广西人力资源服务业水平低于全国平均水平，呈现出一定的集中性，国有性质的人才服务机构规模较大，而人才公共服务机构规模偏小，民营企业虽然数量多但是普遍规模小，实力不强，竞争力水平较低。虽然成分上有一定的多元化，有不同类别及不同层次的服务机构，但是缺乏具有强劲实力、市场号召力及具有品牌化和良好口碑的领军企业，并且较多资源向具有国有性质的机构倾斜。

（2）广西人力资源服务机构目前普遍提供的咨询服务包括人事代理及职业中介等，仅停留在输送劳动力及介绍工作的产业链底端层次，而对于人才培训、人才测评、人才引进、劳动合同管理等法务咨询都涉及较少，无法充分发挥人力资源服务机构的咨询服务专业化优势，亟须进行产业升级及模式创新，从而才能形成"高精尖"的专业咨询服务模式。

（3）国家从 2014 年开始陆续出台了关于人力资源服务业的相关文件，从政策的角度给予了人力资源服务业支持，但是就广西目前的发展现状而言，政策落地还存在一定的差距，截至目前，广西还缺乏区域性的关于人力资源服务业的具体实施办法和措施，在全国大力开设人力资源服务产业园的同时，全区产业园建设相对滞后。目前，仅有柳州市提出了《柳州市北部生态新区关于促进广西（柳州）人力资源服务产业园发展实施办法（试行）》的方案，成为全区唯一一家自治区级人力资源服务产业园。除此之外，政府层面对人力资源市场投入的支持经费有限，造成公共服务机构相关基础设施建设水平低，发展动力不足，导致行业内人员流动性较大，专业人才综合水平较低，发展动力匮乏。

三、负面清单背景下人力资源服务业发展活力驱动因素分析

在负面清单的背景下，人力资源服务业的发展经历了一系列的演变，也体现了我国对于人力资源服务业激励程度的不断加大。在最早的 2013 年上海自由贸易试验区中公布的第一版负面清单中，对于"人力资源服务"有外商投资的股权比例要求及最低注册资金要求，从而对外商投资人力资源服务起到了规范和约束作用。2015 年的负面清单中，人力资源服务业被列为"限制准入类"，意味着仍然需要严格的审批机制才能够开展相应的业务。2018 年的负面清单中虽然已明确取消了人力资源服务业，但是属于人力资源咨询内容的"社会调查"部分仍然设定了限制举措。可以看出，随着负面清单的不断更新，我国对于人力资源服务业的管控也在摸索中逐步解绑和放松。与此同时，人社部出台的相关政策也对相关机构在获得行政许可上有了放松，可以"先照后证"，提高了审批效率，降低了审批门槛。

在负面清单及人社部门的逐步松绑下，行业准入机制向"一线放得开，二线守得住"方向改革，也积极响应了人力资源流动国际化的发展

趋势及外商投资的热情。在此背景下，我国人力资源服务业发展活力驱动因素较之前更为多元化，主要包括以下三种因素：

（一）市场因素

有需求才会有市场，市场的供需关系是产业的发展基础。随着社会经济的飞速发展，不同类型企业规模的逐步扩大，形成了专业化的分工，因此对于各类企业、行业而言，人力资源服务的需求强烈，不仅包括早期的职业介绍，还包含人员培训、人员测评、劳动法务等专业领域，需求的范围及深度都在不断深入和发展。为了更好地响应市场的需求，人力资源服务机构要形成以市场为主导，以政策为准绳的发展路径，充分适应市场需求，调整产业结构。

（二）政策因素

就业、社会保障、人才队伍建设、劳动关系等一直都是国家关注的民生问题，也颁布了许多相关法律法规和政策来规范人力资源服务行为，以保障社会的稳步发展。纵观人力资源服务业的发展沿革，目前，政策的促进作用对于人力资源服务行业而言尤为重要，是推动人力资源服务业发展的重要因素，因此在相关的研究中，要注重在相关政策法规的前提下，通过制度的建立来鼓励人力资源服务业的改革和发展，有效激发人力资源服务业的发展活力。

（三）人员因素

人员因素是在负面清单背景下激发人力资源服务业发展活力的主观因素，也是最核心的驱动因素。人员因素包含两个方面的含义，一方面包括人力资源服务业的从业人员的业务水平及综合素质，另一方面包括各类人才对于人力资源服务业的认知及对人力资源专业化咨询服务的需求。人力资源服务业发展至今，其机构体现的主要特点是轻资产化，不参与直接生产工作，但是为不同行业输送人才，因此对于从业人员而言，其对不同企业的人才需求、市场环境、政策法规等都需要有充分的认识，在具有综合的业务水平的前提下还具备有良好的道德品质，才能够使得人力资源服务机构形成良性竞争。优质的人才服务机构可以提供专业化的服务，让各类人才可以在寻求就业机会时首先想到借助专业机构来实现个人职业能力收益的最大化，并且还能够有充分的就业保障，从而对人力资源服务机构予以信任，最终实现产业的良性循环。

四、负面清单背景下激发广西自由贸易试验区人力资源服务业发展活力的对策

(一)建立健全区域内人力资源服务业法律法规

广西自由贸易试验区作为国家第一个在少数民族地区设立的经贸试验田,具有显著的民族特色并有东盟经济枢纽作用,在中国一东盟自贸区建设的成功经验带领下,发挥政策的叠加优势能够加快园区内的各类产业发展。不同行业对人才的需求都需要进行规范的管理以及正确的引导,因此广西人社部门及其他相关部门,应积极探索在自由贸易试验区域内进行相应的政策试点,通过行业的法律法规来对人力资源服务业进行监督与管理,建立健全区域内的人力资源服务业法律法规,在大力促进产业发展的前提下,保证产业的良性成长,有法可依地使相关业务灵活便捷服务于各类人力资源服务产业的管理。

与此同时,充分利用行政部门的联动来实现对人力资源服务业的鼓励,例如广西自由贸易试验区为支持产业高质量发展,对包括人力资源服务业在内的六项现代服务业实行税收优惠及奖励,有效提升了现代服务业与工业的协同发展水平,激发了人力资源服务业的市场活力。

(二)通过行业协会打造产业链,加强产业园建设

目前广西人力资源服务业缺少领军企业,也缺少集聚效应,为了激发人力资源服务业的发展活力,可以通过产业园实现产业集聚,"点—线—面"的带动行业发展。在以负面清单为背景下的广西自由贸易试验区范围内,可以尝试通过行政规划的引导形成人力资源服务业的地理集聚效应,并由此辐射全区乃至全国、以东盟为立足点向国际化发展,充分利用地理优势形成具有全国领先的国际人力资源服务产业环境。利用已成立的行业协会引导企业形成产业资源上下游的良性串联,打造协同创新的产业链,使广西自由贸易试验区人力资源服务业向从低端到高端,从分散到整合的趋势发展,更好地为吸引人才、吸引优质企业、创立人力资源服务业品牌而服务。

(三)利用信息化手段提高人力资源服务业协同创新模式

党的十六大报告中就提出要"以信息化带动工业化,工业化促进信息化""走出使人力资源优势得到充分发挥的工业化路线",十九大报告中也进一步提出了"充分发挥信息化的倍增和催化作用""着力建设实

经济、科技创新、现代金融、人力资源协同发展的产业体系",因此目前信息技术与人力资源管理产业的结合成为人力资源服务业转型的关键。通过网络技术、信息技术,结合目前飞速发展的各类硬件终端,使软件与硬件相配合从而显著提高人力资源管理及服务效率。作为人力资源服务机构,应积极探索运用信息化手段对机构进行管理运营,充分利用信息技术优势来为人才及企业提供高效优质的人力资源服务。从政府层面,可以打造基于信息技术的人力资源数据库,通过收集与筛选信息实现对区域内人力资源服务机构的监督与管理,提高行政效率,规范行政行为。利用信息化技术推动政府从"审批型"向"服务型"转变,结合信息化手段打造人力资源诚信库及综合管理平台,加强基础建设,为增强广西自由贸易试验区范围内的人力资源服务业发展活力夯实基础。

五、结语

在国际人才竞争日益激烈的环境下,国家对于人才的重视已经上升到了战略的高度,在成立了自由贸易试验区之后,广西更是迎来了巨大的机遇及挑战。在广西人力资源服务业的发展现状下,利用政策优势、区位优势来使产业突破局限,形成产业改革与升级,推动成为我国面向东盟国家人才流动的门户。

参考文献

[1] 国务院印发新设六个自由贸易试验区总体方案[J]. 中国外资,2019(17):8.

[2] 王浩明. 负面清单制度下海南自贸区(港)人力资源服务业发展对策分析[J]. 中国经贸导刊(中),2018(29):88-89.

[3] 叶裕惠. 加快广西信息化 带动广西工业化——"广西信息化带动工业化对策研究"专题报告会综述[J]. 桂海论丛,2004(2):96.

[4] 陈肇雄. 推进工业和信息化高质量发展[N]. 学习时报,2019-07-08.

重庆市人力资源与产业融合发展问题研究决策咨询建议[①]

谭建伟[②]

摘　要：2014年习近平总书记提出中国经济新常态"中高速""优结构""新动力"的特性后，产业结构的优化升级和创新驱动已然成为经济发展的重中之重，产业和人力资源的融合发展成为必然趋势。重庆市作为我国西部地区唯一的直辖市以及长江上游的经济中心，肩负着带动周边地区经济增长的重任。因此，重庆市的人力资源和产业融合发展程度对西部地区的经济发展具有重要影响意义。本文通过构建重庆市人力资源系统和产业系统耦合模型发现，除规模以上能源工业人才系统和能源工业系统之间的耦合协调度不理想外，其余的均朝着改善方向发展。因此，本文从人才角度出发提出"一二三四，十位一体"人才方案以进一步促进人才系统和产业系统的耦合协调发展。

关键词：人力资源　产业　融合

本文通过耦合模型对重庆市人力资源系统和三次产业结构系统，以及"6+1"支柱产业人才系统和"6+1"支柱产业系统之间的耦合协调关系进行定量分析。研究结果将影响人力资源和产业耦合协调水平的原

[①]　该篇论文获得"2020年全国人才与人事研究主题征文活动"三等奖。
[②]　谭建伟，重庆理工大学人力资源教研室主任、教授。

因归纳为协调原因和失调原因。协调原因。第一，人才系统综合指数和产业系统综合指数较为可观且相当，两个系统之间可以相互支持，进而形成高耦合协调度。第二，人才系统超前型且产业系统不能太滞后。失调原因。第一，人才系统综合指数和产业系统综合指数均偏低，因此两个系统之间无法相互支撑，故而产生低耦合协调度。第二，人才系统滞后，无法为产业的优化升级提供丰富的人力支撑。

基于以上研究，并依据"十位一体"人才方案，本文从人才保障、人才激励、人才发展和效果评估四个层面提出促进重庆市人力资源与产业融合发展的政策建议，从而为重庆市人才"引、育、用、留"的有效实施提供借鉴。

一、加强人才保障力度，促进人才交流互动

教育部分别于 2012 年和 2018 年，启动新的"长江学者奖励计划"和印发新的《"长江学者奖励计划"管理办法》。2008 年 12 月 23 日，中共中央办公厅转发《中央人才工作协调小组关于实施海外高层次人才引进计划的意见》。2009 年 12 月，重庆市启动重庆市最高层次人才计划——"两江学者"计划。由此可见，重庆市对人才的引进力度不断加大。进一步加强对人才的保障和吸引力度，促进人才信息共享，主要有以下两个方面：

第一，加大落实人才引进优惠政策。相关部门应进一步增强人才引进保障和吸引力度，包括进一步落实和改善一次性补贴、房贷补贴或住房分配、子女入学优惠、配偶就业、医疗保险、人才落户、工作签证等政策，从而可有效增强人才家庭和工作间的平衡，有效保障人才的医疗、居住、工作等。

第二，搭建信息共享平台。相关部门可制定《重庆市人才信息共享平台搭建管理办法（试行）》，积极落实人才互动交流平台的搭建，推动海内外人才资源共享。平台的主要功能包括：促进海内外人才的交流互动；发布企业招聘、合作、投资信息，人才引进计划信息等；了解人才工作和职业发展动向，以及人才相关教育水平和技能等。可借助平台形成一个庞大的人才资源库，不仅有利于甄别和引进相关人才，还可增强人才和产业之间的连接。

二、加强人才激励力度,优化人才激励政策

人们的行为来源于动机,动机则源于需要,而激励正是对人的需要施加影响,从而引导人们的行为。因此,国内各省市积极落实专项资金、叠加奖励、滚动支持、追加资助等激励政策。

具体而言,激励方式应具有多样性和差异性,根据个人需求不同应设立不同的激励方式,因此重庆市可制定《重庆市人才多样化激励管理办法(试行)》。该办法的内容可包括个人奖和团体奖,物质奖励和精神奖励,叠加奖励,建立科学的评比机制等。同时在评比机制的制定上,可针对不同人才申报项目特点制定不同评定标准,并应从创新性、应用性、贡献性、普适性等方面制定和细化相应评比指标体系,使激励更科学、更公平。

三、加强人才发展力度,增强人才扶持政策

重庆市人民政府办公厅印发《重庆市微型企业创业扶持管理办法(试行)》,重庆市科技局、重庆市经济和信息化委员会印发《2019年重庆市激励研发投入实施方案》,重庆市金融监管局、重庆市市委组织部和重庆市人力资源社会保障局联合制定《关于为高层次人才提供"人才贷"及相关金融服务的实施方案》。由此可见,重庆市从金融扶持、研发支助、创业支助等层面大力扶持人才,促进人才发展。

因此,进一步加强对人才的培养和扶持,主要有以下三个方面:

第一,创建良好的营商环境。相关部门可出台《重庆市引进跨国企业,促进人才发展管理办法(试行)》,可在自贸试验区和保税区等打造与国际接轨的良好商业环境,并且制定优越的政策吸引跨国企业从而吸引国际人才,进而为国际人才提供更优越的发展平台。

第二,加强校企合作。相关部门可印发《重庆市推动校企合作管理办法(试行)》,从而通过企业实践培养更多更具实践应用能力的毕业生,还可在一定程度上缓解毕业生就业压力。例如,可根据当年毕业生人数和企业需求等情况在一定程度上规定指定企业制定每年接受指定学校毕业实习生人数计划,并制定相应淘汰机制,优秀实习生可在毕业后留用等。从而不仅可有效解决毕业生就业问题,提高毕业生实践能力,还可为企业提供人才保障。

第三，增强金融扶持力度。相关部门可制定《重庆市金融扶持政策改善办法（试行）》，从而不断优化和完善对人才的扶持力度。办法可包括：进一步明确优惠办法实施对象，优化综合金融服务平台、金融资源配置、企业自主创新金融服务专营机构，完善企业自主创新综合金融服务机制，各机构工作协调机制、信用评价应用机制、机构进入与退出机制、风险防控机制等。从而加强对人才创业的金融服务支持，解决人才创业资金需求问题，使人才创业项目可及时、有效地实施。

四、加强执行监管力度，建立效果评估机制

监管和评估是政策有效实施的重要一环，因此相关部门可制定《重庆市人才工作调研办法（试行）》，定期开展人才工作调研。方案的内容可包括：政策落实、政策吸引力、政策可操作性、人才资源总量、人才队伍结构等情况。并应将各指标进行量化，同时可将各指标的实施情况与相关负责人员绩效挂钩，从而根据相应指标对相应负责人员进行考核，以督促相关负责人员积极推进政策的有效执行。

规范重庆市人力资源服务机构现场招聘会服务的建议[①]

易利华[②]

摘 要：现场招聘会作为人力资源服务业的重要业态，在促进就业创业、人力资源配置优化和服务高质量发展等方面发挥着重要作用。加强对现场招聘会服务规范的研究，制定相应的服务规范指南，是转变现场招聘会粗放式的发展方式，提升服务水平、促进可持续发展的迫切需要。

关键词：就业创业 人力资源配置 服务高质量

一、规范现场招聘会服务的必要性

（一）现场招聘会肩负着新使命

现场招聘会助力打赢脱贫攻坚战。按照人社部和市委、市政府的统一部署，我市印发了《关于印发打赢人力资源和社会保障脱贫攻坚战若干政策措施的通知》，引导和鼓励人力资源服务机构参与脱贫攻坚工作。现场招聘会助推我市产业结构调整。党的十九大报告提出了"着力加快建设实体经济、科技创新、现代金融、人力资源协同发展的产业体系"的新要求。现场招聘会配合我市重大战略实施，为构建与我市经济社会

---

① 该篇论文获得"2020年全国人才与人事研究主题征文活动"三等奖。
② 易利华，重庆医药高等专科学校组织宣传部组织员。

发展相适应的产业体系提供人力资源配置保障。习近平总书记明确提出了重庆的"两点"定位和"两地""两高"目标。重庆当前正全面融入共建"一带一路"和长江经济带，一系列重大战略的背后是整个区域对人才的迫切需求，因此需要扩大现场招聘会的人才触及深度和广度，为我市经济社会发展提供更多人力资源。

（二）现场招聘会面临着新机遇

国家高度重视和支持人力资源服务业发展。2018年6月29日，国务院颁布了《人力资源市场暂行条例》。2019年10月30日，发改委修订发布了《产业结构调整指导目录（2019年）》，将"人力资源和人力资本服务业"列为鼓励类第四十六类。重庆市委市政府大力推动人力资源服务业发展。2019年6月18日，中共中央政治局委员、重庆市委书记陈敏尔考察中国重庆人力资源服务产业园，对人力资源服务业发展给予了充分肯定，并希望行业营业收入尽早达到1 000亿元。新经济形态为现场招聘会发展提供了新动能。随着现代科技快速发展，新兴的大数据、云计算、人工智能等产业形态深刻改变、赋能了人力资源服务业，由此催生了灵活用工、"互联网+"人力资源、人力资源金融服务等新兴业态，为人力资源服务业的创新发展提供了新动力和新空间。

（三）现场招聘会面临着新挑战

服务机构整体实力不强，服务水平不高。目前，重庆市人力资源服务机构中定期开展现场招聘会业务的机构只有9家。从业人员队伍总量偏少，总体素质不高，服务水平不高。扶持政策较少，地方标准尚未建立。重庆市出台了很多鼓励人力资源服务业发展的宏观性政策、指导性政策，但是对现场招聘会服务的专项政策较少。现场招聘会服务规范重庆地方标准尚未建立，人力资源服务机构在组织现场招聘会时服务水平参差不齐。行业自律机制不够健全，行业监管有待加强。存在招聘场地或管理存在安全隐患，消防、医疗等安全设备、人员配置不足甚至缺失等问题；经营行为不规范，无证经营、"黑中介"、虚假招聘等现象仍然存在。

二、对重庆市现场招聘会的现状调查及结论

2019年9—12月，研究人员以人力资源服务机构、参加现场招聘会的用人单位、求职者为调研对象，通过文献调研、实地调研、问卷调查、实地走访现场招聘会、实地查看场地设施、收集现场招聘会资料等方式，

全面了解重庆市人力资源服务机构开展现场招聘会业务的情况。问卷调查收回有效问卷包括人力资源服务机构9份、用人单位208份、求职者1 047份。

（一）从举办现场招聘会的基本条件来看

一是现场招聘会场地安全、设施配备基本达标。目前9家开展现场招聘会业务的重庆市人力资源服务机构中有6家具有固定招聘会场地，6家机构的场地都通过了消防安全验收，都具有两个以上安全出口，并设置了明显的指示标识。场地设施方面，均配备了应急广播、照明设施、男女分设的公共卫生间；场地面积方面，5家机构的展位公摊面积均超过了国家标准规定的5平方米，1家机构未达到国家标准。二是工作人员的配备比基本达到国家标准。《现场招聘会服务规范》规定招聘会现场工作人员的数量与招聘展位的数量比例不应低于1∶10。9家人力资源服务机构举办的规模最大的一场现场招聘会工作人员数量及展位数量对比调研显示，9场现场招聘会中，7场达到且超过这一标准，2场没有达到国家标准。三是现场招聘会服务机构的制度预案较为规范。9家具有现场招聘会业务的人力资源服务机构制度建设都比较齐全，他们通过拟定招聘计划，制订切实可行工作方案和安全应急预案等，确保了招聘会的顺利实施。

（二）从现场招聘会的组织实施来看

一是对参会单位的资质审核较为严格。重庆市人力资源服务机构在现场招聘会前都要对参会单位的招聘简章、营业执照、经办人的身份证件、用人单位的委托证明等进行审查。98.56%的用人单位反映主办方审查资质严格，1.44%的用人单位反映主办方审查资质不够严格。二是主办方信息传达较为明确。调研中，对于"主办方在征集贵单位参加现场招聘会时，有没有如实、明确地将招聘会的类型、规模、参会对象等招聘会信息告知贵单位"这一问题，有99.04%的参展单位是肯定回答，0.96%的单位表示没有收到相关招聘会信息。三是重庆市现场招聘会突发事件较少。调查显示，92.36%的求职者没有遇到过突发事件，6.45%的求职者有遇到过突发事件，但得到妥善处置；1.24%的求职者有遇到突发事件，但没有得到妥善处置。四是现场招聘会服务需进一步规范。通过问卷调研208家用人单位，现场招聘会在哪些方面需要改进，排在前五位的分别是咨询服务、现场秩序、突发事件处理、消防措施、安全保卫。从求职者的角度来看，现场招聘会最需要改进的是现场秩序，占

57.21%，其次是咨询服务，占 43.08%，随后是安全保卫、突发事件处理、消防措施等。

（三）从对现场招聘会的评价反馈来看

一是现场招聘会具有较强吸引力。本次调研，208 家用人单位中常用招聘渠道排第一的是现场招聘会，占 87.02%；第二是网络招聘会，占 85.58%；第三是员工或朋友推荐，占 48.08%。1 047 名求职者中认为最有效的求职途径是现场招聘会的占比为 74.59%，其次有效的是学校提供的信息和推荐、人才招聘网站、家庭和个人社会关系等。二是现场招聘会服务总体满意度较高。调研了 208 家招聘单位和 1 047 名求职者，对现场招聘会服务满意度分别为 89.9% 和 80.04%。不满意之处主要表现在，仍有少数机构的现场招聘会在人员配备、场地及设施、现场服务等方面存在亟待规范之处，无证经营、"黑中介"、虚假招聘等扰乱行业健康发展的现象仍然存在。三是多方对于出台重庆市现场招聘会服务规范的意愿强烈。9 家开展现场招聘会业务的人力资源服务机构中，7 家希望出台，2 家不希望出台。208 家用人单位中，93.27% 的用人单位、招聘单位希望出台重庆市现场招聘会服务规范，0.48% 的单位不希望出台，6.25% 的单位无所谓。1 047 名求职者中，89.3% 的求职者希望出台，1.53% 的求职者不希望出台，9.17% 的求职者无所谓。

三、规范重庆市现场招聘会服务的对策及建议

（一）建立行业规范，出台《现场招聘会服务规范重庆市地方标准》

2014 年 12 月 31 日，人力资源社会保障部提出，国家质检总局、国家标准化管理委员会批准的《现场招聘会服务规范》正式发布，并于 2015 年 7 月 1 日实施。从各省市的情况来看，目前只有广东省出台了地方标准。2019 年，重庆市人社局把"现场招聘会服务规范"作为了人力资源服务标准化服务指南的科研招标课题，为出台重庆市地方标准奠定了工作基础。出台地方标准，通过在举办现场招聘会的机构资质、人员配备、场地设施、组织实施、现场服务等方面提出明确要求，为行业管理部门规范管理提供参考，为人力资源机构规范业务提供依据，对促进人力资源服务业健康有序发展具有重要作用。

（二）加强行业自律，充分发挥行业协会职能

2013 年 8 月，中国人才交流协会向全体会员单位、全行业人力资源

服务机构发出《中国人力资源服务行业诚信自律倡议书》，号召全行业努力营造诚信经营、公平竞争的良好环境，不断提升服务水平，促进行业发展。近年来，重庆市人才研究和人力资源服务协会通过组织人力资源服务机构年度定期检查、人才中介服务执业资格考试、业务人员培训、"诚信服务示范机构"评选、"十佳人力资源服务机构"评选等方式，不断加强行业自律，取得了较好的成效。实践证明，充分发挥协会职能，是加强行业自律的有效举措。

（三）注重行业治理，建立监督和奖惩机制

从目前重庆市现场招聘会的场地设施、现场组织和服务、安全工作等方面来看，基本达到了国家标准《现场招聘会服务规范》的要求。但是，经营行为不规范，无证经营、"黑中介"、虚假招聘等现象的存在需要引起相关部门的高度重视，多部门配合多管齐下提高治理水平势在必行。为此，行业应加强监管，结合实际，实施好事前报告备案制度，定期抽查和检查市内现场招聘会，严禁有违法违规或不良诚信记录的人力资源服务机构举办招聘会，同时确保招聘单位的合法性和招聘信息的真实性。最后，要建立奖惩机制，在物质及精神层面，奖励在行业管理中有突出贡献、推动行业发展进步的机构，惩戒行业运作中造成恶劣影响和重大事故的机构，直至其退出行业。

宁波提升高层次人才精准服务研究[1]

郑高平　王明荣[2]

摘　要：人才服务质量决定城市的环境品质，环境好，则人才聚、事业兴；环境劣，则人才散、事业衰。宁波高度重视营造人才发展生态，不断创新完善高层次人才服务体系，为高质量发展提供人才支撑。

关键词：高层次人才　精准服务　服务体系

一、高层次人才服务的现实基础

宁波市委市政府高度重视高层次人才服务，省委副书记、市委书记郑栅洁明确提出要"千方百计抢人才，多措并举育人才，不拘一格用人才，满怀真情爱人才"，以"栽树工程"标准建设人才生态最优市。

（一）注重抓工作统筹

坚持党管人才原则，强化组织部门牵头抓总职能，专门成立全市高层次人才服务机构，负责协调保障高层次人才各项需求，提升服务精准性。2014年在全省率先成立高层次人才创业创新服务联盟，整合发改、经信、科技等25家市级部门和重点社会群团、公共服务平台资源，建立

---

[1] 该篇论文获得"2020年全国人才与人事研究主题征文活动"二等奖。
[2] 郑高平，宁波市委组织部高层次人才服务办公室副主任；王明荣，宁波市人民政府发展研究中心人才所所长。

"1+25"服务窗口体系，实现高层次人才从洽谈引进到注册落户、创业创新到生产生活的全链条服务。统筹10个区县（市）、5个功能园区人才服务资源，全市域建立高层次人才服务联盟专窗，形成以市级服务联盟为龙头、各责任部门为纽带、区县（市）人才服务机构为节点、各基层人才工作站为终端的综合服务体系。

（二）注重抓制度建设

健全专家服务体制，出台《关于进一步加强党委联系服务专家工作的实施意见》《宁波市专家服务管理办法》等制度，实现市县两级领导结对，专家全覆盖，打造全方位服务管理体系。持续升级人才生态建设"1+X"系列举措，制定开放揽才、产业聚智意见和引进顶尖人才、优化专家服务、保障人才安居等一揽子实施办法，形成指向更精准、覆盖更全面、支持更有力的人才"引育用留"政策体系。实施助创专员服务机制，每年市县两级选聘一批助创专员，为人才在项目报批、企业管理、融资股改、市场拓展、人才招聘等方面实行"一对一"和"组团式"服务。目前累计派出市级助创专员133名，帮助人才企业解决发展问题1 500余个，助创满意度达95%以上。

（三）注重抓平台服务

开发建成宁波市人才公共信息服务平台，提升人才服务数字化、信息化水平。推出"互联网+社保卡"人才服务App，人才凭手机二维码即可享受场馆健身、景点游玩、交通出行、疗养体检、贵宾通道等十项免费服务。截至2019年9月，实现入库专家6 500多名，累计免费享受公交和地铁出行26万人次、场馆健身超9 000人次、景区景点服务2 700人次，调研发现，享受过服务的人才满意率达95.1%。探索建立政务服务与市场化服务相结合的服务平台，甬江人才创新中心投入使用，以飞地共享模式建设"人才自由港、创新共同体"，打造成为甬江科创大走廊的创新标杆。

二、高层次人才精准服务的问题现状

调研中，共专题访谈20余名人才专家，问卷调查30余家企业。调查显示，56%的高层次人才认为宁波人才服务的精准性较高，但也有33%的高层次人才希望进一步提升服务质量，如图1所示。

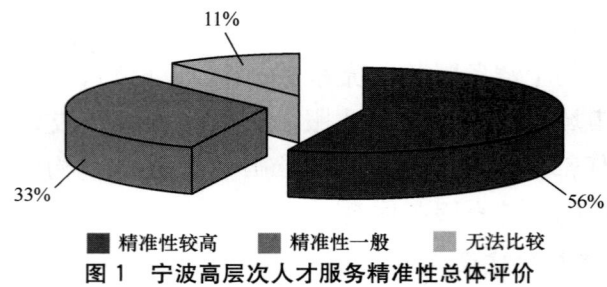

图 1 宁波高层次人才服务精准性总体评价

（一）需求多元化

高层次人才对服务要求较高，需求涵盖创业服务、生活服务、个人发展等方面，需求趋于多元化。创业服务方面，市场拓展需求占比最高，占 36.5%，融资服务、人才招聘也有一定比例，分别占 29.7% 和 22.3%，如图 2 所示。生活服务方面，子女入学服务需求最多，占 36.8%，其次为医疗、住房，分别占 27.5% 和 19.5%，如图 3 所示。人才服务需求的多样性，对服务的精准性提出了更高要求。

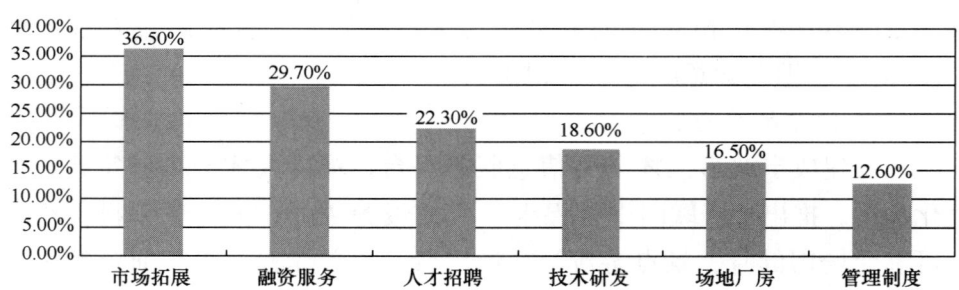

图 2 高层次人才创业服务需求情况

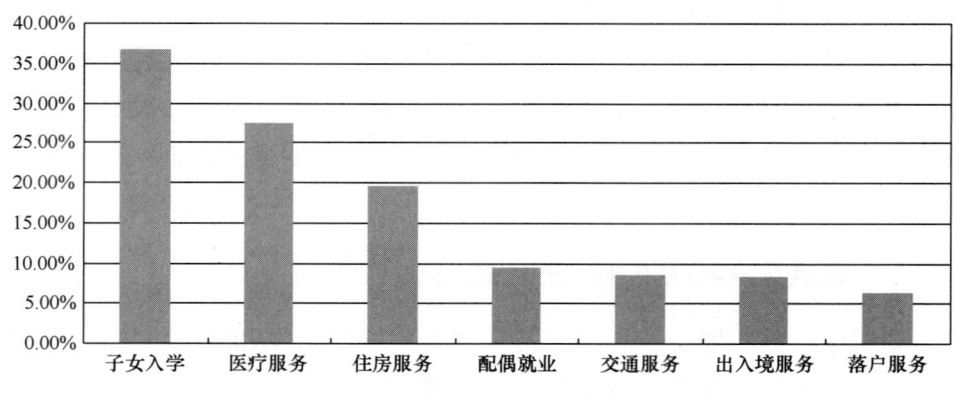

图 3 高层次人才生活服务需求情况

（二）服务职责分散

高层次人才服务是项系统工程，提升人才精准服务需要各部门密切配合。组织部门牵头抓总、人力资源社会保障部门为主实施的管理模式，受制于编制、职能、资源等因素，服务提升空间有限。部分人才服务事项分散于公安、教育、科技、经信等部门，存在常态化沟通协调不畅、落实力度不均等问题。调查显示，60％受访人才的服务需求事项需通过多部门协同解决。

（三）沟通渠道不畅

尽管已出台不少高层次人才联系服务措施，但多数停留在单向沟通层面，党委政府通过行政手段接触人才相对容易，而人才向组织反映诉求缺少有效渠道。调查显示，29.4％的人才反映沟通还不够顺畅，也有人才反映，党委政府对人才服务诉求的回应不够快速、精准，服务效率有待提高。

三、国内相关城市经验借鉴

近年来，国内各有关城市都高度重视人才生态环境建设，将人才服务作为优化人才生态的重要抓手，推出了不少精准服务高层次人才的创新举措。

（一）聚焦创业发展服务

一是企业市场拓展。苏州市制定《创新产品政府首购和订购实施办法》，对市级以上领军人才企业研发生产且首次投放市场的创新产品，全部纳入《苏州市创新产品推荐目录》，鼓励财政性资金优先采购和推广应用人才企业创新产品。对非政府采购，对首次采购的单位给予采购价10％（最高50万元）的补贴。二是企业人才招聘。武汉市大力发展人力资源服务产业，将人才服务纳入政府购买服务指导目录，支持人才中介机构和专业社会组织有序承接由政府转移的人才培养、评价、流动、激励等职能，为企业人才招聘提供更多市场化力量。三是企业金融服务。针对高层次人才创业创新发展中资金短缺问题，杭州市探索组建人才服务银行，加大金融支持人才创业创新力度，对符合条件的科技型人才企业，给予购买科技保险产品保费资助的服务。南京市出台知识产权质押贷款、科技保险保费补贴等政策，积极推行小额贷款保证保险。四是知识产权服务。厦门市修订《高新技术人才引进相关专利奖励政策》，建立知识产权产业联盟、行业协会，建立健全知识产权专家库和新型智库，为科技人才提供专业技术支持和法律服务。

（二）聚焦生活安居服务

一是人才子女入学。对A类人才子女，西安市普高线可降10分录取。杭州市建立公办中小学入学积分制度，将人才的社会贡献纳入子女入学积分权重。武汉、南京等城市的高层次人才非户籍子女可以享受与本市户籍学生同等待遇。二是人才安居保障。南京市高层次人才提取公积金支付房租的标准放宽到现有标准的2倍，购买自住房的贷款额度最高可放宽到限额的4倍，筹建专门的海外人才公寓，定向供应高层次人才。杭州市将高级人才租赁补贴提高至每月1 500元。三是人才就医服务。杭州市在有条件的市属医院建立国际医疗合作专病中心、国际远程会诊中心，加快市级医疗保险与国外医疗保险体系的衔接，积极为海外高层次人才提供多层次、多样化的优质医疗卫生服务。苏州市在全市三甲医院开通"绿色通道"，为高层次人才提供预约诊疗和健康顾问服务。

（三）聚焦简明规范便捷服务

一是服务流程简明。深圳市发布高层次人才服务流程图，如图4所示，便于高层次人才简明扼要掌握服务办理环节。二是服务流程规范。西安市实施"两清单、四帮办"规范化流程，可向高层次人才免费提供"两个清单"（服务清单、政策清单）和"四个帮办"（引进落户、创办企业、人才政策兑现、社保医疗教育）服务。三是服务享受便捷。厦门市建立"i人才"公共服务平台，提供科技成果网上交易、投融资对接等功能，实现人才线上线下、市区联动的实时服务。杭州市整合构建"智慧人才平台"，形成集人才项目数据库、智慧人才官网等于一体的信息化服务窗口，为高层次人才提供高效便捷的服务。

四、提升高层次人才精准服务的对策建议

提升高层次人才精准服务，应坚持问题导向，着眼人才关心关注的关键小事，创新服务方式方法，建立清单化、科学化、精细化服务管理机制，厚植人才生态，不断促进人才与宁波共成长。

（一）建立清单化服务机制，精准定位人才服务需求

一是建立人才服务对象清单。按照"246"万千亿级产业集群建设和"225"外贸双万亿行动要求，全面收集《宁波市人才分类目录》界定的

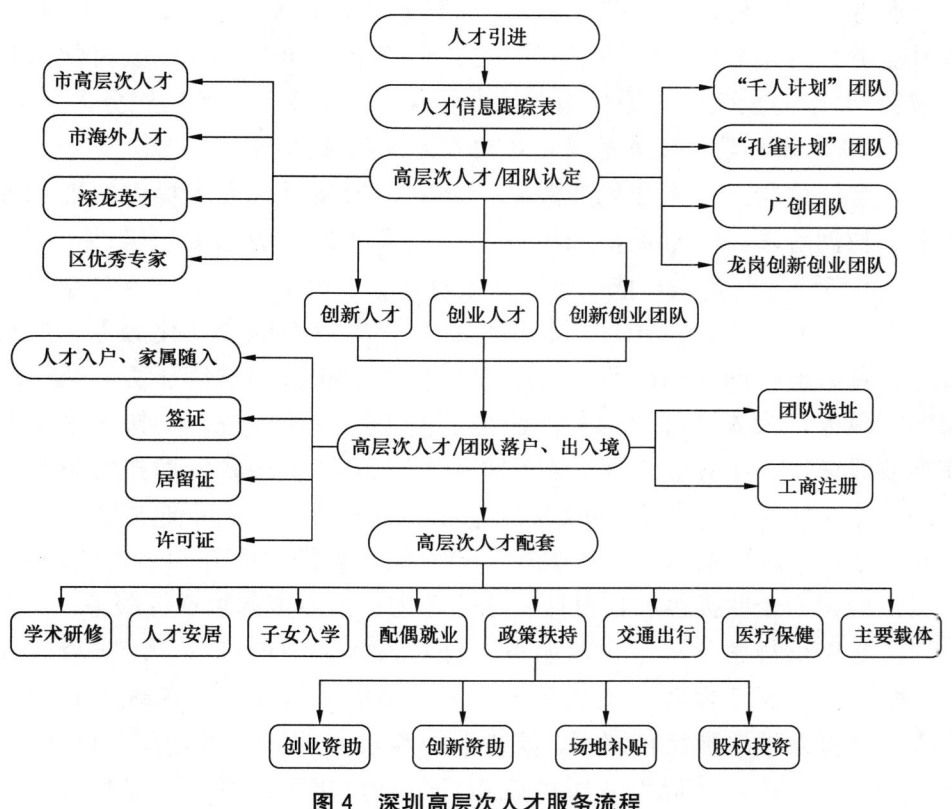

图 4 深圳高层次人才服务流程

各类人才信息数据,实时更新人才信息库,夯实人才精准服务基础。坚持包容开放、不唯学历、不唯帽子,将更多技能人才、民间优才纳入全市高层次人才服务范围。借助人才公共信息服务平台,提升服务层次,拓展服务领域,增强人才幸福感、获得感。

二是建立人才服务需求清单。加强高层次人才服务需求调研,常态化了解掌握人才需求。市委组织部(市委人才办)牵头,各相关部门和区县(市)协同推进,围绕本地本单位的人才创业创新、生活服务、个人发展,以调研走访、问卷调查、网络征询及座谈会、恳谈会等方式,广泛征求意见建议,实时掌握高层次人才服务需求,充分发挥12个驻外联络站作用,建立外地人才动态化"需求清单",找准人才服务的切入点和关键点。

三是建立人才服务事项清单。加强人才服务事项的分析研判,梳理研究人才服务堵点、痛点,形成分析表、流程图,为人才提供更全面周到的服务。持续优化宁波市专家服务管理系统，完善 App 服务事项内容，提升服务智慧化水平。借助市海高会、宁波欧美同学会（宁波留学人员联谊会）、市博士联谊会等社团，让高层次人才享受更便捷的服务。

（二）聚焦科学化服务举措，优化人才发展软环境

一是提供科学化人才创业服务。分阶段为高层次人才提供精准创业服务。初创阶段，注重保护和激发高层次人才的创业创新积极性，结合"3315 系列计划"实施，依托市天使投资基金、海邦基金、财富基金以及甬江人才创新中心，给予注册、用地、资金等方面的个性化服务。成长阶段，着力解决创业项目即将量产面临的资金和市场推广压力，通过政府购买服务，为人才提供财务、法务、商务等专业服务。支持更多企业在宁波股交所、中小企业板、科创板挂牌，提高直接融资和挂牌贷企业比例，让人才企业更早获得股权、金融方面支持，加速企业成长。成熟阶段，通过"政府搭台、企业唱戏"的方式，对接国内外知名咨询服务、投资机构，为企业提供股权设计、战略咨询、人力资源管理等服务。

二是提供科学化人才生活服务。针对人才关注度较高、需求量较大的子女入学、医疗保障、安居落户、出入境等关键小事，梳理优化办理流程，完善办理事项流转制度，实现服务事项可跟踪、可追溯、可评价。通过大数据分析，开展人才服务成效评价，优化工作举措，提高人才服务满意度。

三是提供科学化人才发展服务。推进人才培养、评价、流动、激励机制改革，坚持以企业需求为导向，统筹推进高层次人才培养工程，探索以企业聘任职务为导向的人才评定办法。深化实施市级职称改革，评审主体更多依托行业协会、用人单位，让东家、专家、大家来综合评价人才。实施以价值为导向的项目管理机制，探索实行项目经费"包干制"，强化科研经费公开，对项目经费不设具体科目比例限制，由项目负责人或科研团队自主决定使用。在宁波职业技术学院等 5 家职业技术学院推行"订单班"培养模式，推动产业、教育、人才的深度融合。

（三）完善精细化服务流程，提升高层次人才服务水准

一是提升窗口服务水平。推动高层次人才服务事项窗口标准化建设，系统梳理人才落户办理、医疗教育、创业就业等 5 方面 65 项服务需求，明确流程办理时限和节点，列明所需清单和资料，将人才服务流程进度上网上墙，修订优化人才服务指南，使其真正成为解决人才"关键小事"

的"百科全书"。

二是强化服务队伍建设。开展全市人才服务业务交流和技能评比，加强队伍建设，提升服务技能。加强人才服务窗口工作纪律、着装仪表、服务用语等管理，规范服务业务办理。根据企业发展需求，加大人才助创专员选派力度，以"点面结合、区域分片"的方式，实现人才服务全覆盖。

三是促进服务能级提升。以"最多跑一次"改革为引领，开展服务"提质增效行动"，建立"一窗受理、全流程通办"机制。完善政务服务管理内控，建立工作绩效考核奖惩机制，加强督查考核，把人才服务作为考核评价各地各单位人才工作的重要指标。

昆山市县级人力资源和社会保障部门人才工作研究[1]

孙洪涛　田亚坤　钟臻弘[2]

摘　要： 改革开放以来，昆山人力资源和社会保障部门的人才工作经历了以人才流动为主要特征的工作阶段（改革开放初始至2007年）、以人才项目为主要特征的工作阶段（2008—2017年）和以产业科创中心建设为背景的工作阶段（2017年至今）。人才流动形成的惯性、项目化工作思维的缺失、松散化的工作体系、滞后的工作习惯都在制约着当前人才工作的开展。人力资源和社会保障部门迫切需要推进人才政策项目化、人才计划项目化、人才活动项目化，补全项目化工作短板。优化系统内部人才流动和人才开发职能关系，厘清人才行政、人才事业、人才产业机构的关系，扬弃人才流动阶段的旧思维、旧习惯、旧做法。在新的历史时期，从产业技能人才供给侧改革、产业链延伸、产业空间更新角度，围绕主导产业和新兴战略性产业，探索产业人才工作新道路。推动人力资源和社会保障部门向"从人的角度出发组织人才工作"转型，补全"从项目的角度出发组织人才工作"的历史欠账，在"从空间的角度组织人才工作"的历史时期，能构建起纵向贯通、横向可比的人才计划项目体系、人才发展指标体系、工作对象体系，形成系统性的合力，发挥职能作

---

[1] 该篇论文获得"2020年全国人才与人事研究主题征文活动"三等奖。
[2] 孙洪涛，昆山市人力资源和社会保障局副局长；田亚坤，昆山市人力资源和社会保障局主任科员；钟臻弘，昆山市人力资源和社会保障局人才开发科副科长。

用，提高人力资源和社会保障部门在党和政府人才工作整体格局中的地位。

关键词： 人才工作　产业人才　人才开发　人才计划　人才活动

党的十九大以来，党中央、国务院对人才工作的重视程度达到了前所未有的程度，人才工作优先发展已经成为转变经济发展方式，在激烈的国际竞争中赢得主动权的重大战略选择。中美贸易摩擦愈演愈烈，这场可能比日美贸易摩擦还要激烈的贸易战同人才国际竞争密切相关，人才工作成为实现经济转型、民族振兴、赢得国际竞争主动权的基础性工作。在这样的背景下，各级党委、政府都将人才工作摆在优先发展的位置，人才工作进入新的历史时期。人力资源和社会保障部门是人才工作的行政主管部门，县级人力资源和社会保障部门是人力资源和社会保障系统的基层单位，人才工作水平关系到人力资源和社会保障部门的整体形象，关系到党和政府人才强国战略的实施成效。

昆山作为全国县域经济的领头羊，不断在调整中转型，在转型中发展，在发展中创新，连续15年位居全国综合实力百强县（市）首位。2018年昆山在全国同类城市中率先提出要建设"具有国际影响力的国内一流产业科创中心"，让人才工作走进新的历史阶段。在昆山市整体的人才工作体系中，昆山人力资源和社会保障部门承担着人才引进、人才活动、人才服务等职能。2008年"双创"人才项目实施以来，人力资源和社会保障部门在工作方式、历史传统、工作体系和队伍建设等方面都存在不同程度的问题，难以满足经济社会发展需要、人民群众需要、党委政府需要，迫切需要在新的历史时期寻求新的定位，谋求新的地位，发挥新的作用，做出新的贡献。

人力资源和社会保障部门的人才工作涉及主体多，涵盖范围广，而且各个地方也不完全一样，对人力资源和社会保障部门的人才工作的具体行为进行研究比较困难，所以我们试着以昆山为例，研究县级人力资源和社会保障的人才工作，系统总结历史经验，找准制约发展的问题症结，寻求具有可操作性的解决方法，指导具体实践工作的开展。实践经验是基层人才工作者的珍贵财富，我们课题研究源自实践，也是为了改进工作实践，所以不过多做理论上的研究。

一、人社部门人才工作的社会评价面临挑战

群众是检验工作的标准，把裁量权交给群众，让社会去评判县级人

力资源和社会保障部门的人才工作,这样的评判最客观、最真实、最可靠。基于这样的认识,我们设置了调查问卷,面向 227 名政府公职人员、企业人力资源经理、从事项目申报的员工、人才中介机构从业人员以及从事人才工作报道的新闻工作者进行问卷调研。

（一）社会对人力资源和社会保障部门的整体认知

人们对一个人才工作部门的重要性通常是从三个维度认知的:哪个部门有钱、哪个部门有项目、哪个部门有影响。调研从这三个方面展开,目的是通过调研,比较不同人才工作部门在社会认知中的差异,弄清人力资源和社会保障部门人才工作的社会评价。受访者认为科技局、人力资源和社会保障局在人才资金投入、人才项目重要性、人才活动影响三个方面领先于其他部门。具体比较科技局和人力资源和社会保障局：在人才资金投入方面,科技局排在人力资源和社会保障局之前;在人才项目重要性方面,科技局排在人力资源和社会保障局前,但差距很小;在人才活动影响上,人力资源和社会保障局排名在科技局之前。调研结果说明在整体的社会认知上,人力资源和社会保障局仍旧是昆山人才工作最有影响的部门之一,但是面临着科技局后来居上的竞争压力。

1. 社会对人力资源和社会保障部门人才投入的认知

社会对于人才部门的重要性最直观的认识就是资金投入,因此我们调研了受访者对不同人才部门资金投入多少的印象,并进行排序,从而可以看出各部门影响力的大小。对于排序情况进行赋权得分,结果如图 1 所示。

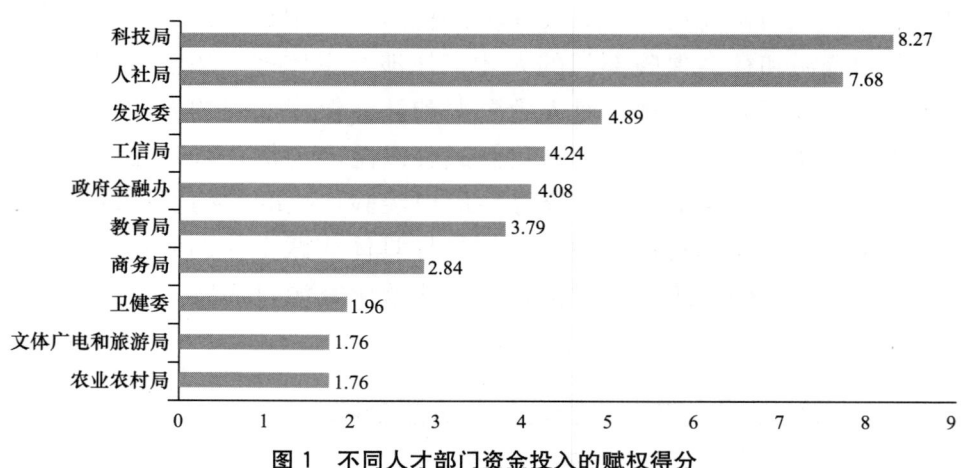

图 1　不同人才部门资金投入的赋权得分

这说明在受访者主观印象中,科技局、人力资源和社会保障局的资金投入较多,但科技局略多。事实上,昆山人力资源和社会保障局在人才投入上一直是高于昆山科技局的。昆山市人力资源和社会保障局、昆山市科技局等人才部门主要是通过昆山人才专项进行人才工作支出的。2018年昆山人力资源和社会保障局执行人才专项资金投入是1.42亿元,是2011年的4倍,是科技局同年人才专项决算的1.6倍,远远超过同时期内科技部门执行的人才专项资金。这表明人力资源和社会保障部门人才投入的影响力方面存在着需要改进的地方。虽然影响力与不同性质部门的工作方式的客观因素有关,例如科技领域的人才项目通常额度大,享受人群少,社会显著度高,而人力资源和社会保障部门的人才项目享受范围广,额度少。但是也从一个侧面给人力资源和社会保障部门提出问题:如何提升单位人才财政投入的影响力?

2. 社会对人力资源和社会保障部门人才项目的认知

人才项目是社会最能直观感受到的工作,鉴于各人才部门都承担了人才项目工作,我们调研了在受访者的主观印象中哪个部门的项目更为重要,并按重要性由高到低进行排序,根据赋权后的平均得分,结果如图2所示。

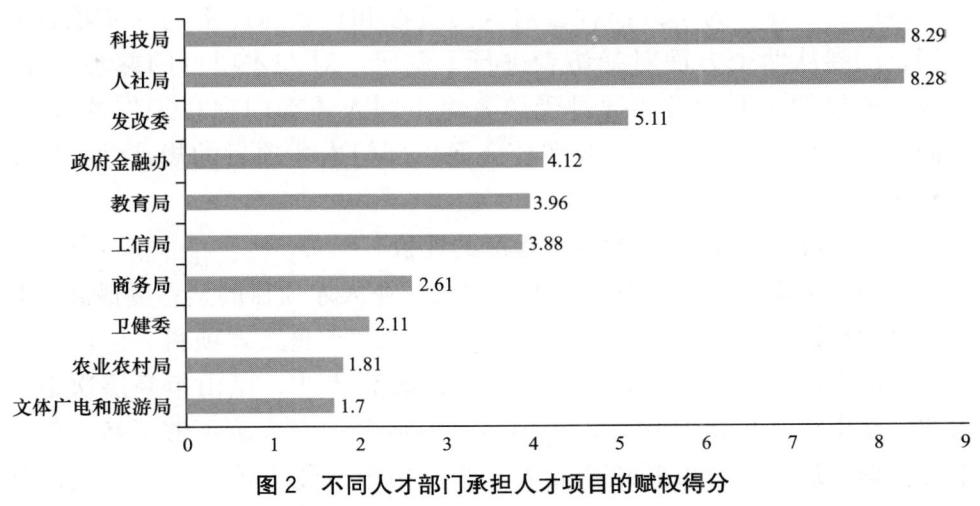

图2 不同人才部门承担人才项目的赋权得分

由图2可知,科技局、人力资源和社会保障局的得分基本相同,领先于其他各部门,说明在受访者印象中科技局与人力资源和社会保障局所承担的项目更为重要。

3. 社会对人力资源和社会保障部门人才活动的认知

人才活动是县级人力资源和社会保障部门人才工作的重要组成部分。在本次调研中，受访者根据自己的主观印象对各部门所组织的活动影响大小也进行了排序。通过计算赋权后的得分，结果如图3所示。

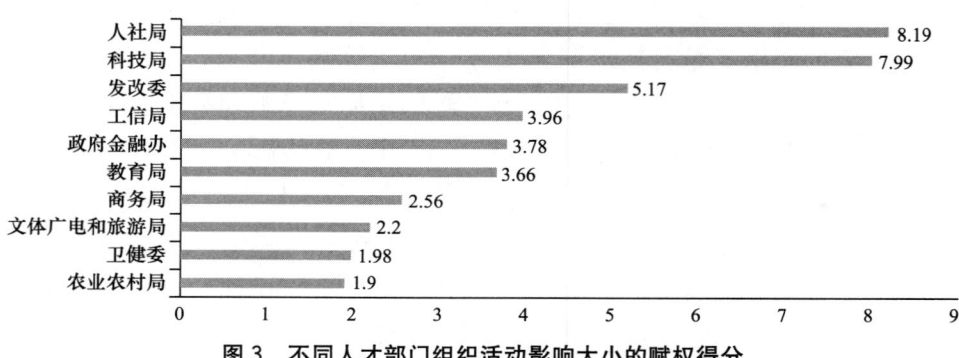

图3 不同人才部门组织活动影响大小的赋权得分

排名靠前的仍然是人力资源和社会保障局、科技局，其次是发改委。说明在受访者印象中，人力资源和社会保障局、科技局所组织的活动更有影响。

（二）社会对人力资源和社会保障局人才项目的认知

人才项目的设立和执行是人才工作最主要的内容之一，也是社会最有获得感的工作。为了弄清社会对人力资源和社会保障部门人才项目的认识，问卷从两个方面对受访者进行了调研：对人才项目的熟悉程度、对人才项目的透明程度。通过受访者对不同人才部门项目工作的认知，从而弄清社会认知中人力资源和社会保障部门人才项目的规范性、重要性和影响力。

1. 受访者对人才项目的熟悉程度的评价

由图4可知，受访者对于昆山市紧缺产业人才项目的熟悉度最高，其次是昆山市双创人才项目，然后是昆山市突出产业人才项目、昆山市优秀高技能人才项目。而对于昆山市高层次教育人才、昆山市高层次卫生人才、昆山市高层次文化人才等项目，多数受访者表示不够了解。但从整体来说，还是昆山市紧缺产业人才和昆山市双创人才等由人力资源和社会保障局和科技局主导的项目了解度更高。说明人力资源和社会保障局的人才计划项目的周知程度较好。但是昆山紧缺产业人才受众面广，主要是面向的是就业型人群，而昆山市双创人才项目主要面向的是带资金、带技术、带项目的高层次人才，所以统计的结果会出现偏差。

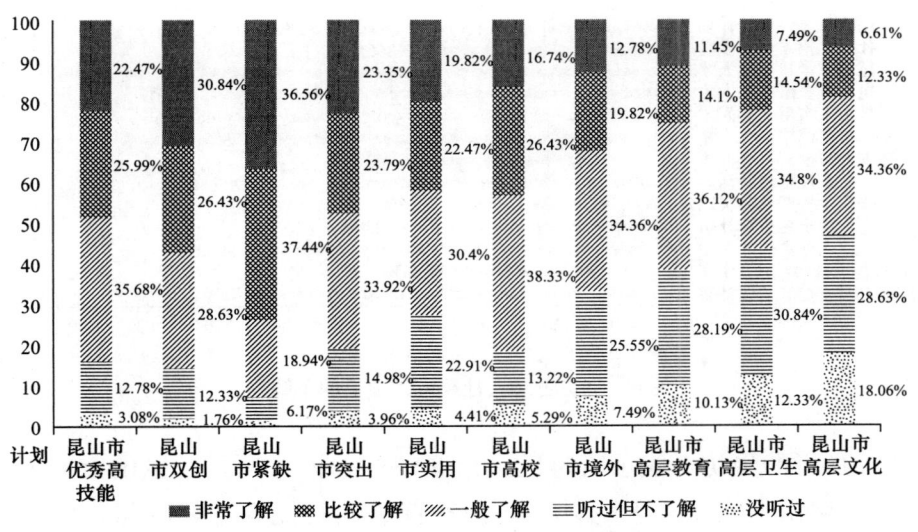

图 4 受访者对人才项目的熟悉程度的评价

2. 受访者对人才项目的透明性的评价

如图 5 所示,昆山市紧缺产业人才和昆山市双创人才,这两个人才项目的透明性得分最高,而昆山市突出产业人才和实用产业人才这两个项目的透明性得分较低。这表明人力资源和社会保障局人才计划项目的评审规范性程度有待进一步提升。

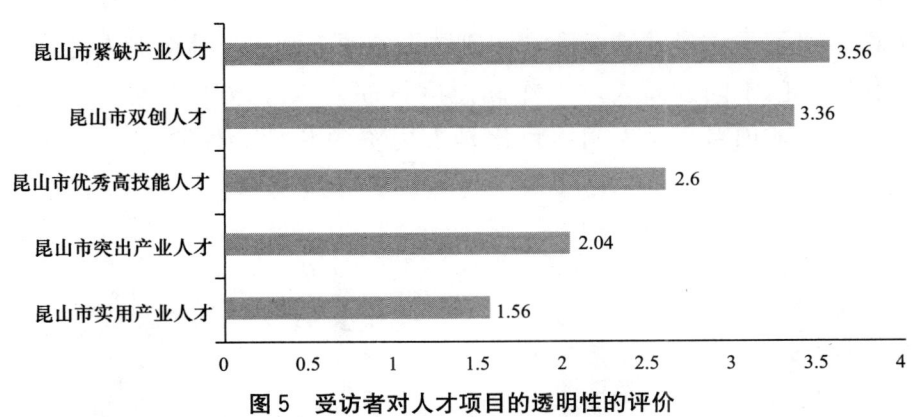

图 5 受访者对人才项目的透明性的评价

3. 受访者对人社局人才项目的了解

我们继续调研不同受访者对昆山市人力资源和社会保障局人才项目的了解,结果如图 6 所示。

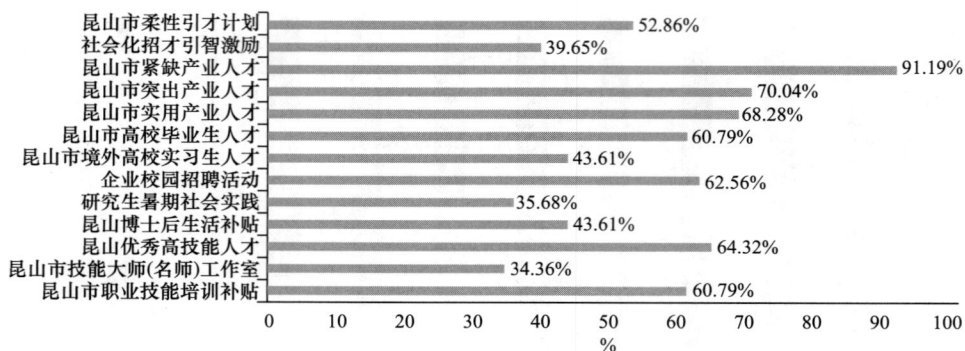

图 6 受访者对人社局人才项目的了解

91.19%的受访者表示听过昆山市紧缺产业人才项目；昆山市突出产业人才、昆山市实用产业人才、昆山市优秀高技能人才等项目，多数受访者也都听过，而对于社会化招才引智激励、昆山市技能大师（名师）工作室等项目，多数人表示没有听过。这表明昆山市人力资源和社会保障局的人才计划项目类别太多，零打碎敲，缺乏社会影响力，需要对人才计划重新进行设计。

（三）社会对人力资源和社会保障部门不同工作的认知

为了更加集中明确地看出大家对昆山市人力资源和社会保障局人才工作的评价，问卷进一步从人才政策、人才项目、人才活动、人才服务等方面调研了受访者的满意度，调研结果如图7所示，社会对人力资源和社会保障部门不同方面人才工作满意度排序是人才政策、人才活动、人才服务、人才项目。这表明项目化是人力资源和社会保障部门人才工作的短板。

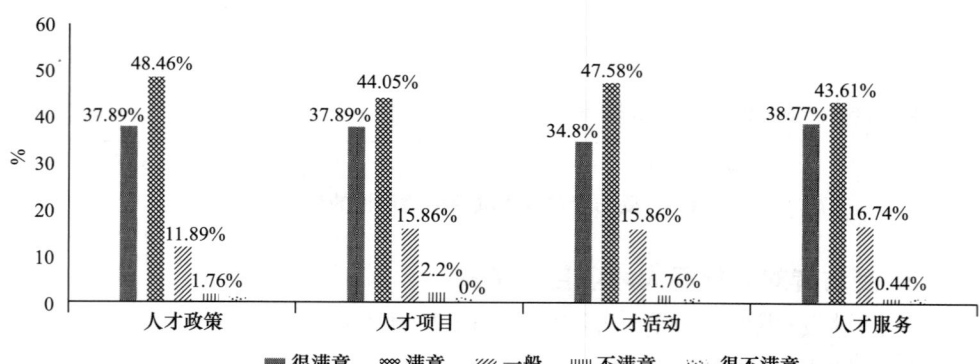

图 7 社会对人力资源和社会保障部门不同方面人才工作的满意度排序

本次问卷的最后一题为受访者对昆山市人力资源和社会保障人才工作的建议,是一个主观的调研题。作为非必答题,本题目共收到74则留言反馈。通过归类,建议主要集中在人才项目评选透明度(如"公示文件更加明朗,流程缩减")、人才项目执行效率(如"加快人才申报审核及人才津贴发放速度""政策落实了,但兑现比较慢")、宣传力度(如"加强宣传,加强制定各项人才政策执行细则""各区镇巡回讲课,方便相关工作者了解政策""加强政策宣传力度,突出联动,可设立联系站点""能否再加大技能人才评选条件的宣传,不是很清楚")等方面。按照重要性排序,项目评审透明度方面的建议、人才项目执行速度方面的建议、政策宣传力度方面的建议这三项居于前列。这表明社会要求人力资源和社会保障部门要更加注重人才项目评审的规范性、透明性,从另外一个角度反映出人力资源和社会保障部门项目化工作存在着短板。

(四)对人力资源和社会保障部门社会认知的基本判断

1. 对人社部门的整体认知相对下降

人力资源和社会保障局仍旧是最重要的人才工作部门,但是遇到科技部门、产业部门、文化教育卫生部门的追赶,特别是科技部门在人才工作方面已经与人力资源和社会保障局保持基本相当,并有后来居上之势。虽然人力资源和社会保障局在人才活动方面仍旧保持优势,但是在人才计划项目方面已经处于劣势。尤其需要注意的是,人力资源和社会保障局在人才项目上投入了更多的财政资金,但没有取得与之相适应的影响力。

2. 人才计划项目方面存在工作短板

人力资源和社会保障部门执行的紧缺产业人才项目和科技部门执行的双创人才计划,这两个项目的认知度、影响力最高。但是人力资源和社会保障部门执行的其他项目涉及双创人才、海外人才、专技人才、柔性人才、技能人才的方方面面,总数不少于50个,社会熟悉程度大都很低。

3. 不同性质的人才工作认知不平衡

社会对人力资源和社会保障部门的人才服务、人才活动基本是满意的,但是更期望人力资源和社会保障部门在项目的规范性、透明性和兑现速度方面做出改进。

二、人社部门当前的主要问题

人力资源和社会保障部门作为传统的人才工作部门，在以人才流动为主要任务的时期，为推动建立市场化人才资源配置发挥了巨大作用。2008年以来，也逐渐建立了比较完善的人才计划项目体系。但是随着社会管理部门、科技部门、产业部门，甚至城建部门在人才工作大局中扮演着越来越重要的角色，人力资源和社会保障部门迫切需要在党管人才的原则下，继承优良的传统，摒弃自身劣势，在新的历史时期，寻找新的历史定位，发挥适合时代需要的更大作用。

（一）人才流动的既有惯性影响了职能的发挥

1. 机构设置深植人才流动的影响

昆山人才工作是从专业技术人才及经营管理者人才的自由流动起步的，人才开发科是成立最晚的科室。早期专业技术工作和人才流动工作形成的工作习惯、机构布局，历史惯性强，自我调整的难度比较大。全国的情况也基本如此，人力资源和社会保障部从事人才工作的内设行政司局主要是人力资源流动管理司、专业技术人员管理司，主要事业单位是全国人才流动中心、留学人员和专家服务中心等，也基本上是按照人才流动和传统的专业技术人员管理的模式设立人才工作机构的。

2. 思维习惯深植人才流动的传统

对2019年8月1日地方工作动态进行统计分析发现：前20个涉及人才工作的地方工作动态，除了宣传、统计和政策方面笼统的工作动态，其余基本上与人才流动和专业技术人员管理有关，很少有涉及人才计划项目的工作动态。2019年10月15日17时左右，某省级人社厅官网用"人才项目"检索，检索的结果有89条；用"人才流动"检索，检索的结果有455条。同样用百度关键词检索"人力资源和社会保障部门+人才项目"和"人力资源和社会保障部门+人才流动"，分别得到28 300 000个和16 900 000个结果。虽然这种检索办法不一定非常科学，却可从一个侧面反映出人力资源和社会保障部门人才工作深受人才流动的影响，但人民群众更关心和关注人力资源和社会保障部门的人才项目。

（二）项目化思维的缺失制约了影响力的生成

1. 缺失项目化工作习惯

我们研究过程中搜集到了47个由昆山市人力资源和社会保障局负责

组织实施或者负责组织申报的人才计划项目，对这47个计划项目申报通知的文本、申报书的内容进行分析，发现：一是条件设置含混不清，出现了大量的"或者同等条件""可适当放宽""可以优先考虑"等字样。二是评审过程不明，分不清评选、推荐、评审、评议还是认定，或杂糅采用。三是入选后管理过程不明。不具备立项、中期检查、终期检查的清晰的过程控制，只是笼统地表述"一经发现，取消资格"。四是设立项目的目的不明。混淆重点人才奖励表彰政策和引进人才、培育人才或者留住人才的政策的区别。五是项目稳定性不强。隔年实施的项目较多，年度规则变化较大，不利于工作的前后继承性，难以形成稳定的社会影响力。

2. 缺少项目评价的能力

昆山人力资源和社会保障部门每年的技能人才项目申报包括4个类别，731人，产业人才申报包括5个类别，3 320人，职称评审申报人数5 000人以上，技能鉴定申请人数是13 000人以上，参加编外用工考试20 000人以上，需要评审的创业大赛项目500个以上。但是迄今为止并没有一个统一规范的专家评审和测评系统，基本上以委外评审评价为主，甚至要委托科技部门进行测评。有些项目虽然使用专家评审，但是专家的抽取缺少规范性，难以应对社会的要求。

3. 缺少项目评价的意识

2002年9月，昆山成立人才测评中心，但长期以来，人力资源和社会保障部门习惯"从人的角度谈人才"，缺少"从项目的角度谈人才"的意识，习惯于对人才本身的评价，并没有建立项目评价的工作体系。对昆山人力资源和社会保障系统执行的产业人才计划、技能人才计划、外专人才计划、柔性人才计划的申报书和评价标准进行分析，发现基本上没有项目评价要求，更多的测评要素是学历、薪资、工龄、奖励、职称、职业资格等。

（三）条线意识薄弱束缚了系统影响力的扩展

人力资源和社会保障系统内部涉及人才工作的条线很多，从国家、省、市到县，形成了专业技术人员管理条线，人力资源流动管理条线，人才流动服务条线，从省到市、县的人才开发与对外条线等至少4个主要条线，但是分管不统一，无明确的牵头条线，而且4个条线出现了上下隔离、错位、断层的现象，不能够形成内在的、有机统一的体系，无法建立上下级可贯通、同级可比较的工作体系，难以形成系统的影响力。

1. 工作机构出现上下错位

人力资源流动管理职能从部到县形成了一致的体系，但是人才开发出现断层。省、市、县设有人才开发和对外合作机构，但是部委无对应司局。专业技术人员管理从部到县都设立了较为一致的工作体系，但是部里专业技术人员管理司承担着的高层次人才规划、培养，吸引留学人员来华（回国）工作、定居等职能在市、县里主要由人才开发条线在执行。事业单位则更为复杂，国家、省、市都设有人才流动中心，但是昆山人才流动中心合并到人力资源管理中心，昆山人力资源市场管理委员会则是市政府直属事业单位。苏州市市局设有国际精英创业周服务中心，配合人才开发部门工作，但昆山并无类似机构。部里有留学人员和专家服务中心，从事不少人才开发的事业功能，地方基本没有对应的事业单位。

2. 工作内容出现上下分割

从各级人力资源和社会保障部门执行的人才计划项目的表现形式上看，申报的条件、资助的金额、项目的名称等错综复杂。从项目的内在逻辑看，上级人才项目计划不要求与下级资金匹配，也很少给予下级资金划拨，下级的人才计划项目也基本不与上级的人才计划对应，甚至很难表明上级的人才计划含金量和权威性。整个系统形成不了纵向贯通、横向可比的项目体系，生成不了系统影响力。反过来，由于形成不了横向可比的工作体系，影响力较小，下级党委政府又很少会把人力资源和社会保障部门的指标考核体系放在较突出位置，所以进一步限制了人力资源和社会保障部门人才项目的影响力。

3. 工作条线出现上下断层

国家、省、市、县人力资源和社会保障部门的人才工作虽然条线混乱，但至少还能形成比较模糊的条线关系，上级的工作任务还能够比较顺畅地部署到县，但是县级人力资源和社会保障部门的人才工作任务进入乡镇却比较困难，出现工作条线的断层。在人力资源和社会保障部门成立之前，昆山劳动部门在乡镇设立了比较完善规范的劳动保障所。当前昆山人力资源和社会保障系统的大量人才工作任务，相当一部分是通过乡镇科技办、人才办，甚至是招商办完成的。人力资源社会保障部门人才工作难以下沉到乡镇。

（四）传统习惯难以适应产业人才工作新形势

1. 知识储备难以适应面向产业的人才工作

人力资源和社会保障部门从事人才工作的人员，专业主要是人文社会类。对昆山人力资源和社会保障局人才开发科、专技科、职业能力建设科、人力资源管理中心、人力资源考培中心 35 名与人才工作密切相关干部的专业进行统计：理工科专业 6 人，占比仅为 17%，但是人力资源管理、金融管理等管理类占比 40%。当前的人才工作，工作人员每天要面对创业大赛项目评审、各类人才计划申报辅导、职称评审、技能鉴定，没有理工科基础很难进入工作状态。人力资源和社会保障部门的工作人员进不了车间，看不懂项目，听不懂谈话，很难适应产业人才工作新要求。

2. 角色定位难以适应面向产业的人才工作

人力资源和社会保障（人事）部门的人才工作是从党委组织部门演化出来的，长期以来人力资源和社会保障（人事）部门的主要领导都是组织部门分管领导兼任的，人力资源和社会保障（人事）部门与党委组织部门有着千丝万缕的关系。并且很长时期内是作为人才工作的行政主管部门，履行牵头抓总的领导作用。但是人事劳动合并以来，在新的历史时期，人力资源和社会保障部门更多是作为履行人才工作的具体执行部门在发挥作用。角色转变较为缓慢，一定程度上存在着用活动证明部门价值、用宣传替代工作实操、用个案照顾替代整体人才服务，用抽象原则误导实践的工作倾向，务虚色彩较为浓厚，务实操作能力较弱，面对新的产业科创中心建设的新形势，自我调整较为缓慢。

3. 工作方法难以适应面向产业的人才工作

人力资源和社会保障部门的人才工作主体是从人事人才演变而来，人事部门长期以来，很大程度上是同级政府的内部人事管理部门，习惯用体制内推优的方式开展面向社会的人才评价工作，对于推荐、评审、认定、评议、测评的区别认识不清，对于奖励政策和人才政策的区别认识不清，非常容易招致社会批评、投诉甚至诉讼。比如 2018 年之前，昆山紧缺产业人才计划采用评审制，但是又有推荐制的色彩，注重区镇协调，但是资格审查环节模糊。昆山技能人才采用专家评审，但是评审专家并不是随机抽取，而是由工作人员根据个人的熟悉程度直接邀请专家。面向体制内公职人员的奖励、评优、提拔和面向产业的项目评审根本不同，需要人力资源和社会保障部门人员快速转变角色。

三、构建面向产业科创中心建设的工作体系

当前和今后一个时期，如何在人才工作实践中进一步解放思想、解放人才、解放科技生产力，是摆在人才工作者面前的一个重大而深远的课题。本文认为关键是要做好以下几个方面：

（一）推进人才工作项目化，补齐人才项目工作短板

1. 推进人才政策项目化

针对人力资源和社会保障部门人才政策类别庞杂、文件模糊、涵盖范围广、涉及部门多的问题，全方位梳理政策清单，2018年形成了共47项的《昆山市人力资源和社会保障局项目申报指南》，2019年升级修订为72项，打通了人才开发、人才流动、专技人才、技能人才，特别是就业和人才工作的界限。从年初进行集中公布、集中宣讲，将苏州以上人才计划立项入选数作为衡量工作的重要指标，推动人才工作开展。从结果看，起到了立竿见影的效果。昆山人力资源和社会保障局2018年全年共争取苏州以上立项400个以上，争取资金2 400万元，同比增长20%。

2. 推进人才计划项目化

对本级人才计划项目，按照年度申报通知、人才政策文件、政策执行细则、项目评审标准"四公开"的原则开展工作。严格按照资格审查、专家评审、公示立项、过程管理的模式组织项目实施。2018年开始，对影响最大的昆山紧缺产业人才计划和技能人才计划，在没有专家评审能力之前，全部委外评审。按照苏州紧缺产业人才计划的评价标准，对昆山紧缺产业人才计划的评价标准进行调整，按照学历层次、专业紧缺程度、薪酬待遇等指标体系打分自动产生，消除了区域协调，解决了资格审查和评审混淆的问题，项目执行的透明度显著提升，受到社会的广泛好评。并且由于建立了上下一致的项目体系，2018年、2019年昆山入选苏州紧缺产业人才计划的数量有了显著的增加。

3. 推进人才活动项目化

人力资源和社会保障部门承担的各类人才活动的规模和层次在不断升级，活动的内涵和外延在不断拓展。人力资源和社会保障部门作为活动的组织者耗费了大量的精力，需要大量的精力推进人才项目、人才政策工作。项目化核心思想是以项目作为独立的组织单元，通过项目的形

式来保证组织的灵活性和管理责任分散，以目标为导向解决问题。推动人才活动项目化，通过设立活动类项目，组织行业协会、平台载体、企业主体申请项目资助，形成"社会力量组织人才活动、政府部门进行活动监管和绩效考核"的机制，成为推进人力资源和社会保障部门人才活动转型的现实途径。

（二）调整人才工作机构，扬弃人才流动阶段的旧窠臼

1. 调整人才流动机构之间的关系

厘清昆山市人力资源管理服务中心和昆山人力资源市场管理委员会的关系。昆山市人力资源管理服务中心内设 11 个科室，编制 53 人，明确为昆山人力资源和社会保障局下属事业单位，承担人才交流和就业服务事业职能。明确人力资源服务业产业园管理办公室从昆山人力资源市场管理委员会划入局就业促进与市场管理科。明确毕业生报到和人事档案管理业务入驻昆山人力资源市场管理委员会。尽量避免昆山人力资源管理服务中心与昆山人力资源市场管理委员会人员交叉任用，厘清昆山人力资源管理服务中心与昆山人力资源市场管理委员会的关系。

2. 调整人才流动和人才开发之间的关系

长期以来人力资源和社会保障系统内部出现人才开发和人才流动两条工作条线。人才开发条线主要是近些年地方党委、政府赋予人力资源和社会保障部门的一些人才工作，包括人才计划项目、人才活动、人才服务等职能。目前工作任务越来越重，重要性日益突出，但是工作人员较少，限制着功能的发挥。人才流动条线主要承担着人才流动中心的职能，包括人事档案管理、毕业生报到等公共服务以及长期以来衍生的一些招聘、培训等市场性服务。按照人才行政和人才事业功能界限，调整人才行政科室与人才交流事业机构的关系，将人才活动、人才服务、人才项目的执行功能赋予人才交流机构，将人才政策、人才规划功能赋予人才开发部门，是提升人力资源和社会保障系统人才工作能力和影响力的最有效途径。

3. 支持国有人才公司发展转型

昆山人力资源市场集团为市属股份合作制公司，参照国有独资公司模式运作，核心业务主要是人才流动范畴内的经营性业务。虽然近些年在新业务拓展上做了很大的努力，但是整体上业务范畴仍旧停留在人才流动领域，面临着巨大的挑战。例如传统的现场招聘业务进场人数锐减，

2018 年同比下降 33.3%。鼓励国有人才公司从人才流动领域的运营商转型为全市科创发展的服务提供商成为实现可持续发展的重要途径。支持昆山人力资源市场集团收购、改造闲置楼宇资源，运营各类孵化器、加速器，市场化引进各类创新创业团队。支持昆山人力资源市场集团探索运营"工改工"用地模式，将普通的工业用地改变为新型产业用地，运营创新产业园区、创新产业街区、科技园区。不仅能促进人力资源市场集团从传统的招聘、派遣、培训等传统人才流动业务转型，而且能促进完善人力资源和社会保障系统形成双创项目引进、双创项目评审资助、双创项目孵化的全链条服务，形成完整的工作闭环，解决人力资源和社会保障系统在双创人才和创新载体工作上的既有缺陷，大规模的提升人力资源和社会保障系统在产业科创建设中的地位。

（三）探索产业人才途径，谋求产业人才阶段的新举措

1. 从供给侧角度探索技能人才工作新思路

当前和今后一个时期，国内外经济环境对推进产业升级和提高劳动者素质提出新的要求。从劳动力市场供给侧的角度提升劳动者的职业能力已经成为缓解结构性就业矛盾，促进产业转型升级和高质量发展的重要支撑。

2019 年《政府工作报告》明确提出实施职业技能提升行动，从失业保险基金结余中拿出 1 000 亿元，用于 1 500 万人次以上的职工技能提升和转岗转业培训。昆山目前已经完成 2.48 亿元经费筹集，人力资源和社会保障人才工作迎来新的发展契机。下一步重要的工作任务是从战略的高度尽快制定和执行昆山市三年技能提升行动计划。一是从快落实《江苏省职业技能等级认定工作实施办法（试行）》，全力推进技能等级认定的推广扩面。在首批 3 家江苏省职业技能等级认定试点基础上，已经完成第二批 28 家试点申报工作，第三批 5 家企业的申报工作也在紧锣密鼓进行中。10 月 10 日前已经率先使用失业基金支持技能提升专户进行支出列支。二是从快落实《江苏省企业新型学徒制工作实施意见》，提升认识，增强责任感和紧迫感，把推行企业新型学徒制作为加强技能人才工作的重要任务，制定学徒制培训备案审核、补贴申领的具体指南。广泛动员企业、培训机构和劳动者积极参与学徒制培训，扩大企业新型学徒制的影响力和覆盖面。

2. 从产业链角度探索人才工作新思路

苏州是以上海为核心的"长三角一体化城市群"的中心城市，实现产业链、创新链、人才链的良性互动，是长三角一体化发展的新要求。

（1）围绕战略性新兴产业重塑人力资源和社会保障人才工作的模式。人力资源和社会保障部门在产业科创中心建设过程中能否发挥作用，能发挥多大作用，关键在于能否根据产业链的内在逻辑和产业发展方向制定出台一些能够有效促进产业创新发展的新政策。目前昆山人力资源和社会保障部门执行的人才政策，主要是根据对象的性质进行的政策设计。这种基于人才自身身份特征设立的人才政策很难融入产业发展的内在逻辑中去。人力资源和社会保障部门的人才政策应该从产业链的角度来探索新策略，研究昆山下一步产业发展的方向，研究主导产业的上下游发展趋势，做出前瞻性的判断，在产业人才政策的制定和执行中发挥作用，通过政策项目，培育一批高质量科创企业，支撑产业发展。

（2）围绕主导产业集群，重塑人力资源和社会保障人才工作模式。人力资源和社会保障部门的人才政策涵盖范围很广，包括产业人才、文化人才、教育人才、卫生人才、乡土人才，以至于在产业人才部门、社会人才部门、科技人才部门纷纷有所作为的时候，反而找不到主阵地。人力资源和社会保障部门应该围绕产业，统筹各类人才引育，统筹分配资源要素，坚持"有所作为、有所不为"，既要培育人才科创的"森林"，又要构建人才科创的"高原"，更要奋力攀登人才科创的"高峰"，在双创人才和团队、院士项目的引进上有所作为。在打造产业链、创新链、资金链、服务链等创新要素集聚、功能完善的创业创新生态方面有所贡献。

3. 从产业空间角度探索人才工作新思路

产业科创中心建设的实质是集聚什么样的人群，发展什么样的产业，建设什么样的城市的问题；是结合传统产业空间腾退，结合各种创新载体建设，结合城市功能区完善，推进产城融合发展的问题。对人力资源和社会保障部门而言，一是要在推动创新成果转移转化区的建设中有所举措。充分发挥人力资源和社会保障部门同大专院校、大型院所的合作关系，充分利用创业大赛等大型活动平台，推动政、产、学、研、金、介、贸、媒深度融合，成为地区名副其实的创新项目引进源头。二是要在建设更具活力的创新型功能平台上有所举措。充分发挥博士后科研工作站、留学归国人员创新创业基地等平台载体的作用,加大项目、资金、政策的支持力度,加强发展指标评价和统计工作。三是要在人才科创功能集聚区建设上有所举措。结合"大众创业、万众创新",引进和培育各类孵化器、加速器、产业园区、科技园区运营主体,鼓励各类主体收购、改造闲置楼宇,支持多元化主体,新建各类创新创业载体,积极建设一批、储备一批、改造一批、腾挪一批众创、孵化、加速器产业化空间。

(四)兼顾前后上下左右,构建产业人才工作的新体系

1. 从体系化的角度构建人才工作

(1)构建有内在逻辑的项目体系。人力资源和社会保障系统的人才项目之间关联度很低,执行的主体复杂,申报的对象庞杂,人力资源和社会保障系统难以集中力量对特定产业领域或者特定群体产生影响,也丧失了对失信或者违规项目进行约束的能力和手段。通过构建人力资源和社会保障部门项目体系的前置条件,设置子项目之间的内在关联,形成连带效应,可以有效地提升人力资源和社会保障部门的影响力。

(2)构建内涵清晰的工作对象体系。服务对象是人才工作的逻辑起点,但是人力资源和社会保障部门人才工作对象并无特定产业对象或者特定产业人群。人力资源和社会保障部门的人才工作应加快形成重点突出的服务对象体系,明确人才企业的基本内涵,制定人才企业认定办法,加快人才企业入库,形成对人才企业支持的政策体系和统计体系,形成完整的工作格局。

(3)构建有触动效应的指标评价体系。指标评价是人才工作结果的体现,也是工作动力的来源。人力资源和社会保障部门负责监测或者考核的指标通常是统计指标、计算指标甚至是估算指标,与实际工作直接关联度很低,对工作的促进作用较低,并且缺少上下贯通、左右可比,很难成为刚性指标、重点指标。人力资源和社会保障部门应该逐渐建立起与自身工作有直接关系的指标体系,例如博士后科研工作站数量、获证高技能人才数量等,带动实际工作的开展。

2. 从纵向贯通维度推进人才工作

目前我市各项人才政策基本到期,正处于调整过程。调整的方向是结合上级人才计划制订本级人才培育计划,尽量做到项目名称一致、条件设置一致、评审办法一致、资助额度一致、管理方式一致等"五个贯通"。我们已经完成了昆山紧缺产业人才计划同苏州紧缺产业人才计划的

无缝对接，正在制定昆山人才安居工程与苏州人才乐居工程的无缝对接、江苏海外高层次人才个税奖励、苏州优秀人才贡献奖励和昆山市优秀人才个税奖励办法的无缝对接，江苏省双创（高技能创新类）、苏州高技能领军人才和昆山高技能领军人才的无缝对接，苏州市大院大所引才奖励和人力资源中介引才奖励与昆山社会化招才引智激励的无缝对接等。通过构建上下贯通的项目体系，形成内在的逻辑，不仅可以有效提升上级项目的入选率，还可以稳定人才工作阵地，有效提升整体影响力。

3. 从横向比较视野完善人才工作

2018年11月以来，昆山市委、市政府率先提出在县级城市打造具有国际影响力的国家一流产业科创中心。北京、上海、粤港澳大湾区提出要建设具有全球影响力的科技创新中心，北京怀柔、上海张江、安徽合肥提出要建设综合性的国家科学中心。昆山人力资源和社会保障局要从这些地区的人力资源和社会保障部门学习人才工作经验，结合昆山县域经济的实际，推动昆山产业科创中心建设，形成部门工作影响力。

（1）对标人才活动，解决县级城市人才活动低效的问题。对比"全国大众创业万众创新活动周""南京创新周""大连海创周""广州留交会"，持续升级中国昆山创业周、昆山国际创新创业大赛，拓展活动视野，注重形式创新，强化目标导向，提升活动实效，以新思维、新视野打造一批精品重磅的人才科创活动。

（2）对标人才政策，解决县级城市人才政策水平低的问题。关注先进地区的政策动态，积极探索实施以奖代补、偶然所得、职称评定、人才评审、户籍准入方面的制度性改革。积极探索服务性服务、生产性服务、生活性服务的新政策，实现全天候、全链条、全内容的综合服务。提升政策制定能力，根据创新主体需求，促进政策制定从发布者逻辑向使用者逻辑转变，更好发挥普惠性政策对人才的引导作用。

（3）对标区域发展，解决县级城市能级低的问题。对标粤港澳大湾区、平潭综合试验区、雄安新区、京津唐一体化建设，扩大昆山并深化两岸产业合作试验区范围、苏南国家自主创新示范区政策先行先试，发挥临沪对台的地缘优势，在大的视野、大的格局、大的战略下寻找发展契机，争取政策红利。

（4）对标国际经验，解决引进海外人才的问题。目前昆山已经建有中白（昆山）联络中心、中俄（昆山）联合研发中心、中美（昆山）科创中心等平台运行。人力资源和社会保障局也在海外布局了4个海外工作站，正在筹建波士顿海外育成中心。下一步要加强与美国、以色列、日本等创新型国家和地区，以及"一带一路"沿线创新资源丰富的国家和地区的合作交流，强化离岸服务化器建设，打造面向未来的新型孵化器。

参考文献

[1] 胡雪梅. 人才工作的误区与理念创新［J］. 领导科学，2012（2）：56-57.

[2] 张立志，朱翠兰. 基于项目化运作的创新人才培养模式研究［J］. 辽宁经济，2013（5）：86-87.

[3] 徐向平. 我国职业技能开发供给侧改革的路径选择［J］. 职教论坛，2017（3）：11.

[4] 刘敏华. 全面融入长三角 苏州急需促进人才链与产业链的融合［J］. 江南论坛，2019（9）：13.

扬州人力资源服务业发展研究[①]

范 耘 杨 洋[②]

摘 要： 人力资源是推动经济社会发展的第一资源。党的十九大报告指出，要着力加快建设实体经济、科技创新、现代金融、人力资源协同发展的产业体系，将人力资源作为推动经济发展质量变革、效率变革、动力变革的核心要素之一。而人力资源服务业对推动经济发展、促进就业创业和优化人才配置具有重要作用。近年来，我市人力资源服务业快速发展，初步形成企业唱戏、协会搭桥、园区共建的良好格局，服务能力不断提升，但与我市经济社会发展对人力资源服务业的需求相比，与其他先进地区相比，还有一定差距。本文通过对全市人力资源服务业发展现状的分析，探索扬州人力资源服务业发展的要素和方向，并提出相关政策建议。

关键词： 人力资源 存在问题 环境 对策

"人力资源"（Human Resource，HR），是管理大师彼得·德鲁克1954年在《管理的实践》一书中提出的。应该说，人力资源服务业是现代服务业的重要组成部分。从定义上看，国务院相关文件作了解释和说明：人力资源服务业是为劳动者就业和职业发展，为用人单位管理和开

[①] 该篇论文获得"2020年全国人才与人事研究主题征文活动"一等奖。
[②] 范耘，扬州市人力资源和社会保障局局长；杨洋，扬州市人力资源和社会保障局机关党委副书记。

发人力资源提供相关服务的专门行业,主要包括人力资源招聘、职业指导、人力资源和社会保障事务代理、人力资源培训、人才测评、劳务派遣、高级人才寻访、人力资源外包、人力资源管理咨询、人力资源信息软件服务等多种业务形态。人力资源服务业的主要功能是有效获取、开发,以及优化人力资源配置,从而提升劳动生产率,促进经济社会发展。扬州位于长三角城市群的中间地带,是中国最具活力的地区,是南京都市圈和宁镇扬一体化不可或缺的重要组成部分,连接苏南苏北,具有强大的承接和辐射带动作用。扬州历史上的三度辉煌皆因人而兴、因人而盛,现在正创造的第四次辉煌,更离不开人。面对日益激烈的"抢人大战",扬州需要大力发展人力资源服务业,为扬州经济社会发展提供源源不断的人力支撑和智力支持。

一、扬州人力资源服务业发展情况

放眼全省,我市人力资源服务业起步较晚,但发展较为迅速,实现了从无到有、逐步成长,并呈现出以下发展态势。

（一）产业发展初具规模

据工商部门统计,截至 2018 年年底,全市经营性人力资源服务机构共 473 家,其中职业中介机构 70 家,人事人才代理服务机构 3 家,劳务派遣机构 230 家,互联网招聘服务机构 10 家,劳动事务代理机构 30 多家,人力资源管理咨询、服务外包机构 130 多家。人力资源服务业从业人员 4 995 人,其中大专及以下学历 4 240 人、本科 675 人、硕士及以上 80 人。培育出了以江苏兴油、扬州外服和扬州通顺等一批具有代表性的经营性服务机构。一批国内有影响的服务机构,如中智、智联招聘、前程无忧、上海外服、苏州博尔捷、苏州英格玛等也纷纷在我市开办分公司或服务网点,形成了以市级人力资源市场为龙头、以市场信息网络建设为纽带、有形市场和无形市场相结合、公共服务与经营性服务机构并存发展的良好态势,为我市劳动者就业和经济健康发展提供了优质高效的人力资源服务。

（二）服务功能基本健全

目前,我市各级人力资源服务机构主要从事人事代理、劳动事务代理、招聘求职、档案管理、培训服务、劳务派遣等传统项目,且服务领域和范围正在不断扩大,人力资源服务外包、人才派遣、人才测评、高级人才寻访、人力资源管理咨询等新兴服务项目正成为行业发展的新趋势。2018年全市各类人力资源服务机构共举办招聘会300多场、培训班200多次、服务用人单位5万余家、服务人员20万余人，全年营业总额超50亿元，产业规模和发展程度总体上在全省处于第二梯队。

（三）平台建设高开高走

从全省范围看，尽管我市人力资源产业园建设在启动上相对滞后，但我市发挥后发优势，以高起点、高标准建设园区。2018年，我市经济开发区引进国际知名人力资源服务机构万宝盛华，开始筹建扬州国际人力资源服务产业园，目前已吸引10多家企业入驻。2019年5月，扬州人力资源服务产业园正式开园，选址经济强区邗江区的核心位置，占地3.3万平方米，背靠产业基础雄厚的扬州高新区和人力资源丰富的"大学城"，交通便捷、配套齐全，兼具空间和资源两大优势。同时，市就业中心、人才中心两大市级平台搬迁入驻，直接一线服务企业，开全省之先河。目前，吸引了苏州英格玛、湖北赢在起点等20多家国内知名人力资源服务机构入驻，2019年前三季度营收入达5亿元。

（四）一流团队高效运作

围绕行业规范运作，成立了扬州人力资源协会，协会成立后，已坚持开展"我为企业分忧愁"培训活动10年，累计举办了48期，有近4 000家企业1万多人次参与了培训，并积极参与"服务业领军人才骨干企业评选""诚信机构创建"等服务工作。2017年，协会还首次参与人力资源高级职称的推荐、申报、评审工作，牵头协调作用得到充分发挥。围绕两大园区建设，扬州人力资源服务产业园引进了国内知名运营机构：上海博尔捷公司，进行规划建设和招商运营，扬州国际人力资源服务产业园引进世界500强企业：万宝盛华集团，入驻运作并建立江苏研究院。

二、主要存在的问题

（一）产业发展存在"短板"问题

从企业角度看，我市人力资源服务机构虽然数量不少，但产业发展正处于起步阶段，市场发育不充分，资源分散、基础薄弱、良莠不齐，大多位于"微笑曲线"的中低端，年开票营业收入不足5 000万元，缺少"旗舰"企业，缺乏核心竞争力。从产业的角度看，集聚和辐射效应还不够强，主要是园区建设起步较晚，还没有形成强力支撑和"虹吸效应"。

（二）生态链条存在"短路"问题

在政策上，还缺乏针对性强、操作性强的扶持政策和规划性文件，目前，全市仅邗江区出台了一些鼓励人力资源服务业发展的政策措施，全行业基本仍处于自发的发展状态；在发展上，整个行业还没有与扬州的产业形成紧密型关系，与扬州的经济发展状况还不相适应；在业态上，大部分是人力资源中介（招聘）、劳务派遣、人事代理、人力资源服务外包等综合性业务公司，还缺乏从事猎头、外包、管理咨询、人力资源信息软件服务等中高端业态；在从业人员素质上，根据2018年年度报告显示，我市人力资源服务业从业人员中大专及以下学历超过总数的80%，持有国家二级职业指导师和企业人力资源管理师的人员占比不足7%，持有国家一级职业指导师和企业人力资源管理师的人员比例不足1%。

（三）思路策略存在"短视"问题

我市人力资源服务业中小民营企业较多，专业化程度不高，服务水平参差不齐，企业短视行为严重，缺乏具有国际化大视野的行业领军人才，常常忽视品牌建设和无形资产的培育，大部分企业都还处于依靠价格获取竞争优势的阶段，制约了行业发展速度和质量的提高，不具备品牌优势，也难以在国内外竞争中占有一定优势。同时，人力资源服务机构对新业态、新技术的开发程度还不够，服务模式创新极为有限。

三、人力资源服务业发展环境分析

目前，我国正处于经济转型升级、实现经济高质量发展的关键时期，需要强有力的人力资源支撑，更需要高效的人力资源服务。人力资源服务业发展进入了新阶段，既有机遇，更有挑战，放眼全国、着眼扬州，发展人力资源服务业既是大势所趋，也将大有可为。

新阶段我们主要面临三大危机：

一是中美贸易摩擦引发"山雨欲来"。近期不断升级的中美贸易战，美国把矛头直指中国制造2025的十大核心领域，其中重要一环就是加强对关键领域人才流动的限制。正是在这个趋势下，高端制造业对信息技术人才、高端专业领域的人才诉求更加强烈。

二是人才争夺加剧人才集聚的"虹吸效应"。自2017年以来，一场不见硝烟的人才争夺战，在二三线城市间大面积爆发。分析其原因：一是产业发展需要；二是应对人口红利减少面临着刘易斯拐点①；三是为城市后续发展增加人口存量。中心城市本来就对人才集聚就有着天然的"虹吸效应"，而像西安、武汉、长沙、南京等比较热门的城市，都纷纷抛出宽松落户、就业创业激励、优惠住房政策等诱人的"政策红包"，这将进一步加剧"虹吸效应"。

三是就业结构性矛盾催生"改革拐点"。就业结构性矛盾就是就业需求和就业供给不匹配，表现为招工难与就业难并存，根源在于以劳动密集型产业为主的产业结构和经济社会发展深层次矛盾的新"三碰头"，即产业结构升级与劳动力整体文化素质较差的矛盾、新兴劳动力市场与传统就业观念落后的矛盾、市场经济发展要求与宏观管理改革滞后的矛盾。对扬州而言，截至2020年，全年可提供岗位12万个左右，平均每天可提供岗位365个，而很多岗位招不到人，或一些岗位能招到人，但流动性也较大。全年进入劳动力市场求职的人数在10万人左右，平均每天有303人在找工作，很多人找不到合适的岗位，就业结构性矛盾的存在倒逼我们必须提升人力资源服务业发展质态，加快就业引导和供给机制改革。

新阶段我们也面临三大机遇：

一是经济转型发展和中央决策部署送来了"及时雨"。随着我国人口红利由数量向质量转变和经济结构的调整，人力资源服务业所扮演的经济角色变得越来越重要。据有关媒体报道，随着中国制造的发展，到2025年，新一代信息技术产业人才缺口将达到950万人，电力装备的人才缺口也将达到909万人，人工智能领域的缺口则更大。根据经济发展趋势推测，预计到2020年我国人力资源服务业市场规模将达到2万亿元左右。为此，党中央和国家精准研判，不断营造优良的政策环境。习近平总书记把"聚天下英才而用之"作为他的人才观，并在十九大报告中指出："要着力加快建设实体经济、科技创新、现代金融、人力资源协同发展的产业体系，将人力资源作为产业体系的重要组成部分。"同时，在民营企业座谈会上，习近平总书记提出支持民营经济发展壮大的六个方面政策举措，为广大民营经济健康发展注入了强大的信心和动力。

二是扬州城市建设增强了"磁力场"。经过多年的建设，扬州在城市框架上，形成了"一核多组团"的现代化大扬州发展格局；在交通建设

---

① 刘易斯拐点，即劳动力过剩向短缺的转折点，是指在工业化进程中，随着农村富余劳动力向非农产业的逐步转移，农村富余劳动力逐渐减少，最终达到瓶颈状态。

上，随着宁启铁路开通动车，连淮扬镇高铁即将建成，北沿江高铁开工在即，扬州将成为全省第一个县县、区区通高铁的城市，同时打通中心城区与各县（市、区）的交通要道，形成了"东水西山一路连、南江北湖一河牵"的现代化大扬州格局；在城市品质上，积极推进老城"＋公园"、新城"公园＋"，以公园体系建设锚固并形成了新时代扬州城市发展的空间形态，日新月异的扬州正在成为各类人才向往的城市。

三是扬州产业和行业的发展增添了"源动力"。近年来，扬州经济总量连续登上 3 000 亿元、4 000 亿元、5 000 亿元台阶，在全国 GDP 百强城市排名由 2010 年的第 56 位提高到第 37 位，人均 GDP 突破 10 万元大关、居苏中苏北第一。我市着力打造六大基本产业，特别是把软件和信息服务业作为第一优先鼓励发展的基本产业，把旅游业作为永久性基本产业，稳固了全市经济发展的基本面；另外，培育发展"三室经济"，积极打造"大学生城"，推动形成了新产业、新人才、新城市互动并进的生动局面，仅扬子津科教园区目前就有扬州大学、扬州工业职业技术学院、南邮通达学院、江苏旅游职业学院、江海学院等高校资源，在校人数近 4 万人；同时，大项目建设强势推进，沿江地区 100 亿元、沿河地区 50 亿元重特大项目（群）实现两轮全覆盖。当前，我市正聚力发展园区、景区和城区经济，着力打造美丽宜居的公园城市、独具魅力的国际文化旅游名城、充满活力的新兴科创名城，强劲的发展势头为人力资源服务业发展提供了广阔的空间。

四、发展我市人力资源服务业的对策建议

虽然我市人力资源服务业发展已达到一定规模，服务功能不断完善，管理体系基本形成，但与先进地区相比，与产业发展需求相比，还有一定差距。因此，从政府扶持发展角度出发，要侧重于科学研判和合理谋划，突破发展瓶颈，创新发展思路，推动实现产业的转型升级。

明年和今后一段时间我市人力资源服务业发展的总体思路为：做强产业主体、培育产业人才、推动产业集聚、提升产业模式、优化产业环境，让全市人力资源服务业发展既有高峰，也有高原，打造具有扬州特色的人力资源服务业发展板块。主要目标为：到 2020 年，全市人力资源服务机构达到 1 000 家，从业人员达到 10 000 人，产业规模力争超过 100 亿元；培育 20 家人力资源服务骨干企业和知名机构，发展 20 家以上有特

色、有潜力、成长性好的人力资源服务机构，引进20家国（境）内外高端知名人力资源服务机构；力争建设省级人力资源服务产业园2家和一批市级人力资源服务产业园或集聚区。围绕上述目标：

（一）完善政策框架，营造产业发展的"绿水青山"

2007年3月国务院《关于加快发展服务业的若干意见》出台，首次提出将人才服务作为服务业一个重要门类。2010年，中共中央、国务院印发《国家中长期人才发展规划纲要（2010—2020年）》，提出大力发展人才服务业，为人力资源服务业发展指明方向。2011年，"十二五"规划纲要首次将人力资源服务业写入国家发展规划。2012年，国务院印发《服务业发展"十二五"规划》，将人力资源服务业列入新兴服务业，提出人力资源服务机构集群发展；2017年，人社部印发《人力资源服务业发展行动计划》，针对人力资源服务业发展中的重大问题和关键环节，实施"三计划"和"三行动"，即"骨干企业培育计划""领军人才培养计划""产业园区建设计划"和"'互联网＋'人力资源服务行动""诚信主题创建行动"" '一带一路'人力资源服务行动"；2018年国务院颁布实施的《人力资源市场暂行条例》，这是我国人力资源要素市场领域的第一部行政法规，从立法层面明确了国家提高人力资源服务业发展水平的法定职责，为人力资源服务业发展营造了良好的市场环境；同时，我省也于2012年制定出台了《关于加快人力资源服务业发展的意见》，提出了"不断健全服务体系，完善服务功能，拓宽服务领域，规范市场秩序，推进人力资源服务业专业化、信息化、产业化、国际化，充分发挥人力资源服务业在科教与人才强省战略、就业优先战略中的基础性作用和在促进经济发展方式转变中的先导作用，为全面建成更高水平小康社会、开启基本实现现代化新征程提供人力资源支撑和保障"。具体见表1。

表1　　　　　　　　2007年以来出台的人力资源服务业相关政策

时间	政策文件	重点内容
2007年3月	《关于加快发展服务业的若干意见》（国发〔2007〕7号）	首次将人才服务作为服务业的一个重要门类提出
2010年6月	《国家中长期人才发展规划纲要（2010—2020年）》	提出大力发展人才服务业，为人力资源服务业发展奠定政治基础
2011年3月	《国民经济和社会发展第十二个五年规划纲要》	首次写入国家发展规划，为人力资源服务业发展指明方向

续表

时间	政策文件	重点内容
2012年12月	《服务业发展"十二五"规划》（国发〔2012〕62号）	将人力资源服务业列入新兴服务业，提出人力资源服务机构集群发展
2014年8月	《关于加快发展生产性服务业 促进产业结构调整升级的指导意见》（国发〔2014〕26号）	将人力资源服务业作为国家生产性服务业重点发展领域
2014年12月	《关于加快发展人力资源服务业的意见》（人社部发〔2014〕104号）	首次全面部署人力资源服务业的发展规划
2016年3月	《国民经济和社会发展第十三个五年规划纲要》	提出以产业升级和提高效率为导向发展人力资源服务业
2017年2月	《"十三五"促进就业规划》（国发〔2017〕10号）	提出规范人力资源市场秩序，提升人力资源市场供求匹配效率
2017年9月	《人力资源服务业发展行动计划》（人社部发〔2017〕74号）	提出了"三计划"和"三行动"目标
2018年7月	《人力资源市场暂行条例》（国务院令第700号）	对人力资源市场培育、人力资源服务机构、人力资源市场活动规范、人力资源市场监督管理及法律责任等作了全面规定
2012年4月	《关于加快人力资源服务业发展的意见》（苏办发〔2012〕22号）	提出不断健全服务体系，完善服务功能，拓宽服务领域，规范市场秩序，推进人力资源服务业专业化、信息化、产业化、国际化，充分发挥人力资源服务业在科教与人才强省战略、就业优先战略中的基础性作用和在促进经济发展方式转变中的先导作用，为全面建成更高水平小康社会、开启基本实现现代化新征程提供人力资源支撑和保障

除国家、省级层面的政策支持外，扬州市政府也下发了关于印发《扬州市现代服务业提质增效三年（2018—2020年）行动计划》等文件的通知、"2＋N"人才新政以及"1＋N"就业创业政策等。目前，我市《关于加快发展人力资源服务业的实施意见》已提交市政府常务会研究，即将下发。未来我们要根据扬州市人力资源服务产业发展的实际情况，结合产业特点，适时出台相关子政策，给予入园企业房租补贴、装修补贴、招商奖励、融资扶持、人才奖励、引才奖励等扶持政策，打造政策洼地，为全市人力资源服务业发展营造良好的政策环境。

（二）加强园区建设，构建企业成长的"梦想空间"

自 2010 年我国第一个人力资源产业园在上海成立以来，据不完全统计，截至 2018 年年底，全国各级各类人力资源产业园已达 100 余家，其中，国家级人力资源产业园 12 家。从近 10 年园区的发展来看，人力资源产业园不仅为人力资源服务业提供更好的发展环境，而且正在逐步促进人力资源服务业发展模式的变革，成为助推地方经济发展的新动力。目前，扬州人力资源服务产业园和扬州国际人力资源服务产业园两大园区建成运营，下一步要围绕"提升＋联动"，采取"政府主导、企业主体、市场运作"的发展模式，以"集聚产业、培育市场、孵化企业、聚焦人才"为核心，吸引省内外知名人力资源机构入驻园区，鼓励本地优质人力资源机构向园区集聚，形成全市人力资源服务业园区体系。重点打造"2＋6＋X"的园区发展格局。

"2"是扬州人力资源服务产业园和扬州国际人力资源服务产业园，要根据各自的发展定位，对园区发展进行科学分析，综合考虑优势、劣势以及面临的机遇和挑战，立足于服务区域经济的热点和产业增长的聚焦点，培植园区主业和特色。扬州人力资源服务产业园依托扬州市就业中心、人才中心两大市级平台，以及扬州高新区和大学城的资源优势，力争 2019 年创成省级人力资源产业园，三年内创成国家级人力资源产业园，未来要成为省内一流的人力资源服务产业集聚基地。扬州国际人力资源服务产业园要以中国国际人才市场扬州市场、开发区人力资源市场为基础服务平台，建立起集国际人才交流、人才服务、人力资源服务、法律、税务、评估、登记等为一体的人力资源服务产业园。

"6"是六个县（市、区）都要建设各自的人力资源服务产业园或者集聚区。目前，宝应人力资源服务产业园已经开始筹建，项目总建筑面积约 1.8 万平方米，总投资 8 000 万元，2019 年年底初步建成，对外服务。其他县（市、区）也要抓紧谋划，并充分考虑本地区人力资源服务机构数量、人力资源数量和质量状况、人力资源市场规模及客户资源等影响因素，对园区规划和建设、招商引资、政策支持和指导等工作做好落实和安排。同时，要考虑错位发展，形成各自特点。

"X"是若干优质企业不断做大做强。目前，扬州人力资源服务产业园和扬州国际人力资源服务产业园两大市级园区，已经引进了万宝盛华、博尔捷、领航、英格玛等国内外知名企业。两大园区和各县（市、区）

园区都要注重培植引进特色品牌企业，一方面，引导本土企业做大做强，强化企业管理工作，树立品牌意识，进一步提升服务品质，提升"扬州人力资源服务"的美誉度；另一方面，强化对国内外知名企业的招引力度，吸引其在扬州建设区域中心，构建扬州人力资源服务企业"群雄并起""百花齐放"的发展格局。同时，积极申报国家标准、行业标准，努力提高行业"话语权"。

（三）强化信息化建设，打通行业运营的"奇经八脉"

互联网时代，大数据采集和应用显得格外重要。2017年，习近平总书记在中共中央政治局第二次集体学习时强调，"加快发展数字经济，发挥数据的基础资源作用和创新引擎作用，加快形成以创新为主要引领和支撑的数字经济"。李克强总理在2017年政府工作报告上提到，"推动'互联网＋'深入发展、促进数字经济加快成长"。互联网、人工智能、平台经济、数字经济等新业态迅猛发展，深刻影响并改变着传统经济形态和人们的生产生活方式。这种影响和改变主要体现在三个方面：一是互联网、信息技术对传统经济的冲击，将改变原有业态，催生新的业态和商业模式；二是新经济在与传统产业深度融合的同时，产生新的就业形式和就业岗位；三是经济形态的提升将会引发结构性失业，产生新的技能需求，带来巨大的技能缺口。应对新的形势，人力资源服务业发展应迅速适应市场需求，广泛应用新技术，提高开发新产品、新技术的能力和水平。下一步，一是政府要搭好"数据舞台"。目前，已委托万宝盛华公司，对扬州经济发展和就业状况进行科学客观的分析，对全市人力资源状况进行研究，同步开展《扬州市主导产业与人力资源供应现状的调研和分析》《扬州市城市经济发展的人力资源需求分析》等10个课题的调研，同时，充分运用好就业创业大数据决策分析平台和展示中心，对全市就业形势进行准确研判并为人力资源服务产业发展提供数据指导。二是行业要打通"数据通道"。要充分发挥行业协会和行政部门统筹总览的优势，借助互联网、大数据等相关技术，整合各企业可以共享的分散数据，进行开发利用，形成行业有价值的数据链条，为企业提供数据服务，避免恶性竞争，推动整个行业健康发展。三是企业要用好"数据矿场"。要引导人力资源服务企业在日常的业务运行中注重掌握数据的收集、整理、分析和应用，形成基于数据支撑的新服务项目，让数据实现更大价值，实现产业发展新价值增长点的突破。

加强流动党员规范管理的实践与思考①——以连云港市人才服务中心流动党支部为例

滕灵芝②

摘 要：本文首先通过对流动党员进行概述，其次对流动党员管理现状进行分析，包括存在的问题和工作难点，最后再提出加强流动党员管理的建议。

关键词：流动党员 规范管理 对策建议

一、加强流动党员管理的重要意义

（一）流动党员的概念

流动党员这一概念的权威定义始见于中共中央办公厅印发的《关于加强党员经常性教育的意见》等四个保持共产党员先进性长效机制文件的通知，是指"因就业或居住地变化等原因在较长时间内无法正常参加正式组织关系所在党组织活动的党员"。有些学者认为流动党员必须同时具备四个条件：第一，因就业或居住地变化成为流动党员；第二，流动在外的时间比较长；第三，党员因流动而无法正常参加党组织活动并履行党员义务；第四，党员未同新单位或新居住地的党组织建立新的组织

---

① 该篇论文获得"2020年全国人才与人事研究主题征文活动"一等奖。
② 滕灵芝，连云港市人才服务中心科员。

关系。这四个条件需要同时具备，缺一不可。

（二）流动党员的特点

目前，流动党员群体主要由四部分构成：第一部分是在私营企业中从事管理和提供专业技术的党员；第二部分是刚毕业的大、中专院校学生党员，在学校期间被发展为党员，但毕业之后因为工作未定或者工作虽然确定但所在的私营企业没有建立党组织又或是自身创业等原因而无法转接组织关系，成为流动党员；第三部分是自费出国留学及其他因私出国（境）的党员；第四部分是进城务工经商的流动党员。可以说，前三部分流动党员一般受过良好的教育，组织观念高于一般流动党员，特别是高校毕业生流动党员这一群体主要由于毕业后因进入没有建立党组织的私营企业或是自身创业等原因而无法转接组织关系，最终成为流动党员。这部分流动人员主观上并不希望脱离党组织，完全是由于客观原因而流动，此外，其具有擅长使用自媒体和网络平台等特点。

随着改革开放的深入和社会主义市场经济的不断发展，党员的流动数量会越来越多，流动范围会越来越广，流动时间会越来越长。除此之外，流动党员中文化素质较高、有技术专长的人将会逐步增多，党员流向的行业也会日益广泛。

（三）加强流动党员管理的重要性

中共中央政治局 2019 年 1 月 28 日召开会议，研究部署加强新形势下党员发展和管理工作。会议指出，党员是党的肌体的细胞和党的活动的主体，党员队伍建设是党的建设的基础工程。截至 2019 年 12 月底，中国共产党党员总数为 9 191.4 万名。党员的教育管理问题，始终是党的建设的基础性问题，是关系党的战斗力、生命力的重大问题。在我国工业化历史进程中和经济社会转型时期，流动党员作为一个较为特殊的党员群体出现，做好这部分群体的管理服务工作，具有十分重要的现实意义。

二、流动党员管理中存在的难点

（一）失联党员联系困难

失联党员主要是指与党组织失去联系六个月以上（未交纳党费或未参加党的组织生活），且无法取得正常联系、脱离组织有效管理的党员，失联起算时间为最后一次参加支部组织生活时间或交纳党费月份的次月。失联党员联系困难主要是因为在流动党员、流动党员管理部门两者之间没有形成畅通的沟通渠道和有效的联系平台，致使流动党员的信息排查，更多的是依靠流动党员报到时提供的相关联系方式进行。

（二）处置程序执行困难

一小部分党员思想蜕化提出退党，经教育后仍然坚持退党。还有的党员为达到个人目的以退党相要挟，经教育不改的，劝其退党，劝而不退的。根据《关于做好与党组织失去联系党员规范管理和组织处置工作的通知》的精神，对于这一类不合格党员，或已经失去党员的基本条件的人员，应该及时予以处置。但是，由于目前相关管理制度中，对不合格党员的处置指导受到限制性的管理要求，不能直接公开处置；在处置原则上，更多的是强调"坚持教育为主，处置为辅"，这就是要求流动党员管理工作人员必须先通过谈心、谈话、提醒等方式引导流动党员端正态度，接受流动党员管理部门的教育和管理，并给予期限改正错误，但是谈心、谈话、提醒工作尚且难以落实执行；在处置程序上，要求流动党员管理部门必须做到事实清楚、理由充分、处置恰当、手续完备，确保处置结果经得起历史检验。但是，从管理工作中收集事实证据，由于受到各种因素影响、限制，还是存在较大的难度，也就导致难以坐实相关处置的事实证据，最终造成对于不合格流动党员的处置顾虑重重，导致处置不合格党员的工作难以执行开展，而执行管理规章制度不严明、不严肃，对违纪违规的流动党员没有震慑力，也影响了对流动党员队伍的有效管理。

（三）"属地化管理"落实困难

根据党员管理工作规定，各省、市、区的基层流动党员管理部门（如工作单位党组织、工作单位所在辖区的街道办或居委会党组织、现居住所在辖区的街道办或居委会党组织等）应当严格以流动党员实际工作地、实际居住或租住地为准，接收并实质性地将对应区域内的流动党员管理起来。但是在实施"属地化管理"的过程中，各省、市、区的基层流动党员管理部门会有许多不一致的理解和解读，就是针对相关规章制度出台对应的一些"土政策"，设立"壁垒"，致使流动党员在转移党员关系时，经过多方、多次博弈，来回反复折腾，最后也未必能顺利办妥。

（四）后续管理工作执行困难

在排查期间虽然大部分党员属于可联系党员，但在后续的教育、服务、管理工作开展中，又陆续出现一部分党员的联系方式无效等情况，失联党员群体仍然处于"增—减—增"的重复循环中；还有一部分流动党员未能按期参加流动党员管理部门开展的相关教育、培训活动等，未能按时缴纳党费以及不配合接受统计、登记、完善党员信息数据等。如何根据相关管理规章制度对这些不合格的流动党员进行组织处理和处置，仍然缺乏行之有效的操作办法。

三、连云港市人才服务中心流动党支部党员管理现状及问题分析

（一）连云港市人才服务中心流动党支部党员管理现状

连云港市人才服务中心流动党支部成立于 20 世纪 90 年代，截至 2020 年 6 月底共有党员 540 名。从学历分布来看，中专学历流动党员 11 人，占 2.04％；大专学历流动党员 121 人，占 22.41％；大学本科学历流动党员 314 人，占 58.15％；研究生学历流动党员 94 人，占 17.41％，如图 1 所示。由此可见，连云港市人才服务中心流动党支部流动党员的学历较高。

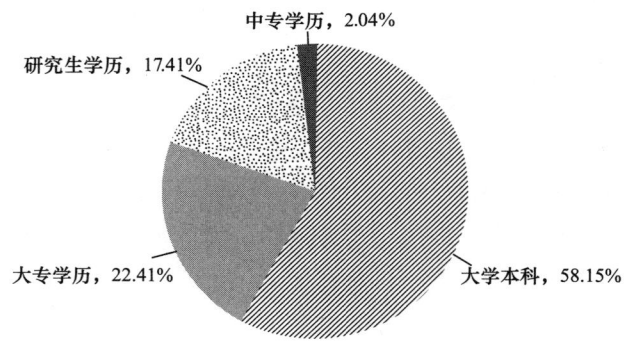

图 1　连云港市人才服务中心流动党支部党员学历分布

由图 2 可知，从年龄分布来看，该流动党支部流动党员年龄主要集中在 26～45 周岁之间，共有 451 人，占总数的 83.52％。26 周岁以下流动党员仅有 7 人，45 周岁以上流动党员 82 人，呈现出"中间凸，两头低"的分布曲线。

（二）连云港市人才服务中心流动党支部党员管理存在的主要问题

（1）党员管理方式和手段比较单一，流动党员管理机制还不健全。由于流动党员流动性强，我中心作为人事档案代理机构，对党员缺乏刚性约束，极易形成管理"真空"。目前虽然实行人事档案和党员档案"两档合一"的管理模式，但由于信息登记制度的不完善，党员存放档案时，一般只留存一个手机号码，往往手机号一换，就无法联系，给党员查找、

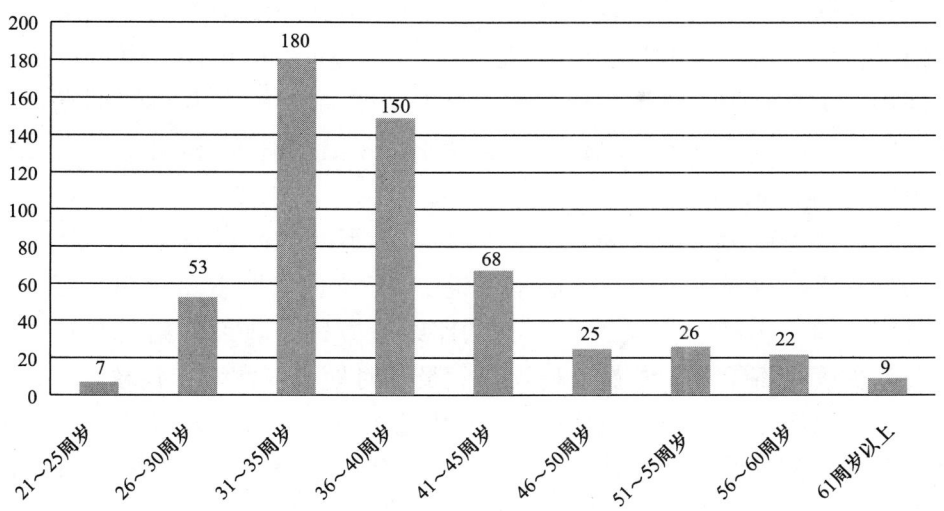

图2 连云港市人才服务中心流动党支部党员年龄分布

信息采集带来较大困难。

（2）少数党员理想信念动摇、宗旨意识淡薄、组织纪律不强，甚至思想蜕变、腐化堕落。由党员排查情况来看，流动党员中，有部分党员因思想蜕化提出退党要求，有的党员已出国（境）留学、工作或居住。

（3）党建保障薄弱、党务干部配备较少，党员日常教育管理工作难开展。我中心没有专门的党建活动经费、活动阵地，开展活动常常是"捉襟见肘"；没有配备专职党务干部，多数是行政党务一肩挑、党务业务一起抓，更多精力投入了具体业务，党员教育管理顾不过来、抓不起来；由于党员数量较多、分布较广，流动人才党支部党员大会开不起来，也很少开展组织生活，即使有开展的，到会党员也较难保证；党费的收缴也较随意，很难做到按时按标准。

四、加强流动党员管理的对策建议

（一）强化党员管理，严格党内组织生活

（1）定期汇报制度，每个流动党员每季都要通过电子邮箱或当面向党组织汇报思想和工作。汇报的内容可以是党员自己的学习、思想和工作情况，也可以是其他党员的模范事迹。对长期不汇报思想的党员，要进行必要的批评教育。

(2) 联系人制度。对流动党员的管理，党支部根据本支部流动党员的情况，建立联系人制度。联系人一般由党支部委员担任，也可以由党支部指定责任心强、联系方便的党员担任，联系人每季度与流动党员联系一次，并做好联系的情况记录，作为联系人工作职责和流动党员参加组织生活的依据。

(3) 学习制度。流动党员要坚持学习，不断提高自身素质。认真学习马列主义、毛泽东思想、邓小平理论、"三个代表"重要思想、习近平新时代中国特色社会主义思想及党的路线、方针、政策。党支部及时将有关党员读物寄给流动党员，使流动党员及时地、经常地受到教育。

(4) 组织生活制度。一是建立流动党员数据库和QQ群、微信群、手机App、网站等"一库四平台"，利用现代信息技术，组织党员开展网上组织生活；二是利用清明节、中秋节、春节等节假日等外出流动人员回乡的机会，组织他们学习上级有关精神，通报支部工作情况，收集他们对支部工作的意见和建议；三是鼓励广大流动党员深入社区开展志愿服务活动，并通过将服务时间、劳动强度进行量化处理，评估其在社区志愿服务活动的综合表现。

(二) 严明党的纪律，及时处置不合格党员

《中国共产党纪律处分条例》专门就处置不合格党员问题作出规定，畅通了党员队伍与外部环境的循环通道。此次《中国共产党纪律处分条例》对党员监督和组织处置作出规范，进一步细化了处置不合格党员的适用情形和要求。从此，严肃处理不合格党员有了切实可依的法规制度，这是加强党员队伍建设的重大制度创新。

(三) 改进对流动党员的管理，健全党内激励关怀帮扶机制

建立特困党员、生活困难党员、特殊党员信息库，并进行标准化区分，为困难党员和特殊流动党员提供力所能及的援助。一是建立"三访"制度。流动党员长期在外，专门成立流动党员应急关爱小组，定期探望流动党员家属，实行党员家属重病必访、党员家庭重大变故必访、党员家属生活困难必访的"三访"制度。二是提供临时救助。对因年老、体弱、患病、伤残以及遭受严重自然灾害或遭遇特大事故等原因导致生活特别困难的党员，因公致残、牺牲以及被追认的党员或其家庭，实施一次性临时救助。

(四) 加强组织领导，明确工作责任，完善保障措施

(1) 落实工作责任。局机关党委对流动党员管理工作负总责，市人

才服务中心党总支承担直接责任，对每个环节、每个步骤的工作提出明确具体的措施和要求，抽调专门工作力量，认真组织培训学习，对有关工作情况和数据进行核实把关。党支部书记要组织人员核查落实，加强与有关方面的沟通协调，及时研究解决工作中遇到的问题。

（2）严格把握政策。流动党员管理工作政治性、政策性强。在排查、处置工作中，要坚持从严从实、客观公正，准确把握政策和方法，扎实做好每个环节、每个步骤的工作。对党员组织关系集中排查，有关政策进行专题培训，统一思想，掌握要求。组织处置既要严格严肃，又要稳妥有序，防止简单粗糙、宽严失度。把握不准的问题要及时请示，重大问题要及时报告。

（3）强化工作保障和指导。一是落实管理经费和工作活动场地，党员教育管理工作经费列入地方各级财政预算，结合实际，按照党员数量划拨，形成稳定的经费保障机制，保证有人干事、有钱办事、有场地活动。二是优化组织架构设置。根据流动党员的特点，按照"地理相近、行业相通、自愿互利、优势融合、活动便利"的原则，采取单独组建、联合组建、行业组建、个体私营协会组建等多模式建立党组织。每个支部规模设定在30人以内，各支部建立支部委员会，定期开展支部活动。三是解决党支部书记来源问题，挑选曾是党务工作者、复转军人、优秀毕业生的党员作为支部书记人选，每月给流动党支部书记一定数额的工作补贴，每年开展流动党支部书记轮训。

（五）加强党员教育管理信息化平台建设和应用

习近平总书记指出："过不了互联网这一关，就过不了长期执政这一关。"采用现代化的信息通信技术建立政党网站，畅通党内信息交流渠道。该网站能够查阅党的重要文件，设有党史专栏，并经常发布党内重大新闻，公布党内决议草案，开辟党员参政议政渠道。同时，还在网上开通党员自助服务窗口，如党费交纳、党刊征订、爱心捐款等服务功能，真正实现了党员管理工作方式的革新。

五、部分人才服务机构流动党员管理经验做法

（一）江苏省人才服务中心管理服务做法

江苏省人才服务中心根据流动党员的特点，采取行业组建、留学组建等多模式建立党组织，每个支部规模不超过30人，选择优秀的流动党员作

为支部书记，主要负责本支部的联系、党费收缴、活动组织等工作。党总支有专人负责联系各支部书记，传达上级的组织精神，定期组织支部书记到各优秀企业进行参观学习，同时也会邀请支部内部的高精端人才开展讲座。

（二）宿迁市人才服务中心管理服务做法

随着党员数量迅速增长、党员队伍的日益庞大，由此而带来的失联党员多、支部换届难、交纳党费比例低、组织生活频率低等教育管理问题逐渐凸显。为此，根据党员组织关系"属地化管理"的要求，在宿迁市委组织部的大力支持和悉心指导下，宿迁市人才服务中心集中力量进行多方排查，联系到大部分失联党员。同时探索建立流动党员动态管理机制，在"严把入口"和"疏通出口"方面下功夫，引导流动党员将党员组织关系转入至工作单位党组织、工作单位所在辖区的街道办或居委会党组织、现居住地所在辖区的街道办或居委会党组织等，特别是本市户口的流动党员，则要求转至本市户口所在地的街道办或居委会党组织。

对于拒绝将党员组织关系转出的，支部书记开展谈心谈话，教育督促党员按照规定及时转移组织关系。对于因工作需要、经济条件等原因不能回原所在党组织的，支部书记到党员的工作所在地、现居住地了解情况，开展教育工作。

参考文献

[1] 郑绍保. 流动党员管理手册（第 2 版）[M]. 北京：中共中央党校出版社，2007：95.

[2] 于红. 关于流动党员问题的思考 [J]. 求实，2007（8）：20-23.

[3] 方华明. 新形势下流动党员教育管理对策浅析 [J]. 人民论坛，2013（5）.

[4] 支树平. 加强流动党员管理工作 [J]. 求是，1998（13）.

宜昌市人力资源服务业发展现状研究[1]

张宏劢　陈崇娥[2]

摘　要：加快发展人力资源服务业是贯彻党中央、国务院关于实施人才强国战略、就业优先战略的重要举措。近年来我市人力资源服务业发展迅猛，但相对于省内其他市及行业，起步较晚，发展质量和发展水平还不高。为摸底制约行业发展的瓶颈，采取针对性的改进举措，我们通过企业实地调研、发放调查问卷、召开企业座谈会、电话寻访、查阅数据资料等方式开展了研究。

关键词：加快发展　人力资源　服务业

一、行业现状

截至目前，宜昌市各类人力资源服务机构共185家，其中公共机构16家，经营性机构169家，多元化、多层次的人力资源服务体系初步形成，市场在人力资源配置中的决定性作用进一步增强，呈现出以下特点：

（一）公共服务水平显著提升

2010年，我市将县级人才市场和劳动力市场整合，统一为人力资源市场。2012年，全市所有县市区乡镇（街办）设立了人社服务中心、村（社区）

---

[1] 该篇论文获得"2020年全国人才与人事研究主题征文活动"二等奖。
[2] 张宏劢，宜昌市人力资源和社会保障局党组成员、副组长；陈崇娥，宜昌市人力资源和社会保障局职业能力建设科副科长。

设站。至此，覆盖市县乡村四级的服务网络基本建成，辐射全域、统一规范的公共服务体系基本形成，各类用人单位、城乡劳动者均能平等享受到便捷、免费的基本公共服务。线上服务供给逐渐增多，信息化建设水平不断提升，我市"网上就业局"项目入选第三届中国"互联网＋政务服务"50强。采取政府购买服务方式构建多元化服务供给，招聘夜市、劳务经纪人、招工专员三项创新举措被《湖北日报》、省委办公厅《每日要情》刊发。

（二）经营性服务近三年发展迅速

我市人力资源服务业起步较晚，较长时期内发展缓慢，2017年起进入快速发展时期。2019年，我市经营性机构数量已是2016年（84家）的2倍，民营机构数量（169家）占机构总数的88%，如图1所示，产品开始向高附加值、专业化方向延伸。以万方国际为例，在全市率先开展国际劳务服务，并就招聘、劳务外包、后勤外包、养老医护等进行产品细分，力图走差异化、专业化的品牌发展之路。2018年，省内行业龙头，新三板上市公司华中人才、起点人力、腾飞人才先后在宜昌设立分公司，宜昌市人力资源产业园项目已于2020年7月正式动工兴建。**市场主体增多、龙头企业进驻、产业集聚发展，将助推我市人力资源服务行业进一步快速向好发展。**

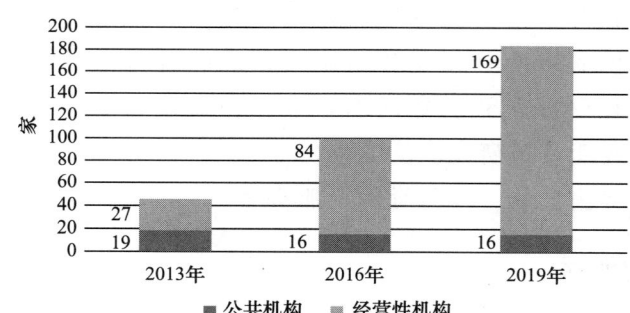

图1　2013—2019年宜昌市人力资源服务机构数量发展情况

注：公共机构指公共就业人力资源服务机构，经营性机构指经营性人力资源服务机构，包括国有机构和民营机构。

（三）发展质量水平仍然不高

2018年，全省人力资源服务机构共1 479家，从业人员4.4万人，营收总额521亿元，我市机构总数68家，从业人员942人，营收总额9.2亿元，分别占全省的4.6%、2.1%、1.8%，具体如图2~图4所示。省内横向比较，2018年武汉市机构总数880家，从业人员3.1万人，营收总额超480亿元，其机构总数、从业人员数量和营收总额分别是我市的

13倍、33倍、52倍。我市营收总额不仅远远低于武汉市，也落后于襄阳、十堰，在全省排位第四。同时，全省已有6家人力资源产业园建成运营（武汉2家，襄阳、黄石、荆州、荆门各1家），而我市的1家还在建（预计2021年建成投入使用）。

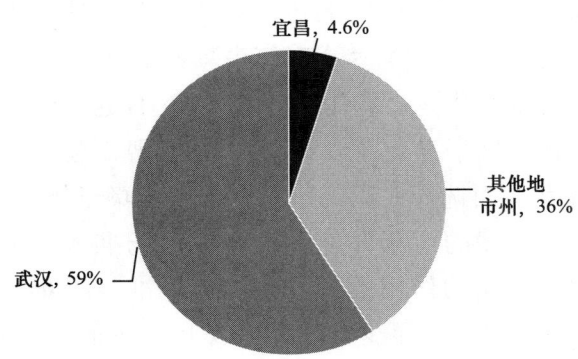

图2　全省机构数量占比

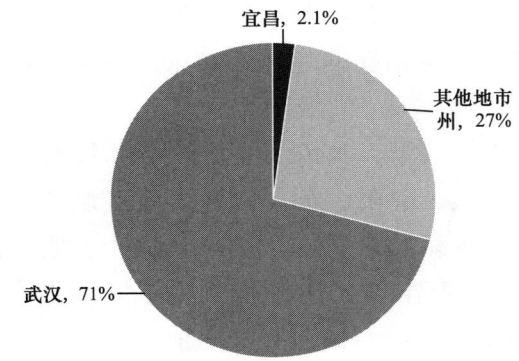

图3　从业人员数量占比

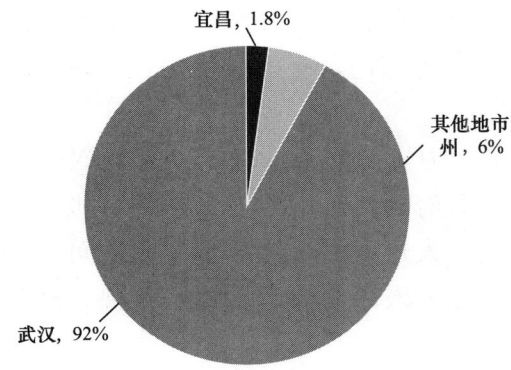

图4　全省营收总额占比

注：2018年统计数据，均不含纯劳务派遣机构。

二、存在的问题及原因分析

（一）行业发展大环境有待改善

一是缺乏足够的行业认同度。很多用人单位的人力资源管理仍停留在"招聘靠政府、管理靠自己"的传统思维，对非核心事务，如员工培训、工资福利、社保经办、档案管理等事项委托专业机构打理，更利于单位聚焦主业，从而提升核心竞争力的认知还不足，付费意识尚未培养起来。座谈了解到，猇亭某化工厂旺季急需招聘4名工人，却不愿支付100元/人的中介费，而选择在厂门口贴广告、摆桌子招工。

二是缺乏规范有序的市场环境。政府在市场准入、市场监管、行业引导、服务规范等方面的作用发挥不足。市场准入艰难，例如，职业中介机构要获得行政许可，需至少5名大专以上的持证专职人员，而一旦进入行业却又缺乏监管。调查显示，53家曾获得行业许可的机构目前仅10家仍具备准入条件。监管方式基本限于一年一次的执法专项行动，日常监管缺失，行业信用体系和标准化体系尚未建立，无序、恶性竞争一定程度上仍存在。

三是缺乏行业扶持政策。我市尚未出台专门针对人力资源服务业发展的扶持政策，而武汉、襄阳、黄石、荆州等多地均已出台了重磅奖补政策，比如武汉市对国家、省级人力资源产业园分别给予300万元、200万元的一次性补贴（均高出省级补贴100万元），黄石市对获评全省行业领军企业的单位奖励50万元（高出省级奖励20万元）等。我市现有政府奖补政策比较零散，未能有效整合统一，宣传落地还不够。比如人才引进政策，职业介绍，就业创业培训补贴、小额贷款贴息政策，小微企业税收优惠政策等分散在各部门，有的政策申领条件、申领程序、归口部门不清，企业难以操作。

原因分析：一是人力资源服务业作为一个新兴行业被社会认知接纳需要一个过程，需要政府的宣传引导；二是许可机关有权无责，监管为职责本分，不监管也无人过问的机制导致了重许可、轻监管，甚至只许可、不监管；三是政府对该行业缺乏足够的重视，没有出台行业发展规划或优惠扶持政策。

（二）市场发展不平衡

一是区域之间发展不平衡。人力资源服务业与经济发展水平、人口数量高度正相关的规律，在我市并未普遍适用。比如西陵区作为全市服务业最发达、人口最多的区，拥有 56 家经营性机构，占全市机构总数的1/3，符合这一规律。但经济发展水平、人口数量相当的兴山县、秭归县、长阳县，经营性机构数量悬殊，秭归县（14 家）的经营性机构数量远超兴山县（1 家）、长阳县（4 家），甚至超过宜都（9 家）、当阳（6 家），且有规模以上企业 4 家。

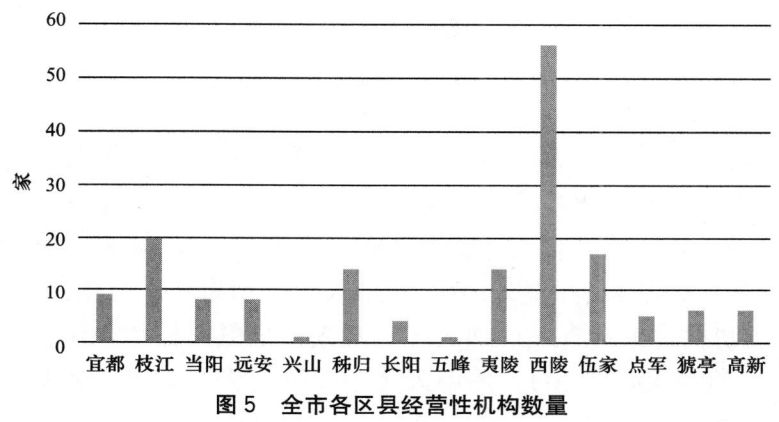

图 5　全市各区县经营性机构数量

二是机构之间发展不平衡。2018 年，我市共 4 家国有经营性机构，从业人员 38 人，年营收总额 4.2 亿元，几乎占据市场的半壁江山，而民营经营性机构 48 家，从业人员 587 人，年营收总额 5 亿元，整体呈现"国"强"民"弱。同为国企，规模实力也相差悬殊，比如宜昌环宇 2018 年年营收总额 3.6 亿元、纯利润达 348 万元，宜昌市人力资源市场公司年营收额 55 万元，纯利润仅 10 万元。

原因分析：各地就业部门基本有自己的培训中心或劳动服务公司，与市场经营性机构本质上属于竞争关系，各地出于护"崽"心理，没有开放市场的动力；二是国企之所以能以"小"博"大"，根本原因在于其背靠政府，利用资源优势垄断了市场中大量的大型优质客户。因此市场发展不平衡为表象，实为一定程度存在的行政壁垒、市场分割，本质是政府与市场争"食"。

（三）市场主体小弱散格局突出

一是规模偏小，实力不强。全市经营性机构数量多达 169 家，但小微机构众多，大多数机构的营收规模不大。问卷调查显示，63 家调查对象中，5 人以下机构达 33 家，其中 2~3 人的小公司又多达 17 家；20 人以上的机构仅 14 家，如图 6 所示。从营收状况看，年营收过千万元的仅 11 家。以目前的行业营利水平，很难支撑小微企业由弱变强、发展壮大。

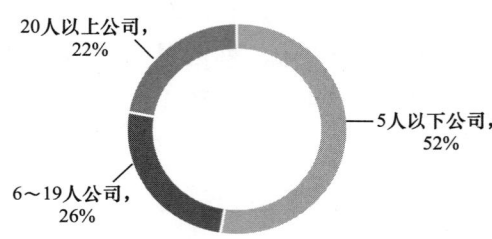

图 6　问卷调查对象员工规模

二是人才匮乏，服务能力弱。问卷调查显示，63 家调查对象中，大专及以下学历人员占比高达 77%，持证人数仅占 24%。整体来看，公共机构相比经营性机构更有人才优势。统计显示，两者从业人员本科以上人数分别为 10 人/家、4.3 人/家，持证人数分别为 6.8 人/家、3.8 人/家（因纯派遣机构均未被省统计纳入，且准入门槛低，如加入统计，经营性机构人才不足将更为突出）。华中人才、起点人力等均将人才不足列为制约企业发展的最大瓶颈。人才匮乏导致行业内挖人现象频现，例如，点军前一天上报的座谈会参会代表，第二天代表腾飞人才参会，一夜之间易主。具有机关国有企事业单位人力资源从业经历的在职、退休人员也是民营机构争抢的对象。高技术含量、高人力资本的行业，人才不足将直接削弱其服务能力。

三是组织松散，抱团发展不够。机构普遍反映招工难、人力资源储备不足，但彼此之间又缺乏信任、相互设防，不愿共享人力资源信息。省内武汉、襄阳、黄石、荆州、荆门等多地均成立了人力资源行业协会，但我市没有成立行业协会或其他行业组织，缺乏互相学习、信息共享的平台，市场主体长期处于单打独斗、摸索前行的状态，制约了行业发展水平。

原因分析：一是市场的相对垄断挤压了小微企业的生存空间，导致弱者恒弱；二是行业长期发展缓慢，专业人才储备不足，在市场进入快速发展后人才紧缺矛盾更为突出；三是行业仍处于早期的自由竞争状态，随竞争加剧会产生行业自治需求。

（四）产品供给能力不足，专业化程度低

一是产品供给单一。服务产品高度集中于劳务派遣，作为我市行业内市场份额最大的宜昌环宇基本只做劳务派遣。目前我市从事劳务派遣业务的机构至少在136家以上，占经营性机构总数的80%，且2017年起保持每年25家左右的增长规模。但派遣市场门槛低、技术含量低导致大量市场主体聚集，竞争日趋白热化，利润空间遭到极度挤压，相互压价、低价恶性竞争频发，代理服务费维持在50元/人·月左右的难以向上突破，最低甚至压到了12元/人·月，派遣市场已进入微利时代。今年上半年，宜昌环宇、万方国际、前沿人力3家公司在营收增长情况下均出现利润负增长，宜昌环宇利润降幅达17%。

二是高端产品稀缺。全市开展国际劳务服务的仅万方国际1家，63家被调查对象仅4家的业务涉及中外合资企业和外资企业，13家的业务涉及中高级人才服务，分别只占调查总数的3%和8%。一般技能人才、外来务工人员、失业人员为机构主要服务对象，占74%。据了解，2018年国有机构总共只为28家客户提供了人力资源外包服务，而民营机构为444家客户提供了人力资源外包服务。猎头服务仅民营机构有所涉及，国有机构大而不强，固守老本、缺位高端领域产品的倾向突出。

三是缺乏专业化服务品牌。我市不论公共服务机构还是经营性服务机构，在招聘、培训、派遣、高级人才寻访、人力资源外包等各个领域都没有"叫得响"的品牌。比如培训市场2018年公共机构培训总人数高达31 431人，民营机构仅6 615人，长期占据主导地位的公共机构却未能诞生像潜江龙虾学校、新东方烹饪学校这样知名的职业培训品牌。

原因分析：人才不足，加上我市的派遣、培训市场是典型的资源市场，宜昌环宇、万方国际、东升、前沿、盛力等前十强基本有一定的"官"方背景，国有、公共机构依靠政府资源、财政补贴就能吃饱，无意创新；小微企业规模小实力弱，无力创新。

三、建议

宜昌市人力资源服务业的发展质量水平与我市在全省经济社会发展地位不相匹配，"求职难、招工难"的长期存在反映了我市经济社会发展中人力资源支撑保障能力的不足，这势必拖累我市产业结构转型升级的脚步。大力发展人力资源服务业势在必行，强化政策支撑、推进公平竞争、搭建发展平台、加强人才培养是当务之急。

（一）出台行业发展实施意见

明确行业在省内及中西部地区的发展定位及近远期发展目标，力争建成辐射鄂西的全省第二大人力资源集聚高地。对现有的人才引进、职业培训、创新创业、小额贷款、小微企业税收优惠等各项政府奖补优惠政策整合打包，加大税收金融财政政策支持力度，成立由财政、税务、金融、发改、人社等部门组成行业发展议事协调机构，出台在省内有竞争力的综合性财税金融优惠政策，吸引国内外知名人力资源服务企业在我市设立总部、地区总部、服务职能性总部以及独立核算分支机构，实现行业发展和经济发展互利双赢。加大政府购买力度。根据需要，将人力资源服务纳入政府购买服务的指导目录，明确服务种类与性质内容，按照公开、公平、公正原则有序引导社会力量参与服务供给，构建政府主导、市场参与的多元化服务供给体系。

（二）强化人力资源市场管理

一是打破行政壁垒，放宽市场准入，将设立中外合资和外商独资人才中介机构审批权下放至宜昌自贸片区，放宽外商投资比例、注册资本金额等限制，提高市场开放水平，发展各类市场主体，增加服务供给。二是强化事中事后监管，实施"双随机一公开"制度，建立综合执法、企业年度报告公示和经营异常名录等制度，维护统一开放、竞争有序、充满活力的人力资源市场。三是加强信用体系建设，协调财政、税务、金融等部门对守信机构在招投标、投融资、政府采购等方面实施的激励措施，对失信机构在服务许可、资质审核等方面予以限制或禁止，构建守信激励和失信惩戒机制。

（三）推进产业聚集发展

一是加快宜昌市人力资源产业园建设。依托龙头企业，形成产业创新发展平台，充分发挥园区培育、孵化、展示、交流功能，促进人力资源服务业集聚发展和产业链的延伸。二是加快规模化发展。出台行业领军企业认定的奖励办法，通过兼并、收购、重组、联盟、融资等方式，重点培育一批有核心产品、成长性好、竞争力强的人力资源服务企业。三是搭建信息共享平台。在市政府或人社局官网设立专栏或专门链接，搭建人力资源服务机构与政府、学校、企事业单位、培训机构等的线上信息交互平台，聚集全市所有人力资源企业及服务产品目录，实现资源信息共享和服务产品集中展示。

（四）支持协会发展和人才培养

一是支持成立行业协会。引导行业协会积极发挥"服务、自律、协调"的作用，反映行业发展诉求，建立行业交流、合作平台，支持行业协会参与行业标准化建设、信用评价等工作，制定行规行约，逐步形成行业自我约束机制，引导人力资源服务行业公平竞争、诚信服务、健康发展。二是加强人力资源中高级管理人员、从业人员培训和行业领军人才培养，每年组织 30 名行业领军人才和中高级管理人员外出考察或研修培训，每年组织 50 名人力资源从业人员参加业务培训，不断提升行业管理水平和服务能力，为人力资源行业的发展培养储备人才。

浅谈"智慧人社"信息系统对南宁人社服务工作的影响[1]

李荣亮[2]

摘　要：党的十九大报告中指出，"坚持在发展中保障和改善民生"是新时代坚持和发展中国特色社会主义的基本方略之一。全国各级人社部门为了贯彻落实党的十九大精神，做好新时代人社服务工作，推进了各级"智慧人社"服务系统的建立。广西南宁市智慧人社系统将数据整合汇总，业务受理办理从多部门多窗口整合至一窗综办，将服务通过信息化线上线下全面推开，构建了深化"放管服"改革的人社服务新格局，在全区乃至全国率先建成了覆盖人社全业务的大集中"智慧人社"系统，创新推出了"线上一网通、线下一门办"的人社服务，让群众得以享受更加便捷优质的服务。"智慧人社"的出现使南宁市人社局的工作更加积极、更加开放、更加有效，覆盖全面、权责清晰、保障适度、多层次的社会保障体系的建立，为信息化交互成为主流的社会背景下的政府服务跟上时代作出了积极探索。

关键词：智慧人社　南宁市　人社服务

一、南宁市智慧人社业务系统具体建设办法

随着我国信息化产业的蓬勃发展，政府服务也逐步进入大数据

---

[1] 该篇论文获得"2020年全国人才与人事研究主题征文活动"二等奖。
[2] 李荣亮，广西壮族自治区人力资源和社会保障研究所管理七级。

(Big Data)服务时代。人力资源和社会保障（以下简称人社）部门作为服务型政府的重要组成部分和管理部门，面对服务对象不断扩大、服务系统快速发展、服务对象需求逐年提升等多方面的压力，必须构建适应信息化要求的管理服务模式，确保人社事业科学发展，进一步做好公共服务。

"智慧人社"是利用移动互联网、云计算和大数据等信息技术手段集成"窗口经办、网上办事、基层平台、自助服务、电话咨询、移动服务"六位一体的民生服务平台。"智慧人社"的推广和应用，给人社服务工作带来了巨大变化，为广大群众提供了社保、求职、招聘、业务咨询、人事考试报名等全方位、一体化的公共服务，甚至让广大百姓"不进人社部门的门，能办人社部门的事"，足不出户就可享受网上人社公共服务。

（一）建设南宁"智慧人社"业务整合系统

自2018年12月起，南宁市人社局经过细致整理分析，将人社服务部门涵盖的就业、社保、人事人才、招聘、求职等10个信息化业务系统数据有机整合，建立了个人、企业与系统账号一一对应的数据统一收集管理的业务数据库，开发出覆盖人社部门全业务的"智慧人社"统一业务系统，在应用层面上实现了信息系统平台的"内部融通、外部联通、上下贯通"，打通了数据整合利用的高效通道，着力打造"线上一网通、线下一门办"，全面融合各项人社经办业务。在此基础上，系统还实现了南宁市人社数据大集中、全市业务协同通办的人社服务新局面，并在自治区人社部门的指导下，推进南宁、柳州两市部分社保经办业务跨城协办，为下一步做好人社业务服务"全区通办""全国通办"作出了有效的试水探底，并预留了数据平台接口。

同时，在市民普遍申领电子社保卡的前提下，将身份认证功能融入南宁"智慧城市"应用，将扫码可享受的公务服务进行了拓展，将范围扩大到扫码就医、购药、图书借阅、公园游玩等方面，力争做到"一码通城"。

（二）加快推进"打包快办""提速办"

2020年4月以来，南宁市人社局在人社部"人社服务快办行动"有关部署的指导下，针对疫情影响造成老百姓出门办事不易的情况，精心打造人社业务一体化经办系统和"线上一网通、线下一门办"服务，将2020年年底要完成的16个群众眼里的"一件事"打包快办、25个高频人社服务事项进一步提速,力求便利的服务早日让群众受益。

自全国开展"人社服务快办行动"以来,南宁市人社局按照"一包受理、一站接收、一套材料、一网推送、一次办结、一线评价"的服务标准整合业务思路,于2020年5月底在全国范围内率先实现14个"一件事"线上打包快办服务、9个"一件事"线下打包快办服务,尤其在疫情防控期间率先上线高校毕业生就业、劳动维权服务"打包一件事"两项业务,受到广大受益群众的一致好评和全国各兄弟部门、《人民日报》客户端、新华网等媒体的高度关注。

在南宁政府为进一步深化"放管服"改革、优化营商环境发挥积极作用的号召下,南宁市人社部门尽全力部署实施的"人社服务快办行动"业务,目的即加快推动"打包办""提速办"服务落地生效。截至2020年6月底,南宁市人社局已完成部署上线14个"打包一件事"业务,服务办事群众3 159人次;将现有的职工退休申请、失业关系转移等22个高频服务事项提速50%以上,服务办事群众27 104人次,其中以失业金申领、就业失业登记、高校毕业生报到为代表的8个事项能够实现即时办结或网上"秒办";南宁市人社局还在高校毕业生就业、社会保障卡服务"打包快办"等成果基础上推进实现市县一体化,打通了县区服务通道,实现了本市范围内的系统服务一体化。

(三)结合人社服务工作,持续推进"微改革""微创新"

南宁市人社部门自2019年起持续推进"互联网+人社"理念,陆续实现了由信息化手段提供的电子证照社保卡、就业创业证、职业资格证、电子职称证等九类人社领域的电子证照手机App申领、发放功能,并制定相应规范性文件,确保电子证照的法律效力得到认可和保护,提高了企业、群众办事效率,优化了服务体验。

同时南宁人社部门重新梳理公共服务事项共245项,将其中225项公共服务事项纳入南宁人社"一门式"受理大厅集中窗口实地办理,将按照减证便民"六个一律"总体要求汇编而成的公共服务事项清单、办事指南和工作手册等,通过南宁市人社局网站、南宁人社服务微信公众号、南宁智慧人社应用平台等媒介向办事群众、企业等推广。

(四)率先上线企业缺工登记平台助力复产复工

为及时掌握企业缺工情况,帮助企业解决疫情防控期间用工难和务工人员返岗复工问题,缓解复工复产压力,2020年3月初,南宁市人社部门在广西率先上线"南宁市企业缺工登记平台"。南宁市辖区内符合条件的企业可通过南宁人社微信公众号、南宁智慧人社 App、南宁人社网上办事大厅等平台在线填报用工需求,凭统一社会信用代码即可登记缺工信息。平台上线后,各类企业反响强烈,仅第一天即有173家企业通过平台登记了缺工信息,登记缺工人数13 050人,涉及2 779个岗位。

二、智慧人社实施的具体意义

（一）更科学高效地为群众做好人社服务

智慧人社服务系统就是基于"互联网＋社保＋就业＋其他"面向市民和企业的人力资源和社会保障公共服务平台,为群众提供了社保、求职、招聘、业务咨询等全方位、一体化的公共服务。智慧人社通过自助终端、网站等方式,方便社会公众即时办理、掌握个人人社相关信息,协助政府及人社系统推进政务公开,破解民生热点难点问题,在保护社会公众的合法权益,推动人力资源和社会保障事业创新发展等方面具有积极意义。

（二）转变政府服务理念,主动作为

在现代信息通信技术广泛应用于群众生活的今天,智慧人社服务更应以在新时代背景下更好地为群众提供更优质、便捷、高效的人社服务为目标,做好人社最基础层面服务,让老百姓切实感受到办理人社业务"最多跑一次"的有效变化,从转变政府部门服务理念入手,推动政府"放管服"改革,让"避责"变"负责"。倒逼政府部门必须紧跟时代节奏,进一步完善"政金企无缝对接"的线下线上平台,主动转变工作模式及服务理念,这对拓展智慧人社的服务范围具有广泛的现实意义。

（三）建立统一可参照执行的办事流程、标准

有效地利用现有系统数据库,针对群众办理、咨询频次较高的业务内容,建立统一的"全面标准化"服务清单。编制人社公共服务《事项清单》《办事指南》和《工作手册》,分别从办理事项、流程、材料、时限四个方面,梳理南宁人社各类网站、微信公众号、App,将功能整合形成一个"一个网站、一个微信公众号、一个客户端"的线上平台,让群众体验到和窗口办理一样的服务。

（四）做好信息共享,打通多部门合作渠道

外部信息共享需求主要指人社与税务、卫生、工商、民政、住房保

障、公安户籍等部门之间数据库内容做到实时同步、共享为主。南宁市人社服务系统发挥业务信息集中收集的整体优势，通过与各部门间的业务数据共享、相关业务协同办理等多种方式，打造涉及多部门、多业务的长效合作机制，推进跨部门事项办理流程的手续简化。以中国（广西）自贸试验区南宁片区为试点，以人社政务信息平台数据库内容为联络基础，与市发改委、财政、工商监管等部门做好信息对接、业务协调等工作，确保相关政务数据及时共享互通，通过业务协同办理的方式，推进跨业务、跨部门事项的进一步简化办理。

三、智慧人社公共服务的实施策略

（一）建立可参考、有统一标准的服务体系

推行智慧人社服务的目的即为群众提供更便捷、优质的服务，按照"六个一律取消"的要求，南宁市人社部门将需要优化完善的系统行政审批、公共服务事项清单等工作内容及流程统一整理分析，制定出统一的业务服务标准，并提升对窗口服务质量的考核和具体经办人员的经验积累，避免因部分业务主观性强，服务流程、业务办理状态由服务人员掌握，群众办事只能被动等待的情况，更全面地做好人社服务工作。

（二）持续优化并创新人社服务

做好协同服务系统构架接口等基础工作。首先，各级人社部门要根据协同共享数据的要求，建立完善的人社业务应用体系及数据库接口，积极探索实践跨部门、跨业务、跨地区办理人社服务的各种有效方式方法；其次，不断创新并完善掌上人社服务 App，树立业务能够掌上优先办理的理念，确保线上人社服务水平、覆盖范围、应用频率不断提升，积极探索在现有信息化水平下如何尽可能地实现办理业务"一次不用跑"的群众优质体验。

四、结语

智慧人社信息系统已成为推动南宁市人力资源和社会保障工作的中坚力量，起到了提升政府形象、维护社会繁荣稳定、推动基层服务创新的重要作用。人社部门还需进一步良好的策划、采集、管理人力资源和社会保障各项数据资源，建立完善的业务数据信息资源共享格局，促进信息化人社服务的稳步提升。

参考文献

[1] 周健. 大数据时代智慧人社建设的机遇与挑战 [J]. 现代信息科技, 2019, 3 (18): 184-186.

[2] 王舟东. 浅析"智慧人社"须"速度与温度"并行 [J]. 劳动保障世界, 2020 (21): 64-65.

[3] 刘洪清, 韦雨丹. 南宁"智慧人社":"拳头式"管理"巴掌式"服务 [J]. 中国社会保障, 2019 (5): 16-19.

工业互联网人才需求分析及对策研究——以青岛市为例

胡梦平　胡景翔　李申华

摘　要：工业互联网作为新一代信息技术与工业系统深度融合形成的产业和应用生态，通过联网化、自动化、数字化、智能化等技术手段，激发生产力，优化资源配置，重构工业产业格局，日益成为新工业革命的关键支撑。青岛市积极响应国家工业互联网发展的战略要求，推动新旧动能转换进程，正加快建设世界工业互联网之都，打造工业互联网人才高地。当前，工业互联网领域人才短缺成为制约青岛市产业转型发展的瓶颈，《青岛市工业互联网三年攻坚实施方案（2020—2022年）》中明确要求"加快引进和培养一批工业互联网领域的高端人才和应用型人才"。本文在此背景下，利用智联招聘大数据平台，以青岛市162.4万条求职数据为基础，全面分析青岛市工业互联网领域人才供需情况，研究编制工业互联网领域紧缺人才目录，并提出集聚工业互联网人才的对策建议。

关键词：工业互联网　紧缺人才　新职业

引言

2019年，习近平总书记在工业互联网全球峰会贺信中指出，"中国高

---

① 该篇论文获得"2020年全国人才与人事研究主题征文活动"三等奖。
② 胡梦平，青岛市人事人才与公共行政管理研究所研究实习员；胡景翔，青岛市人事人才与公共行政管理研究所八级职员；李申华，青岛市人事人才与公共行政管理研究所所长、负责人。

度重视工业互联网的创新发展,愿同国际社会一道,持续提升工业互联网创新能力,推动工业化与信息化在更广范围、更深程度、更高水平上实现融合发展"。当前,以数字化、智能化为核心的工业互联网,不仅是优化工业生产过程的关键技术支撑,而且改造了传统产业的组织方式和工业形态,成为先进制造业的发展趋势及全球新一轮产业竞争的制高点。在青岛市工业互联网专项工作组第一次全体(扩大)会议上,市委书记王清宪指出,工业互联网是新的工业形态,是工业组织形态的变革,要举全市之力打造世界工业互联网之都,加快打造国际领先工业互联网平台;通过构建"四链合一"的生态,补齐人才链,加快引进和培养一大批工业互联网领域的高端人才和应用型人才,将青岛打造成为全国乃至全球知名的工业互联网人才高地。

当前,工业互联网领域人才短缺是青岛在打造工业互联网人才高地过程中面临的最为棘手的问题,而厘清工业互联网领域紧缺人才需求,发布权威紧缺人才目录,出台针对工业互联网人才的政策等举措,是推动产业发展的重要抓手。本文在系统梳理现行政策、专业理论,广泛收集国内外工业互联网发展经验的基础上,依托智联招聘大数据平台,分析当前青岛市工业互联网领域紧缺人才供求情况,探索研究青岛市工业互联网领域紧缺人才目录,结合青岛市产业发展需要提出集聚引进紧缺人才的对策建议。

一、工业互联网领域的专业理论和论述

(一)人才是工业互联网领域发展的首要战略资源

工业互联网的蓬勃发展离不开人才支撑。习近平总书记指出:"人才是第一资源。""人才是实现民族振兴、赢得国际竞争主动的战略资源,要把人才资源放在科技创新最优先的位置。"作为新一代通信技术和先进制造业深度融合形成的新业态、新模式,工业互联网对人才队伍建设提出了新要求,急需促进人才认定标准、人才评价体系、人才发展政策等方面的创新。

面对产业发展新机遇,要在实践中深刻把握"人才是第一资源"的核心要义和人才与创新、发展的内在逻辑,以市场化思维促进人才聚、产业兴,构建工业互联网人才体系,加快引进和培养一大批工业互联网领域的高端人才和应用型人才,全方位、系统性为工业互联网发展提供

强有力人才支撑。还要遵循社会主义市场经济规律和人才成长规律，协调发挥"看得见的手"和"看不见得手"作用，构建有利于人才要素市场化配置的体制机制，强化工业互联网市场主体地位，依据市场标准评价、使用和激励人才，做好工业互联网人才发展的制度设计和战略规划，促进人才合理分布，与人才资源的市场化配置形成互补效应。

（二）工业互联网专业论述和理论基础

工业互联网是支撑工业智能化发展的新型网络基础设施，是新一代信息通信技术与先进制造业深度融合形成的新兴业态与应用模式，逐步成为引导企业转变发展方式、推进高质量发展、转换增长动力的新动能，要推动工业互联网、大数据、人工智能和实体经济深度融合，加快形成一批新兴产业集群。

工业互联网发展，一方面，对专业技术人才和劳动者技能素质提出了新的更高要求，例如要具备较高的数字化技能、良好的协同能力和强烈的安全意识。另一方面，工业互联网对于人才的需求程度更强，例如网络互联需要大量技术创新人才，平台支撑的智能化生产需要大量复合型应用人才。

探讨如何培养、集聚工业互联网领域紧缺人才、提高人才素质，主要涉及以下几个领域。

一是工业互联网发展急需的人才类型研究方面。王鹏跃指出，工业互联网的发展要培养 IT 和 OT 融合型人才，工业互联网平台架构师，加强专业人才、复合型人才的培养。陈建业认为，要加强工业互联网领域高水平研究型人才、科技人才和高素质应用人才培养，提升智力支撑能力。

二是复合型人才培养研究方面。叶春晓等人认为，区别于人才培养的传统模式，融合创新背景下的人才除具备某个专门领域的知识、能力和素质外，还需要具备信息、经济、商业、法律等其他领域的知识、能力和素质，成为多领域复合型人才。

三是技术技能人才培训研究方面。王欣怡分析了美国推动工业互联网发展的先进做法，认为政府应通过教育改革，加强劳动技能培训，不断创新教育和劳动力培训项目，扩大对教育资源的持续投入。

四是在工业互联网人才政策支持研究方面。张英认为，应加强顶层设计，通过健全制度体系、完善评价标准等措施，积极营造有利于工业互联网人才发展的政策环境。政府在工业互联网人才培养中要起到主导和领导作用，其主要职责包括提出人才培养长期战略、建立人才培养制度保障、监督人才培养过程、设立人才培养机构、协调人才培养全流程各参与方等。

五是促进区域工业互联网人才协同发展研究方面。上海工业互联网协会联合15家高校和企业，共同签署了工业互联网人才实训基地集群建设协议，在人才培养、人才供需精准对接、课程体系开发等方面优势互补，推进长三角工业互联网核心人才体系开发和建设。

（三）现行工业互联网人才标准与需求

工业互联网逐步成为引导企业转变发展方式、推动高质量发展、转换增长动力的新动能，其对人才的标准要求更高，人才紧缺程度更深，主要表现在三个层面。一是高层次工业互联网人才和团队缺少，包括CIO（首席信息官）、平台领域主以及各类科技创新和产业领军人才；二是具备跨界协作能力的复合型人才非常紧缺，包括跨行业跨领域复合型人才、信息技术（IT）与数字世界与运营技术（OT）融合型人才，既了解数据分析又了解工业机理的复合型人才、工业与新一代信息技术跨界人才；三是以智能制造工程技术人员、工业互联网工程技术人员、人工智能训练师等新职业新工种为代表的大量新型技术技能人才缺口巨大。

二、国内外工业互联网发展的经验借鉴

（一）国外典型经验

新一轮工业革命席卷全球，以美国、德国、日本为代表的发达国家竞相发力，加快工业互联网布局。2018年10月，美国政府发布《先进制造业领导力战略》，依靠的是数据和技术创新，聚焦先进制造，以"强技术、育人才、建网络"为导向，以发达的教育体系和人才培养模式为基础，加强对制造业人才的教育和培养。德国依靠装备和职业教育，转变人才培养模式，助力制造业模式的变革，通过"双元制"教育，让学生在企业和高校交替学习，确保理论与实践的有机结合；通过和企业共建联合实验室、研发中心、实训基地等方式，鼓励学生进入技术工程师行业发展。日本更多依靠人才资本，通过制定企业雇员保障政策，吸引外来人员加入，开发和培养潜在人力资源，同时将工业精神融入国民教育，围绕制造业需求建立人才供给体系，促进"信息化＋精益管理"的有机融合。

(二)国内典型经验

近年来全国部分地区和城市推出支持工业互联网产业人才发展政策,在引进、培育、评价、激励、保障、服务等环节进行探索,为巩固和扩大工业互联网产业人才政策优势提供了很好的借鉴。

近期,国家人社部发布智能制造工程技术人员、工业互联网工程技术人员、虚拟现实工程技术人员、人工智能训练师等新职业,并纳入国家职业目录,这标志着国家人才顶层设计方面及时顺应时代进步潮流,把握产业升级趋势,关注和适应工业互联网新经济发展模式发展需求。

杭州市致力于打造全国数字经济人才集聚高地,每年评选20位数字经济领军人物、20位"数字工匠",营造良好人才引育氛围。建立精准的政策体系和服务体系,推动形成"人才+团队+项目+平台"四位一体的开放式人才发展模式,在集成电路、移动互联网、物联网以及工业4.0实践专家、先进制造业工程师、机器人自动化工程师等关键人才引进上出台倾斜政策。

天津市在全国首次公布人工智能职称专业评价标准,建立以能力水平和业绩成果为导向的职称评价指标体系,企业人员首次申报时,可不受学历、资历限制,直接申报相应级别职称。

上海市率先建立工业互联网创新中心,加大智慧城市复合型人才的引进和培养力度,在工业领域率先推行首席信息官制度,持续推动智慧工匠选树、领军先锋评选,打造实训基地和专业技术人员继续教育基地,建立市级人工智能、集成电路、5G、工业互联网等人才库。

广州市对标大湾区建设,实施"广聚英才计划"19项创新举措,优化整合提升产业领军人才"1+4"政策、高层次人才支持政策、"人才绿卡"制度、"菁英计划"留学项目。探索实施"人才举荐制""团队带头人全权负责制",构建"人才+评定+推荐"的人才综合评价机制,挖掘并支持一批大湾区急需紧缺人才。

深圳市加快引进工业互联网领域高端人才,建立人才数据库和专家库,搭建专家与企业之间的交流平台;为企业提供适合当前发展形势的人才培训以及技术扩展服务。对于符合条件的人才,加强在住房、医疗、教育方面的配套政策支持。组织实施工业互联网教育培训计划,依托高校、企业、产业园区、创新中心等积极培育工业互联网技术和应用创新型人才。

三、青岛市工业互联网人才情况分析

（一）青岛市工业互联网发展现状

1. 工业互联网人才相关政策

在系统整理国家、省、市级工业互联网人才重要指导文件的基础上，梳理形成表1所列人才政策摘录。

表1　　　　　　　　　　　　工业互联网人才政策

时间	发布单位	文件名称	工业互联网人才及发展领域摘录
2015年5月	国务院	中国制造2025	以加快新一代信息技术和制造业深度为主线，健全多层次人才培养体系
2016年5月	国务院	关于深化制造业与工业互联网融合发展的指导意见	深化人才体制机制改革，吸引具备创新能力的跨界人才；支持高校设置"互联网＋"等相关专业，加强高层次应用型专门人才培养
2017年1月	工业和信息化部	大数据产业发展规划	建立健全多层次、多类型的大数据人才培养体系；培养大数据领域创新型领军人才，吸引海外大数据高层次人才来华就业、创业
2017年12月	工业和信息化部	关于印发《工业控制系统信息安全行动计划（2018—2020年）的通知》	打造国家工控安全高端智库，为工控安全战略部署、规划制定、决策咨询、重大问题提供智力支持和技术支撑，培养一支门类齐全、技术精湛的工控安全专业人才队伍
2019年6月	教育部	关于职业院校专业人才培养方案制定与实施工作的指导意见	适应"互联网＋职业教育"新要求，推动大数据、人工智能、虚拟现实等现代信息技术在教育教学中广泛应用
2019年10月	教育部办公厅等十四部门	《职业院校全面开展职业培训促进就业创业行动的计划》	推动职业院校联合行业企业面向人工智能、大数据、云计算、物联网、工业互联网、建筑新技术应用、智能建筑、智慧城市等领域，大力开展新技术技能培训
2017年7月	山东省	省政府关于贯彻国发〔2016〕28号文件深化制造业与互联网融合发展的实施意见	集聚、培养、吸引一批精通制造业与互联网融合发展的高端人才和团队；支持职业教育、各类培训机构增加制造业与互联和融合发展的技能培训项目
2019年7月	山东省	山东省深化"互联网＋先进制造业"发展工业互联网的实施方案	开展工业大数据、人工智能、区块链等前沿技术攻关，打造工业互联网产业集聚区和产业示范基地

续表

时间	发布单位	文件名称	工业互联网人才及发展领域摘录
2020年4月	青岛市	青岛市工业互联网三年攻坚实施方案（2020—2022年）	围绕工业互联网平台、工业大数据、先进计算、网络通信、标识解析、虚拟现实、数字孪生等关键共性重大技术方向，开展关键技术研究、标准研制、新产品研发、人才培训等工作
2020年8月	青岛市	加快工业互联网高质量发展政策措施	调查发布工业互联网紧缺人才目录，靶向引进和培养工业互联网人才。鼓励龙头企业围绕工业互联网、5G、人工智能等重点领域建设一批人才实训基地

2. 青岛市工业互联网人才需求领域

工业互联网是链接工业全系统、全产业链、全价值链，支撑工业智能化发展的关键基础设施，是互联网从消费领域向生产领域、从虚拟经济向实体经济拓展的核心载体。由工业互联网研究院编制的《工业互联网人才白皮书（2020版）》明确指出，工业互联网由网络、平台、安全三大体系构成，网络体系是基础，平台体系是核心，安全体系是保障。表2展示了青岛工业互联网人才需求领域与三大平台的匹配关系。

表2　　　　　　　青岛市工业互联网人才需求领域

关键体系	释义	包含内容	青岛市工业互联网人才需求领域
网络体系	实现各类工业生产要素泛在深度互联的基础	网络互联、数据互通、标识解析和边缘计算	边缘计算、标识解析
平台体系	工业全要素链接的枢纽	工业App、工业PaaS、IaaS、边缘层	云计算、大数据、人工智能、物联网、智慧城市、智慧交通、智慧物流、智慧医疗
安全体系	工业互联网健康发展的保障	控制安全、网络安全、应用安全、数据安全、设备安全	网络安全

3. 青岛市跨行业跨领域工业互联网平台

在工业和信息化部发布的2019年跨领域工业互联网平台中，青岛海尔卡奥斯平台位居第一，展现了在整合资源、赋能工业等多方面强大的产业生态圈力量。此外，青岛还有诸如酷特智能工业互联网平台、特锐德工业互联网大数据平台等跨行业跨领域平台（详见表3）。目前，青岛工业互联网平台主要集中在全流程系统性优化、能耗与排放管理、数字化设计与仿真验证等领域。打造世界工业互联网之都,未来青岛需要建立更广泛领域的平台类型,发挥网络协同效应,同时,需要引进工业互联网相关关键技术,加强本土关键技术研发。

表3　　　　　　　　　青岛市工业互联网相关平台

平台名称	平台特色
海尔COSMOPlat工业互联网平台	综合性工业互联网平台,将用户资源和产线资源实时连接
酷特智能工业互联网平台	工业互联网应用服务平台,打通ERP、CAD、MES、PLM等系统,实现订单提交、设计打样、生产制造、物料供应、物料交付一体化
特锐德工业互联网大数据平台	以广域性充电网为核心的能源管理大数据云平台,实现能源需求智能化响应、精细化管理和运营
双星移动星猴平台	以交易、金融、物流、服务和评测五大平台支撑的智能服务平台,提供个性化定制和远程运维服务,实现产品和服务共享
3D时空智能制造平台	通过互联网技术,把全国各地3D打印机、材料商、应用企业连接起来,形成个性化定制服务平台,实现行业整体服务资源有效整合调控
青特钢互联工厂工业平台	实现船舶信息、库存信息、装卸货信息共享协同,形成完整的产业价值链,实现"产销研"一体化经营模式

(二)青岛市工业互联网人才供求情况分析

参照《工业互联网白皮书(2020版)》的职业要求,对智联招聘大数据平台中共162.4万条数据进行综合筛选和匹配,提取2020年上半年青岛市工业互联网人才职位发布和简历投递数据5.95万条,其中,发布岗位信息数13 813个,人才需求总数48 804人,投递简历数10 696份。与2019年同期相比,人才需求量上升8.2%,但简历投递量与同期相比下降16.5%,工业互联网领域人才存量明显不足。其中大数据、人工智能、智慧物流、边缘计算、标识解析等职类,人才需求增量超过50%。

1. 按照职位划分

数据统计显示,目前青岛工业互联网企业人才需求主要集中在大数据、智能制造、显示、人工智能、5G等领域,人才简历投递也较为集中在这些领域。人才需求远大于人才供给数量,整体人才供需比例为1∶5,个别职位类别达到1∶20。供需人数均比较少的职位类别有边缘计算、标识解析、供应链等,职位需求方向与青岛市本身产业结构和产业升级发展方向密切相关。青岛市工业互联网人才供需情况见表4。

表 4　　青岛市工业互联网人才供需情况

职位分类	需求人数（人）	投递简历数（件）	职位分类	需求人数（人）	投递简历数（件）
5G	2 073	84	物联网	369	77
边缘计算	14	0	显示	8 758	1 197
标识解析	3	0	芯片	239	39
网络安全	1 092	417	云平台	133	49
大数据	14 345	4 995	智慧城市	148	28
供应链	11	7	智慧交通	25	7
光通信	107	4	智慧物流	98	11
其他相关	176	21	智慧医疗	103	25
区块链	357	7	智能硬件	72	28
人工智能	6 851	1 274	智能制造	13 830	2 429

2. 按照专业划分

图1展示了青岛市工业互联网领域企业需求居前十名的专业，前十名专业需求占总需求的92.8%。其中，需求最多的专业是计算机，占比35.9%，其次是电子信息（19.2%）、自动化（13.8%）、数学（9.6%）。工业互联网是互联网发展的新领域，是在互联网基础之上面向实体经济应用的演进升级。传统互联网行业对于人才的需求主要集中在计算机、电子信息等专业领域，而作为新生事物的工业互联网，目前对于人才的需求也较为集中在这些领域。与传统互联网行业不同的是，在实践中工业互联网更需要集自动化、运营技术、信息专业于一身的复合型人才。

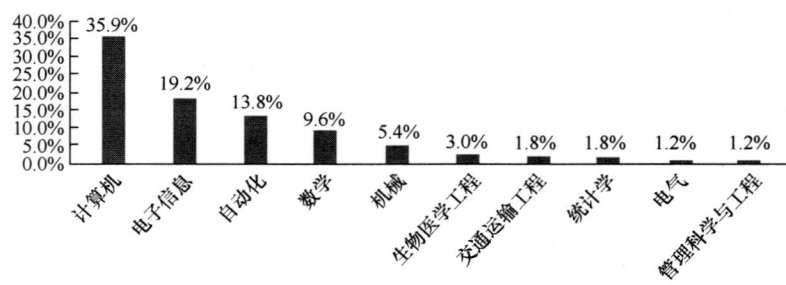

图 1　青岛市工业互联网人才专业需求情况

3. 按照职业分类划分

依据国家职业分类标准将工业互联网人才划分为经营管理人才、专业技术人才和高技能人才三大类。目前，青岛市工业互联网人才需求以中高端职位需求为主，技能要求相对较高，对专业技术人才需求占比高达70%，其次是经营管理人才为22.9%，而一线操作岗位目前需求相对较少，仅占7.1%。青岛市工业互联网人才职业分类需求情况如图2所示。

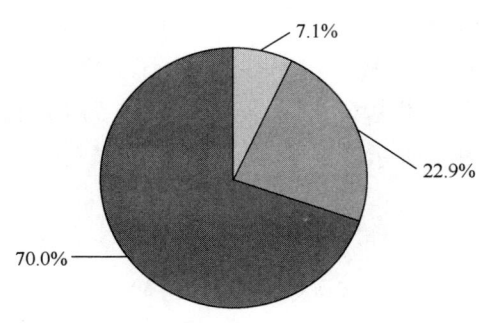

图2　青岛市工业互联网人才职业分类需求情况

4. 按照学历划分

根据对工业互联网人才职位的学历需求统计，本科学历互联网人才需求最为普遍，高达55%，其次是大专及以下（31.5%）、硕士研究生（12.2%）、博士研究生（1.3%）。综合来看，企业现阶段人才需求更集中于经验成熟、技术过硬的专业人员，通过吸纳应届毕业生培养"高精尖"人才的方式并不能快速解决企业对技术的即时需求，在实践中企业更多考虑招聘有工作经验的本科人才，并不过多对人才需研究生学历的限制要求。青岛市工业互联网人才学历需求情况如图3所示。

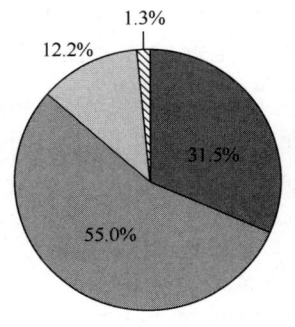

图3　青岛市工业互联网人才学历需求情况

5. 按照工作经验划分

从统计数据来看，企业对于互联网人才工作经验要求较高，经验不限的岗位仅占 14.3%。经验要求 1~3 年的职位占比最高，为 41.9%；其次为 3~5 年的，占比 30.7%。要求工作经验 5 年以上的占比的较低，5~10 年经验的占比 11.7%，10 年以上经验的占比 1.3%。综合来看，工业互联网领域相关岗位普遍要求从业者具有工作经验，在一定程度上与岗位实践积累、专业技术基础要求较高有关。青岛市工业互联网人才工作经验需求情况如图 4 所示。

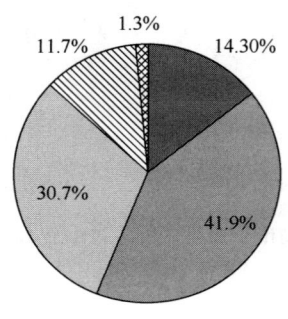

图 4　青岛市工业互联网人才工作经验需求情况

四、青岛市工业互联网紧缺人才需求目录编制研究

国家人社部在全国人力资源流动管理座谈会上要求，各地要主动聚焦当地重点战略，创新开展急需紧缺人才目录编制发布工作，引导人才向重点领域优化集聚。编制发布青岛市重点产业领域（工业互联网）紧缺人才需求目录（以下简称目录），是健全人才流动宏观调控机制的重要手段，契合青岛市重点产业领域和"双招双引"攻势重点产业链需求，有利于充分发挥市场在人才资源配置中的决定性作用，可以为全市重点产业急需人才引进、培养等相关政策制定提供重要参考依据，为各用人单位的人力资源规划、各类专业人才求职提供指导，引导各类人才按需流动和高效配置。

（一）目录编制研究路径

1. 创新构建人才紧缺指数评估体系

目录以市场需求为导向，从需求侧、供给侧角度出发，对青岛市重点产业领域人力资源现状、紧缺人才需求、企业雇用前景等信息进行定量与定性研究。借鉴宁波、杭州、长沙等先进地区紧缺人才目录编制经验做法，以需求数量、供需趋势、招聘难度、岗位薪酬、知识技能等维度为主要评估依据，以活跃人才量、本地人才存量、本地人才质量为辅助修正参考，创新构建数量紧缺指数、质量（创新）紧缺指数和趋势紧缺指数三大人才紧缺指数评估标准。

2. 深度挖掘重点产业人才需求数据

本着全面性、准确性、科学性、实用性、前瞻性原则，依托智联大数据"权威、海量、有效、活跃"等核心优势，从52个行业、62个职位大类中采集青岛市近一年164.2万条数据，通过政策研究法、德尔菲法、聚类分析法，对职位市场供需比及人才匹配度等条件进行筛选、归类与排重，并聚焦新兴技术产业、传统产业转型升级、产业融合复合型等方面管理类和专业技术类职位，严格遴选有效职位数据21 189条，紧缺职位数据1 857条。

3. 开展企业需求调查专访

围绕以企业为主体的人才"引育用留"机制，梳理工业互联网平台、互联网工厂、新一代信息技术相关企业名录。目录充分吸纳企业人才需求，聚焦人才素质层次、学历和资历层次、专业要求层次、紧缺状况层次等核心人才需求问题，通过问卷调查、电话视频对接、实地专访及企业座谈会等形式开展紧缺人才调研工作。其中发放调研问卷近2 000份、电话及视频对接200多家、召开企业座谈会2场、实地走访有代表性的重点企业5家，共收集2 000余条高端岗位样本信息。通过与60余家重点企业紧密对接，反复整合优化人才目录。

4. 举办权威专家多方论证会

人才目录作为产业人才发展的风向标，在人力资源市场行为的辅助下，为城市塔尖人才引进提供重要支撑。为保证人才目录的准确性、针对性和科学性，就目录编制阶段性成果举办权威专家多方论证会，产业局、高校院所、企事业单位、人力资源服务机构等多方专家围绕产才融合、政策资源匹配、目录学术性及专业性等问题开展深入探讨，并对目录优化方向达成统一意见。

（二）目录研究方向和内容

目录主要聚焦于工业互联网领域，突出"新岗位、新职业"人才需求，以吸纳培养重点产业紧缺人才为导向，精筛20个职位大类65个重点细分职位，促进重点产业人才向知识背景高端化、专业能力高级化等方向发展。青岛市重点产业领域（工业互联网）人才需求目录如图 5 所示。

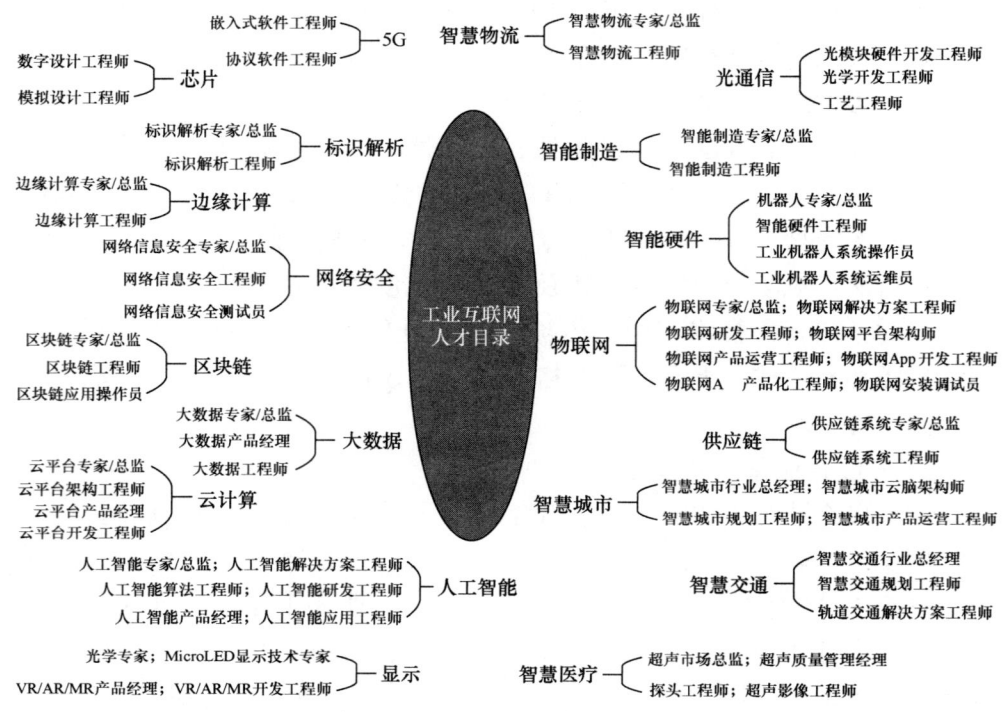

图 5　青岛市重点产业领域（工业互联网）人才需求目录

1. 聚焦工业互联网领域人才

根据建设工业互联网之都和智慧城市产业生态发展战略的要求，充分发挥目录对产业人才发展的实效先导作用，目录锁定工业互联网重点产业领域，聚集标识解析、边缘计算、网络安全、人工智能、大数据、区块链、智慧交通、智慧物流等 20 个职位大类，并依据国家职业分类标准划分为经营管理人才和专业技术人才两大类。

2. 突出"高精尖缺"需求导向

伴随企业转型升级浪潮的推进，创新型、复合型专业技术人才、高素质应用型人才等"高精尖缺"核心人才需求急剧上升，文凭高、技术精、掌握尖端科学知识和技术的人才成为企业重点引才对象。目录注重样本的代表性和覆盖性，从职位分类、职位名称、参考专业、参考学历、职位描述及人才分类六个方向精准绘制"招才地图"，重点关注标识解析专家/总监、区块链专家/总监、网络安全专家/总监等稀缺职位。通过目录整合实现人才开发与产业结构、岗位需求的精准对接，为企业精准、有效引进高端人才提供有力支撑。表5所列为青岛市重点产业领域人才需求目录（节选人工智能类别）。

表5　青岛市重点产业领域人才需求目录（节选人工智能类别）

职位分类	职位名称	参考专业	参考学历	职位描述	人才分类
人工智能	人工智能专家/总监	计算机、数学、自动化等相关专业	本科及以上学历	1. 研究人工智能领域前沿技术，设计、开发人工智能业务场景方案构架； 2. 指导人工智能产品组装、测试及技术验收； 3. 培养人工智能技术领域核心人才	经营管理人才/专业技术人才
人工智能	人工智能解决方案工程师	计算机、数学、自动化等相关专业	本科及以上学历	1. 分析市场环境、行业应用场景及竞品信息； 2. 分析客户需求，引导技术交流并编写解决方案； 3. 协助交付团队完成项目交付、测评、验收等	专业技术人才
人工智能	人工智能算法工程师	计算机、数学、自动化等相关专业	本科及以上学历	1. 开发及应用人工智能领域相关算法，重点关注视频图像处理方向、智慧交通方向、知识图谱方向、医学影像处理等方向； 2. 研究、选型深度学习相关技术栈及算法； 3. 处理算法相关数据，撰写技术文档； 4. 研究机器学习、人工智能的前瞻性技术和落地场景	专业技术人才
人工智能	人工智能研发工程师	计算机、数学、自动化等相关专业	本科及以上学历	1. 研发机器学习、知识图谱等人工智能相关技术； 2. 设计人工智能解决方案，并制定研发计划； 3. 探索与研究人工智能前沿问题，提供全面的技术解决方案	专业技术人才

续表

职位分类	职位名称	参考专业	参考学历	职位描述	人才分类
人工智能	人工智能产品经理	计算机、数学、自动化等相关专业	本科及以上学历	1. 分析人工智能各终端产品用户需求，开展产品调研、业务梳理、需求文档和原型设计； 2. 掌握数据分析方法，指导产品优化； 3. 结合用户、市场需求进行产品设计与改进，推动项目落地； 4. 分析产品数据，验证及发现产品健康状况	专业技术人才
人工智能	人工智能应用工程师	计算机、数学、自动化等相关专业	本科及以上学历	1. 制定人工智能应用技术路线； 2. 整合、引进应用人工智能技术资源； 3. 跟踪和管理人工智能产品全生命周期； 4. 开发人工智能软件，布局知识产权	专业技术人才

3. 探索制定适合新形势需要的职位标准

目录注重融合2019年、2020年国家发布的13个工业互联网新职业，如大数据工程技术人员、云计算工程技术人员、区块链工程技术人员，依据国家标准及行业标准，逐条对比分析、筛选和归类，剔除产业相关度较低的通用岗位，根据同一行业相同岗位的专业要求、资历要求和能力要求等条件筛选，选取提及次数多且具有代表性的岗位进行收录，以职位的市场通用性为主，强化人才的市场化评价和实用性要求。

五、存在的主要问题

（一）整体薪酬待遇偏低，人才吸引力不足

近年来，西安、武汉、长沙、南京等城市先后发起"人才抢夺战"，从"降门槛"到"政策战"，然后演变为"人才生态环境"竞争。2020年4月，住房和城乡建设部发布《2018城市建设统计年鉴》，青岛以512.7万城区常住人口正式晋升特大城市，也预示着未来青岛与各城市之间的"抢人"大战会更加激烈。青岛目前整体薪酬对比国内一线城市甚至部分二线城市仍然处于较低水平，难以形成留才优势。真正实现让人才"引得来、留得住、用得好"，既要考虑优化人才生态，增强"招才引智"品牌效应，又要考虑提高城市整体薪酬待遇，实现"高薪留才"。

（二）政策精准度不足，涵盖范围不全面

青岛市缺乏专门针对打造世界工业互联网之都的人才政策文件，相应政策举措散落在人才政策的各个环节和各行业部门之中，有些政策属于普惠制，不能针对工业互联网紧缺的专业领军人才、跨界复合型人才、新型技术技能人才和创新创业人才精准发力。政策在体现发挥人才开发市场主体作用方面不够充分，人才激励、住房、服务等方面的政策直接赋权到人才本人，缺少调动撬动企业主体引育人才的政策路径。工业互联网人才属于新经济范畴，新锐、新职业人才认定标准和评价办法不完善，在政策上成为制约人才要素有序流动和市场化配置的因素。

（三）跨界复合型人才短缺，缺乏系统的培养机制和认定标准

工业互联网领域急需既懂工业运营流程，又懂网络信息技术，同时具备创新能力和操作能力的复合型领军人才。但这类人才的培养并不是一蹴而就的，且当前并未形成针对此类人才专业的培养模式，诸多在青高校并未设置工业互联网领域相关专业。社会上规范、专业的工业互联网人才培训机构的数量和质量与实际需要存在较大差距。工业互联网人才的评价和认定标准需要创新，企业培养和使用工业互联网人才缺乏相应标准和依据。

六、对策建议

（一）促进形成工业互联网招才引智品牌效应

一是充分释放"投资青岛就是投资国家战略"的招才引智效能，采用"走出去""请进来"相结合的方式，在国内外放大战略宣传效应，将青岛市打造全球工业互联网之都战略愿景、人才政策等信息有效输送到国内外重点高校和各类人才集聚区，聚焦工业互联网领域掀起一轮招才引智"高潮"，使青岛成为相关领域各类高端人才近悦远来的知名城市。二是借鉴深圳的"鹏程英才计划"、宁波"3315计划"等政策品牌先进做法，升级城市支持工业互联网人才政策品牌。放大青岛市蓝洽会、博士研修营、创新创业大赛等活动效应，按照专业化、市场化、国际化方向争取将现行引才载体平台提升为全球全国"工业互联网"专业招才引智平台。三是实施鼓励中介引才奖励政策，发挥猎头企业的作用，整合同乡会和境外青岛商会等市场资源，发挥驻青高校和研究院校友会力量，

广泛拓展招引工业互联网人才渠道。

（二）实施工业互联网人才精准支持政策举措

一是全面优化人才政策体系，打造契合工业互联网发展需要的人才政策体系和精准服务机制。围绕13条重点产业链，连续更新发布青岛市重点产业领域紧缺人才需求目录，配套实施精准引育支持政策，对企业引进培养使用的关键核心、紧缺急需人才在激励奖励、生活补助、住房、教育、居留、出入境等方面实行差异化政策供给。二是通过市场化思维评价、使用、激励人才，充分发挥工业互联网企业人才开发市场主体作用，创新人才政策落实机制，把人才奖励、生活住房、绿卡服务等一系列人才优惠政策交给用人团队和企业。引导工业互联网企业，打破传统薪酬管理办法，建立融工资、奖金、股权、期权于一体，基于绩效与贡献的现代薪酬及绩效考核体系，通过使用多元激励模式，引进留住优秀人才。三是发挥工程、项目等平台效能。实施"青岛雁归工程"，引导人才中介、商协会、高校校友会等组织采用线上、线下相结合的方式，吸引一批在工业互联网领域有影响力的人才和团队返青创业。实施高端人才项目定制化支持实施办法，针对工业互联网领域高端人才，构建灵活、开放、高效的补充兜底机制，实施个性化、定制化的政策支持。实施"未来之星"工程，聚焦工业互联网高端人才培养、新锐人才托举和金种子人才储备，遴选一批发展潜力大、成长性高的优质人才，加强跟踪培养，助力创新创业。

（三）构建训战结合的工业互联网技术技能人才培养模式

一是构建训战结合、学以致用的人才培训体系。突出做好产教融合，促进人才链与产业链、创新链有机衔接，推行现代学徒制，推进订单培养模式，打造校企合作新典范。围绕工业互联网打造青岛区域特色鲜明的产教融合行业，建立产教融合型企业制度和组合式激励政策措施。探索建设具有辐射引领作用的高水平、专业化产教融合实训基地。二是探索高校职校、重点企业、政府共建产教融合创新平台，协同开展关键核心技术技能人才培养，推动高校建立校内外实训基地，组建双师型师资队伍，打通研究、开发、成果转化和产业化链条。聚力高端制造业＋人工智能攻势，培育一批工业互联网产教融合型企业，推动建设工业互联网高技能人才培养示范基地，推动技能人才培养品牌高端化。三是建立新职业技术技能人才培训和评价模式，提高工业互联网工程技术人员、智能制造工程技术人员、虚拟现实工程技术人员、供应链管理师、人工智能训练师等新职业人才培养供给能力。衔接做好区块链工程技术人员、互联网营销师、信息安全测试员、区块链应用操作员、增材制造（3D打印）设备操作员等第二批新职业培养鉴定工作，同时结合青岛市推进工业互联网进程积极研究探索更多新职业、新工种标准。

（四）创新跨界协作复合型人才引育模式

一是推动政府、领军企业、驻青高校联合，在先进制造业集聚区域共建工业互联网人才实训基地。推动在青高校设置工业互联网学院，引导高校、职业院校、技工院校调整设置工业互联网、人工智能等学科专业，编写融合教材。以市场化手段，引导市场主体充分利用华为、腾讯、科大讯飞、商汤科技、竹云科技、青软实训等企业与驻青高校合作，运用线上和线下相结合的方式开展人才教育培训，跨行业跨专业协同培养数字身份安全、人工智能、区块链、大数据等方面人才。二是推进复合型人才专业职称和职业技能等级认定，提高技术技能人才培养的匹配度，提高工业运营、数字化软件、人机交互、机器运维、危险感知、系统集成等多种操作能力。创新人才使用机制，探索畅通高校、科研院所、企业间人才流动渠道的机制，引导建立人才要素跨行业、跨领域以及产业链上下游之间的交流锻炼机制。三是探索搭建人才跨界融合交流平台，围绕行业和人才发展趋势，在各工业门类行业和新一代信息技术、金融、经贸等领域举办综合性、专业性论坛峰会，汇集企业高管、风投机构、专业领军人才和技术项目，提升人才的融合发展思维，促进人才与资本、产业互联互通、融合发展。

（五）促进区域工业互联网人才协同发展

一是主动对接京津冀、长三角和粤港澳大湾区等经济区域，将工业互联网的高端人才要素和创新创业资源更多引入青岛，对于引进难度大的领军人才，纳入柔性引进政策范畴，支持工业互联网头部企业在发达城市建立创新研发中心和人才"飞地"，为青岛工业互联网贡献关键智力支持。二是推动胶东半岛城市群人力人才资源共建共享共赢，建立半岛地区公共就业和人才服务联盟，建立人力资源机构与企业沟通合作一体化融合的人力资源产业对接平台，围绕集聚区域内工业互联网产业领域和紧缺急需人才，开展信息交流、业务合作、资源共享、资格互认等活动，形成产业引才聚才合力。发挥山东省技工教育联盟作用，推进胶东经济圈优质技工教育资源共享，开展就近入学、层次递进、优势互补的联合办学合作。围绕青岛市工业互联网平台在黄河流域、东北西北等地区推广，协同做好人力资源开发使用。

（六）推动工业互联网人才开放合作

一是围绕工业互联网平台、集成方案"引进来"和"走出去"，推动青岛市与国内国际相关组织、企业在人才领域开展合作、交流。利用世界互联网大会、世界人工智能应用大会、蓝洽会、海外引才引智工作站等平台，发布青岛市工业互联网人才需求，推介人才政策环境和创新发展载体。充分利用国际知名人力资源服务机构数据优势，动态建设全球全国工业互联网高端创新人才库，为精准引进领军人才、布局企业重点项目提供信息储备。发展工业互联网专业人才市场，完善面向全球的人才供需对接机制，为工业互联网领域高端人才引进开辟绿色通道，鼓励海外高层次人才和留学回国人才参与工业互联网创新创业。二是发挥区域战略优势，探索建立上合组织地方经贸合作示范区人力资源配置中心、上合人才研修院和面向上合组织国家技能人才培训的技工院校或职业培训机构，聚焦世界工业互联网之都建设，积极打造"一带一路"人力资源国际合作新平台。支持在自贸区建设中德智能制造工匠学院，探索在工业互联网领域率先建立职业技能国际化认证衔接支持体系。

参考文献

［1］何立峰.深化供给侧结构性改革 推动经济高质量发展［J］.宏观经济管理，2020（2）：1-3，9.

［2］杜娟.发展工业互联网 人才是根本［N］.人民邮电，2018-04-10（8）.

［3］王鹏跃.工业互联网发展还需补什么［N］.中国工业报，2019-12-20（3）.

［4］陈建业.加快福建省"5G＋工业互联网"融合创新 赋能制造业高质量发展［J］.管理科学，2020（1）：33-35.

［5］叶春晓，朱正伟，李茂国.融合创新范式下的工业互联网人才培养研究［J］.高等工程教育研究，2018（5）：65-70，95.

［6］傅亚宁，鲁晓峰，毛献峰.江苏工业互联网平台发展对人才培养

的启示[J].现代管理科学,2019(12):91-93.

[7]王欣怡.美国工业互联网发展的新进展和新启示[J].电信网技术,2017(11):37-39.

[8]张英.关于加快构建工业互联网人才体系的提案[J].中国科技产业,2020(6):24-26.

[9]长三角省市携手推进工业互联网一体化发展[J].产业创新研究,2020(2):107.

[10]高阳,周易江,马冬妍,等.基于工业互联网的区域转型升级[J].大众标准化,2020(14):117-118.

[11]刘艳彬,李建花.浙江省工业互联网人才队伍建设现状、问题与对策[J].中国市场,2019(19):52-53.

仙桃市重点企业用工情况研究[①]

彭 湃　雷平仿[②]

摘　要：为掌握仙桃市企业用工情况，更好地解决企业"招人难、用人难、留人难"的问题。仙桃市人力资源和社会保障局结合"不忘初心、牢记使命"主题教育，对全市重点企业的缺工情况、工资福利、社保缴纳等情况进行了调查和研究。

关键词：企业　用工情况　原因分析

一、企业用工现状

从调研情况来看，用工基本得到满足，但缺工问题仍不同程度存在，主要表现在五个方面：

（一）区域性缺工

仙桃市现有规模以上企业 408 家，其中缺工 45 家，共有员工 11 632 人、缺工 3 147 人。缺工存在区域差异，主要表现为：城区企业缺工较少。18 家缺工企业共缺工 890 人，占全市缺工总数 28%，其中龙华山办事处缺工企业有 12 家，沙嘴办事处缺工企业有 4 家，干河办事处缺工企业有 1 家，工业园区缺工企业有 1 家。乡镇企业缺工较多。27 家缺工企业共缺工 2 257 人，占全市缺工总数的 72%。比如张沟镇的金士达医用现

[①] 该篇论文获得"2020 年全国人才与人事研究主题征文活动"三等奖。
[②] 彭湃，仙桃市人力资源和社会保障局宣传科副科长；雷平仿，仙桃市人力资源和社会保障局党组副书记、副局长。

有员工 210 人、缺工 250 人，缺工率 54%；通海口镇的卓美卫生防护现有员工 100 人、缺工 100 人，缺工率 50%。

（二）选择性缺工

重点企业缺工较少。如健鼎、亲亲、旺旺、朵以、康舒电子、燕京啤酒等企业基本不缺工，新蓝天现有员工 800 人、缺工 60 人，但不影响正常生产。一般企业缺工较多。有的企业车间出现大量闲置工位，不能满负荷运转，如亿升纺织现有员工 120 人、缺工 100 人；宏昌生物医疗科技现有员工 280 人、缺工 200 人，招不来、引不进现象突出。

（三）行业性缺工

科技含量较高的行业缺工较少。除扩大规模短暂性缺工，基本上只是做人员储备，如新材料行业，绿色家园现有员工 719 人、缺工 25 人；科利科技现有员工 300 人、缺工 34 人；如汽车行业，中骏森驰现有员工 535 人、缺工 50 人；六合金属现有员工 420 人、缺工 40 人。上述两个行业虽略有缺工但不影响正常生产。科技含量较低的行业缺工较多。主要表现在无纺布行业，如茂盛塑料现有员工 270 人、缺工 230 人；赛孚医用产品现有员工 240 人、缺工 300 人。

（四）季节性缺工

主要表现为淡季缺工少，旺季缺工多。我市比重较大的无纺布企业、服装加工企业和食品企业，生产季节性比较强。在企业生产旺季需要员工比较多，短时间内需要补充大量员工；在生产淡季需要员工较少，难以消化富余员工，辞退员工现象比较普遍，以致员工反复入职和离职，人员缺乏稳定性。如长埫口的联赛医用产品现有员工 250 人，其中较固定人员仅 75 人，流动性员工 170 人左右，人员流动率 60%；陈场的仙盟卫生防护现有员工 70 人，其中较固定人员 25 人，流动性员工 45 人以上，人员流动率高达 71%。

（五）结构性缺工

从 45 家缺工企业人员分配来看，呈现"两头重、中间轻"的"哑铃型"，即企业管理人员缺工较少，仅 9 家企业共缺工 32 人、缺工率为 1%～3%。其中中星电子缺工 15 人；绿色家园、八宜汽车、科利科技等 8 家企业缺工 17 人。生产一线的技术工人和普通工人缺工较多，缺工 3 115 人、缺工率为 23%～25%。有的企业一线技术工和普通工人缺工率甚至高达 50%，技术过硬的高级技工更是"一工难求"。

二、缺工原因分析

（一）重视程度不平衡

城区三办一园在"筑巢引凤"的同时，能主动帮助企业完善基础设施、解决用工难题。例如旺旺自落户以来，由一厂裂变为八厂，工业园区在解决厂址新建问题的同时，通过开展专场招聘会、联络人力资源公司等方式助其招工，目前，该厂共有员工1 400人，处于人员饱和状态，年产值从最初的2 000万元跃升至20多亿元。相比较而言，乡镇在解决企业用工问题上投入不够，特别是对新招引企业的跟踪服务不到位，社保协理员就业服务意识也不强，造成了就业信息不对称的情况。

（二）配套设施不平衡

城区企业除少数新建企业选址较偏外，大部分区位优势明显、配套较为完善。比如健鼎地处南城新区，紧邻仙桃职院，多路公交直达，吃、住、娱乐一应俱全。但是乡镇企业配套设施普遍不够完善，例如落户长埫口的麦秆科技，选址较为偏远，无公交直达、无食宿场地、无休闲场所，招人比较难、留人更困难。

（三）福利待遇不平衡

通过走访调研，我们发现科技含量高的企业，往往福利待遇较好，招工相对容易。例如富士和机械、六合金属等工人月薪在5 000元以上，全员缴纳五险一金，食宿仅象征性收取少许费用，并定期组织员工外出旅游培训，基本不缺工。而低端企业福利待遇普遍较差，招工情况不理想，如瑞康医用、天炫实业等工人月薪在3 000元左右，且工作时间长达10小时以上，求职者往往"避而远之"。

（四）招工意识不平衡

一些重点企业招工主体意识较强，一般不存在缺工问题，例如健鼎公司现有员工6 500人，不存在缺工问题，但仍与西安交通大学联合举办"健鼎班"，培养储备人才；新蓝天通过自主招聘和依靠人力资源公司的方式，解决缺工现状。但是一般企业招工过度依赖政府，有的甚至把政府为其招工作为落户条件，"招不进来"问题突出。

（五）供需市场不平衡

一方面，我市本土企业以劳动密集型企业居多，人工需求量大，虽然不少企业不惜提高福利待遇、降低招聘门槛，但仍存在招工难问题。

另一方面，劳动者就业观念发生变化，我市很多年轻人宁做低薪白领、不做高薪蓝领，宁闯"北上广"、不愿"家里干"。而且，我市职业技能培训针对性不够，专业型、技术型人才比较缺乏，导致出现了"有活没人干、有活干不了"的尴尬局面。

三、对策建议

（一）加大政府扶持力度

一是探索出台激励办法。对企业自主招工或人力资源公司引进员工达到一定要求的，按人头给予一定奖励，鼓励企业和人力资源公司加大员工招引力度。地方政府要加大对企业配套设施投入力度，将服务企业用工工作纳入市里对乡镇、街道及有关单位的年度考核。二是落实就业保障政策。逐年加大就业专项资金配套力度，做大、做强就业资金蛋糕，缓解就业资金支付压力，进一步加大社保补贴、岗前补贴、稳岗补贴、精准扶贫补贴发放力度。三是完善职业培训机制。结合我市企业发展需求，不断更新完善职业技能培训科目，有针对性地培训企业急需技能人才。同时，进一步落实好就业创业政策，鼓励企业通过校企合作、以师带徒、定向培训、订单式培训等方式，培养企业生产运作所需的熟练工。

（二）搭建就业招工平台

一是完善三级服务平台。进一步完善市镇村三级就业服务平台，做好企业用工动态管理和农村闲置劳动力统计，及时与缺工企业进行对接，就近就便提供就业服务。二是增加就业招聘场次。有针对性地为缺工较多、商业配套不够的企业，增加"固定招聘日""招聘夜市""就业扶贫"等招聘活动的举办场次，化解其用工燃眉之急。三是深入开展招聘对接。加大与外地就业部门对接力度，更多地带领企业"走出去"招工，赴劳动力资源丰富的省市开展招聘活动。

（三）强化企业主体意识

一是鼓励企业自主招工。引导企业履行好招工、用工主体责任，做到开门"迎工"，上门"劝工"，尤其要抓住春节期间大量外出务工人员返乡的有利时机，通过设立招工网点、以工引工、下乡入村联络发动、打招工广告等方式，多渠道招收工人。二是引导企业优化管理。引导企业积极探索现代化管理模式，制定人性化管理制度，根据人力资源市场和自身经营状况合理确定薪酬待遇，为员工提供优良的生产、生活环境，增强企业吸引力。三是完善企业用工联盟。健全完善用工联盟的运行机制，促进企业之间用工信息共享，广泛开展"错峰借人、用工调剂"，解决企业忙闲不均、生产淡季职工流失、生产旺季招不到人等问题。

（四）推进企业转型升级

建议市政府从三个方面着手：一是调整产业结构。转变招商引资理念，有针对性地招引科技含量高、带动能力强的大企业；发展和培育一批新兴产业，改造传统优势产业，改变我市产业结构单一局面，破除总体用工量大的困局。二是推进技改升级。深化供给侧结构性改革，鼓励企业加大资金、技术和人力投入，加强技术改造，推进设备升级、工艺优化和"互联网＋"，加快新旧动能转换，大力实施"机器换人"，促进产业提档升级，用智能化、自动化设备破除"招工难""用工贵"的难题。三是整合优势资源。以名优产品为龙头，以骨干企业为核心，整合资源，优势互补，带动产业转型升级，不断提升我市企业竞争力。

（五）加大企业监管力度

一是严厉打击违规生产经营行为。联合市场监督管理局、应急管理局等部门，加强对小微企业的监管，规范小微企业生产经营行为，对拒不整改的小微企业予以关停；严查严打"私人小作坊"，对无牌无照的非法"小作坊"依法予以取缔，消除用工恶性竞争，营造公平竞争的用工环境。二是保障企业员工正当权益。及时查处不签订劳动合同、不缴纳社会保险费、拖欠工资、超时加班等损害劳动者权益的违法行为，引导企业规范用工管理，让员工招得进、留得住。三是充分发挥商会协会作用。商会协会作为企业沟通交流的纽带，要加强对小微企业的产业引导，搭建诚信、高效的资源互助交流平台，协调规范企业经营和用工行为，不断推动我市经济高质量发展。

参考文献

[1] 仙桃市财政局课题组. 中小企业用工短缺情况的调查与思考 [J]. 中国财经信息资料，2008（6）：11-15.

[2] 张建平，傅永光，董伟才. 招工难题如何破解——关于天门、仙桃、汉川三市招工难的调研报告 [J]. 学习月刊，2008（6）：40-42.

[3] 江登斌. 注重技术开发增强发展后劲——仙桃市工业企业调查 [J]. 经济与管理研究，1991（1）：53-55.